U0764671

PEKING UNIVERSITY

北京大学年鉴

《北京大学年鉴》编委会 编

2012

图书在版编目(CIP)数据

北京大学年鉴.2012/《北京大学年鉴》编委会编. —北京：北京大学出版社，2021.6
ISBN 978-7-301-32296-3

Ⅰ.①北… Ⅱ.①北… Ⅲ.①北京大学－2012－年鉴 Ⅳ.①G649.281-54

中国版本图书馆 CIP 数据核字（2021）第 131913 号

书　　名	北京大学年鉴（2012） BEIJING DAXUE NIANJIAN（2012）
著作责任者	《北京大学年鉴》编委会　编
责 任 编 辑	张　敏　班文静
标 准 书 号	ISBN 978-7-301-32296-3
出 版 发 行	北京大学出版社
地　　址	北京市海淀区成府路 205 号　100871
网　　址	http://www.pup.cn　　新浪微博：@北京大学出版社
电 子 信 箱	zyjy@pup. cn
电　　话	邮购部 010-62752015　发行部 010-62750672　编辑部 010-62752021
印 刷 者	北京中科印刷有限公司
经 销 者	新华书店
	787 毫米×1092 毫米　16 开本　47.25 印张　5 页彩插　1670 千字
	2021 年 6 月第 1 版　2021 年 6 月第 1 次印刷
定　　价	260. 00 元

2011年11月10日，中共中央政治局常委、中央纪委书记贺国强到北京大学考察调研，并出席部分高校反腐倡廉建设座谈会。

2011年6月23日，中共中央政治局委员、国务委员刘延东到北京大学考察，并看望慰问师生。

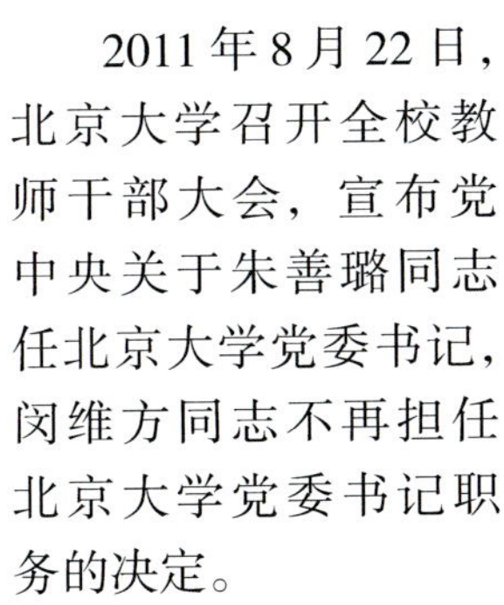

2011年8月22日，北京大学召开全校教师干部大会，宣布党中央关于朱善璐同志任北京大学党委书记，闵维方同志不再担任北京大学党委书记职务的决定。

2011 年 5 月 19 日，纪念中国共产党成立九十周年理论研讨会。

2011 年 10 月 9 日，纪念辛亥革命 100 周年座谈会。

2011 年 9 月 14 日，元培十周年庆典暨本科教育改革研讨会。

2011年9月27日，人力资本与国家政策研究中心成立大会。

2011年11月25日，北京大学党校成立二十周年纪念大会。

2011年11月23日，土库曼斯坦总统库尔班古力·别尔德穆哈梅多夫北京大学名誉教授授予仪式在人民大会堂西大厅举行。

2011年5月19日，巴基斯坦伊斯兰共和国总理赛义德·优素福·拉扎·吉拉尼访问北京大学并做演讲。

2011年10月21—22日，2011全球工程教育领袖峰会——全球工学院院长大会在北京大学召开。

2011年9月15日，朱善璐书记会见来北京大学访问的诺贝尔经济学奖得主罗伯特·蒙代尔。

2011年10月10日，诺贝尔物理学奖获得者崔琦访问北大。

2011年10月14日，加拿大皇家学会成员、加拿大麦吉尔大学资深教授马里奥·邦格先生在北大演讲。

2011年1月10日，首届未名论坛开幕暨中西马高端对话。

2011 年 5 月 23 日，《儒藏》工程工作会议。

2011 年 9 月 16 日，汤一介、乐黛云先生向北京大学赠书。

2011 年 11 月 29 日，北京大学马克思主义哲学研究中心成立仪式暨马克思与辩证唯物主义理论研讨会、《黄枬森文集》首发仪式在英杰交流中心新闻发布厅举行。

2011 年 4 月 2 日，中国台湾星云法师在北大办公楼礼堂演讲，并受聘为北京大学名誉教授。

2011 年 9 月 22 日，北京大学、苏州市人民政府战略合作协议签约仪式。

2011 年 5 月 25 日，北京大学、重庆大学合作签字仪式。

2011年7月5日、6日，举行2011年本科生、研究生毕业典礼。

2011年9月3日，举行2011年开学典礼。

2011年1月7日，2010年度感动北大人物颁奖典礼。

2011年9月29日，中国-东盟青年创新大赛在北京大学举行启动发布会。

2011年6月27日，由北京舞蹈学院主创、北京大学和中央音乐学院合作的中国舞剧《红船启航》在北京大学百周年纪念讲堂观众厅上演。

2011年6月3日，北京大学通令嘉奖学生服务总队。

2011年10月26—28日，北京大学研究生会发起为农园李建华师傅募捐活动。

2011年8月8日，新太阳学生中心奠基。

2011年10月27日，李兆基人文学苑落成典礼隆重举行。

《北京大学年鉴(2012)》编辑委员会

《北京大学年鉴(2012)》编辑部

编 辑 说 明

《北京大学年鉴》是全面、客观、系统记述北京大学发展基本情况的大型专业性工具书，汇辑了北京大学一年内各方面、各层次的重要信息、资料和数据。

《北京大学年鉴(2012)》是北京大学建校以来的第十四本年鉴，反映了北京大学2011年度在教学改革、学科建设、科学研究、社会服务、对外交流等方面的发展进程和最新成就。

本年鉴以文章和条目为基本体裁，以条目为主。全书共分特载，专文，北大概况，基本数据，机构与干部，院系情况，教育教学与学科建设，科学研究与社会服务，管理与后勤保障，党建与思想政治工作，人物，2011年党发、校发文件目录，表彰与奖励，毕业生名单，大事记，附录等基本栏目。

本年度所收录的各院、系、所、中心等单位的资料基本按照发展概况、教学科研、合作交流、管理服务等条目编写。统计图表附在相关内容之后。

本年鉴所刊内容由各单位确定专人负责提供，并经本单位领导审定。

本年鉴采用双重检索系统。书前有目录，书后有索引。索引采用内容分析主题法，按汉语拼音排序，读者还可以通过书眉检索所需资料。

本年鉴主要收录了各单位2011年1月1日至12月31日期间发生的重大事件，部分内容依据实际情况，在时限上略有延伸。

《北京大学年鉴(2012)》由北京大学党委办公室、校长办公室组织编写，在编写过程中，得到了各有关单位和部门的大力支持，在此谨表示衷心感谢。

《北京大学年鉴》编辑部
2012年12月

目　录

·特 载·

让青春在实践中闪耀

——胡锦涛总书记给北京大学第十二届研究生支教团成员回信在全校师生中引起强烈反响

在雪域高原，在大漠深山，在革命老区，12 年来，北京大学的一届届在读研究生，展开了一次次支教扶贫接力，写下了一首首动人的青春之歌。

2011 年 5 月 10 日，中共中央总书记、国家主席、中央军委主席胡锦涛给北京大学第十二届研究生支教团成员回信。这封充满深切关怀、带着殷切嘱托的回信全文如下：

北京大学第十二届研究生支教团的同学们：

很高兴收到你们的来信。首先，我向你们，并通过你们，向北京大学研究生支教团的全体同学，表示诚挚的问候！

从同学们的信中得知，你们志愿到西部地区参加为期一年的支教扶贫工作，不怕艰苦，竭诚奉献，为推动西部地区教育事业发展发挥了积极作用。经过支教扶贫实践，你们丰富了阅历、磨练了意志、增长了才干。我为你们的进步感到由衷的欣慰。

这些年来，北京大学组织一批又一批在读研究生深入西部地区基层一线开展支教扶贫活动。这是促进青年学生向实践学习、向人民群众学习的一个有效形式。希望北京大学坚持把支教扶贫的接力棒一届一届传下去，让更多的青年学生在实践中得到锻炼提高，努力成长为堪当国家建设重任的栋梁之材。

衷心祝愿同学们都拥有一个精彩的人生！

胡锦涛

2011 年 5 月 10 日

胡锦涛总书记热情洋溢的回信，给北京大学研究生支教团成员和全校广大师生以极大的鼓舞和激励。在西部地区的各个支教点，在充满生机的北大校园，总书记的重要回信引起强烈反响，“向实践学习、向人民群众学习”正成为越来越多北大学子的自觉行动……

“一定要以总书记回信为动力，用更好的成绩、更大的进步向总书记汇报”

“真没有想到，总书记亲自给我们回信了！”5 月 13 日下午，正在青海省大通回族土族自治县支教扶贫的张振东，收到了胡锦涛总书记的回信。这位北京大学教育学院研究生、第十二届研究生支教团团长手捧来信，惊喜万分。

几乎同一时刻，分布在西藏、青海、云南、新疆支教点的其他 17 位支教团成员，也收到了学校专程派人送来的总书记回信。同学们聚集在一起，争相传阅、大声诵读，仔细体会着回信中的每一句话、每一个字……

集体给总书记写一封信，是北京大学第十二届研究生支教团成员的共同心愿。去年 8 月，来自不同院系的 18 位研究生接过学长传下的接力棒，志愿到西部地区开展为期一年的支教扶贫。8 个多月的艰苦磨练，让同学们收获了许多刻骨铭心的感受和体悟。当有人提议给总书记写信说说心里话时，立刻得到了全体成员的响应。大家通过电话、电子邮件反复沟通、三易其稿后，将写得满满的 3 页纸装进信封，寄往北京、寄往中南海……

收到同学们寄来的信件，胡锦涛总书记十分高兴。他仔细阅读这封特殊的来信，为同学们朴实坦诚的话语、平凡感人的事迹而感动，为大家在基层一线的拼搏奉献、成长进步而欣慰。

5 月 10 日，总书记在百忙之中提笔给支教团的同学们回信，对他们支教扶贫的行动给予充分肯定，对青年学子的成长成才提出殷切希望。

飞鸿传情意，千里心相通。总书记的回信飞越千山万水，从北京传到了支教团成员所在的各个支教点，给同学们送来了党中央的亲切关怀和深情鼓励。

在青海省大通县民族中学支教的张振东和杨天虎一接到总书记的回信，就高声念了三遍，心情久久不能平静。第二天上午，得到消息的青海分团其他 3 位同学也赶了过来，大家聚在一起传阅着来信，反复体悟着信中的字字句句。

“总书记的回信虽然并不很长，却是沉甸甸的。”张振东说，“总书记对我们的支教扶贫实践给予了充分肯定，让我们更看清了自己行动的价值和意义；总书记对我们提出要求、寄予厚望，让我们更感到了肩上的责任。我们一定要以总书记的回信为动力，进一步做好支教扶贫工作，努力用更好的成绩、更大的进步向总书记汇报。”

这是支教团的同学们终生难忘的时刻。从世界屋脊到祁连山麓，从彩云之南到天山脚下，总书记回信的喜讯，把各个支教点上的同学召唤到了一起。大家一边读信，一边你一言我一语畅谈着内心的感受。

丰富阅历、磨练意志、增长才干——总书记的这些话，同学们体会格外深刻。新疆支教分团的同学们曾利用课余时间，到昌吉等周边地区体验民情，到中小学开办励志讲座，到SOS儿童村进行志愿服务。分团成员金晟同学说：“向实践学习、向人民群众学习，总书记的回信说出了我们最深的感受。今后，不管是在新疆继续支教，还是回到北大学习以至走上工作岗位，我都将自觉走与人民群众相结合的道路，努力在实践中磨砺成长。”

在实践中得到锻炼提高，努力成长为堪当国家建设重任的栋梁之材——总书记的这些话，同学们铭记在心。皑皑雪山围绕的拉萨中学，与布达拉宫只有一街之隔。在这里支教的西藏分团团长刘笑吟说：“近一年来我在实践中学到的知识是课堂里永远无法获得的。不久的将来，我们都会成为建设国家的生力军，必须沉下气，放下身段，在基层一线砥砺品质，在同人民群众的密切联系中锤炼作风，努力成为党和人民事业发展需要的优秀人才。”

“北京大学组织开展支教扶贫，与其说是给西部地区提供了帮助，不如说我们的学生从当地收获了更多。”北京大学校长周其凤说，“总书记的回信对北大支教扶贫工作给予充分肯定，对同学们在实践中的收获作出高度概括，也为我们进一步做好工作作出了指示。我们要认真贯彻回信精神，把支教扶贫这个活动组织得更好。”

“一定要牢记总书记的教导，更加自觉地向实践学习、向人民群众学习”

“总书记十分了解当代青年，他回信中的话说到了我们的心坎里。”正在北京大学法学院攻读博士学位的蒙晓燕，这样表达自己学习胡锦涛总书记回信后的感受。

1999年7月，作为北京大学第一届研究生支教团的一员，22岁的蒙晓燕来到地处大别山革命老区的河南新县支教扶贫。回想起12年前的那段经历，她不由得感慨万千：“那一年时光深深印刻在我的生命中，使我第一次对基层有了真切的认知，对国情有了深入的思考。以社会实践为课堂，以人民群众为导师，确实是我们年轻人健康成长的最大力量源泉。”

从1999年派出第一届研究生支教团起，迄今北京大学共有163名学生参加了为期一年的支教扶贫，足迹遍布西藏、青海、云南、新疆、宁夏、山西、河南等7个省区，服务时间累计超过35万小时。

这是青年学子倾心奉献的一年，更是他们在基层一线经受心灵洗礼的一年——

拉萨中学的学生们忘不了，为了让45分钟的地理课上得更生动，支教老师多次不顾高原反应，骑自行车到野外采集素材、丰富教案。拉萨中学校长唐泽辉由衷地赞叹，经过一年支教，这些北大学生最大的变化，“首先是更成熟了，其次就是对民族地区的理解和感情更深了。”

云南大理贫困山区的百姓们忘不了，从北京来的支教老师为了家访奔波几十公里、上百公里，还帮着给孩子们申请助学金。支教团成员袁琼深有体会地说：“你在书本上读到‘谁知盘中餐，粒粒皆辛苦’，和你亲身去走一遍山路，看到农民在烈日下劳作，确实是很不一样的。”

曾在宁夏西海固支教的张海涛忘不了：“罗山中学只有几排简陋的平房，平房后面的操场上有一个篮球场，是以前的支教老师争取一笔资助款修建的，但学校没有钱买篮球，孩子们只能在那里玩滚铁环游戏……”

曾在青海大通县支教的王飞忘不了：“开家长会是在一个下雪的下午，看着这些冒雪走几十里路赶来的家长，面对着讲台下他们真诚的目光，我真的有些惭愧。如果教不好他们的孩子，我对不起这些信任我的家长……”

“那种荡涤灵魂的升华，是支教工作带给我的宝贵财富，令我终生受益。”曾在山西灵丘支教的北京大学教育学院团总支书记徐未欣动情地说。

从精心备课授课，到组织讲座、演讲、艺术节等校园文化活动；从关心、帮助家庭困难学生，到通过各种方式资助当地发展，争取来30多万元资金、8000多册图书、6000多件衣服……12年来，一届届北大研究生支教团成员薪火相传，用爱心和热忱为贫困地区送去了知识和温暖，也在向实践学习、向人民群众学习的过程中实现了青春的自我超越。

北京大学元培学院的马煜是研究生支教团中的“特例”——2009年8月，未满20岁的他本科二年级课程刚结束，毅然向学校提出休学一年、赴藏支教的申请，最终破格成为第十一届研究生支教团的一员。

“一年的支教经历让我懂得了责任、付出和宽容。”马煜说，“离开支教的学校时，每位学生都给我写了一封信，回忆我们共同的经历，祝愿我扎西德勒。每当我回想起与这些学生相处的日日夜夜，想到他们每个人给我写的祝愿，我感到的只有快乐、幸福和满足。”

“把支教扶贫的接力棒一届一届传下去，让更多的青年学生在实践中得到锻炼提高”——在总书记的号召下，更多的北大学子们正在行动起来。北京大学第十三届研究生支教团已经组成，17位成员两个多月后就要启程，他们中三分之二是共产党员。

赵瑞就是新一届支教团的一名成员——两年前，还在读本科三年级的他志愿赴甘肃天水一所乡村小学支教一年；今年下半年，“始终忘不了孩子们那几十双眼睛”的他将再赴西部地区支教。

“在我们即将奔赴西部的时候，收到了总书记给支教团的回信，这让我十分激动。”赵瑞对记者说，“我一定要牢记总书记的教导，更加自觉地向实践学习、向人民群众学习。我相信，无论条件多么艰苦，我一定能在新的支教工作中学到更多、做得更好！”

“一定要按照总书记回信指明的方向，在建设中国特色社会主义伟大实践中书写精彩人生”

5月13日下午，北京大学办公楼一间会议室里，学习胡锦涛总书记回信精神座谈会正在进行。来自不同院系、不同专业的师生代表齐聚一堂，踊跃发言。会议气氛十分热烈，持续了5个多小时……

连日来，总书记的回信在北京大学师生中广为传诵。未名湖畔，博雅塔下，师生们谈感受、话体会、说打算，纷纷表示一定要按照总书记回信指明的方向，高扬向实践学习、向人民群众学习的大旗，在建设中国特色社会主义伟大实践中书写精彩人生。

学习总书记的回信，青年学生决心坚定、豪情万丈——

刚刚入学不到一年的信息科学技术学院学生黄译旻表示，将以总书记所说的“向实践学习、向人民群众学习”作为今后人生的航向标。“因为只有向实践学习，才能深切体会普通百姓的酸甜苦辣，才能深刻认识基本国情；只有向人民群众学习，才能将自身成长与人民幸福、社会发展联系在一起，赢得真正精彩的人生。”

曾在2008年5月北大师生座谈会上聆听胡锦涛总书记重要讲话的哲学系博士生李婷婷表示，总书记的回信对青年学生成长成才具有十分重大的指导意义，“我们要以学习回信精神为新的起点，以更坚定的理想指引人生，以更严格的要求加强学习，以更深入的实践锻炼成长，以更扎实的态度面向未来，努力在各个方面创新争先。”

学习总书记的回信，广大教师深受教育、激情满怀——

长期从事文化研究的中文系教授王岳川表示，总书记的回信给当代青年学生成长成才指明了正确方向。“一批批北大学生主动到西部地区参加志愿服务、经受锻炼，从他们身上，我们看到了青年学生的成长进步，看到了青年学生在出国留学热之后回归大地、回归基层的新选择。”

正带领学生进行智能机器人项目攻关的青年教师王启宁，2008年5月曾参加胡锦涛总书记与北大师生的座谈，总书记鼓励青年人在提高实践本领上狠下功夫的谆谆教诲给他留下深刻印象。“总书记这次给北大支教团回信，再次强调青年学生要向实践学习、向人民群众学习。作为北大教师，我们一定要脚踏实地去做，引导青年学生健康成长成才。”

对3年前胡锦涛总书记到北京大学考察工作的那一幕幕，北大党委书记闵维方至今记忆犹新。读着总书记的回信，闵维方感动地说：“3年前，总书记来到北大师生中间，勉励同学们积极参与社会实践，向人民群众学习，磨练意志，增长才干；3年后，总书记又给北大支教团的学生回信，希望青年学生向实践学习、向人民群众学习，努力成长为堪当国家建设重任的栋梁之材，充分体现了以胡锦涛同志为总书记的党中央对青年学生的关心和爱护。北大将认真贯彻落实总书记的回信精神，进一步推进人才培养体制机制创新，为学生参加社会实践、在实践中成长成才创造更好的条件。”

“衷心祝愿同学们都拥有一个精彩的人生！”——总书记回信中的这句话，让多少北大学子热血沸腾！

“总书记的回信进一步坚定了我投身西部、投身基层的决心和信心。”曾在西藏志愿服务一年的中文系硕士生陈蒙，今年毕业后将赴广西壮族自治区农村工作。谈起自己的未来，小伙子坚定地说：“中国的发展不能没有西部地区的发展，也不能没有农村的发展。通过自己点点滴滴的努力，为中国农村尤其是西部农村做一些事，踏踏实实为国家富强、民族振兴做一些贡献，这样的人生才是精彩的人生！”

（新华社北京5月24日电）

第26届世界大运会火炬传递在北大启动

——李克强点燃主火炬并宣布火炬传递活动开始

深圳第26届世界大学生夏季运动会火炬点燃暨火炬传递活动启动仪式5月4日在北大举行。中共中央政治局常委、国务院副总理李克强在仪式上点燃主火炬，宣布世界大学生运动会火炬传递活动开始。

正值五四青年节，北大校园内鲜花盛开，绿意正浓，洋溢着青春的气息和喜庆的气氛。北京大学百年纪念讲堂前的广场上，来自北京大学部分院系和文艺团体的学生表演了诗朗诵、街舞、独唱、健美操等丰富多彩的文艺节目，展示着当代青年昂扬向上的精神风貌。来华外国留学生现场演唱的大运会歌曲《见证》，表达着大运会尊重多元文化、倡导和谐相处的永恒主题。

上午10时许，伴着欢快的乐曲声，李克强等党和国家领导人以及国际大学生体育联合会副主席斯蒂芬·博格等贵宾步入会场，全场响起热烈的掌声。

随后，仪式正式开始。现场奏响中华人民共和国国歌和国际大学生体育联合会会歌，八名英姿勃勃的仪仗队员高举起中华人民共和国国旗和国际大学生体育联合会会旗。

第26届世界大学生夏季运动会组委会主席、中国教育部部长袁贵仁在仪式上致辞。他说，90多年前，以北大为代表的一批青年学生饱含爱国热情，在这里点燃了五四运动的圣火。现在，承载着奥林匹克精神的大运会圣火又将从这里开始，向世界传递希望与梦想、光明与欢乐、友谊与和平，再一次展现青年的风采、青年的精神、青年的力量……北京大学学生代表徐卓然在发言中说，世界大学生运动会是全世界青年展示能力的舞台，更是心灵交流、增进友谊的纽带。让我们携手并肩，从自己做起、从身边做起、从小事做起，以实际行动迎接大运会的到来。

斯蒂芬·博格在致辞中说，中国在过去几年已举办过多次体育盛会，此次大运会不仅参赛人数最多，体育设施和筹备工作也达到极高水准，我要代表国际大体联对为此付出巨大努力的中国政府和中国人民表达崇高敬意，并对中国志愿者的辛勤付出表示衷心感谢。

在热烈的掌声中，李克强健步走到仪式台上，从中共中央政治局委员、广东省委书记汪洋的手中接过大运会主火炬，在火种盆中点燃后高高擎起，向全场致意。随后，李克强把主火炬传授给第一棒火炬手、北京大学田径运动员邢衍安。

10时20分，李克强宣布：第26届世界大学生夏季运动会火炬传递活动开始！话音刚落，大运会火炬传递主题歌响起，现场爆发出热烈的掌声和欢呼声，仪式气氛被推向高潮。

第一棒火炬手、北京大学田径运动员邢衍安高举火炬，意气风发地跑出会场，在4名护跑员的陪伴下开始了世界大学生夏季运动会的火炬传递。在54名火炬手的依次传递下，世界大学生夏季运动会的火炬经过博雅塔、李大钊像、振兴中华碑等多处北京大学校园内的著名人文纪念点。整个校园沸腾了，人们尽情分享着大运会所传递的青春气息和美好理念。

出席仪式的领导同志还有：中共中央政治局委员、北京市委书记刘淇，中共中央政治局委员、国务委员刘延东，全国人大常委会副委员长司马义·铁力瓦尔地，全国政协副主席罗富和以及中央军委委员李继耐。

仪式由第26届世界大学生夏季运动会组委会执行主席、广东省省长黄华华主持。中央和国家机关有关部门负责同志，北京市、广东省以及深圳市有关负责同志，国际大学生体育联合会官员以及学生代表约400人参加仪式。

第26届世界大学生夏季运动会火炬在结束北京的启动仪式和传递活动后，将继续在深圳进行实体传递，同时开展网络虚拟传递，体现"简约、低碳、活力、全民参与"的创意理念。

（《北京大学校报》2011年5月5日第1242期）

祝福北大

——记李克强在北京大学与师生见面

2011年5月4日是五四青年节,也是北京大学113周年校庆日,学校南门,欢迎校友返校的横幅十分醒目。前来出席第26届世界大学生夏季运动会火炬点燃暨火炬传递启动仪式的中共中央政治局常委、国务院副总理李克强,在活动结束后作为北大校友亲切看望和慰问了北大师生,参观了北大校史馆,他希望北大发扬"五四"精神,坚持创新求实,奋勇争先,加快建设世界一流大学,为国家培养更多高质量人才。

中共中央政治局委员、国务委员刘延东一同看望并参观。

创建于1898年的北京大学不仅是中国近代史上第一所国立综合性大学,也是五四运动的发祥地。一个多世纪以来,北京大学与民族共命运,与时代同进步,始终永葆生机与活力。庄重大气的百年讲堂前,绿树成荫的五四大道旁,莘莘学子的脸上洋溢着青春的气息。看到李克强走来,同学们十分惊喜,欢呼雀跃,热情地喊出"师兄"等亲切称呼。李克强高兴地走过去,与同学们握手交谈。

"你是哪个系的?"李克强问。

"经济学院的。"

"我们不仅是校友,还是系友呢!"

上世纪70年代末80年代初和90年代,李克强先后在北京大学法学院、经济学院学习。燕园兼容并包的学术环境、尊重知识追求真理的风尚,激励一代又一代北大人奋发进取。

"很高兴回到母校,很高兴见到大家!"面对同学们,李克强深情地说:"当年,我从老师那里学到了宝贵的知识,与同学结下了深厚的友谊,特别是受到北大精神的熏陶,我一生受益,一生难忘。感谢母校,祝福北大!"

"师兄,欢迎你!""欢迎校友回家!"正在参加大运会火炬传递的学生志愿者兴奋地围拢过来。

"你们好!""向全校老师和同学们问好!"李克强面带微笑,不停地同大家握手交流。

得知张一甲等几位同学正在数学学院攻读,李克强关切地询问起他们的学习和生活情况。

"你们是学纯数学的吗?"

"是,目前还在上基础数学课。"一位女同学快速作答。

"数学是科学的皇后,是各种学科的基础和工具,这一领域奥妙无穷。希望你们中间能有人摘取'菲尔兹奖'这个世界数学领域的最高奖,来展示我们中国人的智慧。我们的大学生应该有这个雄心壮志。"李克强勉励大家。同学们报以热烈的掌声。

李克强走到光华管理学院的同学中间,谈到不同学科、不同学校要相互学习、相互借鉴。他转向身边的刘延东国务委员,对同学们说:"延东同志是清华大学毕业的,前几天清华大学百年校庆时,北大的周校长代表学校送了一副精彩对联,其中有一个词'棠棣',这是《诗经·小雅》提到的一种树,也叫常棣,用来比喻兄弟之情。北大和清华就如同棠棣,希望按照胡锦涛总书记在清华百年校庆大会上的讲话精神,携手并进,全面提高教育质量,共同奔向世界一流大学。"

关切的询问,倾心的交流,感染着现场的每一个人。阵阵掌声和欢呼声表达着同学们的喜悦和振奋……

"博学审问,慎思明辨""刚毅坚卓""勤奋、严谨、求实、创新""爱国、进步、民主、科学"……百年北大孕育的优良传统和作风,是北大奋力前行的不竭动力。"作为一名学长、一名北大人,我希望大家努力学习,早日成材,回报社会,报效祖国。"李克强深情地说。

校史展记录着北京大学跨越一个多世纪的沧桑巨变,展示着她向世界一流大学迈进的坚实足迹。李克强走进校史馆展览大厅,在签名簿上恭恭敬敬签上自己的名字。在一幅反映北大辉煌过去的老照片前,李克强驻足观看,仔细聆听讲解。"北大是我国新文化运动的中心和'五四'运动的策源地,为中国共产党的建立作出了特殊贡献,北大精神与我们中华民族的精神一脉相承。"李克强说。

新中国成立后特别是改革开放以来,北京大学的发展迈进了新时代。图片上,恢复高考后的第一批大学生正意气风发地迈进北大校门,脸上绽放着灿烂幸福的笑容……"我就是77级入校的。"照片上的场景把李克强的思绪带回到30多年前:"那时,包括校长在内的一大批知名学者都上讲台授课,他们的治学态度和执教风范让人钦佩。重回母校,我确实有一种难以用言语表达的情感。"

"这里是我们当时住过的宿舍楼,这里是大教室的位置……"在校园鸟瞰图前,李克强回忆起自己在北大读书和工作的难忘时光。一旁的北京大学校长周其凤说,学生们的学习生活条件不断改善,活动场地又将增加,李克强听了深感欣慰。

"团结起来、振兴中华"——1981年，北大学子为庆祝中国男排胜利喊出了时代强音；"小平您好"——1984年，北大师生参加国庆35周年庆典打出了热情问候……一段段校史跃动着时代脉搏，一次次回忆使在场的人深受鼓舞。

在离开校史馆时，学校负责人送给李克强一本学校为每位校友准备的北大图册和李克强在校就读时翻译的英国著作《法律的正当程序》一书作为纪念，李克强向母校表示感谢。

"北大的历史，是我国近现代史的一个缩影。"李克强说，"这次，我利用出席世界大运会火炬传递启动仪式之后的机会，看望母校的老师和同学们，时间很短暂。下次我还要专门再来，看看北大的新发展、新成就。"

美丽的燕园，春风拂面，绿草茵茵。

"你们守护着北大的传统，发扬着北大的精神，祝愿北大再创辉煌！"与学校老师和同学们话别时，李克强深情寄语。

（《北京大学校报》2011年5月5日第1242期）

贺国强到北京大学考察调研

11月10日，中共中央政治局常委、中央纪委书记贺国强到北京大学考察调研，参观了校史馆和化学与分子工程学院，出席了在北大召开的部分高校反腐倡廉建设座谈会，并发表重要讲话。中央书记处书记、中央纪委副书记何勇，中央纪委副书记、监察部部长马馼，教育部党组书记、部长袁贵仁，中央纪委秘书长崔少鹏，教育部党组副书记、副部长杜玉波，中纪委、监察部驻教育部纪检组组长、教育部党组成员王立英，北京市委常委、市纪委书记叶青纯，教育部党组成员、教育部部长助理林惠青，北京大学党委书记朱善璐，北京大学校长周其凤等领导陪同考察。

在校史馆，贺国强接见了北京大学领导班子成员，并饶有兴趣地参观了校史馆的"北京大学校史展"，"北京大学与中国共产党的创建——中国共产党成立90周年纪念图片展"，"北京大学党风廉政建设展"等展览项目。在化学与分子工程学院，贺国强考察了分子动态与稳态结构国家重点实验室。他现场听取有关稀土分离技术、编织柔性纤维太阳能电池、化学冶金法制太阳能多晶硅技术的研发情况等项目的汇报，参观了表面科学实验室，了解高性能有机发光二极管（OLED）材料等的研发情况。

考察中，贺国强说，北京大学是中国新文化运动的中心、五四运动发祥地、传播马克思主义和创建中国共产党的最早基地，希望北京大学坚持正确办学方向，弘扬光荣传统，推进改革创新，加快推进创建世界一流大学的步伐，为党和国家事业发展做出更大贡献。

随后，贺国强在北京大学英杰交流中心出席了部分高校反腐倡廉建设座谈会。座谈会由中央书记处书记、中央纪委副书记何勇主持。

座谈会上，朱善璐代表北京大学汇报了近年来北京大学的基本情况、改革发展情况和党风廉政建设情况。他表示，北大在党中央、国务院的亲切关怀下，在中共北京市委和教育部党组的直接领导下，将进一步增强使命自觉，抓住用好历史机遇，勇于担当，奋发有为。在我国建设世界一流大学的征程中，在党风廉政的建设中，继往开来，奋力拼搏，走在前列，作出表率，为建设社会主义文化强国和创新型国家、为实现中华民族伟大复兴做出新的更大的贡献。

袁贵仁代表教育部汇报了关于高等教育事业发展的总体情况，关于当前推进高等教育改革发展的总体思路、主要举措以及关于推进高校反腐倡廉建设的情况。他表示，一定在以胡锦涛同志为总书记的党中央的坚强领导下，全面贯彻党的教育方针，实施好教育规划纲要，以更加坚定的决心、更加科学的理念、更加有力的举措，推进高校反腐倡廉建设，加快高等教育改革发展，努力开创高等教育事业科学发展新局面。

认真听取汇报后，贺国强发表重要讲话。贺国强强调，要认真贯彻落实党的十七届六中全会、胡锦涛总书记在清华大学百年校庆大会上的重要讲话精神和《国家中长期教育改革和发展规划纲要（2010—2020年）》，进一步提高高校改革发展水平，要深入推进高校反腐倡廉建设，为高校改革发展提供有力保证。他指出，新中国成立以来，特别是改革开放以来，在中央的正确领导下，我国高等教育事业蓬勃发展，建成了世界上规模最大的高等教育体系，实现了我国高等教育的历史性跨越，为党和国家事业发展提供了强有力的人才保证和智力支撑。希望各高校再接再厉、乘势而上，进一步提高改革发展水平，为实现国家富强、民族振兴和人类进步作出新的更大贡献。要坚持正确办学方向，坚定不移地走中国特色高等教育发展道路；要坚持提高办学质量，努力形成各类人才层出不穷的良好局面；要坚持产学研相结合，加大协同研发力度，增强服务发展意识，提高科学研究能力，推进文化传承创新；要坚持改革创新，不断增强高校发展动力和活力；要坚持从严治校，为高校改革发展营造良好环境。

高校是教书育人的神圣殿堂，理应成为传播精神文明的一方净土。高校发生的消极腐败现象和违纪违法问题，不仅直接影响高校的改革发展，而且严重损害教育的社会道德教化功能及引领作用，影响青年学生的健康成长。

贺国强强调，要充分认识加强高校反腐倡廉建设的重要性和紧迫性，认真贯彻中央反腐倡廉决策部署，不断以反腐倡廉建设新成效为高校改革发展提供有力保证；要抓住反腐倡廉教育这个基础，切实筑牢高校师生拒腐防变的思想道德防线；要抓住监督管理这个关键，切实加强对招生录取、基建项目、物资采购、财务管理、科研经费、校办企业、学术诚信等重点领域和关键环节的监管；要抓住执行纪律这个重要手段，严肃查办发生在高校的各类违纪违法案件；要抓住完善制度这个重要保障，切实从源头上防治腐败；要抓住党风廉政建设责任制这个龙头，切实形成推进高校反腐倡廉建设的整体合力。贺国强还希望高校进一步加强廉政理论研究，充分发挥在反腐倡廉建设中的智囊团和思想库作用。

（《北京大学校报》2011年11月15日第1261期）

刘延东出席全国高校学生主题暑期社会实践活动启动仪式并看望北大师生

6月23日上午，中共中央政治局委员、国务委员刘延东来到北京大学英杰交流中心，出席了全国高校学生“永远跟党走”主题暑期社会实践活动启动仪式。

刘延东国务委员在启动仪式上发表重要讲话。她指出，全国高校学生“永远跟党走”主题暑期社会实践活动是贯彻落实胡锦涛总书记给北京大学第十二届研究生支教团成员回信精神，促进青年学生向实践学习、向人民群众学习的有效形式，是深化实践育人工作的切实举措，具有十分重要的意义。

刘延东对高校学生提出殷切期望：“我们正在进行的改革开放和现代化建设，为大学生的成长提供了最生动、最丰富的教材，也创造了大学生施展才华的广阔天地。每一位有志青年都应该积极投身实践的热土，在基层一线砥砺品质，在与群众的密切联系中锤炼作风，切身掌握建设国家、服务人民、奉献社会的过硬本领，努力成长为堪当国家建设重任的栋梁之材。”随后，刘延东亲自向“永远跟党走”主题暑期社会实践活动团代表、北京大学第13届研究生支教团授旗。

启动仪式结束后，刘延东国务委员到基层院系考察，亲切看望北大师生。刘延东首先来到马克思主义学院，了解马克思主义学科建设和发展情况。她指出，中国是真正能够创新发展马克思主义的地方，我们有历史责任把马克思主义的理论建设不断推向前进，为探究人类科学的真理，为推进人类社会的进步发展做出贡献。这不仅是对中国的贡献，也是对人类、对世界的贡献。

在生命科学学院，刘延东参观了饶毅教授实验室，指出在21世纪发展生命科学事业要把握三个重点：一是要瞄准前沿、抓住重点；二是要加强教育和科技的结合；三是要开展强强联合。刘延东希望北大—清华生命科学研究与人才培养联合中心能加强机制与体制方面的探索与创新，为全国高等教育的创新探索之路做出榜样，起到引领作用。

刘延东还应邀来到北大图书馆，参观了在此举行的“北京大学与中国共产党的创建”专题展览。她高兴地说，在中国共产党的创建、马克思主义的传播这一历史征程中，北京大学发挥了不可替代的重要作用。北大人为党和国家的发展建设做出了卓越贡献，这是北大历史的辉煌，也是北大人的骄傲。希望北大师生继承发扬优良传统，在人才培养、科学研究、社会服务、文化传承、国际交流与合作方面做出更大的贡献。

刘延东国务委员一行受到北大学生的热烈欢迎。在图书馆门口，刘延东国务委员与得到国家资助即将毕业的北大家庭经济困难学生亲切交谈，勉励大家在磨炼中成长，脚踏实地，深入基层，在平凡的工作岗位上报效国家，为国家的现代化建设贡献自己的力量。

（《北京大学校报》2011年6月27日第1249期）

刘延东国务委员致信祝贺侯仁之先生百岁寿辰

12月6日，受中共中央政治局委员、国务委员刘延东的委托，教育部副部长刘利民、中国科学院副院长李静海先后到北大校医院看望侯仁之先生，转达刘延东同志的问候，转交刘延东同志的贺信，并分别代表教育部和中科院向迎来百岁生日的侯先生致以诚挚的祝贺。

刘延东贺信全文

尊敬的侯仁之先生：

在您期颐大寿之际，谨向您致以热烈的祝贺和崇高的敬意！

侯先生是蜚声中外的历史地理学家与学界泰斗，是老一辈爱国知识分子的杰出代表。您在百岁人生中，亲身参与和见证了中国革命、建设与改革的伟大历程。抗日战争期间，您保护大批进步学生辗转赴延安，临危不惧、不屈不挠，体现了中华民族的崇高气节。新中国成立后，您怀着报效祖国的理想，放弃国外的优越生活，毅然回国投身社会主义建设。半个多世纪以来，您将个人追求紧密融入国家发展进程，潜心学问、笔耕不辍，奠定了现代中国历史地理学研究的基础，开辟了崭新的学术领域。您以传承中华文明为己任，情系首都、关注人文，为北京的城市规划与建设、为中华遗产的保护与利用提供了重要的科学论据，作出了杰出贡献。您致力于教育教学，嘉惠士林，桃李芬芳，为国家和民族培养了许多优秀人才，成为海内外学界共同敬重的一代宗师。您坚守爱国报国、追求真理、淡泊名利的情怀，耄耋之年仍辛勤耕耘，展现出高尚的人格风范，为全社会树立了典范。

当今中国正处于现代化建设的关键阶段，中华民族复兴展示出光明前景。在这样一个伟大的时代，您为之奉献、倾注心血的学术与教育事业正翻开发展的新篇章，将为建设富强民主文明和谐的社会主义现代化国家提供坚实的人才智力支撑！

衷心祝愿您学术青春永驻，祝愿您福寿绵长！

刘延东

二〇一一年十二月六日

（《北京大学校报》2011年12月6日1265期）

中共中央任命朱善璐为北大党委书记

8月22日下午，北京大学隆重召开全校教师干部大会。受中央领导委派，中组部副部长李智勇在会上宣布了中共中央关于北京大学党委主要领导职务调整的决定。中央决定：中共江苏省委副书记朱善璐同志调任北京大学党委书记，闵维方同志不再担任北京大学党委书记职务，另有任用。中共中央政治局委员、国务委员刘延东，教育部部长、党组书记袁贵仁，国务院副秘书长江小涓，教育部副部长、党组副书记杜玉波，北京市委常委、市委教育工委书记赵凤桐等领导出席了会议。会议由北京大学校长周其凤主持。

刘延东在会上发表重要讲话。她指出，党中央、国务院高度重视北京大学的改革发展事业和北京大学领导班子建设。此次对北京大学党委书记职务调整的决定，是中央立足高等教育改革发展大局，根据工作需要，并充分考虑北京大学的特殊地位和领导班子建设实际，经过反复酝酿、慎重研究作出的。

刘延东指出，闵维方同志政治清醒、立场坚定、大局意识强，非常热爱党的教育事业，有较高的学术造诣，熟悉高等教育规律，视野开阔、经验丰富。他全身心投入工作，恪尽职守、兢兢业业，作风民主、清正廉洁，在广大师生员工中有较高威信。近年来，在党中央的正确领导下，以闵维方同志为书记的北京大学领导班子在历届领导班子工作成绩的基础上，以邓小平理论和“三个代表”重要思想为指导，深入贯彻落实科学发展观，全面贯彻党的教育方针，坚持社会主义办学方向，带领全校师生员工，积极推进211工程和985工程，努力探索中国特色、世界一流的高等教育发展道路，把学校的改革发展不断推向前进，北京大学的学科建设、人才强校的工作成绩突出，人才培养质量显著提升，科技创新成果不断涌现，素质教育和校园文化建设成效显著，产学研用合作向纵深发展，党的建设和思想政治工作进一步加强，办学水平和影响力不断提升，在创建世界一流大学进程中取得了显著成效。中央对北大的工作是满意的，对闵维方同志的工作是满意的。

刘延东指出，北大新任党委书记朱善璐同志工作富于激情，作风正派，为人朴实，有亲和力，对自己要求严格，中央认为朱善璐同志担任北京大学党委书记是合适的，相信朱善璐同志一定能够紧紧依靠学校党政领导班子，团结带领北大师生员工，再接再厉，顽强拼搏，推动学校各项事业迈上一个新的台阶。她希望北大全体师生员工尽快把思想统一到中央的决定上来，保证主要领导的顺利交接和领导班子的平稳过渡，以实际行动来支持学校领导班子的工作。各级领导干部要带头讲政治、顾大局，团结协作，各负其责，保持各项工作的良好发展势头，维护干部队伍团结稳定的局面，把北京大学的各项工作做好，让党中央、国务院放心，让广大师生满意。

刘延东强调，领导班子是高校改革发展的领导者和推动者，把北大建设成为世界一流大学关键在于领导环节，希望学校领导班子继承和发扬好传统、好作风，带头讲党性、重品行、做表率，切实将领导班子建设成为坚持正确办学方向、贯彻党的教育方针、善于领导科学发展、团结奋进的坚强集体。刘延东还就北大新一届领导班子带领广大师生员工，结合北大实际，认真学习贯彻胡锦涛总书记“七一”重要讲话精神，更加坚定地在党的领导下走中国特色社会主义高等教育发展道路，早日实现建设世界一流大学的目标并在我国建设世界一流大学的征程中走在前列、作出表率提出了三点要求：一是要牢记使命，凝心聚力，加快世界一流大学的建设步伐；二是要坚持走质量提升为核心的内涵式发展道路，探索建设世界一流大学的有效举措；三是要切实加强领导班子建设，为建设世界一流大学提供坚强的组织保障。

袁贵仁、赵凤桐分别代表教育部党组和北京市委市政府发表讲话，表示完全拥护党中央的决定，教育部、北京市将一如既往地支持北京大学的建设和发展，一如既往地支持学校党政领导班子开展工作，为北京大学创建世界一流大学共同努力。

闵维方在讲话中深情表达了对党、国家、上级部门和全体师生员工的由衷感激之情。他指出，这些年来，学校工作能够顺利开展，能够在创建世界一流大学的道路上不断迈开新的步伐和不断取得新的业绩，从根本上说，归功于党中央、国务院的科教兴国战略和科学发展观的指引，归功于党中央、国务院对北大的亲切关怀和大力支持，归功于教育部党组、中共北京市委、市委教育工委对北大直接、坚强的领导，归功于北京大学全体师生员工共同团结奋斗、昂扬向上的精神和追求真理、追求卓越、服务国家战略的坚定信念。他祝愿校党政领导班子在新书记的带领下，团结全校师生员工，使北大改革、发展和建设事业跨上更高的台阶，在创建世界一流大学宏伟事业中取得新的更大的成就。

朱善璐在讲话中表示，坚决服从组织安排，倍加珍惜中央、教育部、中组部、北京市委和北大干部群众对自己的极大信任，一定要团结带领学校领导班子，恪尽职守，鞠躬尽瘁，尽最大的努力做好北大党委的工作，不辜负组织和同志们的重托，与大家一起努力谱写北大发展的新篇章。朱善璐表示，为了不辜负中央、各级组织和北大师生的期望，自己决心从五个方面身体力行，做好表率：一是高举旗帜，把握大局；二是锐意进取，埋头苦干；三是发扬民主，团结协作；四是努力学习，加强修养；五是联系群众，廉洁自律。朱善璐强调，一定要通过自己和学校领导班子成员的共同努力，营造团结奋进、开拓进取、求真务实、清正廉洁的工作环境和风气，带动校风学风教风好的发展。

周其凤代表北大全体师生表示完全拥护党中央、国务院的决定，一定全力支持和配合朱善璐书记的工作，继往开来地把北京大学的各项事业推向前进，早日实现创建世界一流大学的伟大目标。

学校党政领导班子全体成员、老领导代表，校党委委员、纪委委员，各院（系、所、中心）党政班子成员，机关部处、直属附属单位副职以上干部，院士、资深教授和中青年教师代表，各民主党派负责人以及离退休老同志代表、教代会代表、校办产业负责人等共500余人参加了会议。

（《北京大学校报》2011年9月5日第1251期）

·专 文·

党委书记闵维方在2011年春季全校干部大会上的讲话

闵维方

(2011年2月25日)

同志们:

现在还没有出正月,我和周校长首先给大家拜个晚年。祝大家在新的一年里工作顺利,身体健康,阖家幸福!今年寒假和春节期间,学校保持了安全稳定,寒假期间留校过节学生的资助和管理顺利开展,后勤保障系统运行正常,相关部门的同志牺牲了大量休假时间,坚守在一线岗位上,为全校师生度过一个安定祥和的春节做出了重要贡献。在此,我谨代表学校党委和行政向所有在寒假和春节期间坚守岗位、辛勤工作的同志,表示亲切的慰问和衷心的感谢!

刚才,周校长代表行政班子紧紧围绕我校创建世界一流大学的中心工作,全面回顾了2010年学校的行政工作,并对本学期的行政工作进行了周密部署。请同志们认真学习和领会,并结合本单位实际,尽快制订好本学期的行政工作计划,明确目标、任务和职责,把周校长对各项行政工作的部署落到实处。

刚刚过去的2010年是具有重大意义的一年。党中央召开了十七届五中全会,提出了关于我国经济与社会发展的"十二五"规划纲要的建议,召开了进入新世纪以来的第一次全国教育工作会议,召开了第十九次高校党建工作会,颁布了我国中长期教育改革与发展规划纲要,全面启动了创建世界一流大学的"985工程"三期建设。学校党委按照党中央、教育部党组和北京市委的部署,紧密围绕学校改革发展稳定的大局,服务国家战略,坚持科学发展,加快推进创建世界一流大学的步伐,在各项工作中都取得了新进展。

一、深入开展创先争优活动,大力推进基层党建,不断加强干部队伍建设。2010年,我们按照中央的统一部署,广泛深入开展创先争优活动。全校各级党组织认真部署,广泛动员,积极创新活动方式,形成浓厚氛围,已取得初步成效,提高了全校基层党建水平,为学校的改革发展稳定提供了可靠的政治保障。在此基础上,学校党委紧紧抓住形成创先争优长效机制的制度规范建设和党支部书记队伍建设这两个重点,深入开展"党支部建设年"活动。深入各个院(系)级单位党组织开展广泛的调查研究,结合调研结果,制订了《评优表彰办法》《党支部建设基本标准》《党支部工作和活动专项经费使用说明》等工作规范,修订了教工党支部建设意见和学生党支部建设意见,草拟了《北京大学党代表大会代表任期制实施办法》。积极稳妥地推进中层领导班子换届调整工作,完成基层党委和行政班子换届18个,调整和充实41个班子,新建班子3个。为帮助新同志尽快适应中层管理干部岗位的需要,学校党委大力加强干部教育培训力度,对新上岗的69位中层领导干部进行了校情校策、廉政教育和国情国策、治校理教能力三个阶段的培训。同时,积极组织干部参加北京市干部在线学习培训,全年共有278名干部参加了这一在线学习活动,其中处级领导干部116人。加大干部交流力度,为地方培养和输送人才,去年6月,学校成立了干部对外交流工作领导小组及领导小组办公室,加强干部交流力度,激发干部活力,全年共开展推动干部交流工作16项。2010年年底,学校还开展了若干副处级岗位公开选拔初选工作。这次选拔工作采用公开报名,综合素质测试与结构化面试相结合的方式,在提高选人用人视野的基础上,也进一步提高了干部选任工作的公信力。学校还扎实开展党建课题研究、主题征文等活动,做好全国党建研究会高校党建研究专业委员会和北京高校党建研究会秘书处的工作,圆满完成了三年北京高校党建研究会秘书处主责单位的任务。去年在中央组织部委托第三方进行的组织工作满意度民意调查中,北大在北京地区事业单位中名列前茅。

二、认真开展宣传思想工作,强化中国特色社会主义理论武装,为加快创建世界一流大学提供精神动力。2010年,学校党委以学习型党组织建设带动思想理论建设,认真贯彻十七届四中全会精神,围绕中央

《关于推进学习型党组织建设的意见》，对北京大学建设学习型党组织展开深入探讨，组织了多次党委理论中心组学习活动，学校领导班子和中层领导干部一起学习，在学习中不断深化了思想认识。在校园文化建设中，学校围绕进一步改进学风和加强师德师风、医德医风建设，整合校内外资源，努力加强校园媒体建设工作，深入宣传全国教书育人楷模姜伯驹、首都十大健康卫士马庆军等先进模范人物，广泛宣传学生评选的"十佳教师"以及在教师和学生中涌现出来的学术创新团队等先进典型，为学校发展营造了健康、和谐的舆论氛围。

三、扎实推进学生思想政治教育工作，服务学校育人工作大局。2010年，学校持续深化"文明生活、健康成才"主题教育，紧密结合"创先争优"活动，全面推进学生党建"旗帜引领"计划，大力建设学习型学生党组织。继续实施"身边的旗帜"优秀学生党员系列报道和学生党支部书记能力建设工程，先后以"心中的旗帜、坚强的堡垒""学习胡锦涛总书记回信、温家宝总理谈话精神"和"创先争优，从我做起"为主题，组织学生党日团日联合主题教育活动。进一步加强学生工作创新基地建设力度，加大院系辅导员"深度辅导"工作的检查督导力度，完善了有关规范性文件。进一步加强学工干部培训工作，开展了多场辅导员培训讲座，通过组织赴上海高校学习考察活动进一步开阔了学生工作干部的视野。2010年，由学生工作部组织申报的《以"精致化"为要求，推进大学生思想政治教育深化与发展》工作成果，荣获"北京高等学校党的建设和思想政治工作优秀成果"一等奖；学生工作"精致化"、辅导员"深度辅导"等特色工作被新华社、《人民日报》《光明日报》等主流媒体广泛报道。2010年，我校分别获得了"全国高校学生资助工作先进单位""全国毕业生就业典型经验高校""首都大学生社会实践工作先进单位"等荣誉。历史学系本科生马清源荣获"2009中国大学生年度人物"荣誉称号，为全体大学生树立了人生楷模和成长榜样。

四、以廉政风险防范管理工作为抓手，深入开展党风廉政建设。学校党委认真组织学习并深入贯彻党的十七届四中全会和十七届中央纪委五次全会精神，学习落实《廉政准则》和教育部"十不准"规定，召开了"2010年党风廉政建设工作会议暨推进廉政风险防范管理工作动员大会"，全面推进廉政风险防范管理工作。党委立足学校实际，制订实施了《2010年党风廉政建设工作实施意见》《2010年党风廉政建设主要任务分工》，认真落实党风廉政责任制；加大了以领导干部为重点的反腐倡廉教育力度，深入推进大学生廉洁教育，加强医院行风建设，营造了浓厚的廉政文化氛围；进一步强调各单位要加强规范化管理，并对教育收费、招生、工程建设、财务、医药购销等重点领域、关键环节进行了监督检查，进一步从制度层面推进惩防体系建设，为学校的持续健康发展提供组织纪律保证，营造风清气正的校园氛围。

五、不断健全应急反应机制，切实维护校园稳定。北大的校园安全稳定事关大局。维护北大的安全稳定是高于一切、重于一切、压倒一切的政治任务。面对2010年发生的若干涉稳事件，学校党委从大局出发，圆满完成了中日"撞船事件"引发的"涉日"维稳任务，妥善处理了若干政治敏感问题，得到了上级领导部门的充分肯定，确保了校园安全稳定。去年12月，学校召开了"校园安全管理业务培训会"，对近几年的校园安全管理工作进行了梳理，从工作规章制度、组织领导体系、基础设施建设、"校""警"联动机制、维护稳定工作等方面总结了成就与不足，并对新时期校园安全管理的形势和任务进行了全面的分析，进一步明确了安全稳定工作的领导体制、工作机制和各项工作制度。

六、充分发挥统战工作和各民主党派的重要作用，加大工会教代会和共青团的工作力度，扎实推进和谐校园建设和一流大学建设。2010年，党委统战部两次召开基层党委统战委员会议和民主党派负责人会议，协调联系民主党派负责人和党外代表人士，为学校发展建设献计献策，巩固发展了北大共产党组织和各民主党派及党外人士"风雨同舟、肝胆相照"的亲密合作关系，共同为创建世界一流大学而奋斗。工会教代会以服务学校改革和发展大局为中心，以维护教职工合法权益为根本，以建设和谐校园为主线，以加强基层工会组织建设和二级教代会制度建设为保障，充分发挥"组织、引导、服务、维护"作用，顺利召开了工会教代会年会，通过进一步改进沟通机制，发挥桥梁纽带作用，得到了教代会代表的肯定，密切了党和广大教职员工的血肉关系，为学校发展提出了重要的提案和意见建议。共青团组织紧扣北京大学创建世界一流大学的中心工作，积极创新工作思路和方法，把握广大青年学生的思想脉搏，贴近学生的学习和生活实际，生动活泼地开展工作，为切实加强学生思想政治教育，努力繁荣校园文化，不断完善青年成才服务体系做出了扎实的努力，取得了显著成绩。

以上是学校党委2010年的主要工作。同志们，2011年是建党90周年、辛亥革命100周年、西藏和平解放60周年，全年国内存在多个政治热点。同时，国际政治经济形势复杂多变，局部国家或地区政治动荡仍然存在。学校党委希望各级领导干部认真贯彻落实全国第19次高校党建工作会议精神，认真学习和贯彻今年2月21日中央政治局集体学习时胡锦涛总书记的重要讲话精神，以贯彻落实中国共产党高等学校基层组织工作条例为抓手，以党的建设促进世界一流大学的建设，不断增强政治意识、大局意识、忧患意识、责任意识、开拓进取和勇于创新精神，抓住建党90周年这一重要契机，凝聚力量、团结一致，以改革创新的精神推进党的建设新的伟大工程，加快创建世界一流大学的步伐。下面，我向大家简要报告本学期学校党委的主要工作安排：

第一，高度重视，齐心协力，认真做好庆祝建党90周年的各项工作。中国共产党的成立和党的早期活动与北京大学密切相关。纪念建党90周年对北大具有非常重要的特殊意义。我们应该抓住这一历史契机，开展一系列具有北大特色的纪念活动，将学校党的工作提高到一个新的水平。组织部门要利用这个机会进一步加强党的组织建设，将一批高级知识分子和优秀青年学生吸收到党组织中来；宣传部门在建党90周年前后要举行一系列关于"中国共产党与北京大学"的理论研讨会、专题报告会、学生座谈会、老同志座谈会；统战部门要利用这个机会和民主党派的同志们一起回顾和总结90年来我们党与各个民主党派风雨同舟、肝胆相照、荣辱与共、共同奋斗的历史进程，进一步巩固和扩大党的统一战线；学生工作部要抓住这一历史契机，对学生开展党史教育和北大校史教育；纪检监察部门要在全体党员中积极推进我们党在90年中形成的立党为公、执政为民的根本宗旨教育；工会教代会和团委要积极开展与建党90周年相关的群众庆祝活动；安全保卫部门责任重大，在建党90周年前后要重点做好学校的安全保卫工作，加强校园秩序管理，确保学校的安全稳定。通过一系列庆祝活动，我们要进一步增强北大师生对党的理论、路线、方针、政策的认识，增强北大人对党的情感认同、政治认同、理论认同，更加紧密地团结在以胡锦涛同志为总书记的党中央周围，坚定不移地坚持社会主义办学方向和中国特色社会主义道路。

第二，推动创先争优活动的不断深入，进一步加强基层党建工作。要把创先争优活动同学校创建世界一流大学的教育教学和科研创新工作有机结合，激发基层党组织和广大党员争当先进、争创优秀的内在动力，在形成创先争优的长效机制上下功夫，提高基层党组织的凝聚力和战斗力，充分发挥基层党组织的战斗堡垒作用，开创学校基层党组织建设的新局面。要按照《北京大学开展创先争优活动的实施方案》，继续推进院系党委和党支部制度化规范化建设；要继续抓好党员队伍和党的干部队伍建设，重点做好对长江学者、千人计划学者、优秀青年教师等高知识群体中入党积极分子的服务、联系和培养工作，促进教师队伍建设水平不断提高，为创建世界一流大学奠定坚实的人才基础。

第三，进一步做好宣传思想战线工作，强化学习型党组织建设，为创建世界一流大学营造良好舆论氛围和理论基础。在当前我国经济高速增长，社会结构急剧变化，思想状况日益多元，国内外各种思潮交流激荡的形势下，加强中国特色社会主义理论的学习和武装，抓好学习型党组织建设尤为重要。领导干部要首先做学习的模范，带头研究新形势、新问题，提高应对新挑战的能力。在当前形势下，抓好学校的宣传工作对于维护北大的安全稳定、创建世界一流大学具有非常重要的意义。今年，我们在深入学习贯彻《国家中长期教育改革和发展规划纲要》的基础上，要以全面深入宣传北大的教学科研成就和优秀师德楷模为重点，力求将北大宣传工作与整个国家的教育改革发展相结合，力求与弘扬北大传统和精神相结合，力求与北大师生的思想工作实际相结合，积极探索教育新闻宣传工作新模式，组织开展多种形式且富有特色的宣传活动，全面扎实做好宣传工作，为北京大学创建世界一流大学营造良好的舆论氛围。

第四，加大领导班子的建设力度，进一步提高干部队伍治校理教的能力。近两年来，学校校级领导班子和院系领导班子的调整变化比较大。我们要通过党委理论中心组学习、党政领导班子民主生活会、集中学习培训等多种形式，建立一支政治坚定、德才兼备、团结协作、开拓创新、不断进取、有能力胜任领导世界一流大学建设的校级领导班子。要进一步完善院系党政领导班子工作职责与运行机制，健全以院系党政联席会议制度为核心的决策运行机制。要密切关注专职管理干部和双肩挑干部的工作生活状况，尽快建立稳定可持续的、体现管理岗位贡献的考核评估激励机制，使学校的管理工作岗位真正成为有成就感、有吸引力的岗位；要创造各种有利条件帮助院系党政一把手协调处理好教学科研与管理岗位工作之间的矛盾；要加强干部轮岗交流和对外交流工作力度，整合各方面资源，形成合力，推动优秀教师和管理干部、在站博士后和在读研究生到重要地区、重要行业和重要岗位挂职锻炼或交流任职，为国家的发展做贡献。

第五，坚持育人为本，德育为先，努力培养社会主义合格建设者和可靠接班人。学校工作要贯彻党的教育方针，坚持育人为本，德育为先，不断提高人才培养水平，把促进学生健康成长作为学校工作的出发点和落脚点。要进一步贯彻落实学生工作"精致化"的发展目标，持续深化“文明生活、健康成才”的教育主题，坚持用中国特色社会主义理论体系武装学生头脑。在形势政策教育、学生党团日联合主题教育、研究生思想政治教育、大学生榜样教育、廉洁教育、学生骨干培养和毕业教育等工作领域，要进一步深挖育人内涵、创新育人形式、优化育人效果。在育人工作中要始终坚持文化知识学习和思想品德修养的统一、理论学习和社会实践的统一、全面发展和个性发展的统一，强化创新精神和创新能力的培养。在队伍建设方面，要明确学生工作队伍作为大学生日常思想政治教育工作的组织者和实施者的重要作用，进一步完善《北京大学学生工作干部教育培养发展规划纲要(2010—2015)》，对未来五年学工干部队伍发展进行全方位布局，并提出系统的建设规划。在学生管理工作方面，要进一步凸显管理工作在规范学生日常言行、引导学生健康成长方面的“杠杆”效应，推进模拟学分制改革，完善学生综合素质测评体系，规范学生评奖评优和违纪处分程序，充分发挥管理工作对学生思想政治教育的辅助和促进作用。

第六，进一步健全惩治和预防腐败体系，切实加强党风廉政建设。要认真开展十七届中央纪委第六次全会精神、教育系统党风廉政建设工作会议精神、《关于加强高等学校反腐倡廉建设的意见》《中国共产党党员领导干部廉洁从政若干准则》以及《中国的反腐败与廉政建设》白皮书等内容的专题学习活动。要按照党风廉政建设责任制的各项规定，把党风廉政建设工作任务逐级分解落实到具体责任人，不断提高领导干部“一岗双责”意识，把党风廉政建设工作纳入学校总体工作规划和重要议事日程，纳入领导班子、领导干部目标管理。领导班子成员要按照“一岗双责”要求，抓好分管范围内的责任制贯彻实施工作，与行政管理、业务工作紧密结合，一起部署、一起落实、一起检查。要加强纪检监察队伍自身的建设，加大对纪检监察队伍的培训力度，全面提高纪检监察队伍的素质。

第七，切实加强安全稳定工作，确保北大的政治稳定。今年的敏感节点较多，我们维护校园安全稳定的压力仍然很大。我们要始终保持清醒的头脑和高度的政治敏感性，确保学校安全和政治稳定。“两会”即将召开，教育部党组和北京市委都专门发了文件、召开了工作会议，要求高校高度重视近期校园安全稳定工作，对学生思想政治工作、网上舆论引导、值班信息工作和控制食堂伙食价格等后勤保障工作都提出了要求。我们要认真贯彻上级精神，提高政治责任感、政治敏感性和政治辨别力，不可麻痹大意，要牢固树立安全稳定“责任重于泰山”的意识，深入排查并及时化解可能影响稳定的突出矛盾，避免因工作中的失误造成热点问题或群体事件。各级党组织要加强对安全稳定工作的领导，狠抓队伍建设，打造一支能够正确应对新时期复杂局面和突发事件的维稳队伍。要积极开展师生思想动态的信息调研工作，加强与上级有关部门的沟通协调，做好工作预案，确保北大安全稳定，做到万无一失。

第八，加强党的统战工作，巩固和扩大新时期的统一战线。今年北京市各区县“两会”和各党派组织将全面换届，明年，各民主党派中央和北京市委将进行换届，统战部要积极做好中央和北京市“两会”代表、委员及各民主党派组织负责人换届的相关前期工作。要进一步加大学校民族宗教工作的调研，形成对敏感问题的工作预案。要通过组织统战系统纪念建党 90 周年、辛亥革命 100 周年相关活动，在党外知识分子中深入开展中国特色社会主义信念教育、爱国主义教育和改革开放的政策共识教育，进一步协助各民主党派加强自身思想建设和组织建设，采取切实有效的措施，支持各民主党派和党外人士对学校发展决策的参与和监督，发挥他们在创建世界一流大学过程中不可或缺的重要作用。

第九，以构建社会主义和谐校园为落脚点，进一步加强工会教代会和共青团工作。工会教代会是党联系广大教职工的桥梁和纽带，共青团是党联系广大青年学生的桥梁和纽带，他们都是学校工作中不可或缺的重要力量，在促进学校改革、发展和稳定中具有重要的地位与作用。今年，工会教代会要认真做好换届选举工作；要加强各级工会组织建设和制度建设，继续深化校(院、系)务公开工作；要不断完善群众利益表达和协调机制，积极维护教职工合法权益；要开展各种形式、丰富多彩的文体活动，促进校园文化繁荣，促进和谐校园建设。共青团组织要不断加强学校党委和行政同广大青年学生的血肉联系，在丰富多彩的教育活动中，促进学生成长成才；要认真研究当前学生的心理特点，学生的各种诉求，因应形势发展变化，不断创新活动方式，在党委的领导下做好学生工作，为中国特色社会主义事业培养合格建设者和可靠接班人做出应有的贡献。

同志们，2011 年是伟大的中国共产党成立 90 周年，是国家“十二五”的开局之年，也是我们贯彻落实国家中长期教育改革和发展规划纲要，深入推进“985 工程”的关键一年。做好本年度的工作，对于北京大学未来的发展至关重要。我们要始终牢记“发展是硬道理”，是我们党“执政兴国的第一要务”。我们相信，学校各级党组织和全校广大党员，一定能进一步发扬光荣传统，继续发挥好战斗堡垒和先锋模范作用，以更加广阔的视野、更加开放的姿态、更加执着的努力，努力谱写我校创建世界一流大学的新篇章！谢谢大家！

校长周其凤在2011年春季全校干部大会上的讲话

周其凤

（2011年2月25日）

老师们、同志们：

我今天的报告主要分两个部分，第一部分是向大家报告2010年学校行政的主要工作；第二部分是部署2011年的行政工作。

2010年的主要工作

2010年，在上级部门的坚强领导下，我校深入贯彻落实科学发展观，统筹规划、整合资源、把握重点、协调发展，办学实力和国际国内竞争力显著增强，建设世界一流大学的事业全面推进。学校行政工作紧紧围绕《国家中长期人才发展规划纲要》《国家中长期教育改革和发展规划纲要》以及《国家中长期科学和技术发展规划纲要》，坚持改革创新，突出"质量优先"和"比较优势"两大战略，取得了显著成效。

学校的行政工作主要从以下八个方面展开：

第一，在学科建设方面，我们在进一步增强基础学科实力的同时，加大力度支持前沿和交叉学科的发展。在2010年《泰晤士报高等教育》《美国新闻与世界报道》等机构发布的系列大学排名中，我校均进入全球前50强；根据美国"基本科学指标数据库"（ESI）的统计，我校有16个学科进入全球大学和科研机构前1%。这些基于不同指标体系的统计既让我们看到了学校发展建设所取得的成绩，也让我们清醒地认识到自己的差距。

第二，在队伍建设方面，我们充分利用"千人计划"等国家级人才工程，积极引进高层次海外人才。高度重视国家首批"海外高层次人才创新基地"分子科学平台的建设，聚集了一批本领域的顶尖专家学者和高水平的科研团队，形成了学术氛围浓厚、学科交叉融合性强、富有创新活力的科研平台。2010年，我校人才队伍建设各项重要指标不断刷新，人才队伍的结构进一步优化。学校还通过设立人文基金等措施，进一步加大了对文、史、哲、考古等学科高层次人才与优秀青年人才的支持力度。

第三，在科研工作方面，我校获批的国家"973计划"和重大科学研究计划立项数居全国首位。科研经费再创新高，获国家自然科学基金资助的经费数居全国高校首位。文科科研和医科科研经费也都有较大增长。科研获奖形势喜人，获得国家科学技术奖和教育部"高等学校科学技术奖"的项目名列高校前茅。在中国科学技术信息研究所不久前发布的"2009年中国百篇最具影响国际学术论文"中，我校有9篇入选，比第二名多出4篇。我校在国家社科基金重大项目立项方面也取得了重大突破，有10个项目入选，位居全国第一。

第四，在人才培养方面，学校继续深化教育教学改革，努力提高人才培养质量。本科教育方面，学校进一步加强本科生科研训练，进一步激发了本科生参与科研的兴趣。2010年是教育部质量工程一期的收官之年，经过五年建设，学校本科教学质量得到显著提高。目前所拥有的国家级和北京市级精品课程、教学名师、优秀教学团队、特色专业、实验教学示范中心等，均居全国高校前茅。研究生教育方面，学校继续贯彻落实"稳定规模、优化结构、提高质量"的工作思路，在继续保持学术型研究生培养核心竞争力的前提下，积极探索专业学位研究生教育发展的新途径，促进研究生教育结构优化调整，着力提高研究生培养质量。继续教育工作主动服务国家发展建设大局，重点发展高端培训，取得了显著的社会效益和经济效益。2010年，我校的毕业生就业工作和学生资助工作都取得很好成绩，被教育部授予"全国毕业生就业典型经验高校""全国高等学校学生资助工作先进单位"等称号。

第五，在校园基础设施建设、资源统筹以及民生服务方面，随着一批重点工程的相继竣工，校园面貌焕然一新，教学科研基础设施条件迈上了一个新台阶。随着学校事业的飞速发展，学校教学、科研用房相对紧张的局面在一定范围内还将长期存在。学校强化了公共资源的统筹分配和管理，出台了《北京大学公用房管理条例及实施细则》，全面推进公用房改革，更加科学规范地开展公用房分配与调整工作。根据前不久签署的协议，太平洋大厦的相关房产将收归学校作为教学科研用房使用。肖家河教工住宅项目稳步推进，已经在办理土地批复手续、拆迁准备工作、方案设计和规划调整等方面取得了实质性的进展。

第六，在社会服务方面，学校立足北京，多方面、多层次、多角度服务首都和地方建设。学校根据北京市关于"中知学区域"的规划和实施方案，积极参与中关村科学城的建设，与北京市签署了《进一步服务中关村科学城建设的合作框架协议》。继续做好对口支援石河子大学和西藏大学的工作，多次受到党中央、国务院以及上级单位的表彰，2010年我校被授予"全国民族团结进步先进集体”和“西部大开发突出贡献集体”荣誉称号。2010年，各附属医院继续为首都乃至全国人民提供优质的医疗服务，门诊总量逾千万人次。

第七，在国际交流与合作方面，学校国际交流的规模、层次以及深度、广度都有进一步提高。全年共接待国外代表团331个，来访总量达5000人次，共接待外国元首及政要11人。成功举办了第七届北京论坛、第七届国际文化节、纪念新中国接受外国留学生60周年活动等一系列大型活动。

第八，在财务工作方面，学校积极筹措资金，切实提高教职工和离退休人员的待遇。学校通过多种渠道努力筹措办学经费，为学校的正常运转和发展提供了资金支持。2010年我校共获得捐赠2300余笔，到账总额超过3.98亿人民币；新签署捐赠协议180余个，协议总额达5.8亿余元；同时，我校还争取到1亿元的国家配比资金。

以上，我对2010年学校行政的主要方面做了简要回顾。主要是取得的一些初步成绩。随着2010年的结束，北大“十一五”时期的工作画上了一个圆满的句号，我们在人才培养、科学研究和社会服务等各方面都取得了重要进展。未来五年也就是国家的“十二五”时期对于北京大学来说至为关键。我们在总结成绩的同时，也应该看到学校发展中仍然存在的问题，特别是制约发展的瓶颈性问题，比如空间问题、资金紧张问题，以及体制机制怎么进一步完善的问题。因为时间关系，我不再展开。下面，我带着这些问题，结合寒假战略研讨会领导班子形成的共识，谈一下2011年学校行政方面的主要工作安排。

2011年的行政工作要点

一、认真完善学校发展规划，健全管理体制机制，推动学校改革发展

2010年，学校根据全国教育工作会议精神和《国家中长期教育改革和发展规划纲要》的要求，凝聚全校专家学者、教职员工的智慧，编制了《北京大学“985工程”(2010—2020年)总体规划》，明确了学校“985工程”到2020年的建设目标和举措。下一阶段，要紧密结合学校实际，制订具体的执行计划，增强可操作性，坚定不移地推进有关工作。

关于北大“十二五”规划的制订工作，学校确定由发展规划部牵头制订。这项工作意义重大，一定要抓紧推进，既要认真研究国家的需求，也要深刻认识学校的校情，充分体现规划的科学性与前瞻性。在上学期由秘书长主持的学校日常行政工作会议上，发展规划部已经初步向各单位征求了意见并做了初步安排。学校寒假战略研讨会也听取了规划编制工作组就规划编制思路的报告。在接下来的工作中，学校还将制订一批专项规划，其中，人才发展规划由组织部、人事部牵头，本科生教育改革发展规划由教务部牵头，研究生教育改革发展规划由研究生院牵头，自主创新能力和重大科技基础设施改革发展规划由科研部牵头，人文社会科学发展规划由社科部牵头，国际交流与合作规划由国际合作部牵头，深圳研究生院发展规划由深圳研究生院牵头，医学部发展规划由医学部牵头，对口支援工作规划由国内合作办公室牵头，其他的专项规划我不一一点到，也请相关部门分头准备。全校各单位一定要树立全局意识，积极参与到各项规划的制订中，把制订规划的过程作为进一步理清思路、统一思想的过程，促进各项工作的开展。

前不久，教育部征求了对《高等学校章程制定办法(征求意见稿)》的修改意见。这个办法如果出台，将对高校章程建设给予明确的指导。学校对此也进行了认真的研究。我们要根据上级的精神和要求，结合学校实际情况，稳步推进《北京大学章程》的有关工作。

去年，学校还就教授治学和学术权力体制机制等情况进行了调研，目前正在研究起草新的《北京大学学术委员会章程》。学校在行政机构设置方面也进行了一定调整，下一步，还将继续积极稳妥地做好这项工作，使机构设置更加适合学校发展的需要。

最近一段时期，不少基层院系的行政班子换届。在新班子中既有经验丰富的老同志，也有刚走上领导岗位的新同志。为了进一步加强院系工作，也为了帮助新同志尽快进入角色，发展规划部门正在牵头制订《院长(系主任)工作条例》，各单位要关注和支持这项工作。

二、全面规划学科布局，推动科研工作再上新台阶

在前两期“985工程”建设中，我们针对学科发展趋势和国家战略需求，通过调整整体学科布局，加强基础学科建设，发展前沿和交叉学科，逐步形成了高水平的学科体系。在下一阶段的“985工程”建设中，我们必须根据“北大特色”“国际前沿”“国家需要”这几个要素做出战略选择，集中力量，重点建设，点面结合，提高学科的整体实力，并使部分学科尽早进入世界一流行列。最近，教育部对学科目录进行了一些调整，有关部门要密切关注，根据新的学科目录做好相关工作。

在科研方面，我们要从建设一流大学的整体目标考虑，积极做好校级公共平台建设。目前，我们已经拥有实验动物中心、分析测试中心、生物动态光学成像中心、中国社会科学调查中心等平台，要根据学校实际情况继续做好布局，健全管理和评价机制。要做好新科研机构的规划与管理。这几年，学校成立了北京国际数学研究中心、科维理天文和天体物理所、分子医学研究所、量子材料科学中心等新的研究机构，要做好这些新机构的管理和评估工作。今年年初，分子医学研究

所进行了国际评估，为做好新机构的评估进行了有益的探索。学校还计划于今年召开这些新机构的学术交流会，通过工作报告、论坛等形式，评估这些机构的科研成绩，并研究下一步的发展路径。

我们要主动承担重大项目，多出有较高显示度的重大成果。在积极承担国家基础研究项目的同时，各院系要认真考虑如何结合国家的重大计划来组织我们的队伍，积极参与国家科技重大专项的竞争。

精良的仪器设备是推动科研再上新水平的重要支撑。目前，我们的仪器设备，尤其是大型仪器设备同世界一流大学以及一些兄弟院校、科研院所还有不小差距。下一步，学校将有重点地加大对大型仪器设备的投入，进一步改善科研工作的基础条件。

我们还要积极参与国家大科学工程的建设。美国的一流大学都与国家大科学工程有密切合作。从目前的形势上看，我国高校也将会担负起使用并逐步过渡到管理或部分管理国家大科学工程的使命。我们要做好筹划，积极参与相关工作。

在人文社科方面，我们要针对国家经济建设、社会建设、政治建设、文化建设中的重大理论与现实问题，做出具有较高理论水平和扎实经验基础的研究成果；同时，人文社会科学应具有广阔的国际视野，在国际上发出更多有分量的声音。

三、坚持育人为本，进一步提升人才培养、学生管理和服务工作的水平

人才培养质量是学校综合实力的集中体现。我校承担了国家教育体制改革的几个试点项目，一定要抓紧抓好，争取早日做出实效。这里，我要强调一下，一定要做好生命科学研究与人才培养改革试点工作，学校各方面要特别支持，这不仅对北大生命科学的发展至关重要，而且做好了也能为其他学科的建设和人才培养提供经验。

在本科生培养上，我们要进一步推进教学改革，大力加强本科多样化人才培养体系建设，全面开展基础学科专业人才创新培养试验计划。要探索建立旨在拓宽基础、强化素质的通识教育课程体系，使学生的世界观、人生观、价值观以及批判性思考能力等得到培养和提高。要继续完善北京大学教学质量监控体系，推进课程评估系统问题库及模块化的建设，确保教学质量不断提升。

2月12日，刘延东国务委员在《中华人民共和国学位条例》实施30周年纪念大会上强调，要以育人为根本，以质量为核心，以改革为动力，加快发展中国特色、世界一流、结构优化、布局合理的高质量学位与研究生教育。根据延东同志的重要讲话精神，我们将继续推进培养体制机制改革，加强交叉学科研究生培养力度，建立跨学科、跨院系招收和指导学生等制度。要充分利用国际资源，加强与世界一流大学联合培养研究生，并积极推进留学研究生的招生工作，建设富有竞争力的研究生国际项目，努力提高研究生中留学生的比例和质量。

继续教育是学校以优质教育资源服务和回馈社会的重要渠道和窗口。我们要以“中央和国家机关司局级干部自主选学基地”建设为契机，以国家党政干部、企业经营管理人员和专业技术人员为重点，加快继续教育向高层次培训的战略转移。目前，不少院系都在对外举办各种培训班，其中不乏优秀者，但也有个别班水平不高，缺乏规范。对此，继续教育部要进一步加大审查和监管力度，规范办学行为，确保继续教育健康、有序发展，各院系也要着眼长远，从维护北大声誉的高度，认真负责地管好、办好自己的培训班。

我们提倡全过程、全方位育人。各有关职能部门，各院系的学生管理和服务人员都要真正做到以学生为本，满怀热情地关心和帮助学生，特别是在学习和生活中遇到困难的学生。去年，学校在医学部和元培学院试点建立重点学生“学业会商”制度，协调教务、学工等方面力量共同支持学生完成学业。这项工作应该尽快总结经验、适时推广，以惠及更多学习上面临困难的学生。这里，我还要再次强调学生就业工作。学生就业是我们育人工作不可或缺的环节。中央高度重视大学生就业，教育部创建了“全国大学生就业公共服务立体化平台”。当前的就业形势依然严峻，就业工作部门、各院系一定要想方设法调动各方面的积极性，既要利用好国家提供的平台，也要积极开拓我们自己的资源，全力以赴做好就业工作。

四、把握工作重点，进一步推进人才队伍建设

经过前两期“985工程”的建设，我们逐渐形成了一支能够站在学术前沿、勇于开拓创新的高素质师资队伍，学校的核心竞争力显著提升。这一良好的发展势头要继续保持。在下一阶段，要从“制订发展规划”“提高招聘标准”“提高人才待遇”三个方面把握人才队伍建设的重点，最大限度地利用好各类资源，为吸引、稳定、培养和使用各类人才提供优质环境和坚强保障。

我们要清醒地认识到，随着改革进入“深水区”，一些深层次的制度性问题逐步显露出来，例如新旧人事体制下在人才评价方式、薪酬管理方面的差异，可能会产生矛盾，造成管理瓶颈；现有教师编制人员的类别和职责还有不够清晰的地方，也给学校和院系进行有效评价和考核造成了一定的困难，等等。为此，我们要抓紧研究制订人才发展规划及人事制度改革方案。

在“985工程”(2010—2020)规划中，学校提出要在2020年使学术队伍的整体水平达到世界最优秀大学的水准，在若干重要领域有一批世界级的学术领军

人物。为达到这一目标，学校将进一步提高教师招聘标准，改进教师招聘流程，逐步建立起统一的教师预聘制度，大力推进讲席教授聘任工作，在全球范围内寻找和引进优秀人才。在做好人才引进的同时，还必须抓好现有队伍的培养工作，抓好青年人才队伍的建设，使队伍梯队和人员结构更加合理。

在这里，我还要强调一下人才待遇的问题。"栽下梧桐树，引得凤凰来"。我们不仅要种树，还要种好树，不仅要引来金凤凰，还要让他们在这里生根、发展。北京的生活成本是比较高的，因此我们一定要想方设法提高人才的待遇。我们要进一步调整和完善"985"岗位津贴体系，充分利用好"985"专项人员经费增量，配合教师预聘制度的实施，逐步形成比较规范和相对统一的薪酬管理体系；要通过政策倾斜加大对部分基础学科的支持力度；要通过完善绩效奖励制度，激发各类人才的创造性、积极性。同时，我们也必须更加重视离退休人员的待遇问题，要根据学校财务状况，努力使离退休人员能够分享学校发展进步的成果，并继续发挥他们在学校建设中的重要作用。

在提高物质待遇的同时，还需要注重软环境的建设。要吸引人才、留住人才，不能只靠高收入。醇正的校园风气、优良的文化传统、深厚的学术积淀、独特的精神气质，这些都是北大的重要根基，需要我们精心呵护。在新的历史时期，我们更要继承和发扬宝贵的精神传统，使北大永葆青春，继续成为开风气之先、引领创新潮流的学术圣地，从而海纳百川，让第一流的人才源源不断地进入北大。

五、加强资源统筹工作，推动学校可持续发展

当前，学校事业发展和资金不足的矛盾仍然很突出。在国家宏观经济形势下，物价上涨导致学校食堂和供暖等后勤保障经费大幅度增长；劳动合同制职工工资和社会保险增加导致用人成本显著提高；消防和校园管理等公共安全方面资金需求成倍增长。此外，受税收政策的影响，学校部分收入还需缴纳税款，导致学校办学成本进一步加大。学校基础设施建设的资金仍然紧缺；今年年初，肖家河项目也已正式完成土地批复工作，进入拆迁阶段后，学校的资金压力会更大。

面临巨大的资金压力，我们一定要千方百计地开源节流，提高资源使用效率。

在开源方面，我们要继续多方筹措资金。在未来很长一段时间内，筹款工作是一项全校性的、事关学校发展全局的重要工作，需要全校上下共同支持和配合。去年是学校-院系二级筹款体制全面实施的第二年。我校的筹款工作迎来了丰收，获得了多项重要的捐赠。在这里，我还要重申，各单位的领导和广大教师一定要积极行动起来，调动自己的各种社会资源，为学校发展寻求更多支持。我们尤其要重视做好校友的工作，我们新成立的校友工作办公室要切实联络、服务好广大的校友，让校友跟母校的联系更加紧密、感情更加深厚、捐赠意愿更加强烈。

在节流方面，各单位要继续加强财务管理和预算管理，合理安排支出，提高资金使用效益，从源头上扼制浪费现象的发生，保证各方面平稳运行。同时，对本单位掌握的资源要认真清理，特别是要加强本单位的财务管理，健全内部控制制度，杜绝小金库、账外账。

在提高资源使用效率方面，要进一步完善土地、房屋、大型仪器设备等公共资源的统筹利用机制。为加强学校公用房管理，提高房产资源使用效率，去年我们已经在全校范围内实行公用房屋改革。目前，多数院系已经签订缴费协议，部分院系已经缴纳了房屋资源使用费。2011年，学校还将全面启动行政办公用房、产业用房、后勤服务用房改革和收费工作。在此基础上，学校将适时启动供暖收费改革。我要强调的一点是，学校将坚定不移地推动资源有偿使用的成本核算，各单位要进一步增强成本意识，按照学校要求做好相关工作。

六、面向世界、开放办校，继续提升学校的国际化水平

下一阶段，国际合作与交流工作要充分挖掘利用国际资源为学校服务，重点做好以下几方面的工作：

第一，积极实施并推广"北京大学海外名师讲学计划"。当前，高层次人才的竞争日趋激烈，在全力引进世界最优秀学者的同时，还必须意识到在某些领域我们还缺乏竞争的实力，所以资源共享就显得尤为必要。因此，学校将重点支持高水平海外师资来校讲学，与世界优秀大学共享教师资源，推动各院系以外语授课的课程体系建设。

第二，在学生管理方面，健全交换学生管理的工作机构，统筹全校参加海外交流的派出学生，以及接收交换学生的有关事宜。在留学生管理方面，要建立健全留学生辅导员工作制度，加强留学生住宿管理，探索实行留学生宿舍自我管理、中外学生"共住"及宿舍文化生活建设，加强留学生行为规范和日常管理。

第三，大力推进"走出去"战略，组织翻译和介绍代表北大一流学者水平、具有原创性的优秀学术成果，加强面向国际的学术出版；同时，与国际知名学术文献数据库、出版机构合作，推动北大与国际知识传播平台接轨。

我还要特别强调孔子学院的工作。国家非常重视孔子学院的建设，北大有责任、有义务作出自己的贡献。我们要充分依托孔子学院丰富的国际资源，使孔子学院成为集校际交流、中华文化传播、招生海外宣传等功能于一身的综合性平台，成为我们面向世界、提升国际化办学水平的一扇窗口，成为北大积极服务国家

战略的重要平台。

七、自觉服务国家战略，全面加强国内合作与社会服务工作

国内合作方面，要继续做好与政府、企业等的合作。在国家重点战略地区、东部沿海发达地区、中西部崛起地区，要分层次、有重点地积极推进合作。要注意发挥学校综合学科优势，通过人才培养与交流、政策咨询服务、科技成果转化、医疗卫生服务等形式，在服务经济社会建设的过程中努力争取地方资源的支持。

我们特别要做好服务首都建设中关村国家自主创新示范区的工作。去年12月，李克强副总理视察中关村建设，勉励中关村在加快转变经济发展方式这场深刻的变革中不断取得新的突破。这不仅是首都提升经济结构和发展模式所面临的新挑战，更是北京大学进一步融入首都大发展、大建设的新机遇。我们的工作要认真筹划、抓紧推进。在寒假研讨会上，学校已经明确将这项工作纳入“985”“十二五”等相关规划中，学校也将成立领导小组和相应机构，推动工作深入开展。

关于这项工作，我想强调几点：第一，要积极引导相关部门、校办企业在北京开展有显示度的项目。我们的科技成果转化是不错的，但很多工作是在京外开展，在北京本地做得还是不够。这可能有外地政策更加优惠等复杂原因，现在从国家到北京市都高度重视中关村的建设，提供了很好的政策支持，我们一定要抓住这个机会，立足北京、扎根北京。第二，要紧密围绕北京市提出的八大战略新兴产业，在重点、热点问题中明确我们能够做而且能够做得好的领域，参与能源、环境、水问题、医学、仪器设备等项目。第三，全校各部门、各单位，尤其是人文社科各院系，都要解放思想、拓宽思路。自主创新不仅仅是理工医科的事情，也是人文社科的发展契机。我们一定要开动脑筋，围绕科技创新开展全方位研究，全面参与到示范区的建设中去。

我们还要以高度的政治责任感做好对口支援工作，在人才及师资队伍培养、学科建设等方面制订具体的政策措施，把对口支援西藏大学、新疆石河子大学的工作推向新的发展阶段。去年12月，贾庆林同志就北京大学高校团队对口支援西藏大学做出了重要指示，对我校的对口支援工作寄予厚望。我们一定不能辜负国家的信任，要继续加大工作力度，全面做好对口支援工作。

八、积极推进医学发展和附属医院建设，实现学校整体进步

2010年是北京大学和北京医科大学组建成为新的北京大学10周年。去年年底，学校举行了合校十年新年茶话会，回顾了十年来学校的发展历程和经验。面向下一个十年，我们要坚持“交叉融合、整体发展、尊重规律、突出特色”的基本理念，进一步推进医学发展，加强深层次融合。学校将进一步推动全校人文社科与理、工、医科的合作研究，形成新的学科生长点，争取在多个领域达到国际前沿水平，在某些领域引领学科的发展方向。这个方面我们已经开展了大量工作，比如在2010—2013年“985”经费使用方面，学校已经决定从中间拿出3%，也就是1个亿用于临床医院与生命科学、化学、物理学等相关学科合作专项。总之，我们一定要适应医学教育的规律，突出医学教育的特色，把我们医学领域的工作做得更好。

九、切实做好关系到广大师生切身利益的民生工作

五道口、肖家河教师住宅项目是改善学校办学条件和教工居住条件，关系广大教职工切身利益的大事。学校已积极与北京市有关部门沟通，将尽快解决五道口项目面临的久拖不决的问题。肖家河项目面临的各种问题和困难更加复杂，虽然取得了重大进展，但接下来的拆迁就是一块硬骨头，政策法规环境可以说不是很有利，同时资金是大难题，国家对高校贷款管得很严，但随着项目启动，我们就需要垫支数十亿资金。难度很大，问题很多，但学校党政班子在推进肖家河项目建设上的决心坚定不移，我们将千方百计，上下求索，为改善教职工住房条件，为北大谋取长远发展的战略空间全力以赴。此外，有关部门要加快推进16到18楼区域学生活动中心的建设工作，力争在今年“五四”前完成奠基，同时，积极推进与海淀区合作的中水项目，进一步改善校园环境。

十、几个专项工作

校园秩序管理和安全工作。有些同志可能已经注意到了，杜维明先生前段时间提到，他在北大有“五怕”，其中不少是交通安全等校园秩序问题。这两年，我们严把校门关，在校园秩序的维护上取得了一定的成绩，但还要进一步狠抓管理，狠抓细节，保卫部要就校园交通秩序问题拿出切实的解决措施。今年1月，学校举行了保安员“文明执勤标兵”颁奖仪式，表彰了两名工作成绩突出的保安员。我们还要继续发掘典型，通过典型示范，带动保安队伍建设，全力以赴为广大师生营造和谐、安全的校园环境。我要特别强调一下学校的安全稳定工作。维护北大的安全稳定，关系重大。各单位的党政一把手都是安全稳定工作的第一责任人，各级领导干部，都必须坚定不移地维护北大的安全稳定，确保学校的各项制度、预案落实到位。

扎实做好后勤保障。我们的后勤社会化改革走过了十余年的历程，一定要认真总结经验，加强队伍建设，扎实推动后勤工作重心由“保障服务”向“服务保障”转型。最近一段时期，物价上涨较快，这给我们的后勤服务，尤其是餐饮服务提出了挑战。学校各有关部门一定要高度重视餐饮工作，确保为师生提供优质

的餐饮服务。

提高管理与服务工作质量。学校要求在行政管理工作中,大兴调查研究之风,新出台的规章制度,一定要经过严格论证,工作一定要扎实深入,避免浮躁,做一件事就成一件事。学校已经专门成立了挂靠在党办校办的督查室,加强对工作执行的督办检查工作。

关于体育工作。全校各单位都要重视体育工作的开展。2011年5月4日,深圳第26届大学生夏季运动会的圣火点燃暨火炬传递启动仪式以及首棒传递活动将在我校举行。此外,我校还将承办2012年首都高校第50届田径运动会。学校有关部门一定要认真做好准备工作。

深圳研究生院的工作。今年要进一步推进和校本部的合作,同时积极与深圳市进行沟通,争取获得更多支持。

今年,我还将率团访问台湾大学,举办"北京大学日"活动。这不仅关乎北大在台湾同胞中的形象,还具有政治意义,相关部门一定要高度重视,确保活动取得圆满成功。

以上是本学期行政工作的要点。由于时间关系,一些经常性的工作就不一一点到了。

在2011年全国教育工作会议上,教育部袁贵仁部长指出:"落实"是2011年全国教育工作的关键词、核心词。对于北大来讲,"落实"也是2011年北大工作的关键词和核心词。我们要确保中央关于高等教育发展的一系列大政方针在北大落实,确保学校的战略规划稳步推进,确保各项工作取得实效。希望同志们着眼大局、团结一心、锐意进取,为我校率先建成世界一流大学做出积极的贡献!

谢谢大家!

党委书记朱善璐在2011年秋季全校干部大会上的讲话

朱善璐

(2011年9月2日)

(一)

同志们:

今天,我们在这里召开全校中层干部大会,对上学期工作进行总结,对新学期工作做出部署。暑期刚过,我们圆满结束了上学期的各项工作,顺利度过了暑期,开学典礼也将于明天举行。在上学期和暑期期间有大量的工作,同志们辛苦了。特别是在暑期后半段,学校党委主要领导同志有重要调整,在这一情况下,全校广大干部、教师、同学们,认真负责,恪尽职守,努力工作,刻苦学习,保持了学校工作的正常运转,按照既定的计划,有序推进各项任务,为新学期的顺利开学,迎接新学期的新生活,创造了良好条件。借此机会,我和其凤同志,代表学校党委和行政班子,对在座的同志们,对全校的广大老师、干部、员工和同学们,致以衷心的感谢和问候!

同志们,在此之前,中央决定对北大党委主要负责人进行调整。刘延东同志代表党中央、国务院莅临我校教师干部大会,发表了重要讲话。中组部副部长李智勇在大会上宣布了中共中央关于北京大学党委书记任免的决定,维方同志不再担任党委书记,中央另有任用,由我来接任北大党委书记的职务。教育部部长、党组书记袁贵仁,国务院副秘书长江小涓,教育部副部长、党组副书记杜玉波,北京市委常委、市委教育工委书记赵凤桐等领导也出席了会议。其凤同志主持了会议,我和维方同志实现了顺利交接。我们新学期的全校干部大会是在这样的情况下召开的。经党委和行政商量,今天的会议主要有三项内容。首先,我就学习贯彻胡锦涛总书记"七一"重要讲话和刘延东同志重要讲话精神讲几点意见。其次,请其凤同志对全校的行政工作进行部署。最后,我再讲一下党委的工作。

首先,我先传达胡锦涛总书记"七一"重要讲话和刘延东同志在北京大学教师干部大会上的重要讲话精神,并就贯彻落实中央领导讲话精神谈几点意见,全校上下务必要把思想和行动统一到中央的部署和要求上来。

第一,按照中央和上级的部署,认真组织学习贯彻胡锦涛总书记"七一"重要讲话精神

胡锦涛同志在庆祝中国共产党成立90周年大会上的重要讲话,以马克思列宁主义、毛泽东思想、邓小平理论和"三个代表"重要思想为指导,深入贯彻落实科学发展观,坚持解放思想、实事求是、与时俱进,回顾了我们党90年的光辉历程和取得的伟大成就,总结了党和人民创造的宝贵经验,提出了新的历史条件下提高党的建设科学化水平的目标任务,阐述了在新的历史起点上把中国特色社会主义伟大事业全面推向前进的大政方针,是一篇马克思主义的纲领性文献。讲话全面分析国内外形势的新变化,深入阐释了党和国家事业发展的新要求,思想深刻,内容丰富,对我们做好党和国家各项工作、推进中国特色社会主义伟大事业和党的建设新的伟大工程具有重大而深远的指导

意义。

讲话发表以后，根据中央、教育部和北京市委的通知精神，学校党委下发了学习贯彻讲话精神的文件。党委要求全校各单位要精心组织，深入开展学习讲话精神各项活动，要集中一定时间，组织集体学习。广大师生员工要以学习贯彻讲话精神为契机，带动学校的思想政治建设和各项工作。我代表学校党委再次强调，全校广大党员干部、党员教师、广大教师、学生党员、学生骨干，要带头学习好胡锦涛总书记在庆祝中国共产党成立90周年大会上发表的重要讲话，并在学校党的建设和学校的发展建设中，特别是推进创建世界一流大学的进程中贯彻落实。北京大学作为中国最早的马克思主义传播基地、党的最早的建设基地，为中国共产党的创建和发展做出了特殊贡献。在建党90周年之际，全校共产党员在学习贯彻"七一"讲话、发扬党的优良传统、带头推进党的各项建设事业方面，应该做出贡献。刘延东同志在全校教师干部大会上特别讲到，要认真组织学习贯彻胡锦涛总书记"七一"重要讲话，这是全国教育战线今后工作的重大任务。开学后，学校各级党组织、各单位，要按照学校党委7月8日的通知精神，抓紧组织学习，要结合学校实际，扎实推进各项工作开展，把中央的部署落到实处。

第二，以胡锦涛总书记"七一"重要讲话精神为指导，认真贯彻刘延东同志重要讲话精神，把党和国家的信任与重托转化为奋发向上、再创辉煌的强劲动力

前不久，在全校教师干部大会上，刘延东国务委员代表党中央、国务院发表了重要讲话。延东同志的讲话对北大发展建设和创建世界一流大学的各项工作具有极强针对性和重要指导意义。在讲话中，延东同志对北大在党和国家的事业中的地位作了高度评价；对北大从马克思主义的传播和中国共产党的创立开始，到现在为国家发展所作的贡献给予了高度评价；对北大在中央、教育部、北京市委的领导下，党委行政班子团结进取，全校师生多年的奋力拼搏取得的成就，特别是实施"985工程"以来的进展给予了充分肯定。延东同志的讲话特别表达了党中央、国务院对北京大学寄予的厚望和给予的重托。这反映了党和国家对北大的关爱，对北大事业的特殊关心和支持。这个讲话受到了师生员工的热烈欢迎，特别是延东同志在讲话中对北京大学创建世界一流大学的问题发表了重要指导意见。对于这个讲话，学校党政领导班子一致认为，一定要认真组织学习和贯彻落实。

一是要牢牢把握一条主线和奋斗目标。延东同志讲话主要以胡锦涛总书记"七一"重要讲话和在清华大学百年校庆上的重要讲话精神为指导，对北京大学创建世界一流大学的重大问题，集中进行了有针对性的梳理和阐述。讲话通篇贯穿的主线是坚持科学发展观和奋斗目标是加快建设世界一流大学的步伐并走在前列。

二是延东同志在整个讲话中，立足实际，按照建设世界一流大学的奋斗目标和中心任务对北大提出了三点要求：1. 勇担使命，再立新功；2. 示范引领，走在前列；3. 抓住机遇，大有作为。延东同志在讲话中强调世界一流大学建设要以应对新形势，引领国家发展为原则；强调加快建设世界一流大学，要全面落实教育规划纲要，要求北大示范引领、走在前列；强调加快建设世界一流大学，要弘扬北大精神、创造新的辉煌，要求北大抓住机遇、大力发展。这三点要求，每句八个字，总共二十四个字，立意高远，语重心长，体现了总书记和中央的总体要求，而且根据北大的实际提出，更具体，有针对性。希望大家深入理解，认真把握。

三是延东同志强调指出建设世界一流大学关键在于加强领导班子建设这一环节，希望学校领导班子继承发扬优良传统，要带头讲党性、顾大局、重品行、作表率。延东同志还提出了具体要求和希望：1. 领导班子要做有坚定的理想信念，时刻把握正确方向的表率；2. 要加强和改进党的领导，增强团结，做增强和谐的表率；3. 要做求真务实的模范；4. 要做清正廉洁的表率。

四是要思考回答一个重大课题，即北京大学要思考和回答如何在中国共产党的领导下，坚持以科学发展观为指导，在创建世界一流大学的进程中，走在前列，发挥示范引领作用。这是延东同志在讲话中提出的一个非常高的要求。延东同志最后代表中央对北大的各项工作予以肯定，对全校师生员工表示慰问。这些是延东同志讲话的重要内容和核心要求。

延东同志的重要讲话对正在推进世界一流大学建设的北大干部、师生和员工们，既是极大的鼓舞、又是强大的动力。同时，对于如何加快推进建设世界一流大学的工作，进一步明确了思路，提出了新的更高的要求。我们要认真贯彻落实这些要求。胡锦涛总书记"七一"重要讲话精神和在清华大学百年校庆上的重要讲话以及刘延东同志这次发表的讲话，全校党内外的同志和广大教师要认真学习和领会，特别要把握中央对北大寄予的厚望和殷切希望，以及北大肩负的崇高使命。这里，我想再次强调北大的使命意识。什么使命呢？即要加快创建世界一流并示范引领，走在前列。北大不仅要创建世界一流大学，而且要在创建世界一流大学的团队中"示范引领，走在前列"，要在发展中国家探索建设世界一流大学的道路中做出北大人的贡献，这是党和国家赋予北大的崇高使命，是北大人的责任。我们要在学习延东同志讲话的过程中细心领会中央的厚望、期待和要求。

第三，科学规划、扎实开展学习贯彻重要讲话精神

的相关工作

一要在全校范围内做好传达学习胡锦涛总书记“七一”重要讲话和刘延东同志重要讲话精神工作。要通过多种途径，迅速把中央的意见、精神和对北大的要求在全校党员干部、师生员工中传达下去，形成高度的思想共识。要坚持党内带党外、党员带群众，组织党员干部通过主题党日、民主生活会等形式率先学习。要充分发挥群团组织和校园宣传阵地的作用，组织广大师生认真学习，营造良好的学习氛围。

二要开展专项学习培训工作。制订科学的培训计划，分阶段、分步骤地安排党员干部和师生员工参加专项学习培训，做到党内全覆盖、党外抓骨干，推动学习全面深入展开，真正把中央对高等教育，特别是对北大工作的指示要求落到实处。

三要做好调查研究抓落实工作。在指导工作、增强实效上狠下功夫，以胡锦涛总书记“七一”重要讲话为指导，对照延东同志重要讲话的内容，结合北大实际，列出具体的调研思考题目，由校领导班子成员按分工进行落实。院系根据实际开展调研总结，拿出有建设性和可操作性的成果，进一步巩固提升科学谋划世界一流大学建设的工作水平。要创新学习形式，做到学习与考察相结合、与研究相结合、与讨论相结合，开好学校战略研讨会，组织好学校党委理论中心组学习，力求形式活泼、内容充实、效果显著。要结合完善学校“十二五”规划和院系发展规划，将学习延东同志讲话成果转化为做好学校工作的明确思路和有效举措。

四要大力开展宣传工作。要积极利用电视台、校刊、校园网等多种方式，开展好胡锦涛总书记“七一”重要讲话精神和延东同志讲话精神的宣传，在全校进一步形成勇担使命、再立新功、全面推进创建世界一流大学的工作氛围，进一步营造干事创业的浓厚氛围。

同志们，学习贯彻胡锦涛总书记“七一”重要讲话精神和延东同志重要讲话精神是一件大事，学校领导要带头学习，院系领导要带头学习，党员干部要带头学习，教师骨干要带头学习，学生党员要带头学习。下一步，学校党委和行政还要制订学习贯彻的具体工作方案，推进学习、狠抓落实。延东同志的重要讲话，为北京大学加快建设世界一流大学明确了思路、指明了方向，现在的关键就在于团结一心、抓好落实。只要我们同心同德、齐心协力、勇于担当、勇于奉献，咬住既定的目标不动摇、不折腾、不停歇，创建世界一流大学的宏伟计划就一定能够取得新进展，获得新成就!

刚才，我代表学校党委，就学习胡锦涛总书记“七一”重要讲话精神和刘延东同志讲话精神，重点就贯彻刘延东同志讲话精神作出了部署。下面请周其凤校长部署本学期的行政工作。

（二）

同志们：

刚才，其凤校长对本学期学校行政工作涉及的方方面面，进行了全面安排和部署。这和上学期的工作相衔接，对完成全年的工作、加快北大建设世界一流大学的进程具有重大意义。学校党委明确要求，要认真贯彻落实中央的工作部署，从北大实际出发，进一步振奋精神，扎实工作，奋发进取，勇创一流，把学校下个学期的各项工作做得更好。希望在座的同志们结合自己单位的实际，扎实开展工作。

上学期开学初，维方书记对党的建设工作做了全面部署，共有九个方面。除了第一项迎接建党九十周年的相关工作已经顺利完成外，其他八项工作还要接着抓紧做好。

刚才其凤校长在讲话中提到了医学部，我也再次强调，医学部是北京大学至关重要、不可或缺的组成部分，全校各部门、各院系都要积极支持医学部的改革、建设和发展事业，推动医学学科和其他相关学科的交叉融合与协同发展，加快推进世界一流的医学学科建设。医学部党委、医学部的各位领导要切实做好工作部署，抓好有关工作的落实，进一步促进校本部和医学部的深入融合，坚持以科学发展为核心，打造我们的新优势。

关于下半年学校党委的工作，我谈几点意见。

一、继续推进创先争优活动深入开展，加强基层党组织建设

在中国建设世界一流大学，关键在党。广大党员和基层党组织是党在学校工作的基础，是团结教育广大师生员工的政治核心和战斗堡垒。深入贯彻落实科学发展观、加快创建世界一流大学的各项工作能否落到实处，关键在于基层党组织能否充分发挥自身的政治优势、组织优势和思想优势，能否不断增强凝聚力、战斗力和创造力。我们必须着眼长远，切实做好“抓基层、打基础”的工作，以深入开展创先争优活动为契机，抓好党员队伍和基层党务工作者队伍建设，尤其是开展好针对基层党委书记、党委秘书、教工党支部书记等骨干人员的培训工作，进一步提升基层党组织的先进性，为抢抓新机遇、迎接新挑战、推动新发展夯实基础。要切实指导基层党组织抓好党员培养、发展和教育工作，加大在高知识群体中发展党员的工作力度，重点做好针对长江学者、千人计划、优秀青年教师等高知识群体中入党积极分子的联系和培养工作。要以北京市委教育工委新修订的《党建和思想政治工作基本标准》为线索，推进院系党委和党支部制度化、规范化、程序化建设，提高基层单位党建和思想政治工作整体水平。

二、加强各级领导班子、干部队伍和人才队伍建设

按照胡锦涛总书记“七一”重要讲话、庆祝清华大学建校100周年大会上重要讲话精神，特别是刘延东国务委员在北大教师干部大会上讲话提出的要求，要把领导班子建设作为学校各项工作和加快建设世界一流大学的关键环节来抓好抓实。要下功夫进一步抓好校级领导班子建设、院系领导班子建设、各部门各单位领导班子建设，然后带动干部队伍、人才队伍以及其他管理服务队伍的建设，还要重视职工队伍的建设，领导协调、统筹推进一线基层工作。要加强思想建设，用中国特色社会主义理论武装头脑，将各级领导干部的思想统一到率先加快建设世界一流大学的目标上来；加强制度建设，健全完善领导班子工作体制机制，巩固加快建设世界一流大学的组织基础；加强作风建设，在坚持科学发展、积极改善民生和创建和谐校园上取得实效，带动形成加快建设世界一流大学的良好风气。

要坚持“党管干部”，切实抓好各院系、各部门领导班子和干部队伍建设。要积极深化干部人事制度改革，建立与高等学校性质相契合、与当前院系管理格局和干部队伍现状相适应的干部选任办法，按照“民主、公开、竞争、择优”的原则，增加干部选任工作中的竞争因素，真正把那些能有效服务教学科研一线、善于开展群众工作、善于统筹协调的学科带头人充实到院系党政一把手的岗位上。要密切关注“双肩挑”干部的工作、生活状况，建立稳定的、可持续的、能体现管理岗位贡献的考核评估激励机制，帮助他们协调处理好教学科研与管理岗位工作之间时间、精力分配的矛盾，为院系党政一把手履行职责、发挥作用创造更加有利的条件。要进一步加大干部培训和对外交流力度。

进一步做好“党管人才”工作，加强北京大学人才工作领导小组的体制机制建设，有效发挥人才工作协调小组、党政管理人才队伍建设战略协调小组和干部交流工作领导小组的统筹协调功能。要千方百计地改善科研环境和生活环境，不断增强北大对于优秀学术人才的吸引力，充分体现学校党委对人才的关怀，丰富在人才队伍中开展思想政治工作的方法，帮助各类人才协调解决工作生活中的瓶颈性困难，确保优秀人才进得来、留得住、干得好、有发展。要加大干部对外交流力度，在现有项目平台的基础上，建立部门联动机制，整合资源、形成合力，积极拓展新项目、新平台、新渠道，共同选派符合条件的优秀管理干部、青年教师、在站博士后和在读研究生到重要地区、重要行业和重要岗位挂职锻炼或交流任职。

三、提高宣传思想工作水平

宣传思想工作是高校党的工作重要组成部分，是坚持社会主义办学方向、促进学校改革发展稳定的重要保障。北京大学是党和国家意识形态工作的重要阵地，这条战线的工作必须要常抓不懈、落到实处。当前，我校宣传思想工作具有社会宣传报道资源丰富、哲学社会科学学科实力雄厚等有利条件，也面临着师生思想多样化、社会舆论关注度高、宣传报道北大改革发展成就和促进北大和谐稳定的任务繁重等现实挑战。要充分利用现有条件，科学策划、深入调研、主动挖掘，促进宣传思想工作出成果、上水平。下半年，全校宣传思想工作要抓大事、带全局，集中力量策划、开展一系列有新意、有影响的重要活动和精品力作。要以深入学习贯彻胡锦涛总书记“七一”重要讲话精神和即将召开的党的十七届六中全会精神为契机，以推进北京大学学习型党组织建设为载体，以在中央媒体和社会上广泛发出北大的理论声音为重要任务，全面提高思想理论建设水平。要大力加强意识形态建设和管理，不断提高思想政治工作能力和水平，确保学校思想稳定、政治稳定。要有计划、有步骤地宣传报道北大建设世界一流大学阶段性成果和各方面的发展成就，进一步统筹对内对外新闻宣传，积极主动地开展对外宣传和学校形象塑造工作，为加快创建世界一流大学营造正面积极、和谐有利的舆论氛围。

四、推进师德建设和校园文化建设

优良的校风、学风、教风、医风，是创建世界一流大学的内在动力和精神支柱。只有在良好氛围的熏陶和崇高精神的感召下，才有可能培养出中国特色社会主义事业的合格建设者和可靠接班人。北京大学今天能够在世界上赢得良好的声誉，是一代代北大人苦心经营的结果，是广大师生员工共同努力的结果，来之不易，必须倍加珍惜。最近有的院系的极个别教师，出现了师德失范问题，严重损害了北京大学教师队伍的形象，伤害到其本人的家庭。虽然这只是极个别人，但对北大的影响实在是太大了。北大无小事，这个事情提醒我们要认真总结经验教训，要按照世界一流大学的要求，高度重视北大师资队伍建设和德育建设。师德的底线、做老师的底线，比做人的底线还要严，在北大当老师这个底线就更要严，只有这样才能建成引领示范中国高校创建世界一流大学的教师队伍。领导的品德就是示范，所有的校领导、各院系的党政主要负责人、党员教师、著名学者，都应该首先讲师德、讲正气。我要特别强调，在这些问题上，学校党委的态度非常明确，对于类似事件和相关人员绝不姑息迁就，一定严肃处理，以正风气！学校全体教职工必须高度自觉地加强道德修养，珍惜自身荣誉，维护学校声誉。

下半年，我们要继续做好“蔡元培奖”获得者、“感动北大年度人物”的宣传工作，将师德师风、医德医风和优良学风建设与提高高等教育质量有机结合起来；发挥校园媒体的作用，着力发现、培养和宣传优秀教

师、优秀医务工作者和优秀学生典型。整理北大优秀历史文化传统，认真总结新时期北大精神的新内涵，通过各种形式的主题宣传，不断凝练和丰富学校自身的生动历史传承、共同价值认同和独特精神品格，在广大师生中大兴爱校荣校之风，强化师生对北大的情感和价值认同，增强师生和海内外校友的向心力和凝聚力。要大力加强反腐倡廉宣传教育活动，推进校园廉政文化建设，营造风清气正的校园文化氛围。

五、深化学生思想政治教育和学生管理工作

近几年来，我校积极贯彻落实中央16号文件精神，根据时代发展变化的特点，率先提出了学生工作"精致化"的理念并进行了积极的实践探索，取得了明显成效，积累了宝贵经验，获得了中央和上级部门的肯定，也得到了社会的认可。学校思想政治理论课教师和各级党团组织要深入学习贯彻胡锦涛总书记"七一"重要讲话、胡锦涛总书记在庆祝清华大学建校100周年大会上的讲话和胡锦涛总书记给北大研究生支教团回信精神，坚持用中国特色社会主义理论体系武装学生头脑；以"精致化"为要求，持续深化"文明生活、健康成才"的教育主题，持续推动大学生思想政治教育创新发展。要进一步探索学生党建工作的新思路、新举措，在形势政策教育、学生党团日联合主题教育、研究生思想政治教育、大学生榜样教育、学生骨干培养和新生入学教育等特色工作领域深挖育人内涵、创新育人形式、优化育人效果。在学生管理工作方面，要进一步凸显管理在规范学生日常言行、引导学生健康成长方面的"杠杆"效应，完善学生综合素质测评体系，规范学生评奖评优和违纪处分程序，充分发挥管理对学生思想政治教育的辅助和促进作用。学生心理健康、学生资助、毕业就业等方面要着力解决学生存在的实际困难，帮助学生顺利完成学业。

六、加强党风廉政建设

坚决惩治和有效预防腐败，关系人心向背和党的生死存亡，是我们党必须始终抓好的重大政治任务。下半年，要按照《2011年北京大学党风廉政建设工作重点及责任分工》的要求推进工作。其中，按照上级工作部署，教育部将于近期开展部属高校贯彻执行《关于实行党风廉政建设责任制的规定》和《中国共产党党员领导干部廉洁从政若干准则》情况的专项检查，北京市委教育工委也作出了相关工作部署。全校各单位党政领导班子特别是主要负责同志要高度重视，切实将专项检查工作摆上重要日程，认真做好自查和迎接检查，确保专项检查工作顺利进行；并以此为契机，把专项检查与整体推进我校党风廉政建设工作结合起来，着力解决党员领导干部廉洁自律方面存在的问题，促进党员领导干部廉洁从政。本次专项检查结果和整改情况要在一定范围内进行通报或公示，并作为领导班子、领导干部年度考核奖惩和干部选拔任用的重要依据。下半年要重点抓好"一岗双责"制度和"三重一大"集体决策制度的落实，彻底整治"小金库"，继续推进廉政风险防范管理工作，促进学校反腐倡廉工作取得新成效。

七、做好新时期党的统一战线工作

胡锦涛总书记"七一"重要讲话再一次明确中国共产党领导的多党合作和政治协商制度是我国的基本政治制度，并强调要"坚持和完善中国共产党领导的多党合作，深入开展政治协商、民主监督、参政议政，发展最广泛的爱国统一战线"。北京大学是我们党统战工作的传统阵地和重要窗口，民主党派成员和党外代表人士在学校教学、科研、医疗、管理和改革、发展、稳定中起着不可或缺的重要作用。2011年下半年，学校统战系统要深入学习胡锦涛同志"七一"讲话，认真开展辛亥革命100周年纪念活动，扎实做好各民主党派新一轮换届工作，认真做好各级人大代表、政协委员换届选举的相关工作。

八、做好工会、教代会工作

工会、教代会是党联系广大教职工的重要桥梁纽带。本学期，我们要认真做好工会、教代会的换届选举工作，并以此为契机进一步加强工会、教代会的组织建设和能力建设；深入贯彻落实《中共北京大学委员会关于进一步加强和改进工会、教代会工作的意见》精神，加强和完善校、院（系）两级教代会制度建设，调动教职工参与民主管理的积极性；深化校（院、系）务公开工作，拓宽民主管理渠道；完善"校领导与教职工见面会"制度，继续邀请学校领导及相关部门负责人与教职工代表进行沟通交流；根据教职工关心的热点问题，继续组织教代会代表参与学校重大事项的决策和评议，提高教代会代表民主参与、民主管理的能力水平。

九、全面推进民生工程与和谐校园建设

创建世界一流大学需要全体师生员工的共同参与，需要以和谐的氛围来充分调动大家参与学校建设的积极性、主动性与创造性。学校师生员工生活、学习、工作条件的改善是永恒的课题。我们既要实事求是，尊重实际，更要尽最大努力，做好校园民生改进工作。要高度重视、大力做好服务师生员工的相关工作，集中力量解决一些群众最希望办、当前或近期能够办好的实际问题。包括：建立教职工待遇逐步提高的制度体系；加快校园基础设施建设，为广大师生创造更加舒适的学习生活环境；多方筹划，克服困难，努力改善教职工住房紧张状况，下大力气加快推进肖家河教师住宅工程建设；密切关注师生的现实困难，建立健全保障帮扶工作机制；进一步做好离退休教职工的服务工作，鼓励离退休老同志在学校发展建设中继续发挥作用。当然，还包括前面提到的加强学生就业指导服务、学生心理健康教育和家庭经济困难学生资助工作，切实为学生排忧解难,为他们传送温暖。广大学生对我们不断改进办学条件,提供更好的成才环境,寄予了殷切期望,我们既要量力而行,又要全力而行。

十、认真做好安全稳定工作

最后,我要着重强调的是,学校党委和各级党组织必须高度重视安全稳定工作,始终保持清醒的头脑和高度的政治敏感性,深刻认识到维护北大安全稳定是高于一切、重于一切、压倒一切的政治任务。要积极开展师生思想动态调研工作,对于倾向性、苗头性的问题,要及时处理在萌芽状态,切不可因一时平安而麻痹大意。学校党委和行政、学校各部门、各院系都要加大对安全稳定工作的重视程度和支持力度,提前分析研判、弥补薄弱环节、完善工作预案;尤其是在重大节庆日和敏感时点,务必要提高警惕、加强力度、未雨绸缪、不留隐患。要切实加强安全稳定工作队伍建设,打造一支能够正确应对新时期复杂局面、妥善处理各类突发事件的维稳队伍,确保校园稳定、做到万无一失。

同志们,多年来奋斗形成的局面,我们要充分肯定,给予褒扬。对付出辛勤劳动的同志们,应该给予必要的奖励和鼓励。对于创建世界一流大学工作我们要特别重视,特别精心,特别投入。我们还要按照科学发展观的要求和中央指示精神进一步提升党政领导班子创建世界一流大学的战略谋划水平。要进一步强化真抓实干精神,提高执行力,注重科学决策。一旦决策,坚决执行。只要决策方向正确,决策科学,符合人心,不管遇到多大困难,都要百折不挠地抓好落实。

同志们,虽然从正式回校工作到现在只有一周多时间,与在座很大一部分同志还没有正式接触,但是通过各种渠道我已经深切地感受到同志们对我的支持、信任与厚爱,深切地感受到大家紧密团结、齐心协力、聚精会神搞建设、一心一意谋发展的精神和斗志。在此,我再次向大家表示衷心感谢。

当前,学校正处于党委主要领导顺利交接和领导班子平稳过渡时期,我和大家一样感到责任重大。在这个关键时期,希望大家将思想和行动统一到中央的决策部署上来,努力做到三个"确保":

一是要确保学校的安全稳定。我和其凤校长是学校安全稳定的第一责任人,各单位党政一把手是本单位安全稳定的第一责任人。我们一定要时刻绷紧维护校园安全稳定这根弦,充分认清当前形势,时刻保持高度警惕,认真落实学校党委的各项工作部署。北大多年的经验证明,什么时候学校保持了稳定,什么时候学校才能专心致志地搞建设;什么时候学校稳定保持得好,什么时候学校才能建设得快、发展得好。一旦学校安全稳定出了问题,推动发展、搞好建设和改善民生等等都谈不上。

二是要确保全校工作运转的连续性和稳定性。各级领导干部都要具备广阔的胸怀、长远的眼光和全局的观念,自觉增强政治意识、责任意识和大局意识,确保工作不断、队伍不散。一方面,要保持各项工作的连续性不能断,确保圆满完成学校发展建设的各项任务;另一方面,要保持队伍的团结稳定性不能断,绝不能因为学校主要领导的调整和交接而出现队伍松散、工作慵懒的现象。

三是要确保学校党委、行政既定的方针、决策、计划、部署按照既定时间表稳步有序推进。除非特殊调整,既定方针一概不变,继续执行和推进。要抓好各项工作的落实,既要一级抓一级,也要一级一级抓,确保各项工作有序稳步全面展开。

总之,只有坚持三个"确保",我们才能按照延东同志讲话精神,在加快推进创建世界一流大学进程中努力实现"走在前列、率先示范"。

经过中央和上级部门的努力,学校领导班子已经基本调整到位,目前人员比较整齐。希望班子成员各司其职,有序开展工作。各院系和职能部门是学校运转的基础单位,本单位党政领导要恪尽职守,努力开创工作的崭新局面。

同志们,对于飞速发展的北京大学而言,刚回北大的我还是一名"新兵"。但是我相信,只要我们大家同心同德,锐意进取,我们就一定能够实现创建世界一流大学的宏伟目标,也一定能够按照延东同志的要求,坚持"走在前列,当好表率"。希望大家继续支持我本人和学校党政班子的工作!

再过几天,教师节和中秋节就要到了。借此机会,我代表学校党委和行政,提前祝大家双节快乐!

校长周其凤在2011年秋季全校干部大会上的讲话

周其凤

(2011年9月2日)

各位老师,同志们:

"十二五"期间,高等教育体制改革已经进入攻坚阶段,我校作为全国高等教育的排头兵和国家教育体制改革试点单位,肩负着率先建成世界一流大学、引领我国高等教育改革发展的历史重任。刚才善璐书记也特别强调，创建世界一流大学是一个概念，在这个过程中，要示范引领、走在前列是更重的责任。我们全校师生特别是各级领导干部，都要认真学习贯彻刘延东同志重要讲话精神，切实把提高质量作为我们最核心、最紧迫的任务，注重内涵式发展，抓好人才培养、科研创新、社会服务、文化传承创新等工作，把中央领导同志的关怀转化为加快创建世界一流大学步伐的强大动力。

在新学期，根据领导班子的集体意见，学校要重点抓好以下几个方面的工作：

一、扎实推进"985工程"和"211工程"建设，努力提升学科品质，推动科研工作再上新台阶

过去两年来，学校组织了大规模的发展规划研讨，形成了学校学科建设发展的总体规划；上学期，各院系也分别开展了学科发展的讨论，形成了相应的报告。回顾过去十多年来建设的历程，综合上述讨论中的认识，我们形成如下基本判断，即经过了"211工程"一期、二期和三期，"985工程"一期和二期的投入，学校一般性教学科研设施条件已经得到了根本改善。为此，今后985支持的目标将主要放在人才队伍和重点目标上，而不再简单作为一般性的日常运行费来资助。我们需要在最近几年里努力做出一批有世界一流水平和影响的工作，这也是国家和人民对北京大学的要求和期望。

前不久，我校的经济学与商科进入了ESI全球前1%，至此我们进入世界前1%学科的数量增加到了17个，而目前内地高校中，也只有我校的经济学与商科进入了全球前1%，实现了零的突破。我们创建世界一流大学，就是要使越来越多的学科成为世界一流学科，取得若干在世界具有重大影响的原创性、标志性成果。

我们还要看到，虽然我们有这么多学科已经进入前1%，但是这些学科的位置排名还比较靠后。8月上旬，我校在深圳承办召开了2011年一流大学建设研讨会，首批进入"985工程"的九所大学的校长围绕"一流大学与学科建设"这一主题，集中研究了学科建设方面的战略问题。各兄弟高校提出了很多重要的意见和建议，对我的启发很大，也感觉到了不小的压力。北大重点学科数量多、分布广，战线也长，而一些兄弟院校集中力量发展一个或几个拳头学科，他们的竞争策略使我们的各个学科都面临着挑战。因此，我们在学科建设方面，必须要集中力量，努力做到以下几点：

首先，要坚持内涵发展、提升学科品质。北大兼容并包的学术文化氛围，是我们最重要的软实力，也是我们作为一所综合性大学发展学科的基石。今后，我们要继续坚持宽松、包容的方针，以卓越的学术环境，不断吸引、培育和留住世界高端学科人才。我们要不断健全院系和跨学科机构的分析评估工作体系，逐步推广和完善国际评估制度，还要认真做好"探索学科管理框架"这一国家教育体制改革试点项目。要统筹好"985工程""211工程"、国家生命科学人才培养和科学研究试点等各类资源，努力在原始创新、继承创新和消化吸收再创新能力上进一步提高。

其次，要加强重点目标建设，增强承接国家重大任务的能力。我们讲重点目标，就是在判断一个建设项目的时候，要看它与世界一流大学建设的关系，一般性的条件改善不应优先支持，要求购买高精尖的设备没有相应的队伍也不应优先支持。在"985工程"二期中，我们的指导思想之一是"以队伍建设带动平台建设"，现在要进一步强调。

我们要进一步提升顶尖科学仪器设备研制能力，提高仪器设备的配置水平和开放程度，加强校级公共科研平台建设，并积极参与国家大科学装置的规划、申报、建设和使用。在科研机构的建设上，还必须再次强调规范运作的问题。上学期，学校已经修订了《人文社科机构管理办法》，并讨论通过了印章管理规定。科研机构的工作务必要在规范有序的轨道内运行，切实维护北大声誉。

最后，要加大科学研究的组织协调力度，以科研工作促进学科建设。国家对于科技创新和哲学社会科学的繁荣工作历来高度重视，每年有大量的资源投入。能否得到外部有力的支持，不仅仅是经费问题，更意味着是否得到同行的认可。我们学校每一位希望在其中有所贡献的老师都要积极争取得到相应的支持。科研部和社科部要积极提供相应服务。

据统计，截至目前，我校获得2011年度国家自然科学基金各类新批项目总计586项，批准总经费超过3.85亿元。与2010年同期相比，批准数量增长了22项，批准总经费增长了1.25亿元。在日前公布的国家重大科学研究计划2011年拟立项项目中，北大有6项计划立项，总数居国内首位。今后，我们要继续推荐和鼓励专家积极参与国家重大科研计划的研究编制工作，从战略的高度出发做好重大科研项目的策划和布局，积极开展国家急需的战略性研究、探索科学技术尖端领域的前瞻性研究、涉及国计民生重大问题的公益性研究。

二、坚持人才强校，进一步建设世界水平的人才队伍

近年来，我们在院士、资深教授、千人计划、长江学者、杰出青年和创新团队等若干重要指标上都处于领先地位。今年，我校又新增国家自然科学基金委创新群体2个，在已公示的国家杰出青年科学基金获得者

中，北大有9人入选。但在鼓舞人心的数据背后，我们仍要不断反思，要直面矛盾并且解决面临的困难和问题。例如，如何处理好引进人才和培养现有人才、发挥现有人才作用的关系？近一段时期，我收到不少院系领导、老师的来信，他们对这个问题进行了深入的思考，提出了很多中肯的建议。我们要清醒地认识到，高校之间的人才竞争非常激烈，在大力引进人才的同时，我们现有优秀人才流失的现象也时有发生。与一些兄弟院校相比，我校在物质待遇上没有优势，北京的生活成本越来越高，如果我们不能提供有竞争力的薪酬福利，不能千方百计以事业留人、以环境留人、以感情留人，那么就可能经常处于被动状态。对此，学校必须始终保持很强的危机意识、忧患意识，以对北大、对历史负责的态度来抓人才队伍建设。

首先，要继续打造一支世界级的学术队伍。学术队伍建设要坚持引进和培养并重，加快推进新进教师预聘制，探索与完善新老体制融合并轨机制；深入参与中央"千人计划"、北京"海聚工程"、中关村"高聚工程"等重要工作，延揽全球顶尖人才和团队，形成以顶尖学科为导向、跨越式队伍提升为目标的专业化人才引进机制。继续做好院士增选推荐工作，启动人文社会科学资深教授的评聘工作，要以中青年教师和创新团队为重点，加快实施"长江学者奖励计划""创新团队发展计划""国家杰出青年科学基金"及"新世纪优秀人才支持计划"等人才项目，进一步优化高层次、创新型人才梯队。积极通过科研经费支持、出国交流学习等渠道，为现有人才的成长创造条件。同时，还要借助国家项目与政策，推出有针对性的优惠措施，加快吸引一批优秀外籍教师，建设具有世界影响力的国际化师资队伍。

其次，要进一步加强管理队伍、技术支撑队伍和后勤队伍建设。高水平的管理服务对学校发展至关重要。我们要进一步提高管理服务意识和水平。要紧密结合教学科研需求，打造一支具有高素质高效率的管理服务队伍。目前，我们的技术支撑队伍也很薄弱，直接影响了学校整体创新能力。因此，相关单位要根据学科发展需要，加快制订技术支撑队伍建设规划，改善工作条件，提高待遇和岗位荣誉感。上学期，学校有关方面专门研究了后勤队伍建设问题，也正在草拟后勤工作的"十二五"规划，希望结合国家有关"十二五"期间高校后勤系统改革的精神，认真做好多方案的比较研究论证，注重改革的成本效益分析和风险分析，处理好改革、发展、稳定的关系。

最后，切实提高教职工待遇，改善教职工的工作和生活条件。我们讲重视人才队伍建设，不仅指人才引进，而且也包括在现有教师队伍建设上投入的增加。学校要进一步加大投入力度，努力改善教职工的生活待遇，保证离退休人员的生活质量。当前，我们特别紧迫的任务，是要妥善安排中青年教师的住房问题，必须抓紧推进肖家河项目，尽快完成拆迁工作，争取早日开工建设；同时，积极与北京市、海淀区沟通，尽快启动五道口住宅配售工作。七月份，学校房产部门组织了教师团购住房，这项工作很及时，今后还要继续大力推进，寻找合适房源，为教职工争取尽可能多的优惠，全力帮助教职工解决住房问题。

三、进一步深化教育教学改革，提高育人质量

"十二五"期间，为进一步深化本科教育教学改革，提高本科教育教学质量，教育部、财政部决定继续实施"高等学校本科教学质量与教学改革工程"，并于今年七月发布了相关指导性文件。学校相关单位要认真学习贯彻文件精神，深入开展本科教学质量工程，积极推进创新人才培养综合改革国家试点项目。同时，要依托基础学科拔尖学生培养试验计划，逐步形成北京大学基础学科优秀学术人才成长的培养模式与方案、课程体系、实验与实践教学体系、科学研究与国际化培养平台以及管理机制。

21世纪初，北京大学启动了"元培教学改革计划"，并通过成立元培实验班和元培学院的方式开展人才培养模式和管理模式的改革与探索。十年的元培教学改革实践，我们既取得了可喜的成绩，同时也遇到了一些困难与问题。下一步，我们要认真总结并深度思考元培计划十年来的探索与实践，进一步明确北京大学本科教学改革与人才培养的目标与任务，推进北京大学多样性人才培养体系的建设，全面加强素质教育，促进元培教学改革的不断深入发展。

培养好人才，吸收优秀生源的工作非常重要。近年来，北大招生工作的体制机制不断完善。今后，我们要继续探索和完善符合国情、校情的自主招生考试模式和选拔机制。同时也要高度关注教育公平，加大对边远地区、农村地区考生的扶持力度。

在研究生教育方面，要继续加大研究生推免力度，逐步完善博士研究生入学"申请制度"，积极推动研究生招生制度改革，探索完善研究生招生名额的分配机制。要及时调整研究生教育学科、层次和类型结构，适度扩大博士研究生培养规模，适度缩小学术型硕士研究生规模，有计划地扩大专业学位研究生培养规模。对于研究生的培养，我们要狠抓质量。8月初，教育部公示了2011年全国优秀博士学位论文评选结果，我校有9篇论文入选，研究领域涉及哲学、外国语言文学、物理学、化学、地球物理学、生物学、电子科学与技术。这一成绩是可喜的，充分反映了我们在博士研究生培养方面取得的成就，也再次展示了我校作为综合性大学的整体实力。下一阶段，我们要通过试行博士学位论文公示制度、改革研究生科研能力评价体系、与世界

一流大学建立全方位研究生联合培养平台等举措，健全研究生教育的质量保障体系。

我们的继续教育要进一步提高教育层次和质量，稳步发展学历继续教育，积极推进现代远程教育，大力发展高层次非学历继续教育。要继续做好中组部干部培训的相关工作，努力将北京大学打造成为该项培训工作的示范性基地。

我们还必须重视并进一步加强学生综合素质教育，精心打造学生的第二课堂。要大力支持学生社团和社会实践活动，支持学生课余时间参加学术研讨和科研创新探索，积极推进高雅艺术进校园，扎实开展经济困难学生资助、学生心理健康辅导等工作，为学生的全面成长创造良好条件。新学期，我们还要认真抓好新生入学教育工作，通过精致化的服务，让新同学尤其是本科新生顺利完成从中学到大学的过渡，为他们今后的健康成才打下良好基础。秋季学期，毕业班的同学也将进入择业期，相关部门和各院系务必高度重视，想学生之所想、急学生之所急，为学生就业提供充足信息和良好服务。

四、强化战略布局，全方位推进社会服务与国内合作纵深发展

近年来，我们的国内合作工作发展很快，规模和层次都有较大提升，对口支援工作成绩显著，得到了中央和受援单位的充分肯定。今后，学校还要准确把握国家发展大势，全方位、多角度推动国内合作和对口支援工作向纵深发展。

首先，立足北京，开拓全方位服务首都发展的新格局。北京市的支持是北京大学发展的重要保障，北京大学的发展也是首都发展的重要推动力。自北京大学与北京市签署共建中关村科学城协议之后，市校共同推进了一批重大产业化项目，并逐步开展了人才特区的试点工作。今年7月，吉林常务副市长与北京市相关部门的负责人来校就北大如何加强首都发展研究院建设、进一步服务首都的工作进行了细致探讨。市委市政府充分肯定了北京大学对首都科学发展的强大智力支撑作用，希望北京大学今后在首都经济社会发展的重大问题、长远问题的战略研究中发挥更大的作用。因此，下一阶段我们要继续以中关村国家自主创新示范区建设为契机，抓住中关村科学城建设的重大机遇，国内合作办公室、产业技术研究院暨科技开发部、首都发展研究院要分工协作推进服务首都工作，加快科技成果转化和产业化步伐，大力输出原创性前沿科技成果，积极参与“科技北京”“人文北京”“绿色北京”建设以及北京建设国家创新中心和世界城市的工作。与此同时，我们还要继续支持和促进医学部及附属医院的稳健、快速发展，为首都乃至全国人民提供优质的医疗服务。

其次，面向中西部，深度参与国家西部大开发战略。对口支援是国家赋予北京大学的光荣政治任务。目前我校共牵头16所高校、组成两个高校团队，分别对口支援西藏大学、石河子大学。今年是我校对口支援西部地区高校工作的第十个年头，十年来，很多同志付出了艰辛努力，积累了宝贵经验。我们要弘扬“孟二冬精神”、学习“老西藏精神”，认真总结经验、奖励先进、扩大影响，团结各成员高校，进一步推动对口支援工作不断深入开展，努力帮助西藏大学、石河子大学在师资队伍建设、人才培养质量、科研创新能力、学校管理水平、国际合作交流等方面取得更大进步。

今年上半年，我校与广西在东盟研究及选调生方面，与内蒙古在干部交流方面，与重庆市在教育合作，与山西在煤炭矿产、环境保护方面，都稳步推进了一批合作项目，取得了一些成果。西部大开发对于我国区域协调发展大局具有战略性意义，北京大学应该有所贡献、有所建树。针对中西部地区的特色资源及区位发展优势，今后我们还要继续加强与中西部省份的战略性合作，通过规划和战略咨询、科研及科技开发、人才培养与交流等多种合作方式，全面服务西部大开发战略。

最后，着眼东部，积极配合国家东部率先发展战略。北京大学要结合东部地区经济较发达、社会发展较快的特点，结合东部地区产业转型升级的迫切需求，着力于江苏、浙江、上海、广东、山东等经济大省，在巩固和扩大原有的省校合作成果的基础上，深度参与并推动这些地区新能源、新材料、信息技术、生物医药、现代服务业等战略性新兴产业的发展，促进产学研一体化与先进科研成果转化进程；以深圳研究生院为依托，推动与华南地区的合作纵深发展。拓展市校合作，探索并开辟与东部沿海经济活跃地区百强县的合作，积极争取地方的支持。

五、扩大对外开放，积极提升国际交流与合作水平

建设世界一流大学，必须不断提升办学国际化水平。下一阶段的外事工作，要继续做好“走出去”和“请进来”的工作，不断提升国际交流与合作水平。

首先，要全面拓展教学科研“走出去”渠道。积极支持优秀教师和科研人员出国讲学、访问、合作科研或参加各种学术会议，探索行政管理人员国际交流的体制机制，大力提升本土师资队伍国际化程度。着力推进学生海外学习项目，积极组织、支持在校生参与各种形式的国际交流活动，大幅提升学生在读期间出国出境学习交流比例。同时，积极构建高水平国际化科研格局，积极促进与联合国教科文组织等国际组织的交流与合作；大力推动人文社科的国际科研项目合作，进一步将北京大学人文社会科学的优秀成果推向全球。

其次，要积极把国际高端教育资源“引进来”。要紧密结合北京市国际教育战略布局，加强我校与国外一流大学、学术机构、跨国公司、国际组织和国外基金会的战略合作关系，统筹国际与国内资源，积极争取、拓展中外合作办学空间和用地。要形成全球顶尖教授访问机制，依托“海外学者讲学/研究计划”“诺贝尔大师校园行”和“北京大学海外名师讲坛”等平台，以更加灵活多样的形式引进国际名师来校讲学，多渠道引进海外智力资源。

最后，要全面提升办学和管理的国际化程度。要稳步扩大留学生规模，持续优化生源结构。切实加强国际化支撑能力建设，建立健全统一、多级、全员、全方位国际交流合作的服务支撑体系，使国际交流与合作由学校层面主导转向学校、院系、教师、学生的互动模式，探索建立院系外事队伍，提升对外合作交流能力。还要引导与支持国际交流类学生社团建设，营造多元文化和谐交融的校园氛围。

六、推进文化传承和创新工作，为提升国家软实力做出新贡献

北京大学历来是思想文化重镇，在发展人文社会科学，传承人类精神方面有着优良的传统，切实履行文化传承创新职能，积极服务于文化软实力的提升和创新型国家的建设，是加快创建世界一流大学的题中之义和必然要求。

我们要加强科学研究，服务于社会主义核心价值体系建设。我们服务国家发展的工作，不仅要促进物质文明的进步，还要着眼于当前人民群众的文化需要，着眼于社会主义核心价值体系的各项要求，在精神文明、政治文明、生态文明等方面开展有效的科学研究，形成丰富的、有价值的成果，并充分利用文化产业新年论坛等品牌活动的平台作用，向全社会广泛传播我们的科研成果，引领社会文化发展。

北京大学曾是新文化运动的中心，具有光荣的传统和优良的学风。我们推进文化传承与创新，就要高度重视对校史校情的深入挖掘，积极弘扬北大优秀历史文化传统，认真总结、提炼北大精神的新内涵，以积极向上的校园文化为社会文化的建设发展树立标杆。

大力推进文化传承创新，还要积极开展对外学术交流和文化交流，增进对国外文化科技发展趋势和最新成果的了解；要继续办好孔子学院，使其成为学校海外宣传、文化传播的综合平台和窗口，在展示当代中国高等教育风采和科技实力的同时，增强我国文化软实力和中华文化国际影响力，努力为推动人类文明进步作出积极贡献。大力推进文化传承创新，还必须完善学校文化建设管理体制机制。现在，学校这方面的管理职能比较分散，在下一步工作中要加以整合。

七、不断增强资源获取能力，提高资源使用效率

随着未来国家经济的高速增长和教育事业优先发展的方针深入落实，我国将有更多的经费和资源投入到高校发展之中。在国家投入增多的同时，我们要清醒地意识到资源获取的竞争也在加剧，这就对我们有计划、有组织的获取资源的能力以及科学合理配置资源的能力提出了更高的要求。加大获取资源力度，提高资源配置效益，为学校率先跻身世界一流大学行列提供坚实的保障，成为摆在当前发展形势下的严峻挑战。

我们要积极完善预算委员会的工作机制，加强对重要公共资源的统筹利用和管理，健全教学、科研和社会服务的成本核算制度，继续推行有偿使用的方式。我们的公用房改革已经有了很大的推进，下一步要按照“坚持节约、防止浪费、提高效率”的原则，规范公用房分配程序，完善公用房定额标准体系，推广和优化超额公用房收费以及按科研任务返还机制，并在此基础上完善院系超标用房收费机制。在满足教学需求的基础上，我们还要对全校公用教室进行统筹管理，重新核定公用教室、教学实验室面积，完善管理和租借制度，规范对外租借教室收费标准。

我们还要积极多渠道争取经费，更多地争取国家、企业、校友和社会各界的支持。各院系的筹款工作队伍都要积极行动起来，发掘尽可能多的资源为学校发展服务。在筹资工作上，我还要再次强调校友工作的重要性。校友对母校都有深厚的情感，我们要积极为校友的发展创造良好平台。校友工作是一项系统工程，要从学生期间就把学校的关心和关怀送到每一位学生身上，切实为学生的成长成才服务，将关爱母校、支持母校的理念渗透到同学们的学习、生活当中。我相信，只要我们工作到位，广大校友必将成为学校发展的力量源泉。

八、几个专项工作

完成学校“十二五”发展规划的制订。上学期，由发展规划部牵头，学校已经制订了“十二五”发展规划征求意见稿。这个文本对学校“十二五”期间面临的发展形势、主要任务、相关举措做了阐释和分析，可以说思路是清晰的，内容比较全面，举措也比较有针对性。今后五年对于我们率先跻身世界一流大学行列至关重要，本学期要广泛征求各单位意见，将这个规划确定下来，推动相关工作早落实、早见成效。

积极推进试点学院工作。今年6月，国家教育体制改革领导小组办公室召开试点学院工作座谈会，全面部署国家教育体制改革重大改革项目之一的试点学院工作。8月24日，教育部正式启动全国首批15所高校试点学院工作，我校物理学院成为国家试点学院改革的单位之一。试点学院着力于开展创新人才培养模式、人员聘用与考核机制、学院内部治理结构、资源

分配与支持方式等综合改革，有针对性地解决困扰我国高等教育质量难题，破解深层次体制机制障碍。我们要深入研究国家设立试点学院改革的内涵和精神，统一思想，找准工作着力点，确保试点学院工作在我校顺利实施。同时，我们也要以此为契机，带动学校更大范围的体制变革，完善现代大学制度建设，创新体制机制，充分激发办学活力，助推世界一流大学建设更加健康快速发展。

扎实做好军工保密资格审查认证工作。九、十月份，我校将迎来军工保密资格现场审查认证工作。前一阶段，学校军工认证工作领导小组已经做了大量准备工作，目前的主要问题和难点在于部分涉密人员尚未全面落实军工保密要求。为此，学校各相关单位和学院务必给予高度重视，全力配合学校军工认证工作领导小组的统一安排，确保军工保密标准在本单位得到全面落实，确保军工保密标准在每个人身上百分之百落实达标。学校要求，没有达到军工保密标准的单位不能承接涉密项目，不配合军工认证的涉密人员要调离涉密岗位，不遵守军工保密标准要求的涉密人员暂停项目、限期整改，整改仍不合格者今后不得申请涉密项目。学校也将努力为军工科研人员创造便利条件，以鼓励更多的老师积极参与军工科研工作。

深入推进医学部西北区建设。作为医学部最后一块科研教学用地，西北区的建设直接关系到医学部未来的发展。这项工作已经取得了一些进展，但我们仍要认识到它的艰巨性和复杂性。这项工作绝不仅仅是医学部的事，也关系到北京大学创建世界一流大学的进程，我们要坚持医科与文理工科的协调发展，世界一流大学的建设目标才能够保质保量地完成。学校相关部门要积极支持和配合，为医学部西北区建设提供便利，加快西北区建设进程。

进一步推动深圳研究生院发展。前不久，我参加了深圳研究生院的开学典礼，典礼全程使用英文，这是一个很有创意的尝试。深圳研究生院是北大的一个国际化校区，确立了"前沿领域、交叉学科、应用学术、国际标准"的学科建设方针和"综合素质、专业知识、国际眼界、社会责任"的学生培养目标，吸引了一批优秀的外籍师资和留学生，学校鼓励深圳研究生院以及各个院系在提升国际化水平方面大胆探索。这几年，深圳研究生院的基础设施建设也有了很大发展，今后要继续推进相关工作，为南国燕园的发展夯实硬件基础。

保质保量推进重大基建工程项目。这学期基础设施建设的任务仍然繁重。对于科技成果转化中心、工学院大楼、原校医院住院部改造、新太阳学生中心、综合体育馆赛后改造等工程，要确保工程安全和质量，重点工程要确保按时完工；同时，要加强对建设项目的成本控制和预算约束，厉行节约，严格控制成本，切实提高资金的使用效率。对规划中的项目要根据学科需要，按照轻重缓急，也要根据资金情况，排出先后顺序。暑假期间，由于天气原因，新的理科教学楼改造工程尚未完全结束，在抓紧工期的同时，有关部门要做好教室的统筹协调，保证教学工作的顺利开展。

全面提升校园信息化工作，着力于智慧校园的规划与建设。有效提升教育教学质量，离不开现代教育技术手段的有力支持。要全面提高文献信息资源体系服务能力，加强文献资源、档案资源、博物馆资源、学科资源的整合，完善信息资源共享平台。要加强信息化基础设施建设，实现多种方式接入互联网，丰富和完善基础信息化服务，紧密围绕电子校务管理平台建设，构建涵盖学生、人事、科研、资产等信息资源的电子校务管理与服务平台，实现管理信息数据的集成和共享。

时刻狠抓校园安全工作，营造安定有序的校园环境。在同志们的共同努力下，我们的校园环境保持着和谐稳定的态势，但安全这根弦我们始终不能放松。下一阶段，我们还要继续密切与公安、综治等部门的联系，严格执行入校登记制度，坚决防止不法分子进入校园。最近一段时期，校内基建施工工程较多，新学期有不少新同学入校，他们对校园环境还不熟悉，因此，在抓好工程质量的同时，相关部门也一定要注意施工安全，在工地周围要设置显著标识，杜绝事故隐患，施工特别要注意规范、文明，尽量减少噪音和尘土污染。校园交通环境也是亟待解决的大问题，我们要根据分类管理、分区管理、容量控制的原则，积极完善符合校情的交通管理规章制度，建构科学规范的车辆管理模式，逐步改善校园交通状况，将燕园打造成安静、有序、和谐的绿色校园。

同志们，以上我代表学校领导班子对本学期的工作进行了部署，重点工作和专项工作要全力以赴，常规性工作也不容懈怠。创建世界一流大学是一项复杂的系统工程，要求我们既要有雄心壮志，又必须脚踏实地。在座的各位同志是学校发展建设的中坚力量，让我们深入学习贯彻中央领导的重要讲话精神，只争朝夕，抢抓机遇，锐意进取，开创北京大学改革发展新局面，为率先建成世界一流大学而努力奋斗！

·北大概况·

北京大学创建于1898年，初名京师大学堂，是我国第一所国立综合性大学，也是当时中国最高教育行政机关，于1912年改为现名。

作为新文化运动的中心和“五四”运动的策源地，作为中国最早传播马克思主义和民主科学思想的发祥地，作为中国共产党最早的活动基地，北京大学为民族的振兴和解放、国家的建设和发展、社会的文明和进步做出了不可替代的贡献，在中国走向现代化的进程中起到了重要的先锋作用。爱国、进步、民主、科学的传统精神和勤奋、严谨、求实、创新的学风在这里生生不息、代代相传。

1917年，著名教育家蔡元培出任北京大学校长，他“循思想自由原则，取兼容并包主义”，对北京大学进行了卓有成效的改革，促进了思想解放和学术繁荣。陈独秀、李大钊、毛泽东，以及鲁迅、胡适等一批杰出人才都曾在北京大学任职或任教。

1937年七七事变后，北京大学与清华大学、南开大学南迁长沙，共同组成长沙临时大学。不久，临时大学又迁到昆明，改称国立西南联合大学。抗日战争胜利后，北京大学于1946年10月在北平复学。

中华人民共和国成立后，全国高校于1952年进行院系调整，北京大学成为一所以文理基础教学和研究为主的综合性大学，为国家培养了大批人才。据不完全统计，北京大学的校友和教师有400多位两院院士，中国人文社科界相当多有影响的人士也出自北京大学。

改革开放以来，北京大学进入了一个前所未有的大发展、大建设的新时期，并成为国家“211工程”重点建设的大学之一。1998年5月4日，在北京大学百年校庆之际，国家主席江泽民题词：“发扬北京大学爱国进步民主科学的优良传统为振兴中华做出更大贡献”，并在庆祝大会上发出了“为了实现现代化，我国要有若干所具有世界先进水平的一流大学”的号召。北京大学积极响应号召，适时启动“创建世界一流大学计划”（“985计划”），自此开启了北京大学建设发展的新篇章。

2000年4月3日，原北京大学与原北京医科大学合并，组建了新的北京大学。原北京医科大学的前身是国立北京医学专门学校，创建于1912年10月26日，并于1946年7月并入北京大学。1952年在全国高校院系调整中，北京大学医学院脱离北京大学，独立为北京医学院，1985年更名为北京医科大学，1996年成为国家首批“211工程”重点支持的医科大学。两校合并进一步拓宽了北京大学的学科结构，为促进医学与人文社会科学及理科的结合、改革医学教育奠定了基础。

近年来，在“211工程”和“985工程”的支持下，北京大学进入了一个新的历史发展阶段，在学科建设、人才培养、师资队伍建设、教学科研等方面都取得了显著成绩，为将北京大学建设成为世界一流大学奠定了坚实的基础。今天的北京大学已经成为国家培养高素质、创造性人才的摇篮，科学研究的前沿和知识创新的重要基地，以及与国际交流的重要桥梁和窗口。

2011年，北京大学设有50个直属院系。开设本科专业118个，覆盖文、理、医等10个学科门类。全校有211个博士学位授权点、242个硕士学位授权点、118个本科专业、18个国家重点学科（一级）、25个国家重点学科（二级）、3个国家重点（培育）学科，以及39个博士后科研流动站。全年博士后研究人员在站1009人，累计进站4118人。有12个国家重点实验室、3个国家工程研究中心、68个省部级设置的研究院（所、中心）和实验室、8所附属医院、13所教学医院。在职教职工19820人，其中专任教师6168人。有教授1913人，副教授2115人；中国科学院、中国工程院院士70人，“长江学者奖励计划”特聘教授和讲座教授147人，973计划项目首席科学家49人，国家杰出青年科学基金获得者168人。毕业生19999人，学历教育学生中全日制研究生5248人（博士研究生1611人，硕士研究生3637人），普通教育本专科生3589人（本科生3382人，专科生207人），成人教育本专科生3368人（本科生2898人，专科生470人），网络教育本专科生7794人（本科生5937人，专科生1857人）。招生24399人，学历教育学生中全日制研究生6903人（博士研究生1816人，硕士研究生5087人），普通教育本专科生3654人（本科生3455人，专科生199人），成人教育本专科生3036人（本科生3036人，专科生0人），网络教育本专科生10806人（本科生7880人，专科生2926人）。在校生89436人，学历教育学生中全日制研究生21107人（博士研究生7653人，硕士研究生13454人），普通教育本专科生14699人（本科生14107

人，专科生 592 人），成人教育本专科生 10540 人（本科生 9926 人，专科生 614 人），网络教育本专科生 43090 人（本科生 33965 人，专科生 9125 人）。本科毕业生就业率为 98%。留学生毕业 2473 人，招生 2661 人，在校 4306 人。图书馆建筑面积为 67462 平方米，藏书为 949.90 万册。校园占地面积为 2742342 平方米，校舍建筑面积为 2199755 平方米，固定资产总额为 747770.00 万元，其中教学科研仪器设备资产为 270723.00 万元。

2011 年是"十二五"开局之年，也是全面贯彻落实国家中长期教育改革和发展规划纲要的关键一年。这一年，北京大学深入开展创先争优活动，严格落实国家中长期教育改革和发展规划纲要的要求，把提高质量作为最核心、最紧迫的任务，把坚持科学发展观作为基本原则，坚定不移走内涵式发展道路，以学科建设、队伍建设为基础，以体制机制改革为重点，以增强创新能力为关键，统筹规划，整合资源，重点推进，协调发展，学校各项事业都取得了较大进步，办学实力和国际国内竞争力得到了显著加强，建设世界一流大学的事业稳步向前推进。

一、学科建设保持良好发展势头

北京大学始终将学科建设作为学校发展的生命线，依托"211 工程""985 工程"的支持，按照《北京大学"985 工程"总体规划》（2010—2020）的思路，把握国际学科发展趋势，结合国家战略需要，突出北大特色，抓紧推进学科布局调整，努力提升北大学科整体竞争力。

汤森路透"基本科学指标数据库"（ESI）2011 年 9 月公布的对过去 10 年论文引用的调查数据显示，北大的数学、物理、化学、生物与生物化学、工程科学、材料科学、植物和动物科学、地球科学、环境科学与生态学、临床医学、药学与毒理学、计算机科学、神经与行为科学、分子生物学与遗传学、精神病学/心理学、一般社会科学、经济学与商学等 17 个学科先后进入全球大学和科研机构的前 1%，在国内各高校中遥遥领先。其中，北大的化学与材料科学已经进入全球前 0.1%；物理、临床医学、工程科学、地球科学、数学等 5 个学科进入全球前 0.25%；北大的经济学与商学、精神病学/心理学实现了零的突破，进入全球前 1%。

根据《美国新闻与世界报道》（*U. S. News & World Report*）2011 年世界大学分类排名榜，在自然科学领域，北大排在全球第 17 位；在生命科学与生物医学领域，北大位列第 24 位；在工程与信息科学领域，北大位列第 34 位；在艺术与人文学科领域，北大位列第 18 位；在社会科学领域，北大排名第 21 位。以上数据显示，北大学科整体水平基本跨入全球先进行列，个别学科已经达到世界一流水平。

一年来，北大坚持有所为、有所不为的原则，充分发挥"985 工程"项目经费的导向性，强调资源分配的科学性、合理性和有效性，根据战略选择，对部分基础学科和前沿交叉学科实施重点建设和重点支持。其中，"985 工程"学科经费中的约 30% 投入到生命科学及相关学科体系建设中。学校成立了生命科学委员会，规划生命科学发展的宏观布局。在国家支持下，北大、清华联合成立了生命科学联合中心，发挥两校强强联合的优势，努力打造一流的生命科学研究与教育机构，得到了中央的肯定。

继续支持新体制科研机构的发展建设，使他们成为北大推动体制创新和学科建设的生力军。13 个理、工、医新体制科研机构中，部分较早成立的机构已经取得可喜成绩。例如，分子医学研究所成立 5 年多来，组建起一支具有国际竞争力的心血管及代谢研究团队，累计发表 123 篇高质量论文，平均影响因子达 8.0，累计获批国家自然科学基金重点项目、973 计划项目、863 计划项目和重大专项等课题经费 6265 万元；科维理天文与天体物理研究所在学术环境、人才队伍建设等方面都取得了同行公认的不菲成绩，初步建立了一支国际化的、具有较高研究水准和国际竞争力的研究队伍；量子材料科学中心自 2010 年 1 月成立以来，已有科研人员 10 余名，其中包括 1 名中国科学院院士、1 名国家杰出青年科学基金获得者，以中心为作者单位共发表和已接收的 SCI 论文有 16 篇，其中 1 篇发表在 *Science*、1 篇发表在 *Nature Materials*，获得数千万的外部经费支持；生物动态光学成像中心自 2010 年 12 月成立以来，目前已有科研人员 8 名，其中教授 6 名，以中心为作者单位发表高质量 SCI 论文 11 篇，获得国家和省部级项目经费上千万元，并与校内分子医学研究所、生命科学学院、化学与分子工程学院、信息科学技术学院、医学部等单位开展了广泛合作。

工程学科发展势头良好，计算机科学、先进材料与器件、智能科学等领域不断取得新突破。2011 年 10 月，北大主办了 2011 全球工程教育领袖峰会——全球工学院院长大会，来自全球 30 多个国家和地区的 200 余位工学院院长齐聚北大，共商全球工程教育发展。这也是全球工学院院长大会首次在中国举办。

根据国务院学位委员会对学位授权点进行调整的结果，北大新增 8 个一级学科博士学位授权点、10 个一级学科硕士学位授权点。调整后，北大共有 50 个一级学科博士学位授权点，52 个一级学科硕士学位授权点。

二、高水平人才队伍建设形势喜人

高度重视高水平人才队伍建设，将其作为学校建设世界一流大学的重要依托。在 2011 年中国科学院院士、中国工程院院士增选工作中，北大取得重大突破。数学科学学院鄂维南教授、化学与分子工程学院刘忠范教授和严纯华教授、生命科学学院朱玉贤教授、信息科学技术学院梅宏教授当选为中国科学院院士，信息科学技术学院高文教授当选为中国工程院院士，总数居全国高校之首，也是北大近十年两院院士增选中当选人数最多的一年。

积极参与长江学者奖励计划等中央和国家级人才工程，着力培养和引进了一批高端人才。大力推进青年人才队伍建设，培育结构合理、可持续发展的后备人才梯队，为学校的可持续发展奠定基础。自2005年正式启动的优秀青年人才引进计划(百人计划)，已共批准引进103人，到校工作80人，85%以上为海外留学回国人员。由以上高端人才和青年后备人才为代表的师资人才队伍已经成为北大“人才强校”工程的最核心、最有显示度和最具竞争力的部分，突出体现了北大师资队伍的雄厚实力和可持续发展潜力。

在做好人才引进工作的同时，学校还适应国际国内人才竞争愈发激烈的趋势，在千方百计以事业留人、以环境留人、以感情留人的基础上，下大力气改善教职工薪酬福利，把以待遇留人作为学校人事人才工作的重中之重。2011年，学校较大幅度提高了全体在职职工的职务补贴和“985专项”岗位津贴，并继续实施年终绩效奖励。

三、科研实力大幅增强

2011年，理、工、医科全年到校科研经费超过20亿元，较上年稳中有增。承担各类重大科研项目的数量稳步上升，继续保持全国高校领先水平。全校新获批国家自然科学基金项目总经费超过5亿元，比上年增加近2亿元。新获批各类科研项目681项，其中973计划项目5项(含重大科学问题导向项目1项)、子项目22个，重大科学研究计划项目7项、子项目20个，立项数高居全国首位。北大连续3年的973计划和重大科学研究计划立项总数居全国高校第一。截至2011年年底，北京大学主持的973计划和重大科学研究计划项目共计59项。

北大各级各类科研平台十分活跃，新平台筹建工作顺利推进。2011年，北京大学口腔医学国家工程实验室获批成立，9个北京市重点实验室、2个北京市工程研究中心通过北京市认证成立。生物膜与膜生物工程国家重点实验室参加2011年度生命科学领域国家重点实验室评估，两个教育部重点实验室参加2011年度信息领域教育部重点实验室评估，均获得优秀。

根据中国科学技术信息研究所的统计结果，北京大学2010年度国际论文被引用次数为13400次，在全国高校排名第3位；国际论文被引用篇数为4167篇，在全国高校排名第3位。北京大学2010年度SCI收录论文2821篇(按第一作者统计)，在全国高校排名第4位。2001—2010年，北京大学SCI收录论文累计被引用次数达146314次，在全国高校排名第3位；累计被引用篇数为14224篇，在全国高校排名第3位。

科研获奖成果丰硕。根据国家科学技术奖励工作办公室的通告显示，2011年度以北京大学为第一完成单位获得国家自然科学奖二等奖5项、国家科学技术进步奖二等奖2项，教育部高等学校科学技术奖一等奖7项、二等奖11项，何梁何利基金科学与技术进步奖2项。北京大学作为第一完成单位获得国家自然科学奖的总数居全国高校首位。

人文社科方面，2011年文科到账研究经费约1.7亿元，人文社科纵向项目立项总数继续稳健增长，新获批国家社科基金重大项目6项、一般项目47项，国家哲学社会科学成果文库6项，教育部人文社科研究一般项目28项，教育部哲学社会科学研究后期资助项目2项，北京市哲学社会科学规划重大项目1项、一般项目9项。在第四届全国教育科学研究优秀成果奖评比中，北大获得终身成就奖1项，一、二、三等奖各1项。由华东师范大学举办，教育部认可的人文社科类重要评审项目、单个奖金高达10万元的全国首届文史哲思勉原创奖评选中，只有4部著作获奖，北大历史学系田余庆教授的《东晋门阀政治》一书获得全票通过，以总分第一的成绩拔得头筹。

2011年，学校进一步加强人文社会科学研究机构管理，成立了北京大学人文社会科学研究机构管理委员会，制订、修订了《北京大学人文社会科学研究机构管理办法》《北京大学人文社会科学研究机构兼职研究人员聘请办法》等管理规定，标志着北大人文社会科学研究机构步入了规范化管理的新阶段。

四、教育教学改革走向深入

2011年是元培计划实施十周年，学校召开了“元培10周年庆典暨本科教育改革研讨会”，认真总结元培计划10年探索的经验，并确定了下一阶段的改革目标与发展任务。元培计划作为北大教改的试验田，10年来取得了突出成绩，受到各方关注和认可。2008年至今，元培计划学生在北大“挑战杯”竞赛中连续包揽最高奖“王选杯”，显示了较高的科研创新能力。元培学院2011届毕业生中，81名出国深造的学生大多被牛津、剑桥、哈佛、耶鲁等世界一流高校录取。

教育部“基础学科拔尖学生培养试验计划”启动2年来，北大陆续在数学、物理学、化学、生物学、计算机科学和环境科学等6个领域组织实施该计划。目前进入该计划的学生共320名。根据北大学科特点，在工学院和地球与空间科学学院设立了2个校内拔尖人才培养试验项目。学校还组织文、史、哲、外语、考古等5个基础人文学科院系共同开展“古典语文学”试验项目，已招收2届32名本科生。各教改项目的顺利实施，对提高北大本科教育教学质量有重要意义。

2011年，历史学系高毅教授被评为“国家级教学名师”，化学与分子工程学院裴坚等5位教授被评为“北京市级教学名师”；物理、生物等8个“国家基础科学研究与人才培养基地”获得国家自然科学基金委“人才培养基金”立项资助，经费总额达2575万元；加强通选课、核心课程建设，2011年新增建设了4门核心课程，试行“大班授课，小班讨论”的教学方式，取得良好效果；历史学系阎步克教授和邓小南教授主讲的“中国古代政治与文化”通选课作为教育部首批20门“中国大学视频公开课”，正式通过公共网络向社会公众免费开放；在2011年北京高等教育精品教材评审工作中，北大共有37种教材获得北京高等教育精品教材奖，居北京高校首位。

狠抓本科招生工作，生源质量稳中有升，九成以上省份实现了文理科专业志愿“零调剂”，各省市录取分数线继续在全国高校保持领先。稳步推进“中学校长实名推荐制”，采取有力措施，确保招生公平，尤其为不同类型优秀学生脱颖而出创造条件，受到社会广泛关注。

研究生教育继续贯彻落实“稳定规模、优化结构、提高质量”的工作思路。一是进一步优化研究生教育结构，改变以学术型研究生为主的单一培养模式，根据学科特点厘清不同类型的研究生定位和培养目标；二是深入推进培养机制改革，在课程体系、教学内容、教学方法、研究与技能训练、质量评价标准、学位授予标准等方面进行大胆探索；三是全面改革研究生招生选拔方式，以更好地吸引优质生源。学术型研究生的选拔逐步实行“申请—审核”制，突出对科研创新能力的考查。专业型研究生的选拔实行“全国统考”与“申请—审核”相结合的选拔方式，重点体现行业的职业性和标准化；四是合理配置研究生教育资源，努力提高博士研究生的科研创新能力。为了更好地吸引和资助拔尖创新人才攻读博士学位，激励博士研究生从事创造性的科学研究，周密实施“校长奖学金”评选工作。截至2011年年底，共有268名优秀博士研究生获此殊荣，每年资助金额达964.8万元。学校近年设立“才斋奖学金”，用以资助人文社科领域优秀博士研究生开展高水平创新性研究，2011年共有15个研究项目获得资助，每个项目的资助额度为3～5万元。2011年，全国共评选97篇全国优秀博士学位论文，北京大学有9篇获评，居全国高校之首。

非学历继续教育工作蓬勃发展，加强继续教育战略研究，推进继续教育办学体制综合改革，修订和完善了一大批校级管理制度。2010年，北大确定实施非学历继续教育全面质量管理体系建设，2011年狠抓落实。随着非学历继续教育培训班管理系统三期建设基本完成，非学历继续教育的管理完全实现信息化、网络化。2011年，全校有39个院系共举办各类非学历继续教育培训班799个，培训学员37897人。北大非学历继续教育已经逐步形成了10多个具有相当大品牌效应和社会影响力的精品项目。

五、学生服务和管理朝科学化、精致化目标转型

2011年，学生工作紧密围绕创建世界一流大学的工作全局，进一步贯彻落实中央16号文件精神和学生工作精致化的发展目标，努力推动育人工作再上新台阶。

大力加强学生工作队伍建设。在广泛征求意见和深入调研的基础上，起草了《北京大学辅导员教育培训发展纲要》，修订了《北京大学选留学生工作干部试行办法》。除了积极推荐学工干部参加教育部及北京市的各类培训外，还整合校内资源，突出培训重点，加大校内培训力度。在培训工作中，继续坚持岗前培训和专题培训相结合、定期培训与不定期培训相结合、理论培训与实践相结合的方针，着力在提高学工干部的思想引导能力、心理健康教育能力、就业指导服务能力等多种能力上不断努力。

切实加强学生工作理论研究。通过制订激励制度、搭建研究平台、支持课题项目等途径，着力提升广大基层学工干部的理论素养和研究水平；以基层学生工作创新基地为平台，以理论创新促进工作创新，已有多篇论文在核心期刊上发表；继续发挥《北大青年研究》的阵地作用，积极组织辅导员申报教育部、北京市思想政治教育专项课题，倡导调查研究之风，产生了一批针对性强、水平较高的学生工作研究成果。

创新思路和举措，进一步增强大学生思想政治教育的实效。抓住迎接建党90周年、认真学习贯彻“两个讲话”精神和深入开展创先争优活动的契机，大力推进学生党建工作，并扎实开展党建带团建工作，着力提升学生党、团组织的凝聚力和战斗力；创新开展新生入学教育和毕业教育，“新生引航工程”卓有成效，毕业生廉洁教育受到中央领导同志的高度肯定。

在全国大学毕业生就业形势日益严峻的情况下，2011年北大本科生与研究生就业率保持较高水平。坚持服务国家战略的原则，积极引导毕业生到西部地区、艰苦行业和基层工作。据统计，2011年北大有501名毕业生报名应聘各地基层选调生项目、“村官”项目、预征入伍项目、社区工作者项目，288人签约基层和西部地区。

贯彻落实中央领导关于推进教育公平的重要指示精神，扎实开展家庭经济困难学生资助工作。迎新绿色通道受到家长、新生和社会的广泛好评；各类助学金较往年稳步增长，2011年达56项，共计1730万元，创历史新高；创新开展资助育人工作，精心打造绿色成长

平台，“燕园领航”“燕园携手”等计划深受学生欢迎。2011年6月，学校还专门通令嘉奖由家庭经济困难学生组成的学生服务总队。

按照心理健康教育三级体系建设的总体思路，完善心理健康全员教育机制，完善学生心理健康监控网络，健全防护机制，做好学生心理危机排查与干预工作。

2011年5月10日，胡锦涛总书记给北京大学第十二届研究生支教团成员回信，勉励支教团志愿者“向实践学习、向人民群众学习”。全校认真学习领会胡锦涛总书记回信精神，精心组织开展大学生暑期社会实践活动。2011年共有266支团队赴全国各地进行社会实践，取得可喜成果；充分发挥第二课堂的育人功能，积极开展学生就业创业活动，全面提升学生综合素质和能力。2011年，北大学生在第十二届全国“挑战杯”中取得优异成绩，夺得本届“挑战杯”竞赛团体优胜杯和特等奖。

六、校园公共服务体系进一步完善

2011年，北大基建工程继续保持高峰状态，各类建筑工程达25项，总建筑规模达24万平方米。其中，备受瞩目的北京国际数学研究中心和人文学苑顺利竣工，既为北大增加了两处新的人文景观，更是北大引进高端人才、改善办学环境的重要举措，尤其对缓解长期以来文、史、哲等人文基础学科存在的教学科研和办公场所十分紧张的局面起到了重要作用。北医三院新门急诊楼、运动医学楼正式起用，深圳研究生院汇丰商学院大楼已经封顶，国际法学院大楼开工建设，校本部的工学院与交叉学科大楼、科技成果转化中心、斯坦福中心等一大批项目顺利推进。

大力推进校级科学仪器公共平台建设工作，使之成为北大建设世界一流大学的强有力的发动机。2011年11月召开了全校科学仪器公共平台工作会，借鉴世界一流大学的先进经验，总结成绩，寻找差距，并就进一步加强校级平台建设的思路和举措达成共识。依托“985工程”支持，经过多年建设，北大已形成了以电镜实验室、分析测试中心、核磁共振中心、实验动物中心、微/纳米器件加工超净公共实验室等5大校级大型科学仪器公共平台，以150台共享大型科学仪器为主要载体的校级公共服务体系，有力支撑了全校的教学科研工作。

校园公共服务设施得到进一步完善。利用“985工程”的经费投入，加大了图书、期刊、电子资源、多媒体、古籍等教学科研资源建设的力度，确保校园网扩展与升级、校园信息服务及运行管理系统建设、校园网机房环境改造、校园网上办公系统建设、校园电子校务平台建设、数据存储系统扩展与升级、信息网络运行维护等工作的稳步推进。借鉴国内外先进经验，提出“智慧校园”战略构想，并纳入学校“十二五”规划，要通过建设高速互联的网络能力、广泛而透彻的感知能力、集约而面向服务的云计算能力，为师生员工提供无所不在的贴心服务，对校园设施进行智能实时控制，优化校园资产、科研设备的利用，实现校园工作的有序管理、量化评估和科学决策。

为了缓解校本部用地紧张的状况，为科研工作的开展创造更加广阔的空间，学校重新对昌平校区硬件设备进行修缮和改造，努力把昌平校区建设成集大科学装置、开放性公共科研平台、国家重大科技项目和国家重点实验室于一体的科学研究基地，建设成基础研究向实际应用转化的研发平台。

进一步加强校内公共资源的有效管理和合理配置。其中，公用房管理改革取得重大进展，完成了全校37家教学、科研单位的公用房数据盘查和定额测算工作，先后与35家单位签订了公用房使用协议。公用房改革不仅提高了各单位公共资源有偿使用的意识，实现了学校资产的保值、增值，而且妥善处理了改革中遇到的各种新问题。

七、社会服务成效显著

学校始终紧密结合国家战略，充分发挥知识库、创新源和人才泵的作用。截至2011年年底，北大已与全国17个省、自治区、直辖市签署了省校合作协议，与5个地级市签署了市校合作协议。

立足北京，进一步提升全校服务首都经济社会建设的能力，深度参与中关村科学城建设等北京市重大规划建设项目。学校进一步整合全校科技及产业化研发力量和资源，成立北京大学技术转移中心，与北京市共同推动自主创新、协同创新，为北京市提供专业的成果产业化服务。学校主要领导带队赴中关村国家自主创新示范区展示中心考察调研，拜访中关村管委会和海淀区的主要领导，共商如何推动北京大学与中关村国家自主创新示范区的合作发展。北京市已签约承诺，自2012年起在全市统筹经费中每年安排1亿元的重大科技成果转化和产业化股权投资资金，专项用于组织北大重大科技成果转化和产业化。

除服务首都发展外，近年来，北大积极参与推进西部大开发、振兴东北地区等老工业基地、促进中部地区崛起、支持东部地区率先发展的进程，以服务和贡献开辟自身发展新空间。2011年配合国家东部地区率先发展战略，加强与江苏省及南京市、苏州市、淮安市、常州市等地高层互访，分别与苏州市、南京市签订了战略合作协议。面向中西部及边疆地区，深入参与国家西部大开发战略及边疆发展战略。其中，与湖南省签署合作协议，推进双方在信息技术领域的应用项目合作，支持国家“三网融合”发展战略；与广西省签署合作协议，重点在“北部湾城市群经济社会发展建设”“东盟问题研究”等项目上开展政策研究类合作；与重庆市签署合作协议,为重庆市建设内陆开放高地,以及建设两江新区提供智力支持。

对口支援西部是党中央、国务院赋予北大的政治任务。2011年既是北大对口支援石河子大学工作的第十个年头,也是北大对口支援西藏大学工作的开局之年。2011年,北大作为对口支援石河子大学、西藏大学两所高校团队的组长单位,先后协同十六所高校在新疆、西藏分别召开两个对口支援团队的工作例会,凝聚发展目标、协同部署下一步工作;举办了北京大学对口支援石河子大学十周年的系列活动,进一步总结经验,凝练思路,激发师生热情;与西藏大学联合召开高原科学研讨会,整合了北大在天文、地质、环境、医学等学科中与高原相关的教学研究力量,全面推动西藏大学发挥自身优势,建设好高原特色学科。2011年,北大被教育部授予"对口支援西部高校工作典型经验集体"荣誉称号,六位老师被评为"对口支援先进个人"。

充分发挥学科综合优势和师资队伍优势,紧密结合国家战略需求,大力开展高端培训,为国家和地方培养培训高层次人才,进一步提高学校服务社会的水平。高度重视"中央和国家机关司局级干部自主选学基地"建设,精心承办司局级干部选学工作。2011年承办10个专题班和10场专题讲座,司局级干部报名参加北大学习班达3075人次,选学人数居全国承训院校之首。

各附属医院为首都乃至全国人民提供优质的医疗服务,年门诊总量近1000万人次,年收治住院病人超过15万人次。

2011年,深圳研究生院迎来建院十周年。作为北京大学创建世界一流大学的重要组成部分,深圳研究生院扎根深圳,以打造"北京大学坐落在深圳的国际化校区"为目标,坚持"前沿领域、交叉学科、应用学术、国际标准"的办学方针,在为深圳特区培养和造就一大批优秀人才的同时,为推动深圳经济社会又好又快发展做出了贡献。

八、对外合作水平和层次不断提高

2011年,北大国际交流规模和层次显著提高,而且与学科建设、人才培养、科学研究和社会服务的职能融合得更加紧密。

2011年,学校共接待各类代表团402个、6000人次,其中高校代表团226个;接待外国元首及政要11人,包括澳大利亚总理茱莉亚·吉拉德、巴基斯坦总理吉拉尼、土库曼斯坦总统库尔班古力·别尔德穆哈梅多夫等。学校还授予土库曼斯坦总统北京大学名誉教授称号。

2011年,学校多次派出校级代表团赴海外访问,深入调研世界一流大学的最新进展和先进经验,增进交流,深化合作,吸引海外优秀人才,进一步拓宽创建世界一流大学的思路和视野。其中,11月27日—12月5日,朱善璐书记率团出访美国和加拿大,在海内外都引起强烈反响;4月,周其凤校长率团出访波兰、罗马尼亚;6月,周其凤校长率团出访德国。

进一步完善学生出国学习的渠道。稳步实施"学生海外学习"项目,年发布校际交换项目41个,学生参与人数约220名;积极组织学生到海外高校参加暑期项目,共计派出学生226名;组织高校留学宣讲会12场,并举办首届北京大学学生海外学习教育展,加州大学伯克利分校、斯坦福大学、爱丁堡大学、剑桥大学等36所海外知名大学和教育机构来校参展;筹措到香港信和集团100万元人民币的捐赠,专项资助北大学生到海外学习。

加强留学生的招生、培养和管理。全年共录取学位生707人、进修生591人,较2010年提高近40%。各类短期留学生共计5438人次,较2010年增长58.7%。尤为值得一提的是,留学研究生招生规模实现了快速增长,其中博士研究生录取人数比2010年同期增长80%。英文类授课项目蓬勃发展,北大—乔治亚理工学院—埃默里大学联合博士项目、北大政府管理学院和伦敦政治经济学院联合硕士项目、北大政府管理学院—惠林顿大学联合硕士项目均迎来首批学生,吸引了众多欧美国家的优质生源。此外,与以往留学生主要集中在人文社科院系不同,来北大理科院系学习的留学生数量迅速增长。为满足留学生修读课程的需求,学校积极打造精品英文通选课程平台,逐步建立较为完善的针对留学生和进修生的课程体系。

海外引智工作取得长足发展。2011年,北大共聘请外籍学者670人次,其中长期专家150人次。在既有的"海外学者讲学计划""海外学者研究计划"之外,新推出"海外名师讲学计划",重点支持各院系邀请高水平外籍教授来校讲学,2011年邀请到了俄罗斯科学院院士李福清教授,德国国家科学院院士、慕尼黑大学鲍博安教授,美国科学院院士、国际著名计算数学专家欧舍教授等高层次专家前来讲学。

2011年,科研国际合作取得突破性进展,获得国际科技合作项目37项;成功举办第八届北京论坛、第八届国际文化节等大型国际交流活动。

九、财务运行安全高效,筹资业绩再创新高

学校财务工作继续贯彻"严格、透明、公平、效益、服务"的十字方针,严格财务管理,维护预算,特别是校级预算的严肃性,预算执行情况良好。

虽然学校收入大幅增加,但与学校事业发展带来的资源巨大需求相比,学校财政一直面临巨大压力。一方面,北大积极与国家有关部门沟通,尽量增加资金使用的灵活度,同时加强预算管理,加强资源统筹,确保学校财务安全,最大限度地发挥资源使用效率;另一方面,学校通过多种形式办学,积极开展社会服务,争取海内外捐赠和社会资助等，积极筹措办学经费，事业收入稳中有升，为学校的正常运转和发展提供了资金保障。

2011年，学校筹资渠道进一步拓展，二级筹款体系进一步完善。生命科学学院、工学院、建筑与景观设计学院、经济学院、法学院、医学部等多个院系都获得了千万以上的大额捐赠。这些资金为学校的人才培养、科学研究、队伍建设和基础建设注入了新动力，提供了强有力的财政支持。随着筹资工作的快速发展，学校进一步加强投资运作力度，确保捐赠资金的安全、保值、增值。2011年，学校调整了基金会投资委员会，大大提高队伍的专业化水平，有利于探索更为有效的投资策略和决策机制。

此外，进一步加强全球校友联络工作，在服务校友的同时积极争取校友对学校发展的支持。目前，北京大学总计有地方校友会51个，涵盖了全国绝大部分的省、自治区、直辖市和重要城市；共有海外校友会29个，覆盖美国、日本、法国、加拿大等国家。

十、坚持以人为本，大力推进民生工程

克服困难，继续大力推进五道口教师经济适用房项目和肖家河教师公寓项目建设。五道口教师经济适用房项目即将竣工，基本具备交付使用条件，学校已正式启动和部署了五道口项目置换售房工作。肖家河教师公寓项目已经进入拆迁阶段。

拓展思路，多措并举，多渠道缓解教师住房压力。主动联系和组织商品房团购项目，为购房教师争取到校企合作优惠折扣价格；以学校名义与海淀区和西北旺镇政府积极沟通协商，整体租用200～300套公共租赁住房，以满足住房困难教职工家庭的周转需要；在教师公寓内部进行节流和挖潜，加大校内租借房和占用房的清理力度，推进教师公寓的腾退工作；加大力度配备和完善高访公寓，为高端学术人才解决周转住房问题。继续做好教职工住房补贴发放工作，全年为2561名无房及未达标教职工发放住房补贴4763万元，并继续做好教职工住房补贴拾遗补阙工作。

学校投入3000余万元，实施全校水电暖设施、学生食堂、宿舍、浴室、校园环境和幼儿园等改造工程，消除安全隐患，提高安全系数，为师生学习、工作和生活提供安全优质的硬件环境；在原材料持续涨价、人工成本上涨和餐饮招工难等多种困难下，积极采取各种措施，通过财政补贴、节约成本、内部挖潜等手段，保持学生食堂饭菜价格稳定，为师生提供安全优质的餐饮服务。

学校还克服事业发展需求和经费不足的矛盾，下大力气改善教职工生活待遇，在提高个人收入方面做了较大调整。此外，学校还多方筹集资金，改善了离退休人员的待遇。

·基本数据·

（统计截止日期：2011 年 12 月 31 日）

一、总体数据

		其中，医学部
校园面积	2742342 平方米（约 4114 亩）	393529 平方米（约 590 亩）
校舍建筑面积	2199755 平方米（约 3300 亩）	443002 平方米（约 665 亩）
图书馆藏书		
一般藏书	949.90 万册	47.95 万册
电子资源	72655 GB	15349 GB
固定资产总额	747770.00 万元	73313.97 万元
其中：		
教学科研仪器设备资产	270723.00 万元	56625.86 万元
信息化设备资产	77512.00 万元	11607.70 万元

二、教职工情况（单位：人）

		其中，医学部
（一）教职工数	19820	10608
其中：		
院士		
中国科学院院士	62	6
中国工程院院士	8	5
第三世界科学院院士	16	2
海外高层次人才引进计划（千人计划）	47	3
哲学社会科学资深教授（文科资深教授）	20	0
“长江学者奖励计划”特聘教授、讲座教授	147	11
973 计划项目首席科学家	49	8
国家杰出青年科学基金获得者	168	22
国家教学名师	16	2
教职工职称分布		
正高级	2131	938
副高级	2980	1448
中　级	5715	3603
初　级	3693	3247
无职称	5301	1372
专任教师	6168	3701

其中按职称划分：

正高级	1913	836
副高级	2115	1113
中　级	1605	1222
初　级	309	305
无职称	226	225

其中按学历划分：

博士学历	4018	1997
硕士学历	1169	841
本科学历	934	819
专科及以下学历	47	44
教辅人员	6877	5311
行政人员	1867	844
工勤人员	2682	648
科研机构人员	1222	69
校办企业职工	273	35
其他附设机构人员	731	0

（二）其他人员

离退休人员	9826	4714
附属中小学、幼儿园教职工	361	0

三、在校学生情况(单位：人)

		其中，医学部
（一）全日制学生	35806	7534
其中：		
共产党员	18450	3440
少数民族	6199	1426
华侨、港澳台	661	112
1. 本科学生	14107	2894
一年级	3500	619
二年级	3391	637
三年级	3338	602
四年级	3390	589
五年级及以上	488	447
其中，女生	6505	1505
2. 硕士研究生	13454	2043
一年级	5087	763
二年级	4796	750
三年级及以上	3571	530
其中按学位类型划分：		
学术型学位硕士	8341	1266
其中，女生	4241	836
专业型学位硕士	5113	777

其中，女生	2464	484
3. 博士研究生	7653	2005
一年级	2046	653
二年级	1914	650
三年级及以上	3693	702
其中按学位类型划分：		
学术型学位博士	6756	1142
其中，女生	2838	652
专业型学位博士	897	863
其中，女生	481	467
4. 专科学生	592	592
一年级	199	199
二年级	192	192
三年级	201	201
其中，女生	535	535
（二）成人教育学生	10540	2689
函授	167	0
本科生	131	0
专科生	36	0
业余	10326	2689
本科生	9748	2111
专科生	578	578
脱产班	47	
本科生	47	0
专科生	0	0
（三）网络教育学生	43090	15445
本科生	33965	7193
专科生	9125	8252
（四）外国留学生	4306	436
博士研究生	266	5
硕士研究生	493	35
本科生	1600	340
培训生	1947	56
四、博士后人数(单位：人)		
在站人数	1009	88
累计进站人数	4118	547
五、专业情况		
本科专业	118	10
专科专业	2	2

博士学位授权点	211	64
硕士学位授权点	242	72
国家重点学科(一级)	18	3
国家重点学科(二级)	25	12
国家重点(培育)学科	3	1
省部级重点学科(一级)	3	1
省部级重点学科(二级)	10	6
博士后科研流动站	39	6
全球前1%的学科 (2011年美国“基本科学指标数据库”ESI的统计)	17	1

六、教学科研

直属院系	50	12
国家重点实验室	12	1
国家工程研究中心	3	0
省部级设置的研究院(所、中心)、实验室	68	25
定期出版的专业刊物	25	13
附属医院	5+3	5+3

·机构与干部·

校领导机构组成名单

党委书记　闵维方(8月免)　朱善璐(8月任)
党委常务副书记　张　彦(5月任)
党委副书记　张　彦(5月免)　杨　河　于鸿君　敖英芳
党委常委　闵维方(8月免)　朱善璐(8月任)　周其凤　张　彦　林建华(5月免)　柯　杨　杨　河　于鸿君　敖英芳　鞠传进　刘　伟　李岩松　王恩哥(5月任)
校长　周其凤
常务副校长　吴志攀　林建华(5月免)　柯　杨
副校长　鞠传进　海　闻　刘　伟　李岩松　王恩哥(5月任)　张　彦(兼)
纪委书记　于鸿君(兼)
校长助理　史守旭　张维迎　李晓明　朱　星　马大龙　李　强　张宝岭　邓　娅　程　旭　黄桂田(1月任)　马化祥(1月任)
纪委常务副书记　叶静漪
纪委副书记　孔凡红　周有光　龚文东
秘书长　杨开忠
副秘书长　赵为民　李　鹰　缪劲翔(4月免)　韩　流　张晓黎(1月任)
教务长　林建华(兼)(1月免)　王恩哥(兼)(1月任)
副教务长　吴宝科　关海庭　李晓明(兼)　王　宪　王仰麟　生玉海
总务长　鞠传进(兼)
副总务长　张宝岭　赵桂莲　杨仲昭　崔芳菊　李国忠(5月免)
总会计师　闫　敏

学术委员会名单

主任　周其凤
副主任　闵维方　吴志攀　柯　杨
委员　(以姓氏笔画为序)
丁　洁　马　戎　王诗宬　王恩哥　王缉思　方伟岗　方　竞　甘子钊　厉以宁　叶　朗　申　丹　朱苏力　朱作言　刘　伟　许智宏　李晓明　杨芙清　杨　河　肖瑞平　吴树青　佘振苏　张礼和　张恭庆　陈佳洱　欧阳颀　周力平　赵光达　赵新生　饶　毅　袁行霈　高　松　郭应禄　郭　岩　阎步克　童庆禧　童坦君

专业技术职务评审委员会名单

主　　　任　周其凤
副　主　任　闵维方　吴志攀　柯　杨
委　　　员　刘克新　刘　波　朱　强　许崇任　闫　敏　王恩哥　吴慰慈　张宏印　刘　伟　张新祥
　　　　　　李月东　李晓明　迟惠生　陆正飞　于鸿君　林久祥　杨　河　温儒敏　鞠传进

学位评定委员会名单

主　　　　席　周其凤
常务副主席　王恩哥
副　主　席　柯　杨　刘　伟　陈十一
委　　　　员　吴志攀　海　闻　袁行霈　甘子钊　厉以宁　杨芙清　文　兰　涂传诒　张传茂　彭练矛
　　　　　　　尚新建　王邦维　钱乘旦　李　强　王　宪　段丽萍　徐　韬　张礼和　胡永华　王仰麟

医　学　部

主　　　　席　韩启德
常务副主席　柯　杨
副　主　席　王　夔
委　　　　员　方伟岗　王　宪　段丽萍　庄　辉　万　有　周春燕　张礼和　胡永华　郝卫东　洪　炜
　　　　　　　刘玉村　王海燕　郭应禄　王　杉　陈　红　王　薇　刘忠军　傅民魁　徐　韬　季加孚
　　　　　　　沈　琳　王玉凤　刘俊义

学部学术委员会名单

北京大学理学部学术委员会

主　　　任　甘子钊
副　主　任　姜伯驹　赵新生
委　　　员　（以姓氏笔画为序）
　　　　　　王学军　文　兰　方精云　朱作言　刘晓为　严纯华　李晓明　来鲁华　吴志攀　张传茂
　　　　　　陈运泰　陈佳洱　欧阳颀　赵光达　郝守刚　耿　直　顾红雅　席振峰　韩世辉　童庆禧

北京大学信息与工程科学部学术委员会

主　　　任　杨芙清
副　主　任　黄　琳　王子宇
委　　　员　（以姓氏笔画为序）

王阳元 王建祥 王恩哥 朱 彤 朱 星 何新贵 邹 维 张东晓 查红彬 倪晋仁
彭练矛 程 旭

北京大学社会科学学部学术委员会

主　　任 厉以宁
副 主 任 睢国余 陈兴良
委　　员 （以姓氏笔画为序）
丁小浩 王子舟 牛 军 平新乔 叶自成 刘世定 关海庭 孙蚌珠 李 强 吴树青
陈庆云 姜明安 姚 洋 徐信忠 董进霞 程曼丽

北京大学人文学部学术委员会

主　　任 袁行霈
副 主 任 申 丹 叶 朗
委　　员 （以姓氏笔画为序）
丁 宁 丁宏为 王 希 王仰麟 王邦维 孙 华 严绍璗 沈 阳 赵敦华 荣新江
胡 军 秦海鹰 阎步克 梁敏和 彭广陆 韩水法

北京大学医学部学术委员会

名誉主任委员 韩启德
顾 问 委 员 （以姓氏笔画为序）
王 夔 王志珍 王志新 庄 辉 沈渔邨 陆道培 陈慰峰 秦伯益 郭应禄 韩济生
童坦君 强伯勤
主 任 委 员 柯 杨
委　　员 （以姓氏笔画为序）
丁 洁 万远廉 马大龙 王 宪 王海燕 王培玉 方伟岗 卢 炜 刘忠军 李若瑜
李萍萍 张 岱 张大庆 张礼和 陈贵安 林三仁 林东昕 尚永丰 柯 杨 俞光岩
敖英芳 顾 江 高学军 郭 岩 郭继鸿 黄晓军 黎晓新 魏丽惠

教职工代表大会执行委员会名单

主 任 委 员 孙 丽
副主任委员 鞠传进 敖英芳
委　　员 （以姓氏笔画为序）
王 蓉 王 磊 王 燕 王春虎 孔庆东 史录文 关海庭 孙 丽 张大成 张国有
张宝岭 岳素兰 胡 坚 敖英芳 鲁安怀 廖秦平 鞠传进

医学部负责人名单

主　　　　任　韩启德
常务副主任　柯　杨
党 委 书 记　敖英芳
副　主　任　李　鹰　闫　敏　方伟岗　姜保国　王　宪
党委副书记　李文胜　顾　芸　孔凡红
纪 委 书 记　孔凡红
主 任 助 理　段丽萍　宝海荣　马大龙

各院、系、所、中心负责人名单

数学科学学院	党委书记	刘化荣
	院长	王长平
工学院	党委书记	谭文长
	院长	陈十一
物理学院	党委书记	陈晓林
	院长	王恩哥(6 月免)
		谢心澄(6 月任)
信息科学技术学院	党委书记	魏中鹏
	院长	梅　宏
化学与分子工程学院	党委书记	刘虎威
	院长	吴　凯
生命科学学院	党委书记	柴　真
	院长	饶　毅
	常务副院长	赵进东
地球与空间科学学院	党委书记	宋振清
	院长	潘　懋
城市与环境学院	党委书记	莫多闻
	院长	陶　澍
环境科学与工程学院	党委书记	胡建信
	院长	张远航
心理学系	党委书记	吴艳红
	主任	周晓林
计算机科学技术研究所	直属党支部书记	叶志远
	所长	肖建国
建筑与景观设计学院	院长	俞孔坚
软件与微电子学院	党委书记	白志强
	院长	张　兴
	常务副院长	徐雅文
中国语言文学系	党委书记	蒋朗朗
	主任	陈平原

历史学系	党委书记	高　毅
	主任	高　毅
考古文博学院	党委书记	宋向光
	院长	赵　辉
哲学系(宗教学系)	党委书记	尚新建
	主任	王　博
经济学院	党委书记	黄桂田(6月免)
		章　政(6月任)
	院长	孙祁祥
人口研究所	所长	郑晓瑛
光华管理学院	党委书记	陆正飞(7月免)
		冒大卫(7月任)
	院长	蔡洪滨
国际关系学院	党委书记	李寒梅
	院长	王缉思
政府管理学院	党委书记	周志忍
	院长	罗豪才
	常务副院长	傅　军
法学院	党委书记	潘剑锋
	院长	张守文
信息管理系	党委书记	王继民
	主任	王余光
社会学系	党委书记	张庆东
	主任	谢立中
新闻与传播学院	党委书记	冯支越
	院长	邵华泽
	常务副院长	徐　泓
马克思主义学院	党委书记	黄南平(6月免)
		孙熙国(6月任)
	院长	郭建宁
艺术学院	党总支书记	张晓黎(6月免)
		邹　惠(6月任)
	院长	叶　朗(1月免)
		王一川(1月任)
外国语学院	党委书记	宁　琦
	院长	程朝翔
教育学院	党委书记	陈晓宇
	院长	文东茅
对外汉语教育学院	党总支书记	王若江(3月免)
	党委书记	王海峰(3月任)
	院长	张　英
成人教育学院	党总支书记	迟行刚(6月免)
	院长	李国斌(兼)
网络教育学院	院长	侯建军
元培计划管理委员会	党总支书记	查　晶
元培学院	院长	许崇任

医学部

基础医学院	党委书记	朱卫国
	院长	尹玉新
药学院	党委书记	徐　萍
	院长	刘俊义
公共卫生学院	党委书记	王　燕
	院长	王陇德
	常务副院长	胡永华
护理学院	党委书记	尚少梅
	院长	郭桂芳
公共教学部	党委书记	吴玉杰
	主任	张大庆
网络教育学院	院长	高澍苹
第一医院	党委书记	刘新民
	院长	刘玉村
人民医院	党委书记	陈　红
	院长	王　杉
第三医院	党委书记	贺　蓓
	院长	陈仲强
口腔医院	党委书记	李铁军
	院长	徐　韬
肿瘤医院	党委书记	李萍萍
	院长	游伟程
精神卫生研究所	党委书记	黄悦勤
	所长	于　欣

机关各部门、工会、团委负责人名单

党委办公室校长办公室	主任	缪劲翔(4 月免)
		马化祥(4 月任)
	常务副主任	衣学磊(5 月任)
国内合作委员会办公室	主任	雷　虹(6 月任)
督查室	主任	王天兵(1 月任)
发展规划部	部长	杨开忠(兼)
监察室	主任	周有光(兼)
党委组织部	部长	郭　海
党委宣传部	部长	夏文斌
党委统战部	部长	张晓黎
保卫部	部长	安国江
保密委员会办公室	主任	刘旭东
学生工作部、人民武装部	部长	马化祥
教务部	部长	方新贵

部门	职务	姓名
科学研究部	部长	周　辉
211工程办公室	主任	李晓明(兼)
社会科学部	部长	李　强
	常务副部长	萧　群
研究生院	院长	王恩哥(1月免)
		陈十一(1月任)
	常务副院长	王仰麟(兼)
继续教育部	部长	侯建军
	常务副部长	张　虹
人事部	部长	刘　波
	常务副部长	蒋宗凤(兼)
离退休工作部	部长	蒋宗凤
财务部	部长	闫　敏(兼)
	常务副部长	权忠鄂
国际合作部	部长	夏红卫
总务部	部长	张西峰
房地产管理部	部长	陈宝剑
实验室与设备管理部	部长	张新祥
基建工程部	部长	莫元彬
审计室	主任	王　雷
校办产业管理委员会办公室	主任	刘　伟(兼)(1月免)
		黄桂田(兼)(1月任)
产业技术研究院/科技开发部	院长/部长	姜玉祥(12月免)
		陈东敏(12月任)
信息化建设与管理办公室	主任	黄达武(6月免)
		柳军飞(6月任)
工会	主席	孙　丽
	常务副主席	王春虎
团委	书记	吕晨飞
校友工作办公室	主任	李宇宁
机关党委	书记	李国斌(6月免)
		刘力平(6月任)
后勤党委	书记	姜晓刚
校办产业党工委	书记	孟庆焱

医　学　部

部门	职务	姓名
主任办公室、党委办公室	主任	肖　渊
纪委办公室、监察室	主任	石敬慈
党委组织部	部长	戴谷音
党委宣传部	部长	姜　辉
党委统战部	部长	王军为
研究生院	常务副院长	段丽萍
研究生思想工作部	部长	段丽萍
教育处	处长	王维民
学生思想工作部	部长	王维民
人事处	处长	朱树梅

科学研究处	处长	沈如群
国际合作处	处长	孙秋丹
医院管理处	处长	张　俊
继续教育处	处长	孟昭群
保卫处	处长	赵成知
设备与实验室管理处	处长	王京宇
审计办公室	主任	张　明
计划财务处	处长	郑　庄
后勤与基建管理处	处长	宝海荣
产业管理办公室	主任	祝　虹
工会	主席	王春虎
团委	书记	阮　草
机关党委	书记	刘淑英
后勤党委	书记	王运生
产业总支	书记	吕廷煜

直属、附属单位负责人名单

直属单位党总支	书记	马建钧(兼)(6月免)
		束鸿俊(兼)(6月任)
体育教研部	直属党支部书记	张　锐
	主任	郝光安
计算中心	主任	张　蓓
图书馆	党委书记	高倬贤
	馆长	朱　强
现代教育技术中心	主任	汪　琼
档案馆、校史馆	馆长	马建钧
出版社	党委书记	金娟萍
	社长	王明舟
	总编辑	张黎明
校医院	党委书记	王秋生
	院长	张宏印
燕园街道党工委	书记	李贡民(兼)
燕园街道办事处	主任	李贡民
附属中学	党委书记	生玉海
	校长	王　铮
附属小学	直属党支部书记	尹　超(兼)
	校长	尹　超
首都发展研究院	院长	迟惠生(6月免)
		李国平(6月任)
	常务副院长	杨开忠(兼)(6月免)
先进技术研究院	院长	林建华(兼)(6月免)
		程　旭(兼)(6月任)
	常务副院长	白树林(兼)

深圳研究生院	党总支书记	栾胜基(6月免)
	党委书记	栾胜基(6月任)
	院长	海　闻(兼)
	常务副院长	史守旭(兼)
昌平校区管理办公室	主任	白树林
	常务副主任	卢永祥
教育基金会	秘书长	邓　娅
会议中心	主任	范　强
燕园社区服务中心	主任	张鸿奎
餐饮中心	主任	崔芳菊(兼)

医学部

医学图书馆	馆长	李　刚(11月免)
		张大庆(11月任)
医药卫生分析中心	主任	王京宇
实验动物科学部	主任	郑振辉
医学出版社	社长	王凤廷
信息通讯中心	主任	张　翎(11月免)
		种连荣(11月任)
北京大学学报(医学版)编辑部	主任	曾桂芳
心血管研究所	共同所长	张幼怡
生育健康研究所	所长	任爱国
中国药物依赖性研究所	所长	陆　林
医学教育研究所	所长	王　宪
中国卫生发展研究中心	常务副主任	孟庆跃
医学信息学中心	主任	赵乐平

各民主党派和归国华侨联合会负责人名单

中国国民党革命委员会北京大学支部委员会	主任委员	吴泰然
	副主任委员	关　平
中国民主同盟北京大学委员会	主任委员	鲁安怀
	副主任委员	沈正华　刘　力　陈晓明　李　玮(3月任) 宋春伟(3月任)
中国民主建国会北京大学支部委员会	主任委员	陈效逑
	副主任委员	邱建国
中国民主促进会北京大学委员会	主任委员	张颐武
	副主任委员	佟　新　刘凯欣　肖鸣政
中国农工民主党北京大学支部委员会	主任委员	刘富坤
	副主任委员	孙东东
中国致公党北京大学支部委员会	主任委员	唐晓峰
	副主任委员	王若鹏
九三学社北京大学委员会	主任委员	沈兴海(3月任)
	副主任委员	种连荣(常务、继任)　夏壁灿(3月任) 郭召杰(3月任)　徐爱国(3月任)

北京大学归国华侨联合会	主席	周力平(3月任)
	副主席	龚旗煌(3月任)　曲振卿(继任)

医　学　部

中国国民党革命委员会北大医院支部	主任委员	涂　平
	副主任委员	干汝起　郝京梅
中国民主同盟北京大学医学部委员会	主任委员	季加孚
	副主任委员	卫　燕　晋长伟(12月任)　杨晓达(12月任)
中国农工民主党北京大学委员会	主任委员	顾　晋
	副主任委员	刘富坤　李　东　金燕志　王　豪(6月任)
中国致公党北京大学医学部支部委员会	主任委员	陈仲强
中国致公党北大医院支部委员会	主任委员	胡　晓
	副主任委员	周常青
九三学社北京大学第二委员会	主任委员	吴　明
	副主任委员	陈　新　屠鹏飞　昌晓红　阙呈立　崔　涛
北京大学医学部归国华侨联合会	主席	朱卫国(12月任)
	副主席	黄河清(继任)　谢秋菲(12月任)　王培玉(12月任)

·院系情况·

数学科学学院

【发展概况】 1913年,北京大学数学门开始招生,标志着我国近现代第一个大学数学系科开始教学活动。1919年,改称数学系。1952年,中国高校院系调整后成立数学力学系。1969年,力学专业迁往陕西汉中,后独立成力学系。1985年,概率统计专业独立成概率统计系。1995年,在数学系和概率统计系的基础上成立了北京大学数学科学学院,简称数学学院。

数学学院现设有5个系:数学系、概率统计系、科学与工程计算系、信息科学系、金融数学系。北京大学数学研究所是原国家教委批准成立的研究单位,是数学学院体制创新的标志。北京大学数理统计研究所与概率统计系结合在一起,实行系所合一的体制。北京大学"数学与应用数学(教育部)重点实验室"、教育部"高校数学研究与高等人才培养中心"、北京数学会、北京计算数学学会挂靠在数学学院。

数学学院还编辑出版《数学进展》《分析中的理论及其应用》(英文版)等全国性学术刊物。

【队伍建设】 2011年新聘教职工5人,截至年底全院在职教职工124人,其中教学科研人员104人,党政管理、教辅人员20人,在站博士后12人。

在教师职务聘任中,2人由副教授聘为教授,3人由讲师聘为副教授。教学科研人员中有:教授58人,特聘研究员2人,副教授31人,副研究员2人,讲师11人。教师队伍中有:国家杰出青年科学基金获得者17人,长江特聘教授6人,长江讲座教授5人。2011年,鄂维南教授当选中国科学院院士,目前数学学院共有中国科学院院士7人。2011年1人退休,离退休总人数为91人。

【教学工作】 数学学院现有2个一级学科:数学,统计学。3个本科专业:数学与应用数学,统计学,信息与计算科学。4个博士专业:基础数学,应用数学,计算数学,概率统计。4个博士专业都设有博士后科研流动站并全部被评为重点学科。

2011年,数学学院招收本科生156人,硕士研究生75人,博士研究生59人。毕业本科生165人,硕士研究生54人,博士研究生54人。2011年,春季在校学生1033人,其中本科生634人,硕士研究生196人,博士研究生203人;进修教师15人。秋季在校生1067人,其中本科生644人,硕士研究生215人,博士研究生208人;进修教师15人。

2011年,春季开设研究生课程47门,讨论班47个,本科生课程77门,外院系高等数学课23门。秋季开设研究生课程51门,讨论班51个,本科生课程71门,外院系高等数学课29门。

【科研工作】 2011年,数学学院在研项目共计103项,结题项目21项,新获准项目24项。

在研项目包括:973计划项目5项,国家自然科学基金项目57项,博士点基金项目14项,人才专项基金项目10项,教育部重大重点基金项目1项,海外合作项目2项,其他部门专项4项,企事业委托项目3项,行业专项3项,科技开发项目4项。

论文、著作情况:2011年发表论文259篇,其中SCI论文172篇。出版专著8部。

表6-1 数学科学学院2011年获准科研项目列表

项目类型	项目名称	负责人	经费/万元	研究期限
海外及港澳学者合作研究基金项目	随机分析与测度值马氏过程的极限理论	陈振庆	20	2012—2013
面上项目	化学反应随机动力学的建模及数值方法研究	李铁军	35	2012—2015
面上项目	非线性软物质弹性材料的数值计算研究	李治平	40	2012—2015
面上项目	球几何与不定Kaehler度量流形 Q_1^n 中子流形的研究	王长平	46	2012—2015
面上项目	随机矩阵特征值问题	王正栋	35	2012—2015
面上项目	生态学中若干统计模型研究	刘力平	40	2012—2015

续表

项目类型	项目名称	负责人	经费/万元	研究期限
面上项目	癌症早期诊断相关问题统计方法研究	房祥忠	35	2012—2015
面上项目	因果推断的统计方法	耿　直	35	2012—2015
面上项目	遗传相互作用网络的构建和分析	邓明华	60	2012—2015
面上项目	基于数据学习的高斯过程混合体的模型选择及其应用研究	马尽文	60	2012—2015
面上项目	不一致、不完整和不确定的软件需求规约的集成式分析和处理方法研究	牟克典	53	2012—2015
青年科学基金项目	环流形上的 Calabi 极值度量	周　斌	22	2012—2014
青年科学基金项目	稀疏方差分析与稀疏高维贝叶斯网络学习	贾金柱	22	2012—2014
青年科学基金项目	适应性治疗策略中的变量选择	张　鹏	22	2012—2014
青年科学基金项目	金融网络信息高维模型研究	何洋波	22	2012—2014
青年科学基金项目	图上若干极值问题的研究	宋春伟	22	2012—2014
青年科学基金项目	非交换对称函数在代数组合学中的应用	王国亮	22	2012—2014
青年科学基金项目	多相不相混电渗流的建模和计算	邵嗣烘	22	2012—2014
青年科学基金项目	时空多尺度神经环路活体成像技术	毛　珩	25	2012—2014
教育部重大重点基金项目	群与代数的表示及其范畴化	张继平	240	2012—2016
博士点基金项目	关于黎曼—芬斯勒几何的若干研究	莫小欢	12	2012—2014
博士点基金项目	几个带周期边值条件的非线性发展方程的 Cauchy 问题	郭紫华	4	2012—2014
博士点基金项目	非线性 Dirac 方程的计算和分析	邵嗣烘	4	2012—2014
博士点基金项目	大规模稀疏模型的快速算法，以及高维非凸稀疏模型的理论分析	贾金柱	4	2012—2014

表 6-2　数学科学学院 2011 年获奖情况列表

获奖人	获奖名称
文　兰	中国数学会第十届华罗庚数学奖
甘少波	国家杰出青年科学基金
李铁军	教育部新世纪人才
朱小华	国务院政府特殊津贴
柳　彬	国务院政府特殊津贴
张恭庆	北京大学方正奖教金教师特等奖
邓明华	北京大学教师优秀奖
牟克典	北京大学正大奖教金
程　雪	北京大学宝洁奖教金
高　峡	北京大学宝钢奖教金
张平文	北京市总工会首都劳动奖章

【交流合作】 学院为了加强学科建设，活跃学术气氛，采用“请进来，走出去”的办法加强学术交流。2011 年，数学学院接待专家来访共 71 周，主请国外短期讲学专家 21 人，顺请外籍学者 53 人，其中“海外学者研究计划”7 人，“海外学者讲学计划”9 人，“海外学者名师计划”5 人。2011 年共出访 98 人次，其中出访港澳特别行政区 14 人次，台湾地区 13 人次，外国 71 人次。参加学术会议 52 人次。

【党建工作】 党建基本情况　学院现有党支部 16 个，其中 5 个教工支部，11 个学生支部。学院有教工党员 89 人（正式党员 87 人，预备党员 2 人）。学生党员 221 人（正式党员 166 人，预备党员 55 人）。2011 年，学院党委培养并发展党员 31 人。2011 年，学院有 1 人获评北京大学优秀党务和思想政治工作者，1 人获评北京大学党务和思想政治工作奉献奖。

结合学习贯彻胡锦涛总书记“七一”重要讲话和刘延东国务委员在全校教师干部大会上的讲话精神，学院党委组织学院党政领导集体学习，党政领导班子成员结合自己分管的工作交流了学习心得。北京大学党委书记朱善璐参加了此次集体学习活动。会议上，朱善璐书记对数学学院取得的教学科研成绩表示肯定，赞扬了数学学院院务透明、严谨治学的优良传统，勉励数学学院全体师生领悟讲话精神，在学校发展的关键时刻振奋精神全力奋斗。

根据校党委的部署，院党委组织教工支部开展了“立德树人、示范引领”主题党日活动，学生党团支部组织开展了“学习两个讲话精神”党团日联合主题教育活动。数学学院12个党支部申请了基层党建创新立项项目。

加强领导班子自身建设　学院党委高度重视领导班子自身的建设。坚持集体领导，坚持民主集中制原则，坚持每周一次的党政联席办公会议制度，会上坚决执行“三重一大”制度，重大事项决策、重要干部任免、重大项目安排、大额资金的使用，都要经过集体讨论决定，在诸如人才引进、职称评定、岗位聘任、奖酬金发放、干部任免、人员调动等群众关心的热点问题上做到公开、公正、公平，为增强工作的透明度，学院坚持每年召开年终工作总结交流会，党政领导在会上向全院教职工汇报自己分管的工作，接受群众的监督。院党委还经常召开有学院教代会、工会、民主党派等各方面代表参加的征求意见座谈会，以利于加强学院的民主建设。

加强党风廉政建设　学院党委始终把党风廉政建设与学风建设，以及维护学院的声誉、凝聚人心、稳定队伍、吸引人才紧密结合。为使学院的管理更加科学、民主、廉洁、高效，与国际接轨，能够得到全院广大师生的认可，学院制订了一系列规章制度。其中最主要的制度建设，也是教师们最关心的，就是充分发挥教授、专家的作用。在数学学院，许多事情是由教授组成的专家委员会规划决策的。例如，在学科发展规划，人才引进，教师的岗位、技术职务的评聘和学术水平的评价，教学改革，以及教学方案的确定等，这些涉及学院的学科发展、队伍建设、人才培养等重大事项都由学术委员会讨论决定。学院党委坚持党风廉政建设带动学风建设、师德师风建设。坚持党风廉政建设与日常工作相结合，围绕并服务于学院科学研究和人才培养的中心任务。通过加强党风廉政建设，促进学院的科研创新与人才培养。

【学生工作】　学生活动　学院学生会、研究生会、团委举办的重要活动包括：新生入学教育、新生开学典礼、毕业生典礼、毕业生会议、困难学生会议、校友联谊会、寒暑假社会实践、数学文化节、体育文化月、元旦晚会等大型活动。

获奖情况　学院获评挑战杯北京赛区团体二等奖，优秀组织奖，北京大学调研工作先进单位；2011年挑战杯竞赛特等奖作品1件，一等奖作品2件，二等奖作品1件，三等奖作品2件，特别贡献奖特等奖作品1件；36人在2010年美国大学生数学竞赛中获奖，34人在全国大学生数学竞赛北京赛区预赛中获奖。在北京大学2010—2011年度优秀个人和先进集体评选中，学院1个班级获评优秀班集体，3个班级获评先进学风班，4人获创新奖，8人获评三好学生标兵，64人获评三好学生，63人获评优秀单项奖，203人获奖学金。学院辩论队获评“北大之锋”辩论赛冠军，男篮获硕博杯冠军，女排获北大杯亚军，男排和乒乓球获北大杯四强。

毕业生就业　2011届本科毕业生165人，其中在国内读研51人，占毕业生总数的31%，出国读研78人，占毕业生总数的47%，工作29人，占毕业生总数18%，总体就业率96%。2011届研究生毕业110人，其中工作69人，占毕业生总数的63%，读博和做博士后的有36人，占毕业生总数的33%，总体就业率96%。

物理学院

【发展概况】　2011年6月，谢心澄接替王恩哥担任物理学院院长。2011年8月，教育部批准物理学院为北京大学唯一的高校体制改革试点学院。

物理学院东楼建成并通过验收，总建筑面积约5700平方米；南楼、中楼加建与加固工程完工，加建面积近2800平方米；北楼加固主体工程基本完工。

2011年10月，隆重举办沈克琦先生九十寿辰庆祝会暨“沈克琦物理教育基金”成立仪式，12月隆重举办王竹溪先生诞辰一百周年纪念会。

【队伍建设】　2011年由国内外引进11人：施可彬、林熙、冯济、徐莉梅、曹庆宏、韦钧、李强、孙栋、任泽峰、张弛、王健，博士后出站留校1人，应届毕业生选留4人，调入2人。新聘教授2人，副教授4人，高级工程师1人，副研究员1人。招收博士后17人，29名博士后出站，在站博士后40人。首批5位百人计划研究员（胡宗海、王新强、肖池阶、孟智勇、黎卓）中期考核后全部续聘。

2011年获批百人计划研究员5人，到岗3人；引进高水平青年人才数量为历年最多。

【教学工作】　本科招生与培养　2011年9月，学院招收本科生230名，其中九院定向生9名，国防定向生15名，马来西亚籍留学生1名，朝鲜籍留学生2名，国际物理奥赛金牌获得者4人（其中1人为马来西亚籍留学生），国际数学奥赛金牌获得者1人。2011届本科毕业196人，其中授予理学学士学位192人，暂结业3人，肄业1人。

2011 年开始参加学校各项基金资助的本科生科研项目的 2009 级本科生共 83 人次，67 个项目；2010 年开始的 2008 级本科生科研项目于 2011 年 10 月结题，参加 44 个科研项目的 65 名学生获得了研究型学习的学分。

教育部"基础学科专业人才培养试验计划"2010 级、2011 级选拔工作完成，共选出"未名物理学子"87 名，其中 2010 级 41 名，2011 级 46 名。

物理基地和核物理基地"条件建设"项目，以及大气科学基地和核物理基地"能力提高"项目获得立项。

郑汉青、郭卫获北京大学教学优秀奖；雷奕安获钟盛标教学奖。

研究生招生和培养　2011 年招收研究生 230 人，其中博士研究生 137 人，硕士研究生 93 人。马仁敏（凝聚态物理，导师戴伦）获北京大学优秀博士学位论文一等奖；陈华星（理论物理，导师朱世琳）获北京大学优秀博士学位论文二等奖；付伟杰（理论物理，导师刘玉鑫）、亓冲（粒子物理与原子核物理，导师许甫荣）、郭维（核技术及应用，导师王宇钢）、王然（天体物理，导师吴学兵）获北京大学优秀博士学位论文三等奖。高俊（理论物理，导师李重生）、方哲宇（凝聚态物理，导师朱星）、马滟青（理论物理，导师赵光达）、李然（天体物理，导师范祖辉）、陈建军（光学，导师龚旗煌）、丁婷（气象，导师钱维宏）的博士论文被评为北京大学优秀博士学位论文。

选派 12 名在读博士研究生到国外大学或研究所联合培养，4 名硕士研究生、2 名本科生到国外攻读博士学位。

2011 年 7 月举办了"2011 年物理学院优秀大学生暑期夏令营"。活动吸引了来自全国 50 多所重点高校的 280 名优秀大学生参加。

"钟盛标教育基金"研究生学术论坛共评出一等奖 4 名，二等奖 10 名，三等奖 54 名，鼓励奖 29 名。举办 4 期"萃英"研究生学术沙龙。

【科研工作】　2011 年，学院师生发表 SCI 论文约 380 篇，其中赵光达、李重生、刘玉鑫、欧阳颀、彭良友、刘运全、孟杰、张国辉、颜学庆、胡颖、胡晓东等课题组在 *Physical Review Letters* 上共发表论文 12 篇；申请国家发明专利 44 项，获专利授权 27 项。

在研科研项目 315 项，主持 973 计划和重大科学研究计划项目 3 项、课题 31 项，863 计划项目 2 项，支撑计划及专项 4 项；主持国家杰出青年科学基金、海外合作基金和创新群体基金项目 8 项，以及教育部重大重点基金项目 11 项、重大科学研究计划项目 5 项、合作交流及专项 6 项、面上及青年科学基金项目 107 项；负责教育部博士点基金及新教师基金项目 26 项、人才及专项 10 项；北京市科技开发项目 4 项；其他协作及开发项目 72 项。

沈波、牛谦和刘征宇分别担任 973 计划项目和重大科学研究计划项目首席科学家。沈波、史俊杰、牛谦、刘征宇、吴孝松、林峰、童玉珍、徐仁新担任 973 计划项目课题负责人。杨金波、王新强、冉广照获批 863 计划项目课题。获批国家自然科学基金项目 65 项，居全校之首，包括：杜瑞瑞负责的重大仪器专项，龚旗煌负责的创新群体基金第三次滚动资助，龚旗煌、谭本馗、刘征宇负责的重点基金，马伯强负责的国际合作基金项目及任泽峰负责的仪器专项。

龚旗煌等"电荷转移分子体系光学非线性及超快全光开关实现"获国家自然科学奖二等奖。王恩哥等"轻元素新纳米结构的构筑、调控及其物理特性研究"获国家自然科学奖二等奖。吴月芳"恒星形成活动和恒星形成区的观测研究"获"高等学校科学技术奖"自然科学奖二等奖。谢心澄所在研究团队在拓扑绝缘体领域实验和理论两个方面的系列研究在国际学术界引起广泛影响，该成果以总选票排名第一入选"2010 年度中国科学十大进展"（2011 年评出）。吴学兵等利用 LAMOST（郭守敬望远镜）发现新类星体的成果入选我国十大天文科技进展。甘子钊获国华杰出学者奖，王恩哥获亚洲计算材料科学奖，付遵涛获赵九章优秀中青年科学奖，戴伦、刘运全获国家杰出青年科学基金，吴成印入选教育部新世纪人才。

2011 年发表的高影响因子研究论文数量为历年最多，以北京大学为第一单位共计发表 *Physical Review Letters* 论文 12 篇、*Nano Letters* 论文 6 篇、*Advanced Materials* 论文 4 篇，与其他单位合作发表 *Science* 和 *Physical Review Letters* 论文多篇。

2011 年获批主持 3 项 973 计划和重大科学研究计划项目，为历年最多；同时获批 1 项重大仪器专项。

王恩哥当选为中国物理学会第十届理事会副理事长，朱星当选为中国物理学会物理名词委员会主任，龚旗煌当选为中国物理学会国际交流工作委员会主任，叶沿林当选为物理教学委员会主任，刘征宇、王晓钢分别当选为美国地球物理学会会士、美国物理学会会士，叶沿林当选为亚洲核物理联合会主席，龚旗煌入选国际纯粹与应用物理学联合会专业委员会委员。

【实验室建设】　获 5 项"北京大学第六届实验技术成果奖"，其中吴成印等"离子电子动量成像谱仪的研制及其应用研究"获一等奖。获得实验教学补充经费 22.5 万元，开放测试基金 73.66 万元。获"仪器创制与关键技术研发基金"第三期 60 万元。北京大学实验教学设备补充经费 41.5 万元。购置实验仪器设备 1431 台，其中 20 万元以上大型设备30台,100万元以上大型设备5台,进口仪器214台。报废仪器467台。人工微结构和介观物理国家重点实验室、核科学与核技术国家重点实验室获专项经费达4703万元。

【交流合作】 2011年,学院校友基金收到捐赠2259193.9元,申请配比基金593919元。校基金会为物理学院新楼筹得捐赠1千万元。奖教金、奖学金和助学金发放教师和学生共150人,支出金额311000元。

"海外学者讲学计划"邀请外籍专家79名,"海外学者研究计划"邀请专家4名,"海外名家讲学计划"邀请专家2名。

举办"北大百年物理讲坛"第三讲和第四讲,诺贝尔物理学奖获得者David J. Gross和国际著名气候动力学专家Isaac Held做专题报告,并与学院师生广泛交流。承办中国科学院"爱因斯坦讲席教授"讲座,诺贝尔物理学奖获得者Klaus V. Klitzing做学术报告并参观交流。举办春秋两次"格致"青年学者论坛;承办国际会议9次。

德国亚琛工业大学校长Ernst Schmachtenberg一行访问我院;伦敦大学学院校长兼教务长Malcolm Grant一行访问我院。

物理学院代表出席台湾大学"北京大学日"活动。

量子材料科学中心与美国得克萨斯大学奥斯汀分校联合培养项目举办签字仪式。

完成物理学院2009—2010年度报告(中英双语版),涵盖学院人事概况、下属机构、系所中心研究亮点、校友与基金、合作与交流等内容。

【党建工作】 发展预备党员58人,62人按期转为正式党员。转入组织关系108人,转出组织关系102人。张亚伟、冉广照两位同志被评为北京大学优秀党务与思想政治工作者。

【学生工作】 2011年共有2个挑战杯作品获特等奖,4个获二等奖。在第八届"江泽涵杯"数学建模与计算机应用竞赛中,取得了6个一等奖,7个二等奖,10个三等奖。物理学院共有185名同学获得校级奖励,其中11人荣获三好学生标兵。共有76名同学获得三好学生称号,4名同学获得优秀学生干部,另外还有89名同学获学习优秀单项奖或社会工作单项奖,16人获创新奖。

2010—2011学年,学生共获得奖学金984432元。其中98名同学获得普通奖学金,16名同学获得高额奖学金,12名同学通过审核获得多年制奖学金。

研究生共有82名同学获得校级普通奖学金,14名同学获得高额奖学金。

【工会与离退休工作】 工会组织青年教师参加北京大学第11届青年教师教学基本功比赛,郑涛获得三等奖,周路群、廖志敏获得优秀奖。离退休办完善了物理学院离退休人员电子档案,更新了低收入生活困难的离退休教职工档案库和患重病住院的教职工档案库,把离退休工作落在实处。

化学与分子工程学院

【发展概况】 北京大学化学系始建于1910年,是我国高等院校中建立最早的化学系之一,1994年发展成为化学与分子工程学院,2001年北京大学原技术物理系应用化学专业并入化学与分子工程学院。北京核磁共振中心2001年1月成立并挂靠在化学与分子工程学院。

100年来,化学与分子工程学院培养了本科生12000多名,研究生约3000名,其中博士研究生1100多名。目前学院设有化学系、材料化学系、高分子科学与工程系、应用化学系、化学生物学系,以及无机化学研究所、分析化学研究所、有机化学研究所、物理化学研究所和理论与计算化学研究所、北京大学分析测试中心和化学基础教学实验中心,并有两个国家重点实验室、两个教育部重点实验室和一个国防重点学科实验室。分别受中国化学会和高等学校化学教育研究中心委托,负责编辑出版《物理化学学报》和《大学化学》两种刊物。

学院拥有一支学识渊博、治学严谨的师资队伍。学院现有教职工203人,其中中国科学院院士10人,教授59人,副教授51人。有8人为北京大学百人计划特聘研究员,15人被教育部聘为长江特聘教授,2人被聘为长江讲座教授。

学院每年招收本科生约150人,博士研究生和硕士研究生约120人。学院重视教学,注重学生素质的培养。注重扎实系统的基础理论教学和严格系统的实验训练是化学与分子工程学院的优良传统。有2门课程("分析化学""无机化学")被评为国家级精品课,1门课程("有机化学")被评为北京市精品课。现有无机、有机、分析、物化、综合5大基础课实验室,总面积为4000平方米。2006年,化学基础实验教学中心被评为第一批国家级实验教学示范中心。全院拥有总价值3.25亿元的各种仪器设备。学院自1986年起建立了博士后科研流动站,共进站博士后487人(截止到2011年年底)。2005年被评为全国优秀博士后科研流动站。学院有7个二级学科(无机化学、有机化学、分析化学、物理化学、高分子化学与物理、应用化学、化学生物学),其中5个二级学科(无机化学、有机化学、分析化学、物理化学、高分子化学与物理)在2007年再次被评为教育部重点学科。2002年起,学校在化学一级学科下自设博士点两个:

化学生物学、应用化学。5个重点学科均设有硕士点、博士点。1978—2011年,全院共出版专著、译著、教材108部,其中先后被评为国家级优秀教材特等奖1部,国家级优秀奖6部,国家教委一、二等奖共9部;共有5项教学成果获得国家级奖励。在2006年第二次全国一级学科整体水平评估中,北京大学化学学科再次在高校中排名第一。

学院注重基础理论与应用基础理论研究,开展多项应用与开发研究。2011年,化学与分子工程学院从国家和省部委获得科研经费12564万元。主持和参加36项国家重点基础研究发展计划项目(973计划项目)和重大科学研究计划项目,主持和参加2项国家863计划项目和攻关项目,以及200多项国家自然科学基金项目和省部级项目。1994—2011年有33人获得国家杰出青年科学基金资助,获得国家自然科学基金委创新群体资助3个(稀土功能材料化学、有机合成化学与方法学、表面纳米工程学),15人获得教育部跨/新世纪人才基金。1978—2011年共获科研成果奖180余项(不含北京大学校级奖),其中国家自然科学奖和国家科学技术进步奖共24项。1994—2011年在国内外核心学术刊物上发表论文7000多篇,其中被SCI收录5419篇(从1999年起使用SCI扩展版)。

2011年配合国家"创建世界一流大学规划"("985规划"),学院继续贯彻执行学院的目标责任书,进行了2011年度岗位考核及2012年度岗位续聘,共聘A类岗位52人、B类岗位84人、C类岗位9人。

【学院结构及研究机构等】

表6-3 学院结构及研究机构

<table>
<tr><th colspan="10">化学与分子工程学院</th></tr>
<tr><td>化学系</td><td>材料化学系</td><td colspan="2">高分子科学与工程系</td><td>应用化学系</td><td colspan="2">化学生物学系</td><td>院机关、后勤</td><td colspan="2">院工厂、公司</td></tr>
<tr><th colspan="10">教学及研究机构</th></tr>
<tr><td>无机化学研究所</td><td>稀土化学研究中心</td><td>有机化学研究所</td><td>分析化学研究所</td><td>物理化学研究所</td><td>理论与计算化学研究所</td><td>高分子化学与物理研究所</td><td>北京大学分析测试中心</td><td>化学基础实验教学中心</td><td>纳米科学与技术研究中心</td></tr>
<tr><th colspan="10">重点实验室</th></tr>
<tr><td colspan="10">北京分子科学国家实验室(筹)</td></tr>
<tr><td colspan="2">稀土材料化学及应用国家重点实验室</td><td colspan="2">分子动态与稳态结构国家重点实验室</td><td colspan="2">生物有机与分子工程教育部重点实验室</td><td colspan="2">高分子化学与物理教育部重点实验室</td><td colspan="2">放射化学与辐射化学国防重点学科实验室</td></tr>
<tr><th colspan="10">学报及人事挂靠单位</th></tr>
<tr><td colspan="3">《物理化学学报》编辑部</td><td colspan="3">《大学化学》编辑部</td><td colspan="4">北京核磁共振中心</td></tr>
</table>

【专业设置】 本科生学位授予专业设置 化学专业、材料化学专业、应用化学专业、化学生物学专业、核化工与核燃料工程专业。

五年制博士学位授予专业设置及研究方向 无机化学:稀土配位化学和分子基功能材料,稀土固体化学和材料,稀土分离及功能材料化学,量子化学和理论无机化学,微米和纳米材料的合成与特性,无机/金属有机化学,光电功能材料。

分析化学:生物和纳米电分析化学,分子光谱与生化分析,分子识别与生化分析,生化分离与材料分析,色谱分析与药物分析,生物质谱与生化分析。

有机化学:有机合成化学,生物有机化学,金属有机化学,物理有机/理论有机化学,有机功能材料化学,富勒烯结构的碳原子簇化学。

物理化学:催化化学,胶体与界面化学,纳米化学,生物物理化学,材料物理化学,理论与计算化学。

高分子化学与物理:高分子可控合成与材料制备,高分子凝聚态物理,材料结构与性能,特种与高性能高分子材料,生物医用与环境友好高分子材料,高分子功能材料及器件。

化学生物学:生物识别化学,生物过程化学,细胞化学生物学,外源物质的生物效应,化学生物技术。

应用化学:辐射化学与工艺,超分子化学与材料,核药物化学,功能材料化学,新能源与材料,核环境化学。

【教学工作】 2011级本科生与2010级、2009级本科生相同,仍执行2009年调整后的新版教学计划,总学分147.5;2008级本科生继续执行2006年微调后的本科生教学计划,总学分142.5。

2011年,刘忠范、严纯华两位教授当选为中国科学院院士。

杨展澜、陈家华荣获2010—2011年度北京大学教学优秀奖。

2011年,化学与分子工程学

院获北京大学第十届青年教师教学演示竞赛优秀组织奖；朱月香、李美仙两位老师荣获北京大学第十届青年教师教学演示竞赛理工类优秀奖。

由章斐、关妍、潘伟等人完成的“热分析仪器气密性对测试结果的影响及检漏方法”获北京大学第六届实验技术成果一等奖；由高珍、贺维军、田曙坚完成的“原子发射光谱仪改造及实验教学创新”获北京大学第六届实验技术成果三等奖。

严纯华、张锦荣获北京大学2011年优秀博士学位论文指导教师一等奖；邹德春、施章杰、李彦荣获北京大学2011年优秀博士学位论文指导教师三等奖；高松、施章杰、黄建滨、刘元方、王剑波、郭雪峰、赵美萍、杨震荣获北京大学2011年优秀博士学位论文指导教师优秀奖。

李娜获北京大学2011年研究生教育管理先进奖；严纯华获北京大学2011年正大奖教金；黄建滨获北京大学2011年宝洁奖教金；刘志荣、赵达慧、张俊龙获北京大学2011年绿叶生物医药杰出青年学者奖；裴坚获北京大学2011年宝钢奖教金优秀奖。

表6-4 化学与分子工程学院2011年承担的主要科研项目统计

项目名称	起止时间	负责人	总经费/万元	项目类型
1. 新型分子材料的设计、合成，以及性能研究	2008—2011	甘良兵	42	973计划项目
2. 稀土分子固体材料的磁性研究	2008—2011	高　松	219	973计划项目
3. 智能控热纳米复合体系的优化	2009—2011	林建华	239	973计划项目
4. 蛋白质相互作用网络形成的结构基础与动力学分析	2008—2011	刘　莹	237	973计划项目
5. 纳米颗粒的靶分子选择性、其分子毒理学效应及其纳米特性的相关性	2008—2011	刘元方	180	973计划项目
6. 功能蛋白质设计	2009—2011	刘志荣	163	973计划项目
7. 活性炭—氢键的激活与重组	2009—2011	王剑波	424	973计划项目
8. 各向异性标准纳米结构的可控化学制备及特性研究	2008—2011	王银川	20	973计划项目
9. 低维纳米结构控制与性能研究	2008—2011	王　远	422	973计划项目
10. 金属参与的化学键的断裂和形成研究	2008—2011	席振峰	57	973计划项目
11. 肿瘤侵袭转移相关分子相互作用及调控	2009—2011	夏　斌	100	973计划项目
12. 新型稀土磁、光功能材料的基础科学问题	2008—2011	严纯华	1270.4	973计划项目
13. 介观尺度稀土功能化合物材料的基础研究	2008—2011	严纯华	342	973计划项目
14. 蛋白质特异标记技术的化学方法	2010—2014	陈　鹏	133	973计划项目
15. 氢与轻金属体系的相互作用研究及新型储氢材料设计和探索	2010—2014	李星国	112	973计划项目
16. 复杂天然产物的首次全合成	2010—2014	杨　震	127	973计划项目
17. 单晶和多晶新材料的中子衍射研究	2010—2014	龙振强	199	973计划项目
18. 新型热塑性弹性体的制备与结构调控	2011—2015	陈尔强	191	973计划项目
19. 合成气高效转化新催化体系研究	2011—2015	寇　元	215	973计划项目
20. 新一代高性能芳香族纤维结构设计理论与制备方法	2011—2015	宛新华	275	973计划项目
21. 催化与光电功能体系表界面分子工程	2011—2015	王　远	185	973计划项目
22. 原子经济性的不饱和烃高效转化新反应研究	2011—2015	余志祥	229	973计划项目
23. 蛋白质氧化还原过程中的动态相互作用	2008—2011	金长文	107	重大科学研究计划项目
24. 新型复合碳纳米管材料的合成、结构和性能调控	2008—2011	李　彦	232	重大科学研究计划项目
25. 准一维半导体纳米材料的结构调控、物性测量及器件基础	2008—2011	刘忠范	1428.4	重大科学研究计划项目
26. 新型光电功能分子的合成及受限条件下的性能研究	2008—2011	裴　坚	144	重大科学研究计划项目
27. 碳纳米管的生长机制与结构调控研究	2008—2011	张　锦	319	重大科学研究计划项目
28. 蛋白质生成、折叠、组装和降解的规律及其质量控制	2008—2011	赵新生	1317.4	重大科学研究计划项目
29. 胁迫条件下蛋白质分子的行为和命运	2008—2011	赵新生	369	重大科学研究计划项目
30. 智能控热纳米复合体系的优化	2009—2013	林建华	745	重大科学研究计划项目
31. 蛋白质相互作用网络形成的结构基础与动力学分析	2009—2013	刘　莹	717	重大科学研究计划项目
32. 功能蛋白质设计	2009—2013	刘志荣	481	重大科学研究计划项目

续表

项目名称	起止时间	负责人	总经费/万元	项目类型
33. 单分子磁体的合成/组装与分子自旋态的调控	2009—2013	吴　凯	799	重大科学研究计划项目
34. 蛋白质特异标记技术的化学方法	2010—2014	陈　鹏	243	重大科学研究计划项目
35. 碳纳米管的导电属性与手性控制制备方法及原理研究	2011—2015	张　锦	297	重大科学研究计划项目
36. 基于微/纳结构的新型可编织光伏电池器件的设计组装及优化	2011—2015	邹德春	422	重大科学研究计划项目
37. 磷酸铁锂正极材料高性能化关键技术研究	2009—2011	陈继涛	300	863计划项目
38. 高丰度稀土(镧、铈、钇)在精细化工助剂中的应用技术	2010—2014	徐怡庄	1000	863计划项目
39. 国家杰出青年科学基金	2008—2011	张　锦	200	国家杰出青年科学基金项目
40. 国家杰出青年科学基金	2009—2012	余志祥	200	国家杰出青年科学基金项目
41. 国家杰出青年科学基金	2009—2012	刘海超	200	国家杰出青年科学基金项目
42. 国家杰出青年科学基金	2010—2013	施章杰	200	国家杰出青年科学基金项目
43. 国家杰出青年科学基金	2011—2014	张亚文	200	国家杰出青年科学基金项目
44. 稀土功能材料化学	2009—2011	严纯华	450	创新群体研究基金项目
45. 有机合成化学与方法学	2009—2011	席振锋	450	创新群体研究基金项目
46. 表界面纳米工程学	2009—2011	刘忠范	450	创新群体研究基金项目
47. 基于微/纳结构的新型可编织光伏电池器件的设计组装及优化	2010—2013	陈尔强	234	基金委重大项目
48. 控制链长和序列分布的精密聚合	2011—2014	李子臣	192	基金委重大项目
49. 可编织光伏电池功能纳晶单元光电性质的研究	2009—2011	邹德春	50	教育部重大项目
50. 软界面上分子相互作用与成像分析研究	2008—2011	邵元华	200	基金委重点项目
51. 基于超精细结构的集成微流芯片生物检测新方法	2008—2011	赵新生	210	基金委重点项目
52. 多功能分子电子器件的设计、微纳加工和应用研究	2009—2012	郭雪峰	200	基金委重点项目
53. 近红外波段吸收/发光聚合物的合成、结构与性能	2009—2012	宛新华	200	基金委重点项目
54. 过渡金属催化的C—H键活化	2009—2012	王剑波	220	基金委重点项目
55. 环境友好的催化体系的研究	2009—2012	杨　震	160	基金委重点项目
56. 新型柔性染料敏化太阳能电池研究	2009—2012	邹德春	200	基金委重点项目
57. 低维磁性晶体的构筑和性质研究	2010—2013	高　松	250	基金委重点项目
58. 晶态薄膜材料及其全固态杂化太阳能电池的研究	2010—2013	黄春辉	250	基金委重点项目
59. 细胞分裂素、茉莉酸和多肽等植物激素的超微量、高灵敏检测新方法研究	2010—2013	刘虎威	170	基金委重点项目
其余185项略				

2011年，化学与分子工程学院共录取统招本科生154人，留学生3人，实际入学统招本科生150人，留学生2人。本年度离校本科生152人，其中143人获毕业证书和学士学位证书，7人暂结业，1人获大专毕业证书，1人肄业。

2011年招收博士研究生96人，硕士研究生10人，博士留学生2人。本年度共有95人获博士学位，7人获硕士学位。接受国内访问学者12人。

【科研工作】 2011年，学院共承担纵向科研项目244项，其中973计划项目36项，863计划项目2项，国家自然科学基金委重大重点项目13项，国家杰出青年科学基金项目5项，海外青年学者合作基金项目2项，基金委创新群体项目3项，国家自然科学基金委面上基金项目(含青年基金)92项，教育部博士点基金项目16项。

严纯华等获国家自然科学奖二等奖；刘忠范获第二届化学会阿克苏诺贝尔奖；陈鹏获药明康德生命化学研究奖；余志祥获中国化学会—SciFinder有机合成创造奖；施章杰获Tetrahedron Young Investigator Awards；施章杰获第三届中国化学会—英国皇家化学会青年化学奖；余志祥获第六届中国化学会—巴斯夫公司青年知识创新奖。

【交流合作】 2011年9月1—5日，化学与分子工程学院主办了第一届国际有机化学青年前沿研讨会。会议邀请了国内外28位相关领域青年学者做大会报告，并组织墙展25个，报告内容涉及金属催化、有机小分子催化、惰性键活化、复杂天然产物全合成等多个有机化学前沿领域。

2011年9月18—23日，第13届锕系及裂片核素在地圈中的化学与迁移行为国际会议在北京大学英杰交流中心举行。来自17个国家和地区的262名专家、学者及研究生与会。这是该国际会议首次在发展中国家召开，体现了国际同行对中国同行研究水平和国际影响力提升的认可。

2011年10月13—14日，北京大学化学与分子工程学院高分子科学与工程系、高分子化学与物理教育部重点实验室举办了2011年蒙特利尔大学—北京大学高分子科学双边会议暨2011年中加高分子科学前沿博士研究生学术会议。会议组织了由中、加、日科学家和博士研究生做的34个口头报告、17个墙展，内容包括聚合物的控制合成、聚合物的凝聚态物理、生物医用高分子、光电功能高分子、光学活性高分子、高分子自组装等高分子科学前沿领域。

2011年10月17—21日，由化学与分子工程学院和国际原子能机构(IAEA)共同主办的“高分子材料辐射改性及其在农业中应用的培训班”在北京大学中关新园成功举行。来自11个国家的60多名专家、学者及研究生参加了本次培训班。

为纪念著名有机化学家邢其毅先生，2011年11月13日，邢其毅先生百年诞辰专题报告会(中国化学会第七届有机化学学术会议第二分会场)在南京隆重举行。本次纪念活动由北京大学生物有机与分子工程教育部重点实验室召集，化学与分子工程学院有机化学研究所全体在职职工共同组织。周其凤校长为纪念会题词“永远的老师，永恒的纪念”。

【学生工作】 2011年度，刘原君获评北京市三好学生，林木获评北京市优秀学生干部，杨挺、周礼楠等9人荣获三好学生标兵称号，林木、傅虹桥荣获优秀学生干部称号，张韶光等8人获得学术类创新奖，陈丰坤等62人被评为三好学生，另有72人被评为学习优秀或社会工作单项奖。孙少阳获北京大学共青团标兵称号，金亮获北京大学十佳团支书称号，傅虹桥等4人获得优秀团干部称号，王敬锋等4人获得优秀团员称号。金亮获北京市“先锋杯”优秀基层团干部称号，赵欧狄获北京市“先锋杯”优秀团员称号。赵欧狄等13人获化学与分子工程学院本科生社会工作创新奖，孙少阳等13人获化学与分子工程学院研究生社会工作优秀奖，赵伯譞荣获全国大学生“挑战杯”科技竞赛特等奖。2009级本科生5班荣获北京市先进班集体，2007级研究生等3个班荣获北京市先进学风班。2009级本科生3班获北京大学优秀团支部和北京市“先锋杯”优秀团支部称号。2010级本科生党支部荣获北京市“红色1+1”活动三等奖。2012年度，化学与分子工程学院新设3项奖励：3人获本科毕业生优秀毕业论文奖，40人获本科生HONORS学术荣誉奖，40人获化学与分子工程学院“学术之星”。学院荣获北京大学学生工作先进单位称号和资助工作先进单位称号。张莉获资助工作先进个人，邵威获资助工作新人奖，白宇获北京大学优秀德育奖，林木等6人获北京大学优秀班主任称号。

【年度纪事】 2011年3月，分析测试中心工会小组和化学基础实验教学中心工会小组获得了2010年度“北京大学工会工作先进集体”的荣誉称号。

2011年是联合国确定的“国际化学年”，中国化学会等单位积极响应联合国号召，组织推出以“化学——我们的生活，我们的未来”为主题的“国际化学年在中国”系列活动。化学与分子工程学院作为全国重要的化学学科科学研究单位之一，组织或参与了多项“国际化学年在中国”的活动。其中包括“女科学家校园行”、“国际化学年在中国”启动大会、“乐以化学”2011国际化学年专庆音乐会暨北京大学化学文化节开幕式、化学百年回顾与展望——“国际化学年在中国”报告会、2011北京大学学生科学年会等活动。

在2011年4月召开的美国科学院第148届年会上，哈佛大学化学与化学生物学系谢晓亮教授当选为美国科学院院士。谢晓亮教授是北京大学化学与分子工程学院1980级校友和客座教授、生命科学学院长江讲座教授，

国际理论化学与应用化学联合会(IUPAC)于2011年8月1—6日在波多黎各圣胡安召开第43届IUPAC世界化学大会和第46届IUPAC全体会员大会，周其凤校长率中国化学会代表团一行6人参加了本次会议。作为IUPAC理事会理事，周其凤校长还参加了同期举行的理事会议，并当选为IUPAC执行委员会委员。

2011年8月20日，北京大学合成与功能分子中心成立。该中心被北大列为“985”三期工程中重点建设的一个跨学科实体研究中心，对北大化学和生命科学等学科的建设具有重要意义。

2011年10月19日，第十二届“挑战杯”全国大学生课外学术科技作品竞赛终审决赛落幕，2008级学生赵伯譞、张典牧的参赛作品《前沿抗氧化应激医学治疗手段的探索——活体特异性有机过氧化物生物传感器的开发与应用》从1252件入围作品中脱颖而出，一举摘得“挑战杯”特等奖。

2011年11月10日，中共中央政治局常委、中央纪委书记贺国强到化学与分子工程学院考察。贺国强同志考察了分子动态与稳态

结构国家重点实验室，现场听取有关稀土分离技术、编织柔性纤维太阳能电池、化学冶金法制太阳能多晶硅技术的研发情况等项目汇报，参观了表面科学实验室，了解了高性能有机发光二极管材料等的研发情况。

2011 年 11 月 18 日，化学与分子工程学院荣获中国化学会“国际化学年在中国”先进单位荣誉称号。为表彰在 2011 国际化学年期间，为普及化学知识、宣传化学形象做出突出贡献的单位，大会颁发了“国际化学年在中国”先进单位奖项，包括化学与分子工程学院在内的全国共 42 家单位获此殊荣。

2011 年 12 月，中国科学院、中国工程院相继公布了 2011 年两院院士增选结果，中国科学院化学学部共增选 7 名院士，其中物理化学研究所刘忠范、无机化学研究所严纯华 2 位教授当选。

2011 年，化学与分子工程学院的筹款工作取得了较好的成绩，共新设立各类基金项目 4 项，其中 2 项为学生奖学金、1 项为学生助学金、1 项为学生大病救助基金，另有 5 项原有项目获得了新的注资，使学院各类执行基金数量达到 19 项，其中 17 项为校友直接捐赠或校友联系捐赠。新增基金项目包括：化学 1987 级校友奖学金、塞拉尼斯奖学金、化学 1988 级百年助学基金等，新增基金总额达到 370 余万元。

生命科学学院

【发展概况】 生命科学学院的前身是创办于 1925 年的北京大学生物学系，是我国高等学校中最早建立的生物学系之一，1993 年扩建成立北京大学生命科学学院。学院现有 2 个国家重点实验室（蛋白质与植物基因研究国家重点实验室、生物膜与膜生物工程国家重点实验室），1 个教育部重点实验室（细胞增殖与分化教育部重点实验室）；2 个研究所（分子生物学研究所、细胞生物学研究所），5 个科学研究中心（北京大学—耶鲁大学植物分子遗传学及农业生物技术联合研究中心、北京大学自然保护与社会发展研究中心、北京大学生物信息中心、北京大学生态文明研究中心和北京大学蛋白质研究中心），2 个国家人才培养基地（国家理科生物学研究与教学人才培养基地、国家生命科学与技术人才培养基地），1 个国家实验教学示范中心（生物基础实验教学中心）。

2011 年，生命科学学院不断拓展跨院系合作、跨院校合作，以及国际合作。2011 年 4 月，在教育部、科技部、财政部等的支持下，成立生命科学联合中心，该中心是跨越北京大学和清华大学两校多个院系的实体机构。2011 年 6 月，成立北京大学定量生物学中心，该中心是生命科学学院内设，同时对外独立使用“中心”牌子的跨院系实体机构。2011 年 11 月，美国国际数据集团创始人兼董事长、麻省理工学院麦戈文脑科学研究所创始人麦戈文夫妇向北京大学捐赠，以北京大学心理学系和生命科学学院为依托，建立北京大学麦戈文脑科学研究所。

2011 年，朱玉贤当选为中国科学院生命科学和医学学部院士；邓兴旺、邓宏魁、昌增益被聘为 2011 年重大科学研究计划项目首席科学家；张晨入选教育部新世纪优秀人才支持计划。至此，生命科学学院共有院士 5 名，长江特聘教授 11 名，973 计划项目首席科学家 3 名，国家杰出青年科学基金获得者 16 名，教育部新世纪优秀人才支持计划 9 人，教育部跨世纪人才计划 4 人。

【队伍建设】 截至 2011 年年底，生命科学学院有在职职工 151 人，其中教授和研究员 55 人（含教授级高工 1 人），副教授和副研究员 34 人，讲师 10 人，高级工程师 7 人，工程师 24 人，实验员 6 人，助理工程师 1 人，行政 11 人，高级工 3 人。另有在站博士后 49 人。

2011 年，生命科学学院新入编 9 人，其中新体制引进研究员 3 人（唐世明、方敏、徐冬一），副研究员 4 人（何航、段海峰、白凡、马俊鹤），工程师 1 人（李桂澜），行政管理人员 1 人（冯治国）。退休 5 人（陈来同、张月华、白淑华、李美琴、彭燕）。

【教学工作】 2011 年，生命科学学院招收本科生 119 人，另有本科留学生 3 人；硕士研究生 45 人，博士研究生 100 人。学院本科毕业生共 131 人获得毕业证和学位证，其中生物科学专业 124 人，生物技术专业 7 人；双学位/辅修毕业生 5 人；另有本科生暂结业 4 人；上一届换发毕业证书 6 人，其中 5 人换发学位证书。硕士毕业生 11 人，博士毕业生 76 人。

截至 2011 年年底，生命科学学院在校本科生 456 人，在校硕士研究生 134 人，在校博士研究生 330 人，合计 920 人。另有元培班学生 29 人，国内访问学者 8 人，双学位/辅修 17 人，普通进修生 2 人。

2011 年，生命科学学院获得国家自然科学基金委人才培养基金“条件建设项目”支持。陈阅增的《普通生物学》和《细胞生物学》获评教育部“十一五”规划精品教材。靳彤的《野生白头叶猴(*Trachypithecus leucocephalus*)的雌性繁殖策略——社会关系、交配繁殖与拟母亲行为》获评北京大学 2011 年优秀博士学位论文。

2011 年 3 月，第二届“生命科学强化挑战班暨拔尖人才培养计划”（以下简称“挑战班”）学生选拔活动录取了 18 名同学。上届“挑战班”年度审核中有3名同学退出。截至2011年年底，“挑战班”在校学生人数共31人。

2011年7月，生命科学学院成功举办了“全国优秀大学生暑期研究班”活动，来自全国各著名高校的150名优秀大学生参加了本次活动。

2011年11月，以生命科学学院本科生为主的两支代表队在第七届国际基因工程机器大赛中分别获得金牌、银牌。

2011年，多位老师因教学工作上的突出成绩获得嘉奖：于龙川、顾红雅荣获北京大学2010—2011年度教学优秀奖，毕群、文津、袁洪生荣获北京大学第六届实验技术成果二等奖，潘文石获得北京大学2011年优秀博士研究生论文指导教师三等奖，蒋争凡、昌增益、顾军、张传茂、龙漫远等5位教授荣获北京大学2011年优秀博士研究生论文指导教师优秀奖。

【科研工作】 2011年，翟中和、陈丹英等作为主要完成人的合作项目“细胞凋亡与抗病毒反应的信号转导研究”荣获国家自然科学奖二等奖；朱玉贤、秦咏梅等作为主要完成人的项目“棉纤维细胞伸长机制研究”荣获国家自然科学奖二等奖；郭红卫获得第十二届中国青年科技奖；邓宏魁和丁明孝等作为主要完成人的项目“多潜能干细胞建系方法，以及向内胚层组织的定向分化研究”获得北京市科学技术奖一等奖。

截至2011年年底，以生命科学学院为第一作者或通信作者单位发表的论文被SCI收录100篇，其中影响因子15以上的论文共有5篇，包括蒋争凡研究员作为通信作者的文章发表在*Cell*上，张博教授作为共同通信作者的文章发表在*Nature Biotechnology*上，邓兴旺教授实验室在*Annual Review of Plant Biology*上发表了综述文章，顾军教授作为通信作者的文章发表在*Nature Cell Biology*上，昌增益教授作为共同通信作者的文章发表在*Nature Chemical Biology*上。学院科研经费到账总数为9759万元（不包括“985”“211”经费）；在研项目127项，另有多项申请获得批准并在2012年年初开始运作；国家自然科学基金结题项目21项。

表6-5　2011年生命科学学院在研科研项目(包括子课题)一览表

项目类型	项数
973计划和重大科学研究计划项目	29
863计划项目	1
科技部其他重大项目	1
国家自然科学基金项目	52
教育部各类项目	8
北京市项目	4
其他部门专项	6
海外合作项目	8
企事业单位委托项目	6
科技开发项目	12
总计	127

2011年，生命科学学院学术交流活动活跃。4月6—7日，“第三届北京大学—朱拉隆功大学分子生物学和生物技术研讨会”在北京大学举行，两所大学的老师进行了充分的学术交流，参观了生物技术楼、斑马鱼房等实验室，并就双方在生命科学领域开展进一步的合作交流等展开了热烈的讨论。生命科学学院精心策划，全年共举办了24场系列学术讲座，以及其他学术报告，邀请到多位国内外知名专家学者，其中包括2001年诺贝尔生理学或医学奖获得者Tim Hunt教授、美国国家科学院院士叶公杼和詹裕农夫妇、1993年诺贝尔生理学或医学奖获得者Phillip Sharp教授、2009年诺贝尔化学奖获得者Thomas A. Steitz教授等。

2011年，生命科学学院共有24名博士后进站，15名博士后出站。截至2011年年底，在站博士后共49名（包括企业博士后和延期博士后）。胡蕴菲获得第4批中国博士后科学基金特别资助，王旭初获得第49批中国博士后科学基金一等资助，刘琰获得第50批中国博士后科学基金二等资助。

2011年，秦咏梅、蔡宏、冯仁青、陈丹英、毕群荣获2011年度东宝奖教金；魏丽萍、张研、高歌获绿叶生物医药杰出青年学者奖。

【党建工作】 生命科学学院现有学生党支部11个，在职教工党支部5个，离退休教工党支部1个。

截至 2011 年 12 月 31 日，共有党员 501 名，其中在职教工党员 74 名，退休教工党员 84 名，学生党员 342，流动编制党员 1 名。

2011 年，生命科学学院共发展党员 31 人，全部为学生；预备党员转正 53 人，其中学生 52 人，教职工 1 人；34 名学生作为入党积极分子参加党的知识培训班学习。学院党委获北京大学党务和思想政治工作先进集体称号；郭振泉、刘德英被评为北京大学优秀党务工作者；李芳敏获北京大学第 24 期党的知识培训班优秀领队辅导员称号。李芳敏、柴真撰写的《浅析高校基层党建存在的问题及对策》一文获北京大学"创先争优"主题征文活动二等奖。

2011 年 11 月，郭红卫教授在海淀区第十五届人大代表换届选举中当选为海淀区人大代表，生命科学学院被评为人大换届选举工作先进单位。

【学生工作】 2011 年，生命科学学院学生工作办公室总结经验，以"创新工作常规化、常规化工作精致化"为指导，开展了一系列丰富多彩的活动，例如"展望事业，探讨人生"系列讲座、院长午餐会、党团支部课外活动立项申请制度、深度访谈与资助工作相结合、学生经济情况档案信息化管理等，特别是认真开展深度辅导工作，全年共计与学生进行深度谈话三百余人次，覆盖近三百人，成效显著。

2011 年，生命科学学院拨出专款用于支持学生活动，极大调动了同学们的积极性，党团组织和班级活动数量有了显著增加。在生命科学学院"1979 校友基金"的支持资助下，第二届"校友杯"暑期社会实践项目成功举办，2010 级本科生 100 余人组成 16 支暑期实践团队，分赴祖国南北，深入社会体验观察，活动覆盖率达 95%。

2011 年，生命科学学院本科生就业率达到 100%，研究生就业率达到 97.8%。学院荣获 2010—2011 学年北京大学学生资助工作先进单位，北京大学 2011 年毕业生就业工作先进单位；刘德英老师获得北京大学 2011 年毕业生就业工作先进个人荣誉称号；张立荣获得北京大学 2010—2011 年度优秀班主任 等奖。

【工会工作】 2011 年 1 月 28 日，生命科学学院第一届教职工大会在北京市门头沟区龙泉宾馆召开。2011 年，高凤茹、曾月英、唐汶被评为北京大学优秀工会干部，分子医学研究所霍迎庆被评为北京大学优秀工会积极分子。陶伟、张泉参加北京大学第十一届青年教师教学演示竞赛，分别获得理工类三等奖和优秀奖。生命科学学院工会获得第十一届青年教师教学基本功比赛优秀组织奖。

【新科研楼建设】 2011 年 2 月，北京大学向教育部提交了《北京大学关于上报生命科学科研大楼可行性研究报告的请示》(以下简称《可研报告》)；6 月，北京大学校园规划委员会审议通过了新科研楼的外立面设计方案；7 月，教育部同意并批复了《可研报告》。新科研楼建设工作委员会成员在中国科学院多个研究所、公安部物证鉴定中心等地进行了集体考察和调研，在向教职工广泛征求意见的基础上，与北京大学基建工程部、中国中元国际工程公司密切交流，不断改进设计方案。

2011 年，北京大学决定在太平洋大厦逐步划拨 10125 平方米的使用面积给生命科学学院，用于解决生命科学联合中心、定量生物学中心等空间急需；11 月 1 日，北京大学成立太平洋大厦接收改造工作小组，并授权由生命科学学院牵头组织改造工作；11 月 22 日，北京大学同意聘请国际知名的实验室建筑设计公司恒丹瑞，这也是北京大学第一次聘请外国公司进行建筑设计。

城市与环境学院

【发展概况】 城市与环境学院成立于 2007 年，由传统地理学科发展而来，并产生多个新的延伸学科。学院设定了三大学科发展方向：一是全球变化及其生态与环境响应；二是环境污染及其对人体健康的影响；三是城市与区域可持续发展。这三个方向基本囊括学院所有专业，且突破了系所教研室的边界，便于交叉学科的合作。全球变化研究是目前国际上地球科学中最重要最前沿的研究领域，2009 年学院促成"北京大学气候变化研究中心"成立，2010 年又与国际上全球变化研究领域水平最高的研究机构——法国国家环境研究中心联合，成立"中法研究中心"，力求在该领域取得更多成果并保持国际上的领先地位。2011 年度，中国科学院学部—北京大学气候变化研究中心，以及中法地球系统模拟联合研究中心正式成立并挂靠我院。学院还成立了资源与环境管理研究中心。截至 2011 年，城市与环境学院共有挂靠的虚体中心 11 个，为学科发展做出了积极贡献。

2011 年共引进 4 人，刘俊峰为百人计划研究员，周丰为常规教学系列讲师，李爽为行政人员，唐琳为教辅人员。

【教学工作】 本科生教学　教学管理上，本科教学日常管理与监督工作由教学工作委员会负责；坚持院领导听课制度，院领导班子成员每人每学期至少有针对性地听课 2 门，每学期约听课 14～16 门，大约占全院每学期开课总数的 1/3 左右；坚持老教授听课制度，聘请教学经验丰富的老教授王恩涌、崔海亭等退休老师组成老教授听课组，每学期有针对性地听课，指导教师提高教学质量和教学水平。同时为形成良好的机制，切实提高教学质量，学院将教学评估成果和教学津贴、年终奖挂钩并公布出来，这对于评估分数低的教师是一个鞭策，调动了学院的教学气氛。在2010—2011学年下学期的课程评估当中，学院课程评估成绩为理学部与信息工程学部第1名。在加强课程质量建设的同时，学院还积极推动本科生科研工作。一方面邀请各系优秀教师进行指导，另一方面在学校支持的校长基金、君政基金等基金的基础上，全方位整合资源，通过北京大学地理学人才培养基地基金、环境教育基地资助基金、导师资助等系列项目为本科生开展学术研究提供了有力保障。2011年，面向2009级90余名本科生累计提供了44项科研资助，本科生参与科研的学生比例超过50%。2011年3月，在学校的大力支持下，学院积极组织实施教育部"基础科学拔尖人才培养计划"(环境科学类)，并获资助200万元。为了更有效地选拔和培养优秀人才，学院组织相关专业的优秀教师形成了本科生导师团队，院长陶澍负责计划的具体实施。同时，学院整合多方资源为参与计划的学生制订了一系列特殊政策，例如聘请国际名师开设专项课程，允许学生制订个性化的课程表和培养计划等，为该计划的顺利实施奠定了良好的基础。

学院本科生教学方面的相关工作得到了相关部门的高度认可。2011年1月，学院获国家地理学人才培养基地"能力培养"项目资助400万元(4年)。2011年5月，学院"城市规划"专业以优异的成绩通过教育部、住建部组织的本科生教学评估。

研究生教学　为了优化教学资源配置，保障学生成长成才，学院党政联席会和学术委员会经过多次研讨，形成了关于研究生教学培养的一系列管理制度和办法。对于研究生学费、生活补助发放、研究生住宿、教师指导研究生数量限制、教研室内分配研究生指标的办法等方面均进行了详细的要求，并责成专人对实施情况进行监督。

为了更直接地服务社会发展，不断提升社会中坚力量的专业知识素养，学院与共青团中央中国国际青年交流中心开展合作，在学校研究生院的大力支持下开办了人文地理学在职研究生单独考试班。一批工作在人文地理学相关领域的各级政府官员、国有企业干部积极报名。

学院还积极举办丰富的学术文化活动，成功举办"地理学前沿2011全国研究生暑期学校：全球资源与环境问题的地理学视角"，并承接了博士研究生培养方面的创新改革试点项目，先后举办博士研究生国际学术交流会2次，博士研究生学术沙龙、学术论坛3次。

博士后科研流动站　博士后科研流动站是学院培养高端人才的优秀平台。2011年共进站博士后10人。为了招收到高质量的博士后，学院建立了完善的博士后选拔、管理制度，严把进站关，要求申请做博士后的人员在学术委员会上答辩，并进行无记名投票选拔；即使是自筹经费进站的人员，其获得的票数也得过半，以质量为核心标准。同时为进站博士后创造好的科研环境，使进站博士后能取得更大的成绩。

2011年，学院博士后获得国家杰出青年科学基金1项，中国博士后科学基金特别资助1项，中国博士后基金3项，教育部人文社科青年项目1项，项目总经费54万元。2011年度，以博士后为第一作者完成的SCI论文共计11篇。张巍、牛克昌等2名博士后获得"北京大学优秀博士后"称号。

【科研工作】　学院获得2011年度国家自然科学基金各类新批项目总计28项，其中面上项目20项、重点项目3项、青年科学基金项目3项、国家杰出青年科学基金项目1项、国家基础科学人才培养基金项目1项，批准总经费超过2800万元。与2010年同期相比，获批总经费增长超过1000万元，面上项目批准率由2010年的42%提高到63%，重点项目批准率由2010年的25%提高到50%。截至12月1日，全院2011年度在研项目共计201项(经费额在200万元以上的有11项)，其中基金委项目65项(包括创新群体项目1项、杰出青年科学基金项目2项、重大科学研究计划项目1项、重点项目2项)，科技部项目12项(包括重大科学研究计划项目1项、863计划项目1项)，教育部项目10项，海外政府委托项目3项，北京市项目2项，其他企事业委托项目109项。在社科基金项目方面，学院2011年实现了新的突破。莫多闻老师与社科院袁靖老师共同作为首席专家的"环境考古与古代人地关系研究"获得重大项目立项；柴彦威老师的"当代中国单位制度的形成及变迁研究"项目获得第二批重点资助。此外，刘鸿雁老师的"华北地区自然植物群落资源综合考察"等一些原来批准的大型项目于2011年陆续启动。

2011年度发表SCI/SSCI论文86篇，出版著作19部，发表中文核心期刊论文165篇。其中包括方精云、朴世龙等老师在*Science*，*Proceedings of the National Academy of Sciences of the United States of America*上发表的文章。除此之外，刘鸿雁教授负责的"中国北方生态脆弱区植被动态及其对气候变化的响应"获教育部自然科学奖二等奖，方精云教授等主编的《中国木本植物分布图集》荣获第二届中国出版政府奖图书奖。

【党建工作】 理论学习　学院党委高度重视广大党员思想政治觉悟和个人修养的提升，在注重学习过程的基础上，将思想政治学习与国家发展的工作实践、广大党员的学习和生活实践相结合。充分利用党员见面会、报告会、讨论会、党日活动、参观调研活动等形式，多途径组织思想政治学习，在全体党员中形成了认真学习、民主讨论、积极探索、求真务实的风气。

在创先争优活动，以及学习胡锦涛总书记"七一"重要讲话和刘延东国务委员在全校教师干部大会上的讲话精神活动中，学院党委结合学院实际情况，在扎实推进学校布置的各项工作的基础上，向广大党员提出了"发挥主动性、发挥创造性、勤于学习、善于总结、让群众满意"等五点要求，得到了全体党员的积极响应，也得到了学校党委领导的高度认可。

廉政建设　学院党委始终以最高标准加强党风廉政建设。先后实施了《城市与环境学院院务公开制度》《城市与环境学院"三重一大"制度实施方案》，明确了"依法公开、真实公正、注重实效、有利监督"的院务公开基本原则和"凡属重大决策、重要干部任免、重大项目安排和大额资金使用等重要问题，必须经集体讨论做出决定"的具体实施办法，并在用房分配及收费管理、年度财务预算、教工绩效考核、研究生招生改革、人才引进等工作中严格执行。同时，学院党委严格执行"党风廉政责任制的规定"，学院领导干部收入全部按时向学校纪委申报。以上工作取得了积极成效，得到了学校纪委的高度肯定。

党建工作　学院党建工作重点抓党委和党支部建设，经常开展工作检查和经验交流。学院党委高度重视党支部建设，学院现有党支部 21 个，其中教工党支部 7 个，学生党支部 14 个。

培养和发展党员是学院党委最核心的工作之一。在工作理念上，学院党委始终坚持"培养第一，发展第二"的原则；在培养过程上，学院党委坚持将培养思想政治素养和指导具体实践相结合；在发展程序上，学院党委坚持将"具体实践中所反映的具体品质"和"群众满意度"作为最主要的考察内容。2011 年度，学院先后组织 110 人次参加了党性教育读书班和党的知识培训班，发展党员 60 人，党员培养整体呈现出入党积极分子数量多、发展党员质量高的特点。学院全体党员在做人、做事、做学问等方面都能够严格要求自己，充分发挥党员的先锋模范作用。张家富、卢晓霞 2 位老师获得北京大学优秀党务和思想政治工作者等荣誉称号。

统战工作　"以统战促和谐、谋发展"是学院统战工作的核心理念。2011 年，学院党委通过统战人士座谈会，向民主党派、无党派人士，以及港澳台人士详细介绍学院的各项工作情况、取得的成绩及目前存在的主要问题，听取统战人士的意见，并积极调动各方积极性，共同参与学院的建设。

【学生工作】 学生管理和就业　学生工作的核心是育人，要培养学生"如何做人做事做学问"。学院现有 21 个班级，学生总数 903 人。为了更好地了解学生的基本情况和发展诉求，有的放矢地开展服务工作，学院建立了涵盖全院学生的"城市与环境学院学生信息系统"。在为每个班级配备班主任、为低年级本科生配备辅导员的基础上，通过学生助理、研究生会、学生会、党支部、团支部、班级等学生骨干系统建立起多层次的信息反馈机制，及时了解同学们在身体、学业、家庭等各个方面所面临的困惑和困难，并及时约谈以求有针对性地开展帮扶和支持。为了帮助同学们更好地完成学业，在学生工作部和多位院友的支持下，2011 年累积发放奖学金 117 项，总金额 49 万元以上；资助困难学生 63 人次，资助总金额 54 万元以上。学院积极开展学生就业工作，每年都召开面向全体毕业生的就业政策宣讲会，并积极联系专业相关的用人单位来学院举办专场招聘会。学院 2011 年共毕业学生 241 人，其中本科生毕业 93 人，就业率 100%，研究生毕业 148 人，就业率 100%。学院还积极组织第二课堂活动，支持学生开展暑期社会实践、中秋晚会、元旦晚会、毕业生晚会、"一二·九"师生合唱比赛、洪堡杯运动会、"北大之峰"辩论赛等一系列活动，为同学们搭建展现个人风采、提升综合素养的舞台。

2011 年，学院先后获得资助工作先进单位、就业工作先进单位等一系列荣誉。刘萍老师荣获北京大学敬业工作先进个人，金鑫老师荣获北京大学资助工作先进个人。

大学生环境教育基地　中国大学生环境教育基地是在共青团中央的支持下，由学院与校团委联合筹建的全国大学生环境教育平台。2011 年，中国大学生环境教育基地以"让环保成为青年时尚"为口号，成功开展了学术科研、绿色校园建设、环境教育推广和国际交流等领域的多项工作，形成了"校园碳排放清单""北大林歌回收""千乡万村环保科普计划""绿色中国考察行动""环境教育社区推广计划""北京大学国际大学生环境论坛""甘肃文县地震灾区教育援助百人计划"等一系列品牌项目。环境教育基地先后组织和支持来自全国高校的共计 1000 余名师生直接参与到以上项目中来，相关工作得到了共青团中央各级领导的高度认可和广大同学们的热情支持，同时得到了人民网、搜狐公益等多家媒体的积极报道。目前，环境教育基地已经逐渐成为以北大为核心、辐射全国的高校大学生环保联盟，并于2011年10月荣获共青团中央颁发的“母亲河奖”。陈至立副委员长亲自为环境教育基地颁发了奖杯、奖牌和证书，并对环境教育基地的工作给予了充分肯定。

地球与空间科学学院

【发展概况】 北京大学地球与空间科学学院成立于2001年10月26日，由原地质学系、地球物理学系的固体地球物理专业与空间物理专业、遥感所和城市与环境学系的地理信息系统专业组成。按照一级学科设立系、二级学科设立研究所的原则，学院内部设有3个系（虚体）和7个研究所（实体）及1个重点实验室

北京大学地球与空间科学学院迄今已为国家培养了包括50多位院士在内的地球与空间科学高层次专业人才。学院现设有5个本科生专业：地质学、地球化学、地球物理学、空间科学与技术和地理信息系统；10个硕士/博士研究生专业：构造地质学、矿物学岩石学矿床学、材料与环境矿物学、古生物学与地层学、地球化学、固体地球物理学、空间物理学、地图学与地理信息系统、石油地质学、摄影测量与遥感；并设有地质学、固体地球物理学、测绘科学与技术和地图学与地理信息系统4个博士后科研流动站，以及国家理科基础科学人才培养基地1个（地质学），国家基金委创新群体2个（地球物理学、变质作用与造山带演化）。造山带与地壳演化实验室为教育部重点实验室，空间信息集成与3S工程应用实验室为北京市重点实验室，构造地质学和固体地球物理学2个学科为国家重点学科，矿物学岩石学矿床学为国家重点培育学科，空间物理学为北京市重点学科。

截至2011年12月，学院有教职工147人，其中教授54人、副教授46人、讲师8人、教辅及行政管理人员39人，另有流动编制2人；2011年新进教师2人。离退休人员163人，其中2011年退休5人。2011年在站博士后75人。经校长办公会审议批准，陈鸿飞、王德明、毛善君晋升为教授，薛进庄、田原晋升为副教授。

学院现有在校学生930人，其中在校博士研究生265人，硕士研究生296人，本科生369人。2011年招收本科生105人，其中地质学基地班招收46人，另招收硕士研究生116人，博士研究生76人。2011年共毕业226人，其中本科毕业生92人，硕士毕业生81人，博士毕业生53人。

【教学工作】 2010—2011学年春季学期，共开设本科生课程51门，包括1门全校必修课程、1门全校公选课程、4门全校通选课程，其余为学院主干基础课程和各专业选修课程。2010—2011年度暑期学校，共开设7门课程，包括2门全校通选课程、5门专业实习课程。2011—2012学年秋季学期，按照教学计划共开设64门课程，其中1门全校必修课程、21门专业必修课程、38门专业任选课程和4门全校通选课程，同时成功开设一门全校理科大类平台课程“遥感应用原理与方法”，选课主要以城市与环境学院的学生为主。开设研究生课程161门，其中必修课程45门，选修课程116门。

为配合学校每年暑假的“北京大学全国优秀中学生体验营”的工作，召开专场地球与空间科学学院专业介绍及招生咨询宣讲会。2011年7月20—27日，学院与内蒙古自治区地质学会联合举办第二届“相约北大，走进地学”全国优秀中学生地学夏令营活动，从80名同学中选拔出35名优秀营员参加2012年自主招生笔试。

鼓励本科生参加科研课题研究。全年本科生科研立项29项，其中莙政基金3项，教育基金会基金2项，毛玉刚基金2项，校长基金（含10项地质基金）19项，国家创新计划3项。本科生科研结题32项，平均成绩为优良。

2011年5月，学院与中国石油勘探开发研究院鄂尔多斯分院联合，组织双方学生48人前往河北滦平进行了为期2天的野外地质考察活动，向学生提供理论和实践相结合的锻炼机会。

举办矿产资源管理方向研究生课程班、宝石学方向研究生课程班，以及与教育部高校遥感应用研究中心联合举办了第八届北京大学定量遥感研究生精品课程班。定量遥感研究生课程精品班先后邀请多位院士和知名学者为百余名来自全国各地的研究生、青年教师和青年科研人员讲课。课程班还组织学员参观“北京一号”卫星地面接收站，深入了解卫星遥感数据的接收与处理流程。

周煦之的博士论文《地球磁层能量粒子动力学研究》获全国百篇优秀博士学位论文（指导教师濮祖荫），李诺获李四光优秀博士研究生奖，曹毅获李四光优秀硕士研究生奖，黄舟、杨彪、安芳、姚硕四位同学获2011年北京大学优秀博士学位论文奖，李展辉、丁霞、李智超获得中国地球物理学会第二十七届学术年会优秀学生论文奖。

范闻捷、张东和获北京大学2010—2011年度教学优秀奖，李秋根获方正奖教金优秀管理奖，吴泰然获正大奖教金，胡天跃获宝洁奖教金，李文博获树仁学院奖教金，高克勤获2011年度北京大学杨芙清—王阳元院士奖教金，雷军获北京大学2010—2011年度优秀班主任奖，李梅、郝瑞霞获北京大

学优秀班主任二等奖。

【科研工作】 2011 年，学院在研科研课题 222 项，到账经费 7314 万元；共获得国家自然科学基金委面上项目 16 项，青年科学基金项目 8 项，国际（地区）合作与交流项目 1 项，重点项目 2 项，重大科学研究计划项目 1 项，杰出青年科学基金项目 1 项，重大项目 1 项，联合资助项目 1 项，总金额 1973 万元；还获得了包括科技部国际合作项目、“十二五”国家科技支撑计划课题、973 计划和 863 计划等一系列科研项目资助；国防项目到账经费 920 余万元；新签横向课题 53 项，2011 年到账经费 1639 万元，位居全校理工科院系到账经费总数第 5。

2011 年 11 月，长江讲座教授费英伟研究组在 *Nature* 杂志上发表的学术论文 Evidence for an oxygen-depleted liquid outer core of the Earth，对地球液态外核的化学成分做了深入研究，利用冲击波实验方法直接测试了在地核温—压条件下地核组成的可能密度和声速，研究结果表明：氧元素并不是地核中的主要轻元素。这是一个突破性的发现，地核内部缺氧的实验结果对探讨地球早期的形成环境有深远意义。毛善君（排名第一）研究团队的“基于 GIS 的煤矿生产技术管理信息系统的研究与应用”获 2011 年度煤炭工业科技进步奖一等奖。由方裕、邬伦、陈斌、黄舟等负责的“网格 GIS 体系结构与关键技术研究”（863 计划项目）通过科技部国家遥感中心组织的 863 计划项目验收，并且该项目研究首次实现了网格 GIS 原型系统。由晏磊、秦其明、曾琪明、李培军、焦健等负责的 863 计划项目“无人机遥感载荷地面验证场技术”于 2011 年分别在贵州和内蒙古进行了 4 次定标验证飞行试验，分别对搭载的光学或 SAR 载荷进行了定标试验及农业应用示范试验数据获取，科技部曹建林副部长率领相关部门领导和专家 40 余人亲临内蒙古试验现场视察指导。

造山带与地壳演化教育部重点实验室于 2011 年 5 月建成场发射扫描电镜—电子背散射衍射仪—阴极发光接收系统实验室，并开放使用。

学院论文总量合理增长、质量不断提高，科学论文的影响力不断增强。据不完全统计，2011 年，学院师生共发表 SCI 论文 170 篇，出版专著 1 部，申请发明专利 2 项。

【交流合作】 全年邀请多位国内外知名专家学者来校做学术报告、短期讲座和研究工作。共接待来访外国专家、学者 100 余人次，其中由校国际合作部批准并支持的来校讲座、合作研究的外国专家共 35 人。派出师生赴国内外参加学术交流、合作研究 134 人次，全年成功举办各级各类学术会议 30 余次，在国际国内产生了重要而深远的学术影响。

2011 年 4 月，在南京召开的第 3 届构造地质与地球动力学学术研讨会上，学院共有 20 多名师生参加了该次会议，在大会上共做了 10 余个报告，6 位研究生获得优秀学生论文奖。8 月，张立飞在台北市参加了亚洲大洋洲地球科学学会（AOGS），作为召集人之一主持了超高压变质作用专题报告会；陈运泰院士应邀参加在台北举行的第 8 届亚洲大洋洲地球科学学会年会并在大会开幕式的 Axford 讲座上做了题为“青藏高原东部近期重大板内地震破裂复杂性的研究及其在地震应急响应中的应用”的特邀报告，在大会上，AOGS 主席、新当选的国际大地测量和地球物理学联合会（IUGG）主席古普塔教授高度赞扬陈运泰及其领导的研究团队在地震震源研究及其在地震应急救援响应的应用中取得的进展和做出的重大贡献。9 月，由中国珠宝玉石首饰行业协会和北京大学地球与空间科学学院共同主办的玉石学国际学术研讨会在北大英杰交流中心召开，海内外 300 余名国内外专家、学者、在校学生参加了会议，大会 10 篇主题演讲报告从不同的角度阐述了玉石学研究的最新成果，44 位代表做了专题学术报告。10 月，张立飞在美国明尼苏达大学召开的美国地质学会年会上，接受会士授予仪式，并在超高压变质作用专题做学术报告；刘建波、黄宝琦、孙作玉、薛进庄及 10 余位硕士、博士研究生参加中国古生物学会第 26 届学术年会活动。研究生丁娜获得中国古生物学会颁发的第 26 届学术年会优秀口头报告奖；40 名师生参加中国地球物理学会第 27 届学术年会，黄清华担任学术大会学术委员会副主任，蔡永恩、胡天跃、黄清华、周仕勇、王彦宾、张海明分别负责或参与了专题的召集、主持工作，黄清华做了题为“地震电磁现象的物理学研究”的大会报告，李展辉、丁霞、李智超同学获得大会的优秀论文奖。

大陆动力学与资源工程研究所举办 973 计划项目首席科学家系列讲座，共邀请 6 位首席科学家来校讲座。石油与天然气研究中心组织召开石油地质学讲座共 20 余期，邀请到石油天然气领域著名学者童晓光、贾承造、孙龙德、胡文瑞等院士来校讲座，内容涉及石油地质学、石油勘探、油田开发等。

【党建工作】 学院共有 31 个党支部，党员人数达 484 人，其中在职教工党员 82 人、离退休党员 63 人、学生党员 339 人。2011 年共有 37 人初级党校结业，65 人高级党校结业；发展新党员 55 人，预备党员转正 53 人；重视在中青年骨干教师中开展党性教育，发展的新党员中有 3 人为教工党员。

院党委深入推进创先争优活动，以纪念建党 90 周年为契机，上半年开展了“回忆党的辉煌历程，坚定人生理想信念，深入推动创先争优”系列主题教育活动。先后组织各支部学习《中国共产党历史》第一、二卷，邀请老同志做讲座，畅谈革命先辈的丰功伟绩，组织部分党员到全国党史材料办公室学习、参观，前往革命圣地延安，重温党的奋斗历程，组织400多名党员观看《复兴之路》《建党伟业》等电影。下半年在学生党支部开展“学习‘七一’讲话精神，牢记使命争创一流”的学生党团联合主题教育活动，在北京大学“创先争优”主题征文活动中，宋振清、王新茹、叶久艳荣获一等奖，卢丹获二等奖，云烨获三等奖。

院党委获评2010—2011年度北京大学优秀党务和思想政治先进集体，宋振清获北京市教育先锋管理先进个人称号、北京大学优秀党务和思想政治工作者——李大钊奖，戚国伟、鲁安怀获评北京大学优秀党务和思想政治工作者，施伟红、苗国军被评为2011年度北京大学安全保卫工作先进个人。

【学生工作】 学生工作紧密围绕“育人”工作中心，加强大学生思想政治教育，切实加强能力建设，不断改革创新，开创学生工作新局面。为助力学子成长成才，学工办从2011—2012学年开始启动“德育123”计划，为同学们设置“德育123”套餐，即1次社会服务、2次学院活动、3次班级活动，通过量化记录的科学方式，提升学院各项学生活动开展的科学化水平；学工办借院庆十周年东风，积极推进学生工作由“内向型”向“外向型”转化，在团委下设外联部，负责开拓院友等外界资源，为进一步实现转型提供组织保障和人力支持；积极指导院学生会、研究生会、青协等社团开展各类活动，“地空杯师生毽球友谊赛”、“天地人”文化节、地空青年论坛、2011地空元旦晚会等的成功举办，逐步形成了有学院特色的“天地人”文化品牌，在学校和社会上的影响力逐渐扩大，营造了健康向上的学院文化氛围。

学院共有97名同学获得三好学生、优秀学生干部、学习优秀奖、社会工作奖等各项荣誉奖励，115人获得国家奖学金、五四奖学金、光华奖学金等26种奖学金，奖学金总额共计46.71万元。高松获第8届北京大学“学生五四奖章”，这是学院团员时隔6年后再次获得此项北京大学学生最高荣誉。

2011年，学院获北京大学军训工作先进单位、北京大学资助工作先进单位、北京大学2011年“一二·九”合唱比赛三等奖，院团委获得北京大学第十九届、第二十届“挑战杯”系列赛事团体三等奖。于超美获评北京大学资助工作先进个人、毕业生就业工作先进个人，佟磊获北京大学军训优秀辅导员、资助工作新人奖、毕业生就业工作新人奖。

2011年，地球与空间科学学院毕业生217人，其中本科生92人、硕博生125人，就业率达98.6%。

【工会工作】 坚持和完善以教代会为基本形式的民主管理制度，加大工会干部的建设力度，强化工会的服务意识，组织开展丰富多彩的文体活动，组织参加学校教职工乒乓球赛，组织离退休教职工前往天津郊游、在职教职工前往水关长城登山，开展“健康运动，高效工作，快乐生活”为主题的系列文体活动，丰富教职工的业余生活；积极开展送温暖活动，走访慰问困难和患病教职工百余人次，组织学院教职工体检，为女教职工办理健康保险，为年老同志庆贺生日，举办新年团拜会等。2011年，学院工会由“先进教工之家”晋升为“模范教工之家”。工会注重对青年教师的培养和教育，在北京大学第十一届青年教师教学基本功比赛中，学院荣获优秀组织奖，赵红颖荣获理工类一等奖，何涛、李秋根荣获优秀奖。

【十周年院庆】 2011年10月28日上午，在百周年纪念讲堂隆重举行庆祝北京大学地球与空间科学学院建院十周年大会。会前，校党委书记朱善璐在大讲堂贵宾厅会见前来参加庆典的嘉宾并进行亲切交谈。朱善璐书记对地球与空间科学学院建院十周年表示热烈祝贺，希望各位嘉宾一如既往地支持北大、关心北大，同时强调地球与空间科学学院要进一步加强与嘉宾单位的交流与合作。教育部科技司副司长陈盈晖、中国地震局局长陈建民、南京大学校长陈骏、中国有色金属矿产地质调查中心主任王京彬、中国地质调查局副局长李金发、中国科学院李廷栋院士等校外嘉宾，北京大学副校长鞠传进、北京大学地球与空间科学学院名誉院长陈运泰院士、北京大学地球与空间科学学院院长潘懋出席庆典并发表讲话。来自兄弟院校、产业界、科研单位等社会各界的领导、嘉宾及14位两院院士莅临大会。学校各职能部门负责人、院系负责人、校友代表、离退休职工及学院全体师生等800余人参加了庆祝大会。会议由学院党委书记宋振清主持。

经过十年的不懈努力，地球与空间科学学院充分发挥学科交叉融合的优势，努力实现资源优化配置，在学科建设、队伍建设、人才培养、教学改革、科学研究、国际交流等方面都取得了令人瞩目的成就，已经成为我国地球与空间科学人才培养的重要基地。

以建院十周年为契机，坚持围绕中心、服务大局，重点宣传报道了学院十年来在人才培养、学科建设、师资队伍、科学研究、国际交流、服务社会等方面的成绩和经验，宣传的质量和数量有新的突破，出版校刊专刊1期，编辑简报2期，校新闻网刊载3条，全年向学校报送动态信息71条，其中被《北大信息》采纳54条，位居学校各学院信息报道前列，为学院事业的发展营造了良好的舆论氛围。

心理学系

【发展概况】 北京大学是中国科学心理学的发源地，其心理学本科教育始于 1900 年。1917 年，在著名教育家蔡元培先生的倡导下，北京大学创建了中国第一个心理学实验室，1926 年成立了心理学系。北京大学历史上曾有多位名人学习或出身于心理学系，包括蔡元培、蒋梦麟、傅斯年、唐钺、陆志韦。1952 年院系调整时，原燕京大学心理学系、清华大学心理学系和复旦大学心理学系并入北京大学哲学系心理学专业；1978 年，北京大学恢复成立了国内第一个心理学系，招收了第一批学生。北京大学心理学系现为一级学科博士学位授予单位，其"基础心理学"为国家重点学科，2008 年被批准为北京市特色专业，2009 年被批准为国家理科基础科学研究和教学人才培养基地。目前，心理学系现有正式教职工 37 人，其中教授 11 人，研究员 2 人，副教授 14 人，讲师 11 人，其他教辅职员 9 人，系主任为周晓林教授。心理学系已形成师资力量雄厚、学科设置齐全、专业人才层出不穷的教学、科研体系。5 人任 11 种国际学术期刊副主编或编委，体现了具有国际水平的整体科研实力。

【教学工作】 2011 年度，在校本部录取了学术型硕士研究生 38 名（含留学生 1 名）、专业型硕士研究生 17 名、博士研究生 16 名、本科生 33 名（含马来西亚籍、韩国籍留学生各 1 名）、应用心理学双学位学生 10 名、辅修双学位学生 120 名。与北京大学深圳研究生院联合招收 36 名硕士研究生。

在全日制学生的培养工作之外，还积极开拓多种形式办学、培养人才的模式，与北京大学深圳研究生院合作举办人力资源研究生课程进修班（深圳、广州两地），并在北京招收了人力资源研究生课程进修班，总共招收学员 258 名。心理学专业夜大学共招生 280 名。

2011 年毕业并获得学位的心理学专业本科生 40 人（含留学生 3 人），获心理学双学位 78 人，辅修毕业 2 人；毕业硕士研究生 66 人，获硕士学位 65 人；毕业博士研究生 9 人，获博士学位 7 人，肄业 2 人；获同等学力硕士学位 67 人。夜大学毕业学生 113 人，其中 74 人获学士学位。

2011 年，研究生院全面实行研究生招生机制改革，据此心理学系调整了研究生招生计划，2012 年预计招收博士研究生 20 名，学术型硕士研究生 15 名，专业型硕士研究生 40 名（含在职 20 名）；2012 年不再与深圳研究生院联合招收学术型硕士研究生。调整了博士研究生入学考试方式，采用"申请—考核"制。从 2012 年起符合条件的副教授可招收博士研究生。

方方教授获北京大学 2010—2011 年度教学优秀奖，耿海燕副教授获得 2011 年度北京大学树仁奖教金。

【科研工作】 2011 年，心理学系在科研方面取得了突出的成绩，主要体现为 SCI 和 SSCI 论文继续保持较高的数量和质量。2011 年度共发表科研论文 141 篇（含国内外期刊论文），其中以心理学系为第一作者或通信作者单位发表的 SCI 和 SSCI 收录期刊论文 64 篇。其中韩世辉教授和李量教授在 SCI 一区杂志 *Brain*，*Neuroscience and Biobehavioral Reviews*，*Journal of Neuroscience* 和 *Cerebral Cortex* 上发表论文，王莉副教授和施俊琦副教授在 SSCI 杂志 *Child Development* 和 *Academy of Management Journal* 上发表论文。2011 年在 SCI 和 SSCI 收录期刊以第一作者或通信作者发表论文最多的 3 位教授是周晓林教授（12 篇）、韩世辉教授（8 篇）和李量教授（6 篇）。

2011 年，心理学系多项基金研究项目申请获得批准。吴艳红教授主持申请的基础科学人才培养基金项目获得国家自然科学基金委员会的批准资助；周晓林、李量、钱铭怡、苏彦捷、谢晓非、侯玉波、杨炯炯、孟祥芝等老师获面上项目资助；张立青博士和孙洋博士获青年科学基金项目资助；韩世辉教授获中加合作项目资助。孟祥芝副教授获美国 NIH RO3 项目资助，张亚旭副教授获得韩国学中央研究院资助，韩世辉教授担任北京市自然科学基金重点项目子课题负责人，张燕博士获批北京市哲学社会科学规划项目，陈立翰博士和吴梅红博士获第四批中国博士后科学基金特别资助，穆妍博士、Michael E. W. Varnum 博士获第五十批中国博士后科学基金二等资助。2011 年，心理学系新获得的科研项目经费为 1184 万元。

【交流合作】 2011 年度，心理学系的学术交流和讨论也很活跃，共举行 19 次公开科研讨论会，累计使用北京大学"海外学者讲学计划"邀请外籍专家 45 人次。包括讲座计划、讲课计划和研究计划，使用外事经费达 20 万元人民币。

2011 年 3 月，由伊朗认知科学研究学会董事会主席、伊朗最高领袖办公室—外交战略委员会主席、伊朗前外长 Seyed Kamal(Alinaghi) Kharrazi 率领伊朗认知科学研究学会代表团访问了心理学系。2011 年 5 月 16—18 日，第 9 届中德认知神经科学研讨会在北京大学成功举办。2011 年 11 月 13—17 日，心理学系主办了由中德科学中心资助的"压力和压力应对过程"国际会议。应北京大学"海外名家讲学计划"项目之邀，德国柏林自由大学心理学系教授 Ralf Schwarzer 于 2011 年 10 月对心理学系进行了访问；德国国家科学院院士、慕尼黑大学 Ernst Pöppel 教授于 2011 年 11 月在北京大学英杰交流中心新闻发布厅举办了题为"人类的时间，大自然的时间——脑科学与心理学面临的新挑战"的演讲报告会。

2011 年 11 月，美国国际数据集团(IDG)创始人兼董事长麦戈文先生及其家族向北京大学捐赠 1000 万美元，建立北京大学—IDG/麦戈文脑科学研究院，挂靠在心理学系。

2011 年度，共 49 人次出访及参加国际会议。其中教师出访 31 人次，本科生、研究生出访 18 人次，派出 3 名联合培养博士研究生、3 名硕士研究生出国攻读学位。

【队伍建设】 系岗位考核评审小组按照学校岗位年度考核与续聘工作要求和程序布置，审核了 A，B，C 岗人员提交的有关材料，听取了 A 岗人员的述职报告，并根据学校给心理学系的岗位指标数和津贴总额，对所有人员进行评议、讨论和投票，进行了岗位级别的大幅调整。

2011 年，孙洋、陈立翰、张昕、余聪、张俊云加入心理学系，教师人数达 38 人。在站博士后队伍逐渐壮大，2011 年有 4 位博士后进站，在站博士后达 9 人。

【党建工作】 2011 年，心理学系党政班子以"促进科学发展、狠抓内涵建设"为主线，结合发展的实际情况，全面开展创先争优活动，取得了一定成绩。上半年着力开展党风廉政建设，下半年深入学习并贯彻"两个讲话"精神，切实落实"服务群众树形象，示范引领创一流"的相关要求。系党委要求全系树立优良的学风教风，加强师德师风建设，组织讨论填写了《"我心中的北大党组织/党员形象标准"建议表》；结合心理学专业特点探讨，确定了 2011 年下半年基层党建创新立项课题，对老中青三代党员进行个别访谈和问卷调查，了解不同年龄和党龄党员在党的认识上存在的共识与差异。组织全系教工党员赴河南安阳参观"人工天河"红旗渠，多次召开领导班子民主生活会等。

促进基层组织建设，发挥党组织的战斗堡垒作用。定期组织全体党务干部开展党建工作会议，提升党务干部业务水平。2011 年发展 13 名党员，确定 51 名入党积极分子，吴艳红教授被北京大学评为优秀党务工作者。

【行政工作】 完成学校公用房使用状况的调查、统计、核准、定额测算，认知实验室的装修、测试等项工作。已形成制度的全系教职工的查体、春节送温暖、平时慰问病号等项工作正常进行。

【学生工作】 博士研究生马燚娜、毕泰勇荣获 2011 年度博士研究生学术新人奖，博士毕业生杜忆的研究论文荣获赛诺菲—安万特优秀会议论文奖。在 2010—2011 学年中，心理学系博士研究生共发表 SCI 文章 12 篇，国内核心期刊文章 10 篇，国际会议摘要 6 篇；硕士研究生发表 SCI 和 SSCI 文章 6 篇，国内核心期刊文章 10 篇，国际会议报告 2 篇；本科生发表 SCI 文章 1 篇。文艺体育方面，心理学系、考古文博学院、信息管理系 3 系联合组建的 PIA 组合在"一二·九"歌咏比赛中荣获三等奖。2009 级本科生班和博士生班获评北京大学先进学风班。

本着一切从学生需要出发的原则，2011 年举办博士研究生论坛 2 期，本科生午餐沙龙 1 期，举办针对 Matlab 软件的使用、Photoshop 和 PPT 制作、实验报告写作、新闻写作等专题讲座 7 场。9 月 10 日教师节，学生会走访慰问离退休教师获得好评。2011 年，顺利完成研究生会换届选举工作和学生会中期人员调整工作。成功举办"新春心声"2012 年元旦晚会暨系内十强歌手年度总决赛。同时结合专业特色开展了一系列工作，如：新生访谈工作、"525 心晴小队"、地震灾后心理重建项目、农民工子弟学校支教志愿者心理辅导等活动。2011 年 12 月，心理学系携手北京市 47 中学探索流动人口子女心理教育途径的仪式正式启动。

2011 年，心理学文化节突出了"科普、新知和社会服务"的主题，既强调了校园日常心理健康教育的重要性，又普及了灾后心理重建等领域的新知识。在为期一个月的文化节中，同学们充分发挥自己的聪明才智，通过名家讲座、心理实验体验、微博互动、团体工作坊、心理学社会服务专题报告等丰富多彩的活动展示了心理学的趣味性与实用性，并将科学知识与校园流行文化有效结合起来，是创新校园科普形式的有益探索。系刊《心韵》进驻心理学系主页，在心理学系的官方网站上对学生作品进行了大力宣传。

建筑与景观设计学院

【发展概况】 2011 年是北京大学建筑与景观设计学院成立的第一个完整年。学院教学、科研、人事、软硬件条件等各个方面都在进行紧锣密鼓的探索与推进工作。2011 年年初，学校正式调任北京大学光华管理学院杜鹏为建筑与景观设计学院副院长。5 月，学院正式启动全球人才招聘工作，希望尽快吸引海内外高层次教学科研人才加入。截至 6 月下旬，先后收到来自海内外的 20 余份申请，经过初步遴选，有 2 位教师进入下一阶段的重点考察名单。7 月，李迪华被聘为副教授。截至 2011 年年底，建筑与景观设计学院正式在编教学岗教师 6 人，其中正教授 1 人，副教授 4 人，讲师 1 人。

【科研工作】

表 6-6　2011 年度北京大学建筑与景观设计学院重要科研项目列表

项目名称	起止时间	负责人	总经费/万元	任务来源
全球气候变化背景下中国城市水适应能力建设的景观途径	2010—2013	俞孔坚	40	国家自然科学基金
中国光谷 · 伊托邦低碳智能城市研究	2010—2011	俞孔坚	330	武汉市江夏区政府
北京市新增百万亩生态用地空间落实研究	2011—2012	俞孔坚	30	北京市国土资源勘测规划中心

表 6-7　2011 年度北京大学建筑与景观设计学院重要教学成果列表

成果名称	作者	出版单位	成果形式	字数/万字
对土地与社会的观察与思考——"景观社会学"教学案例之三	李迪华 李津逵	高等教育出版社	专著	42

表 6-8　2011 年度北京大学建筑与景观设计学院重要获奖列表

成果名称	获奖类型(及等级)	全部作者
迁安三里河生态走廊	2011 年世界建筑节，2011 年度世界景观奖	俞孔坚、刘玉杰

【年度纪事】　1. 2011 年 2 月 19 日，哈佛大学设计学院师生一行十余人来访北京大学建筑与景观设计学院，进行为期一周的课程学习。本课程是一项为期三学年的北京大学—哈佛大学平行设计课程项目的一部分，项目计划在北京大学与哈佛大学同时开设以相同场地为研究对象的研究生设计课程，由北京大学建筑与景观设计学院院长、哈佛大学设计学院客座教授俞孔坚主持，两校各派出相应教学力量予以配合。课程在两校平行前进，并强调两校师生的交流与合作。2011 年度，哈佛大学设计学院派出前院长彼得 · 罗教授，建筑系马克 · 马利根教授和院长助理史蒂芬 · 欧文教授与俞孔坚教授合作授课，哈佛中国基金会全额资助教职工和学生在中国从事的调查、研究活动。

2. 2011 年 3 月，俞孔坚教授受邀代表国际建筑师协会担任 2011 托萨罗伦佐景观设计与保护国际奖评委。作为世界建筑师协会的代表，俞孔坚教授确保奖项的评选严格遵守联合国教科文组织的规定：匿名评选、所有评委按规定出席、遵循评判标准等。

3. 2011 年 3 月，住房和城乡建设部通报公布了 2011 年"中国人居环境奖"获奖名单，3 个城市荣获"中国人居环境奖"，39 个项目荣获"中国人居环境范例奖"。由俞孔坚院长主持的 2 个项目："云南省昆明市盘龙江整治工程"和"天津市意式和德式风情区历史风貌建筑保护项目"位列"中国人居环境范例奖"名单。

4. 学院建院一周年之际，东方园林集团董事长何巧女女士捐资 2000 万元人民币设立"东方园林生态城市讲席教授基金"，签字仪式于 2011 年 5 月 30 日举行，校长周其凤代表北京大学建筑与景观设计学院出席签字仪式并致辞，对于何巧女女士回馈社会、支持教育、扶助青年人成长的事业予以高度赞誉，并对其对北京大学的隆情厚爱与鼎力支持表达谢意。

5. 2011 年 6 月 27—29 日，第 48 届国际景观设计师联盟(IFLA)年会在瑞士苏黎世举行，俞孔坚院长应邀就城市郊区的景观问题发表主旨演讲。

6. 美国环境系统研究所公司(ESRI)捐赠软件与北京大学共建地理设计(GeoDesign)实验室。8 月 1 日，ESRI 中国(北京)有限公司与学院签订最终协议，向北京大学捐赠全套 ArcGIS 系列软件，与学院共同成立了 GeoDesign 实验室。

7. 为支持和鼓励教师积极开展科研与教学活动，改善教师待遇，学院利用社会力量设立了院长基金。依照基金实施条例，经本人申请、学院组织评审、学院党政联席会审议通过，韩西丽、张天新两位老师获首批院长基金。首次基金执行时间从 2011 年 9 月 1 日起至 2013 年 8 月 31 日，资助金额为每位教师 20 万元。

8. 一年一度的美国建筑奖于 2011 年 9 月 1 日公布。该奖项被认为是全美最负盛誉的建筑作品奖，由芝加哥雅典娜建筑与设计博物馆和欧洲建筑设计艺术和城市研究中心组织。作为 2011 年全美最杰出的项目，45 个获奖作品由 6 位杰出评委从来自世界各地的 400 个入围作品中选出，并授予美国建筑奖的殊荣。中国有 3 个项目获此殊荣，它们分别是俞孔坚教授领衔设计的上海后滩公园、STEVEN HOLL设计事务所设计的深圳万科中心和SOM建筑设计事务所设计的重庆金融中心大厦。

9. 2011年9月8—18日，由荷兰阿姆斯特丹建筑学院组织承办的第三届欧洲景观设计学硕士设计研讨在荷兰举行。北京大学建筑与景观设计学院张天新老师获邀，带领傅微、陆慕秋、王彦彬、蒋理等4位北京大学2010级地理学/景观设计学硕士研究生参加了此次研讨交流。

10. 应西藏自治区扶贫办党组书记王建、芒康县人民政府县长敖刘全邀请，院长俞孔坚、支部书记李迪华等师生一行10人，于2011年10月3—11日，前往昌都地区芒康县进行规划调研。

11. 2011年11月2日，世界建筑节于西班牙巴塞罗那隆重开幕。开幕首日隆重揭晓了12个奖项，其中俞孔坚教授带领的设计团队的作品“迁安三里河生态廊道”再获世界景观奖。至此俞孔坚教授及其团队已经蝉联三届世界景观奖。此前获得本奖项的是上海世博后滩公园(2010)和天津桥园(2009)。

信息科学技术学院

【发展概况】 信息科学技术学院成立于2002年9月，下设电子学系、计算机科学技术系、微电子学系和智能科学系等4个学科建设单位，以及基础实验教学研究所、应用电子学研究所、量子电子学研究所、物理电子学研究所、现代通信研究所、微电子学研究所、系统结构研究所、网络与信息系统研究所、软件研究所、计算语言学研究所、数字媒体研究所、高能效计算与应用中心、信息科学中心等13个教学科研单位。学院现有2个国家级重点实验室(区域光纤通信网与新型光通信系统国家重点实验室、微米/纳米加工技术国家级重点实验室)，1个国家工程实验室(数字视频编解码技术国家工程实验室)，纳米器件物理与化学教育部重点实验室、高可信软件技术教育部重点实验室、机器感知与智能教育部重点实验室、计算语言学教育部重点实验室、微电子器件与电路教育部重点实验室(B级)、网络与软件安全保障教育部重点实验室(B级)、微处理器及系统教育部工程研究中心、北京市软硬件协同设计高科技重点实验室、软件科学与技术教育部网上合作研究中心(北京大学分中心)等9个教育部重点实验室/工程研究中心。

截至2011年9月，学院有在读全日制学生2921人，其中本科生1274人，硕士研究生1065人，博士研究生582人。在职教职工412人，其中教授、研究员、教授级高级工程师、特聘研究员110人，含博士生导师96人，副教授、副研究员、高级工程师、高级实验师136人，讲师、工程师、实验师74人，行政管理、教学辅助人员等42人，博士后50人。离退休教职工200余人。学院现有中国科学院院士3人、中国工程院院士2人，教育部长江特聘教授6人、讲座教授3人，国家杰出青年科学基金获得者11人，国家重点基础研究发展计划(973计划)项目首席科学家7人(12人次)、国家高技术研究发展计划(863计划)专家组成员7人、国家科技重大专项专家组成员6人，教育部新(跨)世纪优秀人才计划入选者19人，中国青年科技奖获得者3人，新世纪百千万人才工程国家级入选者2人，国家自然科学基金委员会(NSFC)优秀青年科学基金获得者3人，青年拔尖人才入选者1人，百人计划入选者14人，NSFC创新研究群体2个，教育部创新团队3个，此外，在聘客座教授5人。

学院基本构建了北京大学信息学科的整体布局，形成了电子科学与技术、计算机科学与技术、信息与通信工程3个一级学科和12个二级学科(包括10个目录内的二级学科和2个自设二级学科)，学科建设成绩斐然，其中计算机科学与技术、电子科学与技术为一级国家重点学科，计算机软件与理论、计算机应用技术、物理电子学、微电子学与固体电子学、通信与信息系统为二级国家重点学科。按2011年度US News和QS的评价体系(World University Rankings 2011/12)，北京大学在“电子工程”学科排名第36位，在“计算机科学”学科排名第45位；按ESI的评价体系，北京大学的“计算机科学”“工程”学科均进入全球研究机构的前1%。

作为学校目前规模最大的学院之一，信息科学技术学院已成为中国信息科学技术领域重要的人才培养基地和研究基地，在学科建设、人才培养、队伍建设、能力建设和国际交流合作等方面锐意改革创新，立足国家需求，面向国际前沿，立足学科主线，关注战略交叉。

【教学工作】 信息科学技术学院始终把提高教学质量、培养高水平人才作为首要任务，坚持“教学第一”，进一步开展信息科学课程体系战略研究，并结合学科发展规划和学科布局，促进招生结构优化，提升生源质量。

日常教学和学籍管理 2010—2011学年秋季学期，本科生课程开设147门次(其中我院教师为院外开课25门次，院外教师为我院开课26门次)，小学期开课10门次，春季学期开课105门次(其中我院教师为院外开课20门次，院外教师为我院开课15门次)；研究生课程开设131门次。2011年本科毕业生339人，334人获学士学位;1人获电子信息科学与技术双学位,16人获计算机软件双学位,5人获计算机软件辅修毕业证书。2011年硕士毕业生和博士毕业生分别为326人和74人,323人和71人分别获得硕士和博士学位,4人获同等学力硕士学位。2011年招收本科生328人(含留学生1人),降级转系2人,保留入学资格1人;硕士研究生409人和博士研究生125人(含深圳研究生院141人和11人)报到入学。在校生方面,2010级本科生经过专业分流,分别有84人、45人、153人、34人进入电子学系、微电子学系、计算机科学技术系、智能科学技术系;接收2011级推荐免试硕士研究生301人和直博生91人(含深圳研究生院66人和1人),2008级313名本科生中有161人已落实保研接收单位(含本校144人)。高等教育自学考试"计算机及应用"组织专业考试22个科目、3046人次,指导148人撰写论文,其中89人参加答辩,84人获学位,阅卷9个科目、4869份;"计算机应用技术"研究生课程进修班2011级招生36人,开课12门次,3人获硕士学位;非学历教育短期培训班正在举办9期、533人次,正在招生21期;此外,接收高校单科进修教师4人、访问学者2人。

教学改革和教学成果 2011年,魏贤龙的论文《综合扫描电子显微镜和纳米探针研究碳纳米管的操控和力学电学特性》(陈清指导)入选全国优秀博士学位论文,刘譞哲的论文《基于社区的服务组装技术研究》(梅宏指导)获提名,王润声的论文《基于多栅结构的纳米尺度MOS新器件研究》(陈清指导)入选北京市优秀博士学位论文,彭翔的论文《量子密钥分发系统中光源及瑞利(Rayleigh)散射问题的理论和实验研究》(郭弘指导)、丁力的论文《基于碳纳米管的无掺杂高性能CMOS器件和集成电路》(彭练矛指导)、何毓辉的论文《芯—壳结构纳米线晶体管输运特性理论研究》(韩汝琦指导)、诸葛菁的论文《新型纳米MOS器件研究》(王阳元指导)、蔡琳的论文《基于表面等离激元的广角接收模块基础研究》(徐安士指导)、陈李江的论文《P2P网络中的信息检索和数据分发策略研究》(崔斌指导)、何靖的论文《基于点击日志分析的搜索引擎质量评价方法》(李晓明指导)、王铁磊的论文《面向二进制程序的漏洞挖掘关键技术研究》(邹维指导),以及刘譞哲的论文《基于社区的服务组装技术研究》入选校级优秀博士学位论文。2007级344人完成本科生毕业论文,其中金鑫、钟诚、郑泽宇、余昊男、于弢、张笑阳、陈静超、王卓、蒋晴野、羊晋的论文被评为学院"十佳";56个校级本科生科研基金项目结题,99人答辩;本科生发表国际期刊论文3篇、会议论文11篇,国内期刊论文6篇、会议论文1篇。邓昊、姚雨涵获大学生物联网创新创业大赛国际总决赛第三名、中国选拔赛特等奖;姜雯雯、李铁男、马娇娇(钱丽艳、吴云芳指导)获第4届中国大学生(文科)计算机设计大赛一等奖(非专业媒体类),黄雷蕾、罗蔓、何威(唐大仕指导)获二等奖(非专业媒体类),另有学生获三等奖和入围奖各1项;以学院学生为主力的多支代表队在ACM国际大学生程序设计竞赛亚洲区预选赛中获9项赛区金奖,其中李晔晨、张文泰、肖刘明镜获得参加全球总决赛的资格。

代亚非获第7届北京市高等学校教学名师奖;王昭获第11届全国多媒体课件大赛高教工科组一等奖、最佳教学设计奖;屈婉玲、刘田、张立昂、王捍贫编著的《算法设计与分析》,张铭、赵海燕、王腾蛟、宋国杰编著的《数据结构与算法实验教程》入选"十一五"国家级规划教材;王克义编著的《微型计算机基本原理与应用》(第二版),张丽、李晓明编著的《计算机系统平台》入选国家普通高等教育精品教材;王捍贫、杨冀林(赤峰学院计算机科学与技术系)分别获得北京大学继续教育部优秀导师、优秀访问学者称号;陆俊林、刘譞哲、郭炜获院青年教师教学演示竞赛一等奖,边凯归、张雅聪、杨川川、康宁、马秀莉获二等奖。

社会服务 2011年4月,学院组织校园开放日暨本科招生咨询会,设立展台并在线答疑;7月,成功举办全国中学生信息科学夏令营和第3届计算机科学与技术学科优秀大学生夏令营;10月,本科招生宣讲团成立,配合学校招生办公室和各地招生组为学校和学院争取更多优秀生源。

【科研工作】 信息科学技术学院鼓励教师承担立足国家需求、面向国际前沿的各类科研项目,取得了一批国内领先、具有国际影响力的重大研究成果。

科研项目和经费 2011年,学院承担国家级、省部级、科技开发等各类科研项目397项,所获经费约28634万元,签署技术服务、技术咨询、技术转让合同69项,所获经费约3657万元,纵向和横向科研经费总计约3.23亿元。徐洪起被聘为重大科学研究计划项目"新型高性能半导体纳米线电子器件和量子器件"首席科学家。

表 6-9　2011 年度北京大学信息科学技术学院在研项目及到账经费列表

项目类型	项数	到账经费/万元
973 计划、重大科学研究计划项目	29	3631
863 计划项目	13	3012
国家科技攻关计划、科技支撑计划、重大科技专项、国家重点实验室专项项目	5	7016
国家自然科学基金项目	158	3063
教育部项目	38	786
北京市项目	16	743
行业专项、其他省部级项目	120	10157
企事业单位委托项目	6	118
其他(海外开发等)项目	12	108
科技开发到款合同	69	3657
总计	466	32291

科研成果　在 2011 年度国家科学技术奖励评选中，俞士汶、穗志方、孙斌、常宝宝、刘扬、段慧明、朱学锋、吴云芳、李素建、陆俭明完成的“综合型语言知识库”获国家科学技术进步奖二等奖；查红彬参与的“特征敏感的三维模型几何处理技术及应用(原名：面向数字工厂设计的三维模型几何处理技术)”获国家技术发明奖二等奖(单位排名：2/3，个人排名：2/6)；张志刚参与的“50W 级全固态激光器及其核心部件产业化关键技术”获国家科学技术进步奖二等奖(单位排名：3/3，个人排名 10/10)。在高校科学研究优秀成果奖(科学技术)评选中，许进、王捍贫、于江生、王燕、张成、杨静完成的“DNA 计算机相关理论与应用研究”获自然科学奖一等奖；赵玉萍参与的“OFDM 无线通信若干基础理论研究”获自然科学奖二等奖(单位排名：3/4，个人排名：3/5)；张志勇入选教育部新世纪优秀人才支持计划；2012 年 3 月，肖臻获 2011 年度大川研究助成奖；4 月，高文等人完成的“数字视频编解码国家标准制定及应用”获 2010 年度中国电子学会电子信息科学技术奖；12 月，彭练矛等人对“碳纳米管的高效光伏倍增效应”的研究候选 2011 年度“中国科学十大进展”，其相关论文发表在 *Nature Photonics* 上。学院教师发表 SCI 论文 219 篇(平均影响因子为2.51，最高影响因子为 26.44)，学院教师发表 A 类学术刊物论文 204 篇；申请专利 263 项，获得授权 113 项；出版教材 7 种，专著 5 种，译著 2 种。

重点实验室　2011 年 9 月 21 日，高可信软件技术教育部重点实验室、机器智能与感知教育部重点实验室接受教育部信息科学领域专家组第一轮现场评估；10 月 19 日，实验室主任梅宏、查红彬参加第二轮集中答辩的综合评估；最终以前两名的佳绩双双被评为优秀类实验室。

实验室与仪器设备　学院现有实验室 17 个，其中高能效计算与应用中心(系室设备号为 04817)为 2011 年 5 月新增，国家 863 主题专家办公室、信息技术创新研究院(系室设备号分别为 04818、04819)的仪器设备为代管。截至 2011 年 12 月，学院有在管仪器设备 14420 台，总价值约 3.6 亿元，其中一般设备 14177 台，价值约 1.8 亿元，大型设备 243 台，价值约 1.8 亿元；当年新购置仪器设备 1288 台，总价值约 2695 万元，其中一般设备 1271 台，价值约 1843 万元，大型设备 17 台，价值约 852 万元，报废仪器设备 629 台，价值约 610 万元，办理设备变更 1621 台。在学校第 6 届实验技术成果奖评选中，刘新元(教学研究所)等完成的“电子信息专业基础层实验及装置的改革创新”获一等奖，杨延军(教学研究所)等完成的“微机原理与接口技术试验箱的设计制作”获二等奖，李力(现代通信研究所)等完成的“100 Gb/s—1 Tb/s 高速光纤通信实验系统平台的建设”、冯建华(微电子学研究院)等完成的“基于 ATE 的 EPGA 自动测试方法研究”获三等奖。42 个课题获学校第 20 期大型仪器开放测试基金资助(总资助额度达 37.38 万元)。第 19 期大型仪器开放测试基金资助的 19 个课题结题，4 个课题获学校仪器创制与关键技术研发项目资助，2 个项目获学校实验教学改革经费资助。

“985/211 工程”三期建设　2011 年，学院获批“985 项目”2 个，经费约 170 万元，“211 项目”2 个，经费约 2516 万元，其中用于仪器设备采购的经费约 1316 万元。

博士后工作　2011 年，学院在站博士后 61 人，其中当年进站 27 人，出站 23 人(7 人留校，1 人延期，1 人未办理手续)。18 个中国博士后科学基金项目获批，其中特别资助 4 项，一等资助 3 项，二等资助 8 项。

BM工作　2011年9月28日，学院接受武器装备科研生产单位二级BM资格认证现场审查。被抽查参加闭卷考试的11人全部合格(其中10人高于95分)。魏中鹏、王进、杨琦、郝一龙、金玉丰、李素兰、徐文华、杨芳、张钢刚、刘爱民、冯梅萍、董明科、马黎黎、王延辉等14人被评为校级军工BM资格审查认证工作先进个人。在备查过程中，核实学院SM和非SM信息化设备台账6遍，清除泄密隐患3遍。

【交流合作】 信息科学技术学院积极拓展对外交流空间，鼓励教师和学生参与海外学术活动，开拓多元化的交流合作，提升在相关研究领域的国际地位和影响。

2011年，学院教师完成出访任务382人次，其中参加会议238人次，访问考察78人次，合作研究59人次，校际交流6人次，进修学习1人次；本科生57人次、研究生197人次完成参加会议、学生交换等出访任务；组织接待成均馆大学、早稻田大学、博通公司、香港中文大学、柏林自由大学、东京大学、台湾交通大学、康奈尔大学、巴基斯坦国立科技大学、乌普萨拉大学等国外、港澳台机构来访20余次。1月，学院对外交流与合作工作委员会成立。主管副院长黄如任主任委员，汪中、许胜勇、周小计、任全胜、宋令阳、盖伟新、刘锋、崔斌、郭耀、常宝宝、王亦洲、赵卉菁任委员。6月，以服务国家社会、经济主战场，促进研究成果转化为目标的信息技术创新研究院成立。作为学院开展产学研合作和成果转化的载体机构，研究院目前设立电子商务与物联网应用研发中心、专用网络信号处理与视频管控研发中心、核磁共振与成像技术研究中心、应用超声技术研究中心、联汇网络传媒技术研究中心及智能交通与车联网创新研究中心等6个研发机构。5月9—11日，梅宏、高文、周治平、张志刚、叶安培、盖伟新随学校代表团参加了在台湾大学举办的"北京大学日"系列活动，以及首届台大—北大信息技术论坛；9月27—29日，由国家自然科学基金委员会与美国科学基金会联合主办、学院承办的首届中美计算机软件研讨会举行；10月19—21日，梅宏、査红彬、黄如、谢昆青、崔锦实等师生12人赴日本参加北九州学术研究都市10周年纪念典礼，与北九州市政府、北九州产业学术推进机构签署了研究合作协定；12月19—22日，学院主办的第16届北京大学—庆北国立大学学术研讨会举行。2011年，学院承担海外合作项目20个，新增项目4个；与海外机构签署合作协议3种；完成北京大学"海外名家讲学计划"项目1个，北京大学"海外学者讲学计划"项目11个(其中讲课类5个，讲座类6个)。

表6-10　2011年度北京大学信息科学技术学院签署海外合作协议列表

协议名称	海外合作机构	签署时间	执行时间
北京大学信息科学技术学院与哥廷根大学计算机科学研究所备忘录	哥廷根大学	2011-10-10	2011-10-10—2012-10-09
北京大学信息科学技术学院与台湾大学电机资讯学院交换生协议书	台湾大学	2011-08-25	2011-08-25—2016-08-24
产学合作协议	晶心宏科技有限公司(中国台湾)	2011-04-26	
中法联合实验室联合会员的协议书	中法自动化与应用数学联合实验室	2011-03-31	2010-11-10

【党政工作】 信息科学技术学院党政班子进一步明确指导思想，紧密围绕国家战略需求和学校发展目标，在学科建设和队伍建设两方面不断投入，并且在不断完善学院发展规划的基础上，求真务实，认真开展制度建设、服务团队、经济基础三大保障工作。

围绕学院工作重心，党政密切配合，加强领导班子党风廉政建设，构建和谐环境，促进协调发展。学院党政始终密切配合，通过院务会对学院重大问题进行决策，并为决策之后的推动执行提供保障。在党风廉政建设方面，及时传达、组织学习胡锦涛总书记"七一"重要讲话、刘延东国务委员在全校教师干部大会上的讲话精神，以及十七届六中全会精神，着力提高领导力和执行力，制订了《学院党政班子落实"三重一大"制度的实施办法》《学院党政班子工作规则》《学院院务公开实施意见(试行)》等规章制度，配合学校党委开展《关于实行党风廉政建设责任制的规定》和《中国共产党党员领导干部廉洁从政若干准则》贯彻执行情况专项检查工作，自查结果良好。学院领导通过自身努力和全院师生的支持，基本实现了团结、正派、务实的预期建设目标。在教师队伍建设方面，积极引进人才和提高教师队伍水平并举，关心青年教师成长，着重教师素质的提高，加强指导和考核；鼓励教师参与学院建设，承担行政、党务、工会和学生等方面的社会服务，增强教师对学院日常运转的认同感和责任感。

夯实基础，开拓创新，坚定不移地做好基层党务工作，加强支部的思想政治教育，不断提高组织建设的制度化、规范化、科学化水平。

学院党委2011年发展党员160人,预备党员转正112人;5名学员参加学校第2期中青年骨干研修班;规范党组织关系转接,转入156人次,转出260人次,完成研究生新生的政审和调档541份。截至2011年12月,有支部44个,其中学生党员871人,支部32个,在职教职工党员163人,支部10个,离退休教职工党员116人,支部2个。2011年,郭瑛获校级优秀党务和思想政治工作者"李大钊奖",张天义获校级党务和思想政治工作奉献奖,李艳萍等15位同志获院级优秀党务和思想政治工作者称号,王志军获院级党务和思想政治工作十年奉献奖。学院党委获校级优秀党务与思想政治工作先进集体、北京高校先进基层党组织称号。

抓好入党积极分子的培训和党员的发展转正工作,切实提高其思想水平和政治素养,为党组织增添新的血液。学院党委从"提高入党积极分子的学习质量"和"将入党积极分子的培训同支部的培养相结合"入手,提供专门经费,鼓励党校学员的社会实践活动,2011年资助15个党课小组开展社会实践。6月,244名学员从学校第18期党性教育读书班结业;12月,177名学员从学校第24期党的知识培训班顺利结业。

学院党政班子高度重视安全稳定工作,配合行政健全网格化管理的安全保卫和突发事件预防处置体系,分工明确,责任到人,形成有效运转的机制;积极推进公用房改革,逐步落实公用房收费制度;加强昌平校区科研用房的管理,筹建产学研转化的平台和基地;继续开展院友联络,设立学院发展基金;继续开展高端培训,与多个地市签署校地合作协议。在构建和谐校园、优化学院环境的过程中,充分发挥工会、教代会、学生会、研究生会的主观能动作用,坚持组织教职工年度体检,组建多支运动队,督促教职工加强日常锻炼,开展春节、教师节、妇女节、儿童节等慰问活动,关心、救助患病教职工,积极为学校"爱心基金"捐款6万元。

【学生工作】 通过构建党员先锋—团员干部—学生骨干三个层次的"E彩·先锋——党团骨干素质提升计划",加强学生党员骨干研修班、高级团校、初级团校三个学生骨干培训营的建设,全面提升骨干综合素质,塑造坚实先锋根基;通过党建带团建,深入开展学生党团日联合主题教育活动。2011年在学生党员中开展"牢记使命,争创一流"主题征文活动,共收到学生党员和入党积极分子的1000余篇稿件,经过评选,40篇优秀稿件被推荐到学校进行评比;通过打造班团集体先锋榜样,促进学生在学术、实践、公益、文艺、体育等方面提升综合素质,全方位培养多元化、多层次人才,最终实现集团成长。

2011年下半年,"E彩·信科文化节"隆重开幕,选树一批具有学校水准、学院特色的"信科之星",并在"E彩·素质提升计划"的框架下,着力在先锋、学术、文艺、体育、实践、公益、集体七个主题下为学生成长成才注入强大动力,奠定坚实基础;在原有的心理助理定期排查工作的基础上,抓住学校心理咨询中心暑期课程的契机,推出了朋辈心理辅导工作的新举措;通过实施《学院学生素质综合测评实施细则》,2011年学院206名本科生获助学金资助,贫困生比例占全部本科生的16%,总资助额度达170.6万元;通过定期组织就业教育与指导,着重打造"围炉夜话"职业规划系列座谈,为在校学生创造与身在职场中的年轻校友的对话机会,与此同时,高度重视就业工作人才培养质量对教育教学的反馈作用,从而改善学生培养方式。截至2011年9月1日,2011届本科毕业生344人中就业率为94.59%,硕士毕业生241人中就业率为100.00%,博士毕业生74人中就业率为95.38%;对工作的自我评价中,总体满意度较高,感到满意和非常满意的达70.43%,感到一般的达28.7%,感到不满意的仅有0.87%。

2011年,学院对班级设置进行了重大调整,主要体现在:第一,研究生班级重新设置,由原先的横向(按年级)分班变为了纵向(按专业方向)分班;第二,从2010级本科生开始,每年级由9个班改为5个班,更大的班级有利于学院管理,每班1名班主任+辅导员的配备也使学生能够得到更细致的关怀。在学院学工专职人员变动较大(学校党委任命原党委组织部党建室主任卢亮为学院分管学生工作的党委副书记,学院原团委书记佟志伟调离北大,由原负责学生奖助的王一涵接任,选留学工干部王珏期满离职,学院2007级毕业生王恺然选留入职接替)的情况下,新的学工队伍积极适应、磨合,营造了精诚团结、求真务实、锐意进取的工作氛围,在各项工作的有序推进中发挥了战略中枢和指挥中心的作用。学院被评为校级"学生资助工作先进单位",学院团委获学生暑期社会实践"优秀组织奖",佟志伟被评为学生暑期社会实践"优秀指导教师奖",李妍被评为"就业工作先进个人",郁苗苗获"就业工作新人奖";在学校"优秀班主任"评选中,李艳萍获一等奖,刘譞哲、王珏、赵玉萍获二等奖,陈兢、黄罡、孙琰、谭云华、王源获三等奖,佟志伟获德育奖。

工学院

【发展概况】 工学院下设五个系

和一个国家重点实验室：力学与空天技术系、能源与资源工程系、生物医学工程系、先进材料与纳米技术系、工业工程与管理系，以及湍流与复杂系统国家重点实验室。

【队伍建设】 2011 年，学院以引进高层次人才为重点，大力推进人才队伍建设。根据本年度学院的工作计划及学校总体工作安排，在主管领导及党政班子的领导下，围绕人才引进、聘任、激励、考核、评估和培育等工作，在规模上不断壮大学院的科研教学队伍，在管理制度上更加规范化，为学院发展提供人才保障。

2011 年，工学院共有教职工 142 人，其中院士 2 人，教授 54 人，副教授 44 人。2011 年，除继续有计划地引进特聘研究员外，在引进青年人才方面也迈进了一大步，这将成为工学院引进人才的重要渠道之一。同时，积极开展与同行专家的合作，院聘兼职教授 15 人，报批双聘院士 1 人，校级兼职教授 2 人。完成 2011 年劳动计划申报工作。

为建设一支高水平的教师队伍，严格遵循《北京大学工学院特聘研究员评审标准及程序》，对到期教师进行了评估，并根据评审标准和程序中的规定，完成了小组评议、学术委员会审议通过等程序，完成了今年的评估工作。有效地推动了评估工作与国际接轨规章制度的制订与执行。

完成了长江学者期满评估及续聘工作、职称评审工作、通用岗位聘任工作与专业技术职务聘任工作。同时，根据学校精神，完成了 2010—2011 年度 985 专项岗位考核及工资年度考核与 2011—2012 年度专项岗位聘任工作。

2011 年，有多位教师获得各类奖项，郑一获方正教师优秀奖，周文灵获中国工商银行教师奖，陈海峰和郑玉峰获绿叶生物医药杰出青年学者奖，侯仰龙获得国家杰出青年科学基金。

协助申报中国科学院院士、中国工程院院士增选，国务院政府特殊津贴、“新世纪百千万人才工程”“有突出贡献中青年专家”等。

2011 年，共对 32 名博士后申请者的申请材料进行整理、提交，办理了 31 名博士后的入站手续。本年度共有 15 名博士后办理了出站手续，8 名博士后办理延期手续。

【教学工作】 本科生教学　2011 年，工学院招收 2011 级本科新生 114 人，留学生 1 人，目前在校本科生共计 375 人，共有 51 人次出访交流。完成新生入学教育及选课指导。9 月，为 261 名在校生办理注册，完成 2010 级学生专业选择工作；11 月底，为新生办理学籍及注册手续，为 22 名学生办理学籍异动手续。

工学院本科教育实行导师制，学院有 31 名教师成为 2011 级学生导师，负责学生学业相关问题的指导。

2011 年有 87 名本科生毕业，其中 85 人获学士学位(26 人获理学学士学位，59 人获工学学士学位)。17 名学生参与 2011 年本科生科研训练。学院共获得 15 项资助，其中君政基金 2 项，国家创新计划 1 项，毛玉刚基金 2 项，教育基金会基金 1 项，校长基金 2 项。共 48 名本科毕业生获得推荐免试研究生资格，其中 83%保送至本院，4%保送至校内其他院系，13%保送至校外。

完成了《工学院本科生培养方案》2011 版的修订。共开设课程 117 门，其中新开课程 17 门。完成了工学院 117 门课程的上课及考试安排，并完成了全部课程教学档案的归纳整理工作，以及 2007 级毕业论文等相关文件的存档工作。

2011 年，学院多位教师和学生获得奖励。王勇老师获北京大学 2010—2011 年度教学优秀奖，黄迅老师获第七届“北京青年教师教学基本功比赛(高校)”理工类二等奖；组织学生参加 2011 年全国周培源大学生力学竞赛，获团体赛优秀奖，共有 13 名学生获奖，其中 3 人获一等奖，4 人获三等奖，6 人获优秀奖。

研究生教学　2011 年，工学院新增生物医学工程和管理科学与工程两个一级学科博士学位授予点，新增工程管理(MEM)专业硕士学位授予点。工学院二级学科博士学位授予点共十个。2011 年，工学院在校研究生人数 508 人，其中硕士研究生 211 人，博士研究生 297 人。2011 年，工学院录取硕士研究生 75 人，博士研究生 98 人。2011 年 1 月和 7 月共毕业硕士研究生 51 人，博士研究生 40 人。往年毕业补授学位的学生 5 人。

2011 年 7 月 11—14 日，工学院举办全国优秀大学生夏令营。来自全国 40 余所高校的 400 余名学生报名参加，最后确定了 270 名学生进入夏令营。通过夏令营，工学院拟录取学生 75 人，另外 50 多人作为 9 月份录取免试生的优先考虑对象。

2011年，工学院获得教育部研究生创新计划项目 1 项：生物医学工程暑期学校，北京大学研究生教育创新计划项目 3 项。力学与空天技术系、材料科学工程系及能源与资源工程系分别召开了研究生教学研讨会，对研究生的培养方案及课程大纲做了修改，并对研究生培养环节及培养质量提出了一些具体措施和要求。

为保证研究生课程教学质量，对研究生课程任课教师调停课做出了具体规定，并要求研究生专业必修课程(除实验和文献阅读课)成绩必须有笔试部分。

研究生教学网站自 2010 年 6 月建成以来，不断完善。网站涵盖了研究生培养过程的相关文件及培养环节的内容。教学通知栏目及时发布学校及学院的最新公告。学生和教师可在网站上查看到有关研究生招生培养的更多信息。

2011年,工学院共4名研究生获得“国家建设高水平大学公派研究生项目”资助,到世界一流大学或研究所学习交流,4名学生获得北京大学“博士研究生短期出国(境)研究项目”支持,到海外大学进行学术交流3个月,41名博士研究生获得“北京大学研究生国际学术交流基金”支持,去参加国际学术会议。

自2007级(含2007级)研究生培养机制改革后,在校生的学业奖学金每年评定一次,工学院按照学生的不同类别评定奖学金。除获校长奖学金、强军计划的学生,以及港澳台学生、留学生等外,其他学生均按:硕士研究生14800元/年,硕博连读生33000元/年,博士研究生34800元/年的标准发放奖学金,每个年级略有不同。

2011年,共有3名毕业生的毕业论文获奖,分别是:伏锋,2010年1月毕业,获评2011年北京市优秀博士学位论文奖;张凯,2011年7月毕业,获评2011年北京大学优秀博士学位论文奖;顾雪楠,2011年7月毕业,获评2011年北京大学优秀博士学位论文奖。

【科研工作】 2011年,随着北京大学工学院建设的稳步推进,学院的科研工作进展顺利,科研经费到账继续保持高速增长势头。

全年工学院共举办各类学术报告会150场,新获批课题180余项,获批经费接近2.1亿元,其中包括国家自然科学基金项目42项(含重点项目5项,国家杰出青年科学基金项目1项),科技部重大仪器专项1项(任秋实教授负责,获批经费5510万元),973计划项目3项,科技部支撑计划项目2项,科技部重大研究计划项目1项,科技部国际合作项目1项,先进技术研究院项目37项,科技开发部项目59项(合同金额近6000万元)。

2011年,工学院到校科研经费继续高速增长,到校科研经费达到1.61亿元,其中科研部9300余万元,科技开发部接近3500余万元,先进技术研究院3200余万元,比去年增长51%。截至2012年1月3日的数据,全年发表SCI论文382篇,其中218篇的第一作者或通信作者的第一署名单位为工学院,数量稳步增长。

工学院的青年人才培养结出硕果。侯仰龙教授获得2011年国家杰出青年科学基金,并就纳米科技的生物医学应用问题接受了《辽宁日报》的采访。曹安源课题组与清华大学合作进行的“高效率碳纳米管—晶体硅杂化太阳能电池”的研究成果发表在*Nano Letters*上,*Nature*杂志对其做出较高评价。2011年5月30日上午,由北京大学和北京市残联共建的“北京市智能康复工程技术研究中心”举行签约暨揭牌仪式,中心将开展“基于动态行走机理的智能助残肢体”的研究,该中心负责人是学院自己培养并留校任教的王启宁特聘研究员。工学院段慧玲特聘研究员在“中国力学大会—2011暨钱学森诞辰100周年纪念大会”上获得了“第十二届中国力学学会青年科技奖”(全国只有5位获奖者)。2011年11月22日的*Nature Communications*杂志刊登了工学院席建忠教授课题组在多项调控癌症转移抑制因子方面的新发现。水资源中心刘杰博士的研究小组在*Ground Water*发表的有关水资源伦理的论文去年被下载537次,成为该杂志下载率最高的文章。博士研究生刘瑜在“2011国际定量无损检测学术会议”的学生展板竞赛中表现优秀,获得了第二名的好成绩。2011年10月13日,作为非计算机专业的学生,工学院智能控制实验室的硕士研究生李佑兵、任静和张博共同组队参加了第二届“中科杯”全国软件设计大赛的决赛,获得了大赛三等奖。

工学院在国内外的学术影响力进一步扩大,成功主办或协办了多场国内外有影响力的研讨会,其中包括“2011年中国隐身、伪装与电磁防护功能材料发展高端研讨会”“北京大学智慧制造管理技术研讨会”“第二届国际新能源高峰论坛”“第408次香山科学会议国际学术讨论会——‘中国典型地下水污染问题的形成、演变机制及其调控研究’”“2011全球工程教育领袖峰会——全球工学院院长大会”等。

工学院的科研实力在国内外得到了较为充分的展示和认可。在“2011年国际现代工厂/过程自动化技术与装备展览会”上,机器人竞赛邀请了包括北京大学在内的6支高校团队。在“2011年中国水中机器人大赛暨首届水中机器人国际邀请赛”中,工学院夺得两项冠军。《科学时报》在3月7日的人物专栏中以“把脉新材料的设计与应用”为题报道了工学院孙强教授研究组近年来在能源材料、单原子层材料和纳米组装材料中所取得的工作进展,在新材料设计和微观机理方面的研究成果在国际国内都产生了良好的影响力。*Journal of the American Chemical Society*报道了孙强教授研究组在二维多孔金属有机单原子层材料研究方面所取得的最新成果,审稿人对此项成果给予了高度评价。“2011中国科技论文统计结果发布会”公布了2010年中国百篇最具影响国际学术论文,其中工学院有4篇入选,分别来自黄琳院士、张东晓教授、孙强教授和侯仰龙教授(2009年工学院有1篇)。

【交流合作】 2011年,工学院围绕学校中心任务,积极配合、保质保量地完成学校国际合作部和港澳台办公室统一布置的工作，包括对外交流、人员派出、港澳台事务、外国专家管理等。

2011年度，工学院教员出国（境）共251人次，出访国家（地区）涉及美国、英国、法国、荷兰、比利时、加拿大、俄罗斯、瑞士、乌拉圭、西班牙、希腊、尼泊尔、日本、澳大利亚、新加坡、意大利、德国、韩国等，其中赴港澳台13人次。教职工出访目的明确，包括参加学术会议、访问考察、进行合作研究等，均取得丰硕成果。

本着外事工作为教学科研服务的宗旨，工学院积极开展国际学术交流方面的工作，交流渠道多元化。全年共接待来自美国、英国、韩国、日本等国和香港、台湾地区知名高校来宾200余人次。利用北京大学"海外学者讲学计划"和"海外学者研究计划"项目共50余万元先后聘请了外国及港澳台专家100余人次来我院讲课、讲座及科研合作。

2011年度，国际化教育办公室在院领导的支持下，取得了显著成绩。2011年2月份举办PKU—GT会议。同时，与美国8所院校，以及新加坡、瑞士等地高校商谈Globex计划。2011年8月份成功与新加坡国立大学和加拿大多伦多大学进行了本科优秀学生Capstone Design设计课程的合作，并进行了双方教授科研研讨会。2011年9月份，工学院与日本横滨国立大学等签署合作协议，交换学生学习。成功办理两名日本横滨国立大学学生来北京大学交流学习。多次处理来自波兰、巴基斯坦、伊拉克等国家学生留学咨询。2011年12月份又积极促成与普林斯顿大学、纽约大学、康奈尔大学、南加州大学、特拉华大学、新加坡国立大学等各校工学院的交换合作并达成共识，即从2012年至2015年双方本科生交换学习，学费互免，学分互认。其中北大工学院已经与康奈尔大学正式签署协议，与普林斯顿大学和南加州大学签署了框架协议。

【科技开发】 2011年，学院在产学研合作方面进行了大量尝试。完善了组织体系，成立了产学研合作委员会，统筹学院产学研合作工作。新成立了北京大学工学院工程技术研究院、北京工道投资有限公司，形成了行政（产学研合作办公室、发展办公室）、研发（研究院）、投资（投资公司）及产业发展（工道控股）四个紧密协作的产学研平台。

2011年，院友会在杭州召开了理事会，修改了理事会章程，推动成立了专业委员会，并筹划定期开展交流活动。同时也成立了院友常务理事会，发起成立了院友基金。2011年捐款合同金额为8815万元（较2010年增长137%），到账2645万元（较2010年增长25%）。截至2011年，学院捐款合同总额为1.65亿元。

2011年，产学研课题合同金额为7888万元（较2010年增长96.5%，占全校的27%），到账4632万元（较2010年增长174.9%，占全校的27.5%）。2011年还达成了3500万元的合作意向。在工程技术研究方面，从学院及全校筛选出了15个优势项目，依托院内团队，以及厦门、绍兴等地的研究机构，启动了中试或工程化研究。目前在研项目23个。在院地合作方面，2011年与厦门市政府达成了自主管理每年2000万元科研经费的协议，并正式启动；理顺了绍兴研究院的运营机制，2011年绍兴研究院的合作经费超过200万元，预计2012年可实现收支平衡；与北京市共建了康复工程中心，获得2000万元研发经费及1500万元产业化经费支持；与南京、南通达成了共建研究院、基地的协议，2012年1月正式启动。与地方政府及企业共建了5只基金，合作金额2.5亿元，目前基金全部成立，并聘请了专业的投资机构管理，现已开始运作。工学院还聘请了高水平的职业经理人进行产业管理，并初步建立了各项规章制度。内窥镜项目顺利投产，形成了约1000万元的销售额；智能假肢项目产业化顺利启动，获得北京市及社会约3000万元的投资，预计产品将在2012年5月正式上市；动力学仿真项目获得总额约2500万元的订单，目前已开始实施；精密微动台、磁盘缺陷检测仪、生物传感器等项目转化顺利，预计2012年都将上市销售。

2011年，工学院发展工作在宣传事务、公共关系管理（院友会、工业理事会、基金会）、筹款事务等几方面的工作都取得了很大成绩。完成了学院基本宣传出版物的编写，印制了中英文宣传册，季刊《发展通讯》正式改名为《工学快讯》，出版了《电子报》(*eNewsletter*)，2011年年底出中英文第一期。

2011年，学院就全球工学院院长大会、国际太阳能十项全能竞赛、润地利房地产投资集团有限公司捐赠、正兴捐赠、德发捐赠、四季沐歌捐赠、与南京/袍江/天台等地签署合作协议、"北京市智能康复工程技术研究中心"成立、各国际高校来访、专业领域研讨会、学院理事会、战略研讨会等重大活动进行了一系列采访和跟踪报道。工学院逐步建立和完善了媒体网络发布渠道，为工学院的宣传创造了更加有利的正面环境。

【党建工作】 2011年，工学院党委基于"政治核心、监督保障、营造氛围、促进发展"的工作定位，积极开展了学院的党委工作。各支部开展了形式多样的创先争优活动。其中工学院党委申报的重点项目"'海归'教员对于高校基层党建工作的认识和建议"，以及2010级硕士研究生党支部申报的创新项目

"发挥北大工学优势,展望'十二五'能源产业结构调整",都按时高效地完成,取得了较好的效果,并及时形成了详细的活动总结报告。2011级博士研究生党支部下半年申报的创新项目"创建学习型党支部——博士研究生学术生涯规划、科研学术规范学习"也获得了批准,并得到了学校资助。

2011年,工学院党委积极响应学校党委号召,认真学习贯彻胡锦涛总书记"七一"重要讲话和刘延东国务委员在全校教师干部大会上的讲话精神,多次召开党政联席会就如何组织开展学习活动进行讨论,同时积极组织工学院各学生支部、教工支部开展学习讲话精神,并于11月召开了"引领工学文化,创建世界一流工学院——北京大学工学院学习讲话精神,创先争优座谈会"。

工学院党委重视组织建设,认真培养、发展新党员,2011年共组织55人参加学校党课班的学习,新发展党员41人,其中教工1人,本科生17人,研究生23人。全年有31人转为正式党员。学院党委重视支部建设,根据院系情况,重新进行了支部划分,现共有党支部30个,其中教工党支部9个,学生党支部21个。截至2011年年底,工学院共有党员543人,其中学生党员430人,教工党员69人,离退休教工党员44人。

2011年,工学院团委书记陈征微被评为"北京大学优秀党务工作者"。

工学院党委重视党风廉政建设。学院党委严格制订党风廉政建设责任制,落实分工,坚持"谁签字谁负责"的原则。积极开展民主生活会,互相监督,防微杜渐,教育党员干部时刻要上好党风廉政建设这一课,要求院领导严格执行学院的《党风廉政建设责任制的若干规定》。

【学生工作】 2011年,工学院学生工作办公室在学院党委行政的领导下,在学校各部门的支持下,坚持从实际出发,以育人为核心工作理念,圆满完成了2011年的各项工作任务,并在多项工作中积极探索、不断创新,取得了突出的工作成绩,荣获"北京大学2010—2011年度学生工作先进单位"。

2011年11月,学院与远景能源科技有限公司合作举办"北京大学·远景能源工学文化节",开始进行校企合作联合开展学生活动的尝试。以学工办指导、学生自主推进的文化节活动能够使同学们在参与活动的过程中得到实践锻炼,更好地将所学知识应用于实践;同时,该活动也进一步宣传了创新思想与工学理念,促进了学生对未来职业规划的思考,为他们进一步了解行业、职业、实习实践,以及日后的职业选择奠定了良好的基础。

2011年,工学院共有毕业生176人,其中本科毕业生86人,硕士毕业生50人,博士毕业生40人,全体毕业生中就业74人,占总人数的42%;升学46人,占总人数的26%;出国出境留学35人,约占总人数的20%。2011年,工学院毕业生就业率达到97%。

【全球工学院院长大会】 2011年10月,全球工学院院长大会(GEDC2011)在北大召开,北京大学工学院作为此次会议的承办单位,自2010年起开始此次会议的筹备工作。此次会议共有来自全球各知名大学的近300位工学院院长及代表参会。会议取得了巨大成功,得到了全球工学院院长委员会领导层及全体参会代表的一致肯定。

计算机科学技术研究所

【发展概况】 计算机科学技术研究所2011年事业编制在职人员为42人,其中正高职称人员9人,副高职称人员20人。另有博士后5人,劳动合同制人员29人。

【教学科研】 *奖励* 刘家瑛获北京高教学会计算机教育研究会"教学精彩片段比赛二等奖"、北京大学教学信息化(教学系列)先进个人,彭宇新获北大王选青年学者奖,邹维获优秀博士学位论文导师奖。

学术论文 发表学术论文89篇,其中国际学术会议论文6篇、国际学术期刊论文7篇。教师、学生发表学术论文的数量、质量继续逐步提升,而近年新引进的青年人才表现尤为突出。

专利与专著 获得国内发明专利授权51项,申请并被受理的国内发明专利31项。

承担项目 在研项目70余项,到账经费约1500万元,在国家新闻出版总署根据《国家"十一五"时期文化发展规划纲要》启动的数字版权保护技术研发国家重点工程中,计算机科学技术研究所是其中核心技术研发的主要承担者,获得的经费支持约2400多万元。

人才培养 2011年毕业博士研究生6名,硕士研究生22名;入学博士研究生8名,硕士研究生23名;目前有在读博士研究生36名,硕士研究生68名。

研究生以第一作者发表的论文数量与质量基本与去年相当,共发表期刊论文11篇、会议论文27篇,其中SCI收录论文3篇;博士研究生发表期刊论文6篇、会议论文15篇;硕士研究生发表期刊论文5篇、会议论文12篇。王铁磊同学的学位论文获北京大学2011年度优秀博士学位论文奖。

科研成果 (1)语言计算与互联网挖掘研究方向利用中英双语资源协同训练进行跨语言情感分类的研究成果"Bilingual Co-training for

Sentiment Classification of Chinese Product Reviews”，在顶级国际期刊 *Computational Linguistics* 发表。该方向还参加了美国国家标准与技术研究院组织的文档摘要国际权威评测 TAC2011 Guided Summarization Task，在摘要 A 上取得了 Pyramid 指标第 1 名、Overall Responsiveness 指标第 2 名的优异成绩(共 25 支参赛队伍)。

(2) 图像、视频内容理解与检索研究方向首先是在图像、视频、视觉内容表示方面，针对传统表示没有考虑上下文信息和视觉关键字存在冗余等不足，提出了将上下文信息融入核函数的一系列创新方法，并提出利用流形学习来进行潜在语义分析，在准确率和速度上都取得了比传统潜在语义分析方法更好的效果；其次是在相似度学习方面，提出通过约束传递来有效利用弱监督信息的思想，并第一次给出了约束传递本质机制的直观解释。基于上述研究成果，在顶级国际会议 AAAI2011、顶级国际期刊 *IEEE Transactions on Image Processing* 上发表了多篇长文。

(3) 信息安全研究方向在软件脆弱性分析方向的研究取得新的进展，相关论文发表在信息安全领域高水平国际期刊 *ACM Transactions on Information and System Security*。

(4) 图数据管理研究方向围绕海量 RDF 数据管理的研究工作取得了新进展，提出了一种基于子图匹配的海量 RDF 存储查询系统，以及 TOP-K 检索、路径检索和不确定性最短路径计算等方法，相关工作的成果分别发表在数据库顶级国际会议 VLDB 2011、国际期刊 *IEEE Transactions on Knowledge and Data Engineering*。

(5) 数字视频技术研究方向，将用户行为和视频传输相结合，对视频通话质量和码率控制进行大规模测量，提出了基于网络拥塞和用户行为的码率控制模型，并通过 Skype 验证了一致性，有效地提高了视频通信质量，相关学术论文已被视频通信领域顶级国际会议 IEEE Infocom 2012 接收。

交流与合作　参加国内外学术会议、交流访问 80 余人次，其中承办了第四届信息安全漏洞分析与风险评估大会(VARA 2011)，与澳大利亚新南威尔士大学共同在 ICDE 2011 上举办了 2011 年 GDM Workshop(图数据库国际研讨会)，主办了国际字体设计技术研讨会；积极邀请国内外专家学者来所进行学术交流，特别是加强了与国内相关大学、科研机构的交流与合作，促进了相关研究方向工作的开展。

科研基地建设　电子出版新技术国家工程研究中心承担国家发改委创新能力建设项目的工作已完成内部验收，并完成了面向出版印刷的高速喷墨印刷机样机的系列化及产品化，成功参加 Print China 2011 大展及全印展，获得广泛好评，并已经在国内实现装机。

中国文字字体设计与研究中心，实现了基于表意文字描述序列(IDS)自动生成字形技术，采用聚类方法选取和计算部件的参数，在 CJK 基本集部件库的基础上，测试 CJK 扩充集 A 部分拼字效果，基本可用字符达到 85%以上。

【科技开发】　近年独立研制成功的多媒体内容监管系统已在中国教育电视台进行典型应用示范，该系统具有字幕识别、片段识别、人脸识别、不良内容识别等功能。目前已和著名 IT 企业，如方正、青鸟、人民搜索、三星电子等建立了良好的合作关系，正在进行成果转化及产业化工作，具有很好的市场应用前景。

近年独立研制成功的基于可伸缩视频编码 SVC(Scalable video Coding)的 P2P 流媒体视频服务技术被迅雷采用。

研制的数字喷墨印刷技术已形成系列产品，其中自主研发的部分核心技术已达国际先进水平，今年已实现销售约 50 台、价值 5000 多万元。

在电子图书的元数据自动提取、文档阅读顺序、表格信息抽取等方面的研究成果，已经应用于方正阿帕比公司的电子图书生产制作系统，明显提高了该企业电子图书在平板电脑和手机上的阅读效果，电子图书总量已达 200 多万种。

以互联网搜索挖掘技术为核心的互联网舆情分析预警系统在多个重要部门获得进一步应用，新研发的微博监测系统将互联网内容分析与人物分析有机结合，在网络舆情监测领域继续保持领先优势，已提供给国家宣传和安全领域的高端用户试用并获好评。

【王选纪念陈列室】　组织王选纪念陈列室的接待和讲解工作，年内共接待各方参观人员 6000 余人，此外还在校内外做了 14 场主题报告——王选的世界。

纪念王选教授逝世 5 周年，发表了《王选如何发现“千里马”》《王选与北大》《汉字作证——记“当代毕昇”王选院士》等文章 4 万余字，并协助编撰印制了《王选院士画传》。

软件与微电子学院

【发展概况】　软件与微电子学院经过九年的建设和发展，已经初步形成了一个学院、两个学科(软件工程学科、集成电路设计与工程学科)、四个基地(国家软件人才国际培训(北京)基地、国家集成电路人才培养基地、软件工程国家工程研究中心北京工程化基地、北京大学软件与微电子学院无锡产学研合作教育基地)的综合性软件与微电子人才培养实体。

学院队伍建设有了新的发展，教师队伍符合建院时确定的4∶4∶2的结构。精品课程建设和综合实践课程改革促进了教学质量的提高。科研工作在人才培养中开始发挥重要作用。

学院新聘教职工26人(其中教学2名,行政4名,后勤20名);新晋升教授1人,副教授1人;新评定增加硕士生导师12人。迄今为止,学院共有专职教师54人,其中教授20人,副教授16人,讲师及助教14人。副高及以上职称占66.7%。2011年,学院在各方面创造条件、营造环境,努力调动全体教职工的积极性,继续发扬杨芙清理事长提出的创新、创业精神,形成向心力和凝聚力,队伍建设已基本形成预定的规模,并初现成效。

【教学工作】 在教学任务落实与课程安排上,尽可能地考虑教师与学生的实际情况,尽最大能力,使各项教学工作的安排更加有序、更加合理、更加科学。从教学管理理念、制度、手段等方面积极推进教学改革,提高服务水平。

开设的327门次课程中有290门次课程参与了评估,占到开课总数的88.7%。通过2008—2010三个学年教学评估结果对比分析,由于青年教师教学质量逐年提升,在4.85分值以上的课程比例呈上升趋势,4.50分值以下的课程比例同比下降,表明学院整体教学质量有较为明显的提高。

【交流合作】 作为学院科研的主要平台,工程技术研究中心承担了国家自然科学基金项目9项,国家科技计划项目7项,国际合作、横向合作项目10余项,成果包括:基于Android的数字家庭网关及iCare服务系统、学分银行服务系统、智慧就业服务系统、流媒体播放服务系统、软件工程案例库系统等5项,申请4项专利,已授权1项。教师发表学术论文33篇,其中EI论文5篇,IEEE国际会议收录论文8篇,学生发表论文4篇,论文质量有较大幅度的提升。学院科研发展势头良好,正在逐步形成团队合力,提升学术水平。

同时,学院还进一步加强与企业合作,开展软件工程案例库建设,完成了“认知式”“巩固式”“提高式”案例教程。在原有基础上进行完善,修订了案例库标准,该标准已通过专家组的审阅。目前,案例入库工作已全面展开。案例库建设不仅物化了综合实践成果,同时促进了教学、科研结合,使学生提升综合实践能力,更快达到企事业单位的用人需求。

【党建工作】 学院党委紧紧围绕学院的中心任务,全面推进党的思想、组织、作风和制度建设。学院党委召开党风廉政建设专题会议,加强对重点部门和重点环节的监督检查,有针对性地完善相应的规章制度,做到标本兼治,使领导干部的法律意识、纪律观念、照章办事意识得到进一步增强。

2011年,学院党委还组织了全院教工党员及入党积极分子赶赴红色旅游景区陕西临潼、延安参观学习,重温中国共产党的光辉历史,并对照学院的情况进行了深入的讨论,丰富了党支部生活。

【行政工作】 学院加强管理流程规范化,努力提高决策和办事效率,实行财务紧缩政策,努力实现增收节支。

学院充分发挥班子的集体领导作用,加强学院班子与教职工的沟通交流,使管理模式更好地适应学院发展的要求。在2011年,共召开了26次院长办公会,多次院务会、专题工作会和碰头会,如:院长办公会讨论并解决关于低收入者工资调整方案(158次会议),北京大学劳动合同制职工管理办法(160次会议),教职工工资待遇调整意见(163次会议),2011年职称评审工作(164次会议),校园维修工作(166次会议),学院食堂财务管理暂行办法(168次会议)和十周年庆典准备工作(172次会议)等与学院师生员工福祉和学院发展密切相关的问题;院务会专题会议则致力于加强各部门、教学系沟通交流,分享经验和解决面临的困难,目前已经召开了招生专题、教学专题和科研专题工作会议,对于发现问题、解决问题和增进沟通起到了很好的促进作用。

学院加强跨部门(系)合作,共同完成重要的工作任务,比如:综合办公室协同资产管理办公室、后勤服务中心较好地完成校园的修缮工作;各系教师跨系合作,形成合力,共同完成教学科研任务;财务办公室协同北大计算中心合作开发了学院财务信息系统;教务办公室协同基础教学部完成教学评估工作;软件战略研究室协同综合办公室共同完成2011版宣传册等等。

学院修订了日常支出报销、支票领用(网络汇款)核销、借款流程等财务管理制度,并制订预借科研经费发票(收据)的规定。截至2011年8月31日,学院实现总收入5749.78万元,比上学年同期5485.18万元增加264.60万元。学院净资产已达1.29亿元,目前财务状况处在良性发展中,虽然学院是负债运行,但负债额较去年同期减少2175.36万元。

2011年6月中旬,王恩哥副校长来学院调研工作,对学院的办学理念、课程体系、培养方案、创新创业等方面的一系列改革创新给予充分肯定,赞扬学院紧密配合国家产业发展的人才需求,克服困难取得了好成绩,询问了学院办学过程中遇到的难题,并表示学校今后将继续支持学院的发展。

【后勤保障】 学院加强后勤服务理念,认真做好大兴校区的维修和维护保养工作,消除安全隐患,确保校区的教学、科研和学生学习、生活的正常进行。

学院大食堂在餐饮中心接手前，就餐人数少，学院东边的金日公司员工食堂几乎成为学院的学生食堂，学院大食堂的卫生许可证面临吊销。在理事长杨芙清院士的大力支持下，2010年12月20日，第163次院长办公会形成"由学院后勤服务中心负责自主经营学生食堂"的决议，要求"自主经营食堂过程中，严格控制进货质量关，确保食品安全，做到责任到位"。2011年1月，学院正式接手大食堂，开始营业，强化食堂为教学科研服务、为师生员工服务的理念，不断提高服务质量，加强餐饮质量、食品卫生和消防安全的管理。经过近一年的实践和努力，使同学们又重新回到了食堂就餐。尽管目前市场因素导致物价上涨，食堂的餐饮价格基本保持稳定，但是通过挖掘潜力，减少浪费，降低成本，财务收支基本持平。

与此同时，经过广泛调研、咨询，学院制订了大兴校区维修方案，以解决大兴校区存在的三个方面问题：一是各种因素造成的破损；二是破损造成的各类安全隐患；三是老化、破损等造成故障率增加，导致运行成本增加。依据上述情况，调研估算工程总经费需830万元，热力管线、采光防水、楼宇维修、宿舍食堂和停车泊位等10余项工程费用实际支出为785.1万元，消除了安全隐患，新增130个床位，为师生员工创造了良好的校园环境。

【学生工作】 学院本着"先做人、后做事"的育人理念，在学院及学校相关部门的领导下，学生工作以"常规工作严谨有序，学生活动生动活泼"为工作理念，以"全面提升学生综合素质"为工作思路，创造性地开展学生活动，圆满完成了各项工作，并取得了良好的成果。

学院举办各类前沿技术讲座10次；组织学生考核2次，2010级全体学生（除个别定制班）参加了考核，有288名学生获得奖励，其中校级奖励286人，市级奖励2人。有82人分别获得校级和院级奖学金。

多年来，学院根据产业发展需求，不断拓展人才培养类型，2011年学院就软件工程一级学科，工程博士的申报做了大量筹备工作，对学院今后的可持续发展具有重要意义，也将是今后一段时间的一个工作重点。目前学院已经涉及软件工程、集成电路工程等5个专业领域，研究生培养也正在从单一的工程硕士，逐步拓展到工学硕士、工学博士、工程博士。

【招生就业工作】 学院努力通过各种形式的宣传，让更多学生了解学院，报考学院。就业质量也继续提高，表现为"就业单位质量高、毕业生满意度高"。

2011年，全国研究生统考，第一志愿报考本院1242人。共录取各类学生1095人，其中无锡基地录取156人；全国统考录取211学校毕业生占76%。推免生人数达到128人，比上年增加19.5%，生源质量再创新高。

同时，学院加强了推免生招生工作的宣传和报考咨询、组织、服务工作，不断开拓在职生招生渠道，加强了在职生招生工作的宣传和报考咨询、组织、服务工作。

学院坚持"面向需求、坚持创新创业、坚持质量"，秉承"以学生为主体"的教育理念，使得学生成为受企业欢迎的人才，2011年共毕业902人，成为北京大学毕业生最多的院系，其中硕士毕业生883人，第二学位毕业生14人，其中11人出国留学、15人读博、10人自主创业，其余全部就业，实现就业率100%，再次被学校授予"毕业生就业工作先进单位"称号。

【获奖情况】 2010年11月，数字艺术系师生在第五届中国（北京）国际大学生动画节上荣获国际动画协会（ASIFA）颁发的"中国学生优秀作品奖""中国动画教育年度贡献奖"和"年度最佳数字游戏设计高等教育院校"等多个奖项。

2011年1月，软件技术系师生在2010"Sparx Systems杯"首届全国大学生UML建模创造力大赛上以优异的表现，荣获冠军、亚军和优胜奖。

2011年4月23日，由北京大学"挑战杯"科技工程办公室主办的第十九届"挑战杯"五四青年科学奖竞赛活动中，集成电路设计与工程系创新团队（马恺声、马占刚、简晨、陈在翔和张立佳，指导老师：曹喜信副教授）完成的项目"基于迭代算法的工业CT成像处理FPGA并行加速系统研究与实现"获得"挑战杯"竞赛二等奖。

2011年5月，"挑战数码时代"全球计算机游戏制作竞赛中国赛区的比赛中，由数字艺术系4名同学组成的团队，经激烈的角逐，勇夺冠军；恒安全国大学生创业大赛中，软件与微电子学院4名同学与北京师范大学、哈尔滨工业大学的同学共6人组成的"彗星"团队获得全国亚军。

2011年6月1日，软件与微电子学院在北京大学第十九届"挑战杯"系列赛事中荣获团体优秀组织奖，并在单项赛事中获得二等奖两个，三等奖两个。"挑战杯"系列赛事是北京大学校内规模最大、最具影响力的学生课外学术科研活动之一。

2011年10月22—23日，由软件与微电子学院曹喜信老师指导，马恺声、张立佳和马占刚等三位同学组建的创新团队在2011年ALTERA"亚洲创新设计竞赛"上崭露头角，该团队完成的"基于迭代算法的医学CT成像处理FPGA系统研究与SOC实现"项目进入本年度ALTERA"亚洲创新设计竞赛"决赛，并获得三等奖。

2011年12月1日，服务科学

工程系李伟平教授获得2011年IBM中国优秀教师奖教金。

2011年12月31日，数字艺术系学生荣获2011中国东盟创新大赛产品设计比赛三等奖。本次参赛作品是以手机号码转换为音乐作为铃声的手机应用，由数字艺术系王宫、王巍铮、王哲等同学组建的创新团队勇闯三关，在300多部作品中脱颖而出，历时4个多月，最终取得优异的成绩。

【年度纪事】 2011年2月17—18日，管理与技术系薛岩教授参加了在苏黎世召开的2011年度IPMA专家论坛，薛岩教授与Hans Knoepfel联合提交的论文《项目管理标准与标准化》被大会收录。

2011年2月26日，数字媒体芯片与系统实验室研究团队研发的"一种多输入电压源产生单恒定输出电压的方法"获得由国家知识产权局专利局颁发的专利授权证书。该项目专利发明人为张启东、曹喜信和张兴。

2011年3月15日，无锡基地参与实施的"集成电路与传感器集成制造与生产技术"项目入选我国第二批"极大规模集成电路制造装备及成套工艺"科技重大专项。该项目完成后，无锡将成为国家MEMS平台研发设计领域的创新中心，从而为无锡市物联网产业的发展奠定基础。

2011年3月23—25日，荷兰政府"经济农业与创新部"邀请管理技术系姜家齐教授在海牙参加中国与欧盟创新合作与竞争会议，姜家齐教授在会上做了以"中国创新"为题的报告。

2011年3月29日，学院与台湾大同集团战略合作协议签字仪式在北京大学图书馆举行。根据协议，台湾大同集团将向学院捐赠一批平板电脑和电子书，用于支持学院在动漫游戏、交互媒体及嵌入式系统等方面的教学、科研和实习培训工作。

2011年5月7日上午，2011年度校友大会在北京大学英杰交流中心阳光大厅召开。共有400余名软件与微电子学院校友参加了此次盛会。

2011年6月1日，金宇新能源科技有限公司在无锡校区设立"金宇新能源"奖学金，该奖学金从2011年起，每年将资助不少于5名研究生，且每人奖学金金额高达5万元。

2011年6月4日，管理技术系薛岩教授荣获由机械工业出版社颁发的"《项目管理技术》杂志杰出贡献奖"。薛岩教授曾为该杂志创办并主持了"前沿新知"栏目，并发表国际项目管理最新研究成果文章近40篇。

2011年6月23日，全国高校学生"永远跟党走"主题暑期社会实践活动启动仪式在北京大学隆重举行。中共中央政治局委员、国务委员刘延东出席了启动仪式。软件与微电子学院组织学生参加了会议，并为大会精心制作了精彩的FLASH视频，受到了学校的好评。

2011年8月26日，台湾大同大学教务长林永仁教授、研发长许超云教授等一行对学院无锡产学研合作教育基地进行了访问，对无锡校区近期发展情况进行了深入了解，并就双方在学生培养、实习、交换访问、项目研发等方面开展合作进行了座谈，达成了初步意向。

2011年9月28日，被誉为中国"民间文化守望者"的著名平面设计家黄永松先生专程来到学院无锡产学研合作教育基地，与媒体艺术与设计系师生座谈，并做题为"现代设计面临的问题——手工艺技术与设计的意义"的专题讲座。

2011年11月22日，台湾环国科技股份有限公司董事长郑金雄博士、达盛电子股份有限公司总经理翟骏逸一行在学院光电技术工程中心主任罗正忠教授的陪同下，对无锡校区进行了访问，深入了解了无锡校区的发展情况。双方就新能源监控系统、3D芯片设计与测试等方向，开展联合实验室建设、项目研发等合作进行了座谈。

2011年12月15日，北京大学召开2011年就业工作会议，会上软件与微电子学院获北京大学2011年毕业生就业工作创新集体奖和就业工作先进个人奖。学院被授予"2011年毕业生就业工作创新集体"，这是学院第三次荣获集体荣誉称号；许英老师被评为"北京大学2011年毕业生就业工作先进个人"。

2011年12月16日，服务科学工程系教师褚伟杰负责的"软件工程综合实践"课程被教育部批准为"教育部—IBM专业综合改革项目"2011年建设课程，IBM公司将派遣工程技术人员协助课程建设。

2011年12月21日，由北京大学图书馆朱强馆长和肖珑副馆长、文献典藏与分馆办潘筠主任、信息咨询部刘素清主任等7位专家组成的评估组，对软件与微电子学院进行了评估和实地考察。

环境科学与工程学院

【教学工作】 本科生教学 学院2011年招收本科生39人，其中2名留学生。学院现有本科生110人，其中留学生8人。2010—2011学年第二学期接收香港交换生2名。本年度共开设35门本科生课程。2010—2011学年的课程评估结果为：第一学期学院平均分89.2，第二学期学院平均分90.0。2011年本科生参与科学研究非常活跃，2009级共有17名学生获得本科生科研资助，参与到15个小组的本科生科研活动中，参与率为

77.3%。经学校遴选，今年北京大学环境科学与工程学院和城市与环境学院联合申请的“环境科学本科生培养项目”入选教育部的拔尖人才计划。

2012年工作计划：(1)进一步规范和制度化本科拔尖人才计划；(2)加强本科生教学实验室建设，力争创建国家级本科教学实验示范中心；(3)进一步探索本科生导师制。

研究生教学　学院研究生工作一直以提升研究生整体质量为核心，工作重点是：推进制度建设，建立公正、公开、透明的管理模式；建设符合学科发展趋势，同时面向社会和国家需求的培养体系；强化研究生的专业思想、专业精神和服务社会进步的使命感；建立制度化的研究生学术交流平台。2011年完成了研究生培养方案的修订工作，自2011年9月起正式执行。推进与国外知名大学和研究机构的研究生学术交流和联合培养工作。

2012年工作计划：继续强化研究生培养质量管理与提升，扩大研究生学术交流，提升学院研究生整体培养质量。

【科研工作】　2011年，全院发表SCI论文106篇，授权专利15项。承担973计划项目2项，863计划项目6项，科技支撑计划项目2项，国家科技重大专项2项。新获批国家自然科学基金重大项目1项，创新研究群体项目1项，国家杰出青年科学基金项目1项，科研经费7351万元。

本年度国际合作与交流持续发展。与早稻田大学共建的可持续发展联合研究院、与新加坡国立大学及牛津大学共同推进的水与环境技术平台等进展顺利，具有良好的发展势头。多名教师担任UNEP等重要组织的理事、专家和著名杂志编委。

2012年，学院将致力于在国际、国内与院内营造更加良好的学术氛围；整合科研力量，积极申报有重大影响力的科研项目，突破和强化科研团队群体；努力完成好已获得的项目，增强学术影响；通过人才结构改善来促进学科平衡发展，挖掘和有计划地扶持科研人才；争取科研论文质和量都迈上新的台阶，强化成果转化。在国际合作方面，促进国际合作平台建设，有组织地开拓国际合作渠道，举办更多高层次的国际学术会议，进一步扩大北京大学环境科学与工程学院在国际相关领域的影响。

【党建工作】　*党员发展*　结合北京大学环境科学与工程学院发展党员过程中的具体举措与安排，专门拟定了《环境科学与工程学院学生入党指南增补(2011版)》，详细介绍入党的主要流程、发展要求与注意事项，进一步规范了入党流程。

学习两个讲话活动　学院党委积极按照“北京大学进一步学习贯彻胡锦涛总书记‘七一’重要讲话、刘延东国务委员在全校教师干部大会上的讲话精神工作方案”的部署，在教师党员和广大学生中集中开展了多项学习活动。

教工支部紧密结合各支部职工的思想、工作实际，坚持学习贯彻将两个讲话精神与创先争优活动紧密结合起来，通过召开座谈会，以个人自学和集体学习相结合、中心发言与一般讨论相结合的方式，深刻领会和学习了两个讲话所传达的重要精神。

学院团委分层次周密组织学生群体的学习活动，分别召开党员学生骨干集体学习、团校学院、学生干部理论学习研讨会。同时开展了一系列实践活动，包括与东城区九道湾社区联合开展了“迎接建党90周年”党史党章知识竞赛，本科生举行了以“向实践学习，向人民群众学习”为主题的团日活动等。

共建活动　学院与九道湾社区的“同在党旗下，携手促和谐”共建合作历经五年积淀，在管理机制、工作方法等方面都较为成熟，2011年荣获“北京市优秀基层党建工作创新项目”。

人大代表推荐选举工作　在本年度的海淀区人大代表换届选举，以及北京市人大代表推荐工作中，学院党委认真组织，以较高的投票率和良好的工作效率得到学校选举相关组织部门的肯定及表彰。

党风廉政建设　严格落实“三重一大”制度、院务公开制度，继续坚持院务公开的原则，坚持严格的财务管理制度，认真组织召开初级领导班子民主生活会，会议召开取得实效。

【学生工作】　2011年，学生工作办公室紧密围绕学校和学院的中心任务，以学习贯彻两个讲话精神为契机，以深入开展创先争优教育活动为切入点，坚持以培养高素质创新人才为中心，扎实推进思政教育、学生党建、学风建设、学生日常教育管理等各项工作，构建学生成长成才服务体系，促进学生全面发展。

为深化思想引领，学员紧密结合时事热点，利用建党90周年、辛亥革命100周年、“九一八”事实80周年等重大纪念日，开展了“双学双比双提高”的学习投票、贯彻实践“两个讲话”精神等一系列主题教育活动，深化理想信念和形势政策教育，在青年学生中营造爱党爱国、创先争优的良好氛围。进一步健全学生党员发展教育管理机制，在党的知识培训班中创新活动形式，通过无领导小组讨论、集体观影、读书报告等活动，充分调动学员的积极性，切实做到让学员在活动中夯实理论知识、提高政治素养。

坚持优化班主任和学生骨干队伍建设，加强对人才的全方位培养和关注，在奖学金评定、资助帮扶、心理辅导、迎新、军训等常规工作方面扎实推进、成效显著。立足学科特色，重视学生的全面发展和身心健康，打造丰富多彩的第二课堂，提升学生综合素质，服务学生成长成才。注重实践培养，一方面依托西城区环境保护局、朝阳区循环经济产业经济园等基地，通过实地考察，近距离了解环保产业发展；另一方面，鼓励学生自行组织实践团队，以当代大学生独特的视角和理念关注环境问题，为社会发展建言献策。弘扬志愿服务的精神，联合河北雾灵山区的留守儿童学校开展“两只大手拉小手，你我相伴助成长”爱心资助活动，依托学院优质的高等教育师资和学生智育资源，开展教育帮扶，凸显高校社会服务的功能。

【大楼建设】 大楼建设对于北京大学环境科学与工程学院未来发展至关重要。学院为此成立了大楼建设领导小组，由院长和院党委书记担任组长，同时，抽调院内各实体单位有经验的教员组成大楼建设工作组。为保证大楼建设达到设计合理、利用率高、资金节约等目标，一年来，学院与校基建部、设计方、教育部委托审核方等密切配合，力求按照国家颁发的绿色建筑标准进行设计。其间组织了近十次各种形式的方案研讨会，充分征集了全院教职工对大楼设计的意见和建议。目前，已完成全部呈报手续。一经教育部和人防批件下达，即可进入建筑施工阶段。

中国语言文学系

【发展概况】 北京大学中国语言文学系是国家文科基础学科人才培养和科学研究基地，现设有4个本科专业：中国文学、汉语言学、古典文献学、应用语言学（中文信息处理），此外中国语言文学系还设有外国留学生的汉语言文学本科专业。全系共有9个教研室：古代文学、现代文学、当代文学、文艺理论、民间文学、古代汉语、现代汉语、语言学、古典文献；1个实验室：语言学实验室；4个研究所：北京大学古典文献研究所、北京大学比较文学与比较文化研究所、北京大学中国语言文学研究所、语文教育研究所；另有1个资料室。还有挂靠在中国语言文学系的教育部古籍整理委员会秘书处，以及20世纪中国文化研究中心、批评理论研究中心、诗歌研究中心等若干研究机构。

目前，中国语言文学系有2个教育部人文社会科学重点研究基地：汉语言学研究中心和中国古典文献研究中心；6个国家重点学科：古代文学、现当代文学、汉语言文字学、语言学与应用语言学、比较文学与世界文学、古典文献学；7个博士点：古代文学、现当代文学、文艺学、汉语史、现代汉语、古文献、比较文学；11个硕士点；1个博士后科研流动站。

截至2011年12月，中国语言文学系在编教职工107人，其中教师100人。教师中有教授54人，副教授37人，其中包括北京大学资深教授2人，教育部长江特聘教授1人、讲座教授1人，国务院学位委员会成员1人，国务院学位委员会学科评议组成员2人，教育部跨世纪/新世纪人才9人。

中国语言文学系在读硕士研究生255人，博士研究生310人（均含留学生和延长学籍者），其中2011年新招硕士研究生87人，博士研究生70人。在读本科生为404人，另有本科留学生206人，其中2011年新招本科生87人，另有本科留学生66人。国内进修教师18人，国内访问学者18人；国外高级进修生6人，国外普通进修生10人；博士后6人。

【教学工作】 创新教育　中国语言文学系在持续抓本科教学工作的基础上，2011年重点梳理了中国语言文学系本科生培养的理念，贯彻《国家中长期教育发展规划与纲要》的精神。通过各教研室老师参与的座谈、总结和交流，“育人为本，教学为先”的观念已经取得共识。重点抓好本科生写作能力的训练和提高，并通过检查督促，推进具体措施的落实。为一年级本科生专门创设了“静园学术讲座”课程，邀请资深的教授授课。

重新修订博士研究生和硕士研究生培养方案，并发布施行。对研究生的培养和管理更加规范化和科学化。根据新的培养方案，中国语言文学系稳步推进推免读研、研究生答辩和研究生学术交流等工作。中国语言文学系2011年推免硕士研究生拟录取39名硕士研究生，9名直博生。2011年共85名硕士研究生参加毕业答辩，均全票通过答辩获得学位；51名博士研究生通过答辩取得博士学位。

中国语言文学系在规范教学的基础上创新研究生教育，开办短期集中的学术论坛、讲习班，带领学生跟踪国内外中文学科发展的最新动态、前沿问题、核心问题，扩大学术视野，启发研究思路。2011年7月31日至8月5日由中国文化论坛和北京大学批评理论中心合办的“第五届通识教育核心课程讲习班”顺利举办。

探索适合时代要求和北大培养目标的留学生培养模式，出台了一系列留学生方面的改革措施。2011年5月28日，中国语言文学系举办“面向国际化的留学生教学与管理——北京大学中国语言文学系留学生工作研讨会”。

特色论坛　2011年，中国语言文学系继续推出“胡适人文讲座”“鲁迅人文讲座”，以及“中国作家北大行”、静园学术讲座等系列特色学术论坛。“鲁迅人文讲座”

与“胡适人文讲座”是中国语言文学系高水平学术演讲的“双子星座”，邀请国内外著名学者走进中国语言文学系。旨在培养欣赏文学的品位，提升创作文学的能力，促进“文学教育”多样化和立体化的“中国作家北大行”系列演讲邀请了赵瑜、蒋子龙、阎连科、从维熙、张炜、格非、严歌苓等著名作家到北大做演讲，他们充满哲思的演讲深受同学们的欢迎。“中国作家北大行”系列演讲迄今举办了15场，在此后还会陆续举办，并逐渐扩大讲演的听众范围，将“文学教育”推广至全校。静园学术讲座本年度已进行12讲，对本科学生夯实基础、开阔视野大有裨益。

除上述系列特色论坛外，中国语言文学系在2011年邀请耶鲁大学著名学者孙康宜、哈佛大学著名学者唐丽园等知名学者来到中国语言文学系进行系列演讲。第二届北京大学博雅论坛、高名凯先生学术思想研讨会——纪念高名凯先生诞辰100周年、中国新诗总系研讨会、中国文化论坛第七届(2011年度)论坛、当代中国的节日与文化政治学术研讨会、新诗与浪漫主义学术研讨会、传承与创新——中国—冰岛诗歌研讨会、鲁迅与中国现代文的政治性研讨会、新文明的轴心——东亚的平衡与和谐：中韩日文化国际研讨会第三届会议等成功举办，邀请国内外中文研究专家千余人次参与会议，有效地促进了国内外专家学者的学术交流。

此外，中国语言文学系接待来自日本东京大学、美国纽约大学等国外名校的师生访问团、短期汉语研修班十余次。2011年，中国语言文学系将坚持“走出去”“请进来”双管齐下，继续推进学术交流活动。

【科研活动】　在中国语言文学系党政班子制订的系列扶持科研政策和科研立项激励措施的推动下，中国语言文学系的科研工作朝气蓬勃，成绩斐然。2011年，科研工作延续了多年来良好的发展势头，取得了显著成绩。中国语言文学系2011年科研成果共计545项，其中专著49部，编著或教材23部，工具书或参考书1部，古籍整理著作8部，电子出版物1种，论文456篇，研究或咨询报告3份，译著4部。中国语言文学系获得2011年度国家社科基金项目立项5项，教育部一般项目立项1项，北京市哲学社会科学重点规划项目1项。2011年2月10日，严绍璗被日本授予日本文化研究唯一的国际奖——第23届“山片蟠桃文化奖”(每3年评1人)。

【党建工作】　*科学发展*　中国语言文学系的组织发展已经进入了良性状态，形成申请、培养入党积极分子、考察入党积极分子、发展入党一整套规范有序的程序，在组织发展工作中还顺利地纳新了教师党员。

中国语言文学系党委把教师支部设立在教研室，将党支部活动与科研、教学活动联系起来，促进党支部活动的有效性。2011年8月，中国语言文学系党委组织系党委委员、部分教师党支部书记、工会负责人、系办公会成员、行政支部共17名教师，前往江西井冈山、南昌等地，举行“重走革命之路”主题活动，进行建党九十年回顾及爱国主义教育。

学生支部则以年级为单位，平稳有序地开展活动。中国语言文学系历来重视新生党员的培养工作。早在开学之初，系党委召开了本科新生党员见面会，鼓励新生党员充分利用北大平台，培养健全高尚的人格操守，掌握扎实的专业技能，将自己打造成为综合素质卓越的青年楷模。2011年10月，2011级本科、硕士和博士研究生三个党支部陆续成立，民主选举产生了支委，并有条不紊地开展工作。本科新生党支部由本系学生工作经验丰富的教师担任党支书，有针对性地给大一党员和团员建立立体化、系统化的培养环境，从而落实“党建带团建，团建促党建”的方针。

注重党风　中国语言文学系继续保持不发生经济违纪和腐败事件，同时加强保证教学质量和保持优良学风的制度化建设，除坚持既往行之有效的博士论文匿名评审制度，还着力在本科生教学管理中实现规范化、科学化，对抵制学术腐败的影响起到明显的作用。中国语言文学系党委的制度建设首先体现在党政联席办公会议上，通过每周一次的党政联席办公会加强党政之间的沟通和配合，形成基层党建的制度化，并以此为依托发挥基层党委的作用。把坚持以德治系与思想政治教育相结合，中国语言文学系党委扎实的思想政治教育工作在稳定人才、调和系内矛盾等方面起到了重要的作用。

学习讲话精神　2011年以来，在学校党委的领导下，系党委积极组织全系师生开展学习实践科学发展观活动。6月24日至27日，2011年度学科发展战略研讨会顺利召开。本次会议上，中国语言文学系全体教职工通过听取系办公会工作总结，并积极参与讨论，明确了中国语言文学系下一阶段的发展目标。11月21日，中国语言文学系党委和行政部门人员在五院会议室召开党政联席办公扩大会议，学习胡锦涛总书记“七一”重要讲话和刘延东国务委员在全校教师干部大会上的讲话精神，结合学校“十二五”规划纲要，领会精神，深入研讨，建言献策。与会老师学习“两个讲话”精神，结合学科发展建设的实际，集思广益，抓住“示范引领”这一核心，认真找准发展中的关键，结合学科实际，畅谈《纲要》对于北大发展的重要意义，通过谈体会、提建议，畅所欲言，气氛热烈，充分体现了中国语

言文学系老师们对于学校“十二五”规划的高度重视与关注。

系党委和团委向各个年级的党支部、团支部下发了《中国语言文学系党委关于开展“学习‘七一’讲话精神，牢记使命争创一流”学生党团日联合主题教育活动的通知》，要求各党团支部深刻领会通知精神，围绕主题精密策划活动，力求在活动中切实加强基层党组织和党员队伍建设，深化对中国共产党光荣历史的理解，进一步坚定共产主义理想信念。通过学习“七一”讲话精神，在中国语言文学系党委的支持下，中国语言文学系本硕博三个阶段学生的党支部、团支部均开展了主题鲜明、内容充实、形式活泼、收效甚佳的“学习‘七一’讲话精神，牢记使命争创一流”学生党团日联合主题教育活动。

【行政工作】　中国语言文学系注重以德治系，倡导团结、和谐的系风，把弘扬正气、凝聚人心作为工作的出发点和归宿，在民主管理、引进人才、信息化建设、学生工作等方面取得了突破性进展。

2011年，中国语言文学系在人才引进工作和人事管理上打开思路，新聘用讲师3名：古代文学教研室的白一瑾、现代文学教研室的张丽华，以及文艺理论教研室的时胜勋。新进站博士后周志雄、陈伟华、吴夏平、孟庆楠、李鸣飞、张昭炜，为中国语言文学系的教学、学生管理工作增添新的活力。延续全职返聘学科领军人物的措施，确保各学科的人才优势。同时，拟定了《关于落实北京大学教师职务聘任条件的说明》，作为中国语言文学系教师职务晋升的条件规范和执行准则。

中国语言文学系一如既往地重点加强系内信息采收报送工作，做到事事有归纳和总结，及时向学校OA系统报送。同时，中国语言文学系按月编辑系内工作简报，使系务得到及时沟通交流，收到了明显的效果。信息化建设工作上，中国语言文学系网站进一步得到规划与完善，教师资料不断更新，并且制订了中国语言文学系新闻、公告发布审核制，有效规范中国语言文学系网站的信息。中国语言文学系分馆网站已经开通，师生可在该网站上查阅、下载中国语言文学系的教师论文、电子刊物等。中国语言文学系获得“2011年北京大学信息化建设先进单位”。

【学生工作】　中国语言文学系学生工作落实学校关于育人工作科学化、精致化的要求，紧密围绕“文明生活，健康成才”的主题，在积极配合学校相关部门完成工作外，还精心部署了包含学生思想教育、行为管理、入学服务等内容的系列教育、辅导活动。

中国语言文学系在学生工作中重视思想教育与学术培养，求知与育人相结合。系党政领导高度重视班主任工作，坚持每学期召开班主任工作会，分析学生的思想和动态，解决学生工作中存在的问题。同时，强化班主任责任意识，党委领导带头，深入学生，积极参与各项学生活动，做好个别重点学生的思想工作。中国语言文学系班级活动也因班主任的重视与同学们的热情参与而彰显特色。2011年3月25日，周其凤校长出席2008级2班“阅读·生活”主题班会，并深情寄语：“北大在院系和学科发展上，应当‘百花齐放，百家争鸣’，而对基础学科，尤其是传统人文学科，要加以扶持。”中国语言文学系2008级李同学的家长也致信周其凤校长，称赞中国语言文学系教师以身立教、为人师表，镇定、泰然地引导学生面对困难、克服障碍。

中国语言文学系的学生工作坚持有针对性地工作和全面育人相结合。所谓有针对性，就是抓住两头，即新生班和毕业班，根据不同特点有针对性地予以指导。新生班配备的班主任和辅导员大都年轻富有朝气，能与年轻人有效沟通。毕业班重视学生就业等问题，系党委领导专门在全系大会上介绍学生思想状况，以及就业形势分析，落实全员育人。

历史学系

【发展概况】　2011年，历史学系在册学生共563人。本科生221人，其中留学生52人，有9人为系级交换生；硕士研究生147人，其中留学生5人、港澳台学生8人、香港树仁15人；博士研究生195人，其中留学生16人、港澳台学生11人。

2011年，历史学系共有在编教职工83人，其中教师61人（教授38人，副教授21人，讲师2人），教辅人员4人，党政管理人员5人，博士后4人（外籍1人），外籍专任教师1人，人文讲席教授1人；离退休人员57人，劳动合同制聘用人员1人。另有资深教授2人。

新入校教职工：叶纯芳、史睿；新进优秀人才引进计划人员：陆杨；退休人员：王春梅、刘隐霞、臧健。

【教学工作】　历史学系2011年度在教学上继续取得一些标志性成绩。高毅教授被评为第六届国家教学名师，朱孝远教授被评为第七届北京市教学名师，牛可副教授获北京大学2010—2011年度教学优秀奖。邓小南教授和阎步克教授开设的“中国古代政治与文化”入选2011年教育部精品视频公开课，受到收看者的好评，目前（2011年12月30日爱课程网）人气指数暂列第五名。陈苏镇教授指导的博士研究生陈侃理的博士论文获2011年北京市优秀博士学位论文奖；邓小南教授指导的博士研究生方诚峰的博士论文获2011年北京大学优秀博士学位论文二等奖；荣新江、岳庆平、钱乘旦、朱凤瀚四位教授指导的博士研究生陈昊、凌文超、姚远梅、韦心滢的博士论文被评为北京大学2011年优秀博士论文。

【科研工作】 2011年，历史学系教师在发表论文、出版专著和教材方面成绩良好，继续保持增势。据不完全统计，2011年教师出版专著32本，以及编著、教材和古籍整理10部，发表论文235篇。杨奎松教授的《国民党的"联共"与"反共"》获北京市第十一届哲学社会科学优秀成果一等奖；刘浦江教授的《松漠之间：辽金契丹女真史研究》获二等奖。钱乘旦教授的两部著作获得国家第三届原创图书奖，分别为：《世界现代化历程》（六卷，总主编及撰写），《15世纪以来世界九强兴衰史》（二册，第二主编及撰写）。叶炜副教授获北京大学第十一届人文社会科学优秀成果一等奖。朱凤瀚教授的专著《中国青铜器综论》（上、中、下，上海古籍出版社2009年12月版）获第二届"中国出版政府奖（图书奖）"。荣新江教授等编著的《新获吐鲁番出土文献》获得第二届"中国出版政府奖（图书奖）"。

【交流合作】 2011年，历史学系主办"辛亥革命与世界——纪念辛亥革命一百周年学术讨论会"，邀请了海内外100余位专家学者参会，共同讨论辛亥革命的相关学术问题，产生极大的社会影响；"北京论坛—历史分论坛"依然由历史学系承办，共邀请了16位外国专家，以及8位国内专家学者参会，共同研讨；此外，历史学系不同专业领域还召开了6场不同规模的学术会议，这一系列研讨会有力地推动了历史学科建设与学术交流活动，为广大教师和学生提供了一个学习和扩大交流的平台，同时也在国内外有效地扩大了北大历史学科的影响力。王晓秋教授因在中日学术交流中的突出贡献被日本关西大学授予名誉博士称号。

随着历史学系学术研究和人才培养的质量持续加强，国际声誉不断提高，2011年的国际交流活动空前活跃。在学校"海外学者讲学计划"的有力支持下，历史学系教师共邀请48位学有专长的海外名师前来做学术讲座和访问研究，国籍涵盖美国、英国、法国、德国、加拿大、以色列、日本、韩国、马来西亚、新加坡等，其中有7位学者承担较长时期的授课任务。无论短期讲座或长期授课，均取得了良好的教学效果，使历史学系学生接触到了国际学术的前沿成果。此外，历史学系在北京大学法鼓人文讲座项目的支持下，先后邀请了5位海外知名学者围绕"世界诸大文明或宗教的对话与融合""东亚传统文化中的人文精神及生命教育"两大主题开展学术讲座，取得良好效果。

【党建工作】 为了进一步组织学习党的知识，2011年年初为每位教工党员发放了一套《中国共产党的历史》；有步骤有计划地组织全系教师党员参加中央党校和北京市委党校的学习培训；在学校学习"两个讲话精神"的号召下，积极开展党员创先争优活动，教工党支部积极开展活动，建言献策；将学习活动和社会实践相结合，分别组织了历史学系党员教师的春游和秋游活动。

2011年1月19日，历史学系召开教职工大会，通过了《历史学系教职工大会简章》和《历史学系教授大会简章》。随即选举了两个大会的2011年度主席、教职工大会财务委员会和福利委员会、教授大会教学指导委员会、图书资料建设委员会和财务委员会。这些制度安排有助于将民主治系的理念落到实处。经过一年来的摸索和实践，各个专门委员会的工作正逐步向常规化迈进。

依托于历史学系的教授大会和教职工大会及其下属的专门工作委员会，一切重大事项均需集体决策，特别是重大财务决策，以及资金使用，均需按照"三重一大"要求处理，充分发挥专门委员会的作用来民主参与治系办系。从机制上保证党风廉政建设能够有效落实。

历史学系学生党员"党员承诺制"第三期启动。第三期"党员承诺制"在总结前两期承诺制经验的基础上，做了进一步完善：1. 承诺执行时间由一学期改为一年。2. 增设征求同学们的需求这一环节。这样一来可以加强党群互动，二来可以按需设置承诺事项，优先考虑同学们最需要的事情，使承诺制更有实效。3. 添加分组承诺机制。基于同学们的需求，采取"组团"和"分配负责人"的办法，让党员成为一项任务的负责人、参与者，而不仅仅是一个承诺事项的提出者，从由人指向事转变为由事指向人。经过党员大会的讨论，各位党员主动参与、积极协调，确定了"书山有路""学海无涯""信息播报站"和"图书馆小助手"等四个小组，每个组内部又根据需求内容有职务的划分，由组长统一管理。4. 加强宣传、监督和反馈机制。经过支部会议讨论决定，采取对各寝室进行分区宣传、听取反馈意见的方式，以强化宣传、监督、反馈的机制。每一个党员有自己负责的区域，要做到积极主动地向群众公开我们的承诺制运行情况，党支委进一步明确了定期监督履行承诺的进度、收集反馈意见的职责，以确保承诺制工作顺利进行。

【工会工作】 历史学系工会在历史学系党委的领导下积极开展工作，在帮扶困难教职工、积极组织文体活动、春游秋游、医疗体检、保险等多个方面为老师们办实事，做服务，得到了老师们的认可。为了建立和完善帮扶困难教职工的长效机制，2011 年 3 月，北京大学校工会继续开展“北京大学工会爱心基金”的募集工作。历史学系在职和退休教职工积极响应，共有 22 位老师参与捐款，募捐总额 4800 元，捐赠款于 4 月 1 日以历史学系名义捐至北京大学工会爱心基金管委会；系工会还积极利用节日等机会为老师们服务，利用“三八节”为全体女教师们献上祝福和礼物；积极组织青年教师的业务展示和培训，在健身活动和教学活动中都发挥了自己的巨大作用。历史学系张帆教授荣获 2011 年首都“教育先锋”教书育人先进个人荣誉称号。2011 年 12 月 17 日，昝涛老师参加北京大学第 11 届青年教师教学基本功文科组比赛，多名青年教师到场观摩。

【历史文化节】 历史文化节旨在弘扬历史文化，是历史学系学生工作结合自身学科特点举行的特色活动。历史文化节以“青年问道——系友主题沙龙”开场，随后在“历史大观园”中展开。1. 电影中的历史：以《惊沙》为蓝本，揭秘中共西路军不为人知的历史。电影中的历史这一品牌讲座，以电影放映配合讲座讲解的形式把历史知识和电影的娱乐效果结合起来，使得其他相关院系的同学加深了对于历史知识的了解。2. 历史人的未来之路主题讲座。钱乘旦老师以“英国君主制的历史演变——从威廉王子大婚谈起”为题做了精彩的讲座。

【离退休基金】 历史学系 2011 年离退休教职工达到 57 人，他们为历史学系和北大的发展奉献了一生，做出了巨大贡献。由于各种原因，许多离退休老师成为“空巢老人”，离退休工作任务很重。历史学系党委高度重视离退休工作，坚持以人为本的原则，积极开展工作，设立离退休专项基金，2011 年共帮助了 20 位离退休教职工，最大额度达到一次 1 万元。同时随着历史学系募捐状况的提高，给离退休人员的过节慰问金由先前的每人 500 元增加到 1000 元。这些资助数额虽然不是很大，但起到了雪中送炭的作用，让离退休老师感受到了党的温暖。2011 年下半年，专门召开离退休支部工作会议，并产生了新的离退休支部委员。2011 年，据不完全统计，党委班子共探望慰问离退休老师 40 人次，并坚持每年组织离退休教师的春游活动。2011 年，历史学系获得了“北京大学离退休工作先进单位”的荣誉称号，刘隐霞获得贡献奖。

考古文博学院

【发展概况】 2011 年教育部公布的新学科目录中，“考古学”被列为一级学科，考古文博学院获考古学一级学科博士学位授权点。考古文博学院将在北京大学建立起科研和教学一体化的考古学学科平台，继续保持优势领域，在新兴学科方向和专业方向上积极探索创新。

2011 年 1 月起，组织筹备 2012 年考古文博学院院庆活动。

2011 年 3 月，考古文博学院各系主任调整。经充分酝酿，任命杭侃为遗产系主任，杨哲峰为考古系主任。原考古系主任张弛自然免职。

本年度考古文博学院中国古代建筑方向引进一名教授(方拥)。文物保护方向一名教师获得博士生导师资格(胡东波)，由此考古文博学院增加了文物保护这一博士研究生招生方向。今年还有 2 名教师职称获得晋升(胡东波、张海)。

考古文博学院赵化成获得第七届北京市教学名师奖，这是对长年辛苦耕耘在教学科研第一线的老师的肯定和鼓励。

【教学工作】 课程建设　2011 年，对博士研究生课程进行调整。一是开设了学院必修课“考古学研究”，该课由考古文博学院所有教师承担，以讲座为授课形式，介绍特定领域的前沿研究、理论发展等内容，组织学生进行讨论。此课程将建设成以中国考古学、中外交流考古学，以及文化遗产学为核心的集系统性、论题性和前沿性为一体的大型研究生课程。二是重新组织“学术讲座”课，并设为硕、博必修课。该课邀请国内外考古学或相关领域的学者、专家，重点介绍相关领域中的新发现和新课题，与考古文博学院教学形成互补。此两课意在突破各学科间的隔膜，竭考古文博学院之所能并借助校外的科研教学力量，展现最生动实际的考古学研究。

今年考古文博学院又新建 2 处实习基地，2011 年 9 月，在江西景德镇陶瓷考古研究所设立“北京大学考古文博学院陶瓷考古教学实验基地”，2011 年 10 月，在龙门石窟研究院设立“北京大学考古文博学院宗教考古实习基地”。

人才培养　2011 年共招收本科新生 26 人，其中 5 人为留学生；硕士研究生 27 人，其中免试推荐研究生 16 人；博士研究生 14 人。

2011 年，本科生毕业 26 人，硕士研究生毕业 30 人，博士研究生毕业 5 人，皆获得学位。

研究生培养获得研究生院两个项目支持，其一是资助博士研究生学术论坛，考古文博学院今年举办了“2011 北京高校研究生考古学论坛”和“2011 高校研究生古代建筑论坛”；其二是对已进行 2 年的研究生参加国内学术会议和野外调查收集资料的资助，本年度共有 33 名硕士、博士研究生获得该项目的资助，对提高毕业论文水平和开阔学术视野有所裨益。

为提高考古文博学院国际化水平，积极开展研究生国际交流项目。一是与波兰华沙大学的人才培养计划，华沙大学考古系每年接收考古文博学院4名研究生到波兰参加田野发掘，为期1个月；二是与日本东京大学交流，东京大学每年邀请考古文博学院5～10名研究生去日本考察参观，为期2周左右；三是参与利物浦大学和哈佛大学在土耳其开展的考古发掘项目，该项目每年邀请考古文博学院2名研究生参加遗址发掘；四是参与意大利、乌兹别克斯坦的联合考古活动，意大利那不勒斯东方大学亚细亚学系和乌兹别克斯坦科学院考古研究所组成的联合考古队邀请考古文博学院研究生参与考古发掘与调查工作。这些项目都已实施，不仅学生表示受益匪浅，而且对我国考古学科发展有很大的帮助。

【科研工作】 *科研项目*　2011年度新增课题47项，其中国家级项目4项(包括国家社科基金项目2项、国家自然科学基金项目2项)，政府部门委托项目10项，企事业单位委托项目33项。所获科研经费总计10790896.5元。

本年度考古文博学院田野考古工地共4处，包括陕西岐山周公庙遗址、甘肃清水李崖遗址、江苏盱眙项王城遗址、河南禹州钧窑闵庄遗址。

本年度在研的国际合作项目有：中英合作研究项目"稻作杂草生态研究计划"、中肯合作发掘项目"中国和肯尼亚合作实施拉穆群岛地区考古项目"、中美合作研究项目"成都平原社会复杂化进程调查"、中法合作发掘项目"法国 De La Seille 河谷制盐遗址考古发掘"、中意合作研究项目"意大利所藏中国文物"。

学术成果　本年度考古文博学院教师发表论文128篇，编著教材或书籍2部，出版学术专著2部。

获奖情况　雷兴山入选2011年教育部"新世纪优秀人才支持计划"。

学术会议　2011年5月，考古文博学院在北京举办"全球视野：河姆渡文化国际学术论坛"，参会人员61人，其中外国代表18人。

2011年11月，考古文博学院与伦敦大学考古学院合作创办的"中国文化遗产保护与考古学研究国际中心"以"全球视野下的青铜时代"为题举办了国际学术研讨会。与会的国内学者约40名，来自英、美、日、德、法等国家代表35名，另有国外非正式代表约10名。这是考古学界少有的国际化色彩浓厚的一次重要学术活动。

【交流合作】 2011年5月，与波兰华沙大学签署了合作协议，在学生和青年教师的培养、邀请知名学者讲学、对双方感兴趣的学术问题展开学术研究等方面达成了共识。2011年10月，与意大利那波里大学签订了双方合作交流的协议，达成多项共识，包括双方学者、学生在教学、科研领域的交流合作，以及推进"丝绸之路"的研究和学术活动等。

2011年4月，与浙江省文物考古研究所签订了考古合作框架协议。2011年12月，与郑州大学历史学院签订了合作协议书。

【行政工作】 2011年5—12月，对博物馆屋顶及外墙进行维修。

2011年7月，完成资料室馆舍布局的调整，将捐赠图书搬至新楼三层。并应苏秉琦先生家属的要求，将苏秉琦捐赠的图书搬至博物馆"苏秉琦图书室"。

【工会工作】 2011年，考古文博学院工会在上级工会的指导下，维护教职工权益，订阅相关报刊，丰富教职工业余生活。关心教职工生活，努力为教职工排忧解难，看望离退休教职工和病困教职工，为他们及时解决生活上的困难。积极参与学校组织的各类活动，并获得良好的成绩。

上述工作的开展得到了学校工会的认可，2011年考古文博学院工会荣获"北京大学先进工会委员会"称号、"第十届青年教师教学演示竞赛"优秀组织奖、"2011年第十八届体育文化暨北京大学运动会精神文明奖"。

【学生工作】 *基层党建*　2011年，结合学院特点和实际情况，相继实施了实习基地的党团共建，建立临时党支部、建立"党员群众手拉手"小组、实行推优入党、配备学生助理定期开展心理排查等工作，定期为同学们寄送思想学习材料、发送校内院内新闻要讯、组织党团日活动等，取得了良好的效果。

育人工程　2011年度，考古文博学院在评奖评优工作上，针对往年评审中遇到的状况，完善了《考古文博学院学生综合素质测评条例》。

2011年，考古文博学院继续推进资助工作，共覆盖全院36名贫困生，其中18名本科生、2名研究生获得了校级资助，16名研究生获得了院级资助。还为有困难的同学提供了助教、助理等勤工助学的机会。

考古文博学院高度关注就业工作。2011年，考古文博学院就业工作取得了丰硕成果，2011届毕业生就业率达100%。秋季学期开学后，考古文博学院陆续举办就业政策解读会、就业手续办理程序说明会等，为做好毕业生就业工作奠定了基础。

思想教育　2011年，考古文博学院意识到网络作为高校学生接受舆论与思想观念的重要作用，对学生在BBS上的言论给予极大的关注，利用"人人网""微博"等新媒体加强与学生的沟通交流，及时了解学生的意见和要求。为庆祝考古文博学院六十周年院庆，开设了"北大考古人"的微博，加强同学

生、院友的沟通和联系。

2011年,考古文博学院共开设"成长成才课"12次,开设"新生工作坊""新生专业思想""职业规划""礼仪讲座""榜样的力量""职场人生""就业程序讲座"等课程,取得了良好的反响。

【博物馆工作】 2011年(9月23日—12月3日闭馆维修)共办展览8场,其中在本馆举办展览7场,与澳门民政总署在澳门合办"版印留青"展览1场。

2011年共新增藏品168件,其中版画47幅,瓷器121件(组)。

哲学系(宗教学系)

【发展概况】 哲学系现有哲学1个一级学科,马克思主义哲学、中国哲学、外国哲学、逻辑学、伦理学、美学、宗教学、科学技术哲学8个二级学科,其中马克思主义哲学、中国哲学、外国哲学、美学4个学科被评为国家重点学科。

2011年年底,哲学系在编教职工75人,其中教师67人:教授41人、副教授23人、讲师3人,教师中博士52人、硕士12人、本科3人;行政7人:副研究员2人、助理研究员3人、讲师1人、研究实习员1人,其中硕士5人、本科2人;资料室1人:副研究馆员、本科;离退休人员59人;在站博士后20人;挂靠单位《儒藏》编纂与研究中心7人。

【教学工作】 2011年,哲学系招收本科生35人、硕士研究生55人、博士研究生53人。毕业本科生48人、获得硕士学位的共有51人、获得博士学位的共有46人。2011年春季在校学生581人,秋季在校生595人。

2011年春季开设研究生课程65门、本科生课程52门,秋季开设研究生课程64门、本科生课程42门。进一步推动北大人文基础学科拔尖本科学生培养计划"古典语文学"项目,进入该项目的总人数达到32人。

孙尚扬教授指导的肖清和同学的博士论文《"天会"与"吾党":明末清初天主教徒群体之形成与交往研究(1580—1722)》被评为全国优秀博士学位论文,吴国盛教授和生命科学学院饶毅教授的"科学是什么"课程获批2011年教育部精品视频公开课建设选题,李猛副教授、刘哲副教授获2010—2011年度北京大学教学优秀奖,何怀宏教授获2011年度中国工商银行教师奖,沙宗平、先刚荣获2010—2011年度优秀班主任二等奖。

【科研工作】 2011年,哲学系共12人荣获人文杰出青年学者奖,分别是韩林合、聂锦芳、孙尚扬、王博、吴国盛、徐凤林、徐向东、杨立华、杨学功、仰海峰、叶峰、周学农。

本年度,哲学系获国家社科基金重大项目1项,为王中江教授的"出土简帛文献与古代中国哲学新发现综合研究";获国家社科基金一般项目2项,分别是徐向东教授的"全球正义研究"和王颂副教授的"日本近代佛教改革的思想史意义研究";获国家社科基金青年项目5项,分别是:刘哲副教授的"梅洛·庞蒂与唯心论研究"、吴天岳副教授的"中世纪哲学盛期《论灵魂》评注研究(1240—1400)"、王彦晶讲师的"基于协议的动态认知逻辑研究"、赵建永博士后的"汤用彤与20世纪宗教学研究新证"、李畅然副教授的"《孟子》与清代学术研究";外国哲学研究所获得2项教育部人文社会科学重点研究基地重大项目,分别是陈波教授的"对克里普克语言哲学的系统性质疑和一种新理论的建构",以及韩林合教授的"维特根斯坦文集(批判版)";获2项教育部人文社科青年项目,分别是沙志利副研究员的"《清儒学案书札》的整理与研究"和郑秋月博士后的"儒学的超越性传承与体认:美国波士顿儒学与夏威夷儒学研究"。先刚副教授的著作《永恒与时间——谢林哲学研究》、仰海峰教授的著作《实践哲学与霸权:当代语境中的葛兰西哲学》、王颂副教授的著作《宋代华严思想研究》等三部著作获北京市第十一届哲学社会科学优秀成果奖。

2011年1月11日,北京大学科学史与科学哲学研究中心成立。11月29日,北京大学马克思主义哲学研究中心成立。

本年度,哲学系各二级学科学术论坛定期举行。其中,由北京大学哲学系、儒学研究院、《儒藏》编纂与研究中心共同主办,北京大学儒行社协办的大道学术系列讲座于3月25日推出首场讲座,本年度共举办讲座6场。由北京大学哲学系、道家研究中心主办的第一届严复学术讲座于12月18日推出首场讲座。由北京大学哲学系、外国哲学所主办的周五哲学论坛共举办讲座5场。北京大学宗教文化研究院虚云讲座进行到第14讲。北京大学科技史与科技哲学论坛进行到第82讲。此外,哲学系还举办了第四届中日哲学论坛"21世纪的思想课题——转型时期价值观的重建"学术研讨会、"出土文献与古代思想记忆的新方位"学术论坛、《马克思主义哲学创新研究》出版座谈会、"弗雷格,逻辑和哲学"国际研讨会、纪念熊伟先生诞辰100周年研讨会暨第十六届中国现象学年会、第一届"北京大学与中国现代科学"学术研讨会、《黄枬森文集》首发式等重要学术活动。

【交流合作】 在对外学术交流方面,教师有近40余人次出国出境开会、讲学和访问;学生有近40余人次出国出境开会、学习和访问;10余名学生出国出境长期进修、学习。来哲学系开设讲座、交流的国外专家有22人次(其中讲课类专家4位)。

“北大欧洲中国研究合作中心”(ECCS)2011年—2016年第三次合作协议自2011年1月开始正式生效。9月16日上午,北大欧洲中国研究合作中心成立十周年庆典活动在北京大学举行。本年度该中心有来自德国图宾根大学、法兰克福大学,丹麦哥本哈根大学等校的96人次在哲学系进行学习。在对外短期培训方面,则有来自美、德、日等国的100多人参加了中国哲学与文化的短期学习。

【党建工作】 哲学系现有党员269人,党支部18个,其中教工党支部7个,学生党支部11个,离退休同志与在职人员混合组建党支部。2011年共发展新党员20人,预备党员转正30人。上半年组织24人参加党性教育读书班,下半年组织35人参加党的知识培训班。

以党建创新立项为抓手,探索党建工作新机制新办法。本年党建创新立项呈现出百花齐放的良好态势。全年共13个创新立项获批,获得党支部活动经费支持共29000余元。

经系党委推荐,原系党委书记丰子义老师获得北京大学优秀党务和思想政治工作者最高奖——李大钊奖。

【学生工作】 2011年,我系师生在“北京大学纪念‘一二·九’运动76周年师生歌咏比赛”中,以《军港之夜》和原创的《诗经组曲》打动了评委与观众,最终取得了团体一等奖、总分排名第一的喜人成绩。2011年,哲学系被评为资助工作先进单位。

外国语学院

【发展概况】 北京大学外国语学院成立于1999年6月22日,是由北京大学原东方学系、西语系、俄语系、英语系合并而成的北京大学第一个多系、多学科的学院。现任院长为程朝翔,副院长为王建、刘树森、李政、赵华敏,党委书记为宁琦,副书记为李淑静、郑清文(兼)。2011年,外国语学院抓住工作重点,破解学院发展建设难题,制订985三期规划,加快建设世界一流外语学科的步伐。2011年,又获得一项国家社科基金重大项目,即张玉安教授的“东方文化史”,使得国家社科基金重大项目的数量增加到三个。叶少勇获得全国优秀博士学位论文奖,使得全国优秀博士学位论文达到4篇;通过“北京大学外国语言文学文化讲席”项目的新机制,聘请多位国际一流水平的外籍专家来北大任教,提高了学科教学的国际化水平;外国语学院还荣获北京大学、石河子大学两校对口支援十年工作先进单位,刘意青教授获颁教育部“对口支援西部高校工作10周年突出贡献个人”。

外国语学院下设阿拉伯语系、朝(韩)语系、德语系、东南亚系、俄语系、法语系、南亚学系、日语系、西葡语系、西亚系、亚非系、英语系、外国语言学及应用语言学研究所、世界文学研究所、MTI教育中心等15个系所中心,包括英语、俄语、法语、德语、西班牙语、葡萄牙语、日语、阿拉伯语、蒙古语、朝鲜语、越南语、泰国语、缅甸语、印尼语、菲律宾语、印地语、梵巴语、乌尔都语、波斯语、希伯来语等20个招生语种,共有10个博士点,1个博士后科研流动站。除外国语言学及应用语言学研究所、世界文学研究所和MTI教育中心只招收研究生外,其他各系均招收本科、硕士、博士等各个层次的学生。

截至2011年12月,外国语学院共有在职教职工256人。教师226人,其中教授66人,副教授82人。教辅人员7人,工勤人员5人,行政人员18人。离退休人员234人。外国语学院共有在校学生1321人,其中本科生786人,硕士研究生355人,博士研究生180人。

外国语学院还有31个虚体研究机构和学术团体,即北京大学欧美文学研究中心、北京大学东方学研究院、澳大利亚研究中心、西班牙语研究中心、巴西研究中心、伊朗文化研究所、印度研究中心、泰国研究所、阿拉伯伊斯兰文化研究所、蒙古学研究中心、南亚文化研究所、英语语言文学研究所、日本文化研究所、朝鲜(韩国)文化研究所、东南亚研究所、印尼—马来文化研究所、俄罗斯文化研究所、世界传记研究中心、中世纪研究中心、法语语言文化研究中心、古代东方文明研究所、外国戏剧和电影研究所、英语教育研究所、诗琳通科技文化研究中心、语言中心、新西兰研究中心、巴基斯坦研究中心、加拿大研究中心、梵文贝叶经及佛教文献研究室、朝鲜半岛研究中心、希伯来与犹太文化研究所等。

教育部的两个文科基地“东方文学研究中心”和“国家外语非通用语种本科人才培养基地”设立在外国语学院。

外国语学院境外卫星电视节目接收系统向全院教师、学生开放,可接收16个语种的25个频道的外语节目。外国语学院主办的学术刊物《国外文学》为全国中文核心期刊。

【学科建设】 学院所在的外国语言文学一级学科顺利通过了北京市一级学科重点学科的中期检查,学院将继续加强与北京市的合作,建设好北京市的一级学科重点学科。

经过学院学位委员会评审并报请学校评审,我院三位教师取得博士研究生指导教师的资格。

表 6-11　2011 年度北京大学外国语学院取得博士研究生指导教师资格名单

序号	姓名	职称	学科	备注
1	宁　琦	教　授	俄语语言文学	
2	湛　如	教　授	印度语言文学	
3	魏丽明	副教授	亚非语言文学	

【本科教学工作】 1. 课程建设。

（1）成功申请了“北京市在京高校共建项目”，为促进创建“外语＋X”的教学模式、打造“面向全社会乃至全球化的视频课堂体系”、加强语言中心的课程建设提供了保障。

（2）不断开辟新的专业方向，与元培学院和历史学系一起，开辟了“外国语言和外国历史”专业，为多样化培养方案做了一次尝试。

（3）坚持每年与学校同步颁发外国语学院“年度教学优秀奖”，在推荐校级教学优秀奖的同时，外国语学院另外奖励 10 名出色完成教学任务的教师，颁发证书并予以 3000 元奖励，为鼓励教师搞好教学起到了积极的作用。

2. 本科生培养。2011 年，本科招生 187 人，毕业 206 人；辅修招生 250 人，毕业 58 人。

（1）国际体验。不断总结经验，改进工作。把来自国家留学基金委和学校各个渠道的名额归教学办公室主任统一管理；作为入学教育的一环，从入学开始就对其重要性给予说明；报名前教务部门与学工部一起召开动员会，进一步明确海外体验的目的，以提高学生对学习任务的认识；建立以班主任为主的联系人，加强对学生在海外期间的指导。本年度国际交流：本科生 92 人（公派 3 个月以上项目），其中国家留学基金委项目 35 人。

（2）严格考试纪律。规定入学教育中加强诚信教育，组织学生学习与考试相关的规定，在一年级学生第一学期考试前进行全体学生的考试动员，并将其作为制度规定下来。本学年外院考试违纪零记录。

（3）试行导师制。考虑到学生科研创新能力的培养，自秋季学期开始尝试实行导师制。目前俄语系、梵巴专业开始实施该制度。

（4）鼓励学生积极参加科研活动。利用校友的捐款，设立专项以资助国际体验期间科研工作的开展。具体做法是：学生申请，教师评审，确定立项，实施资助。这项工作本年度刚刚开始，今后将做跟踪调查，促进学生科研创新能力的培养；积极支持学生申请“校长基金”。

（5）拔尖学生的培养。与文、史、哲、考古等院系一起启动了“古典语文学”方向拔尖学生的培养计划，继续开设“英语口语”“英语作文”课程，为学校培养古典学方面有专长的学生做出了贡献。

表 6-12　2011 年度北京大学外国语学院获教学优秀奖名单

单位	被推荐人	职称
英语系	张世耘	教　授
英语系	刘小侠	讲　师
法语系	杨国政	教　授
德语系	梁晶晶	讲　师
日语系	丁　莉	副教授
西葡语系	许　彤	讲　师
东南亚系	史　阳	讲　师
朝(韩)语系	李先汉	教　授
外国语言学及应用语言学研究所	姜望琪	教　授
南亚学系	姜永红	讲　师

【研究生教学工作】 1. 学院研究生培养工作继续取得突出的成绩。学院荣获全国外国语言文学学科唯一一篇全国百篇优秀博士论文。印度语言文学学科博士研究生叶少勇同学的博士论文《〈中论颂〉与〈佛护释〉——基于新发现梵文写本的文献学研究》被评选为 2011 年全国百篇优秀博士论文。段晴教授被授予“全国优秀博士学位论文指导教师”的称号。

3 篇博士论文获 2011 年北京大学优秀博士学位论文奖。

表 6-13　2011 年度外国语学院获北京大学优秀博士学位论文奖名单

作者姓名	论文答辩日期	二级学科	论文题目	导师姓名
史　阳	2011-06-09	亚非语言文学	菲律宾阿拉安芒扬人的神话、巫术和仪式研究	张玉安
陈礼珍	2011-06-13	英语语言文学	维多利亚时期女性地位叙事的双重性：盖斯凯尔三部女性主题小说研究	申　丹
梁明霞	2011-06-15	日语语言文学	近代日本新佛教运动研究	金　勋

博士研究生李颖和张雪杉荣获 2011 年教育部博士研究生学术新人奖，李颖获得北京大学校长奖学金；硕士研究生高冀获得第五届全国法语研究生论坛论文一等奖。

2. 学院于 2011 年 5 月成功举办了第三届研究生学术论坛。该论坛以“弘扬学术精神，倡导学术追求”为主旨，积极为学院研究生搭建学术交流和智慧碰撞的平台，从而加强研究生学术素质的建设工作，并且不断提高他们的学术水平。论坛活动得到了全院研究生的积极响应，经过评审，评选出优秀论文，共有 24 名博士和硕士研究生获奖。学院大力表彰和奖励了本年度在学术研究中取得突出成绩的 6 位博士研究生。

3. 2011 年 6 月 29 日至 7 月 13 日，成功举办了教育部第一次批准立项的东方文学全国研究生“东方文学——理论、方法与新的视野”暑期学校。共有来自全国 35 所高校的近百名海内外硕士、博士研究生和青年教师参加，来自 7 所西部高校的学员达到 20 人，这些学员在旅行和食宿等方面得到资助；教学内容涉及非洲文学、阿拉伯文学、波斯文学、印度文学、东南亚文学和日本文学等区域文学或国别文学，时间涵盖了外国古代和近现代的各个时期，共有 18 位国内外一流学者受邀来为学员讲课，特别是邀请了两位世界著名的非洲学者，他们就“东方文学研究的理论、方法与新视野”这个主题进行了精彩的解读，让学员们认识到东方文学研究的迫切性和必要性，并且充分了解了东方文学研究的理论与方法和学术界目前的前沿研究成果，开拓了学员们认识东方文学研究的视野。

博士研究生积极提交学术论文，共有 12 名同学得到学校国际学术交流基金的资助，参加了国内外举行的国际学术会议。其中程莹等同学前往芬兰、英国、澳大利亚等地参加学术会议；另有 9 名同学得到胡壮麟教授设立的“北京大学外国语学院‘百人’青年科研基金”的资助，参加了国内举行的学术会议。

4. 学院根据研究生培养的进展情况且从研究生培养质量和研究生教育发展的需要出发，重新修订了《外国语学院学业奖学金评定细则》。为适应新形势下人才培养的需要，进一步加强研究生培养过程管理，加强研究生获取知识能力、创新能力和实践能力的培养，提高研究生培养质量，全面修订了博士研究生 52 个方向、硕士研究生 47 个方向的培养方案，并为所有在校的博士研究生、硕士研究生、留学生、硕博连读生制订了相应的个人培养计划。

5. 研究生招生与毕业。2011 年，学院录取硕士研究生 128 人，博士研究生 40 人。毕业研究生：获得硕士学位 82 人，结业 1 人；获得博士学位 35 人，结业 1 人；此外，还有同等学力 1 人被授予硕士学位。

6. 专业学位教育。学院专业学位教育自 2008 年以来，始终以语言转换、翻译技术、行业管理为基础训练内容，同时注重人文素养和职业道德的培养，在人文、社科、时政等领域，努力培养符合国家需要的专业化、应用型、高层次的英汉笔译和语言服务管理方向的专门人才。2011 年招收双证学生 37 人，毕业单证学生 12 人。

7. 课程建设。2011 年，研究生课程建设申请立项获得突破，共计 6 门课程获得北京大学的课程资助建设立项。

表 6-14　2011 年度外国语学院获得北京大学课程资助建设立项名单

序号	课程名称	姓名	职称	单位	立项资助/万元
1	理论语言学	姜望琪	教　授	外国语言学及应用语言学研究所	3
2	日本民俗学	王　京	副教授	日语系	3
3	非洲戏剧与表演研究	魏丽明	副教授	亚非系	3
4	中伊关系史料研读	时　光	副教授	西亚系	3
5	语料库语言学	苏　祺	副教授	外国语言学及应用语言学研究所	3
6	俄语语篇(篇章)修辞学研究	王辛夷	教　授	俄语系	3

【科研工作】 1. 科研项目的立项和申报。(1) 2011年度国家社科基金重大基础理论研究招标项目申报工作。组织申报2项,获立2项,其中重大项目1项,重点项目1项,申报成功率100%,获得经费支持105万元。2011年是外院第二次在外国文学学科获得重大项目,充分说明外院在外国文学学科的优势所在,另外首次在宗教学科获得国家重点项目,充分显示出外院在这一学科领域的研究实力。

(2) 2011年度国家社科基金年度项目申报立项工作。外院共申报6项,获得3项立项,其中一般项目2项,青年项目1项,获资助总经费达45万元,立项率为50%,获得了立项数量和申报质量的双丰收。

(3) 2011年度国家社科基金后期资助项目申报立项工作。外院共申报1项,获立1项,申报成功率100%(公示中)。

(4) 2011年度教育部"新世纪人才支持计划"入选项目申请工作。外院申报1项,获得1项立项,申报成功率100%。

(5) 2011年度教育部人文社科研究规划项目申报立项工作。外院组织申报8项,获立青年项目1项,为外国文学项目。

(6) 2011年度教育部留学回国人员科研启动基金项目立项工作。获立1项,获得经费总计2万元。

(7) 2011年度横向及外资项目立项工作。共计6项,获得经费总计约47.2万元。

2. 科研奖励及荣誉称号。(1) 2011年2月23日,亚非系陈岗龙教授的专著《毛依罕研究》获国家民委第二届人文社科优秀成果著作类二等奖。

(2) 2011年3月3日,北京大学第十一届人文社会科学研究优秀成果奖评奖工作正式结束,学院7位教授获奖。

表6-15 2011年度外国语学院获国家社科基金重大基础理论研究招标项目统计表

项目名称	负责人	项目类别	批准经费/万元
东方文化史	张玉安	重大基础理论研究招标项目	80

表6-16 2011年度外国语学院获国家社科基金重点项目统计表

项目名称	负责人	项目类别	批准经费/万元
宗教渗透与意识形态安全研究——韩国基督教研究	金　勋	重点项目	25

表6-17 2011年度外国语学院获国家社科基金年度项目统计表

项目名称	负责人	项目类别	批准经费/万元
加拿大文学的民族性构建研究	丁林棚	一般项目	15
后世俗美国小说研究	刘建华	一般项目	15
《三国演义》在泰国的传播模式研究	金　勇	青年项目	15

表6-18 2011年度外国语学院获国家社科基金后期资助项目统计表

项目名称	负责人	项目类别	批准经费/万元
日本汉字的确立及其历史演变	潘　钧	后期资助	15

表6-19 2011年度外国语学院获教育部"新世纪人才支持计划"入选项目统计表

项目名称	负责人	项目类别	批准经费/万元
阿拉伯文学	林丰民	"新世纪人才支持计划"	20

表6-20 2011年度外国语学院获教育部人文社科研究规划项目统计表

项目名称	负责人	项目类别	学科门类
波斯语手抄本《中国医学宝书》校注与研究	时　光	青年项目	外国文学

表6-21 2010年度外国语学院获教育部留学回国人员科研启动基金项目统计表

项目名称	负责人	工作单位	批准经费/万元
中日民俗学发展的比较研究	王　京	日语系	2

表 6-22　2011 年度外国语学院获横向(含外资)项目统计表

项目名称	负责人	所在系	项目类别	资助经费/万元
长吉图开发与中朝合作前景研究	金景一	朝(韩)语系	韩国 POSCO 经营研究所项目	5.5
中韩新文化运动比较研究	金景一	朝(韩)语系	韩国学中央研究院	28
梵汉本佛教戒律文献词汇研究	陈　明	南亚学系	中国社科院项目	9
乌拉圭国家文化个性问题研究	路燕萍	西葡语系	恒源祥公司项目	2.5
计算机化评分系统在大学英语写作教学中的应用	李淑静	英语系	上海外语教育出版社项目	1.2
英语教学中对学生学习策略的培养	李淑静	英语系	上海外语教育出版社项目	1

表 6-23　2011 年度外国语学院获北京大学第十一届人文社科研究优秀成果奖名单

成果名称	出版单位	出版时间	申报人	级别
巴赫金哲学思想与文本分析法	北京大学出版社	2007 年 10 月	凌建侯	一等奖
韩国语形容词教育研究	韩国太学社	2007 年 8 月	王　丹	二等奖
厨川白村文艺思想研究	昆仑出版社	2008 年 3 月	李　强	二等奖
缅甸语与汉藏语系比较研究	昆仑出版社	2008 年 1 月	汪大年	二等奖
文艺复兴时期英国诗歌与园林传统	北京大学出版社	2008 年 4 月	胡家峦	二等奖
当代中国俄语名家学术文库 吴贻翼集	黑龙江大学出版社	2008 年 6 月	吴贻翼	二等奖
俄语的数、数词和数量词研究	北京大学出版社	2006 年 7 月	左少兴	二等奖

(3) 2011 年 3 月,陈明教授撰写并刊于《长江学术》的《“以偈赞曰”印度古代生活中唱赞的作用》一文荣获湖北省社科期刊第十二届(2007—2008 年度)专题优秀作品三等奖。

(4) 2011 年 4 月 2 日,外国语学院在中国人民大学人文社会科学学术成果评价研究中心举办的 2010 年度《复印报刊资料》转载学术论文指数排名中获得转载量第 1 名,综合指数位列第 1 名。详情刊见于 2011 年 3 月 29 日《光明日报》《中国新文出版报》。

(5) 2011 年 6 月,阿拉伯语系林丰民教授的专著《文化转型中的阿拉伯现代文学》在中国外国文学学会东方文学研究会第三次学术评奖活动(2011 年 6 月)中获得了著作类一等奖。

(6) 2011 年 2—10 月间,阿拉伯语系仲跻昆教授和西葡语系赵振江教授分别获得多项国际荣誉。

表 6-24　仲跻昆教授和赵振江教授所获国际荣誉名单

姓　名	专业	奖项名称	授奖单位	授奖时间
仲跻昆	阿拉伯语言文化	第四届沙特国王阿卜杜拉 · 本 · 阿卜杜勒 · 阿齐兹国际翻译荣誉奖	沙特阿卜杜勒 · 阿齐兹国王公共图书馆国际翻译奖委员会	2011 年 2 月 7 日
仲跻昆	阿拉伯语言文化	阿联酋谢赫 · 扎耶德图书奖——第五届文化人物年度奖(2010—2011)	阿拉伯联合酋长国谢赫 · 扎耶德图书奖最高委员会	2011 年 3 月 16 日
赵振江	西班牙语言文学	秘鲁里卡多 · 帕尔玛大学“名誉博士”证书和证章	秘鲁里卡多 · 帕尔玛大学	2011 年 9 月
赵振江	西班牙语言文学	秘鲁国立特鲁希略大学“杰出访问学者”证书和证章	秘鲁国立特鲁希略大学	2011 年 10 月
赵振江	西班牙语言文学	秘鲁圣地亚哥 · 德 · 丘克市荣誉证书	秘鲁圣地亚哥 · 德 · 丘克市	2011 年 10 月
赵振江	西班牙语言文学	阿根廷作家协会荣誉证书	阿根廷作家协会	2011 年 10 月
赵振江	西班牙语言文学	阿根廷肯尼迪大学荣誉证书	阿根廷肯尼迪大学	2011 年 10 月
仲跻昆	阿拉伯语言文化	埃及使馆文化处荣誉奖	埃及使馆文化处	2011 年 11 月 15 日
仲跻昆	阿拉伯语言文化	中国阿拉伯友好协会颁发的中阿友谊贡献奖	中国阿拉伯友好协会	2011 年 12 月 22 日

3. 科研成果。据不完全统计,2011 年外国语学院教师的成果共计 214 项,其中在国内外学术刊物及著作中发表论文 128 篇,译文 7 篇,研究咨询报告 2 篇,出版学术专著 17 部,教材 35 部,工具书及参考书 3 部,译著 22 部。

4. 科研会议。据不完全统计,外国语学院共主(合)办国际

(含境外、双边)学术研讨会8次、国内学术研讨会3次。

5. 其他科研工作。包括整理科研人员档案、组织项目申请、统计科研成果、落实学科建设经费、组织和申报科研奖励、支持学术交流、资助学术会议和学术刊物;组织国家社科基金外国文学学科评议通讯评审工作等各项日常科研工作;进一步制订和完善了一系列科研管理规定;同时组织协调国家社科基金重大重点等项目的进行。

【交流合作】 "北京大学外国语言文学文化讲席"项目的运作进入第二年度,本年度该项目聘任讲席教授3人、专业教授6人和语言教师10人。为高端人才的引进和打造外国语学院国际化的师资队伍做出了贡献。此外,经国际合作部、研究生院和外国语学院共同商议决定:在研究生院任教的6位外教归属到外国语学院管理,由此外国语学院全年常规聘请的外教人数达到21人,担任本科生、硕士研究生、博士研究生的外语课程。

其他外籍师资包括校际交流学者5人、国外经费资助教授2人,以及学院各系所自费邀请的外教4人;北京大学"海外名家讲学计划"项目资助邀请国际一流学者6人;学院经费邀请短期学术交流的国外资深学者有15位,其中包括:美国哥伦比亚大学文科特级教授、比较文学与社会研究所所长加亚屈·斯皮瓦克教授,哈佛大学文学与比较文学系主任大卫·达姆罗什教授,美国威斯康星大学德文系讲席教授薄格翰先生,巴黎高等师范学院文学系前任系主任Béatrice Didier教授,俄罗斯科学院院士李福清,法国巴黎三大Jean-Paul Sermain讲席教授。他们在北京大学举办学术讲座,开设专题课程、指导研究生"选择研究方向、撰写研究计划和读书报告"。值得一提的是2011年6月英语系多纳德·斯通教授荣获"北京市教育国际合作贡献奖"。

【继续教育】 继续开办英语专业专升本(业余)成人高等学历教育,完善制度,规范管理,努力提高教学质量。2008级138名学生于2011年1月如期毕业,其中121名学生被授予学士学位;2009级学生约有150人将于2012年1月毕业;2010级在校生267名,2011级注册新生209名;完成了2012级学生的考试、录取工作,共录取2012级春季新生218名。

2011年共举办非学历培训项目14个,其中合作项目5个,主要包括:未名留学英语培训班、英语口语强化培训班、留学韩语培训班、印尼语培训班、暑期中级英语口语强化班、剑桥少儿英语培训班、新概念英语培训班、综合素质提高班,以及为泰国大学生举办的"中国语言文化营"等。对已经开班的培训项目,努力做好组织协调和监督管理工作,尤其对利用社会资源合作举办的培训项目,在做好服务的同时,从项目立项后进行招生宣传开始,直至学员结业,全程加强监管工作,使项目在协议规定的范围内健康有序地进行,维护好北大的声誉。

日语系作为北京市日语自考主考单位,继续负责北京市自学考试日语专业春秋两季专科段和本科段的考试命题、网上阅卷、非笔试项目的考试、毕业资格审查和毕业证书的发放等工作。2011年共进行网上阅卷6048人次,非笔试项目考试1248人次,毕业综合考试67人次。

【党建工作】 外国语学院党委积极发挥政治核心作用和保证监督作用,党政领导班子和谐稳定、廉洁自律、优势互补、分工不分家,始终坚持一周一次的党政联席院务会制度;党委班子分工明确、各司其职、积极配合;党委与各基层支部、与各位党委委员的沟通及时,通过党委会、党委扩大会和电子邮件的方式及时、共同议决党委的各项工作,信息及时上传下达,彼此相互补台、协调一致,使学院党委工作井然有序、稳步推进。党委充分调动支部、行政、工会、团委的力量,密切联系群众、以人为本、全心全意为师生服务贯穿党委工作之始终,构建和谐学院文化,促进学科的不断进步和发展。

1. 按照上级党组织和学校党委统一部署,认真组织学习胡锦涛总书记"七一"重要讲话和刘延东国务委员在全校教师干部大会上的讲话精神。两次组织召开领导班子专题学习会、民主生活会,多次召开党委扩大会、全院党员大会,积极组织教工支部开展"立德树人、示范引领"主题党日活动,荣获北京大学优秀组织一等奖。

2. 深入学习党的十七届六中全会精神,建设学习型党组织。2011年11月18日外国语学院党委召开了解读十七届六中全会精神的专家报告会,特邀中央党校研究室辛鸣教授就建设中国特色社会主义文化的诸多方面问题进行全面、深刻的解读。

3. 组织开展了题为"探寻和谐之旅,展望复兴之路"(2011年4月28日)、"寻天津古味,观海河新潮"(2011年5月21日)等主题党日活动,学习中华民族伟大复兴、饱览国家发展新貌,坚定建设中国特色社会主义的信心。

4. 重视党员发展。2011年发展80余名学生党员、1名教工党员,进一步完善党员发展机制与程序,工作开展更加有序、党员数量逐年上升。

5. 组织学院民主党派、无党派人士、少数民族教师联谊会,加强学院统战工作。

6. 支持各党支部自主开展主题党日活动,不断推陈出新;积极推动党建创新立项,2011上半年基层党支部党建创新活动立项6项、下半年立项10项。

7. 加强学院的安全稳定工作(安全保密、政治稳定、学生身心健康)。

8. 加强信息化建设,完善学院党委工作覆盖的党建、工会、学生党团工作等信息平台。

9. 以人为本,针对学院不同教职工群体设计不同的交流平台、提供不同的帮助和资助。如青年教职工培训、沙龙;制订相应规定并设立资助基金帮扶生活上有困难的教师遗属、患重大疾患的教职工,慰问离退病困教职工;关注老教师发挥余热、归属感等问题。

10. 学院党委指导到届党支部开展换届选举工作。英语系教工党支部、俄语系教工党支部如期换届。落实系务会制度。

11. 做好党的十八大代表候选人推荐工作,在时间紧、任务重的情况下,24 个支部百分之百参加了推荐提名,广大党员得到一次党内民主的教育和党员权利的实践。

12. 做好日常党员数据库的收集、整理、更新,完成党内年度统计工作。做好每年的"共产党员献爱心活动"、贫困党员帮扶补助、党费收缴、后备干部推荐、党建宣传、政审、保密、纪检、党政文书存档等党务工作。

13. 2011 年,外国语学院党委第六次获得北京大学党务思想政治工作先进集体,还获得北京大学离退休工作先进单位的荣誉。郭秀芸获北京大学优秀党务和思想政治工作者,李淑静荣获李大钊奖。

【工会工作】 学院工会在院党委的领导下,以构建和谐校园、促进学院发展建设为主题,服务大局,服务教职工,凝聚人心,荣获 2011 年北京大学工会工作先进委员会的称号。

1. 完成院党委和行政布置的工作,如组织全院教职工体检、赴天津学习参观党日活动,组织离退休教师欣赏新年音乐会,春节慰问老教师,看望病困教师等。

2. 完成校工会布置的工作,如慰问全国劳模,以及校运动会、各种球赛、冬季健步走、爱心基金募捐、青年教师教学比赛、网络课程大赛、各类评比等活动的组织或积极参与。

3. 自主开展的工会特色活动,如三八节、六一节慰问活动,预订羽毛球场地,工间操,青年教师教学培训,教职工春游,离退休教职工双龙峡秋游,教职工摄影赛,青年教师沙龙,教职工新年联欢会。

4. 相关工作获得的表彰。外国语学院工会荣获"北京大学青年教师教学演示竞赛"优秀组织奖、校运动会精神文明奖、校工会精品活动奖、好新闻奖、球赛组织奖、校离退休工作先进集体等;大学英语工会小组再获北京大学工会工作先进集体荣誉,并于 2011 年 6 月首获北京市教育工会"教育先锋"先进集体称号。韩金鹏、刘小侠于 5 月 17 日获北京市高校第 7 届青年教师教学基本功竞赛二等奖;梁波、马乃强、孙建军于 7 月分别获北京大学多媒体课件与网络课程大赛一、二、三等奖;梁波、张华于 11 月获教育部"第 11 届全国多媒体课件"大赛一等奖;崔怡、张红波、谢昂于 12 月分别获北京大学第 11 届青年教师教学基本功竞赛一等奖、三等奖及优秀奖;积极向校工会投稿,2011 年已发表稿件 26 篇,全面报道宣传外国语学院教职工在校内外工会活动中的风采。俄语系王辛夷老师荣获"离退休工作先进个人"称号,邹月梅老师荣获"离退休工作奉献奖"。

【学生工作】 2011 年,外国语学院连续十二次获评北京大学学生工作先进单位,外国语学院团委连续十年获得校红旗团委荣誉,并荣获北京市红旗团委称号。

1. 高度重视学生的思想政治教育。2011 年 5 月的"双学双比双提高活动周"之"学术精神与服务意识"党团日主题活动,还现场连线蒙古、日本和韩国的海外党团小组,充分利用新媒体丰富活动形式,增强党团组织凝聚力。2011 年 3—5 月,在全院党支部和党员中开展"重温党史辉煌,践行青年责任"北大外国语学院庆祝建党 90 周年主题活动。2011 年 5 月,在全院范围内开展了"学生党建评优"活动,评选出"先进党小组""党支部活动创新奖""先进学生党员"和"优秀学生党员"。2011 年 6 月,学院党委专门召开表彰大会,对获奖集体和个人予以隆重表彰。

2. 注重根据学生成长规律,紧抓环节因时施教,并形成"新生抓适应,中间抓规划,毕业抓方向"的工作体系。2011 年 7 月,精心设计了"成长 · 感恩 · 展望"毕业生晚会,收到了很好的效果。2011 年 9 月组织新生开学典礼、新生家长会,以及"新生学业辅导""纠音活动"系列迎新教育活动;2011 年 11 月,启动第六届"新生访谈坊"活动,为学生提供了准确到位的生涯规划服务。荣获北京大学 2011 年"青年就业创业见习"活动优秀组织奖。

3. 在文艺体育,以及学术实践活动中,取得了一系列可喜成绩。2011 年 3 月,获得北大"挑战杯"——五四青年科学奖竞赛 3 件一等奖和 5 件特殊贡献奖的成绩;2011 年 4 月,外国语学院英文辩论协会代表北京大学参加全国高校英语辩论赛,获得一等奖和最佳辩手的佳绩,并获得"北大之锋"辩论赛季军;同时学院结合专业特色和第一课堂,首创全国多语种学生电子期刊《四方录》,并得到了周其凤校长的亲笔题词"录四方风云变化,开学子才智心胸",受到了师生的广泛好评。2011 年 5—6 月,学院举办了"世界 · 中国 · 外院人"

文化节,引导学生抓住留学实践机会,关注中国文化软实力现状。协助阿拉伯语系举办"科威特日"等活动,不仅丰富了同学们的国际化实践经历,提高了国际交往能力,同时也进一步增强了同学们的中国意识。

4. 在志愿服务方面,积极发挥语言优势,引导学生树立世界眼光,主动参与大型活动,特别是国际性的大型活动。学院为2011年"第七届世界高速铁路大会"、2011年4月"外交官之春"等多项大型活动培训选拔了一批优秀的学生志愿者,引导学生践行"以服务促成长,以使命报国家"的青年志愿服务精神,在奉献中成长和进步。2011年1—12月,学院青年志愿者协会在北京市第一敬老院开展志愿服务工作,每周组织一次活动,受到一致好评。2011年5月,学院青年志愿者协会被评为北京大学优秀志愿者服务团队,成为全校唯一一个连续两年获此殊荣的院级志愿者协会。

5. 加大全员覆盖和深度辅导的力度,形成了由院学生工作办公室牵头,教师、家长、同学协同配合的"立体式"关怀网络和综合性应急机制。2011年2月,学院举办了青年教师培训会和班主任会。2011年4月,与研究生教学科研相结合,举办了"外国语学院研究生论坛"。2011年8月,学院明确了教务员配合学生工作的职责,并明确写进了《岗位目标责任书》。从2011年10月份开始,对新生进行逐一访谈和排查,努力帮助困难学生实现"绿色成长"。在就业工作方面,设置了"我有我人生"专题辅导,为毕业生提供真实有效的帮助。从2011年3月开始,先后邀请数十家单位召开现场招聘说明会,同中国国际广播电台、新华社等单位建立就业见习基地。

6. 设立专项基金支持,夯实基础化建设。2011年5月,新设"北京大学外国语学院新东方奖励基金",其中专设多项基金支持学生工作,奖励金额3年共计132万元,每年预计44万元。

艺术学院

【发展概况】 艺术学院设有艺术学系、影视艺术系、美术学系和音乐学系四个教学机构,拥有艺术学理论一级学科博士点,艺术学理论、戏剧与影视学、美术学一级学科硕士点,设有艺术学博士后科研流动站。

截至2011年12月,学院共有专职教师24名,其中教授12人,副教授11人,讲师1人;在12名教授中,有资深教授1人,长江特聘教授1人。

学院有本科生156人(含留学生45人)、研究生116人(含留学生、港澳台学生24人)、MFA(艺术硕士)150人,总计422人。

艺术学博士后科研流动站有6位在站博士后人员,其中1人为企业联合培养。

艺术学院设五个研究机构:北京大学电视研究中心、北京大学影视戏剧研究中心、北京大学书法艺术研究所、北京大学昆曲传承与研究中心、北京大学艺术学院民族音乐与音乐剧中心。艺术学院还拥有一个北京大学数字媒体实验教学中心(教育部领导型媒体创新人才培养实验区),同时得到北京大学文化产业研究院(国家文化产业创新与发展研究基地)和北京大学美学与美育研究中心(教育部文科重点研究基地)的支持。

2011年,艺术学升格为学科门类后,艺术学院获批艺术学理论一级学科博士点(下设四个方向:艺术理论、艺术批评、艺术史、艺术管理与文化产业),以及三个一级学科硕士点:艺术学理论、戏剧与影视学、美术学。

【学术研究】 2011年适逢艺术学升格为学科门类和艺术学院建院五周年,学院的科研工作和学术活动非常活跃。2011年,艺术学院教师共出版各类教材、专著、译著等25部,其中专著11部;发表在各类刊物上的论文共计120余篇,其中CSSCI论文30篇。2011年,艺术学院全体教师承担的各类在研科研项目为17项。

文化产业研究院开展的理论研究、政策研究和应用研究一直是我院的学术亮点。2011年承担文化部、国家文物局等国家部委委托的研究课题4项,其中"世界文化遗产地可持续发展模式与评估体系研究"为国家文物局重点研究项目;承担各省市区域文化产业发展规划项目5项;承担香港中联办和澳门特别行政区委托课题2项。出版学术专著3部,编著4部。

【学术活动】 2011年5月18日,学院举办了"综合大学艺术学科发展论坛",来自北京大学、清华大学、中国人民大学、北京师范大学、中国传媒大学、中国艺术研究院、南开大学、厦门大学、同济大学、华东师范大学、山东大学、上海大学、苏州大学等国内近20所高校和研究机构的艺术学科负责人和相关专家学者参加了研讨会,围绕"艺术学门类下综合大学艺术学科发展的新趋势"和"艺术学门类下综合大学艺术学理论一级学科的建设思路"等主题进行了深入探讨,并发布了《综合性艺术学科发展倡议书》。

2011年9—12月,为纪念艺术学院建院五周年,学院组织了系列学术活动。其中,"人文之美——北京大学艺术名家讲坛系列讲座"先后邀请了王安祈、魏海敏、叶锦添、包益民、潘公凯、徐冰等艺术名家进行公开演讲。

2011年9月15—16日,组织

了国际美术史博士研究生论坛。

2011 年 9 月 24—25 日，组织了国际文化产业博士研究生论坛。

2011 年 10 月 28 日，学院主办了“2011 亚太民族音乐国际学术研讨会”，对传统音乐教育、传统音乐的保护和传承进行了深入的学术探讨。

2011 年 11 月 4—5 日，作为北京论坛重要组成部分的“艺术传统与文化创新分论坛”在北京钓鱼台国宾馆和北京大学英杰交流中心举行，来自中外的 20 余位学者围绕艺术传统与创新的问题展开了深刻的思想交锋。

2011 年 11 月 10 日，由中国教育电视台和北京大学共同主办，高校创意总部和北大艺术学院承办的“2011 全球青年创意领袖论坛”在北京大学成功举行。

2011 年 11 月 12 日，举行了以“人文之美，艺术之光”为主题的“北京大学艺术学院建院五周年庆祝大会暨文化传承与艺术创新高层论坛”，来自国内相关文化机构的代表，兄弟艺术院校代表，北京大学相关职能部门、院系的负责人，以及艺术学院全体师生和部分院友代表共 300 余人参加了本次活动。

2011 年 11 月 17—18 日，由北京大学艺术学院、北京大学影视戏剧研究中心、暨南大学文学院、深圳大学文化产业研究院联合主办的“2011(第二届)世界华语电影论坛”在北京大学英杰交流中心开幕。

2011 年 11 月 17 日上午，艺术学院举行学习贯彻十七届六中全会精神报告会。报告会邀请了我校哲学系教授、文化产业研究院副院长陈少峰围绕十七届六中全会精神，对文化大发展大繁荣、文化体制改革和文化产业发展等诸多议题，进行了深刻、全面的解读。

由艺术学院彭锋教授策展、以“弥漫”为主题的“第 54 届威尼斯双年展中国馆”获得国际好评之后，又于 2011 年 12 月 3—5 日在北京 798 艺术区悦美术馆举行了“弥漫 北京”当代艺术展，并召开了专题国际学术研讨会。

2011 年 12 月 6 日，举行了“人文之美，世界看见——艺术学院院庆五周年音乐晚会”，向千余名校内外师生、嘉宾呈现了原汁原味的人文之美、艺术之韵。

2011 年，由陈宇副教授执导的《女生日记》亮相，该片为配合艺术学院建院五周年院庆而拍摄，得到校内外的好评，成为学院在艺术教学与实践方面的重要尝试。

文化产业研究院于 2011 年 1 月 8—9 日举办了第八届中国文化产业国际论坛，来自国内外的 100 余名专家学者、政府官员和企事业单位负责人出席会议并发表演讲。

电视研究中心在七匹狼文化发展基金的资助下，举办了成立六周年发展研讨会，三场“未名大讲堂——与名家、名人面对面”记者节公益系列活动。

影视戏剧研究中心于 2011 年 6 月 28 日成立，并举行了第二届世界华语电影论坛等系列活动，赢得了广泛的社会关注。

2011 年 9 月 15 日，“2011 年北京大学美术史博士研究生国际学术论坛”在燕园拉开帷幕。

2011 年 10 月 28 日，“亚太民族音乐国际学术研讨会”在北京大学举行。

【交流合作】 2011 年 5 月 29 日—6 月 3 日，王一川教授、向勇副教授参加了台湾实践大学、昆山科技大学主办的“2011 文化产业与创意经济圆桌学术会议”。

2011 年 8 月 25—27 日，向勇副教授参加了国际文化产业协会与韩国外国语大学主办的“2011 第四届国际文化产业学术年会”。

2011 年 10 月 1—8 日，向勇副教授作为北京大学与意大利摩德纳·雷焦·艾米利亚大学合作课题“原产国影响：消费者购买行为的国际比较分析”的中方小组负责人，赴意大利摩德纳·雷焦·艾米利亚大学讲学访问。

2011 年 11 月 28—29 日，向勇副教授参加了澳门欧洲研究会主办的主题为“法律框架下的文化创意产业金融扶持：国际比较视野”的第二期“欧盟与澳门在法律范畴合作项目论坛”。

2011 年 12 月 15 日，台北艺术大学校长朱宗庆一行来访，并与北大艺术学院围绕“艺术教育的责任与未来”展开学术对话。

朱青生教授被选为德国考古研究院通讯院士。

【获奖情况】 朱青生教授策划的纪录片《当卢浮宫遇上紫禁城》荣获“中国电视系列片十佳作品”和“第七届中国纪录片国际选片大会十大纪录片”。

陈旭光教授、向勇副教授分别荣获 2011 国家广播电影电视总局、中国电视艺术委员会颁发的“第二届飞天电视剧论文评选”二等奖和三等奖。

翁剑青教授荣获中国工艺美术协会颁发的“学术与实践贡献奖”。

陈宇副教授执导的电影《蛋炒饭》荣获 2011 北京大学生电影节“最佳处女作奖”。

侯锡瑾教授指导的北京大学学生合唱艺术团荣获 2011 奥地利格拉茨第一届世界青少年合唱锦标赛“混声合唱金奖”和“现代合唱金奖”。

佟佳家老师指导的北京大学学生舞蹈《启航》获得北京市大学生艺术展演一等奖。

2011 年 12 月 8 日，艺术学院参加纪念“一二·九”运动 76 周年合唱比赛，以优异成绩夺得乙组第一场第一名，连续三年取得第一名的好成绩。

艺术学院获得北京大学青年教师技能大赛“最佳组织奖”，毕明辉副教授荣获文科组一等奖第一名。

对外汉语教育学院

【发展概况】 2011年，学院在职教职工64人，其中教师58人，行政及教辅人员6人。教师中教授8人，副教授34人，讲师16人。另有兼职教师40余人，离退休人员25人。

2011年3月18日，学院举行全院党员大会。经过无记名投票，选举王海峰、刘立新、李建新、杨德峰、张英、徐晶凝、詹成峰等7名同志为新一届党委委员。23日，学院党委召开新一届委员会第一次全体会议，选举王海峰为书记，徐晶凝为副书记。

2011年6月22日，对外汉语教育学院方李邦琴楼奠基典礼隆重举行。北京大学党委书记闵维方，副校长刘伟、鞠传进，美国独立控股董事会主席、方氏基金会董事长、北京大学名誉校董方李邦琴，上海市慈善基金会顾问余慧文，国家汉办副主任胡志平，中国驻旧金山副总领事陆文祥，以及全体教师和中外学生代表参加了奠基仪式。

【教学科研】 2011年，学院教师参加学术交流活动共54人次，发表、出版学术成果共90篇，申报国家级、部、市级项目共19项，申报教师共28人次(较2010年增加9人次)，获得立项3人。7人获得2010年北京大学文科科研奖励经费。学院召开科学讨论会1次，举办学术讲座、沙龙和研究生讲坛共6次。

2011年，学院承办国外汉语师资培训项目9期，筹备自主办班项目2期，培训学员共291人。通过承担9期国家汉办海外师资培训项目，按照国家教师培训大纲要求，先后建设了汉语言要素教学、语言教学原理、第二语言习得、中华文化与国情等7门课程，与此同时，一支教师队伍也在建设和形成中。

2011年，学院招收汉语言文字学硕士研究生11人，汉语国际教育专业中国硕士研究生59人、留学生19人、博士研究生5人。2011年在校研究生总人数为280人。

硕士研究生培养方案做大幅修订，2011年9月起施行科学硕士、专业硕士、专业硕士外国学生三类培养方案，相关课程与教学方式也有新的调整，其中新开课程4门。同时发布《对外汉语教育学院2011级汉教硕导师分配方案》，明确了导师分配流程，使分配环节更加清晰、合理。

【教学管理】 2011年共有2057名留学生在对外汉语教育学院学习汉语，其中春季学期有33个国别668名学生，秋季学期有36个国别767名学生，暑期有15个项目622名语言生。除语言教学外，学院承担国家汉办国外汉语教师教材培训任务5期，每期培训时间为一周，培训国外汉语教师342人。

2011年4月，学院举行留学生汉语大赛，长期班、强化班、耶鲁班、斯坦福班、剑桥班、牛津班等班别学生全部参加，节目形式包括歌曲、短剧、歌舞表演、话剧、小品、诗朗诵等。5月23日举行预科汉语之星大赛，预科8个班参加了比赛。11月举行汉语作文比赛，部分优秀作文在俄文楼展示，获奖作文编辑成册。11月30日—12月2日举行汉语演讲比赛，长期班、预科班、斯坦福班、耶鲁班、牛津班、剑桥班、强化班等共50位同学参加了比赛。

加强教学管理，汉语强化班和预科班规模扩大。汉语强化班春季学期为56人，秋季学期增至89人。预科班秋季学期开设了9个班，班级增加的同时国别也有增多，贯彻了“把预科建成为北大输送优质多国别生源基地”的办学理念。

2011年3月25日，举行“教学模式研讨会”，6月24—25日举行“对外汉语教学模式”五四科学讨论会。在此基础上，秋季学期进一步明确了“初级语音、中级语法、高级表达”的阶段教学重点，初级班学生的发音水平和高级班同学的成段表达能力有所提高。各教研室每个学期都举行不同专题的教学讨论会，兼职教师每个学期开展职业发展教育。对兼职教师申请人统一进行考试，择优录用，对新任兼职教师和代课研究生进行岗前培训。

2011年12月，学院首次组织教师参加“北京大学第十一届青年教师教学基本功竞赛”，3名教师参赛，首次向全校师生展示了对外汉语教学的特点，其中1名教师获二等奖。

【交流合作】 2011年9月17日，由北京大学对外汉语教育学院自主设计研发、由中国国家汉办和新加坡劳动力发展局合作投资的商务汉语考试自适应测试系统新闻发布会在新加坡召开，标志着这一历时三年研发的测试系统在全球正式起用。

2011年4月14日，学院与印尼金光学校签署合作协议，将在汉语教学资源开发、教师职业发展、汉语教学专业指导等方面向金光学校提供支持。除此之外，双方还就在金光学校建立北京大学对外汉语教育学院“汉语教学实习基地”进行了探讨，并取得一致意见。学院将成立专业团队，首先在教师职业发展和教材编写两方面落实协议内容。

2011年，学院有8名教师完成外派任务回国工作，9名教师出国从事汉语教学工作；另有12名研究生和6名兼职教师出国担任汉语教师志愿者。

歌剧研究院

【发展概况】 北京大学歌剧研究院是一所年轻的教研单位，于2005年年底开始筹建，2010年1月正式成立。北京大学歌剧研究院是国内第一所专门从事歌剧研究、创作和表演的高等教学科研机构，在这里将创立独立、完整、系统的“歌剧学”学科和歌剧教学科研体系。

歌剧研究院的办学宗旨是：致力于加强歌剧研究，推动歌剧创作，强化歌剧实践，传承民族文化艺术优良传统，吸收世界艺术精华，培养杰出歌剧人才，促进中国歌剧流派的形成和推动中国歌剧学派的建立，对中国和世界文化艺术做出重要贡献。与教育界、音乐界、文化界同人共同创建中国现代歌剧教学科研体系；把歌剧研究院办成国内顶尖、世界著名的歌剧研究中心，歌剧专业人才培养基地，歌剧创作基地，歌剧艺术交流基地。

歌剧研究院设歌剧理论、表演、创作、导演、舞台美术与技术、指挥、艺术管理等专业方向。歌剧研究院延聘国内外一流艺术家和教育家讲学执教，吸引和广招海内外天资优越的学生进行培养。

在编教师6人，其中教授4人；行政教辅人员若干。

【教学科研】 歌剧学科建设方案获批，首批教师队伍组建完成，学校批准启动2012级歌剧表演方向全日制双证艺术硕士（MFA）招生筹备工作。

歌剧研究院研究制订了中国首部《西方歌剧史》的撰写计划。

作为歌剧研究院理论研究的起点，2011年蒋一民教授参加“首届中国歌剧节论坛”，做主题为“中国歌剧通向世界舞台的两难处境”的发言，并在《艺术评论》杂志上发表该文。

【歌剧创作】 原创歌剧《青春之歌》于2011年9月21日在百周年纪念讲堂演出，此剧被定为北大新生入学教育、校史教育的一项内容。2011年11月，该剧参加首届中国歌剧节展演，荣获“优秀剧目奖”“优秀音乐奖”“优秀表演奖”“优秀舞台美术奖（舞美设计）”“优秀舞台美术奖（灯光设计）”等七项大奖。

辛亥革命100周年之际，歌剧研究院创作了歌剧《宋庆龄》，并在中国宋庆龄基金会的支持下，于2011年10月8日、9日在北京天桥剧场举行了两场歌剧《宋庆龄》的试唱音乐会。歌剧艺术与中国现代重大历史题材的相遇，音乐与宋庆龄这一伟大女性形象的结合，以及“试唱音乐会”这种形式，引发了首都音乐界、歌剧爱好者和媒体的极大关注。中国宋庆龄基金会何大章看完本剧后，认为这在近年来宋庆龄题材的各类作品中，是“最贴近史实，也最富艺术感的作品”，用歌剧形式表现宋庆龄，是一项非常值得肯定的创举，因为宋庆龄一生酷爱音乐。

2011年是中国“两弹一星”元勋钱学森先生诞辰100周年，歌剧研究院以钱学森与夫人蒋英的传奇经历为题材创作了歌剧《钱学森》，并于2011年12月16日、17日在北京解放军歌剧院首演。歌剧《钱学森》的创作演出，首次将中国航天科学的人物和事迹搬演到歌剧舞台上，是科学和艺术的一次美丽邂逅。这部歌剧由中国运载火箭技术研究院、中国空间技术研究院和北京大学歌剧研究院联合出品。

国际关系学院

【发展概况】 北京大学国际关系学院下设三系三所，即国际政治系、外交学与外事管理系、国际政治经济学系，国际关系研究所、亚非研究所、世界社会主义研究所；拥有二十多个研究中心，如北京大学国际战略研究中心、中国与世界研究中心、美国研究中心等，还挂靠有全国高校国际政治研究会，2011年度新成立了国际关系学院国际文化交流与创意产业研究中心。学院有3个本科专业（国际政治、外交学、国际政治经济学）、7个硕士专业（国际政治、国际关系、外交学、国际政治经济学、中外政治制度、中共党史、科学社会主义与国际共产主义运动）和5个博士专业（国际关系、国际政治、外交学、科学社会主义与国际共产主义运动、中外政治制度），其中国际政治、科学社会主义与国际共产主义运动是全国重点学科。

2011年，国际关系学院共有专职教师54人，其中教授27人，副教授25人，讲师2人。教师队伍中1960年以后出生的有33人，占61%；教师中44人具有博士学位，占81%。教师队伍的年龄结构、学历结构和知识结构进一步改善。2011年，国际关系学院共有本科生629人，其中外国留学生198人；硕士研究生和博士研究生428人，其中外国留学生171人。

【教学工作】 2011年，国际关系学院进一步对本科生培养方案进行调整，使之更加合理化。第一，除调整了课程顺序，使其更适合学生知识的积累和提高以外，还合并了一些重复的课程。第二，打通了全院的选修课，增加了学生的选课余地，为合并重复课程提供了可能，也适当减轻了教师的负担。第三，必修课全部采用A，B角方式授课。目前，A，B角的角色已经确定。第四，在研究生教学方面，根据学校研究生院的要求，对硕士研究生和博士研究生的培养方案也进行了调整。在使课程设置更加合理化的同时，开设了两门全院各专业硕士研究生和博士研究生的必修课,即"政治学理论研究"和"社会科学方法论研究",以强化研究生的专业基础。这两门课同样采用A,B角方式授课。上述新的本、硕、博培养方案均从2012年秋季学期开始实施。

在教学调整和改革的同时,2011年,国际关系学院还重点抓了教学秩序和教学纪律问题。在充分听取老教授听课组和学生意见、建议的基础上,连续做出了关于教师外出请假制度、教师课堂纪律、学生课堂纪律等一系列规定。针对国际关系学院教学的实际情况,做出了所有本科生课程期末考试均以闭卷形式进行的规定。这些新的制度均得到了严格执行,取得了较好的效果。

【科研工作】 2011年,国际关系学院科研工作也取得丰硕成果。本年度共出版各类著作18部,发表论文200篇左右。其中,李安山教授的两项成果:《未来5~10年侨情发展趋势与任务对策研究》和《拉丁美洲华侨华人分布状况与发展趋势》,分别荣获国务院侨务办公室2007—2011年课题研究优秀成果特别奖和优秀成果二等奖;王逸舟、王锁劳、钱雪梅撰写的关于中东、北非问题的内部"咨询报告",得到学校多次表扬,并受到教育部的高度重视。学院纵向和横向科研项目也进展顺利,成功申报国家社科基金、教育部及北京大学共4个纵向项目,另有横向项目20项,总经费超过1200万元。

为了进一步整合各领域研究实力,发展跨学科研究,本年度国际关系学院新成立国际文化交流与创意产业研究中心,并参与和协调了北京大学中美人文交流研究基地的组建工作,已筹备中美核心价值对话活动并组织编写《中美人文交流史》。同时,各研究中心举行了一系列科研活动,举办各类学术研讨会、讲座、报告会等80余场。国际关系学院已坚持4年的教授午餐会,今年共举办20次,这已成为国际关系学院教师进行学术交流、共享科研成果的新形式。

国际关系学院研究生的科研工作也进一步加强,2011年共举办12场博士研究生论坛,在网络上发表《博士研究生论坛简报》12期。该论坛为博士研究生开展学术研究营造了浓厚氛围,搭建了国际政治领域青年学者的学术对话平台。论坛上的精彩交锋,已由《中国社会科学报(国际双周刊)》公开发表3期。同时,通过与察哈尔学会及TCL公司的合作,由国际关系学院主办的全国博士研究生论坛还得到其资金支持。

2011年,国际关系学院刊物《国际政治研究》继续保持良好的学术影响,对引领国际政治学科的发展发挥了重要的作用。本年度《国际政治研究》及时反映国际政治现实和研究趋向的变化,突出刊物的重点和特色,以"亚太秩序与中美关系""中国与全球治理""国际政治研究与探索中的中国学派""中东、北非剧变与政治伊斯兰运动的走向"等为主题,刊载了一系列有较大影响的文章,引起了政府有关决策部门的重视和专家学者的热烈反响。2011年,《国际政治研究》继续被确认为中文社会科学引文索引(CSSCI)来源期刊、中国人文社会科学核心期刊、北京大学出版社出版的《中文核心期刊要目总览》(2011年版)中政治学(含马列)类的中文核心期刊,在CSSCI来源期刊2011年度的政治学类排名中位列第四名。另外,《国际政治研究》还是全国高校国际政治研究会的会刊。

【交流合作】 国际关系学院国际交流与合作工作坚持以"讲政治、重服务、促发展"为总原则,努力服务于学院的教学和科研工作。

2011年,国际关系学院及所属各研究中心主办的规模较大的国际会议主要有:承办第八届"北京论坛"国际关系分论坛"变革与稳定:发展中国家的成就与挑战";举办"中美关系与世界秩序"国际学术研讨会;与澳大利亚国立大学和新加坡南洋理工大学合办"亚太区域国际安全"国际会议等。此外,还有若干规模较小的、非正式的学术研讨会和座谈会,例如,与美国南加州大学安尼伯格新闻与传播学院合办"公共外交:中美的观点";与德国艾伯特基金会合办"中国外交政策"座谈会;与日本成蹊大学合办"贫富之差:中日比较"学术讨论交流会;在日本核危机以后主办"世界新能源发展战略与东北亚区域合作"国际讨论会;举办"中美在中东和中亚的合作潜力"非正式讨论会;举办"澜沧江—湄公河跨界水资源的开发利用"学术座谈会等等。

国际关系学院比较重要的外事交流和接待工作有:2011年3月28日,授予彼特·卡赞斯坦北京大学名誉教授;11月28日,接待英国国际发展大臣安德鲁·米切尔;12月5日,接待美国外交关系委员会会长理查德·哈斯等。学院今年接待16位海外学者来访,有5位专家在学院担任语言教学任务,专程(顺访)国际关系学院的外国专家学者政要有200余人。

国际化办学项目一直是国际关系学院国际交流工作的重中之重。2011年7月,2010级北大—LSE专业的24名学生完成第一年在北大的学业。2009级MIR专业的5名学生中有4名毕业,1名延期毕业。2010级北大—巴政项目的学生顺利完成第一年在巴黎的学习后进入北大。2011年8月,国际关系学院国际办学项目2011级新生中,北大—LSE项目有23人,MIR项目有16人,北大—巴政项目有10人。国际关系学院与日本东京大学和早稻田大学的联合培养项目继续顺利进行。此外,国际关系学院多次与日本东京大学、早稻田大学，以及韩国首尔国立大学、高丽大学商谈申请“亚洲校园项目”并获得成功。经过长期努力，国际关系学院与美国雷鸟全球管理学院签订合作协议，双方将从2012年起互派学生，并互免学费。学院还进一步加强了与日本成蹊大学的合作。

【党建工作】 2011年上半年，根据学校关于“继续推进廉政风险防范管理工作，提高廉政风险防范管理工作实效”的精神，以及教育部、市教工委和北京大学关于党风廉政建设责任制及领导干部廉洁从政若干准则贯彻执行情况专项检查的通知，国际关系学院党委及行政班子进行了推进廉政风险防范管理的“回头看”，对照《北京大学纪检监察工作要点》的要求和《北京市普通高等学校惩治和预防腐败体系基本制度建设检查参考手册》，结合国际关系学院的实际情况，对学院内部各项规章制度建设情况、领导班子党风廉政责任制、“三重一大”制度、院务公开制度的落实情况，以及领导班子成员执行《廉政准则》的情况，进行了再梳理和再检查，重点强调了党政领导班子廉政建设、“一岗双责”，以及招生、聘任、晋升等重点风险环节的廉政防范，进一步明确了责任分工。

2011年下半年，国际关系学院党委组织党政班子及各支部师生党员，结合党建创新立项，开展了对胡锦涛总书记“七一”重要讲话、刘延东国务委员在全校教师干部大会上的讲话精神及十七届六中全会精神的学习活动，并结合上述学习，开展了反邪教教育和“立德树人、示范引领”的主题党日活动。在活动中，结合国际关系学院的学科特点和党员情况，深入学习，着重探讨了在国际关系学院这样一个党员占教职工大多数的单位，如何发挥党员作用，创先争优的问题。同时，结合北京大学“十二五”发展规划纲要的讨论，研讨了本院发展及建设世界一流国际关系学院的思路。基于国际关系学院非党员教师员工极少的特点，院党委鼓励教工党支部将主题党日活动与系、所、教研室、行政办公室的教学科研活动及日常工作相结合，不区分党员与非党员，力争做到全员覆盖。在主题党日活动中，国际关系学院教工党支部发挥主观能动性，进行了党建创新的尝试。

2011年，国际关系学院孙岩、潘京初同志被评为北京大学优秀党务和思想政治工作者；周衍冰同志获得优秀德育奖；初晓波、王锁劳、高静、陈绍锋同志获得优秀班主任奖。在北京大学纪念中国共产党成立90周年征文中，国际关系学院王道亮同学的论文《建国以来党的建设和理念创新历史经验：以1950—2010年〈人民日报〉建党节社论为研究对象》获得学术类二等奖。

【学生工作】 国际关系学院学生工作按照“精致化”的方针，牢牢把握守正与创新的关系，因时因地制宜，不断提高工作的科学化水平和精致化程度，建立了以政治思想教育为核心、以日常管理和重大活动为手段、以就业和资助为支撑的全方位工作体系，先后获得了北京大学就业工作创新集体奖、北京大学资助工作先进单位和北京大学学生工作先进单位等荣誉。

国际关系学院的学生思想政治教育工作强调以支部为基础、以党校为抓手，切实开展好思想政治教育工作。国际关系学院一方面通过与专业相结合的课堂教学、专题讨论、讲座等来提高学生对我国国情和当今世界特征的认识，增强学生们的责任意识和爱国情怀；另一方面，通过各党团支部积极组织各类活动来增强基层组织的凝聚力，促进集体成长。

国际关系学院的学生管理工作以骨干为依托、以网络为平台，提高工作的效率和水平。在制度建设方面，今年国际关系学院制订了《国关学生素质综合测评办法》，并在全院范围全面推进综合测评工作；在信息传递渠道建设方面，探索形成了“一个中心、两条渠道、三个层面”的信息沟通格局，同时，坚持每两周一次编辑出版《国关学院学生工作周报》，并在全院师生范围内发放，迄今已出版了36期，起到了很好的信息整合和宣传示范效果；在奖学金评审方面，2010—2011年评出校级奖学金114名，金额40多万元，院级奖学金47名，金额30多万元。

就业工作方面以质量为导向、以学生为中心，着力构建适应形势要求的就业工作体系。国际关系学院就业办公室努力做到厘清思路、凝练理念、加大力度、巩固成果、重点帮扶，多渠道开发就业岗位，完善相关政策措施，切实加强就业服务。2011年，国际关系学院毕业本科生就业率为99.08%，毕业研究生就业率为98.55%，并有9名毕业生到地方基层和西部地区就业，且人数逐年增加。

在资助工作方面，确立了以帮扶为手段、以发展为目标，致力于建设全方位的资助工作新格局。2011年，国际关系学院认定困难生70名，其中新生困难同学15名，农村家庭25名，城市家庭45名，单亲家庭4名。评定国家助学金43人次，国家励志奖学金9人次，五四助学金3人次，其他助学金64人次，累计119人次，累计金额40多万元。

在学生活动和团委工作中，确立了以品牌为支撑、以活动为契机，努力开拓基层共青团工作的新局面。修改了《国关团委关于推荐优秀团员作为党的发展对象的实施办法》，对召开团员大会和相关评议比例进行了硬性规定；制订了

《国关学院暑期社会实践资助实施办法》和《国关学院关于开展第十七届“挑战杯”：五四青年科学奖竞赛院系初评资助奖励的实施办法》，加大了资助力度，不断提高同学们投入社会实践和课外科研的热情。2011年，国际关系学院团委还首次尝试了学生骨干述职报告制度，有力推动了团委工作的整体进步。

经济学院

【发展概况】 经济学院的前身是北京大学经济学系。经济学系始建于1912年，是中国高等学校中建立最早的经济学科，至今已有近百年历史。1985年5月，北京大学经济学院正式成立，时设经济学系、世界经济系和经济管理系。历任院长为胡代光、石世奇、晏智杰、刘伟，现任院长为孙祁祥。

北京大学经济学院现有经济学系、国际经济与贸易系、金融学系、风险管理与保险学系、财政学系、发展经济学系等6个本科系，有政治经济学、西方经济学、经济思想史、经济史、世界经济、财政学、金融学(含保险学)，以及人口、资源与环境经济学8个硕士专业和政治经济学、西方经济学、经济思想史、经济史、世界经济、财政学、金融学(含保险学)7个博士专业，另有理论经济学博士后科研流动站，以及13个科研机构。经济学院师资力量雄厚，全职教师75人，其中教授27人、副教授36人、讲师12人；在站博士后研究人员72人。

经济学院拥有完整的学士—硕士—博士人才培养体系，是培养高级经济人才的重要基地。本科生培养实行四年制，坚持“注重基础，拓宽专业，加强实践，因材施教”的原则，自20世纪80年代中期开始实行学分制。研究生培养方面，形成了鼓励优秀人才脱颖而出的制度和方法。“勤奋、严谨、求实、创新”是经济学院一贯倡导的学风。

2011年，经济学院共有各类学生、学员约11055人，其中博士研究生138人，硕士研究生280人，访问学者、进修教师29人，本科生716人，留学生102人，研究生课程进修生1590人，继续教育中心学生、学员约8200人。

【本科教学】 2011年，经济学院本科生教学与培养工作中，贯彻落实科学发展观，以提高教学质量为核心，大力推进教学管理科学化、制度化、规范化。

1. 做好新生入学及相关工作。2011年，经济学院迎来了优秀学子216名，其中统招生181人、香港合作院校的委培生8人、留学生27人。经济学院举行新生家长会、教授新生面对面、新生讲座等系列活动，取得了良好的效果。

2. 毕业生。2011年，经济学院共有189位本科生完成学业。

3. 保研工作顺利完成。2008级本科生共计193人，有“保研、推研”资格并落实接收单位的有96人。

4. 课程开设及教学评估情况。2011年，经济学院为本科生开课131门次，春季学期65门次、秋季学期66门次，其中为北京大学全校开设的通选课程12门次，春秋学期各6门次。经济学院春季学期本科教学评估成绩为87.85分，位列北京大学人文社会科学各院系第二名；秋季学期为88.28分，位列北京大学人文社会科学各院系第一名。

5. 积极开展社会实践活动。学院和各系组织的10多个暑期社会实践团队赴各地开展经济学实践研究并提交研究报告。

6. 加强留学生教学管理工作。2011年，经济学院本科在校留学生共计102人，其中2008级25人、2009级24人、2010级26人、2011级27人，留学生来自美国、俄罗斯、日本、韩国、新加坡等国家。经济学院管理留学生的措施主要包括：加强对留学生、港澳台学生的培养，通过各种方式加深留学生与中国学生的联系，重点对留学生进行选课指导、后进生谈话和补习辅导。

7. 积极开展双语教学。经济学院推出了“突出重点，以点带面，积极推进双语教学”的教学措施，并且制订了《北京大学经济学院双语教学的管理规定》。2011年，经济学院开设5门全英语课程。

【研究生教学】 北京大学经济学院是1981年第一批获国家教育主管部门批准在有关专业设立硕士学位和博士学位的培养单位之一。30年来，经济学院研究生教育取得的成果首先表现在学科设置的不断完善方面。经济学院始终注意坚持“确保质量，规范运作，改革创新，建设一流”的原则，狠抓研究生培养的各个环节。

1. 研究生招生工作。2011年，从1211名考生中录取硕士研究生107人；从206名考生中录取博士研究生25人。

2. 奖助制度。2011年，除在校研究生学业奖学金的评定工作外，继续实行教学助教制度，共为47门研究生和本科生的基础课程配备了61人次的教学助教，总计金额20.8万元。此外，为鼓励在校博士研究生参与导师的科研活动，按照学校实行的博士研究生助研津贴发放制度，本年度经济学院博士生导师从课题经费中为在校博士研究生补贴科研经费共计约14.6万元。

3. 教师开课情况。2011年，经济学院共开设研究生课程68门。

4. 学生获奖情况。2011年，经济学院有2篇博士学位论文荣获北京大学优秀博士论文三等奖；

2 名博士研究生荣获第一届才斋奖学金。

5. 研究生出访情况。经济学院充分利用研究生院、国际合作部及本院教师提供的与国外大学和研究机构合作交流的机会，鼓励并协助学生在读期间能到国外学习、访问、交流。自 2005 年至 2011 年的 7 年时间里，共派出研究生 130 人次，出访了美国、意大利、荷兰、德国、英国等 20 个国家和地区。2011 年，经济学院共有研究生 11 人次出访美国、澳大利亚、日本、泰国等国家和地区，出访事由包括联合培养、访问考察、交流学习、参加学术会议等。

6. 毕业与学位授予。2011 年，经济学院共有 130 名研究生毕业，其中博士研究生 27 名，硕士研究生 103 名；获得博士学位 24 名，获得硕士学位 183 名(其中同等学力申请硕士学位 81 人)。

【科研工作】 2011 年，北京大学经济学院完成各类科研成果共 284 项，其中专著 19 部，编著和教材 14 部，译著 3 部，研究报告 1 部，论文 213 篇，其他成果 34 篇。科研立项 49 项，经费 1724. 1 万元。2010 年被 CSSCI 检索的论文共有 148 篇，被 SSCI 收录论文 7 篇。

刘伟教授、李连发副教授的成果《我国货币政策最终目标框架的现实选择》和张辉副教授的成果《北京市产业结构高度化进程中的主导产业驱动机制》入选 2011 北京市哲学社会科学研究基地选编。全国哲学社会科学规划办公室《成果要报》编发了施建淮教授的研究成果《我国参与欧债危机救援的原则和策略》，文中提出的重要观点和对策建议受到中央领导同志的重视，为服务党和国家工作大局做出了贡献。

中国都市经济研究基地在二期建设(2007—2010 年度)验收评比中，被评为优秀研究基地；季曦的论文 *Systematical Accounting and Evaluation of Energy Consumption and Carbon Emission of Urban Production* 获“Most downloaded ”奖；郑伟、袁新钊的论文《名义账户制与中国养老保险改革：路径选择和挑战》获得《经济社会体制比较》杂志 2010 年度优秀论文奖。

郑伟副教授入选教育部“新世纪优秀人才支持计划”。夏晓华、窦鹏辉博士后获得北京大学 2011 年优秀博士后奖。

经济学院已经形成院级论坛和六个系级常设论坛等模式多样，并在国内外学术领域具有一定影响的论坛体系。2011 年，举办国内外各类论坛和学术会议近百场。其中影响力较大的有：中国经济学家年度论坛暨中国经济理论创新奖(2011)颁奖典礼，第八届中国经济增长与经济安全战略论坛，文化 · 市场 · 国际化——2011 北京大学中国经济思想论坛，北京论坛——全球化背景下的经济增长：机遇、挑战和方向，诺贝尔经济学奖得主“欧元之父”罗伯特 · 蒙代尔教授：国际金融危机与欧元的前景，北大赛瑟(CCISSR)论坛 · 2011：十二五 · 新挑战——经济社会综合风险管理，2011 中国信用 4 · 16 高峰论坛：和谐社会与信用建设，2011 中国公共财政论坛：中国税制改革与可持续发展等。

经济学院科研基地于 2003 年 12 月成立。目前，科研基地包括 13 个校级科研机构：外国经济学说研究中心、市场经济研究中心、经济研究所、国际经济研究所、中国金融研究中心、中国国民经济核算与增长研究中心、中国信用研究中心、中国保险与社会保障研究中心、中国都市经济研究中心、产业与文化研究所、金融与产业发展研究中心、经济与人类发展研究中心、中国公共财政研究中心等。

2011 年，经济学院博士后科研流动站共进站博士后 32 人，博士后做开题报告 19 人次、中期考核 17 人次、出站报告 18 人次，总在站人数为 72 人。有 11 位博士后获得博士后科学基金资助。获得国家、省部级项目 2 项。

【交流合作】 2011 年度，教师出访接待、高端讲座、大型论坛、学生交换交流、国际合作等项目均有条不紊地开展推行，并取得丰硕成果。共接待国际学者或政府官员等 20 余人次，包括美国金融访问团、诺贝尔经济学奖得主“欧元之父”蒙代尔、国际货币基金组织驻华首席代表李一衡等；有 30 余人次教师出访其他国家和地区，进行学术交流或参加会议；80 余人次学生作为国际交换生出访他国；第三届中韩经济管理论坛、澳大利亚著名经济学家黄有光讲座、财经高管系列讲座、经济学讲坛等顺利开展。

【继续教育】 经济学院继续教育在 2011 年迎来一个新的起点。根据往年办班经验，结合社会最新需求，提出经济学院继续教育事业发展的新目标：前沿化、高端化、国际化，为政府机构、事业单位、公司企业、金融机构等单位的决策者和管理人员提供前沿性、实用性的培训服务。经济学院继续教育的三个组成部分分别为：高级研修班、远程网络教育和函授教育。

高级研修班在课程设计和教学实施环节体现“新、特、严”，在服务学员环节体现“热情、细致、高效”，在管理环节体现“规范、严谨、互动、沟通”。2011 年，延续了特色与品牌研修项目，如金融衍生品与期货高级研修班、私募股权投资高级研修班、中国企业家(后 EMBA)特训班、经济管理高级研修班等。2011 年，针对航空航天人才举办了航天领军人才战略领导力提升高级研修班。为了进一步实现继续教育的新目标，特举办后 EMBA 项目，该项目面向高端人士，招收的学员为行业领军企业的领导者。后EMBA项目教育是继续教育的教育创新,是面向经历过MBA教育和EMBA教育的再教育、再提高。另外全年还开展了各种丰富多彩的班级活动,如师生联谊、参观考察、拓展训练等。2011年共举办47个研修班,结业人数2168人,在读人数2000余人。

开设了国际经济与贸易、财务管理、市场营销、金融学、风险管理与保险学和人力资源管理等6个远程网络教育本科专业。2011年春季学期注册学生1925人,秋季学期注册学生1778人。

另外在珠海市外经贸专修学院设有一个函授站,全年在读人数241人。

2011年全年经济学院有各类继续教育学生8200余人。

【学生工作】 2011年,经济学院强调学生"自我教育、自我学习、自我创造"的思想引领,本着"育人为本、德育为先"的理念开展了一系列具有特色的活动;坚持"服务学生、引领学生"为目标,以"创新"为核心,精益求精、精巧细致地开展学生工作。

严格把关,做好党员发展工作。把发展党员"关口前移",注意数量和质量的统一。院党委制订了选拔重点发展对象的制度。贯彻"行为量化"制度,加强了党员、入党积极分子的培训工作。

2011年10月至11月,在学生中开展了"学习'七一'讲话精神、牢记使命争创一流"学生党团日联合主题教育活动。通过跨院系交流、院内团日联合活动等活动方式,以体育赛事、辩论、演讲、出游、观影、访谈、讲座、支教等丰富的活动形式吸引了广大同学的热情参与。

通过以学术和文体活动为两翼的系列精品活动加强对学生全面素质的培养。2011年,经济学院组织筹备了"百年院史系列报告会"。以"一二·九师生文艺汇演"为平台,为向百年院庆献礼,原创音乐剧《百年经世情》,取得北大甲组第一名的好成绩。举办四院联合舞会,积极组织2011级同学参与"新生杯"系列赛事。通过集中培训、邀请业界人士做专场报告、积极开展素质拓展等传统项目,与学员建立长期、高效的联系机制,及时收集参与学员的意见和建议,促进团委、学生会的健康发展,加强了后续人才的培养和储备。

2011年,就业工作小组向多家公司推荐上百名优秀学生。就业工作小组相继开展了10余场系列企业宣讲会及专场面试,并举办了2012届毕业生就业动员大会、职业发展系列讲座、"经海留痕"职业发展系列沙龙等品牌活动,创立经济学院职业发展中心,拓宽服务内容,加强学生职业规划、发展指导。

在公平、公正、公开的原则指导下,学生工作办公室按照学院综合测评方案和奖励、奖学金评选方案,有序开展了评奖评优工作。经济学院助学工作取得了一定成效,荣获"2010—2011学年北京大学学生资助工作先进单位"称号。

经济学院团委、学生会相继组织筹备了"首届北京大学证券投资文化节"、IMF报告会,初步与留学咨询公司TouchDown建立合作关系,并且开始组织策划经济学院学生"赴港之行"系列活动。

【图书馆】 经济学院图书馆(北京大学图书馆经济分馆)馆舍面积900平方米。北京大学评估小组对经济分馆在体制管理、办馆条件、信息资源建设、自动化及数字化建设、读者服务及学术研究等方面进行全面评估,评估总分546.78分(满分600分),平均分91.13分,被评为优秀分馆。

2011年,经济分馆新增馆藏图书488册,新增学位论文395册。组织教师推荐北京大学图书馆购买英文期刊62种,自行购买中文期刊58种,装订过期期刊381册,并与校图书馆联合购买IMF(国际货币基金组织)、OECE(欧洲经济合作组织)两大数据库。独资购买万得金融数据库,锐思金融数据库及教学软件,CEIC中国经济数据库及企业与海关数据库。根据专业课教师的建议,延续2010年对纸版年鉴人工录入,并继续制成电子版数据库。对重要的外文期刊补齐创刊年份的文献,如*Journal of Economic Theory*。经济学院作为北大历史最悠久的院系之一,经与北京大学图书馆洽谈合作,拟建立学院的机构知识库,将最大限度地汇集、保存学术资料与成果,全面、生动地展现经济学院的学术风貌,已整理出张友仁教授的口述史光盘并存放于馆内。

光华管理学院

【发展概况】 光华管理学院依托北京大学深厚的历史底蕴和文化积淀,以"创造管理知识,培养商界领袖,推动社会进步"为使命,历经近30年的发展,在科研水平、师资建设、人才培养、国际合作等方面位居国内经济管理学院前列,成为亚太地区最为优秀的商学院之一。

光华管理学院现设有会计学系、应用经济学系、商务统计与经济计量系、金融学系、管理科学与信息系统系、市场营销系、组织管理系、战略管理系等8个系,其中国民经济学是国家重点学科。学院具有完整的人才培养体系,学位项目包括本科、研究生、金融硕士、工商管理硕士(MBA)、高级管理人员工商管理硕士(EMBA)、会计硕士项目(MPAcc)等。

2011年,学院新招聘教师5人,其中1名教授,4名讲师。此外,学院有1名副教授晋升为教授,3名讲师晋升为副教授。截至

2011年12月底，学院8个系共有在职教师108名，其中教授44名，副教授39名，讲师25名。2011年，离退休1名，去世1名。

【教学工作】 2011年，光华管理学院共招收全日制本科生189人，研究生200人，其中博士研究生44人（含留学生2人），硕博连读生66人（含港澳台学生3人、留学生1人），金融硕士90人（含港澳台学生4人、留学生5人）。

2011年，MBA项目共招收学生393人，EMBA项目共招收学生419人，MPAcc项目共招收学生54人。

2011年，EDP（高层管理教育中心）项目全年累计运行近800个项目日，公开课校友累计近6000人，公司内训学员近15000人。

2011年，金融硕士毕业生78人，42名硕博连读生硕士毕业，博士毕业生23人，MPAcc毕业生51人。

2011年，创新创业本科双学位申请计划启动。此项目面向北京大学非管理类本科生，在其本科第三年和第四年提供两年的创新创业教育，让学生在掌握本科第一学位理论知识和技能之外，培养创新思维、提升创业能力、成长为兼备技术和管理能力的开拓性人才。

2011年，光华管理学院自主选拔计划启动。

2011年，MBA项目国内招生率先试点“提前面试，联考底线”的招生方式，并提出针对本科生录取MBA的“3＋X”计划。同时提出并明确了MBA培养特色，即“人文精神，国际视野，创新创业，整合实践”。

2011年，EMBA项目启动教改，设置了核心课、通修课、通识课和实战课四大课程模块，以创新、融通和务实、开放为核心诉求。

【科研工作】 2011年，光华管理学院新立项国家自然科学基金面上项目和青年项目19项，主任基金项目1项，国际合作交流项目1项，重点项目3项，国家杰出青年科学基金项目1项。新立项项目的总批准经费达1571.8万元。新立项教育部人文社科研究项目2项，教育部留学回国基金项目1项。王辉教授和贾春新教授入选教育部新世纪优秀人才支持计划。获批北京市哲学社会科学规划项目1项。

截至2011年年底，到账纵向项目总经费811.2万元，到账横向项目总经费2019.34万元，到账科研经费共计2830.54万元。

2011年度，配套项目经费共计174.45万元（其中112.05万元用于配套2010年下半年到账项目，62.4万元用于配套2011年上半年到账项目）。

2011年度，光华管理学院在科研管理方面的相关政策制订和完善工作如下：制订完善了《学院科研机构管理与考核办法》，制订了《学院资助类科研机构考评办法》，完善了教员申请学术假时的科研业绩表（表格细化，补充了出版专著和获奖情况），完善了学术论文奖励办法（对发表论文署名校内多个单位时如何奖励进行了补充）。

【党建工作】 2011年，光华管理学院共有159名入党积极分子参加党课培训班的学习，发展党员130名，19个支部顺利换届。

2011年，光华管理学院党委组织完成工会换届和党委换届两件大事。

2011年，光华管理学院党委号召并组织全院师生党员学习胡锦涛总书记“七一”重要讲话。

2011年，光华管理学院党委协助北京大学党委组织部完成北京大学出席党的十八大代表推荐提名工作。

【学生工作】 光华管理学院组织174名青年学生，以高度的责任感和参与热情圆满完成了五四当天火炬传递启动仪式的群众组织工作。

2011届毕业典礼，光华管理学院第一次实现了全院所有学位项目，包括本硕博，MBA，EMBA，EDP，MPAcc，EDP共同举办的毕业典礼。这次毕业典礼的举办，充分整合了学院各方面的资源。

2011年暑假期间，光华管理学院圆满完成了2011年的军训工作，光华管理学院同学所在连队在各项比赛中纷纷获得了非常优异的成绩。

光华管理学院重视为学生提供锻炼自己的机会，以及培养学生的社会责任感。通过借助团委学生会、研究生会的平台，为学生提供了举办大型活动、提升自身能力的平台，如“光华体验营”“首届北京大学证券投资文化节”等优秀活动。

2011年，光华管理学院学生工作办公室荣获“2011年北京大学资助工作先进集体”“2011年北京大学就业工作先进集体”“北京大学2011年‘青年就业创业见习’活动优秀组织单位”。团委荣获“2010—2011年度北京大学红旗团委”“北京大学2011学生暑期社会实践优秀组织奖”。青年志愿者协会也在今年获得了“海淀区明星志愿团队”的称号。

【交流合作】 2011年年底，光华管理学院的国际交换合作院校达到93所，分布在北美（33所）、欧洲（35所）、澳洲（6所）和亚洲（19所），共27个国家。

2011—2012学年，光华管理学院提供交换名额339名，实际选派人数196名；2011年春季学期接收交换生78名，秋季学期接收123名，共计201名。

2011年，中国经营方略项目共开设8期，一月和六月各2期，五月4期，总人数达到265人，参与该项目特制课程的合作院校有纽约大学斯特恩商学院、西班牙艾赛德商学院、伦敦政治经济学院、弗吉尼亚大学麦金泰尔商学院和阿姆斯特丹大学商学院，参与公开课程的学生来自芝加哥大学、北卡罗来纳大学、普渡大学、印第安纳大学、纽约大学本科项目、荷兰蒂尔堡大学、新加坡国立大学、新加坡南洋理工大学等。

【年度记事】 1. 2011年，光华管理学院增设了专门负责电视媒体及外国媒体的岗位，加强了电视媒体和外国媒体的推广工作，通过中央电视台财经频道、新闻频道、英语频道、彭博社、路透社、亚洲新闻电视台、澳大利亚广播公司等主流电视媒体报道教授观点累计31人次。

2. 2011年1月10日上午，光华管理学院与韩国首尔大学商学院、日本一桥大学国际企业战略研究科三方院长共同签署商学院联盟备忘录。该协议的签署表明中日韩三国最负盛名的商学院将强强联合，共同寻求新的管理教育模式，开发具有东方智慧的管理理念，为促进东亚地区经济、贸易、管理领域的合作提供学术支持。

3. 2011年1月16日，第十二届北大光华新年论坛在北京大学百周年纪念讲堂拉开帷幕，本次论坛围绕经济发展方式转变和国有企业改革的主题进行。

4. 商务统计与经济计量系教授王汉生任聘为《美国统计学会会刊》杂志副主编，任期从2011年开始。

5. 2011年3月18日，第四届北大光华行业文化周开幕。本次文化周覆盖7大行业，举行30多场活动，共持续10周时间，于5月底结束。行业文化周是由北京大学光华管理学院职业发展中心创立的大型职业发展活动，旨在为北大的在校生提供难得的机会去了解行业知识、进行职业规划、提升职场竞争力。

6. 经国务院学位委员会第二十八次会议审议批准，北京大学新增4个博士学位和2个硕士学位授权一级学科，其中新增的4个博士学位中，包括管理科学与工程一级学科博士学位授权。北京大学管理科学与工程一级学科集北京大学光华管理学院管理科学与信息系统系、商务统计系和北京大学工学院的工业工程与管理系在管理科学与工程领域研究和教学的教师、研究员力量，组成各研究方向的创新团队，形成管理科学与管理工程互补协同的发展态势。

7. 2011年3月27日，由光华管理学院团委学生会主办的2011年北京大学光华管理学院学生文化节开幕式暨第四届首都高校商学院学生发展论坛成功举行。来自北京大学光华管理学院、清华大学经济管理学院等8所首都高校商学院的百余名师生参加了本次活动。

8. 2011年3月28日，拜耳材料科技与光华管理学院就学术交流和人才培养签署了谅解备忘录，以持续培养中国的本土高端人才。

9. 2011年4月8日，由华尔街日报(亚洲)、富兰克林邓普顿投资集团和光华管理学院共同主办的首届华尔街日报金融知识竞赛在光华管理学院举行。

10. 2011年4月9日，由光华管理学院汽车协会主办的北京大学光华管理学院汽车协会成立庆典暨首届光华汽车论坛举行。

11. 2011年4月24日，北京大学曹凤岐金融发展基金设立大会暨第一届理事会会议在光华管理学院召开。

12. 2011年4月30日，第十届(2011年)全国MBA培养院校企业竞争模拟大赛决赛在光华管理学院举行。参加决赛的11个代表队分别从全国23个省市74所院校572支队伍中，经过激烈的比赛胜出。

13. 2011年4月29日—5月2日，光华管理学院陈丽华教授、翟昕助理教授及供应链管理方向部分博士研究生参加了在美国内华达州里诺市举行的国际生产与运作管理学会(POMS)第22届年会并做了大会发言。POMS年会是国际运营管理领域顶级会议之一。

14. 2011年5月25日，重庆大学经济与管理学院院长一行六人在光华管理学院进行了为期一天的交流访问。光华管理学院在“中国西部MBA师资开发及办学能力建设计划”项目(简称淡马锡项目)中与重庆大学经济与管理学院合作，建立了一对一的伙伴关系。

15. 2011年5月29日，光华管理学院房地产协会成立十周年系列讲坛暨中国房地产发展高峰论坛——企业创新与行业展望隆重召开。

16. 2011年6月1—2日，由光华管理学院本科生组成的北京大学代表队，在市场营销系涂荣庭教授的指导下，赴香港参加了“HSBC/McKinsey”商业案例大赛，取得大赛第三名的好成绩。

17. 2011年6月13日，应南非中国研究中心的邀请，中国著名经济学家、全国政协经济委员会副主任、光华管理学院名誉院长厉以宁教授在南非著名学府斯坦陵布什大学进行了题为“发现中国·中国经济发展走势”的讲座。

18.《人民日报》2011年6月23日02版报道北大光华全方位推进国际化。

19. 2011年7月2—3日，线性期望及其在金融计量经济学中应用的学术会议在光华管理学院成功召开，此次会议由光华管理学院和山东大学金融研究院联合举办。来自美国、法国、瑞士，以及国内中科院、北京大学及山东大学的专家学者对非线性数学期望及其应用进行了广泛的交流和讨论。

20. 2011 年 7 月 8 日，光华管理学院召开 EMBA 教学改革新闻发布会暨“EMBA 如何引领中国时代——前沿理论与创新实践的结合”圆桌论坛，介绍光华管理学院 EMBA 改革的具体措施并研讨如何创建符合时代特征、体现前沿理论与创新实践相结合的 EMBA 教育体系。

21. 商务统计与经济计量系陈松蹊教授当选为“国际统计学会”会员，同时当选的还有该系特聘教授陈嵘老师及国际顾问委员会蔡瑞胸教授。

22. 2011 年，光华管理学院与台湾大学管理学院联合举办的“北京大学—台湾大学两岸精英交流营”迎来了十周岁的生日。本届交流营依然由北大参访团的“台湾行”与台大参访团的“大陆行”两部分活动组成。

23. 2011 年 8 月 23 日，光华管理学院 2011 年全国优秀大学生夏令营在北大开营。来自全国 75 所大学的 500 多名大学生参加了此次夏令营。

24. 2011 年 8 月 30 日，由光华管理学院职业发展中心与哈佛商学院职业发展办公室联合举办的“2011 中国商学院高效职业咨询与实践研讨会”召开。

25. 由北京大学和香港科技大学联合赞助出版的《组织管理评论》获得了 2.806 的影响因子，在 SSCI 收录的 140 份管理类期刊中，排名第 22 位。在 SSCI 此次公布的排名中，如果排除前 25 位中关于营运管理和信息系统方面的 7 份期刊，《组织管理评论》的排名将上升到第 15 位。

26. 2011 年 9 月 6 日，新加坡国立大学董事会主席王玉强、校长陈祝全率领学校董事会成员及副校长、教务长等高级行政人员共 20 余人访问光华管理学院。

27. “2011 年北京市国有企业董事长研修班”由北京市国资委委托北京大学光华管理学院举办。北京市委副书记、市长郭金龙出席结班仪式并发表重要讲话。

28. 2011 年 9 月 19 日，首届“光华管理学院财经外媒沙龙”在光华管理学院酒店咖啡厅举行。来自 CNN，Wall Street Journal，Thomson Reuters，ABC，Fortune Magazine，NHK，Channel NewsAsia，The Straits Times，Portuguese News Agency，荷兰广播电视协会电视部等 10 家境外媒体和 CCTV 英语新闻频道，CCTV 财经频道，Beijing Review，中国网等 4 家境内媒体的共 20 余名编辑、记者参加了此次沙龙。据参会媒体反映，此举在中国高校尚属首例，受到了外国媒体的一致好评。

29. 2011 年 9 月 23 日，由光华管理学院职业发展中心举办的“校园招聘与校企合作的最佳实践研讨会”召开。

30. 2011 年 9 月 23—24 日，由中国社会科学院、北京大学主办，《经济研究》编辑部、北京大学光华管理学院和武汉大学高级研究中心承办的“十年回顾：第十一届中国青年经济学者论坛暨人才培养研讨会”在北京大学召开。北京大学副校长刘伟教授和中国社会科学院党组成员、副院长武寅教授参加了论坛开幕式并致辞。

31. QS 公布了世界大学按各学科分类排名的情况。其中北京大学位列“统计和运筹学”第 22 位，“经济学与计量经济学”第 33 位，“金融及会计”第 35 位，均高于学校综合排名。

32. 2011 年 10 月 16 日，由光华管理学院高层管理培训中心与全球 CEO 组织合作举办的“CEO China Presidents Seminar 2011”再次在光华管理学院开班。继 2010 年成功举办后，本次高级别培训项目吸引了近 50 名全球 CEO 前来参加，学院集结了强大的学术力量，精心打造这一独具特色的培训项目。

33. 2011 年 10 月 19 日，由光华管理学院高层管理培训中心同全球 CEO 组织合作举办的“CEO China Presidents Seminar 2011 CEO 组织峰会——企业的转型与发展”在光华管理学院隆重举行。来自全球各地的企业家们将进一步了解全球化进程中的中国利益和中国声音，积极寻找全球经济增长的新动力。

34. 2011 年 10 月 27 日，哈佛商学院院长尼廷·诺里亚教授一行到访光华管理学院，北京大学校长周其凤、校国际合作部部长夏红卫、光华管理学院院长蔡洪滨等会见了诺里亚院长。

35. 2011 年 11 月 5 日，诺贝尔经济学奖得主、芝加哥大学经济系罗杰·迈尔森教授到访光华管理学院，并在应用经济系系列讲座上报告了自己的最新研究“道德风险下的信贷周期模型”。

36. 2011 年 11 月 6 日，第四届中国经济理论创新奖揭晓，光华管理学院教授张维迎作为主要贡献人的“价格双轨制理论”高票当选。

37. 2011 年 11 月 14 日，卡尔·奔驰学院启动仪式在博雅酒店正式拉开帷幕。卡尔·奔驰学院由世界三所知名学府——北京大学光华管理学院、德国柏林自由大学，以及美国伍德伯里大学联合创立。

38. 计量经济学会正式通知光华管理学院蔡洪滨教授当选为该会的会士，他成为极少数跻身这一高端经济学专业学会的华人经济学家。

39. 2011 年 11 月 22 日，光华管理学院兼职教授、德意志银行董事局副主席 Caio Koch-Weser 先生在光华管理学院做了题为“欧洲债务危机——原因及影响”的讲座。

40. 2011年11月24日，澳大利亚国库部秘书长马丁·帕金森博士到访光华管理学院，并出席了主题为“金融动荡与全球治理”的大师对话活动。

41. 2011年11月26日，由光华管理学院与河南日报报业集团联合主办的“大河财富（中国）论坛2011年年会”在郑州大河锦江饭店举行。

42. 光华管理学院会计系访问教授Paul Gillis日前被美国公众公司会计监督委员会（PCAOB）委任为其常设顾问组（SAG）成员，他也成为美国本土外首位获此殊荣的人。

43. 2011年11月30日，由北京大学金融与证券研究中心、北京大学光华—富邦两岸金融研究中心主办，北京大学曹凤岐金融发展基金协办的“经济与金融高级论坛（86期）——欧债危机与金融监管改革”在光华管理学院举办。本期论坛主讲人为中国银行副董事长、行长李礼辉博士，由北京大学金融与证券研究中心主任曹凤岐教授主持。

44. 2011年12月5日，美国马里兰大学史密斯商学院院长Anand Anandalingam、副院长Greg Hanifee及丁曼创业中心在校企业家John LaPides到访光华管理学院创新创业中心。

45. 2011年12月5日，山东大学管理学院、兰州交通大学经济与管理学院、兰州理工大学管理学院一行11人到光华管理学院进行了为期一天的交流访问。四校就“中国MBA师资开发及办学能力建设计划”进行了以建立各方的合作伙伴关系为主题的交流会。

46. 2011年12月6日，美国西北大学凯洛格商学院院长莎莉·布朗特、副院长保罗·克里斯特森及行政官莎娜·卡罗尔一行访问光华管理学院。

法学院

【发展概况】 在中国国立大学法学教育的历史中，北京大学法学院最为著名、最为悠久。1904年，京师大学堂在其下设政法科大学堂，设立“法律学门”，这是中国首个在近现代大学之内专事法律教育的部门，亦即现今北京大学法学院的前身。1912年，京师大学堂更名为国立北京大学。1919年，北京大学法律学门正式改为北京大学法律学系。此后，经历多次更迭和易名，直至1954年重建北京大学法律学系。随着办学规模的扩大和学科互动的增进，加之对法律教育未来发展的瞻望，北京大学法律学系在撤销各教研室、重新整合各专业学科的基础上，于1999年6月26日改建为北京大学法学院。北京大学法学院的学科建制历经百年的积累与变迁，学科分类与课程设置在1949年以前即已领先国内。1949年以后，尤其在1977年恢复正常的高校招生制度之后，各法学专业皆为国内最早或较早培养硕士研究生或博士研究生的学科。

跨入21世纪后，北大法学院密切关注中国的经济、社会发展对法学学科提出的新要求，适时地创立和促进二级学科（如环境法学、知识产权法学、社会法学、商法学、财税法学等）的发展。同时，作为全国最早确立的研究型法学教育机构，学院高度重视科研对教学的促进作用，努力从各个方面为教师改善科研条件，并鼓励教师将最新的科研成果应用于教学。1988年，在首批国家重点学科评选中，法理学和国际法学被评为国家重点学科；2001年，在国家重点学科评选中，法理学、宪法与行政法学、经济法学、刑法学成为国家重点学科；2004年，宪法与行政法研究中心被评为教育部人文社会科学重点研究基地；2007年，北大法学院又成为全国三个首批获得法学一级学科国家重点学科的院校之一。

2011年，法学院新引进教师2人，新聘百人计划研究员1人，招聘博士后2人。现有在编教师84人，在站博士后4人。现有事业编制教辅、党政管理人员17人，另有13名院聘的行政教辅人员。学院共有3位长江学者，分别是：陈兴良教授、朱苏力教授、陈瑞华教授。

截至2011年12月，法学院已经建成一支教学科研能力突出、年龄学历结构合理的师资队伍，包括40名教授、7名院聘教授、29名副教授、8名讲师。其中，已经获得博士学位的59人（从国外大学获得博士学位的12人）、教育部跨世纪人才计划入选者5人、教育部新世纪人才计划入选者9人、全国十大青年法学家4人。

自2010年7月学院党政班子换届以来，学院现任院长为张守文，副院长为潘剑锋（兼）、汪建成、王锡锌、沈岿；现任党委书记为潘剑锋，党委副书记为朴文丹、杨晓雷。法学院现任工会主席为刘东进，副主席为刘燕。

经2011年1月14日全院教职工大会表决通过，2011年9月9日第四次院务委员会会议表决修订，2011年12月23日第五次院务委员会会议表决再修订，形成了《法学院福利分配办法》。

2011年，学院为了奖励教师教学、科研的优秀成果，筹资设立了“北京大学法学院洪积研究奖励基金”“北京大学法学院茂元学术创新奖教基金”“北京大学法学院住友化学教学研究奖励基金”“法学院俊杰教学研究奖励基金”“李凯院长奖励协议”，共5项教学科研基金。

【教学工作】 招生工作　2011年法学院招生工作包括以下几个方面：

1. 2011级本科生招生人数：168名(含16名留学生)。

2. 硕士研究生推荐免试生招生录取工作。2011级的推荐免试生招生工作自2010年9月开始，至2011年6月最终结束。共计招收(实际报到)：法学硕士推免生69名，法律硕士推免生134名。2012级推免生招生工作自2011年9月开始，目前初取人数为：法学硕士推免生61名，法律硕士推免生143名。

3. 博士研究生的招生工作。2011级共计：51名(统考42名、硕博连读5名、港澳台2名、留学生2名)。

4. 留学生、港澳台学生的招生录取工作。2011级招收留学生、港澳台学生情况：法学硕士有5名留学生、4名港澳台学生，法律硕士有4名留学生、4名港澳台学生。

5. 2011级在职攻读法律硕士专业学位的招生录取工作。共计招收学生100名，并已于2011年2月入学。

6. 统(联)考生招生录取工作。该项工作基本贯穿全年。2011年的招生录取(实际报到)情况为：2011级法学硕士研究生39名，2011级法律硕士研究生126名。2012级统(联)考生招生工作即将开始，目前报名数据的核对工作已经结束。法学硕士统考生报名人数980名，法律硕士联考生报名人数1255名。

7. 法学院培训中心报批的培训项目共计27个。

开课情况　2011年2—6月，开设的课程共计147门，其中本科32门、法学硕士50门、法律硕士(含在职法硕)65门。

2011年9—12月，开设的课程共计130门，其中本科46门、法学硕士46门、法律硕士(含在职法硕)38门。

2011年，全院开课总课时数：10707课时(含授课课时9317课时，院内服务补助课时1390课时)。

学生毕业情况　2011年1月，毕业获学位情况：法学硕士2名、法学博士5名、全日制法硕5名、在职法硕63名、研修班8名。

2011年7月，毕业获学位情况：本科毕业180名(含19名留学生)，获学士学位179名；法学硕士121名；法学博士毕业45名，获学位43名，肄业2名；全日制法硕毕业256名，获学位253名；在职法硕和研修班获学位36名。

其他工作　组织召开与招生、教学、培养相关的各种会议，如2011年“五四”教学研讨会、法硕综合改革项目工作会、学科召集人会议、教学委员会会议、学位委员会会议、学生座谈会、国内访问学者进修教师座谈会、研究生招生保密工作座谈会等等。

组织教务办公室新址规划、搬迁及文件材料的整理归档工作。

【科研工作】　科研成果　2011年，法学院教师共发表学术论文277篇，其中发表在中文核心刊物的论文126篇；共发表外文学术论文12篇，其中1篇被国际著名社科类学术数据库SSCI收录。出版学术专著17部，学术译著3部，古典文献点校1部，教材25部，其他主编、参编学术著作、学术期刊、学术丛书共计17部。

科研课题　2011年，国家级、省部级科研项目有63项课题申报，其中23项课题立项，立项率达36.5%。其中，国家社科基金重大项目1项，国家社科基金重点项目2项，国家社科基金一般项目、青年项目6项，国家社科基金后期资助项目1项，教育部哲学社会科学重大课题攻关项目(马克思主义理论研究与建设工程重点教材编写专项)1项，教育部人文社科一般项目2项，北京市哲学社会科学规划项目1项。

科研机构　2011年11月，经学校审批，法学院新成立了“北京大学法学院廖凯原法治与礼治研究中心”。目前，法学院共有各类研究机构36个。

法治与发展研究院　2011年度，法学院的科研创新重点体现为加快推进“北京大学法治与发展研究院”的建设。研究院下设刑事法治研究中心、司法案件研究中心、海商发展战略研究中心；并受托成为最高人民法院“知识产权司法保护理论研究基地”、国家税务总局“税收法治建设研究基地”；研究院先后发表或出版下列报告：《中关村地区视频网站审理研究报告(2007—2010)》(与北京市海淀区人民法院联合发布)，《冲突与共赢：技术标准中的私权保护》《环保法治三十年：我们成功了吗?》。

【交流合作】　来访接待　2011年度，法学院先后接待了耶鲁大学、赫尔辛基大学、巴黎政治大学、墨尔本大学、加州大学伯克利分校、斯坦福大学、牛津大学、欧洲商学院等境外高校法学院院长、教授，泰国司法机构高级培训项目代表团，德国柏林州司法部代表团等机构团体，以及日本经济团体联合会会长米仓弘昌，原香港特别行政区终审法院首席大法官李国能等著名人士的来访。共计有32所世界知名大学或组织代表团总计约230人次访问我院。

交流合作　学院积极拓展并深化国际交流，以及港澳台合作，共计与43所国际机构签订55件协议。除了拓展交流合作，学院还力求搭建学术研究的高层平台，包括每年一度的中德刑法学论坛、BESETO国际会议(北大—首尔—东大)、北大—港大学术年会等。而代表着学院特色的中国法硕士项目也顺利推进。

出访手续办理　2011年度，法学院共计有24位教师出访，17名学生参加对外交流项目，同时接收了17名国际交换学生。

【党建工作】 落实学校党委有关工作要求 院党政领导认真搞好理论中心组学习,加强党委工作与学院工作的结合,围绕教学科研做好教职工思想工作,充分调动教职工的工作积极性。落实《党风廉政建设责任制》,重大事项全部通过党政办公会决定,做好院务公开。

坚持做好党建工作 法学院党委下属40个党支部,其中8个在职教工党支部,2个离退休教工党支部,30个学生党支部。2011年,学生党支部共发展147名预备党员,其中研究生109名,本科生38名;发展女预备党员72名,少数民族党员6名;有88名预备党员如期转正。全院共有133名学生参加入党积极分子培训班学习并顺利结业。

配合学校做好推荐和选举工作 院党委配合学校,组织下属的40个党支部,积极参加学校党委的十八大代表推荐工作;组织全院2300余名师生参加了海淀区人大代表推荐工作。

【行政工作】 基础设施 2011年度的工作重点是办公大楼的搬迁,同时包括教务区封包、地下室改造、屋顶建筑贴膜、家具和办公设施的招投标订制工作、陈明楼办公室家具添置,以及暖气改造工程等。

行政管理 2011年度,法学院着力于严格坐班制度,提高管理服务水平,增强服务意识;建立并健全了劳动合同制员工包括招聘录用、岗位责任、工作考核、奖惩制度在内的一系列规章制度;顺利组织了教职工体检、暑期社会考察、太极拳练习等活动。

图书馆工作 2011年度,工作重点在新馆起用、馆藏建设、馆员队伍建设、读者服务、合作交流等方面。学院从学校争取到211三期专项经费81万元,全部投入到馆藏资源建设中。此外通过对外交流还获得了大量捐赠书籍。

校友会工作 加强与各地校友会的沟通与联系;接待大规模校友返校共8次,返校人数达到600余人;完善学院校友信息数据库,已经收集建立了18000余名校友的数据档案;继续编辑发行《校友电子期刊》和校友主题桌面等工作。

筹资工作 2011年度,广开筹资渠道,建立了学院发展基金5项、学生奖助学金8项、科研教学奖励基金6项、学科发展基金6项、讲席教授基金3项。

信息发布工作 2011年度,进行了法学院中英文版网站的全面改版;新闻发布及时,发布数量大幅增加;通过建立LED信息发布管理机制增设了法学院宣传窗口;加大信息报送工作力度,2011年度法学院的信息报送工作全校排名第五、院系排名第一。

院务委员会工作 2011年度,先后召开了3次院务委员会会议,讨论并表决了法学院包括财务预算在内的多项重大事宜。

离退休老师工作 通过不同形式为多位老师举办了寿诞;向三位去世老师的家属提供了困难补助和慰问金,并为芮沐和金瑞林两位老师举行了追思会;组织了离退休老师春游和秋游。2011年度,法学院被评为学校离退休工作先进集体。

【学生工作】 奖助学金工作 今年新设8项奖学金,增加了37个名额、近20万元,并出现了将奖学金与学术论文和国际化的学术探讨相结合的新形式;同时1项游学奖学金将于今年首次评定人选。

学生国内外交流 学生交流项目达25项,截至2011年11月底,在学生工作办公室进行备案出访交流访学的学生已达137人次。

就业指导工作 截至2011年9月,法学院就业率为:本科生94.9%、法律硕士98.4%、法学硕士98.1%、博士100%,平均就业率达97.3%,比2010年略有提升。

青年工作 继续以"基层团建、成才服务、思想引领"为主线,以基层团建创新工作、学生综合素质拓展项目、学生领导力培养项目、思想引领创新为重点工作主题,组织党团支部开展"学习'两个讲话'精神主题党团日活动"、探索法律人俱乐部等基层团建创新工作,规范推优入党机制,着力提升联合主题党团日的活力和活动覆盖率,深入开展基层团校工作,扎实开展法律文化节、"爱乐传习""校园生涯规划""挑战杯"学术科创竞赛、模拟法庭训练营、寒暑假社会实践、新年联欢晚会等学生综合素质拓展活动,积极拓展学生实习见习创业基地,大力发展学生志愿服务事业,夯实既有宣传阵地,创新宣传工作载体和形式。2011年,院团委在学校共青团系统和法学院的专项工作中出色完成了各项任务,并多次获得上级团组织的表彰。

【校友工作】 近一年来,法学院的校友工作得到了学校领导及校级校友会的高度肯定和好评。法学院多次作为学校唯一的院系代表在校级校友工作会议上介绍学院校友工作情况和经验。特别是在重庆召开的北京大学第七届理事会第三次会议暨北京大学第八次校友工作研讨会上,法学院作为唯一一个院系代表发言,并且法学院多名校友获得"北京大学优秀校友""北京大学优秀校友工作者""校友工作贡献奖"称号。

信息管理系

【发展概况】 信息管理系是我国自己创办的最早的图书馆学情报

学教育基地之一，其前身是图书馆学系，始建于 1947 年，1987 年 5 月改名为图书馆学情报学系，1992 年为适应国民经济信息化和社会信息化的需求，改为信息管理系。经过 65 年的建设和发展，在几代人的不懈努力下，逐步壮大为一个多学科、多层次、全日制与继续教育相结合的新型专业教育中心，培养高层次信息管理人才的摇篮。拥有图书馆学、情报学和编辑出版学硕士、博士点，以及图书馆、情报与档案管理一级学科授予权，其中图书馆学为国家重点学科，情报学为北京市重点学科。

2011 年，全系有教职工 35 人，其中教授 15 人（含在岗博导 10 人）、副教授 11 人、讲师 3 人。系内设有 2 个教研室（图书馆学教研室、情报学教研室），1 个研究所（信息化与人类信息行为研究所），3 个实验室（数字图书馆开放实验室、计算机信息管理应用实验室和中国人搜索行为研究实验室），还设有实习室、资料室、党委办公室、行政办公室、函授办公室、教务办公室等机构。

信息管理系还建有国家信息资源管理北京研究基地，承担国家信息化推进工作办公室委托的课题研究任务和相关的社会服务工作。

【教学工作】 2011 年 4 月下旬，学校公布 2011 年度“研究生教育创新计划”资助项目名单。赖茂生教授、张久珍副教授、韩圣龙副教授所申报的 3 个项目全部获批。

2011 年 6 月，承办的北京大学“社群信息学”暑期学校正式开班，邀请了美国伊利诺伊大学图书情报研究生院的 Abdul Alkalimat 博士和 Kate Williams 博士授课，采用面授、小组研讨、案例分析、实地考察等多种学习方式，探索社群信息学相关理论与方法。

经教务部组织专家评审和学校教材建设委员会批准，由陈建龙主编的基础大类平台课教材《信息资源管理基础》获得 2011 年度北京大学教材建设立项。

王延飞老师的课程获得 2011 年度北京大学研究生课程建设立项。

2011 年 12 月 9—10 日，情报学教研室举办了情报学学科发展研讨会，主要探讨信息管理系情报学学科发展、情报学专业的学生培养、相应对策，以及其他一些教学科研方面的问题。情报学教研室主任李广建教授主持了本次会议。

本学期召开了系教学指导委员会会议，讨论通过了新申请课程、认定专业课程任课教师、商讨了新研究生培养方案中必修课程申请及审核程序，将新培养方案中的必修课程公布给老师提出任课申请，并提交教学指导委员会讨论通过。

信息管理系与香港城市大学交换生计划继续推进，2012 年春季，香港城市大学将有 5 名交换生到信息管理系进行交流和学习。

2011“高水平”公派项目第一批录取名单近日公布，信息管理系 2 名博士研究生获得立项支持，将于 9 月赴美国伊利诺伊大学学习一年。

2011 年，信息管理系共招收信息管理与信息系统专业本科生 44 人（含留学生 6 人）。硕士研究生 37 人，其中图书馆专业 9 人，情报学专业 25 人，编辑出版专业 3 人。博士研究生 17 人，其中图书馆专业 5 人，情报学专业 8 人，编辑出版专业 4 人。

2011 年 7 月，信息管理系毕业本科生 42 人，全部获得学士学位；本科结业 1 人。毕业硕士研究生 35 人，全部获得硕士学位。毕业博士研究生 19 人，全部获得博士学位。

【科研工作】 赖茂生教授、周庆山教授获得 2011 年度国家社科基金立项资助。

申静副教授和张广钦副教授分别获得 2011 年度教育部人文社科研究项目资助。

王继民副教授主持国家“核高基”重大科技专项子课题。

【交流合作】 2011 年 10 月 22—23 日，全国情报学博士研究生学术论坛在北京大学顺利召开。本次论坛是赖茂生教授申办的研究生教育创新项目，由北京大学研究生院主办，信息管理系承办，来自全国各地拥有情报学博士点的高校及科研院所共计 12 家单位的博士研究生、博士生导师代表，以及情报学专业和相关专业的硕士研究生共计 150 余人参加了此次论坛。

2011 年 11 月 19 日，由北京大学主办，信息管理系和信息产业战略研究中心承办的“北京大学中、日、韩城市信息化国际研讨会”在北京大学百周年纪念讲堂举行。

2011 年 11 月 26 日，由信息管理系举办的 2011 年图书馆学博士研究生学术论坛在北京大学北阁成功召开。

2011 年 11 月 26 日，第三届“搜索行为与用户认知研究”重庆研讨会由北京大学信息管理系暨国家信息资源管理北京研究基地和南京理工大学经济管理学院信息管理系共同发起，西南大学计算机与信息科学学院承办。

2011 年 10 月 28 日，亚太 iSchool 联盟委员会会议在信息管理系召开，参加会议的有来自中国、日本、澳大利亚、新加坡、新西兰、泰国、马来西亚、越南等地的专家学者。

2011 年 6 月下旬，美国印第安纳大学图书馆和信息科学学院副教授 Ying Ding 来信息管理系讲学，演讲题目为“科学家语义建模：VIVO 本体”。

2011 年 7 月初，美国罗格斯大学信息与传播学院尼古拉斯 · 贝尔金教授来信息管理系讲学，演讲题目为“个性化搜索体验研究：浅谈 PoDLE 项目”。贝尔金教授是美国新泽西州罗格斯大学的著名教授，是图书馆学和情报科学方面具有影响力的科学家。

2011 年 9 月 13 日，近 20 名日本爱知淑德大学师生来信息管理系交流访问。

2011 年 10 月，澳大利亚科廷商学院电子商务研究领域负责人 Ashley Lloyd 教授来信息管理系访问交流。

2011 年 10 月 19—22 日，王余光教授参加台湾大学图书资讯学系 50 周年及相关学术研讨会，并在会上做题为“图书情报与档案管理学科中的文献学教育”的演讲。

【继续教育】 2011 年 2 月 18 日，信息管理系继续教育夜大学（专升本）2012 级开学典礼在第二教学楼举行，夜大学春季新入学人数为 189 人，相关教师对新生进行了入学教育，并开展系列班级活动。

2011 年 9 月 25 日，该系主办的“第四届北大政府 CIO 班”结业典礼在英杰交流中心举行，系副主任王子舟出席并致辞，北京大学遥感与地理信息系统研究所邬伦教授做了题为“云计算、物联网与数字城市建设”的学术报告。

2011 年 11 月 25 日，系图书馆学研究生课程进修班开学典礼在系会议室举行，本届共招收学员 22 名。图书馆学专业课程进修班作为信息管理系高水平高质量的研究生在职教育班已连续成功举办了 5 年。

【党建工作】 2011 年，信息管理系党委的主要工作是按照学校党委的要求和部署，结合系工作实际，扎实推进各项工作，主要工作如下：

加强党建工作，顺利完成 3 个学生支部的换届选举工作。本年度共发展新党员 23 人，预备党员转正 31 人。3 个学生支部在 2011 年度均 2 次获得学校党建创新立项经费的支持。

深入开展创先争优活动，举办有特色的主题党日活动，教工党支部开展了“学习党史，坚定信念，创先争优”活动和“立德树人、示范引领”活动，并分别开展了支部评议工作。系党委加强所属 6 个党支部的工作，多次召开教工与学生党支部工作研讨会。

组织全系师生认真学习、深刻领会、全面贯彻胡锦涛总书记“七一”重要讲话和刘延东国务委员在全校教师干部大会上的讲话精神，进一步统一思想，明确使命，凝聚共识，努力开创信息管理系发展建设新局面，为加快推进建设世界一流大学的步伐做出自己应有的贡献。

系党政班子成员认真学习《关于实行党风廉政建设责任制的规定》等文件，积极开展反腐倡廉自查工作，坚持实行民主集中制的原则，践行“三重一大”的集体决策机制，修订并完善了部分规章制度。

关心离退休党员群众生活，慰问走访，帮助生活困难的离退休同志解决实际问题。为 80 岁以上的离退休教职工免费订报纸，报销车费，方便他们看病、参加活动等。

【人事工作】 2011 年，信息管理系新增补 4 位教职工，所引进的 2 名年轻教师均在国外获得博士学位（徐扬和张鹏翼），行政人员和资料室人员各 1 名（邓佳佳和顾晓光）。陈建龙教授到西藏大学挂职工作，张广钦副教授到杭州市图书馆挂职。王延飞教授被聘为博士生导师，王军老师被聘为教授，许欢老师被聘为副教授。陈文广副教授赴加拿大进行为期半年的学术交流活动。

2011 年 4 月 22 日，欢送石晓华和韩仲老师的“荣退午宴”活动在畅春园餐厅举行，信息管理系 30 余名教职工参加了该项活动，系主任王余光教授致辞。赖茂生教授于 2011 年 12 月退休。

信息管理系张荣起教授，因病于 2011 年 3 月 16 日凌晨在北医三院逝世，享年 88 岁。

【学生工作】 2011 年 3 月 28 日，信息管理系召开“打工子弟学校图书馆志愿者活动动员会”，会议对本学期将要为打工子弟学校图书馆开展的志愿活动进行了统一安排和人员调整。

2011 年 5 月 12 日，系青年志愿者协会同学前往金榜园小学图书馆进行图书整理志愿活动。

2011 年 5 月 20 日，系团委青年志愿者协会同学前往金榜园小学开展“关注农民工子弟，阅读创造未来”活动，并向该小学图书馆捐赠图书 500 余本。

2011 年 5 月 26 日，系学工办对湖南、湖北受灾地区学生进行慰问访谈。

信息管理系 2007 级本科生王超然同学在第 25 届“京华杯”北大、清华棋类桥牌友谊赛中表现突出，为北京大学赢得比赛的胜利做出了重要贡献。

【学校表彰】 周庆山教授荣获 2010 年度北京大学优秀科研工作者称号，获得国家社科基金项目优秀结项；王益明副教授荣获北京大学 2010—2011 年度教学优秀奖；祁延莉教授荣获北京大学 2011 年正大奖教金；赵丽莘老师荣获北京大学 2011 年研究生教育管理先进奖；信息管理系荣获北京大学对口支援工作先进集体；王益明副教授荣获北京大学 2010—2011 年度优秀德育奖；王继民副教授荣获北京大学 2010—2011 年度优秀班主任二等奖；韩圣龙副教授荣获北京大学 2010—2011 年度优秀班主任三等奖。

社会学系

【发展概况】 截至 2011 年 12 月，

社会学系在职教学和科研、教辅和行政人员共 47 人，其中专任教师 38 人，教辅和行政人员 9 人。王汉生教授在本年度内光荣退休。38 位专任教师中，有教授 21 人，副教授 12 人，讲师 5 人。21 位教授中，有教育部新世纪优秀人才 4 人，教育部跨世纪人才 2 人。此外，本系还聘请了长江讲座教授 2 人（李中清、谢宇），北京大学客座教授 1 人（周雪光）。

社会学系设有社会学理论、社会学方法、应用社会学、社会工作等教研室；设有社会学和社会工作 2 个本科专业；社会学、人类学、人口学和社会保障 4 个科学学位硕士点；1 个专业学位（社会工作硕士专业学位）硕士点；社会学、人口学和人类学 3 个博士点。北京大学社会学一级学科（下含社会学、人口学、人类学、民俗学 4 个二级学科）是北京大学现有的 18 个国家一级重点学科之一。

社会学系还是中国社会工作教育协会秘书处和全国社会工作硕士专业学位教育指导委员会秘书处所在地。据《美国新闻与世界报道》2011 年 10 月发布的世界最佳大学排行榜，北京大学社会学专业在世界大学社会学专业中排名第 22 位，并进入世界前 50 位。

【教学工作】 2011 年 7 月，社会学系社会学专业获得学士学位学生 40 人，社会工作专业获得学士学位学生 5 人；社会学专业留学生获得学士学位学生 7 人，社会工作专业留学生获得学士学位学生 1 人；获得社会学专业双学位学生 31 人。获得硕士学位学生 79 人，其中社会学专业 66 人（含同等学力硕士学位 2 人），人类学专业 6 人，社会保障专业 7 人。获得博士学位学生 15 人，其中人类学 1 人，社会学 14 人。培养进修教师 21 人。

2011 年 9 月，社会学系招收普通本科生 46 人，留学生 17 人。招收硕士研究生 92 人，其中本部 61 人（社会工作专业硕士 22 人，学术型硕士 39 人），深圳研究生院 31 人（全部为学术型硕士）。学术型硕士研究生中，有留学生 2 人。招收的研究生按专业方向区分为：社会学专业 60 人，人类学专业 5 人，社会保障专业 5 人，社会工作专业 22 人。招收博士研究生 26 人，其中人类学专业 5 人，社会学专业 21 人。

2011 年 10 月，顺利完成 2012 年保送硕士研究生工作，共有 55 人获得保送资格，其中 15 人为社会工作专业硕士。社会学系还开设了“应用社会学——社会经济与发展研究方向”的在职研究生课程班，2011 年招收学员 32 人。

2011 年度，社会学系在本科教学方面的工作主要包括以下几个方面：一是做好日常教学管理；二是重视培养条件的建设，经过努力，与深圳市龙岗区委党校合作建立了“北京大学社会学系深圳实践基地”；三是继续重视本科生的实践、实习和科研创新（本学期有 2 组本科生分别获得了北京大学“挑战杯”竞赛特等奖，其中由卢晖临老师指导的张好雨的论文获得了全国挑战杯比赛的一等奖）；四是重视本科生毕业论文的质量和规范化管理；五是积极落实执行新教学大纲并开设大类平台课。

研究生教学管理方面，值得提出的工作有三点：一是规范管理，将研究生的培养方案落到实处，抓好过程管理；二是积极利用有限的资源，聘请和吸引了瑞典、法国、美国、韩国的 5 位学者到社会学系开设社会学理论和方法、影视人类学方面的课程；三是重视研究生毕业论文写作，特别是请有经验的教授为博士研究生开设了 1 个学分的论文写作指导课程，作为博士研究生必修的学分。

社会对社会学和社会工作专业毕业的本科生、硕士研究生和博士研究生都有很高的需求，社会学系毕业的本科生中，每年约有近 50%成为免试研究生或出国继续深造，持续稳定地为社会学及相关学科输送高质量的研究生生源；还有 50%左右的毕业生进入政府政策研究部门、中外社会调查和市场调查公司、文化传播机构和企事业单位工作。毕业的博士研究生主要进入国家重点大学的相关专业从事教学科研工作。

【科研工作】 人才和获奖方面，熊跃根教授入选 2010 年度教育部新世纪优秀人才支持计划，方文、佟新等教授获得 2010 年北京大学人文社会科学科研工作成绩突出奖，刘能教授获得北京市优秀成果奖。

本年的纵向项目中标率高，4 人中标国家社会科学基金一般项目和青年项目，4 人中标教育部一般项目和青年项目。本年出版专著 8 部，译著 7 部，编著或教材 14 部，有影响力的研究或咨询报告 3 篇，发表文章 120 余篇。全年新增科研经费 529.57 万元，在研各类项目 70 余项，其中纵向课题 8 项，横向课题 60 余项。

本年中标的纵向项目有：熊跃根教授的“包容性增长的社会基础与我国社会政策发展的研究”中标国家社科基金重点项目；马戎教授的“新疆/西藏内地办学项目发展状况及其对我国民族关系影响的社会效果评估研究”中标国家社科基金年度项目；在站博士后刘嵘的“湘西凤凰声音民族志研究”中标国家社科基金青年项目；在站博士后高小岩的“庆典仪式与中华民族国家凝聚力研究”中标国家社科基金青年项目。此外，在站博士后文艳林的“藏族跨区职业技术教育及其对经济社会的影响研究——以四川藏区 9+3 援藏教育工程为例”中标教育部人文社会科学规划基金项目;在站博士后李春霞的"农村进城务工女性社会网络研究——以北京地区家政服务员为例"中标教育部人文社会科学青年项目;青年教师卢云峰的"变迁社会中的政教关系:以基督教和天主教的地下教会为例"中标教育部规划基金项目;李建新教授的"中国民生发展报告"中标教育部哲学社会科学发展报告建设项目。

博士后工作方面,2011年社会学系博士后科研流动站进站博士后4名(韩成燕、李晓非、郑志刚、娄芸鹤),出站博士后5名(刘嵘、赖立里、孙焱、丁华、吕萍)。成功举办"第七届社会学博士后回站学术研讨会",吴志攀常务副校长亲自到会讲话,原国家人事部副部长、已故社会学、人类学家费孝通的家属,以及全国工商联原主席、中国艺术研究院副院长及北京大学人事部、社科部的各级领导出席讲话,出站和在站博士后30余人到会,会议取得良好的社会效应。此外,袁年兴获得博士后资助项目,张荆红、刘仁文被评为"北京大学优秀博士后"。

2011年科研工作特点:一是青年教师和博士后申报项目积极性高,国家社科基金项目申报者12人,教育部项目申报者6人,还有其他各类项目均踊跃申报,申报率在全校文科中名列前茅;二是纵向项目中标率高,今年4人中标国家社科基金项目,4人中标教育部项目,在全校文科中人均中标率名列前茅。

【党建工作】 组织建设 按照学校党委统一部署和规定工作程序,于2011年4月20日召开中共北京大学社会学系党员大会,选举产生新一届中共北京大学社会学系委员会委员及委员会书记、副书记。按照《中国共产党普通高等学校基层组织工作条例》等文件要求,以把支部建在班上为原则,调整党支部设置,因支部设置调整、学生毕业等原因,撤销学生党支部3个,新成立学生党支部7个。所有学生党支部按学校规定程序及时换届,换届过程中系党委在选举前增加提名环节,扩大了参与度。在学生党支部中统一增设副书记职位,由其兼任支部委员。

制度建设 为了规范和严格党员发展工作程序,努力在过程中开展教育,系党委研究制订了《北京大学社会学系党员发展公示制试行办法》《北京大学社会学系党员发展票决制试行办法》《北京大学社会学系党员发展民主测评制试行办法》。这三项制度的实施,有利于扩大党内民主、广泛接受党员群众监督,更有利于规范有序地开展党员发展工作,为严把党员发展质量关提供制度依据。

思想建设 围绕创先争优活动、庆祝中国共产党成立90周年、纪念辛亥革命100周年、学习胡锦涛总书记"七一"重要讲话和刘延东国务委员在北京大学教师干部大会上的讲话、学习贯彻十七届六中全会精神等主题,组织、指导和动员党支部开展多种形式的学习活动。2008级本科生党支部组织专题讨论会;2011级博士研究生党支部集体观看《建党伟业》,并召开主题学习讨论活动;2009级硕士研究生党支部组织观看影片《辛亥革命》,并组织讨论会;教工党支部以"立德树人、示范引领"为主题开展专题研讨,并提出我心目中的党组织和党员形象标准。积极组织党员群众参加"北京大学纪念中国共产党成立九十周年征文活动",社会学系党委获优秀组织奖,1篇文章获得学术类征文一等奖,1篇文章获得心得体会类征文二等奖。积极组织党员群众参加"创先争优"主题征文活动,1篇文章获得一等奖。此外,还组织党员群众参观校史馆和沙滩红楼,接受校史校情教育。

开展党的基础知识培训 按照学校党委的统一安排,分别对2011级本科生和2011级研究生(包括党员和入党积极分子)进行党的基础知识教育。按照党校的统一安排和组织,参加北京大学第18期党性教育读书班并结业的有51人,参加北京大学第24期党的知识培训班并结业的有25人。组织培训过程中,系党委通过党委书记讲党课,结合专业特点开展创新性培训活动等措施,强化培训效果。

建立健全党风廉政建设责任制 根据《北京大学党风廉政建设责任制实施办法》的精神,研究制订《北京大学社会学系党风廉政建设责任制实施办法》,明确了党政领导班子成员的党风廉政建设责任、党政领导班子成员分管业务内的廉政风险防范工作,以及全体行政管理人员的廉政责任。以制订该办法为契机,党政联席会议多次讨论、深入学习,起到了定规章促学习的效果。并通过建立更为科学的财务工作机制、制订规章明确廉政责任。在新制订的《北京大学社会学系教室使用管理办法》和《北京大学社会学系印章管理办法》中均有"廉政责任条款"。

推进党务系务公开 一是实行两会有纪要,即党委会会议纪要发至全体党委委员,党政联席会会议纪要发至党政领导班子成员。二是大会有传达,即原则上每两周召开一次全系大会,及时通报工作事项,在年底的全系大会上通报财务情况。三是制度有保障,即重要的工作事项实行公示制,党员发展时主要环节实行公示,确保公开透明、保障师生员工和党员群众的知情权。四是反馈有渠道,即专门设立意见箱,经常性地听取师生员工的意见和建议。

【学生工作】 深入组织学生响应胡锦涛总书记"向实践学习,向人民群众学习”的号召,以纪念恢复重建30周年为契机,充分发挥学生的主观能动性,不断推进“实践育人”工作的开展。结合系史系情教育,采访老教师和优秀校友,钩沉北大社会学系发展变迁的历史,深化系史系情和爱校荣校教育,激发当代北大青年与民族共命运、与祖国同奋进、与时代齐发展的时代使命感和社会责任感;结合“深处看中国,实践求真知”,组织多支实践队伍,分赴四川、安徽、广西、天津等地开展社会调查,并撰写专题报告;结合“北京大学2011年新生‘爱乐传习’项目”暨纪念“一二·九”运动76周年文艺汇演活动的开展,积极发挥学生的主观能动性,由学生原创编排了舞台剧《希望社会》,有效调动学生的积极性和对历史传统的深入学习;结合北京大学“挑战杯”系列赛事的开展,社会学系学生运用专业知识深入实地开展调查研究,2011年有1份调研作品荣获“挑战杯”竞赛作品特等奖,2份作品荣获“挑战杯”竞赛作品一等奖,4份作品荣获“挑战杯”竞赛作品二等奖,3份作品荣获“挑战杯”竞赛作品三等奖,社会学系蝉联“挑战杯”竞赛最高奖——王选杯。一系列实践活动有效结合了我系的学科特点和专业特色,感染带动广大青年,起到了思想引领的作用,引导广大青年奋发向上、立志图强。

社会学系始终坚持团建强基,推进落地工程,倡导“眼睛向下、重心下移”,努力做到“覆盖全体青年、影响全体青年”。根据新时代青年的群体特征,大胆探索和创新基层团组织建设的有效载体和途径,以开展党团日主题活动的形式,推动团建强基和工作创新。在党委的指导和支持下,团委积极组织学生以班级为单位,开展跨专业、跨年级、师生一堂的主题党团日活动。2011年5月以来,社会学系团委组织各年级青年学生开展至少7次党团日主题活动,推优入党人数达22人,党建带团建见实效。

2011年,社会学系28名学生获得“三好学生”称号,20名学生获得“学习优秀奖”,9名学生获得“社会工作奖”,2名学生获得“红楼艺术奖”,1名学生获得“五四体育奖”,4名学生被评为“三好学生标兵”,2名同学被评为“优秀学生干部”。此外,2010级博士研究生赵萱同学获得全校社会工作类创新奖,2010级本科班获得北京大学“先进学风班”称号。在2011年的奖学金评审中,社会学系77人获得额度不等的奖学金。

2011年,社会学系69名困难生获得180余项助学金,共计近70万元。这些助学金和临时困难补助极大改善了困难学生的生活状况。此外,社会学系积极开展资助辅助工作,以问卷和访谈的形式深入了解困难生的家庭动态,积极开设勤工俭学岗位。2011年聘任的9位学生助理中有6名是家庭经济困难学生。2011年12月,社会学系被评为“北京大学学生资助工作先进单位”。

2011年,社会学系本科毕业生56人,研究生118人,其中博士研究生28人,全部毕业生均落实了就业去向。本科生实现了100%就业,有20名学生升学攻读硕士,占本科毕业生总数的35.71%;17名学生出国,占本科毕业生总数的30.36%;另有17人签约派遣,2人以其他形式就业。研究生中有85名学生签约派遣,占研究生毕业生总数的72.03%;另有4人出国,8人升学,21人通过其他形式实现就业。在全部签约派遣的毕业生中,有2名本科生和16名研究生选择前往中西部地区或基层建功立业,响应“我回家乡做贡献”的重要号召,体现了社会学系学生心系社稷、胸怀天下的报国之志。2011年,社会学系获评为“北京大学就业工作先进集体”。

2011年8月底,社会学系2010级本科生军训顺利完成,先后获得军训团歌咏比赛、内务比赛优秀奖,并被评为优秀班集体。9月初,由社会学系团委组织的“以新迎新”活动成功展开。活动当日,在团委指导下,学生会和老生志愿者率领2011级本科新生党员组成迎新志愿队伍,以踏实认真的态度、热情真诚的服务顺利完成了迎新工作。此次活动将新生党员培训与迎新工作相结合,有效捆绑了思想政治教育、社会实践与志愿服务等工作。2011年7月,以社会学系为主,22名学生参与了为期一个月的与巴西高校学生开展的“top china”项目。11月,社会学系青年志愿者协会组织学生志愿者继续服务国际文化节和“北京论坛·2011”。

政府管理学院

【发展概况】 北京大学政府管理学院拥有政治学与行政学、公共政策学、城市管理学、行政管理学(政治学与行政学专业联合培养)4个本科专业;设有政治学理论、中外政治制度、中共党史、行政管理、区域经济、公共管理(发展管理)和公共管理(公共政策)7个硕士学位授予点;拥有政治学、行政学、区域经济学3个博士学位授予点和政治学、行政学、区域经济学3个博士后科研科流动站。学院还设有MPA教育中心,与教育部人文社会科学重点研究政治系基地——北京大学政治发展与政府管理研究所有着密切的学术协作关系。

院长为全国政协副主席、著名行政法学家罗豪才教授,常务副院长为傅军教授,副院长为徐湘林教授、李国平教授、白智立副教授、朱天飚副教授、李靖。党委书记为周志忍教授，副书记为李国平教授（兼）、李靖（兼）、姚静仪、姚奇，工会主席为郁俊莉副教授。

【教学工作】 2011年，学院共招收90名本科生，其中留学生11名，主要来自韩国；招收行政管理学专业辅修生21人，显示了行政管理专业对全校学生越来越具有吸引力。随着公共管理学科逐渐受到重视，以及报考公务员的同学越来越多，为学院本科教育的大发展提供了广阔空间。为顺应新形势，学院积极推动本科教育的国际化和对外发展，进一步扩大了学院的教育服务能力和影响力。

2011年，学院共有81名本科生顺利毕业，有73人顺利获得学士学位（其中留学生12人）；另外，行政管理学专业辅修生10人获毕业证书。

目前已确立了9门本科主干基础课，分别为：王浦劬老师、高鹏程老师等开设的“政治学原理”，张国庆老师开设的“公共行政学概论”，陈庆云老师、李永军老师等开设的“公共政策分析”，杨凤春老师开设的“当代中国政府与政治”，关海庭老师开设的“中国近现代政治发展史”，肖鸣政老师、句华老师开设的“人力资源开发与管理”，沈明明、王丽萍老师开设的“比较政治学概论”，江荣海老师开设的“中国政治思想”，杨开忠、陆军老师开设的“城市与区域经济学”。

2010—2011学年，学院多项本科学生科研项目得到学校立项资助，宋磊老师荣获校教学优秀奖，朱天飚老师获方正奖教金教师优秀奖，金安平老师获中国工商银行教师奖，李强老师获校优秀博士学位论文指导教师三等奖，周志忍、许耀桐老师分别获校优秀博士学位论文指导教师优秀奖，白彦老师获校第十届青年教师教学演示竞赛人文社科类二等奖，陆军老师获校第十届青年教师教学演示竞赛人文社科类三等奖，惠长虹老师获校优秀德育奖，黄璜、苗庆红老师分别获校优秀班主任二等奖，闫立佳老师获校优秀班主任三等奖。

2011年度，学院免试推荐研究生工作整体推进顺利，在62名本科毕业生中有39人获得免试攻读硕士学位资格，占本科毕业生的62.9%。

2011年度，政府管理学院各类研究生报名人数约962人；录取新生159人，其中主要包括硕士免试推荐、硕士统考、双证MPA、MPP项目和博士统考、硕博连读，以及申请制港澳台、留学生8个项目，招生工作进展顺利。另外，在商务部和教育部支持下的MPP项目自2009年首次面向全球招生后，2011年继续扩大自费生的招生规模，招收自费生50人。

2011年度，学院共有160人结束学业，硕士毕业生116人（最后一届单考班学员29人顺利毕业）、肄业4人，博士毕业生37人、结业2人、肄业1人。获硕士学位116人，获博士学位41人（含补授学位）。

由校计算机中心开发的全校性办公系统继2009年学籍系统正式上线使用后，教学管理系统、研究生奖助系统和学术交流管理系统于2010年全面上线使用，培养管理、学位系统于2011年上线使用。在系统的支持下，研究生的教学和管理工作朝着系统化、规范化、数据化的方向又迈进了一步。

自2009年开始取消博士研究生指导教师固定资格制，采用申请制遴选后，2011年度，梁鸿飞、王丽萍两位老师通过申请和公示获得博士指导教师资格。

2011年，经过全国联考和学院复试，录取MPA学生320人，其中北京大学本部班2011年7月和12月经学位论文答辩获得公共管理硕士学位的MPA学生有291人。

在国际英文授课项目方面，学院与伦敦政治经济学院合作举办的双硕士项目已于2011年秋季正式开始运行，首批学生来自英国、美国、俄国、意大利、法国、韩国、捷克等国家。学院英文授课项目学生数稳步增长，2011年英文项目招生37人，分别来自全球23个国家和地区。其中发展中国家高级行政人员公共政策硕士项目19人，公共政策英文硕士项目6人，北大—伦敦政经双硕士项目11人，北大—维多利亚惠灵顿大学双硕士项目1人。

【科研工作】 2011年，政府管理学院科研成果共82项，专著主编编著或教材类研究成果共4部，研究报告论文译文类研究成果78篇。

2011年，积极动员和组织全院教员和博士后申请国家、部委纵向项目。今年政府管理学院共批准立项国家和省部委纵向科研项目10项，其中国家社会科学基金一般项目1项、国家社科基金青年项目1项，教育部规划基金项目4项，国家自然科学基金项目3项，北京市哲学社会科学规划项目1项。陆军教授主持的“中国城市公共产品空间失配的纾解策略研究”，立项为2011年国家社会科学基金一般项目；孙铁山讲师的“我国都市圈空间组织的经济绩效与空间结构优化研究”，立项为2011年国家社会科学基金青年项目；周志忍教授主持的“整体政府视角下的中国政府跨部门协同机制研究”，立项为2011年国家自然科学基金项目；李国平教授主持的“我国区域空间结构演化机理、影响因素及其优化研究”，立项为2011年国家自然科学基金项目；严洁副教授的“并进数据和调查数据质量管理”，立项为国家自然科学基金项目；李国平教授主持的“京津冀区域发展报告”，立项为2011年教育部哲学社会科学发展报告资助项目；吴丕教授主持的“转型时期中国农村政治发展与社会管理研究”，立项为2011年教育部人文社科研究重点研究基地重大项目；梁鸿飞副教授主持的“政府基本公共服务标准化和可持续问题研究”，立项为2011年教育部人文社科研究一般项目；梁盛平博士后主持的“北京建设世界城市公共艺术空间的规划研究”，立项为2011年教育部人文社科研究一般项目；黄恒学教授主持的“北京社区公共服务建设研究”，立项为2011年北京市哲学社会科学规划重大项目。

2011年，学院教师承担的横向项目、国际合作项目研究经费总数达2100万元以上。

2011年，政府管理学院王丽萍教授入选教育部新世纪优秀人才支持计划。

【政治学重点研究基地】 2011年1月18日，政治学基地在政府管理学院大楼召开了“2010年政治学基地工作总结及基地成立十周年庆祝会”。会议由北京大学政治发展与政府管理研究所所长谢庆奎教授主持。谢教授对基地十年来的发展历程和基地2010年所取得的成果做了详细的介绍，并对2010年学术研究成果取得突出成绩的代表颁奖。

2011年6月13日，由萧鸣政教授主持的教育部重点研究基地2010年重大项目“领导班子结构与绩政关系研究”开题报告会在政治学基地会议室召开，北京大学王浦劬教授、中国人民大学朱立言教授、北大方正集团高级副总裁谢克海先生、北大社科部李净、北京大学部分研究生等参加了会议。

2011年7月31日，教育部人文社科重点研究基地——北京大学政治发展与政府管理研究所自设研究项目“中国地方政府公共行政改革的创新发展——以昆明治理为例”课题，取得重要成果，以此为中心，研讨中国地方公共行政改革创新发展和昆明治理，于北京大学博雅国际会议中心召开了全国性高端学术研讨会；白钢、李景鹏、李景治、谢庆奎、谭君久、林尚立、朱光磊、王浦劬、许耀桐、周志忍、毛寿龙、赵虎吉等全国政治学与公共管理领域近40位知名专家学者参与了研讨。会议围绕以下8个子课题分别展开了专题讨论，达到了良好的效果。8个子课题分别为：一是关于政府执行力的专题研究，二是关于“鲶鱼效应悖论”的交易成本政治学的专题研究，三是关于政府主导与水环境治理的专题研究，四是关于地方政府创新的弓弦箭模型的专题研究，五是关于地方政府过程、行政问责与干部选拔模式的创新与价值等方面的专题研究，六是关于论民主执政方向的专题研究，七是关于昆明滇池治污与首尔清溪川改造的比较专题研究，八是关于北京大学“昆明治理”问卷调查数据分析报告的专题研究。

【交流合作】 1. 2011年1月13日，政府管理学院与台湾“中山大学”代表团签署合作意向书，在系所的合作层面上，双方的负责人相互了解各自单位的发展历史和经验，并对双方的合作和未来的发展展开了友好的讨论。

2. 2011年5月9日，政府管理学院与台湾大学社会科学院签署学术交流与合作意向书，为日后的学术交流与师生互访等活动建立框架计划。

3. 2011年5月17日，新加坡公共服务代表团访问学院。新加坡公共服务委员会秘书黄国安先生提出了与政府管理学院合作的意向，并回顾了近年来新加坡留学生在政府管理学院的交流学习。代表团尤其针对学院目前的英文授课项目（MPP项目）进行了详细了解，以参考该项目的模式来架构双方未来的交流和合作。

4. 2011年6月2日，马尔代夫文官委员会代表团一行4人访问政府管理学院。

5. 2011年7月10日—8月6日，政府管理学院与意大利米兰大学、都灵大学等欧洲合作伙伴成立了第一期“中欧暑期交流项目”，给学院学生提供了一个国际交流互动平台。

6. 2011年7月16日，接待香港青年时事评论员参观交流团访问。

7. 2011年8月15日，伦敦政治经济学院副校长Stuart Corbridge、合作伙伴关系办公室主任Pete，以及中国办公室代表等一行3人访问政府管理学院，并与学院常务副院长傅军教授就双方学院情况和合作发展进行了会谈。

8. 2011年8月22日，美国伊利诺伊州参众议员代表团访问政府管理学院。双方谈论的问题涉及职业理想、教育质量、社会公平、男女平等、医疗保险、主权债务、通货膨胀、经济前景，以及彼此的印象和不同的风土人情。

9. 2011年9月8日，北京大学政府管理学院与新加坡国立大学李光耀公共政策学院签订协议，启动双硕士项目，使学院合作办学英文项目进一步发展壮大。

10. 2011年9月10日—12月25日，新加坡外交部前部长杨荣文先生来华进行考察调研工作，进一步加深对中国政治、经济和社会发展的认知和直观体会，同时作为访问学者在政府管理学院进行学术研究与交流活动。

11. 2011年11月27日—12月10日，“北大—台大校园精英计划”交流团访问政府管理学院。

12. 2011年，北京大学政府管理学院政治经济学系年会于12月16—18日在北京大学廖凯原楼举行。政治经济学系年会创办于2007年，已经连续举办4届，目的是为政府管理学院青年学者和博士研究生提供一个良好的学术交流平台。这届年会的规模进一步扩大，来自美国乔治·梅森大学、新加坡国立大学、中国人民大学、南开大学、上海交通大学、上海财经大学、北京师范大学、对外经济贸易大学、中央民族大学、中办电科院、华东理工大学等高校的师生共计40余人参与本次年会，提交论文并参与讨论。来自北京大学、南开大学、上海交通大学、厦门大学等高校的30余位学生旁听年会并参与讨论。这届年会的人员规模为历届之最。年会的议题广泛，涵盖发展型国家的理论、实践与中国经验、中国财政与社保的政治经济分析、国内社会治理、国际货币体系和技术进步的政治经济分析、中国崛起与国际政治经济体系变革等诸多议题。

13. 2011年12月27日，北京大学公共经济学系建系十周年庆典暨“城市公共服务建设研究”学术研讨会在北大召开。本次研讨会是庆祝北京大学政府管理学院成立十周年暨公共经济学系建系十周年系列活动之一。研讨会将全面回顾公共经济学系建系十年来在教学和科研方面取得的成就，深入探讨进一步推进公共经济学系学科建设的新思路，并就“城市公共服务建设研究”进行专题研讨。

【党建工作】 2011年，政府管理学院共有17个基层党支部，其中教工党支部5个，学生党支部12个。学院党委大力加强党建工作，切实做好党员发展、理论学习与培训等工作。2011年下半年，政府管理学院教工党支部进行了支部换届。政府管理学院顺利完成北京大学出席中共十八大代表推荐提名工作。

政府管理学院高度重视反腐倡廉建设工作，根据校党委、校纪委关于反腐倡廉建设工作部署，认真学习与落实《中国共产党党员领导干部廉洁从政若干准则》等文件精神，强化一岗双责，先后完成《政府管理学院贯彻执行〈关于实行党风廉政责任制的规定〉〈中国共产党党员领导干部廉洁从政若干准则〉等文件自查报告》、个人收入申报、“小金库”清查工作、填写《高校处级领导干部兼职及从事其他营利性活动情况自查报告表》、完成《规范管理，重在预防——政府管理学院加强党风廉政建设、防范廉政风险工作总结》报告、填写《北京市党员领导干部遵守廉政准则承诺书》、组织学院党员干部参加杨善洲同志先进事迹报告会、参观学校反腐倡廉建设教育展等工作、调查处理信访2件。

2011年，政府管理学院党委继续坚持党建促教育工作，以科学发展观为指导，以中国共产党成立90周年、“十二五”规划的开局之年、学习胡锦涛总书记“七一”重要讲话和刘延东国务委员在全校教师干部大会上的讲话精神等为契机，以基层党支部建设为抓手，通过时事政策教育、国情校史教育等扎实推进党员教育工作，引导青年学生将爱国与爱党、爱社会主义统一起来，将个人发展与国家民族进步统一起来。通过主题鲜明的党团日联合活动，使全体党员团员受教育、长才干。

【学生工作】 2011年，政府管理学院团委、学工办结合院系的学科优势和专业特长，为学生全面成长成才积极拓宽工作领域，举办了一系列主题活动，包括“寄语未来”系列讲座、公务员素质能力大赛、“毕业季”就业能力提升系列培训、“为未来导航”系列活动、“城市论坛”大型活动、“博雅家·乐创”品牌特色活动等，为服务学生成长成才起到了良好作用，为全校育人工作的专业化提供了有益的探索。2011年，学院团委在学院周志忍书记和姚静仪副书记的指导下，首创了“博雅家·乐创”品牌特色活动，以本科低年级班级为试点，通过科学方法，根据班级同学的不同性格与兴趣将班级分为6个小组，各小组自行轮流组织活动，活动由学生自行设计，学院仅提供策划指导、后勤保障、制度设计，充分发挥学生们的创造性。2011年，“春雷”春游素质拓展、“唱支红歌给党听”K歌大赛、“寻宝”校园定向越野、“亲亲一家人”话剧展演、“拼出一家人”拼图大赛、“高举团旗向前走，健康徒步我能行”定向越野、“让汗水浇灌学术，让你我感知幸福”学术交流会等活动依次展开，同学们积极参与，全面提升了学生的综合素质，提高了班级凝聚力。

不断加深毕业生教育，引导学生正确择业。认真落实奖学金评审工作，确保程序的合理与规范。政府管理学院在奖学金评审工作前，召集各班主任通报本学年奖学金的基本情况、评审流程等。在学生资助工作方面，为把工作落实到位，政府管理学院成立了以党委书记为组长，副书记为副组长的学院助学金评审工作小组，并针对不同资助工作制订了各自严格的程序。在资助常规工作上，政府管理学院认真落实困难生认定及助学金评审工作、国家助学贷款审核及贷后管理工作，同时及时了解学生状况，开展临时困难补助工作，努力为困难学生拓展勤工助学岗位。密切关注贫困学生的思想及心理状况，建立了快速准确的反馈机制，并积极开展感恩教育，引导受助学生回馈社会。针对毕业年级，政府管理学院在校团委和校学生就业指导服务中心的指导下，举办“中公教育杯”公务员素质能力大赛系列活动，并坚持追踪之前参加相关活动的同学，对他们进行综合素质提升、工作习惯培养、廉洁行政教育等方面的强化培训。

马克思主义学院

【发展概况】 北京大学马克思主义学院成立于1992年4月2日，是全国第一所马克思主义学院。学院现设有5个基本教学研究机构：马克思主义基本原理研究所、马克思主义中国化研究所、科学社会主义研究所、思想政治教育研究所、政治经济学研究所；建立了9个跨学科关联研究机构：中国特色社会主义理论研究中心（教育部文科重点基地）、社会经济与文化研究中心、中国文化发展研究中心、环境政治研究中心、社会发展研究所、中国近现代史研究所、国外马克思主义研究所、中国民营经济研究所、公民教育研究所。

马克思主义学院现有马克思主义理论一级学科博士点，下设马克思主义基本原理、马克思主义中国化研究、思想政治教育、马克思主义发展史、国外马克思主义、中国近现代史问题研究6个二级学科。同时，学院还有国家重点学科——科学社会主义与国际共产主义运动二级学科博士点（与国际关系学院共建）。另外，学院还招收马克思主义哲学专业的博士研究生和政治经济学专业的博士研究生、硕士研究生。学院有多位教授在国内外相关学术领域享有盛誉，有10多位教师是中央马克思主义理论建设工程课题组的首席专家或主要成员，发挥着重要的学术带头人和学术骨干作用。

截至2011年12月，马克思主义学院在编教职工53人，其中教师45人、党政管理人员5人、博士后3人。2011年学院新入职1人，退休2人，进站博士后2人，出站博士后0人。教师中有教授21人（其中博士生导师18人），副教授20人（其中博士生导师1人），讲师4人，经学校批准，王文章晋升为教授。“985”岗位聘任49人，其中A类岗18人、B类岗24人、C类岗2人、职员岗5人。

2011年6月23日上午，国务委员刘延东在国务院副秘书长江小涓，教育部部长、党组书记袁贵仁，北京大学党委书记闵维方等领导的陪同下，到马克思主义学院视察，了解北京大学马克思主义学科的建设和发展情况。学院院长郭建宁向刘延东同志详细介绍了北京大学马克思主义理论教学、研究的历史渊源、基本情况和取得的重要成果，刘延东同志对北京大学进一步发展和建设马克思主义学科提出了要求和希望。

【教学与科研工作】 马克思主义学院承担着全校本科生、硕士研究生、博士研究生思想政治理论课的教学工作。2011年，学院为全校本科生开设了5门思想政治理论课：“思想道德修养与法律基础”“中国近现代史纲要”“马克思主义基本原理概论”“毛泽东思想和中国特色社会主义理论体系概论”“形势与政策”；为硕士研究生开设了1门思想政治理论课：“马克思主义与社会科学方法论”；为博士研究生开设了1门思想政治理论课：“中国马克思主义与当代”。学院在全校本科生思想政治理论课的教育教学中普遍采取了8个基本做法：一是教学组式的教学方式，二是专题讲座式的授课方式，三是多种教学环节的有机结合，四是多媒体的现代教育技术手段，五是宽松灵活的考核办法，六是全年滚动的排课方式，七是学生自由选课的办法，八是“四位一体”（课程主持人、课堂主管教师、专题主讲教师和助教分工负责）的教学管理模式，以上8个基本做法被称为“北大品味”或“北大特色”。

2011年5月3日，由马克思主义学院思想政治教育研究所组织的北京大学首届“思想道德修养与法律基础”课程辩论赛在北京大学图书馆南配殿举行。辩论赛以“明星是否有义务成为大众的道德楷模?”为题，由同学们分成正反两方就该论题进行论战。这次课程辩论赛围绕一年级大学生正在学习的“思想道德修养与法律基础”课程中的“加强道德修养，提升道德素质”这一专题，紧密结合社会热点问题、大学生的思想实际和日常生活设计辩题，提升大学生对课程内容和教学重点的理解度、领悟性和转化力，辩论赛形式新颖、寓理于辩、寓教于乐，同学们普遍反映在实践教学活动中收获了知识、深化了思考，也升华了思想。

2011年，马克思主义学院获得立项课题6项，其中国家社科基金特别委托项目1项、教育部人文社科基金规划项目1项、教育部人文社科基金专项项目3项、国家社科基金青年项目1项。

2011年，马克思主义学院发表学术论文180余篇；出版专著2部；主编、合著专著7部。

【人才培养与学生工作】 2011年,马克思主义学院招收硕士研究生30人、博士研究生22人。有26名硕士研究生毕业并获得硕士学位、17名博士研究生毕业并获得博士学位。2011年春季在校生136人,其中硕士研究生52人、博士研究生66人、访问学者或进修教师18人;秋季在校生152人,其中硕士研究生56人、博士研究生71人、访问学者或进修教师25人。

2011年,马克思主义学院在北京大学学生工作"精致化"思路的指导下,围绕"建设和谐校园文化,服务青年成长成才"的目标,立足学院实际,适应学生全面发展的需要,在继承的基础上创新工作模式、提高工作效率,取得良好的育人效果。学院2010级硕士班获得北京市、北京大学"优秀班集体"殊荣;2010级博士班获得北京大学"先进学风班"称号。学院团委依靠党建带团建,各团支部在完成团干部培训、推优入党等常规性活动之外,还开展各种自主创新的活动,取得了良好的育人效果及一系列荣誉。2010级硕士班团支部获得2010—2011年度首都高校"先锋杯"优秀团支部荣誉称号、北京大学2010—2011年度优秀团支部称号。2011级硕士班党支部的"发扬艰苦奋斗精神,争做时代先锋"获得北京大学2011年上半年党建创新立项支持;2011年博士班党支部的"重温党史·坚定信念·共铸党魂"获得立项支持。学院学生工作不仅强调理论和专业知识学习对学生成长成才的重要性,也同样重视发挥各类社会实践活动的育人功能。2011年暑期,学院组织20余名硕士研究生分赴台湾和河南进行实践交流,另有3名硕士研究生参加江苏、湖南的就业见习,还有多名同学在机关、公司挂职或实习,增强了学生的社会认知能力和实践能力。

【交流合作】 2011年,在学校服务国家战略,坚持科学发展,加快推进创建世界一流大学步伐的总体要求下,学院进一步推进对外学术交流活动,扩展了学院师生学术研究的视野,扩大了北京大学马克思主义学院的中国学者在国际学术交流中的影响。

欧洲议会议员、欧洲绿党现任主席Philippe Lamberts,美国夏威夷大学著名教授成中英,美国杜克大学教授汤姆·罗克摩尔,美国马萨诸塞州州立大学教授大卫·科兹,澳大利亚格里菲斯大学教授黑格·潘特潘,中国"文革"史专家、美国哈佛大学政府系教授、费正清东亚研究中心原主任罗德里克·麦克法夸尔,美国科学促进会成员、加拿大皇家学会成员、加拿大麦吉尔大学资深教授马里奥·邦格,《毛泽东传》作者、美国哈佛大学教授罗斯·特里尔,柏林自由大学环境政策中心前主任马丁·耶内克等众多学者应邀来访或顺访学院。

在"请进来"提高学术标准和品位的同时,马克思主义学院也"走出去"拓宽学术研究视野。2011年5月3—8日,由白雪秋、程立显、刘志光、王在全老师组成的代表团,赴韩国瑞江大学参加中韩两国三校第16次学术研讨会;2011年5月4—11日,由谢龙、李少军、李淑珍教授组成的代表团,赴台湾元智大学参加"族群、语言与社会"学术研讨会,并在会上分别做学术报告;2011年5月12—14日,杨柳新副教授应邀参加了在美国亚特兰大城埃默里大学举办的第7届公民教育大会,并在会上发表了题为"学外语读古经:当代中国大学的文化生态与公民教育"的演讲;2011年5月16—24日,由黄小寒、宇文利、杨柳新老师组成的代表团,赴夏威夷大学参加第10届东西方哲学家大会,在会上分别发表了论文演讲;2011年5月27—29日,聂志红副教授应邀参加由美国激进政治经济学学会和美国麻省大学联合主办的世界政治经济学学会第6届论坛,并在分组会议上发言并与参会者进行了讨论。

教育学院

【发展概况】 北京大学教育学院成立于2000年10月,是在北京大学原高等教育科学研究所、教育经济研究所和电化教学中心的基础上合并组建而成的。教育学院下设教育与人类发展系、教育经济与管理系、教育技术系、教育领导与政策系4个系,高等教育科学研究所、教育经济研究所(教育部人文社会科学重点研究基地)2个研究所,基础教育与教师教育中心、中国教育与人力资源研究中心、教育领导与政策研究中心、德国研究中心、国际高等教育研究中心、数字化学习发展研究中心、企业与教育研究中心、教育信息化国际研究中心、博士研究生教育研究中心等9个研究中心。其中教育经济研究所为教育部人文社会科学重点研究基地,教育经济与管理专业为国家重点学科。教学科研辅助机构包括图书及信息资料中心、网络管理与计算机室、全国高等教育情报网总站(挂靠单位)、全国高等教育教育技术信息中心(挂靠单位)和中国蔡元培研究会秘书处(挂靠单位)。学院承办全国中文核心期刊、CSSCI来源期刊《北京大学教育评论》(季刊)。

截至2011年年底,学院共有教职工69人,其中教师36人,行政和教辅人员8人,博士后7人,劳动合同制人员11人,返聘教职工2人,其他人员5人。

教育学院在研究方面从事教育学领域的基础性和应用性研究,特别关注对我国教育实践中的重大问题的研究,注重与国际同行的交流与合作。在人才培养方面,以研究生的培养为主,专业涉及教育学、教育经济学、国际与比较教育、教育管理与教育政策分析、教育技术、人力资源开发、课程设计与现代教学理论等。另外还为中央、北京市等教育决策部门提供有关决策支持研究和政策咨询,为教育管理人员及教师提供在职培训。

院长:文东茅教授;副院长:阎凤桥教授、李文利教授、尚俊杰副教授。院党委书记:陈晓宇副教授;院党委副书记:侯华伟副研究员。教育与人类发展系主任:刘云杉教授;教育经济与管理系主任:岳昌君教授;教育技术系主任:尚俊杰副教授(兼);教育领导与政策系主任:鲍威副教授。

【教学工作】 北京大学教育学院设有高等教育学专业博士点(设于1990年)、硕士点(设于1983年),教育经济与管理学专业博士点及公共管理博士学位一级学科授权点(分别设于1997年和2003年)、硕士点(设于1995年),教育学原理博士点及教育学博士学位一级学科授权点(分别设于2003年和2006年),教育技术学硕士点(设于2000年)。2008年4月,根据京教研[2008]4号文件,高等教育学科被评为北京市重点学科,教育与人类发展系为北京市高等教育学重点学科单位。

2011年,教育学院共毕业研究生66人,获硕士学位研究生有31人,获博士学位研究生有35人。2011年,教育学院总计招收研究生99名,其中硕士研究生57名、博士研究生42名(其中专业教育博士研究生17名)。截至2011年年底,学院在读研究生共384人,其中硕士研究生126人,博士研究生258人。2011年,经院学术委员会审议通过的新课程有9门。截至2011年年底,教育学院开设的硕士研究生、博士研究生课程,以及学校通选课已达174门。

【科研工作】 2011年,教育学院立项的项目共计47项,其中纵向项目14项,横向及委托项目33项。

纵向项目:国家社科基金项目"残疾人就业问题研究"(廖娟),国家社科基金项目"我国政府公共服务支出对居民消费率影响研究"(丁颖),北京市教育科学规划项目"北京市社会经济发展与教育投资关联度的动态系统仿真研究"(敖山),北京市教育科学规划项目"教师教育与教师专业发展研究(实践性知识与教师专业发展的关系研究)"(陈向明),教育部人文社科一般项目"区域教学信息化促进教育公平的效能研究"(吴筱萌),国家自然科学基金项目"高学历人才集聚地区过度教育的理论分析与实证研究"(范皑皑),国家自然科学基金项目"预期与大学生就业研究"(杨钋),中国博士后科学基金项目"正当性与适用性:叙事在教师实践性知识表征与学习中的角色"(赵康),中国博士后科学基金项目"世界主要国家高等教育财政比较与中国借鉴"(刘强),北京市哲学社会科学规划项目"北京市高校教育质量的评价体系研究——基于全程性·发展性的视角"(鲍威),教育部基地重大项目"高校毕业生中的未就业群体研究——从高等教育人才培养的视角"(刘云杉),教育部基地重大项目"我国大学生的区域流动行为研究"(陈洪捷)等。

横向(国际)合作项目:"英特尔求知计划"(吴筱萌,英特尔半导体有限公司),"甘肃西河项目"(丁延庆,联合国儿童基金会),"网络与大学生健康成长"(丁小浩、尚俊杰,福特基金会),"Strategies of Internationalizing Universities in Australia and China: Griffith—U and PKU as Two Cases"(施晓光,澳大利亚昆士兰政府),"Research Project on Lifelong Learning and Employability"(施晓光,联合国教科文组织),"2011—2012年度北京大学桐山教育基金项目"(蒋承)等。

政府部门及企事业单位委托项目:"农村中小学现代远程教育工程绩效评估"(尚俊杰,中央电化教育馆委托),"首都高校学生发展状况监测"(李文利,中共北京市教育工作委员会委托),"研究生教育财政拨款、学费和资助政策的国别比较研究"(陈晓宇,教育部财务司委托),"提升高等教育国际化水平的财政政策研究"(李文利,教育部财务司委托),"首都教育高等教育学科群"(闵维方、岳昌君,北京市教委委托),"全国高校毕业生就业状况(2009—2010)"(岳昌君,全国高等学校学生信息咨询与就业指导中心委托),"国家建设高水平大学公派研究生项目效益评估研究"(文东茅,国家留学基金委委托),"北京市妇女发展状况教育经济分报告"(丁小浩,北京市妇女联合会研究室委托),"全国高校毕业生就业服务体系国际比较报告"(岳昌君,北京航空航天大学委托),"学校绩效发展性评价项目"(陈向明,莫特麦克唐纳咨询(北京)有限公司委托),"教育技术项目管理模式研究"(贾积有,经创联(北京)信息工程技术研究院委托),"区域教学信息化平台设计研究"(尚俊杰、吴筱萌、缪蓉、贾积有、王爱华,北京瑞麟百嘉科技有限公司委托)等。

学院在研项目50个,其中国家级项目4个、省部级项目8个、国际合作项目5个、其他横向及委托项目33个。根据不完全统计,2011年教育学院教师发表文章(期刊、报纸及文集收录)129篇,其中被CSSCI期刊收录82篇,被SSCI期刊收录5篇。出版图书(编著、译著等)20部,撰写研究报告56篇,提交会议论文70篇。2011年教育学院教师、学生共计发表文章285篇。

【交流合作】 2011年,教育学院接待学校访问团和学者来访共40次,教师(含研究生)出国访问、考察,以及参加国际学术会议35人,举办“北大教育论坛”24期。

2011年3月1—16日,应德国研究中心邀请,国际著名学者、德国海德堡大学社会学教授、马克斯·韦伯学说的资深研究专家施鲁赫特在北大进行以“韦伯的著作及其思想”为题的系列学术报告。

2011年3月20日,由黄藤基金会资助的英国伦敦大学访问学者提姆·昂温教授访问教育学院,并讨论国际合作项目的设计及实施,特别是在使用信息技术改变贫困地区的教育问题上。

2011年4月19日,教育与人类发展系举办系列学术沙龙,邀请美国学者莱娜·瓦尔特为学院师生做报告,报告题目为:“*Classroom-based research*”。

2011年4月22日,教育与人类发展系举办系列学术沙龙,邀请美国学者罗宾逊·格林为学院师生做报告,题目是“The state of American education and the impact of the 2010 China Seminar on the teacher participants cultural competence and knowledge of China”。

2011年5月4—7日,日本东京大学的Akita Kiyomi教授来访,并在教育学院做了三次学术报告。

2011年5月17日,香港中文大学副校长郑振耀教授一行来访,并到教育学院做题为“高等教育国际化”的专题讲座。

2011年5月20日,教育与人类发展系举办学术沙龙,邀请美国威斯康星大学教育政策与历史学系教授亚当·尼尔森来院做题为“Nationalism, Internationalism, and the Origins of the American University, c. 1780—1840”的讲座。

2011年5月20日,美国南加州大学教育学院院长卡伦·希姆斯·伽拉赫、2 TOR公司总裁约翰·卡兹曼和国际学生录取部主任加布里埃尔·巴斯塔曼塔、教育设计公司总裁派瑞·塔库克、中美大学国际教育交流与合作办学联盟马诚博士一行5人,访问了北京大学教育学院。

2011年5月23日,由台湾教育研究院吴清山院长为团长的台湾教育研究院参访团一行6人来教育学院访问交流。

2011年6月22日,日本名古屋大学教育学院的Matoba教授来访,做了题为“日本的课例研究”的报告。

2011年6月23日,学院举办讲座,邀请国际精神分析协会中国工作组主席皮特·洛温伯格为学院师生做讲座,题目是“American Exceptionalism——the Mission of Democracy”。

2011年6月27日,美国北卡罗来纳大学教育学院院长Williamson MacDiarmid教授、戎雪兰教授、Jason Li先生一行来访,与院长文东茅教授、副院长阎凤桥教授等举行了会谈。双方相互交流了学院学科发展、课程设置、人员培养、国际合作等方面的情况,并就可能的合作进行了广泛探讨。

2011年6月28日,纽约州立大学奥尔巴尼分校张建伟教授来北京大学教育学院教育技术系进行学术交流。

2011年6月29日,挪威奥斯陆阿克斯胡斯大学应用科学系教授、博士生导师Helge Hoivik受邀在教育学院做了关于E—pub,以及新技术应用于教学的学术讲座。

2011年8月1日,韩国国立忠北大学教育学系的Okhwa Lee教授来到教育技术系和教育信息化国际研究中心,做了题目为“Preparing the education for 21st century”的报告。

2011年9月14日,教育学院举办台湾中原大学人文与教育学院黄坤锦教授访问北大系列讲座之一,题目为“哈佛大学通识教育改革与启示”。

2011年9月21日,泰国教育部部长代表团一行20人访问了教育学院。

2011年9月22日,教育学院邀请台湾中原大学黄坤锦教授来院举办讲座,题目为“大学全人教育:中西文化之视野”。

2011年9月23日,教人系举办学术沙龙,邀请台南大学教育学系姜添辉教授做讲座,题目为“全球化、国家角色,以及教育走向的关联性”。

2011年10月24—28日,受国际合作部委派,教育学院汪琼教授、尚俊杰副教授作为中国大学的代表,应邀参加了“第二届亚太地区信息技术与人力发展论坛”。

2011年11月23日,国际著名教育学者、美国波士顿学院国际高等教育研究中心主任菲利普·阿特巴赫教授应邀到教育学院做题为“研究型大学的过去、现在与未来——全球化的视角”的讲座。

【获奖情况】 2011年4月,教育学院多名学生被评为北京大学优秀毕业生，博士研究生：杨帆、刘妍、许申、王硕、陈睿腾、王玉芳，硕士研究生：温余荣、戴甚彦、郝庆、蔺亚琼、吴戬、杨晓芳、陈晔、蒋静、蒋宇、张晓雷、崔伟、冯明、王小龙、魏易、赵丽霞、原帅、李菊、屈仁丽、张勇、左祖晶、黄杰琼、康乐、吕家淇、张至正。另有多名学生被评为北京市优秀毕业生：黄杰琼、屈仁丽、刘妍、左祖晶、杨帆、蒋宇。多名博士研究生学位论文获奖：闵维方教授指导的马莉萍博士的博士学位论文《留还是流——我国大学生区域流动行为的研究》获得第七届中国高教学会高等教育学优秀博士学位论文；陈学飞教授指导的从春侠博士的博士论文《教育局长角色困境研究》获第七届中国高教学会高等教育学优秀博士学位论文提名奖；丁小浩教授指导的霍丽娟博士的博士学位论文《产学合作教育中高职院校与企业的关系研究》获第七届中国高教学会高等教育学优秀博士学位论文提名奖；丁小浩教授指导的张立新博士的博士学位论文《大学生辍学问题研究》获第七届中国高教学会高等教育学优秀博士学位论文提名奖。

多位教师的学术论文及课题成果获奖：陈洪捷教授的《中国博士质量报告》获中国教育发展战略优秀科研成果奖；陈学飞教授、展立新教授的《我国高等教育发展观的反思》获第四届全国教育科学优秀科研成果论文类二等奖；闵维方教授等所著的《教育投入、资源配置与人力资本收益——中国教育与人力资源问题研究》获第四届全国教育科学优秀科研成果著作类一等奖；朱红副教授的《高校学生参与度及其成长的影响机制：2010 年首都大学生发展数据分析》获第四届全国教育科学优秀科研成果论文类三等奖；陈洪捷教授等撰写的《中国博士质量报告》获第四届全国教育科学优秀科研成果著作类三等奖；吴峰副教授的《企业教育信息化十个主题研究》获中国信息协会中国信息化百篇优秀论文奖；贾积有副教授获 2011 年全球华人计算机教育应用大会(GCCCE)优秀论文奖；鲍威副教授主持的中国高教学会课题“影响高等院校本科教学质量要素的现状调查及对策研究：聚焦高校教学质量·学生学业参与·学业成就间的关联性”获北京市高等教育学会(2009—2011)优秀课题一等奖；尚俊杰副教授以“第二作者”的身份发表的《网络探究与游戏化探究比较研究》获第十五届全球华人计算机教育应用大会优秀论文奖；张冉讲师获美国国际与比较教育学会高等教育研究组 2009—2010 年度最佳博士论文奖，张冉讲师的博士论文在美国教育研究会(AERA)高等教育研究分会 2010 年度杰出博士论文评选中最后入围；赵国栋副教授的《校园信息化应用与发展状况调查分析——2010 年高校信息化调研报告》获得全国 CBE(中国信息协会)2011 年专题研讨会优秀论文一等奖；吴筱萌副教授、赵国栋副教授的“基于互联网络的教育技术研究：方法与工具”网络课程获北京大学第四届网络课程大赛三等奖；丁小浩教授获北京大学杨芙清—王阳元院士奖优秀奖教金；陈晓宇副教授获北京大学正大奖教金优秀奖；北京大学高等教育所的创始人和第一代领导人汪永铨教授获得中国高教学会颁发的“高等教育研究开拓贡献奖”；学院退休教师林建祥教授获得“中国教育技术事业杰出贡献奖”；蒋凯副教授获英东教育基金会第 12 届高等院校青年教师基金及青年教师奖优选资助课题奖，并当选中国教育学会教育学分会教育基本理论专业委员会委员；张冉讲师获北京大学第十一届青年教师教学演示竞赛三等奖及北京大学第四届网络课程大赛三等奖；尚俊杰副教授获北京交通大学建社十周年十佳“优秀作者”称号；赵国栋副教授获 2011 年北京大学教学信息化(教学系列)先进个人奖。

教育学院获中国高教学会第三届“全国优秀高等教育研究机构”荣誉称号及 2011 年北京大学“教学信息化先进单位”奖。

【重要会议】 2011 年 1 月 22 日，欧美同学会德奥分会与北京大学德国研究中心共同举办了欧美同学会德奥分会新春联谊会暨北京大学德国研究中心新年酒会。德国相关机构与企业代表，以及教育部有关部门和北京大学社科部、外国语学院、出版社的有关领导和代表等 350 余人也参加了联谊活动。

2011 年 4 月 14 日，教育部“继续教育改革和发展座谈会”在北京大学召开。教育部鲁昕副部长、校党委书记闵维方出席会议。座谈会对“北京大学网络教育学院引领式教学模式”给予充分肯定。

2011 年 4 月 28 日，全国人大常委会副委员长、民进中央主席严隽琪教授一行专程来教育学院调研教育政策研究状况。陪同调研的有中国教育学会会长顾明远教授，全国人大常委会委员、民进中央副主席兼秘书长朱永新教授，民进中央副主席王佐书，以及周作雨、刘复兴、薛二勇等。会议由教育学院院长文东茅教授主持。

2011 年 7 月 7—8 日，由学院所属企业与教育研究中心举办的“学习、技术与人力发展”会议在英杰交流中心隆重举行。来自政府机构学习部门和厂矿企业学习部门的 200 余位代表与会。

2011年7月8—11日，教育学院在学院和承德绿宝石山庄召开北京大学教育学院2011年度教学研讨会，本次会议的主题为“学科发展与人才培养”。

2011年11月4—6日，陈向明教授在北京大学参加“北京论坛”，做教育分论坛的主持人，并在分论坛上以“教研活动对教师专业发展的意义”为主题发言。贾积有老师参加在钓鱼台国宾馆和北京大学举行的第八次北京论坛。

2011年11月6日，举行“教育学博士研究生国际论坛——全球化时代的高等教育回应”。本论坛由北京大学教育学院主办，马万华教授为论坛的总负责人。

2011年11月14日，教育学院举行党政领导班子集体学习贯彻胡锦涛总书记“七一”重要讲话和刘延东国务委员在全校教师干部大会上的讲话精神专题座谈会。校党委常务副书记、副校长张彦出席座谈会，会议由教育学院党委书记陈晓宇主持。

2011年12月10—11日，举行由教育技术系主办的第三届“数码游戏化学习学术会议”。会议邀请到了中国大陆、港澳台约120余名学者、一线教师、研究生及教育游戏企业人员。

2011年12月20日，“北大新媒体与学习论坛”第一期在北京大学教育学院成功举办。

2011年12月22—24日，教育学院举办“中国教育改革与发展2012年新年论坛——教育规划纲要落实与2020年教育展望”系列学术活动。22日，举行方正集团向北京大学教育学院的捐赠仪式。24日，举办“教育研究与实践——北京大学2012年新年教育论坛”。

2011年12月23日，由教育学院主办的“北京大学新年教育论坛系列活动”之“中国教育改革与发展2012年新年论坛——教育规划纲要落实与2020年教育展望”在北京大学举行，来自教育部教育发展研究中心、北京师范大学教育学部、北京教育科学研究院、山东省教育厅的多位教育部门领导和知名学者应邀在大会做主题发言。教育学院的部分师生、返校校友，以及来自其他学术单位的专家学者参加了本次论坛活动。教育学院院长文东茅教授、教育经济与管理系系主任岳昌君教授，以及教育与人类发展系系主任刘云杉教授应邀做主题报告。最后由教育学院院长文东茅教授做大会总结。

【年度纪事】 2011年7月6日，翔坤集团捐赠300万元支持北京大学筹建“中国退役军人教育发展研究所”仪式在北京大学教育学院隆重举行。北京大学教育基金会主任邓娅女士代表学校接受了300万元捐赠支票。课题组负责人陈学飞教授介绍了“中国退役军人教育发展研究所”的筹备情况。闵维方书记出席捐赠仪式，对翔坤集团和葛艳华女士的慷慨捐赠表示衷心感谢。捐赠仪式由院长文东茅教授主持。

2011年7月11日，由教育学院教育技术系承办的2011年北京大学“教育技术研究分析”暑期学校正式开班。

2011年7月11—22日，陈向明教授在北大研究生院主持的暑期学校开设“社会科学质性研究方法”课程。

2011年11月23日，财政部教科文司副司长孙光奇专程来到北京大学教育学院，代表相关决策部门向教育学院颁发《成果采纳证明》。院长文东茅代表课题组成员接受了财政部的《成果采纳证明》，对国务院、中央军委和各部委的信任表示感谢，并表示教育学院将继续跟踪相关领域，围绕退役军人教育资助政策、退役军人大学生的学业发展、就业和创业等领域持续地开展研究，为加强北京大学与政府、军队的联系，为国家的战略发展做出自己的贡献。

2011年11月30日，北京市教育委员会北京地区高等学校学科群建设项目，首都教育(高等教育)学科群建设之“首都高等教育改革创新与大学生就业”项目中期检查汇报顺利完成。来自北京市教委的赵清处长和姜世军副处长听取汇报，并提出二期项目建设的建议。

2011年12月14日，北京大学、国家教育发展研究中心、中国教育发展战略学会三方合作协议签字仪式在北京大学办公楼103会议室举行。北京大学党委书记朱善璐，全国政协文史和学习委员会副主任、原北大党委书记、北京大学教育学院名誉院长闵维方，中国教育发展战略学会会长郝克明，国家教育发展研究中心主任张力出席签字仪式，朱善璐、张力、郝克明分别代表三方签署了《北京大学、国家教育发展研究中心、中国教育发展战略学会关于加强教育发展战略与政策研究协同创新的合作协议》。签字仪式由国家教育发展研究中心副主任杨银付主持。据悉，《协议》拟以北京大学为主体，会同国家教育发展研究中心、中国教育发展战略学会，成立“教育发展战略与政策研究协同创新合作体”，旨在建立三方合作的协同创新机制，构建国内外具有重大影响的教育宏观战略研究平台，建设教育政策研究与行政管理高端人才培养研修基地。教育学院文东茅院长，阎凤桥、尚俊杰副院长，院学术委员会丁小浩主任等出席签字仪式。

2011年12月20日，北京大学党委常务副书记、副校长张彦，党委副书记杨河前往教育学院看望全国政协文史和学习委员会副主任、北京大学教授、教育学院名誉院长、原校党委书记闵维方同志。闵维方教授在政协十一届全国委员会常务委员会第十五次会议上通过表决，增补其为政协第十一届全国委员会委员、全国政协文史和学习委员会副主任。

新闻与传播学院

【发展概况】　2011年，新闻与传播学院以十周年院庆为契机，扎实推进学院学科发展战略的实施。学院依托日益增强的新闻学和传播学学科基础，整合全校资源，逐步形成了具有北大特色、适应时代发展的新闻与传播学研究和教学模式，不断巩固和发展新闻学、传播学、广告学、编辑出版学、网络传播、广播影视、跨文化交流、公共关系、媒体经营管理等一系列学科群，并形成了一支结构较为合理、拥有多学科背景的教师队伍。在学科建设方面，学院申报的新闻传播学博士学位一级学科授权点已经通过，新闻学二级学科博士点也经学校学位委员会批准启动招生。学院现设置本科、硕士和博士三种学历层次。

2011年，学院共有教职工33人，其中教授12人，副教授14人，讲师1人。

【教学工作】　本科教学工作　本科生设有新闻学、广告学、编辑出版学和广播电视新闻4个专业。在做好日常教学管理工作的基础上，重点开展了大类平台课协调与管理、本科教学质量改进与提升2项工作。具体而言，一是作为社科类大类平台课召集单位，积极配合学校教务部对6个学院的平台课进行协调管理，建立了6个学院与教务部门碰头会工作机制，有利于及时沟通解决问题；二是针对教学评估中反映的问题，通过准入审核等机制，全方位提升学院广大教师的教学水平。

2011级入学本科生106人（国内学生79人，留学生27人），2011届毕业本科生86人（国内学生70人，留学生16人）。2011年共有在校本科生440人，其中国内学生319人，留学生121人。

2011年开设本科生课程82门，其中必修课程48门（主干基础课程6门），限选、非限选课程34门。

研究生教学工作　学院设有新闻学和传播学硕士点、新闻学博士点、传播学博士点和传播学博士后科研流动站。研究生专业方向涵盖国际新闻、新闻传播实务、新闻传播史论、国际传播与跨文化交流、大众传播、新媒体与网络传播、广告理论与实务、媒体经营管理、编辑出版学等诸多领域。2011年开设研究生课程46门，其中必修课程21门，选修课程25门。

2011级入学研究生82人（不含深圳研究生院43人），其中硕士研究生64人，博士研究生18人。2011年在校硕士研究生115人（含延期毕业4人，不含深圳研究生院83人），在校博士研究生92人。2011年同等学力授予硕士学位共33人。2011年，学院按照“高、精、尖”和“国际化”要求，对“跨学科拔尖人才培养计划”首批招收的10名研究生进行培养，率领该计划大部分同学，以及部分优秀本科生赴英国威斯敏斯特大学参加暑期学校活动，切身体验国际传播和国际新闻报道，收效良好。学院还着力加强专业硕士的培养力度，以记者节高峰论坛为契机，聘任8位在业内享有较高声誉的新闻工作者担任专业硕士导师，指导学院专业硕士研究生更好地开展科研与实践活动。

2011届毕业硕士研究生121人（含单考班18人、延期毕业3人、深圳研究生院转入41人），博士研究生8人。

继续教育工作　研修班在读学生241人。研修班获得硕士学位人数352人，正在撰写毕业论文人数75人。专升本在读学生227人，获得学历151人，获得学位111人。

实验室与图书馆工作　学院数字媒体实验室包括两个机房，分别是苹果机房和非线性编辑机房，供本院学生使用。2011年，在网站维护和设备管理等工作外，学院重点开展了资源西楼实验室装修工作、卫星电视信号接入工作、笔记本和工作站的选型采购及安装调试工作、苹果机房新系统和软件的安装调试工作，有力提升了教学科研的信息化、技术化程度，为相关课程的顺利开展提供了坚实的硬件保障。

实验室科研成果“基于视频Podcast和Wiki的移动教学平台”被评为北京大学第六届实验技术成果三等奖，学院是获得该奖项的唯一文科单位。

【科研工作】　基本情况　2011年，学院的科研工作在新的起点上又有突破性发展。2011年，教师共发表文章122篇，出版著作（含专著、译著、主编等）14部；有41个立项课题，争取到科研经费1800.66万元；参加各类国内学术会议68人次，参加国际学术会议29人次；外出讲学27人次，赴外参加社会考察10人次；参加合作研究20人次。

表 6-25 2011 年新闻与传播学院出版著作情况

作者	著作名称	出版单位	本人署名顺序	其他作者
陈汝东	《新兴修辞传播学理论》	北京大学出版社	第一	
陈汝东	《国际修辞学研究》第1辑	高等教育出版社	主编	多人
程曼丽	《对外传播及其效果研究》	北京大学出版社	第一	王维佳
关世杰	《思维方式差异与中美新闻实务》	中国社会科学出版社	主编	
关世杰	《跨文化交流与国际传播研究》	中国社会科学出版社	主编	
胡　泳	《没有两片云是一样的》	商务印书馆	第二	姜奇平
肖东发	《新闻学在北大》增订本	北京大学出版社	第一	邓绍根
肖东发	《出版创新与中国文化软实力》	中国社会科学出版社	第一	张文彦
肖东发	《北大学者谈读书》繁体版	台湾红蕃薯文化事业有限公司	第一	
肖东发	《北大燕南园的大师们》	广西师范大学出版社	第一	陈光中
何　姝	《高端访谈——关于现代大学的思考》	教育科学出版社	合作	
杨伯溆	《平台魅力与舞台诱惑》	社会科学文献出版社		徐　泓
许　静	《普通人与媒介》	北京大学出版社	独立译者	
谢新洲	《媒介经营与管理》	北京大学出版社		

2011 年,学院教师共获得 8 项　　纵向课题。

表 6-26 2011 年新闻与传播学院教师承担项目情况

负责人	项目名称	立项时间	项目来源
陈　刚	中国乡村调查——中国农村居民媒介接触与消费行为研究	2011-11	教育部后期资助重大项目
刘德寰	网络游戏对青少年发展的影响与引导研究	2011-12-28	国家社科基金重大项目
谢新洲	基于互联网网民言论信息的口碑监测、分析与管理研究	2011	国家自然科学基金项目
王异虹	中国国家形象及其软实力跨文化传播研究	2011-7	国家社科基金一般项目
王维佳	国外电视新闻频道涉华报道研究	2011-6	国家社科基金项目
吴　靖	当代影像产业中奇观文化的经济分析和文化研究	2011-9	教育部人文社科研究规划基金
谢新洲	专利分析法在技术转移中的应用研究	2011	教育部博士点基金项目
王秀丽	网络口碑传播及其营销效果研究	2011-5	教育部留学基金委基金

学术会议　学院 2011 年的学术活动与以往相比,体现出数量多、高端化和国际化的特点。配合十周年院庆,学院举办"2011 年跨文化传播学圆桌研讨会""成舍我与民国新闻史国际学术研讨会""2011 年数字出版与文化产业国际研讨会""互联网与社会:挑战、转型与发展国际会议""2011 年北京大学国际语言传播学前沿论坛""品牌国家——新时期公共外交与国家形象构建新探索""2011 中韩广告国际学术研讨会""新媒体时代记者的机遇与挑战高峰论坛""社会化媒体与社会公益国际论坛"等学术活动,有 170 多名海外学者参加了各个论坛的活动。论坛涉及新闻与传播学科的多个领域,受到政府部门、学术界和新闻与传播实务界的普遍关注,极大地提升了学院在海内外的影响力。此外,学院还邀请多名国外学者授课或开办讲座,使教学科研的国际化水平得到有效提高。

博士后工作　2011 年,学院新招收博士后 5 名,其中国家资助 1 名,自筹经费 1 名,校企联合 3 名。学院成立了博士后科研流动站管理工作小组,由 5 名成员和 1 名秘书组成。该小组主要负责制定学院博士后管理办法,博士后进站、出站的审核工作,以及博士后的日常管理和相关事务性工作。依据学校博士后管理细则,并结合本院的学科特色和发展需求,学院确定了博士后工作的指导思想,并制订了相应的管理办法,一方面使学院的博士后管理工作更加制度化和规范化,另一方面使博士后工作成为学院科研教学后备人才的培养基地,以整合学界业界资源,提高学院的影响力。2011 年 6 月,3 名 2010 年进站的博士后顺利完成了中期考核,并有 2 名博士后(谢湖伟和马澈)分别获得中国博士后基金面上资助二等奖。

教师获奖与晋升　2011 年,学院教师获奖情况见表 6-27。

表 6-27　2011 年新闻与传播学院教师获奖情况

获奖人	奖项名称
王秀丽	北京大学第十届青年教师教学演示竞赛人文社科类一等奖
王秀丽	第七届北京青年教师(高校)教学基本功比赛文史类一等奖、最佳教案奖
王辰瑶	第七届北京青年教师(高校)教学基本功比赛文史类三等奖、最佳教案奖
谢新洲	第七届北京青年教师(高校)教学基本功比赛优秀指导老师奖
严富昌	北京大学 2010—2011 年度教学优秀奖
严富昌	北京大学第六届实验技术成果三等奖
胡　泳	北京市第十一届哲学社会科学优秀成果二等奖
张蓉丁	北京大学 2011 年研究生教育管理优秀奖
许渊冲	中国翻译家协会“翻译文化终身成就奖”
刘德寰	北京大学 2010—2011 年度优秀班主任二等奖
王辰瑶	北京大学 2010—2011 年度优秀班主任三等奖
肖东发	方正奖教金教师优秀奖
肖东发	第十一届北京大学哲学人文社会科学优秀成果一等奖
陈汝东	第十一届北京大学哲学人文社会科学优秀成果二等奖
陆　地	中国传媒大会颁发的中国传媒学术人物贡献奖
陈　刚	被中国互联网广告大会评为十大年度影响力人物
陈　刚	优秀校友工作者称号
康　辉	优秀校友称号
黄达业	校友工作贡献奖

2011 年，王秀丽晋升为副教授。完成了岗位考核聘任工作：其中 A2 岗 4 人、A3 岗 5 人、B1 岗 6 人、B2 岗 6 人、B3 岗 3 人、C1 岗 3 人、C2 岗 2 人。

【十周年院庆工作】 1. 策划组织院庆大会和院庆晚会。学院缜密筹划院庆大会和院庆晚会，总结学院十年发展经验，对外展示学院师生的良好精神风貌。2011 年 5 月 28 日下午，学院建院十周年庆祝大会暨媒体融合时代中国新闻传播业发展趋势高峰论坛在英杰交流中心阳光大厅举行，周其凤校长、刘伟副校长、邵华泽院长，以及众多业界领导嘉宾出席大会。当晚，“新传奇 · 新传人 · 新传说——学院十周年庆典晚会”在办公楼礼堂举行，学院师生和院友们同台献艺，以歌舞、音乐剧、情景剧、诗朗诵、相声等形式为院庆献上一份生日礼物。学院师生通力配合，圆满完成了院庆大会和院庆晚会的流程策划、节目征集、舞美编排，以及宣传设计等各项工作。学院还举办了一系列学术研讨会，邀请校内外知名学者和业界人士共同探讨社会热点议题，共庆建院十周年。

2. 成功编制院庆特刊。院庆期间，学院成功制作了新闻与传播学院十周年院庆特刊《新传说》。该刊物富有朝气、可读性强，通过对十周年院庆、学院师生风采的全方位宣传，打造了优质的展示平台；并以相册、电子杂志两种形式在全院范围内发布。

3. 顺利出版院庆书籍。为配合院庆工作，学院师生整理了大量毕业生资料，编写了《薪火十年 闻道天下——新闻与传播学院优秀毕业生访谈录》一书，在北京大学出版社成功出版。学院团委、学工办还与校团委学术科创部合作出版了《北大讲座 · 新闻与传播专家论坛特辑》一书。

【管理与服务工作】 1. 日常管理与服务工作。学院现有行政教辅在编人员 5 人。针对人手偏少、工作量大、头绪繁多的客观情况，学院进一步明确学工、行政、教务等部门在日常的工作中需要规范管理、协调配合的事项，在方便学生的同时也提高了自身的工作效率。

2. 对学院的固定资产(仪器设备、办公家具)进行逐一核对、建卡，做到件件有登记。严格落实安全保卫工作制度，学院全年无责任事故。

3. 协助人大换届，确保安全稳定。2011—2012 学年第一学期，学院被确定为燕园地区人大代表换届选举第二(文科)选区的主责单位。学院党委、团委缜密安排、扎实工作，不仅圆满完成了学院全体学生的选民登记、选举组织等各项工作，还出色地完成了文科选区 21 个选举单位(合并后)、12000 余名选民的数据汇总、选举协调、选站布置、服务保障等工作任务。

【党建工作】 深入学习“两个讲话”精神　学院党委认真贯彻落实学校党委部署，把深入学习胡锦涛总书记“七一”重要讲话和刘延东国务委员在全校教师干部大会上的讲话精神作为核心工作来抓，牢牢把握学习主题，密切结合学院实际，在武装头脑、推动工作两方面开展了一系列工作。

2011年9月3日，召开学院教职工大会，传达校党委书记朱善璐在全校干部大会上的讲话要求，提出要在全院深入开展学习“两个讲话”精神活动。随后，专门召开全体教师党员及学生党支部书记大会，专题部署学习“两个讲话”精神工作，要求全员动员，全体覆盖，把“两个讲话”精神传达到每一位党员干部和师生员工。各党支部迅速组织党员干部和师生原原本本地学习“两个讲话”精神，联系实际深入进行研讨，交流心得体会。学院还邀请马克思主义学院程美东教授为师生专题讲解胡锦涛总书记“七一”重要讲话精神，深化和巩固学习成果。

以学习“两个讲话”精神为契机，进一步加强学习型党组织建设。一方面，拓展学习内容，开阔学习视野。邀请团中央宣传部副部长刘德杨讲解新时期共青团的责任与使命，邀请“全国模范法官”宋鱼水讲解公平、法治与和谐社会建设。通过举办多层次的学习辅导报告，提高党员干部和师生的形势政策水平。另一方面，创新学习形式，激发学习热情。与东城区委组织部、东直门街道办事处等单位合作，鼓励学生骨干和地方干部一起学党史、话国情、积极开展志愿服务。邀请宁夏回族自治区六盘山老区的60位村党支部书记来校，开展党建工作经验交流活动。通过探索“走出去、请进来”的学习实践形式，帮助党员干部和师生深入了解社情民意。

把学习“两个讲话”精神与开展创先争优活动、与促进学院全面发展密切结合起来，狠抓落实，务求实效。

扎实开展党风廉政建设　2011年，学院将组织学习《关于实行党风廉政建设责任制的规定》《廉政准则》及开展专项检查作为党风廉政建设重点工作，以此为契机，学院党政班子继续把坚持民主集中制原则，完善“三重一大”作为学院重要的决策机制，把严明党的纪律作为加强党风廉政建设和反腐败工作的一项重要任务。学院党委召开专题会议，成立专项检查工作领导小组，出台了《关于贯彻落实〈关于实行党风廉政建设责任制的规定〉和〈中国共产党党员领导干部廉洁从政若干规定〉贯彻执行情况专项检查工作的决议》，深入开展自纠自查工作，组织学习了《2011年党风廉政建设专项检查活动学习资料汇编》，签订了《北京市党员领导干部遵守〈廉政准则〉承诺书》，并向学校报送了《“三重一大”制度执行情况总结》《开展廉政风险防范管理“回头看”工作总结》，以及《院务公开制度执行情况总结》等材料。通过一系列学习和检查活动，学院党员干部，特别是党政班子进一步增强了遵守党纪法规和校纪校规的自觉性，以科学发展观为统领，更加扎实地开展党风廉政建设和反腐败工作，为学院各项工作的跨越式发展提供有力保障。

【科学化、精致化理念指导下的学生工作】　总体工作思路与工作特色实行“三结合”的方针：继承传统与锐意创新相结合，学业督导与第二课堂相结合，全员育人与骨干培养相结合。

1. 学院团委结合本院实际，开展形式新颖的团校活动，并着力打造了“领航青春，团聚青年”主题活动，分“青年论道”“领航培训”“薪火实践”3个部分，组织了为学校“十二五”规划献计献策、“青春·责任·历史·记忆”微博主题团日等特色活动。

2. 开启首届新传文化节。第一，为贯彻落实党的十七届六中全会精神，发扬传媒文化，总结学院十年发展经验，整合学生活动资源，举办“薪火相传”首届新传文化节。2011年11月8日上午，“薪火相传”第十二届中国记者节“新媒体时代记者的机遇与挑战”高峰论坛暨首届新传文化节启动仪式在阿里巴巴报告厅举行。邵华泽院长、刘伟副校长等校内外领导、嘉宾和学院200余名师生参加了活动。活动还邀请来自人民日报、新华社、中央电视台等媒体的嘉宾光临现场，受聘为学院专业硕士兼职导师并进行了精彩座谈。“薪火相传”首届新传文化节从2011年11月启动至2012年5月落下帷幕，共将持续7个月。在此期间，学院团委、学工办及学院各学生组织将以论道新传、风采新传、印象新传、体验新传为主题，开展4大系列各具特色的学生活动，力图通过学术座谈研讨、校园文体赛事、网络平台打造、业务交流参访等形式，全方位地展示新传风采，推动校园文化建设。第二，开展“古韵新传”系列活动。中秋佳节来临之际，学院团委、学工办以传统节日为契机，举办了中秋晚会暨中外学子联谊会等活动，加深了中外新传学子之间的友谊和感情，为锻造具有开阔国际视野、热爱国际文化交流的优秀人才做出了有益尝试。第三，参加纪念“一二·九”运动76周年师生歌咏比赛。学院代表队演唱了歌曲《国家》和《骊歌》，展现了优秀的歌唱水平和较高的舞台表演实力，获得了团体二等奖的好成绩，培养了新生的集体主义精神，增进了学院师生间的交流。

3. 2011年，学院学生在第19届“挑战杯”赛事中取得了不俗的成绩，在正赛中获得特等奖、二等奖、三等奖各1项；在特别贡献奖方面，获得1项特等奖，2项三等奖。另一方面，加强实际调研与理论研究。2011—2012学年第二学期，学院团委、学工办紧密结合学院实际工作，分析利用网络推动学生工作科学化、精致化的创新路径，形成了《基于微博平台的青年学生媒介素养培育机制初探》等5项成果。

4. 力推"生涯规划"，优化就业服务。学院团委、学工办坚持"宏观上搭建高端平台与微观上提升服务水平相结合"的就业工作方针，为新传学子提供全方位、全过程的高质量就业指导与服务。

5. 躬行社会实践，倡导志愿精神。学院团委、学工办一贯重视学生实践教育，在青年中牢固树立"向实践学习，向人民群众学习"的观念。在2011年的暑期社会实践和就业见习活动中，学院获得学校多项表彰。其中，学院团委荣获暑期社会实践和青年就业创业见习两项"优秀组织奖"，肖东发老师荣获暑期社会实践"优秀指导教师奖"，以及一项"优秀实践团队奖"和两项"先进实践团队奖"。2011—2012学年第一学期，学院团委、学工办按照学校要求，启动了寒假返乡社会观察活动。同时，继续开展与首都献血网的志愿服务合作，组织院内外志愿者参与稿件编辑工作，并承担了"形势与政策"志愿服务课程的相关工作。

人口研究所

【发展概况】　2011年，人口研究所有在编教职工20人，其中专职科研与教学人员15人(教授6人，副教授6人，讲师3人)，其中博导7人。另有博士后在站研究人员8人，聘有国内外客座教授20余名。研究人员全部具有博士学位和海外学习培训背景，来自人口学、经济学、社会学、人类学、数学、计算机、医学、公共卫生、地理学、环境科学等多个学科，全部在55岁以下，45岁以下占75%。人口研究所承担培养硕士研究生、博士研究生和海外留学生的任务，坚持大部分的主干基础课用英语教学，并力争在教学中融国际化与本土化于一体，将研究生培养为人口健康交叉学科研究的骨干力量。

【科研活动】　科研成果　人口研究所近年来强调多学科交叉研究，加大国际前沿学术交流，鼓励大家出高质量英文文章。2011年出版专著1部、编著1部，发表学术论文123篇，其中英文文章30篇。

人口研究所的研究成果在政府决策中得到了重要的应用，引起了多个国家部委的高度重视。关于国家先天残疾和出生缺陷干预模式的研究，以及国家残疾预防和康复工作模式等一系列研究成果，先后在《国务院残疾人事业十二五发展纲要》《国务院残疾预防和康复条例》等国家重大文件的决策过程中起到了重要的参考作用，提高出生人口素质、开展系统的社会残疾预防等观点在国家重大文件的起草和修改过程中得到充分应用，中国残联多次发来感谢信，对北京大学人口研究所长期以来对残疾人事业的关注和支持表示肯定。

重要奖励　2011年，郑晓瑛教授主持的项目成果"儿科临床病理解剖在出生缺陷监测及其诊治中作用的应用基础研究"获得了北京市人民政府颁发的北京市科学技术奖三等奖；"复合营养素干预神经管畸形引入性试验研究"获得了中华预防医学会颁发的科学技术奖三等奖。

2011年，郑晓瑛教授研究团队所取得的研究成果《我国残疾预防政策分析》获得了中国残疾人事业发展研究会和《残疾人研究》联合颁发的"第一届中国残疾人研究优秀学术论文特等奖"。

科研项目　2011年，人口研究所新立项国家级项目1项，省部级项目12项，国际项目3项。

人口研究所承担的国家社科基金重大项目的阶段性成果作为全国哲学社会科学规划办公室编发的《成果要报》受到中央领导的重视，全国哲学社会科学规划办公室给北京大学发来通报，认为"作为哲学社会科学研究工作者，郑晓瑛同志坚持正确导向，自觉关注现实问题，深入开展调查研究，努力推出高质量的研究成果，体现了较强的责任感和使命感，为国家社科基金更好地服务党和国家工作大局做出了贡献"。

以郑晓瑛教授为首席科学家的研究团队，第二次获得国家973项目的资助并在2011年顺利结题。项目针对我国发生率高、危害重大的出生缺陷，从中国出生缺陷防治研究和大规模的现场流行病学研究中，拓展研究思路，寻找跨学科结合，以环境和遗传交互作用为切入点与突破口，利用多学科的条件和优势，实现"强强合作"，从多个角度系统深入研究重大出生缺陷的发生机理，为实现我国落实中央"全面做好人口工作"的重大任务——提高出生人口素质、发展经济有效的防控措施提供科学依据，研究成果得到了科技部、教育部、人口计生委等部门的领导和专家的高度评价，为减少我国出生缺陷的发生，提高我国人口素质做出了重大贡献。

人口研究所与中国残联共同开展的国家社科基金重大项目"中国残疾预防对策研究"进展顺利。项目响应《中共中央国务院关于促进残疾人事业发展的意见》的号召，针对我国严峻的残疾人口数量和快速增长形势，探索我国残疾预防工作的重点和突破口，并借鉴国内外残疾预防经验，尤其是在总结国内已有残疾预防成果的基础上，形成适宜于我国残疾人事业发展现状的残疾预防策略和行动计划。

郑晓瑛教授研究团队于2011年获得并顺利完成了联合国人口基金招标的"中国残疾人性与生殖

健康需求现状分析(文献研究)”项目,该专题通过文献研究探索当前中国残疾人性与生殖健康的政策建立及实施现状,为开展残疾人性与生殖健康需求现状的研究提供理论基础。

除此之外,人口研究所还承担了大量国家部委、省市地区的研究项目,对各级政府面临的许多现实问题进行了研究,研究成果也为中共中央国务院、中国残联、国家计生委等部门的政策文件所用。鉴于人口研究所在我国乃至国际人口学领域的地位,许多国际组织也将研究课题委托给人口研究所,利用这些项目的研究成果在一流国际刊物上发表数十篇学科交叉论文,引起生命学、医学、预防医学、环境生态科学及社会科学的关注。

【社会服务】 多名教师在相关学术机构兼职或担任咨询顾问。

郑晓瑛教授的主要国际组织和机构兼职包括:担任第三世界妇女科学委员会委员、亚太经合组织生命创新委员会委员、联合国人口基金专家委员会(中国)委员;主要国内学术团体和社会兼职包括:科技部第二届中国人类遗传资源专家委员会专家组成员、外来务工子女健康发展督导委员会委员、国家人口计生委第七届专家委员会委员、残疾人事业发展研究会副会长、国际生命科学学会/CDC儿童早期发展问题委员会专家委员。

乔晓春教授担任国家人口和计划生育委员会综合改革专家组组长,穆光宗教授担任副组长。乔晓春教授任中国人口与发展研究中心兼职研究员。

庞丽华副教授任国家计划生育协会常务理事。

胡玉坤副教授被妇女研究会聘请为理事,被中国家庭文化研究会聘请为常务理事,被玛丽斯特普国际组织中国代表处“青年先锋培养计划”项目聘请为专家顾问,任卫生部新闻宣传中心项目专家。

任强副教授任国际人口科学联盟“人口与发展的新挑战”专业委员会委员,兼任北京大学中国社会科学调查中心副主任。

【学术交流】 国内学术交流 2011年10月9日,国家重点基础研究发展计划(973计划)“中国人口重大出生缺陷遗传和环境交互作用机理研究”结题验收总结评审会议在北京大学人口研究所举行。会议由北京大学人口研究所所长、项目首席科学家郑晓瑛主持。北京大学常务副校长柯杨、科技部基础司朱庆平、教育部科技司李勇、国家人口计生委科技司沈海屏、科技部973计划项目人口与健康专家咨询者组长郑虎分别就国家科技政策发展趋势、国家重大项目要求和项目评审有关规定等内容做了专题发言。

结题会上,柯杨常务副校长,以及科技部、教育部、人口计生委领导对项目取得的成果做出了高度评价,对各个部门、各位领导和各位专家对项目的长期支持表示了由衷的感谢,柯杨常务副校长表示北京大学将一如既往地支持人口研究所和郑晓瑛团队的建设和发展,并期待北京大学在出生缺陷干预研究领域做出更大的成就。973计划项目人口与健康专家咨询组组长郑虎教授充分肯定了郑晓瑛教授作为首席科学家和项目成员在过去五年中付出的努力,并阐述了对于973计划项目的理解。

2011年10月23日,老龄产业和福祉科技论坛暨第五届海峡两岸福祉科技交流大会在北京大学英杰交流中心举行。此次论坛由北京大学老年学研究所/人口研究所、中国老龄科学研究中心、台湾南开科技大学、台湾元智大学、中国人民大学老年学研究所、民建中央对外联络部、中国残疾人辅助器具中心、中国老年学教学与研究委员会联合主办。论坛旨在为学术研究机构、福祉科技领域相关企业和服务组织搭建起一个相互交流的平台,让更多的企业、研究机构和社会组织参与到发展老龄产业的事业中,促进老龄产业健康、有序、稳步发展。此届论坛从国家层面进行政策解读,对老龄福祉科技、养老地产、老龄产业投资与金融等老龄产业领域的重大热点问题进行探讨研究,为应对人口老龄化这一重大战略任务提供理论依据和决策支持。论坛重点在政策形势、老龄福祉科技专题上深入研讨,并在老龄产业投资与金融、养老地产板块进行老龄产业链对话交流。在借鉴国际经验的基础上,政策制定者、研究者和实际工作者进行了深入交流和互动,在国家政策层面、企业发展机遇和学术理论的思维碰撞中找到应对老龄化社会之策。此外,本届论坛还受到了国际关注,日本国际协力机构、美国爱心基金会、国际亚健康协会等机构也纷纷出席论坛,并进行深入的交流和探讨。

2011年7月,人口研究所主办了“中国家用车儿童乘客的安全出行研讨会”。这次会议上,各参会的职能部门、国际和国内研究机构、社会团体,以及所有关注社会公益的单位与个人沟通和交流了中国儿童乘客安全的最新研究进展。会议推进了多部门多学科合作,结合澳大利亚研究团队的丰富经验,共同促进中国儿童乘客出行。

国际学术交流 2011年,人口研究所接待重要外宾来访20余次,邀请海外讲座专家短期讲学和合作10人,教师多次出访法国、巴西、波兰、菲律宾、意大利、泰国、美国等国家和地区。

2011年2月3日—3月4日,庞丽华副教授赴美国进行了为期一个月的学术交流。

2011年3月29日—4月3日,郑晓瑛教授参加“美国人口学年会”。

2011年4月27—30日，乔晓春赴泰国曼谷参加"泰国人口转变"大会，并做了题为"中国人口状况和变化"的发言。

2011年6月8—9日，由国际老年学和老年医学协会全球老龄研究网络资助的"国际肌肉衰减综合征研究大会"在法国图卢兹顺利召开。来自法国、美国、意大利、荷兰、德国、瑞士、英国、瑞典、中国等11个国家的约90名代表参加了此次会议。北京大学人口研究所张蕾博士应邀参会，并在会上做了题为"残疾老龄人口预测：基于人口社会经济风险的考量，2006—2050"的发言。

2011年6月10—13日，乔晓春教授赴意大利为威尼斯大学研究生上课。

2011年6月14—15日，任强副教授赴巴西参加"人口与发展的新挑战"会议，并做了题为"中国人口转变：现在、过去和未来"的发言。

2011年7月18—21日，胡玉坤副教授赴泰国曼谷参加了由联合国教育、科学及文化组织和联合国人口活动基金会，以及联合国儿童基金会区域办公室联合召开的国际会议，并在会上以"Regional Consultation on Sexuality Education and Gender with a Focus on Reaching Adolescent Girls"为题进行了学术交流。

2011年9月2—17日，乔晓春教授赴德国参加社会融合培训。

第五届发展中国家出生缺陷和残疾国际大会于2011年9月24—27日在波兰罗兹召开。本次会议由美国出生缺陷基金会、美国疾病控制和预防中心、美国国家卫生研究院、世界卫生组织、波兰罗兹医科大学等共同筹办，来自30多个国家的近300名国际组织、学术机构、政府部门和民间团体的代表参加了会议，郑晓瑛教授受邀参会，并就孕前保健、减少出生缺陷和早产发生率、加强伙伴关系等议题和与会代表开展了广泛的交流与讨论。

2011年10月15—17日，郑晓瑛教授和庞丽华副教授参加了在西安召开的"性别平等与社会可持续发展"国际会议，并做了题为"中国人力资本性别差异趋势分析，2000—2030"的主旨发言。

2011年10月19日，在世界卫生组织和巴西政府的召集下，来自全球100多个国家政府、卫生专家和民间社会组织的代表开始在里约热内卢召开为期3天的"健康问题社会决定因素世界大会"，讨论如何改善社会、经济和环境因素，缩小一国内部，以及国与国之间的卫生差距。来自60多个国家的卫生部部长、120多个成员国的部长级代表，以及联合国专门机构、学术机构和非政府组织等方面的代表、专家，约1200人出席会议。中国卫生部党组书记张茅率卫生部办公厅、政策法规司、国际合作司等负责人组成的中国代表团出席会议，北京大学人口研究所所长郑晓瑛教授陪同出席。

2011年10月22日，庞丽华副教授在"中欧青年未来营"发表了题为"人口老龄化和青年——生命周期视角"的主旨演讲。

2011年10月28日，胡玉坤副教授在北京参加了"青少年性与生殖健康项目第一次全国专家咨询会"，作为咨询专家对青少年性与生殖健康的现状、挑战和对策发表了观点。

2011年10月16—19日，郑晓瑛教授赴加拿大参加"第7届危险因素监测国际年会"会议，并在会上以"中国残疾监测"为题做了大会发言。

2011年11月23—26日，乔晓春教授赴印度尼西亚巴厘岛参加"亚洲普查分析需求评估会议"，并就"普查与中国人口老龄化研究"和与会代表进行了交流。

2011年11月28日—12月2日，郑晓瑛教授赴塞内加尔参加"2011年国际计划生育大会"。

2011年11月29日—12月2日，"第二届亚太社区康复大会"在菲律宾首都马尼拉召开，这次大会是继2009年2月泰国曼谷举行的第一届亚太社区康复大会之后，又一次关于残疾人康复与发展的国际盛会。北京大学人口研究所/中国残疾人事业发展研究中心张蕾博士受邀参加了会议。

2011年12月9—10日，郑晓瑛教授赴奥地利参加了由"国际应用系统分析研究所(IIASA)"主办的"绿色增长与可持续发展会议"，会上做了主题为"城市居民的收入去向：探索中国消费者的年龄结构、收入分布和工业化结构"的发言。

【交流合作】 2011年，在学校领导和国际合作部/港澳台办公室的大力支持下，人口研究所在国内、国际/港澳台合作与交流方面取得了很好的进展，与国际人口学界和相关领域享有盛誉的国际组织、学术机构和知名专家学者建立了长期合作关系，对教学、科研、人才培养起到了积极的推动作用。

1. 北京大学人口研究所作为"WHO生殖健康和人口科学合作研究中心"继续保持与世界卫生组织在生殖健康和人口科学研究领域的密切合作。成功申请到世界卫生组织资助，进行"中国西部地区青少年生殖健康服务利用支持性环境改善策略研究"。

2. IARU"老年与健康"的合作和研究进展。自北京大学人口研究所代表北京大学与丹麦哥本哈根大学共同牵头"老年与健康"项目以来，北京大学人口研究所相继参加了在丹麦哥本哈根大学、英国牛津大学、新加坡国立大学、澳大利亚国立大学等学校组织的研讨会，并与哥本哈根大学联合召开了两次"老年与健康"国际研讨会。

2011年，北京大学人口研究所两位博士研究生参加了在丹麦哥本哈根大学举办的“老年与健康”暑期班。北京大学人口研究所目前正在与国际合作部和教务部共同努力，准备在2012年暑期举办“老年与健康”国际暑期班。

3. 中美老年合作研究和发展。2011年7月，南加州大学国际合作部主任 Daniel Hester 先生和社会工作学院 Edward Roybal 老年研究所的 Donald Lloyd 博士访问北京大学，双方在老龄与健康方面的合作研究项目、战略规划、政策咨询、梯队建设、发表成果、学者互访和指导、培训项目、学生互换、研究资源积累和学术信息共享、国际会议和讲座，以及其他基于双方同意开展的合作项目等方面进行了全面交流。2011年12月，北京大学人口研究所常务副所长陈功教授赴南加利福尼亚大学进行为期1年的学术访问，并进一步推动双方合作。

4. 促进中澳之间在“人口、环境与健康”领域的合作研究。自2006年5月“人口健康、环境与发展国际合作中心”成立以来，逐渐从两校合作扩展为2011年的中国和澳大利亚、新西兰之间的多校多中心合作，促进了中国和澳洲在人口、环境和健康领域的交流合作。目前，北京大学人口研究所与新西兰怀卡托大学和坎特伯雷大学在人口、环境和健康领域开展合作。

5. 与华盛顿小组等机构就残疾问题研究开展国际合作。2007年，北京大学人口研究所作为中国唯一的代表，加入了在残疾调查和研究领域享有盛誉的华盛顿小组，并以华盛顿小组为平台开展残疾问题研究的国际合作。2011年基于北京大学在残疾和残疾预防领域所取得的成果和突出贡献，华盛顿小组在百慕大召开的年会上正式确认2012年华盛顿小组年会将在北京大学召开，由北京大学人口研究所具体承办。

6. 与国际应用系统分析研究所、巴黎笛卡儿大学人口与发展中心等机构合作，促进中欧间国际合作。2004年开始，北京大学人口研究所与IIASA开展“中国人口和人力资本多区域和概率预测”合作研究，并在人口、能源、环境等领域进行进一步合作。2010年10月，北京大学人口研究所与IIASA签署了合作谅解备忘录。2011年郑晓瑛教授访问IIASA，双方在人口、城市化和能源领域合作取得了显著进展。

7. 2011年，郑晓瑛访问法国巴黎笛卡儿大学和法国国立人口研究所，加强了北京大学与法国人口研究机构间的合作，并与法国人口与发展研究所签署了谅解备忘录，双方在社会性别、健康和国际迁移等方面开展多学科合作。

8. 与台湾南开科技大学等在老年福祉研究和老年产业方面继续深化合作。2011年10月23日，由北京大学老年学研究所/人口研究所、中国老龄科学研究中心、台湾南开科技大学、台湾元智大学、中国人民大学老年学研究所、民建中央对外联络部、中国残疾人辅助器具中心、中国老年学教学与研究委员会联合主办的2011年老龄产业和福祉科技论坛暨第五届海峡两岸福祉科技交流大会在北京大学英杰交流中心隆重举行。

除了台湾南开科技大学、台湾元智大学的领导和专家学者外，台湾敏胜医院、台湾恒安老人多层级照护集团等企业的领导也参加了本次论坛；此外，本届论坛还受到国际关注，日本国际协力机构、美国爱心基金会、国际亚健康协会等机构也纷纷出席论坛。共计260多名代表参加，并进行了深入的讨论和交流。此届论坛从国家层面进行政策解读，对老龄福祉科技、养老地产、老龄产业投资与金融等老龄产业领域的重大热点问题进行探讨研究，为应对人口老龄化这一重大战略任务提供理论依据和决策支持。论坛重点在政策形势、老龄福祉科技专题上进行深入研讨，并在老龄产业投资与金融、养老地产板块进行老龄产业链对话交流。

9. 2011年5月19日，“北京大学—中国残联合作签字仪式”在中国残联隆重举行。中国残联党组书记、理事长王新宪和北京大学校长周其凤院士签署了新一轮合作协议，中国残联副理事长程凯主持了签字仪式。

国家发展研究院

【发展概况】 2008年10月25日，在北京大学中国经济研究中心的基础上，北京大学国家发展研究院成立。北京大学国家发展研究院是一个以综合性社会科学研究为主的科研教学机构，致力于中国社会科学的国际化、规范化、本土化，推进学科体系、学术观点和研究方法的创新，按照“小机构、大网络”的原则，组织跨学科的综合研究，培养综合性的国家发展高级人才。2011年，国家发展研究院新聘请了黄卓、张丹丹、王敏三位助理教授。

2011年9月27日，人力资本与国家政策研究中心正式成立，由教育部与北京大学共建，依托国家发展研究院，刘伟副校长任中心主任。

【教学科研】 国家发展研究院按国际一流大学的标准开设博士、硕士、本科生双学位、MBA及EMBA课程，每年招收各类学生近千名。

在全校大力倡导学生工作精致化、规范化、系统化的同时，研究生办公室紧紧围绕这一主题，推进自身工作的体系化建设，提高研究生教育工作内容的实用性和针对性。还承担了教学培养管理、思想政治教育、学生工作管理等日常事务。与班主任一起去宿舍看望新生；帮助学生申请“北京大学研究生学术交流基金”，多个学生获得资助；帮助经济困难学生申请资助和助理机会；增加学生出国交流的机会，2011 年学校公派出国 5 人，院自筹经费派出 12 人，分别在哈佛、威斯康星、哥伦比亚等大学。2011 年，国家发展研究院有 98 人(含金融单考班)获经济学硕士学位，8 人获经济学博士学位。毕业生在就业和出国方面均取得了良好的成绩。

本年度双学位招生有较大变化，2011 年双学位校内报名 1010 人，录取 700 人(将名额按比例分配给各院系，根据学生学习绩点排名录取)。校外缴费领准考证 930 人，录取 200 人。2011 年春季开始在双学位网上开辟了“教育与警示”项目，将考试违纪行为及处理情况放在网上，学生违纪行为明显下降。从 2011 年秋季学期起，校外和医学部学生被纳入学校教务部教学评估的网络之内，大大提升了评估结果的准确度。为保证经济困难的学生享有同样的参加学习的机会，今年特为校内外新生设立专项助学金。校内 72 人得到助学金，校外 29 人得到助学金。2011 年春季学期，双学位项目开设课程 27 门；秋季学期，开设课程 27 门。2012 年春季学期，已确定开设课程 26 门。组织新一届 CLUB，除了常规的职场沙龙、“求知寻是”学术讲座、领导力论坛之外，还联合经济学院、光华管理学院学生会，组织首届北京大学投资文化节，大大提升双学位学生组织在校内的影响力。

BiMBA 开办全球金融硕士项目，对于有兴趣在金融方面强化自身专业能力的 BiMBA 学员和校友，在完成常规 MBA 学位课程之后，可向 BiMBA 申请进修该项目。为迅速提升 EMBA 学员的国际化视野和胸怀，开办国际化管理课程，带领学员参访国际化的公司与企业，从调研与访谈中学习国际化的经验。

国家发展研究院有以下教授获得教学方面的奖项：姚洋教授获得北京大学 2011 年优秀博士学位论文指导教师三等奖，曾毅教授获得北京大学 2011 年优秀博士学位论文指导教师优秀奖；汪浩教授获得北京大学第十届青年教师教学演示竞赛优秀奖；鄢萍获得北京大学 2010—2011 年度优秀班主任二等奖。国家发展研究院获得第十届青年教师教学演示竞赛优秀组织奖。

科研方面，国家发展研究院继续对中国经济各个领域改革和发展的重大问题进行大量调查研究，写出了一系列报告；同时在当代经济学理论上也卓有建树，在国际一流经济学刊物等国内外学术期刊发表论文和出版专著。曾毅教授的文章《推动“二孩晚育软着陆”》获成果要报发布。姚洋获得北京市第十一届哲学社会科学优秀成果一等奖；汪浩获得北京大学第十一届人文社科研究优秀成果一等奖。

国家发展研究院新出版英文刊物 *China Economic Journal* (*CEJ*)，该杂志由英国 *Taylor & Francis* 出版集团下属的著名 *Routledge Journals* 面向全球发行。该杂志旨在向英文读者介绍有关中国经济发展的深度观察和专业分析。发表论文定位于采用规范和严谨的经济学方法考察中国经济发展面临的重大问题，同时注意避免过于理论性和技术性的推导和处理过程，以便为广大英文读者群分享经济学家对中国经济现实问题的专业研究成果。继续举行“中国经济观察报告会”，定期发布“朗润预测”，对国际货币体系改革和当前宏观经济形势进行讨论。国家发展研究院不定期举办的经济理论与政策研讨系列讲座共 70 期、出版《简报》102 期和中文讨论稿 18 期、英文讨论稿 9 期等，在学术界、舆论界和决策层受到好评。《经济学季刊》作为一本经济类专业刊物，创刊六年来已经得到经济学界的广泛关注，并且已经纳入核心期刊。2011 年 12 月，第十一届中国经济学年会在上海财经大学举行。自 2001 年开始，第一届中国经济学年会在北京大学中国经济研究中心召开，已经成功举办了 11 届。每届大会都受到社会各界的关注，得到企业界和举办方所在地政府部门的鼎力支持。中国经济学年会的举行为推进我国各高校经济学的发展做出了贡献。

【学术交流】 在国际学术交流方面，国家发展研究院注重与国内外其他高校的联系与学术交流，组织各种类型的活动与学术会议。同时，国家发展研究院还通过北大国际 MBA 系列讲座、金融论坛、北大汇丰论坛、严复经济学纪念讲座等不同形式，邀请世界著名学者、专家、政治领袖、企业精英等来北大讲学或演讲。

1. 由北京大学中国经济研究中心/国家发展研究院和美国美中关系全国委员会共同举办的“2011 年中国经济论坛”于 2011 年 1 月 7 日上午在纽约股票交易所举行。中美对话每年会举行两次，“中美经济对话”的定位在中美学者、商界领袖及其他相关人士之间就中美金融贸易关系及其对全球经济格局的影响等中长期问题展开的年度对话，其目的是帮助两国学界、商界消化两国政府间对话的积极成果，增加两国民间的互相理解和信任，为两国政府的政策制定提供信息支持。

2. 2011 年 4 月，第九届严复经济学纪念讲座“中国有多大”在图书馆北配楼举行。

3. 北京大学国家发展研究院中国宏观经济研究中心于2011年6月12日召开“开放宏观视角下中国就业增长”研讨会。卢锋教授代表“CMRC就业问题课题组”汇报“就业扩张与工资增长(2001—2010)——开放宏观视角下中国劳动市场”研究报告主要观点，有关领导和专家就会议主题发表了评论和意见。

4. 2011年6月23—24日，22 Annual East Asian Seminar on Economics在国家发展研究院举行。来自美国及亚洲的知名经济学家就当前的经济问题进行了讨论。

5. 2011年11月4日，国家发展研究院主办的“世界格局变化中的国家发展与文化复兴”世界著名经济学者研讨会，在北京大学英杰交流中心举行。国家发展研究院名誉院长、世界银行高级副行长兼首席经济学家林毅夫教授，携两位诺贝尔经济学奖获得者吉姆·莫里斯、罗杰·梅尔森一同出席，与国家发展研究院的教授们，就经济发展中的一些问题进行了讨论。

【党建工作】 为了更好地进行党风廉政建设与反腐败工作，北京大学国家发展研究院多次召开党小组会议，就党风廉政建设与反腐败工作进行认真的思考与讨论。同时组织各种活动，凝聚人心，团结队伍。组织全体教职工及党员参观访问皇明太阳能集团，同时为全体教职工及党员举办各种各样的生活、学习及职业发展相关的讲座。

体育教研部

【发展概况】 2011年，北京大学体育教研部新增教员2人：邢衍安、杜君明；退休3人：教员武元朝、李志贵，教辅人员杨里昌。在职人员57人，其中教员51人、教务1人、教辅人员5人。另有外聘教师5人。体育教研部承担全校体育教学、群众体育活动、体育科研、运动训练，以及后勤体育场和体育馆的管理工作。

体育教研部新的行政班子：主任为郝光安(主管全面工作)，副主任为李杰(主管体育教研部场馆后勤工作兼任北京大学体育馆馆长)、刘铮(主管代表队和群体工作)、李宁(主管教学工作)。体育教研部直属党支部书记：张锐(主管支部、工会和体育科研工作)，副书记：钱永健(主管青年、安全保卫工作)，支部组织委员：郝光安，宣传委员：李德昌，统战委员：李朝彬。

【教学工作】 1. 开课项目与任课教师。(1) 本科生开课项目与任课教师见表6-28。

表6-28 本科生开课项目与任课教师

课性	本科生开课项目与任课教师
必选课	三个项目：太极拳、健美操、游泳 太极拳：彭芳、吴昊、刘茂辉、李德昌、张冰、赫忠慧、王东敏 健美操：袁睿超、郑重、黄育、刘丽萍、万平 游泳：于潜、萧文革、黄彬彬、马立军、滕炜荧、吴尚辉
任选课	球类项目 篮球：张亚谦、张剑、张戈 排球：冉文生、黄彬彬、何仲恺 足球：李杰、刘铮、闵东旭、邢衍安 乒乓球：吴飞、刘伟、武文珠(返聘)、胡京翔、顾玉标、闵东旭 羽毛球：郝光安、曹晓培、吴尚辉、李志贵(返聘) 地板球：郑重 网球：戴名辉、吴昊、李玉新、张冰 棒球：张戈 其他项目 自卫防身：张锐；跆拳道：吴定锋、李兰忠；国标舞：吴定锋；散打：毛智和；击剑：王东敏；形体：戴菲菲、刘丽萍；健身健美：曹晓培；瑜伽：亓昕；棍术：彭芳；拓展：钱永健；攀岩、定向与徒步运动：钱俊伟；中华毽：唐颜 新增项目 养生：李朝斌 外聘教师与项目 剑道：吴重山；国际象棋：李小鹏；围棋：方天丰；桥牌：李惠林
保健课	李德昌
通选课	董进霞

(2) 研究生开课项目与任课教师见表6-29。

表 6-29 研究生开课课目与任课教师

课性	研究生开课项目与任课教师
素质教育课程（任选课）	共计九个项目 台球：李德昌；篮球：张亚谦；乒乓球：刘伟；体育舞蹈：吴定锋；中华毽：唐颜；拓展：钱永健；网球：戴名辉；排球、高尔夫球：何仲恺

2. 2010—2011 年度第二学期、2011—2012 年度第一学期开课情况。体育教学两个学期开课情况见表 6-30。

表 6-30 体育教学两个学期开课情况

2010—2011 年度第二学期				2011—2012 年度第一学期			
编号	课程	本科生班	研究生班	课程	本科生班	研究生班	备注
1	游泳	27		游泳	26		
2	太极拳	24		太极拳	28		
3	健美操	24		健美操	25		
4	乒乓球	20	2	乒乓球	20	2	
5	羽毛球	13		羽毛球	8		
6	网球	16	2	网球	12	2	
7	篮球	12	2	篮球	11	2	
8	足球	9		足球	11		
9	排球	9	2	排球	10	1	
10	地板球	2		地板球	2		
11	台球	0	2	台球	0	2	
12	高尔夫球	2		高尔夫	2	1	
13	毽球	4		毽球	4		
14	形体	5		形体	11		
15	体育舞蹈	6		体育舞蹈	4		
16	自卫防身	4		自卫防身	4		
17	健美	4		健美	2		
18	体适能	6		体适能	6		
19	攀岩	3		攀岩	2		
20	跆拳道	4		跆拳道	4		
21	拓展	3	2	拓展	3	2	
22	瑜伽	4		瑜伽	3		
23	散打	4		散打	4		
24	棒球	2		棒球	2		
25	棍术	2		棍术	2		
26	击剑	2		击剑	2		
27	户外徒步	3		户外徒步	3		
28	营养	2		营养	2		
29	剑道	2		剑道	2		
30	保健	1		保健	1		
31	奥林文化	1		奥林文化	1		
32	国际象棋	1		国际象棋	1		
33	围棋	1		围棋	1		
34	桥牌	1		桥牌	1		
	34 项		12	34 项		12	

3. 体育理论课新一轮授课。本学期体育理论课有新变化，原来任课教师已经持续10年，从本学期第四周的3月14日开始，周一至周五(18日)每天晚上6:40—7:10，凡是选太极拳、健美操、形体的同学在这个时间段听一次课即可，星期一：张冰老师，星期二：钱俊伟老师，星期三：郑重老师，星期四：王东敏老师，星期五：亓昕老师。

4. 团体操排练。2011年，校运动会团体操早操排练工作从3月29日开始。健美操的总指挥为袁睿超老师，健美操任课老师是：袁睿超、黄育、刘丽萍、万平、郑重。太极拳的总指挥是彭芳老师，太极拳任课老师是：彭芳、李德昌、吴昊、李朝斌、王东敏、赫忠慧、毛智和、刘茂辉、张冰。2012年校运动会和北京高校第五十届田径运动会团体操早操排练工作从2011年12月12日开始排练，女生周二、周四，男生周一、周三。女生组指挥和教师不变，男生组老师有：彭芳、李德昌、吴昊、王东敏、赫忠慧(邢衍安后来代替赫忠慧)、刘茂辉、张冰、杜君明。

5. 2011届北京大学体育教研部研究生毕业典礼举行。2011年7月6日上午，在北京大学全校研究生毕业典礼完毕后，中午11点体育部在艺园为2011年毕业的5位体育教研部研究生举行毕业典礼，体育教研部主任郝光安、直属党支部书记张锐分别发言表示祝贺，希望他们在今后的深造创业过程中创造更加辉煌的业绩。北京大学体育教研部2008级的蒋钦、郎玥、王赫妍、李璟寒、邢衍安5名研究生顺利毕业，成为体育教研部第二批毕业的研究生。

6. 2010—2011年度第二学期假日课程开班。暑期课程：时间为7月4—15日(共12天)，项目班级是：3个项，5个班；任课教师分别是：刘茂辉任太极拳课程2个班，武文珠任乒乓球课程2个班，万平任健美操课程1个班。

7. 体育教研部3位教师获得北京大学2011年度奖教金。体育教研部郝光安教授获得年度教学优秀奖，王丽文副教授获得正大奖教金，吴昊副教授获得北京银行教师奖。

【运动训练】 1. 2011年，体育特长生招生冬季测试工作举行。2011年，体育特长生招生冬季测试工作于1月1—2日在北京大学体育中心举行。测试工作持续2天，招生工作按照上级机关的部署和有关政策进行。北京大学招生工作已经举行多年，形成一套招生程序，本着公开公平公正的原则，将符合标准的优秀考生记录备案，待高考后结合高考成绩，综合评定后，最终确定录取名单。参加本次测试的考生约400余人。

2. 北京大学在第十三届CUBA(中国大学生篮球联赛)东北赛区女子篮球决赛中夺冠。2011年4月11日12时30分，第十三届CUBA东北赛区女子篮球决赛在山东农业大学南校区体育馆激情上演，对阵双方是北京师范大学和北京大学。经过4节激烈鏖战，北京大学以74：68艰难战胜北京师范大学，成功获得“东北王”称号。

3. 在首都高等学校第49届学生田径运动会上，北京大学获男子团体第一，以及11个单项第一。首都高等学校第49届学生田径运动会经过激烈的竞争于2011年5月15日在清华大学胜利闭幕，经过4天的角逐，北京大学以234分获得男子团体总分第1名，以125分获得女子团体总分第2名，以359分获得男女团体总分第2名。并打破3项高校记录，分别是男子4×100米接力，成绩40秒05(常鹏本、黄敏华、黄健龙、杨洋)；女子跳远成绩6.49米(刘晓)；男子400米，成绩46秒31(常鹏本)。还获得体育道德风尚奖和最佳组织奖，同时获得11项冠军。

表6-31 首都高等学校第49届学生田径运动会冠军奖项名单

序号	姓名	项目	成绩	年级	院系	备注
1	杨 洋	100米	10秒41	2010级	新闻与传播学院	
2	常鹏本	200米	21秒16	2008级	政府管理学院	
3	常鹏本	400米	46秒31	2008级	政府管理学院	破纪录
4	赵文辉	1500米	4分55秒30	2010级	法学院	
5	赵 冉	5000米	15分16秒42	2007级	新闻与传播学院	
6	宋新华	5000米竞走	25分56秒53	2008级	法学院	
7	王惠琴	三级跳远	13.92米	2007级	新闻与传播学院	
8	田海霞	标枪	50.60米	2007级	法学院	
9	张 雨	十项全能	7278分	2006级	国际关系学院	
10	常鹏本、黄敏华、黄健龙、杨洋 男子4×100米接力 成绩40秒05					破纪录
11	唐浩、赵鑫、方园、常鹏本 男子4×400米接力 成绩3分12秒33					

4. 北京大学在2011年首都高校大学生羽毛球锦标赛中获得好成绩。2011年5月23—24日，首都高校大学生羽毛球锦标赛在北京体育大学综合馆举行。首都40多所大学参加了比赛，本次比赛设置了男女甲组、乙组，教工组，团体，男女单打，男女双打，混合双打项目，经过两天激烈角逐，北京大学2007级国际关系学院学生李奕羲战胜北京交通大学全国冠军选手获得女子单打冠军；2008级国际关系学院学生颜凤超战胜北京交通大学全国亚军选手获得女子单打亚军；北京大学学生男队获得男子团体第4名，北京大学教工混合团体获得亚军。

5. 北京大学学生参加世界大学生运动会，4名同学携手世界大学生运动会夺银。北京时间2011年8月21日，在深圳举行的世界大学生运动会田径比赛赛场传来喜报。4×100米接力赛决赛中，中国队的4位小伙子夺得了一枚宝贵的银牌，他们分别是杨洋(北京大学2010级、新闻与传播学院)、黄敏华(北京大学2006级、法学院)、常鹏本(北京大学2008级、政府管理学院)、郑东升。金牌和铜牌分别被南非和中国香港队夺走。

参加2011年世界大学生运动会田径运动员名单：杨洋(北京大学2010级、新闻与传播学院)、黄敏华(北京大学2006级、法学院)、常鹏本(北京大学2008级、政府管理学院)、黄燕丽(北京大学2008级、社会学系)、刘晓(北京大学2009级研究生、社会学系)、王惠琴(北京大学2007级、新闻与传播学院)。

6. 第十二届全国大学生田径锦标赛圆满落幕——北京大学获2金2铜。由国家大学生体育协会、三亚市人民政府主办的第十二届全国大学生田径锦标赛于2011年9月25—28日在美丽的热带滨海旅游城市三亚举行。本次比赛中北京大学以2金2铜的优异成绩获得团体第7名，吴尚辉老师获得最佳优秀教练员奖，王惠琴同学获得最佳优秀运动员称号。

全国大学生田径锦标赛是目前国内规模最大、时间最长、参赛人数最多的全国性大学生田径盛会之一。本届比赛共有北京大学、清华大学、复旦大学等117所高校报名参加，总人数近2000人，其中运动员、教练员、领队约1500人，裁判员、工作人员和志愿者500人。比赛设长跑、短跑、接力跑、铁饼、标枪、铅球、跳高、跳远等42个项目。

在4天的比赛时间里，共计有27名运动员37次刷新17项赛会纪录。在甲组比赛中，北京体育大学、天津师范大学分别以7块金牌、5块金牌位居前2名；在乙组比赛中，西南大学、重庆文理学院分别以8块金牌、4块金牌位居前2名。另外，有19人荣获优秀运动员，22人荣获优秀教练员，32人荣获优秀裁判员，33所学校荣获体育道德风尚奖。

本届比赛有相当一部分各省级田径队乃至国家队的专业运动员参加，其中包括参加了大邱世锦赛的男子110米栏选手江帆、女子三级跳远选手李艳梅、男子100米全国纪录保持者苏炳添和刘翔的师弟谢文骏。

表6-32　第十二届全国大学生田径锦标赛获奖名单

奖牌	运动员	组别	项目	成绩	院系
金　牌	王惠琴	女子	三级跳远	14.03米	新闻与传播学院
金　牌	王惠琴	女子	跳远	6.37米	新闻与传播学院
铜　牌	刘　晓	女子	跳远	6.13米	社会学系
铜　牌	赵　鑫	男子	800米	1分51秒84	新闻与传播学院
第四名	郭祥龙	男子	10000米	31分33秒14	新闻与传播学院
第四名	唐　浩　黄敏华　常鹏本　吕安烨	男子	4×100米	40秒93	政府管理学院　法学院 政府管理学院　法学院
第五名	李　梦	女子	铅球	15.24米	法学院
第五名	常鹏本	男子	400米	48秒58	政府管理学院
第五名	黄燕丽	女子	甲组跳远	5.99米	社会学系
第六名	黄景能	男子	甲组跳远	7.59米	新闻与传播学院

7. 北京大学获国际亚洲名校半程马拉松接力赛冠军。国际亚洲名校半程马拉松接力赛于北京时间2011年10月30日在台湾成功大学举行。亚洲14所名校参赛，北京大学、清华大学、香港中文

大学、日本大阪大学、日本千叶大学和新加坡国立大学,台湾地区有成功大学、台湾大学、中正大学、新竹“清华大学”、交通大学、台湾“中大”、中山大学、台湾科技大学。北京大学参赛的4名同学是王强、赵冉、徐淑云、曹晓萍。

本次比赛由台湾成功大学主办,以台湾成功大学80周年校庆为契机。以促进国际名校间的体育交流,启迪宏观人文视野,推展国际体育运动,提升健康形象为主题,特举办本次活动。本次比赛全程约21.2公里,采用4棒接力的方式进行,其中第1及第4棒为男选手,第2及第3棒为女选手。

比赛结果为北京大学第一,清华大学第二,千叶大学第三,新加坡国立大学第四,大阪大学第五。

8. 北京大学在2011年首都高校乒乓球锦标赛中荣膺桂冠。由北京市大学生体育协会乒乓球分会主办、北方工业大学承办的2011年首都高校乒乓球锦标赛于11月19—20日在北方工业大学体育馆举行。由柳洋、刘森、侯晓旭、郑洋洋等男女各5名队员组成的北京大学乒乓球代表队在比赛中取得了男子团体、女子团体和男子单打3个冠军的优异成绩,教练员刘伟获得了2008—2011年度优秀教练员称号。

9. 第十四届CUBA北京赛区落下帷幕,北大女篮取得亚军。2011年11月27日上午,第十四届CUBA北京赛区女篮焦点之战在北京大学邱德拔体育馆落下帷幕。北京大学女篮最终以43∶58不敌北京师范大学女篮,以北京赛区亚军的身份挺进明年开春在天津举办的第十四届CUBA东北赛区的比赛。女子组共7支队伍参加,北京大学女篮在完成北京赛区比赛任务期间,还代表中国大学生出访夏威夷,参加了第十届环亚太地区经典篮球邀请赛,以全胜的战绩取得了冠军。

10. 北京大学男篮在CUBA北京赛区中夺冠。2011年11月26日上午,北大男篮以92∶86战胜清华大学男篮,获得CUBA北京赛区冠军。在之前进行的7场比赛中,同为全胜战绩的北京大学男篮和清华大学男篮为北京赛区冠军头衔展开激烈争夺。

11. 北京大学2012年高水平运动员招生测试顺利举行。2011年12月26—27日,北京大学2012年高水平运动员招生测试顺利举行,刘伟副校长来到北京大学第一、二体育馆及邱德拔体育馆,视察乒乓球、健美操、羽毛球、篮球等项目的测试情况。

北京大学2012年高水平运动员招生测试是北京大学根据教育部招收高水平运动员的有关规定,选拔品学兼优、特长突出的体育特长生的方式之一,旨在推动体育运动的开展,加强与全国各中学在体育教育方面的联系与沟通,促进高校与中学之间的相互了解与学习,共同培养德、智、体、美、劳全面发展的人才。此次计划招收高水平运动员的项目包括田径、篮球、乒乓球、健美操、羽毛球、足球(男)。考生必须是高级中等教育学校毕业,获得国家二级运动员(含)以上证书且高中阶段在省级(含)以上比赛中获得集体项目前6名的主力队员或个人项目前3名者;或具有高级中等教育毕业同等学力,获得国家一级运动员(含)以上证书者或近3年内在全国或国际集体项目比赛中获得前8名的主力队员。同时年龄不超过22周岁。

12. 北京大学游泳队在首都高校游泳锦标赛上取得佳绩。2011年12月3日,在首都经贸大学举行的首都高校游泳锦标赛上,北京大学四男五女组成的北京大学游泳队取得佳绩。队员分别有6人在包括接力在内的15项比赛中进入前8名,其中朱铭同学分别在男子50米蛙泳和100米蛙泳中获得冠军和亚军,赵欣毓同学获得女子50米蛙泳冠军,洪若宁同学获得女子50米蝶泳冠军。北京大学代表队获得乙组男团、女团和团体第4名。

13. 北京大学在首都高校第三届体育舞蹈比赛中获奖。2011年12月4日,首都高校第三届体育舞蹈比赛在北京林业大学田家炳体育馆隆重举行,来自北京16所高校的约300名选手参加40个组别共966人次的角逐。北京大学体育舞蹈代表队的队员们积极备战,在赛场上奋力拼搏,获得团体总分二等奖。在此次比赛中,北京大学体育舞蹈队分别获得了狐步、华尔兹单项组冠军,探戈单项组获得了第2名、第3名等成绩,是北京大学体育舞蹈队在大型比赛中获得的最好成绩。

【体育科研】 1. 2011年1月6日,北京大学体育教研部体育论文报告会在体育中心举行。本次论文报告会收集30余篇论文,一等奖13篇,二等奖13篇,三等奖12篇。北京大学体育运动委员会主任岳素兰、校社会科学部副部长萧群、南开大学体育教研部郝主任等领导及兄弟院校同行参加会议并讲话。北京大学体育教研部论文报告会每年一次,已经成为惯例。为教师和研究生同学提供科研平台,教师和同学在完成论文的同时学习新事物,了解新的思维形式,使大家的业务水平不断提高,为建立和谐的学习型社会做出贡献。

2. 2011年5月21日上午,在北京大学国际关系学院(新鸿基楼)秋林报告厅,为期两天的第三届北京大学人文体育高层论坛正式拉开帷幕。本届论坛由北京大学人文体育研究基地携手《中国体彩报》共同主办。本次论坛以“体育与民生”为主题，与会专家学者将在两天的会期内，共同探讨“人民生计与大众体育”相关问题。来自中国大陆、香港、台湾，以及美国、德国等多个国家和地区的百余名专家学者参加论坛。社会科学部副部长萧群主持大会开幕式，国家体育总局原副局长崔大林、教育部教育发展研究中心主任张力、国家体育总局办公厅原主任刘元福、北京大学校务委员会副主任岳素兰等领导和嘉宾出席开幕式。开幕式结束后，首都体育学院院长钟秉枢主持专家圆桌对话，国家体育总局原副局长崔大林、教育部教育发展研究中心主任张力、北京大学人口研究所所长郑晓瑛、美国耶鲁大学教授劳拉·威克斯勒等4位专家分别从运动训练和竞赛、国家教育政策的制定、人口质量和发展，以及女性的解放等不同视角论述体育在改善民生方面可起到的独特作用。5月22日，与会学者们将就“体育与健康”“体育与休闲”“体育与女性”“体育与儿童发展”四个主题分别进行学术报告和讨论。出席开幕式及圆桌对话的嘉宾还有北京体育大学副校长池建，以及来自北京大学、香港浸会大学、台湾师范大学、美国耶鲁大学、德国科隆体育大学等国内外知名专家学者和前世界冠军刘伟等。

3. 经全国哲学社会科学规划领导小组批准，2011年度国家社科基金项目评审结果于6月17日正式公布。今年国家社科基金项目23个学科共申报21182项，立项资助课题共2883项，其中重点项目153项、一般项目1608项、青年项目1122项，平均立项率为13.6%。重点项目每项资助25万元，一般项目和青年项目的资助强度均为15万元，体现了扶持青年人才的倾斜政策。

北京大学体育教研部2011年度国家社科基金共申报3项，2个项目获得立项，其中重点项目1项、一般项目1项，立项率为66.7%。

表 6-33　体育教研部 2011 年度国家社科基金立项名单

项目名称	负责人	项目类别	预期成果	计划结题	批准号	学科
我国体育产业发展与政策研究	鞠传进	重点项目	专著研究报告	2013-12-31	11ATY003	体　育
围孕期体力活动模式与不良出生结局的风险研究	卢福泉	一般项目	专著论文集	2014-12-31	11BRK015	人口学

4. 2011年8月13日下午，国际大体联（FISU）最高级别的学术会议——FISU学术大会在深圳大学开幕，北京大学体育教研部董进霞教授带领李德昌、赫忠慧、张亚谦、吴定锋参加学术大会，5位老师分别做主题报告和墙报交流。本次FISU学术大会于8月13—16日举行，主题为“大学教育：从‘怎么样’的文化到‘为什么’的文化——未来从这里开始”。国际大体联主席基里安，国际大体联新当选主席、大学体育学术委员会主席加利安，中国教育部原副部长章新胜和深圳市市长许勤等参加了开幕式。本次FISU学术大会共收到5个体育学科领域的中外论文共864篇，录取430篇；并将邀请12位嘉宾进行主题演讲，内容涉及体育运动和体育教育的各个方面。

5. 2011年9月18日，北京大学体育科学研究所召开2011—2012年度第一次工作会议。会议的内容是：学习北京大学人文社会科学研究机构建设与发展文件，总结2010—2011年度体育科学研究所工作，布置2011—2012年度体育科学研究所工作，讨论“百年大学、百年体育高层论坛”。社科部常务副部长萧群出席会议，北京大学体育科学研究所所长郝光安、常务副所长张锐，以及下属各研究中心和实验室主要负责人参加了本次会议。会议由郝光安所长主持，各科研中心负责人就2010—2011年度工作总结和2011—2012年度工作计划进行了汇报。

6. 2011年10月21日上午，第二届中德足球论坛在北京大学博雅国际酒店隆重开幕。本届中德足球论坛上，托卡斯基教授以“德国黄金计划概貌及结构分析”为题目详细分析了德国足球城市的发展路线。科隆体育大学认知与运动技术研究所所长迈美尔特教授进行了题为“德国足球发展的个性与经验”的主题演讲，对于青少年的培养有自己的理念、方法。德国科隆体育大学奥林匹克研究中心主任布施曼教授做了关于女足的报告，曾经是劲旅如今却陷入困境的中国女足或许能够从其报告中受益匪浅。此外，本届论坛有幸请到了1990年世界杯冠军队主力球员、人称“盘带之王”与“世界第一边锋”的利特巴尔斯基先生进行关于沃尔夫斯堡俱乐部体育结构与德甲著名教练马加特的执教理念的报告。论坛还邀请到资深评论员张路、中国记者报资深记者周继明、中超金哨孙葆洁等10余位嘉宾与德方专家学者进行3小时的圆桌论坛，会议中，“百家争鸣，百花齐放”，各方代表各抒己见,创新观点及创造思维得以有效、长期地释放。

7. 2011 北京论坛之“美国:大学生体育国际论坛”于 2011 年 11 月 4 日在北京大学举行。论坛由北京市大学生体育协会竞赛部主办,北京大学体育教研部承办。该论坛邀请了 5 位分别来自美国伊利诺伊大学、佐治亚州立大学、威斯康星大学、西弗吉尼亚大学的体育学专家学者进行主题演讲,他们围绕美国大学体育的热点问题,包括体育课程管理、高水平运动训练、校园休闲体育、运动与健康等主题进行报告,全面展示美国大学体育的研究现状。北京大学体育教研部全体教师、研究生,以及来自北京各高校体育教研部的同人,包括清华大学、中国农业大学、中国人民大学、北京工业大学、北京邮电大学、中央财经大学、北京联合大学、中华女子学院、北京大学医学部等兄弟院校的教师、学者近百人参加了本次论坛活动。

8. 2011 年 11 月 19—20 日,来自中国、澳大利亚、日本、韩国、台湾地区运动产业界的近百名学者参加了在台湾师范大学举行的“亚洲运动产业协会 2011 台北国际论坛”。体育教研部体育产业研究中心主任何文义、2010 级研究生张景瑜受邀参加了本次论坛。本次会议受到主办单位的高度重视,马英九先生特地发来贺电预祝本次论坛成功举行。论坛现场,与会的各位嘉宾不仅有来自亚洲国家和地区运动产业界的领军人物,同时也有台湾地区政府政策的策划者,还有在体育实业界的实战精英。他们从宏观到微观上梳理了该地区体育产业暨运动产业的发展脉络,并总结归纳了本国的阶段性成果。各国学者也将本国具有特色的运动产业发展的新情况向大家进行了介绍,包括澳大利亚的赛马和赛狗业成为国民统计体系中的重要环节;韩国的体育赞助、品牌营销成为体育赛事的重头戏;日本的体育产业近年来多处开花,不同项目之间的发展呈现差异;台湾地区高尔夫和棒球运动依靠明星球员的影响力逐渐深入人心。北京大学体育产业研究中心何文义主任发表了题为“中国体育产业概况”的演讲,引起在座同人的热议。

9. 2011 年 12 月 5—7 日,第九届全国体育科学大会在上海体育学院隆重举行。北京大学体育教研部师生一行 6 人在党支部书记张锐教授的带领下参加了此次会议,并进行学术交流活动。会议期间,张锐教授与张戈副教授分别在“体育文化研究”和“高校体育理论与实践”分会场做了专题报告,董进霞教授、赫忠慧副教授与王东敏老师参加了墙报交流活动。全国体育科学大会每四年举办一届,是我国体育界规模最大、规格最高、内容最丰富,最具广泛性、综合性和权威性的体育科研盛会。第九届全国体育科学大会由中国体育科学学会主办、上海体育学院承办,云集了来自全国各体育科研单位和高等院校的 1500 多名体育工作者,共同围绕“发展体育科技,建设体育强国”这一大会主题,就体育发展中的热点、难点和重大问题进行广泛而深入的研讨。

10. 2011 年 12 月 12—13 日,“2011 体育与社会管理国际学术研讨会”在香港举行。来自中国、美国、韩国、台湾地区及香港地区的专家学者就体育、社会管理、计算机科学等热点问题进行了交流。北京大学体育教研部 5 名师生在党支部书记张锐教授的带领下参加了此次会议,体育教研部 2010 级研究生李蒉、2011 级研究生廖倩雯分别在会上做了英文口头报告。

基础医学院

【发展概况】 北京大学基础医学院现设 13 个系、2 个研究所及 1 个医学实验教学中心。拥有生物学和基础医学 2 个一级学科博士学位授权点(涵盖 12 个二级学科),拥有 1 个“中西医结合基础”二级学科、7 个国家重点二级学科、1 个北京市重点一级学科、2 个博士后科研流动站、4 个省(部)级重点实验室,拥有一些国际先进水平的科研基地和实验技术平台。基础医学院现有教职工 407 人,其中教授 69 人,副教授 75 人;具有博士学位者 171 人,硕士学位者 62 人。

基础医学院师资力量雄厚、治学严谨,有一批国内外著名的专家、学者,其中中国科学院院士 4 人、中国工程院院士 1 人、长江特聘教授 6 人、国家杰出青年科学基金获得者 7 人、享受国务院政府特殊津贴者 13 人、获“国家人事部有突出贡献中青年专家”称号者 4 人、获“卫生部有突出贡献中青年科技专家”称号者 5 人、教育部跨世纪优秀人才 2 人、教育部新世纪优秀人才 14 人、北京市教学名师 5 人。

【教学活动】 2011 年,基础医学院基础医学专业毕业学生 16 名,招收新生 62 名;医学实验专业毕业学生 41 名,招收新生 16 名。基础医学院毕业研究生 142 名 ,其中博士研究生 97 名,硕士研究生 45 名;招收研究生 180 名,其中博士研究生 84 名,硕士研究生 96 名。现有在校本科生 1118 名;在校研究生 601 名,其中博士研究生 349 名,硕士研究生 252 名;在站博士后工作人员 15 名。

在 2010—2011 年度医学部教学优秀奖评选工作中,基础医学院李茵等 20 名教师被评为北京大学医学部优秀教师;李慧等 6 名教师获得北京大学医学部教学管理优秀奖;宋德懋获北京大学优秀教师奖;药理学系获北京大学医学部优秀集体奖。

2011 年,生理与病理生理学系吴立玲教授荣获第七届北京市高等学校教学名师奖,生理与病理生理学系管又飞教授荣获宝钢教育基金会优秀教师特等奖。

2011 年,基础医学院举办了第十届青年教师讲课竞赛,生物化学与分子生物学系教师杨笑涵获一等奖,生理与病理生理学系教师窦豆、解剖与组织胚胎学系教师陈春花获二等奖。

2011 年,基础医学院完成了 2009 级和 2010 级基础医学和临床医学专业八年制学生基础医学阶段教学改革方案的组织实施工作。

PBL(Problem-Based Learning)教学中心确定了 10 个器官系统、3 个方向及 2 个入门案例的内容、题目及撰写负责人,组织进行 28 个案例初稿的撰写。已经完成入门案例及秋季学期课程等 10 个案例的评审、修改和定稿工作,并根据教学过程中带教老师、学生和督导专家的反馈,进一步调整和完善了案例。2009 级教改专业学生在秋季学期共进行 10 个案例的学习,共计 182 人次教师承担了教学任务,教学工作进展顺利。

根据基础医学阶段教改方案的整体安排,基础医学院确定并完善了 2009 级教改专业学生秋季学期的实验教学改革方案,并按照方案组织实施,已经顺利完成了实验教学导论课,以及 3 个综合性实验和自主设计性实验(设计部分)的教学。

在新途径教改方案中,对学生在基础医学阶段进行贯穿全程的有具体要求的科研基本素质训练,将创新人才培养项目作为培养方案中的一门课程,要求全部基础医学和临床医学八年制学生必须参加,以进一步加强本科生创新能力和科研能力的培养。按照新途径教改方案的总体要求,经创新人才培养项目管理领导小组讨论,学院重新制订了《创新人才培养项目"新途径"教改实施细则》,确定了"增加形式、扩大规模、规范管理、确认学分"的总原则。

【科研活动】 2011 年,基础医学院新立项课题达 112 项,批准或签约科研经费 7140 万元。在获批科研项目中,新批 973 计划项目及科技重大专项课题 6 项,国家自然科学基金项目 58 项。学院获准国家自然科学基金项目数已连续 3 年超过 50 项,新批项目数和中标率稳定增长。

基础医学院病原生物学系在承担"十一五"传染病科技重大专项课题进展良好的基础上,获批 2012 年度"传染病科技重大专项"课题及子课题 7 项,预算经费 5520 万元。

2011 年,基础医学院 5 人入选国家和教育部人才计划项目,王凡教授获国家杰出青年科学基金资助,王淼教授和赵颖副教授入选 2011 年教育部新世纪优秀人才,管又飞教授新任科技部 973 计划项目首席科学家。

2011 年,基础医学院发表 47 篇 IF>5 的高影响因子论文,其中发表 IF≥9 的代表性论文 8 篇。

2011 年,获得批准授权国家发明专利 4 项,国际发明专利 2 项。

【学科建设】 继续实施重点学科建设和重点实验室建设。各重点学科和部门重点实验室总结评估了"十一五"建设目标和建设内容的完成情况与建设成效。启动实施 985 工程三期重点学科和重点实验室建设。卫生部心血管重点实验室、卫生部神经科学重点实验室、卫生部医学免疫学重点实验室接受了卫生部组织的重点实验室运行评估。

继续加快前沿学科与前沿技术平台建设。系统生物医学研究所等前沿学科加速创建运行。集中资源投入搭建或升级前沿技术平台,包括各种组学技术平台、结构生物学技术平台、分子影像技术平台、生物医学信息技术平台等。发挥前沿学科与前沿技术的引领和带动作用。

继续加强对传统学科的扶持。使用 985 经费和北京市学科共建经费对解剖与组织胚胎学、病原生物学、放射医学等学科给予了定向支持。

基础医学学科创新引智基地建设通过评估。2011 年 7 月,教育部和外国专家局联合组织专家对引智基地进行评估验收。基础医学院"基础医学创新引智基地"等 47 个引智基地通过评估,纳入新一轮引智基地计划,继续支持建设。引智项目开展 5 年来,已发表 SCI 收录论文 63 篇,影响因子合计约 319,圆满完成了建设任务。

【获奖情况】 顾江教授等的"新发传染病的分子病理学和免疫学发病机制研究"获 2011 年度国家自然科学奖二等奖。齐永芬教授等的"肾上腺髓质素功能多样性及在心血管疾病中的作用和机制"获 2011 年度高等学校科学研究优秀成果(科学技术)自然科学奖二等奖。朱卫国教授等的"组蛋白去乙酰化酶抑制剂抑制肿瘤细胞增殖的机制研究"获中华医学科技奖二等奖。韩济生院士获"2011 年吴阶平医学奖"。庄辉院士获"北京大学 2011 年度国华杰出学者奖"。朱卫国教授获"第五届药明康德生命化学研究二等奖"。张宗玉教授获中华医学会老年医学分会"老年医学杰出贡献奖"。李学军教授获中国女医师协会颁发的"五洲女子科技奖 · 基础医学科研创新奖"。

王韵教授获"2011张香桐神经科学青年科学家奖"。

药 学 院

【发展概况】 2011年，药学院共有在岗教职工173人，其中专任教师128人，正高职称39人(教授33人，研究员6人)，副高职称52人(副教授40人，副研究员9人，副主任技师3人)，中级职称74人(讲师37人，助研16人，主管技师21人)，初级职称6人，工人2人。中国科学院院士2人，长江特聘教授2人，国家杰出青年科学基金获得者5人，教育部跨世纪(新世纪)人才11人，教育部创新团队4个。

配合医学部，完成产业楼一层、两所楼六层及28教等多项装修改造工程，并启动了老公卫楼的装修改造工作。2011年完成网站的全面改版工作，建立了药学院的英文网站，制订《药学院网站信息发布管理规定(试行)》，形成了新的信息管理模式。

2011年，招收六年制学生115人，夜大学专升本学生175人，研究生105人(博士研究生39人，硕士研究生66人)；在校生共1533人，其中研究生315人(博士研究生163人，硕士研究生152人)，六年制学生550人，四年制本科生37人，夜大学专科生109人，夜大学专升本472人，在职攻读学位人员50人。

【学科建设】 继续保持药物化学、生药学等传统学科在国内的领先优势，加大对药剂学等发展势头强劲的后备重点学科的支持，大力推动化学生物学、临床药学、预防药学等新兴学科的发展，鼓励交叉学科建设，以保证药学一级国家重点学科的快速发展。

【科学研究】 以药学院牵头的"北京大学综合性创新药物研究开发技术大平台的建设"项目于2011年6月顺利通过科技部专家组的技术审评。天然药物及仿生药物国家重点实验室通过科技部第五次评估，迈入了进一步提高阶段。

药学院承担国家重大科研任务的能力进一步加强。2011年度获准各类科研项目(作为牵头单位)58项，其中国家自然科学基金27项，科技部项目14项，教育部博士点专项基金5项，教育部创新团队发展计划1项，教育部新世纪人才支持计划2项，北京市自然基金4项，北京市科技新星计划1项，国家海洋局项目——"十二五"国家深海计划专项1项，方正创新药物研究基金3项。

发表论文269篇(SCI收录185篇)，其中国外论文153篇(第一完成单位全部为药学院)。SCI收录文章中影响因子大于10.0有4篇，大于5.0有25篇，大于4.0有15篇，大于3.0有32篇，大于2.0有45篇，大于1.0有24篇。出版教材及著作22部，其中教材14部，专著8部。有专利49项，其中申请专利32项，获授权专利17项，全部为发明专利。

获奖情况：屠鹏飞等的"基于活性成分的中药质量控制创新体系及其应用"获2011年度高等学校科学研究优秀成果二等奖。叶新山等的"基于糖类的药物先导化合物的发现和优化研究"获2011年度中国药学会科学技术奖一等奖。张礼和院士获2011年中国化学会有机合成发展促进奖。

【教学工作】 学院教学委员会完成换届工作；教学办公室建立"药学教学管理互动平台"；新改造后的教学实验室投入使用，对实验教学进行了全面改革；完成研究生课程大纲的修订工作；完成第一批药学硕士专业学位的录取工作，新增了药物化学、药剂学2个专业学位研究方向；遴选出了第一批药学专业学位培养基地；"药物化学系国家级继续医学教育基地"通过全国继续医学教育委员会评估验收。

教学改革取得良好成绩，理科基地能力提高项目完成中期考核，"基础有机化学"获得北京大学医学部精品课程。药学院获准"北京市支持中央在京高校共建项目"2项，"医学化学研究会课题"3项，"医学部大学生创新性实验计划"8项，医学部"教学实验室建设项目"1项。

【交流合作】 药学院全年接待国外专家学者60余人次；教师37人次出国参加各种国际会议和访问交流；美国新泽西州立大学药学院江亚伍教授和得克萨斯大学西南医学中心高金明教授受聘为北京大学医学部客座教授；获准中德国际交流基金项目，扩大了药学院的国际影响力。

【党建工作】 组织"双学双比双提高"活动，开展评选"身边的好榜样"，以迎接建党90周年为契机，推动创先争优活动。李玉莲获得"全国十佳辅导员"和"北京大学党务和思想政治工作优秀个人——李大钊奖"荣誉称号；叶新山获得"北京高校优秀共产党员"称号。

进一步加强党风廉政建设，修订了《药学院关于贯彻落实党风廉政建设责任制的实施细则》《药学院关于党政领导班子落实"三重一大"制度的实施办法》《药学院党风廉政建设和反腐败任务分工》，明确院党政领导班子及成员的领导责任和机关各科室、各系、各室(所)负责人与部门在党风廉政建设中的工作职责，构建起一级抓一级，层层抓落实的责任体系。

重视学生思想教育工作。举办"对话院士，聆听大师谆谆教诲"讲座；召开"纪念新生导师制二十周年工作"研讨会；药学院2011年荣获"北京大学学生工作先进单位"。

公共卫生学院

【发展概况】 北京大学公共卫生学院始建于1950年。2011年在编教职工150人，其中教师109人，具有博士学位的教师为69人。教职工中76人具有高级职称，占教职工总人数的50.6%。教师的平均年龄为43.8岁。目前公共卫生学院有国家重点学科(流行病与卫生统计学)1个，国家重点(培育)学科(儿少卫生与妇幼保健学)1个，北京市重点学科(少儿卫生与妇幼保健学)1个，北京市重点实验室(食品安全毒理学研究与评价)1个，国家中医药管理局重点研究室1个。此外，毒理学是药理学国家重点学科的重要组成单位。

【教学工作】 2011年7月，公共卫生学院与西城区卫生局共建教学科研基地，其下属区疾病预防控制中心、卫生监督所、各区属医疗机构同时纳入教学科研基地的范畴。

闫少芳、孙昕霙、郭新彪、姚碧云、陈大方、吴明、马军、周虹、沈小毅、尚兰琴等10位教师被评为北京大学医学部优秀教师；王志锋、叶康平、纪颖、余灿清等4位老师获医学部优秀教学管理奖。

2011年12月2日，公共卫生学院举办"第十一届青年教师讲课比赛"，有6名青年教师参加比赛，经过比赛，评选出一等奖2名，二等奖2名，三等奖2名，推选其中2名选手参加北京大学医学类讲课比赛，其中1人获三等奖，1人获优秀奖。

公共卫生学院鼓励学生申报和开展科研创新项目。学生申报踊跃，经申报和公开答辩后有7个课题获准立项，总经费为2.2万元。在2009—2010年教育部、北京市和医学部"大学生创新实验项目"中，学院获1个一等奖，3个二等奖，6个三等奖。

2011年，公共卫生学院有博士研究生27人，硕士研究生88人(包括预防七年长学制2004级学生52人)，在职博士研究生1人、硕士研究生3人、MPH 63人完成学位论文答辩，获得学位。2011年招收博士研究生26人，硕士研究生71人(其中全日制MPH 21人)，长学制2006级进入二级学科24人，公共卫生专业硕士49人。截至2011年12月，共有在读博士研究生101人，硕士研究生178人，长学制进入二级学科74人，在职申请学位11人，公共卫生专业硕士(MPH)162人，2011学年在读研究生总数为526人。

公共卫生学院继续深化执行全日制公共卫生硕士专业学位的培养模式改革工作，完成了全日制MPH专业学位综合改革试点工作的阶段检查。

公共卫生学院完成医学部研究生教育教学改革任务，全面修订统计类课程，新的统计类课程分为基础、进阶、专题三部分。并新增多门专题课程，共开设统计课程近20门。公共卫生学院共开设研究生课程96门，新增27门，删除6门。

2011年，公共卫生学院同美国杜克大学继续举办"全球卫生"培训项目，这是国家继续医学教育项目。来自全国各大高校、科研院所和疾病预防控制中心的30名学员参加课程学习，并通过学业考核、获得国家级继续教育培训证书。

2011年，公共卫生学院与美国乔治·华盛顿大学共同举办为期3周的"全球健康"暑期培训班。培训班共招收20名学员，其中乔治·华盛顿大学10名学员，北京大学医学部10名学员。

【科研工作】 2011年，公共卫生学院流行病与卫生统计学系李立明教授获科技部卫生行业公益基金一项，经费达1866万元。获得11项国家自然科学基金，总金额398万元。公共卫生学院科研经费总计136项，金额4868余万元。2011年，公共卫生学院获得四项成果奖。毒理学系周宗灿教授等主编的专著《基因与环境的交互作用：健康危险评定与预警》获第二十三届华东地区科技出版社优秀科技图书奖一等奖。(详见表6-34、表6-35)。

2011年，公共卫生学院在国内核心期刊发表论文325篇，另发表国外论文44篇，合计369篇。其中2011年《柳叶刀》(2010年影响因子33.63)在线发表了卫生政策与卫生管理学系冯星淋博士为第一作者、郭岩教授为通信作者的《关于中国住院分娩策略和新生儿死亡》的研究论文，该论文是与伦敦卫生与热带病学Carine Ronsmans合作撰写的。

表6-34 2011年公共卫生学院科研项目与经费情况表

类别	项数	金额/万元
科技部卫生行业公益基金项目	1	1866
国家自然科学基金项目	11	398
国家社科基金项目	1	15

续表

类别	项数	金额/万元
教育部博士点基金项目	6	32
北京市自然科学基金项目	3	33
教育部项目	5	88
卫生部项目	19	290.26
科技部子项目	6	145.28
部委项目	4	51
北京市项目	5	37.5
国际合作项目	20	705.3
中国疾病控制中心项目	4	23.39
北京大学项目	9	126.05
公司合作项目	15	732.2
其他项目	27	325.03
合计	136	4868.01

表 6-35　2011 年科研成果获奖情况汇总表

姓名	单位	获奖名称	奖项	等级	获奖日期
李　勇	营养与食品卫生学系	中国常见出生缺陷的发生和预防基础研究	中华预防医学会科学技术奖	二等奖	2011 年 11 月
李　勇	营养与食品卫生学系	中国常见出生缺陷病因学和预防基础研究	教育部高等学校科研成果奖	二等奖	2011 年 11 月
李立明	流行病学卫生统计学系	双生子人群流行病学研究	北京市科学技术进步奖	三等奖	2011 年 03 月
季成叶	妇女与儿童青少年卫生学系	中国学龄儿童青少年体成分研究及肥胖筛查标准的建立	北京市科学技术进步奖	三等奖	2011 年 03 月

【学生工作】　结合预防医学学生的专业思想特点，公共卫生学院着力打造了“公共卫生名家讲坛”，首次讲坛邀请到王陇德院士，做了主题为“如何做一名合格的公卫医师”的报告，他以自己的学习、工作经历为例，阐述了成为一名合格的公卫医师应该具备的素质。

公共卫生学院获北京大学学生工作先进单位；流行病与卫生统计学系赴呼伦贝尔市暑期社会实践团队荣获 2011 年北京市级“首都高校社会实践优秀团队”；公共卫生学院赴云南实践团“小花要茁壮”关爱流动儿童实践团获北京大学社会实践先进团队；1 人被评为北京大学社会实践优秀领队老师；1 人被评为北京大学优秀党务和思想政治工作者；获得北京大学德育奖 1 人次，北京大学优秀班主任一等奖 1 人次、二等奖 1 人次；多个学生班集体和个人获得优秀集体和优秀个人称号。

【对外交流】　2011 年，公共卫生学院出国参加学术交流 46 人次，交流论文 39 篇，做学术报告 7 人次，出国进修 13 人次。参加国内学术会议 126 人次，交流学术论文 81 人次，做学术报告 31 人次。学院举办各级各类学术讲座 80 余次，3000 多人次参加，其中邀请外籍专家做学术报告 30 多人次。

2011 年 3 月下旬，北京大学公共卫生学院与美国约翰霍普金斯大学公共卫生学院共同主办“中美公共卫生高层论坛”，美方院长、副院长及 4 名教授，以及中方 30 位公卫学院的领导专家参加了论坛。中美学者就“中国临床医学专业的公共卫生与预防医学教育所面临的问题及改革动向”“美国公共卫生学院学科设置及教学情况”“美国公共卫生应急的研究、教育与实践”“中国公共卫生应急的现状、问题与挑战”等专题进行研讨。

2011 年 3 月 29 日，由北京大学儿童青少年研究所主办“儿童青少年膳食营养、身体活动与健康论坛”。新西兰奥克兰大学临床研究中心主任克里斯·布林教授、儿少所季成叶教授、中国疾病预防控制中心陈晓荣教授等分别做学术报告。

2011 年 4 月 1 日，妇女与儿童青少年卫生学系邀请美国纽约卫生局伦理审查委员会主席举办了题为“伦理学的功能主义路径：提高伦理 IQ 的实用性建议”的讲座。7 月 3—6 日，公共卫生学院和澳大利亚昆士兰大学公共卫生学院联合举办首届“空间流行病学培训班”并进行学术研讨。

2011 年 10 月 24 日，北京大学公共卫生学院、北京大学卫生应急管理中心、红十字国际委员会、中国红十字会共同主办“密集人群卫生应急培训班”，这是与国际红十字会合作的第三期培训项目。

【工会工作】 公共卫生学院工会推出“健康就在脚下——公卫学院系列健身活动”，此项活动获医学部工会“权益杯”精品活动称号。

在医学部运动会开幕式上，公共卫生学院广播操展示获一等奖，集体跳绳项目获得了第二名，同时获得医学部运动会组织奖。在“迎五一”棋牌比赛中获得拖拉机比赛第一名，跳棋比赛三等奖。在医学部工会举办的“白衣巧手”手工艺作品比赛中，公共卫生学院老师的作品获得一等奖 1 名，二等奖 2 名，三等奖 3 名。4 位青年教师代表参加了医学部工会举办的“启迪智慧、放飞梦想”诗歌朗诵会活动，获得优秀奖。

在医学部举办的庆祝建党 90 周年的“永远跟党走”大型歌咏活动中，公共卫生学院获得二等奖。

在医学部工会年底组织建家工作评选中，公共卫生学院流行病与卫生统计学系工会小组被评为模范工会小组，毒理学系工会小组被评为北京大学模范职工小家。

护理学院

【学院概况】 护理学院在职职工总数为 47 人，其中教师 36 人，管理人员 8 人，教辅人员 3 人。教师中教授 3 人，副教授 16 人，讲师 17 人；博士 13 人，硕士 21 人，学士 2 人。管理人员中副高职称 2 人，中级职称 4 人，无职称 2 人。教辅人员中中级职称 1 人，初级职称 2 人。护理学院承担着护理学研究生、本科生、专科生 3 个层次的全日制教育，以及夜大学专科、专升本的教学。全日制学生在校总人数为 835 人。

【学科建设和教学改革】 研究生教育　护理学调整为一级学科后，护理学院进行一级学科博士学位授权点的申报工作。2011 年 8 月，北京大学护理学院一级学科护理学博士学位授权点获批。2011 年护理学院有博士生导师 2 名，2011 年 9 月招收博士研究生 1 名。2011 年 6 月对护理学硕士培养方案进行了讨论修订。在护理专业硕士学位研究生培养方案修订方面参照指导性培养方案，丰富了课程学习内容，临床轮转时间减少为 24 个月，并新增了心内科护理、外科危重症护理和妇科肿瘤护理 3 个方向，对原有各专业方向轮转科室及要求进行了调整和更新；修订护理学科学位培养方案，新增了护理学博士学位培养方案。2011 年 6—8 月，组织护理学院学位分会进行了 4 轮讨论和修订。

本专科教育　2011 年召开本科生招生改革研讨会，邀请医学部领导和用人单位针对 2013 年本科生和专科生招生改革方案进行讨论和征求意见。贯彻医学部教育改革的整体构想，组织护理专业委员会及学术委员会对护理专业本科学制和教学计划进行研讨，在专业教学计划中，全面调整课程结构，合理搭配选修课和必修课比例，减少周学时，给学生较为充足的自主学习时间。开设就业指导课程，提高学生在应聘过程中的竞争能力。深化教学内容整合，在教学方法和实践环节进行综合改革。为了适应护理专业发展的需要，在护理专业本科教育中对部分临床专业课程采用 PBL 教学方法。同时改革评价方法，采取平时成绩和期末考试相结合的方法，对护理专业四年制本科生专题训练进行调整。护生根据专科实践训练基地预先提供的相关科室及接收学生数量，结合自身学习兴趣，选择专科实践训练方向及基地。由被选择的专科实践训练基地的科室负责安排一名指导教师指导学生实习整体护理，以整体护理方式管理 3～5 张床的病人，完成 2 份护理病程记录。并由护理学院导师及专科实践训练基地教师共同指导学生结合专科实践要求选题，确定学生所要书写的个案护理报告的内容，使学生完成与临床实践密切结合的个案报告。2011 年度护理专业本科生 43 名学生申报的北京大学医学部创新实验项目 10 项全部立项。2011 年执业护士考试，专业实务的通过分数线是 77 分，实践能力的通过分数线是 76 分，两项考试全部通过才算资格考试通过，护理学院 2008 级专科护生专业实务的成绩为 90～120 分，平均 108.02 分，实践能力成绩为 91～123 分，平均 106.75 分，198 人通过资格考试，通过率 100%。2011 年 9 月 13 日，回龙观医院开始接收第一批护理专科学生的临床生产实习。2011 年护理学院有 20 位教师主编或参编人民卫生出版社的第五轮本科教材。2011 年护理学基础教研室获得北京大学医学部优秀教学集体奖。

继续教育　2011 年申报国家级及北京市级继续教育项目 10 项。举办北京市级继续教育项目“护理科研提高班”[2011-14-05-069(京)]共 2 期，招收北京市外学员 32 人。11 月 11—13 日在北京市昌平卫生学校举办国家级继续教育项目“护理科研研讨班”[2011-14-05-290(国)]，招收昌平区各医疗机构学员 80 人。全年接收护理师资班进修学员 17 人，接收国内一般访问学者 13 人，高访学者 8 人。

【科研合作】 2011年，护理学院获得国际合作项目7项，国内合作项目13项，校级项目20项，学院项目12项。全年学院教师在医学类核心期刊上发表论文102篇，其中有5篇被SCI收录。主编和参编教材和参考书14本。《护理科研方法》获2011年北京市高等教育精品教材。全年123人次参加国内外交流，组织午间科研论坛16次。6月20—24日，澳大利亚Joanna Briggs Institute循证卫生保健中心(简称JBI)为学院教师进行了历时5天的JBI系统综述培训，16名教师参加了培训并获得由JBI颁发的培训证书。

表6-36 护理学院2011年度主要科研项目

项目类别	项目名称	合作单位	项目起止时间	科研经费	经费来源	项目负责人
国际合作项目	Building capacity and sustain ability for doctoral level nursing education		2011—2014	350000美元	China Medical Board Foundation(CMB)	郭桂芳
	社区护理师资培训项目		2008-08—2011-07	175000美元	China Medical Board Foundation(CMB)	段丽萍
	Strengthen Midwifery to Save Lives and Promote Health of Women and Newborn And Promotion of Natural Delivery	卫生部中国妇幼保健协会	2011-01—2015-12	500000美元/125000美元	UNFPA(联合国人口基金)	庞汝彦/陆　虹
	中国糖尿病与抑郁研究	香港中文大学	2011—2013	200000元	欧洲糖尿病学会	纪立农/李明子
	Midwifery human resource andessential competencies for midwifery practice in urban and rural areas in China		2011-10—2013-03	10000美元	China Medical Board Foundation(CMB)	陆　虹
	老年痴呆护理网络干预	美国环建集团	2011-05—2011-12	8000美元	美国国立卫生研究院	姬　萍
	痴呆老人照顾与管理模式的探索性研究		2011-01—2012-12	51400元	CMB护理青年教师科研基金	王志稳
国内合作项目	社区护士实践教学示范基地的研究	北京中关村医院	2008-08—2011-07	65000元	首都医学发展科研基金	尚少梅
	社区护士常见慢性病健康教育规范化方案研究	德外医院	2008-08—2011-07	75000元	首都医学科研发展基金	尚少梅
	脑卒中高危人群"脑卒中迅时行动"科普教育活动		2010-03—2011-09	50000元	海淀区科学技术委员会	万巧琴
	慢性乙型肝炎病人自我管理有效途径探讨	地坛医院	2008-02—2011-02	100000元	首都医学发展科研基金	孙玉梅
	北京糖尿病防治需求分析与技术选择	人民医院	2009-05—2011-06	50000元	北京市科学技术委员会	李明子
	单病种前瞻性支付制度下护理收费体系的研究		2009-12—2012-12	30000元	北京市组织部	谢　红
	基层社区护理服务运行机制和制度建设的研究	延庆县医院	2009-08—2012-08	40000元	首都医学发展科研基金	孙宏玉
	中外基层医院社区服务护理模式的比较研究及启示	大兴区人民医院	2009-08—2012-08	40000元	首都医学发展科研基金	孙宏玉
	北京市康复院、护理院试点工作项目	北京市卫生局	2009-01—2011-12	100000元	北京市卫生局	尚少梅
	北京市"优质护理服务示范工程"质量评价项目	北京市卫生局	2010-04—2011-12	100000元	北京市卫生局	尚少梅
	护理院运营模式及付费方式的研究	展览路医院	2010-01—2011-12	25000元	首都医学发展基金	申志茜/尚少梅
	北京市三级综合医院护理质量评价体系的研究	北医三院	2011-01—2011-12	200000元	首都医学发展基金	刘晓光/尚少梅
	护理学科建设		2010—2014	500000元	985项目	郭桂芳

续表

项目类别	项目名称	合作单位	项目起止时间	科研经费	经费来源	项目负责人
校级项目	肿瘤专科护理研究		2009-10—2012-12	25000 元	医学部	路　潜
	结直肠癌高危人群癌症筛查参与行为的研究		2009-10—2012-12	25000 元	医学部	庞　冬
	单病种预付费制度下护理质量评价体系的研究		2009-10—2012-12	15000 元	医学部	谢　红
	社区护理研究个人学术发展规划		2009-10—2012-12	15000 元	医学部	孙　静
	PICC 置管后对肿瘤患者术肢静脉血流及血管内皮影响的研究		2009-10—2012-12	15000 元	医学部	金晓燕
	脑卒中早期就诊意识研究		2009-10—2012-12	15000 元	医学部	万巧琴
	腰椎手术患者康复行为与术后疗效的相关性研究		2009-10—2012-12	15000 元	医学部	耿笑微
	新辅助化疗对于乳腺癌病人术前营养状况影响的研究		2009-10—2012-12	15000 元	医学部	杨　萍
	胃肠手术患者临床营养支持的成本效果分析		2010-10—2012-12	25000 元	医学部	王　艳
	居家运动干预对无症状下肢动脉硬化性闭塞症患者的中远期效果评价		2010-09—2012-12	15000 元	医学部	张　岩
	家庭支持对初产妇母乳喂养行为的影响		2010-10—2012-10	15000 元	医学部	朱　秀
	北京地区养老机构老年人抑郁情绪发生状况及影响因素分析		2010-10—2012-12	15000 元	医学部	刘　宇
	以建构主义为指导的妇产科护理学教学改革探讨		2010-06—2012-06	10000 元	医学部	侯　睿
	护士牵头的远程干预措施在 2 型糖尿病合并肥胖患者体重管理中的有效性,可行性,可接受性的探索性研究——随机临床控制实验		2010-10—2012-10	25000 元	医学部	吴丽华
	共情训练对愤怒情绪的调节效果及机制研究		2010-10—2012-12	25000 元	医学部	官锐园
	老年病人的过渡性护理与护理的延续性		2010—2012	600000 元	医学部	郭桂芳
	孕产妇学历水平对分娩方式选择的影响		2010-09—2011-06	3000 元	医学部	陆　虹
	护理专业大学生诚信现状及宣传教育对策研究		2011-04—2012-05	1000 元	中共北京大学医学部委员会	张进瑜
	以综合能力培养为核心的基础护理学教学改革		2009—2012	10000 元	医学部	尚少梅
	北京大学护理学院男生的就业心理和规划		2011-04—2015-05	3000 元	医学部	侯　睿

表 6-37　护理学院 2011 年教材编写情况

论著名称	出版单位	参与情况
基础护理学	人民卫生出版社	主编
护理学导论	人民卫生出版社	参编
社区护理学	中央广播电视大学出版社、北京大学医学出版社	主编
老年人实用护理技能手册	北京大学医学出版社	主编
身体评估操作示范	人民卫生出版社	主编
身体评估实践指导手册	人民卫生出版社	主编
临床“三基”训练指南与习题集丛书——护理分册	人民卫生出版社	主编
护理教育理论与实践	人民卫生出版社	主编
内科护理学(中央广播电视大学教材)	北京大学医学出版社	参编
社区护理学	北京大学医学出版社	参编
助产学	人民卫生出版社	参编
妇产科与儿科护理学	中央广播电视大学出版社、北京大学医学出版社	参编
妇产科护理学(全国自考教材)	北京大学医学出版社	参编
儿科护理学(全国自考本科教材)	北京大学医学出版社	参编

【对外交流】 护理学院与美国Arizona大学护理学院、美国Pennsylvania大学护理学院签署了合作协议，推动博士联合培养项目，以及博士生导师培养项目，初步确定了博士生导师培养的合作方案。美国密歇根大学Antonia Villarruel教授、澳大利亚南澳大学护理学院副院长Pat Buckley教授及国际事务负责人Ms Megan Duran、美国杜克大学吴蓓教授均表示了与护理学院在博士项目等方面的合作意愿。护理学院与美国亚利桑那大学护理学院合作进行博士核心课程建设，3位教师完成"哲学与护理学发展"课程的网上学习。郭桂芳院长在美国宾夕法尼亚大学护理学院院长论坛上做主讲嘉宾并在其他国际国内会议上发表讲演，介绍中国护理和北京大学护理学院的发展。2011年，护理学院接待来自美国、英国、澳大利亚、挪威、丹麦、瑞典、日本、韩国等的代表团或个人19批49人次，护理学院教师出访12批17人次，举办国际报告会5场。

【学生交流】 *与挪威奥斯陆和阿克斯胡斯(Oslo & Akershus)大学学院的学生交流活动* 与奥斯陆大学学院护理学院的交流活动已历时6年，2011年9—12月，奥斯陆和阿克斯胡斯大学护理学院的11名本科生来护理学院进行课堂学习和临床见习活动。10月，挪威驻中国大使馆、挪威卫生部及Oslo & Akershus大学护理学院代表团一行9人来护理学院访问。

与澳大利亚迪肯大学的学生交流活动 2011年11—12月，澳大利亚迪肯大学护理学院2名护理本科生来护理学院进行为期4周的交流访问，1周理论学习，3周临床实践。

与香港大学的师生交流活动 2011年与香港大学继续在本科生及研究生层次上展开丰富多彩的师生交流活动。1月22—29日，护理学院1名教师及9名本科生赴香港大学护理学院参加为期1周的交流活动。4月11—24日，香港大学护理学院7名本科生来护理学院交流学习2周。5月30日—6月5日，护理学院1名教师及7名硕士研究生赴香港大学护理学院进行为期1周的交流活动，并参加了香港大学护理学院于6月3—4日举办的"5th Hong Kong International Nursing Forum"国际会议。

【社会服务】 1. 北京大学护理学院作为教育部高等教育护理专业教学指导委员会主任委员单位，积极做好学科引领工作。2011年组织专家对广西医科大学、徐州医学院和大连医科大学3所护理院校进行了护理专业认证试点。7月3—8日，受教育部高等学校护理学专业教学指导委员会的委托，北京大学护理学院承办"护理学专业本科教育发展研讨会(第一期)"暨"护理学专业认证研讨会(第二期)"，接待全国各高校医院参会人员第一期94人，第二期145人。

2. 承担首批护士职业资格考试试题开发基地的工作。2011年1月，北京大学护理学院成为全国首批护士执业资格考试试题开发基地。3月，组织北京大学护理学院、北京大学第一医院、北京大学人民医院、北京大学第三医院，以及北京大学第六医院的34名专家完成了500道护士执业资格考试试题的命题工作。

3. 承担北京市社区护士岗位培训技能操作考核的监考工作。2011年10月22—23日，护理学院组织了一支由北京大学护理学院教授、副教授、讲师和北京大学各附属医院及社区卫生服务中心主任护师、主管护师组成的高水平、专业化的监考队伍，对来自海淀区、房山区、昌平区、通州区等9个区县的435名社区护士进行了护理专业技能操作考试。

医学人文研究院/医学部公共教学部

【发展概况】 公共教学部于2002年7月在原社文部、外语部、体育教研部及数学物理计算机教研室的基础上组建而成，现设5个学系：哲学与社会科学系、医学人文学系、医用理学系、应用语言学系、体育学系。2008年4月，成立了北京大学医学人文研究院。2011年，医学人文研究院成立了7个研究中心：医学史与医学哲学研究中心、医学心理学研究中心、医学伦理与法律研究中心、健康与社会发展研究中心、医学文化与健康传播研究中心、医学美学研究中心，以及数据与案例管理中心。此外，医学人文研究院/医学部公共教学部还拥有4个校级研究中心，即北京大学医学史研究中心、北京大学临床心理中心、北京大学医学部性学研究中心、北京大学医学部中美医师职业精神研究中心。医学人文研究院/医学部公共教学部现有在职职工136人，专任教师111人，其中正高15人，副高40人，中级52人，助教2人。教师中具有博士学位者21人，占教师总数18.9%；具有硕士学位者49人，占教师总数44.1%。现有教辅人员16人，管理人员8人，离退休人员62人。

2011年，公共教学部完成党政领导班子的换届工作。张大庆任主任，吴玉杰任党委书记，袁小平、郭莉萍、丛亚丽任副主任，王玥、刘大川任党委副书记。

【教学工作】 2011年，医学英语专业毕业学生36人，招收新生35人；毕业研究生13人，其中博士3人；招收研究生10人，其中博士4人。现有在读学生182人，其中医学英语专业本科生150人，博士研究生8人，硕士研究生24人。

完成了全校本专科生 52 门次必修课、64 门次公共选修课及医学英语 2968 学时专业必修课、324 学时专业选修课的教学任务。医学英语专业学生参加全国英语专业八级考试及四级考试，通过率分别为 100% 和 96.3%。对医学英语专业的课程设置进行了新一轮研讨，确定了本专业“后期分化培养”的模式。举办第十一届青年教师教学演示竞赛，赛前举办获奖教师示范课，对选手进行指导和培训。

深化教学改革，发表教学研究论文 20 余篇。2009 年立项的 10 个教改项目结题并取得了一定成果。资助 6 个本科生公共课程教学改革项目。在研究生课程方面，对公共英语、政治和统计课等课程在教学内容、教学方法等方面进行了较大调整。此外，医学史、医学心理学、中国近现代史教研室紧跟研究生教育发展前沿，对研究生培养方案进行了修订。

加强学生素质教育，指导学生参加社会实践、国际国内竞赛等活动。组织社会实践团队，分赴河北永清、辽宁锦州等地开展中学支教、新农村调研、卫生国情教育等形式多样的社会实践活动，在永清县建立了学生实践基地。通过组织专业介绍会、双学位学习交流会等活动，为各年级同学们提供交流、沟通的平台和机会，坚定同学们的专业思想，提高学习兴趣。结合学生的专业特点和实际，举办“英语文化周”等系列活动，营造英文学习交流氛围和人文环境。根据医学英语专业学生的实际情况，开展“学长制”试点工作，实现学生的自我教育、自我管理和自我服务。医学英语专业学生刘洋荣获“打造新生代 CEO：十万元大学生创业梦想扶植计划”全国总决赛冠军。生物数学教研室组织医学部学生代表队参加由美国数学及其应用协会（COMAP）主办的“跨学科模型竞赛”（ICM，2011），1 个队获一等奖；参加全国数学建模竞赛，2 个队获北京市二等奖。物理教研室组织医学部学生参加全国部分地区大学生物理竞赛活动，共 8 人获奖，1 人获特等奖，2 人获一等奖，3 人获二等奖，2 人获三等奖。

与印第安纳大学社会工作学院联合举办“中美主要卫生保健问题的跨文化比较”暑期研究生课程，来自两校的 21 名学生以社会工作为核心，在肿瘤、心理健康和艾滋病 3 个分主题下展开了讨论和学习。举办了第 4 期北京大学医学人文骨干教师高级研修班，培训学员 16 人。举办心理治疗与咨询进修班，招收学员 10 人。

【科研工作】 2011 年，获国家自然科学基金课题 1 项，金额 33 万元；获国家科技支撑计划课题 3 项，金额 74 万元；获国家哲学社科基金重点项目 1 项；获省部级项目 12 项，金额 153 万元；获国际合作项目 12 项，金额 79.1 万元、28.75 万美元；获校级项目 6 项，金额 22.65 万元；总计 35 项，总金额 361.75 万元、28.75 万美元。

在全国核心期刊发表论文 49 篇，其中 3 篇被国外 SCI 收录，2 篇被国外 EI 收录。出版 1 本专著，2 本译著，2 部教材。

开展学术交流活动，113 人次参加了国内外学术交流活动，积极举办各类学术活动，邀请国内外知名学者来院讲学。举办北京大学第四届医学人文周。其间，在全国人大常委会副委员长、北京大学医学部主任韩启德院士的倡议下，举办了“叙事医学”座谈会，北京大学国际关系研究所所长袁明、北京宣武医院神经外科主任凌锋教授、北京大学人文部副主任申丹等校内外专家学者，以及部分医学部部处级领导应邀出席了会议，与会专家学者从叙述医学的概念、意义、价值及如何与临床实践结合、如何与医学人文结合改善医患关系等方面进行了探讨。本届医学人文周还包括“首届全国医学生医学人文翻译 · 写作竞赛”“中美医师职业精神研讨会”“程之范教授 90 华诞暨医史学科成立 65 周年庆祝会”“北京大学医学人文英语戏剧比赛”、第二届“领略医学之美 感悟生命之真”学生作品展等内容，此外还邀请了纪连海等国内外著名学者举办讲座。

【党建工作】 2011 年，共有党员 144 人，其中教工党员 66 人，离退休党员 38 人，学生党员 40 人。发展党员 18 名，其中教职工 1 人，本科生 14 人，研究生 3 人。

平稳有序地完成了 5 个系正副主任、3 个教工党支部、1 个退休党支部、3 个学生党支部的换届。

按照上级党委工作部署，完成了北京大学出席党的十八大代表大会候选人初步人选提名工作，完成了医学部第十二次党代会党委委员、纪委委员的提名工作，选举产生了公共教学部出席医学部第十二次党代会的 5 名代表。

开展庆祝建党九十周年系列活动。承办医学部纪念中国共产党成立 90 周年暨北医党组织诞生 65 周年图片展，召开庆祝建党 90 周年“七一”表彰大会，制作庆祝建党 90 周年电子纪念册，开展了“唱红歌，颂党恩，学党史，跟党走”系列活动。

北京大学第一医院

【基本情况】 北京大学第一医院共有职工 3056 人，其中卫生技术人员 2622 人，包括正高职称 192 人，副高职称 312 人，中级职称 881 人，初级师 855 人，初级士 266 人，见习期 112 人。有中国工程院院士 1 人（郭应禄）。

2011 年年底，医疗设备总价

值64526.53万元。2011年内新购置医疗设备总价值11950.93万元，其中十万元以上设备92台(件)，百万元以上设备19台(件)。

新门诊楼工程于2009年3月31日开工建设，门诊楼工程国家批复投资24519.30万元，建筑面积40266平方米，单方造价6089元/平方米，截至2011年11月底累计支出投资25170万元。新门诊楼工程严格工程投资审批程序，每一份工程款支付，以及变更洽商都要经过监理，工程师现场确认工程量，然后确认价格，最终报过程审计审核后方可支付。地下通道工程自2009年9月全线贯通以后，受门诊楼施工工期的影响，部分装修工程及2号竖井的施工不具备条件，弱电系统、消防报警系统，以及强电电缆的铺设工程均未完成，已于2010年年底办理了停工手续。

科研楼工程于2009年11月开工，已于2011年6月14日竣工并交付使用。

保健中心工程项目建议书已通过卫生部上报国家发改委，进行该项目的立项评审，目前该项目评审工作已经正式委托国家发改委评审中心进行。

【医疗工作】 全年门诊1856071人次，日均门诊6874.34人次；急诊128397人次，日均急诊351.77人次；急诊危重抢救8124人次，抢救成功率96.62%。北京大学第一医院实有床位1506张。入院52729人次，出院52665人次，病床周转34.75次，床位使用率95.84%，平均住院日10.01天，出入院诊断符合率99.80%，治愈率44.95%，出院患者好转率49.69%。住院手术22993例。

加强干部保健服务管理，连续6年圆满完成院士体检工作。2011年共为106名院士专家进行了健康体检，满意度达到100%。精心编写科普材料，力争做到“未病做好预防，现病科学诊治”，针对院士专家常见各系统疾病防治的科普材料——《科技工作者常见疾病防治》，并组织多位专业知识丰富、科普意识强的专家定期为保健对象进行健康宣教活动。2011年5月与中科院签订了《中国科学院院士医疗保健绿色通道合作协议》，以保障院士能得到优质便捷的医疗服务。年内共住院收治正部级医疗待遇人员3人次、副部级干部139人次、院士42人次，组织院外专家会诊10余人次，院内专家会诊40余人次，安排住院50余人次，陪同保健对象就诊检查100余人次。共安排卫生部保健局组织的医疗保健任务19次，派出医生、护士62人次，参加服务共63天。

病案管理 加大对运行病历的检查力度，加强全院培训、日常监督。组织进行2场病历书写基本规范培训，全院近500人参加。检查运行病历、终末病历共计36000份。组织开展优秀病历评比，上报病历353份，经过3轮专家评比，共选出个人优秀病历30份，优秀病房10个。同时，对电子病历实施跟进管理，完成电子病历质控调研、远程管理、培训和管理规定。

医院感染管理 共监测47420人。开展各类ICU和外科单病种医院感染的目标性监测，共监测3058例，并及时反馈、沟通和改进控制措施，收到良好效果。多重耐药菌监测，共监测病原菌1449株，其中多重耐药菌713株，有效地防止了耐药菌在医院内的传播。全年传染病监测上报3386例，漏报检查62331例；AFP监测131700例，报告14例；HIV/AIDS监测52083例，报告14例；流感样病例监测492521例，报告17960例；肺结核病例监测32例；国家流感中心监测上报甲型H1N1流感15例，流行性感冒22例。

医保工作 年内医保病人出院18858人次，出院医保病人总费用356950765.90元，出院医保病人次均费用18928.35元。

社会服务 接收乌兰浩特市人民医院10人来北京大学第一医院进修，培养3名骨干医师，下乡或派医疗队到乌兰浩特市人民医院，进行远程会诊。派往乌鲁木齐妇幼保健院6人，接收进修9人。接收河南县级医院骨干医师进修7人。派往密云县医院、密云妇幼保健院34人，开展门诊2365例，手术370例，带教246人，讲课150次，听课1340人。派往什刹海和德胜社区240人，开展门诊334人，转诊118人，会诊带教117人，健康咨询209人。接收北京大学深圳医院主任培训2批，共5人。

医疗纠纷处理情况 年内共处理16例纠纷，7例为协商解决，2例为法院民事调解和法院判决，5例为医调委协议解决。

【护理工作】 *护理管理* 年内共修订14项、建立30项护理相关的规章制度和标准，对原有的规章、标准、流程进行了完善、补充和修订并汇编成册，便于指导临床开展工作。护理部强化三级护理质量管理。每两周组织全院科护士长、质控组护士长对病房进行随机督导检查，全年共完成383护理单元次。每季度对10余名代理护士长进行一次全面护理质量检查。安排全院护士长每周一次夜查房及周末查房，总计涉及522护理单元次。组织全院护士长每季度进行一次护理安全项目地毯式检查，共计212护理单元次。对于重点岗位科室，每月一次质控组及专业组护士长共同参与互查。同时强化二级护理质量管理，科护士长每月组织本科室护士长进行互查，当病房出现危重病人时，科护士长在第一时间到病床旁进行专科护理及管理指导，全年访视危重患者255人次、一级护理患者25290人次。

护理科研　发表护理论文44篇，发表核心期刊论文38篇，申报护理科研基金43例，获得护理科研基金5例，参加学术会议242人次，累计参加专科培训94人次。另外，腹膜透析中心"以责任护士为主体提高腹膜透析治疗质量的系列研究"荣获"第二届中华护理学会科技奖一等奖"，填补了设置本项奖项以来一等奖的空白。

护理教学　培养见习学生：大专377人，本科76人；实习学生：大专788人，本科100人。

培训工作　全年共组织护理理论考试3次，操作考试9次。参加考试的护士达到2755人次，总平均分92.62，合格率95.45%。年内成立了护士培训中心，下设继续教育、岗前及晋升培训、管理培训、进修教育、护生教育、技能实训等6大模块，已经完成全院1300余名护士的继续教育、100余名新护士的岗前培训、200余名进修护士的培训，以及47名核心管理人员的管理培训。

【科研工作】　申报国家、部委、北京市级课题，共获批各类基金107项，合作项目24项，获批科研经费14610.60万元；横向课题立项74项，获科研经费594.31万元；院级各类基金申报56项，资助院级归国人员启动基金10项，引进人才1项，院级青年基金25项，管理基金1项，以及院级护理科研基金5项，资助经费82.55万元。

2011年度，成果申报24项，已获奖12项，待批1项。申报专利6项，授权发明专利2项，实用新型专利1项。共发表各类论文1083篇，其中被SCI收录论文172篇，国内期刊论文898篇，国外期刊论文185篇。共出版书籍22本，其中专著14本，年内医院参加国内外学术会议1570人次，主办国内外学术会议47次。国际论文被引用篇数位居全国第三。2001—2010年，国际论文累计被引用篇数名列北京地区医疗机构第一位、全国医疗机构第六位。2010年，国内论文被引用次数位列北京地区医疗机构第三位、全国医疗机构第四位，较去年上升两位。

【医学教育】　继续深化完善"器官系统为主线"的教学体系。为配合医学部教学体系改革的要求，受医学部委托，作为器官系统临床教学课程体系较为成熟的示范，于2011年开始承担医学部该体系内规范化课程设置等重要教学改革任务，为使该教学模式在医学部系统各教学医院进一步推广奠定基础。目前已完成第一轮8个系统的封闭式集体备课，对相关课程进行了梳理，并初步修订了教学大纲。2011年启动并大力推进"团队式教学"和"Mini-CEX"评估。在11个科室开展团队式教学130余次，培训30位考官并对42人次的学生进行了Mini-CEX评估。年内还充实了院教学专家委员会，吸收了部分在职的教学专家。初步建立了教研室教学团队和骨干教师队伍。

为了不断提高教学质量，补充教学专家参加带教以加强桥梁课教学。进行课堂教学、"Mini-CEX评估"等教师培训。组织参加讲课比赛教师赛前辅导等并取得优异成绩，5名教师分别在北京市和北京大学讲课获奖，2人获北京市讲课比赛一等奖。全年教育处正副处长和教学专家参加科室试讲25人次，大课及见习专家督教125人次，督教不及格率低于5%。

【交流合作】　年内共计接待各类来访外宾13批80余人次，其中9月，加拿大皇家内科及外科医师学会代表团访问我院，初步洽谈住院医师规范化培训项目合作意向。11月，比利时玛蒂尔德王妃为中国抗癫痫协会在院内设立的癫痫儿童活动中心成立剪彩。

职工因公长期出国10人次，短期出国415人次。主办国际会议11次，来宾来自10余个国家。其中年内8月、9月，行政管理人员团队分别受美国得克萨斯医学中心和英国剑桥邀请，到当地顶尖医院学习交流医院管理经验。

【获奖情况】　被北京市卫生局评为"二〇一〇年度北京市卫生统计工作先进单位"，被北京市卫生局、北京市肿瘤防治研究办公室评为"二〇一〇年度北京市肿瘤登记报告先进单位"，被北京市人力资源和社会保障局、北京市财政局评为"二〇一〇年度医疗保险管理一等奖"，被北京市西城区疾病预防控制中心评为"二〇一〇年度北京市西城区死因统计工作先进单位"，被中国企业文化研究会医药卫生委员会评为"医院文化建设创新奖"，被北京市西城区爱国卫生运动委员会评为"爱国卫生先进单位"，被北京特种设备行业协会评为"2011年北京市安全与节能管理标杆锅炉房"。内科楼工程项目被中国投资协会评为"二〇一一年度国家优质投资项目"。

北京大学人民医院

【发展概况】　医院职工总数3362（包括在编和合同制）人，院士1人，设有39个临床科室，17个医技科室，24个职能处室，其中新增客服部、女性盆底疾病诊疗中心。

【医疗工作】　医疗质量　（1）各项医疗指标再次呈现攀升飞跃式发展。医院全年门急诊量2193593万人次，出院病人总数52190人次，住院手术23650台，分别较去年同期增长14.3%、10.4%和8.9%。（2）确保医疗质量稳步提高。继续做好医疗规章制度和法律法规重点培训、临床路径广泛应用、加强住院门急诊病历管理和质量控制、规范和流程再造引领优质护理、执业人员和新技术准入、注册医师定期考核培训等工作。(3) 抗菌药物合理使用专项工作效果显著。2011 年,医院成立了抗菌药物临床应用专项整治领导小组和工作小组,完成了抗菌药物遴选,持续改进围手术期抗菌药物合理应用工作,使得抗菌药物品种数由 59 种控制到 49 种,深部抗真菌类注射药物控制在 5 个品种。同时,利用信息系统快速、准确查找出抗菌药物应用不合理的现象,综合治理、不断改进。

感染控制 (1) 根据卫生部“2011 年全国抗生素药物临床应用专项整治活动方案”的要求,加强对Ⅰ类切口手术预防使用抗菌药物的情况进行监测,Ⅰ类切口手术抗菌药物预防使用时间和品种的符合率由 37.36%提高到 88.68%。(2) 创新性建立了院内感染控制预警系统建设,设立 19 个感控指标,实时监测各病区医院感染高危病人情况,及时发现医院感染流行趋势,提高工作效率。(3) 利用医院感染信息预警系统,继续开展耐药病原体的监测和信息报告工作,及时有效控制感染的传播。修订完善医院耐药监测处理流程。(4) 整理、修改医院感染管理工作制度 67 项、工作流程 21 项,并装订成册。(5) 开展手卫生金点子项目,利用手卫生培养的结果直接教育医务人员,取得较好效果。

健康促进工作 全年有 11 个科室支援展览路社区,圆满完成对口支援社区的任务,共组织各类健康教育相关活动 234 次,受众达 20300 余人,较 2010 年分别增长 27.2%和 31.6%。医院队搭乘“健康快车”共计完成白内障手术 2027 例,超过 96%的患者成功脱盲。临床营养科获得中国营养学会“中国临床营养示范单位”,是北医系统唯一获此殊荣的单位。

获得 4 个国家临床重点专科 在中华医学会评估基础上,经国家临床重点专科建设项目管理委员会审定,医院胸外科、心血管内科、内分泌科和血液内科 4 个学科被批准成为国家临床重点专科建设项目。至此,医院共有 9 个国家临床重点专科建设项目。

【教学工作】 全年完成 14 类 3039 名学员的教学任务。招收统招研究生 118 名,在读研究生 332 名,在职申请学位人员 24 名,留学生 6 名。拥有专科医师基地 15 个、亚专科医师基地 10 个,以及北京市专科医师培训考核基地、卫生部内镜诊疗技术培训基地和心血管介入诊疗培训基地,每年培训各专业专科医师 100 余名,为全国培养了大量优秀的医学人才。与全国各专科院校展开广泛合作,为医院培养 23 个专业方向、共计 575 名学生,专业同比增长 35%,人数同比增长 11%,遍布医院临床、护理、医技、管理、后勤等岗位。2011 年“北京大学人民医院班”在 4 所高职院校挂牌成立。

通过拓展住院医师双向评估工作内涵,推行以项目代管理理念,积极申请相关课题。以评促建,将住院医师双向评估工作纳入医院优秀住院医师评选条例。依托医院网络系统,探索住院医师双向评估网络化平台的建设来衔接院校教育和毕业后教育,拓展住院医师临床轮转双向评估工作,提升住院医师双向评估工作品质。

通过建立临床专业课程体系、临床实践教学体系、职业精神课程体系,加强教师教学基本功训练与临床技能考核。开展多种形式的教学改革,获批临床教学改革项目 5 项,其中教育部项目 3 项,北京大学医学部项目 2 项。2011 年启动了现代化临床技能培训中心与模拟教学医院的建设,该中心建设体现示教、操作训练、考核、科研、评估 5 大功能,涉及临床所有专业,符合从基础到专业再到综合技能的培养过程。

由教育部主办,人民医院承办的“第二届全国高等医学院校大学生临床技能竞赛”取得了巨大成功,112 所全国高等西医医学院校广泛参与,为临床实践教学的改革增添了新的元素与动力。

“教育部医学教育临床医学教学研究中心”落户人民医院。举办教育部“临床医学教学模式改革与质量评价体系”骨干教师研修班。承办中华医学会《健康世界》杂志。进一步加强医学生综合素质培养工程,开创学生工作新局面。

陈红教授获得北京市教育先锋先进个人。

【科研工作】 人才培养与学科发展 (1) 2011 年度,1 人获得北京市科技新星计划支持,2 人获得教育部新世纪优秀人才支持计划资助。风湿免疫科栗占国教授带领的团队获 2011 年度教育部创新团队发展计划支持。人民医院 11 个国家重点学科累计获得 985 工程三期学科建设经费 1093 万元。人民医院牵头的北京市重点学科(普外科)获得建设经费 43.5 万元。在“北京大学人民医院学术新星”评选活动中,有 5 位“学术新星”脱颖而出。(2)“视觉修复与损伤教育部重点实验室”建设项目正式获批,北京大学血液病研究所、肝病研究所实验室通过北京市重点实验室认定。

科研项目管理 (1) 院外基金。全年共负责、参加科研项目 155 项。医院药物临床试验机构获得“十二五”重大新药创制项目“自身免疫性疾病和病毒性肝炎等重大疾病的国际化新药临床评价研究技术平台建设”,资助经费 1200 万元。(2) 本年度医院作为第一完成单位获得 18 项科研奖励,其中血液病研究所黄晓军教授的研究成果“异基因造血干细胞移植后移植物抗宿主病早期预警与干预技术及应用”和胸外科王俊教授的研究成果“中国肺癌微创综合诊疗方法的建立、临床应用研究和推广”均获得高等学校科学研究优秀成果奖(科学技术)科学技术进步奖一等奖。

科研成果与专利　本年度共有22项专利获得授权,其中发明专利7项,实用新型专利15项。

科研论文与著作　2011年,人民医院在国家统计源期刊发表论文531篇,SCI收录期刊上发表论文114篇(其中论著94篇)。

科研平台建设　人民医院依托“转化医学战略合作平台”开展了转化医学研究。“基于临床路径—组织标本库—随访库的医学研究平台”的筹备工作基本完成。开发实施了科研管理信息化系统,为医院科研发展提供了良好的信息化支持平台。

【后勤工作】　倡导环保新理念(1)尝试新型技术与产品,如新型节能墙体及保温隔热材料维修院区建筑外墙保温改造;更换双层中空断桥铝合金门窗或双层中空密闭性塑钢窗,面积达2310平方米;将公共区域850根照明光源更换成T4节能型光源;更换一级能耗的环保型空调设备48台;改造冷冻站系统管路,实现院区制冷能源整体循环、合理调配,开创了节能环保的新理念。(2)大力推广应用可再生能源绿化美化院容院貌,更换太阳能型路灯18盏。

实现社会化管控　社会化公司维修全程都有医院监管人员监督,真正做到责任明确,监管一对一,事后及时反馈。通过北京大学人民医院医院管理民主监督委员会(简称民监会)反馈、满意度调查等途径,根据问题找不足,根据意见抓监管。同时努力做好社会化公司和科室间沟通的桥梁作用。

规避投资风险　坚持推行“阳光工程”廉政建设机制,实现“多方”监督、“全过程控管”,有效降低投资风险,全年招投标工作93项;同时严格执行医院基建工程合同转签制度。全年共修订各项管理制度64篇,操作流程19项,完善各种检查标准及参数11项,各种紧急突发事件的应急预案11项。

【运营工作】　确立医院西直门院区和白塔寺院区长期发展规划纲要,并着手医院长期发展规划的编制。同时第一次对医院的资产进行彻底无遗漏的清查,为今后完全彻底的成本管理、零遗漏运营管理奠定坚实基础。

包括完善ERP未来设计,商业智能(BI)二期开发等。医院信息化建设保持国内领先地位,继续做好“先诊疗,后付费”新型付费模式工作。合理规划和调整医院发展和使用的空间。

2011年,门诊就医医保患者2147561例次,总费用43892.01万元。

【党建工作】　现有党总支1个,党支部42个。截至2011年12月底,人民医院党员总数1289人,其中离退休党员251人,学生和研究生党员233人,在职党员770人,其他35人。2011年发展新党员29人,预备党员转正52人,积极分子147人。

以庆祝建党90周年为契机,开展内容丰富、形式多样的各种活动,包括举办知识竞赛、系列征文、演讲比赛、珍贵老照片和工艺美术作品巡展、系列人士座谈、听党史报告、职工合唱节、观看《建党伟业》等,切实提高党员思想政治素质。

以“三好一满意”活动为抓手,发挥党建核心作用,将“创先争优”工作落到实处,推进医院中心工作,人民医院成为全国100个创先争优活动信息直报点之一。2011年9月14日,李源潮同志来院视察,对人民医院的创新做法给予肯定。9月29日,作为全国5家代表单位之一,人民医院在卫生部全国医疗卫生系统“三好一满意”活动推进工作会做大会发言。

以创新、提升为目标,巩固强化基层党组织建设,政治核心作用稳步提升。举办“党支部书记创先争优培训班”,参观革命圣地“走出去”,井冈山红色精神“带回来”。对支部书记和医院行政中层干部进行定期集中培训,同时把民主党派人士、入党积极分子、青年团员、学生等也纳入培训体系中。扩展党支部及干部考评内容,鼓励支部创新基层党建工作。

行使民主权利,圆满完成北京大学医学部党代表选举和医院行政领导班子换届工作。

2011年1月27日,人民医院建院93周年之际,人民TV正式开播,使医院宣传工作每月做到电台有声、电视有形、报刊有文,点、线、面全方位发展,打造医院文化品牌。

【获奖情况】　人民医院再次被推荐为“首都文明单位标兵”,获得全国城市医院思想政治工作先进集体、改革创新医院、北京市先进基层党组织、北京市高校先进基层党组织、健康中国2011年度影响力医院、中国健康年度总评榜“北京十佳三甲医院”等多项荣誉称号。

【年度纪事】　以19项公立医院改革试点工作为着力点,继续提高医疗服务及管理水平,助推医院中心工作发展。

1. 创建整合型医疗服务体系,促进医疗资源有效配置,使广大居民享受到便捷优质的医疗服务。从2007年9月25日启动至今,“北京大学人民医院医疗卫生服务共同体”(以下简称“共同体”)历经4年的发展壮大,已发展成为有206家成员单位的大家庭,与社区全科医生共同组成以慢性病为主的疾病管理团队,建立全科医师可持续发展终身培训体系,使广大慢性病患者在社区就可以得到全面、系统、规范的治疗和康复服务。为此,人民医院获誉“健康中国2011年度影响力医院”。

2. 让“共同体”复制到边疆,

开创对口支援新模式，携手边疆医院，共同改进医疗质量和服务质量。医院以“共同体”为基础探索并实践支援共建的新模式，目前“共同体”已经覆盖到新疆、云南、青海、山东、山西、湖南、哈尔滨等省、市、自治区。“共同体”模式不断被复制，让更多百姓受益。

3. 实现医务社会工作及志愿者工作的常态化，可复制可推广的新模式促进医疗机构服务质量提升，并被写入卫生部“三好一满意”活动考核指标。自2009年4月2日起至今，志愿者队伍已达2167人，在医院为患者提供覆盖门诊、急诊、病房等16项志愿服务项目，将“生理—心理—社会”医学模式和“全人照顾”理念真正落在实处。12月8日，由卫生部医政司和中国医院协会医院社会工作暨志愿服务工作委员会主办，医院承办的卫生部志愿服务在医院活动工作会议暨中国医院协会医院社会工作暨志愿服务工作委员会会议在医院召开。

4. 利用现代化信息手段，助力优质护理服务。医院作为卫生部开展护理信息化建设的试点单位，坚持以“顾客”(即患者和护士)为中心、以质量为核心的指导思想，遵循“规范—创新—再规范—再创新”的管理思路，积极采用业界最先进的技术对医院原有工作流程的薄弱和存有隐患的环节实施业务流程再造，对不完善的工作流程实施重建。通过对原工作环节进行整合、重组等，经过一年多的努力，形成以提高整体护理效益、减少医疗意外为核心的护理过程。该系统采用移动终端、无线局域网、条码和RFID技术将护理工作延伸到病床边，真正实现“以病人为中心”，简化医疗流程，提高医疗质量和安全，提升病人的满意度。开展护理信息化建设试点工作。提高护理工作效率，使护士有更多的时间和精力为患者提供直接护理服务，密切关注护患关系，提高护理质量。

5. “您的满意，我们的追求”——文明服务缺陷管理体系探索实践，实现“监督—管理—持续改进”一体化。医院自2007年启动了以“您的满意，我们的追求”为主题的“北京大学人民医院文明服务缺陷管理体系”的建设以来，共收到有效信息5913条，根据这些意见和建议反映出的医院在管理中出现的问题，调整了546项相应的管理制度和流程。

6. 进入临床路径人数七成覆盖。建立和完善了临床路径字典、临床诊断字典，以及手术和操作名称字典三大字典库。临床路径数量和覆盖病种不断增加，临床路径达618个，覆盖病种为1820个，出院病人52人次，其中36078人次进入临床路径，18446人次完成路径。

7. DRGs试点顺利启动。2011年11月18日正式启动DRGs—PPS试点工作。对在医院进行诊疗活动的北京市城市职工和城镇居民医疗保险参保人员的108组疾病进行试点。

北京大学第三医院

【发展概况】 2011年1月，北京大学第三医院结合国家卫生事业发展，在前一个一年发展规划的基础上，制订了未来五年的发展目标、发展战略与规划：将以建设高水平的国家级医疗中心、高水平的疑难重症诊治及医疗指导中心、高水平的国家临床医学研究基地和高水平的临床医生培养基地为发展目标；坚持以学科建设带动医院发展、以项目建设带动学科发展、以重点学科带动一般学科发展，并通过资源整合实现共同发展的战略；以提高医院管理效率和效益为切入点，增强医院竞争实力；注重规划与建设，不断完善长效管理机制，坚持可持续发展的战略；以创新医疗模式，有机整合区域社区医疗资源，实现共同发展的战略。将继续以服务社会为己任，积极投身医疗改革，把北京大学第三医院建设成为国际知名、国内领先的高水平的大型综合医院。

【医疗工作】 2011年，北京大学第三医院年门急诊量达2978601人次，年出院患者65069人次，手术37515例次，平均住院日为6.87天，继续保持全国领先水平。

成功迁移预约挂号平台。为了落实北京市卫生局统一要求，北京大学第三医院于2011年11月8日将预约挂号平台迁移到北京市统一的114预约挂号平台，使用114预约挂号平台预约挂号的首批患者已于11月16日到北京大学第三医院取号就诊。

成为北京市首批实行按病种分组付费试点医院。2011年7月20日下午，北京市人力社保局、市卫生局、市财政局、市发改委等4部门联合举行会议，宣布正式启动医疗保险付费方式改革，实行按病种分组付费。北京大学第三医院等6家医院成为北京首批按病种分组付费试点医院。

北京大学第三医院医保办主任胡牧牵头的“诊断相关组—预付费”课题组进行了积极的探索性研究。2009年5月11日，北医三院正式启动疾病诊断相关组(DRGs)项目，确定了北京大学第三医院DRGs项目的实施方案。

北医三院生殖医学中心试点“先诊疗、后结算”就诊模式。根据卫生部、北京市卫生局关于推行“先诊疗、后结算”的要求，北京大学第三医院于2011年10月12日在生殖医学中心试点“先诊疗、后结算”就诊模式。根据该模式，患者就医时先持就医卡在收费窗口充值，然后持预付费就医卡在挂号、就医、取药时直接从相关窗口的计算机平台扣除相应费用，当日诊疗全部结束后到结算中心打印收据及明细清单。

完成国内首例CT引导下脊柱骨样骨瘤射频消融术。2011年1月23日，北京大学第三医院骨科、放射科合作为一位脊柱骨样骨瘤患者成功实行了CT引导下的射频消融术，该技术成功应用于脊柱肿瘤属国内首创。

启用新门急诊楼、外二病房楼。2011年12月27日，北京大学第三医院隆重举行新门急诊楼、运动医学楼（外二病房楼）竣工启用典礼。两座大楼的投入使用将彻底改善北京大学第三医院门诊、急诊和住院患者的就医环境，极大提升医院的服务能力。

在诊断治疗联用制剂研究方面取得新进展。2011年年初，在国家自然科学基金的支持下，北京大学第三医院超声诊断科王金锐教授与哈尔滨工业大学纳米专家戴志飞教授、美国托马斯杰斐逊大学刘吉斌教授组成的联合研究小组，在治疗诊断联用制剂研究方面取得新进展，并引起广泛关注。该研究诊断技术与治疗进行联合，为开发先进的癌症诊断治疗技术提供了新的理念和方法。相关研究成果“具有超声肿瘤诊断潜力的纳米微泡造影剂”被选为热点论文发表在*Angewandte Chemie International Edition*，并被*Nature Materials*和德国*Wiley*出版社进行了“亮点”报道和评述。

2011年12月26日，北京市卫生局在北京大学第三医院召开“盘点医改——北医三院采访现场会”。现场会上，北京大学第三医院院陈仲强院长做了《创新模式 科学管理 合理缩短平均住院日》的报告。金昌晓副院长介绍了北京大学第三医院牵头高质量完成支付方式改革（DRGs）试点工作和实施过程中遇到的问题及解决办法。刘晓光副院长介绍了北京大学第三医院医疗安全体系与优质护理工作的经验。

【学科建设】 2011年，耳鼻喉科、心血管内科心血管分子生物学与调节肽重点实验室获得卫生部国家临床重点专科建设项目。截至2011年年底，北京大学第三医院共有11个项目获得国家临床重点专科建设项目。

北京大学第三医院耳鼻喉科是以耳科学为重点，鼻科、咽喉头颈科全面发展的综合性学科，专科整体实力强，亚专科特色突出。北京大学第三医院为国家项目“贫困聋儿人工耳蜗抢救性康复项目”定点医院，北京市6家0～6岁儿童听力筛查及诊断中心之一。耳鼻喉科为卫生部内镜培训基地及考试中心、北京市住院医师规范化培训基地及考试中心、北京大学医学部博士点单位。

心血管分子生物学与调节肽重点实验室是卫生部重点实验室，实验室紧密结合重大心血管疾病临床问题的应用基础研究，以临床问题为导向，医学转化为目标，学科交叉为手段，人才培养为基础，建立“临床—基础—临床”的新研究模式和研究平台。

【教学工作】 2011年，北京大学第三医院王亮荣获中华医学会首届青年教师教学基本功比赛临床组第一名；王亮、杨艳荣获北京市第七届青年教师教学基本功比赛一等奖，刘宁荣获二等奖；2005级临床医学八年制医学生王宇、马妍荣获第二届全国医学生临床能力大赛一等奖。

【科研工作】 2011年，北京大学第三医院乔杰牵头的“不孕症病因及治疗方法的研究与临床应用”荣获国家科学技术进步奖二等奖；妇产科、骨科、放射科实验室被评为北京市重点实验室；乔杰等荣获2010年度北京市科学技术进步奖二等奖；陈贵安等荣获2011年度北京市科学技术进步奖三等奖和2011年度高等学校科学研究优秀成果奖和自然科学奖二等奖；克晓燕、刘忠军等荣获2011年度高等学校科学研究优秀成果奖和科学技术进步奖二等奖。

北京大学第三医院2010年科学引文索引扩展版（SCIE）收录论文169篇，在全国医疗机构排名中名列第20位。科学引文索引光盘版（SCI—CDE）2005—2009年间，134篇论文被引用278次，在全国医疗机构排名中名列第13位。

2011年，又有一大批专家教授在新成立或学会换届中担任重要职务。赵金垣、樊东升分别当选中华预防医学会自由基预防医学专业委员会第二届主任委员、副主任委员；周谋望当选中华医学会物理医学与康复分会第九届副主任委员和中国医师协会康复医师分会第二届副会长；李树强当选中华预防医学会职业病专业委员会第四届副主任委员；陈仲强当选北京市医疗器械临床使用安全管理专家委员会首届主任委员；乔杰当选北京医学会生殖医学分会首届主任委员；赵一鸣当选北京医学会临床流行病学分会第二届主任委员；马潞林当选北京医学会泌尿外科学分会第九届委员会副主任委员；郑亚安当选北京医学会急诊专业委员会第六届副主任委员。

【获奖情况】 2011年，北京大学第三医院荣获全国公立医院2011年医院改革创新奖；被卫生部评为2010年全国优质护理服务考核优秀医院；“手术室关键资源协同优化与高效管理”项目获2011年度中国医院协会医院科技创新奖三等奖。医院荣获北京市教育工会授予的“2011年工会工作先进集体”荣誉称号。

妇产科荣获“2010年度教育部创新团队”。经各高校推荐、专家评审、现场答辩、实地考察及公示，北京大学第三医院妇产科乔杰教授带领的团队入选“2010年度长江学者和创新团队发展计划”。

呼吸内科荣获中华全国总工会授予的“全国五一巾帼标兵岗”荣誉称号；药剂科门诊药房荣获“全国青年文明号”荣誉称号；药剂科、教育处分别被北京市教育工会授予“北京市模范职工小家”“教育先锋”先进集体荣誉称号。

2011年，张丽珠荣获“中国生殖医学终生成就奖”和“宋庆龄樟树奖”；乔杰荣获“何梁何利基金科学与技术进步奖”；韩鸿宾荣获“2011年度第十二届中国青年科技奖”；敖英芳、刘忠军荣获“卫生部有突出贡献中青年专家”称号；赵鸣武荣获第三届“首都健康卫士”称号；刘晓光荣获北京医院协会“优秀医院管理干部”称号；贺蓓荣获中国女医师协会“五洲女子科技奖”；范东伟荣获“全国青年岗位能手”称号；黄萍、田淑红、张燕辉、陈秀云获卫生部优质护理服务考核优秀个人；李健宁、李东荣获“中华医学会医学美学与美容学分会特殊贡献奖”；李哲生荣获“北京医学会耳鼻咽喉头颈外科学突出贡献奖”。

北京大学口腔医院

【发展概况】 2011年，北京大学口腔医院门诊总流量1007863人次，日均门诊3399人次，较去年同期增加9.40%。入院4643人次，同期增长9.50%；出院4567人次，同期增长10.20%。2011年总收入5.91亿元，较去年同期增加18.91%。

北京大学口腔医院2011年坚持“稳定中继续发展”的方针，紧紧围绕10项重点工作，发扬传统，勇于创新，紧密团结，务实工作，巩固国内领先优势，扩大国际品牌影响力。顺利完成2011年年初制订的北京大学口腔医院10项重点工作。

顺利完成北京大学口腔医院中长期发展规划。组织全部临床医技科室、相关职能处室编写本科室/本学科发展中长期规划，汇总整理形成《北京大学口腔医学院中长期发展规划（征求意见稿）》。经过广泛征求各方面意见，包括院务委员、党委委员、中层干部、老专家、老领导等，群策群力，最终整理形成《北京大学口腔医学院中长期发展规划（2011—2020年）》。这是北京大学口腔医院历史上第一份中长期发展规划。

【临床重点专科】 继续深化医疗体制改革，推动医疗质量持续改进，积极准备临床重点专科申报工作。积极开展有关医疗质量和医疗安全的各类培训；修订、完善并健全医疗质量和安全管理相关制度、流程；加强医疗质量常规检查，关注和督促检查结果的整改落实；努力构建医疗不良事件预警系统，加强医疗纠纷管理。

继在2010年度牙周专业和牙体牙髓专业首批获评之后，口腔颌面外科专业和口腔修复专业获评2011年度国家临床重点专科项目。迄今为止，北京大学口腔医院已成功获评口腔专业所有的国家临床重点专科建设项目。

【队伍建设】 充分发挥人才发展及学科发展基金作用，全面实施人才梯队建设。2011年继续细化完善已出台的各项人才培养政策制度，已经通过人才培养基金资助25人出国（出境）研修、学习，并制订护理人员培训方案，拟定23人按计划赴香港玛丽医院及菲腊牙科医院学习进修，2011年已有16人学成归来。

科研人才培养政策深化落实，对第一届科研人才梯队成员进行年度考核，成果显著；遴选出符合条件的22名青年医师进入第二届科研人才梯队培养。

【社会服务】 强化公立医院的公益性和社会服务作用，发挥资源优势，积极做好医疗拓展工作。作为大型公立专科医院，一贯积极履行“国家队”的社会责任、开展公益活动。为争取建立覆盖全国的牙病防治体系，2011年4月作为项目牵头单位的口腔卫生公益性行业科研专项经费项目隆重启动。为支持西部地区口腔卫生事业的发展，2011年10月派出“北大口腔医院支援西部——青海行”小分队赴青海省海南藏族自治州开展设备捐赠、义诊咨询和业务培训等系列活动。

全院上下一盘棋，纷纷以科室、党团支部、志愿者团队为单位开展公益活动，还努力探索承担社会责任的新形式。2011年11月举行“赴昌平区卫生机构定期工作签约”仪式，沙河医院作为北大口腔卫生人员赴昌平基层医疗服务定点医院。2011年12月，北京大学口腔医院密云会诊中心成立，举办“北京大学口腔医学院—密云口腔学术论坛”，北京大学口腔医院黑龙江省牙周病诊疗合作基地成立，积极促进和扶持基层单位学术水平的提高。

积极做好医疗拓展工作。2011年1月，第四门诊部获批投入建设，装修工作已完成。2011年11月，第五门诊部正式成立。

【教学工作】 积极探索教学体制改革，加强教材建设和精品课程建设。2011年年初的工作研讨会上明确提出树立“大学科”的概念。在7月的全院教育工作研讨会上院领导做了关于《大学科建设教学工作管理办法（试行）》的报告。

为积极响应医院建立大学科号召，2月正畸科和各分支机构在医、教、研3方面探索合作发展大计，4月修复科主办的修复专业新技术新疗法成果汇报会上将大学科的内容列入重点。

【科研管理】 继续完善科研平台

的运行机制和管理机制，加强科研队伍建设和制度建设，加强对外科研合作。院级科研平台——中心实验室试运行第一年，实现平稳过渡，运转良好，本年度进一步健全软硬件条件设施，形成一套规章制度及工作流程，为300余人次提供技术服务，并开设2门实验课程。筹备建立北京大学口腔医院生物医学伦理委员会，建立健全章程及制度。

将38名新入职主系列博士毕业生纳入院内博士后培养，启动“导师制”培养制度，并设立“种子基金”为青年医师作为起步基金。

【国家工程实验室】 积极做好国家工程实验室的申报和部级重点实验室的申报准备工作。2011年4月，口腔数字化医疗技术和材料国家工程实验室评估专家组对拟建设的6个技术平台进行了实地考察。2011年10月，经国家发展改革计划委员会批准，口腔数字化医疗技术和材料国家工程实验室最终获批建设，落户北京大学口腔医院，成为国内口腔界首个国家工程实验室。2011年11月，隆重召开揭牌启动仪式，国家发展与改革委员会、中国工程院、教育部、卫生部、北京大学及北京大学医学部、中华口腔医学会的领导到会见证，中央电视台《新闻联播》给予报道，全国人大常委会副委员长、北京大学医学部主任韩启德院士视察实验室并题字勉励。

【信息工作】 继续加强信息化建设，强化网络安全，做好影像系统和电子病历系统建设工作。稳步推进HIS系统优化和完善，配合基础建设完成相关信息网络改造工作。影像(PACS)系统建设合同已于2011年7月签订，按计划稳步推进中。2011年7月申请的电子病历专项基金获得卫生部批准，投资金额500万元，将于2012年实施建设有口腔专科特色的电子病历系统，并逐步建立和完善有口腔特色的信息平台。该项目将对管理水平和医疗质量的提高都起到很大的作用。

【后勤保障】 加强后勤保障功能和人才队伍建设，积极推进基础建设工作。继续完善后勤各项管理机制，进一步加强后勤服务理念，提高后勤服务质量及服务效率，提高服务意识和质量。各班组维修人员密切积极配合，及时为医疗提供“一站式”服务，同时完善了后勤各项突发事件应急制度并落实演练。

老年医学研究室及老病房工程于2011年3月开工，目前在进行室内二次结构的砌筑。第一门诊部门诊楼抗震加固改造工程于2011年8月开工，目前已为明年的加固和室内装修做好准备。第四门诊部于2011年8月份正式开工，明年年初投入运营。

【医院文化】 深入开展创先争优活动，继续深化员工层面的文化建设。2011年，院党委以深入开展创先争优活动为抓手，把开展创先争优活动作为加强基层党的建设的重要任务和经常性工作。院党委以创先争优活动为契机，继续扎实开展党支部书记和党员层面的教育培训工作，提高党员业务素质和岗位技能，进一步优化基层党组织设置，创新活动内容方式，大力推进学习型党组织建设，带动各类基层组织建设。

院党委结合庆祝建党90周年，开展了一系列的庆祝活动。院党委发挥党组织在医院文化建设方面的优势，依托科室为载体，继续将医院文化建设向员工层面推进。2011年12月举行科室文化成果汇报会。

【获奖情况】 在2011年11月举行的“2010年度中国最佳医院及最佳专科排行榜”评选发布会上，医院获“2010年度中国医院最佳专科排行榜口腔科第一名”荣誉称号。

北京大学肿瘤医院

【发展概况】 2011年，全院职工1619人(含非在编合同制职工613人)，其中卫生技术人员1412人，包括正高职称74人，副高职称112人，中级职称421人，初级师325人，初级士281人；其他技术人员90人，管理人员88人，工人178人。

【医疗工作】 医院开放床位703张，主要医疗指标全面增长，增幅较上年趋缓。全年门诊332322人次，日均门诊1312.6人次，同比增长14.4%；全年入院26721人次，出院26688人次，同比增长8.8%；住院手术6814台次，同比增长4.4%。床位周转39.1次，床位使用率109.4，平均住院日10.3天。

开展临床路径工作 制订临床路径管理工作目标和实施方案，成立临床路径管理委员会、临床路径管理指导评价小组，由点到面、稳步推进、科学管理，实事求是地在甲状腺癌、胃癌、支气管肺癌、乳腺癌、结肠癌的诊治上开展临床路径工作。

质量安全管理 (1)提高院科两级、全员参与医疗安全经营意识。每月定期召开医疗工作例会，通报医疗安全重要事件，强调医疗质量与患者安全的重要性。(2)构建以医疗质量管理为核心的绩效考核机制：强化核心制度督导，督促科室严格落实，全年进行36次督导检查。制订印发《医疗质量安全事件报告制度》，加强医疗质量安全事件的上报工作。组织临床及医技科室急救理论和技能培训及考核，完善急救制度及流程等，加强临床及医技科室急救功能建设。(3)加强高风险科室、重点患者的质量控制。督导检查《手术安全核查表》执行情况；制订麻醉科督导方案，加强麻醉科的质控工作；通过建立预警机制，实施对重点患者的分步骤医疗预警管理，加强重点患者监控。针对二次手术重点患者进行监控、质量控制和绩效考核。重点监控161人，包括二次手术62人，纠纷倾向35人，危重患者31人，外籍患者22人，干部保健7人，心理障碍4人。(4) 组织突发医疗事件应急演练，修订《突发事件应急演练方案》。全年组织10次医疗突发事件应急演练和10次夜查房，重点检查值班医师在岗情况、资质、急会诊到岗时间和急救技能。(5) 全面加强病历质量控制。修订疾病诊断书、会诊记录单、病危通知书、病重通知书4种电子文书；规范出院记录模版；规范知情同意书范本；利用HIS系统，对运行病历进行实时监控，病历及时完成情况有了明显改进；建立终末病历反馈互动机制，将质检结果纳入绩效考核。

积极推行门诊预约挂号　通过114电话预约、窗口预约、网络预约、医生诊间预约多种途径进行挂号预约；分配号段，引导患者看病先预约；建立新流程：实行预约后即交费；严格医师出诊管理，保证预约患者就诊。2011年预约门诊比2010年增加一倍，专家号预约率超过50%。

加强门诊管理工作　压缩门诊非医疗用房，扩大门诊诊室，缓解诊室紧缺矛盾。妥善处理门诊纠纷40余件次。根据患者反映的问题简化看病流程。3月开设双休日全天门诊。完成数字化门诊病案管理系统并投入使用。17万余份历史病案于上半年扫描完毕，目前每日新增各种病案资料在当日扫描并上传，保证数字化门诊病案信息的完整性。

【护理工作】 继续深入落实优质护理工作，肝胆胰外一、肝胆胰外二和头颈外科3个病房被评为2011年北京市优质护理服务示范病区，目前全院100%病区为试点病房。各病房采取有效措施扎实推进优质护理服务，切实落实责任制整体护理。加强护理不良事件管理，增强风险防范意识。进一步强调护理不良事件上报，并进行培训，护理部协助科室进行分析，寻找可控环节，制订改进措施，增强风险防范意识，定期通报并及时改进，最大程度保障患者安全。

根据卫生部的《分级护理标准》，制订各科室分级护理标准和基础护理服务项目公示上墙。科室根据护理模式修订护士岗位职责。继续向患者发放“星语—心愿卡”，患者满意度99%。提名表扬护士13113人次。护理部根据患者意见和建议与护士长及时解决问题，改善病室环境，加强护理管理。

成立配送陪检中心，方便患者检查治疗。建立ICU电子化护理记录系统，实现全院护理病历电子化，完善PDA扫码、输液条码打印，网上预约检查等，减少护士非护理工作时间，提高工作效率。

【科研工作】 学术交流　2011年3月初，组织召开国家863重大专项“胃癌分子分型和个体化诊疗”课题结题验收学术与工作会议。国家973项目课题“胃癌预警和早诊大规模人群研究”全年在医院召开了4次课题研讨会议。7月组织召开北京大学985—3临床医院合作专项暨学科交叉研究研讨会。这些学术会议促进了基础与临床、医学与生命科学的学科融合，为不同学科学者搭建了相互交流合作的平台。10月举办11场“35周年院庆”系列学术报告会，内容涉及肿瘤临床诊疗、基础和转化研究、肿瘤人文、医学生教育、医患关系等学科领域，共邀请学者104人次，包括国外专家6人，院外专家59人。总受众3000余人次。

成果管理　全年组织申报院外各项课题170项，获资助59项，获经费5000余万元人民币，7.9万美元。

管理在研院外课题130余项、院内课题98项。完成院外项目25项。发表研究论文142篇，其中SCI收录期刊论文61篇，总影响因子231.903，以北京大学肿瘤医院作为第一作者或通信作者单位发表SCI论文57篇，总影响因子184.93，影响因子大于3的论文26篇，影响因子大于5的论文12篇。

组织申报中华医学奖2项，1项通过初评；申报高等学校科学技术奖1项；申报北京市科学技术奖1项并通过初评；申报华夏科技奖2项，通过初评，正在公示中；申报中国抗癌协会科技奖2项；申报中国青年科技奖1项；申报茅以升青年科技奖1项；申报北京大学实验技术成果奖，白桦获奖。

李萍萍教授主编的《肿瘤是可以预防的》、游伟程教授主编的《肿瘤流行病学》、唐丽丽副主任医师主编的《心理社会肿瘤学》、张乃嵩主任医师主编的《甲状腺肿瘤标准化手术图谱》分获2011年度北京大学医学部科学出版基金资助。

2011年，组织申报发明专利8项（其中申请PCT专利2项）。2010年申请的2项PCT专利专项资金全部予以资助，金额总计6万元。

科研管理　2011年4月，以北京市肿瘤防治研究所为依托单位的“恶性肿瘤转化研究北京市重点实验室”经过申报、答辩，通过第一轮专家评审，接受科委组织的专家组现场实地考察，最终通过市科委认定，成为北京市重点实验室。以重点实验室作为第一作者或通信作者单位发表SCI论文67篇，总影响因子267.261，其中最高影响因子论文发表在*Journal of Clinical Oncology*杂志上，IF 18.97。北京市肿瘤防治研究所在市科委组织的46家市属社会公益科研院所评估中，被评为第一档。

【教学工作】 2011年，招收研究生72名，其中博士研究生35名，八年制二级学科培养3名，硕士研究生34名。毕业研究生59名，其中博士研究生30名，八年制二级学科培养7名，硕士研究生22名。获得学位60名，其中博士学位36名，硕士学位24名。1名博士后进站。目前在院研究生(包括在职申请学位)共计222名(其中研究生208名，在职申请学位14名)；在院博士后2名。具备博士研究生指导教师资格的教师共32名。

全年共71人参加住院医师规范化培训，其中15人为新入院住院医师。23名住院医师通过第一阶段培训获得合格证书，通过率95.60%。17名住院医师通过住院医师第二阶段培训及考核，通过率94.40%，获得主治医师任职资格。

全年接收进修医师126名入院学习，接收国内访问学者8名、短期参观学习人员33名。

开设研究生课程12门、309学时。三基培训311次、515学时。举办国家级继续教育项目7项，北京市级继续教育项目1项，参加院外学习600余人次。举办校级继续教育学术活动104次、200余学时，参加学习10000余人次。

拓宽招生渠道，通过夏令营、医院开放日等活动，吸引、选拔优秀学生。通过读书报告会、课题阶段汇报、临床基础能力培训等形式，强化、规范研究生培养过程。继续推进学生工作“精细化”，加强就业指导，解决学生实际问题。结合业务工作强化科室层面继续教育，提高继续教育培训效果。积极开展调查研究，促进教学管理工作科学化和规范化。渲染尊师重教氛围，展现导师、科室亮点，推进教学工作发展。

【宣传工作】 通过首都十大健康卫士表彰、北京电视台“生命缘”系列节目，继续对陈敏华优秀事迹进行典型宣传，在社会上引起强烈反响。

协助各电视栏目策划和制作专题科普节目114期。其中CCTV《健康之路》4期，BTV卫视《养生堂》3期、《身边》11期，BTV科教《健康北京》8期、《生活实验室》4期、《魅力科学》3期、《健康大智慧》3期。全年出版《院所通讯》82期，彩报17期，采用稿件1042篇次，在各类报刊发表科普稿件252篇。

院庆35周年期间，开展系列宣传活动。在网络、电视、广播及平面媒体做科普宣传，并首次在搜狐、新浪、腾讯等网站开办网络系列访谈和微博访谈，11位专家参加“搜狐健康马拉松”视频访谈，参加12期腾讯健康系列微访谈。

重视信息公开和群众信访接待工作。根据相关法律法规，修订《医患争议解决途径》小册子，告知并引导患者依法解决医患争议。

根据北京市卫生局对医院网站要求不断完善和更新医院网站，网站首页开设“健康大讲堂”“患者在线答疑”等更多的医患沟通渠道，也成为我院官方网站新亮点。利用医院内部网络系统及时发布文件、通知、院务会纪要等，将新的院徽设计方案在OA上公布，让职工直接投票，参与医院文化建设。

【财务管理】 预算管理　在预算编制细化基础上，对纳入预算项目的经费进行实时核销，使预算执行得到有效控制。审理并执行各类经济合同353份，完成预算目标。积极向市卫生局、市财政局争取追加财政专项资金用于购置CT诊断系统、核磁模拟定位机、内镜中心平台设备、单光子发射型断层仪(SPECT-CT)等8项大型医疗仪器。

分配机制　对部分科室奖金方案进行二次调整，使其根据自身特色和长处得到进一步发展。针对患者检查预约时间较长的情况，设立不同方案补助政策，充分调动科室员工的积极性。修订绩效考核方案，重点完善职能科室、后勤科室的考核方案。临床科室奖金分配新方案根据不同科室特点，采取科室自主选择方案，加大手术类、非手术类核心指标考核核算权重与绩效奖金联动方案的设定、补充，进一步完善分配方案。

【审计工作】 完成常规审计项目170项，涉及审计资金21436万元，新建审计制度3项，提交审计建议39项，参加审计会议74次，编写审计报告172项，为医院节约资金392万元。

完成基建维修工程审计47项，报审金额1342万元，审定金额1255万元，审减金额87万元，全过程跟踪审计1项，金额5911万元。参加工程例会42次，评审会6次，编写基建维修报告63份，提建议39条。地库及放射用房重点工程实施全程跟踪审计，从招投标、施工、监理、材料采购、设备供应、合理支付工程款全过程监督。加大施工项目过程中的审计力度，认真履行职责，保障工程的顺利进行。

完成各类经济合同审计98项，涉审金额13141万元。参加设备采购公开招投标会议5次，参加经济合同内部评审会21次，编写经济合同审计报告98份。

完成科研基金结题审计10项，涉审资金249万元。其中自然基金结题审计6项，985基金结题审计1项，首发基金结题审计2项，北医合作基金结题审计1项。

【基建后勤】 狠抓制度的落实和完善；深入开展“安全生产年”和“安全生产月”活动；在积极进行建设“防火墙”工程的同时，不断强化四个能力建设。认真执行巡检制度，开展隐患自查、整改等工作，及时发现问题、解决问题，把隐患消灭在萌芽状态，做到设备运行平稳，通信保持畅通，交通、消防无事故。

地下车库及放射用房工程于

9月封顶，目前二次结构部分基本完成，本年完成投资3496万元，争取财政资金到位2000万元。

规范采购供应工作，全面实行物流管理信息化。行政后勤科室和基础科室先后纳入物流管理信息化系统使用范围，使科学化、规范化物资供应管理平台覆盖全院，提高工作效率，也提高了肿瘤医院物资供应的整体管理水平。

【党建工作】 经过公开竞聘、答辩、组织考察、公示等程序，2011年7月13日，产生了新一届行政领导班子，顺利完成换届工作。季加孚任院长，全面主持工作，兼管科研工作；郭军副院长主管医疗工作；沈琳副院长主管教学工作；苏向前副院长主管行政后勤工作。

2011年11月3日，召开党代表大会选举产生新一届委员会和纪律检查委员会。12月21日，经北京大学党委批准，中共北京大学肿瘤医院第一届委员会由朱军、许秀菊、严昆、苏向前、李金锋、杨跃、张晓鹏、郭军、隗铁夫9人组成，朱军任党委书记，杨跃任党委副书记。中共北京大学肿瘤医院纪律检查委员会由马亚光、孙红、孙传海、武爱文、隗铁夫5人组成，隗铁夫任纪委书记。

举办庆祝建党九十周年系列活动：开展“我的红色记忆”征文活动，共收到89篇稿件，内容涵盖红军长征、新中国成立、九八抗洪、香港回归、汶川抗震等事件，从不同侧面反映党的光辉历史。举办“歌声飞过90年”红歌会，22个党支部划分为6个合唱队，分别演唱建党初期、土地革命时期、抗日战争时期、解放战争时期、新中国成立初期和改革开放以来6个不同时期的革命歌曲，以回顾中国共产党90年的发展历程。在医学部举办的七一红歌会上，肿瘤医院获得第一名，充分展示了医院文化建设成果和职工风采。

北京大学第六医院

【发展概况】 北京大学第六医院(北京大学精神卫生研究所、精神卫生学院)是世界卫生组织北京精神卫生研究和培训协作中心，同时也是中国疾病预防控制中心精神卫生中心，为教育部批准的精神病与精神卫生重点学科，拥有全国唯一的卫生部精神卫生学重点实验室，承担着精神卫生领域的医疗、科研、教学、学科发展、健康教育、公共卫生等多方面的使命。

2011年，北大六院共接收新职工35人，退休11人，调出23人，截至12月31日，医院共有职工358人，其中在编人员267人，合同制人员91人，离退休人员111人，正高26人，副高30人，中级105人，初级148人。

2011年，在复旦大学医院管理研究所颁布的《中国2010年度最佳医院和最佳专科排行榜》上，北大六院精神医学以8.31的专科平均声誉值荣获精神医学专科第一名，这是北大六院第二次获此殊荣。北大六院被评为首都文明单位，以北大六院为首的中央补助地方卫生经费重性精神疾病管理治疗项目(代号686项目)办公室获得“中国医师协会杰出医师集体奖”。

【管理工作】 2011年，北大六院增加中午连班，调整主治医师出诊单元，制订了科学的目标管理，根据就诊流量，制订和调整基本的平均单元诊治数，尽一切可能满足患者的基本医疗需求。同时，积极配合北京市卫生局实施统一预约挂号平台的相关工作，于10月20日正式上线北京市卫生局统一预约挂号平台。加大预约服务力度，采取电话预约、网上预约及现场专家预约等多种预约方式，出院病人复诊预约率已达到100%。

坚决执行整改措施，缓解“住院难”问题。2011年1月1日全面开展整改工作，通过严格执行提高病床使用率、加快病床周转，使平均住院日比2010年缩短近15天，以往存在“病人排队候床”现象的科室，显示出较大改善，一定程度上缓解了“住院难”问题。

全院病房开展优质护理服务工作。积极创建优质护理服务工程，以点带面，逐渐推进，使全院病房100%开展优质护理服务工作；在实施优质护理服务过程中，不断深化优质护理服务内涵，工作重点在“夯实基础护理”，注重患者对护理服务的感受，持续提高护理质量，以服务好、质量好、医德好、群众满意为目标，为患者提供人本护理服务。

制订《关于晋升临床医师高级职称前到基层服务的补充规定》《主治医师培训条例》《五年人才晋升梯队建设计划》《北大六院科研经费管理办法》和《关于科研用实验试剂的购置及使用规定》等规章制度。

2011年，门诊病人平均满意度91.3%，比上年提高2.3个百分点(问卷随机发放)；住院病人平均满意度97.3%，比上年提高0.8个百分点。

【医疗工作】 2011年，北大六院门诊184773人次，其中普通门诊104526人次，专家门诊59382人次，特需门诊20865人次，日平均门诊742人次。专家门诊人次比2010年增加12%。入院2116人次，出院2058人次，平均住院日34.84天，床位使用率92.78%，床位周转9.66次。出入院诊断符合率99.24%，陪护率38.33%，治愈率22.19%，好转率70.71%。

病案管理　坚持设专人定期检查运行病历和终末病历，严格执行病历分级奖罚细则，对病历中的问题每月在主任会上提出整改要求，对病历质量常抓不懈。甲级病案率100%。

医院感染管理　完善补充及修订医院感染管理制度，参加医院感染管理相关学习及培训。2011年3月接受了海淀区卫生监督所对医疗废弃物的检查，5月接受了北京市卫生局对医疗废弃物管理工作的检查，9月接受了海淀区卫生监督所的检查，10月接受了海淀区疾病预防控制中心对医院特诊科的抽查。院内感染率为5.25%。

医保工作　监督2011年7月1日新版基本医疗保险药品目录的执行调整，针对参保人员就医方式改变、报销比例调整等医疗改革内容，制(修)订《持卡结算管理制度》《实名就医管理制度》《医疗照顾人员结算管理办法》《市属公务员结算管理办法》等相关制度13项。配合医保政策的实施，加大持卡患者身份审核，严格医保开药制度，宣传告知医保的相关措施。全年医保出院人数586人，出院总费用833万元，出院人均费用1.42万元。

对口支援　派出对口支援人员9人，支援单位为海淀区精防中心(八里庄分中心)、青海省第三人民医院、华一医院(原北郊医院)，开展查房、授课和科研合作等工作；接受基层医院来北大六院培训人员8人；协调安排好与胸科医院、青龙桥医院、大兴精神病院的对口支援工作，派遣4位医生到大兴精神病院下乡锻炼。2011年9月27日与北京大学人民医院签署协议，成为医疗合作共同体，按照卫生局要求和政策派遣医生在人民医院多地点执业。

【护理工作】　通过三级护理质量考评体系，每季、月、日按标准考评护理质量；贯彻"两个中心的人本"管理理念，实施人性化护理服务及护理管理；护理风险管理关口前移，优化工作流程，规范护理行为，严格执行诊疗护理常规，重视日常工作中微小隐患的管理，培养护士不良事件主动上报的意识，达到规避和减少护理不良事件发生的目标；补充修订《各级护士岗位职责及流程》；根据工作量、专业技术要求等要素实施弹性排班；实行责任小组包干制，保证护理工作到位；建立患者与护士联系卡，为患者提供持续服务；简化护理记录书写。护理部创建优质护理服务示范工程，建立了试点病房。加强护理业务技能训练，同时，提高护理管理意识，保障患者安全。

全年病区管理合格率97.5%，感染管理合格率96.3%，护理文件书写合格率98.6%，理论考试合格率88.7%，技术操作合格率90%，安全护理合格率98.9%，急救物品完好率98.9%。

2011年，在核心期刊发表护理文章1篇，待发表2篇；在研省部级项目2项；院级青年基金项目结题；申报市级项目1项。

完成医学部护理本科生授课24学时，护理大专生授课69学时；医学部护理本科生实习45人，大专生实习181人，研究生实习1人；培训进修护士34人次；培训全国精神专科护士临床实践37人次，160学时；院外授课约110学时。

年内，继续对护士进行分层培训。医院鼓励护士通过不同形式参加培训，提高学历，大专及以上学历达73%。外出学习进修20人次，全院护士继续教育合格率为100%。

【科研工作】　2011年，北大六院获批国家自然科学基金资助5项，其中面上项目2项、青年科学基金3项。获批国际(地区)合作与交流项目1项，共资助178万元。司天梅研究员获批"重大新药创制"国家科技重大专项1项，批准经费637.31万元。黄悦勤教授获得卫生部公益行业专项项目资助，总资助金额2022万元。共有3项项目获得北京市科委"首都特色临床医学应用发展"项目资助，总计资助额度为83万元。张岱教授、黄悦勤教授和于欣教授分别获得北京大学985工程三期临床医院合作专项项目，总资助金额480万元。

张岱教授获得北京大学医学部专利发明奖和"十一五"北京大学医学部重大项目组织实施奖两大奖项。

全年发表学术论文102篇，其中英文24篇。SCI收录23篇，累计影响因子达112.053。其中最高影响因子论文发表在*Nature Genetics*上，影响因子为36.377。主编、主译或参加编写著作11部，其中主编了《意识现象与热力学》《呵护孩子心灵成长》《精神科住院医师培训手册》和《别让坏情绪毁了你》4本著作，主译了《特殊人群中抑郁障碍与自杀的预防》《躯体疾病与抑郁障碍》《抑郁障碍概述》《抑郁障碍教育和培训方法》和《Stahl精神药理学精要：神经科学基础与临床应用》5本译著，并参与编写了其他2部专著。

【医学教育】　2011年，北大六院共完成5个临床教学医院(北医三院、人民医院、积水潭医院、航天中心医院、世纪坛医院)319名学生的大课及见习的教辅工作(不含护理教学部分)，包含213学时的大课和116学时的见习工作。承担医学部临床医学八年制、六年制医学导论课程精神病学相关内容。启用医学部教育处设立的课程中心网络教学平台。

招收研究生37人，其中硕士研究生24人、博士研究生13人。继续举办第12期研究生课程班，招生31人。年内在培北京市专科医师18人。共招收各种专项研修人员52名，30名已办理结业。接收医学部国内访问学者2名，医学部学科骨干3名，北京市卫生局基层学科骨干2名。

申报国家级继续医学教育项

目16项，实际举办13项，培训732人次；举办北京市级继续教育项目1项，参加人数25人次；举办区县级项目(原医学部校级项目)28项，参加2668人次；举办单位自管项目82项，参加2649人次，院内共有220人参加继续教育，217人合格，合格率98.6%。共举办主治医师培训15次，参加人数约500人。

【交流合作】 2011年，北大六院与哈佛大学、密歇根大学、加州大学、罗来斯特大学、杜克大学、英国伦敦国王学院、澳大利亚悉尼大学、墨尔本大学、香港大学、香港中文大学、日本东京大学等著名大学合作，并与世界卫生组织总部和西太区办公室、美国精神病协会、世界精神病协会、美国国立卫生研究院等国际组织和机构保持密切联系，开展了多领域的合作研究和学术活动。新建立国际合作项目3项，经费约折合人民币107.89万元。

成功主办国际预防自杀协会(IASP)第二十六届世界大会。本次大会于2011年9月13—17日在北京举行，这是IASP世界大会第二次在亚洲国家召开，共吸引了来自49个国家的425名代表参加会议。北大六院于2005年成功申请了本届IASP世界大会的主办权，党委书记黄悦勤教授任中国组委会主席。

北大六院派专家参加了2011年美国精神病学年会；参加第三届中国焦虑障碍年会，并做大会交流报告；参加中国神经科学会基础与临床精神病学分会年会，进行专题会交流；参加德国马普学会精神病学研究所的学术年会，进行墙报交流；参加第三届国际ADHD大会、美国儿童青少年精神病会议、第九次世界精神卫生调查协作组年会、第五届阿尔茨海默病伊比利亚美洲会议；参加第二届亚洲精神分裂症论坛，并进行分会发言；参加国际阿尔茨海默病大会、国际老年精神病学会2011年国际大会、亚洲抗痴呆学会第五届年会等国际学术会议，共进行大会专题会与分组会论文交流3人次，墙报交流6人次。

在国内学术交流方面，举办中国心理卫生协会心身医学学术会议；参加了中华医学会精神病学分会第九次全国学术会议，进行大会发言2人次，进行分会发言20余人次；参加了中国神经科学学会精神病学基础与临床分会第八届学术会议、行为与分子研讨会、中国神经科学学会第九届全国学术会议、中国医师协会精神科医师分会第七届年会、第三届全国焦虑障碍学术会议、香港神经精神药理认证课程等等。

卫生部商务部澳发署项目(AUSAid卫生政策项目)获得前三轮中唯一免评进入第四轮的荣誉，在该项目的年终总结会上进行经验介绍一次。

【社会服务】 2011年，北大六院继续担任中央转移支付地方重性精神疾病管理治疗项目(686)国家项目办工作，负责管理全国的项目执行、培训、技术指导及相关工作，全年承担卫生部布置的全国会议2次，全国培训2次。

北大六院承担了国家重性精神疾病基本信息采集系统建设及管理工作，参加盈江地震心理影响评估，以及《关于加强灾后心理危机干预工作的指导意见》的起草，技术支持国际减灾中心开办东盟灾后心理危机干预培训班。

在第四个世界孤独症日举办特别活动，上午举办大型孤独症公益讲座，下午与多家单位共同主办第四届“爱在蓝天下”全国自闭症儿童绘画作品展开幕式暨电视剧《守望的天空》发布会。

2011年9月21日，世界阿尔茨海默病日(老年痴呆日)，举行“关爱老人·关注记忆”健康教育活动。

2011年10月10日，参加由卫生部、北京市人民政府联合主办的2011世界精神卫生日宣传活动。

【重点实验室】 在中华医学会评估基础上，经卫生部国家临床重点专科建设项目管理委员会审定，北大六院精神病科和精神卫生学重点实验室获批2011年度国家临床重点专科建设项目经费500万元。

2011年12月21日，以北大六院为依托单位的卫生部唯一的精神卫生学重点实验室完成了卫生部组织的五年一次的年度考核评估工作。此次评估工作从2011年8月份开始启动，持续4个多月。

【信息化建设】 2011年，北大六院网上挂号已与北京市卫生局网上预约挂号平台(114)完成对接，实现公共平台的网上挂号形式。启用无线医护系统，利用所有病区的无线网络系统，实现医生护士无线查房，到病人床头进行体温、输液等问询和护理，提高护士工作质量。使用无线定位，通过无线网络和定位识别器，护士可以判断患者的地理位置，以避免危险发生，减少医患纠纷。实现LIS与HIS系统对接，使医生第一时间查看患者化验结果，提高工作效率，节省病人的时间。通过VPN网络与人民医院直通。

【党建工作】 2011年5月中下旬，党委向各支部党员和积极分子发放医学部组织部提供的考试题，进行党的知识测试。6月1日举办了题为“知识竞赛传党情 我与精研所共成长”的知识竞赛。参加医学部庆祝中国共产党成立九十周年知识竞赛并获三等奖。北大六院党员60余人在党委书记黄悦勤、副书记董问天的带领下于7月16、17日参观了白洋淀雁翎队纪念馆、冉庄地道战遗址等爱国主义教育基地。

2011年，北大六院党委书记黄悦勤教授被评为北京大学优秀党务和思想政治工作者，中共北京大学精神卫生研究所委员会被评为北京大学医学部党务和思想政治工作先进集体，尹同良、李晓霓被评为北京大学医学部优秀共产党员。医院党委也评出了医院先进党支部集体和优秀共产党员，并召开“七一”表彰大会对他们进行了表彰。

北京大学首钢医院

【发展概况】 北京大学首钢医院现有职工 1709 人，其中在编职工 1229 人、合同制职工 480 人，卫生技术人员 1459 人，其中正高级职称 32 人、副高级职称 103 人、中级职称 519 人、初级师 349 人、初级士 154 人、无职称 302 人。

首钢医院本部占地面积 65610.07 平方米，建筑面积 109129.43 平方米。年底医疗设备固定资产总值 215783087.97 元。2011 年新购置医疗设备总值 46734994.00 元，其中 4 万元以上设备 50 台(套)，百万元以上设备 8 台(套)。

2011 年 1 月 28 日，成立北京大学首钢医院胸心血管外科，设置床位 39 张。2 月 26 日，首钢医院吴阶平泌尿外科医学中心举行正式启用仪式，于 3 月 1 日正式启用。3 月 23 日，成立北京大学首钢医院科研处和教育处。6 月 3 日，成立北京大学首钢医院营养科。6 月 15 日，成立北京大学首钢医院中心实验室，全面承担医院基础科学研究工作。

【管理工作】 2011 年 3 月 30 日，北京大学首钢医院第十七届职工代表大会第一次会议召开。12 月 12 日，首钢总公司与北京大学医学部共建医院合作协议签字仪式举行，标志着首钢与北京大学新一轮合作的开始。韩启德应邀担任北京大学首钢医院新一届医院理事会名誉理事长。12 月 31 日，首钢总公司党委宣布首钢医院新一届领导班子大会在首钢医院吴阶平泌尿外科医学中心报告厅召开，刘慧琴同志担任医院党委书记、纪委书记、工会主席，雷福明同志担任院长、法人代表、党委委员，向平超同志担任副院长、党委委员，张祥华同志担任副院长，王健松同志担任副院长、党委委员。

为深化落实医药卫生体制改革工作要求，响应卫生部在全国医疗卫生系统开展“三好一满意”及“医疗质量万里行”的活动精神，在院领导的高度重视下，各部门按照通知要求积极提出整改意见，增强做好医疗卫生工作的责任感和紧迫感，将“三好一满意”活动作为北京大学首钢医院的“品牌工程”。积极准备迎接上级卫生行政部门对首钢医院开展的“医院管理年”及“三好一满意”活动工作的督导检查。

重新修订各种规章制度及完善各类应急预案，按照上级卫生行政部门的文件精神，下发了《关于印发〈北京大学首钢医院医师定期考核管理暂行办法〉的通知》《北京大学首钢医院关于调整母乳喂养领导小组成员的通知》《关于印发〈2011 年北京大学首钢医院抗菌药物临床应用专项整治活动方案〉的通知》《关于转发〈卫生部办公厅关于流行性感冒诊疗指南（2011 年版)〉的通知》《关于印发〈北京大学首钢医院重性精神疾病〉的通知》，要求各有关科室认真贯彻执行。制订并下发了《2011 年北京大学首钢医院抗菌药物临床应用专项整治活动方案》，与北京市卫生局及临床科主任签订《北京大学首钢医院抗菌药物临床应用专项整治活动责任状》，组织并对全院执业医师进行抗菌药物临床应用的培训及考核，下发各临床科室的各项使用指标，并监督考核。加强了毒麻药品的管理，通过培训及考试，新增了部分医师的麻醉处方权资格，对医师毒麻药品、精神药品的使用做了进一步培训。

组织新任有业务处置权的岗位人员参加廉政教育培训班，开展预防职务犯罪主题参观活动，开展“做党的忠诚卫士，当群众的贴心人”主题征文活动，在全院开展廉政风险回头看和“学讲话、明规则、做表率”活动。2011 年，北京大学首钢医院医务人员拒收“红包”21 人次，共计 20800 元。首钢医院共收到表扬信 131 封、锦旗 74 面。

【医疗工作】 全年门诊 626197 人次，急诊 66920 人次，急诊抢救 1552 人次，抢救成功率 97.10%，孕产妇死亡率 0，早期新生儿死亡率 1.21‰，围产儿死亡率 4.81‰。

编制床位 1006 张，实际开放 794 张，住院患者 21102 人次，出院患者 21081 人次；住院病人手术 7303 例；病床使用率 91.47%，病床周转 26.41 次/年；出院者平均住院日 12.59 天/人，七日确诊率 97.99%，出入院诊断符合率 99.97%，治愈率 43.56%，好转率 52.84%，死亡率 3.29%。

病案管理　以运行病历实时监控为主，对检查中发现的问题随时反馈。定期抽查全院终末病历及门、急诊病历，全院医师认真执行《病历书写基本规范》。甲级病案率 94.05%。

医院感染管理　医院感染发生率为 2.68%。不断完善医院感染控制的相关规章制度，制订了《北京大学首钢医院细菌耐药监测与预警管理制度》《北京大学首钢医院细菌耐药监测与预警管理流程》，转发了《卫生部办公厅关于印发〈外科手术部位感染预防与控制技术指南（试行)〉等三个技术文件的通知》等，并针对制度进行相应的培训和现场督导、检查。

医保工作　全年出院医保病人 14375 人次，出院医保病人总费用 220283429.2 元，出院医保病人次均费用 15324 元。根据 2011 年医保工作的重点，医院对出院医保病人的费用实施了总量控制。

医疗支援工作　从2011年1月至2011年12月，医院前后组织了5支医疗队共21名队员前赴内蒙古自治区丰镇市医院、凉城县医院进行为期3个月的对口活动，主要开展临床诊疗、教学培训、重点学科建设等。同时随行的还有部分学科专家，开展学术讲座和查房、会诊等活动，其中开展专题讲座56余次，开展临床手术175例，参与疑难病例会诊70余次，为当地群众义诊约750人次，目前仍有支援内蒙古的医务人员继续支援工作。

2010年12月25日，泌尿外科主治医生周哲代表首钢医院参加北京市卫生局举办的为期一年的第七批援疆工作，在新疆和田县人民医院开展了专业门诊、专业会诊、带教、专题讲座、健康知识讲座、健康咨询等工作。

社会服务　首钢医院每月安排各科室医务人员对口支援社区卫生服务工作，保证古城、苹果园、老山、金顶街4个社区卫生服务中心每天都有首钢医院主治医师以上职称人员出诊。医院定期安排医务人员前往河北省曲阳县第二医院及首钢矿山医院，开展医疗支援工作。2011年6月17日，医院党委书记刘慧琴带领消化中心主任冯晓宏、骨科主任张光武、血管医学科主任王宏宇等15人组成的医疗小分队，到顺义区首钢冷轧公司开展迎"七一"党员专家义诊和健康咨询活动。

全年为首钢公司领导干部进行健康体检277人次，为医院女工进行健康体检892人次，为首钢职工进行健康体检6495人次。年内共组织医务人员开展各类宣传义诊活动31次，组织管理健康教育工作，发放健康教育处方6439张，自制宣传材料15000余份，参加患者17334人次。为医务人员举办健康教育讲座18次。

医疗纠纷处理情况　2011年度，保险缴费656250.91元，保险赔付276231.43元。截至12月31日，法院遗留案件9起正在审理中，医调委遗留案件5起正在调解中。

社区医疗　社区卫生服务共管理人口215862人，共计63871户。提供家庭病床服务床日1460个，上门医疗健康服务804人次。管理高血压患者29708人次，糖尿病患者6881人次，冠心病患者3797人次，脑血管病患者3085人次，精神病患者12964人次，恶性肿瘤患者429人次，建立健康档案共175761份。预防接种41867人次，Ⅰ类疾苗接种率100%，新生儿管理覆盖率100%。

2011年内，为4个社区卫生服务中心完成了医院管理信息系统的调试，医生工作站实现了电子处方等基本医疗、慢性病管理和预约转诊等功能。4个社区卫生服务中心相继召开家庭医生式服务启动大会，成立了家庭医生式服务团队，老山社区卫生服务中心签约5998户，19549人；古城社区卫生服务中心签约1676户，5028人；苹果园社区卫生服务中心签约593户，1183人；金顶街社区卫生服务中心签约2419户，7318人；共计10686户，33078人。

【护理工作】　重新修订完善护理流程和护理制度共5项。学习和开展优质护理服务示范病区工作，不断探索和创新以病人为中心的护理模式、绩效考核及护士分层管理。护理文件书写合格率100%，护理病历书写合格率99.02%，基础护理合格率98.24%，特级护理合格率98.75%，一级护理合格率98.75%，技术操作合格率99.02%，急救物品完好率100%。医院护理人员在各类期刊上发表论文21篇，其中在统计源期刊发表论文12篇。在研项目2项，新申请首发基金科研项目2项。年内，首次成功举办市级继续教育项目，并通过北京市继续教育委员会对市级继续教育项目进行抽查。举办区级继续教育项目6次，举办院级继续教育讲座12次。为新入职的护理人员办理IC卡120余张，补卡12张。全院护理人员继续教育学习达标率100%，顺利通过北京市的抽查。

全年共接收护理实习生300余人。对96名新签合同制护士进行了岗前培训，制订了轮转人员规范化培训手册。对新上任的10名护士长进行了护理管理相关理论的培训与考核，考核合格率100%。派出护士长和护理骨干参加各种培训共41人次。年内，共2名护理人员攻读北京大学医学部护理学院在职硕士研究生。

【科研工作】　首钢医院在研项目共67项，3项科研项目结题。本年度共组织申报课题43项，中标课题4项，包括国家自然科学基金项目1项，55万元；北京市科委项目2项，22万元；中医药管理局项目1项，10万元。首钢医院有2项科研成果获首钢科学技术奖二等奖，1项科研成果获首钢科学技术奖三等奖，1项科研成果获中华医学科技奖二等奖，1项科研成果获石景山区科技奖三等奖。本年度共发表论文93篇，其中SCI收录2篇，核心期刊收录80篇，在中华系列杂志上发表论文21篇。

2011年5月23日，首钢党建暨人才科技工作会议对第五批首钢技术专家、技术带头人进行表彰。首钢医院血管医学科主任王宏宇荣获首钢技术专家称号，神经内科二病区主任高伟荣获首钢技术带头人称号。5月，中华医学会北京分会病理专业委员会在人民医院举行病理免疫组织化学技术质量控制比赛，首钢医院病理科技术组组长王淑芳获第二名。7月15日，北京医学会举行北京市泌尿外科学分会换届选举工作。首钢医院院长、吴阶平泌尿外科医学中心主任那彦群连任北京市泌尿外科学分会主任委员。8月11日，首钢医院医学影像中心主任张滨主持完成的科研项目"64排螺旋CT筛查和诊断冠心病临床研究"荣获石景山科学技术奖三等奖。12月，在第三届北京医学会脑电图及神经电生理学分会换届选举中，首钢医院神经内科二病区主任高伟被推选为该届委员会委员。

2011年1月12日，首钢医院在吴阶平泌尿外科医学中心举办"前列腺增生诊治"健康讲座。1月，首钢医院成为中国药学会"医院处方分析"课题组协作项目医院，参与医院合理用药研究及医药市场分析。2月20日，首钢医院院长那彦群教授主持了由中华医学会泌尿外科学分会与默沙东公司联合举办的第三届全国前列腺增生高峰论坛，首钢医院泌尿外科医学中心副主任张祥华教授做了题为"Ⅰ型与Ⅱ型5α还原酶与前列腺疾病"的学术报告。3月24—27日，由中国医师协会、中华医学会主办的第十四届全国介入心脏病学论坛在济南召开。3月25日，首钢医院心内科主任唐强作为大会主席团专家受邀在"与专家面对面病例研讨会"中作为点评专家主持并现场交流了2例疑难手术病例。3月25日，中国医学科学院附属阜外医院高血压研究所副所长、周围血管介入室主任蒋雄京教授来首钢医院血管医学科参观并做专题讲座。4月13日，由北京大学首钢医院和石景山区医学会共同主办的"2011北京西部医学论坛"在首钢医院吴阶平泌尿外科医学中心报告厅召开。4月20日，首钢医院药剂科邀请北京大学第三医院药剂科副主任药师刘芳在核磁报告厅做了关于"循证医学与临床用药"的学术报告。4月23日，由《中华泌尿外科》杂志主办、北京大学吴阶平泌尿外科医学中心协办、中国泌尿外科学院承办的"激光在泌尿外科的应用研讨会"在首钢医院吴阶平泌尿外科医学中心8层学术报告厅召开。7月29—31日，由首钢医院主办的第八届中国国际血管医学大会在北京召开，首钢医院血管医学中心主任、国际血管学会中国分会主席王宏宇教授出席大会并主持会议，首钢医院副院长刘京山到会并讲话。10月13日，CUA—AUA联合中国泌尿外科专科医师培训计划在首钢医院吴阶平泌尿外科医学中心正式开班。10月14日，上海交通大学医学院附属瑞金医院张瑞岩教授来首钢医院血管医学科进行学术交流。12月20日，首钢医院召开肺癌分子靶向治疗研讨会，多家医院相关专业学科带头人参会。

【医学教育】 本科教育方面，顺利完成北医2007级生物医学英语专业临床教学任务和2008级口腔专业教学任务，共40人、929学时；完成2007、2008级辽宁医学院临床教学任务，共130人、2058学时。在加强本科教学的同时，首钢医院还培养硕士研究生7人。

2011年，首钢医院参加北京市卫生局专科医师规范化培训的住院医师共114人，其中一阶段78人，二阶段36人。参加继续医学教育的医疗、医技人员550人，护理人员720人，接收来院进修生共25人。年内，举办短期学习班7次，参加人数575人。为本院职工举办学习班40次，为新职工举办岗前培训班，参加人数47人。本年度脱产学习78人，到院外进修12人。完成各类业余学历教育22人，其中取得硕士学位4人，本科学历18人。2011年度录取研究生42人，其中硕士研究生35人、博士研究生7人。

【合作交流】 全年接待来访7次，15人。外出进修2人，年内首钢医院外出参加各种学术交流40人。2011年1月20日，澳大利亚西澳大学泌尿外科教授何布朗来首钢医院吴阶平泌尿外科医学中心参观并讲学。5月15日，世界泌尿肿瘤联合会执委会会议在美国华盛顿AUA年会期间举行。首钢医院吴阶平泌尿外科医学中心副主任李宁忱教授出席会议。5月22日，由中国社工协会血管专业委员会和美国高血压学会联合举办的第3届中美血管论坛在美国纽约举行。首钢医院血管医学中心主任王宏宇作为大会主席与美国心脏协会、美国高血压学会前任主席Suzanne Oparil教授主持论坛。7月8日，欧洲泌尿外科学会创始人Frans M. J Debruyne教授和欧洲泌尿外科学院院长Hein Van Poppel教授来首钢医院吴阶平泌尿外科医学中心访问。8月3日，台湾阳明大学校长邱文祥教授来首钢医院吴阶平泌尿外科医学中心参观。8月9日，意大利泌尿外科学会主席访问首钢医院吴阶平泌尿外科医学中心。10月13日，美国埃默里大学Eaton教授来首钢医院进行学术交流。Eaton教授在医学影像中心报告厅就"酒精与高血压"专题进行了精彩讲座。

【信息化建设】 通过HIS系统的开发改造，按时完成了HIS系统与北京市114预约挂号统一平台的对接。完成医联码及门急诊信息采集系统的HIS系统改造工作。建立了首钢医院4个社区卫生服务中心及所属保健站门诊医生工作站系统。完成了物流管理系统的前期调研及与HIS系统的接口改造工作。完成了劳资、人事处的人力资源管理系统的前期筹备工作，使劳资、人事、财务共享一个信息平台，达到资源共享的目的。完成住院医生站、门诊医生站，以及LIS系统的升级改造，为LIS融入HIS奠定了基础。完成金顶街社区卫生服务中心新址的网络建设及信息设备的搬迁、调试工作。

【后勤基建】 2011年度圆满完成

金顶街社区卫生服务中心装修改造工程，建筑面积3500平方米，按照工艺要求调整布局，增设相关设施。2011年度进行了手术室改造、十四层特需病房改造、妇科东西段粉刷、外科系统装修、电力改造、院内增设停车场、体检科改造、住院大楼屋面防水等。

北京大学深圳医院

【发展概况】 北京大学深圳医院于2010年年底重新启动“三级甲等医院”创建工作，提出要“真抓实干创三甲，以创促管上水平”。抽调各部门的精兵强将组成专职的创“三甲”办公室及80余人的“三甲”专干队伍。通过“三甲”宣传栏、OA专栏和简报等形式，使创“三甲”工作深入人心。精细解读评审标准，将任务具体分解到各科室，签订责任书，制订奖惩办法，印发《评审标准》《法律法规汇编》《医院制度汇编》《“三基”考试复习题》等各类学习资料近5000册。多次组织全员进行“三基”理论、心肺复苏、院感知识、输血知识，以及法律法规的培训考核，使得各项创“三甲”工作有条不紊地扎实推进。医院采取多种措施、多种途径鼓励科室开展“三甲”要求的技术项目，尤其是重点专科项目，以提升医院业务工作的技术含量，巩固区域医疗中心的地位。同时，邀请市卫生人口计生委和北大医学部组织管理、科教、院感和临床专家来院进行全方位的模拟检查。深圳医院党政领导班子齐抓共管，全体员工齐心协力，密切配合，最终以优异的成绩通过广东省卫生厅的等级医院评审，2011年8月份正式挂牌“三级甲等综合性医院”。

【大运会医疗保障工作】 北京大学深圳医院作为第26届世界大学生夏季运动会官方唯一指定的贵宾医院，主要承担了3个比赛场馆和4家官方酒店的常规医疗保障、贵宾随团的医疗保障，以及开幕式和闭幕式贵宾医疗保障、大运会贵宾门诊和住院医疗服务等高规格医疗保健任务。医院抽调各科政治素质高、业务技术强的人员组成医疗保障队伍，奔赴各场馆、酒店医疗保障驻点，有序开展医疗服务工作。院领导多次亲临场馆，检查与督促保障工作，并对标识、引导、安保、翻译、志愿者等具体工作做了细致的安排。大运会期间，北京大学深圳医院为165名“涉大人员”提供了诊疗服务，特诊病房和普通病房收治了8名“涉大人员”，同时在场馆为343名运动员、志愿者和工作人员进行了诊治。

【药理基地资格认定】 北京大学深圳医院自2010年开始申报国家药物临床试验机构以来，先后派多人参加药物临床试验质量管理规范培训，并邀请院外专家来医院进行培训指导。机构和各申报科室在日常医疗工作十分繁重的情况下，着力进行药物临床试验机构、医学伦理委员会、临床试验专业组和辅助科室的相关管理制度、标准操作规程(SOP)等1000余项内容的编写和修订，认真完成评审的自查、整改、复查、完善等环节的各项工作。2011年9月份，北京大学深圳医院药物临床试验机构的各项准备工作受到了国家食品药品监督管理局药品认证管理中心专家检查组的一致认可，顺利完成了药物临床试验机构资格认定的现场检查。

【专科医师培训基地】 北京大学深圳医院积极参与2011年广东省专科医师培训基地申报工作，内科(含心血管内科、呼吸内科等8个亚专科)、外科(含普通外科、骨科等10个亚专科)和麻醉科等共计20个专科参加了广东省卫生厅来北京大学深圳医院开展的专科医师(普通专科)培训基地评审工作，广东省卫生厅领导和专家组对培训基地申报工作给予了良好的评价。

元培学院

【十周年院庆系列活动】 2011年，元培计划暨元培学院成立十周年。学院连续举办了一系列庆祝活动，并以此为契机总结北京大学本科教育组织模式变革的成果，展望北京大学本科教育未来的发展方向。

十周年庆典 2011年9月14日，《人民日报》头版刊发了元培学院的专题报道。当日下午，“北京大学元培十周年庆典暨本科教育改革研讨会”在北京大学英杰交流中心阳光大厅隆重举行。校长周其凤院士，前常务副校长、重庆大学校长林建华教授，副校长王恩哥院士，元培学院院长许崇任，以及来自韩国首尔大学、新加坡国立大学、日本早稻田大学和多所国内兄弟院校代表，以及40多位元培历任导师出席了大会。庆典由北京大学副校长王恩哥院士主持。

院长许崇任教授简要汇报元培学院十年的历程。元培学院捐助人、香港何善衡基金会何子梁先生，元培学院校友、2001级滕琪同学，导师代表陈十一教授和兄弟院校代表相继发言，畅谈了对元培学院与本科生教育改革的感触与期冀。周其凤校长致辞，对元培学院实践予以充分肯定，“十年来，元培教学改革不断深入发展，在多样性人才培养体系建设、素质教育与通识教育课程体系建设、教学与学生管理体系的改革探索等方面取得了重要的进展与成绩，为学生综合素质与创新能力的培养，以及多样性的选择奠定了扎实的基础，为学校实现创建世界一流大学的目标迈出了坚实一步”。

本科教育组织模式变革(国际)研讨会　30多位来自海内外知名大学的从事本科教育的专家围绕“专业选择”“住宿制及经典教学”“跨学科与通识教育”“导师制”展开研讨,交流分享了各地高等教育改革实践经验,共同探讨了未来本科教育的发展之路。

中韩学生国际交流论坛　2011年9月15日上午,为增进元培学院与韩国首尔国立大学通识教育学院(自由专攻学部)师生之间的交流和友谊,并为双方提供交流思想文化的平台,举办了“中韩学生国际交流论坛”。副院长苏彦捷教授、韩国首尔大学和元培学院师生代表参加了论坛。论坛主题分别是“环保与科技的关系”“学术、媒体和公共演讲”“社会与教育问题”和“当今经济形势”。中韩双方学生分别选择自己感兴趣的主题并组成4个小组进行面对面讨论。学生们就自己的主题查找资料、撰写论文、制作电子演讲稿,进行了充分的准备,在论坛中大家各自阐述了自己的观点和想法,碰撞出智慧的火花。这一活动为元培学院和首尔国立大学的学生搭建起友谊的桥梁。

元培文化节系列活动　以十周年纪念为特色的元培文化节系列活动从4月持续到10月,包括清明节为蔡元培先生献花、交叉学科论坛、趣味运动会、春季舞会、K歌大赛、职业生涯规划大赛、保研交流会、就业交流会等活动。每项活动都融入了十周年纪念元素,同学们特设计了十周年元培纪念Logo,十周年院庆T恤,并在36楼门前挂起自己设计的宣传横幅。文化节的压轴大戏是学院十周年纪念晚会,同学们精彩纷呈的表演在现场掀起了一波又一波的高潮。歌曲《藤》被同学们传唱为“院歌”,歌词中那句“继续卖力的生长吧”道出所有元培人向上奋进的风貌。张彦常务副书记到会祝贺并宣读了朱善璐书记的贺信。

【教学工作】　元培学院一年中教学运行平稳有序。根据学校校历规定,完成本年度春秋两季学籍注册工作。其中春季注册人数为:2007级189人,2008级210人,2009级202人,2010级176人;秋季注册人数为:2008级208人,2009级186人,2010级174人。

为确保大四学生能在毕业前完成本专业所要求的学分,对2011届毕业生所学课程进行了核对。按照各院系相关专业的教学大纲要求,对每位学生所学课程(包括全校必修、院系必修、专业必修、通选及任选等课程)进行了逐一核实,并将核实结果与学生通报确认。按教学大纲要求对2008级学生选课进度进行了两次核对。设计教学计划自查表,组织2009级学生自查教学计划完成情况。

学生踊跃参与创新学习。学院获得“本科生科研基金”资助的有君政基金2项3人,校长基金14项25人,国家创新计划8项12人。另有跨院系申报13项13人:君政基金2项2人,校长基金7项7人,教育基金1项1人,国家基础科学人才培养基金3项3人。2008级学生参加本科生科研基金资助项目结题89人。

学院与历史学系、外国语学院合作,完成跨学科专业“外国语言与外国历史”的全部准备工作,报送教育部;完成跨学科专业“科学技术史”的学部会议报送和教务长办公会报送。其他两个跨学科专业也发展顺利。

2011届毕业生169人,获取本科毕业证和学士学位证的学生有167人,2人暂结业。2010年暂结业8人,其中7人换双证。

【导师工作】　元培学院第四届导师换届工作及第四届导师聘任大会完成,48位导师、24位荣誉导师受聘工作。2011级新生与元培导师的分组配对工作完成。为2010级确定专业方向的同学组织安排了2次导师选课指导活动,为2011级新生组织了入学后首次选课指导。落实了15次专业方向导师座谈会。组织了2场导师专题讲座。组织学生参观信科学院、生命科学学院实验室。组织落实了阎步克、赵敦华教授访谈。组织落实了国学网奖学金导师评审和创新基金评审工作。

院学生“学科委”在导师办指导下顺利开展工作。继续明确了学科委的职责,建立学科委联系和沟通机制。力求充分发挥学科联系人在学生与导师间的桥梁作用,使导师活动更加符合学生需求。引导学科委各部门同学开展一系列工作,如出国交流、知识讲座等。

【交流合作】　2011年,元培学院共接待来访53次,其中来访时间一周以上、来访人数15人左右的学生代表团共4个(迈阿密大学、纽约大学、印第安纳大学、德堡大学)。组织出访2次(去日本参加东亚四国大学校长论坛及通识教育论坛,前往香港中文大学善衡书院出席建院仪式)。2011年,元培学院成功开启了北京大学—香港中文大学本科生交流项目。2011年春季学期成功运营写作中心。除北京大学校际常规交流项目外,元培学院自身开展的项目有:北大—耶鲁联合本科生项目、北大—培泽学院项目、斯坦福大学本科生研究实验项目、北大—洛杉矶加州大学暑期研究项目等。在2010年成功接收4名留学生就读元培学院后,2011年又接收了5名留学生。参与学院外事活动的学生达182人次。

【学生工作】　在活动中培养学生对元培精神内涵的理解,进一步以“大理想、大学识、大智慧、大胸怀”的标准培养学生的全面素质。针对元培学院特殊的办学理念,以及选课学业制度,设立学术科研创新委员会,为全院同学搭建学术交流及科研创新平台。

在支部联席会议的基础上，学院进一步推进学生党建创新工作。在学习胡锦涛总书记“七一”重要讲话，以及刘延东国务委员在全校教师干部大会上的讲话精神过程中，学院做到了学习讲话精神重落实，在落实活动中受教育。学院组织了王选纪念陈列室参观活动，“牢记使命，展望未来”——2010级党支部红楼参观党日活动，“赤魂永驻，历史长存”——2010级党支部与生命科学院2009级党支部联合党日活动。学院各年级学生支部组织了丰富充实的主题党日活动，如2010级“走出迷茫，成就自我——职场初体验”党日活动，2009级“缅怀先哲、回温历史”党日活动，以及2011级新生的党建带班建创新活动。

2011年9月，195名新生加入元培学院，在完成学校新生教育活动之外，根据元培学院自身特点实行了多项促进新生适应大学生活和元培教育制度的活动。学院选拔25名高年级同学作为新生辅导员对新生进行全方位一对一帮助。

【集中住宿工作初步完成】 2011年8月下旬，元培学院2009级、2010级和2011级三届同学先后入住36楼，集中住宿工作初步完成。3月，学院建立了学生与学院的沟通机制，广泛征求意见，召开学生代表座谈会，充分了解学生搬入新寝室后的生活需求，搭建了知情、商讨、及时解决问题的快速反应平台。8月15日当天，学院有序完成了2009级、2010级女生共300多名同学、5000多件行李的搬运工作。秋季学期伊始，学院成立了36楼楼委会。新的楼委会组成以学生为主体，院领导、学生工作辅导员，以及楼长参与其中。在集中住宿后，楼委会开展“阳光照进宿舍”系列活动，推动了学生宿舍文化的建设。学工选留干部随后入住36楼，进一步加强了学生工作力度。

【院友会成立】 元培学院发展到第十个年头，毕业生已有七届。学院决定成立院友会，作为广大元培学子的精神家园与情感纽带，致力于打造元培毕业生信息交流与资源共享的开放平台，在关注学生成长和发展的同时，为元培学院发展注入活力。2011年11月12日上午，元培学院院友会成立典礼暨第一届理事会第一次会议在元培学院召开，讨论通过了元培学院院友会章程，落实了理事间更为畅通的沟通方式，对未来一年的院友工作进行了规划部署。

【何善衡图书室】 本年度，完成了图书室志愿者的换届工作，并对上届优秀志愿者进行了表彰。2009级李佳敏同学担任副馆长负责全面工作，唐秋韵、刘雨轩、桂正卿3位同学作为馆长助理分别负责宣传、图书采编、志愿者人事工作。随着2011级新生的入校，图书馆重新招聘志愿者队伍，吸收了2011级同学。2011年9月14日，何善衡先生及夫人在校长助理、教育基金会秘书长邓娅，以及院长许崇任的陪同下，再次光临何善衡图书室，并与10余位同学进行了座谈，同学们向何先生及夫人赠送了图书室学生志愿者制作的纪念画册，何先生回赠了一幅自己的书法作品。本学年开始了图书的借阅服务。截至2012年5月，图书室共有上架书籍1474册。

中国社会科学调查中心

【发展概况】 北京大学中国社会科学调查中心成立于2006年9月，是北京大学社会科学的数据调查平台，也是北京大学开展中国社会问题实证研究的跨学科平台。2007年，完成了问卷设计工作，并在北京、河北、上海等地开展了测试调查。2008年，完成了北京、上海、广东3地的测试调查。2009年，完成了北京、上海、广东3地的计算机辅助跟踪调查测试。2010年，完成了中国家庭追踪调查(CFPS)第一次全国样本的调查。2011年，完成青少年问卷的追踪调查。2011年换届，校长助理、社会科学部部长李强教授，出任中心第二任主任。美国科学院院士、美国密歇根大学谢宇教授担任中心学术委员会主任。赵耀辉教授和任强副教授担任中心副主任。在原来CFPS基础上，增加了中国健康与养老追踪调查(CHARLS)。CHARLS项目在我国每两年追踪一次，收集能够代表年龄在45岁以上(包括45岁)中国居民的数据，样本规模约为10000户，17000人。

【科研工作】 2011年，进行CFPS首次单年追踪调查，其中0～9岁的儿童问卷全部由家长代答；10～15岁的少儿问卷包含两部分，一部分由家长代答，另一部分由受访少儿本人填答；16～18岁青少年的问卷则全部由受访者本人填答。2011年追访调查数据中，整合样本的住户过滤问卷完成8520份，家庭问卷完成8511份，家庭层面的追访完成率为87.28%，个人问卷完成5796份。

2011年，CHARLS项目进行了全国范围的基线调查，调查涉及150个县的1万余个家庭，1.7万个人。2011年4—7月期间，CHARLS通过多种途径从全国150个县招募了调查所需的绘图员和访员。最终通过面试，有150名绘图员和299名访员分别参加了绘图和访问培训。2011年5—8月，CHARLS分别为绘图员、访员组织了多期培训，培训以课堂教学和实地联系相结合，对于考核合格的学员颁发证书后才能上岗进行实地工作。截至2011年年底，全国基线入户访问工作已完成约

95%，由中国疾病预防控制中心负责的后期血样采集的工作也已陆续顺利开展。

调查中心的“中国健康养老追踪调查”获国家自然科学基金“基础数据建设”项目（批准号：71130002），批准经费为500万元。以“中国家庭动态跟踪调查”为基础的项目“并行数据和调查数据质量管理”获国家自然科学基金面上项目资助（批准号：71171004）。该项目的资助金额为42万元，执行期为2012年1月到2015年1月。《中国报告·民生》系列报告申请到2011年度教育部哲学社会科学研究发展报告资助项目，获得每年30万元的项目资助。此外，调查中心吕萍获得博士后基金项目“连续性调查中小域估计的方法研究”（项目编号：20100470129），以及国家社科基金项目“追踪调查中小域估计的方法及其应用研究”（项目编号：11CTJ005）。中心组织专家学者利用数据撰写研究报告，目前已经出版3期《中国民生》报告，即将出版《中国收入状况报告》《中国教育发展报告》《中国家庭动态报告》等。

Blaise中国服务中心（CBSC）于2011年7月23—26日在北京大学举办了为期4天的计算机化问卷开发专题培训。CBSC是由荷兰国家统计局Blaise研发中心、美国密歇根大学调查研究中心及北京大学中国社会科学调查中心共同组建而成，旨在普及、推广计算机辅助技术在中国社会调查项目中的运用。

2011年7月28日至8月1日，中国社会科学调查中心CHARLS项目（中国健康与养老追踪调查）第二届用户培训班、第二届用户会议、第二届国际顾问委员会议在北京大学成功举办。

【交流合作】 2011年5月16日，调查中心正式把CHARLS项目纳入管理，签订合作模式备忘录。

2011年6月7日，诺贝尔经济学奖得主、美国哥伦比亚大学教授、就业与增长理论的著名代表人物埃德蒙·菲尔普斯访问调查中心。

2011年7月26日，美国密西根大学社会研究院调查研究中心（SRC）下属的调查执行中心（SRO）主任Beth-Ellen Pennell与随访的SRO主管Gina-Qian Cheung（杨倩）女士访问调查中心。

分子医学研究所

【发展概况】 北京大学分子医学研究所（IMM）于2004年3月经北京大学批准建立，2005年1月1日正式成立。研究所规模逐步扩大，2011年1月，4个新实验室宣告正式启用。截至2011年年底，我所共有11个研究室和2个研究中心，包括信号转导研究室、钙信号与线粒体生物医学研究室、细胞生物物理和神经退行性病理研究室、血管生物学研究室、核酸技术研究室、人类群体遗传学研究室、分子药理学研究室、干细胞与非编码核酸研究室、基因组生物医学研究室、细胞分泌与代谢研究室、心血管发育学研究室、灵长类实验动物研究中心和实验病理研究中心。

【科研工作】 2011年发表、接收论文43篇，总影响因子286.5，平均影响因子6.7。其中IMM为第一作者或通信作者单位署名文章29篇。

由肖瑞平教授担任首席科学家的973计划项目“重大心血管疾病相关GPCR新药物靶点的基础研究”（项目编号：2012CB518000）于2011年8月获批，另承担、参与5个973课题、1个重大科学研究计划课题、1个科技支撑课题，另有12项国家自然科学基金重点、仪器、面上等课题获批，获批总经费4158万元。

分子医学研究所与美国马里兰大学生物技术研究所合作，在钙信号研究中取得重要进展，首次在心脏细胞中证实了“类夸克”钙释放现象。研究论文 *Quarky Calcium Release in the Heart* 作为封面故事刊登于2011年1月21日出版的 *Circulation Research* 上，同期配发的 *Macquaide* 和 *Sipido* 文章对此项研究进行了全面评价。该论文于2010年12月在线发表后被下载387次，2011年1月被下载1015次，连续两次成为该刊最受关注的论文之一，*Circulation Research* 主编Roberto Bolli特来信祝贺。

分子医学研究所与美国杜克大学医学院合作，首次建立果蝇心脏钙信号活体成像技术，并将这一新技术应用于心脏疾病致病基因研究。合作论文 *A method to measure myocardial calcium handling in adult Drosophila* 于2011年4月15日在线发表于 *Circulation Research*。论文作者构建了表达钙荧光蛋白探针的转基因果蝇，采用高速显微成像系统采集果蝇管状心脏搏动时的钙兴奋波，研究了野生型果蝇心脏钙信号动态及其离子机制。同时，与一种有类似哺乳动物扩张性心肌病的肌钙蛋白I突变体果蝇进行了对比，发现后者心脏钙信号上升和下降速率都变慢，时程变长，与哺乳动物扩张性心肌病的钙调控异常十分类似。新方法及实验结果表明果蝇模型可用于高通量筛选哺乳动物心脏中在进化上高度保守的一类致病基因。

分子医学研究所与美国哈佛医学院麻省总医院及瑞士罗氏制药公司通过4年的合作，成功建立自发性代谢综合征恒河猴模型，同时深入研究了代谢综合征发生、发展过程中的生理、生化及心血管超声影像学特征，并利用临床药物吡格列酮对模型进行了评估。合作论文 *Rhesus macaques develop metabolic syndrome with reversible vascular dysfunction responsive to pioglitazone* 于2011年6月21日在线发表于 *Circulation*。代谢综合征恒河猴模型是IMM非人灵长类研究的第一个攻关课题，由张秀琴副教授、张荣利博士主持实验研究。通过大规模的筛选、多年的跟踪研究，以及临床药物的验证，成功建立了自然发病的代谢综合征模型，其发病过程、生理生化指标，以及对药物的反应都与人类极为相似，在心血管功能，尤其是血管内皮功能方面的改变也与人类非常接近。这一模型获得了广泛的国际关注，罗氏、阿斯利康和默克等国际制药业巨头都对该模型表示了极大兴趣，其在临床前研究领域的巨大价值可见一斑。目前，利用代谢综合征恒河猴模型开展的分子遗传学和疾病机理研究已经全面展开，IMM将利用最新的技术手段对该模型进行深入的研究，发现重要的疾病基因，揭示疾病发生、发展的分子机制，并以此为依据寻找更安全有效的治疗手段及更敏感的诊断方法，使之在国际转化医学格局中占据一个制高点。

肖瑞平教授在北京大学的研究团队与合作者发现，一种名为MG53的新蛋白对心脏损伤具有重要的保护作用，这是近年我国心血管领域创新研究的一项重大进展。两篇相关论文于近期分别发表于心血管领域的顶级期刊 *Circulation* 和 *Circulation Research*，*Circulation* 撰文对该成果进行了高度评价。她的研究生张岩博士也因为此项研究获国际心脏研究会“Richard J. Bing青年科学家奖决赛奖”。

2011年9月25日，在北京大学英杰交流中心306会议室顺利召开了973计划项目“重大心脏疾病分子机理和干预策略的基础研究”(项目编号：2007CB512100)课题验收会议，验收专家、科技部管理专家、教育部管理专家、课题组长、学术骨干参加了验收会，项目首席教授程和平主持了会议。与会专家在听取各课题组长的结题汇报后，进行了热烈、深入讨论。对各课题任务完成情况作出肯定评价。2011年11月16日，科技部对该项目进行了任务验收，项目顺利通过了验收。

【交流合作】 分子医学研究所与国际一流的相关研究机构建立了密切合作和伙伴关系，在与瑞士罗氏公司、美国默克公司相继开展科研合作后，作为北京大学与英国阿斯利康(世界前五强之一的医药企业)战略性研究合作框架协议下的重点合作项目之一，我所与英国阿斯利康公司开展临床前研究合作项目。

由分子医学研究所、南开大学化学学院、中国科学技术大学生命科学学院和昆山市科学技术协会等联合承办的“第三届中国小核酸技术与应用学术会议”于2011年4月26—29日在中国“小核酸的硅谷”江苏省昆山市举行。本次会议主要围绕小核酸(siRNA、miRNA等)理论基础研究、小核酸技术和应用研究、其他核酸技术研究，以及小核酸产业化等内容展开，回顾近年来我国小核酸研究领域的最新成果，提供新的科研和技术合作渠道，最终达到推动我国小核酸研究及其产业化快速健康发展的目的。

由中国生物物理学会、国际嗜铬细胞学会和北京大学主办的“第16届嗜铬细胞国际学术会议”，于2011年7月11—15日在北京召开。本届会议组委会主任为北京大学分子医学研究所周专教授和台湾阳明大学的高閬仙教授。该会议自1982年起平均每两年举行一次，本次会议是首次在中国举行。国际嗜铬细胞学会执委会一致认为此次会议非常成功，展现了中国在该领域的学术研究，以及贡献。

2011年10月22—23日，召开了973计划“心脑血管研究项目网络”2011年度交流会。本次会议由北京大学分子医学研究所主办，第四军医大学协办。科技部973计划顾问组及咨询组专家、7个心脑血管领域的在研项目专家组成员、各项目首席科学家、课题负责人及主要学术骨干、科技部973计划管理人员，共计180多人参加了会议。与会期间，各项目首席科学家从宏观战略角度，介绍其所在领域的国内外前沿进展、研究进展、发展方向，交流项目执行过程中的管理经验、存在的问题和建议等。项目主要学术骨干就相关研究最新进展和工作亮点进行报告，与会的专家在此基础上提出了意见与建议。实现了在国内心脑血管研究不同项目、不同单位、不同科研人员之间的交流、合作，并对我国心血管基础研究未来5～10年的发展方向和策略进行充分探讨。

2011年11月2—4日，分子医学研究所肖瑞平教授与同济大学裴钢院士、中科院上海药物研究所蒋华良教授，以及华东师范大学刘明耀教授共同担任执行主席，组织召开了以“GPCR与重大疾病——研究与应用”为主题的第413次香山科学会议。会议就GPCR与重大疾病、GPCR结构生物学研究、GPCR的组学与功能研究，以及GPCR与新药创制等6个中心议题进行了充分的讨论，促进了学科之间的交叉和专家之间的交流，增强了对我国开展GPCR基础和转化研究的必要性认识，对我国未来10～20年应如何开展GPCR研究进行了广泛而深入的讨论，对总体目标及战略规划达成了共识。

2011年11月10日，973计划专家顾问组荣誉组长周光召同志考察了973计划"重大心脏疾病分子机理和干预策略的基础研究"项目研究情况。项目首席科学家北京大学程和平教授汇报了项目阶段性进展，以及研究展望。周光召同志对项目的创新思路和研究取得的成果给予了充分肯定，建议加强与其他学科队伍的交流合作，将科学发展与实际需求结合起来，进一步深入研究，总结其中的科学规律，发现新方法。

【教学工作】 研究所现有在籍学生98人(硕博连读生)，客座学生32人。今年有9名博士研究生毕业。

分子医学研究所有5人获得"北京大学三好学生"称号，6人获得北京大学单项奖，各有1人获得"北京大学三好学生标兵"和"北京大学优秀学生干部"称号，另有11人次获得"康宁奖学金""方正奖学金""膳府奖学金""光华奖学金"和"五四奖学金"。有1名同学获得由教育部与国务院学位委员会颁发的2011年度"博士研究生学术新人奖"。4名同学获得创新奖。

以肖瑞平教授领衔，在生命科学学院开设了针对高年级本科生的"分子医学概论"课程，课程目标使学生了解如何根据事关国计民生的重大社会需求，从生物医学研究的自身规律出发，阐明疾病的分子、细胞和整体水平的生理、病理机制，并将成果转化为预防、诊断、分类和治疗的策略。课程受到了师生的好评。

由学术委员会主席主抓"IMM Seminar"系列学术讲座，邀请的报告人都是国内外拥有自己独立课题组并开展独立研究的教授或PI(项目负责人)级专家，听众包括研究所的师生和对报告内容感兴趣的兄弟院系、科研单位的研究人员。该系列学术讲座不仅成为学生了解学术最新进展、研究人员与同行间进行学术切磋的平台，而且在国际同行内形成了良好的口碑，已成为IMM的品牌、名片。自建所以来共举办256场讲座，2011年共举办32场。

2011年度全国优秀博士学位论文97篇获奖论文中，包括分子医学研究所2009届毕业生魏朝亮博士的题为《钙火花调控细胞方向性迁移》的博士学位论文。该论文由研究所钙信号研究室主任程和平教授指导完成，论文的主要工作发现并命名了"钙闪烁"现象，阐释了钙闪烁调控迁移细胞转向运动的新观点，为干预细胞迁移提供了新的靶点和思路。相关工作于2009年2月在*Nature*杂志发表，被*Cell*，*Nature Reviews Molecular Cell Biology*，*Science Signaling*等杂志选为"亮点"介绍，同时入选"2009年我国最具国际影响力的百篇国际论文"。近期，还为*Current Opinion in Cell Biology*撰写特邀综述。

2011年7月1—3日，分子医学研究所成功举办了"2012年推荐免试研究生预招见面会暨全国优秀大学生夏令营"活动，积累2009年、2010年两次的经验，今年无论是在报名数量，学生质量，还是录取率方面都有了大幅度的提高，得到了师生的共同认可。

【党建工作】 研究所现有教工党员11人，积极分子3人。重视党的发展工作，核心是增加党组织凝聚力，培养党员意识。今年有3名积极分子完成了考核工作，包括科研人员、科研管理人员和技术人员。现有学生党员和入党积极分子44名，学生干部骨干约有5名。所研究生党支部、硕士班联合主题教育活动获"创先争优，从我做起"学生党团日联合主题教育活动三等奖。

科维理天文与天体物理研究所

【队伍建设】 科维理天文与天体物理研究所(KIAA)2011年引进了两名外籍百人计划研究员。研究所2011年有4名博士后出站、6名博士后进站。研究所的人才队伍建设取得稳步进展，现有3名高级研究员、5名百人计划研究员和8名在站博士后。以上人员中有一半以上为非华裔。

【科研工作】 科研项目　2011年度KIAA获得国家自然科学基金面上项目2项，国际(地区)合作与交流项目3项，中国博士后科学基金3项，总经费169万元。

科研论文　2011年度KIAA共发表专业学术期刊论文22篇，会议论文1篇。另有17篇论文已被专业学术期刊接收，11篇专业学术期刊论文已投稿。由高级研究员Richard de Grijs撰写的英文专著*An Introduction to Distance Measurement in Astronomy*由威立学术出版社出版。

【教学工作】 2011年，KIAA共指导研究生15名、本科生22名。KIAA研究员讲授的课程有："天体物理前沿"(研究生)、"星系动力学"(研究生)、"现代天文学"(本科生)、"定性和半定量物理"(本科生)等。

【国际学术会议及暑期学校】 2011年2月16—17日，举办"中国光学红外天文学研究"学术研讨会；2011年3月27日—4月1日，举办"共包层演化"国际学术研讨会；2011年4月10—15日，举办"宇宙线多手段研究"国际学术研讨会；2011年6月4—10日，举办"实验室、空间与天文等离子体的磁流体与动力学过程"国际研讨会；2011年6月27日—8月5日，举办"恒星及行星的形成"国际暑期学校；2011年10月3—18日，举办"实测天体物理"暑期学校；2011年12月3—6日，举办"美国大型综合巡天望远镜(LSST)及北大天体物理学的机遇——北京大学天体物理2011年学术研讨会"。

【天文夏令营】 2011年7月12—15日，KIAA与天文学系共同举办了第三届天文夏令营，来自全国的78名高中学生参加了为期4天的夏令营。通过学科导航、名师讲座、师生互动及至北京天文馆、国家天文台兴隆站参观，并通过精心设计的笔试和面试，天文学系向学校推荐了近40名优秀中学生作为2012年自主招生的候选人。

【交流合作】 2011年，共有60余位海外学者来研究所访问交流与合作，为研究所及天文学系的师生就天文学与天体物理学前沿研究领域做了系列学术报告，进行了相关的学术讨论及合作。尤其是在为期6周的“恒星及行星的形成”国际暑期学校期间，来自加拿大多伦多大学、麦吉尔大学，美国密歇根大学、加州大学圣克鲁斯分校、亚利桑那大学的教授与学生进行了密切讨论，取得了很好的效果。荷兰卡普坦天文研究所Pieter Corijnus van der Kruit教授来研究所访问一个多月并开设研究生课程“星系机构和动力学”；剑桥大学天文研究所Sverre Johannes Aarseth博士来研究所访问一个月并对研究生就多体问题模拟进行培训和指导。美国范德比尔特大学著名天文学家、哈勃空间望远镜项目科学家C. R. O'DELL教授来研究所访问三周，做了题为“建造哈勃空间望远镜”的公众讲座，并为研究生开设了一周的课程“星云天体物理”。同时KIAA的研究人员也积极走出去与国内外的同行进行交流与合作、参加各种国际学术会议等，与英国剑桥大学天文研究所、德国慕尼黑精英集群，国内的南京大学、北京师范大学等高校，以及国家天文台、上海天文台、紫金山天文台、云南天文台等都建立了密切的合作关系。

北京国际数学研究中心

【发展概况】 2011年，北京国际数学研究中心以“建设世界级的数学研究机构，为中国培养新一代的世界级数学家，加强数学在科技领域当中的应用，推进北京大学乃至全国的数学研究、教育水平”为目标，在人才队伍建设、学科建设、后备人才培养、国际交流与合作等方面取得新的重要进展，形成了独具特色的研究环境和学术氛围，科研竞争力和影响力进一步增强。

经过两年多的施工建设，2011年秋季，“数学中心”办公新址顺利竣工。“数学中心”办公新址坐落于未名湖北岸，全部为中国古典式建筑。新址建筑严格执行文物保护原则，充分体现了校园文物保护和美化的要求，为人才引进和科研工作提供了重要的硬件保障。办公新址实现了中国古典建筑风格与现代科研需要的完美结合，“数学中心”成为世界上具有这一特点的独一无二的数学研究机构。

2011年10月18日，北京国际数学研究中心办公新址揭牌仪式举行。国家部委领导，北京大学领导，国际著名数学研究机构领导，国际著名数学家，中国科学院院士，国内各大数学院系及研究机构的领导和数学家，北京大学各院系、职能部门领导，以及北大师生等数百人参加揭牌仪式，国际数学家联盟(IMU)专程发来贺信。

为庆祝办公新址落成，增进国内与国际数学界的沟通与交流，“数学中心”相应举办“数学展望”高峰论坛。世界著名数学研究机构所长，包括美国国家数学研究所、克雷数学研究所，德国马普数学研究所等，中国科学院院士，国内各大数学院系、研究机构的负责人等来宾出席论坛，分享所在研究机构运行的成功经验，并为“数学中心”的进一步发展提供意见和建议。

【队伍建设】 “数学中心”继续发挥自身的优势，改革完善高层次人才引进机制，着重引进、邀请活跃在国内外学术前沿的著名数学家，特别是青年数学家前来工作，为其科研和教学工作搭建平台。

2011年12月，“数学中心”副主任鄂维南教授当选中科院院士。截至目前，“数学中心”已有博导17人，其中教育部长江教授5人，北大百人计划学者3人。

2011年，“数学中心”引进优秀青年学者许晨阳副教授、陈华一副教授，与北京大学生物动态光学成像中心联合引进优秀青年学者葛颢副教授，与北大数学科学学院联合引进焦莹副教授。许晨阳副教授主要研究领域为代数几何、双有理几何，特别是有理连通簇的几何和算术性质，极小模纲领，以及其在其他代数几何问题中的应用，并在这些研究领域做出许多有价值的研究成果。葛颢副教授在数学、生物、物理、化学等交叉学科领域做出了优异成绩，他的论文大部分发表在国际一流杂志上，其中包括物理领域的顶尖杂志*Physical Review Letters*。葛颢副教授已和著名科学家谢晓亮教授等进行实质性合作，获得很好的研究成果。

【学科建设】 2011年，“数学中心”教授和博士后发表论文总数超过50篇(含已被接收的文章和预印本)，其中多篇发表在世界顶尖数学杂志上，如*Inventions Mathematicae*，*Jonrnal of the American Mathematical Society*等。

许晨阳副教授与人合作，在科研上取得突破性进展，首次将代数流形分类方法应用到几何稳定性研究中。许晨阳副教授的另一篇文章已投到数学界顶级期刊*Annals of Mathematics*，被审稿人称为“在高维代数簇的研究上取得了重大突破”。博士后陈学长与人合作的论文发表在世界四大著名数学杂志之一 *Inventions Mathematicae* 上。

"数学中心"配合国家战略和需求,创建拓扑量子计算实验室、现代计算方法与应用实验室。鉴于拓扑量子计算理论在应用中的重要作用,"数学中心"拓扑量子计算实验室着力培养更多拓扑量子计算领域的科研人才,推进我国在量子计算方面的研究。

现代计算方法与应用实验室力求通过基础算法和国产自主产权通用计算软件平台的开发来推动中国高性能科学计算软件水平跻身国际一流。为鼓励现代计算方法与应用实验室结合国家需要开发新的算法,"中海油"国家重大专项课题为现代计算方法与应用实验室特别提供了资金支持。实验室还通过与科研机构、高科技企业的合作,加速先进算法从理论到实际应用的转化。

【教学工作】 "数学中心"着力提高北大年轻数学人才的科研水平及与世界接轨的能力。"数学中心"2011 年开始招收研究生,现有博士研究生 9 名,中心还有博士后 10 名,他们均来自国内著名高校或科研院所。

自 2011 年起,"数学中心"设立"北大数学研究生奖学金",奖励 10 名北京大学在读的数学学科优秀博士研究生和部分表现突出的硕士研究生,鼓励北大数学学科研究生的科研积极性。

邀请国际数学大师到"数学中心"为青年学生讲授基础核心课程。2011 年春季,"数学中心"邀请 2010 年菲尔兹奖获得者吴宝珠的老师、法国巴黎第七大学的教授 Michel Broue 来"数学中心"开设新课程"大学生代数教程"。Michel Broue 教授在代数几何和表示论方面做出了突出贡献,他提出的关于代数导出等价的 Broue 猜想把几个不同研究领域联系在一起,成为国际前沿的著名难题。

"数学中心"成功举办第 3 期研究生数学基础强化班。强化班充分利用国内外数学教育资源,聘请美国罗格斯大学的黄一知教授和北京大学的应隆安教授、郑浩教授,以及南京大学的梅加强副教授,采取集中训练、优质教育的方式,为来自全国的学生集中讲授"数学基础"课程。

黄一知教授组织的"共形场论和张量范畴"主题项目(2011 年 3 月至 6 月),鄂维南院士、张平文教授组织的"数学理论和相变模拟"主题项目(2011 年 9 月至 12 月)吸引了大批青年学生前来听课。除了开设基础课程,主题项目还包括举办国际学术会议和研讨会。

"数学中心"与北京大学数学科学学院合办第 14 期特别数学讲座,邀请了美国斯坦福大学的 Richard Schoen 教授、美国俄勒冈大学的 James Isenberg 教授等著名数学家与北大的学者、学生们分享前沿数学研究成果,交流当前国际数学发展的新趋势。

"拓扑量子计算暑期学校"在筹备初期就收到超过 150 名学生的申请材料,受到广泛关注。"拓扑量子计算暑期学校"由世界著名华人数学家王正汉、物理学家文小刚组织并担任主要教员,暑期学校还邀请国内著名物理学家、数学家为学生们做主题报告。郭蔚教授、王冠香教授组织的"科学与技术暑期学校"为学生全面了解数学在现代技术多个领域的应用提供了机会,提高了学生从事数学研究的兴趣。

开设高质量的课程、项目活动已经成为"数学中心"人才培养的重要举措之一,并已逐渐显示出这种人才培养模式的效果。由于在数学方面的突出成绩,博士后周斌获得澳大利亚政府的 DECRA 奖,并得到前往澳大利亚国立大学正式工作的邀请。2011 年,"数学中心"还与美国西蒙斯基金会合作设立"西蒙斯博士后"奖学金,这是西蒙斯基金会在中国第一次捐资设立的博士后奖学金,用来吸引优秀的青年学者。目前,得到"西蒙斯博士后"奖学金支持的第一批博士后为周斌和郭帅。

【合作交流】 2011 年,"数学中心"支持和举办学术会议 9 次,其中包括数学相对论国际会议、共形场论和张量范畴研讨会、算数代数几何国际研讨会、成核与稀有事件国际研讨会等重要国际会议。

"数学中心"全年举办研讨班 6 个,包括丁伟岳院士、田刚院士主持的"几何分析讨论班",张继平教授主持的"群与几何,以及融合系研讨班",冯荣权教授、冯克勤教授组织的"编码密码的数学理论研讨班",刘小博教授、范辉军教授组织的"辛几何讨论班",以及陈华一副教授、许晨阳副教授组织的"代数几何与算数几何研讨班"。

"数学中心"接待来自世界各地的访问学者逾百人,其中包括美国国家科学院院士 John Morgan 教授、Robert L. Bryant 教授,法国国家科学院院士 J. M. Bismut 教授,以及众多资深数学家和优秀青年学者。

为使数学科学学院教师更好地利用"数学中心"的国际化交流平台,"数学中心"支持和资助北京大学数学科学学院的教师来"数学中心"做学年访问,组织和参与"数学中心"的学术活动。2011 年有 10 名数学科学学院的教师来访。这一举措,不仅可以使北大数学学科的资源更加优化,而且将能使北大数学在向着国际化和世界一流的道路上迈开更大更快的步伐。

丰富而活跃的学术交流和访问使"数学中心"常年汇聚许多国内外数学界的著名专家,带来了最新、最前沿的学术研究成果,为学者和青年学生营造了开放、国际化的学术交流环境。

在对外合作交流方面,“数学中心”继续与世界著名数学机构建立广泛联系。“数学中心”与法国哈达玛基金会共同发起的“中法数学研究合作项目”(SFRPM)希望能引导一种灵活、全方位的数学研究模式,以发现更多具有发展潜力的年轻数学人才,加强国内学者与国际数学家之间的交流,增强北大数学学科的整体实力。

深圳研究生院

【发展概况】 2011年,深圳研究生院各个学院明确主攻方向,发挥团队整体的科研能力,不断创造出各自的学术“高峰”。化学生物学与生物技术学院生物学、分子医学、化学基因组学、临床试验和转化医学组成的系统构架逐步完善,获得深圳市续建资助1500万元,启动与美国约翰霍普金斯大学新药中心的合作。城市规划与设计学院与美国北卡罗来纳大学城市与区域规划系达成战略伙伴关系,双方共同成立联合中心。环境与能源学院“能源高效利用与清洁能源工程”新学科和“深圳藻类新能源技术开发和应用工程实验室”得到深圳市的大力支持。国际法学院美国法律学会的认证工作稳步推进,与本部法学院的交流合作进一步加强。汇丰商学院获得EPAS(欧洲管理发展认证)官方认证,高水平师资引进取得新进展。本年度,新材料学院全新筹建,并初步搭建起学科框架。

【队伍建设】 深圳研究生院新引进教授2人、副教授11人、助理教授10人、讲师12人,以上教师中有18人为外籍教师。着手建立师资考评、淘汰的长效机制,制订并实施《北京大学深圳研究生院学院院长招聘与考核办法(试行)》。

本年度,师资团队中有1人成为中国科学院院士增选有效候选人。国际法学院雷蒙院长荣获国家“友谊奖”。化学生物学与生物技术学院以吴云东院士为团队带头人的“重大疾病化学基因组学团队”成功入选深圳市首批孔雀计划“创新创业团队”,将获得深圳市的重大支持。在深圳市高层次专业人才认定中,深圳研究生院新增杰出人才1人,国家级人才2人,后备级人才3人。在首批深圳海外高层次人才评选中,深圳研究生院共有6人入选。

【科研成果】 科研经费收入首次突破1亿元,纵向科研经费与横向科研经费比例达到2∶1,承担高水平基础研究项目的能力明显提高。全年共发表论文248篇,其中SCI论文89篇,EI论文63篇,SSCI论文2篇,新申请专利89项,新授权专利12项,出版专著8部。各学科在高水平国际期刊论文发表中取得新突破,多篇高水平论文被*Nature*重点推荐。

第九届中国智能机器人学术研讨会、全国物理有机化学学术会议等具有重大影响力的学术会议在深圳研究生院举办。为进一步加强研究生自主科研能力的培养,将原研究生院长基金项目转变为研究生创新创意大赛,进一步鼓励同学们的奇思妙想,更大程度上引导研究生追踪前沿、源头创新,首届大赛共收到申请82项。

【教学工作】 *招生工作* 本年度,招收硕士研究生850人(其中港澳台生5人,留学生31人),博士研究生55人(其中留学生1人),招生数达到历史最高水平。在校留学研究生达到43人,占北京大学全校留学研究生的1/8。

课程评估 建立“北京大学深圳研究生院课程教学情况反馈机制”,开设专业课程260门,共有135门课程参加网上系统评估。继续开设多门公共素质选修课,受到同学们的普遍欢迎。针对校园出现的不文明或违纪行为,特别是学生作业和学位论文抄袭作弊的问题,给予严肃处理,进一步加强学生行为规范。

联合办学 环境与能源学院与新加坡国立大学联合设立“北京大学—新加坡国立大学环境工程专业双学位”。汇丰商学院与香港科技大学商学院开展MBA培养合作,与美国杜兰大学签订交换生项目。城市规划与设计学院与北卡罗来纳大学(UNC)合作并联合设立“北京大学—北卡大学教堂山分校城市与区域规划管理研究中心”,开展联合培养。

【管理服务】 本年度完成了规章制度的梳理和英文翻译,共翻译了40余个规章制度。坚持在人事、教务等岗位聘任外籍人员,并增加为外籍师生服务的工作内容。继续加强行政能力建设,先后邀请市校业务领导及专家举办行政服务专题讲座和培训。实施《北京大学深圳研究生院行政教辅人员办公行为规范》,全面提高行政人员的行政服务水平。确立了2011—2012学年为“管理服务年”,制订并实施北京大学深圳研究生院2011—2012学年“管理服务年”实施方案,实行日常行政会制度,进一步全面提升管理与服务的国际化水平。

【基础建设】 本年度,汇丰商学院教学大楼建设进展顺利,已经于2011年9月封顶。北大深圳创新药物研发中心已经完成主体工程。两栋新学生宿舍楼相继开工,其中新建2号楼于2011年8月20日正式投入使用。国际法学院的选址与规划建设取得重要进展,并已奠基。

【党建工作】 2011年6月27日,经北京大学党委批准,深圳研究生院党总支升格为党委。此外,2011年4月,深圳研究生院参加北京大学“2011年宣传思想工作会议”并推选作为典型单位代表发言。6

月，在北京大学庆祝中国共产党成立90周年暨创先争优活动年度推进大会，深圳研究生院被授予“北京大学党务和思想政治工作先进集体”称号。

【学生工作】 队伍建设　深圳研究生院明确确立“专业知识、综合素质、国际视野、社会责任”的学生培养目标，学生工作部门秉承“热心、信心、恒心、耐心”的工作理念，进一步加强学工队伍的专业化与职业化，在心理辅导、助学贷款、就业指导等方面创新理念、完善流程，进一步提升对学生的服务能力，为学生工作的长远发展奠定基础。

校园文化　进一步加强以党建、团建为载体的精神传统教育。做好大型活动，创新开学典礼、毕业典礼、五四校庆晚会、十一迎新晚会等活动形式，在活动中贯穿北大人的使命感、责任感等精神教育。提升学生骨干培训班对学生综合素质教育的作用。2011年11月，校团委批复同意深圳研究生院团总支改为团委建制，共青团工作迎来新局面。连续两年取得北京大学运动会甲组团体总分第二名的好成绩。品牌活动“镜湖之夜”、定向越野继续开展，内涵不断丰富，影响力日益扩大。

志愿者工作　深圳研究生院出色地完成了深圳市第26届世界大学生夏季运动会赛会志愿者招募、选拔、赛会服务工作，学生中共有3名颁奖礼仪志愿者，225名赛会通用志愿者和21名深圳外事办大运会实习志愿者服务本届大运会。深圳研究生院还以大运会志愿者服务为契机，于2011年5月成立“北京大学深圳研究生院志愿者中心”，将“志愿者中心”纳入团委机构设置，并制订实施《北京大学深圳研究生院志愿服务管理制度》。

·教育教学与学科建设·

本科生教育

【教学改革平稳推进】 1. 元培教学改革十年，不断探索多样化人才培养模式。2011年是元培教学改革推行十周年。元培计划实施十年来，北京大学通过元培实验班和元培学院积极开展"低年级进行基础和通识教育，高年级进行宽口径的专业教育，逐步实行在教学计划和导师指导下的自由选课学分制和自主选择专业制度"的人才培养模式改革与实践，努力为学生的成长提供更多的选择。

同时，北京大学依托元培学院积极推进跨学科人才培养，目前已经设立古生物学，以及政治学、经济学与哲学等跨学科专业。2011年，北京大学对元培计划实施十年以来的工作进行了认真的调研与总结，并在此基础上确定了下一阶段的改革目标与任务，进一步推进元培教学改革的稳步发展。

深入推进基础学科拔尖学生培养试验计划实施。北京大学在数学、物理、化学、生物学、计算机科学、环境科学等6个基础学科领域全面推进拔尖计划实施。采取动态进出与柔性评估相结合的选拔方式，共遴选了4届数学、物理、化学、生物学、计算机科学项目组学生，3届环境科学项目组学生进入计划进行培养。重点加强课程建设，聘请一批国际知名的专家学者为项目组学生开设课程和讨论班，如中科院院士田刚教授为项目组学生讲授"几何研讨班"课程，物理学院院长、量子材料中心的谢心澄教授为项目组学生开设"凝聚态物理理论讨论班"等。着力加强国际化培养环节，拓宽学生的国际视野。通过国际交流项目把学生送到世界一流大学进行交流与培养，如生命科学学院利用暑期，组织40～50名学生赴美国密歇根大学等多所国外大学和研究所进行了为期2个月的科研实践。

2. 完善课程体系建设，提高课程质量。(1) 启动英文平台课建设。部分院系多次组织召开英文课程建设座谈会，组织筹划"北京大学本科英文平台课"建设工作。预计2011—2012学年，全校共开设74门英文课程，其中理工类英文课程23门，人文社科类英文课程51门。经济学院通过"国家经济学基础人才培养基地"大力加强英文课程建设，目前已建设13门全英文讲授课程。2011年，第三届国际暑期学校成功举办。3年来，国际暑期学校共开设16门、25门次英文课程，吸引外籍学生选课近600人次。2011年，又新增了8门英文课程，从而使2012年国际暑期学校英文课程总数增至13门，为该项目的连续滚动开展奠定了基础。

(2) 组织通选课评审，加强"大班授课、小班讨论"的通选课核心课程建设。2011年，北京大学继续组织对通选课的严格评审，截至2011年12月，全校共建设通选课303门。北京大学新增建设了"西方思想经典(二)""中国古籍入门""中国古代文学经典""科学通史"4门核心课程，稳步试行"大班授课、小班讨论"的教学方式，取得良好教学效果。同时，继续组织老教授教学调研组进行有关通选课的听课、调研、座谈及报告撰写工作，为改进通选课质量提供了支持。

(3) 积极组织建设视频公开课。根据教育部的总体部署，北京大学积极推动视频公开课的建设，完善相关法律合同的制订。2011年，北京大学历史学系阎步克教授和邓小南教授主讲的"中国古代政治与文化"通选课作为教育部首批20门"中国大学视频公开课"正式通过公共网络向社会公众免费开放。2011年秋，教务部与教育技术中心共同组织了4门受学生欢迎的课程进行录制，为把北大优秀教学资源向社会开放做准备。

(4) 及时了解大类平台课开设情况。大类平台课开设3年来，教务部重新梳理了平台课清单，及时通过院系调研、现场听课、座谈研讨等方式了解大类平台课，特别是基础平台课的开课现状和问题，并根据院系和学生的实际需要对课程设置、学分等进行调整，新开设"信息素养概论"课程。目前，全校共建设大类平台课229门，其中理工类平台课109门，人文社科类平台课120门。

3. 持续建设国家学科研究与教学人才培养基地。组织地质、地理、核物理、基础医学等4个学科点顺利完成国家理科基地人才基金项目结题任务；组织数学、化学、生物学、物理学、力学和基础医学等6个学科点成功申请到新一期人才基金资助项目，资助经费总额达1200万元。医学部新建教学基地2个：2011年2月，北京航天总医院正式挂牌成为医学部教学基地；2011年5月，北京市红十字血液中心正式挂牌成为医学部教学基地。新建社区卫生教学基地2个：2011年10月，北京大学第三医院第二门诊部、航天中心医院永定路社区卫生服务中心同时揭牌成为医学部社区卫生教学基地。

截至2011年12月31日，医学部共有直属学院（部）13个，教学医院13个，基层卫生实践教学基地6个，教学基地2个，社区卫生教学基地2个。

4. 医学部"新途径"医学教学改革不断深入。2011年2月26—27日，医学部召开了"2011年本专科教育教学工作研讨会"，大会围绕"教育教学一体化模式下学生工作精致化及教育教学改革"这一主题进行了探讨，梳理了5年来医学部本专科教育教学改革工作的进展与成就，为未来医学部教学改革工作的进一步推进奠定了坚实基础。

（1）基础阶段教改进一步推进。经过多个层面梳理后的基础理论课程第一轮教学全面完成，2009级八年制临床、基础医学专业学生进入案例讨论课程实施阶段，整个阶段将历时1年，完成20个案例的讨论学习。案例由基础、临床专家及教学骨干参加编写，并在案例中融入社会、心理、法律、伦理等与医学相关的学科知识。在学习过程中，学生被随机分为10人的小组，以小组为单位进行案例讨论式教学。在案例讨论的同时，开设相关选修课、讲座、早期接触临床等课程，提升学生对知识的全面理解及对临床知识的兴趣。伴随课程改革的推进，基础阶段的考核模式也进行了调整，增加学生在讨论过程中的组织能力和表现等过程性评价内容。

（2）临床阶段教学改革工作进入攻坚阶段。2011年，结合基础教学改革的经验，借鉴第一临床学院"以器官系统为中心"的课程整合经验，教育处多次组织临床专家，就临床教学改革的方案和框架进行讨论，并取得了一定进展。2011年12月29日，医学部召开"临床阶段教学改革工作会议"，会议总结和分享了基础阶段教学改革的经验，明确了医学部教学改革的目标，通报了临床阶段教学改革的基本框架，对临床阶段教学改革工作进行动员，公布了医学部教学改革进展情况及临床阶段教学改革基本原则框架。结合自身情况，积极开展教学改革工作，以促进医学部整体临床教学水平的提高。

（3）配合"新途径"教育教学改革，医学部启动2012版教学计划修订工作，对现有课程、学分进一步梳理调整；同时，结合新途径教学改革，校内选修课课程建设工作需继续推进，鼓励临床教师在基础阶段开课，鼓励教师改进课程质量，增加课程特色，改变教学模式等。全科医学课程教学计划进一步修订，逐步形成以加强临床医学生全科、基层理念为核心的，贯穿全程的全科医学课程体系。

（4）药学、预防医学、生物医学英语、护理学等专业，围绕学校整体教学改革部署，在教学改革专项经费的支持下，分层次、分阶段地进行教学改革探索。

（5）临床学系建设不断扩展，全科医学学科建设突显成效。2011年，北京大学医学部新建临床学系2个，分别为全科医学学系、风湿免疫学学系。截至2011年12月31日，医学部共成立临床学系18个，学系在构建学科发展、交流的平台，促进学科建设，参与教学改革的探索，提升整体教学质量，开展科学研究等方面发挥了重要的作用。

2011年5月，北京大学全科医学学系成立，聘请伯明翰大学郑家强教授担任学系主任，医学部主任助理、教育处处长王维民担任副系主任，教师有来自本科和研究生教学管理、继续教育、社区卫生服务中心、临床医院的专家和医务人员。医学部在全科医学学科建设方面也积极开展工作，在2010年10月中英全科医学教育研讨会的基础上，2011年10月18—19日，医学部召开全科医学学科建设研讨会，教育部、北京市卫生局和中华医学会的相关领导嘉宾出席会议，来自英国牛津、剑桥、伯明翰大学的4名全科医学专家与全国各地70多家医学院和医院、社区卫生服务中心近300名代表就全科医学学科建设相关问题展开了多个专题的研讨。同时，医学部举办北医三院第二门诊部、航天中心医院永定路社区卫生服务中心2个社区卫生教学基地的揭牌仪式，基地建设为全科医学学科发展起到了保障作用。

在医学部的推动下，全科医学课程教学计划进一步修订，逐步形成以加强临床医学生全科、基层理念为核心的、贯穿全程的全科医学课程体系。

表 7-1 北京大学医学部临床学系成立时间及第一届学系主任名单

（截至 2011 年 12 月 31 日）

序号	学系名称	成立时间	第一届学系主任
1	妇产科学	2005 年 1 月 1 日	魏丽惠
2	核医学	2005 年 1 月 1 日	王荣福
3	传染病学	2005 年 1 月 1 日	王勤环
4	儿科学	2005 年 6 月 1 日	陈永红
5	皮肤与性病学	2005 年 6 月 1 日	朱学俊
6	医学检验学	2005 年 6 月 1 日	夏铁安
7	眼科学	2005 年 10 月 1 日	黎晓新
8	肾脏病学	2006 年 6 月 1 日	王海燕
9	麻醉与重症医学	2006 年 6 月 1 日	吴新民
10	麻醉学	2009 年 11 月 1 日	吴新民
11	重症医学	2009 年 11 月 1 日	安友仲
12	神经病学	2009 年 11 月 1 日	黄一宁
13	普通外科学	2010 年 7 月 1 日	冷希圣
14	心血管外科学	2010 年 9 月 15 日	万　峰
15	中西医结合学	2010 年 9 月 15 日	韩晶岩
16	心血管内科学	2010 年 12 月 10 日	胡大一
17	全科医学	2011 年 5 月 15 日	郑家强
18	风湿免疫学	2011 年 7 月 1 日	栗占国

5. 推进本科生科研训练，优秀成果获国内外大奖。（1）“本科生科研训练”项目。2011 年，北京大学“本科生科研训练”项目包括“君政基金”“校长基金”“毛玉刚基金”“教育基金会基金”，以及教育部“国家大学生创新性实验计划”等 5 项。当年，该项目共立项资助 2009 级学生 665 人，415 项。2011 年年底，组织院系完成了 2010 年度立项的“本科生科研训练”项目的中期检查、拨款、结题验收、证书发放，以及学分认定等工作。

（2）本科生科研论文。据不完全统计，从 2007 年至 2011 年，本部本科生在学术刊物上公开发表论文 508 篇，其中 2011 年就有 174 篇（含 SCI 第一作者 32 篇）。2011 年 7 月，教务部选取 3 项本科生科研作品申报第四届大学生创新论坛，其中 2 项科研作品入围，于 2011 年 11 月赴上海同济大学参加创新论坛。医学部完成 67 个大学生创新实验项目的结题工作，并启动医学部新一轮大学生创新实验项目申报工作，各学院共有 242 名学生、65 个项目参与申报。经过专家认真评审，确定由 174 名学生参与的 49 个项目获得立项并开题。

（3）教学科研成果。2011 年，北大本科生继续在国内外学科竞赛中斩获多项大奖。在第二届丘成桐大学生数学竞赛中，北大参赛学生喜获佳绩，该项竞赛个人全能金奖的 2 位获得者张瑞祥、章博宇均是北京大学数学科学学院学生，4 个单项金奖获得者中有 3 位是北京大学学生。在团体赛当中，数学科学学院 4 位同学组成的队伍获得了唯一的金奖。在第十二届“挑战杯”全国大学生课外学术科技作品竞赛决赛中，北京大学化学与分子工程学院 2008 级学生的作品获特等奖，社会学系 2007 级学生的作品获一等奖。在第八届全国周培源大学生力学竞赛上，北京大学工学院力学与空天技术系 3 位同学荣获一等奖。在 2011 年大学生物联网创新创业大赛国际总决赛上，北京大学信息科学技术学院 2008 级学生邓昊、姚雨涵获得总决赛第三名，他们的获奖作品先前在国内选拔赛中获特等奖。2011 年 11 月，生命科学学院、物理学院、化学与分子工程学院、城市与环境学院和元培学院等 5 个院系的 24 名同学组成的 2 支代表队在美国麻省理工学院举办的第七届国际基因工程机器大赛上获得一金一银的佳绩。2011 年 5 月，医学部组队参加了第二届全国临床技能大赛，并取得了总决赛第一名的好成绩。2011 年 12 月 3 日，医学部成功举办了第三届临床能力大赛。

【教务管理与服务】 校本部教务部的日常常规工作主要包括本科教育教学管理和日常教学运转两方面，其中包括以下具体工作。

本科教育教学管理　2011 年度，教务部办理了 3159 名新生资格复查，有 3060 人取得学籍，完成教育部新生电子注册工作，以及新生火车票实名优惠卡信息录入和发放工作。完成对校本部11213名本科生和1068名留学生的学籍管理(含休学、停学、保留学籍、取消入学资格、保留入学资格、复学、转学、退学、延期毕业、转专业等),全年办理各类异动1571人次(其中留学生317人次)。为学生社团活动和学校相关部门借用教室全年约2000个。接受社会人员旁听和合作学校学生约310人次。处理考试违纪作弊行为为19人。对2987名本科生进行了资格审查,有2896名本科生(普本2650,留学生246)取得毕业证书、2887人获得学士学位(普本2643,留学生244),1163人获得双学士学位,125人获辅修毕业证书。为2010年结业学生换发毕业证书及学位证书43人。办理各类出国出境手续1351人,其中415人次参加校际和院系交换项目(含校际港澳台交换项目84人),216人次参加境外暑期学校。完成境外办学项目一个,颁发毕业证和学位证各10个。推荐保送研究生人数为1113人(含直博),占应届生的42.9%。

教学条件改善　为解决当前学校教室资源,尤其是讨论型教室资源不足的问题,教务部积极参与了理科教学楼的改造工作,包括各类工程招标、桌椅招标、规划设计,新理教于2011年秋季学期投入使用。

医学部教务管理　2008年12月,医学部启动课程中心建设。3年来,教育处制订激励政策,不断完善、拓展课程平台功能,截至2011年12月底,平台访问量达240万余人次,452名注册教师,建立了118个有效课程网站,3年来共发放网站项目建设经费26万元。教育处组织了3次培训活动,来自各院系、部和临床医院的120余名老师参加了学习。

【质量工程项目和管理】　重点做好教学名师奖推荐评审工作、中央在京高校与北京市共建项目。组织开展国家级和北京市教学名师候选人推荐工作并组织申请。经过两轮评审,北京大学裴坚、代亚非、赵化成、朱孝远、吴立玲5位教授获得北京市教学名师称号,历史学系高毅教授荣获国家级教学名师称号。组织申请中央在京高校与北京市共建项目,北京大学申请了教育教学、专业建设、大学生科研、教师发展基地等4个子项目,共获得经费637万余元。

【教材建设工作】　认真组织各项申报工作。其中马克思主义理论研究与建设工程教育部第三批高等学校哲学社会科学重点教材编写项目,由北京大学张守文、王志伟教授分别担任所申报项目的第一首席专家,姜明安、叶静漪、萧国亮、萧鸣政等教授分别担任各自申报项目的第二首席专家。“十二五”普通高等教育本科国家级规划教材第一次遴选工作已经开始公示。2011年,在北京市高等教育精品教材评审工作中,北京大学共有38种教材获得北京市高等教育精品教材奖,获奖数量位居北京市高校首位。

组织了2011年北京大学教材建设立项工作。今年立项的重点是主干基础课教材、通选课教材、精品课教材、基础大类平台课教材,以及在教学实践中反映良好的出版3年以上的修订教材。专家们对申报项目逐项进行了严格评审,最终经北京大学教材建设委员会工作会议审议,共确定52个项目为2011年北京大学教材建设立项项目。

2011年11月,配合北京市教委开展了精品教材与特色专业建设情况的调研,了解了北京大学精品教材在课程建设、特色专业建设中发挥的作用,以及存在的问题,为今后进一步推进教材建设工作提供了重要依据。

医学部对北京高等教育精品教材与特色专业建设情况进行了调研和梳理,组织各学院部老师积极参加人民卫生出版社五年制教材主编、副主编、编者遴选工作。同时,医学部组织各学院部积极参加教育部规划教材、教育部和北京市精品教材的申报工作,经评审,吴立玲主编的《病理生理学》、王岳主编的《医事法》、王志稳主编的《护理科研方法》,以及雷小平和徐萍主编的《药物化学》荣获2011年北京市高等教育精品教材。张拓红主编的《社会医学(第2版)》荣获教育部2011年普通高等教育精品教材。

【课程评估与评优评奖】　1. 继续开展课程评估。2011年1月和6月分别开展2010—2011年度秋季学期和春季学期课程评估,针对学校全体本科课程设计了理论课、实验课、体育课等3类问卷,同时对课程助教工作也开展了相应的调查。全年评估本科生课程共3695门次,其中理论课2701门次,实验课116门次,体育课145门次,助教评估733门次。将学生评教结果分春季和秋季学期编印成学生课程评估手册、助教评估手册和课程评估结果汇编,对课程评估结果进行汇总分析,撰写课程评估报告,反馈到全校各个院系。

医学部以督导组的形式开展质量监控,包括针对2010—2011学年的教学管理、毕业论文、实习报告、期末考试等,重点关注了集体备课情况。在常规督导的基础上,拓展新的督导内容和方式。专家们在教学优秀奖评审、教学改革课题评审、大学生创新实验指导、毕业学位审核、学籍管理讨论、学生教育管理等各种活动中越来越多地发挥着积极的作用,成为医学教育质量监控体系中的重要保证。

2. 继续协助北京大学老教授教学调研组开展工作，全年老教授共听课400余门次，根据会议讨论撰写调研简报2次，将听课情况和意见下发到各个院系。

3. 完成教学质量报告，加强对教学的监控。根据教育部和北京市要求，完成了北京大学教育质量年报和北京大学2010年度本科教学质量报告，系统地收集了各院系和职能部门教学质量相关的数据，有效地进行了教学方面的监控和整合。

4. 开展教学优秀奖评审，提高教师积极性。完成2011年度教学优秀奖申报和评选工作，全校共有50人获得北京大学教学优秀奖，并于教师节进行表彰。

【招生工作】 2011年，北京大学实际招生录取总数4097人（校本部3159人，医学部938人）。其中国内普通本科生3468人（校本部2813人，医学部一本570人、二本85人），校本部二学位23人，留学生323人，医学部留学生83人，医学部专科生200人。

目前北京大学国内普通本科考生录取方式仍以高考录取为主，以自主选拔录取、保送生录取为辅，并通过各特殊类别方式，招收少量艺术特长生、体育特长生、棋牌特长生及影视编导特长生。

2011年，北京大学共录取港澳台学生47人，其中港澳台地区免试保送生34人，港澳台联合招生录取13人。共招收本科外国留学生323人（实际报到人数为287人），人数同比去年增长14人。其中通过留学生入学考试（笔试加面试）录取183人，海外面试录取32人，预科班中招收80人，另有各类政府奖学金生28人。主要分布在中文、国关、光华、经济、新传、物理等24个院系，其中攻读理科30人。

2011年，北京大学理科整体生源质量比2010年有所提升。在保持稳定的基础上，部分省市实现新的突破，保持优势地位。文科学生质量在全国高校中继续处于绝对领先地位，各省文科高考前10名绝大多数被北京大学录取。竞赛保送生质量继续在各学科奥林匹克竞赛中保持领先地位。全国中学生化学竞赛决赛前40名选手，除3人因面试不合格未获录取，其余均被北大录取。2011年，代表中国参加国际数学、物理、化学、生物四大学科奥林匹克竞赛的19名队员中，有15人选择了北大，其中有14人获得国际奥赛金牌，1人获得国际奥赛银牌，另有1名获得国际物理奥赛金牌的马来西亚籍留学生也报考了北京大学并被录取。

2011年，北京大学自主招生生源质量进一步提升。全国报名参加自主选拔录取联考的考生达到91378人，最终获得2011年北京大学自主选拔录取加分资格的考生共1662人，高考最终实际录取936人，其中投档分直接达到当地录取分数线的考生有466人。通过北京大学组织的综合性大学自主选拔录取联合考试的考生中，最终有58%被北京大学录取，比往年增长5个百分点，为北京大学生源质量打下了坚实基础。

表7-2 本科专业目录

北京大学本科生常用专业目录（截至2011年12月，共计115个）				
编号	院系编码	院系名称	教育部专业代码	教育部专业名称
1	046	元培学院	030411S	政治学、经济学与哲学（PPE）
2	024	国际关系学院	030402	国际政治
3	024	国际关系学院	030403	外交学
4	024	国际关系学院	030406w	国际政治经济学
5	029	法学院	030101	法学
6	031	社会学系	030301	社会学
7	031	社会学系	030302	社会工作
8	032	政府管理学院	030401	政治学与行政学
9	013	城市与环境学院	080702	城市规划
10	086	工学院	080110S	能源与资源工程
11	086	工学院	081505S	航空航天工程
12	013	环境科学与工程学院	81001	环境工程
13	086	工学院	080205Y	材料科学与工程
14	086	工学院	80607	生物医学工程
15	028	光华管理学院	110202	市场营销
16	028	光华管理学院	110203	会计学
17	030	信息管理系	110102	信息管理与信息系统

续表

编号	院系编码	院系名称	教育部专业代码	教育部专业名称
18	030	信息管理系	110501	图书馆学
19	032	政府管理学院	110301	行政管理
20	032	政府管理学院	110307w	公共政策学
21	032	政府管理学院	110308w	城市管理
22	025	经济学院	020101	经济学
23	025	经济学院	020102	国际经济与贸易
24	025	经济学院	020103	财政学
25	025	经济学院	020104	金融学
26	025	经济学院	020107	保险
27	025	经济学院	020115w	环境资源与发展经济学
28	028	光华管理学院	020104	金融学
29	004	物理学院	070204S	核物理
30	004	物理学院	080508S	核技术
31	001	数学科学学院	070101	数学与应用数学
32	001	数学科学学院	070102	信息与计算科学
33	001	数学科学学院	071601	统计学
34	004	物理学院	070201	物理学
35	004	物理学院	070501	天文学
36	004	物理学院	070901	大气科学
37	010	化学与分子工程学院	070301	化学
38	010	化学与分子工程学院	071302	材料化学
39	010	化学与分子工程学院	070302	应用化学
40	011	生命科学学院	070401	生物科学（自注：含生物化学）
41	011	生命科学学院	070402	生物技术
42	012	地球与空间科学学院	070601	地质学
43	012	地球与空间科学学院	070602	地球化学
44	012	地球与空间科学学院	070801	地球物理学
45	012	地球与空间科学学院	070803s	空间科学与技术
46	013	城市与环境学院	070701	地理科学
47	013	城市与环境学院	070702	资源环境与城乡规划管理
48	012	地球与空间科学学院	070703	地理信息系统
49	013	城市与环境学院	071401	环境科学
50	013	城市与环境学院	071402	生态学
51	016	心理学系	071501	心理学
52	016	心理学系	071502	应用心理学
53	048	信息科学技术学院	071201	电子信息科学与技术
54	048	信息科学技术学院	071202	微电子学
55	048	信息科学技术学院	080605	计算机科学与技术
56	048	信息科学技术学院	080627s	智能科学与技术
57	086	工学院	071101	理论与应用力学
58	086	工学院	081702	工程结构分析
59	180	医学部	070413S	生物医学英语（五年）
60	017	软件与微电子学院	080611W	软件工程
61	046	元培学院	070603S	古生物学
62	010	化学与分子工程学院	070303W	化学生物学
63	127	环境科学与工程学院	071401	环境科学
64	021	历史学系	060101	历史学

续表

编号	院系编码	院系名称	教育部专业代码	教育部专业名称
65	021	历史学系	060102	世界历史
66	022	考古文博学院	060103	考古学
67	022	考古文博学院	060104	博物馆学
68	018	新闻与传播学院	050301	新闻学
69	018	新闻与传播学院	050302	广播电视新闻学
70	018	新闻与传播学院	050303	广告学
71	018	新闻与传播学院	050304	编辑出版学
72	020	中国语言文学系	050101	汉语言文学
73	020	中国语言文学系	050102	汉语言
74	020	中国语言文学系	050105	古典文献
75	020	中国语言文学系	050107	应用语言学
76	039	外国语学院	050201	英语
77	039	外国语学院	050202	俄语
78	039	外国语学院	050203	德语
79	039	外国语学院	050204	法语
80	039	外国语学院	050205	西班牙语
81	039	外国语学院	050206	阿拉伯语
82	039	外国语学院	050207	日语
83	039	外国语学院	050208	波斯语
84	039	外国语学院	050209	朝鲜语
85	039	外国语学院	050210	菲律宾语
86	039	外国语学院	050211	梵语巴利语
87	039	外国语学院	050212	印度尼西亚语
88	039	外国语学院	050213	印地语
89	039	外国语学院	050216	缅甸语
90	039	外国语学院	050218	蒙古语
91	039	外国语学院	050220	泰语
92	039	外国语学院	050221	乌尔都语
93	039	外国语学院	050222	希伯来语
94	039	外国语学院	050223	越南语
95	039	外国语学院	050231 *	葡萄牙语
96	043	艺术学院	050420	广播电视编导
97	043	艺术学院	050422	艺术学
98	023	哲学系(宗教学系)	010101	哲学
99	023	哲学系(宗教学系)	010102	逻辑学
100	023	哲学系(宗教学系)	010103	宗教学
101	180	医学部	100101	基础医学（五年）
102	180	医学部	100101	基础医学（八年）
103	180	医学部	100201	预防医学（五年）
104	180	医学部	100201	预防医学（七年）
105	180	医学部	100301	临床医学（八年）
106	180	医学部	100301	临床医学（五年）
107	180	医学部	100304	医学检验（五年）
108	180	医学部	100311w	医学实验学
109	180	医学部	100401	口腔医学（八年）
110	180	医学部	100401	口腔医学（五年）

续表

编号	院系编码	院系名称	教育部专业代码	教育部专业名称
111	180	医学部	100402w	口腔修复工艺学
112	180	医学部	100701	护理学（五年）
113	180	医学部	100801	药学
114	180	医学部	100801	药学（六年）
115	180	医学部	100807w	应用药学

表 7-3　医学部教学单位汇总

性质	教学单位名称
直属学院（部）(13)	基础医学院
	药学院
	公共卫生学院
	护理学院
	公共教学部
	第一临床医学院
	第二临床医学院
	第三临床医学院
	口腔医学院
	临床肿瘤学院（肿瘤医院）
	精神卫生研究所（第六医院）
	首钢医院
	深圳医院
教学医院（13）	第四临床医学院（北京积水潭医院）
	第五临床医学院（卫生部北京医院）
	第九临床医学院（北京世纪坛医院）
	北京大学航天临床医学院（北京航天中心医院）
	北京大学中日友好临床医学院（卫生部中日友好医院）
	北京地坛医院教学医院（北京地坛医院）
	北京大学民航临床医学院（北京民用航空总医院）
	北京大学首都儿科研究所教学医院（首都儿科研究所）
	北京大学北京京煤集团总医院教学医院（北京京煤集团总医院）
	北京大学北京仁和医院教学医院（北京仁和医院）
	北京大学解放军 306 医院教学医院（解放军 306 医院）
	北京大学解放军 302 医院教学医院（解放军 302 医院）
	北京大学北京回龙观医院教学医院（北京回龙观医院）
基层卫生实践教学基地（6）	内蒙古巴林右旗人民医院
	北京市平谷区医院
	北京市密云县医院
	北京市延庆县医院
	北京市昌平区医院
	辽阳市第二人民医院
教学基地（2）	北京航天总医院
	北京市红十字血液中心
社区卫生教学基地（2）	北京大学第三医院第二门诊部
	航天医院永定路社区卫生服务中心

表 7-4 本科课程目录

2011 年度北京大学本科开课情况					
学年度	学期	院系编码	院系名称	课号	课名
10—11	2	001	数学科学学院	00102871	生命科学的随机动力学模型
10—11	2	001	数学科学学院	00110040	微分拓扑
10—11	2	001	数学科学学院	00110170	代数数论
10—11	2	001	数学科学学院	00110190	动力系统
10—11	2	001	数学科学学院	00110290	常微分方程选讲
10—11	2	001	数学科学学院	00110710	试验设计
10—11	2	001	数学科学学院	00110820	计算流体力学
10—11	2	001	数学科学学院	00110850	控制系统 CAD
10—11	2	001	数学科学学院	00110940	复分析
10—11	2	001	数学科学学院	00110950	人工智能
10—11	2	001	数学科学学院	00111140	近代偏微分方程
10—11	2	001	数学科学学院	00112040	现代信息处理选讲
10—11	2	001	数学科学学院	00112230	高等统计选讲（Ⅰ）
10—11	2	001	数学科学学院	00112530	数学物理中的反问题
10—11	2	001	数学科学学院	00112610	同调代数
10—11	2	001	数学科学学院	00112650	随机过程论
10—11	2	001	数学科学学院	00112710	二阶椭圆型方程
10—11	2	001	数学科学学院	00112730	线性代数群
10—11	2	001	数学科学学院	00112780	应用偏微分方程
10—11	2	001	数学科学学院	00113030	偏微分方程选讲
10—11	2	001	数学科学学院	00113070	差分方程（Ⅱ）
10—11	2	001	数学科学学院	00113390	软件理论与方法选讲
10—11	2	001	数学科学学院	00113670	近代数学物理方法
10—11	2	001	数学科学学院	00113760	概率统计实例选讲（Ⅰ）
10—11	2	001	数学科学学院	00130030	信息科学基础
10—11	2	001	数学科学学院	00130070	初等数论
10—11	2	001	数学科学学院	00130190	微分流形
10—11	2	001	数学科学学院	00130200	数学模型
10—11	2	001	数学科学学院	00130560	数值分析
10—11	2	001	数学科学学院	00130630	最优化方法
10—11	2	001	数学科学学院	00130640	流体力学引论
10—11	2	001	数学科学学院	00131140	期权期货与其他衍生证券
10—11	2	001	数学科学学院	00131280	证券投资学
10—11	2	001	数学科学学院	00131300	概率论
10—11	2	001	数学科学学院	00131410	计算概论
10—11	2	001	数学科学学院	00131560	古今数学思想
10—11	2	001	数学科学学院	00131610	高等代数
10—11	2	001	数学科学学院	00131640	几何讨论班
10—11	2	001	数学科学学院	00131650	代数讨论班
10—11	2	001	数学科学学院	00131660	分析讨论班
10—11	2	001	数学科学学院	00131670	应用数学导论
10—11	2	001	数学科学学院	00131680	毕业论文（1）
10—11	2	001	数学科学学院	00131690	毕业论文（2）
10—11	2	001	数学科学学院	00132200	Morse 理论
10—11	2	001	数学科学学院	00132210	数理逻辑与元数学
10—11	2	001	数学科学学院	00132302	数学分析（Ⅱ）

续表

学年度	学期	院系编码	院系名称	课号	课名
10—11	2	001	数学科学学院	00132312	数学分析（Ⅱ）习题
10—11	2	001	数学科学学院	00132320	复变函数
10—11	2	001	数学科学学院	00132323	高等代数（Ⅱ）
10—11	2	001	数学科学学院	00132332	高等代数（Ⅱ）习题
10—11	2	001	数学科学学院	00132340	常微分方程
10—11	2	001	数学科学学院	00132350	泛函分析
10—11	2	001	数学科学学院	00132750	毕业论文（证券）讨论班
10—11	2	001	数学科学学院	00132770	毕业论文（资产定价）讨论班
10—11	2	001	数学科学学院	00132780	毕业论文（精算）讨论班
10—11	2	001	数学科学学院	00132880	统计软件
10—11	2	001	数学科学学院	00133010	测度论
10—11	2	001	数学科学学院	00133050	应用多元统计分析
10—11	2	001	数学科学学院	00134280	代数几何初步
10—11	2	001	数学科学学院	00135050	理论计算机科学基础
10—11	2	001	数学科学学院	00135290	集合论与图论
10—11	2	001	数学科学学院	00135740	低年级讨论班（1）
10—11	2	001	数学科学学院	00135810	寿险精算
10—11	2	001	数学科学学院	00135920	实分析
10—11	2	001	数学科学学院	00136020	组合数学
10—11	2	001	数学科学学院	00136220	运筹学
10—11	2	001	数学科学学院	00136280	应用时间序列分析
10—11	2	001	数学科学学院	00136320	应用多元统计分析
10—11	2	001	数学科学学院	00136590	复变函数
10—11	2	001	数学科学学院	00136700	普通统计学
10—11	2	001	数学科学学院	00136800	数学的思维方式与创新
10—11	2	001	数学科学学院	00136820	近世代数
10—11	2	001	数学科学学院	00136840	统计学
10—11	2	001	数学科学学院	00137400	有限群论
10—11	2	001	数学科学学院	00431132	普通物理（Ⅰ）
10—11	2	004	物理学院	00130202	高等数学（B）（二）
10—11	2	004	物理学院	00130212	高等数学（B）（二）习题课
10—11	2	004	物理学院	00130280	计算方法（B）
10—11	2	004	物理学院	00410542	固体理论
10—11	2	004	物理学院	00410612	Java 编程
10—11	2	004	物理学院	00410644	非线性物理专题
10—11	2	004	物理学院	00410740	光学理论
10—11	2	004	物理学院	00411040	非线性光学
10—11	2	004	物理学院	00411851	光电功能材料
10—11	2	004	物理学院	00412250	量子规范场论
10—11	2	004	物理学院	00412350	李群和李代数
10—11	2	004	物理学院	00414860	激光实验
10—11	2	004	物理学院	00415588	凝聚态物理中的几何与拓扑
10—11	2	004	物理学院	00415692	广义相对论
10—11	2	004	物理学院	00415702	介观光学导论
10—11	2	004	物理学院	00418800	辐射物理
10—11	2	004	物理学院	00430098	描述性物理海洋学
10—11	2	004	物理学院	00430109	演示物理学

续表

学年度	学期	院系编码	院系名称	课号	课名
10—11	2	004	物理学院	00430133	现代电子电路基础及实验（二）
10—11	2	004	物理学院	00430171	人类生存发展与核科学
10—11	2	004	物理学院	00430183	天体物理
10—11	2	004	物理学院	00430191	大气科学导论
10—11	2	004	物理学院	00431154	热学
10—11	2	004	物理学院	00431155	电磁学
10—11	2	004	物理学院	00431157	原子物理
10—11	2	004	物理学院	00431212	普通物理实验（A）（二）
10—11	2	004	物理学院	00431254	热学习题课
10—11	2	004	物理学院	00431255	电磁学习题课
10—11	2	004	物理学院	00431520	算法与数据结构
10—11	2	004	物理学院	00431530	算法与数据结构上机
10—11	2	004	物理学院	00431547	天体物理前沿
10—11	2	004	物理学院	00431550	基础天文
10—11	2	004	物理学院	00431557	恒星大气与天体光谱
10—11	2	004	物理学院	00431559	天文技术与方法（Ⅱ）（高能与射电）
10—11	2	004	物理学院	00432108	数学物理方法（上）
10—11	2	004	物理学院	00432109	数学物理方法（下）
10—11	2	004	物理学院	00432113	数学物理方法习题
10—11	2	004	物理学院	00432115	数学物理方法专题
10—11	2	004	物理学院	00432132	热力学与统计物理（B）
10—11	2	004	物理学院	00432133	平衡态统计物理
10—11	2	004	物理学院	00432140	电动力学（A）
10—11	2	004	物理学院	00432149	量子力学（B）
10—11	2	004	物理学院	00432150	量子力学（A）
10—11	2	004	物理学院	00432151	量子力学习题
10—11	2	004	物理学院	00432160	电动力学习题
10—11	2	004	物理学院	00432166	几何光学及光学仪器
10—11	2	004	物理学院	00432211	理论力学
10—11	2	004	物理学院	00432216	量子力学（Ⅱ）
10—11	2	004	物理学院	00432228	定性和半定量物理学
10—11	2	004	物理学院	00432238	核物理与粒子物理导论
10—11	2	004	物理学院	00432242	加速器物理基础
10—11	2	004	物理学院	00432251	天气学
10—11	2	004	物理学院	00432252	大气动力学基础
10—11	2	004	物理学院	00432253	大气物理实验
10—11	2	004	物理学院	00432265	现代天文学
10—11	2	004	物理学院	00432267	工程图学及其应用
10—11	2	004	物理学院	00432268	自然科学中的混沌和分形
10—11	2	004	物理学院	00432272	微机原理及上机
10—11	2	004	物理学院	00432275	云物理学导论
10—11	2	004	物理学院	00432280	遥感大气探测
10—11	2	004	物理学院	00432300	气候变化：全球变暖的科学基础
10—11	2	004	物理学院	00432310	全球环境与气候变迁
10—11	2	004	物理学院	00432510	固体物理学
10—11	2	004	物理学院	00432520	固体物理学习题
10—11	2	004	物理学院	00433327	近代物理实验（Ⅰ）

续表

学年度	学期	院系编码	院系名称	课号	课名
10—11	2	004	物理学院	00433328	近代物理实验（Ⅱ）
10—11	2	004	物理学院	00433640	材料物理
10—11	2	004	物理学院	00434070	物理宇宙学基础
10—11	2	004	物理学院	00434441	今日物理
10—11	2	010	化学与分子工程学院	00130202	高等数学（B）（二）
10—11	2	010	化学与分子工程学院	00130212	高等数学（B）（二）习题课
10—11	2	010	化学与分子工程学院	00431141	力学
10—11	2	010	化学与分子工程学院	00431142	热学
10—11	2	010	化学与分子工程学院	00431146	热学习题课
10—11	2	010	化学与分子工程学院	01032860	无机化学实验
10—11	2	010	化学与分子工程学院	01034350	定量分析
10—11	2	010	化学与分子工程学院	01034360	定量分析实验
10—11	2	010	化学与分子工程学院	01034371	有机化学（一）
10—11	2	010	化学与分子工程学院	01034390	仪器分析
10—11	2	010	化学与分子工程学院	01034400	仪器分析实验
10—11	2	010	化学与分子工程学院	01034410	结构化学
10—11	2	010	化学与分子工程学院	01034440	无机化学
10—11	2	010	化学与分子工程学院	01034460	高分子化学
10—11	2	010	化学与分子工程学院	01034480	化工实验
10—11	2	010	化学与分子工程学院	01034490	材料化学
10—11	2	010	化学与分子工程学院	01034500	生命化学基础
10—11	2	010	化学与分子工程学院	01034520	中级分析化学实验
10—11	2	010	化学与分子工程学院	01034551	中级物理化学
10—11	2	010	化学与分子工程学院	01034560	中级物理化学实验
10—11	2	010	化学与分子工程学院	01034590	电分析化学研究方法
10—11	2	010	化学与分子工程学院	01034640	应用化学基础
10—11	2	010	化学与分子工程学院	01034650	生化分析
10—11	2	010	化学与分子工程学院	01034660	化工制图
10—11	2	010	化学与分子工程学院	01034710	界面化学
10—11	2	010	化学与分子工程学院	01034740	综合化学实验（一）
10—11	2	010	化学与分子工程学院	01034840	化工基础（二）
10—11	2	010	化学与分子工程学院	01034980	生物物理化学
10—11	2	010	化学与分子工程学院	01035001	有机化学实验（Ⅰ）
10—11	2	010	化学与分子工程学院	01035080	化学信息检索
10—11	2	010	化学与分子工程学院	01035090	大学化学
10—11	2	010	化学与分子工程学院	01035110	高等电化学
10—11	2	010	化学与分子工程学院	01130210	遗传学实验
10—11	2	010	化学与分子工程学院	04830494	数据结构与算法上机
10—11	2	010	化学与分子工程学院	04831420	数据结构与算法（B）
10—11	2	011	生命科学学院	00131422	高等数学（C）（二）
10—11	2	011	生命科学学院	00430001	物理学（B）(1)
10—11	2	011	生命科学学院	00431146	热学习题课
10—11	2	011	生命科学学院	00431158	热学习题
10—11	2	011	生命科学学院	00431421	普通物理实验（B）（一）
10—11	2	011	生命科学学院	01032720	物理化学实验（B）
10—11	2	011	生命科学学院	01034420	物理化学
10—11	2	011	生命科学学院	01035070	基础化学实验（分析）

续表

学年度	学期	院系编码	院系名称	课号	课名
10—11	2	011	生命科学学院	01130050	生物化学实验
10—11	2	011	生命科学学院	01130070	微生物学实验
10—11	2	011	生命科学学院	01130130	免疫学
10—11	2	011	生命科学学院	01130150	细胞生物学
10—11	2	011	生命科学学院	01130160	细胞生物学实验
10—11	2	011	生命科学学院	01130200	遗传学
10—11	2	011	生命科学学院	01130210	遗传学实验
10—11	2	011	生命科学学院	01130370	生理学
10—11	2	011	生命科学学院	01130380	生理学实验
10—11	2	011	生命科学学院	01130850	算法与数据结构及上机
10—11	2	011	生命科学学院	01130871	人类的性、生育与健康
10—11	2	011	生命科学学院	01130889	生物摄影及实践
10—11	2	011	生命科学学院	01131040	植物生物学
10—11	2	011	生命科学学院	01131060	植物生物学实验
10—11	2	011	生命科学学院	01139350	普通生物学（B）
10—11	2	011	生命科学学院	01139360	基础分子生物学实验
10—11	2	011	生命科学学院	01139380	普通生物学（A）
10—11	2	011	生命科学学院	01139390	普通生物学实验（A）
10—11	2	011	生命科学学院	01139490	文献强化阅读与学术报告 (1)
10—11	2	011	生命科学学院	01139600	微生物学
10—11	2	011	生命科学学院	01139730	生物数学建模
10—11	2	011	生命科学学院	01139760	事业与人生
10—11	2	011	生命科学学院	01139910	细胞骨架、细胞运动及人类疾病
10—11	2	011	生命科学学院	01139920	免疫学
10—11	2	011	生命科学学院	01139930	系统与计算神经科学
10—11	2	011	生命科学学院	01139940	科学研究基本技能
10—11	2	011	生命科学学院	01139950	分子医学高级教程
10—11	2	011	生命科学学院	04830494	数据结构与算法上机
10—11	2	012	地球与空间科学学院	00130202	高等数学（B）（二）
10—11	2	012	地球与空间科学学院	00130212	高等数学（B）（二）习题课
10—11	2	012	地球与空间科学学院	00431212	普通物理实验（A）（二）
10—11	2	012	地球与空间科学学院	00432110	数学物理方法
10—11	2	012	地球与空间科学学院	00436011	普通物理学（B）（一）
10—11	2	012	地球与空间科学学院	00539410	太空探索
10—11	2	012	地球与空间科学学院	01230030	C程序设计
10—11	2	012	地球与空间科学学院	01230052	地球科学概论（二）
10—11	2	012	地球与空间科学学院	01230070	遥感概论
10—11	2	012	地球与空间科学学院	01230150	地球科学前沿
10—11	2	012	地球与空间科学学院	01231020	结晶学与矿物学
10—11	2	012	地球与空间科学学院	01231040	矿床学
10—11	2	012	地球与空间科学学院	01231090	中国区域地质学
10—11	2	012	地球与空间科学学院	01231100	近代地层学
10—11	2	012	地球与空间科学学院	01231140	海洋地质学
10—11	2	012	地球与空间科学学院	01231252	普通岩石学（下）
10—11	2	012	地球与空间科学学院	01231300	宝石学
10—11	2	012	地球与空间科学学院	01231310	构造地质学
10—11	2	012	地球与空间科学学院	01231320	地史学

续表

学年度	学期	院系编码	院系名称	课号	课名
10—11	2	012	地球与空间科学学院	01231350	脊椎动物进化史
10—11	2	012	地球与空间科学学院	01231360	灾害地质学
10—11	2	012	地球与空间科学学院	01231400	地球物理学基础
10—11	2	012	地球与空间科学学院	01231610	高温高压物质科学
10—11	2	012	地球与空间科学学院	01231620	地质样品化学分析
10—11	2	012	地球与空间科学学院	01233070	地震学与地球内部物理学
10—11	2	012	地球与空间科学学院	01233090	太阳大气层,日球层与磁层物理学
10—11	2	012	地球与空间科学学院	01233130	地球物理信号处理
10—11	2	012	地球与空间科学学院	01233160	空间探测信息处理技术
10—11	2	012	地球与空间科学学院	01233170	地震概论
10—11	2	012	地球与空间科学学院	01233220	地震观测与实验
10—11	2	012	地球与空间科学学院	01233230	地球物理数值计算方法
10—11	2	012	地球与空间科学学院	01233260	中高层大气物理学
10—11	2	012	地球与空间科学学院	01235010	软件工程原理
10—11	2	012	地球与空间科学学院	01235080	地学数学模型
10—11	2	012	地球与空间科学学院	01235100	数据库概论
10—11	2	012	地球与空间科学学院	01235170	导航与通讯导论
10—11	2	012	地球与空间科学学院	01235180	GIS 设计和应用
10—11	2	012	地球与空间科学学院	01235240	地理信息系统原理
10—11	2	012	地球与空间科学学院	01235300	城市与区域科学
10—11	2	012	地球与空间科学学院	01235370	物联网技术导论
10—11	2	012	地球与空间科学学院	01430020	地史中的生命
10—11	2	012	地球与空间科学学院	01430960	自然资源概论
10—11	2	012	地球与空间科学学院	01430970	固体力学基础
10—11	2	012	地球与空间科学学院	01431110	地貌与第四纪地质
10—11	2	012	地球与空间科学学院	01431170	地震地质学
10—11	2	012	地球与空间科学学院	01431270	同位素地球化学基础
10—11	2	012	地球与空间科学学院	01431420	演化生物学
10—11	2	012	地球与空间科学学院	04831420	数据结构与算法（B）
10—11	2	016	心理学系	01139510	生理学
10—11	2	016	心理学系	01603011	心理测量
10—11	2	016	心理学系	01630020	CNS 解剖
10—11	2	016	心理学系	01630022	实验儿童心理学
10—11	2	016	心理学系	01630024	人力资源开发与管理
10—11	2	016	心理学系	01630034	实验心理学
10—11	2	016	心理学系	01630040	社会心理学
10—11	2	016	心理学系	01630046	社会冲突与管理
10—11	2	016	心理学系	01630051	心理统计（1）
10—11	2	016	心理学系	01630060	发展心理学
10—11	2	016	心理学系	01630070	SPSS 统计软件包
10—11	2	016	心理学系	01630080	人格心理学
10—11	2	016	心理学系	01630090	变态心理学
10—11	2	016	心理学系	01630101	生理心理学
10—11	2	016	心理学系	01630121	认知心理学
10—11	2	016	心理学系	01630140	认知神经科学
10—11	2	016	心理学系	01630220	生理心理实验
10—11	2	016	心理学系	01630330	心理学史

续表

学年度	学期	院系编码	院系名称	课号	课名
10—11	2	016	心理学系	01630540	职业心理学
10—11	2	016	心理学系	01630560	婴儿心理学
10—11	2	016	心理学系	01630570	感觉与知觉
10—11	2	016	心理学系	01630600	组织管理心理学
10—11	2	016	心理学系	01635010	大学生健康教育
10—11	2	016	心理学系	01635020	生活中的心理学
10—11	2	016	心理学系	01635042	大学生心理素质拓展
10—11	2	016	心理学系	01636060	高级统计 SPSS 上机
10—11	2	016	心理学系	01639020	心理学概论
10—11	2	016	心理学系	04830494	数据结构与算法上机
10—11	2	016	心理学系	04831420	数据结构与算法（B）
10—11	2	018	新闻与传播学院	01830100	中国新闻传播史
10—11	2	018	新闻与传播学院	01830330	国际传播
10—11	2	018	新闻与传播学院	01830380	媒体与社会
10—11	2	018	新闻与传播学院	01830400	舆论学
10—11	2	018	新闻与传播学院	01830430	CI 研究
10—11	2	018	新闻与传播学院	01830480	广告学概论
10—11	2	018	新闻与传播学院	01830490	广告媒体研究
10—11	2	018	新闻与传播学院	01830500	广告综合研究
10—11	2	018	新闻与传播学院	01830510	广告类型研究
10—11	2	018	新闻与传播学院	01830540	市场调查
10—11	2	018	新闻与传播学院	01830580	广告心理学
10—11	2	018	新闻与传播学院	01830620	广告策划
10—11	2	018	新闻与传播学院	01830630	广告管理
10—11	2	018	新闻与传播学院	01830710	新闻摄影
10—11	2	018	新闻与传播学院	01831030	传播学概论
10—11	2	018	新闻与传播学院	01831280	出版经营管理
10—11	2	018	新闻与传播学院	01831330	中国图书出版史
10—11	2	018	新闻与传播学院	01831380	中国文化史
10—11	2	018	新闻与传播学院	01831610	汉语修辞学
10—11	2	018	新闻与传播学院	01831670	期刊编辑实务
10—11	2	018	新闻与传播学院	01831740	视听语言
10—11	2	018	新闻与传播学院	01831760	世界电影史
10—11	2	018	新闻与传播学院	01831990	跨文化交流学
10—11	2	018	新闻与传播学院	01832150	媒体与国际关系
10—11	2	018	新闻与传播学院	01832250	纪录片简史
10—11	2	018	新闻与传播学院	01832260	媒介经济学
10—11	2	018	新闻与传播学院	01832350	名记者专题
10—11	2	018	新闻与传播学院	01832360	传播伦理学
10—11	2	018	新闻与传播学院	01832530	媒介经营管理
10—11	2	018	新闻与传播学院	01832550	电视节目制作与策划
10—11	2	018	新闻与传播学院	01832760	英语新闻阅读
10—11	2	018	新闻与传播学院	01832910	视频编辑
10—11	2	018	新闻与传播学院	01832960	基础采访写作
10—11	2	018	新闻与传播学院	01833010	世界广播电视事业
10—11	2	018	新闻与传播学院	01833020	广播电视新闻
10—11	2	018	新闻与传播学院	01833040	广播电视研究

续表

学年度	学期	院系编码	院系名称	课号	课名
10—11	2	018	新闻与传播学院	01833050	广告视觉传达
10—11	2	018	新闻与传播学院	01833060	市场营销原理
10—11	2	018	新闻与传播学院	01833130	出版案例研讨
10—11	2	018	新闻与传播学院	01833270	新闻编辑
10—11	2	018	新闻与传播学院	01833280	新闻评论
10—11	2	018	新闻与传播学院	01833330	影像与社会
10—11	2	018	新闻与传播学院	01833400	公关策划与危机管理
10—11	2	020	中国语言文学系	02030012	现代汉语（下）
10—11	2	020	中国语言文学系	02030022	古代汉语（下）
10—11	2	020	中国语言文学系	02030032	中国古代文学史（二）
10—11	2	020	中国语言文学系	02030034	中国古代文学史（四）
10—11	2	020	中国语言文学系	02030040	中国现代文学史
10—11	2	020	中国语言文学系	02030101	实习
10—11	2	020	中国语言文学系	02030130	汉语音韵学
10—11	2	020	中国语言文学系	02030160	文字学
10—11	2	020	中国语言文学系	02030240	校勘学
10—11	2	020	中国语言文学系	02030251	古文献学史（上）
10—11	2	020	中国语言文学系	02030253	古典文献实习
10—11	2	020	中国语言文学系	02030260	训诂学
10—11	2	020	中国语言文学系	02030790	比较文学原理
10—11	2	020	中国语言文学系	02030920	现代汉语虚词研究
10—11	2	020	中国语言文学系	02030950	汉语修辞学
10—11	2	020	中国语言文学系	02031080	《论语》选读
10—11	2	020	中国语言文学系	02031140	美国结构语言学
10—11	2	020	中国语言文学系	02031150	语言与文化
10—11	2	020	中国语言文学系	02031240	诗经
10—11	2	020	中国语言文学系	02031522	汉语史（下）
10—11	2	020	中国语言文学系	02031550	小说的艺术
10—11	2	020	中国语言文学系	02031601	方言调查
10—11	2	020	中国语言文学系	02031670	敦煌文献概要
10—11	2	020	中国语言文学系	02031970	文化研究的理论与实践
10—11	2	020	中国语言文学系	02032020	民间文学概论
10—11	2	020	中国语言文学系	02032120	荀子
10—11	2	020	中国语言文学系	02032340	中文工具书及古代典籍概要
10—11	2	020	中国语言文学系	02032390	唐诗分体研究
10—11	2	020	中国语言文学系	02032510	中国现代小说选读
10—11	2	020	中国语言文学系	02032590	胡风研究
10—11	2	020	中国语言文学系	02033030	西方文学史
10—11	2	020	中国语言文学系	02033050	学年论文
10—11	2	020	中国语言文学系	02033090	中文工具书
10—11	2	020	中国语言文学系	02033340	台湾小说十家
10—11	2	020	中国语言文学系	02033480	大众文艺与文化研究
10—11	2	020	中国语言文学系	02033590	中国古代文学通论
10—11	2	020	中国语言文学系	02033620	古典文献学基础
10—11	2	020	中国语言文学系	02033710	文学名著阅读
10—11	2	020	中国语言文学系	02033720	90年代以来长篇小说研究
10—11	2	020	中国语言文学系	02033730	新世纪当代文学新生态研讨

续表

学年度	学期	院系编码	院系名称	课号	课名
10—11	2	020	中国语言文学系	02033740	文学与基督教
10—11	2	020	中国语言文学系	02033750	香港文学研究
10—11	2	020	中国语言文学系	02033760	文艺理论专题
10—11	2	020	中国语言文学系	02033770	现代西方文艺理论流派
10—11	2	020	中国语言文学系	02033780	诗词格律与写作
10—11	2	020	中国语言文学系	02039110	元杂剧精读
10—11	2	020	中国语言文学系	02039130	民俗研究
10—11	2	020	中国语言文学系	02039200	文学原理
10—11	2	020	中国语言文学系	02039310	大学语文
10—11	2	020	中国语言文学系	02039330	沈从文研究
10—11	2	020	中国语言文学系	02080041	现代汉语（上）
10—11	2	020	中国语言文学系	02080053	古代汉语（下）
10—11	2	020	中国语言文学系	02080060	汉语写作
10—11	2	020	中国语言文学系	02080200	现代汉语词汇
10—11	2	020	中国语言文学系	02080262	中国现代文学（下）
10—11	2	020	中国语言文学系	02080332	中国当代文学作品（下）
10—11	2	020	中国语言文学系	02080342	中国古代文学（二）
10—11	2	020	中国语言文学系	02080344	中国古代文学（四）
10—11	2	020	中国语言文学系	02080382	汉语听说（下）
10—11	2	020	中国语言文学系	02080390	古文选读
10—11	2	020	中国语言文学系	02080400	中国人文地理
10—11	2	020	中国语言文学系	02080422	阅读与写作（中级上）
10—11	2	020	中国语言文学系	02130012	中国古代史（下）
10—11	2	021	历史学系	02111130	宋辽金史研究
10—11	2	021	历史学系	02112061	近代中俄关系史研究
10—11	2	021	历史学系	02113242	研究生古希腊语（下）
10—11	2	021	历史学系	02130012	中国古代史（下）
10—11	2	021	历史学系	02130102	中国历史文选（下）
10—11	2	021	历史学系	02130110	史学概论
10—11	2	021	历史学系	02130310	中国妇女历史与传统文化
10—11	2	021	历史学系	02130490	世界现代化进程
10—11	2	021	历史学系	02130730	华侨华人史
10—11	2	021	历史学系	02130890	中国现代社会经济史
10—11	2	021	历史学系	02131110	中国古代政治与文化
10—11	2	021	历史学系	02131250	西方文明史导论
10—11	2	021	历史学系	02131260	人类发展与环境变迁
10—11	2	021	历史学系	02131340	近现代中日关系史
10—11	2	021	历史学系	02131410	中世纪西欧社会史
10—11	2	021	历史学系	02131440	西方文化通论
10—11	2	021	历史学系	02131460	拉美国家现代化进程研究
10—11	2	021	历史学系	02131610	中国古代社会生活史专题
10—11	2	021	历史学系	02131772	现代希腊语（2）
10—11	2	021	历史学系	02131800	东北亚史
10—11	2	021	历史学系	02131822	现代希腊语入门和辅导（2）
10—11	2	021	历史学系	02131991	基础意大利语（1）
10—11	2	021	历史学系	02131992	基础意大利语（2）
10—11	2	021	历史学系	02132030	中国现代史

续表

学年度	学期	院系编码	院系名称	课号	课名
10—11	2	021	历史学系	02132110	社会调查与史学研究
10—11	2	021	历史学系	02132220	中国古代民族史
10—11	2	021	历史学系	02132250	中国近代政治与外交
10—11	2	021	历史学系	02132310	战国秦汉法制史
10—11	2	021	历史学系	02132340	魏晋南北朝史专题
10—11	2	021	历史学系	02132380	明史专题
10—11	2	021	历史学系	02132410	明清史料解读
10—11	2	021	历史学系	02132430	中国国民党史
10—11	2	021	历史学系	02132520	现代国际政治史
10—11	2	021	历史学系	02132530	古代中外关系史
10—11	2	021	历史学系	02132730	印度文明史
10—11	2	021	历史学系	02132750	中国通史（古代部分）
10—11	2	021	历史学系	02132861	左传选读
10—11	2	021	历史学系	02133103	基督教拉丁语（3）
10—11	2	021	历史学系	02133430	美国大学史文献选读
10—11	2	021	历史学系	02133440	美国对外关系史
10—11	2	021	历史学系	02133601	外文历史文选阅读指导
10—11	2	021	历史学系	02133610	古代东方文明
10—11	2	021	历史学系	02133640	欧洲史
10—11	2	021	历史学系	02133660	亚洲史
10—11	2	021	历史学系	02133691	外文历史名著选读（上）
10—11	2	021	历史学系	02135010	中国古代史
10—11	2	021	历史学系	02139410	意大利历史专题
10—11	2	022	考古文博学院	02230120	田野考古学概论
10—11	2	022	考古文博学院	02230250	人体骨骼学
10—11	2	022	考古文博学院	02230260	动物考古学
10—11	2	022	考古文博学院	02230370	中国古代青铜器
10—11	2	022	考古文博学院	02230410	中国佛教考古
10—11	2	022	考古文博学院	02230430	中国古代陶瓷
10—11	2	022	考古文博学院	02230440	丝绸之路考古
10—11	2	022	考古文博学院	02230470	科技考古
10—11	2	022	考古文博学院	02230730	文物法规与行政管理
10—11	2	022	考古文博学院	02230860	文物保护材料学
10—11	2	022	考古文博学院	02230980	考古测量与 GIS
10—11	2	022	考古文博学院	02231070	博物馆陈列形式设计
10—11	2	022	考古文博学院	02231080	考古学导论
10—11	2	022	考古文博学院	02231100	建筑设计（一）
10—11	2	022	考古文博学院	02231170	中国古代物质文化史
10—11	2	022	考古文博学院	02231210	博物馆设计初步
10—11	2	022	考古文博学院	02231310	世界遗产概论
10—11	2	022	考古文博学院	02232103	中国考古学（中一）
10—11	2	022	考古文博学院	02232104	中国考古学（中二）
10—11	2	022	考古文博学院	02232210	考古学通论
10—11	2	022	考古文博学院	02232220	文化遗产学概论
10—11	2	022	考古文博学院	02233020	美术色彩基础
10—11	2	022	考古文博学院	02233040	文化遗产踏查与测绘实习
10—11	2	022	考古文博学院	02240140	文化遗产保护实践

续表

学年度	学期	院系编码	院系名称	课号	课名
10—11	2	022	考古文博学院	02240260	博物馆藏品管理
10—11	2	022	考古文博学院	02240310	毕业论文
10—11	2	022	考古文博学院	02240370	古文字学通论
10—11	2	022	考古文博学院	02240390	植物考古
10—11	2	023	哲学系(宗教学系)	02315051	高级模态逻辑
10—11	2	023	哲学系(宗教学系)	02330000	哲学导论
10—11	2	023	哲学系(宗教学系)	02330025	马克思主义哲学导论（上）
10—11	2	023	哲学系(宗教学系)	02330030	逻辑导论
10—11	2	023	哲学系(宗教学系)	02330050	西方哲学导论
10—11	2	023	哲学系(宗教学系)	02330070	现代西方哲学
10—11	2	023	哲学系(宗教学系)	02330101	马克思主义哲学史
10—11	2	023	哲学系(宗教学系)	02330132	科学哲学导论
10—11	2	023	哲学系(宗教学系)	02330142	伦理学导论
10—11	2	023	哲学系(宗教学系)	02330161	宗教学导论
10—11	2	023	哲学系(宗教学系)	02330302	人学概论
10—11	2	023	哲学系(宗教学系)	02330360	马克思主义宗教学
10—11	2	023	哲学系(宗教学系)	02330450	经典著作研究专题
10—11	2	023	哲学系(宗教学系)	02330460	全球化问题研究
10—11	2	023	哲学系(宗教学系)	02330610	心灵哲学
10—11	2	023	哲学系(宗教学系)	02330620	科学社会学导论
10—11	2	023	哲学系(宗教学系)	02330840	中国美学史
10—11	2	023	哲学系(宗教学系)	02331210	集合论
10—11	2	023	哲学系(宗教学系)	02331310	逻辑与批判性思维
10—11	2	023	哲学系(宗教学系)	02332017	中国佛教经典选读
10—11	2	023	哲学系(宗教学系)	02332026	中国伊斯兰教典籍选读
10—11	2	023	哲学系(宗教学系)	02332071	道教原典
10—11	2	023	哲学系(宗教学系)	02332080	古兰经导读
10—11	2	023	哲学系(宗教学系)	02332131	圣经导读
10—11	2	023	哲学系(宗教学系)	02332190	宗教哲学
10—11	2	023	哲学系(宗教学系)	02332210	基督教史
10—11	2	023	哲学系(宗教学系)	02332336	中国佛教史
10—11	2	023	哲学系(宗教学系)	02332720	现代欧陆哲学原著选读
10—11	2	023	哲学系(宗教学系)	02332740	斯宾诺莎哲学研究
10—11	2	023	哲学系(宗教学系)	02332811	法国哲学研究
10—11	2	023	哲学系(宗教学系)	02332910	启蒙哲学
10—11	2	023	哲学系(宗教学系)	02332960	黑格尔《精神现象学》
10—11	2	023	哲学系(宗教学系)	02332981	《逻辑哲学论》研究
10—11	2	023	哲学系(宗教学系)	02333089	谢林和黑格尔哲学研究
10—11	2	023	哲学系(宗教学系)	02333097	德国哲学研究
10—11	2	023	哲学系(宗教学系)	02333100	分析哲学概论
10—11	2	023	哲学系(宗教学系)	02333170	后现代主义哲学
10—11	2	023	哲学系(宗教学系)	02333210	先秦哲学
10—11	2	023	哲学系(宗教学系)	02333320	近现代中国哲学
10—11	2	023	哲学系(宗教学系)	02333412	艺术哲学原理
10—11	2	023	哲学系(宗教学系)	02334020	环境伦理学
10—11	2	023	哲学系(宗教学系)	02334070	中西伦理思想比较
10—11	2	023	哲学系(宗教学系)	02335000	学年论文

续表

学年度	学期	院系编码	院系名称	课号	课名
10—11	2	023	哲学系(宗教学系)	02335061	西方哲学史（上）
10—11	2	023	哲学系(宗教学系)	02335071	中国哲学史（上）
10—11	2	023	哲学系(宗教学系)	02335100	知识论
10—11	2	023	哲学系(宗教学系)	02335110	科学与宗教
10—11	2	023	哲学系(宗教学系)	02335122	复杂性科学与哲学
10—11	2	023	哲学系(宗教学系)	02335220	《四书》精读
10—11	2	023	哲学系(宗教学系)	02335370	日本近现代科技与社会
10—11	2	023	哲学系(宗教学系)	02336160	西方思想经典（一）
10—11	2	023	哲学系(宗教学系)	02336170	哲学与人生
10—11	2	023	哲学系(宗教学系)	02336400	现代逻辑基础
10—11	2	024	国际关系学院	02430020	国际政治经济学
10—11	2	024	国际关系学院	02430041	政治学原理
10—11	2	024	国际关系学院	02430061	国际组织
10—11	2	024	国际关系学院	02430111	发展学
10—11	2	024	国际关系学院	02430140	中华人民共和国对外关系
10—11	2	024	国际关系学院	02430152	英语听说（二）
10—11	2	024	国际关系学院	02430154	英语听说（四）
10—11	2	024	国际关系学院	02430172	毕业实习
10—11	2	024	国际关系学院	02430211	中国对外关系史
10—11	2	024	国际关系学院	02430360	军备控制与裁军
10—11	2	024	国际关系学院	02430380	世界政治中的民族问题
10—11	2	024	国际关系学院	02430421	西方政治思想史
10—11	2	024	国际关系学院	02430500	世界宗教与国际社会
10—11	2	024	国际关系学院	02430570	台湾概论
10—11	2	024	国际关系学院	02430630	中美关系与台湾问题
10—11	2	024	国际关系学院	02430851	海外华侨华人概论
10—11	2	024	国际关系学院	02430920	中亚各国政治与外交
10—11	2	024	国际关系学院	02430962	中文报刊选读（二）
10—11	2	024	国际关系学院	02430964	中文报刊选读（四）
10—11	2	024	国际关系学院	02431070	经济外交
10—11	2	024	国际关系学院	02431092	专业汉语（二）
10—11	2	024	国际关系学院	02431112	留学生英语（二）
10—11	2	024	国际关系学院	02431171	东亚政治经济
10—11	2	024	国际关系学院	02431230	非政府外交
10—11	2	024	国际关系学院	02431270	冲突学概论
10—11	2	024	国际关系学院	02431310	南亚各国政治与外交
10—11	2	024	国际关系学院	02431360	英国政治与外交
10—11	2	024	国际关系学院	02431560	美国文化与社会
10—11	2	024	国际关系学院	02431580	中国政治概论
10—11	2	024	国际关系学院	02431590	印度社会与文化
10—11	2	024	国际关系学院	02431600	中美经贸关系
10—11	2	024	国际关系学院	02431610	中国边疆问题概论
10—11	2	024	国际关系学院	02431641	比较政治学
10—11	2	024	国际关系学院	02431710	亚太概论
10—11	2	024	国际关系学院	02431770	当代西方政治思潮
10—11	2	024	国际关系学院	02431780	美国与东亚
10—11	2	024	国际关系学院	02431840	社会科学方法论

续表

学年度	学期	院系编码	院系名称	课号	课名
10—11	2	024	国际关系学院	02431880	中东地区的国家关系
10—11	2	024	国际关系学院	02431890	晚清对外关系的历史与人物
10—11	2	024	国际关系学院	02431910	国际关系与东亚安全
10—11	2	024	国际关系学院	02431962	日语（二）
10—11	2	024	国际关系学院	02432050	经济学原理
10—11	2	024	国际关系学院	02433091	社会主义由西方到东方的演变
10—11	2	024	国际关系学院	02433180	民族国家概论
10—11	2	024	国际关系学院	02433220	香港澳门概论
10—11	2	024	国际关系学院	02433240	对外政策分析
10—11	2	024	国际关系学院	02433260	中国与朝鲜半岛
10—11	2	024	国际关系学院	02433310	当代国际关系专题
10—11	2	025	经济学院	00130202	高等数学（B）（二）
10—11	2	025	经济学院	00130212	高等数学（B）（二）习题课
10—11	2	025	经济学院	00132380	概率统计（B）
10—11	2	025	经济学院	02530070	宏观经济学
10—11	2	025	经济学院	02530071	宏观经济学习题课
10—11	2	025	经济学院	02530140	计量经济学
10—11	2	025	经济学院	02530170	《资本论》选读
10—11	2	025	经济学院	02530220	房地产经济学
10—11	2	025	经济学院	02530400	保险法
10—11	2	025	经济学院	02530500	世界经济专题
10—11	2	025	经济学院	02530620	国际投资学
10—11	2	025	经济学院	02530700	中央银行概论
10—11	2	025	经济学院	02532180	投资银行学
10—11	2	025	经济学院	02532250	数理经济学
10—11	2	025	经济学院	02532370	保险精算学原理
10—11	2	025	经济学院	02532420	金融工程概论
10—11	2	025	经济学院	02532590	中华人民共和国经济史
10—11	2	025	经济学院	02532630	美国经济
10—11	2	025	经济学院	02532730	劳动经济学
10—11	2	025	经济学院	02533080	随机过程
10—11	2	025	经济学院	02533170	经济学原理（Ⅱ）
10—11	2	025	经济学院	02533190	政治经济学（下）
10—11	2	025	经济学院	02533320	固定收益证券
10—11	2	025	经济学院	02533340	中国经济思想史
10—11	2	025	经济学院	02533350	外国经济思想史
10—11	2	025	经济学院	02533420	中国环境概论
10—11	2	025	经济学院	02533440	营销学
10—11	2	025	经济学院	02533460	中国金融体制改革
10—11	2	025	经济学院	02533490	世界经济史
10—11	2	025	经济学院	02533530	预算经济学
10—11	2	025	经济学院	02533550	日本经济
10—11	2	025	经济学院	02533570	公司金融
10—11	2	025	经济学院	02533600	产业组织理论
10—11	2	025	经济学院	02533700	动态优化理论
10—11	2	025	经济学院	02533730	中国经济导论
10—11	2	025	经济学院	02533750	金融风险管理

续表

学年度	学期	院系编码	院系名称	课号	课名
10—11	2	025	经济学院	02533790	投资基金概论
10—11	2	025	经济学院	02533840	国际税收
10—11	2	025	经济学院	02533850	农业经济学
10—11	2	025	经济学院	02533870	金融市场学
10—11	2	025	经济学院	02534060	货币银行学
10—11	2	025	经济学院	02534090	专业英语
10—11	2	025	经济学院	02534100	国际宏观经济学
10—11	2	025	经济学院	02534130	跨国公司管理
10—11	2	025	经济学院	02534270	经济地理学
10—11	2	025	经济学院	02534410	个人理财
10—11	2	025	经济学院	02534430	经济增长理论
10—11	2	025	经济学院	02534440	国际金融实证研究
10—11	2	025	经济学院	02534450	地方财政学
10—11	2	025	经济学院	02534490	中国商业管理思想
10—11	2	025	经济学院	02534500	公共经济学
10—11	2	025	经济学院	02534520	财政学
10—11	2	025	经济学院	02534700	合作经济理论
10—11	2	025	经济学院	02534740	中级财务会计
10—11	2	025	经济学院	02534820	保险学原理
10—11	2	025	经济学院	02534870	金融工程软件编程
10—11	2	025	经济学院	02534920	法律与经济学
10—11	2	025	经济学院	02534940	投资理财
10—11	2	025	经济学院	02534960	保险经济学导论
10—11	2	025	经济学院	02534970	成本效益分析
10—11	2	025	经济学院	02534980	保险公司经营与管理
10—11	2	028	光华管理学院	00130202	高等数学（B）（二）
10—11	2	028	光华管理学院	00130212	高等数学（B）（二）习题课
10—11	2	028	光华管理学院	00131460	线性代数（B）
10—11	2	028	光华管理学院	00131470	线性代数（B）习题
10—11	2	028	光华管理学院	02830110	人力资源管理
10—11	2	028	光华管理学院	02830140	社会心理学
10—11	2	028	光华管理学院	02830170	电子商务
10—11	2	028	光华管理学院	02830210	决策模拟
10—11	2	028	光华管理学院	02831112	专业英语（2）
10—11	2	028	光华管理学院	02831310	管理学原理
10—11	2	028	光华管理学院	02831580	金融经济学
10—11	2	028	光华管理学院	02831600	国际金融与国际贸易
10—11	2	028	光华管理学院	02831650	城市与区域经济学
10—11	2	028	光华管理学院	02832120	宏观经济学
10—11	2	028	光华管理学院	02832150	宏观经济与健康投资
10—11	2	028	光华管理学院	02832220	民商法
10—11	2	028	光华管理学院	02832500	中国经济改革与发展
10—11	2	028	光华管理学院	02832540	高级管理会计
10—11	2	028	光华管理学院	02832600	营销学原理
10—11	2	028	光华管理学院	02832700	定价管理
10—11	2	028	光华管理学院	02832780	市场营销专题
10—11	2	028	光华管理学院	02833160	货币金融学

续表

学年度	学期	院系编码	院系名称	课号	课名
10—11	2	028	光华管理学院	02833540	中级财务会计
10—11	2	028	光华管理学院	02833570	财务会计理论与政策
10—11	2	028	光华管理学院	02833650	市场研究
10—11	2	028	光华管理学院	02833850	会计信息系统
10—11	2	028	光华管理学院	02834370	企业伦理
10—11	2	028	光华管理学院	02834420	证券投资学
10—11	2	028	光华管理学院	02834510	审计学
10—11	2	028	光华管理学院	02834590	国际财务管理
10—11	2	028	光华管理学院	02834660	服务业营销
10—11	2	028	光华管理学院	02836020	金融计量经济学
10—11	2	028	光华管理学院	02836600	广告学
10—11	2	028	光华管理学院	02837120	消费者行为
10—11	2	028	光华管理学院	02837140	中国商务
10—11	2	028	光华管理学院	02837150	劳动经济学与公共政策
10—11	2	028	光华管理学院	02837170	策略与博弈
10—11	2	028	光华管理学院	02838020	实证金融
10—11	2	028	光华管理学院	02838060	管理案例综合分析：视角与技巧
10—11	2	029	法学院	02930010	法理学
10—11	2	029	法学院	02930030	中国法制史
10—11	2	029	法学院	02930084	侵权法
10—11	2	029	法学院	02930085	民法分论
10—11	2	029	法学院	02930091	合同法实务
10—11	2	029	法学院	02930104	刑法总论（刑法一）
10—11	2	029	法学院	02930171	法律实务——诊所式法律教育
10—11	2	029	法学院	02930173	北大评案 法律思维
10—11	2	029	法学院	02930174	比较视角下的中国法律
10—11	2	029	法学院	02930180	知识产权法学
10—11	2	029	法学院	02930190	亲属法与继承法
10—11	2	029	法学院	02930200	企业法/公司法
10—11	2	029	法学院	02930220	犯罪学
10—11	2	029	法学院	02930262	破产法
10—11	2	029	法学院	02930340	国际经济法
10—11	2	029	法学院	02930440	海商法
10—11	2	029	法学院	02930450	国际技术转让法
10—11	2	029	法学院	02930501	法律经济学
10—11	2	029	法学院	02930831	商标法
10—11	2	029	法学院	02930841	专利法
10—11	2	029	法学院	02930890	经济法学
10—11	2	029	法学院	02930901	实习
10—11	2	029	法学院	02930920	刑事诉讼法
10—11	2	029	法学院	02930980	债权法
10—11	2	029	法学院	02930986	法律实务
10—11	2	029	法学院	02930987	国际组织法
10—11	2	029	法学院	02939982	法律信息概论
10—11	2	029	法学院	02939991	英美侵权法
10—11	2	029	法学院	02939999	法律导论
10—11	2	029	法学院	0293005a	外国法制史

续表

学年度	学期	院系编码	院系名称	课号	课名
10—11	2	029	法学院	0293007a	行政法与行政诉讼法
10—11	2	029	法学院	0293024a	经济法概论
10—11	2	029	法学院	0293028a	金融法/银行法
10—11	2	029	法学院	0293074a	专业英语
10—11	2	030	信息管理系	03030010	图书馆学概论
10—11	2	030	信息管理系	03030220	著作权法
10—11	2	030	信息管理系	03030370	传播学原理
10—11	2	030	信息管理系	03030780	办公自动化
10—11	2	030	信息管理系	03031040	数据库系统上机
10—11	2	030	信息管理系	03031100	办公自动化上机
10—11	2	030	信息管理系	03032360	中国文化史
10—11	2	030	信息管理系	03033020	数据库系统
10—11	2	030	信息管理系	03033030	信息分析与决策
10—11	2	030	信息管理系	03033040	信息服务
10—11	2	030	信息管理系	03033060	数字图书馆
10—11	2	030	信息管理系	03033130	市场营销学
10—11	2	030	信息管理系	03033190	社科文献资源与检索利用
10—11	2	030	信息管理系	03033230	网络信息传播
10—11	2	030	信息管理系	03033240	网络信息资源组织
10—11	2	030	信息管理系	03033246	电子资源的检索与利用
10—11	2	030	信息管理系	03033340	信息科学导论
10—11	2	030	信息管理系	03033380	中国禁书史
10—11	2	030	信息管理系	03033460	调查与统计方法
10—11	2	030	信息管理系	03033490	中国图书史
10—11	2	030	信息管理系	03033530	咨询理论与方法
10—11	2	031	社会学系	03100130	国外社会学学说（上）
10—11	2	031	社会学系	03130010	社会学概论
10—11	2	031	社会学系	03130020	国外社会学学说（下）
10—11	2	031	社会学系	03130050	中国社会思想史
10—11	2	031	社会学系	03130130	社会统计与数据分析
10—11	2	031	社会学系	03130150	社会人类学
10—11	2	031	社会学系	03130190	城市社会学
10—11	2	031	社会学系	03130210	社会心理学
10—11	2	031	社会学系	03130250	农村社会学
10—11	2	031	社会学系	03130260	家庭社会学
10—11	2	031	社会学系	03130280	社会性别研究
10—11	2	031	社会学系	03130340	宗教社会学
10—11	2	031	社会学系	03130400	教育社会学思考
10—11	2	031	社会学系	03130430	群体工作
10—11	2	031	社会学系	03130460	社会保障
10—11	2	031	社会学系	03130480	社会行政
10—11	2	031	社会学系	03130640	经济社会学
10—11	2	031	社会学系	03130670	专业英语
10—11	2	031	社会学系	03130700	历史社会学
10—11	2	031	社会学系	03130790	贫困与发展
10—11	2	031	社会学系	03130840	劳动社会学
10—11	2	031	社会学系	03130880	西方社会思想史

续表

学年度	学期	院系编码	院系名称	课号	课名
10—11	2	031	社会学系	03131160	社会学导论
10—11	2	031	社会学系	03131190	社会工作概论
10—11	2	031	社会学系	03131230	社会工作实习
10—11	2	031	社会学系	03131410	自杀社会问题研究
10—11	2	031	社会学系	03131500	社会调查与研究方法
10—11	2	031	社会学系	03131540	实习
10—11	2	031	社会学系	03131640	生物学对社会科学的启示
10—11	2	031	社会学系	03131650	人口统计学
10—11	2	031	社会学系	03131700	政治人类学
10—11	2	031	社会学系	03131760	人口资源环境社会学
10—11	2	032	政府管理学院	03230100	当代西方国家政治制度
10—11	2	032	政府管理学院	03230160	社会调查的理论与方法
10—11	2	032	政府管理学院	03230450	行政领导学
10—11	2	032	政府管理学院	03230780	中国政治思想史
10—11	2	032	政府管理学院	03230790	西方政治思想史
10—11	2	032	政府管理学院	03230870	中国政治与政府过程
10—11	2	032	政府管理学院	03230900	政治学原理
10—11	2	032	政府管理学院	03230930	西方资本主义国家政治制度
10—11	2	032	政府管理学院	03231070	宪法与行政法学
10—11	2	032	政府管理学院	03231080	政治经济导论
10—11	2	032	政府管理学院	03231110	新公共管理
10—11	2	032	政府管理学院	03231130	地方政府管理
10—11	2	032	政府管理学院	03231140	公共财政与税收
10—11	2	032	政府管理学院	03231160	人力资源开发与管理
10—11	2	032	政府管理学院	03231190	模拟决策技术
10—11	2	032	政府管理学院	03231300	中国现代政治思想
10—11	2	032	政府管理学院	03231330	比较政治经济学
10—11	2	032	政府管理学院	03231530	财政预算与行政财务管理
10—11	2	032	政府管理学院	03231610	管理运筹学
10—11	2	032	政府管理学院	03231620	公共政策分析
10—11	2	032	政府管理学院	03231660	政治哲学
10—11	2	032	政府管理学院	03231670	民族政治学
10—11	2	032	政府管理学院	03231700	政党学概论
10—11	2	032	政府管理学院	03231720	监察与监督
10—11	2	032	政府管理学院	03231870	公民社会与非政府组织
10—11	2	032	政府管理学院	03231910	当代世界经济与政治
10—11	2	032	政府管理学院	03232050	市场与法治
10—11	2	032	政府管理学院	03232200	区域分析方法
10—11	2	032	政府管理学院	03232240	地方政府经济学
10—11	2	032	政府管理学院	03232290	经济学原理
10—11	2	032	政府管理学院	03232300	应用统计学
10—11	2	039	外国语学院	03530020	汉语语言学
10—11	2	039	外国语学院	03530190	日本文化艺术专题
10—11	2	039	外国语学院	03530242	公共阿拉伯语（下）
10—11	2	039	外国语学院	03530350	圣经概述和导读
10—11	2	039	外国语学院	03530370	东南亚文化
10—11	2	039	外国语学院	03530442	公共韩国语（下）

续表

学年度	学期	院系编码	院系名称	课号	课名
10—11	2	039	外国语学院	03530450	东方文学
10—11	2	039	外国语学院	03531402	基础韩国（朝鲜）语（二）
10—11	2	039	外国语学院	03531404	基础韩国（朝鲜）语（四）
10—11	2	039	外国语学院	03531540	韩国（朝鲜）语语法
10—11	2	039	外国语学院	03531552	韩国语（朝鲜语）报刊选读（下）
10—11	2	039	外国语学院	03531560	韩（朝）汉翻译教程
10—11	2	039	外国语学院	03531612	韩国（朝鲜）文学简史（下）
10—11	2	039	外国语学院	03531670	韩国（朝鲜）文化
10—11	2	039	外国语学院	03531682	韩国（朝鲜）名篇选读（下）
10—11	2	039	外国语学院	03531710	韩国（朝鲜）经济
10—11	2	039	外国语学院	03531786	韩国（朝鲜）语（六）
10—11	2	039	外国语学院	03531802	韩国（朝鲜）语视听说（二）
10—11	2	039	外国语学院	03531804	韩国（朝鲜）语视听说（四）
10—11	2	039	外国语学院	03531960	日语口译
10—11	2	039	外国语学院	03531970	日语阅读
10—11	2	039	外国语学院	03531980	日译汉
10—11	2	039	外国语学院	03532022	基础日语（二）
10—11	2	039	外国语学院	03532024	基础日语（四）
10—11	2	039	外国语学院	03532030	日本历史
10—11	2	039	外国语学院	03532042	日语视听说（二）
10—11	2	039	外国语学院	03532090	日本文化概论
10—11	2	039	外国语学院	03532120	日本文学史
10—11	2	039	外国语学院	03532160	日语概论
10—11	2	039	外国语学院	03532220	日语会话
10—11	2	039	外国语学院	03532252	公共日语（二）
10—11	2	039	外国语学院	03532254	公共日语（四）
10—11	2	039	外国语学院	03532322	高年级日语（二）
10—11	2	039	外国语学院	03532334	高年级日语（四）
10—11	2	039	外国语学院	03532370	日汉语言对比
10—11	2	039	外国语学院	03532402	基础日语（二）
10—11	2	039	外国语学院	03532411	日语视听说（一）
10—11	2	039	外国语学院	03532413	日语视听说（三）
10—11	2	039	外国语学院	03532422	日语阅读（二）
10—11	2	039	外国语学院	03533051	越南语泛读（上）
10—11	2	039	外国语学院	03533070	越南文学史
10—11	2	039	外国语学院	03533274	基础越南语（四）
10—11	2	039	外国语学院	03533532	泰文报刊选读（下）
10—11	2	039	外国语学院	03533610	泰语写作
10—11	2	039	外国语学院	03533712	高年级泰语（二）
10—11	2	039	外国语学院	03533800	泰国文化
10—11	2	039	外国语学院	03533812	高年级泰语阅读（二）
10—11	2	039	外国语学院	03534014	缅甸语（四）
10—11	2	039	外国语学院	03534040	缅甸语语法
10—11	2	039	外国语学院	03534251	缅甸语视听说（一）
10—11	2	039	外国语学院	03534262	缅甸语会话（二）
10—11	2	039	外国语学院	03534529	印度尼西亚文化与社会
10—11	2	039	外国语学院	03534812	印尼语（二）

续表

学年度	学期	院系编码	院系名称	课号	课名
10—11	2	039	外国语学院	03535188	希伯来语（八）
10—11	2	039	外国语学院	03535194	希伯来语口语（四）
10—11	2	039	外国语学院	03535201	圣经希伯来语（一）
10—11	2	039	外国语学院	03535672	菲律宾语（二）
10—11	2	039	外国语学院	03535751	菲律宾语视听说（一）
10—11	2	039	外国语学院	03536021	印地语视听说（一）
10—11	2	039	外国语学院	03536122	基础梵语（下）
10—11	2	039	外国语学院	03536200	印度文学史
10—11	2	039	外国语学院	03536211	印度英语报刊文章选读（一）
10—11	2	039	外国语学院	03536304	印地语报刊阅读（四）
10—11	2	039	外国语学院	03536401	德语（一）
10—11	2	039	外国语学院	03536602	印地语文章选读（下）
10—11	2	039	外国语学院	03536914	印地语（四）
10—11	2	039	外国语学院	03536950	印地语文学史
10—11	2	039	外国语学院	03537031	乌尔都语口语（上）
10—11	2	039	外国语学院	03537180	乌尔都语戏剧选读
10—11	2	039	外国语学院	03537220	南亚伊斯兰文化概述
10—11	2	039	外国语学院	03537252	基础乌尔都语教程（二）
10—11	2	039	外国语学院	03537532	波斯语散文（下）
10—11	2	039	外国语学院	03537552	波斯语写作（下）
10—11	2	039	外国语学院	03537571	波斯语小说（上）
10—11	2	039	外国语学院	03537592	波斯语诗歌选读（下）
10—11	2	039	外国语学院	03537631	汉语—波斯语翻译（上）
10—11	2	039	外国语学院	03537691	波斯语报刊阅读（上）
10—11	2	039	外国语学院	03538012	基础阿拉伯语（二）
10—11	2	039	外国语学院	03538014	基础阿拉伯语（四）
10—11	2	039	外国语学院	03538021	阿拉伯语视听（一）
10—11	2	039	外国语学院	03538023	阿拉伯语视听（三）
10—11	2	039	外国语学院	03538025	阿拉伯语视听（五）
10—11	2	039	外国语学院	03538031	阿拉伯语口语（一）
10—11	2	039	外国语学院	03538033	阿拉伯语口语（三）
10—11	2	039	外国语学院	03538042	阿拉伯语阅读（二）
10—11	2	039	外国语学院	03538044	阿拉伯语阅读（四）
10—11	2	039	外国语学院	03538050	阿拉伯语语法
10—11	2	039	外国语学院	03538071	阿拉伯语口译（一）
10—11	2	039	外国语学院	03538081	阿拉伯语翻译教程（一）
10—11	2	039	外国语学院	03538180	阿拉伯伊斯兰文化
10—11	2	039	外国语学院	03538222	阿拉伯报刊文选（二）
10—11	2	039	外国语学院	03538230	开罗方言
10—11	2	039	外国语学院	03538240	阿拉伯语应用文
10—11	2	039	外国语学院	03538272	高年级阿拉伯语（二）
10—11	2	039	外国语学院	03538274	高年级阿拉伯语（四）
10—11	2	039	外国语学院	03631002	法语精读（二）
10—11	2	039	外国语学院	03631004	法语精读（四）
10—11	2	039	外国语学院	03631006	法语精读（六）
10—11	2	039	外国语学院	03631018	法语精读（八）
10—11	2	039	外国语学院	03631022	法语视听说（二）

续表

学年度	学期	院系编码	院系名称	课号	课名
10—11	2	039	外国语学院	03631024	法语视听说（四）
10—11	2	039	外国语学院	03631026	法语视听说（六）
10—11	2	039	外国语学院	03631028	法语视听说（八）
10—11	2	039	外国语学院	03631032	法语写作（二）
10—11	2	039	外国语学院	03631034	法语写作（四）
10—11	2	039	外国语学院	03631041	法语笔译（上）
10—11	2	039	外国语学院	03631052	法语口译（下）
10—11	2	039	外国语学院	03631063	法国文学史和文学选读（上）
10—11	2	039	外国语学院	03631091	法语泛读（一）
10—11	2	039	外国语学院	03631093	法语泛读（三）
10—11	2	039	外国语学院	03631230	法语国家及地区概况
10—11	2	039	外国语学院	03631252	法国报刊选读（二）
10—11	2	039	外国语学院	03631254	法国报刊选读（四）
10—11	2	039	外国语学院	03631512	法语精读（二）
10—11	2	039	外国语学院	03631514	法语精读（四）
10—11	2	039	外国语学院	03631522	法语视听（二）
10—11	2	039	外国语学院	03631524	法语视听（四）
10—11	2	039	外国语学院	03631532	法语泛读（二）
10—11	2	039	外国语学院	03631534	法语泛读（四）
10—11	2	039	外国语学院	03631612	公共法语（下）
10—11	2	039	外国语学院	03632002	德语精读（二）
10—11	2	039	外国语学院	03632004	德语精读（四）
10—11	2	039	外国语学院	03632022	德语视听说（二）
10—11	2	039	外国语学院	03632024	德语视听说（四）
10—11	2	039	外国语学院	03632046	德语笔译（二）
10—11	2	039	外国语学院	03632048	德语笔译（四）
10—11	2	039	外国语学院	03632052	德语口译（下）
10—11	2	039	外国语学院	03632070	德语民间文学
10—11	2	039	外国语学院	03632080	德语散文
10—11	2	039	外国语学院	03632102	德语长篇小说（下）
10—11	2	039	外国语学院	03632110	德国文化史
10—11	2	039	外国语学院	03632122	德语文学名著（下）
10—11	2	039	外国语学院	03632130	奥地利、瑞士文学
10—11	2	039	外国语学院	03632210	德国历史
10—11	2	039	外国语学院	03632220	德语国家国情课
10—11	2	039	外国语学院	03632230	德语语法专题
10—11	2	039	外国语学院	03632242	德语报刊选读（下）
10—11	2	039	外国语学院	03632292	德语写作（下）
10—11	2	039	外国语学院	03632350	奥地利传媒
10—11	2	039	外国语学院	03632612	公共德语（下）
10—11	2	039	外国语学院	03632622	德语国家文学史与选读（二）
10—11	2	039	外国语学院	03632624	德语国家文学史与选读（四）
10—11	2	039	外国语学院	03633014	西班牙语精读（四）
10—11	2	039	外国语学院	03633016	西班牙语精读（六）
10—11	2	039	外国语学院	03633026	西班牙语视听（六）
10—11	2	039	外国语学院	03633028	西班牙语视听（四）
10—11	2	039	外国语学院	03633032	西班牙语阅读（二）

续表

学年度	学期	院系编码	院系名称	课号	课名
10—11	2	039	外国语学院	03633033	西班牙语阅读（三）
10—11	2	039	外国语学院	03633044	西班牙语口语（四）
10—11	2	039	外国语学院	03633046	西班牙语口语（六）
10—11	2	039	外国语学院	03633051	西班牙语作文（上）
10—11	2	039	外国语学院	03633061	西班牙语文学史和文学选读（上）
10—11	2	039	外国语学院	03633082	西汉笔译（下）
10—11	2	039	外国语学院	03633092	西汉口译（下）
10—11	2	039	外国语学院	03633200	经贸西班牙语
10—11	2	039	外国语学院	03633231	西班牙语语法（上）
10—11	2	039	外国语学院	03633611	公共西班牙语（上）
10—11	2	039	外国语学院	03634030	传记文学：经典人物研究
10—11	2	039	外国语学院	03634060	西方文学名著导读
10—11	2	039	外国语学院	03635012	公共葡萄牙语（二）
10—11	2	039	外国语学院	03635048	葡萄牙语（八）
10—11	2	039	外国语学院	03635072	巴西文学史和文学选读（二）
10—11	2	039	外国语学院	03635082	葡萄牙语语言学导论（二）
10—11	2	039	外国语学院	03639000	电影
10—11	2	039	外国语学院	03730032	俄语语法（二）
10—11	2	039	外国语学院	03730102	俄语报刊阅读（二）
10—11	2	039	外国语学院	03730111	俄语阅读—文化背景知识（一）
10—11	2	039	外国语学院	03730113	俄语阅读—文化背景知识（三）
10—11	2	039	外国语学院	03730192	俄语口语会话（下）
10—11	2	039	外国语学院	03730312	俄罗斯文学选读（下）
10—11	2	039	外国语学院	03730392	俄罗斯文学史（二）
10—11	2	039	外国语学院	03730394	俄罗斯文学史（四）
10—11	2	039	外国语学院	03730422	俄语口译（下）
10—11	2	039	外国语学院	03730502	基础俄语（二）
10—11	2	039	外国语学院	03730504	基础俄语（四）
10—11	2	039	外国语学院	03730512	高级俄语（二）
10—11	2	039	外国语学院	03730514	高级俄语（四）
10—11	2	039	外国语学院	03730542	俄语写作（下）
10—11	2	039	外国语学院	03730561	汉译俄教程（上）
10—11	2	039	外国语学院	03730582	俄罗斯国情（下）
10—11	2	039	外国语学院	03730592	俄罗斯民俗民情（下）
10—11	2	039	外国语学院	03730630	俄语实践修辞
10—11	2	039	外国语学院	03730739	文学理论基础
10—11	2	039	外国语学院	03730752	俄语视听说（二）
10—11	2	039	外国语学院	03730754	俄语视听说（四）
10—11	2	039	外国语学院	03730762	俄语新闻听力（下）
10—11	2	039	外国语学院	03730801	中级乌克兰语
10—11	2	039	外国语学院	03830016	英语精读（四）
10—11	2	039	外国语学院	03830018	英语精读（二）
10—11	2	039	外国语学院	03830022	英语视听（二）
10—11	2	039	外国语学院	03830028	英语视听（四）
10—11	2	039	外国语学院	03830042	口语（二）
10—11	2	039	外国语学院	03830044	口语（四）
10—11	2	039	外国语学院	03830060	应用文写作

续表

学年度	学期	院系编码	院系名称	课号	课名
10—11	2	039	外国语学院	03830072	写作（二）
10—11	2	039	外国语学院	03830080	测试（A）
10—11	2	039	外国语学院	03830091	英国文学史（一）
10—11	2	039	外国语学院	03830120	汉译英
10—11	2	039	外国语学院	03830131	美国文学史与选读（一）
10—11	2	039	外国语学院	03832070	美国电影与文化
10—11	2	039	外国语学院	03832120	英语词汇学
10—11	2	039	外国语学院	03832140	美国历史专题
10—11	2	039	外国语学院	03832180	文艺复兴时期英国文学中的爱情
10—11	2	039	外国语学院	03833021	汉英口译
10—11	2	039	外国语学院	03833030	报刊选读
10—11	2	039	外国语学院	03833050	语言与文化
10—11	2	039	外国语学院	03833160	英美戏剧
10—11	2	039	外国语学院	03833270	文学与社会
10—11	2	039	外国语学院	03834060	莎士比亚与马洛戏剧选读
10—11	2	039	外国语学院	03834100	中西文化比较
10—11	2	039	外国语学院	03834190	文学导读与批评实践
10—11	2	039	外国语学院	03834310	英语学术论文写作
10—11	2	039	外国语学院	03834350	美国当代文学思想
10—11	2	039	外国语学院	03834360	英国文学的基石
10—11	2	039	外国语学院	03834370	文学、自然与地方
10—11	2	039	外国语学院	03835340	莎士比亚名篇赏析
10—11	2	039	外国语学院	03835870	西方古典学英文文献阅读
10—11	2	041	体育教研部	04130020	游泳
10—11	2	041	体育教研部	04130021	游泳提高班
10—11	2	041	体育教研部	04130030	太极拳
10—11	2	041	体育教研部	04130040	健美操
10—11	2	041	体育教研部	04130050	乒乓球
10—11	2	041	体育教研部	04130053	乒乓球提高班
10—11	2	041	体育教研部	04130060	羽毛球
10—11	2	041	体育教研部	04130063	羽毛球提高班
10—11	2	041	体育教研部	04130070	网球
10—11	2	041	体育教研部	04130080	足球
10—11	2	041	体育教研部	04130083	足球提高班
10—11	2	041	体育教研部	04130090	篮球
10—11	2	041	体育教研部	04130093	篮球提高班
10—11	2	041	体育教研部	04130100	排球
10—11	2	041	体育教研部	04130103	排球提高班
10—11	2	041	体育教研部	04130110	形体（女生）
10—11	2	041	体育教研部	04130120	体育舞蹈
10—11	2	041	体育教研部	04130130	健美
10—11	2	041	体育教研部	04130162	体适能
10—11	2	041	体育教研部	04130172	保健（3）
10—11	2	041	体育教研部	04130210	棒、垒球
10—11	2	041	体育教研部	04130231	安全教育与自卫防身
10—11	2	041	体育教研部	04130240	攀岩
10—11	2	041	体育教研部	04130260	少林棍术

续表

学年度	学期	院系编码	院系名称	课号	课名
10—11	2	041	体育教研部	04130280	跆拳道
10—11	2	041	体育教研部	04130290	击剑
10—11	2	041	体育教研部	04130350	运动、营养与减肥
10—11	2	041	体育教研部	04130370	围棋（初级班）
10—11	2	041	体育教研部	04130420	散打
10—11	2	041	体育教研部	04130430	中华毽
10—11	2	041	体育教研部	04130440	瑜伽
10—11	2	041	体育教研部	04130450	地板球
10—11	2	041	体育教研部	04130480	高尔夫
10—11	2	041	体育教研部	04130490	桥牌
10—11	2	041	体育教研部	04130500	国际象棋（初级班）
10—11	2	041	体育教研部	04130620	定向与徒步运动
10—11	2	041	体育教研部	04130630	汉字太极与养生课
10—11	2	041	体育教研部	04130640	拓展训练
10—11	2	041	体育教研部	04130650	从历史视角看当代中国女性、体育和社会
10—11	2	043	艺术学院	04330010	艺术概论
10—11	2	043	艺术学院	04330030	中国音乐概论
10—11	2	043	艺术学院	04330043	西方音乐史
10—11	2	043	艺术学院	04330051	中国美术史
10—11	2	043	艺术学院	04330091	世界电影史（2）
10—11	2	043	艺术学院	04330093	世界电影史（3）
10—11	2	043	艺术学院	04330102	电视概论
10—11	2	043	艺术学院	04330111	经典昆曲欣赏
10—11	2	043	艺术学院	04330160	合唱基础
10—11	2	043	艺术学院	04330185	钢琴音乐理论与实践
10—11	2	043	艺术学院	04330421	浪漫主义时代的欧洲音乐
10—11	2	043	艺术学院	04330440	舞蹈创作排练
10—11	2	043	艺术学院	04330550	影视鉴赏
10—11	2	043	艺术学院	04330642	交响乐（初）
10—11	2	043	艺术学院	04330644	交响乐（中）
10—11	2	043	艺术学院	04330645	交响乐（高）
10—11	2	043	艺术学院	04330911	舞蹈（初）
10—11	2	043	艺术学院	04330923	合唱（中）
10—11	2	043	艺术学院	04330926	合唱（高）
10—11	2	043	艺术学院	04331020	中外名曲赏析
10—11	2	043	艺术学院	04331100	交响乐名曲赏析
10—11	2	043	艺术学院	04331541	美学原理
10—11	2	043	艺术学院	04331570	戏剧艺术概论
10—11	2	043	艺术学院	04331620	毕业论文
10—11	2	043	艺术学院	04331782	影片分析
10—11	2	043	艺术学院	04331792	视听语言（电影语言）（2）
10—11	2	043	艺术学院	04331803	影视编剧（二）
10—11	2	043	艺术学院	04331813	影视导演（二）
10—11	2	043	艺术学院	04331821	影视节目策划
10—11	2	043	艺术学院	04331831	摄影、摄像
10—11	2	043	艺术学院	04331871	绘画欣赏与人生
10—11	2	043	艺术学院	04331880	中国画艺术美学

续表

学年度	学期	院系编码	院系名称	课号	课名
10—11	2	043	艺术学院	04332041	中国古代文学（二）
10—11	2	043	艺术学院	04332210	中国电影史
10—11	2	043	艺术学院	04332251	影片导读（二）
10—11	2	043	艺术学院	04332280	毕业作品拍片实践
10—11	2	043	艺术学院	04332300	舞蹈原理与鉴赏
10—11	2	043	艺术学院	04332350	中国流行音乐流变
10—11	2	043	艺术学院	04332470	中国美术概论
10—11	2	043	艺术学院	04332490	西方歌剧简史与名作赏析
10—11	2	043	艺术学院	04332510	艺术史
10—11	2	043	艺术学院	04332520	毕业论文
10—11	2	043	艺术学院	04332551	艺术训练（一）
10—11	2	043	艺术学院	04332553	艺术训练（三）
10—11	2	043	艺术学院	04332555	艺术训练（五）
10—11	2	043	艺术学院	04332557	艺术训练（七）
10—11	2	043	艺术学院	04332590	中国传统装饰艺术与审美文化
10—11	2	043	艺术学院	04332650	文化产业人力资源开发与管理
10—11	2	043	艺术学院	04332661	中国画理论与技法
10—11	2	043	艺术学院	04332710	西方美术史
10—11	2	043	艺术学院	04332850	世界音乐精华
10—11	2	043	艺术学院	04332870	音乐剧概论
10—11	2	043	艺术学院	04332881	中外美术创作比较
10—11	2	043	艺术学院	04332952	水墨画
10—11	2	043	艺术学院	04332960	20世纪西方音乐
10—11	2	046	元培学院	01034360	定量分析实验
10—11	2	046	元培学院	01034520	中级分析化学实验
10—11	2	046	元培学院	01035001	有机化学实验（Ⅰ）
10—11	2	046	元培学院	01035070	基础化学实验（分析）
10—11	2	046	元培学院	04630030	学术规范与论文写作
10—11	2	046	元培学院	04630570	中国景观，建筑与都市主义
10—11	2	046	元培学院	04630580	家：房屋类型学探究
10—11	2	046	元培学院	04630590	中国现代文学概论
10—11	2	046	元培学院	04831420	数据结构与算法（B）
10—11	2	048	信息科学技术学院	00130022	数学分析习题课（二）
10—11	2	048	信息科学技术学院	00130202	高等数学（B）（二）
10—11	2	048	信息科学技术学院	00130212	高等数学（B）（二）习题课
10—11	2	048	信息科学技术学院	00131480	概率统计（A）
10—11	2	048	信息科学技术学院	00132302	数学分析（Ⅱ）
10—11	2	048	信息科学技术学院	00132323	高等代数（Ⅱ）
10—11	2	048	信息科学技术学院	00132332	高等代数（Ⅱ）习题
10—11	2	048	信息科学技术学院	00132380	概率统计（B）
10—11	2	048	信息科学技术学院	00431143	电磁学
10—11	2	048	信息科学技术学院	00831250	数据库概论
10—11	2	048	信息科学技术学院	00831270	软件工程
10—11	2	048	信息科学技术学院	00831280	计算机图形学
10—11	2	048	信息科学技术学院	00831611	文科计算机基础（下）
10—11	2	048	信息科学技术学院	00833111	离散数学（Ⅱ）
10—11	2	048	信息科学技术学院	00833150	Java语言程序设计

续表

学年度	学期	院系编码	院系名称	课号	课名
10—11	2	048	信息科学技术学院	04830030	科技交流与写作
10—11	2	048	信息科学技术学院	04830080	代数结构与组合数学
10—11	2	048	信息科学技术学院	04830120	微机原理(A)
10—11	2	048	信息科学技术学院	04830130	微机实验
10—11	2	048	信息科学技术学院	04830141	计算机系统结构实验班
10—11	2	048	信息科学技术学院	04830150	编译技术
10—11	2	048	信息科学技术学院	04830190	操作系统实习
10—11	2	048	信息科学技术学院	04830191	操作系统实习(实验班)
10—11	2	048	信息科学技术学院	04830220	数据库概论
10—11	2	048	信息科学技术学院	04830221	数据库概论(实验班)
10—11	2	048	信息科学技术学院	04830230	计算机图形学
10—11	2	048	信息科学技术学院	04830240	计算机网络概论
10—11	2	048	信息科学技术学院	04830260	理论计算机科学基础
10—11	2	048	信息科学技术学院	04830270	程序设计语言概论
10—11	2	048	信息科学技术学院	04830281	算法设计与分析
10—11	2	048	信息科学技术学院	04830290	面向对象技术引论
10—11	2	048	信息科学技术学院	04830320	数字图像处理
10—11	2	048	信息科学技术学院	04830330	Linux 程序设计
10—11	2	048	信息科学技术学院	04830340	Java 程序设计
10—11	2	048	信息科学技术学院	04830630	电子线路(A)
10—11	2	048	信息科学技术学院	04830640	电子线路实验(A)
10—11	2	048	信息科学技术学院	04830650	数字逻辑电路
10—11	2	048	信息科学技术学院	04830680	电子系统设计
10—11	2	048	信息科学技术学院	04830710	通信电路实验
10—11	2	048	信息科学技术学院	04830730	微波技术与电路
10—11	2	048	信息科学技术学院	04830760	数字信号处理(含上机)
10—11	2	048	信息科学技术学院	04830800	光电子学
10—11	2	048	信息科学技术学院	04830840	热学
10—11	2	048	信息科学技术学院	04830850	近代物理
10—11	2	048	信息科学技术学院	04830870	热力学与统计物理(B)
10—11	2	048	信息科学技术学院	04830880	纳米科技与纳米电子学
10—11	2	048	信息科学技术学院	04830890	量子力学(Ⅰ)
10—11	2	048	信息科学技术学院	04830930	声学基础
10—11	2	048	信息科学技术学院	04830970	通信电路
10—11	2	048	信息科学技术学院	04831010	半导体物理
10—11	2	048	信息科学技术学院	04831030	数字集成电路原理
10—11	2	048	信息科学技术学院	04831070	集成电路计算机辅助设计
10—11	2	048	信息科学技术学院	04831090	模拟集成电路原理
10—11	2	048	信息科学技术学院	04831200	随机过程引论
10—11	2	048	信息科学技术学院	04831210	信息论
10—11	2	048	信息科学技术学院	04831230	自动控制理论
10—11	2	048	信息科学技术学院	04831260	机器感知实验
10—11	2	048	信息科学技术学院	04831370	数据仓库与数据挖掘方法
10—11	2	048	信息科学技术学院	04831400	生物信息处理
10—11	2	048	信息科学技术学院	04831520	电子线路计算机辅助设计
10—11	2	048	信息科学技术学院	04831750	程序设计实习
10—11	2	048	信息科学技术学院	04831760	程序设计实习(实验班)

续表

学年度	学期	院系编码	院系名称	课号	课名
10—11	2	048	信息科学技术学院	04831770	微电子与电路基础
10—11	2	048	信息科学技术学院	04831780	自然语言处理导论
10—11	2	048	信息科学技术学院	04831800	数字媒体技术基础
10—11	2	048	信息科学技术学院	04831810	微纳尺度流体科学与应用
10—11	2	048	信息科学技术学院	04831870	基础电路实验
10—11	2	048	信息科学技术学院	04832030	量子力学（Ⅰ）
10—11	2	048	信息科学技术学院	04832040	现代无线通信中的新兴技术
10—11	2	048	信息科学技术学院	04832050	微米纳米技术概论
10—11	2	048	信息科学技术学院	04832140	现代电子与通信导论
10—11	2	048	信息科学技术学院	04832150	微纳器件及其创新应用
10—11	2	048	信息科学技术学院	04832160	计算机科学技术概论
10—11	2	062	国家发展研究院	06232150	概率统计
10—11	2	062	国家发展研究院	06232200	中级微观经济学
10—11	2	062	国家发展研究院	06232300	中级宏观经济学
10—11	2	062	国家发展研究院	06232400	计量经济学
10—11	2	062	国家发展研究院	06233300	国际贸易
10—11	2	062	国家发展研究院	06233310	国际金融
10—11	2	062	国家发展研究院	06233400	货币银行学
10—11	2	062	国家发展研究院	06233420	金融经济学
10—11	2	062	国家发展研究院	06233440	基础管理学
10—11	2	062	国家发展研究院	06233500	发展经济学
10—11	2	062	国家发展研究院	06233550	公共财政学
10—11	2	062	国家发展研究院	06234750	博弈论及其应用
10—11	2	062	国家发展研究院	06234840	信息经济学
10—11	2	062	国家发展研究院	06234880	法律经济学
10—11	2	062	国家发展研究院	06234900	中国经济专题
10—11	2	062	国家发展研究院	06235000	管理沟通和谈判
10—11	2	062	国家发展研究院	06235060	财务会计
10—11	2	062	国家发展研究院	06235080	经济学研究训练
10—11	2	062	国家发展研究院	06236030	人文社会跨学科讲座
10—11	2	062	国家发展研究院	06236040	人力资源管理
10—11	2	062	国家发展研究院	06236050	城市经济学
10—11	2	062	国家发展研究院	06236060	大国国家发展战略
10—11	2	067	教育学院	06730070	生活教育——成功人生的基础
10—11	2	086	工学院	00330050	计算方法
10—11	2	086	工学院	00330140	计算流体力学
10—11	2	086	工学院	00330180	有限元法
10—11	2	086	工学院	00330190	塑性力学
10—11	2	086	工学院	00330220	自动控制原理
10—11	2	086	工学院	00330280	振动理论
10—11	2	086	工学院	00330630	工程制图
10—11	2	086	工学院	00330760	工程数学
10—11	2	086	工学院	00331350	工程流体力学
10—11	2	086	工学院	00331752	微积分（二）
10—11	2	086	工学院	00331760	微积分习题
10—11	2	086	工学院	00331782	现代工学通论（下）
10—11	2	086	工学院	00331800	高等动力学

续表

学年度	学期	院系编码	院系名称	课号	课名
10—11	2	086	工学院	00331820	科学计算
10—11	2	086	工学院	00331960	工程热力学
10—11	2	086	工学院	00332010	水文学与水资源
10—11	2	086	工学院	00332130	机器人竞赛实践
10—11	2	086	工学院	00332140	摄影科学与技术
10—11	2	086	工学院	00332171	能源与资源工程实验（上）
10—11	2	086	工学院	00332180	生物反应工程
10—11	2	086	工学院	00332220	清洁生产过程原理
10—11	2	086	工学院	00332241	数学物理方法（上）
10—11	2	086	工学院	00332260	材料力学
10—11	2	086	工学院	00332270	弹性力学
10—11	2	086	工学院	00332282	流体力学（下）
10—11	2	086	工学院	00332290	工程弹性力学
10—11	2	086	工学院	00332382	工程毕业设计（下）
10—11	2	086	工学院	00332400	废水资源化工程
10—11	2	086	工学院	00332460	连续介质力学基础
10—11	2	086	工学院	00332490	工程流体软件与算法
10—11	2	086	工学院	00332510	电路与电子学
10—11	2	086	工学院	00332520	地球科学基础
10—11	2	086	工学院	00332530	核酸生物技术
10—11	2	086	工学院	00332540	全球创新产品设计和团队实践
10—11	2	086	工学院	00332642	材料科学基础（下）
10—11	2	086	工学院	00332702	空气动力学（Ⅱ）
10—11	2	086	工学院	00332740	计算方法上机
10—11	2	086	工学院	00332750	飞行器设计原理
10—11	2	086	工学院	00332760	飞行力学与控制
10—11	2	086	工学院	00332770	计算空气动力学
10—11	2	086	工学院	00332780	生物系统建模、仿真与控制
10—11	2	086	工学院	00332791	生物医学工程设计（Ⅰ）
10—11	2	086	工学院	00332800	生物医学信号与影像
10—11	2	086	工学院	00332810	生物医学信号与影像实验
10—11	2	086	工学院	00332820	解剖生理学
10—11	2	086	工学院	00332830	解剖生理学实验
10—11	2	086	工学院	00431141	力学
10—11	2	086	工学院	00431144	光学
10—11	2	086	工学院	00431145	近代物理
10—11	2	086	工学院	00431170	光学习题
10—11	2	086	工学院	00431421	普通物理实验（B）（一）
10—11	2	086	工学院	04830494	数据结构与算法上机
10—11	2	086	工学院	04831420	数据结构与算法（B）
10—11	2	126	城市与环境学院	00131422	高等数学（C）（二）
10—11	2	126	城市与环境学院	00132380	概率统计（B）
10—11	2	126	城市与环境学院	00431121	普通物理
10—11	2	126	城市与环境学院	01032720	物理化学实验（B）
10—11	2	126	城市与环境学院	01034350	定量分析
10—11	2	126	城市与环境学院	01034360	定量分析实验
10—11	2	126	城市与环境学院	01339320	中国历史地理

续表

学年度	学期	院系编码	院系名称	课号	课名
10—11	2	126	城市与环境学院	01339330	中国古典园林赏析
10—11	2	126	城市与环境学院	01531010	经济地理学
10—11	2	126	城市与环境学院	01531180	地貌学
10—11	2	126	城市与环境学院	01531250	气象气候学
10—11	2	126	城市与环境学院	01531320	城市形态与结构
10—11	2	126	城市与环境学院	01531380	区域规划原理
10—11	2	126	城市与环境学院	01531610	现代自然地理学实验方法
10—11	2	126	城市与环境学院	01531730	文化地理学
10—11	2	126	城市与环境学院	01532410	社区空间规划
10—11	2	126	城市与环境学院	01532440	城市经济学
10—11	2	126	城市与环境学院	01532450	城市规划原理
10—11	2	126	城市与环境学院	01532460	城市园林绿地系统规划设计
10—11	2	126	城市与环境学院	01532470	城市社会学
10—11	2	126	城市与环境学院	01532480	城市生态学
10—11	2	126	城市与环境学院	01532490	美术与制图
10—11	2	126	城市与环境学院	01533170	城市规划概论
10—11	2	126	城市与环境学院	01533180	建筑规划与场地设计
10—11	2	126	城市与环境学院	01533210	聚落与乡村规划
10—11	2	126	城市与环境学院	01534030	自然资源学原理
10—11	2	126	城市与环境学院	01534060	综合自然地理学
10—11	2	126	城市与环境学院	01534230	自然保护学
10—11	2	126	城市与环境学院	01534240	经济地理研究方法
10—11	2	126	城市与环境学院	01535122	植物学（下）
10—11	2	126	城市与环境学院	01535150	生态学实验技术
10—11	2	126	城市与环境学院	01536011	普通生态学（1）
10—11	2	126	城市与环境学院	01536012	普通生态学（2）
10—11	2	126	城市与环境学院	01536090	环境监测与实验
10—11	2	126	城市与环境学院	01536780	污染土壤和地下水的生物修复
10—11	2	126	城市与环境学院	01536800	污染物水文地质学
10—11	2	126	城市与环境学院	01539230	中国传统建筑
10—11	2	126	城市与环境学院	04831420	数据结构与算法（B）
10—11	2	127	环境科学与工程学院	01034360	定量分析实验
10—11	2	127	环境科学与工程学院	01034400	仪器分析实验
10—11	2	127	环境科学与工程学院	01034520	中级分析化学实验
10—11	2	127	环境科学与工程学院	12730010	环境问题
10—11	2	127	环境科学与工程学院	12731010	人类生存发展与环境保护
10—11	2	127	环境科学与工程学院	12731020	全球环境问题
10—11	2	127	环境科学与工程学院	12731060	环境伦理概论
10—11	2	127	环境科学与工程学院	12732020	环境管理学
10—11	2	127	环境科学与工程学院	12732080	环境工程学（二）
10—11	2	127	环境科学与工程学院	12732150	环境工程学（一）
10—11	2	127	环境科学与工程学院	12733080	环境科学与工程文献选读
10—11	2	127	环境科学与工程学院	12733120	水环境学基础
10—11	2	127	环境科学与工程学院	12734010	工程制图
10—11	2	127	环境科学与工程学院	12734030	水处理工程（下）
10—11	2	127	环境科学与工程学院	12734050	环境工程实验（一）
10—11	2	127	环境科学与工程学院	12735090	物理性污染控制

续表

学年度	学期	院系编码	院系名称	课号	课名
10—11	2	127	环境科学与工程学院	12735120	工业微生物学
10—11	2	127	环境科学与工程学院	12735130	环境质量评价
10—11	2	127	环境科学与工程学院	12735170	环境遥感基础
10—11	2	127	环境科学与工程学院	12735180	环境信息系统
10—11	2	180	医学部教学办	00131422	高等数学（C）（二）
10—11	2	180	医学部教学办	00431121	普通物理
10—11	2	180	医学部教学办	01030810	有机化学（B）
10—11	2	180	医学部教学办	01032711	有机化学实验（B）
10—11	2	180	医学部教学办	01034900	分析化学（B）
10—11	2	180	医学部教学办	01034910	分析化学实验（B）
10—11	2	180	医学部教学办	18050210	物理学习题
10—11	2	180	医学部教学办	18050222	英语精读（2）
10—11	2	192	歌剧研究院	19230010	歌剧表演艺术专题
10—11	2	607	武装部	60730020	军事理论
10—11	2	610	学生工作部	61030020	大学生职业生涯规划
10—11	2	039	外国语学院	03835062	大学英语（二）（2）
10—11	2	039	外国语学院	03835063	大学英语（三）（2）
10—11	2	039	外国语学院	03835067	大学英语（四）
10—11	2	039	外国语学院	03835070	大学英语口语
10—11	2	039	外国语学院	03835150	高级英语——阅读与写作
10—11	2	039	外国语学院	03835202	大学英语（A）（B）（C）（二）（2）
10—11	2	039	外国语学院	03835204	大学英语（A）（B）（C）（四）（2）
10—11	2	039	外国语学院	03835230	实用英语词汇学
10—11	2	039	外国语学院	03835260	英语名著与电影
10—11	2	039	外国语学院	03835330	英国传统诗歌精华
10—11	2	039	外国语学院	03835350	大学英语听说
10—11	2	039	外国语学院	03835360	英汉口译
10—11	2	039	外国语学院	03835390	文艺复兴艺术作品与圣经故事
10—11	2	039	外国语学院	03835400	美国短篇小说与电影
10—11	2	039	外国语学院	03835410	职场英语
10—11	2	039	外国语学院	03835430	英美文化与社会习俗
10—11	2	039	外国语学院	03835600	澳大利亚概况
10—11	2	039	外国语学院	03835830	西方文化选读
10—11	2	039	外国语学院	03835840	英美短篇小说赏析
10—11	2	039	外国语学院	03835850	希腊罗马神话赏析
10—11	2	039	外国语学院	03835860	英语公众演讲
10—11	2	039	外国语学院	03835930	英语语境中的中国历史与文化
10—11	2	039	外国语学院	03835940	语音与听说词汇
10—11	2	039	外国语学院	03835960	英文文体风格鉴赏
10—11	2	039	外国语学院	03835970	语调与听说语法
10—11	2	040	马克思主义学院	04031650	思想道德修养与法律基础
10—11	2	040	马克思主义学院	04031660	中国近现代史纲要
10—11	2	040	马克思主义学院	04031681	马克思主义基本原理概论（上）
10—11	2	040	马克思主义学院	04031682	马克思主义基本原理概论（下）
10—11	2	040	马克思主义学院	04031700	周易精读
10—11	2	040	马克思主义学院	04031730	毛泽东思想和中国特色社会主义理论体系概论
10—11	2	040	马克思主义学院	04031740	马克思主义基本原理概论

续表

学年度	学期	院系编码	院系名称	课号	课名
10—11	2	040	马克思主义学院	04031750	形势与政策
11—12	1	001	数学科学学院	00110000	黎曼几何引论
11—12	1	001	数学科学学院	00110010	同调论
11—12	1	001	数学科学学院	00110050	模式识别
11—12	1	001	数学科学学院	00110060	算法设计与分析
11—12	1	001	数学科学学院	00110070	经典力学的数学方法
11—12	1	001	数学科学学院	00110130	泛函分析（二）
11—12	1	001	数学科学学院	00110150	交换代数
11—12	1	001	数学科学学院	00110330	几何分析
11—12	1	001	数学科学学院	00110400	随机分析
11—12	1	001	数学科学学院	00110620	生存分析与可靠性
11—12	1	001	数学科学学院	00110780	最优化理论与算法
11—12	1	001	数学科学学院	00110830	数值代数（Ⅱ）
11—12	1	001	数学科学学院	00110860	并行计算（Ⅱ）
11—12	1	001	数学科学学院	00111850	有限元方法（Ⅱ）
11—12	1	001	数学科学学院	00111940	遍历论
11—12	1	001	数学科学学院	00112110	低维流形
11—12	1	001	数学科学学院	00112630	高等概率论
11—12	1	001	数学科学学院	00112640	高等统计学
11—12	1	001	数学科学学院	00112711	抽象代数（Ⅱ）
11—12	1	001	数学科学学院	00112780	应用偏微分方程
11—12	1	001	数学科学学院	00112878	数据中的数学
11—12	1	001	数学科学学院	00112950	辛几何
11—12	1	001	数学科学学院	00113140	软件形式化方法
11—12	1	001	数学科学学院	00113690	随机模拟方法
11—12	1	001	数学科学学院	00113780	符号计算
11—12	1	001	数学科学学院	00113840	临床试验设计与分析
11—12	1	001	数学科学学院	00113850	临床试验 SAS 高级编程
11—12	1	001	数学科学学院	00130161	拓扑学
11—12	1	001	数学科学学院	00130210	计算机图形学
11—12	1	001	数学科学学院	00130240	代数拓扑初步
11—12	1	001	数学科学学院	00130550	数值代数
11—12	1	001	数学科学学院	00130712	基础物理（下）
11—12	1	001	数学科学学院	00130730	数理逻辑
11—12	1	001	数学科学学院	00130830	数字信号处理
11—12	1	001	数学科学学院	00131350	时间序列分析
11—12	1	001	数学科学学院	00131420	数据结构
11—12	1	001	数学科学学院	00131600	数学分析
11—12	1	001	数学科学学院	00131641	几何讨论班（Ⅱ）
11—12	1	001	数学科学学院	00131651	代数讨论班（Ⅱ）
11—12	1	001	数学科学学院	00131661	分析讨论班（Ⅱ）
11—12	1	001	数学科学学院	00132301	数学分析（Ⅰ）
11—12	1	001	数学科学学院	00132304	数学分析（Ⅲ）
11—12	1	001	数学科学学院	00132310	微分几何
11—12	1	001	数学科学学院	00132311	数学分析（Ⅰ）习题
11—12	1	001	数学科学学院	00132313	数学分析（Ⅲ）习题
11—12	1	001	数学科学学院	00132321	高等代数（Ⅰ）

续表

学年度	学期	院系编码	院系名称	课号	课名
11—12	1	001	数学科学学院	00132330	偏微分方程
11—12	1	001	数学科学学院	00132331	高等代数（Ⅰ）习题
11—12	1	001	数学科学学院	00132341	几何学
11—12	1	001	数学科学学院	00132351	几何学习题
11—12	1	001	数学科学学院	00132370	实变函数
11—12	1	001	数学科学学院	00132510	李群及其表示
11—12	1	001	数学科学学院	00132610	密码学
11—12	1	001	数学科学学院	00132750	毕业论文（证券）讨论班
11—12	1	001	数学科学学院	00132780	毕业论文（精算）讨论班
11—12	1	001	数学科学学院	00132810	毕业论文（衍生工具）讨论班
11—12	1	001	数学科学学院	00132820	动力系统的计算及其在分子模拟中的应用
11—12	1	001	数学科学学院	00132830	金融数学引论
11—12	1	001	数学科学学院	00132840	空间剖分及其在计算几何学中的应用
11—12	1	001	数学科学学院	00133030	统计计算
11—12	1	001	数学科学学院	00133090	应用随机过程
11—12	1	001	数学科学学院	00133110	应用回归分析
11—12	1	001	数学科学学院	00135040	程序设计技术与方法
11—12	1	001	数学科学学院	00135050	理论计算机科学基础
11—12	1	001	数学科学学院	00135220	非参数统计
11—12	1	001	数学科学学院	00135450	抽象代数
11—12	1	001	数学科学学院	00135460	数理统计
11—12	1	001	数学科学学院	00135480	风险理论
11—12	1	001	数学科学学院	00135520	偏微分方程数值解
11—12	1	001	数学科学学院	00136260	常微分方程
11—12	1	001	数学科学学院	00136270	应用随机过程
11—12	1	001	数学科学学院	00136350	概率论
11—12	1	001	数学科学学院	00136540	数值方法：原理,算法及应用
11—12	1	001	数学科学学院	00136700	普通统计学
11—12	1	001	数学科学学院	00136800	数学的思维方式与创新
11—12	1	001	数学科学学院	00136810	实变函数
11—12	1	001	数学科学学院	00136830	数学应用软件
11—12	1	001	数学科学学院	00136850	实变函数与泛函分析
11—12	1	004	物理学院	00130201	高等数学（B）（一）
11—12	1	004	物理学院	00130211	高等数学（B）（一）习题课
11—12	1	004	物理学院	00131460	线性代数（B）
11—12	1	004	物理学院	00131470	线性代数（B）习题
11—12	1	004	物理学院	00132380	概率统计（B）
11—12	1	004	物理学院	00410140	群论
11—12	1	004	物理学院	00410340	高等量子力学
11—12	1	004	物理学院	00410440	量子统计物理
11—12	1	004	物理学院	00410640	量子场论
11—12	1	004	物理学院	00411950	表面物理
11—12	1	004	物理学院	00412150	粒子物理
11—12	1	004	物理学院	00413250	等离子体物理
11—12	1	004	物理学院	00414860	激光实验
11—12	1	004	物理学院	00415450	量子光学
11—12	1	004	物理学院	00415510	现代光学与光电子学

续表

学年度	学期	院系编码	院系名称	课号	课名
11—12	1	004	物理学院	00415532	原子、分子光谱
11—12	1	004	物理学院	00430132	现代电子电路基础及实验（一）
11—12	1	004	物理学院	00430151	现代物理前沿讲座（Ⅰ）
11—12	1	004	物理学院	00430191	大气科学导论
11—12	1	004	物理学院	00431110	力学
11—12	1	004	物理学院	00431148	光学习题课
11—12	1	004	物理学院	00431156	光学
11—12	1	004	物理学院	00431157	原子物理
11—12	1	004	物理学院	00431159	原子物理习题
11—12	1	004	物理学院	00431165	近代物理
11—12	1	004	物理学院	00431180	力学习题
11—12	1	004	物理学院	00431211	普通物理实验（A）（一）
11—12	1	004	物理学院	00431214	综合物理实验（一）
11—12	1	004	物理学院	00431443	计算物理学
11—12	1	004	物理学院	00431537	现代电子测量与实验
11—12	1	004	物理学院	00431543	天体物理专题
11—12	1	004	物理学院	00431545	天文文献阅读
11—12	1	004	物理学院	00431546	宇宙探测新技术引论
11—12	1	004	物理学院	00431558	天文技术与方法（Ⅰ）（光学与红外）
11—12	1	004	物理学院	00432108	数学物理方法（上）
11—12	1	004	物理学院	00432109	数学物理方法（下）
11—12	1	004	物理学院	00432113	数学物理方法习题
11—12	1	004	物理学院	00432140	电动力学（A）
11—12	1	004	物理学院	00432141	电动力学（B）
11—12	1	004	物理学院	00432150	量子力学（A）
11—12	1	004	物理学院	00432151	量子力学习题
11—12	1	004	物理学院	00432160	电动力学习题
11—12	1	004	物理学院	00432162	固体物理导论
11—12	1	004	物理学院	00432164	生物物理导论
11—12	1	004	物理学院	00432180	弦理论基础导论
11—12	1	004	物理学院	00432190	凝聚态物理理论讨论班
11—12	1	004	物理学院	00432207	卫星气象学
11—12	1	004	物理学院	00432211	理论力学
11—12	1	004	物理学院	00432217	平衡态统计物理
11—12	1	004	物理学院	00432223	核物理与粒子物理专题实验
11—12	1	004	物理学院	00432227	科研实用软件
11—12	1	004	物理学院	00432236	激光物理学
11—12	1	004	物理学院	00432247	大气物理学基础
11—12	1	004	物理学院	00432249	流体力学
11—12	1	004	物理学院	00432255	天气分析与预报
11—12	1	004	物理学院	00432267	工程图学及其应用
11—12	1	004	物理学院	00432270	大气概论
11—12	1	004	物理学院	00432274	大气探测原理
11—12	1	004	物理学院	00432290	气候模拟
11—12	1	004	物理学院	00432310	全球环境与气候变迁
11—12	1	004	物理学院	00433328	近代物理实验（Ⅱ）
11—12	1	004	物理学院	00433330	公共物理学

续表

学年度	学期	院系编码	院系名称	课号	课名
11—12	1	004	物理学院	00433410	半导体物理学
11—12	1	004	物理学院	00433520	超导物理学
11—12	1	004	物理学院	00433641	材料物理
11—12	1	004	物理学院	00434091	纳米科学前沿
11—12	1	004	物理学院	00434092	纳米科技进展
11—12	1	004	物理学院	00434714	核科学前沿讲座
11—12	1	004	物理学院	04831410	计算概论（B）
11—12	1	004	物理学院	04831650	计算概论（B）上机
11—12	1	010	化学与分子工程学院	00101460	线性代数（B）
11—12	1	010	化学与分子工程学院	00130201	高等数学（B）（一）
11—12	1	010	化学与分子工程学院	00130211	高等数学（B）（一）习题课
11—12	1	010	化学与分子工程学院	00131470	线性代数（B）习题
11—12	1	010	化学与分子工程学院	00431143	电磁学
11—12	1	010	化学与分子工程学院	00431144	光学
11—12	1	010	化学与分子工程学院	00431148	光学习题课
11—12	1	010	化学与分子工程学院	00431215	普通物理实验
11—12	1	010	化学与分子工程学院	01030200	化学实验室安全技术
11—12	1	010	化学与分子工程学院	01030440	化学动力学选读
11—12	1	010	化学与分子工程学院	01031100	今日化学
11—12	1	010	化学与分子工程学院	01032390	材料物理
11—12	1	010	化学与分子工程学院	01032530	高分子物理
11—12	1	010	化学与分子工程学院	01032580	催化化学
11—12	1	010	化学与分子工程学院	01033090	今日新材料
11—12	1	010	化学与分子工程学院	01033100	功能化学
11—12	1	010	化学与分子工程学院	01034030	魅力化学
11—12	1	010	化学与分子工程学院	01034040	化学与社会
11—12	1	010	化学与分子工程学院	01034310	普通化学
11—12	1	010	化学与分子工程学院	01034321	普通化学实验
11—12	1	010	化学与分子工程学院	01034330	普通化学习题课
11—12	1	010	化学与分子工程学院	01034373	有机化学（二）
11—12	1	010	化学与分子工程学院	01034450	化工基础
11—12	1	010	化学与分子工程学院	01034500	生命化学基础
11—12	1	010	化学与分子工程学院	01034530	中级有机化学
11—12	1	010	化学与分子工程学院	01034580	色谱分析
11—12	1	010	化学与分子工程学院	01034600	立体化学
11—12	1	010	化学与分子工程学院	01034610	中级分析化学
11—12	1	010	化学与分子工程学院	01034630	环境化学
11—12	1	010	化学与分子工程学院	01034670	放射化学
11—12	1	010	化学与分子工程学院	01034680	波谱分析
11—12	1	010	化学与分子工程学院	01034720	辐射化学与工艺
11—12	1	010	化学与分子工程学院	01034780	胶体化学
11—12	1	010	化学与分子工程学院	01034800	多晶X射线衍射
11—12	1	010	化学与分子工程学院	01034850	综合化学实验（二）
11—12	1	010	化学与分子工程学院	01034930	物理化学
11—12	1	010	化学与分子工程学院	01034940	物理化学习题
11—12	1	010	化学与分子工程学院	01034970	计算机在化学化工中的应用
11—12	1	010	化学与分子工程学院	01035002	有机化学实验（Ⅰ）（Ⅱ）

续表

学年度	学期	院系编码	院系名称	课号	课名
11—12	1	010	化学与分子工程学院	01035010	中级有机化学实验
11—12	1	010	化学与分子工程学院	01035020	物理化学实验
11—12	1	010	化学与分子工程学院	01035080	化学信息检索
11—12	1	010	化学与分子工程学院	01035090	大学化学
11—12	1	010	化学与分子工程学院	01035100	表面物理化学
11—12	1	010	化学与分子工程学院	01130050	生物化学实验
11—12	1	010	化学与分子工程学院	01130160	细胞生物学实验
11—12	1	010	化学与分子工程学院	04831410	计算概论（B）
11—12	1	010	化学与分子工程学院	04831650	计算概论（B）上机
11—12	1	011	生命科学学院	00130201	高等数学（B）(一)
11—12	1	011	生命科学学院	00130211	高等数学（B）(一) 习题课
11—12	1	011	生命科学学院	00430002	物理学（B）(2)
11—12	1	011	生命科学学院	00432151	量子力学习题
11—12	1	011	生命科学学院	01032690	有机化学（B）
11—12	1	011	生命科学学院	01032711	有机化学实验（B）
11—12	1	011	生命科学学院	01035050	基础化学
11—12	1	011	生命科学学院	01035060	基础化学实验（普化）
11—12	1	011	生命科学学院	01130030	基础分子生物学
11—12	1	011	生命科学学院	01130050	生物化学实验
11—12	1	011	生命科学学院	01130110	蛋白质化学
11—12	1	011	生命科学学院	01130150	细胞生物学
11—12	1	011	生命科学学院	01130160	细胞生物学实验
11—12	1	011	生命科学学院	01130320	普通生物学实验（B）
11—12	1	011	生命科学学院	01130760	生物统计学
11—12	1	011	生命科学学院	01130780	生物进化论
11—12	1	011	生命科学学院	01130871	人类的性、生育与健康
11—12	1	011	生命科学学院	01130889	生物摄影及实践
11—12	1	011	生命科学学院	01130930	普通生态学
11—12	1	011	生命科学学院	01130960	保护生物学
11—12	1	011	生命科学学院	01131050	动物生物学实验
11—12	1	011	生命科学学院	01131080	动物生物学
11—12	1	011	生命科学学院	01131110	生物技术制药基础
11—12	1	011	生命科学学院	01131160	生物学思想与概念
11—12	1	011	生命科学学院	01139000	神经生物学
11—12	1	011	生命科学学院	01139330	现代生物技术导论
11—12	1	011	生命科学学院	01139340	生物学综合实验
11—12	1	011	生命科学学院	01139350	普通生物学（B）
11—12	1	011	生命科学学院	01139470	生物信息学方法
11—12	1	011	生命科学学院	01139491	文献强化阅读与学术报告（2）
11—12	1	011	生命科学学院	01139560	植物特有生命现象导论（2）
11—12	1	011	生命科学学院	01139570	植物特有生命现象导论实验
11—12	1	011	生命科学学院	01139620	分子生物学专题
11—12	1	011	生命科学学院	01139630	生物化学
11—12	1	011	生命科学学院	01139640	生物医药工程及管理
11—12	1	011	生命科学学院	01139670	分子和细胞神经生物学
11—12	1	011	生命科学学院	01139710	科学是什么
11—12	1	011	生命科学学院	01139711	科学是什么：讨论课

续表

学年度	学期	院系编码	院系名称	课号	课名
11—12	1	011	生命科学学院	01139720	感染与人类疾病专题讨论
11—12	1	011	生命科学学院	01139750	真核细胞 DNA 复制和 checkpoint 控制
11—12	1	011	生命科学学院	01139911	计算神经科学（1）
11—12	1	011	生命科学学院	01139940	科学研究基本技能
11—12	1	011	生命科学学院	04831410	计算概论（B）
11—12	1	012	地球与空间科学学院	00130201	高等数学（B）（一）
11—12	1	012	地球与空间科学学院	00130211	高等数学（B）（一）习题课
11—12	1	012	地球与空间科学学院	00131460	线性代数（B）
11—12	1	012	地球与空间科学学院	00131470	线性代数（B）习题
11—12	1	012	地球与空间科学学院	00132380	概率统计（B）
11—12	1	012	地球与空间科学学院	00431110	力学
11—12	1	012	地球与空间科学学院	00431144	光学
11—12	1	012	地球与空间科学学院	00431148	光学习题课
11—12	1	012	地球与空间科学学院	00431180	力学习题
11—12	1	012	地球与空间科学学院	00431200	基础物理实验
11—12	1	012	地球与空间科学学院	00431211	普通物理实验（A）（一）
11—12	1	012	地球与空间科学学院	00436012	普通物理学（B）（二）
11—12	1	012	地球与空间科学学院	01034320	普通化学实验
11—12	1	012	地球与空间科学学院	01230051	地球科学概论（一）
11—12	1	012	地球与空间科学学院	01230100	离散数学
11—12	1	012	地球与空间科学学院	01230110	操作系统原理
11—12	1	012	地球与空间科学学院	01231030	古生物学
11—12	1	012	地球与空间科学学院	01231080	大地构造学
11—12	1	012	地球与空间科学学院	01231150	石油地质学
11—12	1	012	地球与空间科学学院	01231200	自然资源与社会发展
11—12	1	012	地球与空间科学学院	01231210	地球历史概要
11—12	1	012	地球与空间科学学院	01231251	普通岩石学（上）
11—12	1	012	地球与空间科学学院	01231280	物理沉积学
11—12	1	012	地球与空间科学学院	01231330	岩石学前缘理论与方法
11—12	1	012	地球与空间科学学院	01231390	构造地质学研究方法
11—12	1	012	地球与空间科学学院	01231400	地球物理学基础
11—12	1	012	地球与空间科学学院	01231430	地球化学
11—12	1	012	地球与空间科学学院	01231460	水文地质与工程地质学
11—12	1	012	地球与空间科学学院	01231500	古生态学与古环境分析
11—12	1	012	地球与空间科学学院	01231510	古生物学前沿
11—12	1	012	地球与空间科学学院	01231520	古植物学及孢粉学
11—12	1	012	地球与空间科学学院	01231540	沉积学概论
11—12	1	012	地球与空间科学学院	01231580	环境矿物学
11—12	1	012	地球与空间科学学院	01233020	电离层物理学与电波传播
11—12	1	012	地球与空间科学学院	01233170	地震概论
11—12	1	012	地球与空间科学学院	01233200	地球重力学
11—12	1	012	地球与空间科学学院	01233250	空间天气学基础与应用
11—12	1	012	地球与空间科学学院	01233270	岩石力学
11—12	1	012	地球与空间科学学院	01233310	弹性力学（B）
11—12	1	012	地球与空间科学学院	01235030	计算数学
11—12	1	012	地球与空间科学学院	01235040	计算机图形学基础
11—12	1	012	地球与空间科学学院	01235060	数字地形模型

续表

学年度	学期	院系编码	院系名称	课号	课名
11—12	1	012	地球与空间科学学院	01235090	网络基础与 WebGIS
11—12	1	012	地球与空间科学学院	01235120	遥感数字图像处理原理
11—12	1	012	地球与空间科学学院	01235140	数字地球导论
11—12	1	012	地球与空间科学学院	01235150	色度学
11—12	1	012	地球与空间科学学院	01235210	智能交通系统概论
11—12	1	012	地球与空间科学学院	01235230	地图学
11—12	1	012	地球与空间科学学院	01235250	GIS 实验
11—12	1	012	地球与空间科学学院	01235270	程序设计语言
11—12	1	012	地球与空间科学学院	01235280	地貌与自然地理学基础
11—12	1	012	地球与空间科学学院	01235290	环境与生态科学
11—12	1	012	地球与空间科学学院	01235310	测量学概论
11—12	1	012	地球与空间科学学院	01235320	地理科学进展
11—12	1	012	地球与空间科学学院	01235330	遥感应用
11—12	1	012	地球与空间科学学院	01235340	遥感图像处理实验
11—12	1	012	地球与空间科学学院	01235360	遥感应用原理与方法
11—12	1	012	地球与空间科学学院	01431110	地貌与第四纪地质
11—12	1	012	地球与空间科学学院	01431150	岩浆作用理论概述
11—12	1	012	地球与空间科学学院	01431250	微量元素地球化学
11—12	1	012	地球与空间科学学院	04831410	计算概论（B）
11—12	1	016	心理学系	01603011	心理测量
11—12	1	016	心理学系	01603333	实验心理学实验
11—12	1	016	心理学系	01630033	异常儿童心理学
11—12	1	016	心理学系	01630034	实验心理学
11—12	1	016	心理学系	01630042	社会性与个性发展
11—12	1	016	心理学系	01630044	社会心理学
11—12	1	016	心理学系	01630045	社会认知心理学
11—12	1	016	心理学系	01630046	社会冲突与管理
11—12	1	016	心理学系	01630051	心理统计（1）
11—12	1	016	心理学系	01630060	发展心理学
11—12	1	016	心理学系	01630090	变态心理学
11—12	1	016	心理学系	01630101	生理心理学
11—12	1	016	心理学系	01630121	认知心理学
11—12	1	016	心理学系	01630140	认知神经科学
11—12	1	016	心理学系	01630220	生理心理实验
11—12	1	016	心理学系	01630260	心理学研究方法
11—12	1	016	心理学系	01630600	组织管理心理学
11—12	1	016	心理学系	01630740	爱的心理学
11—12	1	016	心理学系	01630900	普通心理学
11—12	1	016	心理学系	01635042	大学生心理素质拓展
11—12	1	016	心理学系	01635060	大学生心理健康
11—12	1	016	心理学系	01639020	心理学概论
11—12	1	016	心理学系	04831410	计算概论（B）
11—12	1	016	心理学系	04831650	计算概论（B）上机
11—12	1	018	新闻与传播学院	01830110	外国新闻传播史
11—12	1	018	新闻与传播学院	01830260	广播电视概论
11—12	1	018	新闻与传播学院	01830300	网络传播
11—12	1	018	新闻与传播学院	01830480	广告学概论

续表

学年度	学期	院系编码	院系名称	课号	课名
11—12	1	018	新闻与传播学院	01830640	广告文案
11—12	1	018	新闻与传播学院	01831030	传播学概论
11—12	1	018	新闻与传播学院	01831190	编辑出版概论
11—12	1	018	新闻与传播学院	01831240	电子出版技术
11—12	1	018	新闻与传播学院	01831300	中国古籍资源与整理
11—12	1	018	新闻与传播学院	01831470	信息检索与利用
11—12	1	018	新闻与传播学院	01831490	社会调查研究方法
11—12	1	018	新闻与传播学院	01831610	汉语修辞学
11—12	1	018	新闻与传播学院	01831750	专题片及纪录片创作
11—12	1	018	新闻与传播学院	01831760	世界电影史
11—12	1	018	新闻与传播学院	01831800	汉语语言修养
11—12	1	018	新闻与传播学院	01831990	跨文化交流学
11—12	1	018	新闻与传播学院	01832220	毕业实习
11—12	1	018	新闻与传播学院	01832400	广播电视专题研究
11—12	1	018	新闻与传播学院	01832420	品牌研究
11—12	1	018	新闻与传播学院	01832650	公共关系
11—12	1	018	新闻与传播学院	01832730	传媒法律法规
11—12	1	018	新闻与传播学院	01832760	英语新闻阅读
11—12	1	018	新闻与传播学院	01832940	新闻学概论
11—12	1	018	新闻与传播学院	01832970	高级采访写作
11—12	1	018	新闻与传播学院	01832980	播音与主持
11—12	1	018	新闻与传播学院	01832990	新闻与中国当代改革
11—12	1	018	新闻与传播学院	01833030	广播电视节目制作
11—12	1	018	新闻与传播学院	01833090	电脑辅助设计
11—12	1	018	新闻与传播学院	01833110	编辑实用语文写作
11—12	1	018	新闻与传播学院	01833120	选题策划与书刊编辑实务
11—12	1	018	新闻与传播学院	01833170	英语新闻采写
11—12	1	018	新闻与传播学院	01833180	传播学英语经典阅读
11—12	1	018	新闻与传播学院	01833250	网络采编实务
11—12	1	018	新闻与传播学院	01833370	新媒体与社会
11—12	1	018	新闻与传播学院	01833470	沟通、文化和社会：中国道路
11—12	1	018	新闻与传播学院	01833480	广播电视新闻分析
11—12	1	018	新闻与传播学院	01833490	跨文化新闻传播案例分析
11—12	1	020	中国语言文学系	02030011	现代汉语（上）
11—12	1	020	中国语言文学系	02030021	古代汉语（上）
11—12	1	020	中国语言文学系	02030031	中国古代文学史（一）
11—12	1	020	中国语言文学系	02030033	中国古代文学史（三）
11—12	1	020	中国语言文学系	02030070	语言学概论
11—12	1	020	中国语言文学系	02030120	汉语方言学
11—12	1	020	中国语言文学系	02030150	理论语言学
11—12	1	020	中国语言文学系	02030220	目录学
11—12	1	020	中国语言文学系	02030230	版本学
11—12	1	020	中国语言文学系	02030252	古文献学史（下）
11—12	1	020	中国语言文学系	02030320	台港及海外华文文学
11—12	1	020	中国语言文学系	02030330	民俗学
11—12	1	020	中国语言文学系	02030470	散曲研究
11—12	1	020	中国语言文学系	02030700	文艺美学

续表

学年度	学期	院系编码	院系名称	课号	课名
11—12	1	020	中国语言文学系	02030950	汉语修辞学
11—12	1	020	中国语言文学系	02030980	实验语音学基础
11—12	1	020	中国语言文学系	02031090	《孟子》选读
11—12	1	020	中国语言文学系	02031170	语义学
11—12	1	020	中国语言文学系	02031200	日本中国学
11—12	1	020	中国语言文学系	02031320	《文心雕龙》研究
11—12	1	020	中国语言文学系	02031521	汉语史（上）
11—12	1	020	中国语言文学系	02031540	中国古代文化
11—12	1	020	中国语言文学系	02032200	现代通俗小说
11—12	1	020	中国语言文学系	02032300	接受美学理论的嬗变
11—12	1	020	中国语言文学系	02032780	西方文学理论史
11—12	1	020	中国语言文学系	02032880	唐宋词选讲
11—12	1	020	中国语言文学系	02033000	台湾文学
11—12	1	020	中国语言文学系	02033100	语言工程与中文信息处理
11—12	1	020	中国语言文学系	02033170	影片精读
11—12	1	020	中国语言文学系	02033230	汉语语义学基础
11—12	1	020	中国语言文学系	02033270	中国文学理论批评史
11—12	1	020	中国语言文学系	02033280	现代诗歌与文化
11—12	1	020	中国语言文学系	02033320	中国古代诗歌理论专题
11—12	1	020	中国语言文学系	02033360	中国当代文学
11—12	1	020	中国语言文学系	02033440	近代文学改良思潮
11—12	1	020	中国语言文学系	02033450	古代典籍概要
11—12	1	020	中国语言文学系	02033570	静园学术讲座
11—12	1	020	中国语言文学系	02033580	古代汉语
11—12	1	020	中国语言文学系	02033600	文学与文化
11—12	1	020	中国语言文学系	02033650	明清白话长篇小说研究
11—12	1	020	中国语言文学系	02033810	中国现代都市小说选读
11—12	1	020	中国语言文学系	02033820	新世界网络文学研讨
11—12	1	020	中国语言文学系	02033830	经典讲读
11—12	1	020	中国语言文学系	02033840	美国汉学
11—12	1	020	中国语言文学系	02033850	中国古籍入门
11—12	1	020	中国语言文学系	02033861	中国古代文学经典（一）
11—12	1	020	中国语言文学系	02039310	大学语文
11—12	1	020	中国语言文学系	02080042	现代汉语（下）
11—12	1	020	中国语言文学系	02080051	古代汉语（上）
11—12	1	020	中国语言文学系	02080080	中国古代文化
11—12	1	020	中国语言文学系	02080261	中国现代文学（上）
11—12	1	020	中国语言文学系	02080330	汉字书法
11—12	1	020	中国语言文学系	02080331	中国当代文学作品（上）
11—12	1	020	中国语言文学系	02080341	中国古代文学（一）
11—12	1	020	中国语言文学系	02080343	中国古代文学（三）
11—12	1	020	中国语言文学系	02080381	汉语听说（上）
11—12	1	020	中国语言文学系	02080410	中国民俗与社会生活
11—12	1	020	中国语言文学系	02080421	阅读与写作（初级）
11—12	1	020	中国语言文学系	02080423	阅读与写作（中级下）
11—12	1	020	中国语言文学系	02130011	中国古代史（上）
11—12	1	021	历史学系	02100020	中世纪欧洲社会与政治：文献和研究

续表

学年度	学期	院系编码	院系名称	课号	课名
11—12	1	021	历史学系	02112520	《四库全书总目》研读
11—12	1	021	历史学系	02113271	古希腊语阅读（1）
11—12	1	021	历史学系	02130011	中国古代史（上）
11—12	1	021	历史学系	02130020	中国近代史
11—12	1	021	历史学系	02130101	中国历史文选（上）
11—12	1	021	历史学系	02130120	中国史学史
11—12	1	021	历史学系	02130130	外国史学史
11—12	1	021	历史学系	02130180	中国古代政治文化
11—12	1	021	历史学系	02130230	中国近代经济史
11—12	1	021	历史学系	02130252	中国现代对外关系史
11—12	1	021	历史学系	02131101	拉丁文基础（1）
11—12	1	021	历史学系	02131230	二十世纪世界史
11—12	1	021	历史学系	02131250	西方文明史导论
11—12	1	021	历史学系	02131310	中国传统官僚政治制度
11—12	1	021	历史学系	02131350	中国古代史专题
11—12	1	021	历史学系	02131400	埃及学专题
11—12	1	021	历史学系	02131430	美国史通论
11—12	1	021	历史学系	02131490	日本及日本人论
11—12	1	021	历史学系	02131771	现代希腊语（1）
11—12	1	021	历史学系	02131821	现代希腊语入门和辅导（1）
11—12	1	021	历史学系	02131991	基础意大利语（1）
11—12	1	021	历史学系	02131992	基础意大利语（2）
11—12	1	021	历史学系	02132040	中国历史文化导论
11—12	1	021	历史学系	02132080	世界史通论
11—12	1	021	历史学系	02132090	外文原版教材阅读指导
11—12	1	021	历史学系	02132130	西方史学史专题
11—12	1	021	历史学系	02132150	社会史研究导论
11—12	1	021	历史学系	02132190	中国古代经济史专题
11—12	1	021	历史学系	02132210	蒙古古代史
11—12	1	021	历史学系	02132620	纳粹德国史
11—12	1	021	历史学系	02132680	韩国史通论
11—12	1	021	历史学系	02132750	中国通史（古代部分）
11—12	1	021	历史学系	02132760	影像中的非洲历史与文化
11—12	1	021	历史学系	02133030	学年论文
11—12	1	021	历史学系	02133050	西方基督教遗产
11—12	1	021	历史学系	02133080	罗马帝国史
11—12	1	021	历史学系	02133620	古希腊罗马史
11—12	1	021	历史学系	02133630	中世纪欧洲史
11—12	1	021	历史学系	02133650	美洲史
11—12	1	021	历史学系	02133670	外文历史文献选读
11—12	1	021	历史学系	02133692	外文历史名著选读（下）
11—12	1	021	历史学系	02133700	英文历史学文献翻译
11—12	1	021	历史学系	02138850	中国现代社会史
11—12	1	021	历史学系	02138880	明清地方行政与基层社会
11—12	1	021	历史学系	02139160	欧洲一体化研究
11—12	1	021	历史学系	02139190	非洲史
11—12	1	022	考古文博学院	01034920	普通化学实验（B）

续表

学年度	学期	院系编码	院系名称	课号	课名
11—12	1	022	考古文博学院	02230300	文化人类学
11—12	1	022	考古文博学院	02230570	冶金考古
11—12	1	022	考古文博学院	02230590	博物馆教育
11—12	1	022	考古文博学院	02230830	无机质文物保护与实验
11—12	1	022	考古文博学院	02231040	博物馆学概论
11—12	1	022	考古文博学院	02231050	设计初步
11—12	1	022	考古文博学院	02231060	博物馆陈列内容设计
11—12	1	022	考古文博学院	02231110	建筑设计（二）
11—12	1	022	考古文博学院	02231141	计算机制图与表现
11—12	1	022	考古文博学院	02231170	中国古代物质文化史
11—12	1	022	考古文博学院	02231180	古罗马考古与艺术通论
11—12	1	022	考古文博学院	02231230	博物馆实习
11—12	1	022	考古文博学院	02232101	中国考古学（上一）
11—12	1	022	考古文博学院	02232102	中国考古学（上二）
11—12	1	022	考古文博学院	02232240	地质考古学
11—12	1	022	考古文博学院	02233030	现代建筑构造与结构选型
11—12	1	022	考古文博学院	02233050	文化遗产保护规划设计理论与方法
11—12	1	022	考古文博学院	02240011	中国建筑史（上）
11—12	1	022	考古文博学院	02240012	中国建筑史（下）
11—12	1	022	考古文博学院	02240060	传统建筑概预算
11—12	1	022	考古文博学院	02240230	博物馆实习
11—12	1	022	考古文博学院	02240250	文化遗产管理
11—12	1	022	考古文博学院	02240290	田野考古实习
11—12	1	022	考古文博学院	02240340	中国考古发现与探索
11—12	1	022	考古文博学院	02240410	文物分析技术
11—12	1	023	哲学系(宗教学系)	02312060	儒家哲学著作选读
11—12	1	023	哲学系(宗教学系)	02313141	圣经希伯来语（一）
11—12	1	023	哲学系(宗教学系)	02315280	动态逻辑
11—12	1	023	哲学系(宗教学系)	02318170	海外汉学中的道教学
11—12	1	023	哲学系(宗教学系)	02318500	宗教与中西文明传统比较研究
11—12	1	023	哲学系(宗教学系)	02330000	哲学导论
11—12	1	023	哲学系(宗教学系)	02330026	马克思主义哲学导论（下）
11—12	1	023	哲学系(宗教学系)	02330030	逻辑导论
11—12	1	023	哲学系(宗教学系)	02330091	中国现代哲学史
11—12	1	023	哲学系(宗教学系)	02330142	伦理学导论
11—12	1	023	哲学系(宗教学系)	02330152	美学原理
11—12	1	023	哲学系(宗教学系)	02330161	宗教学导论
11—12	1	023	哲学系(宗教学系)	02330350	西方马克思主义专题
11—12	1	023	哲学系(宗教学系)	02330354	分析的马克思主义
11—12	1	023	哲学系(宗教学系)	02330500	环境哲学
11—12	1	023	哲学系(宗教学系)	02330501	美国环境思想
11—12	1	023	哲学系(宗教学系)	02330540	管理哲学
11—12	1	023	哲学系(宗教学系)	02330800	西方美学史
11—12	1	023	哲学系(宗教学系)	02331031	一阶逻辑
11—12	1	023	哲学系(宗教学系)	02331050	模态逻辑
11—12	1	023	哲学系(宗教学系)	02331190	集合论
11—12	1	023	哲学系(宗教学系)	02331192	逻辑哲学专题

续表

学年度	学期	院系编码	院系名称	课号	课名
11—12	1	023	哲学系(宗教学系)	02331221	模型论
11—12	1	023	哲学系(宗教学系)	02331371	数学结构
11—12	1	023	哲学系(宗教学系)	02332013	印度佛教史
11—12	1	023	哲学系(宗教学系)	02332024	中国伊斯兰教史
11—12	1	023	哲学系(宗教学系)	02332035	阿拉伯伊斯兰文化
11—12	1	023	哲学系(宗教学系)	02332118	基督教原典
11—12	1	023	哲学系(宗教学系)	02332134	圣经选读:《路加福音》
11—12	1	023	哲学系(宗教学系)	02332250	中国宗教史
11—12	1	023	哲学系(宗教学系)	02332338	印度佛教经典选读
11—12	1	023	哲学系(宗教学系)	02332450	本体论论证
11—12	1	023	哲学系(宗教学系)	02332480	全球化时代的宗教关系
11—12	1	023	哲学系(宗教学系)	02332614	拉丁语(Ⅰ)
11—12	1	023	哲学系(宗教学系)	02332720	现代欧陆哲学原著选读
11—12	1	023	哲学系(宗教学系)	02333150	分析哲学专题
11—12	1	023	哲学系(宗教学系)	02333170	后现代主义哲学
11—12	1	023	哲学系(宗教学系)	02333321	中国哲学专题
11—12	1	023	哲学系(宗教学系)	02333390	语言哲学
11—12	1	023	哲学系(宗教学系)	02335062	西方哲学史(下)
11—12	1	023	哲学系(宗教学系)	02335072	中国哲学史(下)
11—12	1	023	哲学系(宗教学系)	02335122	复杂性科学与哲学
11—12	1	023	哲学系(宗教学系)	02335130	科学通史
11—12	1	023	哲学系(宗教学系)	02335260	文学与伦理
11—12	1	023	哲学系(宗教学系)	02335330	世界文明中的科学技术
11—12	1	023	哲学系(宗教学系)	02336180	中世纪哲学原著
11—12	1	023	哲学系(宗教学系)	02336190	康德实践哲学
11—12	1	023	哲学系(宗教学系)	02336200	康德宗教哲学
11—12	1	024	国际关系学院	02430010	国际政治概论
11—12	1	024	国际关系学院	02430020	国际政治经济学
11—12	1	024	国际关系学院	02430032	世界社会主义概论
11—12	1	024	国际关系学院	02430050	外交学
11—12	1	024	国际关系学院	02430091	国际关系史(上)
11—12	1	024	国际关系学院	02430140	中华人民共和国对外关系
11—12	1	024	国际关系学院	02430150	中国政治概论
11—12	1	024	国际关系学院	02430151	英语听说(一)
11—12	1	024	国际关系学院	02430153	英语听说(三)
11—12	1	024	国际关系学院	02430160	英语写作
11—12	1	024	国际关系学院	02430411	西方国际关系理论
11—12	1	024	国际关系学院	02430620	两岸关系与一国两制
11—12	1	024	国际关系学院	02430891	国际战略分析
11—12	1	024	国际关系学院	02430930	国际法
11—12	1	024	国际关系学院	02430961	中文报刊选读(一)
11—12	1	024	国际关系学院	02430963	中文报刊选读(三)
11—12	1	024	国际关系学院	02431091	专业汉语(一)
11—12	1	024	国际关系学院	02431111	留学生英语(一)
11—12	1	024	国际关系学院	02431240	西方外交思想概论
11—12	1	024	国际关系学院	02431291	媒体与国际关系
11—12	1	024	国际关系学院	02431300	东欧各国政治与外交

续表

学年度	学期	院系编码	院系名称	课号	课名
11—12	1	024	国际关系学院	02431301	东欧政治经济
11—12	1	024	国际关系学院	02431320	东南亚各国政治与外交
11—12	1	024	国际关系学院	02431330	日本政治与外交
11—12	1	024	国际关系学院	02431350	美国政治与外交
11—12	1	024	国际关系学院	02431380	东北亚政治与外交
11—12	1	024	国际关系学院	02431390	中东政治与外交
11—12	1	024	国际关系学院	02431420	俄罗斯政治与外交
11—12	1	024	国际关系学院	02431672	英汉翻译
11—12	1	024	国际关系学院	02431680	英语原著选读
11—12	1	024	国际关系学院	02431690	心理、行为与文化
11—12	1	024	国际关系学院	02431920	欧洲联盟概论
11—12	1	024	国际关系学院	02431930	中苏关系及其对中国社会发展的影响
11—12	1	024	国际关系学院	02431940	台湾政治概论
11—12	1	024	国际关系学院	02431961	日语（一）
11—12	1	024	国际关系学院	02432040	国际关系心理学
11—12	1	024	国际关系学院	02433030	国际经济学
11—12	1	024	国际关系学院	02433050	国际贸易政治学
11—12	1	024	国际关系学院	02433130	美国政治经济
11—12	1	024	国际关系学院	02433140	日本政治经济
11—12	1	024	国际关系学院	02433150	俄罗斯政治经济
11—12	1	024	国际关系学院	02433160	欧盟政治经济
11—12	1	024	国际关系学院	02433200	伊斯兰与世界政治
11—12	1	024	国际关系学院	02433210	中东政治经济
11—12	1	024	国际关系学院	02433221	香港澳门概论
11—12	1	024	国际关系学院	02433260	中国与朝鲜半岛
11—12	1	024	国际关系学院	02433320	新高地上的中国外交：政策与理论
11—12	1	024	国际关系学院	04031730	毛泽东思想和中国特色社会主义理论体系概论
11—12	1	025	经济学院	00130201	高等数学（B）（一）
11—12	1	025	经济学院	00130211	高等数学（B）（一）习题课
11—12	1	025	经济学院	00131460	线性代数（B）
11—12	1	025	经济学院	00131470	线性代数（B）习题
11—12	1	025	经济学院	02530051	统计学
11—12	1	025	经济学院	02530060	微观经济学
11—12	1	025	经济学院	02530061	微观经济学习题课
11—12	1	025	经济学院	02530090	国际贸易
11—12	1	025	经济学院	02530150	发展经济学
11—12	1	025	经济学院	02530170	《资本论》选读
11—12	1	025	经济学院	02530340	投资学
11—12	1	025	经济学院	02530460	财产与责任保险
11—12	1	025	经济学院	02530480	国际经济学
11—12	1	025	经济学院	02531080	社会保险
11—12	1	025	经济学院	02532220	金融市场学
11—12	1	025	经济学院	02532240	金融经济学导论
11—12	1	025	经济学院	02532260	信息经济学
11—12	1	025	经济学院	02532340	中国经济史
11—12	1	025	经济学院	02532410	商业银行管理
11—12	1	025	经济学院	02532440	国际金融组织

续表

学年度	学期	院系编码	院系名称	课号	课名
11—12	1	025	经济学院	02532510	公债管理
11—12	1	025	经济学院	02533160	经济学原理（Ⅰ）
11—12	1	025	经济学院	02533180	政治经济学（上）
11—12	1	025	经济学院	02533250	公共经济学
11—12	1	025	经济学院	02533280	经济学方法论
11—12	1	025	经济学院	02533370	环境资源经济学
11—12	1	025	经济学院	02533380	西方经济学主要流派
11—12	1	025	经济学院	02533410	西方财政学
11—12	1	025	经济学院	02533430	俄罗斯经济
11—12	1	025	经济学院	02533520	国际金融
11—12	1	025	经济学院	02533570	公司金融
11—12	1	025	经济学院	02533650	环境核算与环境会计
11—12	1	025	经济学院	02533670	农村金融学
11—12	1	025	经济学院	02533690	应用时间序列分析
11—12	1	025	经济学院	02533700	动态优化理论
11—12	1	025	经济学院	02533710	会计学原理
11—12	1	025	经济学院	02533720	数理经济学
11—12	1	025	经济学院	02533730	中国经济导论
11—12	1	025	经济学院	02533940	社会企业家精神培养实验
11—12	1	025	经济学院	02533950	信托与租赁
11—12	1	025	经济学院	02533990	韩国经济
11—12	1	025	经济学院	02534000	生态经济学
11—12	1	025	经济学院	02534010	国际营销学
11—12	1	025	经济学院	02534200	风险管理学
11—12	1	025	经济学院	02534240	人寿与健康保险
11—12	1	025	经济学院	02534280	卫生经济学
11—12	1	025	经济学院	02534290	保险投资管理
11—12	1	025	经济学院	02534300	现代金融理论简史
11—12	1	025	经济学院	02534310	财政学研究方法
11—12	1	025	经济学院	02534380	应用经济计量
11—12	1	025	经济学院	02534420	个人财务管理
11—12	1	025	经济学院	02534470	土地经济学
11—12	1	025	经济学院	02534650	金融衍生品
11—12	1	025	经济学院	02534660	行为金融学导论
11—12	1	025	经济学院	02534690	人力资本与经济发展
11—12	1	025	经济学院	02534710	激励理论与经济发展
11—12	1	025	经济学院	02534750	公共选择理论
11—12	1	025	经济学院	02534760	比较税收学
11—12	1	025	经济学院	02534780	区域经济学
11—12	1	025	经济学院	02534920	法律与经济学
11—12	1	025	经济学院	02535000	中国公共财政前沿
11—12	1	028	光华管理学院	00130201	高等数学（B）（一）
11—12	1	028	光华管理学院	00130211	高等数学（B）（一）习题课
11—12	1	028	光华管理学院	02830150	中国经济
11—12	1	028	光华管理学院	02830230	商业活动在中国：管理视角
11—12	1	028	光华管理学院	02830240	运营管理
11—12	1	028	光华管理学院	02830260	影子中央银行

续表

学年度	学期	院系编码	院系名称	课号	课名
11—12	1	028	光华管理学院	02831100	组织与管理
11—12	1	028	光华管理学院	02831111	专业英语（1）
11—12	1	028	光华管理学院	02831220	经济学
11—12	1	028	光华管理学院	02831520	会计学
11—12	1	028	光华管理学院	02831620	劳动经济学
11—12	1	028	光华管理学院	02832110	微观经济学
11—12	1	028	光华管理学院	02832420	金融学中的数学方法
11—12	1	028	光华管理学院	02832480	成本与管理会计
11—12	1	028	光华管理学院	02832510	财务会计
11—12	1	028	光华管理学院	02832640	营销学
11—12	1	028	光华管理学院	02832700	定价管理
11—12	1	028	光华管理学院	02833230	金融市场与金融机构
11—12	1	028	光华管理学院	02833430	公司财务管理
11—12	1	028	光华管理学院	02833440	营销渠道
11—12	1	028	光华管理学院	02833460	品牌管理
11—12	1	028	光华管理学院	02833500	税法与税务会计
11—12	1	028	光华管理学院	02833670	高级财务会计
11—12	1	028	光华管理学院	02833710	运筹学
11—12	1	028	光华管理学院	02833880	计算机语言
11—12	1	028	光华管理学院	02834020	金融学概论
11—12	1	028	光华管理学院	02834390	战略管理
11—12	1	028	光华管理学院	02834430	财务报表分析
11—12	1	028	光华管理学院	02834720	概率统计
11—12	1	028	光华管理学院	02834740	运作与信息管理
11—12	1	028	光华管理学院	02834840	金融衍生工具
11—12	1	028	光华管理学院	02835620	会计审计与财务管理专题
11—12	1	028	光华管理学院	02837180	财务案例分析
11—12	1	029	法学院	02930010	法理学
11—12	1	029	法学院	02930020	中国法律思想史
11—12	1	029	法学院	02930040	西方法律思想史
11—12	1	029	法学院	02930050	民事诉讼法
11—12	1	029	法学院	02930060	宪法学
11—12	1	029	法学院	02930085	民法分论
11—12	1	029	法学院	02930102	刑法分论（刑法二）
11—12	1	029	法学院	02930171	法律实务——诊所式法律教育
11—12	1	029	法学院	02930172	非营利组织法
11—12	1	029	法学院	02930180	知识产权法学
11—12	1	029	法学院	02930201	企业与公司法学
11—12	1	029	法学院	02930249	竞争法
11—12	1	029	法学院	02930261	信托法
11—12	1	029	法学院	02930270	财政税收法
11—12	1	029	法学院	02930300	劳动法与社会保障法
11—12	1	029	法学院	02930390	专业英语（听力及口语）
11—12	1	029	法学院	02930480	国际公法
11—12	1	029	法学院	02930502	中国法律与中国社会
11—12	1	029	法学院	02930520	司法精神病学
11—12	1	029	法学院	02930560	比较司法制度

续表

学年度	学期	院系编码	院系名称	课号	课名
11—12	1	029	法学院	02930580	票据法
11—12	1	029	法学院	02930650	科技法
11—12	1	029	法学院	02930670	立法学
11—12	1	029	法学院	02930760	心理卫生学概论
11—12	1	029	法学院	02930770	保险法
11—12	1	029	法学院	02930780	刑事执行法
11—12	1	029	法学院	02930842	传媒法
11—12	1	029	法学院	02930890	经济法学
11—12	1	029	法学院	02930901	实习
11—12	1	029	法学院	02930903	法律社会学
11—12	1	029	法学院	02930905	犯罪通论
11—12	1	029	法学院	02930940	环境法
11—12	1	029	法学院	02930970	物权法
11—12	1	029	法学院	02930983	国际投资法
11—12	1	029	法学院	02930989	刑法学
11—12	1	029	法学院	02930995	会计法与审计法
11—12	1	029	法学院	02930998	网络法
11—12	1	029	法学院	02939983	法治与礼治：中国政法传统研究
11—12	1	029	法学院	02939995	国际私法
11—12	1	029	法学院	02939999	法律导论
11—12	1	029	法学院	0293007a	行政法与行政诉讼法
11—12	1	029	法学院	0293008a	民法总论
11—12	1	029	法学院	0293063a	刑事侦查学
11—12	1	029	法学院	0293074a	专业英语
11—12	1	030	信息管理系	03030630	信息存储与检索
11—12	1	030	信息管理系	03030700	计算机网络
11—12	1	030	信息管理系	03030720	信息经济学
11—12	1	030	信息管理系	03031170	信息存储与检索上机
11—12	1	030	信息管理系	03032000	管理学原理
11—12	1	030	信息管理系	03032130	信息组织
11—12	1	030	信息管理系	03032170	媒体与社会
11—12	1	030	信息管理系	03032180	出版文化学
11—12	1	030	信息管理系	03032230	电子商务
11—12	1	030	信息管理系	03032270	图书馆管理
11—12	1	030	信息管理系	03032380	专业英语
11—12	1	030	信息管理系	03033070	信息系统分析与设计
11—12	1	030	信息管理系	03033180	信息资源建设
11—12	1	030	信息管理系	03033220	广告学概论
11—12	1	030	信息管理系	03033243	中国名著导读
11—12	1	030	信息管理系	03033350	面向对象程序设计 Java
11—12	1	030	信息管理系	03033360	面向对象程序设计 Java 上机
11—12	1	030	信息管理系	03033400	信息资源管理基础
11—12	1	030	信息管理系	03033420	信息资源编目
11—12	1	030	信息管理系	03033430	Web 信息构建理论与实践
11—12	1	030	信息管理系	03033440	数据挖掘导论
11—12	1	030	信息管理系	03033470	图书馆参考咨询
11—12	1	030	信息管理系	03033500	运筹学基础

续表

学年度	学期	院系编码	院系名称	课号	课名
11—12	1	031	社会学系	03100130	国外社会学学说（上）
11—12	1	031	社会学系	03130010	社会学概论
11—12	1	031	社会学系	03130020	国外社会学学说（下）
11—12	1	031	社会学系	03130120	社会统计学
11—12	1	031	社会学系	03130210	社会心理学
11—12	1	031	社会学系	03130420	个案工作
11—12	1	031	社会学系	03130470	社会政策
11—12	1	031	社会学系	03130560	组织社会学
11—12	1	031	社会学系	03130660	发展社会学
11—12	1	031	社会学系	03130710	越轨与犯罪社会学
11—12	1	031	社会学系	03130820	民族志研究方法
11—12	1	031	社会学系	03130940	人类学导论
11—12	1	031	社会学系	03131010	社会学专题讲座
11—12	1	031	社会学系	03131160	社会学导论
11—12	1	031	社会学系	03131220	社区工作
11—12	1	031	社会学系	03131260	数据分析技术
11—12	1	031	社会学系	03131290	医学社会学
11—12	1	031	社会学系	03131390	中国社会福利
11—12	1	031	社会学系	03131500	社会调查与研究方法
11—12	1	031	社会学系	03131520	马列经典著作选读
11—12	1	031	社会学系	03131530	人口社会学
11—12	1	031	社会学系	03131600	社会调查研究方法
11—12	1	031	社会学系	03131750	批判的教育社会学
11—12	1	031	社会学系	03131800	贫困与社会政策
11—12	1	032	政府管理学院	03230020	政治学原理
11—12	1	032	政府管理学院	03230040	比较政治学概论
11—12	1	032	政府管理学院	03230050	当代中国政府与政治
11—12	1	032	政府管理学院	03230120	组织与管理
11—12	1	032	政府管理学院	03230410	西方文官制度
11—12	1	032	政府管理学院	03230430	国家公务员制度
11—12	1	032	政府管理学院	03230450	行政领导学
11—12	1	032	政府管理学院	03230670	秘书学与秘书工作
11—12	1	032	政府管理学院	03230700	中国近现代政治发展史
11—12	1	032	政府管理学院	03231050	公共经济学原理
11—12	1	032	政府管理学院	03231090	战略管理
11—12	1	032	政府管理学院	03231180	博弈论与政策科学
11—12	1	032	政府管理学院	03231210	公共政策案例分析
11—12	1	032	政府管理学院	03231230	城市与区域经济
11—12	1	032	政府管理学院	03231240	经济地理学
11—12	1	032	政府管理学院	03231260	城市规划
11—12	1	032	政府管理学院	03231430	公共福利与社会保障政策
11—12	1	032	政府管理学院	03231470	货币与金融政策
11—12	1	032	政府管理学院	03232150	创新与企业
11—12	1	032	政府管理学院	03232170	公民社会与非营利组织概论
11—12	1	032	政府管理学院	03232270	政治学概论
11—12	1	032	政府管理学院	03232280	公共行政学概论
11—12	1	032	政府管理学院	03232310	政治学科的理论与方法

续表

学年度	学期	院系编码	院系名称	课号	课名
11—12	1	032	政府管理学院	03232340	国家与市场
11—12	1	032	政府管理学院	03232360	地理信息系统基础与应用
11—12	1	032	政府管理学院	03232370	经济法学
11—12	1	038	外国语学院大学英语教研室	03835061	大学英语（一）(2)
11—12	1	038	外国语学院大学英语教研室	03835062	大学英语（二）(2)
11—12	1	038	外国语学院大学英语教研室	03835063	大学英语（三）(2)
11—12	1	038	外国语学院大学英语教研室	03835067	大学英语（四）
11—12	1	038	外国语学院大学英语教研室	03835150	高级英语——阅读与写作
11—12	1	038	外国语学院大学英语教研室	03835170	高级英语听力技巧
11—12	1	038	外国语学院大学英语教研室	03835201	大学英语 ABC（一）(2)
11—12	1	038	外国语学院大学英语教研室	03835203	大学英语 ABC（三）(2)
11—12	1	038	外国语学院大学英语教研室	03835230	实用英语词汇学
11—12	1	038	外国语学院大学英语教研室	03835260	英语名著与电影
11—12	1	038	外国语学院大学英语教研室	03835350	大学英语听说
11—12	1	038	外国语学院大学英语教研室	03835360	英汉口译
11—12	1	038	外国语学院大学英语教研室	03835390	文艺复兴艺术作品与圣经故事
11—12	1	038	外国语学院大学英语教研室	03835410	职场英语
11—12	1	038	外国语学院大学英语教研室	03835430	英美文化与社会习俗
11—12	1	038	外国语学院大学英语教研室	03835500	新西兰历史与文化
11—12	1	038	外国语学院大学英语教研室	03835830	西方文化选读
11—12	1	038	外国语学院大学英语教研室	03835840	英美短篇小说赏析
11—12	1	038	外国语学院大学英语教研室	03835900	高级英语写作
11—12	1	038	外国语学院大学英语教研室	03835940	语音与听说词汇
11—12	1	038	外国语学院大学英语教研室	03835950	高级英语口语
11—12	1	038	外国语学院大学英语教研室	03835960	英文文体风格鉴赏
11—12	1	038	外国语学院大学英语教研室	03835970	语调与听说语法
11—12	1	038	外国语学院大学英语教研室	03835980	澳大利亚社会与文化
11—12	1	039	外国语学院	03530049	基础语言学研究
11—12	1	039	外国语学院	03530170	东方文学名著导读
11—12	1	039	外国语学院	03530180	古代东方文明
11—12	1	039	外国语学院	03530241	公共阿拉伯语（上）
11—12	1	039	外国语学院	03530441	公共韩国语（上）
11—12	1	039	外国语学院	03530481	初级泰语（一）
11—12	1	039	外国语学院	03531103	蒙古报刊阅读（三）
11—12	1	039	外国语学院	03531131	蒙古语翻译教程（上）
11—12	1	039	外国语学院	03531180	蒙古史
11—12	1	039	外国语学院	03531193	高年级蒙古语（三）
11—12	1	039	外国语学院	03531401	基础韩国（朝鲜）语（一）
11—12	1	039	外国语学院	03531403	基础韩国（朝鲜）语（三）
11—12	1	039	外国语学院	03531520	韩（朝鲜）半岛概况
11—12	1	039	外国语学院	03531611	韩国（朝鲜）文学简史（上）
11—12	1	039	外国语学院	03531670	韩国（朝鲜）文化
11—12	1	039	外国语学院	03531681	韩国（朝鲜）名篇选读（上）
11—12	1	039	外国语学院	03531710	韩国（朝鲜）经济
11—12	1	039	外国语学院	03531801	韩国（朝鲜）语视听说（一）
11—12	1	039	外国语学院	03531803	韩国（朝鲜）语视听说（三）
11—12	1	039	外国语学院	03531811	高级韩国（朝鲜）语（一）

续表

学年度	学期	院系编码	院系名称	课号	课名
11—12	1	039	外国语学院	03531831	韩国（朝鲜）语报刊选读（上）
11—12	1	039	外国语学院	03531841	高级韩国（朝鲜）语口语（一）
11—12	1	039	外国语学院	03531860	韩国（朝鲜）民俗
11—12	1	039	外国语学院	03531920	日本语言、文学、文化专题
11—12	1	039	外国语学院	03531959	日语文言语法
11—12	1	039	外国语学院	03532021	基础日语（一）
11—12	1	039	外国语学院	03532023	基础日语（三）
11—12	1	039	外国语学院	03532041	日语视听说（一）
11—12	1	039	外国语学院	03532060	日语写作
11—12	1	039	外国语学院	03532079	日语口译指导
11—12	1	039	外国语学院	03532100	日本报刊选读
11—12	1	039	外国语学院	03532130	汉译日教程
11—12	1	039	外国语学院	03532200	日本现代文学作品选读
11—12	1	039	外国语学院	03532251	公共日语（一）
11—12	1	039	外国语学院	03532260	中日文化交流史
11—12	1	039	外国语学院	03532321	高年级日语（一）
11—12	1	039	外国语学院	03532333	高年级日语（三）
11—12	1	039	外国语学院	03532401	基础日语（一）
11—12	1	039	外国语学院	03532412	日语视听说（二）
11—12	1	039	外国语学院	03532421	日语阅读（一）
11—12	1	039	外国语学院	03532430	日本文化概论
11—12	1	039	外国语学院	03532460	日本概况
11—12	1	039	外国语学院	03533052	越南语泛读（下）
11—12	1	039	外国语学院	03533060	越南语语法
11—12	1	039	外国语学院	03533099	越南现代小说选读
11—12	1	039	外国语学院	03533101	越南语视听说（一）
11—12	1	039	外国语学院	03533161	汉越语口译（上）
11—12	1	039	外国语学院	03533551	泰语翻译教程（上）
11—12	1	039	外国语学院	03533590	泰国文学史
11—12	1	039	外国语学院	03534015	缅甸语（五）
11—12	1	039	外国语学院	03534120	缅甸文化
11—12	1	039	外国语学院	03534211	缅甸报刊选读（一）
11—12	1	039	外国语学院	03534252	缅甸语视听说（二）
11—12	1	039	外国语学院	03534551	印度尼西亚历史（一）
11—12	1	039	外国语学院	03534813	印尼语（三）
11—12	1	039	外国语学院	03535021	希伯来语视听说（一）
11—12	1	039	外国语学院	03535161	希伯来语（一）
11—12	1	039	外国语学院	03535673	菲律宾语（三）
11—12	1	039	外国语学院	03536022	印地语视听说（二）
11—12	1	039	外国语学院	03536060	印地语语法
11—12	1	039	外国语学院	03536131	梵语文学作品选读（上）
11—12	1	039	外国语学院	03536141	梵语佛教文献选读（上）
11—12	1	039	外国语学院	03536170	印度概况
11—12	1	039	外国语学院	03536240	印度宗教
11—12	1	039	外国语学院	03536261	印度佛教史（上）
11—12	1	039	外国语学院	03536301	印地语报刊阅读（一）
11—12	1	039	外国语学院	03536321	西方印度学专题（上）

续表

学年度	学期	院系编码	院系名称	课号	课名
11—12	1	039	外国语学院	03536402	德语（二）
11—12	1	039	外国语学院	03536501	印地语（一）
11—12	1	039	外国语学院	03536700	印度历史
11—12	1	039	外国语学院	03536915	印地语（五）
11—12	1	039	外国语学院	03537032	乌尔都语口语（下）
11—12	1	039	外国语学院	03537091	乌尔都语写作教程（上）
11—12	1	039	外国语学院	03537281	乌尔都语泛读（上）
11—12	1	039	外国语学院	03537353	基础乌尔都语（三）
11—12	1	039	外国语学院	03537361	乌尔都语听力（上）
11—12	1	039	外国语学院	03537540	波斯语阅读
11—12	1	039	外国语学院	03537572	波斯语小说（下）
11—12	1	039	外国语学院	03537611	波斯文学史（上）
11—12	1	039	外国语学院	03537692	波斯语报刊阅读（下）
11—12	1	039	外国语学院	03538011	基础阿拉伯语（一）
11—12	1	039	外国语学院	03538013	基础阿拉伯语（三）
11—12	1	039	外国语学院	03538022	阿拉伯语视听（二）
11—12	1	039	外国语学院	03538024	阿拉伯语视听（四）
11—12	1	039	外国语学院	03538026	阿拉伯语视听（六）
11—12	1	039	外国语学院	03538032	阿拉伯语口语（二）
11—12	1	039	外国语学院	03538034	阿拉伯语口语（四）
11—12	1	039	外国语学院	03538041	阿拉伯语阅读（一）
11—12	1	039	外国语学院	03538043	阿拉伯语阅读（三）
11—12	1	039	外国语学院	03538045	阿拉伯语阅读（五）
11—12	1	039	外国语学院	03538060	阿拉伯语写作
11—12	1	039	外国语学院	03538072	阿拉伯语口译（二）
11—12	1	039	外国语学院	03538082	阿拉伯语翻译教程（二）
11—12	1	039	外国语学院	03538190	阿拉伯文学史
11—12	1	039	外国语学院	03538210	当代阿拉伯世界
11—12	1	039	外国语学院	03538221	阿拉伯报刊文选（一）
11—12	1	039	外国语学院	03538223	阿拉伯报刊文选（三）
11—12	1	039	外国语学院	03538271	高年级阿拉伯语（一）
11—12	1	039	外国语学院	03538273	高年级阿拉伯语（三）
11—12	1	039	外国语学院	03631001	法语精读（一）
11—12	1	039	外国语学院	03631003	法语精读（三）
11—12	1	039	外国语学院	03631005	法语精读（五）
11—12	1	039	外国语学院	03631017	法语精读（七）
11—12	1	039	外国语学院	03631021	法语视听说（一）
11—12	1	039	外国语学院	03631023	法语视听说（三）
11—12	1	039	外国语学院	03631025	法语视听说（五）
11—12	1	039	外国语学院	03631027	法语视听说（七）
11—12	1	039	外国语学院	03631031	法语写作（一）
11—12	1	039	外国语学院	03631033	法语写作（三）
11—12	1	039	外国语学院	03631042	法语笔译（下）
11—12	1	039	外国语学院	03631051	法语口译（上）
11—12	1	039	外国语学院	03631064	法国文学史和文学选读（下）
11—12	1	039	外国语学院	03631092	法语泛读（二）
11—12	1	039	外国语学院	03631220	法国历史

续表

学年度	学期	院系编码	院系名称	课号	课名
11—12	1	039	外国语学院	03631251	法国报刊选读（一）
11—12	1	039	外国语学院	03631253	法国报刊选读（三）
11—12	1	039	外国语学院	03631511	法语精读（一）
11—12	1	039	外国语学院	03631521	法语视听（一）
11—12	1	039	外国语学院	03631523	法语视听（三）
11—12	1	039	外国语学院	03631531	法语泛读（一）
11—12	1	039	外国语学院	03631533	法语泛读（三）
11—12	1	039	外国语学院	03631611	公共法语（上）
11—12	1	039	外国语学院	03632001	德语精读（一）
11—12	1	039	外国语学院	03632003	德语精读（三）
11—12	1	039	外国语学院	03632021	德语视听说（一）
11—12	1	039	外国语学院	03632023	德语视听说（三）
11—12	1	039	外国语学院	03632041	德语笔译（一）
11—12	1	039	外国语学院	03632047	德语笔译（三）
11—12	1	039	外国语学院	03632051	德语口译（上）
11—12	1	039	外国语学院	03632101	德语长篇小说（上）
11—12	1	039	外国语学院	03632110	德国文化史
11—12	1	039	外国语学院	03632121	德语文学名著（上）
11—12	1	039	外国语学院	03632150	德语短篇小说
11—12	1	039	外国语学院	03632170	阅读、理解与分析
11—12	1	039	外国语学院	03632210	德国历史
11—12	1	039	外国语学院	03632260	经济德语
11—12	1	039	外国语学院	03632270	德语国家诗歌
11—12	1	039	外国语学院	03632291	德语写作（上）
11—12	1	039	外国语学院	03632350	奥地利传媒
11—12	1	039	外国语学院	03632511	德语精读（一）
11—12	1	039	外国语学院	03632513	德语精读（三）
11—12	1	039	外国语学院	03632521	德语视听（一）
11—12	1	039	外国语学院	03632523	德语视听（三）
11—12	1	039	外国语学院	03632531	德语泛读（一）
11—12	1	039	外国语学院	03632533	德语泛读（三）
11—12	1	039	外国语学院	03632611	公共德语（上）
11—12	1	039	外国语学院	03632621	德语国家文学史与选读（一）
11—12	1	039	外国语学院	03632623	德语国家文学史与选读（三）
11—12	1	039	外国语学院	03633011	西班牙语精读（一）
11—12	1	039	外国语学院	03633017	西班牙语精读（七）
11—12	1	039	外国语学院	03633021	西班牙语视听（一）
11—12	1	039	外国语学院	03633041	西班牙语口语（一）
11—12	1	039	外国语学院	03633062	西班牙语文学史和文学选读（下）
11—12	1	039	外国语学院	03633081	西汉笔译（上）
11—12	1	039	外国语学院	03633091	西汉口译（上）
11—12	1	039	外国语学院	03633210	西班牙历史和文化概论
11—12	1	039	外国语学院	03633251	西班牙报刊选读（上）
11—12	1	039	外国语学院	03633290	西班牙语世界文化研究
11—12	1	039	外国语学院	03633511	西班牙语精读（一）
11—12	1	039	外国语学院	03633521	西班牙语视听（一）
11—12	1	039	外国语学院	03633531	西班牙语阅读（一）

续表

学年度	学期	院系编码	院系名称	课号	课名
11—12	1	039	外国语学院	03633612	公共西班牙语（下）
11—12	1	039	外国语学院	03633710	禅与园林艺术
11—12	1	039	外国语学院	03635011	公共葡萄牙语（一）
11—12	1	039	外国语学院	03639000	电影
11—12	1	039	外国语学院	03730031	俄语语法（一）
11—12	1	039	外国语学院	03730112	俄语阅读——文化背景知识（二）
11—12	1	039	外国语学院	03730120	俄语功能语法学
11—12	1	039	外国语学院	03730191	俄语口语会话（上）
11—12	1	039	外国语学院	03730311	俄罗斯文学选读（上）
11—12	1	039	外国语学院	03730381	俄语报刊阅读（一）
11—12	1	039	外国语学院	03730391	俄罗斯文学史（一）
11—12	1	039	外国语学院	03730393	俄罗斯文学史（三）
11—12	1	039	外国语学院	03730421	俄语口译（上）
11—12	1	039	外国语学院	03730501	基础俄语（一）
11—12	1	039	外国语学院	03730503	基础俄语（三）
11—12	1	039	外国语学院	03730511	高级俄语（一）
11—12	1	039	外国语学院	03730513	高级俄语（三）
11—12	1	039	外国语学院	03730541	俄语写作（上）
11—12	1	039	外国语学院	03730551	俄译汉教程（上）
11—12	1	039	外国语学院	03730562	汉译俄教程（下）
11—12	1	039	外国语学院	03730581	俄罗斯国情（上）
11—12	1	039	外国语学院	03730591	俄罗斯民俗民情（上）
11—12	1	039	外国语学院	03730650	俄语语音
11—12	1	039	外国语学院	03730720	普通语言学概论
11—12	1	039	外国语学院	03730751	俄语视听说（一）
11—12	1	039	外国语学院	03730753	俄语视听说（三）
11—12	1	039	外国语学院	03730761	俄语新闻听力（上）
11—12	1	039	外国语学院	03830015	英语精读（三）
11—12	1	039	外国语学院	03830017	英语精读（一）
11—12	1	039	外国语学院	03830021	英语视听（一）
11—12	1	039	外国语学院	03830027	英语视听（三）
11—12	1	039	外国语学院	03830041	口语（一）
11—12	1	039	外国语学院	03830043	口语（三）
11—12	1	039	外国语学院	03830071	写作（一）
11—12	1	039	外国语学院	03830092	英国文学史（二）
11—12	1	039	外国语学院	03830100	普通语言学
11—12	1	039	外国语学院	03830110	英译汉
11—12	1	039	外国语学院	03830132	美国文学史与选读（二）
11—12	1	039	外国语学院	03830180	英语基础训练
11—12	1	039	外国语学院	03831020	希腊罗马神话
11—12	1	039	外国语学院	03831080	英语结构
11—12	1	039	外国语学院	03832030	短篇小说选读
11—12	1	039	外国语学院	03832040	欧洲文学选读
11—12	1	039	外国语学院	03832150	英语史
11—12	1	039	外国语学院	03833021	汉英口译
11—12	1	039	外国语学院	03833130	英国小说选读
11—12	1	039	外国语学院	03833309	英语文学文体赏析

续表

学年度	学期	院系编码	院系名称	课号	课名
11—12	1	039	外国语学院	03833321	拉丁语（一）
11—12	1	039	外国语学院	03834010	测试（B）
11—12	1	039	外国语学院	03834100	中西文化比较
11—12	1	039	外国语学院	03834180	20世纪西方文论
11—12	1	039	外国语学院	03834280	多元共生的奇观：巴西文化
11—12	1	039	外国语学院	03834290	戏剧实践
11—12	1	039	外国语学院	03834380	西方文化
11—12	1	039	外国语学院	03835340	莎士比亚名篇赏析
11—12	1	039	外国语学院	03835440	美国政治演说中的历史文化评析
11—12	1	039	外国语学院	03930010	西方戏剧文学
11—12	1	040	马克思主义学院	04031650	思想道德修养与法律基础
11—12	1	040	马克思主义学院	04031660	中国近现代史纲要
11—12	1	040	马克思主义学院	04031670	个人理财（一）
11—12	1	040	马克思主义学院	04031682	马克思主义基本原理概论（下）
11—12	1	040	马克思主义学院	04031730	毛泽东思想和中国特色社会主义理论体系概论
11—12	1	040	马克思主义学院	04031740	马克思主义基本原理概论
11—12	1	040	马克思主义学院	04031750	形势与政策
11—12	1	041	体育教研部	04130020	游泳
11—12	1	041	体育教研部	04130022	游泳提高班
11—12	1	041	体育教研部	04130030	太极拳
11—12	1	041	体育教研部	04130040	健美操
11—12	1	041	体育教研部	04130050	乒乓球
11—12	1	041	体育教研部	04130053	乒乓球提高班
11—12	1	041	体育教研部	04130060	羽毛球
11—12	1	041	体育教研部	04130063	羽毛球提高班
11—12	1	041	体育教研部	04130070	网球
11—12	1	041	体育教研部	04130080	足球
11—12	1	041	体育教研部	04130083	足球提高班
11—12	1	041	体育教研部	04130090	篮球
11—12	1	041	体育教研部	04130093	篮球提高班
11—12	1	041	体育教研部	04130100	排球
11—12	1	041	体育教研部	04130103	排球提高班
11—12	1	041	体育教研部	04130110	形体（女生）
11—12	1	041	体育教研部	04130120	体育舞蹈
11—12	1	041	体育教研部	04130130	健美
11—12	1	041	体育教研部	04130132	健美
11—12	1	041	体育教研部	04130160	体适能
11—12	1	041	体育教研部	04130170	保健（1）
11—12	1	041	体育教研部	04130210	棒、垒球
11—12	1	041	体育教研部	04130231	安全教育与自卫防身
11—12	1	041	体育教研部	04130240	攀岩
11—12	1	041	体育教研部	04130260	少林棍术
11—12	1	041	体育教研部	04130280	跆拳道
11—12	1	041	体育教研部	04130290	击剑
11—12	1	041	体育教研部	04130300	奥林匹克文化
11—12	1	041	体育教研部	04130370	围棋（初级班）
11—12	1	041	体育教研部	04130420	散打

续表

学年度	学期	院系编码	院系名称	课号	课名
11—12	1	041	体育教研部	04130430	中华毽
11—12	1	041	体育教研部	04130440	瑜伽
11—12	1	041	体育教研部	04130450	地板球
11—12	1	041	体育教研部	04130480	高尔夫
11—12	1	041	体育教研部	04130490	桥牌
11—12	1	041	体育教研部	04130500	国际象棋（初级班）
11—12	1	041	体育教研部	04130560	十二脉络养生法
11—12	1	041	体育教研部	04130570	剑道
11—12	1	041	体育教研部	04130620	定向与徒步运动
11—12	1	041	体育教研部	04130630	汉字太极与养生课
11—12	1	041	体育教研部	04130640	拓展训练
11—12	1	043	艺术学院	04330013	艺术学原理
11—12	1	043	艺术学院	04330042	西方古典音乐
11—12	1	043	艺术学院	04330043	西方音乐史
11—12	1	043	艺术学院	04330051	中国美术史
11—12	1	043	艺术学院	04330101	电影概论
11—12	1	043	艺术学院	04330160	合唱基础
11—12	1	043	艺术学院	04330401	中国书法理论与技法
11—12	1	043	艺术学院	04330421	浪漫主义时代的欧洲音乐
11—12	1	043	艺术学院	04330440	舞蹈创作排练
11—12	1	043	艺术学院	04330641	交响乐（初）
11—12	1	043	艺术学院	04330643	交响乐（中）
11—12	1	043	艺术学院	04330646	交响乐（高）
11—12	1	043	艺术学院	04330671	中国书法艺术理论与鉴赏
11—12	1	043	艺术学院	04330924	合唱（中）
11—12	1	043	艺术学院	04330925	合唱（高）
11—12	1	043	艺术学院	04330941	民族管弦乐（初）
11—12	1	043	艺术学院	04330945	民族管弦乐（高）
11—12	1	043	艺术学院	04331020	中外名曲赏析
11—12	1	043	艺术学院	04331300	毕业实习
11—12	1	043	艺术学院	04331791	视听语言（电影语言）
11—12	1	043	艺术学院	04331802	影视编剧（一）
11—12	1	043	艺术学院	04331812	影视导演（一）
11—12	1	043	艺术学院	04331931	中国现当代文学
11—12	1	043	艺术学院	04332042	外国文学
11—12	1	043	艺术学院	04332120	影视音乐
11—12	1	043	艺术学院	04332250	影片导读（一）
11—12	1	043	艺术学院	04332270	表演理论与实践
11—12	1	043	艺术学院	04332280	毕业作品拍片实践
11—12	1	043	艺术学院	04332282	学年作品（二）
11—12	1	043	艺术学院	04332290	影视技术（非线性编辑）
11—12	1	043	艺术学院	04332300	舞蹈原理与鉴赏
11—12	1	043	艺术学院	04332301	西方舞蹈文化史
11—12	1	043	艺术学院	04332350	中国流行音乐流变
11—12	1	043	艺术学院	04332470	中国美术概论
11—12	1	043	艺术学院	04332490	西方歌剧简史与名作赏析
11—12	1	043	艺术学院	04332510	艺术史

续表

学年度	学期	院系编码	院系名称	课号	课名
11—12	1	043	艺术学院	04332530	文化产业导论
11—12	1	043	艺术学院	04332552	艺术训练（二）
11—12	1	043	艺术学院	04332554	艺术训练（四）
11—12	1	043	艺术学院	04332556	艺术训练（六）
11—12	1	043	艺术学院	04332590	中国传统装饰艺术与审美文化
11—12	1	043	艺术学院	04332710	西方美术史
11—12	1	043	艺术学院	04332850	世界音乐精华
11—12	1	043	艺术学院	04332870	音乐剧概论
11—12	1	043	艺术学院	04332881	中外美术创作比较
11—12	1	043	艺术学院	04332960	20 世纪西方音乐
11—12	1	043	艺术学院	04332961	大师电影创作中的音乐研究
11—12	1	043	艺术学院	04333020	美术造型
11—12	1	046	元培学院	01033020	普通化学
11—12	1	046	元培学院	01034321	普通化学实验
11—12	1	046	元培学院	04630030	学术规范与论文写作
11—12	1	046	元培学院	04630580	家：房屋类型学探究
11—12	1	046	元培学院	04630600	动物交际与人类语言
11—12	1	046	元培学院	04630610	语言多样性与濒危语言问题
11—12	1	046	元培学院	04630620	北京与中国：公元 900 年至今
11—12	1	046	元培学院	04831410	计算概论（B）
11—12	1	048	信息科学技术学院	00130023	数学分析习题课（三）
11—12	1	048	信息科学技术学院	00130201	高等数学（B）（一）
11—12	1	048	信息科学技术学院	00130211	高等数学（B）（一）习题课
11—12	1	048	信息科学技术学院	00130280	计算方法（B）
11—12	1	048	信息科学技术学院	00131460	线性代数（B）
11—12	1	048	信息科学技术学院	00131470	线性代数（B）习题
11—12	1	048	信息科学技术学院	00131480	概率统计（A）
11—12	1	048	信息科学技术学院	00132301	数学分析（Ⅰ）
11—12	1	048	信息科学技术学院	00132304	数学分析（Ⅲ）
11—12	1	048	信息科学技术学院	00132311	数学分析（Ⅰ）习题
11—12	1	048	信息科学技术学院	00132321	高等代数（Ⅰ）
11—12	1	048	信息科学技术学院	00132331	高等代数（Ⅰ）习题
11—12	1	048	信息科学技术学院	00431120	热学
11—12	1	048	信息科学技术学院	00431141	力学
11—12	1	048	信息科学技术学院	00431156	光学
11—12	1	048	信息科学技术学院	00431166	基础物理实验（一）
11—12	1	048	信息科学技术学院	00432110	数学物理方法
11—12	1	048	信息科学技术学院	00432113	数学物理方法习题
11—12	1	008	信息科学技术学院	00831240	计算机网络概论
11—12	1	008	信息科学技术学院	00831360	汇编语言程序设计
11—12	1	008	信息科学技术学院	00831610	文科计算机基础（上）
11—12	1	008	信息科学技术学院	00833110	离散数学（Ⅰ）
11—12	1	008	信息科学技术学院	00833120	C＋＋语言程序设计
11—12	1	008	信息科学技术学院	00833130	操作系统
11—12	1	008	信息科学技术学院	00833140	微机原理
11—12	1	048	信息科学技术学院	04031650	思想道德修养与法律基础
11—12	1	048	信息科学技术学院	04830010	信息科学技术概论

续表

学年度	学期	院系编码	院系名称	课号	课名
11—12	1	048	信息科学技术学院	04830041	计算概论（A）
11—12	1	013	城市与环境学院	01339180	世界文化地理
11—12	1	013	城市与环境学院	01339220	现当代建筑赏析
11—12	1	013	城市与环境学院	01532240	城市总体规划（课程设计）
11—12	1	013	城市与环境学院	01533140	规划设计实习
11—12	1	013	城市与环境学院	01536820	生态学导论
11—12	1	013	城市与环境学院	01539020	北京历史地理
11—12	1	048	信息科学技术学院	04830050	数据结构与算法（A）
11—12	1	048	信息科学技术学院	04830070	集合论与图论
11—12	1	048	信息科学技术学院	04830090	数理逻辑
11—12	1	048	信息科学技术学院	04830100	数字逻辑设计
11—12	1	048	信息科学技术学院	04830110	数字逻辑设计实验
11—12	1	048	信息科学技术学院	04830120	微机原理（A）
11—12	1	048	信息科学技术学院	04830140	计算机组织与体系结构
11—12	1	048	信息科学技术学院	04830141	计算机系统结构实验班
11—12	1	048	信息科学技术学院	04830161	操作系统（A）
11—12	1	048	信息科学技术学院	04830162	操作系统及实习（实验班）
11—12	1	048	信息科学技术学院	04830170	数据结构与算法实习
11—12	1	048	信息科学技术学院	04830180	编译实习
11—12	1	048	信息科学技术学院	04830200	汇编语言程序设计
11—12	1	048	信息科学技术学院	04830210	软件工程
11—12	1	048	信息科学技术学院	04830220	数据库概论
11—12	1	048	信息科学技术学院	04830241	计算机网络实习
11—12	1	048	信息科学技术学院	04830250	人工智能概论
11—12	1	048	信息科学技术学院	04830270	程序设计语言概论
11—12	1	048	信息科学技术学院	04830300	Web 技术概论
11—12	1	048	信息科学技术学院	04830310	人机交互
11—12	1	048	信息科学技术学院	04830410	信息安全引论
11—12	1	048	信息科学技术学院	04830470	操作系统（B）（含实习）
11—12	1	048	信息科学技术学院	04830480	微机原理（B）
11—12	1	048	信息科学技术学院	04830510	语言统计分析
11—12	1	048	信息科学技术学院	04830530	计算概论（A）（实验班）
11—12	1	048	信息科学技术学院	04830540	数据结构与算法（A）（实验班）
11—12	1	048	信息科学技术学院	04830550	存储技术基础
11—12	1	048	信息科学技术学院	04830600	光学
11—12	1	048	信息科学技术学院	04830610	电动力学
11—12	1	048	信息科学技术学院	04830620	电路分析原理
11—12	1	048	信息科学技术学院	04830660	数字逻辑电路实验
11—12	1	048	信息科学技术学院	04830670	信号与系统
11—12	1	048	信息科学技术学院	04830720	通信原理
11—12	1	048	信息科学技术学院	04830740	微波技术实验
11—12	1	048	信息科学技术学院	04830750	光电子技术实验
11—12	1	048	信息科学技术学院	04830790	嵌入式系统
11—12	1	048	信息科学技术学院	04830830	数字信号处理实验
11—12	1	048	信息科学技术学院	04830840	热学
11—12	1	048	信息科学技术学院	04830870	热力学与统计物理（B）
11—12	1	048	信息科学技术学院	04830910	固体物理

续表

学年度	学期	院系编码	院系名称	课号	课名
11—12	1	048	信息科学技术学院	04831040	半导体器件物理
11—12	1	048	信息科学技术学院	04831050	集成电路工艺原理
11—12	1	048	信息科学技术学院	04831060	集成电路设计实习
11—12	1	048	信息科学技术学院	04831160	半导体材料
11—12	1	048	信息科学技术学院	04831180	PSoC 应用开发基础实验
11—12	1	048	信息科学技术学院	04831190	射频集成电路
11—12	1	048	信息科学技术学院	04831220	智能科学技术导论
11—12	1	048	信息科学技术学院	04831250	机器智能实验
11—12	1	048	信息科学技术学院	04831270	智能信息系统
11—12	1	048	信息科学技术学院	04831280	可视化与可视计算概论
11—12	1	048	信息科学技术学院	04831290	模式识别导论
11—12	1	048	信息科学技术学院	04831300	图像处理
11—12	1	048	信息科学技术学院	04831320	脑与认知科学
11—12	1	048	信息科学技术学院	04831420	数据结构与算法（B）
11—12	1	048	信息科学技术学院	04831510	微电子学概论
11—12	1	048	信息科学技术学院	04831670	计算机网络与 WEB 技术
11—12	1	048	信息科学技术学院	04831730	机器学习概论
11—12	1	048	信息科学技术学院	04831860	光纤通信系统
11—12	1	048	信息科学技术学院	04831890	现代信息检索导论
11—12	1	048	信息科学技术学院	04831900	通信网概论与宽带信号技术
11—12	1	048	信息科学技术学院	04831970	卫星导航定位系统概论
11—12	1	048	信息科学技术学院	04831990	程序设计及其应用
11—12	1	048	信息科学技术学院	04832010	基于 HDL 的数字系统设计
11—12	1	048	信息科学技术学院	04832090	力学 B 类习题补充
11—12	1	048	信息科学技术学院	04832110	高等模拟集成电路原理
11—12	1	048	信息科学技术学院	04832120	微电子器件测试实验
11—12	1	048	信息科学技术学院	04832130	微电子学物理基础
11—12	1	048	信息科学技术学院	04832190	可重构系统基础
11—12	1	048	信息科学技术学院	04832191	软件工程实习
11—12	1	048	信息科学技术学院	04832192	互联网数据挖掘
11—12	1	048	信息科学技术学院	04832193	模式识别与统计学习模型与方法
11—12	1	048	信息科学技术学院	04832200	纳电子器件导论
11—12	1	048	信息科学技术学院	04832210	网络结构与效应原理
11—12	1	048	信息科学技术学院	04832220	智能机器人概论
11—12	1	062	国家发展研究院	06232000	经济学原理
11—12	1	062	国家发展研究院	06232140	线性代数
11—12	1	062	国家发展研究院	06232200	中级微观经济学
11—12	1	062	国家发展研究院	06232300	中级宏观经济学
11—12	1	062	国家发展研究院	06232400	计量经济学
11—12	1	062	国家发展研究院	06233300	国际贸易
11—12	1	062	国家发展研究院	06233330	微积分
11—12	1	062	国家发展研究院	06233400	货币银行学
11—12	1	062	国家发展研究院	06233420	金融经济学
11—12	1	062	国家发展研究院	06234700	产业组织
11—12	1	062	国家发展研究院	06234870	卫生经济学
11—12	1	062	国家发展研究院	06234950	新制度经济学
11—12	1	062	国家发展研究院	06235010	行为经济学

续表

学年度	学期	院系编码	院系名称	课号	课名
11—12	1	062	国家发展研究院	06236000	反垄断与管制经济学
11—12	1	062	国家发展研究院	06236010	财务报表分析
11—12	1	062	国家发展研究院	06236020	网络营销与经济信息战略
11—12	1	062	国家发展研究院	06236090	低碳经济与碳金融
11—12	1	062	国家发展研究院	06237000	中华人民共和国经济史
11—12	1	067	教育学院	06730070	生活教育——成功人生的基础
11—12	1	067	教育学院	06730090	数字化学习与生存
11—12	1	086	工学院	00330700	常微分方程
11—12	1	086	工学院	00331311	工程 CAD (1)
11—12	1	086	工学院	00331313	工程 CAD 上机
11—12	1	086	工学院	00331751	微积分（一）
11—12	1	086	工学院	00331760	微积分习题
11—12	1	086	工学院	00331770	线性代数与几何
11—12	1	086	工学院	00331781	现代工学通论（上）
11—12	1	086	工学院	00331860	高等微积分
11—12	1	086	工学院	00331880	高等代数
11—12	1	086	工学院	00331900	概率与数理统计
11—12	1	086	工学院	00331970	新能源技术
11—12	1	086	工学院	00332020	传热传质学
11—12	1	086	工学院	00332150	渗流物理
11—12	1	086	工学院	00332172	能源与资源工程实验（下）
11—12	1	086	工学院	00332242	数学物理方法（下）
11—12	1	086	工学院	00332250	理论力学
11—12	1	086	工学院	00332281	流体力学（上）
11—12	1	086	工学院	00332300	工程流体力学
11—12	1	086	工学院	00332310	结构力学及其矩阵方法
11—12	1	086	工学院	00332320	工程设计初步
11—12	1	086	工学院	00332330	固体力学实验
11—12	1	086	工学院	00332340	流体力学实验
11—12	1	086	工学院	00332381	工程毕业设计（上）
11—12	1	086	工学院	00332390	数值模拟
11—12	1	086	工学院	00332410	复合材料与结构力学
11—12	1	086	工学院	00332440	现代电子器件基础
11—12	1	086	工学院	00332460	连续介质力学基础
11—12	1	086	工学院	00332470	航空航天概论
11—12	1	086	工学院	00332500	空气动力学
11—12	1	086	工学院	00332550	药品质量与全球健康
11—12	1	086	工学院	00332580	高等数学（D类）
11—12	1	086	工学院	00332590	高等数学（D类基础）
11—12	1	086	工学院	00332600	分子细胞生物学
11—12	1	086	工学院	00332610	能源与资源工程原理
11—12	1	086	工学院	00332620	生物医学工程原理
11—12	1	086	工学院	00332630	地下水水文学
11—12	1	086	工学院	00332641	材料科学基础（上）
11—12	1	086	工学院	00332650	创新与创业
11—12	1	086	工学院	00332690	机械设计基础
11—12	1	086	工学院	00332792	生物医学工程设计（Ⅱ）

续表

学年度	学期	院系编码	院系名称	课号	课名
11—12	1	086	工学院	00332860	工程技术与现代医学
11—12	1	086	工学院	00332870	太阳能光伏发电系统
11—12	1	086	工学院	00332880	地表水环境模拟
11—12	1	086	工学院	00332890	神经影像学：原理及应用
11—12	1	086	工学院	00332900	生物材料学
11—12	1	086	工学院	00332910	飞行器控制和仿真
11—12	1	086	工学院	00332920	航空发动机原理
11—12	1	086	工学院	00332930	材料分析方法
11—12	1	086	工学院	00332940	复杂系统科学导论
11—12	1	086	工学院	00431142	热学
11—12	1	086	工学院	00431143	电磁学
11—12	1	086	工学院	00431158	热学习题
11—12	1	086	工学院	01034330	普通化学习题课
11—12	1	086	工学院	01034880	普通化学（B）
11—12	1	086	工学院	01034920	普通化学实验（B）
11—12	1	086	工学院	04831410	计算概论（B）
11—12	1	086	工学院	04831650	计算概论（B）上机
11—12	1	126	城市与环境学院	00130310	线性代数（C）
11—12	1	126	城市与环境学院	00131421	高等数学（C）（一）
11—12	1	126	城市与环境学院	01030810	有机化学（B）
11—12	1	126	城市与环境学院	01030840	物理化学（B）
11—12	1	126	城市与环境学院	01032710	有机化学实验（B）
11—12	1	126	城市与环境学院	01034310	普通化学
11—12	1	126	城市与环境学院	01034321	普通化学实验
11—12	1	126	城市与环境学院	01531120	中国地理
11—12	1	126	城市与环境学院	01531230	遥感基础与图像解译原理
11—12	1	126	城市与环境学院	01531240	地球概论
11—12	1	126	城市与环境学院	01531290	生物地理学
11—12	1	126	城市与环境学院	01531390	乡村地理
11—12	1	126	城市与环境学院	01531520	中国历史地理
11—12	1	126	城市与环境学院	01531690	计量地理
11—12	1	126	城市与环境学院	01531710	文化地理学
11—12	1	126	城市与环境学院	01531720	区域分析与区域地理
11—12	1	126	城市与环境学院	01531810	环境演变与全球变化
11—12	1	126	城市与环境学院	01531900	人文地理
11—12	1	126	城市与环境学院	01532190	中外城市建设史
11—12	1	126	城市与环境学院	01532210	景观规划与设计（含园林绿地规划课程设计）
11—12	1	126	城市与环境学院	01532280	规划机助技术（规划 CAD）
11—12	1	126	城市与环境学院	01532340	房地产开发与管理
11—12	1	126	城市与环境学院	01532350	城市基础设施规划
11—12	1	126	城市与环境学院	01532360	工业地理学
11—12	1	126	城市与环境学院	01532370	城市设计
11—12	1	126	城市与环境学院	01532400	城市道路交通规划
11—12	1	126	城市与环境学院	01532420	城市地理学
11—12	1	126	城市与环境学院	01532430	建筑概论
11—12	1	126	城市与环境学院	01532500	城市与公共经济
11—12	1	126	城市与环境学院	01533050	房地产估价

续表

学年度	学期	院系编码	院系名称	课号	课名
11—12	1	126	城市与环境学院	01533060	建设项目经济评价
11—12	1	126	城市与环境学院	01533190	城市规划系统工程学
11—12	1	126	城市与环境学院	01533230	城市社会地理学
11—12	1	126	城市与环境学院	01533260	自然地理概论
11—12	1	126	城市与环境学院	01533310	城市旅游与游憩规划
11—12	1	126	城市与环境学院	01534120	土壤地理实验
11—12	1	126	城市与环境学院	01534200	水文学与水资源
11—12	1	126	城市与环境学院	01534250	城市规划研究方法
11—12	1	126	城市与环境学院	01534300	土壤学与土壤地理
11—12	1	126	城市与环境学院	01535100	旅游地理学
11—12	1	126	城市与环境学院	01535120	流域综合规划与管理
11—12	1	126	城市与环境学院	01535121	植物学（上）
11—12	1	126	城市与环境学院	01535140	生态学数量方法及主要软件应用
11—12	1	126	城市与环境学院	01536020	环境经济学
11—12	1	126	城市与环境学院	01536040	应用数理统计方法
11—12	1	126	城市与环境学院	01536140	微机应用
11—12	1	126	城市与环境学院	01536200	微量有毒物风险分析
11—12	1	126	城市与环境学院	01536320	环境监测（2）
11—12	1	126	城市与环境学院	01536420	生态毒理学
11—12	1	126	城市与环境学院	01536810	动物生态学
11—12	1	126	城市与环境学院	01536850	环境地学
11—12	1	126	城市与环境学院	04831410	计算概论（B）
11—12	1	127	环境科学与工程学院	00431122	近代物理
11—12	1	127	环境科学与工程学院	00431215	普通物理实验
11—12	1	127	环境科学与工程学院	01034321	普通化学实验
11—12	1	127	环境科学与工程学院	12730021	环境问题（一）
11—12	1	127	环境科学与工程学院	12731030	环境科学导论
11—12	1	127	环境科学与工程学院	12731050	环境材料导论
11—12	1	127	环境科学与工程学院	12732010	环境科学
11—12	1	127	环境科学与工程学院	12732040	环境监测
11—12	1	127	环境科学与工程学院	12732050	环境经济学
11—12	1	127	环境科学与工程学院	12733040	环境微生物学
11—12	1	127	环境科学与工程学院	12733050	环境与发展
11—12	1	127	环境科学与工程学院	12733060	气象学基础
11—12	1	127	环境科学与工程学院	12734020	水处理工程（上）
11—12	1	127	环境科学与工程学院	12734040	固体废物处置与资源化基础
11—12	1	127	环境科学与工程学院	12734060	环境工程实验（二）
11—12	1	127	环境科学与工程学院	12734070	环境工程设计基础
11—12	1	127	环境科学与工程学院	12735010	化工原理
11—12	1	127	环境科学与工程学院	12735020	电工电子技术
11—12	1	127	环境科学与工程学院	12735060	环境工程概预算与经济分析
11—12	1	127	环境科学与工程学院	12735100	污染生态工程

续表

学年度	学期	院系编码	院系名称	课号	课名
11—12	1	127	环境科学与工程学院	12735140	环境系统分析
11—12	1	180	医学部教学办	00131411	高等数学（C）(一)
11—12	1	180	医学部教学办	01034880	普通化学（B）
11—12	1	180	医学部教学办	01034920	普通化学实验（B）
11—12	1	180	医学部教学办	01139380	普通生物学（A）
11—12	1	180	医学部教学办	04831410	计算概论（B）
11—12	1	180	医学部教学办	04831650	计算概论（B）上机
11—12	1	180	医学部教学办	18050200	中医养生学
11—12	1	180	医学部教学办	89139790	医学发展概论
11—12	1	180	医学部教学办	89339770	健康的生活方式与健康传播
11—12	1	192	歌剧研究院	19230030	歌剧的魅力（作品篇）
11—12	1	192	歌剧研究院	19230040	歌剧和音乐剧表演
11—12	1	192	歌剧研究院	19230050	歌剧演唱（一）
11—12	1	607	武装部	60730020	军事理论
11—12	1	607	武装部	60730320	当代国防
11—12	1	607	武装部	60730330	孙子兵法导读
11—12	1	610	学生工作部	61030020	大学生职业生涯规划

表 7-5　主干基础课目录

序号	主干基础课名称	学院
数学科学学院		
1	数学分析及习题（1）（2）（3）	数学科学学院
2	高等代数及习题（1）（2）	数学科学学院
3	几何学及习题	数学科学学院
4	抽象代数	数学科学学院
5	抽象代数（B）	数学科学学院
6	微分几何	数学科学学院
7	拓扑学	数学科学学院
8	复变函数	数学科学学院
9	实变函数	数学科学学院
10	泛函分析	数学科学学院
11	常微分方程	数学科学学院
12	数学物理方程（工学院：工程数学）	数学科学学院
13	概率论（工学院：概率论与数理统计）	数学科学学院
14	数理统计	数学科学学院
15	概率统计（A）	数学科学学院
16	概率统计（B）（C）类及习题	数学科学学院
17	计算方法（A）（B）	数学科学学院
18	高等数学（B）及习题	数学科学学院
19	高等数学（C）及习题	数学科学学院
20	线性代数（B）（C）	数学科学学院
21	数据结构	数学科学学院
22	实变函数与泛函分析	数学科学学院
23	数学模型	数学科学学院

续表

序号	主干基础课名称	学院
工学院		
1	理论力学（含：高等动力学）	工学院
2	材料力学（含：结构力学及其矩阵方法）	工学院
3	弹性力学（含：工程弹性力学）	工学院
4	流体力学（含：工程流体力学）	工学院
5	力学实验（含流体、固体）	工学院
6	工程设计初步	工学院
7	传热传质学	工学院
8	工程热力学	工学院
9	飞行器设计原理	工学院
10	文科高等数学（Ⅰ）（Ⅱ）	工学院
11	线性代数与几何	工学院
物理学院		
1	01 系列普通物理	物理学院
2	02 系列普通物理	物理学院
3	03 系列普通物理	物理学院
4	04、05 系列力学	物理学院
5	04、05 系列热学	物理学院
6	04、05 系列电磁学	物理学院
7	04、05 系列光学	物理学院
8	近代物理	物理学院
9	原子物理	物理学院
10	数学物理方法系列	物理学院
11	理论力学	物理学院
12	04、05 系列电动力学	物理学院
13	热力学与统计物理系列	物理学院
14	量子力学系列	物理学院
15	固体物理系列	物理学院
16	核物理与粒子物理导论	物理学院
17	天体物理	物理学院
18	大气物理学基础	物理学院
19	大气动力学基础	物理学院
20	近代物理实验	物理学院
21	核物理与粒子物理专题实验	物理学院
22	普通物理实验	物理学院
23	基础物理实验	物理学院
化学与分子工程学院		
1	普通化学（A）（B）	化学与分子工程学院
2	基础化学及实验	化学与分子工程学院
3	普通化学实验	化学与分子工程学院
4	无机化学	化学与分子工程学院
5	无机化学实验	化学与分子工程学院
6	定量分析	化学与分子工程学院
7	仪器分析	化学与分子工程学院
8	分析化学（B）	化学与分子工程学院
9	中级分析化学	化学与分子工程学院
10	定量分析实验	化学与分子工程学院

续表

序号	主干基础课名称	学院
11	仪器分析实验	化学与分子工程学院
12	有机化学（A）（含：中级有机化学）	化学与分子工程学院
	有机化学（B）	化学与分子工程学院
13	生命化学基础	化学与分子工程学院
14	有机化学实验（A）	化学与分子工程学院
15	有机化学实验（B）	化学与分子工程学院
16	物理化学（A）（含：中级物理化学）	化学与分子工程学院
17	物理化学实验（A）	化学与分子工程学院
18	物理化学（B）	化学与分子工程学院
19	物理化学实验（B）	化学与分子工程学院
20	结构化学	化学与分子工程学院
21	化工基础及实验	化学与分子工程学院
22	高分子化学	化学与分子工程学院
23	综合化学实验	化学与分子工程学院
生命科学学院		
1	植物生物学及实验	生命科学学院
2	微生物学及实验	生命科学学院
3	基础分子生物学及实验	生命科学学院
4	遗传学及实验	生命科学学院
5	植物特有生命现象导论及实验	生命科学学院
6	动物生物学及实验	生命科学学院
7	生物化学（上）（下）及实验	生命科学学院
8	细胞生物学及实验	生命科学学院
9	生物进化论	生命科学学院
10	生理学及实验	生命科学学院
11	发育生物学及实验	生命科学学院
12	生物统计学	生命科学学院
13	普通生态学	生命科学学院
14	普通生物学（A）（B）及实验	生命科学学院
15	生物学综合实验	生命科学学院
信息科学技术学院		
1	计算概论（A）	信息科学技术学院
2	数据结构与算法（A）	信息科学技术学院
3	数据机构与算法（B）	信息科学技术学院
4	数字逻辑设计	信息科学技术学院
5	集合论与图论	信息科学技术学院
6	代数结构与组合数学	信息科学技术学院
7	数理逻辑	信息科学技术学院
8	程序设计实习	信息科学技术学院
9	编译技术及实习	信息科学技术学院
10	操作系统及实习	信息科学技术学院
11	微机原理	信息科学技术学院
12	计算机组织与体系结构	信息科学技术学院
13	微机实验系列	信息科学技术学院
14	电路分析原理	信息科学技术学院
15	数字逻辑电路	信息科学技术学院
16	数字逻辑电路实验	信息科学技术学院

续表

序号	主干基础课名称	学院
17	电子线路（A）	信息科学技术学院
18	电子线路实验（A）	信息科学技术学院
19	数字逻辑设计实验	信息科学技术学院
20	信号与系统	信息科学技术学院
21	微电子与电路基础	信息科学技术学院
22	集成电路原理与设计（含：数字集成电路原理、模拟集成电路原理、集成电路设计实习）	信息科学技术学院
23	半导体物理（含：半导体器件物理）	信息科学技术学院
24	计算概论（B）	信息科学技术学院
25	电子线路（B）	信息科学技术学院
26	电子线路实验（B）	信息科学技术学院
27	文科计算机基础（上）（下）	信息科学技术学院
28	计算机网络概论	信息科学技术学院
29	算法设计与分析	信息科学技术学院
30	人工智能概论	信息科学技术学院
31	脑与认知科学	信息科学技术学院
32	模式识别导论	信息科学技术学院
33	基础电路实验	信息科学技术学院
地球与空间科学学院		
1	地球科学概论	地球与空间科学学院
2	结晶学与矿物学	地球与空间科学学院
3	普通岩石学	地球与空间科学学院
4	构造地质学	地球与空间科学学院
5	古生物学	地球与空间科学学院
6	地史学	地球与空间科学学院
7	固体力学基础	地球与空间科学学院
8	地球化学	地球与空间科学学院
9	普通地质学实习	地球与空间科学学院
10	区域地质实习	地球与空间科学学院
11	遥感概论	地球与空间科学学院
12	地图学	地球与空间科学学院
13	地理信息系统原理	地球与空间科学学院
14	地震学	地球与空间科学学院
15	空间等离子体物理基础	地球与空间科学学院
城市与环境学院		
1	自然地理学	城市与环境学院
2	城市地理学	城市与环境学院
3	地貌学	城市与环境学院
4	经济地理学	城市与环境学院
5	地球概论	城市与环境学院
6	地貌学野外教学实习	城市与环境学院
环境科学与工程学院		
1	环境科学	环境科学与工程学院
2	环境管理学	环境科学与工程学院
心理学系		
1	实验心理学	心理学系
2	认知心理学	心理学系

续表

序号	主干基础课名称	学院
3	变态心理学	心理学系
4	发展心理学	心理学系
5	心理统计	心理学系
6	生理心理学	心理学系
7	组织管理心理学	心理学系
8	普通心理学	心理学系
9	社会心理学	心理学系
中文语言文学系		
1	大学语文	中文语言文学系
2	中国现代文学史	中文语言文学系
3	中国古代文学史	中文语言文学系
4	中国当代文学	中文语言文学系
5	文学原理	中文语言文学系
6	中国文学批评史	中文语言文学系
7	比较文学原理	中文语言文学系
8	古代汉语	中文语言文学系
9	现代汉语	中文语言文学系
10	汉语方言学	中文语言文学系
11	汉语音韵学	中文语言文学系
12	语言学概论	中文语言文学系
历史学系		
1	中国古代史	历史学系
2	外文原版教材阅读指导	历史学系
3	外文历史文选阅读指导	历史学系
4	中国历史文选	历史学系
5	古代东方文明	历史学系
6	古希腊罗马史	历史学系
7	中世纪欧洲史	历史学系
8	亚洲史	历史学系
9	欧洲史	历史学系
10	美洲史	历史学系
11	非洲史	历史学系
12	中国近代史	历史学系
13	中国现代史	历史学系
14	史学概论	历史学系
15	中国史学史	历史学系
16	外国史学史	历史学系
考古文博学院		
1	中国考古学（上）	考古文博学院
2	中国考古学（中）	考古文博学院
3	中国考古学（下）	考古文博学院
4	田野考古实习	考古文博学院
5	田野考古学概论	考古文博学院
6	博物馆学概论	考古文博学院
7	文物研究与鉴定	考古文博学院
8	文物保护实习	考古文博学院
9	文化遗产踏查与测绘实习	考古文博学院

续表

序号	主干基础课名称	学院
哲学系(宗教学系)		
1	哲学导论	哲学系(宗教学系)
2	西方哲学史	哲学系(宗教学系)
3	科学哲学导论	哲学系(宗教学系)
4	伦理学导论	哲学系(宗教学系)
5	美学原理	哲学系(宗教学系)
6	马克思主义哲学导论	哲学系(宗教学系)
7	宗教学导论	哲学系(宗教学系)
8	现代逻辑基础	哲学系(宗教学系)
9	中国哲学史	哲学系(宗教学系)
10	知识论	哲学系(宗教学系)
11	中国宗教史	哲学系(宗教学系)
12	马克思主义哲学史	哲学系(宗教学系)
国际关系学院		
1	国际政治概论	国际关系学院
2	国际政治经济学	国际关系学院
3	世界社会主义概论	国际关系学院
4	国际关系史	国际关系学院
5	国际组织	国际关系学院
6	外交学	国际关系学院
7	中华人民共和国对外关系	国际关系学院
8	政治学原理	国际关系学院
经济学院		
1	政治经济学	经济学院
2	微观经济学	经济学院
3	宏观经济学	经济学院
4	货币银行学	经济学院
5	国际金融	经济学院
6	保险学原理	经济学院
7	国际贸易	经济学院
8	财政学	经济学院
9	经济学原理	经济学院
10	计量经济学	经济学院
光华管理学院		
1	经济学	光华管理学院
2	微观经济学	光华管理学院
3	宏观经济学	光华管理学院
4	货币金融学	光华管理学院
5	营销学	光华管理学院
6	运作与信息管理	光华管理学院
7	管理学原理	光华管理学院
8	财务会计(含：中级财务会计)	光华管理学院
9	公司财务管理	光华管理学院
10	组织与管理	光华管理学院
法学院		
1	民事诉讼法	法学院
2	刑事诉讼法	法学院

续表

序号	主干基础课名称	学院
3	行政法与行政诉讼法	法学院
4	经济法学	法学院
5	商法总论	法学院
6	知识产权法	法学院
7	国际公法	法学院
8	国际经济法	法学院
9	法理学	法学院
10	中国法制史	法学院
11	宪法学	法学院
12	刑法学（含：总论、分论）	法学院
13	民法（含：总论、物权、债权）	法学院
信息管理系		
1	信息组织	信息管理系
2	信息资源建设	信息管理系
3	信息分析与决策	信息管理系
4	信息存贮与检索	信息管理系
5	社科文献资源与检索利用	信息管理系
6	管理信息系统	信息管理系
社会学系		
1	社会学概论	社会学系
2	社会统计学	社会学系
3	社会调查与研究方法	社会学系
4	人口社会学	社会学系
5	国外社会学学说	社会学系
6	社会人类学	社会学系
7	社会保障	社会学系
8	城市社会学	社会学系
9	马列经典著作选读	社会学系
10	农村社会学	社会学系
11	社会工作概论	社会学系
政府管理学院		
1	政治学原理	政府管理学院
2	比较政治学概论	政府管理学院
3	当代中国政府与政治	政府管理学院
4	中国近现代政治发展史	政府管理学院
5	中国政治思想史	政府管理学院
6	人力资源开发与管理	政府管理学院
7	城市与区域经济	政府管理学院
8	公共政策分析	政府管理学院
9	公共行政学概论	政府管理学院
10	政治学概论	政府管理学院
外国语学院		
1	韩国（朝鲜）语	外国语学院
2	韩国（朝鲜）文化	外国语学院
3	菲律宾语	外国语学院
4	基础蒙古语	外国语学院
5	基础缅甸语	外国语学院

续表

序号	主干基础课名称	学院
6	基础日语	外国语学院
7	日本文学史	外国语学院
8	泰语教程	外国语学院
9	基础乌尔都语	外国语学院
10	印地语	外国语学院
11	希伯来语	外国语学院
12	印尼语	外国语学院
13	基础越南语	外国语学院
14	基础俄语	外国语学院
15	俄罗斯文学选读	外国语学院
16	基础波斯语	外国语学院
17	基础阿拉伯语	外国语学院
18	阿拉伯伊斯兰文化	外国语学院
19	法语精读	外国语学院
20	法国文学史和文学选读	外国语学院
21	英语精读	外国语学院
22	普通语言学	外国语学院
23	英国文学史与选读	外国语学院
24	美国文学史与选读	外国语学院
25	汉译英	外国语学院
26	英译汉	外国语学院
27	应用文写作	外国语学院
28	德语精读	外国语学院
29	德语国家文学史与选读	外国语学院
30	西班牙语精读	外国语学院
31	西班牙文学史和文学选读	外国语学院
32	拉丁美洲文学史和文学选读	外国语学院
艺术学院		
1	艺术学原理	艺术学院
2	电视概论	艺术学院
3	电影概论	艺术学院
新闻与传播学院		
1	传播学概论	新闻与传播学院
2	外国新闻传播史	新闻与传播学院
3	广告学概论	新闻与传播学院
4	编辑出版概论	新闻与传播学院
5	电子出版技术	新闻与传播学院
6	广播电视概论	新闻与传播学院
马克思主义学院		
1	毛泽东思想和中国特色社会主义理论体系概论	马克思主义学院
2	中国近现代史纲要	马克思主义学院
3	马克思主义基本原理概论	马克思主义学院
4	思想品德修养与法律基础	马克思主义学院

表 7-6　公共基础课目录

大学英语(一)	毛泽东思想和中国特色社会主义理论体系概论	形势与政策
大学英语(二)	马克思主义基本原理概论(上)	军事理论
大学英语(三)	马克思主义基本原理概论(下)	体育系列课程
大学英语(四)	中国近现代史纲要	马克思主义基本原理
思想品德修养与法律基础		

表 7-7　通选课目录

北京大学本科生通选课目录(截至 2011 年 12 月)		
序号	课程名称	开课院系
1	数学的思维方式与创新	数学科学学院
2	普通统计学	数学科学学院
3	古今数学思想	数学科学学院
4	数值方法：原理、算法及应用	数学科学学院
5	数学的认识、实践与欣赏	数学科学学院
6	微电子学概论	信息科学技术学院
7	数字化艺术	信息科学技术学院
8	环境生态学	物理学院
9	演示物理学	物理学院
10	今日物理	物理学院
11	物理宇宙学基础	物理学院
12	海洋、气候变化和我们的星球	物理学院
13	人类生存发展与核科学	物理学院
14	大气概论	物理学院
15	理论物理导论	物理学院
16	现代天文学	物理学院
17	纳米科学前沿	物理学院
18	自然科学中的混沌和分形	物理学院
19	大学化学	化学与分子工程学院
20	今日新材料	化学与分子工程学院
21	化学与社会	化学与分子工程学院
22	魅力化学	化学与分子工程学院
23	功能化学	化学与分子工程学院
24	系统与控制引论	工学院
25	创新思维	工学院
26	数据、模型与决策	工学院
27	地球环境与人类社会	地球与空间科学学院
28	太空探索	地球与空间科学学院
29	遥感入门	地球与空间科学学院
30	地球历史概要	地球与空间科学学院
31	自然资源与社会发展	地球与空间科学学院
32	地震概论	地球与空间科学学院
33	地史中的生命	地球与空间科学学院

续表

序号	课程名称	开课院系
34	矿产资源经济概论	地球与空间科学学院
35	中国历史地理	城市与环境学院
36	世界文化地理	城市与环境学院
37	中国传统建筑	城市与环境学院
38	现当代建筑赏析	城市与环境学院
39	全球变化及其对策	城市与环境学院
40	中国自然地理	城市与环境学院
41	自然保护学	城市与环境学院
42	生态学导论	城市与环境学院
43	文明与环境导论	环境科学与工程学院
44	人类生存发展与环境保护	环境科学与工程学院
45	全球环境问题	环境科学与工程学院
46	环境科学导论	环境科学与工程学院
47	环境伦理概论	环境科学与工程学院
48	环境材料导论	环境科学与工程学院
49	保护生物学	生命科学学院
50	人类的性、生育与健康	生命科学学院
51	生物进化论	生命科学学院
52	人类生物学导论	生命科学学院
53	普通生物学（A）	生命科学学院
54	普通生物学（B）	生命科学学院
55	普通生物学实验（A）	生命科学学院
56	普通生物学实验（B）	生命科学学院
57	心理学概论	心理学系
58	社会心理学	心理学系
59	大学生心理健康	心理学系
60	组织管理心理学	心理学系
61	影片精读	中国语言文学系
62	汉语和汉语研究	中国语言文学系
63	文学概论	中国语言文学系
64	大学语文	中国语言文学系
65	中国现代文学名著研究	中国语言文学系
66	民俗学	中国语言文学系
67	中国古代文化	中国语言文学系
68	小说的艺术	中国语言文学系
69	台湾文学	中国语言文学系
70	鲁迅小说研究	中国语言文学系
71	民俗研究	中国语言文学系
72	中国古代诗歌选讲	中国语言文学系
73	金庸小说研究	中国语言文学系
74	老舍与现代中国文化	中国语言文学系
75	中国现代戏剧	中国语言文学系
76	老庄导读	中国语言文学系
77	中文工具书及古代典籍概要	中国语言文学系
78	《论语》《孟子》导读	中国语言文学系
79	沈从文研究	中国语言文学系
80	中国古代政治与文化	历史学系

续表

序号	课程名称	开课院系
81	西方文明史导论	历史学系
82	欧洲文艺复兴	历史学系
83	中国通史（古代部分）	历史学系
84	中国通史（近代部分）	历史学系
85	世界通史（上）	历史学系
86	世界通史（下）	历史学系
87	比较城市史：地图、形态与文化	历史学系
88	中国传统官僚政治制度	历史学系
89	埃及学专题	历史学系
90	基督教文明史	历史学系
91	拉美国家现代化进程研究	历史学系
92	中华人民共和国史专题	历史学系
93	明清经济与社会	历史学系
94	中世纪西欧社会史	历史学系
95	二十世纪世界史	历史学系
96	环太平洋地区的历史发展	历史学系
97	二十世纪中国军事史	历史学系
98	图说中国古代文明：商周与秦汉	历史学系
99	二十世纪中外关系史	历史学系
100	美国史通论	历史学系
101	西方当代历史学流派	历史学系
102	日本及日本人论	历史学系
103	当代印度史	历史学系
104	中国婚姻、家庭与社会	历史学系
105	18—19 世纪欧洲	历史学系
106	现代化理论与世界现代化进程	历史学系
107	中华民国史专题	历史学系
108	明清地方行政与基层社会	历史学系
109	罗马史	历史学系
110	战后东亚政治发展	历史学系
111	人类发展与环境变迁	历史学系
112	二战以来影视中的两岸关系	历史学系
113	中国抗日战争史专题	历史学系
114	近现代中日关系史	历史学系
115	中国现代社会史	历史学系
116	欧洲启蒙运动	历史学系
117	中国近代政治与外交	历史学系
118	伊斯兰教与现代世界	历史学系
119	西方文化通论	历史学系
120	中国古代妇女史专题	历史学系
121	中国近代思想史	历史学系
122	哲学导论	哲学系(宗教学系)
123	人文经典阅读	哲学系(宗教学系)
124	中国佛教史	哲学系(宗教学系)
125	宗教学导论	哲学系(宗教学系)
126	逻辑导论	哲学系(宗教学系)
127	西方美学与西方艺术	哲学系(宗教学系)

续表

序号	课程名称	开课院系
128	艺术与人生	哲学系(宗教学系)
129	美学原理	哲学系(宗教学系)
130	科学哲学导论	哲学系(宗教学系)
131	管理哲学	哲学系(宗教学系)
132	哲学与当代中国	哲学系(宗教学系)
133	西方美学史	哲学系(宗教学系)
134	基督教和中国文化	哲学系(宗教学系)
135	西方哲学导论	哲学系(宗教学系)
136	庄子哲学	哲学系(宗教学系)
137	伦理学导论	哲学系(宗教学系)
138	中国美学史	哲学系(宗教学系)
139	科学通史	哲学系(宗教学系)
140	人文学科导论	哲学系(宗教学系)
141	西方哲学史	哲学系(宗教学系)
142	政治哲学	哲学系(宗教学系)
143	现代西方哲学	哲学系(宗教学系)
144	20世纪欧陆哲学	哲学系(宗教学系)
145	中国古代思想世界	哲学系(宗教学系)
146	悖论研究	哲学系(宗教学系)
147	道教史	哲学系(宗教学系)
148	环境伦理学	哲学系(宗教学系)
149	美国环境思想	哲学系(宗教学系)
150	逻辑与批判性思维	哲学系(宗教学系)
151	印度佛教史	哲学系(宗教学系)
152	世界文明中的科学技术	哲学系(宗教学系)
153	文学与伦理	哲学系(宗教学系)
154	文化哲学与文化产业	哲学系(宗教学系)
155	《四书》精读	哲学系(宗教学系)
156	近代西方哲学	哲学系(宗教学系)
157	东正教艺术	哲学系(宗教学系)
158	中国古代物质文化史	考古文博学院
159	世界遗产概论	考古文博学院
160	微观经济学	光华管理学院
161	博弈与社会	光华管理学院
162	管理学原理	光华管理学院
163	民商法	光华管理学院
164	金融学概论	光华管理学院
165	营销学原理	光华管理学院
166	经济学	光华管理学院
167	台湾政治概论	国际关系学院
168	中东:政治、社会与文化	国际关系学院
169	中东地区的国家关系	国际关系学院
170	中苏关系及其对中国社会发展的影响	国际关系学院
171	国际关系与东亚安全	国际关系学院
172	亚太概论	国际关系学院
173	美国文化与社会	国际关系学院
174	印度社会与文化	国际关系学院

续表

序号	课程名称	开课院系
175	世界政治中的民族问题	国际关系学院
176	晚清对外关系的历史与人物	国际关系学院
177	中国政治概论	国际关系学院
178	伊斯兰与世界政治	国际关系学院
179	心理、行为与文化	国际关系学院
180	中国边疆问题概论	国际关系学院
181	宏观经济学	经济学院
182	微观经济学	经济学院
183	经济学原理（Ⅰ）	经济学院
184	经济学原理（Ⅱ）	经济学院
185	公共经济学	经济学院
186	外国经济史	经济学院
187	中华人民共和国经济史	经济学院
188	中国经济思想史	经济学院
189	西方经济学主要流派	经济学院
190	社会企业家精神培养实验	经济学院
191	国际金融	经济学院
192	中国经济导论	经济学院
193	西方资本主义国家政治制度	政府管理学院
194	中国政治与政府过程	政府管理学院
195	西方社会政治思想史	政府管理学院
196	公共管理概论	政府管理学院
197	电子政务概论	政府管理学院
198	日本经济	政府管理学院
199	公共经济学与政府行为分析	政府管理学院
200	公民社会与非营利组织概论	政府管理学院
201	政治学原理	政府管理学院
202	生物学对社会科学的启示	社会学系
203	社会性别研究	社会学系
204	社会学导论	社会学系
205	教育社会学思考	社会学系
206	社会研究方法基础（社会调查研究方法）	社会学系
207	人类学导论	社会学系
208	自杀社会问题研究	社会学系
209	人口资源环境社会学	社会学系
210	法律导论	法学院
211	知识产权法	法学院
212	英美侵权法	法学院
213	犯罪通论	法学院
214	心理卫生学概论	法学院
215	刑法学	法学院
216	法学流派与思潮	法学院
217	国际人权法	法学院
218	国际组织法	法学院
219	外国宪法	法学院
220	外国刑法	法学院
221	青少年法学	法学院

续表

序号	课程名称	开课院系
222	跨文化交流学	新闻与传播学院
223	北京风物与传统文化	新闻与传播学院
224	广告学概论	新闻与传播学院
225	新闻传播理论与实践	新闻与传播学院
226	中国图书出版史	新闻与传播学院
227	英语新闻阅读	新闻与传播学院
228	世界电影史	新闻与传播学院
229	汉语修辞学	新闻与传播学院
230	影像与社会	新闻与传播学院
231	广告学概论	信息管理系
232	中国名著导读	信息管理系
233	电子资源的检索与利用	信息管理系
234	中国文化史	信息管理系
235	视觉圣经——西方艺术中的基督教	信息管理系
236	中西文化比较	外国语学院
237	电影中的二十世纪外国文学	外国语学院
238	传记文学：经典人物研究	外国语学院
239	俄罗斯艺术史	外国语学院
240	莎士比亚戏剧名篇赏析	外国语学院
241	西方学术精华概论（英文授课）	外国语学院
242	日本文化艺术专题	外国语学院
243	美国政治演说中的历史文化评析	外国语学院
244	东方宗教概论	外国语学院
245	伊斯兰艺术与美学	外国语学院
246	阿拉伯文学、文化与世界	外国语学院
247	阿拉伯伊斯兰文化	外国语学院
248	英语学术论文写作	外国语学院
249	古代东方文明	外国语学院
250	中日文化交流史	外国语学院
251	多元共生的奇观：巴西文化	外国语学院
252	东方文学史	外国语学院
253	印度宗教	外国语学院
254	东南亚文化	外国语学院
255	中俄文化交流史	外国语学院
256	西方文学名著导读	外国语学院
257	禅与园林艺术	外国语学院
258	二十世纪欧美诗歌导读	外国语学院
259	东方宗教概论	外国语学院
260	东方民间文学概论	外国语学院
261	圣经概述与导读	外国语学院
262	艺术概论	艺术学院
263	艺术史	艺术学院
264	西方美术史（十五讲）	艺术学院
265	中国美术概论	艺术学院
266	西方音乐史及名曲欣赏	艺术学院
267	中国美术史及名作欣赏	艺术学院
268	影视鉴赏	艺术学院

续表

序号	课程名称	开课院系
269	中国书法史及名作欣赏	艺术学院
270	中外名曲赏析	艺术学院
271	中国电影史	艺术学院
272	西方歌剧简史与名作赏析	艺术学院
273	优秀电视节目精品赏析	艺术学院
274	中国流行音乐流变	艺术学院
275	基本乐理与管弦乐基础	艺术学院
276	中外美术创作比较	艺术学院
277	中国经济专题	经济中心
278	新制度经济学	经济中心
279	学术规范与论文写作	元培学院
280	奥林匹克文化	体育教研部
281	健康的生活方式与健康传播	医学部
282	医学发展概论	医学部
283	当代国防	武装部
284	孙子兵法导读	武装部
285	大学教育与个人及社会的发展	教育学院
286	20 世纪西方音乐	艺术学院
287	分析哲学概论	哲学系(宗教学系)
288	印度文明史	历史学系
289	西方思想经典（一）	哲学系(宗教学系)
290	科学是什么	生命科学学院
291	爱的心理学	心理学系
292	佛教导论	哲学系(宗教学系)
293	韩国史通论	历史学系
294	浪漫主义时代的欧洲音乐	艺术学院
295	复杂系统科学导论	工学院
296	人类学经典选读	社会学系
297	中国古籍入门	中国语言文学系
298	中国古代文学经典（一）	中国语言文学系
299	中国古代文学经典（二）	中国语言文学系
300	经典昆曲欣赏	艺术学院
301	哲学与人生	哲学系(宗教学系)
302	西方思想经典（二）	哲学系(宗教学系)
303	周易精读	马克思主义学院

表 7-8　主干基础课认定及主持人、主讲教师情况

主干基础课名称	主持人	主讲教师
数学分析及习题（1）（2）（3）	伍胜健	伍胜健　蒋美跃　谭小江　王冠香　张　宁　李伟固　杨家忠　楚天广　唐少强　陈　正　黄克服　史一蓬
高等代数及习题（1）（2）	张继平	张继平　宋春伟　方新贵　冯荣权　田青春　陈　璞　杨　莹
几何学及习题	莫小欢	莫小欢　包志强　王长平　马　翔
抽象代数	宗传明	宗传明　冯荣权
抽象代数（B）		冯荣权
微分几何	王长平	王长平　马　翔
拓扑学	王诗宬	王诗宬　包志强

续表

主干基础课名称	主持人	主讲教师
复变函数	谭小江	谭小江　伍胜健　张　宁
实变函数		刘和平
泛函分析	王正栋	王正栋　蒋美跃　安金鹏
常微分方程	柳　彬	柳　彬　孙文祥　李伟固　杨家忠　王金枝　楚天广
数学物理方程（工学院：工程数学）	周蜀林	周蜀林　史宇光　王冠香　熊春阳　段慧玲
概率论（工学院：概率论与数理统计）	任艳霞	任艳霞　何书元　蒋达权　陈大岳　章复熹　王建东　韩平畴
数理统计	刘力平	刘力平　李东风　房祥忠
概率统计（A）	房祥忠	房祥忠　何书元　章复熹　蒋达权　刘力平　耿　直　陈大岳　于江生　罗定生
概率统计（B）（C）类及习题	耿　直	耿　直　陈大岳　房祥忠　何书元　蒋达权　章复熹　李　涛　李东风　孙万龙　杨建生
计算方法（A）（B）	张平文（A） 汤华中（B）	汤华中　张平文　裴玉茹　李水乡　蔡庆东
高等数学（B）及习题	刘培东	刘培东　蒋美跃　孙文祥　刘旭峰　蒙在照　周蜀林　柳　彬
高等数学（C）及习题	王冠香	王冠香　周蜀林
线性代数（B）（C）	甘少波（B） 方新贵（C）	甘少波　包志强　蒙在照　王福正　刘旭峰　赵玉凤　莫小欢　孙文祥　周蜀林　方新贵　冯荣权
数据结构		裘宗燕
实变函数与泛函分析		刘张炬
数学模型		刘旭峰
理论力学（含：高等动力学）		刘才山　王　勇
材料力学（含：结构力学及其矩阵方法）	王建祥	王建祥　励　争　孙树立　陈永强
弹性力学（含：工程弹性力学）	黄克服	黄克服　荣起国　段慧玲
流体力学（含：工程流体力学）	陈十一	陈十一　苏卫东　李　植　陶建军　肖左利　史一蓬
力学实验（含流体、固体）	方　竞	方　竞　励　争　张　珏　李存标　孙智利
工程设计初步		孙树立　陈永强
传热传质学		米建春　王　昊　陶建军
工程热力学		张信荣　曹安源
飞行器设计原理		黄　迅　李水乡
文科高等数学（Ⅰ）（Ⅱ）	唐少强	唐少强　王金枝　蔡庆东　李法新　裴永茂　王启宁　孙　强　龚　斌　段慧玲　刘　杰
线性代数与几何		陈　璞　段志生
01 系列普通物理	张　酣	张　酣　李湘庆
02 系列普通物理		李湘庆　于彤军　彭士香
03 系列普通物理	王稼军	王稼军　胡晓东　陈晓林　张国辉　陈晋平　史俊杰　郑　涛　李湘庆　廖志敏
04、05 系列力学	田光善	田光善　辛国君　刘树新　颜　莎　张耿民　郭等柱　邢英杰
04、05 系列热学	欧阳颀	欧阳颀　刘玉鑫　穆良柱　彭士香　陈　清
04、05 系列电磁学	王稼军	王稼军　王福仁　沈　波　陈晓林　侯士敏　高　旻　于　民
04、05 系列光学	王若鹏	王若鹏　陈章渊　陈志坚　王树峰　张志刚　王建民
近代物理	叶沿林	叶沿林　华　辉　高春媛　李湘庆　许胜勇　叶安培　王　漪
原子物理	刘玉鑫	刘玉鑫　徐仁新　郭　卫

续表

主干基础课名称	主持人	主讲教师
数学物理方法系列	马伯强	马伯强 邓卫真 李定平 樊铁栓 高春媛 符策基 肖左利 谭文长 何 进 赵克常
理论力学	陈晓林	陈晓林 许甫荣 张大新
04、05系列电动力学	郑汉青	郑汉青 朱守华 刘克新 陈晓林 彭良友 李正斌 李明之
热力学与统计物理系列	刘 川	刘 川 马中水 李定平 张建玮 王晶云
量子力学系列	李重生	李重生 田光善 朱世琳 刘玉鑫 郭 弘 叶林晖 钱志新
固体物理系列		吕 劲 申自勇 侯玉敏
核物理与粒子物理导论		叶沿林
天体物理		徐仁新
大气物理学基础	李万彪	李万彪 张宏升
大气动力学基础	谭本馗	谭本馗 付遵涛
近代物理实验	吴思诚	吴思诚 荀 坤 季 航 蒋莹莹 周路群 赵子强 黄斐增 张双全 王思广 杜为民
核物理与粒子物理专题实验		班 勇 华 辉 楼建玲
普通物理实验	张朝晖	张朝晖 裴谐第 刘春玲 廖慧敏 杨 景 张宏升 陈志忠 秦志新 付遵涛
基础物理实验	张朝晖	张朝晖 郝建奎 杨丽敏 赵 清 林 峰 谢大弢 吕国伟
普通化学（A）（B）	严纯华	严纯华 卞 江 李 彦 刘忠范 王颖霞 郭海清 施祖进 张 锦 刘春立
基础化学及实验		孙红芳 杨展澜 李国宝
普通化学实验	李维红	李维红 张亚文 杨展澜 卞祖强 徐怡庄
无机化学		高 松 杨展澜
无机化学实验		田曙坚
定量分析	刘 锋	刘 锋 李 娜 赵美萍
仪器分析		张新祥 李美仙
分析化学（B）		朱志伟
中级分析化学		邵元华
定量分析实验		廖一平
仪器分析实验		李美仙
有机化学（A）（含：中级有机化学）	王剑波	王剑波 马玉国 赵达慧 裴 坚
有机化学（B）		贾欣茹 杜福胜 甘良兵 席振峰 郭雪峰
生命化学基础		陈家华
有机化学实验（A）		张奇涵
有机化学实验（B）		马玉国 刘 莹
物理化学（A）（含：中级物理化学）	黄建滨	黄建滨 吴 凯 徐东升 赵新生
物理化学实验（A）	朱 涛	朱 涛 吴忠云
物理化学（B）		齐利民 王 远 马 骏
物理化学实验（B）		李经建
结构化学	段连运	段连运 朱月香 来鲁华
化工基础及实验	翟茂林	翟茂林 江 洪 何 平
高分子化学		李子臣
综合化学实验		范星河
植物生物学及实验	饶广远	饶广远 杨 雄 贺新强
微生物学及实验	王忆平	王忆平 洪 龙 田哲贤 文 津 袁洪生 李兰芬

续表

主干基础课名称	主持人	主讲教师
基础分子生物学及实验	朱玉贤	朱玉贤　郑晓峰　郭红卫　郝福英
遗传学及实验	张　博	张　博　佟向军　张文霞
植物特有生命现象导论及实验	白书农	白书农　饶广远　郭红卫　范六民　王东辉
动物生物学及实验	许崇任	许崇任　龙　玉　王戎疆
生物化学（上）（下）及实验	昌增益	昌增益　秦咏梅　苏晓东　孔道春　胡晓倩
细胞生物学及实验	陈建国	陈建国　丁明孝　蒋争凡　张传茂　邓宏魁　滕俊琳 苏都莫日根　张　泉
生物进化论		顾红雅
生理学及实验	王世强	王世强　柴　真　张　研
发育生物学及实验	樊启昶	樊启昶　白书农　董　巍
生物统计学		曲　红　郝雪梅
普通生态学		朱小健　王大军
普通生物学（A）（B）及实验	佟向军	佟向军　郝福英　陈丹英　丁明孝　陶　伟
生物学综合实验	苏都莫日根	苏都莫日根　郝福英　周先碗　毕　群　张丽君 滕俊琳　袁洪生　龙　玉　王戎疆
计算概论（A）	代亚非	代亚非　黄　罡　李　戈　胡俊峰
数据结构与算法（A）	张　铭	张　铭　赵海燕　王腾蛟　宋国杰　王亚沙
数据机构与算法（B）		王　昭　张　路　冯梅萍　胡俊峰　高　军　邹艳珍 段凌宇　刘剑飞　刘楚雄　刘　瑜　王洪庆　薛建明
数字逻辑设计		佟　冬　毛新宇
集合论与图论		刘　田
代数结构与组合数学		屈婉玲
数理逻辑		王捍贫
程序设计实习	李文新	李文新　郭　炜　余华山　田永鸿　汪　洋
编译技术及实习		郭　耀　王千祥
操作系统及实习		陈向群　曹东刚　赵俊峰
微机原理	王克义	王克义　王志军　依　那
计算机组织与体系结构		程　旭
微机实验系列	王道宪	王道宪　李　洁　杨延军　依　那　高繁民　让世美 杨光临　叶红飞
电路分析原理	胡薇薇	胡薇薇　蒋　伟　陈　江
数字逻辑电路	罗　武	罗　武　段晓辉　毛新宇
数字逻辑电路实验	刘新元	刘新元　吴建军　郭　强　刘　璐　程宇新
电子线路（A）		王大鹏　陈　江
电子线路实验（A）	李　斗	李　斗　刘新元　董明科　毛新宇　郭　强　刘　璐 夏明耀
数字逻辑设计实验	李　洁	李　洁　郭　强　高红蕾　钱义真　程宇新
信号与系统		王道宪　尚　勇
微电子与电路基础	黄　如	黄　如　刘晓彦　陈　江　李红滨
集成电路原理与设计（含：数字集成电路原理、模拟集成电路原理、集成电路设计实习）	贾　嵩	贾　嵩　陈中建　鲁文高　王　源　崔小欣
半导体物理（含：半导体器件物理）		康晋峰　王　漪　杜　刚
计算概论（B）	罗英伟	罗英伟　王厚峰　曹东刚　胡俊峰　闫宏飞　崔　斌 汪小林　张　伟　冯梅萍　马思伟　周明辉　刘学洋 孙　俊　周文灵　夏璧灿　甘　锐　雷奕安　张　焱 刘　瑜　田　原

续表

主干基础课名称	主持人	主讲教师
电子线路（B）	王志军	王志军　赵建业　赵　捷
电子线路实验（B）	高　崧	高　崧　赵建业　李平曾　刘爱民　刘诗美　党安红　高红蕾　于晓梅　韩德栋
文科计算机基础（上）(下)	刘志敏	刘志敏　常宝宝　钱丽艳　唐大仕　邓习峰　龙晓苑　陈泓婕　吴云芳　穗志方　苏　祺　张化瑞　陈　兢
计算机网络概论		严　伟
算法设计与分析		汪小林
人工智能概论		谭少华　谢　冰
脑与认知科学		黄　娟
模式识别导论		封举富
基础电路实验	周小计	周小计　于　民　王延辉　汪　中　李平曾　叶红飞　刘诗美　安　霞
地球科学概论	吴泰然	吴泰然　宗秋刚　张显峰　王彦宾　韩宝福　张志诚
结晶学与矿物学		秦　善
普通岩石学		魏春景　陈　斌　张立飞　宋述光　关　平
构造地质学		张进江　张　波
古生物学		江大勇　王德明　黄宝琦
地史学		孙元林　刘建波
固体力学基础		何　涛
地球化学		郑海飞
普通地质学实习		张志诚
区域地质实习		季建清
遥感概论		李培军
地图学		焦　健
地理信息系统原理		高　勇
地震学		周仕勇　盖增喜
空间等离子体物理基础		傅绥燕
自然地理学		陈效逑
城市地理学	冯长春	冯长春　曹广忠
地貌学		李有利
经济地理学		贺灿飞
地球概论		刘耕年
地貌学野外教学实习	莫多闻	莫多闻　刘耕年　李有利　张家富
环境科学		朱　彤
环境管理学		张世秋
实验心理学		吴艳红　耿海燕
认知心理学		周晓林　张亚旭
变态心理学		钱铭怡　钟　杰　易春丽
发展心理学		苏彦捷　孟祥芝
心理统计		魏坤琳　甘怡群
生理心理学		韩世辉　邵　枫　何淑嫦
组织管理心理学		王　垒　谢晓非　张　燕　姚　翔
普通心理学		毛利华　张智勇
社会心理学	侯玉波	张志学　王　辉
大学语文	漆永祥	漆永祥　吴晓东　杜晓勤　姜　涛　邵燕君　计璧瑞　臧　力　王　枫　杨海峥

续表

主干基础课名称	主持人	主讲教师
中国现代文学史	温儒敏	温儒敏　陈平原　高远东　孔庆东　商金林　吴晓东　姜　涛　王　枫
中国古代文学史	钱志熙	钱志熙　杜晓勤　傅　刚　刘勇强　潘建国　夏晓虹　于迎春　张　鸣　程郁缀　常　森　李鹏飞　李　简
中国当代文学	曹文轩	曹文轩　陈晓明　韩毓海　李　杨　张颐武　贺桂梅　蒋朗朗　臧　力　计璧瑞　邵燕君
文学原理	杨　铸	杨　铸　金永兵
中国文学批评史		卢永璘
比较文学原理	陈跃红	陈跃红　张　辉　张　沛
古代汉语	孙玉文	孙玉文　宋绍年　杨荣祥　朱庆之　邵永海　刘子瑜　胡敕瑞　张渭毅
现代汉语	沈　阳	沈　阳　郭　锐　王韫佳　袁毓林　詹卫东　朱　彦
汉语方言学	李小凡	李小凡　项梦冰
汉语音韵学		张渭毅
语言学概论	王洪君	王洪君　董秀芳　李　娟　王超贤　汪　锋　叶文曦
中国古代史	阎步克	阎步克　邓小南　张　帆　党宝海　叶　炜　丁一川
外文原版教材阅读指导		彭小瑜
外文历史文选阅读指导		钱乘旦
中国历史文选		何　晋　王　铿
古代东方文明		颜海英
古希腊罗马史		彭小瑜　黄　洋
中世纪欧洲史		朱孝远　黄春高
亚洲史		王红生　吴小安
欧洲史		许　平　徐　健　张　雄　李　维
美洲史		王立新　董经胜
非洲史		潘华琼
中国近代史		郭卫东　尚小明
中国现代史		牛大勇　徐　勇　刘一皋
史学概论		李剑鸣　朱孝远　李隆国
中国史学史		刘浦江　李志生
外国史学史		许　平　赵进中　李隆国
中国考古学（上）		黄蕴平　王幼平　张　弛　赵　辉
中国考古学（中）		雷兴山　孙　华　赵化成　杨哲峰
中国考古学（下）		沈睿文　齐东方　秦大树　杭　侃
田野考古实习		张　弛　徐天进　赵化成
田野考古学概论		赵　辉　雷兴山
博物馆学概论		宋向光
文物研究与鉴定		张　辛
文物保护实习		胡东波　周双林　胡　钢
文化遗产踏查与测绘实习		徐怡涛　李志荣
哲学导论		赵敦华　张祥龙
西方哲学史	赵敦华	赵敦华　尚新建　吴增定　吴天岳
科学哲学导论		刘华杰　苏贤贵
伦理学导论		徐向东　李　猛
美学原理		叶　朗　朱良志　彭　锋
马克思主义哲学导论		杨学功　仰海峰
宗教学导论		张志刚　吴　飞

续表

主干基础课名称	主持人	主讲教师
现代逻辑基础	刘壮虎	刘壮虎　邢滔滔　叶　峰　周北海
中国哲学史		王　博　杨立华　张学智
知识论		胡　军　徐向东　叶　闯
中国宗教史		王宗昱　李四龙　周学农
马克思主义哲学史		丰子义　聂锦芳
国际政治概论		王　联
国际政治经济学		朱文莉
世界社会主义概论		孔凡君
国际关系史		罗艳华
国际组织		张海滨
外交学		贾庆国
中华人民共和国对外关系		牛　军
政治学原理		许振洲
政治经济学	刘　伟	刘　伟　黄桂田　方　敏
微观经济学	刘文忻	刘文忻　张元鹏
宏观经济学	王志伟	王志伟　张　延　苏　剑
货币银行学		吕随启　刘宇飞
国际金融	吕随启	吕随启　王曙光
保险学原理	孙祁祥	孙祁祥　郑　伟
国际贸易		李　权　陶　涛
财政学		刘　怡
经济学原理	平新乔	平新乔　胡　涛　夏业良　郭　研
计量经济学		董志勇　陈　东
经济学		蔡洪滨　周黎安　龚六堂　陈玉宇　章　铮
微观经济学		周黎安
宏观经济学		龚六堂　颜　色　朱国忠
货币金融学		贾春新　张圣平　王亚平
营销学	涂　平	涂　平　江明华　彭泗青
运作与信息管理		王子明
管理学原理		王新超　刘　学
财务会计（含：中级财务会计）	王立彦	王立彦　伍利娜　李　琦
公司财务管理	刘　力	刘　力　姚长辉　唐国正　田利辉　张　翼
组织与管理		张建君　张志学
民事诉讼法	潘剑锋	潘剑锋　傅郁林
刑事诉讼法	汪建成	汪建成　陈瑞华　陈永生　孙晓宁
行政法与行政诉讼法	姜明安	姜明安　湛中乐　沈　岿　王锡锌
经济法学	甘培忠	甘培忠　张守文　邓　峰　肖江平
商法总论	楼建波	楼建波　张双根　谷　凌　许德峰　金锦萍
知识产权法	张　平	张　平　曲三强　杨　明　刘银良
国际公法	白桂梅	白桂梅　龚刃韧　李红云　宋　英
国际经济法	邵景春	邵景春　王　慧　张智勇　郭　瑜　刘东进
法理学	周旺生	周旺生　朱苏力　张　骐　强世功　凌　斌
中国法制史	张建国	张建国　李启成
宪法学	张千帆	张千帆　王　磊　甘超英
刑法学（含：总论、分论）	陈兴良	陈兴良　郭自力　王世洲　梁根林　王　新
民法（含：总论、物权、债权）	刘凯湘	刘凯湘　尹　田　葛云松　薛　军
信息组织		马张华

续表

主干基础课名称	主持人	主讲教师
信息资源建设		刘兹恒
信息分析与决策		王延飞
信息存贮与检索		赵丹群
社科文献资源与检索利用		李国新
管理信息系统		陈文广
社会学概论		王思斌
社会统计学		周飞舟
社会调查与研究方法		林　彬
人口社会学		马　戎
国外社会学学说		李　康
社会人类学		王铭铭
社会保障		程为敏
城市社会学		王汉生
马列经典著作选读		王思斌
农村社会学	杨善华	卢晖临
社会工作概论		熊跃根
政治学原理		高鹏程
比较政治学概论		沈明明
当代中国政府与政治		杨凤春
中国近现代政治发展史		关海庭
中国政治思想史		江荣海
人力资源开发与管理		句　华
城市与区域经济		陆　军
公共政策分析		李永军
公共行政学概论		张国庆
政治学概论		李　强
韩国(朝鲜)语	王　丹	王　丹　沈定昌　黄棕源　林成姬　肖伟山　南　燕
韩国(朝鲜)文化	黄棕源	黄棕源　林成姬
菲律宾语	吴杰伟	吴杰伟　黄　轶　史　阳
基础蒙古语	王　浩	王　浩　刘迪南　袁　琳
基础缅甸语	林　琼	林　琼　杨国影　张　哲
基础日语	彭广陆	彭广陆　赵华敏　孙建军　刘振泉　郭胜华　潘　钧 李奇楠
日本文学史	于荣胜	于荣胜　李　强　翁家慧
泰语教程	薄文泽　任一雄	薄文泽　任一雄　金　勇　万悦容
基础乌尔都语	孔菊兰	孔菊兰　王　旭　张嘉妹
印地语	郭　童	郭　童　姜永红　王　靖　唐仁虎　姜景奎
希伯来语	徐哲平	徐哲平　王　宇
印尼语	梁敏和	梁敏和　罗　杰　郄莉莎
基础越南语	王　彦	王　彦　咸蔓雪　夏　露　谢　昂
基础俄语		黄　颖　周海燕
俄罗斯文学选读		刘洪波
基础波斯语		王一丹
基础阿拉伯语	谢秩荣	谢秩荣　付志明　林丰民　蒋和平　倪　颖　盖伟江 袁　琳　顾巧巧　李生俊　梁雅卿
阿拉伯伊斯兰文化	吴冰冰	吴冰冰　肖　坤

续表

主干基础课名称	主持人	主讲教师
法语精读	秦海鹰	秦海鹰 田庆生 陈燕萍 段映虹 杨明丽 王东亮 周 莽 孙 凯
法国文学史和文学选读		杨国政
英语精读	苏耕欣	苏耕欣 毛 亮 刘 璐 郝田虎 修立梅 张 薇
普通语言学		何 卫
英国文学史与选读		丁宏为 苏薇星
美国文学史与选读		刘建华 毛 亮
汉译英		林庆新
英译汉		张世耘
应用文写作		张世耘
德语精读	黄燎宇	黄燎宇 佟秀英 马 剑 罗 炜 刘 敏 谷 裕 潘 璐 李昌珂 胡 蔚
德语国家文学史与选读		谷 裕 王 建
西班牙语精读	王 军	王 军 路燕萍 吕文娜 蔡学娣 贾永生 程弋洋 张慧玲 卜 珊
西班牙文学史和文学选读	王 军	王 军 许 彤
拉丁美洲文学史和文学选读	王 军	王 军 范 晔 卜 珊
艺术学原理		彭吉象
电视概论		俞 虹
电影概论		陈旭光
传播学概论		许 静
外国新闻传播史		陈开和
广告学概论		陈 刚
编辑出版概论		师曾志
电子出版技术		谢新洲
广播电视概论		吴 靖
毛泽东思想和中国特色社会主义理论体系概论	孙蚌珠	孙蚌珠 刘志光 程美东 居维纲 黄南平 宋国兴 陈德民 聂志红 白雪秋 邱尊社 黄俊立 王在全 赵 顺 李淑珍
中国近现代史纲要	康沛竹	康沛竹 仝 华 冯雅新 史春风 张 永 王久高 黄南平 刘志光 王文章
马克思主义基本原理概论	黄小寒	黄小寒 杨 河 孙熙国 李少军 刘 军 张守民 郭宝平 张炳奎 魏 波 林 峰 居维纲 邱尊社 孙蚌珠 赵 顺 黄俊立 王在全 聂志红 宋国兴 白雪秋
思想品德修养与法律基础	祖嘉合	祖嘉合 秦维红 李毅红 杨柳新 程立显 张会峰

表 7-9 2011 年录取各省(自治区、直辖市、港澳台地区)高考理科第一名学生

姓名	科类	省份	录取专业
袁美琳	理科	黑龙江	工商管理类
桂亚楠	理科	江西	工商管理类
李嘉缘	理科	辽宁	工商管理类
方 媛	理科	青海	工商管理类
陈健雄	理科	浙江	工商管理类
钟 怡	理科	四川	经济学类
李宁宁	理科	陕西	理科试验班类(元培学院)
周瑞凯	理科	广东	理科试验班类(元培学院)

续表

姓名	科类	省份	录取专业
王伟宇	理科	吉林	理科试验班类(元培学院)
孙 涛	理科	重庆	理科试验班类(元培学院)
张 园	理科	港澳台	理科试验班类(元培学院)
龙 婷	理科	贵州	生物科学
钱鹏宇	理科	广东	数学类
冯 锐	理科	宁夏	物理学类
林 达	理科	广西	工商管理类
帕合丽娅·艾西拉甫	理科	新疆	环科

表 7-10 2011 年录取各省(自治区、直辖市、港澳台地区)高考文科第一名学生

姓名	科类	省份	录取专业
班布尔	文科	内蒙古	工商管理类
杨 帆	文科	福建	工商管理类
林妍纯	文科	广东	工商管理类
高 媛	文科	河北	工商管理类
肖 钰	文科	湖北	工商管理类
徐婷婷	文科	湖南	工商管理类
周丽雪	文科	吉林	工商管理类
李 逸	文科	江西	工商管理类
乔 良	文科	宁夏	工商管理类
张国承	文科	山东	工商管理类
黄秋园	文科	山东	工商管理类
杜鑫雨	文科	天津	工商管理类
朱娴静	文科	浙江	工商管理类
谢旭璋	文科	港澳台	工商管理类
赵轶君	文科	甘肃	国际政治
沈玉芸	文科	宁夏	经济学类
妙 盈	文科	上海(香港考生)	经济学类
黎 玥	文科	贵州	文科试验班类(元培学院)
周俊龙	文科	湖南	文科试验班类(元培学院)
陈子丰	文科	黑龙江	中国语言文学类
李雪菲	文科	青海	中国语言文学类

表 7-11 2011 年录取中学生国际奥林匹克竞赛获奖学生

获奖年份	类别	姓名	获奖	中学	录取专业	省份	备注
2011	IBO	张子栋	金牌	湖南长沙雅礼中学	生物科学	湖南	
2011	IBO	吴柯蒙	金牌	河南郑州一中	生物科学	河南	
2011	IBO	杨 津	银牌	南京师大附中	生物科学	江苏	
2011	IChO	郭庆云	金牌	福建厦门双十中学	化学类	福建	
2011	IChO	谢嘉欣	金牌	湖南长沙一中	化学类	湖南	
2011	IChO	龚宗平	金牌	江苏常熟中学	化学类	江苏	
2011	IChO	杨 晓	金牌	河南郑州外国语学校	地球与空间科学	河南	
2011	IMO	姚博文	金牌	河南省实验中学	数学类	河南	
2011	IMO	龙子超	金牌	湖南师大附中	数学类	湖南	
2011	IMO	靳兆融	金牌	北京人大附中	数学类	北京	
2011	IMO	陈 麟	金牌	北京人大附中	数学类	北京	2012 年入学
2011	IPhO	李蓝青	金牌	湖北华中师大一附中	物理学类	湖北	

续表

获奖年份	类别	姓名	获奖	中学	录取专业	省份	备注
2011	IPhO	向重远	金牌	湖北华中师大一附中	物理学类	湖北	
2011	IPhO	杨　帆	金牌	浙江温州中学	物理学类	浙江	
2011	IPhO	周国伟	金牌	马来西亚留学生	物理学类		
2010	IMO	肖伊康	金牌	河北唐山一中	物理学类	河北	
2010	IBO	肖　瑶	金牌	武汉市武钢三中	生物科学	湖北	

研究生教育

【概况】　2011年，北京大学研究生教育继续优化结构，探索专业学位研究生培养途径；不断增强研究生教育的国际影响；稳步推进研究生培养机制改革；全方位采取措施提高研究生培养质量；积极促进并提高研究生创新能力；积极探索学科建设与研究生教育发展的新思路，取得了预期的工作成果。

2011年，北京大学招收研究生6661人，其中博士研究生1757人，硕士研究生4904人。在校研究生21431人；校本部17870人，其中博士研究生5916人，硕士研究生11954人；医学部3561人，其中博士研究生1330人，硕士研究生2231人。

2011年，北京大学共授予博士学位1707名，硕士学位5647名。

2011年，北京大学入选全国优秀博士学位论文9篇，自1999至2011年，北京大学获全国优秀博士学位论文总数为86篇。

【招生工作】　报名与录取　2011年，报考北京大学硕士研究生的人数为20136人，录取4904人，其中录取推荐免试生2247人，应试考生2657人。2011年，报考北京大学博士研究生的人数为5013人，录取1757人，其中推荐免试直博生586人，本校硕转博523人，应试考生648人。

计划与执行　2011年，招生计划根据学科发展规划，在基本保持现有招生规模的基础上，继续进行结构优化调整。对国家重点学科、传统优势学科、交叉学科、新兴学科和重大科研项目，在计划安排上予以适当倾斜，对新增学科专业，包括新增专业学位及调整研究方向的学科专业，经审批后适当增加招生计划。

接收2012年推荐免试研究生　申请北京大学推荐免试生的人数为5000余名，录取2891人，其中硕士研究生（含硕博连读）2264人，直博生627人；其中来自本校的应届毕业生985人，来自外校的应届毕业生1906人。

宣传与咨询　1. 制订招生简章和专业目录；2. 组织开展招生咨询活动；3. 做好日常咨询服务工作。

考试与考务　1. 继续完善报名信息系统。在成功运用信息管理系统的基础上，积极探索创建基于广域网和局域网的研究生招生管理工作平台。通过逐年改进，不仅使报名工作方便快捷，而且保证了信息采集的准确性和及时性。2011年，实现了考生在网上完成报考信息和上传照片，直接下载准考证，取消了现场确认。2. 精心组织入学考试。（1）加强对参加考试工作人员的培训。使每个监考人员明确工作职责、监考守则、考场规则、考场的各种指令、监考工作程序，以及如何应对考场上出现的问题。（2）加强硕士研究生考试考场的组织管理工作。统一组织北京考生考试，有上万名考生，150多个考场，在组织管理方面都做到了十分周全、详细、有条不紊。（3）加强和改进硕士考生试卷整理工作。多年来，硕士考生的试卷由研究生院组织统一整理。整理试题的工作量太大，不仅时间紧任务重，且工作场地狭窄，又逢放假和春节。在2011年的试卷整理工作中，全体人员继续发扬不怕苦、不怕累和连续作战的精神，按时完成了整理试卷的任务。（4）加强对硕士招生业务课考试成绩的登分、核分的管理，保证准确无误。（5）进一步规范考务工作的各个环节。2011年，对各个环节进行精心策划，删繁就简，提高工作效率，使研究生入学考务工作更加规范、简明、有序。

初试与复试　将初试和复试两个阶段作为一个有机的整体，使得初试与复试前后衔接、相互补充、有机结合。在2011年招生工作中继续对以下几个方面加以改进：（1）加强命题的研究工作，合理设置初试的考试科目。（2）做好试卷的评阅，坚持“严格公正，评分准确”的原则。（3）准确划定复试分数线，并切实做好差额复试工作。

安全与保密　招生考试的安全工作包括：试题试卷的保密工作和保密室的建设管理工作。为此研究生院做了不懈的努力。

1. 完善规章制度、加强考务

管理。在2011年招生工作中，学校和各院、系、所、中心均按照国家有关法规，进一步完善了本单位试题命题、制卷、运转、保管、分发等各环节的工作规定，实行明确的责任制，加强保密纪律教育。在北京市组织的年度检查中，北京大学的安全保密制度和考务管理工作受到了好评。

2. 加强保密室的建设与管理工作。新保密室在2010年年底前完工并投入使用，从而使保密室完全达到了国家的保密要求。2011年又按照教育部关于建立标准化考场的要求，协调相关部门准备在2012年完成并投入使用。

监督与约束机制　在2011年的招生选拔工作中，继续加强以下4个方面的工作。

1. 完善自我约束机制。采取行政监控和社会监督相结合的办法，实施公示、旁听和复议等制度，营造和维护招生工作公正、公平的环境。

2. 加强复试监督机制。在2011年复试工作中，要求各院系在复试前要将复试规则、考核标准、复试时间和地点及时通知复试考生。复试时严格按照公布的规则执行。

3. 公示制度。公示制度是阳光招生的最有效的手段。2011年通过网站公布了复试基本分数线和复试工作相关要求、复试生名单和复试规则，以及考生的复试成绩。未经公示考生一律不得录取。

4. 对复试过程中出现的争议，考生可向有关部门提出申诉。对于仍不能确定是否录取的考生，学校将进一步组织复试，建立了复议制度。

录取与入学审核　为认真把好录取的最后一道关，成立了校系两级录取工作领导小组，严格按照招生专业目录所公布的招生计划数录取。要求初取名单要进行公示，对线下破格录取考生在公示中要对破格录取原因做特别说明。初取后要认真核对初取研究生的全部信息，做到准确无误后方可办理相关录取手续。

改革与机制创新　在2011年的招生工作中继续推进改革的措施主要有以下几点。

1. 改进研究生招生计划的制订工作。在2011年招生计划的安排上，根据培养机制改革的实施情况，仍将培养计划分为普通计划、调控计划、单独项目计划和单列计划。

在校本部要求招生总规模保持稳定的情况下，重点进行了结构的优化调整，提高资源的有效配置，并加强了对专业学位招生计划的管理。使不同校区、不同学科专业、不同层次研究生都能够协调发展。

2. 继续完善留学生、港澳台生选拔办法。除普通招生外，鼓励各个院系以和国外著名大学合作或联合培养的方式进行招生。如北京大学与伦敦政治经济学院联合培养双硕士学位项目，北京大学国际关系学院国际关系硕士学位(MIR)项目，招收外国来华留学生攻读汉语国际教育硕士专业学位项目，招收外国来华留学生攻读法律硕士专业学位项目，北京大学"中国法"硕士项目，北京大学与新加坡国立大学汉语语言学双学位硕士项目等。

3. 大力开展和推进联合培养的招生。在2011年度，北京大学与中国科学院联合招收了化学、纳米等领域的博士研究生；与中国工程物理研究院九院(绵阳)和中国石油勘探开发研究院联合招收了物理和石油领域的博士研究生；与清华大学、北京生命研究所联合招收了生命科学领域的博士研究生；与北京舞蹈学院拟联合招收艺术学领域的博士研究生。联合培养按照"联合招生、合作培养、双重管理、资源共享"的模式，取得了很好的效果，得到了双方或多方共赢。

4. 继续推进交叉学科的招生工作。2011年除继续鼓励和推进原有交叉学科的招生外，也积极推进和鼓励其他学科的交叉，如分子医学、计算科学、传统文化、儒家思想与儒家经典、欧洲学、医学伦理学等。此外，为招收不同学科背景的学生，促进交叉、新兴学科的发展，北京大学若干院系、学科、专业还可选择本校其他学科、专业的一组考试科目应试。

5. 继续推进和开展优秀大学生夏令营活动。2011年有10多个院系开展了夏令营活动。通过开展优秀大学生夏令营活动来吸引、选拔推荐免试研究生中的优秀人才，取得了很好的效果。

6. 继续进行招生制度和办法的改革。从2012年起，部分院系招收博士研究生的选拔录取办法，由原来的以考生应试考试成绩为主的选拔录取方式，转变为以申请报名与考核申请人的素质能力为基础的申请—考核制选拔录取方式，其中包括心理学系、信息科学技术学院、环境科学与工程学院、分子医学研究所、光华管理学院。在部分院系实行了以科研经费资助的方式招生，其中包括物理学院光学专业、化学与分子工程学院、工学院、城市与环境学院、环境科学与工程学院。

【培养工作】　继续推进研究生教育国际化　为了加强与国外大学间的交流，充分利用国际学术环境和条件，加快推动研究生教育的国际化进程，研究生院依托导师的科学研究和国际合作，加大支持力度、拓宽支持渠道，逐步建立了短期、中期和长期相结合，"走出去"和"请进来"相结合的研究生国际化培养体系(GRS1—7计划)：中外联合培养项目的建设、英文课程体系的建设、开展国际学术交流活动、举办国际学术会议、短期出国访学、国家和校际联合培养、开展管理人员海外交流项目等。2011年，共派出1500余名研究生奔赴68个国家和地区进行学习、科研或其他学术活动。

在研究生英文课程体系建设上，积极探索国际化课程教学体系，建设了若干组全英文教学课程，提高了学生的专业知识水平、研究能力和英语水平。实行部分研究生课程与世界一流大学研究生课程的学分互认，初步形成了研究生培养工作的国际化环境。

高水平研究生交流项目　在国家公派留学生联合培养派出人员中，1人获得2011年度全国优秀博士学位论文奖，4人获得2011年度北京市优秀博士学位论文奖。2011年度，北京大学最终被该项目录取人数总计为230名，其中联合培养博士研究生145人、攻读博士学位85人。2011年度，该项目下的"博士生导师交流项目"，北京大学有4位教授获得资助资格。2007—2011年的5年中，北京大学共被录取1244人，其中联合培养博士研究生922人，攻读博士学位研究生322人。2012年度的项目实施工作已于2011年10月启动。

继续实施研究生教育创新计划　以"营造特色，创造品牌，调动资源，探索创新"为工作思路，2011年北京大学继续实施"研究生教育创新计划"。2011年度，物理学院等22个单位申报了各类项目共计87项。经审核后44个项目列入"研究生教育创新计划"资助范围，其中研究生暑期学校21个、博士研究生学术会议5个、博士研究生学术论坛10个、研究生教育研究与改革创新8个，总计拨付经费317万元。44个项目中，有10个项目获教育部"研究生教育创新计划"立项，其中4个项目获国家自然科学基金委"青少年科技活动基金"资助80万元。

创新研究生培养机制　1. 推进联合培养研究生工作。大力开展和推进院校间、院校与科研单位间联合培养的模式。目前与国内联合培养的单位有：中国科学院、中国工程院、中国气象科学研究院、中国工程物理研究院、中国石油勘探开发研究院；与国外联合培养的单位有：美国乔治亚理工学院、新加坡国立大学、荷兰格罗宁根大学、法国巴黎政治科学院、澳大利亚新南威尔士大学、英国伦敦政治经济学院等。

按照"联合招生、合作培养、双重管理、资源共享"的模式，在指导方式上，双方互聘导师并共同指导学生选修课程及论文研究的方向；在培养模式上，实施"两段式"模式，第一段充分利用高校的教育资源和学科资源优势，进行为期一年的基础课程和学位课程学习，第二段到科研机构实习，参与一线科研实践活动，同时依托科研课题进行学位论文研究；在课程设置上，不断调整完善研究生课程，将经典研究、专业前沿研究等融入课程讲授中；在选课要求上，给予更多的自由空间，学生可以根据研究兴趣及研究课题的需要选课，课程学分双方互认。

2. 继续推进交叉学科培养。如分子医学、计算科学、传统文化、儒家思想与儒家经典、欧洲学等。

3. 继续实施"研究生教育创新计划"。初步形成了一批国内竞争力强、有一定国际影响的品牌项目。2011年资助了创新计划项目44个，使研究生了解并追踪科学研究前沿，开阔视野，对促进高素质人才的培养，提高教学科研水平创造了很好的环境。

4. 继续开设"才斋讲堂"系列课程。由人文学科、社会科学与自然科学领域的知名学者讲授，从学科架构、研究前沿和方法、学科间关系、学科发展等方面拓展知识结构，提升学科素养。对于学术型研究生，特别是博士研究生开阔学术视野、秉承北大深厚的文化底蕴和多学科交叉的历史传统起到了积极作用。

5. 继续推进博士研究生学术新人奖工作。坚持以"培育学术新人，激励创新发展"为宗旨，优先支持基础学科和重点学科的人才培养，重点资助学业成绩突出、科研潜力大的优秀博士研究生。2011年有16个院系的40名博士研究生获得学术新人奖。

6. 探索本硕贯通、跨学科培养。推进3+2新闻传播硕士专业的跨学科选拔培养机制的探索。全面更新备案了25个院系的硕博连读研究生资格审核办法。

继续策划并组织"才斋讲堂"系列课程　2011年度安排了20讲，从经济学、法学、政治学到心理学、植物学、太阳风暴、空天技术、建筑设计，再到文学历史、媒体公关、文明与地理、人生哲学，从学科构架、研究前沿和方法、与相关学科的关系、学科发展等方面加强研究生对不同学科的了解和认识，提升学生的文理科学术素养，促进学科交叉和融合，有利于促进研究生开展新的创新性研究工作。特别增加了医疗改革和医患关系等医学研究方面的话题，扩大研究生的知识面和研究视野。2011年还出版发行了"才斋讲堂"第一辑的书籍、光盘。

加强专业学位研究生教育工作　1. 加快专业学位研究生教育发展。目前北京大学校本部设立23种专业学位类型，有14种招收并培养研究生，其中曾经或仍然招收单证研究生的有11种，目前北京大学有全日制硕士专业学位在校生4511人与单证硕士专业学位在校生5036人。汇编并更新2011年度《专业学位研究生培养方案》。

2. 与天津共建研究生实习基地，探索专业学位培养途径。2011年有选择性地在一些大企业设立研究生的研究与实习基地，加强校企结合，促进产学研结合，提高培养质量。2011 年 12 月,研究生院与天津港共建研究与实习基地合作事宜达成了初步协议。

博士研究生学术新人奖评审 学术新人奖坚持以“培育学术新人,激励创新发展”为宗旨,优先支持基础学科和国家急需发展学科的人才培养,重点资助学业成绩突出、创新意识强、科研潜力大的优秀博士研究生。对学业成绩优异、科研创新潜力较大的优秀在读博士研究生进行资助,评选人数为当年全国博士研究生招收总数的5%左右,一次性资助获奖博士研究生 3～5 万元/人。北京大学2011 年度“博士研究生学术新人奖”的评选工作自 5 月份正式启动,根据《北京大学博士研究生学术新人奖实施细则》,在数学科学学院等 16 个院系,以及医学部布置了评选工作,从资格要求、资助领域与评选流程等方面都做了细致的要求与说明,重点选拔了学术潜力大、学术成果突出、学科发展急需的 40 名博士研究生。

学籍管理 2011 年 1 月 1 日—12 月 20 日,办理学籍异动2673 人次。2011 年度,共计向学校财务部、学工部、宿管中心、校园卡管理中心、餐饮中心、图书馆、就业指导中心等部分发送异动信息近 200 次。

出国管理 2011 年 1 月 1 日—12 月 20 日,有 1502 名研究生前往 68 个国家和地区进行学习、科研或其他学术活动。

截至 2011 年 12 月 20 日,2011 年度“研究生国际学术交流基金”共资助 264 名研究生赴 31个国家和地区参加了 230 项国际高水平学术会议。2011 年度,用于研究生学术交流基金拨款的总数为 1606480 元。

2011 年度的研究生学籍、学历电子注册工作主要包括 2011 年1 月 244 名毕业研究生学历电子注册、2011 年 7 月 3908 名毕业研究生学历电子注册、2011 级研究生新生电子注册和 2011 年度研究生在校生学年注册。教育部和铁道部于 2011 年年底开始实施火车票学生票实名制,即自 2011 级开始,享受学生乘车优惠的研究生必须将个人信息录入磁条,才能实现购买火车优惠票。

培养环节管理和毕业审核 2011 年共有毕业生 3282 人(其中1 月有毕业生 129 人,7 月有毕业生 3153 人)。2011 年 1 月共计149 人结束学业(含毕业、结业、肄业及其他结束学业情况)。

修订 2011 年度《研究生手册》,于 2011 年 8 月付印并使用。

继续加强对博士研究生培养过程的日常管理和督促,定期汇总培养环节完成情况并反馈院系。每学期开学组织检查研究生的教学活动,将情况与相关院系及时沟通、向全校通报,收效良好。研究生正常开课的比例逐年提高,2011年 2 月为 85%,近两年达 95%以上,本学期达 97%。2011 年共开设研究生课程 3315 门,其中新开设课程 340 门。

对 2011 级硕士、博士研究生的培养方案进行修订,使培养方案类别更加丰富。硕士、博士、硕博连读、留学生、联合培养、单列项目等有相对应的培养方案,学生可通过个人门户查阅,可在导师的指导下修改完善个人培养计划。本学期研究生网上选课就是依据本人的培养计划进行的。

课程建设 2011 年度共有 27个单位的 61 门课程申请立项。经院系申报、专家审查评议后无记名投票,决定对 39 门课程立项资助,多数课程为本专业基础必修课,其中理学部有“结构矿物学”“环境科学与工程前沿”等 12 门,人文学部有“新兴修辞传播学前沿理论”“对外汉语语法研究和教学”等 14 门,社会科学学部有“多重视域下的中国外交思想史研究”“政治学定量测量方法”等 13 门。

对 2010 年立项的 37 门课程进行中期检查,对 2009 年立项的40 门课程进行结项检查,并计划就课程建设情况进行教学用书出版事宜的调研。

课程评估 2011 年,校本部研究生课程评估共计完成 2010—2011 学年第一、第二学期两次评估工作,其中第一学期有 27 个院系总计 770 门课程参评,共 12000余人次参与评估,全校平均得分为95.15 分;第二学期有 25 个院系总计 793 门课程参评,共 12000 余人次参与评估,全校平均得分为95.67分。

研究生课程网上评估系统 自 2010—2011 学年第二学期起,研究生课程评估依托研究生教学管理服务系统进行,由学生登录校内门户完成课程评估,任课教师和院系教学管理人员通过校内门户、教学管理系统查询评估结果,信息化程度进一步提升,提高了课程评估的效率。

积极推进管理信息系统的建设 2011 年 4 月,研究生培养管理新系统正式上线投入运行。作为北京大学信息系统建设的重要部分,新的研究生培养管理系统上线使用,研究生学籍、教务、培养工作的管理新系统第二代升级版基本上线,为北京大学研究生培养和教学管理工作提供了新的技术支持。

该系统以提高管理效率、提升服务质量为目标,依托学生综合信息管理服务系统,在功能上全面覆盖研究方向、培养方案、培养计划、科研信息、培养审查等培养过程管理的各个方面和各个环节,在服务对象上覆盖在校研究生、研究生指导教师、院系教学管理负责人及管理人员、研究生院培养人员等多个角色,优化管理流程,体现服务水平,为实现研究生培养过程的规范化和管理的科学化,提供了有效的网络平台。

硕博连读研究生选拔与审核　更新备案了 25 个院系的硕博连读研究生资格审核办法，审核近 400 名申请人的资料。

博士研究生访学项目和台湾香港交换生项目　与香港、台湾地区的交流学校主要包括台湾大学、成功大学、新竹交通大学、新竹"清华大学"、东海大学，以及香港科技大学等。2010—2011 年度累计接收与派出交流交换学生 68 人，接收国内访学研究生 13 人。

研究生课程研修班教学管理　2011 年，研究生课程研修班在学人数 2470 人。2011 年度审查结业人数约 1500 人。为近 400 名同等学力申请学位者审查成绩，并整理成绩档案。

办理各类证明　为了方便学生就业、出国及其他学习生活的正常有效开展，为学生出具各类证明，具体包括：在学证明、预计毕业证明、学历证明书、出国公证、教育储蓄证明、课程免修证明、成绩排名情况的说明、联合培养证明等。

编印手册　编印《北京大学研究生学籍管理工作手册》《北京大学研究生学籍事务指南》《北京大学研究生手册》《北京大学研究生课程表》《北京大学专业学位研究生培养方案汇编》等。

研究生教育创新计划交流会　2011 年 5 月 31 日，组织召开了 2011 年度"研究生教育创新计划"交流研讨会。研究生院副院长高岱教授首先简要回顾了"研究生教育创新计划"的发展历史，充分肯定了"创新计划"项目实施和落实的积极效益，在人才培养、学科建设、科学研究、国际交流等方面均取得了积极的成果，并表示在目前北京大学研究生教育的良好发展态势下，将千方百计筹措资源，一如既往地支持各院系申报和承办"创新计划"的有关项目，并做好管理和服务工作。培养办公室贾爱英主任就 2011 年度的项目实施有关要求和注意事项、教育部"2011—2015 全国研究生学术交流平台"项目做了主题报告，结合往年项目举办过程中的一些共性问题，与与会人员进行了信息沟通、经验分享和交流研讨。部分往年项目承办者在本次交流研讨会上做了代表性发言，总结经验，展示成果。与会人员还就项目筹备过程中遇到的问题和解决办法、经费使用、拓展经费来源、扩大"创新计划"项目的社会影响和效益等，开展了热烈的讨论和交流。

【学位工作】　以保证学位授予质量为中心　1. 2011 年完成了 1160 余名毕业生的博士学位论文答辩材料的审批工作。

2. 各级各类学位证书的征订与管理。目前的学位证书涉及学士、硕士和博士，从类型上又分为专业学位和科学学位，管理上涉及教务部、继续教育部、医学部学位办、医学部教务处等多个部门，管理上必须做到颁发、报废和预定数目清楚、准确。

3. 严格规范学位证书号的管理工作。由于学位证书的使用涉及多个部门，从 2010 年 1 月起，对学位证书号的使用进行了重新定义，保证不同部门、不同学位类型的编码准确、无误。

4. 以同等学力在职申请学位管理。2011 年，共计受理 2062 人次以研究生毕业同等学力在职申请学位审批（包括科学学位 404 人、专业学位 1658 人）。完成了 2011 年度国家统考 2000 人次报名资格的审核工作。2011 年，国务院学位办公室启用了全国同等学力申请学位的管理系统，研究生院在短期内接受了管理系统的培训，并对部分学员进行了数据收集和指纹采集。

5. 各级学位授予信息年报和归档。2011 年度，北京大学共计授予学士、硕士、博士学位 16497 个，其中学士学位 9143 个，占总授予学位人数的 55.4%，硕士学位 5647 个，占总授予学位人数的 34.2%，博士学位 1707 个，占总授予学位人数的 10.3%。信息报送至北京市教育综合服务中心和教育部学位与研究生教育发展中心。

6. 监督管理学位论文质量。2011 年 6 月及 12 月，探索利用信息技术对部分院系学位论文进行抽查，并将抽查结果反馈给院系和学生本人，对严肃学风、严格学术规范起到了警示作用，从监管层面促进了学位论文质量的提高。

优秀博士学位论文评选　2011 年，北京大学对优秀博士学位论文的推选程序和奖励力度进行了调整，首先从当年年度获得学位的博士论文中评选出校级优秀，经过一年的跟踪和检验，选送参评第二年的全国优秀博士学位论文。同时也提高了名额，加大了奖励力度，扩大了影响，进一步有效地保证了推荐论文的质量。北京大学 2011 年获得北京市优秀博士学位论文 7 篇，全国优秀博士学位论文 9 篇，居全国之首。

学位授权的学科申报、评估和考核　1. 新旧学科目录对应调整及学位授权申报。根据国务院学位委员会办公室《关于按〈学位授予和人才培养学科目录〉进行学位授权点对应调整工作的通知》（学位办[2011]25 号），为及时、准确地将国家文件精神传达到院系，特别紧急召开了此次学科调整申报动员会。

2011 年 8 月，国务院学位委员会下发《关于下达按〈学位授予和人才培养学科目录〉进行学位授权点对应调整结果的通知》（学位[2011]51 号）。北京大学新增 8 个一级学科博士学位授权点，10 个一级学科硕士学位授权点。调整后，北京大学共有 48 个一级学科博士学位授权点，52 个一级学科硕士学位授权点。

2. 重点学科项目中期检查工作。根据北京市教委的工作部署，研究生院组织了外国语言文学等15个北京市重点学科参加中期检查工作。北京大学3个一级学科、10个二级学科和2个交叉学科全部通过检查，获得6项优秀、9项良好。

3. 组织参加全国第三轮一级学科评估工作。根据教育部学位中心的工作部署，2011年12月组织全校参加全国第三轮一级学科评估工作。2011年12月29日，研究生院组织召开了学科评估工作布置会，会议由研究生院院长陈十一教授主持，王恩哥参会并做动员报告，来自各个学院、系、所、中心和相关职能部门负责人近百人参加了会议。会议回顾了北京大学参加前两轮全国一级学科评估的情况，并就本次学科评估的目的和原则、指导思想和指标体系、程序与范围、材料填写与报送、信息公示与核实，以及北京大学参加此次一级学科评估的工作要求和具体的日程安排等，向与会成员进行了详细汇报，并就相关政策进行了解读。

组织专业学位授权申报工作

1. 组织申报审计硕士专业学位授权点，并获得批准。截至目前，北京大学共有28个硕士专业学位授权点。

2. 工程博士专业学位授权。北京大学成为全国首批开展工程博士专业学位授予工作的培养单位之一，可在“电子与信息”和“生物与医药”两个领域开展工程博士专业学位授予工作。开展工程博士专业学位研究生教育意义重大，北京大学将切实把握定位，结合国家重大专项，服务国家重大需求，创新培养模式，探索具有自身特色的工程博士教育之路，培养工程技术领域的领军人才。

博士生导师的遴选　2011年，组织遴选了106名博士生导师。对2012年招收博士研究生的指导教师名单进行了审核，对导师库进行了更新和维护。

校学位评定委员会及其学科分会换届　根据《中华人民共和国学位条例》及其实施办法和《北京大学学位授予工作细则》，北京大学第八届学位评定委员会及其分会已经任期届满。经批准，2010年12月，正式组织启动了校学位评定委员会及其学科分会的换届工作。2011年3月，北京大学第九届学位评定委员会及其分会正式成立。

修订文件、完善制度　修订并完善了《北京大学学位授予工作细则》，起草了《北京大学学位评定委员会职责及议事规则》。目前，这两个文件已经党政联席会审议通过，正式发文。起草了《北京大学关于设置与调整博士、硕士学位授权学科的实施办法》，目前此文件正在调研之中。

完成上级主管部门委托的相关工作　1. 协助完成国务院学科评议组的有关工作。北京大学在国务院学科评议组工作中承担着14个学科评议组召集人单位和8个学科评议组召集人秘书单位。负责协助学科评议组编写《一级学科目录简介》和《博士、硕士学位基本要求》，统计编制《二级学科目录》等项工作。

2. 完成北京大学与北京市共建项目的管理工作。2011年上半年，完成了2012年科技成果转化与发明专利项目的申报工作，共上报了“新型抗血栓药临床前研究”等5个项目；完成了北京市重点学科增补工作的布置与选拔工作，共上报3个学科，其中2个获批（上文有专述）；完成了“垃圾渗滤液处理的组合技术及工艺开发”等4个项目的考核、总结上报工作；完成了“城市固体废弃物资源化技术与管理”等重点实验室的选拔与上报工作；完成了北京市共建经费的日常管理工作。目前，北京大学共有100多项与北京市的共建项目，涉及金额1500余万元，其中与研究生教育直接相关的有15个北京市重点学科项目，8个北京市优秀博士学位论文指导教师项目和1个学科群项目，每年涉及经费约550万元。

3. 完成教育部评估所、北京市教委及兄弟院校委托的评审工作。每年接受上级有关部门和兄弟单位委托的大量评审工作任务，包括优秀论文评审、学位论文评审、博士生导师评审、学科增设评审等。2011年受理了数百件上级有关部门和兄弟单位委托的评审工作材料。

4. 完成中国学位与研究生教育学会委托的工作任务。中国学位与研究生教育学会文理科工作委员会秘书处挂靠北京大学研究生院。2011年承担了全国学会文理科工作委员会的相关工作任务，包括文理科委员会换届，完成委员会秘书长、副秘书长交办的具体工作。并根据委员会工作日程，协助秘书长、副秘书长开展委员会2011年度年会会议工作，以及文理科工作委员会的理事会议。

加强制度建设、酝酿职能调整

1. 以信息化建设为突破口，提升管理和服务水平。现行的学位管理系统自投入运行以来，在学科、学位、导师管理等方面提供了极大的便利。2011年，主要更新了分会的管理功能、导师信息的管理功能，以及学位授予管理部分功能等。2011年10月，新的学位授予管理系统已经上线，学位授予的数据收集等功能将会有很大增强。

2. 完善办公室内部分工，提高工作效率。

3. 注重宣传工作。2011年，在北京大学新闻网发布了8篇新闻稿件，不定期编制《北京大学学位简报》，及时宣传了北京大学学位、学科及导师的发展状况。

4. 加强调研，为学位工作的进一步改革发展做好准备。

（1）组织召开全国优博评选征求意见专题座谈会。全国优博的评选工作已经开展了13年，根据"教研司[2011]17号"文件精神，组织召开了专题座谈会。与会专家认为优秀博士学位论文评选可以继续开始但需要进行改进，如：扩大优秀博士学位论文评选数量和调整组织方式，建议按学科分类评选；改革名额分配机制，对重点学科、985高校等加大倾斜力度；调整省级学位办公室的作用，对于985高校或国家重点学科推荐的优博论文，建议直接上报教育部，不经过省级学位办的初评；改进优秀博士学位论文的评审，重点针对论文本身的创新性、系统性和规范性等；突出优秀博士学位论文评选的荣誉性。

（2）组织召开博士生导师遴选不固定资格制研讨会。根据《北京大学关于博士研究生指导教师遴选办法的意见（试行）》，从2005年起，北京大学部分院系博士生导师遴选试行不固定资格制。为进一步总结工作，2011年10月20日组织历史学系、外国语学院、国际关系学院、光华管理学院、政府管理学院、国家发展研究院、教育学院和工学院等8个实行导师不固定资格制的院系或专业召开研讨会。各院系就试行博士生导师不固定资格制的主要做法和经验，以及存在的问题等进行了总结和交流。各院系的问题主要集中在：博士生导师人数大于招生名额数；不固定资格制博士生导师、导师组信息管理有待加强；院系在确定该类博士生导师资格时，相关程序不够规范；新导师指导经验不足，应考虑通过一定途径帮助其提高指导能力。

【奖助工作】 2011年，奖助办公室以"规范化、科学化、精致化"为指导，明确工作思路，改进工作方法，不断完善现有的奖助工作体系，保障了工作的稳步推进和科学发展。

进一步明确工作思路　2007年由奖助办公室负责实施的北京大学研究生培养机制改革经过5年的努力，已经初步建立起"以学业奖学金和助研岗位为基础、以助教岗位和专项奖学金为补充、以调控招生计划为特点"的研究生奖助工作体系，初步实现了"通过合理配置教育资源以提高研究生培养质量"的预期目标，走在了全国高校研究生培养机制改革工作的前列。

积极开展各项奖助工作　1. 调控招生计划。规模从2007年的不到50个发展到目前的每年超过150个，资金量从2007年的300万元发展到现在的近千万元。5年来，80%以上的博士研究生和90%以上的硕士研究生调控计划由理学部和信息与工程学部申请获得。

2. 学业奖学金。2007—2011级研究生中，共有8741人获得奖学金。其中博士研究生4234人，平均每人每月的生活补助为1410元，硕士研究生4507人，平均每人每月的生活补助为367元。

3. 助教、助研津贴。2011年，北京大学共设立1990个助教岗位，发放796万元助教津贴，资助研究生2514人次，分别比2010年增加108.5个岗位、43.4万元和17人次。

助研津贴因学部而异。人文学部：一般可不设助研岗位，学校有较大比例的一等奖学金覆盖；理学部和信息与工程学部：指导教师需为所指导的每位博士研究生（延期毕业者除外）提供助研岗位，岗位津贴的最低标准为450元/人/月，每年发放津贴不少于10个月；社会科学部：指导教师需为所指导的每位博士研究生（延期毕业者除外）提供助研岗位，每位博士研究生岗位津贴的最低标准为450元/人/月，每年发放津贴不少于10个月。基于目前的科研经费状况，学校给予每位博士研究生50%（不超过225元/人/月）的配套补贴。2011年度，北京大学共给社会科学学部和人文学部博士研究生发放助研津贴420万元，其中博士生导师或其所在院系补贴220万元，学校配套补贴200万元，共有约1900位博士研究生从中受益。

4. 专项奖学金。（1）校长奖学金。2008年6月开始设立"北京大学博士研究生校长奖学金"，标准为3.6万元/年，同时免学费，资助年限一般不超过基本学习年限。从2009级开始，每个年级的奖学金名额不超过100人。2011年6月完成评审，共有100位申请人获得2011—2012学年度博士研究生校长奖学金，其中理工科90人、文科10人。

2011年5月，启动了2009级、2010级博士研究生校长奖学金的中期评审工作。通过中期评审，94位2009级获奖者中有22位毕业或被淘汰，同时增补8人；98位2010级获奖者中有11位被淘汰，同时增补4人。因此共有80位2009级博士研究生和91位2010级博士研究生继续获得校长奖学金。

2011年9月19日，启动了2012级博士研究生校长奖学金的评审工作。对理工科院系的名额分配方式进行了调整。基本原则是增加院系自主名额，减少推荐名额。理工科院系的自主名额由往年的50个增加至80个，推荐名额则由去年的75个减少至27个。在第一批次的初评中，各院系共上报了61个自主名额和20个推荐名额。剩余的19个自主名额和7个推荐名额将在2012年4月份启动的第二批次评审中使用。文科院系的名额分配方式跟以往相同，均为推荐名额，共分配26个推荐名额，将在2012年4月份启动的第二批次评审中统一使用。迄今为止,共有271名优秀博士研究生获得此项殊荣,本年度资助金额达975.6万元。

(2) 才斋奖学金。为了资助北京大学人文、社会传统优势学科领域优秀博士研究生从事高水平、有难度的创新性研究,大力提升北京大学传统优势学科博士研究生的培养质量,从2011年起,在青鸟集团公司的大力支持下,北京大学设立了才斋奖学金。2011年7月,发布了《北京大学才斋奖学金管理办法》和《北京大学才斋奖学金经费管理细则》,并于9月中旬启动了才斋奖学金的第一次评审工作。最终从39位博士研究生候选人中,评出15位获奖人,资助金额达55.2万元。

(3) "王文忠—王天成奖学金"和"闳材奖学金"。2011年9月,启动了"王文忠—王天成奖学金"和"闳材奖学金"2项助困性质的奖学金评审工作。共有66位申请人获得"闳材奖学金"的资助,20位申请人获得"王文忠—王天成奖学金"的资助,资助总金额分别为19.8万元和10万元。

5. 对延期博士研究生的资助与管理。2011年,继续针对2007、2008级延期博士研究生施行延长期博士研究生资助政策的过渡方案,即对在基本学习年限内享受学业奖学金资格、已缴纳延长期学费并提交资助申请的博士研究生,提供2500元/学期的资助,以覆盖其延长期学费。本学期共向305位延长期博士研究生提供共77.75万元的资助(其中包括补发2010年度1.5万元的资助)。

2011年7月1日,下发了《关于实施〈北京大学延长期博士研究生资助管理办法〉(校发[2010]92号)的通知》,规定从2009级开始,对延期博士研究生实施新的资助管理办法,并对新的审核与管理方案做出了明确的规定。

不断提升工作水平 2011年度,奖助办公室在继承以往工作优良传统,做好以上常规工作的同时,还特别注重创新工作思路,提出规范化、科学化、精致化"三化"的指导思想,改进工作方法,提高工作效率,以适应目前的工作格局和实际需要。

规范化的目的在于减少管理工作中的人为化因素,避免随意性的处理方式,包括:(1) 制度化,(2) 程序化。科学化的内涵包括两个方面:一是努力提高工作效率。明确奖助办公室宏观管理和指导的职责,合理分工,化繁为简,尽最大努力把自己从繁重的事务性工作中解放出来。加大院系奖助学金初评工作中的自主权。二是要根据工作实际需要有条不紊地推进信息化建设,不断完善奖助学金的管理系统。精致化的内涵也包括两个方面:一是用心把细节做好,追求精益求精的工作境界。二是倾注人性化的关怀,努力发挥奖助工作的育人作用。撰写和发布了《北京大学研究生奖助工作常见问题答疑》,就其中的常见问题予以集中解答,受到了院系教务老师的一致欢迎。

【中国研究生院院长联席会秘书处】 2011年工作会议 2011年工作会议于3月在北京召开,旨在贯彻落实《教育规划纲要》及刘延东国务委员在《学位条例》实施三十周年纪念大会的讲话精神,及时传达国务院学位委员会第二十八次会议有关工作部署。教育部杜占元副部长和国务院学位办公室张尧学主任分别发表了讲话,文理医学科处、工农学科处、质量监督与信息处处长分别介绍了2011年的工作重点。

联席会主席院长会议 联席会主席院长会议于2011年1月在北京召开,与会者就联席会2011年工作要点进行了讨论并达成共识;就《中国研究生教育年度报告》的编撰问题进行了讨论,强调年度报告要结合"全国教育工作会议"精神,关注国际研究生教育发展的新趋势,结合我国研究生教育的新情况和共同关注的热点问题,对我国研究生培养质量等基本主题进行纵深研究。会议形成决议,院长联席会继续委托华东师范大学负责年度报告的编撰工作,并发出了相关委托函。

2011年年会 2011年年会于11月1—3日在云南腾冲召开。年会主题为"专业学位研究生教育"和"研究生教育质量保障体系建设"。教育部学位管理与研究生教育司巡视员孙也刚、副巡视员梁国雄分别做了重要讲话。专业学位研究生教育处黄宝印处长做了题为"专业学位研究生教育发展状况"的大会报告。南开大学等10所大学的研究生院院长做了大会交流发言。华南理工大学、北京大学、上海交通大学、西安交通大学分别就年度内赴海外交流访问的情况做了汇报。华东师范大学做了有关《中国研究生教育年度报告2011》编撰情况报告。陈十一秘书长做了联席会年度工作报告,含财务报告。按照联席会《条例》要求,在闭幕式上,联席会陈十一秘书长主持了换届选举。经充分酝酿和民主推选,会议一致通过了浙江大学研究生院、南开大学研究生院,以及重庆大学研究生院为下一届暨第四届联席会主席单位。

编撰出版《中国研究生教育年度报告》 为及时总结研究生教育的经验,探索研究生教育改革和发展的新思路、新模式,积极引领中国研究生教育的持续健康发展,联席会首部《中国研究生教育年度报告(2009)》已于2010年5月由高等教育出版社正式出版。《中国研究生教育年度报告(2010)》的编撰工作也在2011年5月如期完成并由高等教育出版社正式出版。《中国研究生教育年度报告(2010)》继续秉持“动态反映成就,系统总结经验,深入探讨热点”的宗旨与原则,对2010年我国研究生教育发展中的一些热点和难点问题,进行了尽可能全面和系统的分析。从2009年起,《中国研究生教育年度报告》每年定期出版一册。

设计和制作专题网站 2011年是《中华人民共和国学位条例》颁布实施30周年。为此,研究生院院长联席会从2010年起就开始组织力量,制作专题宣传网站,并已经试运行。希望通过该网站,宣传研究生教育30年的成果。

进行专业学位管理调研 随着我国经济社会发展的不断深化,培养造就创新型科技人才和大力开发经济社会发展重点领域急需的应用型专门人才也成了我国人才工作的主要任务。为此,政府做出了针对研究生教育的重要战略调整:进行研究生教育结构调整,把过去单纯地培养学术型研究生为主的原则调整为以培养学术型和应用型专业学位研究生并重的原则。明确提出到2015年,专业学位硕士占整个硕士招生的比例要从现在的30%提高到50%以上。

为确保做好专业学位研究生教育管理工作提供机制上的保障。目前,已经有不少研究生院成立了专门的专业学位管理部门,直接对全校各专业学位研究生培养单位进行管理,并负责全校专业学位研究生的招生、培养等相关工作。校学位评定委员会也新设立了专业学位分委员会,由多个专业学位评审组组成,直接负责全校的专业学位评定工作。为及时了解各研究生院对这项工作的推进情况,联席会在各校研究生院的配合下,进行了相关情况调研。希望能通过这些调研数据,为国家决策提供参考依据。

出席全球研究生教育战略领袖峰会 第五届全球研究生教育战略领袖峰会于2011年9月26—28日在香港举行。来自16个国家和地区的35位大学及研究生院领导者应邀出席了会议。此次峰会的主题是“研究生的职业发展:追踪与开拓途径”。中国研究生院院长联席会秘书长、北京大学研究生院院长陈十一教授,厦门大学副校长兼研究生院院长孙世刚教授和上海交通大学研究生院常务副院长杜朝晖教授应邀出席了峰会,并分别做了专题报告。

出席美国CGS·2011年会 2011年,院长联席会组派了院长代表团出席2011年12月7—10日在美国亚利桑那州召开的美国CGS年会,西安电子科技大学副校长李建东教授、解放军第四军医大学研究生院院长冯英明如期到会。年会的主题是“创造研究生教育的未来”。院长代表团出席会议,对于加强与国际同行的交流,及时了解国际研究生教育的发展动态,有着十分重要的意义。

组派“奖助管理培训班”赴美学习 2011年9月18日—10月8日,中国研究生院院长联席会赴美“研究生奖助学金管理培训班”进行了为期20天的培训。该项目旨在通过选派国内研究生院院长和管理干部赴欧美参加培训,以学习欧美发达国家研究生教育的成功经验。此次培训,由国际教育交流协会委托美国乔治梅森大学负责实施。培训结束后,乔治梅森大学正式举行了结业证书的授予仪式,代表团反映收获很大。随后,代表团还顺访了几所知名大学。

参加研究生教育的交流活动

1. 出席DDOGS年会。中国研究生院院长联席会组织院长代表团于2011年5月3—15日,出席了在珀斯召开的DDOGS年会和澳大利亚科研训练管理会议组织的2011年会议,并顺访了几所澳大利亚知名大学。

2. 出席国际研究生奖学金会议。联席会秘书长陈十一出席了于2011年10月13—14日在北京召开的第七届“国际研究生奖学金会议”。北京大学、清华大学等21所“国家建设高水平大学公派研究生项目”签约院校的校领导及相关部门负责人和美国哈佛大学、耶鲁大学等11所美国一流大学的代表共100多人出席了会议。会议围绕博士研究生教育展开。陈十一应邀做了题为“How China cultivates doctoral candidates for 2020”的专题报告。

3. 合作举办“Ph. D Workshop China 2011”国际交流会。2011年11月26—27日,联席会与中国教育国际交流学会合作,在北京举办了“Ph. D Workshop China 2011”国际交流会,这是继2009年、2010年以来合作举办的第三届交流会。

【专业学位综合试点改革工作研讨会】 北京大学自1994年招收工商管理硕士专业学位研究生以来,专业学位研究生教育取得了较快发展,目前设有工商管理硕士等28种专业学位类型,专业学位研究生培养已经成为北京大学研究生教育结构优化调整与研究生培养工作的重要组成部分。自2010年以来,北京大学切实贯彻落实教育部《关于实施专业学位研究生教育综合改革试点工作的指导意见》的精神,以工商管理硕士、法律硕士、公共卫生硕士等3类专业学位教育为试点,积极开展专业学位研究生教育综合改革试点工作,并获得教育部的肯定与大力支持。

2011年3月7日,研究生院常务副院长王仰麟主持召开了专业学位综合试点改革实施方案研讨会,与相关院系的专业学位教育负责老师共同研讨北京大学的改革实施方案，与会专家结合学校实际，积极借鉴国际经验，在教育理念、招生办法、培养模式、课程设计、奖助体系、实习实践、论文与答辩等方面，进行了充分研讨与论证，提出了符合北京大学办学理念、办学标准的专业学位研究生教育实施方案。

【北京大学研究生教育管理奖】 为了进一步提高管理水平，鼓励勤奋敬业、积极向上、勇于探索的工作精神，北京大学决定设立“北京大学研究生教育管理奖”，此奖项首次设立，每三年评选一次，旨在奖励在研究生教育管理工作中做出突出贡献的各院系研究生教务管理办公室负责人。

2011年，北京大学研究生教育管理奖包括：“2011年北京大学研究生教育管理优秀奖”“2011年北京大学研究生教育管理先进奖”“2011年北京大学研究生教育管理贡献奖”。经过自我申请、院系推荐、研究生院院务会无记名投票，有11人获得优秀奖、15人获得先进奖、11人获得贡献奖。在2011年7月12日召开的北京大学研究生教务工作研讨会上对获奖人员进行表彰、颁发获奖证书，并给予一定的物质奖励。

【研究生院促进交流计划】 研究生院促进交流计划旨在通过业务知识、礼仪形象、英语语言、交流合作等专题讲座，为职工提供沟通、交流的机会，使大家了解研究生院概况、规章制度、人员结构、业务环节，更快熟悉、适应工作环境，特别是近5年来聘任到研究生院工作的新职工，能够更好地融入研究生院大家庭中，全面了解、继承并发扬研究生院的优良传统，更好地把研究生教育管理工作做好。

于2009年12月正式启动的研究生院促进交流计划截至2011年12月已不定期举办了17次讲座，取得了预期的效果，并将采取多种多样的方式继续进行。

【研究生院新版网站正式上线】 研究生院新版中文、英文网站分别于2011年1月和5月正式上线。研究生院新版网站更加注重信息更新的便捷性、操作界面的高互动性、数据信息的安全性。该网站可实现以下功能：提供站内搜索功能、具备访问量统计功能、划分访问权限、校内信息统一认证。

【研究生院医学部分院】 招生工作 1. 2011年招生工作。2011年共招收研究生1081人，其中博士研究生407人，硕士研究生674人。

2. 2012年招生工作。(1)制订2012年招生计划：由于新增专业学位的招生需求，2012年医学部硕士研究生的招生规模增加至700人(2011年为650人)。博士研究生仍维持2011年的400人的招生规模。(2) 2012年接收推荐免试生情况：接收2012年推荐免试生320人。2011年暑期举办第二期全国优秀大学生暑期夏令营，有203人提前预录取为医学部2012年推荐免试研究生。

学籍管理 1. 截至2011年年底，在校研究生共计3388人，其中博士研究生1316人，硕士研究生2072人。2011年学生学籍异动情况：退学18人；休学5人，复学2人；停学9人，复学3人，延期毕业105人，转硕博士研究生12人，短期出国(境)学术交流77人。

2. 核查由于教育部平台系统更新造成的在校生、毕业生学籍信息丢失情况。彻底清查全部在校生档案，组建人事档案电子库。

3. 2011年再次修订《北京大学医学部研究生学籍管理实施细则》。鉴于研究生中延长学业，以及出国(境)学术交流或进修的人数增多，为简化办事流程，将提前、延期毕业，以及出国(境)审批权下放至各学院。

就业工作 1. 就业基本情况。医学部2011届毕业博士研究生367人，硕士研究生472人。

2. 加强就业指导，努力开展就业咨询服务。组织各类招聘会，收集就业信息，举办毕业生就业促进月活动，资助院系开展有专业特色的就业指导活动。

3. 加强就业政策引导工作，鼓励毕业生到京外、西部地区和基层岗位就业。2011届毕业研究生中超过40%的同学在京外就业，为历年最高。

培养工作 1. 教学工作。(1)召开了医学部学位与研究生教育教学委员会第三次全体会议。对第二阶段课程改革进行总结汇报，同时启动全科医学专业硕士学位研究生教学工作。

(2) 完成培养方案的修订。本次修订涉及12个一级学科，9个二级学科，对现行研究生培养方案进行全面梳理，降低必修课学分，增加选课灵活度，加强对研究生的实践能力训练及创新性培养。

(3) 组织研究生课程教学大纲(第四版)的修订工作。第四版教学大纲包含13个院(部)开设的352门课程，总学时达到14431学时，为在校研究生及导师提供了优质、丰富的备选课程。

(4) 研究生的必选课“医学研究中安全防护与相关法规”开始实行计算机考核，实现了无纸化考试。

2. 科研/临床工作。(1) 推荐王冬来等8名同学参加教育部“博士研究生学术新人奖”评选，全部入选。

(2) 组织进行2011年北京大学医学部临床/口腔医学专业学位研究生、在职申请学位人员和住院医师阶段考核工作。本次考试涉及23个二级学科，7所附属医院、护理学院，5所教学医院共287名考生报名参加考试，报名考生中研究生256人、在职申请学位人员5人、住院医师26人。

(3) 将1998年设立的“北京医科大学临床医学专业学位工作委员会”调整为“北京大学医学部专业学位工作委员会”，该委员会办公室设在北京大学研究生院医学部分院。

3. 联合培养。2011年，共有35名研究生获得国家留学基金管理委员会建设高水平大学公派研究生项目资助，其中17名攻读博士学位、18名为联合培养博士研究生。

2011年，启动了医学部首批“北京大学医学部研究生国家学术交流基金”与“博士研究生短期出国(境)研究项目”资助，共有8名同学获得资助。

4. 研究生课程进修班。2011年举办了应用心理学、护理学、精神病与精神卫生学3个专业研究生课程进修班，共招收65名新学员。在校104名学员。获得结业证书学员共计50人。

5. 研究生教育教学研究项目。开展了2011年学位与研究生教育教学研究项目的申报工作，共有46项课题获得资助。

学位工作　1. 优秀博士学位论文。2011年由医学部推选的20篇博士学位论文中，基础医学院生物化学与分子生物学尚永丰教授指导的博士研究生王艳获得了全国优秀博士学位论文奖，另外4篇和15篇论文分获2011年北京大学优秀博士学位论文二等奖和三等奖。2011年6月，北京大学首次组织了2011届北京大学百篇优秀博士论文评选，医学部30名应届博士研究生及指导教师获得了此项殊荣。

2. 学位授予。2011年授予学位1999人，其中授予博士学位383人、硕士学位363人、学士学位1253人；向191名在职人员授予学位，其中博士学位46人、硕士学位145人；授予公共卫生七年制医学硕士学位52人；授予六年制药学理学硕士学位75人；授予八年制临床医学专业学位199人；授予八年制口腔医学专业学位39人；授予八年制基础医学科学学位20人。

3. 导师遴选及培训。2011年12月，导师遴选及培训经过各学位分会初审后上报学位办，并已完成了一级学科专家组的评议。2011年10月12日，医学部研究生导师培训会在逸夫教学楼报告厅举行。北京大学常务副校长、医学部常务副主任柯杨教授，医学部副主任、研究生院常务副院长段丽萍教授等领导，2011年医学部、附属医院及教学医院新上岗的研究生导师，研究生主管部门教师180余人参加培训。

4. 在职人员申请学位。2011年3月，组织在职人员申请博士学位英语全国统考报名和考务工作，参考人员118人。2011年3月，组织2011年拟在职申请硕士学位的62人进行英语听力考试。

2011年4—7月，接受在职申请硕士学位人员50人，其中申请硕士专业学位10人，申请科学学位40人；接受申请博士学位的在职人员70人，其中申请博士专业学位66人，申请科学学位4人。

5. 博士学位一级学科点学位授权。2011年，北京大学医学部护理学一级学科被国务院学位委员会批准为博士学位授予一级学科。

6. 学位评定委员会换届。根据北京大学学位办公室《关于北京大学学位评定委员会换届的通知》精神，北京大学医学部学位评定委员会及各学院(部)分委员会换届工作于2011年2月份结束。

研究生工作部　1. 结合“爱、责任、成长”主题开展班级活动。班级活动不仅丰富了研究生生活，还增强了研究生班级凝聚力，提高了研究生的综合素质。

2. 鼓励党支部学习重要讲话精神、开展争先创优主题活动。为引导医学部研究生深入学习、贯彻落实胡锦涛总书记“七一”重要讲话和刘延东国务委员在全校教师干部大会上的讲话精神，研究生工作部组织开展“学习‘七一’讲话精神，牢记使命争创一流”学生党团日联合主题教育活动。

为切实做好2011年胡锦涛总书记给北京大学第十二届研究生支教团成员回信精神的学习宣传和贯彻落实工作，组织各学院研究生干部代表召开了“学习胡总书记回信座谈会”。

2011年，在接到中共北京市委教育工作委员会、北京市教育委员会《关于实施大学生“村官”配套工程　开展红色“1＋1”活动的通知》后，研究生工作部推荐了口腔医学院、公共卫生学院2个研究生党支部参加红色“1＋1”活动，其中，公共卫生学院研究生党支部获得2011年北京高校红色“1＋1”示范活动鼓励奖。

3. 加强学生干部骨干培养。2011年组织了“北京大学医学部第五期研究生干部骨干培训”，来自各学院(部)的70多名研究生干部骨干参加了活动。指导研究生会办好“北大生物医学论坛”、学术十杰评选、“第二届北京大学医学部研究生趣味运动会”等活动。

4. 关注学生心理健康，做好重点学生排查。2011年举办心理观察员培训1次。同时，在研究生班级心理观察员中建立月报制度，每月对几类重点学生进行情况排查，并关心有特殊问题的学生。

5. 开展社会实践项目化管理、宣传社会实践成果。2011年，医学部研究生共组成社会实践团14个，200余名学生参加了不同形式的社会实践活动。研究生工作部组织了社会实践评优，共评选出一等奖1个、二等奖2个、三等奖3个、优秀奖3个，并对各个团队给予一定的经费支持。14个团队中，有1名同学获“首都大学生暑期社会实践先进个人奖”、1支团队获“首都大学生暑期社会实践优秀团队奖”、1支团队获“北京大学暑期社会实践优秀团队奖”、2支团队获“北京大学暑期社会实践先进团队奖”、1名教师获“北京大学暑期社会实践优秀领队老师奖”、4名同学获“北京大学暑期社会实践优秀个人奖”、8名同学获“北京大学暑期社会实践先进个人奖”。

将2008—2010年医学部研究生暑期社会实践活动总结编辑成册，并出版了《了解社会 体会责任》(第二辑)。

6. 深化研究生培养机制改革、三助及困难补助管理工作。2011年继续修订《北京大学医学部研究生学业奖学金实施细则》，推进医学部研究生培养机制改革不断深化。2011年博士研究生基本月收入为1600～2200元/月，硕士研究生基本月收入为700～1000元/月。2011年起开始为毕业研究生发放北京大学医学部学业奖学金证书。2011年研究生助研审核与发放金额630余万元、困难学生资助金额13余万元，做好20余名获得国家贷款后学生的管理工作。

7. 做好研究生班集体及个人的奖励、表彰工作。2011年共有一个学院获得先进学工单位称号、17个集体获得优秀班集体荣誉。2011年共有369人获得北京大学及医学部各类奖励表彰；287名研究生获得各类奖学金奖励，奖学金金额达57.62万元。2011年医学部23名同学获“北京大学学术创新奖”，其中博士研究生17名(2名为专业学位博士研究生)，硕士研究生6名。

8. 改进和完善研究生奖学金、保险信息管理服务系统。2011年，学业奖学金生活补助部分发放约256余万元。研究生中参保人数达1993人，2011年共协助学生完成保险理赔18人次。

9. 深化学生工作“精致化”，加强德育工作队伍建设。召开了“2011年北京大学医学部研究生管理工作精致化交流会”，共有8个课题参加了“医学研究生学生管理工作精致化课题”的结题评审。

2011年启动了年度辅导员工作考核工作，修订了《医学部辅导员/班主任工作手册》。

2011年选派5名主管研究生的教师参加了北京市教工委组织的“北京高校辅导员专业化培训”。

2011年，研究生工作队伍中，有2人获得北京大学优秀德育工作者称号、2人获得北京大学优秀班主任一等奖、4人获得北京大学优秀班主任二等奖、7人获得北京大学优秀班主任三等奖。

10. 研究工作。2011年发表文章1篇、申报北京市教委课题并获立项1个。

11. 与其他部门密切配合，做好研究生日常管理工作。

医药科工作委员会、全国医学专业学位教育指导委员会工作

1. 全国医学专业学位研究生教育指导委员会换届工作完成。2011年3月18日，全国专业学位研究生教育指导委员会成立大会、医学专业学位研究生教育指导委员会分会在北京召开，会上公布了第二届全国医学专业学位研究生教育指导委员会名单并颁发了聘书，其中陈竺当选为主任委员，刘谦、柯杨、李立明、王羽、何维当选为副主任委员，段丽萍当选为秘书长。

2. 召开全国临床医学专业学位及护理学专业学位工作专题研讨会。2011年11月16—18日，全国临床医学专业学位及护理学专业学位工作专题研讨会在温州医学院召开。研讨会以“规范专业学位教育，适应社会发展需求”为主题。与会者就如何加强医疗卫生应用型人才培养，主动适应我国社会发展方式，加快转变对临床、护理高层次人才的需要等内容展开研讨。

3. 完善高层次全科医学领域、临床病理领域人才培养体系。2011年8月30日，全国医学专业学位研究生教育指导委员会在北京召开了“临床医学(全科医学领域)专业学位设置方案研讨会”。本次研讨会旨在完善国家医学人才培养体系，促进医学专业学位研究生教育，规范全科医生培养模式，推进全科医生培训制度的建立和实施。2011年10月18日，受国务院学位办公室委托，教育指导委员会下发了《关于开展临床医学专业学位“全科医学领域”及“临床病理学领域”硕士专业学位研究生培养工作的通知》，负责临床医学硕士专业学位研究生培养单位在增列“全科医学领域”及“临床病理学领域”的工作。

4. 完成公共卫生硕士专业学位研究生教育综合改革试点中期工作检查。按照教育部学位管理与研究生教育司《关于委托开展专业学位研究生教育综合改革试点工作检查的函》(教研司〔2011〕7号)的指示，教育指导委员会分别于2011年5月20日和9月30日

向试点院校下发了对MPH综合改革进行检查及上报评估材料的通知。2011年10月24日，教育指导委员会组织公共卫生分委员会委员，以及有关高校公共卫生领域专家在昆明召开“公共卫生全日制MPH综合改革试点工作中期汇报会”，并于2011年11月将《公共卫生领域专业学位硕士研究生教育综合改革试点工作报告》上报至教育部学位管理与研究生教育司。

5. 做好2010年在职人员攻读硕士学位录取工作。提出2011年公共卫生硕士专业学位全国联考的复试指导分数线为“总成绩及外语成绩分别在20%百分位点(含)以上，且各考试科目成绩不低于30分”。

6. 开展科学研究。2011年，医药科工作委员会、委员会秘书处认真做好学位与研究生教育科研课题研究，完成国务院学位办委托的“涉医全日制专业学位研究生全过程跟踪研究”二级课题。作为二级课题承担单位，依靠医学专业学位教育指导委员会秘书处发布调研信息，组织了14所医学专业学位研究生培养高校进行调研，全面分析我国全日制医学专业学位研究生教育的现状、特色、问题和发展趋势，为进一步完善全日制医学专业学位教育政策和培养工作指导意见提供决策支持。

表7-12　2011年全国优秀博士学位论文

序号	专业	作者	论文题目	导师
1	凝聚态物理	马仁敏	一维纳米半导体材料及其电子与光子器件研究	戴　伦
2	无机化学	袁　荃	稀土/锆基和稀土/铝基有序介孔结构的可控合成及性质研究	严纯华
3	物理化学	姚亚刚	单壁碳纳米管的结构控制生长方法研究	张　锦
4	空间物理学	周煦之	地球磁层能量粒子动力学研究	濮祖荫
5	宗教学	肖清和	“天会”与“吾党”：明末清初天主教徒群体之形成与交往研究(1580—1722)	孙尚扬
6	印度语言文学	叶少勇	《中论颂》与《佛护释》——基于新发现梵文写本的文献学研究	段　晴
7	物理电子学	魏贤龙	结合扫描电子显微镜和纳米探针研究碳纳米管的操控和力学电学特性	陈　清
8	生物物理学	魏朝亮	钙火花调控细胞方向性迁移	程和平
9	生物化学与分子生物学	王　艳	LSD1是NuRD复合体的一个内在亚基，功能上调控乳腺癌的转移	尚永丰

表7-13　北京大学有权授予博士、硕士学位的学科专业目录

学科门类		一级学科	专业代码	专业名称	学科门类	备注
01	哲学	0101	哲学	010101	马克思主义哲学	0
				010102	中国哲学	0
				010103	外国哲学	0
				010104	逻辑学	0
				010105	伦理学	0
				010106	美学	0
				010107	宗教学	0
				010108	科学技术哲学	0
02	经济学	0201	理论经济学	020101	政治经济学	0
				020102	经济思想史	0
				020103	经济史	0
				020104	西方经济学	0
				020105	世界经济	0
				020106	人口、资源与环境经济学	0
				020120	理论经济学(发展经济学)	0
		0202	应用经济学	020201	国民经济学	0
				020202	区域经济学	0
				020203	财政学(含：税收学)	0
				020204	金融学	0
				020205	产业经济学	0
				020206	国际贸易学	0

续表

学科门类		一级学科	专业代码	专业名称	学科门类	备注
				020207	劳动经济学	0
				020208	统计学	0
				020209	数量经济学	0
				020210	国防经济	0
03	法学	0301	法学	030100	法学	0
				030101	法学理论	0
				030102	法律史	0
				030103	宪法学与行政法学	0
				030104	刑法学	0
				030105	民商法学	0
				030106	诉讼法学	0
				030107	经济法学	0
				030108	环境与资源保护法学	0
				030109	国际法学	0
				030110	军事法学	0
				030120	法学(知识产权法)	1
				030121	法学(商法)	1
				030122	法学(国际经济法)	1
				030123	法学(财税法学)	1
03	法学	0302	政治学	030201	政治学理论	0
				030202	中外政治制度	0
				030203	科学社会主义与国际共产主义运动	0
				030204	中共党史	0
				030205	马克思主义理论与思想政治教育	0
				030206	国际政治	0
				030207	国际关系	0
				030208	外交学	0
				030220	政治学(国际传播)	0
				030221	政治学(国际政治经济学)	1
03	法学	0303	社会学	030301	社会学	0
				030302	人口学	0
				030303	人类学	0
				030304	民俗学(含:中国民间文学)	0
				030320	社会学(老年学)	1
				030321	社会学(社会工作与社会政策)	1
				030322	社会学(女性学)	1
03	法学	0305	马克思主义理论	030501	马克思主义基本原理	0
				030503	马克思主义中国化研究	0
				030504	国外马克思主义	0
				030505	思想政治教育	0
				030506	中国近现代史基本问题研究	0
04	教育学	0401	教育学	040101	教育学原理	0
				040106	高等教育学	0
				040110	教育技术学	1
04	教育学	0402	心理学	040201	基础心理学	0
				040202	发展与教育心理学	1
				040203	应用心理学	0

续表

学科门类		一级学科	专业代码	专业名称	学科门类	备注
04	教育学	0403	体育学	040301	体育人文社会学	1
05	文学	0501	中国语言文学	050101	文艺学	0
				050102	语言学及应用语言学	0
				050103	汉语言文字学	0
				050104	中国古典文献学	0
				050105	中国古代文学	0
				050106	中国现当代文学	0
				050107	中国少数民族语言文学(分语族)	0
				050108	比较文学与世界文学	0
05	文学	0502	外国语言文学	050201	英语语言文学	0
				050202	俄语语言文学	0
				050203	法语语言文学	0
				050204	德语语言文学	0
				050205	日语语言文学	0
				050206	印度语言文学	0
				050207	西班牙语语言文学	0
				050208	阿拉伯语语言文学	0
				050209	欧洲语言文学	0
				050210	亚非语言文学	0
				050211	外国语言学及应用语言学	0
05	文学	0503	新闻传播学	050301	新闻学	0
				050302	传播学	0
05	文学	0504	艺术学	050401	艺术学	0
				050403	美术学	1
				050406	电影学	1
06	历史学	0601	历史学	060101	史学理论及史学史	0
				060102	考古学及博物馆学	0
				060103	历史地理学	0
				060104	历史文献学(含：敦煌学、古文字)	1
				060105	专门史	0
				060106	中国古代史	0
				060107	中国近现代史	0
				060108	世界史	0
				060120	历史学(中国少数民族史)	1
07	理学	0701	数学	070101	基础数学	0
				070102	计算数学	0
				070103	概率论与数理统计	0
				070104	应用数学	0
				070105	运筹学与控制论	0
07	理学	0702	物理学	070201	理论物理	0
				070202	粒子物理与原子核物理	0
				070203	原子与分子物理	0
				070204	等离子体物理	0
				070205	凝聚态物理	0
				070206	声学	0
				070207	光学	0

续表

学科门类		一级学科	专业代码	专业名称	学科门类	备注
				070208	无线电物理	0
07	理学	0703	化学	070301	无机化学	0
				070302	分析化学	0
				070303	有机化学	0
				070304	物理化学	0
				070305	高分子化学与物理	0
				070320	化学(化学生物学)	0
				070321	化学(应用化学)	0
				070322	化学(化学基因组学)	0
07	理学	0704	天文学	070401	天体物理	0
07	理学	0705	地理学	070501	自然地理学	0
				070502	人文地理学	0
				070503	地图学与地理信息系统	0
				070520	地理学(环境地理学)	0
				070521	地理学(历史地理学)	0
				070522	地理学(地貌学与环境演变)	0
				070523	地理学(城市与区域规划)	1
				070524	地理学(景观设计学)	1
07	理学	0706	大气科学	070601	气象学	0
				070602	大气物理学与大气环境	0
07	理学	0708	地球物理学	070801	固体地球物理学	0
				070802	空间物理学	0
07	理学	0709	地质学	070901	矿物学,岩石学,矿床学	0
				070902	地球化学	0
				070903	古生物学与地层学	0
				070904	构造地质学	0
				070905	第四纪地质学	0
				070920	地质学(材料及环境矿物学)	0
				070921	地质学(石油地质学)	0
07	理学	0710	生物学	071001	植物学	0
				071002	动物学	0
				071003	生理学	0
				071004	水生生物学	0
				071005	微生物学	0
				071006	神经生物学	0
				071007	遗传学	0
				071008	发育生物学	0
				071009	细胞生物学	0
				071010	生物化学与分子生物学	0
				071011	生物物理学	0
				071012	生态学	0
				071020	生物学(生物信息学)	0
				071021	生物学(生物技术)	0
07	理学	0712	科学技术史	071200	科学技术史	0
08	工学	0801	力学	080101	一般力学与力学基础	0
				080102	固体力学	0
				080103	流体力学	0

续表

学科门类		一级学科	专业代码	专业名称	学科门类	备注
				080104	工程力学	0
				080120	力学(生物力学与医学工程)	0
				080121	力学(力学系统与控制)	0
				080122	力学(能源动力与资源工程)	0
				080123	力学(先进材料与力学)	0
08	工学	0809	电子科学与技术	080901	物理电子学	0
				080902	电路与系统	0
				080903	微电子学与固体电子学	0
				080904	电磁场与微波技术	0
				080920	电子科学与技术(集成电路与系统)	0
08	工学	0812	计算机科学与技术	081200	计算机科学与技术	1
				081201	计算机系统结构	0
				081202	计算机软件与理论	0
				081203	计算机应用技术	0
				081220	计算机科学与技术(智能科学与技术)	0
				081221	计算机科学与技术(软件服务工程)	0
08	工学	0830	环境科学与工程	083001	环境科学	0
				083002	环境工程	0
08	工学	0831	生物医学工程	083100	生物医学工程	0
08	工学	0810	信息与通信工程	081001	通信与信息系统	0
				081002	信号与信息处理	0
08	工学	0811	控制科学与工程	081101	控制理论与控制工程	1
08	工学	0813	建筑学	081302	建筑设计及其理论	1
08	工学	0816	测绘科学与技术	081602	摄影测量与遥感	0
08	工学	0817	化学工程与技术	081704	应用化学	1
08	工学	0827	核科学与技术	082703	核技术及应用	0
10	医学	1001	基础医学	100101	人体解剖与组织胚胎学	0
				100102	免疫学	0
				100103	病原生物学	0
				100106	放射医学	0
				100120	病理学	0
				100121	病理生理学	0
10	医学	1002	临床医学	100201	内科学(心血管病)	0
				100201	内科学(血液病)	0
				100201	内科学(呼吸系病)	0
				100201	内科学(消化系病)	0
				100201	内科学(内分泌与代谢病)	0
				100201	内科学(肾病)	0
				100201	内科学(风湿病)	0
				100201	内科学(传染病)	0
				100202	儿科学	0
				100204	神经病学	0
				100205	精神病与精神卫生学	0
				100206	皮肤病与性病学	0
				100207	影像医学与核医学	0
				100208	临床检验诊断学	0
				100209	护理学	0

续表

学科门类		一级学科	专业代码	专业名称	学科门类	备注
				100210	外科学(普外)	0
				100210	外科学(骨外)	0
				100210	外科学(泌尿外)	0
				100210	外科学(胸心外)	0
				100210	外科学(整形)	0
				100210	外科学(神外)	0
				100211	妇产科学	0
				100212	眼科学	0
				100213	耳鼻咽喉科学	0
				100214	肿瘤学	0
				100215	康复医学与理疗学	0
				100216	运动医学	0
				100217	麻醉学	0
				100218	急诊医学	1
10	医学	1003	口腔医学	100320	牙体牙髓病学	0
				100321	牙周病学	0
				100322	儿童口腔医学	0
				100323	口腔黏膜病学	1
				100324	口腔预防病学	1
				100325	口腔颌面外科学	0
				100326	口腔颌面医学影像学	0
				100327	口腔修复学	0
				100328	口腔材料学	0
				100329	口腔正畸学	0
				100330	口腔组织病理学	0
10	医学	1004	公共卫生与预防医学	100401	流行病与卫生统计学	0
				100402	劳动卫生与环境卫生学	0
				100403	营养与食品卫生学	0
				100404	儿少卫生与妇幼保健学	0
				100405	卫生毒理学	0
10	医学	1006	中西医结合	100601	中西医结合基础	1
				100602	中西医结合临床	0
10	医学	1007	药学	100701	药物化学	0
				100702	药剂学	0
				100703	生药学	0
				100704	药物分析学	1
				100706	药理学	0
				100720	[药学]化学生物学	0
				100721	[药学]临床药学	0
12	管理学	1201	管理科学与工程	120100	管理科学与工程	0
12	管理学	1202	工商管理	120201	会计学	0
				120202	企业管理	0
				120203	旅游管理	0
				120204	技术经济及管理	0
12	管理学	1204	公共管理	120401	行政管理	0
				120402	社会医学与卫生事业管理	0
				120403	教育经济与管理	0

续表

学科门类		一级学科	专业代码	专业名称	学科门类	备注
				120404	社会保障	0
				120405	土地资源管理	0
				120421	公共管理(公共政策)	1
				120422	公共管理(发展管理)	1
12	管理学	1205	图书馆、情报与档案管理	120501	图书馆学	0
				120502	情报学	0
				120503	档案学	0
				120520	图书馆、情报与档案管理(编辑)	0
20	专业学位	0351	法律硕士	035102	法律硕士(法学)	1
20	专业学位	0352	社会工作硕士		社会工作硕士	1
20	专业学位	0451	教育博士	045101	教育管理	0
20	专业学位	0453	汉语国际教育硕士		汉语国际教育硕士	1
20	专业学位	0454	应用心理硕士		应用心理硕士	1
20	专业学位	0551	翻译硕士		翻译硕士	1
20	专业学位	0552	新闻与传播硕士		新闻与传播硕士	1
20	专业学位	0852	工程(博士、硕士)	085208	电子与通信工程	1
				085211	计算机技术	1
				085212	软件工程	1
				085239	项目管理	1
				085271	电子与信息	0
				085273	生物与医药	0
20	专业学位	0953	风景园林硕士		风景园林硕士	1
20	专业学位	1251	工商管理硕士	125101	工商管理硕士	1
				125102	高级管理人员工商管理硕士	1
20	专业学位	1252	公共管理硕士		公共管理硕士	1
20	专业学位	1253	会计硕士		会计硕士	1
20	专业学位	1351	艺术硕士	135102	戏剧(歌剧表演)	1
				135105	广播电视	1

注：备注中,1 为硕士学位授权点,0 为博士学位授权点。

表 7-14　2011 年在校研究生统计

代码	系所名称	博士研究生	硕士研究生	合计
00001	数学科学学院	207	206	413
00004	物理学院	474	228	702
00010	化学与分子工程学院	415	128	543
00011	生命科学学院	347	104	451
00012	地球与空间科学学院	261	272	533
00016	心理学系	62	226	288
00017	软件与微电子学院	0	1814	1814
00018	新闻与传播学院	93	200	293
00020	中国语言文学系	287	255	542
00021	历史学系	199	132	331
00022	考古文博学院	68	82	150
00023	哲学系(宗教学系)	245	154	399
00024	国际关系学院	185	286	471
00025	经济学院	114	182	296
00028	光华管理学院	163	1440	1603

续表

代码	系所名称	博士研究生	硕士研究生	合计
00029	法学院	246	1046	1292
00030	信息管理系	84	71	155
00031	社会学系	115	258	373
00032	政府管理学院	192	204	396
00039	外国语学院	185	353	538
00040	马克思主义学院	74	56	130
00041	体育教研部	0	15	15
00043	艺术学院	69	65	134
00044	对外汉语教育学院	34	210	244
00047	深圳研究生院	7	1344	1351
00048	信息科学技术学院	548	1187	1735
00062	国家发展研究院	55	124	179
00067	教育学院	247	131	378
00068	人口研究所	38	33	71
00084	前沿交叉学科研究院	138	17	155
00086	工学院	292	193	485
00126	城市与环境学院	208	300	508
00127	环境科学与工程学院	122	145	267
00182	分子医学研究所	63	22	85
00099	医学部	1330	2231	3561
总计		7167	13714	20881

继续教育

【继续教育管理体制改革】 2011年,北京大学继续推进继续教育办学体制的综合改革,创新办学机制。不断加强继续教育指导委员会的战略发展研究、指导与协调作用。推进构建继续教育职能管理部门、专门化的办学实体与突出学科优势特色的院系继续教育机构协调发展的新体制。

【成人高等学历教育】 2011年,北京大学成人高等学历教育继续保持平稳发展态势。

招生情况 (1)成人高考。2011年,教育部下达招生计划总计3500人,招生层次均为夜大学专科起点本科,校本部录取人数总计2385人,医学部夜大学招生802人。(2)网络教育。2011年,校本部招生总计8804人,其中春季招生2683人,秋季招生6121人。医学网络教育招生6347人。

在校生情况 2011年上半年度校本部在校生总数22778人,其中成人高等教育学生7944人,网络教育学生14834人;下半年度在校生总数26669人,其中成人高等教育学生7851人,网络教育学生18818人。医学部夜大学在校生2689人。

毕业生情况 2011年校本部成人高等教育毕业生总计2283人,其中高中起点本科共计18人,专科起点本科共计2197人,高中起点专科共计68人。网络教育毕业生总计3081人,其中高中起点本科590人,专科起点本科2415人,高中起点专科76人。医学部夜大学毕业1062人,其中专科400人、专升本科662人。医学网络教育毕业4800余人。

学位授予情况 2011年1月、7月两次,校本部共授予成人高等学历教育学士学位2089人。医学夜大学授予学位252人。医学网络教育授予学位308人。

组织大型考试 2011年5月及2011年11月,校本部共组织两次学士学位英语水平考试。参加人数分别为5613人和6628人,共计12241人。医学网络教育学院2011年共组织三次专业考试和两次学位英语考试,考生共计157896人次,阅批试卷268658份,均无差错。

违纪处理情况 2011年,校本部共计48人因考试违纪等原因受到校纪处分。

【进修教师与访问学者工作】 自1981年至2011年,北京大学校本部已为全国近百所兄弟院校,特别是西部地区的院校，培养了10796名"用得上、留得住"的科研骨干和学科带头人。2010—2011年，北京大学接收进修教师、访问学者共273人，其中教育部、中组部委培的"西部之光"访问学者6人，人社部委培新疆少数民族科技骨干3人、西藏少数民族科技骨干3人，教育部委培新疆汉语教师18人，二炮委培10人，石河子"手拉手"项目7人。2011年5月26日，继续教育部召开进修教师、访问学者科研成果表彰大会，表彰42名在北大期间公开发表科研论文的进修教师、访问学者和6名优秀访问学者导师。"北京大学进修教师、国内访问学者申报管理系统"上线运行，效果良好。

【荣获全国高等教育自学考试先进集体】 北京大学作为主考院校，承担着北京市计算机及应用、心理学、法律、律师、日语、人力资源管理等专业，以及政治公共课考试的命题、网上阅卷、非笔试课程组考、本科段学生的毕业论文指导与答辩等主考任务，还有自考日常咨询、毕业生材料审核、毕业证书副署公章、本科毕业生学位证制作与发放等工作。2011年，网上阅卷123638份。全年，北京大学在京各主考专业共毕业自考专科生1103人、本科生1352人，授予学士学位1243人。北京大学在广东省承办了法律、计算机、工商企业管理、行政管理4个专业的主考工作。2011年，广东自考生共毕业专科生40人，本科生123人，获得学士学位的本科毕业生89人。北京大学积极配合北京教育考试院做好新开设人力资源管理专业等创新工作，积极配合北京市高等教育自学考试办公室自学考试信息化建设工作。2011年，北京大学荣获全国高等教育自学考试先进集体，冯燕、高云鹏荣获全国高等教育自学考试先进工作者。

【非学历继续教育】 北京大学非学历继续教育紧密结合经济社会发展需求，不断创新内容和形式，办学规模大幅扩大，办学层次逐步提高。2011年，校本部有37个院系举办各类非学历继续教育，共申报立项培训班825个，较上年增长62%，培训学员48275人，较上年增长49.8%。

在2010年确定非学历继续教育全面质量管理体系的基础上，2011年继续教育部进一步落实全面质量管理。非学历继续教育的管理已经完全实现信息化、网络化。培训班监管已经完成从"出入口监管"向"全程监管"的转变。

【"全国干部培训高校基地"建设】 2011年，北京大学共承办中央和国家机关司局级干部选学专题班10个、讲座10场，共培训司局级干部2384人次，相比2010年增幅达23.1%。北京大学高水平、高质量的教学得到了广大学员、选学单位的高度评价。中组部在2011年司局级干部选学研讨会上公开表扬北京大学的相关工作。开展司局级干部选学工作，对学校建设发展具有积极的促进作用，既有力地促进了办学重心向高层次继续教育的战略转移，也帮助我校一批中青年教师健康成长，又为学校与各省市、各部门建立合作关系起到了积极的示范作用，还使北京大学的卓越思想直接进入国家相关部委的政策制定与实际工作当中，更好地推动国家与社会的发展进步。

【"圆梦计划—北大100"网络教育项目】 2011年春季，北京大学与广东省团省委合作开展"圆梦计划—北大100"项目，秋季参加教育部、广东省团省委共同组织的圆梦计划。圆梦计划是教育部、广东省团省委、北京大学等高校联合新华网、南方报业传媒集团、中国电信广东公司等社会力量，为党团组织在一线的青年群体，尤其是庞大的新生代农民工群体，利用现代信息手段开展网络高等学历教育的新举措。周其凤校长出席2011年春季学期的开班典礼并致辞。2011年春季，"圆梦计划—北大100"报名人数为1792人，考试人数为1494人，录取人数为1353人；2011年秋季报名人数为5359人，考试人数为4745人，录取人数为4175人。

【承办教育部"继续教育改革和发展座谈会"】 2011年4月14日，由教育部主办，北京大学、中国高等教育学会继续教育分会、全国高校现代远程教育协作组等单位联合承办的"继续教育改革和发展座谈会"在北京大学正大国际中心召开。教育部鲁昕副部长出席会议。网络教育学院具体负责会务组织及相关服务工作，全力保障会议顺利召开。

【参加"2011继续教育数字化学习资源共享与服务成果展览会"】 2011年12月23—25日，由教育部主办、全国高校现代远程教育协作组和高等教育出版社承办的"2011继续教育数字化学习资源共享与服务成果展览会"在国家会议中心举行。展会以"促进数字化学习资源建设与开发，搭建优质资源共享与交流平台，服务全民学习与终身学习，推动学习型社会建设"为主题，集中展示、宣传和推广多年来100余所高校、行业、科研机构、社区优质数字化学习资源建设及其应用成果。网络教育学院与医学网络教育学院联合代表北京大学参展。会上授予我校"教育部继续教育示范基地"称号。

【网络非学历教育服务体系】 北京大学承担了由教育部、财政部于2010年开始全面实施的"中小学教师国家级培训计划"，简称"国培计划"。该计划是提高中小学教师，特别是农村教师队伍整体素质的重要举措。重点支持中西部农村教师培训，引导和鼓励地方完善教师培训体系，加大农村教师培训力度，显著提高农村教师队伍素质。促进教师教育改革，推动高等师范院校面向基础教育，服务基础教育。2011年，北京大学以网络培训的方式，承担了遍及全国30多个省市地区的1952个班、19.7万中小学教师的培训任务。初步形成了学科教育与网络教育有机结合的课程开发“3＋1”模式：基于“引领式”理念，以“三级教学实施、三级教学监督、三级教学支持”为特色的网络教学支持服务体系。继续完善和优化教师支持服务体系，并坚持“以科研引领实践、以实践促进科研”，积极开展基于中小学教师远程培训项目的科研工作。

【成人教育学院夜大学】 成人教育学院继续推进夜大学的教育教学，2011年共开设国际经济与贸易、金融学、法学、汉语言文学、市场营销、社会工作6个专业，共招收专升本夜大学学生810名。认真做好742名2011级夜大学专升本新生入学的资格审查及入学迎新工作，完成905名2009级专升本生的思想教育、图像信息采集、学籍清理、学生成绩核对、毕业生鉴定、毕业生的电子注册，以及毕业证书验印、领取、发放和结业等工作，做好毕业生学位申报工作。

【成人教育学院】 成人教育学院充分发挥圆明园校区的资源优势，加快发展对在职人员的继续教育和岗位培训。

开创非学历继续教育的新局面 2011年，学院贯彻科学发展的思想，继续探讨多种形式的继续教育合作办学，摸索新的办学模式和途径，继续推进与北京鼎创德复教育咨询有限公司、北京语言大学、北京昌平龙门育才文化培训学校的合作办学。“北京大学矿业资源战略投资与资本运营高级研修班”等培训项目顺利开班，取得良好效果。与美中教育服务机构(ESEC)继续合作举办的培训中小学英语教师的全封闭英语口语培训班实现新的发展，至2011年年底已开办56期，培训学员12104名。其中为老少边穷地区中小学教师提供公益性的T.I.P资助和奖学金培训学员已达7400人。

加强基础建设 通过与海淀职业学校协商后达成协议，将该校的9、10号楼，以及31间平房自2010年3月1日—2020年2月28日交由成人教育学院管理、使用，已向该校支付了2011年场地使用费135万元。2011年，成人教育学院投入建设维修资金60余万元继续对3号楼外籍教师公寓进行改造建设，将9、10号楼的6间平房改造为3间教室使用，对食堂进行了局部改造建设、更新了食堂的陈旧设施，完成了2次水井紧急抢修，对锅炉房、茶炉室、浴室、地下管道等进行了设备维修、维护、更新，保证了圆明园校区基础设施完好并正常运行。根据校区食堂的实际状况，2011年9月，校区食堂已由学校餐饮中心统一经营管理，经请示学校领导后，投入500多万元资金对校区食堂进行全面维修改造。同时，陆续与对外汉语教育学院、景观设计学研究院、外国语学院、社会学系、教育学院、信息科学与技术学院等签订了合作协议，接受其研究生、研修班、培训班学员等200多人在校区学习、住宿、生活。

创和谐稳定氛围，促进各项工作的持续发展 2011年，在成人教育学院认真做好调整时期的秩序稳定工作，保障了各项工作有条不紊地进行，实现了稳步可持续地发展。学院组织了庆祝建党90周年，“学习党史，坚定信念，创先争优”专题教育活动；完成了2010—2011年度北京大学机关干部考核与专项岗位聘任工作；修订了《学院职工聘任、考核、考勤、值班制度管理规定》《学院非事业编制人员酬金发放管理方法》等规定、制度；完成了全院聘任职工述职考核、定级定岗、合同聘用等工作。

认真学习贯彻两个讲话精神 2011年11月1日，按《北京大学进一步学习贯彻胡锦涛总书记“七一”重要讲话、刘延东国务委员在全校教师干部大会上的讲话精神工作方案》要求，学院党政领导班子组织全院认真学习“两个讲话”，并分别形成了《深入学习贯彻“两个讲话”精神，把创先争优工作落到实处》《深入学习、认真贯彻、立足实际、勇担使命》《中国共产党为什么能建立新中国》等学习体会。刘伟副校长出席学院党政领导班子的集体学习活动，对学习活动予以指导，同时考察调研成人教育和圆明园校区的各项工作。

理论研究成果 2011年，成人教育学院大力加强学习型班子建设，不断加强了成人教育理论和实践研究工作。李国斌院长牵头、班子成员参加的中国成人教育协会“十一五”成人教育科研规划重点课题“成人教育在终身教育体系中的地位和作用”立项，于2011年10月12日顺利结题并通过验收。屈兵副院长撰写的《全球视野下继续教育合作的成功案例——T.I.P全封闭英语口语培训项目案例研究》论文公开发表。李胜副书记与李国斌院长合写的《论成人教育在终身教育体系中的地位》、屈兵副院长与李国斌院长合写的《成人教育与终身教育的关系》发表在核心刊物上。院班子成员的《光辉的历程，辉煌的贡献——新中国成立60年来成人高等教育的发展与贡献》《论成人教育与终身教育的关系》获中国成人教育协会第八届全国成人教育优秀科研成果(论文)一等奖。

【网络教育学院】 2011年是北京大学网络教育学院平稳发展的一年，各方面工作进展顺利。网络教育学院招生情况良好，在全国22个省市共计47个学习中心开展了招生工作。网络教育学院人员变动不大，截至 2011 年 12 月 31 日，共聘有合同制员工 62 人。2011 年 5 月 26—31 日，网络教育学院在安徽省黄山市召开"北京大学现代远程教育 2011 年教学工作会议"，来自 38 个校外学习中心的 50 余位代表参加了会议，此次会议对优秀学习中心及优秀工作者进行了表彰。

网络教育学院招生工作　网络教育学院春季招生共计报名 3212 人，共录取 2683 人，录取率为 83.83%，另有选课生 376 人。秋季共计报名 7397 人，共录取 6121 人，录取率为82.74%，另有选课生 140 人。2011 年全年共录取 8804 人。为帮助新生代产业工人更好地融入社会、成长成才，北京大学、广东省团省委、教育部等单位共同实施"圆梦计划—北大 100"项目，面向广东省的新生代产业工人进行网络教育招生，通过选拔，入学考试成绩合格后，资助成绩优良者参加北京大学网络教育学院本科学习。2011 年春季有 1792 人报名，考试人数为 1494 人，经过笔试与面试，共录取 1353 人；2011 年秋季报名人数为 5359 人，考试人数为 4745 人，共录取 4175 人。

网络教育学院教学教务管理工作　2011 年，网络教育学院共有 84 个学习中心有在校生，实际注册在校生合计 18818 人。2011 年春季在校生注册 14813 人，其中录取新生 2059 人；2011 年秋季在校生注册 18818 人，其中录取新生 5523 人。2011 年春季学期毕业生档案归档 1058 人；2011 年秋季归档 1534 人。2011 年学籍异动 124 人。2011 年春季学期共开设 12 个专业，含专升本、高起专、高起本 3 个层次，开设课程 416 门次；2011 秋季开设 3 个层次 12 个专业，开设课程 414 门次。2011 年春季学期网络教育学院聘请 72 名助教老师，承担 123 门课程的教学辅导工作；2011 年秋季学期聘请 69 名助教老师，承担 127 门课程的教学辅导工作。2011 年春季老师在课程论坛共发主题帖 9085 条，师生共发帖 24437 条；2011 年秋季老师在课程论坛共发主题帖 9148 条，师生共发帖 24569 条。2011 年春季学期共安排语音答疑 180 场次；2011 年秋季学期共安排语音答疑 192 场次。2011 年网络教育学院编印了《教学管理者手册》《学生手册》《2011 春季学期教学工作安排》《2011 秋季学期教学工作安排》《2011 教学计划汇编》《2011 年新生名册》《2011 毕业生名册》，保证了教学工作在规范的基础上顺利开展。网络教育学院 2011 年春季毕业 1316 人，授予学位 341 人，学位授予率为 26%；2011 秋季毕业 1765 人，授予学位 546 人，学位授予率为 31%，结业 20 人。2011 春季学期优秀毕业生 79 人；2011 秋季学期优秀毕业生 140 人。

网络教育学院技术支持及维护工作　2011 年，网络教育学院技术工作主要包括技术研发、技术支持、系统运维和平面设计 4 个方面，开发"开放资源管理系统"，供"普通高等学校继续教育数字化学习资源开放联盟"管理高校的开放资源信息。开发教育部"国培计划"申报平台，包括"教学监督管理平台""教师空间"和"学生学习空间"3 部分。为广东圆梦计划项目定制开发招生系统，改进与完善学历教育教学管理平台，以及相关业务支撑系统，完善和优化"中小学教师国家级培训门户网站"，重点优化数据统计功能。

【培训中心】　2011 年，培训中心把做好高端培训工作作为创建世界一流大学战略部署的重要组成部分，以"精细管理，提升效益"为主线，注重营造"以人为本"的工作氛围，探索新的激励机制，充分调动员工的工作积极性和自主性，对内完善绩效考核办法、注重引进高素质人才，对外注重品牌建设、加大市场开拓力度、积极支持合作伙伴发展、提高学校与中心效益。

培训中心调整课程结构　2011 年，实际开设课程 422 门，较上年增长 85%，较 2009 年增加 145%，是 2008 年开设课程总量的 2.67 倍。目前，丰富多样的课程能够基本满足各类学员的多方位需求，确保高端培训课程的针对性和实效性

培训中心成立教学研究小组　2010 年 6 月 10 日起成立的由江长仁教授牵头的教学科研小组，累计开会讨论 12 次，整理全校近 800 门培训课程的基本资料，为中心 66 门课程提供至少 2 名备选老师，有效缓解常用课程师资紧张的压力。小组研究和完善培训中心常用教师的薪酬调整标准，确立"确保教学质量，控制授课成本"的原则，确立抽查听课制度，与部分教师进行沟通，使其教学效果大幅提升、学员评分大幅提高。

培训中心改善办学条件　2011 年 12 月 16 日，培训中心从资源东楼搬迁到资源大厦，办公面积从 741.48 平方米增加到 3312 平方米。新增加中关新园 601 教室，改造资源大厦 3 个教室，利用"十一"假期改造电教 314 教室的座椅，增加考古文博学院、英杰交流中心等教室的租用，办学条件大为改善。

培训中心创新绩效考核制度　培训中心进一步完善薪酬管理制度，确定按照中心业绩增长阶梯式计提年终奖的分享式激励机制，以调动广大员工的工作积极性，实现学校、中心及员工三方共赢，为进一步创新培训中心管理机制打下了良好基础。

【医学部夜大学】　医学部成人高等学历教育——夜大学，2009 年取消专科层次招生，现设有专升本层次药学、护理、临床医学、医学检验、预防医学专业，学制三年，业余学习，招生对象主要是北京地区医药卫生单位的在职人员。医学部

夜大学在办学过程中坚持依法办学，以培养更多高质量、高素质的各类医药卫生人才为目标，能主动适应社会、经济发展，充分利用医学部现有医药卫生资源，调整专业结构，拓宽办学思想，使办学规模在保证教学质量的前提下稳步发展，办学水平和质量不断提高。2011年夜大学招生802人。2011年在校生2689人。2011年1月毕业1062人，其中专科400人，专升本科662人，专升本科毕业生中252人获得学士学位。

【住院医师规范化培训】 2011年，继续教育处根据中共中央国务院《关于深化医药卫生体制改革的意见》和《国务院关于建立全科医生制度的指导意见》，以及卫生部和北京市卫生局制定的相关文件精神，认真做好住院医师规范化培训工作，并积极参与国家和地方的政策制定和制度创新。

1. 积极参与卫生部和北京市关于建立住院医师规范化培训制度/全科医师培养及其相关配套文件的讨论和修订工作。自从2010年住院医师第一阶段培训与北京市卫生局并轨以来，参与了北京市卫生局有关政策研究及项目实施等方面的工作。参加北京市卫生局组织的关于建立住院医师规范化培训制度/全科医师培养改革工作会议，及其相关配套文件的讨论和修订，充分将医学部的意见反馈给决策者。

2. 组织医学部住院医师规范化培训第二阶段资格审核及考试工作。2011年医学部住院医师规范化培训第二阶段考试报名人数为249人，通过资格审核人数为227人，实际考试人数为221人，其中住院医师136人、临床/口腔医学博士毕业生71人、外单位调入主治医师经确认具备北医主治医师任职资格者4人，在职申请临床医学博士专业学位者10人。考试科目涉及25个学科、41个专业。总合格率为85.5%，其中住院医师合格率为85.3%，临床/口腔医学博士毕业生合格率为88.7%，外单位调入主治医师合格率为75.0%，在职申请博士学位者合格率为70.0%。为了使医学部的住院医师规范化培训工作管理更加符合医师培训规律，经2011年11月2日北京大学医学部教育委员会讨论通过，医学部对于参加住院医师规范化培训第二阶段考试次数的规定做出如下调整：取消《北京大学住院医师规范化培训细则总则》第五条第(三)项“每个住院医师第二阶段考试只允许参加2次”的规定。北京大学医学部不再限制住院医师参加第二阶段考试的次数，由各临床医学院、教学医院根据具体情况自行确定本院住院医师参加考试的次数。

3. 承担北京市住院医师规范化培训中的公共课程教学任务。2010年医学部住院医师规范化培训与北京市卫生局并轨培养，为更好地发挥北京大学优质教学资源，2011年医学部承担了北京市800名住院医师培训中的公共课程教学任务。继续教育处精心组织，聘请知名专家授课，课程安排包括卫生法律法规、医患沟通和全科医学等必修课，以及临床思维与住院医师培训、危重病情判断及急诊工作方法、心理卫生与健康、临床研究过程和论文阅读、循证医学等选修课。

4. 组织住院医师规范化培训第一阶段考试报名、资格审核及部分学科的考试工作。2011年，医学部大部分学科的住院医师完成第一阶段培训后，参加了北京市专科医师/住院医师培训普通专科考试，其中部分学科考试由医学部自行组织。报名参加第一阶段理论考试的住院医师为271名，通过资格审核人数为246名，考试合格人数为220名，合格率为89.4%。共有260名通过理论考试者(含往年通过者)参加了技能考试，合格人数为230名，合格率为88.5%。有28名住院医师参加了医学部自行组织的第一阶段考试，合格人数为27名，合格率为96.4%。

【对外继续医学教育】 2011年，继续教育处按照教育部关于进一步加大力度，实施高等学校“高层次创造性人才计划”的总体要求，认真开展学科骨干及进修生的培养工作。

国内访问学者培训工作　国内访问学者培训工作，主要包括招生计划申报、录取接收、住宿安排、经费分配、监督研修计划的执行情况、审核学习成果、办理证书、结业登记等日常管理工作。根据委托单位的来源又分为以下4个方面：(1) 高等学校青年教师骨干访问学者培训工作。2010—2011年度，医学部共接收学员30名，并按培养计划完成了培训工作，结业时部分学员的优秀成果已发表于国内核心期刊及部分外文杂志。2011—2012年度共接收学员29人。(2) 有关省卫生厅、医院委托培养的学科骨干培训工作。学科骨干培训工作分春季和秋季两期，培养期限为一年。2011年共培养学科骨干100名，其中福建省卫生厅26名，郑州市卫生局4名，山东省卫生厅4名，山东省教育厅6名，河北省卫生厅41名，贵阳医学院附属医院3名，天津市滨海新区卫生局8名，云南农垦总局职工第一医院3名，其他院校5名。2011年4月，继续教育处对云南省卫生厅委培学员培训后的远期成效进行回访，发放调研问卷并开展了学员座谈会，及时掌握培训效果及存在的问题。(3) 人力资源和社会保障部委托少数民族科技骨干特殊培养工作。人力资源和社会保障部留学人员和专家合作中心委托的新疆少数民族科技骨干“特殊培养”是一项长期工作，至2011年已培养4批学员。2010—2011年度，我校共培训新疆“特培”学员9名。2011—2012年度，我校又接收了来自新疆和云南的“特培”学员2名。（4）中组部委托培养的“西部之光”访问学者工作。2010—2011年度接收“西部之光”访问学者学员8名，2011—2012年度接收学员3名。

新疆汉语骨干教师培养项目　2010—2011年度，我校接收教育部民族教育司和新疆教育厅联合委托北京大学培养新疆汉语骨干教师2名，培养期限为一年。2011—2012年度，接收新疆汉语骨干教师2名。

组织安排北京市学科骨干公共课程讲座　为贯彻落实国家发展改革委等六部委联合下发的《以全科医生为重点的基层医疗卫生队伍建设规划》文件精神，完成《北京市深化医药卫生体制改革2011年主要工作安排》中提出的安排区县级医院骨干人员到三级医院进修学习的任务目标，北京市卫生局决定开展2011—2012年度区县级医院专业骨干的培训工作。其中，公共课培训任务由医学部承担，为北京市区、县级107名基层骨干及石家庄市23名中青年学科骨干安排了为期19天的理论课程培训讲座，并邀请相关学科的知名专家学者讲授医学各领域的最新进展。

组织安排“北京市卫生局对口支援和田地区和内蒙古地区医疗卫生业务骨干培训班”公共课程讲座　为贯彻落实北京市对口支援办《关于对口支援地区干部人才来京培训工作若干问题的意见》的文件精神，北京市卫生局分别于2011年6月和9月，在京举办了“对口支援和田地区和内蒙古地区的卫生管理干部及医疗卫生人才培训班”，医学部继续教育处承担了理论课程的培训任务。

单科进修班管理工作　2011年，医学部培训单科进修生人数为1599人次。

零散进修管理工作　2011年，医学部培训零散进修生1150人次。

【积极开展继续医学教育项目】 2011年，医学部开展的国家级和北京市级继续医学教育项目具有规模大、水平高的特点。

1. 2012年新申报国家级项目共888项，其中国家级继续医学教育项目536项（远程继续医学教育项目386项），国家级备案项目352项（远程备案项目317项）。申报国家级继续医学教育基地备案项目69项。2011年新申报北京市市级项目113项，其中新申报北京市市级继续医学教育项目102项，申报北京市市级备案项目11项。

2. 2011年举办各项继续医学教育培训班733项，共培训886395人次。其中国家级继续医学教育项目共举办703项，培训883611人次；北京市市级继续医学教育项目共举办25项，培训2451人次；另举办培训班5项，培训333人次。

3. 继续医学教育信息化网络化管理系统功能升级。继续医学教育管理软件于2011年12月完成了系统升级工作。优化管理系统菜单，在每个工作模块中增加了年度和项目名称查询功能，以解决项目逐年增加带来的不便；增加了报名提示功能；强化了信息查询和统计功能。该系统的应用不但提高了工作效率，还解决了管理过程中数据留存困难的问题，提高了管理水平。

4. 完成了2010年国家级项目获准后的公布工作，将获准项目下发给各二级单位，同时在继续教育处网上公布，以供全国卫生技术人员选择参加。

【对内继续医学教育】 2011年，医学部对内开展的继续医学教育项目（包括北京市区县级项目及校级继续教育项目）的内容仍然注重先进性、针对性和实效性。2011年，医学部共申报对内继续教育项目总数908个，实际举办项目数为669个。其中对内继续教育项目的内容以医学新进展、专业知识及临床技能为主的共656项，占总数的98.1%；管理学方面的内容共20项，占总数的3%；人文、社会科学等方面的内容共30项，占总数的4.5%；计算机等其他方面的内容共8项，占总数的1.2%。2011年，医学部人员参加对内继续医学教育项目总人次达到69463人次，临床医院完成继续教育学分的总达标率为99.99%，校内完成继续教育学分的总达标率为100%。

【继续医学教育课题研究】 作为牵头单位，与浙江大学、上海交通大学、哈尔滨医科大学共同申请中华医学会医学教育分会的管理科研课题“高等学校继续医学教育现状与发展战略研究”，完成全国25所高等院校继续医学教育现状的调研，收集3800份问卷；召开3次继续医学教育学组和成人医学教育学组专题研讨会，进入国内外继续医学教育比较研究阶段。由课题负责人带队赴南非考察继续医学教育开展情况，完善中外比较研究。

【与中央广播电视大学联合办学】 完成与中央广播电视大学联合办学相关工作，2011年共招收卫生事业管理专业的电大学生290人，毕业244人，获得学位39人。

医学网络教育学院

【发展概况】 2000年10月10日，经北京大学批准成立医学网络教育学院，翌年9月正式开学。学院涵盖远程医学本专科学历教育、远程继续医学教育与培训、技术开发服务3大业务板块。同时，亦是中国高等教育学会医学教育专业委员会医学远程教育研究会的日常办事机构，以及北京医师定期考核指定机构。学院实行“学院办学、企业化运作”的管理模式，北京医大时代科技发展有限公司是学院拓展业务的运营实体，公司与学院是“两块牌子、一套组织机构”。

学院一贯坚持“管理规范，资源优秀，服务满意，技术可靠，提供一流的医学远程教育”的质量方针，2003 年，学院成为全国首家通过 ISO9001：2000 质量管理体系认证的远程教育机构，同年被教育部纳入远程教育质量管理试点学校，于 2008 年通过英国皇家认可委员会（UKAS）的现场监督审核，并于 2010 年 4 月获得 ISO9001：2008 版质量管理体系认证证书。

现有员工 131 人，具有本科以上学历的占 67.2%，其中博士学位 2 人，硕士学位 17 人，本科学位 69 人。现任院长/总经理高澍苹，副院长刘虹、孔繁菁，副总经理夏阳。学院实行企业化运作，在保证教学工作正常投入和运转的前提下，2011 年回报医学部资金 1100.9 万元。

【本、专科学历教育】 开设有护理学、药学、卫生事业管理、医学信息管理专业，新增心理学专业。办学层次有专科、专升本。在全国 20 个省、自治区、直辖市建立 46 所校外学习中心。2011 年招生 6347 人，较去年增长 11.3%，招生规模有明显增加。毕业生 4800 余人，其中获得学士学位的学生 308 人，较去年增长 23.3%。学院以专业课程体系的改革为起点，启动了新一轮的教学改革探索。成立教学运营部，推进了专业课程体系的系统改革。

为保障远程教育质量，规范学习中心的管理，学院建立了合作学习中心的档案库，并通过视频会议等多种手段，对中心进行招生、学籍、毕业、考试管理等专项业务培训，提升其管理和服务能力。

今年共组织 3 次专业考试和 2 次学位英语考试，考生约 157896 人次，阅批试卷 268658 份，均无差错。2011 年 12 月，学院将试卷印刷工作外包，试卷的准备时间由原来的 45 天降低至 6 天，大大提高了效率；同时，该印刷厂为专业的保密单位，更有效地保证了试卷的安全与严密。

【继续医学教育与培训】 2011 年共申报全国继续医学教育项目（远程项目）（简称 CME 项目）392 项，学员共计 855570 人，较去年都有了明显提升。

【技术保障】 2011 年进行了课程教学模式的改革，建立起 3 种标准课程开发模式，为课程开发工作的标准化奠定了基础。应用 CMS 课程开发新技术，改版老课程 110 门。引入国际上备受好评的两款快速电子化课件制作工具，大大提高了工作效率和效果。

学院开发和改版学历课程 119 门，非学历培训约 200 课时；同时，也积极帮助医学部研究生院进行教学改革，为研究生院 716 名学生提供了课程的网上学习环境支持；为英语教研室开发了 6 门课程，并为 674 名学生提供了网上学习环境支持。

2011 年 12 月，学院参加“教育部继续教育数字化学习资源共享与服务成果展览会”，中共中央政治局委员、国务委员刘延东和教育部副部长鲁昕分别来我院展台参观。我院有 3 项计算机软件成果获得著作权登记证书。我院开发的“口腔专业护士培训”项目在“CEEFE2011 企业学习信息化论坛”优秀 e-learning 应用项目评选中，获得“最佳混合式学习应用入围奖”。

学院加强媒体服务，继续投入资金购置专业设备，全年共完成 19 部网络学院教学片、专题片的制作任务；配合录课教学课件共计 632 学时。完成 47 部医学部教学片、专题片的制作任务；北医新闻采集 100 余条；编辑电视新闻 29 条；完成医学部开学典礼、毕业典礼、庆“七一”大会等大型活动 7 场，以及医学部党代会网络直播任务。

【内部建设】 学院在发展的过程中持续推进质量管理体系的自身建设。2011 年 3 月，再次通过外部专业机构评审，获得 ISO 质量认证。加强人力资源开发，不断完善绩效考核制度。修订了绩效考核方案，明确部门及岗位量化指标，突出工作主体内容和重点，有效提高工作效率。2011 年 7 月，开设“教学骨干培训班”，组织对教学骨干员工进行为期半年的系统培训。通过对教学骨干员工的系统培训，带动了全员学习，营造了积极向上、互学互助的学习氛围。在组织内部形成不断学习的氛围，对提升学院队伍整体素质起到了积极的作用。

【文化建设】 加强对外宣传，树立学院的品牌。完成香港《大公报》高质量报道一篇，《时代》院刊如期出版 4 期；利用门户网站及时报道学院重要活动 39 篇。学院积极参加建党 70 周年纪念活动，组织“时代之声”合唱团参加医学部“永远跟党走”红歌赛并获得二等奖。高澍苹获得“北京大学优秀党务和思想政治工作者”荣誉。在上级工会的指导下，组织策划了“共享超越——2011 新春联欢会”“挑战极限，战胜自我”12 公里拉练活动。策划、组织了产业系统秋季趣味运动会，活跃了员工文化生活，增进了学院的凝聚力。

留学生与港澳台学生教育

留学生教育

【概况】 截至2011年10月，共有来自世界上104个国家和地区的1961名外国留学生在北京大学攻读学位，其中本科生1254人，硕士研究生446人，博士研究生261人。此外，本年度还有来自140个国家和地区的各类非学位留学生(包括交换生、预科生、各类进修生和短期生)近6000人次在北京大学学习。

【留学生工作】 2011年，北大留学生工作取得新进展，录取留学生学位生共计707人，其中本科生322人，硕士研究生305人，博士研究生80人；招收各类进修生591人，较2010年提高近40%；招收各类短期留学生5438人次，较2010年增长2012人次，增幅为58.7%。其中，在本科生招生方面，针对中国语言文学系对留学生的招生需求和培养特色，留学生办公室根据考生分数和志愿，调剂学生至中国语言文学系学习，大幅增加了招生数量，本年度中国语言文学系的招生人数达到66人。2011年度，赴海外招生工作也取得进一步突破，大批优秀高中毕业生踊跃报名参与面试，促进了我校留学生比例的均衡化发展。录取学生中，来自马来西亚的留学生周国伟曾先后获得第41届国际物理奥林匹克竞赛铜牌、第42届国际物理奥林匹克竞赛金牌。

研究生招生方面，总体规模继续保持增长，特别是博士研究生录取人数比2010年同期增长近80%。英文授课项目也不断拓展，在原有项目基础上增设了政府管理学院与伦敦政治经济学院、政府管理学院与惠灵顿大学的联合培养硕士项目，吸引了众多欧美国家的高水平生源。

进修生招生方面，随着校际、系际交流的逐年扩大，录取人数大幅增长，理科院系系际交流更加活跃，如环境、信科、物理、工学院等都有注册的交流学生。预科生招生方面，2011年共招收来自11个国家的135名新生。

【留学生校友活动】 2011年4月，周其凤校长在访问罗马尼亚期间，会晤了我校五十年代留学生校友——原罗马尼亚驻华大使、著名汉学家罗明一家人。5月4日，为庆祝建校113周年，我校在未名湖鲁斯亭举办了国际校友联谊活动，来自美、加、日、韩、菲律宾、印度、巴基斯坦、几内亚比绍等国近40人参加活动。11月11—13日，国际校友联络会首次以理事单位身份，派代表参加在重庆召开的北大校友会理事会议，为母校的发展建言献策。此外，还在《留学北大》电子版中推出校友专栏，加强对知名校友和国际校友工作的宣传。

【留学生文体活动】 2011年，留学生活动呈现出蓬勃发展的趋势。我校中国语言文学系2010级的韩国留学生禹娟汀同学在中央电视台与国家汉办、孔子学院总部联合主办的第四届“汉语桥”在华留学生汉语大赛总决赛中获得第二名的优异成绩。在杭州举办的全国外国留学生文艺展演中，我校选派的印尼大型团体舞蹈凭借精彩的表现赢得教育部领导和观众的一致好评。在北京市“来华杯”乐器比赛中，国际关系学院韩国籍本科生宋珠咏闯入决赛并最终获得三等奖。在第26届世界大运会火炬校园传递活动中，组织了100名留学生观众参与火炬校园传递的启动仪式，并选派优秀留学生代表参与启动仪式的舞台表演及火炬传递活动。英国牛津大学交换到我校学习的两名留学生孟南山、柯魁在启动仪式上演唱了第26届世界大运会主题曲《见证》。作为校园火炬传递的第一站，来自我校的英国留学生温妮成为本次火炬传递活动的第39号火炬手，来自瑞典的晨曦及美国的葛力两名留学生同学，则作为火炬传递仪式的护跑手，完成了本次火炬传递的全程护跑工作。

【短期留学项目】 2011年，我校短期留学项目运行良好。在全年运行的43批次短期留学项目中，汉语进修项目19批次，“中国学”项目24批次。从生源结构来看，北美、欧洲及大洋洲学生比例进一步上升，占学生总数的56%；日韩及东南亚学生与2011年比例基本持平；非洲与拉丁美洲学生的比例则略有下降。生源主体仍为欧美及日韩等发达国家学生。

“中国学”项目是北京大学与国际知名大学或教育机构进行“强强合作、合作共赢”的范例，目前已经形成了一套以英文课程体系为主、辅以汉语学习和教学实践的教学模式。2011年，以斯坦福大学北大分校、北京大学国际暑期学校、北京大学—伦敦政治经济学院暑期学校、“桑坦德”项目为代表的“中国学”项目，共开设英文课程20余门，“中国学”项目也成为我校英文课程体系建设的一个重要平台。

汉语研修项目是我校短期留学的传统品牌，具有良好的基础和广泛的知名度。2011年，我校增设了与美国西北大学、日本早稻田大学、俄罗斯莫斯科国立大学和美国石溪大学等学校的汉语进修合作项目。

【暑期学校】 2011年,北京大学国际暑期学校和北京大学—伦敦政治经济学院暑期学校继续平稳发展。本年度,北大国际暑期学校项目总共开设10门英文专业课程,课程内容涉及哲学、经济、传媒、外交、民俗、政治、管理及音乐等方面。关于课程建设,项目除继续邀请夏威夷大学安乐哲教授开设"比较哲学:中国与西方"课程外,还聘请北卡罗来纳大学阿尔弗雷德·菲尔德教授开设"贸易问题导论"课程。项目共招收来自18个国家和地区的123名国际学生,学生均为在校本科生或硕士研究生。学生来自23所国外高校,知名国际高校包括加州大学下属的10个校区、牛津大学、耶鲁大学、新加坡国立大学、南洋理工大学、澳大利亚国立大学、东京大学、北卡罗来纳大学、麦吉尔大学、伦敦政治经济学院等。2011年,北京大学—伦敦政治经济学院暑期学校共开设10门专业课程,课程数量为历年之最。课程以亚洲和中国视角来解读世界发展,内容涵盖金融、国际关系、法律、企业管理、媒体等诸多领域。本期暑期学校共吸引了来自51个国家和地区的360余名学生参加。

港澳台学生教育

【概况】 2011年,共有613名全日制港澳台侨学生在我校学习。其中香港学生205人,澳门学生78人,台湾学生327人,华侨学生3人。从学科分布来看,主要集中在社会人文学科及医学。总体来看,研究生增幅较大,物理学院、地球与空间科学学院、信息科学技术学院等理工科院系首次录取港澳台研究生。

交换生也是我校港澳台交流工作的重要部分。截至2011年,与我校有校际交换协议的港澳台地区交流学校共11所,其中香港地区有香港大学、香港科技大学等4所大学;台湾地区有台湾大学、政治大学、新竹"清华大学"等6所大学;澳门地区有澳门理工学院。2011年春秋两季,参与港澳台地区学生交换项目的人数共165人,其中派出北大学生97人,接收港澳台交换生78人。

【第二届海峡两岸研究型大学暑期学校】 2011年7月2—20日,来自海峡两岸10所知名高校的20余名优秀学生共同参加了由北京大学主办的第二届海峡两岸研究型大学暑期学校。除进行为期10天的集中课堂学习与讨论外,本次暑期学校还安排了"探索北京"和"内蒙古文化行"等丰富多彩的文化考察活动,并在期间举办了题为"后ECFA时代的青年竞争力"的主题论坛。为期19天的暑期学校,使学员在深入学习研究与交流讨论中,对于两岸经济社会发展、历史与文化、区域热点问题等有了更加深入的理解,而学员也在朝夕相处中,增进了彼此的了解,结下了深厚的友谊。

·科学研究与社会服务·

理工科与医科科研

【发展概况】 建设世界一流大学就是要在科学主流方向取得高显示度的原始创新性成果，为国家安全和经济发展做出重大突出贡献。2011年，北京大学的科研工作继续围绕这一宗旨稳步推进，从北京大学实际情况出发，发挥已有优势，在基础研究和应用基础研究方面继续保持竞争力，承担了大量国家科研任务，取得了丰富的科研成果。

2011年度，理工科在研项目2321项，医科1455项。理工科到校科研经费15.62亿元(含深圳研究生院1.03亿元和深港产学研基地1763万元)，医科到校科研经费3.20亿元。2011年度，理工医科到校科研经费中，由国家财政部拨款的自然科学基金委项目和科技部主管项目到校经费分别为4.21亿元和5.19亿元，两项合计占到校经费总数的50%，是北京大学科研经费的主要来源。

2011年度，理工医科在我国政府主导的重大基础研究和应用基础研究领域继续保持竞争优势。新获批973计划项目5项 、子项目23个，重大科学研究计划项目7项、子项目21个，863计划项目23个，国家科技支撑计划项目课题20个，获批准总经费4亿多元。

2011年度，北京大学获批国家自然科学基金委各类项目683项，获批准总经费5.35亿元，分别比上一年增长12%和80%。其中国家杰出青年科学基金获得者10人(含调入1人)，创新研究群体7个；面上项目351项，青年科学基金项目153项，重点项目26项，重大项目4项，重大科学研究计划项目23项，国际地区合作交流项目45项，海外及港澳台学者合作研究基金项目8项。

2011年度，北京大学获批“创新团队发展计划”4项，“新世纪优秀人才支持计划”18项；获批教育部高校博士学科点专项科研基金资助项目108项；获批北京市自然科学基金项目58项；获批各行业部门(公益性)科研专项10项；获批与各企事业单位合作项目115项。

2011年度，北京大学新签理工医科国际合作项目共81项，其中来自国内政府13项，来自外企、外国基金会和外国政府共68项。科学研究部与国际合作部联合举办了“北京大学第四届海外校企合作研讨会”，承办了“北京大学欧盟第七框架计划宣讲会”。

2011年度，北京大学共有13个项目获得国家科学技术奖，其中有7项是北京大学作为第一完成人所在单位或者第一完成单位获奖，包括5项国家自然科学奖，2项国家科学技术进步奖。2011年度，北京大学共申请专利630项(本部445项、医学部91项、深圳研究生院94项)，其中申请国际专利30项、外国专利8项。2011年度，北京大学获授权专利337项(本部255项、医学部67项、深圳研究生院15项)，其中发明专利303项、实用新型专利28项、外国专利6项。较2010年的249项增长35%。

2011年度，北京大学发表SCI论文4718篇，其中被SCI收录的北京大学为第一作者或通信作者单位的论文3064篇，与2010年度基本持平，平均影响因子比2010年度增长了0.38，为3.35。

2011年度，北京大学共有3个生命领域的国家重点实验室参加评估，蛋白质和植物基因研究国家重点实验室、天然药物及仿生药物国家重点实验室获评良好，与中国科学院动物研究所、清华大学联合建设的生物膜与膜生物工程国家重点实验室获评优秀。2011年，教育部信息领域重点实验室评估，北京大学高可信软件技术教育部重点实验室和机器感知与智能教育部重点实验室排名全国高校前两名，同时获得优秀。2011年，北京大学新建口腔数字化医疗技术和材料国家工程实验室、数理经济与数理金融教育部重点实验室。2011年，北京大学共有9个北京市重点实验室、2个北京市工程研究中心通过北京市科学技术委员会认定。

根据中国科学技术信息研究所2011年12月2日“2010年度中国科技论文统计结果发布会”公

布,《北京大学学报(自然科学版)》连续第七次入选年度“中国百种杰出学术期刊”,并于 2011 年 4 月获教育部科技发展中心 2010 年度“中国科技论文在线优秀期刊”一等奖。

【科研基地建设】 依托北京大学建设的理工医科重点科研基地包括:国家实验室、国家重点实验室、教育部重点实验室、卫生部和北京市重点实验室等,是北京大学组织重大科学研究活动、产生重大科研成果的重要科研平台,是北京大学汇聚高水平创新团队、拔尖研究人才的聚集地。

本年度科研部积极组织申报各级重点科研基地,推荐申报教育部重点实验室 1 个、教育部工程研究中心 3 个、北京市国际科技合作基地 5 个;组织新建国家工程实验室 1 个、北京市重点实验室 9 个、北京市工程研究中心 2 个。主动组织、积极配合生命和医学科学领域国家重点实验室,以及信息科学领域教育部重点实验室的评估工作,并认真组织落实评估后国家和教育部重点实验室的换届工作。

为加强北京大学科研基地体系的规划与构建工作,科研部面向全校征集北京大学科研基地建设意向,征集范围包括北京大学理工科虚体研究中心组建意向和教育部重点实验室申报意向。

2011 年度,在理工科虚体研究机构管理方面,科研部加强了对申请虚体机构的前期调研工作,以及机构申报前的指导和组织工作。本年度共组织理工科科研工作委员会会议 1 次,审议批准 2 个虚体研究机构。在进一步完善日常工作的基础上,科研部还组织近 3 年新建研究中心进行分类机构的工作汇报会,了解研究中心的状态和需求及存在的问题,推动组织管理工作的进一步提高。

国家级科研基地 1. 国家实验室。北京分子科学国家实验室(筹)到校运行经费 2186.3 万元。

2. 国家重点实验室。2011 年依托北京大学建设的 8 个国家重点实验室专项经费到校经费共计 8131 万元。2011 年,北京大学共有 3 个国家重点实验室参加评估,蛋白质和植物基因研究国家重点实验室、天然药物及仿生药物国家重点实验室获评良好,与中国科学院动物研究所、清华大学联合建设的生物膜与膜生物工程国家重点实验室获评优秀。

3. 国家工程实验室。口腔数字化医疗技术和材料国家工程实验室获批成立,数字视频编解码技术国家工程实验室到校经费 650 万元。

4. 国家工程研究中心。软件工程国家工程研究中心到校创新能力建设资金项目经费 500 万元。

省部级科研基地 1. 教育部重点实验室。数理经济与数理金融教育部重点实验室获批立项。慢性肾脏病防治教育部重点实验室、辅助生殖教育部重点实验室进行了可行性论证,进入建设期。机器感知与智能教育部重点实验室、高可信软件技术教育部重点实验室参加 2011 年教育部重点实验室评估,排名全国高校前两名,同时获得优秀。分子心血管学教育部重点实验室、神经科学教育部重点实验室完成实验室主任和学术委员会主任换届工作。

2. 北京市重点实验室。2011 年,北京大学共有 9 个北京市重点实验室、2 个北京市工程研究中心通过北京市科学技术委员会认定,分别为北京市先进电池材料理论与技术重点实验室、北京市网络与信息安全重点实验室、北京市食品安全毒理学研究与评价重点实验室、北京市造血干细胞移植治疗血液病研究重点实验室、北京市脊柱疾病研究重点实验室、北京市磁共振成像设备与技术重点实验室、北京市皮肤病分子诊断重点实验室、北京市生殖内分泌与辅助生殖技术重点实验室、北京市丙型肝炎和肝病免疫治疗重点实验室、北京市智能康复工程技术研究中心、北京有源显示工程技术研究中心。

3. 北京市国际科技合作基地。2011 年度组织申报 5 个北京市国际科技合作基地,基地名称分别为城市可持续发展、重大疾病的发病机制、器官和细胞可视化技术、量子材料科学、基于半导体纳米线材料的新能源。

4. 中关村开放实验室。2011 年新增“数字媒体研究所”中关村开放实验室。

校内理工科虚体研究中心 本年度科研部组织 1 次理工科科研工作委员会,审议通过 2 个理工科虚体研究中心的建设申请,并获校长办公会批准。为强化管理,科研部组织调查处理个别研究中心出现的建设问题,2011 年撤销了 2 个理工科虚体研究中心。

【科研项目与科研经费】 2011 年度,理工科在研项目 2321 项,医科 1455 项。理工医科到校科研经费 18.82 亿元,比上年度增长 4.8%,其中理工科到校科研经费 15.62 亿元(含深圳研究生院 1.03 亿元和深港产学研基地 1763 万元),医科到校科研经费 3.20 亿元。

1. 国家自然科学基金委资助的各类项目。2011 年度,北京大学在研的国家自然科学基金各类项目 1575 项,到校经费 4.21 亿元;新批项目 683 项,经费总额 5.35 亿元。

(1) 面上和青年科学基金项目。2011 年度,北京大学共申请面上和青年科学基金项目 1482 项,获批准 504 项,批准经费 2.44 亿元。

(2) 重点项目。2011 年度,北京大学共申请重点项目 106 项,获批准 26 项,获资助经费 7505 万元。

(3) 重大项目。2011 年度,北京大学共承担重大项目 1 项、课题

3项。

(4) 重大科学研究计划。2011年度,北京大学共承担重大科学研究计划23项。

(5) 国家杰出青年科学基金。2011年度,北京大学共有102人申请国家杰出青年科学基金,10人荣膺资助,他们是刘运全(物理学院)、李彦(化学与分子工程学院)、高毅勤(化学与分子工程学院)、朴世龙(城市与环境学院)、邵敏(环境科学与工程学院)、侯仰龙(工学院)、戴伦(物理学院)、王凡(基础医学院)、周长辉(光华管理学院)、黄富强(化学与分子工程学院,不是以北大为依托单位申请的)。本年度全国共计198名青年学者获得该项基金资助。

(6) 创新研究群体科学基金。2011年度,北京大学以朱彤(环境科学与工程学院)和高文(信息科学技术学院)为学术带头人的2个研究群体,获得了基金委创新研究群体科学基金的资助。

(7) 国家重大科研仪器设备研制专项。2011年度,北京大学物理学院杜瑞瑞获得此项基金资助。

(8) 海外及港澳台学者合作研究基金。2011年度,共有8位以北京大学作为国内研究基地,目前尚在海外或港澳台从事自然科学基础研究的优秀青年学者,获得了此项基金资助,他们的合作者都是北京大学相应学科的带头人。

(9) 国际地区合作交流项目。2011年度,北京大学在基金委资助下开展各类国际地区合作交流项目共45项,其中包括国际合作重大项目、国际合作研究项目、在华召开的国际会议、广泛开展国际地区合作交流,很好地促进了科研人员所承担的国家自然科学基金项目的高水平完成。

2. 科技部主管的各类项目。2011年度,科技部主管的各类国家科技计划项目到校经费5.19亿元,占理工科与医科到校经费的28%。其中国家重点基础研究发展计划项目(973计划项目)和重大科学研究计划项目26859万元,国家高技术研究发展计划项目(863计划项目)10898万元,科技支撑计划项目2355万元,国家重大科学仪器设备开发专项11750万元。

(1) 国家重点基础研究发展计划项目(973计划项目)。2011年,全国共批准113项973计划项目,其中北京大学作为第一依托单位获批5项,项目首席科学家分别是物理学院沈波教授、化学与分子工程学院严纯华教授、分子医学研究所肖瑞平教授、药学院叶新山教授、基础医学院管又飞教授。截至2011年,北京大学主持的973计划项目共计38项,其中在研17项。北京大学2011年新获批973计划子项目23项,其中理工科16项、医科7项,获批专项经费共6010万元。

(2) 重大科学研究计划项目。2011年,全国共批准79项,其中北京大学作为第一依托单位的项目有7项,项目首席科学家是信息科学技术学院徐洪起教授,物理学院牛谦和刘征宇教授,生命科学学院邓兴旺、邓宏魁、昌增益教授,口腔医院林野教授。北京大学目前主持的重大科学研究计划项目共19项,其中在研14项。2011年,北京大学在重大科学研究计划中新立课题21个,其中理工科19个、医科2个,获批专项经费共7587万元。

(3) 国家高技术发展计划项目(863计划项目)。2011年,北京大学新立863计划新材料技术领域课题23项,其中理工科18项、医科5项,获批经费21354万元。

(4) 国家科技支撑计划项目。2011年,北京大学共获批国家科技支撑计划项目20项,其中理工科10项、医科10项,获批专项经费共11539万元。

(5) 国家重大科学仪器设备开发专项。2011年,中央财政设立了国家重大科学仪器设备开发专项,全国高校共立项8项,其中北京大学工学院任秋实教授作为首席科学家获批1项,获批专项经费5510万元。另有物理学院鲁向阳、化学与分子工程学院陈兴和张锦3位教授获批子课题,获批专项经费共850万元。

3. 国际科技合作项目。2011年度,北京大学新签理工医科国际合作项目共81项,其中来自国内政府13项,来自外企、外国基金会和外国政府共68项。项目总经费达5821万元。

4. 教育部资助的项目。(1) 创新团队发展计划。教育部"创新团队发展计划"是教育部"高层次创造性人才计划"中的第一层次计划,资助经费纳入学校985工程规划。2011年度,北京大学有4个团队入选该计划。

(2) 新世纪优秀人才支持计划。教育部"新世纪优秀人才支持计划"是教育部"高层次创造性人才计划"中的第二层次计划,资助经费纳入学校985工程规划。2011年度,北京大学共有18人入选该计划,其中理工科7人、医科11人。

(3) 高等学校博士点学科专项科研基金。2011年,北京大学获得教育部高等学校理科博士点学科专项科研基金共108项,获批经费1048万元。

(4) 其他项目。2011年,北京大学获得高等学校全国优秀博士学位论文作者专项资金资助1项(地球与空间科学学院何建森),获批教育部科学技术重大项目1项。获得教育部留学回国科研启动基金资助28人(理工科13人、医科15人)。

5. 北京市科研项目。(1) 北京市自然科学基金项目。北京大学2011年获批北京市自然科学基金项目58项(理工科11项、医科47项),其中重大项目1项、重点项目2项、面上项目48项、预探索项目7项。

(2) 北京市科技项目与北京市科技新星计划。2011年度,北京大学2名青年教师入选北京市科技新星计划。

6. 其他部门科研专项。2011年,北京大学获批各行业部门(公益性)科研专项10项,经费8057万元。

【科研成果】 1. 论文专著。根据2011年12月2日在中国科学技术信息研究所召开的“2011中国科技论文统计结果发布会”上公布的统计结果,北京大学2010年国际论文被引用次数为13400次,在高等院校中排名第3位;国际论文被引用篇数为4167篇,在高等院校中排名第3位。北京大学2010年SCI收录论文2821篇(按第一作者统计,论文指Article,Review,Letter,Editorial四类文献),在高等院校中排名第4位。在2001—2010年10年间,北京大学SCI收录论文累计被引用次数达146314次,在高等院校中排名第3位;累计被引用篇数为14224篇,在高等院校中排名第3位。北京大学2010年国内收录论文(CSTPCD)4803篇,在高等院校中排名第5位;国内论文被引用次数30554次,在高等院校中排名第1位。

据统计,2011年度SCI数据库收录的以北京大学为第一作者或通信作者单位的论文(包括所有类型论文)3064篇(平均影响因子为3.35),其中医学部1059篇。北大发表的科学论文呈现总量合理增长、高水平论文数量不断提高的态势,科学论文的影响力明显增强。

2011年,出版理工类著作129部,通过鉴定的科技成果共5项。

2. 科技奖项。2011年度,以北京大学为第一完成单位获得的科技奖项包括:(1) 国家自然科学奖二等奖5项,国家科学技术进步奖二等奖7项。(2) 教育部“高等学校科学技术奖”15项(一等奖6项、二等奖9项)。(3) 2011年12月和2012年3月,市政府分别公布了2010和2011年度北京市科学技术奖获奖名单并批准下发奖励。2010年,北京大学作为第一完成单位获北京市科学技术奖10项,其中一等奖1项、二等奖3项、三等奖6项。2011年,北京大学作为第一完成单位获北京市科学技术奖8项,其中二等奖4项、三等奖4项。(4) 数学科学学院丁伟岳院士和第三医院乔杰教授荣获2011年度何梁何利基金科学与技术进步奖。至此,北京大学共有42人获得何梁何利基金的奖励。

3. 专利。2011年度,北京大学共申请专利630项(本部445项、医学部91项、深圳研究生院94项),其中申请国际专利30项、外国专利8项。2011年度,北京大学获授权专利337项(本部255项、医学部67项、深圳研究生院15项),其中发明专利303项、实用新型专利28项、外国专利6项。较2010年的249项增长35%。

【北京大学第四届海外校企合作研讨会】 2011年11月25日,科学研究部与国际合作部等部门联合举办的“北京大学第四届海外校企合作研讨会”召开。会议邀请了来自北京、上海等地区的20多家跨国企业、大使馆,以及各机构驻华代表约40人参加。举行了以“挑战与机遇”为主题的研讨会,北大代表与公司代表就寻找合作伙伴、合作中的关注点,以及合作时可能出现的困难等问题展开了深入商讨及交流互动。

表 8-1　国家实验室

编号	实验室名称	负责人
1	北京分子科学国家实验室(筹)	席振峰

表 8-2　国家重点实验室

编号	实验室名称	负责人
1	人工微结构和介观物理国家重点实验室	龚旗煌
2	湍流与复杂系统研究国家重点实验室	陈十一
3	核物理与核技术国家重点实验室	叶沿林
4	蛋白质与植物基因研究国家重点实验室	朱玉贤
5	天然药物及仿生药物国家重点实验室	叶新山
6	生物膜与膜生物工程国家重点实验室(北大分室)	王世强
7	环境模拟与污染控制国家重点实验室(北大分室)	胡　敏
8	区域光纤通信网与新型光纤通信系统国家重点实验室(北大实验区)	李红滨
9	稀土材料化学及应用国家重点实验室	严纯华
10	分子动态与稳态结构国家重点实验室(联合)	来鲁华

表 8-3　国家级重点实验室

编号	实验室名称	负责人
1	微米/纳米加工技术国家级重点实验室(北大分室)	金玉丰

表 8-4　国家工程研究中心

编号	中心名称	负责人
1	电子出版新技术国家工程研究中心	肖建国
2	软件工程国家工程研究中心	梅　宏

表 8-5　国家工程实验室

编号	实验室名称	负责人
1	数字视频编解码技术国家工程实验室	高　文
2	口腔数字化医疗技术和材料国家工程实验室	徐　韬

表 8-6　省部共建国家重点实验室培育基地

编号	基地名称	负责人
1	化学基因组学省部共建国家重点实验室培育基地	杨　震

表 8-7　教育部重点实验室

编号	实验室名称	负责人
1	数学及其应用教育部重点实验室	张平文
2	北京现代物理研究中心	李政道
3	生物有机与分子工程教育部重点实验室	王剑波
4	纳米器件物理与化学教育部重点实验室	彭练矛
5	地表过程分析与模拟教育部重点实验室	方精云
6	水沙科学教育部重点实验室(联合)	倪晋仁
7	造山带与地壳演化教育部重点实验室	张立飞
8	分子心血管学教育部重点实验室	王　宪
9	神经科学教育部重点实验室	万　有
10	高分子化学与物理教育部重点实验室	陈尔强
11	机器感知与智能教育部重点实验室	查红彬
12	统计与信息技术教育部重点实验室	郁　彬　姜　明
13	高可信软件技术教育部重点实验室	梅　宏
14	细胞增殖分化调控机理研究教育部重点实验室	张传茂
15	恶性肿瘤发病机制及转化研究教育部重点实验室	游伟程
16	计算语言学教育部重点实验室	(建设中)
17	视觉损伤与修复教育部重点实验室	(建设中)
18	慢性肾脏病防治教育部重点实验室	(立项)
19	辅助生殖教育部重点实验室	(立项)
20	数理经济与数理金融教育部重点实验室	(立项)

表 8-8　教育部工程研究中心

编号	中心名称	负责人
1	微处理器及系统教育部工程研究中心	程　旭
2	再生医学教育部工程研究中心	李凌松
3	体内局部诊疗教育部工程研究中心	谢天宇
4	地球观测与导航教育部工程研究中心	陈秀万
5	灵长类及大动物临床前研究教育部工程研究中心	程和平

(以上表格由科学研究部　郑英姿　何　洁　整理)

表 8-9　卫生部重点实验室

编号	实验室名称	负责人
1	卫生部心血管分子生物学与调节肽重点实验室	高　炜
2	卫生部肾脏疾病重点实验室	赵明辉
3	卫生部精神卫生学重点实验室	张　岱
4	卫生部神经科学重点实验室	万　有
5	卫生部医学免疫学重点实验室	张　毓
6	卫生部生育健康重点实验室	任爱国

（医学部科研处　胡桂芬　整理）

表 8-10　卫生部工程技术研究中心

编号	中心名称	负责人
1	卫生部口腔医学计算机应用工程技术研究中心	张震康

（医学部科研处　胡桂芬　整理）

表 8-11　北京市重点实验室及工程研究中心

编号	实验室及中心名称	负责人
1	医学物理和工程北京市重点实验室	包尚联
2	空间信息集成与 3S 工程应用北京市重点实验室	晏　磊
3	城市固体废弃物资源化技术与管理北京市重点实验室	王习东
4	北京市先进电池材料理论与技术重点实验室	夏定国
5	北京市网络与信息安全重点实验室	邹　维
6	北京市食品安全毒理学研究与评价重点实验室	郝卫东
7	北京市造血干细胞移植治疗血液病研究重点实验室	黄晓军
8	北京市脊柱疾病研究重点实验室	刘忠军
9	北京市磁共振成像设备与技术重点实验室	韩鸿宾
10	北京市皮肤病分子诊断重点实验室	李若瑜
11	北京市生殖内分泌与辅助生殖技术重点实验室	乔　杰
12	北京市丙型肝炎和肝病免疫治疗重点实验室	魏　来
13	北京市恶性肿瘤转化研究重点实验室	游伟程
14	北京市智能康复工程技术研究中心	王启宁
15	北京市有源显示工程技术研究中心	刘晓彦

（科学研究部　郑英姿　医学部科研处　胡桂芬　整理）

表 8-12　中关村开放式实验室

编号	实验室名称	负责人
1	微处理器及系统芯片开放实验室	程　旭
2	细胞分化与细胞工程实验室	邓宏魁
3	空间信息集成与 3S 工程应用北京市重点实验室	晏　磊
4	网络与信息安全实验室	邹　维
5	医药卫生分析中心	王京宇
6	软件工程国家工程研究中心	张世昆
7	微米/纳米加工技术国家级重点实验室	张　兴
8	数字视频编解码技术国家工程实验室	高　文

（科学研究部　郑英姿　医学部科研处　胡桂芬　整理）

表 8-13　广东省、深圳市重点实验室

编号	实验室名称	负责人
1	化学基因组学广东省重点实验室	杨　震
2	集成微系统科学工程与应用深圳市重点实验室	张　兴
3	城市人居环境科学与技术深圳市重点实验室	栾胜基

（科学研究部　郑英姿　何　洁　整理）

表 8-14　其他省部级研究基地

序号	基地名称	负责人
1	国家中医药管理局中药配伍减毒重点研究室	张宝旭
2	国家中医药管理局微循环实验室(三级)	韩晶岩
3	国家中医药管理局中药药理(肿瘤)实验室(三级)	李萍萍
4	国家统计局统计科学研究所	耿　直
5	国家湿地保护与修复技术中心	吴晓磊

(科学研究部　郑英姿　医学部科研处　胡桂芬　整理)

表 8-15　2011 年度北京大学批准成立的理工科虚体研究中心

编号	中心名称	挂靠单位	负责人
1	中国科学院学部—北京大学气候变化研究中心	城市与环境学院	方精云
2	中法地球系统模拟联合研究中心	城市与环境学院	朴世龙

(科学研究部　郑英姿　何　洁　整理)

表 8-16　2011 年度北京大学批准撤销的理工科虚体研究中心

编号	中心名称
1	北京大学光谱研究中心
2	北京大学人居环境中心

(科学研究部　郑英姿　何　洁　整理)

表 8-17　2011 年度北京大学理工医科在研科研项目数分类统计

单位		科技部项目				国家自然科学基金项目	教育部项目	北京市项目	行业专项	海外合作项目	其他部门专项	企事业单位委托项目	科技开发项目	合计
		973计划与重大科学研究计划项目	863计划项目	国家科技支撑计划项目	重大专项									
校本部	数学科学学院	5				57	25		3	2	4	3	4	103
	物理学院	31	2	1	3	166	36	4	8	5	12	22	25	315
	化学与分子工程学院	27	2		1	136	28	10	4	12	5	7	16	248
	生命科学学院	29	1		1	52	8	4		8	6	6	12	127
	地球与空间科学学院	6	7	3	2	101	6	2	13	3	14	20	31	208
	城市与环境学院	6	1	2		66	10	2	1	6	14	33	15	156
	环境科学与工程学院	3	4	1	1	28	6	3	2	2	13	10	47	120
	信息科学技术学院	29	13		5	158	38	16	97	12	23	6	69	466
	工学院	15	4	2	1	98	22	6	35	3	3	9	50	248
	心理学系	4		2		22	2	3		2	3	2	2	42
	计算机科学技术研究所		1			11	4	7	5	1	15	8	2	54
	分子医学研究所	6			1	19	5	2		2		1		36
	科维理天文与天体物理研究所					12	1			1				14
	其他	4	1	6	2	108	10	1	7	6	12	5	22	184
	小计	165	36	17	17	1034	201	60	175	65	124	132	295	2321
医学部		41	4	4		541	225	184	5	15	5	419	12	1455
总计		206	40	21	17	1575	426	244	180	80	129	551	307	3776

(科学研究部　吴　锜　医学部科研处　肖　瑜　整理)

表 8-18 2011 年度北京大学理工医科科研项目到校经费 (单位：万元)

单位		科技部项目				重大专项	国家自然科学基金项目	教育部项目	北京市项目	行业专项	其他部委省市专项	企事业委托项目	海外合作项目	科技开发项目	合计
		973 计划和重大科学研究计划项目	863 计划项目	科技支撑计划项目	国家重大科学仪器设备开发专项										
校本部	数学科学学院	190					579	607	20	89	80	28	33	120	1746
	物理学院	3355	2048	177	4703	438	5400	398	100	755	701	373	183	1088	19719
	化学与分子工程学院	3067	1717		2186		3561	654	262	297	365	67	131	258	12565
	生命科学学院	3298			1123	1214	1633	961	118		49	88	478	650	9612
	地球与空间科学学院	411	129	220		42	2383	540	68	625	532	539	59	1766	7314
	城市与环境学院	321	167	218		102	1875	194	116		795	966	157	1180	6091
	环境科学与工程学院	68	94	360	925	618	465	89	270	475	1756	123	73	2035	7351
	信息科学技术学院	3631	3012	80	1050	5886	3063	786	743	9546	611	118	108	3657	32291
	工学院	1697	248	635	362	37	2900	402	1330	3218	1847	74	347	3382	16479
	心理学系	384		181			734	97	4			137	60	58	1655
	计算机科学技术研究所	153				747	190	29	13	76	211	354		108	1881
	分子医学研究所	743				30	357	121	3			222	148	60	1684
	计算中心						6				41			5	52
	前沿交叉学科研究院	235	101	17		24	56	134			140	114	13		834
	北京国际数学研究中心						15	138						158	311
	软件与微电子学院		215			189	85	19	15		20	311	282	10	1146
	软件工程国家工程研究中心	16	40		500	174	7		4					10	751
	生命科学联合中心										10000				10000
	其他	176		403	86	63	1283		11					909	2931
	暂存	3277		—354			5644	—269	548		76	—43	862		9741
	小计	21022	7771	1937	10935	9564	30236	4900	3625	15081	17224	3471	2934	15454	144154
深圳研究生院		584		17	17	187	571				6246	2655			10277
深港产学研基地		218	125				76				150	473		721	1763
医学部		5035	3002	401	798	925	11187	1060	371		3266	19	877	5049	31990
总计		26859	10898	2355	11750	10676	42070	5960	3996	15081	26886	6618	3811	21224	188184

(科学研究部 吴 锜 整理)

表 8-19 2001—2011 年北京大学全校到校科研经费分类统计 (单位：万元)

年度	理工科	文科	医学部	科研编制费	合计
2001	22891	2488	4467	1170	31016
2002	29967	2600	8581	1172	42320
2003	30748	2650	9587	1153	44138
2004	33243	3129	10562	1240	48174
2005	42205＋1671*	5529	14277	1239	64921
2006	48881＋2832*	6677	14096	1140	73626
2007	56636＋3500*	7200	18793	1140	87269
2008	73864＋3784*	9514	26160	1140	114462
2009	86736＋5172*	13313	21760		126981
2010	127495＋5683*	17000	46356		196534
2011	144154＋10277*＋1763**	17000	31990		205184

注：* 为深圳研究生院到院科研经费，** 为深港产学研基地到账科研经费。

(科学研究部 吴 锜 整理)

表 8-20　2011 年度北京大学理工科新批科研项目数量与经费

（单位：万元）

单位	科技部项目										国家自然科学基金委项目		教育部项目		北京市项目		其他部委省市专项		企事业单位委托项目		海外合作项目		合计	
	973 计划项目		重大科学研究计划项目		863 计划项目		支撑计划项目		国际合作及其他															
	数量	经费	数量	经费	数量	经费	数量	经费	数量	经费	数量	经费	数量	经费	数量	经费	数量	经费	数量	经费	数量	经费	数量	经费
数学科学学院											22	958	6	24			6	60	1	5			35	1047
物理学院	3	708	4	1668	3	3844					64	9210	21	1384			6	269	12	502	5	188	118	17773
化学与分子工程学院	3	647	3	859	2	1723			2	100	47	4460	11	399	2	22	2	14	4	79	5	348	81	8651
生命科学学院			7	2634	1	300			1	236	26	1820	2	300	3	473	2	58	5	69	4	259	51	6149
地球与空间科学学院	4	1064					1	440			26	2614	6	310			17	508	15	453			69	5389
城市与环境学院					1	854	3	1645			33	2998	1	5	1	11	13	584	41	1162			93	7259
环境科学与工程学院									1	100	13	3492	2	10			6	723	7	102			29	4427
信息科学技术学院	2	257	2	797	8	6303	1	414	3	614	59	4398	14	121	9	1279	9	150	5	68	4	215	116	14616
工学院	2	451	1	388	3	1562	1	490	2	6019	43	3683	8	367	6	1475	5	169	8	49	1	0	80	14653
心理学系											12	992	1	5					3	31	1	5	17	1033
计算机科学技术研究所							1	130			5	245	2	16	1	11	6	2087	6	55			21	2544
分子医学研究所	2	641	2	591			1	369			12	1494	3	316	2	42			3	621	2	185	27	4259
前沿交叉学科研究院											1	25					1	6	2	30			4	61
其他							2	1009	6	1412	65	4103	11	259	2	35	2	31	3	345	2	69	93	7263
合计	16	3768	19	6937	18	14586	10	4497	15	8481	428	40492	88	3516	26	3348	75	4659	115	3571	24	1269	834	95124

（科学研究部　周　锋　范少锋　刘　超　廖日坤　整理）

表 8-21　2011 年度北京大学医科新批科研项目数量与经费

（单位：万元）

单位	科技部项目								国家自然科学基金委项目		教育部项目		北京市项目		卫生部项目		合计	
	973 计划项目与重大科学研究计划项目		863 计划项目		支撑计划项目		科技部其他课题											
	数量	经费	数量	经费	数量	经费	数量	经费	数量	经费	数量	经费	数量	经费	数量	经费	数量	经费
基础医学院	3	901					10	2051	59	3823	14	178	12	200			98	7153
药学院	2	782	1	1901			9	2350	27	1804	10	79.5	5	57			54	6973.5
公共卫生学院			1	1060			2	65	12	456	6	32	3	33	2	1879	26	3525
第一医院	3	756	1	945	4	3061	8	1710	35	1850	17	88	12	147			80	8557
人民医院							2	1520	41	1879	17	112	12	125			72	3636
第三医院					2	1643	1	500	37	1178	9	57	4	30			53	3408
口腔医院	1	398	1	1569	3	1862	2	600	22	659	5	32	1	11			35	5131
精神卫生研究所					1	476	1	637	5	178					1	2022	8	3313
肿瘤医院			1	1293			4	2346	20	735	6	40	6	66	1	1992	38	6472
深圳医院									9	265	1	4					10	269
中国药物依赖性研究所							4	505	5	264							9	769
公共教学部									1	33							1	33
首钢医院									1	55							1	55
总计	9	2837	5	6768	10	7042	43	12284	274	13179	85	622.5	55	669	4	5893	485	49294.5

（医学部科研处　肖　瑜　许术其　整理）

表 8-22　2011 年度北京大学获批国家自然科学基金项目数量与经费

（单位：万元）

单位	面上项目		青年科学基金项目		重点项目		国家杰出青年科学基金		海外及港澳台学者合作研究基金		创新研究群体		重大项目		重大研究计划项目		国际地区合作交流项目		其他类项目		合计	
	数量	经费	数量	经费	数量	经费	数量	经费	数量	经费	数量	经费	数量	经费	数量	经费	数量	经费	数量	经费	数量	经费
数学科学学院	10	439	8	179	1	240			1	20					1	70			1	10	22	958
物理学院	34	2337	9	240	3	880	2	400	1	20	1	600			1	60	4	307.5	9	4365	64	9209.5
化学与分子工程学院	26	1600	3	80	3	917	2	400	2	140	1	600	1	405	3	230	5	36	1	52	47	4460
信息科学技术学院	24	1424	18	466					2	40	2	1200			4	570	6	382.88	3	315	59	4397.88
地球与空间科学学院	15	1066	3	75							1	600			1	250	3	28	3	595	26	2614
城市与环境学院	20	1314	3	79	3	890	1	200									3	75	3	440	33	2998
工学院	20	1323	6	144	3	840	1	200							5	775	6	101	2	300	43	3683
生命科学学院	17	1031	3	58											2	240	3	291	1	200	26	1820
环境科学与工程学院	6	383	2	49			1	200			1	600	3	2260							13	3492
光华管理学院	15	638.8	4	83	3	692	1	140									1	10	1	8	25	1571.8
心理学系	8	449	2	43													1	100	1	400	12	992
计算机科学技术研究所	4	220	1	25																	5	245
科维理天文与天体物理研究所	2	145															3	13			5	158
软件与微电子学院	2	102															1	12			3	114
分子医学研究所	6	355	1	25	3	856											1	8	1	250	12	1494
深圳研究生院及深港产学研基地	6	375	5	112	1	300											1	30	1	10	14	827
本部其他	4	204	7	148	1	500									1	300	2	252	4	53	19	1457
医学部	132	7511	78	1707	5	1390	1	200	2	40	1	600			5	501	5	625	26	470	255	13044
总计	351	20916.8	153	3513	26	7505	9	1740	8	260	7	4200	4	2665	23	2996	45	2271.38	57	7468	683	53535.18

注：未含肿瘤医院，下同。

（科学研究部　刘　超　整理）

表 8-23 2011 年度北京大学医学部获批国家自然科学基金项目数量与经费

（单位：万元）

单位	面上项目		青年科学基金项目		重点项目		国家杰出青年科学基金		重大研究计划项目		海外及港澳台学者合作基金		基础科学人才项目		国际地区合作交流项目		主任基金项目		专项		合计	
	数量	经费	数量	经费	数量	经费	数量	经费	数量	经费	数量	经费	数量	经费	数量	经费	数量	经费	数量	经费	数量	经费
基础医学院	34	2054	17	363	2	560	1	200	2	141			1	200	2	305					59	3823
药学院	19	1169	3	75	1	280			1	200					2	60			1	20	27	1804
公共卫生学院	8	369	4	87																	12	456
第一医院	18	1027	10	223	2	550											5	50			35	1850
人民医院	23	1301	11	243							1	20			1	260	5	55			41	1879
第三医院	15	812	12	251							1	20					9	95			37	1178
口腔医院	8	405	9	204													5	50			22	659
精神卫生研究所	2	113	3	65																	5	178
肿瘤医院	8	466	9	199											2	60	1	10			20	735
深圳医院	2	113	7	152																	9	265
中国药物依赖性研究所	1	60	2	44					2	160											5	264
公共教学部	1	33																			1	33
首钢医院	1	55																			1	55
总计	140	7977	87	1906	5	1390	1	200	5	501	2	40	1	200	7	685	25	260	1	20	274	13179

（医学部科研处 肖 瑜 整理）

表 8-24 2011 年度北京大学获批的国家自然科学基金重点项目

批准号	项目名称	负责人	所在院系
11131001	群与代数的表示及其范畴化	张继平	数学科学学院
11131002	高维数据统计建模与分析	陈松蹊	光华管理学院
11132001	复杂力学系统跨尺度耦合动力学问题研究	刘才山	工学院
11134001	超短脉冲激光整形光谱物理及应用	龚旗煌	物理学院
21132001	双金属有机合成试剂研究	席振峰	化学与分子工程学院
21133001	光电功能体系表界面结构化学调控及应用	王　远	化学与分子工程学院
21133002	WD40 重复蛋白家族的结构与热点氨基酸预测与药物设计	吴云东	深圳研究生院
21134001	含刚性侧链聚合物的聚合物刷：可控合成与性能研究	范星河	化学与分子工程学院
31130030	新型内源性含硫活性小分子物质二氧化硫和胱硫醚的心血管调节作用	杜军保	第一医院
31130067	线粒体超氧炫分子机制和功能研究	程和平	分子医学研究所
41130105	近 21000 年地球气候演变的模拟研究	刘征宇	物理学院
41130534	生态系统服务与区域社会福祉耦合机制研究：基于地理学综合分析的途径	李双成	城市与环境学院
41130535	华北地区陆地表层系统中汞的区域环境过程模拟	王学军	城市与环境学院
41130754	中国大气与表土多环芳烃污染的空间格局、成因与健康影响	陶　澍	城市与环境学院
41130962	北半球冬季东太平洋波列的机理、变率及其他对区域和全球大气环流和气候变化的影响	谭本馗	物理学院
51132001	铁电复合材料的多场耦合功能特性与新型器件的应用基础研究	董蜀湘	工学院
61131003	神经影像的时间信息提取及其在中枢药物疗效检测中的应用	刘一军	工学院
71130002	中国健康与养老追踪调查	赵耀辉	国家发展研究院
71132002	我国企业海外直接投资与国际并购战略研究	武常岐	光华管理学院
71132004	会计信息与资源配置效率研究	陆正飞	光华管理学院
81130002	不同流体剪切力对血管内皮细胞损伤与保护的机制研究	朱　毅	基础医学院
81130003	血管损伤早期应答和启动修复保护的信号转导机制，以及通过 AGGF1 干预的可能性研究	田小利	分子医学研究所
81130030	包斑蛋白与周斑蛋白抗原表位分析及其在副肿瘤性天疱疮发病中的作用	朱学骏	第一医院
81130059	基于分子靶向给药的肿瘤联合治疗	张　强	药学院
81130073	MG53 在糖尿病心肌病中的作用	肖瑞平	分子医学研究所
81130082	载脂蛋白在 HCV 感染和病毒颗粒组装中的作用及其分子机理	罗光湘	基础学院

（科学研究部　刘　超　整理）

表 8-25 2011 年度北京大学获批的国家自然科学基金重大项目

批准号	项目名称	负责人	所在院系
21190031	新型富电子/缺电子共轭分子体系的设计、合成与可控官能化(课题)	裴　坚	化学与分子工程学院
21190050	大气二次污染形成的化学过程及其健康影响(项目)	朱　彤	环境科学与工程学院
21190051	二次颗粒物和臭氧的环境暴露和健康效应(课题)	朱　彤	环境科学与工程学院
21190052	大气复合污染条件下自由基化学特征及新粒子形成(课题)	张远航	环境科学与工程学院

（科学研究部　刘　超　整理）

表 8-26 2011 年度北京大学获批的国家自然科学基金国家重大科研仪器设备开发专项

批准号	项目名称	负责人	所在院系
11127902	拓扑量子计算超低温实验仪器研制	杜瑞瑞	物理学院

（科学研究部　刘　超　整理）

表 8-27　2011 年度北京大学获批的国家自然科学基金重大研究计划项目

批准号	项目名称	负责人	所在院系
91117004	乙烯、GA 和超长链脂肪酸调控棉纤维发育的分子机制研究	朱玉贤	生命科学学院
91113000	专家组工作计划	张礼和	药学院
91116000	近空间飞行器的关键基础科学问题指导专家组调研和学术交流经费	方岱宁	工学院
91116008	轻质点阵材料的结构—热耦合效应	苏先樾	工学院
91120001	行车环境听觉模型及声音处理关键技术研究	吴玺宏	信息科学技术学院
91120004	复杂城市交通环境中视觉显著性目标检测与分析	查红彬	信息科学技术学院
91121018	量子化的表面等离激元与相干原子系综的相互作用研究	古　英	物理学院
91123026	基于电子束光刻的纳机电系统结构工艺方法研究	张大成	信息科学技术学院
91125021	黑河流域地表—地下水耦合模拟的不确定性问题研究	郑　一	工学院
91126014	乏燃料后处理中新型分离试剂离子液体体系的辐射效应研究	翟茂林	化学与分子工程学院
91127004	有机物吹泡法自组装一维纳米材料的研究	曹安源	工学院
91127034	活细胞自组装体系的构建、调控及其在组织工程中的应用	陈　兴	化学与分子工程学院
91130011	大规模离散系统并行多层迭代法及其软件研制	吴金彪	数学科学学院
91132716	病理性情感记忆的巩固、再巩固与储存的神经生物学机制	陆　林	中国药物依赖性研究所
91132717	在体、实时监测神经元分泌雌激素及相关活性物质的方法研究	赵美萍	化学与分子工程学院
91132718	神经细胞间的纳米连接和物质转运在老年性痴呆症中的作用	张　研	生命科学学院
91132719	海洛因成瘾记忆的神经环路结构网络及其基因调控机制	时　杰	中国药物依赖性研究所
91118004	体系结构驱动的可信软件构造方法与技术研究	梅　宏	信息科学技术学院
91128210	南海深部结构的海底地震仪台阵探测：检验海南地幔柱假说	陈永顺	地球与空间科学学院
91130001	高能量密度极端条件下可压缩湍流的计算方法,建模及机理研究	陈十一	工学院
91130005	随机动力系统的多尺度理论、算法及应用	鄂维南	北京国际数学研究中心

（科学研究部　刘　超　整理）

表 8-28　2011 年度北京大学获批的国家自然科学基金重大国际合作项目

批准号	项目名称	负责人	所在院系
11120101004	JLab 12 GeV 新探测装置上的核子横向自旋研究	马伯强	物理学院
31110103904	应用反转录病毒在斑马鱼中进行高通量基因组插入诱变	张　博	生命科学学院
61120106012	低功耗微/纳光电子集成技术基础研究	周治平	信息科学技术学院
71110107025	健康老龄发展趋势和影响因素研究	曾　毅	国家发展研究院
81120108020	汉族和白种人群类风湿关节炎遗传特征及环境影响因素的差异性研究	栗占国	人民医院

（科学研究部　刘　超　整理）

表 8-29　北京大学主持的国家重点基础研究发展计划(973 计划)项目

（共 38 项）

项目编号	项目名称	首席科学家	所在单位	状况
G1998061300	稀土功能材料的基础研究	严纯华	化学与分子工程学院	结题
G199906400	超导科学技术	甘子钊	物理学院	结题
G1999053900	细胞重大生命活动的基础与应用研究	丁明孝	生命科学学院	结题
G1999075100	核心数学中的前沿问题	姜伯驹	数学科学学院	结题
G2000036500	系统芯片中新器件、新工艺的基础研究	张　兴	信息科学技术学院	结题
G2000056900	心脑血管疾病发病和防治的基础研究	唐朝枢	基础医学院	结题
2001CB6105	纳电子运算器材料的表征与性能基础研究	刘忠范 彭练矛	化学与分子工程学院 信息科学技术学院	结题

续表

项目编号	项目名称	首席科学家	所在单位	状况
2001CB1089	高效生物固氮机理及其在农业中的应用	王忆平	生命科学学院	结题
2001CB5103	中国人口出生缺陷的遗传与环境可控性研究	郑晓瑛	人口研究所	结题
2001CB5101	人胚胎生殖嵴干细胞的分化与组织干细胞的可塑性研究	李凌松	基础医学院	结题
2002CB713600	基于超导加速器的SASE自由电子激光的关键理论及技术问题的研究	赵 夔	物理学院	结题
2002CB312000	Internet环境下基于Agent的软件中间件理论和方法研究	梅 宏	信息科学技术学院	结题
2003CB715900	基因功能预测的生物信息学理论与应用	来鲁华	化学与分子工程学院	结题
2006CB601100	新型稀土磁、光功能材料的基础科学问题	严纯华	化学与分子工程学院	结题
2006CB302700	纳米尺度硅集成电路器件与工艺基础研究	张 兴	信息科学技术学院	结题
2007CB307000	介观光学与新一代纳/微光子器件研究	龚旗煌	物理学院	结题
2007CB511900	中国人口重大出生缺陷遗传和环境交互作用机理研究	郑晓瑛	人口研究所	结题
2007CB512100	重大心脏疾病分子机理和干预策略的基础研究	程和平	分子医学研究所	结题
2007CB512500	基于临床的针麻镇痛的基础研究	韩济生	基础医学院	结题
2007CB815000	放射性核束物理与核天体物理	叶沿林	物理学院	结题
2007CB815600	若干生命活动中矿化作用的环境响应机制研究	鲁安怀	地球与空间科学学院	结题
2009CB320700	基于网络的复杂软件可信度和服务质量及其开发方法和运行机理的基础研究	梅 宏	信息科学技术学院	在研
2009CB320900	基于视觉特性的视频编码理论与方法研究	高 文	信息科学技术学院	在研
2009CB724100	飞行器气动力学与光学设计中的关键湍流问题	佘振苏	工学院	在研
2010CB833900	攻击与亲和行为的机理和异常——多学科多层次交叉研究	饶 毅	生命科学学院	在研
2010CB126500	生物固氮作用的分子机理研究	王忆平	生命科学学院	在研
2010CB328200	Pbit/s级可控管光网络基础研究	陈章渊	信息科学技术学院	在研
2010CB529100	类风湿关节炎发病的免疫学机制及其干预策略的研究	栗占国	人民医院	在研
2011CB504200	恶性肿瘤发生、发展的细胞表观遗传机制	尚永丰	基础医学院	在研
2011CB510200	年龄相关性黄斑变性的发病机制及其干预策略研究	黎晓新	人民医院	在研
2011CBA00600	超低功耗高性能集成电路器件与工艺基础研究	张 兴	信息科学技术学院	在研
2011CB707500	视觉功能修复的基础理论与关键科学问题	任秋实	工学院	在研
2011CB809100	细胞信号失控动态的前沿研究和关键技术	王世强	生命科学学院	在研
2012CB619300	全组分可调Ⅲ族氮化物半导体光电功能材料及其器件应用	沈 波	物理学院	新立
2012CB517500	脂代谢紊乱导致脂肪肝及高脂血症发生的机制	管又飞	基础医学院	新立
2012CB822100	肿瘤的糖化学生物学前沿研究	叶新山	药学院	新立
2012CB518000	重大心血管疾病相关GPCR新药物靶点的基础研究	肖瑞平	分子医学研究所	新立
2012CBA10200	稀土资源高效利用和绿色分离的科学基础	严纯华	化学与分子工程学院	新立

（科学研究部 周 锋 整理）

表8-30 2011年度北京大学新获批的国家重点基础研究发展计划（973计划）课题

（共23项）

课题编号	课题名称	负责人	所在单位
2012CB315606	低噪声宽调谐毫米波光电混合振荡机理与器件	胡薇薇	信息科学技术学院
2012CB416602	古元古代表生环境突变及元素迁移富集	陈衍景	地球与空间科学学院
2012CB416603	古元古代裂谷—造山复合过程与巨量元素堆积	陈 斌	地球与空间科学学院
2012CB417301	地壳和上地幔深部结构和热源	陈永顺	地球与空间科学学院
2012CB517504	肝脏脂代谢稳态失衡与NAFLD和高脂血症的发生和发展	管又飞	基础医学院

续表

课题编号	课题名称	负责人	所在单位
2012CB517701	遗传易感因素对慢性肾脏病进展和肾纤维化的作用及机制	丁　洁	第一医院
2012CB517702	免疫性炎症对慢性肾脏病进展和肾纤维化的促进作用及其机制	赵明辉	第一医院
2012CB517806	调控环境代谢因素增强内源性抗高血压能力的机制	杜军保	第一医院
2012CB518002	内源性血管活性物质及其 GPCR 在动脉粥样硬化中的作用	孔　炜	基础医学院
2012CB518003	肾上腺素受体功能选择性信号转导与冠心病及心力衰竭治疗	肖瑞平	分子医学研究所
2012CB518006	冠心病关键 GPCR 的配体设计、合成与筛选	周　专	分子医学研究所
2012CB619102	医用镁合金材料的生物适配设计与降解调控机制研究	郑玉峰	工学院
2012CB619304	自支撑 GaN 衬底材料制备及其同质外延应用	史俊杰	物理学院
2012CB619306	全组分可调Ⅲ族氮化物半导体材料和器件物理	沈　波	物理学院
2012CB720601	致病基因结构与生物学功能研究	袁　谷	化学与分子工程学院
2012CB720604	对乳腺癌、肝癌识别的适配子的设计与筛选	杨振军	药学院
2012CB821203	空间多关联运动体跨尺度建模与控制	王　龙	工学院
2012CB821603	硼、硅有机化合物的特性和应用研究	席振峰	化学与分子工程学院
2012CB821801	脉冲星物理和观测	徐仁新	物理学院
2012CB822101	糖链探针的化学合成研究	叶新山	药学院
2012CB825603	磁层—电离层耦合物理过程与建模研究	宗秋刚	地球与空间科学学院
2012CBA01204	复杂体系串级萃取理论及稀土绿色分离流程	严纯华	化学与分子工程学院
2011CB013101	大尺寸同质衬底生成及缺陷控制原理与装备实现	童玉珍	信息科学技术学院

（科学研究部　周　锋　整理）

表 8-31　北京大学主持的重大科学研究计划项目

（21 项）

项目类别	项目编号	项目名称	首席科学家	所在单位	状况
蛋白质研究	2006CB910300	蛋白质生成、折叠、组装和降解的规律及其质量控制	赵新生	化学与分子工程学院	结题
量子调控研究	2006CB921600	新型分子与受限小量子体系制备、光电磁功能及其调控研究	李　焱	物理学院	结题
纳米研究	2006CB932400	基于一维纳米材料的新原理器件：纳米碳管为基的纳米器件	彭练矛	信息科学技术学院	结题
纳米研究	2007CB936800	纳米尺度光学、电学、力学高分辨检测研究	朱　星	物理学院	结题
纳米研究	2007CB936200	准一维半导体纳米材料的结构调控、物性测量及器件基础	刘忠范	化学与分子工程学院	结题
纳米研究	2009CB930300	纳米技术改善难溶性药物功效的应用基础研究	张　强	药学院	在研
蛋白质研究	2010CB912200	基因组稳定性和细胞周期调控相关蛋白质群的功能及作用机制研究	尹玉新	基础医学院	在研
蛋白质研究	2010CB912500	细胞膜重要脂质代谢产物对重大疾病病理生理过程的调控	朱　毅	基础医学院	在研
蛋白质研究	2010CB912300	基于基因密码子扩展的蛋白质标记新方法	周德敏	药学院	在研
纳米研究	2011CB933000	碳基无掺杂纳电子器件和集成电路	彭练矛	信息科学技术学院	在研
纳米研究	2011CB933300	基于纳米结构的新型柔性纤维基可编织光伏器件重要基础问题研究	邹德春	化学与分子工程学院	在研

续表

项目类别	项目编号	项目名称	首席科学家	所在单位	状况
发育与生殖	2011CB944500	雌性生育力维持调节机制研究及生殖资源库建立	乔　杰	第三医院	在研
发育与生殖	2011CB946100	胸腺的起源、发生、维持与退化	张　毓	基础医学院	在研
全球变化	2010CB950600	中国陆地生态系统碳源汇特征及全球意义	方精云	城市与环境学院	在研
蛋白质研究	2012CB910900	植物表观遗传调控及其在重要发育过程中的作用机制及结构基础研究	邓兴旺	生命科学学院	新立
量子调控	2012CB921300	极端条件下量子输运的研究和调控	牛　谦	物理学院	新立
纳米研究	2012CB932700	新型高性能半导体纳米线电子器件和量子器件	徐洪起	信息科学技术学院	新立
纳米研究	2012CB933900	纳米材料在骨、牙再生修复中的生物学过程研究	林　野	口腔医院	新立
全球变化	2012CB955200	东亚季风区年际—年代际气候变率机理与预测研究	刘征宇	物理学院	新立
干细胞	2012CB966400	人多能干细胞向胰腺β细胞和神经细胞定向分化的机制研究	邓宏魁	生命科学学院	新立
蛋白质研究	2012CB917300	膜蛋白的生成、修饰、组装及质量控制	昌增益	生命科学学院	新立

（科学研究部　周　锋　整理）

表 8-32　2011 年度北京大学获批的重大科学研究计划课题

（共 21 项）

项目类别	项目编号	项目名称	负责人	所在单位
蛋白质研究	2012CB910402	GPCR 在重大疾病发生发展中的作用和机理	霍玉庆	分子医学研究所
蛋白质研究	2012CB910903	植物杂种优势形成的表观遗传机制	邓兴旺	生命科学学院
蛋白质研究	2012CB917202	蛋白质翻译后修饰的结构生物学研究	云彩红	基础医学院
蛋白质研究	2012CB917301	细菌内外膜蛋白生成的质量控制	昌增益	生命科学学院
蛋白质研究	2012CB917303	哺乳动物细胞膜蛋白的糖基化修饰及转运的分子机制与结构基础	陈　兴	化学与分子工程学院
蛋白质研究	2012CB917304	不同结构类型的膜蛋白折叠的机理及动力学特征	赵新生	化学与分子工程学院
量子调控	2012CB921301	极低电子温度下量子输运研究和调控	牛　谦	物理学院
量子调控	2012CB921404	单原子层异质界面修饰及功能的量子调控	郭雪峰	化学与分子工程学院
纳米研究	2012CB932702	环栅半导体纳米线超高频器件的基础研究	陈　清	信息科学技术学院
纳米研究	2012CB932703	新型半导体纳米线量子电子器件研究	徐洪起	信息科学技术学院
纳米研究	2012CB933004	纳尺度物性与多场耦合性质的探针测量技术研究	林　峰	物理学院
纳米研究	2012CB933404	石墨烯基材料的应用研究	吴孝松	物理学院
纳米研究	2012CB933901	钛种植体表面纳米化促进骨整合的机理研究	林　野	口腔医院
纳米研究	2012CB933903	牙齿硬组织纳米材料自组装再生修复的机理研究	陈海峰	工学院
发育与生殖	2012CB944501	心脏发育和再生关键基因的鉴定及遗传调控研究	曹春梅	分子医学研究所
发育与生殖	2012CB944503	发育和再生突变体可视化活体筛选新技术建立	刘　东	生命科学学院
发育与生殖	2012CB944801	植物胚乳早期分化的调控机理	刘敬婧	生命科学学院
发育与生殖	2012CB945101	血管发生和调控的分子机制	张　博	生命科学学院
全球变化	2012CB955201	全球年际—年代际变率的集合模拟与预测及最优初值化和参数化研究	刘征宇	物理学院
干细胞	2012CB966401	人多能干细胞向胰腺β细胞定向分化的机制研究	邓宏魁	生命科学学院
干细胞	2012CB966704	转录及转录后调控在干细胞定向分化中的作用	汤富酬	生命科学学院

（科学研究部　周　锋　整理）

表 8-33 2011 年度北京大学新获批的 863 课题

（共 23 项）

申报领域	课题编号	课题名称	负责人	所在单位
信息技术领域	2011AA010302	硅基集成 100 Gb/s 相干接收和传输芯片技术	王兴军	信息科学技术学院
信息技术领域	2011AA010402	RRAM 存储阵列的设计和优化	蔡一茂	信息科学技术学院
信息技术领域	2011AA01A106	光纤同轴混合接入系统演进技术研究	赵玉萍	信息科学技术学院
新材料技术领域	2011AA030102	新型树脂基口腔医用材料及产品研发	邓旭亮	口腔医院
新材料技术领域	2011AA03A103	GaN 同质衬底及外延技术研究	王新强	物理学院
新材料技术领域	2011AA03A403	各向异性粘结永磁材料制备及应用技术	杨金波	物理学院
新材料技术领域	2011AA03A407	稀土上转换发光材料和有机电致发光材料及其器件	孙聆东	化学与分子工程学院
海洋技术领域	2011AA090701	海洋生物候选药物成药性评价技术	林文翰	药学院
信息技术领域	2012AA011002	海量 Web 数据结构化内容提取与集成及大型示范应用	王腾蛟	信息科学技术学院
信息技术领域	2012AA011101	大规模汉语语义基础资源库和知识库设计构建及工具平台	王厚峰	信息科学技术学院
信息技术领域	2012AA011202	网构化软件生产、构造和复用技术与工具	谢　冰	信息科学技术学院
信息技术领域	2012AA011505	面向立体电视的 3D 内容生产和服务系统	马思伟	信息科学技术学院
信息技术领域	2012AA012203	多波长硅基混合激光阵列及收发模块研究	冉广照	物理学院
生物医药领域	2012AA020308	靶标发现和药物分子设计关键技术发展和软件产品研发	来鲁华	化学与分子工程学院
生物医药领域	2012AA021703	珍稀、药用生物替代品规模化关键技术研究与产品开发	李　毅	生命科学学院
生物医药领域	2012AA02A101	基于荧光产生底物的新型高通量基因组测序仪	黄岩谊	工学院
生物医药领域	2012AA02A509	2 型糖尿病分子分型和个体化诊疗技术	纪立农	人民医院
生物医药领域	2012AA02A203	胃癌的“组学”整合研究	邢　蕊	肿瘤医院
先进制造领域	2012AA040505	先进电子内窥镜	董蜀湘	工学院
先进制造领域	2012AA041201	工业控制高精度压力传感器实用化技术研究	高成臣	信息科学技术学院
先进能源领域	2012AA052201	基于通信基站的高比能长寿命锂离子电池及关键材料研发	夏定国	工学院
资源环境领域	2012AA062802	生活垃圾焚烧厂排放污染物健康风险评价技术与工具研究	胡建英	城市与环境学院
资源环境领域	2012AA062804	生活垃圾焚烧厂排放污染物生物检测传感器及生物活性检测技术	郭新彪	公共卫生学院

（科学研究部　周　锋　整理）

表 8-34 2011 年度北京大学新获批的支撑计划课题

（共 20 项）

课题编号	课题名称	负责人	所在单位
2012BAH29B03	全球变化环境下作物产量的影响与适应监测评估技术	秦其明	地球与空间科学学院
2012BAJ22B05	村镇区域空间规划技术研究	李贵才	深圳研究生院
2012BAH18B03	音视频信息内容识别及基于内容检索关键技术研究及原型系统	郭宗明	计算机科学技术研究所
2012BAF14B14	全自动光镊—光刀显微操纵系统	叶安培	信息科学技术学院
2012BAJ22B04	村镇区域土地利用规划智能化系统开发	冯长春	城市与环境学院
2012BAI23B05	多模态微型化双光子显微镜的研制和在体活动物中的应用	陈良怡	分子医学研究所
2012BAI07B01	残根残冠纤维增强树脂桩核一体化修复技术研究	马　琦	口腔医院
2012BAI07B04	口腔数字化牙体预备系统研究	徐　韬	口腔医院
2012BAC03B02	区域循环经济技术及发展模式的风险评估及决策支持研究	王学军	城市与环境学院
2012BAI32B01	育龄人群生殖健康状况影响评估及综合干预模式研究和示范	李　蓉	第三医院

续表

课题编号	课题名称	负责人	所在单位
2012BAI01B01	中国成人精神疾病流行病学调查和疾病负担研究	黄悦勤	精神卫生研究所
2012BAI06B02	幽门螺杆菌感染诊治的多种因素一次性检验技术平台的研究	周丽雅	基础医学院
2012BAJ05B04	城市居民时空行为分析关键技术与智慧出行服务应用示范	柴彦威	城市与环境学院
2012BAC24B02	适合 CO_2 驱封存油藏潜力和安全封存评价技术研究	李　恒	工学院
2012BAI37B05	老年人群治疗风险及策略的临床转化医学技术研究	刘梅林	第一医院
2012BAC20B06	气候变化与国家安全战略的关键技术研究	张海滨	国际关系学院
2011BAI10B01	慢性肾脏病的早期防治	赵明辉	第一医院
2011BAI11B06	急性冠脉综合征的综合干预及转归的研究	霍　勇	第一医院
2012BAI03B02	儿童常见疾病先进诊疗及事宜技术研发和示范	丁　洁	第一医院
2012BAI22B03	口腔类材料及输注器具质量控制关键技术研究	林　红	口腔医院

（科学研究部　周　锋　整理）

表 8-35　2011 年度北京大学获批的科技部国家重大科学仪器设备开发专项

任务编号	项目名称	负责人	所在院系
2011YQ030114	小动物多模态分子影像重大科研仪器及关键技术研究	任秋实	工学院

（科学研究部　周　锋　整理）

表 8-36　2011 年度北京大学理工医科获批“创新团队发展计划”名单

学术带头人	所在单位	研究方向
高毅勤	化学与分子工程学院	化学生物学方法研究生命过程
王建祥	工学院	多功能材料与结构力学
栗占国	人民医院	风湿病发病机制和免疫诊断及治疗的研究
张　强	药学院	载体给药系统的分子药剂学研究

（科学研究部　范少锋　整理）

表 8-37　2011 年度北京大学理工医科获批“新世纪优秀人才支持计划”名单

姓名	所在单位	姓名	所在单位
彭海琳	化学与分子工程学院	王　淼	基础医学院
章志飞	数学科学学院	赵　颖	基础医学院
张　晨	生命科学学院	金红芳	第一医院
邹如强	工学院	高　莹	第一医院
段志生	工学院	董　捷	第一医院
张志勇	信息科学技术学院	潘孝本	人民医院
吴成印	物理学院	张培训	人民医院
周永胜	口腔医院	王坚成	药学院
钱秋谨	精神卫生研究所	叶　敏	药学院

（科学研究部　范少锋　整理）

表 8-38　2011 年度北京大学理工医科获批教育部重大项目

项目名称	负责人	所在单位
代谢综合征及其血管病变	王　宪	基础医学院

（科学研究部　范少锋　整理）

表 8-39　2011 年度北京大学青年教师入选“北京市科技新星计划”名单

序号	姓名	所在单位
1	晏明全	环境科学与工程学院
2	夏　青	药学院

（科学研究部　范少锋　整理）

表 8-40 2011 年度北京大学获国家科学技术奖项目

奖励类别	获奖等级	单位排序[1]	项目名称	获奖人[2]	所在单位
国家自然科学奖	2	1	电荷转移分子体系光学非线性及超快全光开关实现	龚旗煌,胡小永,王树峰,杨宏	物理学院
	2	1	稀土纳米功能材料的可控合成、组装及构效关系研究	严纯华,张亚文,孙聆东,高松	化学与分子工程学院
	2	1	棉纤维细胞伸长机制研究	朱玉贤,秦咏梅,姬生健,施永辉,李鸿彬	生命科学学院
	2	1	新发传染病的分子病理学和免疫学发病机制研究	顾江,丁明孝,王月丹,高子芬,宫恩聪	基础医学院
	2	1	轻元素新纳米结构的构筑、调控及其物理特性研究	王恩哥,白雪冬,于杰,马旭村,刘双	物理学院
国家科学技术进步奖	2	1	综合型语言知识库	俞士汶,穗志方,常宝宝,刘扬,段慧明,朱学锋,孙斌,吴云芳,李素建,陆俭明	信息科学技术学院
	2	1/3	不孕症病因及治疗方法的研究与临床应用	乔杰(1/10),闫丽盈(4/10),刘平(6/10),马彩虹(7/10),徐键(8/10),李蓉(9/10),黄锦(10/10)	第三医院
	2	3/3	50 W 级全固态激光器及其核心部件产业化关键技术	张志刚(10/10)	信息科学技术学院
	2	3/7	2 型糖尿病新治疗方案研究与临床应用	纪立农(3/10)	人民医院
	2	3/5	芪参益气滴丸对心肌梗死二级预防的临床试验	姚晨(3/10)	第一医院
	2	5/7	中国煤矿瓦斯地质规律与应用研究	毛善君(9/10)	地球与空间科学学院
	2	3/3	卵巢癌进展机制及其阻遏策略的研究与应用	崔恒(3/10),昌晓红(6/10),冯捷(9/10)	人民医院
国家技术发明奖	2	2/3	特征敏感的三维模型几何处理技术及应用(原名称:面向数字工厂设计的三维模型几何处理技术)	查红彬(2/6)	信息科学技术学院

注:[1]分母为获奖单位总数,分子为北京大学作为获奖单位所处的序次。

[2]分母为获奖人总数,分子为该获奖人在所有获奖人中的序次。

(科学研究部 顾邱岚 整理)

表 8-41 2011 年度北京大学获教育部"高等学校科学技术奖"项目

奖励类别	获奖等级	单位排序[1]	项目名称	获奖人	所在单位
自然科学奖	1	1	原发性小血管炎临床表型和发病机制	赵明辉,陈旻,高莹,于峰,郭晓蕙,叶华,辛岗,邹万忠,刘立军,章友康,王素霞,张颖	第一医院
	1	1	DNA 计算机相关理论与应用研究	许进,王捍贫,于江生,王燕,张成,杨静	信息科学技术学院
	1	1	复杂耦合动态系统分析、控制与应用	段志生,黄琳,王金枝,杨莹,耿志勇,陈关荣,李忠奎,岳新成	工学院
	1	1	内分泌干扰物质的环境行为及生态效应	胡建英	城市与环境学院
	2	1	恒星形成活动和恒星形成区的观测研究	吴月芳,汪洋	物理学院
	2	1	肾上腺髓质素功能多样性及在心血管疾病中的作用和机制	齐永芬,张靓,唐朝枢,杨靖辉,潘春水,蒋维,张宝红,庞永正	基础医学院
	2	1	中国常见出生缺陷病因学和预防基础研究	李勇,朱文丽,王军波,张召锋,王琳琳,许雅君,余增丽,任霞,韩静,柳鹏,李丽,裴新荣,林久祥	公共卫生学院
	2	1	人胚胎干细胞系的建立及定向分化的研究	陈贵安,彭红梅,毛跟红,宋天然,柏海燕,王艳霞,高雪峰	第三医院

续表

奖励类别	获奖等级	单位排序[1]	项目名称	获奖人	所在单位
科学技术进步奖	1	1	异基因造血干细胞移植后移植物抗宿主病早期预警与干预技术及应用	黄晓军,许兰平,刘代红,赵翔宇,常英军,王昱,刘开彦,张晓辉,陈欢,韩伟	人民医院
	1	1	中国肺癌微创综合诊疗方法的建立、临床应用研究和推广	王俊,刘军,李剑锋,姜冠潮,刘桐林,杨劼,许林,赵辉,李运,杨帆,刘彦国,卜梁,周足力,隋锡朝,李晓,陈克终,张静华,彭洁,冯艺,祝娟	人民医院
	2	1	非霍奇金淋巴瘤诊断治疗的基础和临床研究	克晓燕,高子芬,王晶,饶晓松,董菲,董格红,景红梅,李敏,王继军,宫丽平,赵伟,刘翠苓,赵灵芝,时云飞	第三医院
	2	1	脊柱肿瘤的外科诊断与治疗研究	刘忠军,刘晓光,党耕町,姜亮,韦峰,袁慧书,于淼,张立,柳晨,吴奉梁,刁垠泽,周华	第三医院
	2	1	妊娠期糖尿病规范化诊治及其对母儿结局的影响	杨慧霞,孙伟杰,魏玉梅,马京梅,高雪莲	第一医院
	2	1	基于活性成分的中药质量控制创新体系及其应用	屠鹏飞,姜勇,史社坡,马晓丰,赵明波,金伟,高晓燕,史海明,牛锋,温晶,付强,段昌令,张媛,昝珂,李友宾	药学院
	2	1/2	面向多种终端的大型网络视频系统关键技术及应用	肖建国,郭宗明,彭宇新,高国连,肖云,韩仲阳,刘冬,刘家瑛,刘永刚,周铭慧	计算机科学技术研究所

注:[1]分母为获奖单位总数,分子为北京大学作为获奖单位所处的序次。

(科学研究部　顾印岚　整理)

表 8-42　2010 年度北京大学获北京市科学技术奖获奖项目

获奖等级	单位排序[1]	项目名称	获奖人[2]	所在单位
1	1	多潜能干细胞建系方法,以及向内胚层组织的定向分化研究	邓宏魁,丁明孝,时艳,赵扬,刘海松,朱芳芳,蒋卫,张冬卉,蔡军,刘艳霞,赵东昕,宋治华,王承艳,张鹏博,尹明	生命科学学院
3	1	医用磁共振成像技术研究与开发	王为民,李培,肖亮,黄开文,唐昕,徐雷	信息科学技术学院
2	1	多囊卵巢综合征病因学及治疗方法的研究	乔杰,杨艳,李蓉,黄铄,陈媛,王丽娜,王颖,刘平,马彩虹,丽盈	第三医院
2	1	遗传性肾脏疾病临床及致病基因研究	丁洁,王芳,张宏文,管娜,范青锋,王云峰,余自华,李建国,黄建萍,肖慧捷	第一医院
2	1	骨盆环肿瘤的切除及功能重建	郭卫,杨荣利,汤小东,杨毅,姬涛,燕太强,唐顺,曲华毅,李大森,董森	人民医院
3	1	P53 基因治疗的基础和临床研究	张珊文,肖绍文,吕有勇,蔡勇,苏星,徐刚	肿瘤医院
3	1	肺癌化疗和靶向治疗疗效和预后相关的分子标志物研究	王洁,白桦,赵军,安同彤,吴梅娜,王鑫	肿瘤医院
3	1	烟曲霉感染的发病与耐药机制研究	李若瑜,刘伟,乔建军,马彦,陈剑,李厚敏	第一医院
3	1	他汀类药物抗动脉粥样硬化的临床与基础研究	陈红,任景怡,乔正国,邢燕,李帮清,武蓓	人民医院
3	1	子宫颈癌及癌前病变防治策略的完善和推广	魏丽惠,王建六,赵超,赵丽君,江静,李小平	人民医院
3	2/5	临床生化检验重要常规项目参考方法体系的初步建立与应用	张捷(6/6)	第三医院
3	4/4	北京地区血友病防治体系的建立和相关研究	郭杨(4/6)	人民医院

注:[1]分母为获奖单位总数,分子为北京大学作为获奖单位所处的序次。

[2]分母为获奖人总数,分子为该获奖人在所有获奖人中的序次。

(科学研究部　顾印岚　医学部科研处　汪　立　整理)

表 8-43 2011 年度北京大学获北京市科学技术奖项目

获奖等级	单位排序[1]	项目名称	获奖人[2]	所在单位
2	1	基于金属卡宾的催化反应研究	王剑波,张艳,彭程,彭玲玲,张振华,肖卿,马明,赵永华,陈树峰	化学与分子工程学院
2	1	乙醇致畸机理和干预的基础研究	李勇,许雅君,王琳琳,张召锋,李丽,陈祥贵,唐云安	公共卫生学院
2	1	北京市新型农村合作医疗制度绩效及其健康持续发展因素研究	王红漫,胡蓉,杜远举,邓喜先,白一男,王霖	医学人文学院
2	1	风湿免疫病的病因及免疫干预研究	栗占国,穆荣,何菁,李茹,刘燕鹰,赵金霞,孙晓云,龙丽,姚中强,史晋霞	人民医院
2	2/4	枯痔钉微创架构下的 ECTCI 技术治疗痔的临床推广应用及机制研究	常宝志(2/10),庄岩(10/10)	第一医院
3	1	磁共振功能成像在恶性肿瘤诊断及疗效评价的应用研究	张晓鹏,孙应实,唐磊,崔湧,齐丽萍	肿瘤医院
3	1	牙齿发育异常的病因机制研究	冯海兰,王莹,赵红珊,宋书娟,张晓霞,韩冬	口腔医学院 基础医学院
3	1	人胚胎干细胞系的建立及定向分化的研究	陈贵安,彭红梅,毛跟红,宋天然,柏海燕,王艳霞	第三医院
3	1	IgA 肾病发病机制及预后评估和诊疗策略	张宏,赵明辉,吕继成,朱厉,刘立军,师素芳	第一医院
3	6/6	腔镜外科治疗先天性畸形的应用研究	——	第一医院

注:[1]分母为获奖单位总数,分子为北京大学作为获奖单位所处的序次。

[2]分母为获奖人总数,分子为该获奖人在所有获奖人中的序次。

(科学研究部 顾邱岚 医学部科研处 汪 立 整理)

表 8-44 2011 年度北京大学获中华医学科技奖项目

获奖等级	单位排序[1]	项目名称	获奖人[2]	所在单位
2	1/3 3/3	降压联合降低血浆同型半胱氨酸水平预防国人卒中	霍勇(1/10),李建平(2/10),孙宁玲(4/10),张宝娓(5/10),张岩(6/10),蒋捷(7/10)	第一医院 人民医院
2	1	组蛋白去乙酰化酶抑制剂抑制肿瘤细胞增殖的机制研究	朱卫国,赵颖,王海英,杨洋,于宇,廖文娟,冯京南,王丽娜	基础医学院
2	1	异基因造血干细胞移植后移植物抗宿主病的早期预警与干预	黄晓军,赵翔宇,刘代红,常英军,许兰平,王昱,刘开彦,张晓辉,陈欢,韩伟	人民医院
2	1	妊娠期糖尿病母儿的筛查策略及其推广应用	杨慧霞,郭晓蕙,孙伟杰,魏玉梅,马京梅,高雪莲,董悦,时春艳,吴红花,赵怿	第一医院
2	5/6	脑功能性疾病的磁共振影像学方法的建立与应用	张岱(5/10)	精神卫生研究所
3	1/2	酒精毒性机理和干预的基础研究	李勇(1/8),许雅君(2/8),王琳琳(4/8),梁建辉(6/8),李丽(8/8)	公共卫生学院
3	1	他汀类药物抗动脉粥样硬化的临床与基础研究	陈红,任景怡,乔正国,邢燕,李帮清,武蓓	人民医院
3	1/3 2/3	类风湿关节炎发病的分子机制及早期诊断和免疫治疗研究	栗占国(1/8),穆荣(2/8),李茹(3/8),苏茵(4/8),张卓莉(6/8),赵金霞(7/8),李霞(8/8)	人民医院 第一医院
3	1	肺癌化疗和靶向治疗疗效和预后相关的分子标志物研究	王洁,赵军,白桦,安同彤,吴梅娜,杨鹭,段建春,王志杰	肿瘤医院

注:[1]分母为获奖单位总数,分子为北京大学作为获奖单位所处的序次。

[2]分母为获奖人总数,分子为该获奖人在所有获奖人中的序次。

(医学部科研处 汪 立 整理)

表 8-45　2011 年度 SCI 数据库收录的北京大学为第一作者单位的论文及分布总体情况

单位	国内刊物			国外刊物	SCI 论文数	所占百分比	平均影响因子	最高影响因子
	中文	英文	小计	英文				
数学科学学院		13	13	111	124	4.05%	0.99	7.62
工学院	3	16	19	207	226	7.38%	2.37	12.19
物理学院	13	28	41	382	423	13.81%	3.41	12.19
化学与分子工程学院	40	24	64	327	391	12.76%	5.11	33.03
生命科学学院	2	13	15	65	80	2.61%	5.78	32.40
地球与空间科学学院	54	8	62	110	172	5.61%	1.97	7.44
城市与环境学院		4	4	96	100	3.26%	2.95	15.25
环境科学与工程学院	1	6	7	101	108	3.52%	3.01	31.38
心理学系		2	2	30	32	1.04%	3.94	10.03
信息科学技术学院		25	25	208	233	7.60%	2.41	26.44
计算机科学技术研究所		1	1	12	13	0.42%	1.62	2.97
分子医学研究所				29	29	0.95%	6.10	14.43
人口研究所		1	1	10	11	0.36%	3.51	5.87
前沿交叉学科研究院		1	1	4	5	0.16%	2.23	4.27
科维理天文与天体物理研究所				6	6	0.20%	5.50	7.44
光华管理学院	2	1	3	1	4	0.13%	2.17	4.39
考古文博学院		1	1	3	4	0.13%	1.39	1.71
经济学院				2	2	0.07%	2.36	2.70
哲学系(宗教学系)				1	1	0.03%	0.09	0.09
医学部	10	130	140	919	1059	34.56%	3.32	53.48
深圳研究生院	2	2	4	37	41	1.34%	4.49	31.36
总计	127	276	403	2661	3064	100.00%	3.35	53.48

(科学研究部　马　信　整理)

表 8-46　2011 年度北京大学专利申请受理、授权情况统计表

单位	申请专利受理			授权专利	
	国内专利	国际专利	外国专利	国内专利	外国专利
信息科学技术学院	246	15	2	113	
计算机科学技术研究所	34			37	
化学与分子工程学院	37	2		28	
物理学院	42			26	3
生命科学学院	24		1	10	1
工学院	13			15	
环境科学与工程学院	11			6	
城市与环境学院	6			8	
地球与空间科学学院	1			3	
软件与微电子学院	10			2	
计算中心				1	
体育教研部				1	
中国语言文学系	1			1	
医学部	84	6	1	65	2
深圳研究生院	83	7	4	15	
总计	592	30	8	331	6

(科学研究部　顾邱岚　整理)

表 8-47　2011 年度北京大学校本部主办的理工类国际学术会议和研讨班情况统计

会议时间	主办单位	会议名称
2011-09	地球与空间科学学院	"玉石学"国际学术研讨会
2011-07-02—06	生命科学学院	2011 植物光生物学国际研讨会
2011-10-28—31	物理学院	International Symposium on Cosmology and Particle Astrophysics 2011(CosPA 2011)
2011-09-01—04	化学与分子工程学院	国际有机化学青年前沿研讨会
2011-05-16—18	心理学系	2011 年中德双边认知神经科学研讨会
2011-08-06—10	物理学院	世界华人物理学会第二届加速器专题学校暨研讨会
2011-08-21—26	物理学院	先进核能系统中的材料挑战国际暑期学校
2011-06-27—07-08	科维理天文与天体物理研究所	恒星及行星的形成理论国际研讨会
2011-07-28—30	物理学院	"系统生物学：过去、现在和未来"国际研讨会
2011-10-17—19	数学科学学院	国际数学展望(Perspectives in Mathematics)
2011-10-20—22	工学院	2011 年全球工学院院长委员会会议
2011-08-27—31	物理学院	原子核物理最新前沿国际研讨会
2011-08-01—05	生命科学学院	第十二届国际氨基酸、多肽与蛋白质会议
2011-06-21—22	物理学院	霍尔物理的世界
2011-01-09—12	化学与分子工程学院	中英有机化学前沿研讨会
2011-08-14—19	物理学院	第 16 届绝缘体中辐射损伤效应国际会议
2011-04-10—15	科维理天文与天体物理研究所	"宇宙线的多手段研究"学术研讨会
2010-11-07—13	信息科学技术学院	多模式接口国际会议
2011-09-18—23	化学与分子工程学院	第 13 届锕系及裂变产物在地圈中的化学与迁移行为国际会议
2011-10-03—18	科维理天文与天体物理研究所	实测天体物理国际研讨会
2011-05-09—14	地球与空间科学学院	国际空间等离子体物理研讨会
2011-09-02—05	化学与分子工程学院	有机材料和超分子化学面临的挑战
2011-03-27—04-01	科维理天文与天体物理研究所	2011 年"共包层演化"学术研讨会

（科学研究部　杨凌春　整理）

表 8-48　2011 年度北京大学医学部主办的医学类国际学术会议和研讨班情况统计

会议时间	会议名称	主办单位
2011-01	NSFC A3 Foresight Program 2011 International Workshop	肿瘤医院
2011-01	第六届中美医师职业精神研讨会	公共教学部
2011-02	第二届中非卫生合作国际研讨会	公共教学部
2011-05	第六届肉苁蓉暨沙生药用植物学术研讨会	基础医学院
2011-05	"生物学哲学"国际研讨会	公共教学部
2011-07	金砖五国全球健康与发展公共论坛	公共教学部
2011-09	发展中国传统医学研修班	公共教学部
2011-03-17	干细胞研究国际合作会	基础医学院
2011-03-20	中美职业精神课题组工作会议	公共教学部
2011-03-21—22	首届北京大学国际社区康复高峰论坛	第一医院
2011-03-21—25	中美公共卫生高层论坛	公共卫生学院

续表

会议时间	会议名称	主办单位
2011-03-25—30	2011 国际微创腔内泌尿外科论坛—北京大学泌尿外科研究所第十三届腔内泌尿外科新技术学习班	第一医院
2011-03-29	儿童青少年膳食营养、身体活动与健康论坛	公共卫生学院
2011-04-10—11	美国胸科医师学会(ACCP)呼吸疾病专题研讨会	第一医院
2011-04-18—19	2011 年 Invisalign(隐适美)专题研讨会	口腔医院
2011-04-19	中美医师职业精神建设座谈会	公共教学部
2011-04-27—29	国际神经病学论坛	第一医院
2011-05-20—23	大连 4D 口腔颌面影像学国际研讨会	口腔医院
2011-05-27—28	北京大学口腔医学院—宾夕法尼亚大学牙学院联合学术会议	口腔医院
2011-05-28	国际治疗药物监测国际学术会议中国地区分会	药学院
2011-05-28—29	北京大学 2011 骨关节炎国际论坛	第一医院
2011-06-09	“稀土对环境与健康的影响”咨询研讨会	药学院
2011-06-12—14	首届核酸蛋白药物研发国际研讨会	药学院
2011-07-01	中美职业精神课题组工作会议	公共教学部
2011-07-01—03	国际肾脏病学会姊妹肾脏病中心继续教育活动第六届全国肾脏病理诊断研讨会	第一医院
2011-08-09—20	颅颌面发育研究与相关疾病治疗的未来	口腔医院
2011-08-16—18	2011 国际灵芝研究学术会议	基础医学院
2011-09-13	GMTF 黑色素瘤北京高峰论坛	肿瘤医院
2011-09-13—17	国际预防自杀协会(IASP)第二十六届世界大会	第六医院
2011-09-15—19	第 16 届国际保肢大会	人民医院
2011-09-16—17	第三届中德合作医患沟通工作坊	肿瘤医院
2011-09-22	2011 年北京大学国际脊柱外科高峰论坛	第一医院
2011-09-23	中—加动脉硬化研讨会	基础医学院
2011-09-23—25	北京大学肾脏疾病研究所—国际肾脏病学会(PUIN—ISN)肾脏病高峰论坛	第一医院
2011-10-14—16	第十五届国际神经超声会议	第一医院
2011-10-18—20	全国中药和天然药物学术研讨会	药学院
2011-10-20	医史教研室成立 65 周年暨程之范 90 华诞庆祝会	公共教学部
2011-10-20—22	中日韩生药学学术研讨会	药学院
2011-10-21—23	中德神经病学论坛	第一医院
2011-10-26—30	第十四届全国小儿神经学术会议暨北大国际小儿神经论坛	第一医院
2011-10-27—30	北京大学首届国际放射肿瘤学术论坛——肿瘤放射治疗新时代实践与争鸣	第一医院、人民医院、第三医院、肿瘤医院联合主办
2011-11-10—12	中国细胞生物学学会干细胞生物学分会 2011 年年会	基础医学院
2011-12-09—12	中国免疫协会第三届免疫学新进展研讨会	基础医学院
2011-12-10—11	首届北京大学口腔修复学论坛	口腔医院
2011-12-15—17	第 4 届“北京大学肿瘤医院国际肺癌多学科论坛”	肿瘤医院

(医学部科研处　张秋月　整理)

表 8-49　2011 年度北京大学理工医科获得科技部政府间国际合作项目

负责人	项目名称	所在单位	合作期限	合作方
安　娜	牙龈卟啉单胞菌内毒素与尼古丁协同作用对动脉粥样硬化斑块形成的研究	口腔医院	2011-01-01—2013-12-31	奥地利
周彦恒	干细胞诱导颌面组织再生研究与临床前期应用	口腔医院	2011-01-01—2013-12-31	美国
吴晓磊	低成本有机废水资源与能源转化耦合二氧化碳减排的新型系统技术	工学院	2011-01-01—2013-12-31	法国
李凌松	基于干细胞的药物筛选及其治疗肝纤维化，肝癌和肝性脑病的新药研究	基础医学院	2011-01-01—2013-12-31	美国
邓宏魁	诱导性多能干细胞来源的造血干细胞治疗艾滋病的临床前研究	生命科学学院	2011-01-01—2013-12-31	美国
许胜勇	多壁碳纳米管高频特性及其微波近场探测应用研究	信息科学技术学院	2011-01-01—2012-12-31	新加坡
余家阔	中国、德国人膝关节和下肢形态差异的比较研究及临床应用	第三医院	2011-01-01—2012-12-31	德国
高　松	基于分子磁体新型材料的弛豫现象	化学与分子工程学院	2011-01-01—2011-12-31	斯洛伐克
栾胜基	中国农业转型期流域营养盐输出及管理的合作研究	深圳研究生院	2012-01-01—2013-12-31	荷兰
周恒辉	高能密度锂离子电池电极材料研究	化学与分子工程学院	2012-01-01—2013-12-31	新加坡
俞光岩	创建基于人胚干细胞的预测健康安全新体系	口腔医院	2012-01-01—2013-12-31	新加坡
朱　彤	温室气体减排策略对城市环境公共健康的影响 (Public health impacts in urban environments of Greenhouse gas emissions reduction strategies)	环境科学与工程学院	2012-01-01—2013-12-31	欧盟
张海霞	新型高可靠性非接触压电 RF MEMS 开关	信息科学技术学院	2012-01-01—2013-12-31	新西兰

（科学研究部　杨凌春　整理）

表 8-50　2011 年度北京大学理工科获得其他国际(地区)合作项目

负责人	所在单位	合作国别	合作单位	项目名称	合作期限
宛新华	化学与分子工程学院	美国	BRADY	Development of Low-Surface-Energy and Super-Adhesive Materials	2011-01-01—2011-12-31
李　娜	化学与分子工程学院	法国	Mérieux-Alliance	Foodborne Pathogen Detection using Saccaride Capped Gold Nanoparticles (Mérieux Research Grants)	2010-07-05—2012-07-05
梁子才	分子医学研究所	瑞典	AstraZeneca	deconvolution of ANRIL as a potential micro-RNA target for CV disease	2011-01—2012-12
王大军	生命科学学院	瑞士	世界自然基金会（瑞士）北京代表处	利用红外相机监测大熊猫及其他大型兽类对四川黄土梁廊道的利用项目	2011-01-10—2011-12-20
徐仁新	物理学院	美国、中国	Beyond the Horizons、国家天文台	宇宙中的奇异物质：多面性	2010—2012
张亚旭	心理学系	韩国	韩国学中央研究院（the Academyof Korean Studies）	The Nature of the Interplay between Synax and Semantics in Korean Monolinguals and Korean-Chinese Bilinguals	2011-06-01—2012-05-31
陈尔强	化学与分子工程学院	荷兰	DSM	Thin Film Crystallization of Polyamides	2011—2012
王大军	生命科学学院	美国	大自然保护协会（the nature conservancy）	Conducting ecological monitoring and establishing a platform for scientific research and management for Motianling Protected Area	2011-09-23—2012-06-30

续表

负责人	所在单位	合作国别	合作单位	项目名称	合作期限
饶　毅	生命科学学院	美国	罗氏研发(中国)有限公司	Life Science Research and Education Fund	2011-07-04—
陈　鹏	化学与分子工程学院	美国	辉瑞(中国)	Evolution of a highly efficient Sortase(Super-Sortase) for site-specific protein engineering	2011-02-01—2013-01-31
蔡庆东	工学院	美国	Stanford University (GCEP, Exxon Mobil Corporation, General Electric Company, Schlumberger Technology Corporation and Toyota Motor Corporation)	Modeling-Develop models for microscopic interactions	2011-10-14—2012-07-14
郭海清	化学与分子工程学院	日本	日立 Hitachi	Syntheses of New Types of Polymeric Materials by Center Transformation & Coupling Reaction(CTCR)	2011-10-01—2012-04-01
田小利	分子医学研究所	瑞典	AstraZeneca AB	Identification of race-dependent loci associated with coronary artery diseases by comparative genomic studies	2011-04-01—2013-03-31
顾　军	生命科学学院	瑞士	F. HOFFMANN-LA ROCHE LTD	Material Transfer Agreement(PKU to Roche)	2011
查道炯	国际关系学院	欧盟	欧盟	Challenges of European External Energy Governance with Emerging Powers: Meeting Tiger, Dragon, Lion and Jaguar	2011-10-01—2013-10-01
袁晓如	信息科学技术学院	美国	IV	A Smart Mirror Amalogy Anotation Method for Video Phone	2011
霍继延	物理学院	美国	IV	Exhaust Valve	2011
崔　斌	信息科学技术学院	美国	IV	Graph Partition based Tag Refinement Method in Social Tagging Systems	2011
周　辉	科研部	美国	IV	Joint Intellectual Property Awareness Program Office	2011
施可彬	物理学院	瑞士	NaroTerra-SSSTC	Coherent anti-Stoke Raman Scattering	2011-09—2012-09
胡永云	物理学院	美国	John Templeton Foundation, 国家天文台	Search for Habitable Planets in the Deep Space	2011-11-15—2013-11-15
张志刚	信息科学技术学院	美国	John Templeton Foundation, 国家天文台	Laser frequency comb for earth-mass planet observation	2011-11-01—2011-10-30
欧阳颀	物理学院	欧盟	欧盟	Microcare-Microsystems and Bioanalysis Platforms for Health Care Marie Curie Actions-International Research Staff Exchange Scheme (IRSES)	2010-07-01—2014-07-30

(科学研究部　杨凌春　整理)

表 8-51 2011 年度北京大学医学部获得其他国际(地区)合作项目

负责人	所在单位	合作国别	合作单位	项目名称	合作期限
李海燕	临床研究所	美国	默克研究实验室	国际创新药物研发和管理高级课程	2011-12-30
许雅君	公共卫生学院	瑞士	雀巢产品技术援助有限公司	女贞子提取物对断乳大鼠骨骼发育的作用及其机制研究	2011-12-16
詹思延	公共卫生学院	德国	拜耳医药保健有限公司	窗体顶端卒中后血管性认知功能障碍社区疾病认知的调查 窗体底端	2011-12-14
余小鸣	公共卫生学院	法国	联合国教科文组织	健康教育合作研究	2011-12-14
王月丹	基础医学院	瑞士	雀巢产品技术援助有限公司	探索部分中国气虚人群的免疫学状况	2011-11-01
孟庆跃	中国卫生发展研究中心	美国	辉瑞投资有限公司	医疗机构支付制度改革与药品集中采购政策与实践研讨	2011-10-31
常　春	公共卫生学院	瑞士	世界卫生组织	陕西、天津两地青年农民工项目实施的技术支持	2011-10-27—2011-12-31
常　春	公共卫生学院	瑞士	世界卫生组织	中国西部省份流动人口儿童计划免疫及其影响因素调查	2011-10-27—2011-12-10
王　燕	公共卫生学院	瑞士	世界卫生组织	中国农村孕产妇死亡对家庭经济的影响	2011-10-27—2012-05-31
武阳丰	临床研究所	美国	杜克大学	中国卒中的预防与治疗	2011-11-02—2015-08-31
丛亚丽	公共教学部	美国	美国国立卫生院	完善伦理审查体系	2011-10-14
庄　辉	基础医学院	瑞士	罗氏分子系统有限公司	试剂盒比较临床研究协议	2011-10-10
史录文	药学院	丹麦	诺和诺德(中国)制药有限公司	中国 2 型糖尿病患者预防和治疗状况的影响因素研究	2011-09-28—2011-12-31
李立明	公共卫生学院	瑞士	世界心脏联盟	青少年健康生活方式干预策略调查	2011-09-16
杨　莉	公共卫生学院	美国	辉瑞投资有限公司	恩利(注射用依那西普)药物经济学评价及预算影响分析	2011-09-13—2012-09-20
陈大方	公共卫生学院	英国	阿斯利康贸易有限公司	数据统计分析服务	2011-08-31—2013-11-30
姚　晨	临床研究所	英国	葛兰素史克投资有限公司	咨询顾问协议	2011-08-23
詹思延	公共卫生学院	英国	阿斯利康制药有限公司	中国境内的复杂性皮肤和软组织感染的流行病学	2011-08-23
史录文	药学院	美国	辉瑞投资有限公司	部分国家(地区)药品价格比较研究	2011-08-23—2011-12-31
朱广荣	公共卫生学院	瑞士	世界卫生组织	翻译《一课通》	2011-07-12—2011-12-31
詹思延	公共卫生学院	美国	辉瑞投资有限公司	五个国家和地区血友病疾病负担的系统评价咨询协议	2011-07-11—2011-10-31
安　琳	公共卫生学院	瑞士	世界卫生组织	年报质量研究	2011-07-05—2012-12-31

续表

负责人	所在单位	合作国别	合作单位	项目名称	合作期限
郭　岩	公共卫生学院	瑞士	世界卫生组织	中国卫生援非项目	2011-06-27—2011-10-30
李可基	公共卫生学院	美国	安利日用品有限公司	安利人体试食试验研究服务合同	2011-06-21—2014-06-30
李　杰	基础医学院	英国	葛兰素史克投资有限公司	我国大学生乙肝疫苗接种现状的调查研究项目捐赠协议	2011-06-21
马　军	公共卫生学院	荷兰	飞利浦投资有限公司	Philips 在中国的教室内的动态照明系统的有益效果	2011-06-01—2011-09-30
王培玉	公共卫生学院	瑞士	雀巢有限公司	中国母婴营养调查母乳营养研究临床试验协议	2011-05-27—2012-12-31
刘晓云	中国卫生发展研究中心	英国	利物浦大学热带病学院	Evidence Building and Synthesis Research	2011-05-19—2016-05-14
吴　明	公共卫生学院	澳大利亚	麦克法兰医学研究和公共卫生伯内特研究所	加强和完善中国公立医院治理研究	2011-04-18—2012-03-31
刘晓云	中国卫生发展研究中心	瑞士	世界卫生组织	为实现第 4、5、6 项千年发展目标而采取干预策略的证据综合研究项目	2011-04-06
许雅君	公共卫生学院	瑞士	雀巢产品技术援助有限公司	中药提取物对断乳大鼠钙储留和骨健康的作用	2011-03-31
成　刚 孟庆跃	中国卫生发展研究中心	美国	辉瑞投资有限公司	我国医疗机构支付制度改革与药品集中采购政策研究	2011-03-17
潘小川	公共卫生学院	德国	德国慕尼黑大学	2008 年中国北京奥林匹克运动会空气质量提高对健康的影响	2011-03-15—2012-10-31
刘国庆	基础医学院	日本	日本大冢制药厂	Research Agreement	2011-03-15
卢　炜	药学院	美国	辉瑞公司	药物动力学和药效动力学模型化和仿真服务合约	2011-03-02
卢　炜	药学院	美国	辉瑞公司	生物样品中浓度测定服务合约	2011-03-02
鲁　新	全球卫生研究中心	英国	DFID	第二届中非卫生合作国际研讨会	2011-02-28
姬　萍	护理学院	美国	美国环建集团	老年痴呆护理网络干预	2011-02-24
王军波	公共卫生学院	澳大利亚	澳优乳业	不同配方羊奶粉临床喂养试验研究委托书	2011-02-21
陈晶琦	公共卫生学院	瑞士	世界卫生组织	fetzer 项目预防儿童虐待	2011-02-17
武阳丰	临床研究所	美国	辉瑞投资有限公司	国际创新药物研发和管理高级课程培训项目支持协议	2011-02-17
王军波	公共卫生学院	澳大利亚	澳优乳业	不同阶段母乳渗透压值数据库建立及不同渗透压奶粉抗肾结石形成动物实验研究	2011-01-18
姜　辉	宣传部	瑞士	世界卫生组织	中国县级市卫生机构负责人控烟与健康能力建设相关研究	2011-01-11
王　燕 王海俊	公共卫生学院	德国	德国杜伊斯堡—埃森大学	中国儿童青少年肥胖的易感基因变异研究	2011-01-07

（医学部科研处　郑宗方　整理）

文科科研

【重点工作】 北京大学2011年度人文社会科学工作会议顺利召开 2011年4月23—24日，北京大学人文社会科学工作会议隆重召开。北京大学人文社会科学工作会议是我校人文社会科学领域每年一度的重要会议。党委书记闵维方教授出席会议并发表重要讲话。副校长刘伟教授、教务长王恩哥院士、人文学部副主任申丹教授、校长助理兼社会科学部部长李强教授、各院系负责人，以及各职能部门领导和科研秘书共约90人参加了本次会议。

本次会议报告了2010年北京大学人文社会科学领域所取得的优异成绩，表彰了2010年人文社会科学科研工作中成绩突出的教师和单位，回顾了“十一五”期间北京大学人文社会科学领域的发展成就，讨论了加强“十二五”期间人文社会科学建设的政策措施，并就如何推动全校人文社会科学繁荣进步进行了深入研讨。与会代表还分别就985三期建设中长期规划和“十二五”规划，以及虚体科研机构的管理工作展开讨论，形成了新的认识，取得了一系列共识。

制订执行“人文社会科学横向项目加盖北京大学公章”管理流程 为加强对“北京大学”公章使用的监管力度，杜绝公章使用过程中可能存在的各种漏洞，维护学校权益，更好地推动人文社科科研活动规范发展，社科部以校办“北京大学公章的使用流程”为依据，制订出了“人文社会科学横向项目加盖北京大学公章”的管理流程。根据此管理流程，今后科研项目合同如需加盖北京大学公章，在审核时要分为两类：一类为纵向项目(主要指合作单位为国家政府部门或一些大型事业单位，这类项目一般有较为正式的合同模板，条款清晰明确且较为规范)，一类为横向项目(主要是指以北大名义与企事业单位之间签订的合同，这类合同内容一般由双方自行拟定，缺乏固定的格式)。根据校办规定，对纵向项目按照“科研类”进行管理，经过所在院系和社科部审核后，可加盖北京大学公章；对横向项目按照“公文类”进行管理，需经过所在院系、社科部、校长法律顾问办公室和主管校长4级审核批准后，方可加盖北京大学公章。

2011年年初，全国哲学社会科学规划办公室对北京大学承担的部分国家社科基金项目经费使用和管理情况进行了审计。进入9月份以后，根据规划办的整改通知和审计报告，社会科学部进行了集中研讨，系统梳理了本校国家社科基金经费使用和管理中存在的问题，查找原因，明确责任，结合实际情况，提出了切实可行的整改方案。未来社科部将在财务部的支持下，对各类项目加强经费管理，提高资金使用效益。

思考和解决重大现实问题，响应和服务国家战略需求 北京大学人文社会科学历来重视从学术视角思考和解决重大现实问题，以科学研究响应和服务国家战略需求。针对国家经济建设、社会建设、政治建设中的重大理论与现实问题，做出了一些具有扎实学术根基、翔实经验基础的研究成果。

2011年2月，教育部向我校征集有关中东、北非地区局势研究的咨询建议。社会科学部高度重视，积极动员，由刘伟副校长和李强部长召集相关领域专家举行座谈会，就中东、北非局势和相关问题进行了深入的探讨和研究工作动员。短短10天的时间，我校国际关系学院王逸舟、王锁劳、钱雪梅、王联、吴强，外国语学院陈贻绎、吴冰冰、王宇，历史学系昝涛等9位老师在已有的研究基础上，都提交了高水平的咨询报告，报告提交数和被采纳数均居全国高校首位，受到教育部专门表扬。

2011年9月22日，全国哲学社会科学规划办围绕设立“专题思想库”的问题来我校进行专题调研。社会科学部积极收集国内外思想库的有关资料，组织学校相关领域专家学者参与座谈会，与会人员围绕国内外资助思想库建设的动态趋势与组织管理、专题思想库的功能定位、遴选管理、考核评估、宣传推广等问题各抒己见，进行了深入的探讨。会后，李强部长向规划办专门提交了有关“智库建设”的书面报告。

中共中央办公厅向北京大学征集有效应对“欧债危机”基本方略的意见建议，社科部周密组织，积极协调，在很短的时间内，便有曹凤岐、黄益平、卢锋、陈建奇、谢世清等5位老师提交了7份研究报告，充分体现了我校深厚的学术积累，以及专家学者关注现实问题、服务国家战略的主动性和积极性。

人口研究所郑晓瑛老师担任首席专家的国家社科基金重大项目阶段性研究成果《建立综合性社会化残疾预防机制势在必行》入选全国哲学社会科学规划办编发的《成果要报》,并受到中央领导的重视。2011年9月初,规划办专门给北京大学发来通报,表彰郑晓瑛教授为服务党和国家的工作大局做出的贡献。

近期以来,《成果要报》已成为教育部、全国规划办、北京市规划办等各级部门社科工作的一项重点,多个省市教育厅、高校也已陆续出台相关管理文件和激励措施,并以此为契机加强人文社科研究成果的应用转化,促进研究成果在实践中发挥作用,为社会发展建设服务。今后社会科学部将积极动员,进一步加强研究成果的宣传和转化工作。

北京大学获得六项2011年度国家社科基金重大项目　国家社科基金重大项目是现阶段我国哲学社会科学领域层次最高、资助力度最大、权威性最强的国家级政府基金资助项目,包括应用对策研究、重大基础理论研究和跨学科研究三类。2011年度,国家社科基金重大项目(共三批)立项名单逐一揭晓,北京大学共获得六项重大项目立项,同时有七项课题被立为重点项目。

三类课题的招标立项工作从2011年6月延续至12月。社会科学部高度重视重大项目服务国家战略、推动学科发展的积极作用,广泛宣传,多方动员,赢得了各院系和教师的支持。尤其针对今年新增设的跨学科类研究课题,社会科学部不但在校内门户上发布正式招标通知,还与科学研究部合作,向理工医科教师直接发出投标邀请。2011年9月,社科部组织召开了跨学科类研究座谈会,出席会议的包括城市与环境学院、环境科学与工程学院、工学院、生命科学学院、信息科学技术学院、医学人文研究院、政府管理学院、法学院、社会学系、光华管理学院、经济学院、国际关系学院,以及科研部的领导和学者。同时,社科部也在搜集相关信息的基础上,主动与具有一定研究积累的教师进行了重点沟通,配合专家组建研究队伍,撰写投标材料。本次跨学科类课题的投标组织工作是支持跨学科类研究的一个重要内容,必将对未来跨学科研究的发展起到积极的推动作用。今后,社会科学部还将继续扩大对人文社会科学领域重大项目和重大研究的培育、组织与支持,逐步完善项目体系,促进学术交流和创新。

推动跨学科平台建设,探索学科建设体系　根据北京大学985三期规划,社会科学部积极推动重点建设领域的发展,在学科建设方面不懈探索,着力推进重大专项和跨学科研究平台建设。在人才培养、学科布局、科学研究等方面进行了多次论证,取得了卓有成效的成果。

2011年11月15日,"北京大学西方古典学中心"正式挂牌成立。作为跨院系实体教学科研机构,西方古典学中心致力于建立中国的西方古典学学科,推动古希腊罗马文明的研究,建设西方古典学教学与人才培养体系,组织高层次的学术交流。中心吸纳了来自北京大学历史学系、哲学系(宗教学系)、外国语学院、法学院等院系的研究古典学的相关学者,聘任了德国古典学家Fritz-Heiner Mutschler(穆启乐)为人文讲席教授,邀请了美国迪堡大学古典学系副教授刘津渝博士作为访问学者。中心借助我校"拔尖人才培养计划"古典语文学项目西方古典学方向本科生的教学与培养,先后招收两届共八名本科生,初步确立了以古希腊语和拉丁语训练为基础的西方古典学课程体系。中心还积极开展国际合作,吸收先进经验。西方古典学中心是建设跨学科平台的一次实际而有效的尝试,社会科学部在其建设过程中始终与中心保持有效沟通,积极做好其与相关院系和职能部门的协调工作,全力支持其发展需求,推动中心各方面工作及时、稳步推进。

另外,作为985三期规划重点建设领域,社会科学部就"国别与地区研究"和"宗教研究"进行了一系列前期论证,在人才培养、资料、科研等方面提出了一些设想,力图结合国家需要,充分发挥现有的学科资源和研究力量,推动跨学科平台的建设,优化北京大学的人文社会科学学科体系。

解读北京精神——来自北京大学的声音　2011年11月,北京市政府正式公布了"北京精神——爱国、创新、包容、厚德"。作为城市精神,它是首都人民在长期发展建设实践过程中所形成的精神财富的概括和总结,体现了社会主义核心价值体系的要求,体现了首都历史文化的特征,体现了首都群众的精神文化追求。

北京大学本身就是体现"北京精神"的一面重要旗帜,北京大学文科教师历来是先进文化的引领者、时代精神的倡导者,所以社科部专门邀请多位长期关注首都发展、对北京具有深厚感情的专家学者以撰稿、座谈等形式，结合十七届六中全会精神，畅谈对文化发展建设和“北京精神”的理解与建议。2011年10月初，我校教师积极参与北京市社科联的征文，从多角度对“北京精神”进行阐释。2011年12月21日，社科部专门组织我校文科教师代表召开座谈会，来自中国语言文学系、历史学系、哲学系（宗教学系）、考古文博学院、外国语学院、新闻与传播学院、马克思主义学院和校史馆的10余位教师代表共聚一堂，畅谈对“北京精神”的感想与体会，产生了积极的反响。

北京论坛隆重召开　2011年11月4—6日，第八届北京论坛在京隆重举行。本届以“文明和谐与共同繁荣——传统与现代、变革与转型”为主题的学术盛会，吸引了来自全球的300余位知名学者和名流政要出席。

论坛共下设7个主题分论坛、1个青年学生论坛、1个专场、1场圆桌会议，以及2场高端对话。7个主题分论坛分别从历史、经济、教育、国际关系、艺术、城市、政治等角度，探索“传统与现代、变革与转型”之间的关系。题为“民办教育与公共财政”的专场是与世界银行首次合作举办的。圆桌会议旨为讨论“世界贸易组织与中国入世十年之发展”。青年学生论坛围绕“文化传承、创新、发展：青年的责任与行动”展开。同时还推出以“世界格局变化中的国家发展与文化复兴”和“轴心文明的对话”为主题的2场高端对话。在短短3天的时间中，囊括了如此丰富的内容，无论从学术理论层面还是对当今时代全球化背景下各种现实问题的探索上都取得了丰硕的成果。

【项目管理】　纵向项目立项情况　2011年，我校纵向项目立项总数继续稳健增长，在各类项目的申报中继续保持了领先位置。社科部加强管理服务工作的力度，注重加强申报动员工作，提高解决问题的针对性，调动教师申报的积极性。加强校内项目申报咨询专家队伍的建设，发挥北大专家的学术专长和社会影响力。在重大项目申报中，更加重视申报质量，推动申报者不断修改完善标书，提高中标率，取得了不错的成绩。

2011年度各类纵向项目申报和立项情况如表8-52所示。

表8-52　2011年度各类纵向项目申报和立项情况

项目名称	申报数	立项数
2011年度国家社科基金重大项目	21	6
2011年度国家社科基金一般项目	169	47
2011年度国家社科基金后期资助项目	*	8
2011年度国家社科基金成果文库项目	*	6
2011年度全国教育科学规划项目	14	0
2011年度全国艺术科学规划项目	6	0
2011年度教育部哲学社会科学研究重大课题攻关项目	5	0
2011年度教育部人文社科研究一般项目	197	28
2011年度教育部哲学社会科学研究后期资助项目	3	2
2011年度北京社科规划重大项目	5	1
2011年度北京社科规划一般项目	10	9

注：* 表示该类项目主要由老师个人通过出版社进行申报，故无法统计详细数目。

纵向项目中期管理与结项情况　为保证纵向项目按时按质完成，社会科学部加强监管力度，积极配合好上级部门的中期管理和结项工作。国家社科基金项目、北京市哲学社会科学规划项目在结项激励政策的引导下，结项积极性较高，其中5项国家哲学社会科学项目获得优秀，分别是哲学系（宗教学系）陈波老师的“当代西方语言哲学研究”、哲学系（宗教学系）周北海老师的“内涵语义与内涵逻辑研究”、中国语言文学系袁毓林老师的“面向内容计算的汉语语义角色知识库的研究和建设”、外国语学院姜景奎老师的“印度宗教文学”和彭广陆老师的“日语教学语法系统研究”；2项北京市哲学社会科学"十一五"重点项目获得优秀，分别是法学院王磊老师的"人大推进首都基层群众自治作用的加强和完善——创建北京模式"和社会学系刘能老师的"北京市城乡接合部外来流动人口城市适应模式和社会控制对策研究"。教育部人文社科一般项目结项进展顺利，一批2003年以前的项目全部清理完成，2004—2006年项目的结项工作得到进一步落实，新增项目按期结项的情况也比较理想，半数以上的项目能够按期按质地完成结项。

纵向项目评审组织　社会科学部组织校内专家参与国家社科基金、教育部等上级科研管理部门布置的项目评审工作，大多数教师积极配合，圆满完成了各项评审任务，展现了北大知名专家集中、学科门类齐全的优势。社会科学部将进一步做好对评审专家的服务工作，发挥好评审专家的经验和智慧，使专家不仅在对外咨询服务中扩大影响，而且能够促进我校自身项目申报的质量提升。

2011年度纵向项目评审组织情况如表8-53所示。

表8-53　2011年度纵向项目评审组织情况

项目名称	评审份数	评审专家数
国家社科基金项目通讯评审	6933	291
国家社科基金项目会议评审	*	19
教育部人文社科研究一般项目通讯评审	95	5028

注：* 表示以会议方式进行的评审，故无法统计评审份数。

各类项目到账经费总额　继2008年我校文科科研经费一举突破亿元大关后，2011年科研经费继续保持稳定增长态势，总金额超过1.5亿元。

近五年科研经费情况如表8-54所示。

表8-54　近五年科研经费情况

年度	2007年	2008年	2009年	2010年	2011年
到账经费/元	71910536	106890300	133131083	170554180	159080100

【成果管理】　2010年人文社会科学科研成果统计　2010年文科各单位共发表各类科研成果3791项，其中专著201部、论文3140篇、编著和教材253部、工具书和参考书9部、古籍整理作品14部、译著65部、研究咨询报告72篇、译文34篇、电子出版物3部。

2010年人文社会科学SSCI, A&HCI, SCI论文统计工作　北京大学人文社会科学2010年度SSCI, A&HCI, SCI论文统计工作已经完成，我校人文社会科学教师发表SSCI, A&HCI, SCI论文共计172篇，实际奖励篇数为148篇，其中文章形式为Article的133篇，文章形式为Book Review的5篇，文章形式为Editorial Material的5篇，文章形式为News Item的1篇，文章形式为Proceedings Paper和Review的各2篇。

北京市社科理论著作出版基金资助项目工作　2010年11月，社会科学部组织我校人文社科教师申报北京市社科理论著作出版第35批资助工作，最终6项成果获得资助。2011年3月，组织申报第36批资助工作，共3项成果获得资助。

第四届全国教育科学研究优秀成果奖　2011年9月初，第四届全国教育科学研究优秀成果奖获奖名单公布，我校教育学院汪永铨教授荣获终身成就奖，闵维方教授等的《教育投入、资源配置与人力资本收益——中国教育与人力资源问题研究》获得一等奖，陈学飞、展立新的《我国高等教育发展观的反思》获得二等奖，陈洪捷的《中国博士质量报告》、朱红的《高校学生参与度及其成长的影响机制：2010年首都大学生发展数据分析》获得三等奖。

首届"思勉原创奖"评奖结果揭晓　2011年9月25日，首届"思勉原创奖"评选结果在华东师范大学揭晓，该奖项专为我国文史哲研究而设立，奖励改革开放以来首次出版、具有重大影响的原创性学术成果，首届评选活动自2011年7月1日起启动，经20人推荐、15人审读、100人测评，再加20人现场评审等多个环节，最终有4部著作获奖，其中我校田余庆教授的《东晋门阀政治》一书获得全票通过，以总分第一名的成绩夺得头魁。

【基地管理】 2010年，教育部人文社科重点研究基地第二轮评估结束，基地建设进入一个新的阶段。2011年，各基地结合"十二五"规划的制订，深入总结了"十一五"期间基地的建设情况，明确了发展现状和目前存在的主要问题，拟定了"十二五"期间的重点建设目标，安排了若干研究项目和学术活动，做出了经费预算。"十二五"期间，教育部将加大对基地的支持力度，提高建设标准，各基地也将进一步凝练研究方向，凝聚研究力量，确立自身特色，整合优势资源，保障开放、灵活、可持续发展。

基地项目工作稳步推进。2011年新获立25个教育部基地重大项目，中检和结项工作也有序开展。新立的项目和预结的项目分别由各课题组组织召开开题和结项研讨会，课题组和与会专家就课题研究展开了自由讨论，对完善项目研究、促进学术交流、建设基地平台起到了积极作用。除了基地重大项目以外，各基地还积极申报其他纵向项目，设立了基地自主研究项目。以项目带研究、促合作、聚人才，充分发挥项目的灵活性和项目之间的相互关联与深化扩展，构造项目群，进一步明确了基地的学术发展规划，保持可持续发展。

基地主任圆桌会议继续举行。上半年由东方文学研究中心承办，以"东方大文学"为主题，介绍了东方文学研究的新趋势和"亚述学"这一中国的新兴学科。下半年由中国考古学研究中心邀请各基地主任及学校相关职能部门前往山西五台山佛光寺、应县木塔、大同云冈石窟等地进行考古考察，各位专家在考察交流中加深了理解、建立了友谊，还一起探讨了运用多学科知识开展考古发掘、文物鉴定与保护、佛教文化研究等相关问题。

社会科学部积极促进基地之间的交流，除了各种工作会议、学术会议、基地主任圆桌会议等，还创造各种与校外相关单位的交流机会。2011年10月13日，社科部及政治发展与政府管理研究所等7个基地的主任、副主任共同出席了北京大学与吉林省重点研究基地的交流活动。吉林省教育厅及省属基地负责人一行40余人来访，先后参观了政治发展与政府管理研究所、中国古代史研究中心和中国经济研究中心，并就基地自主学术研究与承担政府任务的关系、如何组织跨学科研究、如何带动相关学科的发展等问题与北大基地进行了座谈。

【机构管理】 2011年是机构管理工作卓有成效的一年，社会科学部在研究机构的科学管理、机构的制度建设、机构的队伍建设等方面都取得了丰硕的成果。

首先，成立"北京大学人文社会科学研究机构管理委员会"，由学术专家参与研究机构成立论证、研究机构外聘兼职研究人员的审查等重大事项的管理。机构管理委员会的工作，体现了教授治校的管理理念，对社科管理能更加符合教师科学研究实际进行了有效的尝试，该举措也是学校行政工作改革创新的一次具体实践。

其次，完善规章制度，加强对虚体科研机构的管理。2011年3月29日，北京大学第766次党政联席会讨论通过《北京大学人文社会科学研究机构管理办法》，按照管理办法对文科研究机构进行规范管理。该管理办法是针对我校人文社会科学科研机构管理和运行的现状，对2006年以来实施的机构管理办法进行的修订，如明确了院系在人文社会科学研究机构管理中的责任等，标志着我校对于人文社会科学虚体科研机构的管理服务工作迈向了新台阶，达到了新水平。制订并在校内颁发了《北京大学人文社会科学研究机构兼职研究人员聘请办法》，严格规定了研究机构聘请校外人员兼任研究机构研究员的资质和聘任程序。从2012年1月1日起，新聘任的科研机构兼职研究人员，将按照《北京大学人文社会科学研究机构兼职研究人员聘请办法》进行规范管理，对机构聘请的校外兼职研究人员进行登记。本学期还安排挂职的法学院王磊教授参与社科部机构的管理，应用法学专业知识为机构管理提供法律支持。

最后，增加了管理信息的公开透明度。管理信息系统及计算机网络已深入到现代社会生活的方方面面，社科部顺应时代变化，有效利用现代化管理工具，将人文社会科学研究机构的相关信息公布到社会科学部的网站上，如北京大学人文社会科学研究机构管理的相关条例、研究机构的名单等，旨在用社会监督机制提高人文社会科学研究机构管理的效率，有效杜绝学校一些研究机构的违法违规行为。

【人才管理】 2011年3月和11月，2010年度和2011年度教育部"新世纪优秀人才支持计划"人选者名单分别公布，我校文科共有16名学者入选，其中2010年度7人，分别是考古文博学院杭侃，光华管理学院王辉、贾春新，经济学院董志勇，法学院沈岿，社会学系熊跃根，教育学院李文利；2011年度9人，分别是哲学系（宗教学系）李四龙，外国语学院林丰民，考古文博学院雷兴山，中国语言文学系王韫佳，法学院刘燕，光华管理学院路江涌，政府管理学院王丽萍，经济学院郑伟和教育学院郭文革。

2011 年 1 月中旬，我校共报送 6 个期次 14 位正高级教师参加由中央五部委联合举办的“高校哲学社会科学教学科研骨干研修班”的学习。3 月，按北京市委组织部、宣传部、教育工作委员会、党校、教委、财政局联合发布的《北京市哲学社会科学教学科研骨干研修工作规划（2010—2014）》通知要求和 2011 年的具体工作意见，社科部联合校宣传部组织了我校 55 岁以下，副教授以上教学科研骨干共 64 人，分期分批参加北京市党校和海淀区党校的脱产学习。

【党风廉政建设】 党风廉政建设方面，社会科学部党政领导班子坚持科学民主决策，在议事规则、决策程序方面做到了科学决策、民主协商、部务公开、透明管理。

社会科学部加强基本制度建设，规范科研经费管理，坚持管理机制的创新和科研体制的改革，突破传统科研方式的瓶颈，有效实现了各种资源的优化配置，形成开放性的科研创新平台。

制度创新首先体现在组织体系的建立，形成学校领导重视、社科部专项管理、学校各部门协同合作、各院系负责人和各文科重点基地主任重点支撑、科研秘书承担具体工作的工作体系。在制度建设中，科研经费管理的制度化、规范化是重中之重。北京大学对各类学术评审、评估、评选、评奖活动的管理和监督也严格按照上级规定和管理办法来执行，保证了各项学术评奖活动的公正、权威、客观。与此同时，通过民主生活会、创先争优等活动的积极开展，把党建工作不断推向新的高峰。

（张乙茗）

表 8-55　2011 年度北京大学国家社科基金重大项目立项名单

批准号	首席专家	课题名称	所在单位
11&ZD183	莫多闻 袁　靖	环境考古与古代人地关系研究	城市与环境学院
11&ZD082	张玉安	东方文化史	外国语学院
11&ZD086	王中江	出土简帛文献与古代中国哲学新发现综合研究	哲学系（宗教学系）
11&ZD095	朱玉麒	清代新疆稀见史料调查与研究	历史学系
11&ZD120	王幼平	中原地区晚更新世古人类文化发展研究	考古文博学院
11&ZD031	贾俊玲	和谐劳动关系协调机制的法律构建研究	法学院

表 8-56　2011 年度北京大学国家社科基金部分立项名单

批准号	项目名称	负责人	所在单位	项目类别	学科
11BZX079	全球正义研究	徐向东	哲学系（宗教学系）	一般项目	哲学
11CZX013	晚年马克思五个重要笔记新探讨	林　锋	马克思主义学院	青年项目	哲学
11CZX035	《孟子》与清代学术研究	李畅然	哲学系（宗教学系）	青年项目	哲学
11CZX042	中世纪哲学盛期《论灵魂》评注研究（1240—1400）	吴天岳	哲学系（宗教学系）	青年项目	哲学
11CZX049	梅洛·庞蒂与唯心论研究	刘　哲	哲学系（宗教学系）	青年项目	哲学
11CZX054	基于协议的动态认知逻辑研究	王彦晶	哲学系（宗教学系）	青年项目	哲学
11CJL019	社会资本、信任与地区金融发展问题研究	崔　巍	经济学院	青年项目	理论经济
11CJL030	教育、医疗公共品供给均等化与城乡收入差距缩小的关系研究	高连水	经济学院	青年项目	理论经济
11CJL038	过度外部失衡参考性指标构建研究	李　昕	国家发展研究院	青年项目	理论经济
11BJY055	中国城市公共产品空间失配的纾解策略研究	陆　军	政府管理学院	一般项目	应用经济
11CJY026	残疾人就业问题研究	廖　娟	教育学院教育经济研究所	青年项目	应用经济

续表

批准号	项目名称	负责人	所在单位	项目类别	学科
11CJY036	我国都市圈空间组织的经济绩效与空间结构优化研究	孙铁山	政府管理学院	青年项目	应用经济
11CJY086	我国政府公共服务支出对居民消费率影响研究	丁　颖	教育学院中国教育财政科学研究所	青年项目	应用经济
11CJY108	中国养老保险制度"参量式"改革效应评估及政策应用研究	郑　伟	经济学院	青年项目	应用经济
11CTJ005	追踪调查中小域估计的方法及其应用研究	吕　萍	社会学系中国社会科学调查中心	青年项目	统计学
11AFX005	收入公平分配的财税法促进与保障研究	张守文	法学院	重点项目	法学
11BFX070	社会法的中国理论：比较视野与本土构建	叶静漪	法学院	一般项目	法学
11BFX096	风险治理视野下食品安全法治研究	沈　岿	法学院	一般项目	法学
11BFX120	社会救助法律问题实证研究	赵国玲	法学院	一般项目	法学
11BFX122	民商事审判方法研究	傅郁林	法学院	一般项目	法学
11CFX038	主权财富基金投资法律风险及监管模式研究	郭　雳	法学院	青年项目	法学
11CFX049	比较视野下我国监禁刑的适用规模研究	江　溯	法学院	青年项目	法学
11ASH008	包容性增长的社会基础与我国社会政策发展的研究	熊跃根	社会学系	重点项目	社会学
11BSH036	新疆/西藏内地办学项目发展状况及其对我国民族关系影响的社会效果评估研究	马　戎	社会学系	一般项目	社会学
11CSH032	庆典仪式与中华民族国家凝聚力研究	高小岩	社会学系	青年项目	社会学
11BRK015	围孕期体力活动模式与不良出生结局的风险研究	卢福泉	体育教研部	一般项目	人口学
11CMZ031	湘西凤凰声音民族志研究	刘　嵘	社会学系	青年项目	民族问题研究
11CGJ004	大湄公河水资源安全合作机制研究	郭延军	国际关系学院	青年项目	国际问题研究
11CGJ014	全球大宗商品价格走向及其对我国经济安全的影响	陈绍锋	国际关系学院	青年项目	国际问题研究
11CZS008	西周金文所见世族通考	韩　巍	历史学系	青年项目	中国历史
11ASS001	英帝国的形成、发展及其在20世纪的崩溃	钱乘旦	历史学系	重点项目	世界历史
11BZJ012	日本近代佛教改革的思想史意义研究	王　颂	哲学系(宗教学系)	一般项目	宗教学
11CZJ001	汤用彤与20世纪宗教学研究新证	赵建永	哲学系(宗教学系)	青年项目	宗教学
11AZW005	《十三经注疏校勘记》研究	刘玉才	中国语言文学系	重点项目	中国文学
11BZW137	民间传说的动力机制及其与当代社会思潮研究	陈泳超	中国语言文学系	一般项目	中国文学
11BWW031	加拿大文学的民族性构建研究	丁林棚	外国语学院	一般项目	外国文学
11BWW043	后世俗美国小说研究	刘建华	外国语学院	一般项目	外国文学
11CWW006	《三国演义》在泰国的传播模式研究	金　勇	外国语学院	青年项目	外国文学
11BYY047	汉语和非汉语母语者加工普通话声调的ERP研究	王韫佳	中国语言文学系	一般项目	语言学
11BYY087	语言结构异态范畴的功能表现研究	王海峰	对外汉语教育学院	一般项目	语言学
11CXW010	国外电视新闻频道涉华报道研究	王维佳	新闻与传播学院	青年项目	新闻学
11ATQ003	面向泛在信息社会的国家战略及图书馆对策研究	朱　强	图书馆	重点项目	图书馆·情报与文献学
11BTQ032	政府信息资源管理创新的理论与方法	赖茂生	信息管理系	一般项目	图书馆·情报与文献学

续表

批准号	项目名称	负责人	所在单位	项目类别	学科
11BTQ030	我国与欧美政府信息公开中信息安全审查机制及保障制度比较研究	周庆山	信息管理系	一般项目	图书馆·情报与文献学
11ATY003	我国体育产业发展与政策研究	鞠传进	体育教研部	重点项目	体育学
11CGL086	提升公众环境意识的嵌入模式研究	李金兵	国家发展研究院	青年项目	管理学
11CGL080	在校流动儿童健康需求及对策研究	纪　颖	公共卫生学院	青年项目	管理学
11AZD085	当代中国"单位制度"的形成及变迁研究	柴彦威	城市与环境学院	重点项目	城市社会学
11AZD049	宗教渗透与意识形态安全研究	金　勋	外国语学院	重点项目	哲学
11AZD065	延安文艺与二十世纪中国文学	李　杨	中国语言文学系	重点项目	中国现当代文学
11AZD092	各民族神话与史诗总体研究	段宝林	中国语言文学系	重点项目	神话学
11AZD111	现代医疗技术中的生命伦理及法律问题研究	郭自力 丛亚丽	法学院/ 医学人文研究院	重点项目	法学
11AZD112	网络游戏对青少年发展的影响与引导研究	刘德寰	新闻与传播学院	重点项目	传播学
11AZD093	高铁时代区域经济协调发展重点与支撑政策研究	陆　军	政府管理学院	重点项目	区域经济

表 8-57　2011 年度北京大学国家社科基金后期资助项目立项名单

批准号	成果名称	负责人	所在单位
11FFX005	民事程序建构的基本原理	傅郁林	法学院
11FZS004	战国题铭研究	董　珊	考古文博学院
11FJY006	全球化背景下金融监管的博弈分析	韩忠亮	经济学院
11FJT005	普惠金融——中国农村金融重建中的制度创新与法律框架	王曙光	经济学院
11FZW029	经学文献的衍生和通俗化——以近古时代的传刻为中心	顾永新	中国语言文学系
11FZW058	戏剧学导论	顾春芳	艺术学院
11FYY013	面向语言信息处理的现代汉语并列结构研究	吴云芳	信息科学技术学院
11FYY109	日本汉字的确立及其历史演变	潘　钧	外国语学院

表 8-58　2011 年度北京大学国家社科基金成果文库项目立项名单

学科	成果名称	负责人	所在单位
哲学	《德意志意识形态》文本学研究	聂锦芳	哲学系(宗教学系)
经济理论	中国制造业生产要素相对比例变化及其经济影响	黄桂田	经济学院
国际问题研究	冷战与新中国外交的缘起	牛　军	国际关系学院
中国文学	盛唐诗坛研究	袁行霈	中国语言文学系
语言学	缅甸语汉语比较研究	汪大年	外国语学院
管理学	京杭大运河国家遗产与生态廊道	俞孔坚	建筑与景观设计学院

表 8-59　2011 年度北京大学国家广电总局项目立项名单

课题名称	负责人	所在单位
中国电影发展的"顶层设计"	陆绍阳	新闻与传播学院
媒介融合与电视创新——国外主流电视媒体创新机制研究	俞　虹	艺术学院

表 8-60　2011 年度北京大学国家体育总局项目立项名单

项目名称	负责人	所在单位
北大—清华赛艇对抗赛过早夭折现象探析 ——兼论我国高校校际间高水平体育竞赛的管理	董进霞	体育教研部
对"教体结合"培养竞技体育后备人才模式的现状分析和对策研究	刘　伟	体育教研部

表 8-61 2011 年度北京大学教育部重大攻关项目立项名单

批准号	所在单位	负责人	项目名称	经费/万元
11JZDW003	哲学系（宗教学系）	黄枬森 王　东	马克思主义哲学基本理论与现实问题研究（委托）	80

表 8-62 2011 年度北京大学教育部人文社会科学研究一般项目立项名单

批准号	学科门类	所在单位	项目类别	项目名称	负责人
11YJC790087	经济学	城市与环境学院	青年科学基金	基于意愿的企业迁移决策行为及迁移引导政策研究	李彦军
11YJA790025	经济学	软件与微电子学院	规划基金	中国教育金融抑制：理论与实证——基于教育需求方视角	窦尔翔
	语言学	对外汉语教育学院	青年科学基金	基于语篇与语体的连词主观性研究	张文贤
11YJA820067	法学	法学院	规划基金	我国原子能立法研究	唐应茂
11YJA820078	法学	法学院	规划基金	国际视野中的我国反洗钱立法与完善	王　新
11YJC790126	经济学	光华管理学院	青年科学基金	农业土壤碳汇实现机制研究	刘　奕
11YJC630271	管理学	光华管理学院	青年科学基金	中国消费者对同一品牌国产与进口产品认知差异及原因分析	袁胜军
11YJA880117	教育学	教育学院	规划基金	区域教学信息化促进教育公平的效能研究	吴筱萌
11YJC790250	经济学	经济学院	青年科学基金	农村清洁发展机制项目益贫效应的评估——以世界银行社区发展碳基金沼气项目为例	于　敏
11YJA880048	教育学	历史学系	规划基金	一体化：中国现代教育的形成（1862—1927）	李剑萍
11YJA770024	历史学	历史学系	规划基金	明代行政区划制度研究	李新峰
11YJA770040	历史学	历史学系	规划基金	鸦片战争以前西方人士的“北京经验”研究	欧阳哲生
11YJC770051	历史学	历史学系	青年科学基金	从《日清修好条规》到“大东亚交易圈”：近代中日贸易关系研究	宋芳芳
11YJC770061	历史学	历史学系	青年科学基金	阿卡德王朝中央官制研究	王献华
11YJA710080	马克思主义理论/思想政治教育	马克思主义学院	规划基金	新中国成立以来思想政治教育的历史和经验研究	祖嘉合
11YJC840021	社会学	社会学系	青年科学基金	农村进城务工女性社会网络研究——以北京地区家政服务员为例	李春霞
11YJA840009	社会学	社会学系	规划基金	变迁社会中的政教关系：以基督教和天主教的地下教会为例	卢云峰
11YJA850022	民族学与文化学	社会学系	规划基金	藏族跨区职业技术教育及其对经济社会的影响研究——以四川藏区9+3援藏教育工程为例	文艳林
11YJC820047	法学	深圳研究生院	青年科学基金	风险规制与行政法治——基于公私区分与互动的视角	金自宁
11YJC752017	外国文学	外国语学院	青年科学基金	波斯语手抄本《中国医学宝书》校注与研究	时　光

续表

项目批准号	学科门类	所在单位	项目类别	项目名称	负责人
11YJA860025	新闻学与传播学	新闻与传播学院	规划基金	当代影像产业中奇观文化的经济分析和文化研究	吴　靖
11YJA870020	图书馆、情报与文献学	信息管理系	规划基金	中国现代服务业创新能力评价的理论与实证研究	申　静
11YJC870034	图书馆、情报与文献学	信息管理系	青年科学基金	我国图书馆标准化体系及其发展战略研究	张广钦
11YJC870022	图书馆、情报与文献学	哲学系（宗教学系）	青年科学基金	《清儒学案书札》的整理与研究	沙志利
11YJC720062	哲学	哲学系（宗教学系）	青年科学基金	儒学的超越性传承与体认：美国波士顿儒学与夏威夷儒学研究	郑秋月
11YJA630052	管理学	政府管理学院	规划基金	政府基本公共服务标准化和可持续问题研究	梁鸿飞
11YJC760045	艺术学	政府管理学院	青年科学基金	北京建设世界城市公共艺术空间规划研究	梁盛平
11YJA751025	中国文学	中国语言文学系	规划基金	两岸关系视域中的文学深层议题	计璧瑞

表 8-63　2011 年度北京大学教育部专项项目立项名单

所在单位	项目分类	项目名称	负责人
纪委	教育廉政理论研究专项	高校廉政政策评估体系研究	庄德水
马克思主义学院	马克思主义中国化、时代化、大众化专项	比较视域下的大学生信仰研究	秦维红
马克思主义学院	马克思主义中国化、时代化、大众化专项	马克思主义“三化”本质问题研究	郭建宁
校办	高校思想政治工作专项（二类委托）	高校学生对社会热点问题的反映及对策研究	衣学磊
马克思主义学院	高校思想政治理论课专项	“毛泽东思想和中国特色社会主义理论体系概论”课教学设计研究	陈占安
马克思主义学院	高校思想政治理论课专项	近代中国先进分子探索中国出路问题名篇选编与导读	仝　华

表 8-64　2011 年度北京大学教育部研究发展报告立项名单

所在单位	项目名称	经费/万元	负责人
政府管理学院	京津冀区域发展报告	5	李国平
人口研究所	中国残疾人事业发展报告	5	陈　功
经济学院	中国保险业发展报告	5	孙祁祥
中国社会调查中心	中国报告 · 民生	30	李建新

表 8-65　2011 年度北京大学教育部哲学社会科学研究后期资助项目立项名单

项目编号	项目名称	申报类别	学科分类	申报单位	申请人	经费/万元
11JHQ053	系统学汉字字典	一般项目	语言学	对外汉语教育学院	李大遂	9
11JHQ003	中国乡村调查	重大项目	新闻学与传播学	新闻与传播学院	陈　刚	20

表 8-66　2011 年度教育部人文社科重点研究基地重大项目立项名单

基地名称	项目名称	项目负责人
中国特色社会主义理论体系研究中心	中国创新论——中国特色社会主义创新型国家理论	王　东
中国语言学研究中心	基于系统语音对应的核心词分阶及建模研究	陈保亚
中国语言学研究中心	清末民初北京话系统研究	郭　锐
教育经济研究所	我国大学生的区域流动行为研究	陈洪捷
教育经济研究所	高校毕业生中的未就业群体研究——从高等教育人才培养的视角	刘云杉
外国哲学研究所	维特根斯坦文集(批判版)	韩林合
外国哲学研究所	对克里普克语言哲学的系统性质疑和对一种新理论的建构	陈　波
中国考古学研究中心	田野考古学概论	赵　辉
中国社会与发展研究中心	民族教育与文化认同——基于多元文化教育的理论与实践	钱民辉
中国社会与发展研究中心	转型中国社会的心态地图与合法性表征	方　文
东方文学研究中心	《苏尔诗海》翻译与研究	姜景奎
东方文学研究中心	苏美尔、阿卡德及赫梯文学文献翻译与研究	拱玉书
政治发展与政府管理研究所	转型时期中国农村政治发展与社会管理研究	吴　丕
中国古代史研究中心	宋代政治史研究的新视野	邓小南
中国古代史研究中心	清代西北边疆平定与国家认同	朱玉麒
美学与美育研究中心	北大美学与艺术通识读本(40 册)	张世英
宪法与行政法研究中心	行政法视野下的公私合作问题	罗豪才
宪法与行政法研究中心	相对集中行政处罚权研究	湛中乐
中国经济研究中心	城市化中新移民的基础教育：问题与对策的经济学分析	海　闻
中国经济研究中心	中国企业对外直接投资：动机、影响与启示	黄益平

表 8-67　2011 年度北京社科规划重大项目立项名单

项目名称	项目负责人	所在单位	项目级别
北京社区公共服务建设研究	黄恒学	政府管理学院	重大

表 8-68　2011 年度北京社科规划一般项目立项名单

项目编号	项目名称	项目负责人	所在单位
11JGC094	如何激励新生代员工：领导下属价值观匹配的观点	张　燕	心理学系
11SHC061	北京市老年人居住安排对家庭养老功能的影响	刘　岚	人口研究所
11FXB003	北京市房地产登记法律制度建设研究	常鹏翱	法学院
11JYB002	北京市高校教育质量的评价体系研究——基于全程性、发展性视角	鲍　威	教育学院
11JGB017	北京财政可持续发展的预警体系研究	苏　剑	经济学院
11JGB018	海归人才和北京市高科技企业创新研究	路江涌	光华管理学院
11JGB019	中关村国家自主创新示范区深化发展路径研究	李连发	经济学院
11JGA001	北京城乡一体化居民医疗保障制度研究	王红漫	医学部
11WYA001	晚清民国时期的北京话系统及探源研究	王洪君	中国语言文学系

表 8-69　2011 年度北京市教育科学规划项目立项名单

项目名称	项目负责人	所在单位	类别
医学教育领域实施素质教育的模式及策略研究	王红漫	医学部	重点课题
北京市社会经济发展与教育投资关联度的动态系统仿真研究	敖　山	教育学院	青年课题
6 个月—9 岁儿童运动能力测评	孙昕霙	医学部	青年课题
实践性知识与教师专业发展的关系研究	陈向明	教育学院	重点课题

表 8-70　2011 年度北京大学第四届全国教育科学研究优秀成果奖获奖名单

成果名称	成果类型	出版、发表或采纳单位	作者	奖励等级
教育投入、资源配置与人力资本收益——中国教育与人力资源问题研究	著作	经济科学出版社 2009 年 9 月	闵维方、丁小浩、岳昌君、郭建如、李文利、阎凤桥	一等奖
我国高等教育发展观的反思	论文	《高等教育研究》 2009 年 8 月	陈学飞、展立新	二等奖
中国博士质量报告	著作	北京大学出版社 2010 年 9 月	陈洪捷、陈学飞、郭建如、赵世奎、蔡磊砢、沈文钦	三等奖
高校学生参与度及其成长的影响机制：2010 年首都大学生发展数据分析	论文	《清华大学教育研究》 2010 年 12 月	朱　红	三等奖

表 8-71　2010 年度北京大学人文社科新世纪优秀人才支持计划入选者名单

年份	入选者	所在单位	申报领域
2010	杭　侃	考古文博学院	历史学(佛教考古)
2010	王　辉	光华管理学院	管理科学与工程(含工商管理)
2010	贾春新	光华管理学院	经济学(金融)
2010	董志勇	经济学院	经济学(西方经济学)
2010	沈　岿	法学院	法学(行政法)
2010	熊跃根	社会学系	社会学
2010	李文利	教育学院	教育学(教育经济)

表 8-72　2011 年度北京大学人文社科新世纪优秀人才支持计划入选者名单

年份	入选者	所在单位	申报领域
2011	李四龙	哲学系(宗教学系)	哲学(佛教哲学)
2011	林丰民	外国语学院	文学(阿拉伯文学)
2011	雷兴山	考古文博学院	历史学(中国青铜时代考古)
2011	郭文革	教育学院	教育学(教育技术)
2011	刘　燕	法学院	法学(经济法)
2011	路江涌	光华管理学院	管理科学与工程
2011	王韫佳	中国语言文学系	语言学(语音学)
2011	王丽萍	政府管理学院	政治学
2011	郑　伟	经济学院	经济学(保险、社会保障)

表 8-73　2010 年下半年北京大学获北京市社科理论著作出版基金名单

申请著作	申请人	所在单位
屈原及其诗歌研究	常　森	中国语言文学系
非危机时期外流资本的根源——产权、情感与政策	左昊华	经济学院
宗教改革与德国近代化道路	朱孝远	历史学系
中国历史农业地理	韩茂莉	城市与环境学院
可持续的人才系统工程——中国博士后制度改革创新的实证研究	冯支越	发展规划部
两化融合方法与实践	沈体雁	政府管理学院

表 8-74　2011 年上半年北京大学获北京市社科理论著作出版基金名单

申请著作	申请人	所在单位
汉藏语言比较的方法与实践——汉、白、彝语比较研究	汪　峰	中国语言文学系
论新干大洋洲出土青铜器的X射线透射成像研究	胡东波	考古文博学院
下一代图书馆系统与服务研究	朱本军	图书馆

表 8-75　2011 年下半年北京大学获北京市社科理论著作出版基金名单

申请著作	申请人	所在单位
表达与存在：梅洛·庞蒂现象学研究	宁晓萌	哲学系(宗教学系)
全球化背景下金融监管的博弈研究	韩忠亮	经济学院
魏晋南北朝考古研究	韦　正	考古文博学院
马家塬墓地金银制品技术研究——兼论先秦两汉金银工艺	吴小红	考古文博学院
环境考古学——理论与实践	夏正楷	城市与环境学院
东南亚古代史	梁志明	历史学系
印度近二十年的发展历程	林承节	历史学系
改良与革命：晚清民初史事新探	王晓秋	历史学系
宋代经书注疏刊刻研究	张丽娟	图书馆

表 8-76　2010 年度北京大学人文社科 SSCI,AHCI,SCI 论文院系统计表

单位	成果形式						篇数总计
	Article	Book Review	Editorial Material	News Item	Proceedings Paper	Review	
光华管理学院	52	1	2	1	2	1	59
人口研究所	12	0	0	0	0	0	12
中国语言文学系	9	0	2	0	0	1	12
考古文博学院	11	0	0	0	0	0	11
国家发展研究院	8	1	0	0	0	0	9
教育学院	9	0	0	0	0	0	9
哲学系(宗教学系)	7	0	0	0	0	0	7
经济学院	7	0	0	0	0	0	7
历史学系	6	0	0	0	0	0	6
外国语学院	4	0	1	0	0	0	5
社会学系	3	0	0	0	0	0	3
马克思主义学院	0	3	0	0	0	0	3
法学院	2	0	0	0	0	0	2
国际关系学院	2	0	0	0	0	0	2
政府管理学院	1	0	0	0	0	0	1
总计	133	5	5	1	2	2	148

表 8-77　2010 年人文社科发表国际文章部分名单

作者排名	所在院系	中文姓名	作者	题目	期刊名称	期刊—图书统一编号	文章类型
1	法学院	强世功	S. G. Jiang	Written and Unwritten Constitutions: A New Approach to the Study of Constitutional Government in China	Modern China	Jan,36,(1) 12	Article
1	法学院	章永乐	Y. L. Zhang	The Future of the Past on Wang Hui's Rise of Modern Chinese Thought	New Left Review	(Mar-Apr,62) 47	Article
3	光华管理学院	王汉生	Zhang, H. H., Lu, W., and Wang, H. S.	On sparse estimation for semiparametric linear transformation models	Journal of Multivariate Analysis	2010	Article
2	光华管理学院	任　润	A. L. Simmons and R. Ren	The Influence of Goal Orientation and Risk on Creativity	Creativity Research Journal	(2009) 21,(4) 400	Article
2	光华管理学院	路江涌	B. Xu and J. Y. Lu	Foreign direct investment, processing trade, and the sophistication of China's exports	China Economic Review	(2009) Sep,20,(3) 425	Proceedings Paper
2	光华管理学院	路江涌	C. E. Bai, J. Y. Lu and Z. G. Tao	Capital or knowhow: The role of foreign multinationals in Sino-foreign joint ventures	China Economic Review	Dec,21,(4) 629	Article
2	光华管理学院	王汉生	C. L. Tsai, H. S. Wang and N. Zhu	Does a Bayesian approach generate robust forecasts? Evidence from applications in portfolio investment decisions	Annals of the Institute of Statistical Mathematics	Feb,62,(1) 109	Article
2	光华管理学院	吴联生	C. Yang, L. S. Wu and X. H. Bo	Career Concern and Tax Preparer Fraud	Annals of Economics and Finance	Nov,11,(2) 355	Article
2	光华管理学院	陈松蹊	Chan, NH; Chen, SX; Peng, L; Yu, CL	Empirical Likelihood Methods Based on Characteristic Functions With Applications to Levy Processes	Journal of the American Statistical of Association	40148	Article
1	光华管理学院	陈丽华	Chen Lihua, Ye Yinyu and Zhang Jiawei,	On Equilibrium Pricing as Convex Optimization	Journal of Computational Mathematics	2010,1	Article
1	光华管理学院	陈松蹊	Chen SX, Van Keilegom I	A review on empirical likelihood methods for regression	Test	卷：18 期：3 页：415—447 出版年：NOV 2009	Review
1	光华管理学院	陈松蹊	Chen, S. X.; Van Keilegom, I.	A goodness-of-fit test for parametric and semi-parametric models in multiresponse regression	Bernoulli	2009. 11(Vol. 15, Issue 4)	Article

续表

作者排名	所在院系	中文姓名	作者	题目	期刊名称	期刊—图书统一编号	文章类型
1	光华管理学院	陈松蹊	Chen, S. X.; Van Keilegom, I.	Rejoinder on: A review on empirical likelihood methods for regression	Test	2009(Vol. 18, Issue3)	Editorial Material
1	光华管理学院	陈松蹊	Chen, S. X. and Y. L. Qin	A two sample test for high dimensional data with applications to gene-set testing.	Annals of Statistics	2010	Article
1	光华管理学院	陈松蹊	Chen, S. X., C. Y. Tang and V. T. Mule Jr.	Local Post-Stratification in Dual System Accuracy and Coverage Evaluation for US Census.	Journal of the American Statistical Association	2010	Article
1	光华管理学院	陈松蹊	Chen, S. X., Zhang, L-X. and P-S Zhong	Tests for High-Dimensional Covariance Matrices	Journal of the American Statistical Association	2010	Article
1	光华管理学院	周长辉	D. Xu, C. H. Zhou and P. H. Phan	A real options perspective on sequential acquisitions in China	Journal of International Business Studies	Jan, 41, (1) 166	Article
3	光华管理学院	王　辉	F. O. Walumbwa, P. Wang, H. Wang, J. Schaubroeck and B. J. Avolio	Psychological processes linking authentic leadership to follower behaviors	Leadership Quarterly	Oct, 21, (5) 901	Article
1	光华管理学院	姜国华	G. H. Jiang, C. M. C. Lee and H. Yue	Tunneling through intercorporate loans: The China experience	Journal of Financial Economics	Oct, 98, (1) 1	Article
1	光华管理学院	蔡洪滨	H. B. Cai	China's Great Economic Transformation	Economic Development and Cultural Change	Oct, 59, (1) 234	Book Review
1	光华管理学院	蔡洪滨	H. B. Cai, H. B. Li and L. A. Zhou	Incentives, Equality and Contract Renegotiations: Theory and Evidence in the Chinese Banking Industry	Journal of Industrial Economics	Mar, 58, (1) 156	Article
1	光华管理学院	蔡洪滨	H. B. Cai, Y. Y. Chen and L. A. Zhou	Income and Consumption Inequality in Urban China: 1992—2003	Economic Development and Cultural Change	Apr, 58, (3) 385	Article
1	光华管理学院	郭贤达	H. T. Keh and J. Pang	Customer Reactions to Service Separation	Journal of Marketing	Mar, 74, (2) 55	Article
3	光华管理学院	翟　昕	J. H. Wu, X. Zhai, C. Zhang and L. Xu	Sharing quality information in a dual-supplier network: a game theoretic perspective	International Journal of Production Research	49, (1) 199	Article
1	光华管理学院	张建君	J. J. Zhang and H. T. Keh	Interorganizational Exchanges in China: Organizational Forms and Governance Mechanisms	Management and Organization Review	Mar, 6, (1) 123	Article

续表

作者排名	所在院系	中文姓名	作者	题目	期刊名称	期刊—图书统一编号	文章类型
1	光华管理学院	马力	J. M. Parks, L. Ma and D. G. Gallagher	Elasticity in the 'rules' of the game: Exploring organizational expedience	Human Relations	May,63,(5) 701	Article
1	光华管理学院	路江涌	J. Y. Lu, Y. Lu and Z. G. Tao	Exporting behavior of foreign affiliates: Theory and evidence	Journal of International Economics	Jul,81,(2) 197	Article
1	光华管理学院	路江涌	J. Y. Lu, Z. G. Tao and Z. Yang	The costs and benefits of government control: Evidence from China's collectively-owned enterprises	China Economic Review	Jun,21,(2) 282	Article
2	光华管理学院	徐菁	K. Goldsmith, J. Xu and R. Dhar	The Power of Customers' Mindset	Mit Sloan Management Review	Fal,52,(1) 19	News Item
1	光华管理学院	王辉	K. S. Law, H. Wang and C. Hui	Currencies of exchange and global LMX: How they affect employee task performance and extra-role performance	Asia Pacific Journal of Management	Dec,27,(4) 625	Article
3	光华管理学院	彭泗清	Kim, Y-h., Chiu, C-y., Peng, S. Q., Cai, H-j. & Tov, W.	Explaining East-West Differences in the Likelihood of Making Favorable Self-Evaluations: The Role of Evaluation Apprehension and Directness of Expression	Journal of Cross-Cultural Psychology	2010	Article
2	光华管理学院	郭贤达	L. E. Bolton, H. T. Keh and J. W. Alba	How Do Price Fairness Perceptions Differ Across Culture?	Journal of Marketing Research	Jun,47,(3) 564	Article
1	光华管理学院	马力	L. Ma and Q. Qu	Differentiation in leader-member exchange: A hierarchical linear modeling approach	Leadership Quarterly	Oct,21,(5) 733	Article
1	光华管理学院	龚六堂	L. T. Gong, H. Y. Li, D. H. Wang and H. F. Zou	Health, Taxes, and Growth	Annals of Economics and Finance	May,11,(1) 73	Article
1	光华管理学院	龚六堂 杨云红	L. T. Gong, X. J. Zhao, Y. H. Yang and H. F. Zou	Stochastic growth with social-status concern: The existence of a unique stable distribution	Journal of Mathematical Economics	Jul,20,46,(4) 505	Article
1	光华管理学院	邱凌云	L. Y. Qiu and I. Benbasat	A study of demographic embodiments of product recommendation agents in electronic commerce	International Journal of Human-Computer Studies	Oct,68,(10) 669	Article

续表

作者排名	所在院系	中文姓名	作者	题目	期刊名称	期刊—图书统一编号	文章类型
1	光华管理学院	李东	Li, D.; Huang, W. W.; Luftman, J.; Sha, W.	Key Issues in Information Systems Management: An Empirical Investigation from a Developing Country's Perspective	Journal of Global Information Management	2010	Article
2	光华管理学院	张志学	M. M. Chao, Z. X. Zhang and C. Y. Chiu	Adherence to perceived norms across cultural boundaries: The role of need for cognitive closure and ingroup identification	Group Processes & Intergroup Relations	Jan, 13, (1) 69	Article
1	光华管理学院	苏 萌	M. Su and V. R. Rao	New Product Preannouncement as a Signaling Strategy: An Audience-Specific Review and Analysis	Journal of Product Innovation Management	Sep, 27, (5) 658	Article
1	光华管理学院	贾春新	P. C. Chang, C. X. Jia and Z. C. Wang	Bank fund reallocation and economic growth: Evidence from China	Journal of Banking & Finance	Nov, 34, (11) 2753	Article
2	光华管理学院	刘玉珍	R. J. Huang, Y. J. Liu and L. Y. Tzeng	Hidden Overconfidence and Advantageous Selection	Geneva Risk and Insurance Review	Dec, 35, (2) 93	Article
1	光华管理学院	张 然	R. Zhang, J. G. Zhu, H. Yue and C. Y. Zhu	Corporate Philanthropic Giving, Advertising Intensity, and Industry Competition Level	Journal of Business Ethics	Jun, 94, (1) 39	Article
1	光华管理学院	张 然	R. Zhang, Z. F. Lu and K. T. Ye	How do firms react to the prohibition of long-lived asset impairment reversals? Evidence from China	Journal of Accounting and Public Policy	Sep-Oct, 29, (5) 424	Article
1	光华管理学院	张 然	R. Zhang, Z. Rezaee and J. G. Zhu	Corporate Philanthropic Disaster Response and Ownership Type: Evidence from Chinese Firms' Response to the Sichuan Earthquake	Journal of Business Ethics	Jan, 91, (1) 51	Article
3	光华管理学院	王亚平	S. K. Chen, B. X. Lin, Y. P. Wang and L. S. Wu	The frequency and magnitude of earnings management: Time-series and multi-threshold comparisons	International Review of Economics & Finance	Oct, 19, (4) 671	Article
1	光华管理学院	陈松蹊	S. X. Chen and I. Van Keilegom	A goodness-of-fit test for parametric and semi-parametric models in multiresponse regression	Bernoulli	(2009) Nov, 15, (4) 955	Article

续表

作者排名	所在院系	中文姓名	作者	题目	期刊名称	期刊—图书统一编号	文章类型
1	光华管理学院	陈松蹊	S. X. Chen, A. Delaigle and P. Hall	Nonparametric estimation for a class of Levy processes	Journal of Econometrics	Aug, 157, (2) 257	Article
3	光华管理学院	郑晓娜	T. J. Feng, L. R. Keller and X. N. Zheng	Decision making in the newsvendor problem: A cross-national laboratory study	Omega-International Journal of Management Science	Jan, 39, (1) 41	Article
2	光华管理学院	郭贤达	W. B. Wang, H. T. Keh and L. E. Bolton	Lay Theories of Medicine and a Healthy Lifestyle	Journal of Consumer Research	Jun, 37, (1) 80	Article
2	光华管理学院	张　然	W. J. Li and R. Zhang	Corporate Social Responsibility, Ownership Structure, and Political Interference: Evidence from China	Journal of Business Ethics	Nov, 96, (4) 631	Article
1	光华管理学院	罗　炜	W. Luo, P. G. Rao and H. Yue	Information Risk and Underwriter Switching in SEOs: Evidence from China	Journal of Business Finance & Accounting	Sep-Oct, 37, (7—8) 905	Article
1	光华管理学院	王汉生	Wang, H. S.; Tsai, C. L.	Model selection for generalized linear models with factor-augmented predictors' DISCUSSION	Applied Stochastic Models in Business and Industry	2009. 05—06 (VOL25, ISSUE3)	Editorial Material
1	光华管理学院	王汉生	Wang, HS	Forward Regression for Ultra-High Dimensional Variable Screening	Journal of the American Statistical Association	40148	Article
2	光华管理学院	郑金国	Wei, Jason; Zheng, Jinguo	Trading activity and bid-ask spreads of individual equity options	Journal of Banking & Finance	(2010)DEC, 34, (12)2897	Proceedings Paper
2	光华管理学院	路江涌	X. H. Liu, J. Y. Lu, I. Filatotchev, T. Buck and M. Wright	Returnee entrepreneurs, knowledge spillovers and innovation in high-tech firms in emerging economies	Journal of International Business Studies	Sep, 41, (7) 1183	Article
2	光华管理学院	路江涌	Xu, Bin and Jiangyong Lu	Foreign direct investment, processing trade, and the sophistication of China's exports	China Economic Review	2009. 10	Article
1	光华管理学院	刘玉珍	Y. J. Liu, C. L. Tsai, M. C. Wang and N. Zhu	Prior Consequences and Subsequent Risk Taking: New Field Evidence from the Taiwan Futures Exchange	Management Science	Apr, 56, (4) 606	Article

续表

作者排名	所在院系	中文姓名	作者	题目	期刊名称	期刊一图书统一编号	文章类型
1	光华管理学院	刘玉珍	Y. J. Liu, M. C. Wang and L. K. Zhao	Narrow Framing: Professions, Sophistication, and Experience	Journal of Futures Markets	Mar, 30, (3) 203	Article
2	光华管理学院	龚六堂	Y. L. Luo, L. T. Gong and H. F. Zou	A Note on Entrepreneurial Risk, Capital Market Imperfections, and Heterogeneity	Macroeconomic Dynamics	Apr, 14, (2) 269	Article
2	光华管理学院	张志学	Yang, J., Zhang, Z. X., & Tsui, A. S.	Middle manager leadership and frontline employee performance: Bypass, cascading, and moderating effects	Journal of Management Studies	2010	Article
1	光华管理学院	张俊妮	Zhang, J. L. and Haerdle, W. K.	The Bayesian Additive Classification Tree applied to credit risk modelling	Computational Statistics & Data Analysis	May 2010	Article
1	国际关系学院	贾庆国	Q. G. Jia	Exception to the rule: the Obama administration and China-US relations	Korean Journal of Defense Analysis	22, (2) 249	Article
1	国际关系学院	朱　锋	Zhu Feng	An Emerging Trend in East Asia: Military Budget Increases and Their Impact	Asian Perspective	(2009), 33, (4)	Article
1	国家发展研究院	姚　洋	A. Sun and Y. Yao	Health shocks and children's school attainments in rural China	Economics of Education Review	Jun, 29, (3) 375	Article
2	国家发展研究院	汪　浩	I. P. L. Png and H. Wang	Buyer Uncertainty and Two—Part Pricing: Theory and Applications	Management Science	Feb, 56, (2) 334	Article
2	国家发展研究院	曾　毅	K. Shen and Y. Zeng	The association between resilience and survival among Chinese elderly	Demographic Research	Jul, 16, 23, 105	Article
1	国家发展研究院	黄益平	Y. P. Huang	China's Great Ascendancy and structural risks: consequences of asymmetric market liberalisation	Asian—Pacific Economic Literature	May, 24, (1) 65	Article
1	国家发展研究院	黄益平	Y. P. Huang	Dissecting the China Puzzle: Asymmetric Liberalization and Cost Distortion	Asian Economic Policy Review	Dec, 5, (2) 281	Article
1	国家发展研究院	黄益平	Y. P. Huang and B. J. Wang	Cost Distortions and Structural Imbalances in China	China & World Economy	Jul—Aug, 18, (4) 1	Article
1	国家发展研究院	黄益平	Y. P. Huang and K. T. Tao	Factor Market Distortion and the Current Account Surplus in China	Asian Economic Papers	Fal, 9, (3) 1	Article

续表

作者排名	所在院系	中文姓名	作者	题目	期刊名称	期刊—图书统一编号	文章类型
1	国家发展研究院	姚　洋	Y. Yao and C. K. Wong	Productivity, Efficiency and Economic Growth in China	China Journal	Jan, 63, (227)	Book Review
1	国家发展研究院	曾　毅	Y. Zeng, D. A. Gu and L. K. George	Association of Religious Participation With Mortality Among Chinese Old Adults	Research on Aging	Jan, 33, (1) 51	Article
1	教育学院	鲍　威	B. Wei	Formational Mechanism and Regional Growth Patterns of Private Higher Education in China	Chinese Education and Society	(2009) Nov—Dec, 42, (6) 74	Article
1	教育学院	郭丛斌	C. B. Guo, M. C. Tsang and X. H. Ding	Gender disparities in science and engineering in Chinese universities	Economics of Education Review	Apr, 29, (2) 225	Article
3	教育学院	罗朴尚	C. F. Liu, L. X. Zhang, R. F. Luo, S. Rozelle and P. Loyalka	The effect of primary school mergers on academic performance of students in rural China	International Journal of Educational Development	Nov, 30, (6) 570	Article
1	教育学院	阎凤桥	F. Q. Yan	Policies on Private Education An Economics Analysis	Chinese Education and Society	(2009) Nov-Dec, 42, (6) 30	Article
1	教育学院	赵国栋	G. D. Zhao and Z. J. Jiang	From e-campus to e-learning: An overview of ICT applications in Chinese higher education	British Journal of Educational Technology	Jul, 41, (4) 574	Article
1	教育学院	刘明兴	M. X. Liu, J. Wang, R. Tao and R. Murphy	The Political Economy of Earmarked Transfers in a State-Designated Poor County in Western China: Central Policies and Local Responses	China Quarterly	(2009) Dec, (200) 973	Article
2	教育学院	刘明兴	Tao R, Su FB, Liu MX and Cao GZ	Land Leasing and Local Public Finance in China's Regional Development: Evidence from Prefecture-level Cities	Urban Studies	卷：47 期：10 页：22617—2236 出版年：SEP 2010	Article
3	教育学院	刘明兴	V. Shih, W. Shan and M. X. Liu	Gauging the Elite Political Equilibrium in the CCP: A Quantitative Approach Using Biographical Data	China Quarterly	(Mar, 201) 79	Article
2	教育学院	刘明兴	Y. P. Chen, M. X. Liu and Q. Zhang	Development of Financial Intermediation and the Dynamics of Urban-Rural Disparity in China, 1978—1998	Regional Studies	44, (9) 1171	Article

续表

作者排名	所在院系	中文姓名	作者	题目	期刊名称	期刊—图书统一编号	文章类型
3	经济学院	季　曦	Chen H(Chen, H.) 1, Chen GQ(Chen, G. Q.) 1, Ji X(Ji, X.)2	Cosmic emergy based ecological systems modelling	Communications in Nonlinear Science and Numerical Simulation	卷：15 期：9 页：2672—2700 出版年：SEP 2010	Article
2	经济学院	陈　东	J. Li, D. Chen and D. M. Shapiro	Product Innovations in Emerging Economies: The Role of Foreign Knowledge Access Channels and Internal Efforts in Chinese Firms	Management and Organization Review	Jul,6,(2) 243	Article
1	经济学院	季　曦	Ji X(Ji, Xi) 3, Chen GQ(Chen, G. Q.) 1,2	Unified account of gas pollutants and greenhouse gas emissions: Chinese transportation 1978—2004	Communications in Nonlinear Science and Numerical Simulation	卷：15 期：9 页：2710—2722 出版年：SEP 2010	Article
3	经济学院	夏庆杰	S. Appleton, L. N. Song and Q. J. Xia	Growing out of Poverty: Trends and Patterns of Urban Poverty in China 1988—2002	World Development	May,38,(5) 665	Article
1	经济学院	夏晓华	X. H. Xia, G. T. Huang and N. Duan	An evaluation of dynamic mutuality measurements and methods in cyclic time series	Communications in Nonlinear Science and Numerical Simulation	Dec,15,(12) 4020	Article
2	经济学院	夏晓华	Z. M. Chen, X. H. Xia, H. S. Tang, S. C. Li and Y. Deng	Emergy Based Ecological Assessment of Constructed Wetland for Municipal Wastewater Treatment: Methodology and Application to the Beijing Wetland	Journal of Environmental Informatics	Jun,15,(2) 62	Article
1	经济学院	董志勇	Z. Y. Dong, C. Wang and F. Xie	Do executive stock options induce excessive risk taking?	Journal of Banking & Finance	Oct,34,(10) 2518	Article
1	考古文博学院	张海	H. Zhang, A. Bevan, D. Fuller and Y. M. Fang	Archaeobotanical and GIS-based approaches to prehistoric agriculture in the upper Ying valley, Henan, China	Journal of Archaeological Science	Jul,37,(7) 1480	Article
1	考古文博学院	崔剑锋	J. F. Cui, T. Rehren, Y. Lei, X. L. Cheng, J. Jiang and X. H. Wu	Western technical traditions of pottery making in Tang Dynasty China: chemical evidence from the Liquanfang Kiln site, Xi'an city	Journal of Archaeological Science	Jul,37,(7) 1502	Article

续表

作者排名	所在院系	中文姓名	作者	题目	期刊名称	期刊—图书统一编号	文章类型
1	考古文博学院	崔剑锋	J. F. Cui, Y. Lei, Z. B. Jin, B. L. Huang and X. H. Wu	Lead Isotope Analysis of Tang Sancai Pottery Glazes from Gongyi Kiln, Henan Province and Huangbao Kiln, Shaanxi Province	Archaeometry	Aug, 52, (597)	Article
1	考古文博学院	张晓梅	Zhang XM (Zhang Xiao-mei), Yuan SX (Yuan Si-xun)	Research on the Silk Aging with X-Ray Diffraction Spectra	Spectroscopy and Spectral Analysis	40179	Article
2	考古文博学院	李水城	R. Flad, S. C. Li, X. H. Wu and Z. J. Zhao	Early wheat in China: Results from new studies at Donghuishan in the Hexi Corridor	Holocene	Sep, 20, (6) 955	Article
3	考古文博学院	周双林	T. X. Cui, Q. Yang, J. C. Yu, S. L. Zhou and C. H. Zhao	Microwear analysis of a bone-handled microblade excavated at Shangzhai site in Beijing: Evidences from ESEM	Science China-Earth Sciences	Sep, 53, (9) 1335	Article
	考古文博学院	何嘉宁	Vialet A (Vialet, Amelie), Guipert G (Guipert, Gaspard), He JN (He Jianing), Feng XB (FengXiaobo), Lu ZN (Lu Zune), Wang YP (Wang Youping), Li TY (Li Tianyuan), de Lumley MA (de Lumley, Marie-Antoinette), de Lumley H (de Lumley, Henry)	Homo erectus from the Yunxian and Nankin Chinese sites: Anthropological insights using 3D virtual imaging techniques	Comptes Rendus Palevol	SEP—NOV 2010	Article
1	考古文博学院	张晓梅	X. M. Zhang and S. X. Yuan	Measuring Quantitatively the Deterioration Degree of Ancient Silk Textiles by Viscometry	Chinese Journal of Chemistry	Apr, 28, (4) 656	Article

续表

作者排名	所在院系	中文姓名	作者	题目	期刊名称	期刊—图书统一编号	文章类型
1	考古文博学院	张晓梅	X. M. Zhang, X. N. Wei, Y. Lei, X. L. Cheng and Y. Zhou	Micro and Nondestructive Analysis of Blue Dyes from Silk Fabrics and Decorative Painting of Historic Building	Spectroscopy and Spectral Analysis	Dec, 30, (12) 3254	Article
1	考古文博学院	张弛	Z. Chi and H. C. Hung	The emergence of agriculture in southern China	Antiquity	Mar, 84, (323) 11	Article
1	考古文博学院	张晓梅	Zhang XM, Wyeth P	Using FTIR spectroscopy to detect sericin on historic silk	Science China-Chemistry	MAR 2010	Article
1	历史学系	金东吉	D. Kim	Stalin and the Chinese Civil War	Cold War History	10, (2) 185	Article
1	历史学系	尚小明	X. M. Shang	A New Trend in the "National Studies Fever" of the Post-May Fourth Era The Establishment of National Studies Departments in Universities and Its Outcomes	Chinese Studies in History	Sum, 43, (4) 6	Article
1	历史学系	黄洋	Y. Huang	Invention of Barbarian and Emergence of Orientalism: Classical Greece	Journal of Chinese Philosophy	Dec, 37, (4) 556	Article
1	历史学系	杨奎松	Yang KS (Yang, Kuisong), Xia YF (Xia, Yafeng)	Vacillating between Revolution and Detente: Mao's Changing Psyche and Policy toward the United States, 1969—1976	Diplomatic History	卷：34 期：2 页：395—423 出版年：APR 2010	Article
1	历史学系	高毅	Z. L. Zhang	China and France The Image of the Other	Chinese Studies in History	Spr, 43, (3) 97	Article
1	历史学系	赵倩	Z. Qian	A Review of Studies of the May Fourth Movement in China over the Past Decade	Chinese Studies in History	Sum, 43, (4) 73	Article
1	马克思主义学院	郇庆治	Q. Z. Huan	China's dilemma: economic growth, the environment and climate change	Environmental Politics	19, (3) 495	Book Review
1	马克思主义学院	郇庆治	Q. Z. Huan	Green CITYnomics: the urban war against climate change	Environmental Politics	19, (6) 1027	Book Review
1	马克思主义学院	郇庆治	Q. Z. Huan	Nature protests: the end of ecology in Slovakia	Environmental Politics	19, (4) 682	Book Review
1	人口研究所	刘岚	L. Liu, X. Y. Dong and X. Y. Zheng	Parental Care and Married Women's Labor Supply in Urban China	Feminist Economics	16, (3) 169	Article

续表

作者排名	所在院系	中文姓名	作者	题目	期刊名称	期刊—图书统一编号	文章类型
1	人口研究所	裴丽君	L. J. Pei, G. Chen, J. Mi, X. M. Song, J. PChen, C. FLi, T. g Zhang and X. Y Zheng	Low Birth Weight and Lung Function in Adulthood: Retrospective Cohort Study in China, 1948—1996.	Pediatrics	1098—4275. 125(4): 899—905	Article
1	人口研究所	裴丽君	L. J. Pei, G. Chen, X. M. Song, J. L. Wu, C. F. Li, J. Z. , J. Z. Lin, T. Zhang and X. Y Zheng	Effect of Pathoanatomic Diagnosis on the Quality of Birth Defects Surveillance in China	Biomedical and Environmental Science	22(6): 464—471	Article
1	人口研究所	廖一兰	Liao YL, Wang JF, Guo YQ, Zheng XY	Risk assessment of human neural tube defects using a Bayesian belief network	Stochastic Environmental Research and Risk Assessment	1436—3240	Article
1	人口研究所	廖一兰	Liao YL, Wang JF, Wu JL, Driskell L, Wang WY, Zhang T, Gu X, Zheng XY	Spatial analysis of Neural tube defects on a rural coal mining area	International Jounral of Environmental Health Research	0960—3123	Article
1	人口研究所	廖一兰	Liao YL, Wang JF, Wu JL, Wang JJ, Zheng XY	A comparison of methods for spatial relative risk mapping of human neural tube defects	Stochastic Environmental Research & Risk Assessment	1436—3240	Article
1	人口研究所	郑晓瑛	Liu JM, Ren AG, Yang L, Gao JJ, Pei LJ, Ye RG, Qu QY, Zheng XY	Urinary tract abnormalities in Chinese rural children who consumed melamine-contaminated dairy products: a population-based screening and follow-up study	Canadian Medical Association Journal	0820—3946	Article
1	人口研究所	刘天俐	Liu, T. L. Gatsonis, Constantine A.; Baylin, Ana; Buka, Stephen L.	Prenatal exposure to cigarette smoke and benign breast disease	Epidemiology	ISSN: 1044—3983	Article

续表

作者排名	所在院系	中文姓名	作者	题目	期刊名称	期刊—图书统一编号	文章类型
2	人口研究所	任　强	Q. Fu and Q. Ren	Educational inequality under China's rural-urban divide: the hukou system and return to education	Environment and Planning A	Mar, 42, (3) 592	Article
1	人口研究所	任　强	Ren, Q., J. Fan, Z. Z. Zhang, X. Y Zheng, and G. Robert DeLong	An Environmental Approach to Correcting Iodine Deficiency: Supplementing Iodine in Soil by Iodination of Irrigation Water in Remote Areas	Journal of Trace Elements in Medicine and Biology	Vol. 22(1): 1—8.	Article
1	人口研究所	郑晓瑛	Wang JF, Liu X, Christakos G, Liao YL, Gu X, Zheng XY	Assessing local determinants of neural tube defects in the Heshun Region, Shanxi Province, China	BMC public health	1471—2458	Article
1	人口研究所	郑晓瑛	Wang JF, Liu X, Liao YL, Chen HY, Li WX, Zheng XY	Prediction of Neural Tube Defect Using Support Vector Machine	Biomedical and Environmental Sciences	0895—3988	Article
2	社会学系	卢晖临	P. Ngai and H. L. Lu	Unfinished Proletarianization: Self, Anger, and Class Action among the Second Generation of Peasant-Workers in Present-Day China	Modern China	Sep, 36, (5) 493	Article
3	社会学系	李建新	LuoBF, Du L, Li JX te al.	Heritability of metabolic syndrome traits among healthy younger adults: a population based study in China	Journal of Medical Genetics	Jun, 47, (6), 605UR	Article
2	社会学系	卢晖临	N. A. Pun and H. L. Lu	A Culture of Violence: The Labor Subcontracting System and Collective Action by Construction Workers in Post-Socialist China	China Journal	Jul, 64, (143)	Article
1	外国语学院	申　丹	D. Shen	Implied Author, Overall Consideration, and Subtext of "Desiree's Baby"	Poetics Today	Sum, 31, (2) 285	Article
1	外国语学院	申　丹	D. Shen	Literary Cognition: Particular Context versus Conventional Context	Foreign Literature Studies	Oct, 32, (5) 122	Article
1	外国语学院	申　丹	D. Shen	"Overall-Extended Close Reading" and Subtexts of Short Stories	English Studies	(Fall, 2010) 91, (2)150	Article
1	外国语学院	郝田虎	Hao TH	Hesperides, or the Muses' Garden and its Manuscript History	Library	vol. 10, no. 4, Dec. 2009	Article

续表

作者排名	所在院系	中文姓名	作者	题目	期刊名称	期刊—图书统一编号	文章类型
1	外国语学院	高一虹	Y. H. Gao and Q. F. Wen	Co-Responsibility in the Dialogical Co-Construction of Academic Discourse	Tesol Quarterly	(2009) Dec,43,(4) 700	Editorial Material
1	哲学系（宗教学系）	周北海	B. H. Zhou and Y. Mao	Four semantic layers of common nouns	Synthese	Jul,175,(1) 47	Article
1	哲学系（宗教学系）	吴　飞	F. Wu	Augustine on History and Music: A Comparative Study of Epistles 138. 5,166. 13 and De Civitate Dei 11. 18	Logos &Pneuma-Chinese Journal of Theology	(Fal,33) 251	Article
1	哲学系（宗教学系）	叶　峰	F. Ye	What anti-realism in philosophy of mathematics must offer	Synthese	Jul,175,(1) 13	Article
1	哲学系（宗教学系）	叶　峰	F. Ye	The Applicability of Mathematics as a Scientific and a Logical Problem dagger	PhilosophiaMathematica	Jun,18,(2) 144	Article
2	哲学系（宗教学系）	王彦晶	F. Dechesne, YJ. Wang	To know or not to know: epistemic approaches to security protocol verification	Synthese	177(S1)	Article
1	哲学系（宗教学系）	孙尚扬	S. Y. Sun	The Apostate NieYuntai's Comparison between Christianity and Buddhism and its Inspiration to Sino-Christian Theology	Logos &Pneuma-Chinese Journal of Theology	(Fal,33) 145	Article
1	哲学系（宗教学系）	孙尚扬	S. Y. Sun	Introduction to the Main Theme	Logos &Pneuma-Chinese Journal of Theology	(Fal,33) 145	Article
2	政府管理学院	朱天飚	D. H. Whittaker, T. B. A. Zhu, T. Sturgeon, M. H. Tsai and T. Okita	Compressed Development	Studies in Comparative International Development	Dec,45,(4) 439	Article
1	中国语言文学系	汪　锋	F. Wang	FROM LITERAL/COLLOQUIAL READINGS TO HISTORICAL STRATA	Journal of Chinese Linguistics	Jan,37,(1)	Review
1	中国语言文学系	王洪君	H. J. Wang and F. Wang	The Center for Chinese Linguistics at Peking University	Journal of Chinese Linguistics	Jun,38,(2) 404	Editorial Material
1	中国语言文学系	张慧丽	H. L. Zhang	Active Articulator Model and Some Issues with the International Phonetic Alphabet	Language and Linguistics	Oct,11,(4) 653	Article
1	中国语言文学系	李　零	L. Ling	Confucius's Discussions of Propriety	Contemporary Chinese Thought	(2009) Win,41,(2) 66	Article

续表

作者排名	所在院系	中文姓名	作者	题目	期刊名称	期刊—图书统一编号	文章类型
1	中国语言文学系	李　零	L. Ling	Confucius's Political Worries	Contemporary Chinese Thought	(2009) Win,41,(2) 79	Article
1	中国语言文学系	李　零	L. Ling	Gentlemen and Petty Men	Contemporary Chinese Thought	(2009) Win,41,(2) 54	Article
1	中国语言文学系	李　零	L. Ling	The Explanation of "Sang jiagou" [The Homeless Dog]	Contemporary Chinese Thought	(2009) Win,41,(2) 43	Article
1	中国语言文学系	李　零	L. Ling	The Real Confucius Introduction	Contemporary Chinese Thought	(2009) Win,41,(2) 18	Editorial Material
1	中国语言文学系	李　零	L. Ling	The Thirteen Sages of the House of Confucius	Contemporary Chinese Thought	(2009) Win,41,(2) 30	Article
1	中国语言文学系	李　零	L. Ling	What We Can Learn From the Analects	Contemporary Chinese Thought	(2009) Win,41,(2) 91	Article
2	中国语言文学系	孔江平	Yiu EML (Yiu, Edwin M. -L.), Kong JP (Kong, Jiangping), Fong R (Fong, Raymond), Chan KMK (Chan, Karen M. K.)	A preliminary study of a quantitative analysis method for high speed laryngoscopic images	International Journal of Speech-Language Pathology	12(6)	Article

表 8-78 北京大学 2011 年度主办的国际(双边)学术会议

会议名称	时间	主办单位
田野、理论、方法：中法社会学人类学家学术研讨会	4月	社会学系
性别与语言工作坊：语言、性别与信息技术	10月	外国语学院
第一届中国新闻史国际学术研讨会：成舍我先生与民国新闻史	4月	新闻与传播学院
2011 年中国文化产业新年论坛	1月	文化产业研究院
第五届北京大学—首尔大学—东京大学哲学青年学者会议(BESETO)	1月	哲学系 外国哲学研究所
第三届人文体育高层论坛——体育与人的全面发展	5月	体育教研部
全球视野：河姆渡文化国际学术论坛	5月	考古文博学院
《儒藏》精华编韩日越之部编纂工作会议	1月	哲学系、儒藏中心
北京大学国际模拟联合国大会	3月	国际关系学院
全球视野下的青铜时代	11月	考古文博学院
2011 管理科学与风险国际会议	10月	光华管理学院
东亚道文化国际学术研讨会	9月	外国语学院
中印青年泰戈尔研究国际学术研讨会	10月	外国语学院
世界文学的兴起	6月	外国语学院
有关国内软法的国际研讨会	5月	法学院
亚太经合组织生命科学创新论坛健康创新投资专家会	3月	人口研究所
2011 数码游戏化学习国际学术会议	12月	教育学院
2011 年北京大学国际语言传播学前沿论坛	5月	新闻与传播学院
互联网与社会：挑战、转型与发展	5月	新闻与传播学院
北京大学文教大学日语教学实习 20 周年暨 2011 日本学国际学术研讨会	3月	外国语学院
美感、真理与表达——现象学与艺术学学术会议	5月	美学基地
近三十年国际汉学研究的理论、方法与实践：中国学者与德国女汉学家论坛	5月	历史学系 国际汉学家研修基地
中日战争史料整理与研究年度工作国际研讨会	5月	历史学系
东亚历史上区域间的认识与互动国际学术讨论会	11月	历史学系
中美关系与世界秩序	6月	国际关系学院
辛亥革命与世界	10月	历史学系
第八届公益事业与彩票产业高层论坛暨国际学术研讨会	10月	政府管理学院
北京大学两岸文化创意产业精英论坛	6月	艺术学院
中美在中东与中亚地区的合作潜力	8月	国际关系学院
中韩民生与民主国际学术研讨会	8月	政府管理学院
世界新能源战略与东北亚区域发展学术研讨会	7月	国际关系学院
北京大学—乔治城大学卡布斯讲席学术研讨会	12月	外国语学院
21 世纪之思想的课题—转换期之价值意识	9月	哲学系(宗教学系)
老有所为在中国国际学术研讨会	8月	社会学系
国际金融危机下企业所得税法的改革难题与机遇国际研讨会	10月	法学院
中欧媒介法规比较研究国际研讨会	9月	政府管理学院
北京大学文教大学日语教学实习 20 周年暨 2011 日本学国际学术研讨会	11月	外国语学院
2011 亚太民族音乐学术研讨会	10月	艺术学院
中印关系两千年：历史与文化的互动国际学术研讨会	10月	外国语学院
社会化媒体与社会公益高峰论坛	12月	新闻与传播学院
可持续、负责任的中国对外投资：机遇与挑战研讨会	11月	经济学院
2011 北京大学中日韩城市信息化高层论坛	11月	信息管理系

表 8-79 北京大学 2011 年度人文社会科学研究机构名单

所在单位	机构名称	负责人
跨学科	国学研究院	袁行霈
外国语学院	阿拉伯伊斯兰文化研究所	吴冰冰
外国语学院	朝鲜(韩国)文化研究所	王　丹
外国语学院	日本文化研究所	金　勋
外国语学院	俄罗斯文化研究所	查晓燕
外国语学院	印度尼西亚—马来西亚文化研究所	罗　杰
外国语学院	南亚文化研究所	王邦维
外国语学院	伊朗文化研究所	王一丹
外国语学院	英语语言文学研究所	高峰枫
外国语学院	东南亚研究所	吴杰伟
外国语学院	泰国研究所	薄文泽
外国语学院	澳大利亚研究中心	胡壮麟
外国语学院	世界传记研究中心	赵白生
外国语学院	西班牙语研究中心	王　军
外国语学院	中世纪研究中心	高峰枫
外国语学院	蒙古学研究中心	王　浩
外国语学院	印度研究中心	王邦维
外国语学院	巴西文化研究中心	丁文林
外国语学院	梵文贝叶经及佛教文献研究所	段　晴
外国语学院	古代东方文明研究所	拱玉书
外国语学院	法语语言文化研究中心	段映红
外国语学院	英语教育研究所	王逸梅
外国语学院	外国戏剧和电影研究所	程朝翔
外国语学院	外国语言学及应用语言学研究所	彭广陆
外国语学院	语言中心	程朝翔
外国语学院	新西兰研究中心	刘树森
外国语学院	巴基斯坦研究中心	唐孟生
外国语学院	加拿大研究中心	陈燕萍
外国语学院	希伯来与犹太文化研究所	陈贻绎
外国语学院	法国文化研究中心	段映红
艺术学院	书法艺术研究所	王岳川
艺术学院	京昆古琴研究所	楼宇烈
艺术学院	影视戏剧研究中心	陈旭光
艺术学院	电视研究中心	俞　虹
艺术学院	汉画研究所	朱青生
新闻与传播学院	文化与传播研究所	龚文庠
新闻与传播学院	现代出版研究所	肖东发
新闻与传播学院	市场与媒介研究中心	谢新洲
新闻与传播学院	世界华文传媒研究中心	程曼丽
新闻与传播学院	创意产业研究中心	杨伯溆
新闻与传播学院	中国竞争情报和竞争力研究中心	谢新洲
新闻与传播学院	现代广告研究所	陈　刚
新闻与传播学院	新媒体营销传播研究中心	陈　刚
新闻与传播学院	新闻学研究会	邵华泽
新闻与传播学院	视听传播研究中心	陆　地
人口研究所	中国人口健康与发展研究中心	郑晓瑛
人口研究所	老年学研究所	陈　功

续表

院系	机构名称	负责人
人口研究所	中国残疾人事业发展研究中心	张国有
马克思主义学院	社会发展研究所	易杰雄
马克思主义学院	社会经济与文化研究中心	陈占安
马克思主义学院	中国民营企业研究所	钱淦荣
马克思主义学院	中国当代文化发展研究中心	孙熙国
教育学院	德国研究中心	陈洪捷
教育学院	中国教育与人力资源研究与咨询中心	朱　红
教育学院	基础教育与教师教育研究中心	陈向明
教育学院	企业与教育研究中心	吴　峰
教育学院	数字化学习研究所	汪　琼
教育学院	教育领导与政策研究所	陈学飞
教育学院	国际高等教育研究中心	马万华
教育学院	教育信息化国际研究中心	贾积有
教育学院	中国博士教育研究中心	陈洪捷
国家发展研究院	健康老龄与发展研究中心	曾　毅
对外汉语教育学院	汉语教学研究中心	李晓琪
体育教研部	体育科学研究所	郝光安
信息管理学院	信息化与人类信息行为研究所	陈建龙
信息管理学院	信息化与信息管理研究中心	王益明
信息管理学院	信息产业战略研究中心	王子舟
图书馆	数字图书馆研究所	王义遒
图书馆	亚洲史地文献研究中心	朱　强
图书馆	中国影视资料研究中心	朱　强
城市与环境学院	历史地理研究所	岳升阳
深圳研究生院	中国直销行业发展研究中心	海　闻
党委宣传部	文化研究与发展中心	赵为民
中古史研究中心	出土文献研究所	朱凤瀚
跨学科	东方学研究院	王邦维
跨学科	老龄问题研究中心	林钧敬
跨学科	文化产业研究院	叶　朗
跨学科	欧美文学研究中心	申　丹
跨学科	亚太研究院	李　玉
跨学科	中国产业发展研究中心	刘春航
跨学科	贫困地区发展研究院	朱善利
跨学科	诗琳通科技文化交流中心	林建华　薄文泽
跨学科	中国埃德加·斯诺研究中心	李岩松
跨学科	韩半岛研究中心	牛大勇　程朝翔
跨学科	高等人文研究院	杜维民
跨学科	儒学研究院	汤一介
中国语言文学系	中国古代文体研究中心	葛晓音
中国语言文学系	跨文化研究中心	乐黛云
中国语言文学系	语文教育研究所	温儒敏
中国语言文学系	中国诗歌研究院	谢　冕
中国语言文学系	文化资源研究中心	李　零
中国语言文学系	二十世纪中国文化研究中心	陈平原
中国语言文学系	数据分析研究中心	李小凡
中国语言文学系	中国古代思想文化研究所	李　零

续表

院系	机构名称	负责人
中国语言文学系	电影与文化研究中心	戴锦华
中国语言文学系	北京大学—香港理工大学汉语语言研究中心	王洪君　沈　阳
中国语言文学系	文学艺术批评理论中心	张旭东
历史学系	世界现代化进程研究中心	董正华
历史学系	东北亚研究所	宋成有
历史学系	当代企业文化研究所	王天有
历史学系	现代史料研究中心	印红标
历史学系	中外关系史研究所	王晓秋
历史学系	希腊研究中心	彭小瑜
历史学系	国际东亚学研究中心	郝　斌
历史学系	历史文化研究所	张希清
历史学系	明清研究中心	徐　凯
历史学系	东南亚学研究中心	梁志明
历史学系	拉丁美洲研究中心	林被甸
历史学系	中外妇女问题研究中心	岳素兰
历史学系	历史地理与古地图研究中心	李孝聪
历史学系	中国传统艺术文化研究所	杨重光
历史学系	中韩历史文化研究中心	王春梅
历史学系	孙子兵法研究中心	刘华祝
历史学系	台海两岸现代化研究中心	杨奎松
考古文博学院	陶瓷考古研究所	权奎山
考古文博学院	震旦古代文明研究中心	李伯谦
考古文博学院	宗教考古研究所	杭　侃
考古文博学院	中国古代玉器暨玉文化研究中心	赵朝洪
考古文博学院	文化遗产保护研究中心	孙　华
考古文博学院	公众考古与艺术中心	徐天进
考古文博学院	视觉与图像研究中心	朱青生
哲学系(宗教学系)	人学研究中心	黄枬森　陈志尚
哲学系(宗教学系)	中国哲学暨文化研究所	李中华
哲学系(宗教学系)	应用伦理学研究中心	赵敦华
哲学系(宗教学系)	现代科学与哲学研究中心	赵光武
哲学系(宗教学系)	科学传播中心	吴国盛
哲学系(宗教学系)	儒商文化研究中心	胡　军
哲学系(宗教学系)	儒学研究中心	陈　来
哲学系(宗教学系)	法国哲学研究中心	杜小真
哲学系(宗教学系)	道家研究中心	王　博
哲学系(宗教学系)	佛教研究中心	姚卫群
哲学系(宗教学系)	宗教文化研究院	楼宇烈　张志刚
哲学系(宗教学系)	佛学教育研究中心	李四龙
哲学系(宗教学系)	马克思主义哲学研究中心	黄枬森
国际关系学院	日本研究中心	李　玉
国际关系学院	韩国学研究中心	杨通方
国际关系学院	国际组织研究中心	王　杰
国际关系学院	台湾研究院	刘　伟　李义虎
国际关系学院	中国与世界研究中心	潘　维
国际关系学院	美国研究中心	袁　明
国际关系学院	非洲研究中心	陆庭恩

续表

院系	机构名称	负责人
国际关系学院	华侨华人研究中心	周南京
国际关系学院	东西方文化研究中心	梁守德
国际关系学院	国际和平与安全中心	梁守德
国际关系学院	当代俄罗斯研究中心	黄宗良
国际关系学院	中国战略研究中心	叶自成
国际关系学院	国际战略研究中心	王缉思
国际关系学院	东北亚区域一体化研究中心	王正毅
国际关系学院	中美人文交流研究基地	贾庆国
经济学院	经济研究所	雎国余
经济学院	外国经济学说研究中心	王志伟
经济学院	市场经济研究中心	晏智杰　郑学益
经济学院	国际经济研究所	王跃生
经济学院	中国金融研究中心	胡　坚
经济学院	中国信用研究中心	章　政
经济学院	中国国民经济核算与经济增长研究中心	李德水
经济学院	中国保险与社会保障研究中心	孙祁祥
经济学院	产业与文化研究所	黄桂田
经济学院	金融与产业发展研究中心	何小锋
经济学院	经济与人类发展研究中心	刘民权
经济学院	公共财政研究中心	林双林
光华管理学院	国际经营管理研究所	张国有
光华管理学院	国际会计与财务研究中心	王立彦
光华管理学院	金融与证券研究中心	曹凤岐
光华管理学院	金融数学与金融工程研究中心	徐信忠
光华管理学院	管理科学研究中心	厉以宁
光华管理学院	工商管理研究所	张维迎
光华管理学院	中国中小企业促进中心	朱善利
光华管理学院	管理案例研究中心	江明华
光华管理学院	市场与网络经济研究中心	张维迎
光华管理学院	二十一世纪创业投资研究中心	朱善利
光华管理学院	华人企业管理研究中心	厉以宁
光华管理学院	中国低碳发展研究中心	王建国
光华管理学院	国家高新区发展战略研究院	武常岐
光华管理学院	中国经济与 WTO 研究所	单忠东
光华管理学院	中国卫生经济研究中心	刘国恩
光华管理学院	(中美)新市场经济与管理研究中心	王建国
光华管理学院	北京大学光华—宝岛企业信息战略和创新研究中心	李　东
光华管理学院	商务智能研究中心	陈　嵘
光华管理学院	战略研究所	于鸿君
光华管理学院	流通经济与管理研究中心	陈丽华
光华管理学院	经济政策研究所	陈玉宇
光华管理学院	联泰供应链应用系统研究发展中心	李　东

续表

院系	机构名称	负责人
光华管理学院	财务分析与投资理财研究中心	陆正飞
光华管理学院	金融发展研究院	刘玉珍
法学院	国际法研究所	李　鸣
法学院	犯罪问题研究中心	康树华　赵国玲
法学院	比较法与法社会学研究所	朱苏力
法学院	科技法研究中心	张　平
法学院	法学院金融法研究中心	吴志攀
法学院	资源、能源与环境法研究中心	汪　劲
法学院	税法研究中心	刘隆亨
法学院	法学院劳动法与社会保障法研究所	叶静漪
法学院	法学院人权与人道法研究中心	龚钢刃
法学院	国际经济法研究所	邵景春
法学院	法学院非营利组织法研究中心	金锦萍
法学院	海商法研究中心	郭　瑜
法学院	人民代表大会与议会研究中心	张千帆
法学院	实证法务研究所	白建军
法学院	世界贸易组织法研究中心	邵景春
法学院	近代法研究所	李贵连
法学院	法律经济学研究中心	邓　峰
法学院	房地产法研究中心	楼建波
法学院	财经法研究中心	刘剑文
法学院	法学院公众参与研究与支持中心	王锡锌
法学院	法学院民法研究中心	尹　田
法学院	公司财务与公司法研究中心	刘　燕
法学院	中美法律与政策联合研究中心	杰弗里·雷蒙　吴志攀　朱苏力等
法学院	北大—耶鲁法律与政策改革联合研究中心	Paul Gewirtz　王锡锌
法学院	廉洁社会研究中心	梁根林
法学院	法学院软法研究中心	姜明安
法学院	竞争法研究中心	肖江平
法学院	企业与公司法研究中心	甘培忠
法学院	慈善、体育与法律研究中心	凌　斌
法学院	国际知识产权研究中心	郑胜利　刘江彬
法学院	教育法治研究中心	湛中乐
法学院	法治研究中心	强世功
法学院	中国企业法律风险管理研究中心	蒋大兴
法学院	港澳研究中心	饶戈平
法学院	法治与发展研究院	张守文
社会学系	社会调查研究中心	王汉生
社会学系	社会理论研究中心	谢立中
社会学系	人类学与民俗研究中心	蔡　华
社会学系	北京大学—香港理工大学社会工作研究中心	王思斌
社会学系	中国工人与劳动研究中心	佟　新

续表

院系	机构名称	负责人
社会学系	企业社会责任与雇主品牌传播研究中心	王汉生
社会学系	多元文化教育研究中心	钱民辉
社会学系	口述史研究中心	杨善华
社会学系	中国宗教与社会研究中心	方　文
政府管理学院	电子政务研究院	杨凤春
政府管理学院	欧洲研究中心	李　强
政府管理学院	企业与政府研究所	路　风
政府管理学院	人力资源开发与管理研究中心	肖鸣政
政府管理学院	政党研究中心	金安平
政府管理学院	政府绩效评估中心	周志忍
政府管理学院	中国公益彩票事业研究所	沈明明
政府管理学院	公民社会研究中心	袁瑞军
政府管理学院	地方政府治理与创新研究中心	万鹏飞
政府管理学院	中国城市管理研究中心	李国平
政府管理学院	公共管理研究中心	张国庆
政府管理学院	国家扶贫开发研究中心	江荣海
政府管理学院	国家干部考核研究中心	燕继荣
政府管理学院	中国政府治理研究中心	徐湘林
政府管理学院	中国改革理论与实践研究中心	李成言
外国语学院	阿拉伯伊斯兰文化研究所	吴冰冰
外国语学院	朝鲜(韩国)文化研究所	王　丹
外国语学院	日本文化研究所	金　勋
外国语学院	俄罗斯文化研究所	查晓燕
外国语学院	印度尼西亚—马来西亚文化研究所	罗　杰
外国语学院	南亚文化研究所	王邦维
外国语学院	伊朗文化研究所	王一丹
外国语学院	英语语言文学研究所	高峰枫
外国语学院	东南亚研究所	吴杰伟
外国语学院	泰国研究所	薄文泽
外国语学院	澳大利亚研究中心	胡壮麟
外国语学院	世界传记研究中心	赵白生
外国语学院	西班牙语研究中心	王　军
外国语学院	中世纪研究中心	高峰枫
外国语学院	蒙古学研究中心	王　浩
外国语学院	印度研究中心	王邦维
外国语学院	巴西文化研究中心	丁文林
外国语学院	梵文贝叶经及佛教文献研究所	段　晴
外国语学院	古代东方文明研究所	拱玉书
外国语学院	法语语言文化研究中心	段映红
外国语学院	英语教育研究所	王逸梅
外国语学院	外国戏剧和电影研究所	程朝翔
外国语学院	外国语言学及应用语言学研究所	彭广陆

续表

院系	机构名称	负责人
外国语学院	语言中心	程朝翔
外国语学院	新西兰研究中心	刘树森
外国语学院	巴基斯坦研究中心	唐孟生
外国语学院	加拿大研究中心	陈燕萍
外国语学院	希伯来与犹太文化研究所	陈贻绎
外国语学院	法国文化研究中心	段映红
艺术学院	书法艺术研究所	王岳川
艺术学院	京昆古琴研究所	楼宇烈
艺术学院	影视戏剧研究中心	陈旭光
艺术学院	电视研究中心	俞　虹
艺术学院	汉画研究所	朱青生
新闻与传播学院	文化与传播研究所	龚文庠
新闻与传播学院	现代出版研究所	肖东发
新闻与传播学院	市场与媒介研究中心	谢新洲
新闻与传播学院	世界华文传媒研究中心	程曼丽
新闻与传播学院	创意产业研究中心	杨伯溆
新闻与传播学院	中国竞争情报和竞争力研究中心	谢新洲
新闻与传播学院	现代广告研究所	陈　刚
新闻与传播学院	新媒体营销传播研究中心	陈　刚
新闻与传播学院	新闻学研究会	邵华泽
新闻与传播学院	视听传播研究中心	陆　地
人口研究所	中国人口健康与发展研究中心	郑晓瑛
人口研究所	老年学研究所	陈　功
人口研究所	中国残疾人事业发展研究中心	张国有
马克思主义学院	社会发展研究所	易杰雄
马克思主义学院	社会经济与文化研究中心	陈占安
马克思主义学院	中国民营企业研究所	钱淦荣
马克思主义学院	中国当代文化发展研究中心	孙熙国
教育学院	德国研究中心	陈洪捷
教育学院	中国教育与人力资源研究与咨询中心	朱　红
教育学院	基础教育与教师教育研究中心	陈向明
教育学院	企业与教育研究中心	吴　峰
教育学院	数字化学习研究所	汪　琼
教育学院	教育领导与政策研究所	陈学飞
教育学院	国际高等教育研究中心	马万华
教育学院	教育信息化国际研究中心	贾积有
教育学院	中国博士教育研究中心	陈洪捷
国家发展研究院	健康老龄与发展研究中心	曾　毅
对外汉语教育学院	汉语教学研究中心	李晓琪
体育教研部	体育科学研究所	郝光安
信息管理学院	信息化与人类信息行为研究所	陈建龙
信息管理学院	信息化与信息管理研究中心	王益明

续表

院系	机构名称	负责人
信息管理学院	信息产业战略研究中心	王子舟
图书馆	数字图书馆研究所	王义遒
图书馆	亚洲史地文献研究中心	朱　强
图书馆	中国影视资料研究中心	朱　强
城市与环境学院	历史地理研究所	岳升阳
深圳研究生院	中国直销行业发展研究中心	海　闻
党委宣传部	文化研究与发展中心	赵为民
中古史研究中心	出土文献研究所	朱凤瀚

医 院 管 理

【发展概况】 北京大学医学部医院管理处是北京大学医学部对所属医院实行管理、组织、协调的医疗行政管理部门，是北京大学医院管理专家委员会、北京大学医院管理研究中心、北京大学医学部医院医疗质量管理委员会、中国医院协会大学附属医院分会、PUHSC-JCI研究所的日常办事机构，以及北京市外国医师在京短期行医资格考试中心，在学校党政和医学部主管主任的领导下开展工作。2011年，北京大学医学部医院管理处在深化医药体制改革的新形势下，贯彻执行"服务国家战略，坚持科学发展，创建世界一流大学"的总体目标，充分发挥北京大学医学部的资源优势，以高度的社会责任感和使命感高质量地完成各级政府交办的任务；继续加强所属医院医疗安全和医疗服务质量的持续改进；积极组织所属医院医疗及护理工作管理人员医疗质量管理与培训；积极进行医疗护理服务管理新模式的探索。

【医改工作】 2011年，随着国家医药卫生体制改革不断深入，合法、科学、规范地管理医疗卫生行业已经列入卫生行政部门的首要工作。卫生部医管司向全国公开发布《三级综合医院评审标准(2011版)》，卫生部重新启动医院评审工作是医疗体制改革全面战略部署的重要组成部分，也为医院管理走向科学、合理、安全、高效、高质量内涵建设指明了方向。医院管理处与卫生部医管司积极沟通，获得全国三级医院评审标准评审员培训项目承办权利，将于2012年年初在医管司主办、北京大学医学部承办下完成全国6期医院评审员的培训工作，为全国三级综合医院认真领会卫生部评审标准，真正做到以评促建奠定基础。

积极组织相关人员参与卫生部相关项目工作，完成卫生部交办的相关任务，医管处李岩副处长参与三级医院标准的起草全程，并被聘为医院评审专家成员，参与卫生部试点医院评审工作，也应邀为卫生部保健局起草了《关于加强干部医疗保健工作管理的指导意见》等。

完成北京市政府交办的《北京市突发公共事件医疗卫生救援应急预案》起草工作，积极参与北京市病案质控中心对全市病案检查及优秀病历评选工作。

继续完成北京地区外国医师在京短期行医资格考试题库建立工作，目前已建立一支相对稳定的专家队伍。2011年度共完成2期考试、13个考试科目，完成了73位考生报名审核工作、94人次考官协调工作、26人次考务人员管理工作，同时参与起草卫生部国家外国医师考试管理办法的工作。

继续加强中央保健工作，协调安排卫生部保健局下达的专家会诊任务和保健知识讲座等健康教育工作。协调组织各医院医疗队参与"两会"医疗卫生保障工作。协助中央保健委员会评选及表彰中央保健工作先进集体和先进个人的工作。医学部各附属医院共7人获得了"中央保健工作先进个人"称号。召开专题会议，加强北京大学口腔医院中央保健工作。组织各医院保健负责人参加卫生部保健局开展的病情报告培训，经过培训，各医院保健负责人对如何规范书写病情报告有了更具体的认识，并将培训内容传达至医院相关人员。

【培训工作】 充分利用大学附属医院协会及北京大学医院管理研究中心平台，邀请了卫生部医管司领导及参与医院评审标准主笔的专家，先后在北京地区举办了2期"落实卫生部三级综合医院评审标准培训班"，来自全国近十几个省市的160名学员参加了该培训班，并得到了学员的高度评价。

继国家重点学科遴选、三级医院评审标准出台后，卫生部计划在"十二五"期间完成全国三级医院复审工作，并在此基础上在全国千余家三级医院中遴选出百家代表国家最高医疗技术和管理水平的优质医院，这次遴选工作将在2012年启动。为把握医改发展机遇，提升所属医院医疗护理管理水平，协助所属医院积极入围国家级优质医院行列，医管处在第一时间聘请到卫生部医管司评价主管领导和参与国家优质医院标准起草专家专程来医学部进行标准讲解。本次培训有240人左右参加，学员们通过培训获得了准确、全面的评审标准信息，对提高标准的解读能力、提高对国家优质医院评选工作的准备能力、拓展管理思路起到了促进作用。

【质量管理】 继续进行年度医院应急能力检查及手术洁净部检查，检查的重点依然在急会诊的反应能力上。并在往年应急能力检查工作的基础上，增加了运行病历的专项抽查。检查结果表明各医院管理、运行状态良好。对本次检查中各医院的不足之处，特别是围手术期病历书写、院感等提出了相应整改意见。

为了更好地适应当前医改形势，不断提高医管处医疗管理工作的水平，以便为各医院保持和不断提升医疗质量做好保障工作，医管处工作人员于2011年走访了各医院医务处。在座谈中，不仅密切结合当前医改形势，并就医疗质量管理、医患关系、护理管理等热点话题进行讨论，而且将近年各家医院在医管处医疗质量检查中发现的问题和改进情况面对面地向各医院医务处人员做了系统的分析，听取大家对医管处以往工作的意见，以及对今后工作的建议。医管处结合这次走访的建议，对下半年的工作进行了相应调整。

组织各医院护理部主任就目前护理管理工作中的经验进行了交流，同时对拟开展的“各附属医院护士工作内容及工作量调查”项目的可行性及量表等进行了讨论，并提出了意见和建议。

【合作共建】 北京大学深圳医院顺利完成三级甲等医院的评审，成为三甲医院。同时完成了北京大学深圳医院全员护士长在北京大学医学部体系内的培训，正在进行全员行政正副科主任的北医培训。

北京大学医学部与首钢总公司在合作10年的基础上，签订了新一轮合作协议。新的合作将有助于北京大学首钢医院医疗水平的进一步提高，也会为我国医疗体制改革探索做出应有贡献。

“天津市塘沽区人民政府—北京大学医学部共建医院”进入第三年，在这关键的一年，医学部委派张俊处长担任该院院长、法人。因面临将要接受天津市卫生行政部门等级评审确认，为此，医管处副处长李岩作为三级甲等医院评审准备工作顾问于2011年7月份正式全面介入有关医院三甲办的管理工作中，坚持每月2～3次现场指导，进行了近200余次的邮件指导，并为此项工作的顺利实施做了全面计划及实施方案。经过近5个月的工作，在文件整理、有关问题培训、管理规范化、应急演练、抗生素有效治理等各项工作实施上已经初见成效，其进步幅度已经得到天津市卫生局检查专家的充分肯定。有关三甲准备工作正在按照计划积极推进。

科 技 开 发

【发展概况】 2011年，科技开发部和医学部科研处技术转移办公室通过参加全国各省市的科技成果展洽会、组织与国内外企业专场对接、参加地区技术转移联盟等多种形式和渠道推广北京大学高新技术成果，促进北京大学科技成果为社会服务。对内加强技术合同的审查与管理，规避学校风险。规范管理项目经费使用，为教师提供全面服务，促进学校的教学与科研。继科技开发部被科技部评定为“国家技术转移示范机构”之后，2011年6月，北京大学医学部科研处技术转移办公室荣获科技部第三批“国家技术转移示范机构”称号。

2011年，科技开发部和医学部科研处技术转移办公室共签订技术合同1003项，合同额48477万元，现金到款额21380万元，技术入股金额2675万元。其中校本部签订技术合同572项，合同额28677万元，现金到款额15454万元，技术入股金额2675万元；医学部签订技术合同431项，合同额19800万元，现金到款额4459万元。

【科技成果】 2011年，科技开发部继续组织院系科研调研专题项目，于2011年5月组织上一年度项目结题会议，并进行当年课题申请工作。2011年度共有6个院系申请了新课题。通过这些课题，开展院系科研状况调研工作，深入了解各院系科研状况、科研团队、应用科研情况和政策、专利申请和使用等方面的情况，从中寻找可以与地方政府企业合作的项目和契机，为促进北大的社会服务打下基础。

2011年，通过各种渠道收集北京大学可应用科技成果共计60多项，涉及物理、化学、石油、信息、能源、规划、环保、生物医药、物联管理等领域。

【科技合作】 2011年，科技开发部积极宣传推广学校科技成果,以多种形式促进与地方、企业的产学研合作。

1. 参加科技成果展洽会。2011 年,科技开发部积极组织参加全国各省市的科技成果展洽会 30 余次,与国内外企业进行交流协作,与当地政府和企业进行对接,推广学校成果,促进北京大学科技成果为社会服务。主要参加的会议包括第十四届中国北京国际科技产业博览会、2011 中国国际工业博览会、第三届中国江苏产学研合作成果展示洽谈会、第九届中国海峡项目成果交易会、河南省承接产业和技术转移合作交流洽谈会、2011 中国(长沙)科技成果转化交易会、2011 年石家庄医药健康产业合作与发展洽谈会、第十一届中国(合肥)自主创新要素对接会、2011 中国常州先进制造技术成果展示洽谈会、第十届中国(淄博)新材料技术论坛暨国际科技成果招商洽谈会、第十二届中国·金华工业科技合作洽谈会等。

2. 加入技术转移联盟。2011 年,科技开发部除了通过参加各地的科技成果展示洽谈会、接待来访、网上技术市场信息发布等方式积极宣传推广学校科技成果外,还参加了不同形式的新兴技术转移联盟,与其他高校一起协同宣传和推广北京大学的科技成果。北京大学已经参加的技术转移联盟有:作为理事长单位参加"中国高校技术转移中心长沙联盟"、作为副理事长单位参加"中原经济区技术转移服务联盟"、作为副理事长单位参加"首都高校科技协作网",另外与浙江大学、华中科技大学、吉林大学、中国矿业大学在江苏徐州铜山区建立"5+1"科技创新联盟等。2011 年 12 月,科技开发部组织"首都高校科技协作网"9 家会员高校赴福建晋江召开专场科技成果对接会,取得圆满成功。

3. 探索校企合作专场对接模式。2011 年,科技开发部积极推动与企业的专场对接会,包括与"华为技术有限公司"和"中兴通讯股份有限公司"举办了信息技术专场对接会;组织医学部、分子医学研究所、生命科学学院、北大世佳研究中心的教授与常州市的近 20 家生物医药企业在北京举行医药科技成果专场对接会;2011 年 11 月,与长沙国家生物产业基地管委会在长沙组织了医药科技成果专场对接会,长沙国家生物产业基地的近 30 家企业参加;组织信息科学技术学院、医学部、分子医学研究所、工学院、北大世佳研究中心的教授在江苏苏州吴中区举办了生物医药和电子信息专场对接会,参会的吴中区企业约 40 家。

4. 结合"蓝火计划"实施,针对地方需求进行对接。"蓝火计划"是教育部推出的紧密结合区域经济及地方产业发展特点和需求,有针对性地组织高校赴地方开展产学研合作的系列行动。科技开发部根据地方支柱产业的技术需求,与地方企业开展针对性项目对接活动。目前"蓝火计划"已在江苏泰州、福建漳州、江苏常熟等地展开活动。

【技术合同管理】 2011 年,科技开发部和医学部科研处技术转移办公室严格执行合同审查和风险控制,加强技术合同管理。2011 年,科技开发部共签订合同 588 项,合同总额约 28759 万元,其中技术合同 572 项,合同额 28677 万元,其他合同 16 项,合同额 82 万元。2011 年,医学部科研处技术转移办公室共签订合同 431 项,均为技术合同,合同总额约 19800 万元。

从签订的进款技术合同类型看,校本部依然以技术服务咨询和技术开发合同为主,占到了合同总数的 92.9%,占合同总额的 79.2%。技术转让合同比上年大幅增长,共 28 项,合同额 2768 万元,到款额 799 万元,其中专利权转让和实施许可 17 项,专利权转让和许可费 1595 万元,合同额增长比例达 85%。医学部的合同中,技术服务与咨询合同数量最多,占合同总数的 96.9%,技术转让合同 4 项,合同额则占合同总额的 66.2%,主要来源于 2011 年 6 月 2 日与京卫医药科技集团有限公司签订的"多肽疫苗用作肝癌免疫治疗项目知识产权转让协议",签约资金 1.2 亿元。

2011 年,科技开发部承接的大项目继续增长,所承接项目合同额在百万元以上的共有 57 项,总计合同额 17282 万元,占到合同总额的 60.1%。医学部承接的项目合同额在百万元以上的共有 18 项,总计合同额 15482 万元。这些大项目主要涉及物联网、微电子、新材料、药物研发、公共卫生、医疗器械等方面。

2011 年,科技开发部与医学部和北京市企事业单位技术合作项目共有 531 个,合同额 27878 万元。与海外企业签订技术合同 60 个,合同额 2515 万元,合作方包括美国、英国、加拿大、瑞典、秘鲁、日本、韩国等国的企业,以及世界银行等国际组织。在北京技术市场共登记技术合同 152 项,登记合同额约 19880 万元;办理免税合同 42 份,免除营业税额近 165 万元。

【经费管理】 2011 年,科技开发部和医学部科研处技术转移办公室继续根据财务部门要求,规范管理经费入账、支出、劳务支取、项目审计等事宜。作为项目教师与财务部门、企业之间的桥梁,随时与财务部门就教师在横向经费使用中的各种问题进行沟通,为教师提供优质服务。

2011 年,科技开发部到款额 18129 万元,其中现金到款额 15454 万元(比上年增长 34%),2675 万元为技术入股额。医学部到款额 5926 万元,全校共计到款额24055万元。校本部到款中，技术开发合同到款额6575万元，占43.4%；技术服务及咨询到款额8060万元，占53.3%；技术转让到款额799万元，占3.3%，比上年增加264万元。另外，2011年科技开发部以技术入股形式合作成立公司，共占股权2675万元。医学部到款中，技术开发合同到款额320万元，占7.6%；技术转让到款额388万元，占9.2%；技术服务及咨询到款额3495万元，占83%。

现金到款按院系分：信息科学技术学院3657万元（比上年增加110%），工学院3382万元（比上年增加100%），环境科学与工程学院2035万元（比上年增加101万元），地球与空间科学学院1766万元（比上年减少40%），城市与环境学院1180万元，物理学院1088万元，生命科学学院650万元，化学与分子工程学院258万元，北京国际数学研究中心158万元，数学科学学院120万元，计算机科学技术研究所108万元，分子医学研究所60万元，心理学系58万元，其他院系614万元。

2011年，科技开发部来自美国、日本、瑞典、英国等国外汇到款约700万元，医学部外汇到款约380万元。

【医学部专利工作】 2011年，医学部专利数据统计。2011年，医学部（含附属医院）申请专利85项，其中发明专利78项，实用新型7项，外观设计0项。国内专利82项（发明专利75项，实用新型7项，外观设计0项）；国外专利3项，均为发明专利。2011年，医学部（含附属医院）获授权专利57项，其中发明专利37项，实用新型20项，外观设计0项。国内专利55项（发明专利35项，实用新型20项，外观设计0项）；国外专利2项，均为发明专利。

【国际合作与交流】 2011年，科技开发部利用国际应用科技开发协作网（ISTA）年会、2011年跨国技术转移北京论坛等，与境外高等院校和科研机构进行交流，内容包括技术转移机构设置、技术转移模式、知识产权政策、风险基金等，涉及东京大学、早稻田大学、剑桥大学、牛津大学、诺丁汉大学、伦敦大学皇家玛丽学院、悉尼科技大学、波士顿大学、赫尔辛基大学、圣地亚哥大学等十几所大学的技术转移机构。

科技开发部还参加了在智利举办的“2011第五届中国商品及技术（智利）展览会”，取得了多项合作意向成果，包括海水淡化项目、太阳能发电项目、生活垃圾处理项目，以及人力资源培养合作等。

表8-80 科研开发部获奖情况

奖项名称	获奖项目或人物	授奖单位
第五届中国技术市场协会先进个人奖	姜玉祥	中国技术市场协会
第五届中国技术市场协会先进个人奖	田　佳	中国技术市场协会
第五届中国技术市场协会先进集体奖	医学部科研处技术转移办公室	中国技术市场协会
先进个人	杨松尧	第三届江苏产学研合作展洽会
优秀组织奖	北京大学科技开发部	中国国际工业博览会
优秀展品二等奖	基于机器视觉的产品质量在线自动检测系统	中国国际工业博览会
优秀工作者	周福民	第九届中国海峡项目成果交易会
优秀参展项目	磁性纳米材料造影剂	第九届中国海峡项目成果交易会
优秀参展项目	新型环保发动机电喷油器的关键技术	第九届中国海峡项目成果交易会
优秀组织奖	北京大学科技开发部	第九届中国海峡项目成果交易会

表8-81 2011年度北京大学科技开发到校经费统计表 （单位：万元）

所在单位	技术开发	技术转让	技术服务及咨询	现金合计	技术入股与合资联营	总计
数学科学学院	76	0	44	120	0	120
物理学院	352	30	706	1088	1600	2688
化学与分子工程学院	147	23	88	258	0	258
信息科学技术学院	2716	394	547	3657	1000	4657

续表

所在单位	技术开发	技术转让	技术服务及咨询	现金合计	技术入股与合资联营	总计
城市与环境学院	0	0	1180	1180	0	1180
环境科学与工程学院	340	20	1675	2035	0	2035
地球与空间科学学院	886	0	880	1766	0	1766
工学院	1094	0	2288	3382	0	3382
生命科学学院	638	10	2	650	0	650
心理学系	25	0	33	58	0	58
计算机科学技术研究所	105	2	1	108	0	108
分子医学研究所	0	20	40	60	0	60
北京国际数学研究中心	0	0	158	158	0	158
计算中心	5	0	0	5	0	5
软件工程国家工程研究中心	10	0	0	10	0	10
其他	201	300	418	919	75	994
校本部合计	6595	799	8060	15454	2675	18129
医学部	320	388	3496	4204	1722	5926
总计	6915	1187	11556	19658	4397	24055

表 8-82　2011 年度北京大学签订的进款技术合同统计表

（单位：万元）

所在单位	技术开发		技术转让		技术服务与咨询		合资联营		合计	
	合同数	合同额	合同数	合同额	合同数	合同额	合同数	合同额	合同数	合同额
数学科学学院	2	71	0	0	4	90	0	0	6	161
物理学院	6	315	2	80	15	408	2	1600	25	2403
化学与分子工程学院	6	85	6	627	8	165	0	0	20	877
信息科学技术学院	65	3693	9	1337	24	764	1	1000	99	6794
城市与环境学院	0	0	0	0	49	1650	0	0	49	1650
环境科学与工程学院	3	279	1	20	49	1903	0	0	53	2202
地球与空间科学学院	20	1466	0	0	35	1348	0	0	55	2814
工学院	21	2217	3	30	43	4209	0	0	67	6456
生命科学学院	13	1070	1	20	1	2	0	0	15	1092
分子医学研究所	0	0	1	200	2	140	0	0	3	340
计算机科学技术研究所	2	86	1	4	1	1	0	0	4	91
心理学系	4	43	0	0	2	33	0	0	6	76
软件工程国家工程研究中心	4	118	0	0	0	0	0	0	4	118
其他	12	218	4	450	25	401	1	75	42	1144
校本部合计	158	9661	28	2768	258	11114	4	2675	448	26218
医学部	8	505	4	12350	376	6086	0	0	388	18941
总计	166	10166	32	15118	634	17200	4	2675	836	45159

表 8-83　2011 年度北京大学签订的百万元以上技术合同

（单位：万元）

项目名称	项目人	所在单位	合同对方	合同额	合同类别
华嬉园物联网产业园项目暨物联网技术产学研合作框架协议书	侍乐媛	工学院	北京华嬉云游文化产业有限公司	2000	技术服务
投资入股成立秦皇岛海蓝科技开发有限公司	郭之虞	物理学院	张宏林	1500	合资联营

续表

项目名称	项目人	所在单位	合同对方	合同额	合同类别
出资人协议书	黄铁军	信息科学技术学院	中国华录集团有限公司 北京算通科技发展股份有限公司	1000	合资联营
北京大学工学院与正兴车轮集团有限公司战略合作协议	陈十一	工学院	正兴车轮集团有限公司	1000	技术开发
高可靠宽禁带 GaN 基 HEMT 器件机理及制备技术	郝一龙	信息科学技术学院	南京浩德科技发展有限公司	800	技术转让
细旦尼龙纤维生产及配套技术专利转让	徐怡庄	化学与分子工程学院	绍兴工道科技有限公司	600	专利权转让
应用服务器合作研究中专利使用协议	梅　宏	信息科学技术学院	深圳市金蝶中间件有限公司	500	技术转让
"矿区生态恢复与资源高效开采利用"战略规划与可行性研究报告	王习东	工学院	中源国能投资有限公司	500	技术服务
隋唐洛阳城遗址宫城区及中轴线保护性活化规划及重点项目策划	吴必虎	城市与环境学院	洛阳市文物管理局	500	技术服务
卫星导航与通信产品联合技术开发	朱柏成	信息科学技术学院	陕西长岭电子科技有限责任公司	500	技术开发
Basic Research Grant Agreement	张　研	生命科学学院	ROCHE & D CENTER (CHINA) LTD	450	技术开发
超细灰飞颗粒聚并器的研究与开发	米建春	工学院	山西国际电力集团有限公司	410	技术开发
空气污染控制措施对空气质量及气候变化的影响的模式研究	朱　彤	环境科学与工程学院	London School of Hygiene & Rropical Medicine	364	技术服务
塔里木盆地震旦—寒武系白云岩优质储层发育展布规律与有利勘探区带选择	关　平	地球与空间科学学院	中国石油天然气股份有限公司塔里木油田分公司	353	技术开发
合作协议	张　宁	信息科学技术学院	广东物联天下物联网信息产业园有限公司	350	技术合作
百度—北大数字媒体研究所联合实验室合作协议	马思伟	信息科学技术学院	北京百度网讯科技有限公司	300	技术合作
适合汉语的人工耳蜗编码策略及抗噪声方法研究	吴玺宏	信息科学技术学院	海南海药股份有限公司	300	技术服务
产权交易合同	姜玉祥	科技开发部	北京北大千方科技有限公司	300	技术转让
曹妃甸国际生态城新能源城市规划项目	于平荣	工学院	唐山市曹妃甸新区管理委员会	280	技术服务
长 6 油层一层多缝压裂产生机理及分布研究	师永民	地球与空间科学学院	延长油田股份有限公司七里村采油厂	225	技术开发
聚合物驱数值模拟软件开发	龚　斌	工学院	北京默凯斯能源技术有限公司	216	技术开发
浙江省环境监测中心大气复合污染调查项目	胡　敏	环境科学与工程学院	浙江省环境监测中心	215	技术服务
Basic Research Grant	张　研	生命科学学院	ROCHE & D CENTER (CHINA) LTD	200	技术开发
专利申请权转让合同	杜　权	分子医学研究所	百奥迈科生物科学技术有限公司	200	技术转让
纺织印染行业环境技术联合实验研究室	倪晋仁	环境科学与工程学院	广东溢达纺织有限公司	200	技术合作

续表

项目名称	项目人	所在单位	合同对方	合同额	合同类别
20 GHz 天文光学频率梳的研究	张志刚	信息科学技术学院	中国科学院国家天文台	200	技术开发
2011 芯片设计组件	叶　乐	信息科学技术学院	北京利云技术开发公司	200	技术开发
连铸冷却水复合膜过滤器技术的开发应用	袁章福	工学院	江苏沙钢集团有限公司	195	技术开发
北京大学—常州四药联合研究平台	郑　强	工学院	常州四药制药有限公司	180	技术服务
国际油气资源开发最新动向和前沿技术研究	张东晓	工学院	中国石油天然气勘探开发公司	175	技术服务
To build capacity in modern environmental economics in China	徐晋涛	环境科学与工程学院	University of Gothenburg	156	技术服务
《郑州都市区空间发展战略规划》国内征集(第二名)	冯长春	城市与环境学院	郑州市城乡规划局	150	技术服务
磁共振成像谱仪研制开发	王为民	信息科学技术学院	北京万东医疗装备股份有限公司	145	技术开发
磁共振成像谱仪研制开发	王为民	信息科学技术学院	北京万东医疗装备股份有限公司	144	技术开发
裂缝中油水渗流特征与相对渗透率实验研究	李克文	工学院	深圳市格瑞通实业有限公司	136	技术服务
塔里木盆地地层间岩溶储层野外地质建模	关　平	地球与空间科学学院	中国石油天然气股份有限公司塔里木油田分公司	135	技术开发
满西—阿瓦提凹陷火成岩研究	关　平	地球与空间科学学院	中国石油天然气股份有限公司塔里木油田分公司	135	技术服务
山西省大同市新能源城市规划项目	于平荣	工学院	大同市发展和改革委员会	120	技术服务
超大型冷却塔塔群效应风洞物理模型试验研究	顾志福	工学院	中国电力工程顾问集团华北电力设计院工程有限公司	120	技术服务
共同制造三支纯铌 7-cell 超导腔	全胜文	物理学院	宁夏东方钽业股份有限公司	110	技术服务
ADS 注入器超导 Spoke 原型腔研制	鲁向阳	物理学院	中国科学院高能物理研究所	110	技术开发
磁共振成像谱仪研制开发	王为民	信息科学技术学院	北京万东医疗装备股份有限公司	105	技术开发
合作开发小鼠与销售协议	饶　毅	生命科学学院	南京大学—南京生物医药研究院	104	技术开发
合作成立北京西燕超导量子技术有限公司	冯庆荣	物理学院	西燕超导材料科技有限公司	100	合资联营
智能化无创肿瘤快速诊断仪开发	王多祥	工学院	北大工学院绍兴技术研究院	100	技术开发
紫薇种质资源收集、保护、创新、新品种选育	王　献	生命科学学院	安阳市农业科学院	100	技术开发
东岭火石岭充填特征与成藏条件研究	吴朝东	地球与空间科学学院	中国石油化工股份有限公司东北油气分公司	100	技术开发
视频编码标准及编码优化技术研究	马思伟	信息科学技术学院	华为技术有限公司	100	技术开发

续表

项目名称	项目人	所在单位	合同对方	合同额	合同类别
知识产权交易委托合同	杜　权	分子医学研究所	上海天元知识产权服务有限公司	100	技术服务
基于检测的二氧化碳地质模型动态更新及前缘实时预测研究	龚　斌	工学院	中国地质调查局水文地质环境地质调查中心	100	技术服务
北京大学工学院创新工程中心专项课题施行协议	王多祥	工学院	浙江德发建设集团有限公司	100	技术服务
铁质武器与PN结探测器系统软件开发	赵建业	信息科学技术学院	东莞市铜探电子科技有限公司	100	技术开发
北京大学工学院工程技术研究院专项课题实施协议	王多祥	工学院	浙江德发建设集团有限公司	100	技术服务
新型MILD燃烧可控温焙烧炉技术开发	米建春	工学院	湖北华信矿业有限公司	100	技术开发
北大基伍云计算联合研发项目	王　韬	信息科学技术学院	G'Five Mobile FZE	100	技术开发
晶硅/非晶硅异质结聚光光伏电池研发项目	王多祥	工学院	北京工道泰普能源科技有限公司	100	技术开发
照片序列色彩处理与纹理重建系统	汪国平	信息科学技术学院	北京未名视景信息技术研究中心	100	技术开发
注射用核糖核酸Ⅱ的抗肿瘤作用机制研究	杨振军	药学院	吉林敖东药业集团延吉股份有限公司	200	技术服务
医学信息技术研发与相关专业培训战略合作协议	赵乐平	中国卫生发展研究中心	中西亚通医疗信息科技(北京)有限公司	1000	技术服务
中国7城市2农村3—12岁儿童营养研究	张玉梅	公共卫生学院	内蒙古蒙牛乳业(集团)股份有限公司	113	技术服务
三主粮全胚芽裸燕麦及其相关营养素的应用基础研究	李　勇	公共卫生学院	内蒙古三主粮天然燕麦产业股份有限公司	200	技术服务
母子健康综合项目	王　燕	公共卫生学院	联合国儿童基金会	102	国际合作
华佗再造丸物质基础及质量标准研究	屠鹏飞	药学院	广州奇星药业有限公司	150	技术服务
全国城镇基本医疗保险参保住院患者医疗器械和诊疗项目利用情况分析	崔　斌	公共卫生学院	中国医疗保险研究会	150	技术服务
硼替佐米合成工艺生产技术	李润涛	药学院	扬子江药业集团有限公司	100	技术转让
适于产业化的红景天苷化学合成方法	李中军	药学院	福建省闽东力捷迅药业有限公司	200	技术转让
燕麦对2型糖尿病患者的干预效果研究	李　勇	公共卫生学院	内蒙古三主粮天然燕麦产业股份有限公司	200	技术服务
中国母婴营养调查母乳营养研究临床试验协议	王培玉	公共卫生学院	雀巢(中国)有限公司	260	技术服务
重大疾病早期诊断指标的筛查	陈大方	公共卫生学院	北京中健伟科基因科技有限公司	100	技术服务
替尼泊苷微乳型注射剂	张　强	药学院	四川科伦药业股份有限公司	140	技术开发
白蛋白结合型紫杉醇注射剂	张　强	药学院	北京东盛科信生物医药科技发展有限公司	100	技术开发

续表

项目名称	项目人	所在单位	合同对方	合同额	合同类别
NY-ESO-1b多肽疫苗用作肝癌免疫治疗项目知识产权转让协议	张 毓	基础医学院	京卫医药科技集团有限公司	12000	技术转让
药用真菌制剂的药效学研究	林文翰	药学院	中国人民解放军海军医学研究所	120	技术委托
联合申请“十二五”“重大新药创制”科技重大专项的协议书	陈英玉	基础医学院	武汉生物制品研究所	129	国家课题
慢性乙型肝炎临床治疗方案的优化及影响疗效的因素	李 彤	基础医学院	南方医科大学南方医院	218	国家课题

表 8-84 2011 年医学部专利申请及授权情况统计表

所在单位	申请专利			授权专利		
	国内	国际	合计	国内	国际	合计
基础医学院	21	1	22	4	2	6
药学院	28	1	29	16	0	16
公共卫生学院	0	0	0	0	0	0
护理学院	0	0	0	0	0	0
公共教学部	0	0	0	0	0	0
药物依赖研究所	0	0	0	0	0	0
生育健康研究所	0	0	0	0	0	0
第一医院	6	0	6	3	0	3
人民医院	11	0	11	21	0	21
第三医院	7	1	8	6	0	6
口腔医院	3	0	3	4	0	4
精神卫生研究所	0	0	0	0	0	0
临床肿瘤学院	6	0	6	1	0	1
首钢医院	0	0	0	0	0	0
深圳医院	0	0	0	0	0	0
合计	82	3	85	55	2	57

（刘淑媛 郑宗方 提供）

国 内 合 作

【发展概况】 2011年，国内合作办公室按照“积极稳妥、量力而行、互惠互利”的原则，始终围绕学校加快建设世界一流大学的中心工作，紧密把握国家发展战略，充分发挥领导参谋助手、合作交流推手、教学科研帮手的重要作用，不断加强与地方政府、高校和企业的合作，使教学科研工作更加贴近国家及地方经济建设和社会发展的第一线。同时，办公室继续努力做好对口支援石河子大学工作，开启了对口支援西藏大学工作，加大服务首都的力度，增强学校的社会影响力，为学校核心工作提供了有力的支持。

【交流合作】 1. 北京大学与江苏省的合作。2011年3月3日，昆山市副市长徐健一行访问北京大学，希望双方建立全面合作关系。北京大学常务副校长吴志攀出席会见。9月22日，江苏省委常委、苏州市委书记蒋宏坤，市委副书记、市长阎立率党政代表团访问北京大学，并与北大签署战略合作协议。北京大学党委书记朱善璐，校长周其凤，常务副校长吴志攀、柯杨，党委副书记于鸿君，副校长王恩哥等出席签约仪式。会后，蒋宏坤书记在秋林报告厅举行的苏州市创新创业环境推介会上做了主题演讲。11月3日，中国江苏第三届产学研合作成果展示洽谈会在南京举行，北京大学常务副校长吴志攀出席。北京大学展示科技成果 86 项，展出实物 1 项。江苏省委书记罗志军，省长李学勇等先后视察了北京大学展区。11 月 23 日，苏州市科技局局长黄戟一行访问北京大学，与国内合作办公室签署成立“政产学研联合办公室”协议。北京大学常务副校长吴志攀出席并见证签约。12 月 4 日，常州市委书记范燕青一行访问北京大学，商讨产学研合作事宜。北京大学校长周其凤，常务副校长吴志攀等出席会见。12 月 12 日，昆山市党政代表团访问北京大学，并与北京大学举行合作交流会。北京大学常务副校长吴志攀、副校长王恩哥等出席交流会。北京大学分子医学研究所和昆山市工业技术研究院签订了共建“北京大学分子医学研究所转化研究中心”合作意向书。

2. 北京大学与湖南省的合作。2011 年 4 月 17 日，北京大学校长周其凤率团赴湖南省考察访问，并与湖南省政府签署了在信息技术领域深度合作的协议。

3. 北京大学与广东省的合作。2011 年 3 月 12 日，深圳市委、市政府在北京钓鱼台国宾馆举行科技经贸人才交流大会。北京大学常务副校长吴志攀出席大会。5 月 19 日，北京大学代表团出席在佛山市举行的广东省博士后人才交流与科技项目洽谈会，校长助理史守旭与广东省人力资源和社会保障厅签署省校人才合作协议。5 月 22 日，北京大学校长周其凤出席在广州举行的“圆梦计划·北大 100”项目开班典礼。教育部职业教育与成人教育司司长葛道凯，团中央城市青年工作部部长徐晓，广东省团省委书记陈东等出席开班典礼。

4. 北京大学与广西壮族自治区的合作。2011 年 5 月 17 日，广西科技厅党组书记陈大克一行访问北京大学，考察了北大众志公司微处理器研究开发中心、生命科学学院生物技术学系蛋白质工程及植物基因工程国家重点实验室。北京大学党委常务副书记、副校长张彦出席会见。7 月 18—19 日，北京大学常务副校长吴志攀、副校长李岩松一行赴广西南宁，与广西壮族自治区人民政府签署区校合作协议，区校将在生态保护、区域发展、人才培养等方面开展全方位合作。11 月 28 日，广西北部湾银行董事长、行长赵锡军一行访问北京大学，洽谈行校合作。北京大学常务副校长吴志攀出席会见。

5. 北京大学与重庆市的合作。2011 年 11 月 1 日，北京大学党委书记朱善璐、校长周其凤、常务副校长吴志攀一行赴重庆，与重庆市人民政府签署合作协议。

6. 北京大学与山东省的合作。2011 年 1 月 12 日，山东省副省长李兆前一行访问北京大学，希望进一步巩固和加强与北京大学的合作，在新能源、新材料、新医药、新信息等新兴产业的培育发展、高层次人才培养、高科技成果转移转化等方面加大合作力度。北京大学常务副校长吴志攀、副校长鞠传进、校务委员会副主任岳素兰等出席会见。

7. 北京大学与海南省的合作。2011 年 12 月 9 日，海南省政府代表团访问北京大学，商讨省校合作事宜，希望双方签署全面合作协议。北京大学常务副校长吴志攀出席会见。

8. 北京大学与安徽省的合作。2011 年 12 月，周其凤校长、吴志攀常务副校长会见安徽省副省长谢广祥，商谈省校合作。

9. 北京大学与重庆大学的合作。2011 年 5 月 25 日，重庆大学党委书记欧可平、校长林建华率团访问北京大学，与北大签署战略合作协议并举行交流座谈会，访问期间还参观了化学分子与工程学院、科维里中心、林肯中心、光华管理学院。北京大学党委书记闵维方，校长周其凤，常务副书记、副校长张彦，副书记敖英芳，副校长鞠传进、李岩松等出席座谈会。7 月 1 日，重庆大学副校长黄宗明一行访问北京大学，考察信息学科建设。北京大学校长助理李晓明等陪同考察。

【支援援建】 2011 年 12 月 4 日，教育部对口支援西部高校工作十周年总结大会在清华大学召开，北京大学常务副校长吴志攀出席会议。石河子大学被评为“对口支援工作十周年典型经验集体”，北京大学于鸿君、李鸣、李长龄、刘意青、雷虹、昝涛被评为“对口支援工作十周年突出贡献个人”。

1. 对口支援石河子大学。2011 年 3 月 2 日，石河子大学刘玉社的作品《孟二冬先进事迹水墨连环画》画册及手稿捐赠仪式在北京大学图书馆举行。石河子大学副校长李鸣，北京大学常务副校长吴志攀，孟二冬夫人耿琴、女儿孟菲等出席仪式。4 月 23—26 日，北京大学、石河子大学、扬州大学三校“新疆大山水画展”在北京大学图书馆举行。其间，石河子大学党委书记何慧星，北京大学常务副校长吴志攀等参观画展。4 月 26 日，石河子大学党委书记何慧星一行访问北京大学，商讨对口支援事宜。北京大学党委书记闵维方出席会见。

2. 对口支援西藏大学。2011 年 1 月 11 日，西藏大学党委书记房灵敏、副校长鲍志东、各职能部门及学院负责人一行访问北京大学，与北京大学相关单位进行对接，商讨对口支援具体事宜。北京大学党委书记闵维方、校长周其凤、常务副校长吴志攀、相关职能部门及院系负责人出席活动。3 月 30 日，北京大学选派信息管理系教授陈建龙赴西藏大学挂职副校长。6 月 10—18 日，北京大学常务副校长吴志攀带团赴西藏大学开展学术周系列活动，参与西藏大学新增博士学位授予单位立项建设中期检查工作。西藏自治区常务副主席吴英杰，副主席孟德利，教育厅厅长宋和平、副厅长康凯，西藏大学党委书记房灵敏、校长格桑群培等出席活动。8月28—31日，北京大学校长周其凤、常务副校长吴志攀率团赴拉萨出席高校团队对口支援西藏大学第一次例会。在藏期间，周其凤校长会见西藏自治区党委书记陈全国、西藏自治区主席白玛赤林，并出席了北京大学西藏校友会成立仪式及北大校友黄怒波先生捐资修建的西藏大学"北大中坤专家楼"奠基典礼。12月18日，西藏及四省藏区教育跨越式发展工作会议在北京举行。教育部副部长鲁昕出席会议，北京大学秘书长杨开忠参会并作为高校代表发言。12月19日，对口支援西藏大学科研发展工作研讨会在办公楼召开，北京大学常务副校长吴志攀及相关部门负责人，西藏大学副校长陈建龙等出席会议。

3. 援建烟台大学。2011年11月25日，北大、清华援建烟台大学第十一次工作会议在清华大学召开。北京大学常务副校长吴志攀，前副校长王义遒、林均敬、岳素兰等出席会议。

【服务首都】 2011年2月16日，北京大学召开寒假战略研讨会，专题研讨服务中关村科学城建设情况及方案。2月18日，中关村国家自主创新示范区政策宣讲座谈会举行，中关村管委会主任郭洪介绍中关村国家自主创新示范区"1+6"先行先试政策及近期示范区重要工作。北京大学代表团参会。2月24日，中关村管委会主任郭洪一行访问北京大学，商谈服务示范区建设方案。北京大学常务副校长吴志攀出席。3月27日，北京市委常委赵凤桐召集中关村科学城领导小组成员单位、北京市各委办局、部分国家部委司局讨论中关村建设人才特区的意见及纲要。北京大学秘书长杨开忠参会。4月8日，北京大学常务副校长吴志攀赴中关村管委会会见李石柱副主任，协商制订定期会商制度，并提出医药、文化、金融重大成果对接建议。6月8日，北京大学与北京市共建技术转移中心合作签约大会举行。北京市委常委赵凤桐、北京大学常务副校长吴志攀出席会议。7月13日，北京现代服务业试点启动大会举行。财政部、发改委、商务部、科技部等四部委领导，北京市市长郭金龙、常务副市长吉林、市委常委赵凤桐，北京大学校长助理程旭等出席会议。8月26日，中关村创新平台专项工作签约暨揭牌仪式在裕惠大厦举行，北京市委常委赵凤桐出席仪式，北京大学常务副校长吴志攀参会。

表 8-85　近三年国内合作有关数据统计

序号	数据名称	2009年数据	2010年数据	2011年数据
1	国内合作促成项目金额	1490万元	3610万元	1410万元
2	重大交流活动(省、市级校地互访)	30余次	30余次	50余次
3	合作签约(省、市级)	5个	4个	6个
4	交流来访人次	150余人次	200余人次	400余人次
5	对口支援—我校派出支教教师、挂职干部人次	30余人次	30余人次	40余人次
6	对口支援—来我校进修教师、挂职干部人次	11人次	13人次	12人次

主要区域发展服务机构

首都发展研究院

【发展概况】 2011年是北京大学首都发展研究院强化北京大学服务首都北京的桥梁作用，积极服务首都城市发展，深入对接服务首都各项研究咨询工作，全面为"北京世界城市建设"研究提供支撑的重要年度。在北京市委市政府和北京大学的领导下，首都发展研究院积极配合首都发展的战略需求，发挥职能作用，取得了显著成绩。2011年的工作重点表现在自身能力建设、整合北大力量服务首都，以及开展决策支持研究等方面。

【能力建设】 1. 为贯彻执行北京大学和北京市关于加强首发院建设的精神，提升首发院服务首都的能力，调整、充实和完善首发院干部队伍是十分必要和紧迫的。经学校研究决定，任命李国平为首发院院长，迟惠生不再担任首发院院长职务，杨开忠不再兼任首发院常务副院长职务。任命冯长春、沈体雁、林坚为首发院副院长，周辉不再兼任首发院副院长职务，任命李平原为首发院专职副院长。万鹏飞、蔡满堂继续担任首发院副院长职务。

2. 2011年7月20日上午，北京市委常委、常务副市长吉林在北京大学召开了首发院工作会议。北京大学校长周其凤等校领导和相关职能部门负责人，以及北京市委组织部、北京市发展与改革等部门负责人出席了会议。首发院新任院长李国平教授汇报了首发院的工作情况与设想。市相关部门负责人先后发言。周其凤校长和吉林常务副市长先后做重要讲话。吉林常务副市长在讲话中充分肯定和高度评价了首发院成立十二年来的工作，他指出："北京市建设'人文北京、科技北京、绿色北京'和中国特色世界城市，需要健全决策支撑体系，首发院要担当起类似市发展研究中心的角色，支持首发院形成稳定的制度安排、研究队伍、核心任务、经费来源。"周其凤校长在讲话中也明确指出："北京大学是用北京命名的大学，是创建于北京，扎根于北京，成长于北京的大学，当然也要为北京服务；要加强首发院的工作，进一步服务首都发展。"会后，首发院根据此次工作会议的精神，草拟了《北京市发展和改革委员会关于进一步推动首都发展研究院发展有关问题的请示》的报告，通过北京市发展与改革委员会提交北京市委市政府有关领导批示。

3. 呈请北京大学明确首发院在北京大学的性质和职能，明确首发院为北京大学具有管理职能的实体性科研单位，并给首发院增加相应的科研行政事业编制。为此，首发院就机构性质和人员编制问题进行了深入研究，提出了《关于加强北京大学首都发展研究院建设的报告》，并递交学校发展规划部论证。

4. 首发院网站改版。网站是首发院对外宣传的重要平台。首发院自建院以来，网站版式也几经改版。2011 年 9 月，新领导班子决定从网站入手，重塑首发院的对外形象。经过首发院全体工作人员的共同努力，首先对网站的功能需求进行定位，设定相关栏目。在此基础上，请专业网站制作人员设计。经过近两个月的制作与修改，新网站从版式到内容都更加丰满和充实。新网站突出强调了首发院的性质，兼顾了功能与美观，并预留了未来发展过程中的一些功能需求。

5. 首发院重视领导干部的党风廉政建设。首发院配合学校党建工作，为提高领导干部廉洁从政意识，自觉接受监督，坚决杜绝违反《廉政准则》行为的发生，分别签署了北京市党员领导干部遵守《廉政准则》承诺书和北京大学领导干部任职廉政承诺书。

【服务首都发展】 1. 2011 年 8 月 23 日，中共中央政治局就完善我国土地管理制度问题研究进行第 31 次集体学习，首发院副院长、城市环境学院副教授林坚就完善我国土地管理制度问题进行讲解。林坚副院长是十六大以来首位为中共中央政治局集体学习讲课的副教授。

2. 继续承办"北京大学国子监大讲堂"，加强"北京大学国子监大讲堂"的建设。2011 年是"北京大学国子监大讲堂"品质提升、影响进一步扩大的一年。"北京大学国子监大讲堂"每两周举行一次，自 2007 年 9 月 8 日举行启动仪式以来，已经走过了 5 年的历程，共进行了 67 讲，吸引了北京市区乃至密云、河北燕郊等地的数万名市民参与，受到大家的热烈欢迎。市民们认为，"北京大学国子监大讲堂"既深入浅出地普及了中国传统文化知识，又让他们学会了做人的道理，听讲是德学兼收的精神享受。2011 年，"北京大学国子监大讲堂"共授课 14 讲，授课老师分别来自北京大学历史学系和艺术学院，内容涉及民俗及书法、音乐、舞蹈等内容。"北京大学国子监大讲堂"已成为北京市学习型城市建设的一大优秀特色品牌，获得了北京市 2007 年十大教育新闻提名，2008 年向市教委申报参评"首都市民终身学习服务基地"，并参加了 2009 年度全国社区教育特色课程评选。

3. 与北京市经济与社会发展研究所合作主办《决策要参》。该刊紧扣首都发展中的重大问题，力求为市委、市政府相关政策制定提供针对性较强的海内外重要政策研究成果。2006 年 2 月创刊至 2011 年，已出版 78 期，在北京市政机关起到了良好的咨询作用，成为各级政府的主要理论阅读材料。2011 年度，《决策要参》内容涉及社会企业发展理论和实证研究，美国养老保险制度改革及对我国的启示，"城市病"治理的国际借鉴，北京市民办高等教育现状、问题与对策，韩国绿色增长国家战略概览，创意产业发展的国际借鉴，国内外医改模式介绍及对北京的启示，如何跨越"中等收入陷阱"，加入创意城市网络的全球经验借鉴，中国金融战略之选择，国际著名会展城市会展业发展借鉴，国际智库发展现状、特征趋势与比较研究，社会风险治理国际经验借鉴等。

4. 2011 年度，结合多年来的研究基础，首发院推出了《首都发展研究报告》，该报告着重关注国家及首都发展的重大问题，并对解决这些问题展开有启发的思考与探讨。《首都发展研究报告》作为首发院向发改委等北京市政府机构提供研究咨询和支撑的途径之一，是体现首发院科研成果的重要媒介。2011 年度《首都发展研究报告》已经推出第一期和第二期，该报告每年将以不定期连续发布的形式推出。

5. 2011 年 11 月 4—6 日，北京论坛在北京举行，首发院承办了北京论坛"构建和谐的世界城市"分论坛，其主题是"城市转型与人类未来"。分论坛以东西方城市文明对话为切入点，以探讨可持续城市发展模式为主线，以城市的生态化、智慧化和人性化改造为核心内容,从"城市与人"这一独特视角阐释"文明的和谐与共同繁荣——传统与现代,变革与转型"的论坛主题。25位来自世界各地的嘉宾做了主题演讲,主要关注城市发展中人口迁移、产业升级、资源约束、环境恶化及人文生态变迁等问题,更多地关注了城市发展过程中的可持续性问题。与会学者及专家们通过两天半时间的深入讨论,对中国乃至全球城市转型中的规律、态势和关键问题达成了新的共识,也从城市创新、区域创新、观念创新和技术创新等方面提出了十分有益的建议。此次论坛的成功举办更为北京建设世界城市的理论发展提供了依据,不仅有利于推动北京建设世界城市的国际化发展,也将为北京世界城市建设研究提供新思路、新途径、新模式。

6. 2011年,首发院广泛开展了国际学术交流与合作。2011年9月15—17日,首发院副院长沈体雁副教授及薛领副教授、孙铁山讲师应邀参加意大利区域科学协会会议并发表演讲,共同对区域科学领域的理论与实践研究的最新发展进行探讨及交流。2011年11月9—12日,薛领副教授与孙铁山讲师赴美国迈阿密参加第58届北美国际区域科学会议。2011年12月9—12日,首发院主管校领导杨开忠秘书长、副院长沈体雁副教授、博士张晓欢赴泰国曼谷参加第三届亚洲区域与城市国际会议,杨开忠秘书长做了关于中国城镇化发展的主旨报告,使更多的外国学者对中国的城镇化发展有了更深入的了解。这些国际学术交流活动搭建了中国与世界其他国家区域科学学术交流的平台,加强了中国在国际区域科学研究领域的交流和互动。

【研究成果】 2011年是"十二五"的开局之年,首发院先后承担了"北京建设世界城市中长期战略研究""北京世界城市发展进程评估系统建设""北京建设世界城市区域问题研究"和"首都区域协同创新的理论与测度模型开发"等课题。完成了"区域功能定位对人口总量及分布的影响""首都区域协同创新的理论与测度模型开发"等课题研究工作。其中世界城市系列课题研究将为北京市建设世界城市提供重要的理论和战略研究支撑。这些研究成果受到委托研究单位的一致认可。出版发表的有关中国特色世界城市建设理论与实践、京津冀区域创新体系、首都世界城市空间模式等方面的著作,成为该领域研究的重要成果。此外,在首都经济社会发展的重要决策中,首发院也起到了重要的思想库作用。

深港产学研基地

【发展概况】 2011年,深港产学研基地紧紧围绕产学研合作,在促进科技成果产业化、深化深港合作交流、加快深圳市战略性新兴产业发展和国家创新型城市建设等方面发挥了重要作用,各项工作得到进一步加强。

【产业孵化】 经过开创性的探索和实践,基地在产业孵化、科技成果转移等方面积累了丰富经验并打下坚实基础。近年来,基地积极实施走出去战略,在全国进行战略布局,2011年新建深港产学研基地哈尔滨科技企业孵化器。基地现已在深圳高新区、龙岗中海信、哈尔滨高新区、南京江宁区建成4个专业孵化器,为下一步发展奠定了良好的基础。在此基础上发起组建了专业的孵化器运营公司,并以其为主体牵头与各地合作共建当地的孵化器管理公司,实现孵化器与技术转移互动。

基地近年相继被认定为深圳市科技企业孵化器、深圳市创业辅导示范基地、广东省中小企业创业服务机构示范单位、国家级科技企业孵化器,标志着其在企业孵化领域已经获得深圳市、广东省和国家的全面认可。

【战略合作】 为切实有效地解决制约科技型小微企业发展的资金问题,基地作为国家级的科技企业孵化器和技术转移示范机构,积极服务广大中小科技企业,在科技部指导下携手光大银行深圳分行,采取高科技企业投贷联动、股权和知识产权质押、科技专家审贷增信等创新方式,为近50家深圳战略新兴产业企业提供授信并批贷。2011年为企业提供近2亿元科技贷款,预计2012年将为约50家企业提供近10亿元的科技贷款。市场拓展服务工作正在有序筹备。在建立适合科技型中小企业发展特点的科技金融合作模式方面进行了多项创新,有效破解了中小科技企业贷款难的问题。

【创业投资】 通过与企业孵化和技术转移工作结合,低成本运作,经过5年多的苦心经营,深港产学研基地的创业投资工作开始进入快速发展阶段。迪威视公司于2011年年初成功在创业板上市;南京华设已完成新一轮增资,拟择机冲击创业板;深港产学研环保股份公司在基地的推动下第二轮增资接近尾声,计划2013年冲击创业板;孵化企业深圳茂硕电源科技股份有限公司已于2011年12月26日通过中小板发行审核;深圳市金宏威技术股份有限公司正择机冲击中小板,投资的贝尔信、普顺、联信通等企业发展势头较好。在产业发展的同时,基地在团队建设、项目储备等方面也奠定了坚实的基础。

【平台建设】 2011年,各实验室开展各类研究项目100余项,其中承担国家863计划项目1项、国家自然科学基金1项、广东省自然科学基金1项。同时,加强与企业的合作研发，切实帮助企业解决技术难题。

2011年，各实验室累计申请发明专利30余项、实用新型专利10余项；获得软件著作权20项；发表论文55篇，其中收录SCI、EI检索29篇，出版专著2部；培养博士研究生7人、硕士研究生22人，其中毕业硕士研究生9人，在站博士后近20人。

2011年，获得国家级平台项目——国家火炬计划立项支持，承担的“中文多媒体数据处理与支撑软件平台建设”获得2010年度深圳市科学技术奖。

基地已初步形成信息通讯、机电一体化、高分子新材料、生物医学等四个研发平台，取得了一批科研成果，走出了一条产学研结合、研发与产业良性互动的新路子，为实验室建设可持续发展提供了有益的参考。

2011年，技术转移的工作重点聚焦于大平台的建设。与深圳市技术市场办合作，共同组建“深圳市创新驿站”，协助推动组建深港澳台技术转移联盟，为组建技术转移线上大平台做好准备工作。同时将已有的专业技术转移平台整合，组建“智能信息专业技术转移平台”（国家火炬计划立项），下设以下机构：与香港科技大学电子及计算机工程学系和人类语言技术中心合作，在基地组建“深圳市智能媒体和语音重点实验室”；与深圳市迪威视讯股份有限公司合作建立“高清视频会议联合研发中心”；2009年获准组建深圳市工程技术中心；组建南山区数字媒体和智能信息处理公共技术平台；与深圳证券信息有限公司合作建立“深圳市证券信息工程技术研究开发中心”；与香港中文大学系统工程与工程管理学系合作共建“互联网智能系统工程联合实验室”；与许继集团合作组建“智能车库研发中心”；与深圳茂硕电源科技股份有限公司合作组建深圳华智测控技术有限公司，并在此基础上组建“智能通讯研发中心”。

【新兴产业研发】 根据国家和深圳市新兴产业发展规划，为扩大基地影响力，于2011年发起成立深圳市新材料产业协会并任副会长单位；发起成立深圳市新材料产业联盟，担任秘书长单位；加入软件行业协会；被拟成立的深圳市科技服务业协会推选为会长单位。同时承办了中国生物产业大会专业论坛、国家级新材料产业项目走进深圳论坛等重大活动。

【人才培养】 2011年是“十二五”规划开局之年，也是深圳进入第二个30年发展的起始之年。深港产学研基地结合工作重心，抓住产业发展龙头，注重培训效益，继续走产学研相结合的发展道路，不断提高课程品质、服务水平、客户满意度和社会影响力，取得显著效果。

从2007年起，“深圳市民营及中小企业高级工商管理研修班”已经连续举办了5届。通过这几年的项目运作，“深圳市民营及中小企业高级工商管理研修班”已经有很高的知名度，每年报名人数远远超过计划录取人数，为深圳市高层次企业管理发挥了积极作用。此外2011年还开办了建设银行深圳分行中高层管理人员“北京大学金融管理高级研修班”等众多培训班，受到越来越多企业的欢迎，发挥着独特的社会影响力。

【圆梦计划】 2011年，深港产学研基地培训中心与广东省团省委、深圳市团市委、总工会、妇联等政府部门开展圆梦计划，为深圳新一代产业工人提供了北京大学远程专升本教育机会，2011年春秋两季完成150人的招生任务，为深圳市青年工人进一步提升创造机会。

校办产业管理

【发展概况】 2011年，北京大学校办产业取得了可喜的成绩。据统计，校办产业的资产总额达到838亿元，较2010年的686亿元增长22%；总收入由2010年的608亿元上升到671亿元，增长10%；合并资产保值增值率120%，较去年增加3%。2011年，校办企业共上缴1.96亿元（上缴国有资本收益3407万元，上缴学校1.62亿元），较2010年增长12.5%，其中方正集团1.2亿元，北大出版社1760万元，青鸟集团1000万元，北大维信913.5万元，北大临湖246万元，北大英华115万元，北大学园100万元，燕园隶德60万元。医学部国内合作与产业管理办公室上交医学部4775万元，其中教育培训1467万元，其他产业1108万元，合作项目2200万元。

主要企业名录(35家)：

北大资产经营有限公司

北京大学出版社有限公司

北京大学音像出版社有限公司

北京大学医学出版社有限公司

北大方正集团有限公司

北大资源集团有限公司

北京北大青鸟软件系统有限公司

北京北大未名生物工程集团有限公司

北京北大科技园有限公司

北大科技园建设开发有限公司

北京北大临湖科技发展有限

公司

北京开元数图科技有限公司

北大英华科技有限公司

北京北大宇环微电子系统有限公司

北京北大明德科技发展有限公司

北京燕园天地科技有限公司

北京北大学园教育投资有限公司

厦门北大泰普科技有限公司

北京北大先锋科技有限公司

北京北大金秋新技术有限公司

北京北大软件工程发展有限公司

北京北大维信生物科技有限公司

北大软件教育发展有限公司

北京北大先行科技产业有限公司

北京北大众志微系统科技有限责任公司

北大星光集团有限公司

北京燕园隶德科技发展有限公司

北京北大创业园有限公司

江西北大科技园区发展有限公司

北京博雅方略管理咨询有限公司

北京燕园科玛技术发展有限公司

北京北大教育投资有限公司

北大国际医院集团有限公司

北京北医投资管理有限公司

北京医大时代科技发展有限公司

【产业管理】 2011 年，校办产业管理委员会办公室和北大资产经营有限公司进一步强化了服务意识，促进企业规范发展。协调促进方正集团完成了方正证券上市审批工作。组织下属企业积极参加中关村国家创新园区的股权激励试点，北大先锋最终成为教育部系统首家中关村股权激励试点单位。组织下属企业申报中央国有资本经营预算重大技术创新及产业化资金项目，获得了 700 万元的财政资助。组织协调完成了方正信产的设立审批，方正宽带的股权转让审批、改制上市审批，北大维信的股权变更，北大软件的增资扩股等。

校产办、资产公司加强合作交流，本年度先后接待了北京市高校校办企业内控制度建设调研小组、中国医学科学院科技产业处、哈尔滨工业大学资产投资经营有限责任公司、台湾高校代表团等机构和团体来访，向上级和兄弟单位介绍了北大校办产业发展的情况，交流了管理经验。

【回报社会】 除年底上缴回报学校以外，各校办企业还通过设立奖教金等方式支持学校的教学科研。同时，企业还通过多种途径履行社会责任。例如，方正集团携手北京人艺设立公益基金，青鸟集团制订资助贵州、青海贫困学生培养计划等。经统计，各校办企业 2011 年向学校及社会捐款、捐物(除年底上交)约 4700 万元，向国家纳税 22 亿元，提供就业岗位 6 万余个。

【党建工作】 1. 积极开展主题教育，深入推进“创先争优”。在北京大学“共产党员献爱心”捐献活动中，产业党工委共 507 名党员参加，捐款总额达 64083 元。在党委组织部组织的“创先争优”主题征文活动中，青鸟集团党委李启龙获一等奖，方正集团党委代春艳、吴秀凤获二等奖。产业党工委机关支部开展了“立德树人、示范引领，向优秀央企学习”主题党日活动，支部全体党员和各分党委、直属支部党员代表共 30 余人前往中国五矿集团考察学习。

2. 创新活动机制，纪念建党九十周年。根据学校党委的要求，产业党工委在校办产业系统全面开展了“学习党史，坚定信念，创先争优”主题党日活动。机关党支部和北大科技园支部联合组织红色溯源之旅活动，赴上海、嘉兴参观上海一大会址和嘉兴南湖一大会址。青鸟集团党委组织党员前往李大钊同志纪念馆进行了实地参观。临湖公司支部组织党员赴延安学习。除座谈会和赴革命圣地参观外，很多党支部还采取知识竞赛、开设党史专栏、书法绘画作品征集等活动纪念建党九十周年。在党委宣传部组织开展的“中国共产党与社会主义现代化”主题征文活动中，产业党工委获优秀组织奖，北大科技园支部陈超获“心得体会类”三等奖。

3. 支持工会和共青团的工作。积极组织参加大步走活动、登山活动、校运动会等，收到了很好的效果。

医学部产业管理

【教育培训】 1. 医大时代公司与北大医学网络教育学院实行“两块牌子、一套组织机构”“学院办学、企业化运作”的管理模式。2011 年，公司(学院)对组织架构进行了 3 次调整，成立了教学运营部；药学专业课程体系改革方案等通过专家论证；启动营养学专业和护理学专业调研；申报全国继续医学教育项目(远程项目)392 项，在线运行口腔课程 7 门，新增“口腔专业护士临床实践基地”4 家，基地医院总数达到 28 家。

2. 由教育咨询公司承担招生、中介管理等市场性强的业务。2011 年开办护理管理 EMBA、医院财务管理、医院内训等新项目；设立海外培训模块，“首届美国 NIH 与北京大学医学部医院科研与管理研修班”在美国开办。

【共建医院】 医学部国内合作与产业管理办公室会同相关职能部

处，组织和动员医学部及各附属医院力量，支持共建医院的全面建设。在创伤骨科、妇产科、儿科等重点学科和大外科基础学科建设的基础上，重点推动创伤骨科、儿科的发展，使共建医院创伤骨科、儿科成功申请并获得天津市滨海新区医学重点学科资质，实现了共建医院区域重点学科“零”的突破。依靠北医专家的努力帮助，共建医院成功申请并获得多项国家级和天津市、滨海新区的科研基金和项目支持。动员并组织医学部和附属医院14个临床学科及4个管理学科的专家，结合专家门诊、专业讲课、教学查房、指导手术、学科规划、制度建设、强化管理等多种形式，密切专家与科室的联系，努力改进服务质量，树立良好形象，不断提升共建医院的临床业务水平。进一步加强医院财务预、决算管理，试行医院二级预算管理和科室三级预算安排，切实推进医院成本核算与控制，提高医院运营效率。落实物价管理制度，加强医院资金审批制度，保证医院的资金安全。探索科学有效的职工绩效考核管理办法，改进了科室考评方案，积极建立医院高效公平的工作环境。积极配合共建医院组织“三甲医院评审”预答辩，协助组织共建医院接受美国JCI医院评审标准。目前，共建医院顺利完成晋级准备，已在准备接受天津市卫生局组织的“天津市三甲医院”的评审工作。

【党建工作】 在全面完成医学部党委组织的各项培训学习的基础上，医学部产业党总支委员会在年初制订了产业党员干部和群众职工学习计划，充分利用干部在线学习的机会，积极组织党员干部参加学习。全年组织5次专题理论学习会，共同学习胡锦涛“七一”讲话和刘延东国务委员在北大干部会上的讲话精神、教育部有关高校产业“规范管理、科学发展”的精神和举措、《关于进一步鼓励和引导社会资本举办医疗机构的意见》等文件。为保证党务工作的民主决策，规避可能出现的风险，产业党总支严格按照《产业党总支会议议事规则》进行重大事项的讨论。组织总支委员和支部书记系统学习了《党员领导干部廉洁从政若干准则》和“十要十不要”等相关规定。严格执行“三重一大”及“重大事项汇报”制度，产业发展的重大事项都要经过产业党政企联席会议讨论决策。在坚决贯彻落实党中央和学校党委纪委关于党风廉政建设的精神和措施的前提下，产业党总支书记吕廷煜以医学部李竹案为例，在产业党员干部和管理人员大会上，专题进行党风廉政建设和党员干部廉洁从政、管理人员廉洁从企教育，取得了良好的效果。

主要高科技企业

北大方正集团有限公司

【发展概况】 方正集团是国家首批6家技术创新试点企业之一。方正拥有7家在上海、深圳、香港及马来西亚交易所上市的公众公司，下设遍布海内外的独资、合资企业80多家。2011年，总资产693亿元、总收入576亿元、净资产312亿元、利润总额18.9亿元。

【方正证券】 2011年8月10日，方正证券股份有限公司首次公开发行A股上市仪式在上海证券交易所举行。北京大学校长周其凤，湖南省人民政府副秘书长、省参事室党组书记石华清，上海证券交易所总经理张育军，湖南省高级人民法院副院长李微，湖南省工商局副局长阳芳华，湖南省地税局副局长袁含光，上海证券交易所副总经理谢玮，方正集团部分董事会、总办会成员，方正证券股份有限公司董事长雷杰、总裁王红舟，以及方正证券相关合作伙伴负责人出席上市仪式。

【方正财务】 2011年2月18日，北大方正集团财务有限公司开业庆典在京举行。北京银监局副局长向世文，北京市金融工作局副局长栗志纲，北京市海淀区区长助理卜永祥，中国财务公司协会专职常务副会长王岩玲，北京大学副校长刘伟，北京大学总会计师、财务部部长、方正集团监事长闫敏，以及方正集团董事廖陶琴出席揭牌仪式。北京银监局副局长向世文代表监管部门宣读了《中国银监会关于北大方正集团财务有限公司开业的批复》，并向方正集团高级副总裁兼首席财务官、北大方正集团财务有限公司董事长余丽颁发了金融许可证。

【国际医院】 2011年6月，北大国际医院工程主体结构提前完工，并凭借优异的工程质量、规范化的管理，荣获了北京市建筑结构质量最高奖项，成为“北京市结构长城杯”样板工程，同时还获得了“北京市绿色施工样板工地”荣誉称号，朝正式开业运营迈出了坚实的一步。在新医改鼓励社会资本举办医疗机构的大环境下，北大国际医院项目应运而生。作为北京大学的临床、科研和教学基地，作为由方正集团投资建设的非营利性医院，北大国际医院从诞生到成长的每一步都备受关注。医院的主体结构顺利完工，为正式运营奠定了坚实基础。

【方正健康发展基金】 2011 年 5 月 20 日，全国妇联“贫困母亲两癌救助专项基金”启动仪式在甘肃兰州举行，全国人大常委会副委员长、全国妇联主席陈至立，全国妇联党组书记、副主席宋秀岩，以及财政部、卫生部有关领导出席会议。

【教育经济学发展基金】 2011 年 12 月 22 日，北京大学—方正教育经济学发展基金启动仪式暨首届北京大学教育经济学论坛在北京成功举行。方正集团与北京大学共同签署了北大—方正教育经济学发展基金捐赠协议，方正集团向北大捐赠 2000 万元设立永久性基金，支持北大教育经济学研究。

【获奖情况】 2011 年 4 月，北大方正集团荣获“中国最受尊敬企业 · 十年成就奖”；6 月，北大创业园荣获“中国十大最具发展潜力”等称号；7 月，北大资源荣获“2011 年度社会贡献企业大奖”；10 月，北大资源荣获“2011 最佳开发模式创新奖”；11 月，北大方正软件学院获“大学生计算机应用大赛”一等奖。

（夏兆营）

北大青鸟集团

【发展概况】 2009 年，青鸟集团积极整合优势资源，强化现代管理，顺应变化，不断创新，在所涉及的 IT 及制造业、教育、文化传媒、地产、能源矿业、旅游、金融服务等几大板块得到了较快发展。同时，青鸟集团在扶贫救灾、支持教育与人才培养、助力民族文化发展等社会公益事业方面也做出了一定贡献。

【设立才斋奖学金】 继“杨芙清—王阳元院士奖励基金”后，青鸟集团于 2011 年又捐赠设立了一项北京大学奖学金，旨在鼓励北大人文传统优势学科博士研究生从事有难度和高水平的课题研究，提高北大人文传统优势学科博士研究生的竞争力。该奖学金每年奖励总额 60 万元，年资助 15 名以内优秀博士研究生，连续奖励 3 年。北大副校长刘伟代表北大向青鸟集团赠致谢匾牌，感谢青鸟集团对北大和社会的回报。

【承接中华字库子项目】 2011 年 7 月 26 日，中华字库工程研发在北京正式启动，潍坊北大青鸟华光照排有限公司获得其中“少数民族古文字的搜集与整理”和“少数民族现行文字的搜集整理与字库制作”两个研发项目。“中华字库”工程是《国家“十一五”时期文化发展规划纲要》中的重大建设项目，也是国家《文化产业振兴规划》中特别指出的具有带动作用的重大文化建设项目，是引领中华文化步入信息化、数字化时代的先导性、奠基性工程，对提升国家软实力具有重要战略意义。青鸟华光照排公司以联合承担的方式获得上述两个项目。

【与五矿建设合作】 2011 年 9 月 9 日，青鸟集团与五矿建设公司在北京大学签署了战略合作协议，旨在打造互利双赢的优势教育产业发展模式，创制幼教、基础教育品牌协作链。北京大学副校长刘伟，中国五矿集团公司副总裁孙晓民，北京大学校长助理兼北大资产经营公司董事长黄桂田，北大资产经营公司高级副总裁韦俊民等双方有关领导出席了签约仪式。青鸟集团总裁初育国和五矿建设公司总经理何剑波分别代表合作各方在协议上签字。

【青少年足球发展基金】 2011 年 9 月 19 日，在“中国宋庆龄基金会青少年足球发展基金暨未来工程——维学教育基金设立仪式”上，青鸟集团为“青少年足球发展基金”捐赠 100 万元，用于支持我国青少年足球的发展。中国宋庆龄基金会主席胡启立，国家体育总局足球运动管理中心主任韦迪，中国宋庆龄基金会党组书记、常务副主席常荣军出席仪式。胡启立为青鸟集团颁发捐赠证书。青鸟集团建立近 20 年来，在多行业迅猛发展的同时，一直热心兴办社会公益事业，本次捐助扩大了集团年度公益捐助活动的范围和规模。

【“青平台”活媒体品牌】 2011 年 11 月 22 日，北大青鸟音乐集团在北京宣布成立，正式推出“青平台”活媒体品牌。文化产业是青鸟集团的传统产业，此次设立音乐集团并推出国内首个全现场交互、直达式活媒体“青平台”品牌活动，是其在文化产业领域新的探索。北大青鸟音乐集团由青鸟集团与国家音乐产业基地共同组建，总投资 2.5 亿元，将音乐制作、艺人经纪、音乐节、演唱会、音乐节目、音乐衍生产品等资源整合成产业平台，通过音乐节和演唱会等直接载体，以音乐施以影响力，开创国内“品牌—青平台—受众”的全新营销模式。

【获奖情况】 2011 年 9 月，青鸟环宇消防设备公司在国内 2011 年（第四届）消防行业十大评选颁奖典礼上荣获“十大创新企业”奖。本届评选共有 1821 家企业参与，共设 8 个奖项，规模及企业参与度堪称本行业评选之最。

2011 年 12 月 16 日，600 多位教育界专家、学者出席了“教育，因你而改变”第四届新浪 2011 中国教育盛典。本次教育盛典揭晓了 2011 年度十大教育新闻、领军中国教育人物、微博风尚大奖等重要奖项，拥有 12 年 IT 教育经验的北大青鸟 APTECH 获“2011 最具品牌影响力教育集团”。

（李启龙）

北大资源集团有限公司

【发展概况】 北大资源集团是专业从事房地产开发、商业地产运营、物业经营管理，并涉及大宗商品交易及科技型生产制造的综合性企业集团。北大资源地产在商业地产领域进行积极尝试与探索，在重庆投资的市内免税店已正式营运。在大宗商品贸易业务方面，北大资源集团充分利用自身的资源及渠道优势，实现了贸易业务稳步发展。北大资源旗下的科技型生产制造企业，开创了一条产学研三位一体的新发展道路。2011年，北大资源集团有限公司实现销售收入60亿元，利润2.1亿元，利税3.2亿元，资产总额100亿元，所有者权益32亿元。

【社会贡献企业大奖】 2011年7月2日，第十一届中国地产金砖奖在“博鳌·21世纪房地产论坛”上揭晓，北大资源集团获得分量最重的“2011年度社会贡献企业大奖”。主办方表示，该奖项的授予，是出于对北大资源集团近年来在城市运营领域理论探索和有效实践的认可，同时也是在“平衡、协调、可持续”成为国家“十二五”规划主基调的背景下，对北大资源集团在开发城市过程中，既能实现政府目标，又能为居民带来幸福生活的独特商业模式的肯定。作为方正集团下属的房地产企业，北大资源集团在2009年率先提出了资源整合型城市运营商的定位，该模式优先将医疗、教育等与民生息息相关的资源导入社区，通过有效配置稀缺资源，在为政府提供长期税收、为社会提供就业机会的同时，提升区域或城市核心价值。

【最佳开发模式创新奖】 2011年10月19日，“面向未来的中国房地产基金发展路径”高峰论坛在京召开。此次高峰论坛旨在探讨地产金融时代，房地产与基金行业的共赢与发展。会上，北大资源集团凭借独具特色的“资源整合型城市运营”开发模式，获得“2011最佳开发模式创新奖”。在相继获得最具中国特色城市运营商特别大奖、最具影响力品牌和最具资源价值奖项等荣誉后，此次获奖再次表明业界和社会对北大资源集团这种资源先行、城市运营的独特商业模式的肯定。

（黄益成）

北京北大科技园有限公司

【上地园区】 北大科技园上地园区项目是北京市与北京大学重要的合作建设项目，2011年该项目被列为市绿色通道和海淀区重大工程建设项目，成为海淀区建设中关村国家自主创新示范区、核心区的重要组成部分。5月4日，市委常委、海淀区委书记赵凤桐莅临北大科技园参观调研、听取汇报，对科技园的工作给予了充分肯定，同时对上地园区土地一级开发项目给予了高度关注和重视。6月9日，赵凤桐书记组织市、区各相关领导召开了专项工作会议，协调解决上地园区建设所遇到的问题。11月15日，北大科技园与海淀区西北旺镇下辖的东北旺马连洼村成功签署了征地安置协议。北大科技园上地园区项目是中关村国家自主创新示范区、核心区的亮点工程，建成后将成为中关村、海淀区、北京市的城市新名片，成为未来十年国家级大学科技园新的标杆。

【北大创业园获奖】 2011年6月，在联合国亚太城市发展研究中心、联合国人居环境发展促进会、中国城市建设发展促进会、中国开发区发展促进会等共同举办的“中国工业园区特色产业与投资环境品牌建设公益评选活动”中，北大创业园以高票荣获“中国十大最具发展潜力园区”“中国十大自主创新示范园区”“中国十佳最佳投资环境园区”。

【北大博雅酒店获奖】 2011年5月，在北京烹饪协会举办的“北京餐饮门店100强”评选中，北大博雅酒店入选。10月，在饭店现代化杂志社举办的评选活动中，北大博雅酒店获得“2011年中国杰出商务酒店”殊荣。12月，北大博雅酒店中标政府采购项目，成为“北京市党政机关会议定点协议单位”。

（包红梅）

北大未名生物工程集团有限公司

【开发生物能源】 北大未名集团及下属公司的研发项目有序推进。北京科兴肠道病毒EV71型灭活疫苗（即手足口病疫苗）完成Ⅱ期临床试验，EV71疫苗生产车间也计划在2013年完成厂房建设及GMP认证。2011年6月，国家现代农业科技城良种创制中心启动并揭牌，该中心依托系统作物设计前沿实验室和北京凯拓三元生物农业技术有限公司，广泛聚集国家级工程中心、科研院所、大学及国内外知名企业，逐步吸引国内、国际农业生物技术领域的顶尖人才聚集并开展高端研发工作。湖南未名在推进生物能源项目合作方面也取得进展，2011年11月，湖南北大未名生物科技有限公司“北大未名前沿科技园——林油一体化示范区”和湖南未名创林生物能源有限公司“生物柴油中试示范基地”同时揭牌启动。

（林先卫）

北大维信生物科技有限公司

【发展概况】　北大维信致力于天然药物和现代中药的研究、开发、生产和销售，其主导产品是具有国际先进水平的调脂药物血脂康胶囊。北大维信先后入选中关村科技园区首批百家“创新型试点企业”“中关村国家知识产权制度示范园区知识产权重点企业”“十百千工程”“北京生物医药产业跨越发展工程(G20 工程)”。北大维信拥有覆盖全国的强大营销网络，同时积极开拓国际市场，现已正式启动在美国的二期临床研究工作，未来血脂康将以药品形式进入美国市场。2011 年，北大维信实现销售收入 3.37 亿元，同比增长 28%，实现利税 1.2 亿元。

【外资转内资】　鉴于在技术创新扶持政策、营销、企业税费等方面内资企业更具优势，经北大维信董事会讨论一致通过，同意将北大维信的外资股份转让给山东绿叶制药有限公司。股权变更后，北大维信由山东绿叶制药有限公司、北大资产经营有限公司两家股东共同出资经营。2011 年 6 月 16 日，北大维信完成工商变更登记，企业性质由中外合资企业变更为内资企业。

（刘　隽）

北京北大先锋科技有限公司

【发展概况】　北大先锋成立于 1999 年，是北京市科委认定的高新技术企业。公司从事变压吸附气体分离技术研发和成套设备设计制造，以及高效吸附剂和催化剂的生产，已为化工、钢铁、有色冶金、玻璃、造纸、污水处理等行业的近百家企业提供了成套变压吸附装置，包括目前世界最大的变压吸附分离一氧化碳装置和变压吸附空分制氧装置。公司变压吸附分离一氧化碳技术曾获国家发明二等奖、变压吸附空分制氧技术曾获教育部科学技术进步奖一等奖，技术居国际先进水平。2011 年，公司销售收入 2.6 亿元，实现净利润 0.4 亿元。

【实施股权激励】　2011 年 12 月 1 日，北大先锋公司的股权激励方案获得了教育部的批复，北大先锋成为教育部首家中关村股权激励试点单位。目前，北大先锋正在组织实施该项股权激励方案。实施股权激励有利于调动公司技术和管理人员的积极性和创造性，推动公司的科研创新和科技成果转化，促进公司更好地发展。

（刘小进）

主要教学科研服务机构

图　书　馆

【发展概况】　2011 年，在学校各方面的大力支持下，图书馆党政班子默契配合，继续带领全馆职工奋发有为，积极进取，在管理上更加规范有序、业务与服务方面不断突破，以显著的成绩向国际化迈进。在资源建设方面，继续注重从两个方面——数字资源建设和古旧文献加强本馆的资源优势建设，同时努力争取更多的捐赠，开始关注区域研究，努力增加对新建学科的资源保障，加快资源加工和整理的进度，加强电子资源编目。在读者服务方面，加强学科竞争力情报分析，探索学科服务新的路子，基础服务有新的开拓，举办多个展览展示深厚馆藏，开辟新型媒体服务，开通馆长信箱。在新技术应用方面，开通了移动图书馆，Unicorn 系统升级，资源发现系统上线。在管理方面，调整机构，完善各项制度，开展岗位考核，改善馆员待遇，优化馆员培训。在馆舍方面，开展古籍馆及东楼改造规划，更新消防监控系统。在科研方面，申报国家社科基金重点项目获得立项。CALIS 三期建设进展顺利并通过教育部中期检查；CASHL 项目稳步提升；DRAA 联盟运作顺利。

【文献资源建设】　克服几年来校拨经费未能增长，而文献价格不断上涨及读者需求不断增加所带来的困难，在保持连续性和稳定性的前提下，继续加强数字资源和古旧文献的采集，争取更多的捐赠，开始关注区域研究，努力增加对新建学科的资源保障，加快资源加工和整理的进度，加强电子资源编目，继续推进全校文献信息资源保障体系建设，电子图书、新媒体资源和特色资源的建设仍是年度重点。

传统文献采访工作以满足学校的学科建设和发展为目标，平稳发展。按照《北京大学文献资源供应商选择管理办法(试行)》文件要求，对中文图书供应商进行年度评估及合同签署。年图书购置总经费比上年减少约 78 万元(其中正常经费减少 186.6 万元，文科专款增加 12.4 万美元)，总购书量与上年基本持平。报刊采访方面，中外文报刊减订 128 种/491 份，期刊装订量比上年减少 1120 种/1734 册，减幅达 19%，文献采购经费得到优化配置。在古文献方面，新入藏拓片 1011 份,1369 张/册。

表 8-86 2011 年度书刊采访工作统计

项目		文科		理科		总计	
		种	册	种	册	种	册
图书	中文	34639	76231	5408	9393	40047	85624
	外文	11660	13661	1581	1753	13241	15414
	图书总计	46299	89892	6989	11146	53288	101038
期刊	中文	2144	2374	1502	1509	3646	3883
	外文	1231	1234	431	431	1662	1665
	期刊总计	3375	3608	1933	1940	5308	5548
报纸	中文	155	177	29	33	188	210
	外文	39	39	0	0	39	39
	报纸总计	194	216	29	33	227	249

医学图书馆印刷型资源平稳发展,全年共采访中文图书 4983 种/11071 册,外文图书 698 种/724 册,中文期刊 596 种,报纸 62 种,外文期刊 168 种。

电子文献和多媒体资源方面,积极拓展文献类型,新订方正全文报纸库,引进方正触摸屏读报系统。增加方正电子书、皮书数据库,读秀知识库新增中文电子书。电子文献经费支出比上年增加约 106 万元,增幅为 12%。外购多媒体资源量创新高,新订 2 个在线多媒体数据库:正保远程教育多媒体库、CAMIO 艺术图片库,零采多媒体实体资源达 20 万元,新增电影、语言、音乐、节目、学习参考等类 DVD 657 种/2300 件,实体多媒体资源总量达到 26211 种/52506 件。

表 8-87 2011 年度电子资源订阅情况统计

项目	2011 年采访量	累积量
数据库(含多媒体)	333 种/343 个	476 种/500 个
电子期刊	53720 份	54121 份
电子报纸	1123 份	1123 份
电子图书	396510 册	2761257 册
多媒体实体资源	657 种/2300 件	26211 种/52506 件

医学图书馆加强电子资源建设,年度订购数据库 77 种(其中新订 6 种,与总馆合订 43 种),外文电子期刊 16362 种(其中单独订购 3321 种),中文电子期刊 34127 种,中文电子图书 123 种,外文电子图书 106 种。

【文献捐赠】 全年共接受中文赠书 9012 种,外文赠书 2594 种,共计 18198 册。几批重要捐赠包括汤一介赠书、悦读中国赠书、朱家骅年谱手稿、司徒雷登和傅泾波书信、加拿大麦吉尔大学 Mario Bunge 教授赠书、中法中心赠书、有关经济改革的过程性文献,并接受美国康奈尔大学图书馆顾问委员会主席赠送颐和园老照片 1 幅。

【馆藏数字化】 继续自建内容丰富、形式多样的多媒体资源。年加工量再创新高,突破 40 TB、累积加工量超过 100 TB(含发布服务量),业务水平上升到一个新的台阶,强有力地支持了北京大学的教学科研活动。完成和正在进行校内多个院系单位的各类数字化项目,业务内容涵盖多个数字化服务领域,如图像扫描、多媒体摄制、共享发布、个性化印刷等,充分显现了北京大学数字加工中心全方位的服务能力,包括:为中国语言文学系、考古系、人事部、档案馆、台湾研究中心等多个教学科研单位数字化档案、手稿、胶片、照片、图纸,录制学术讲座、学术会议、口述史等。进一步实现了北京大学数字加工中心的示范效应:承建承接了一些大型项目,多为国家级项目或兄弟院校委托,不仅取得了良好的建设和服务效益,还进一步体现了北京大学在数字加工服务方面的领先程度。

【文献资源组织与揭示】 书刊编目方面,继续中文编目工作外包,完善质量控制体系。完成存于总馆的日俄文图书的回溯编目 40011 种/58007 册,做好前期制订刊架号方案及后期质量控制工作。拓展外文编目的语种范围，正式开始韩语的编目工作。本年度共完成普通书刊及学位论文（含分馆）文献编目 126853 种/235497 册，完成编目总额比上年下降 11.87%。古籍回溯编目 3310 部，新增古籍馆藏记录 8955 条，入库古籍 3352 函/8301 册，新编拓片 1369 张/册，扫描拓片 1566 种。完成元数据编制 5 万余条。全年共向 CALIS 提交中外文书刊编目记录合计 39047 条，比上年增长 19.5%。电子资源与传统资源的整合方面，完成学术类电子书刊 *Springer*，*Wiley*，*RSC*，*World Bank*，*MyiLibrary* 等数据库 15065 条电子书刊数据与 Unicorn 系统书目数据库的整合。至年底，共完成了 62 个电子书刊数据库整合到 Summon 发现系统的配置工作。内容加工与组织方面，建设“个人赠书”数字特藏，基本完成“段宝林赠书室”，嵌入采访视频。“北大博文”成为 CALIS 特色库项目，完成数据 3000 条。撰写与发布新书导读 200 多篇。

【古籍与特藏整理】 完成《北京大学图书馆藏历代墓志目录》稿，条目达到 9602 种/24738 份，是 20 多年图书馆拓片整理工作提交的第一种、也是学界迄今数目最多的拓片专题目录。向国家古籍保护中心申报的第四批“国家珍贵古籍”包括明本古籍和宋元佛经 132 种。清点家谱 4835 函/26094 册，整理日文普通古籍 573 条、770 函/3820 册，日文善本古籍 303 条、372 函/1738 册，其他古籍文献倒架 17490 函/116504 册。制订《北京大学“文革”资料元数据著录规范》，对包括期刊、图书、小册子、散页传单等载体形式的“文革”资料进行了著录，以卷期为单位，完成 3683 条记录。完成从上年开始的“文革”小报的清点著录。完成民国中小学教材的整理 606 种，清点整理 1367 册/件民国时期的珍贵文献并予以妥善保存。

【读者到馆服务】 全年入馆人次与上年基本持平，但总借、还书量有下降的趋势，全年纸本图书借书总数为 697781 册次，比上年减少 10.2%。续借、预约、发送流通通知、异地还书等传统服务项目的统计量均比上年有所下降。本科生仍是图书馆读者的主流。

表 8-88 近五年相关读者服务工作进展情况

统计项目		2007 年	2008 年	2009 年	2010 年	2011 年
入馆人次		2894178	2234675	2122408	2290881	2284612
图书外借册次		896715	832682	839620	777349	697781
图书预约册次		57657	50410	50361	45494	36728
图书续借册次		481253	458640	468892	437773	395769
馆际互借/文献传递		31614	35078	42461	28679	32125
网上咨询		6977	5450	2007①	2437	2536
课题咨询		432	527	525	644	1099
用户培训（一小时讲座）	场次	114	116	113	116	125
	人次	3005	3057	4789②	3828	3902
电子资源检索频次		10594522	14987614	21733782	29222743	31366310
电子资源全文下载篇次		10068375	10641990	12812356	18615432	16829590
多媒体资源在线检索与点播频次		146896	343369	397284	542664④	1031842
主页登录次数		5339185	6694728	5361281	5499041	3824300
储存馆外借册次		—	—	198③	1390	1470

注：①②2009 年重新调整统计指标，③仅 12 月份的统计数字，④2010 年重新调整统计指标。

【电子资源检索服务】 电子资源检索服务每周开放 85 小时，据不完全统计，全年共接待到馆读者 224775 人次，网上电子资源检索量与全文下载量继上年大幅度增长之后，本年度保持平稳态势。对中西文电子期刊导航的 1 万多条期刊数据进行了更新，为数据库导航进行 100 多次更新维护，为读者检索提供了方便。全年报道最新资源、试用等服务 40 多次。

【馆际互借与文献传递】 新增 5 个合作馆（高校图书馆 4 个、公共馆 1 个）。继续借助 CASHL 项目和 CALIS 文理中心的建设，重点提高外文文献保障率，全年共借入（获取）文献 7301 册/件，借出（提供）文献 24824 册/件，均比上年有小幅增长。作为 CASHL 全国中心，共处理申请 20720 件，其中通过期刊目次申请的文献 17360 件，满足率为 95.53%；代查代检请求数量 3360 件，满足率为 81.98%。

医学馆全面提高医药文献保

障率和受益面。全年文献传递和馆际互借申请总量为4287篇,比上年增长25.5%,满足率为83%,累积CALIS用户159个。

【读者服务深化创新】 读者服务工作呈现如下特点:一是密切融入教学研,学科服务有所突破;二是基础工作精细化;三是印本期刊服务持续下降,数字化服务不断增长;四是广泛开启服务宣传工作。

1. 读者服务宣传推广。成立读者服务宣传推广小组,旨在树立图书馆形象,宣传图书馆服务,扩大图书馆影响。开展了三项重点宣传推广任务:"未名学术搜索"服务推广、经典阅读推广,以及为馆庆110周年举办的"图书馆的瞬间与永恒"读者征文活动。发行《图书馆视界》5期,在全方位报道图书馆资源与服务的同时,注重加强与读者的互动。

2. 探索用户信息素质教育新模式。在嵌入教学开展信息素质教育方面做了进一步尝试,学科馆员分别走入院系,举办针对课程的专题讲座。以"一小时讲座"为基础的用户培训服务内容不断扩展,现已包括新生入馆教育、全校通选课、网络培训和专场专题讲座等。在嵌入教学开展信息素质教育方面做了进一步尝试,学科馆员分别走入中国语言文学系、历史学系、哲学系(宗教学系)、法学院、城市与环境学院等院系,举办针对课程的专题讲座,走近用户、嵌入教学。借鉴国内外博物馆的导览经验,在迎新培训工作中首次启用无线同声传输设备,提高了新生入馆教育的效果,尽可能减小对阅览室和自习区的读者的影响,保持了良好的阅览环境。

3. 推进学科竞争力情报支持工作。采用文献计量学的分析方法,对北京大学学术论文的科研竞争力进行量化评估,完成《北京大学科研实力分析报告》,为北京大学中长期发展规划的编写工作提供了及时、可靠的数据支持。完成教育部社科司委托的对高校人文社科重点研究基地的科研情况制订试点评估方案,并以北京大学三个文科基地为对象进行了客观评价,为教育部社科司提供了真实、可靠的分析报告。医学图书馆建立了一套基础医学二级学科竞争力评价指标体系,该指标体系已被著名生物医学网站"生物通"收录并登载。

4. 毕业季系列活动。新增"学子推荐"活动,共收到图书推荐383份,电影推荐58份。继续推广"图书漂流"活动,分享师生平时闲置不用的书刊资料。

5. 资源与传统服务的拓展。宿白赠书室于2011年9月5日正式对读者服务。该室收藏北京大学考古文博学院著名考古学家宿白教授上年赠送的书刊,内容以考古、文史为主,除普通图书外,还包括线装古籍、拓片等珍贵资料,共计11600余册,已编目上架5000册。电子教参平台发布。教参阅览室进行RFID自助借还测试,教参书实现2小时出借。为推动自助借还服务,共为70多万册图书进行技术加工。

6. 举办系列展览。展示丰富的馆藏,彰显深厚的文化底蕴与人文内涵。先后举办"纪念中国共产党成立90周年北京大学图书馆藏革命文献展览""纪念辛亥革命100周年北京大学图书馆藏武昌起义相关文献展览""侯仁之先生百岁寿辰庆祝展""纪念胡适诞辰120周年胡适生平著作展"。

7. 开通馆长信箱服务。为加强图书馆建设、加强图书馆与读者的沟通,2011年9月26日,在中文主页上发布"馆长信箱"。

【课题咨询与学科服务】 科技项目查新,以及论文收录及引用检索的业务量较上年都有所增长。其中科技查新完成161件,较上年增长10%左右,论文收录和引用检索完成601笔/14586条,比上年增长了21%。学科服务继续向前迈进,努力走出"瓶颈"。本着"学贵精专,服务亦然"的宗旨,学科馆员根据学科情况量体裁衣,在嵌入式学科服务的基础上,为教学科研提供个性化支撑服务。继上年开设学科博客后,本年度开展了"来到您身边的学科讲座",针对硕士、博士研究生各阶段的需求精心准备了3方面内容:学术资源和服务概览、专业资源和检索技巧介绍,以及如何利用资源写论文等,帮助学生"快、全、准"地找到文献,充分利用校内的各种资源。医学图书馆调整学科馆员服务模式,采取走出去的方针,要求学科馆员每周4小时固定时间走访院系,了解各学科的发展前沿和信息需求。

【数字图书馆门户】 2011年7月,北京大学移动图书馆正式发布。将短信服务、移动检索和阅读,以及读者个性化定制服务整合为一体,为北京大学师生提供包括图书、电子期刊和电子图书的检索与全文阅读,读者借阅历史、借阅状态查询与操作,以及短信预约提醒、短信推送等在内的系列服务。11月,发布了基于发现与获取系统Summon的"未名学术搜索"试运行版,具有强大的知识库与整合能力,提供"一站式"检索,搜索范围覆盖图书馆所有学术资源,给读者提供更加便捷和全面的学术资源检索。北京大学图书馆也是Summon第一个中国用户。

表 8-89 2008—2011 年总馆主页访问情况

统计栏目		2008 年	2009 年	2010 年	2011 年
点击率	点击总数	247995327	234208153	215393280	194874493
	平均每天点击率	679439	653141	623478	532443
浏览页面数	浏览页面总面数	30598501	19611685	27370055	18632896
	平均每天浏览页面数	46335	27326	39590	50909
	平均每位访问者浏览页面数	23	16	22	23
访问量	访问总量	6694728	5361281	5499041	3824300
	平均每天访问量	11684	7469	7949	10448
	平均每次访问停留时间	0：07：09	0：06：55	0：06：55	00：07：45
访问者	不同访问者的数量	1804965	1214178	1211072	789535
	只访问主页一次的访问者	1369460	902897	895605	590102
	多次访问主页的访问者	435505	311281	315467	199433

【多媒体服务】 开辟新型媒体服务路径，引进移动媒体产品，将图书馆提供的服务在这些媒体上展示，为读者提供阅读器技术和图书馆的服务应用的体验。多媒体资源的访问频次总体呈现上升趋势，多媒体资源点播量比上年增长近一倍，突破 100 万频次，基于网络的多媒体资源服务受到读者更多青睐。

表 8-90 2008—2011 年总馆多媒体服务情况

项目	2008 年	2009 年	2010 年	2011 年	说明
多媒体学习中心（人次）	40182	24714	23393	16937	
视听欣赏区服务（人次）	15000	33000	33000	34300	试听、试看机、电视机（含讲座、新闻、电影）、KUKE 多媒体机、牛津电子词典等
空间和设施服务（场次/人次）	404 75480	560 58300	662 69080	678 67320	含南配殿和多媒体研讨室音乐课、培训讲座、影视欣赏、文艺活动等
多媒体平台浏览和检索（频次）	63239	64817	60777	54204	多媒体服务平台上自建资源的访问频次
外购多媒体库点播（频次）	268109	227802	487773	974286	包括新东方多媒体学习库、爱迪科森网上报告厅、知识视界视频教育库、KUKE 数字音乐图书馆、维普考试资源系统、外研社外语资源库和 JoVE 等，未含试用资源
随书盘在线服务（频次）	—	3996	80409	877086	

【文献信息资源体系】 继上年正式成立“北京大学文献信息资源战略发展委员会”和“北京大学图书馆工作委员会”以来，北京大学文献信息资源体系的建设与服务迈上一个新的台阶。2011 年 12 月 28 日，召开两个委员会的第二次工作会议，深入推进北京大学文献信息资源体系建设，会议充分肯定了图书馆文献资源建设与服务对学校教学科研起到的重要保障作用，以及总—分馆体制的建设成就，指出了北京大学文献资源保障率严重不足的问题，希望得到学校重视并提供强有力的支持。此次会议将对北京大学文献信息资源体系的科学化发展，服务世界一流大学的建设目标起到重要作用。

1. 分馆建设进展。2011 年 3 月，信息管理系图书馆加入分馆。7 月，在学校的大力支持下，人文分馆建设启动，在对文史哲三系资料室调研的基础上，提出《北京大学人文分馆建设草案》。心理学系资料室撤销后的资料共计 1.7 万余册，经编目加工后上架供全校读者使用。3 个附属医院分馆（北京大学第六医院、北京大学第三医院、北京大学口腔医院）正式启用 Unicorn 系统进行文献资源管理。

2. 加强分馆评估和服务工作。先后对政府管理学院、物理学院、城市与环境学院、地球与空间科学学院、外国语学院、中古史中心、考古文博学院、信息管理系、中国语言文学系、历史学系等开展走访,了解院系服务需求及工作中遇到的难题。对软件与微电子学院进行了分馆评估工作。举办了中西文编目、中图法第五版使用、CNKI使用、文献管理软件、SPSS统计软件使用等培训活动和专场讲座。同时,组织分馆人员外出考察与参加学术会议,从加强与院系老师的联系、深入了解读者需求、提高分馆人员业务水平几方面,积极推进全校文献信息资源体系建设。

3. 推进医学部及其附属医院文献资源的共建共享进程。医学图书馆对尚未加入或即将加入Unicorn系统的5家附属医院图书馆进行了系统培训。

表 8-91 2007—2011 年分馆读者服务情况统计

统计项目	2007年	2008年	2009年	2010年	2011年
外借册次	239644	209368	179717	146437	122585
归还册次	218338	206823	172543	155449	122859
续借册次	—	14448	17246	13301	3788
协助总馆完成馆际互借/文献传递	—	3909	3495	—	1468

注:借还册次中,2007—2008年的数据包括系统和手工借还两部分,2009年以后的数据仅为系统部分,且是不完全统计结果。

【储存图书馆】 2011年9月,与昌平园区管委会重新签订协议,增加储存馆面积,并定制与安装了密集书架,为储存馆的发展提供空间保障。全年保证每周2次的提取书刊工作,完成总馆与储存馆之间的文献调拨1448册次。剔除中文非授权影印复本书9585册,整理、挑选未编书中的珍贵民国文献,完成西文杜威号图书的回溯工作,移交部分燕大、北大早期的珍贵典藏,装订散册俄文期刊。

【信息基础设施建设】 信息基础设施建设有序进行,服务器、微机等设备的更新、数字存储设备的引进与使用、管理软件的引进与开发,保障了图书馆各项业务工作的顺利进行,提升了图书馆服务的能力。

1. 在硬件方面:更换培训教室微机62台;更换了西馆信息点900余个,为网络运行畅通做了充分的保障;尝试多种技术手段,优化阳光大厅读者用机的操作系统。通过修改网络路由策略,解决自助上机服务网络问题;合理规划存储设备管理,为数字资源的保存与发布提供可靠保障。新增存储空间60 T,图书馆存储空间达到170 T。

2. 在应用系统开发与维护方面:搭建移动图书馆服务平台;搭建与配置"未名学术搜索"试运行版平台;Unicorn系统正式升级,从GL 3.0版本升级至Symphony 3.3.1版本。作为SirsiDynix公司在中国第一个顺利升级至最新正式版本的用户,也为其他国内用户的升级提供了可资借鉴的经验。完成了如下系统:"馆长信箱"平台、360系列产品应用、基于RFID的教学参考书自助借还服务、失物招领系统、电子教参系统、分馆流通信息展示系统。正在进行的系统开发有:"赠书北大"系统、"本科生学位论文系统"的测试与调研。此外,还开展了新技术、新系统试验工作。如利用MegaZine 3搭建图书馆年度报告虚拟展示平台,利用基于Google O3d的三维虚拟导游/展示系统尝试搭建北京大学图书馆导引系统等。

医学图书馆对中文主页进行了全新改版,以简洁、实用为原则,采用了最新的网页设计架构,对内容进行了全新的整合与修订。自建电子图书馆数据库《北医人·文库》,已收集到医学部及各附属医院专家、教授所撰写的著作38种/41册,添加120条电子数据。对电子资源远程访问系统进行升级,可兼容Windows 7操作系统,用户的操作性提高。

【基础设施保障】 行政工作有序和规范化,后勤保障持续改进,为营造更好的馆舍环境而努力。在内部管理上完成以下几项工作:

1. 加强内部管理。完成图书馆中文主页的内容更新工作,并做相关工作流程的规范与调整。根据实际情况修订《北京大学图书馆主页建设与管理工作规范》。修订《北京大学图书馆档案管理办法》,理顺档案提交程序。认真答复《馆长信箱》中的读者来信,力求切实解决图书馆服务中的各类问题。

2. 绿色馆舍行动。2011年9月成立绿色馆舍行动小组,成员来自全馆各个部门热心绿色、环保事业的馆员,为图书馆的绿色、节能工作建言献策,积极组织活动,宣传环保理念,努力把图书馆建成绿色、环保、节能的馆舍。

3. 馆舍空间建设。继续促进古籍馆与沙特方的商谈进展,争取促成古籍馆建设的机会。根据财务部转发教育部关于"修购专项资金2012—2015年项目申报工作的通知"，申报教育部专项修购基金，提请对图书馆新馆(东楼)进行改造并获批立项。与学校发展规划部、基建工程部等部门多次沟通与讨论，基本确定了图书馆东楼改造规划方案。消防改造是年度工作的重点之一，工程项目多，涉及面广，工期长。同时为保证正常的开馆服务，增加了工作的任务和难度。消防改造工作中更新了监控系统，增设了安全通道指示牌，提高消防保障力度和安全级别。

4. 总务、安保、后勤保障方面。优先解决学生饮水困难，在东馆一层增加了两部饮水机，缓解学生的饮水压力。开展"卫生间工程"，在全馆32个卫生间里安装了自动烘手器，为读者免费提供卫生纸，改造卫生间门闩，建立保洁员清洁检查登记制度。联合易洁物业公司以管理专业化、服务规范化、作业标准化为宗旨，努力为师生营造安全、舒适、整洁的阅览环节和办公环境。通过一年来的认真管理，在馆内吃东西和吸烟的违规现象比上年明显减少。转借校园卡的现象屡禁不止，全年仍达到800多人次。

【党建工作】 党委工作以"创先争优"为核心，作为学校教学科研与社会服务的文献支撑和保障，图书馆的业务工作和发展是为全校师生员工服务的，其工作成效如何直接影响到全校的发展。基于这样的认识，图书馆党委按照学校党委统一部署，积极开展创先争优活动，创先就是"创建一流大学图书馆之先"、争优就是"争服务之优"。

馆党委坚决落实《关于实行党风廉政建设责任制的规定》和《中国共产党党员领导干部廉洁从政若干准则》两项法规，强化"一岗双责"意识，执行"一岗双责"制度。在馆党委的领导下，图书馆进行了党支部的换届选举工作，以及图书馆工会委员会的换届工作，尽量把那些思想好、业务强、又愿意为大家服务的年轻人选进支部和工会班子，显著增强了党和工会基层组织的活力。馆党委配合馆行政对业务部门的领导岗位和全馆员工在本年中期进行了全员考核并实行新一轮的岗位聘任，保证了人事工作改革和岗位聘任工作的顺利进行，调动了全馆员工的工作积极性。2011年，图书馆党委获得学校党委颁发的"党务和思想政治工作先进集体"荣誉，图书馆获得了"北京大学离退休工作先进集体"、北京市教育工会的"教育先锋号"等荣誉。为纪念中国共产党成立九十周年，馆党委组织包括医学图书馆党支部在内的50多名在职党员赴江苏徐州淮海战役纪念馆、山东滕州微山湖爱国主义教育基地参观学习，缅怀革命先烈的丰功伟绩。医学图书馆为纪念中国共产党建党九十周年举办党史展，总馆各支部也组织了丰富多彩的学习活动。

【人力资源建设】 加强机构调整与馆员培训，2011年3月，任命两位馆长助理，加强馆务会力量。6月，调整机构，将总务、安保、馆长办公室职能合并，成立综合性的办公室。完善用人制度，结合学校人事部往年的考核要求，修订了岗位考核制度，正式通过了《北京大学图书馆岗位工作考核与评估实施办法》并开始试行。在开展岗位考核与评估工作的基础上，顺利完成新一轮的岗位聘任工作。在事业编制人员岗位聘任工作完成后，与学校相关职能部门多次讨论，努力解决合同制馆员的聘用问题，改善其工资待遇。在校人事部的支持下，与校学生资助中心合作，大规模引进学生助理，参与图书馆的值班工作，解决阅览室值班任务繁重、人力严重不足的问题，这是在人力资源建设上的一次积极尝试。7月，召开图书馆暑期发展研讨会，议题为"图书馆服务的创新发展"，这是连续第三年召开图书馆发展研讨会，旨在对图书馆的业务进行研讨，明确发展方向。优化新馆员入职培训。参加图书馆业务轮训的新馆员有10名，其中5名来自分馆。本年度加入了参观兄弟院校图书馆的环节，以便新馆员在了解图书馆业务的基础上增加更多的直观认识。一如既往地加强馆员业务培训，为馆员创造更多国内外学术交流机会，努力提高人员队伍的素质与水平。

表 8-92 2011年人员流动情况

项目	人员名单
退休	沈正华 陈仲建 丁世良 周永喜 周黎丽 刘常武 何景贤 魏丽娜 宋晓惠 夏云立
	于彦秀 李 力(医学馆)
进馆	张慧丽 杨楠楠 张晓琳 张轶雯
	丁树琴 周志超(医学馆)
调动(离馆)	张丽娟(调往哲学系)

表 8-93 2011 年专业技术职务评定工作

项目	人员名单
研究馆员	张明东
副研究馆员	蒋刚苗 张学宏 曾 勤 巩 梅
	殷蜀梅(医学馆)
馆员	张宝杰 力 凯 韦成府 赵 飞 朱 玲 刘秀文 常雯岚 白 婕 彭 陶
	马晓庆(医学馆)
助理馆员	无

表 8-94 职务变动

职务	人员名单
馆长助理	别立谦 姚晓霞
竞聘上岗 新部主任	崔海媛 巩 梅 黄 涛 蒋刚苗 李 云 张海舰 张 健 邹新明 董 峥 姚晓霞 喻爽爽 张俊娥 张月祥 庄纪林

【工会工作】 在学校工会和图书馆党政班子的领导下,馆工会不断探索,工会委员和工会小组长在完成本职业务工作的前提下,共同努力完成工会工作。(1) 以图书馆二级教代会工作为中心,推进职工参与民主管理的深度。2011 年 12 月,召开教代会全体代表会议,审议图书馆"十二五"发展与未来工作创新。承担了海淀区人大代表的选举组织工作。申报"教育先锋号"和接受"模范教工之家"复验工作。维护各类教职工的合法权益,促进和谐图书馆建设。对合同制人员与在编人员尽可能一视同仁,促进人员融合。加强自身组织建设,打造学习型工会组织。新上任的主席和委员通过学习尽快熟悉政策和开展工作,树立、强化为会员们服务的意识。(2) 支持文体活动发展,活跃职工业余文化生活。(3) 在离退休职工体检、秋游和年终团拜慰问等工作中起到积极的协助作用。关心职工身心健康,建立职工档案,定期或不定期送温暖。组织会员参加学校的"爱心基金"捐款活动,共计捐款 9733 元。(4) 宣传组织工作稳步推进,一年来共在校工会网站发表文章 19 篇。其中一篇获得学校工会"好新闻"三等奖。(5) 医学图书馆工会也自主开展了丰富的活动,如到河北承德木兰围场塞罕坝草原踏青采风,组织健步走活动等,并获得了一系列荣誉:乒乓球比赛团体第三名,白衣巧手手工艺品比赛二、三等奖,以及王金玲荣获年度医学部优秀工会会员称号等。

【学术成果】 科研项目方面。全年图书馆(总馆)的科研项目共 20 项,其中新立项 5 项,完成 5 项,全年拨入图书馆(总馆)的科研经费共 120 万元,较上年大幅增长。科研成果方面,图书馆职工以第一作者发表学术成果 75 种(含医学分馆职工的学术成果 16 种),其中专著 3 部,学术论文 72 篇(含核心期刊论文 39 篇)。

表 8-95 2011 年图书馆科研项目一览

序号	项目名称	负责人	项目来源	项目状态
1	面向泛在信息社会的国家战略及图书馆对策研究	朱 强	国家社科基金项目	新增/进行
2	图书馆馆藏图像资源数据加工标准	肖 珑	其他项目	新增/进行
3	信息与文献 馆藏信息格式	冯 英	其他项目	新增/进行
4	非专利数据资源统一接入平台	陈 凌	其他项目	新增/进行
5	新闻出版重大科技工程项目国家数字复合出版系统工程——业务应用标准包子课题:图书评价规范	朱 强 何 峻	其他项目	新增/进行
6	基于 ORE 标准的数字资源管理系统	陈 凌	其他项目	进行
7	中文图书评价研究	戴龙基	其他项目	进行
8	民国时期图书馆学著作研究	范 凡	教育部人文社科研究项目	进行
9	中文图书评价体系研究	何 峻	教育部人文社科研究项目	进行
10	藏园群书校勘跋识录	沈乃文	高校古籍整理研究项目	进行
11	图书馆的阅读推广活动调查研究	王 波	国家社科基金项目	进行
12	高校人文社科外文文献资源的布局与保障研究	肖 珑	教育部人文社科研究项目	进行
13	数字资源描述标准规范的完善与扩展建设("我国数字图书馆标准规范研究"之子项目)	肖 珑	其他项目	进行

续表

序号	项目名称	负责人	项目来源	项目状态
14	内地和香港高校图书馆统计规范比较研究	朱 强	教育部人文社科研究项目	进行
15	高等教育文献资源建设与共享研究	朱 强	教育部博士点基金	进行
16	国家图书馆专门元数据标准与著录规则：古籍、拓片、舆图	肖 珑	企事业单位委托项目	完成
17	国家图书馆元数据总则	朱 强	企事业单位委托项目	完成
18	中文核心期刊要目总览(2011 年版)	蔡蓉华	其他项目	完成
19	新建本科院校图书馆馆长高级研修班	朱 强	其他项目：教育部高教司	完成
20	中国古籍总目	沈乃文	高校古籍整理研究项目	完成

表 8-96 2011 年图书馆(总馆)学术成果获奖情况统计

成果名称	作者	所获奖励
利用 MegaZine 3 构建虚拟书平台	韦成府	2011 图书馆信息技术的应用、服务和创新学术研讨会暨第 3 届数字图书馆与开放源码软件(DLIB & OSS)学术研讨会论文三等奖
低利用率文献合作储存与资源共享的构想	巩 梅	2011 年全国第三届馆际互借与文献传递研讨会征文一等奖
非图书馆学背景从事图书馆工作的适应性分析——以北京大学图书馆为调研对象	裴微微	公益·创新·发展："十二五"时期的图书馆事业：2011 中国图书馆学会年会征文三等奖
Three Dimensional Extension of a Digital Library Service System	肖 珑	被 SCI 和 SSCI 收录，并获得英国 Emerald 出版公司的"高度评价奖"

1. 参加重要的国际学术会议。刘姝、刘秀文、刘雅琼、朱玲参加太平洋邻里协会(Pacific Neighborhood Consortium) 2011 年会。朱强参加 The IFLA/FAIFE and IFLA/CLM meetings and the Presidential Meeting 2011。朱强参加中国版权协会、英国出版商协会共同主办的"数字时代的版权保护——机遇与挑战"研讨会。朱强、聂华参加 Libraries and Discovery in the Pacific Century Annual Meeting November 9—11, 2011 Los Angeles。聂华、崔海媛、韦成府、张春红、艾春艳、刘姝、刘秀文参加数字图书馆前沿问题研讨班。肖珑参加中美高校图书馆合作发展论坛。

2. 举办馆长研修班。经教育部高教司批准，2011 年 9 月 19—23 日，北京大学图书馆与全国高校图工委秘书处联合举办"新建本科院校图书馆馆长高级研修班"。来自上海金融学院、兰州城市学院、西安欧亚学院等新建本科院校的 12 位图书馆馆长、副馆长参加了此次研修，获颁由教育部人事司和高教司共同签章的"高等学校青年骨干教师高级研修班培训证书"。

3. 举办学术会议。2011 年 5 月 26—27 日，举行首届中欧文化遗产信息共享基础设施研讨会及工作坊。以意大利文化遗产部所属的欧洲数字化文化遗产网和国际数字文化遗产基础设施项目组成的 6 人代表团，以及欧中网格合作项目的中方参与单位的相关专家共计 30 余人参加了此次学术交流活动。10 月 28 日，举办图书馆第十届五四科学讨论会，总馆、医学图书馆和院系分馆同人近 200 人再聚一堂，探讨问题，交流心得。主题是"建设一流的大学图书馆文献资源体系"，收到征文 72 篇，选出 7 篇优秀论文做大会发言，增加了暑期访问美国大学图书馆，以及 CALIS 服务介绍等内容。会议还向医学分馆、咨询部、古籍部、系统部和办公室颁发了组织奖。

【国际交流】 来访 45 余人次，出访 10 人次，合作项目/课题 6 个。其中影响较大、交流比较深入的是 2011 年 3 月 28 日，加拿大研究图书馆协会(CARL)代表团来访。图书馆就中国大学图书馆的发展现状、图书馆联盟的构成及馆际合作，以及电子图书的出版情况及信息数字交流现状进行了介绍，同时了解到加拿大数字化图书馆系统的情况。代表团成员对承载着中国悠久文明的善本古籍表现出极大的兴趣，并对北京大学图书馆的古籍整理保护工作给予了极高的评价。

【科研机构】 北京大学数字图书馆研究所、国家数字图书馆工程子项目"国家图书馆元数据总则"通过最终验收。国家数字图书馆工程子项目"专门元数据规范——古文献"(古籍、拓片、舆图部分)已完成并提交研究成果，正准备接受验收。推荐性国家标准项目"信息与文献 馆藏信息格式"已完成国际标准的中文翻译稿，正在编制标准草案文本。2011 年毕业研究生 4 人，招收研究生 4 人。研究所已培养和正在培养的研究生达到 12 级，共 52 人。2011 年进入研究所的研究生有：黄林晟、符涌淋、刘春彤、王怀。

北京大学亚洲史地文献研究中心岳升阳主编的《侯仁之与北京地图》，年内由北京科技出版社出版。此外，机构成员还发表了 3 篇相关的学术论文。整理侯仁之教授教学、科研用地图 300 余幅，并协助其家属捐赠给北京大学图书馆。2011 年 12 月，举办“侯仁之先生百岁寿辰庆祝展”，以及侯仁之诞辰一百周年座谈会。

2011 年，北京大学中国影视资料研究中心向学校申请撤销并获批。

【中国高等教育文献保障系统(CALIS)】 CALIS 三期建设进展顺利。1. 通过教育部组织的中期检查。教育部高教司领导肯定了 CALIS 一年来的建设进展，以及从以管理项目为中心向以服务事业为中心转变的方向，希望 CALIS 坚持走建设与服务并举的道路，把各项服务推广到所有成员馆，让读者受益。期望 CALIS 项目作为高校信息化的一个有机组成部分持续发展。高等教育保障体系管理委员会第二次会议召开，汇报了三期工作进展，通过了子项目优化和不可预见费使用方案、验收安排计划。

2. 资源建设进展顺利。建设内容包括中外文图书书目、学位(会议)论文、外文期刊、外文期刊论文目次、高校古文献、保障式文献建设、共享式文献建设、全文检索，其中 5 项已经全部完成。

3. 民族文献数据库建设启动。在 CALIS 民族文献编目工作研讨会上，确定由内蒙古大学图书馆牵头，团结各方力量，建立 CALIS 民族文献服务共享域。在 CALIS 三期建设期间，以蒙文民族文献编目工作为主，结合已有经验和成果，建立民族文献联合目录数据库和联机合作编目、资源共享系统，为用户提供公共查询服务，为成员馆提供民族文献信息上传、下载服务，为民族文献馆际互借与文献传递、数字化等深度开发奠定基础，发挥示范作用。此外，本期建设任务包括多民族语种文献服务共享域建设方案。

4. 共享系统服务成为三期项目建设的一个亮点。CALIS 三期采用云计算技术，构建两级共享系统，即两级数字图书馆云服务平台：中心级云服务平台和共享域级云服务平台，这两级云服务平台与高校馆本地应用系统之间通过相互无缝集成，形成全国三级高校数字图书馆服务体系，共同为高校图书馆和师生提供完整的中国高等教育数字图书服务。CALIS 云服务为整个高校图书馆界带来了以下优势：大大促进高校馆的资源与服务共享，催生高校馆的新型管理与服务模式，促进各馆馆员之间的交流与协作，促进区域数字图书馆的建设和深层次共享。通过 CALIS 各级云平台，CALIS 管理中心和各个省中心，携手高校图书馆，实现了中国高等教育数字图书馆的技术创新和服务创新，为更多高校图书馆提供更加有效的服务，大大提高图书馆文献利用率，显著提升图书馆的综合文献资源保障水平和综合服务能力。

5. 学术搜索引擎 e 读逐步被成员馆接受。e 读的建设目标是整合全国高校纸本资源和电子资源，揭示资源收藏与服务情况，作为国内最大的高校学术搜索引擎，通过提供分面检索，帮助读者更迅速地定位资源，同时链接到 CALIS 全文获取服务，践行 CALIS 三期倡导的“一个账号，全国获取”“可查可得，一查即得”的服务理念。

6. 此外，CALIS 馆际互借服务全面展开。推出的应用服务示范馆计划充分调动成员馆利用 CALIS 服务的积极性。服务应用系统的开发、升级、改造和部署稳步实施。对外合作寻求突破：与 OCLC 签署合作备忘录，与上海图书馆签署合作协议，受教育部高校图工委的委托开发“高校图书馆事实数据库系统”等。继援疆工作初见成效之后，启动援藏计划，确立在西藏大学设立 CALIS 西藏自治区文献信息服务中心，CALIS 从资源整合、信息服务、技术支持和推广培训四个方面提供支持。

【CALIS 全国文理中心】 CALIS 全国文理中心在引进数据库、咨询服务、用户培训等方面深入开展工作，继续为高校资源建设与服务做出贡献。1. 引进数据库方面。组织 24 个数据库集团的采购工作，包括英文数据库集团 22 个，中文数据库集团 2 个，参加集团的馆次累计达到 2553 个。完成修订或发布资源评估报告 13 个。开发了“电子图书订购信息平台”，进一步拓展电子书合作共享，推进区域间馆藏合作与发展。

2. 特色库建设方面。高校古文献资源库扩建工作进展十分顺利，成绩斐然。成立了项目管理组及业务工作组，并完成了参建馆古籍元数据著录规则及著录系统、古文献数据化加工的人员培训，为项目的数据建设提供了技术保障。完成了古籍编目系统的修改，为参建馆的编目工作提供更方便、合理的编目系统。文献传递试验项目讨论并确定了《CALIS 高校古文献资源库文献传递规程》，完成了“学苑汲古”文献传递的开发工作。截至 2011 年 11 月 25 日，古籍编目系统元数据已达 59 万条、书影数据 9.2 万余幅、电子书 8.3 万余册。在各参建馆的努力下，元数据建设已经超额完成建设目标，元数据数量也有大幅增长。按照《古文献数字加工与发布标准》，对参建馆提交的所有书影进行了质量检查，并完成了两批书影结算，共计拨出补贴款 36 万多元。向 CALIS 管理中心提交了项目中期检查报告。

【CALIS 全国医学中心】 作为 CALIS 与全国医学信息网的连接点，在 CALIS 管理中心的支持下，积极开展各项工作。1. 牵头引进高质量医药电子资源，提高了医学中心的凝聚力。电子期刊：*LWW*，

Thieme eJournals, *BMJ Journals*, *Karger eJournals*, *PML/PHMC*;电子书: Karger eBooks, Thieme eBooks, LWW eBooks; 事实型: MICROMEDEX; 其他: MD Consult; 文摘型: EMBASE; CALIS三期保障性全文数据库: AccessMedicine 数据库, AccessSurgery 数据库, Clinical Publishing 电子书, Quintessence Publishing 电子书, Cancer Information Group Journals(CIG), CINAHL Plus with Full Text, Dentistry and Oral Sciences Source, Rehabilitation & Sports Medicine Source,Karger 回溯期刊数据库, Landes Bioscience 期刊, PsychiatryOnline. com 电子刊, PsychiatryOnline. com 电子书。

2. 在全国范围内开展馆际互借与文献传递工作。全面提高医药文献保障率和受益面。全年共处理文献传递和馆际互借申请总量为4287篇,比上年增长25.5%,满足率为83%,累积CALIS用户159个。

3. 组织学术交流,召开专题会议。2011年4月11—15日,在海南组织召开了第四届CALIS全国高校医学图书馆工作会议。来自50所高校医学图书馆的75位馆长和部门负责人,以及24家数据商代表参加会议。会议以主题报告和交流讨论的方式,就CALIS三期建设与高校图书馆的发展、医学图书馆专业发展与联盟建设、军队及医科院图书馆资源建设研究、图书馆管理启示、台湾地区资源建设与发展、中小医学图书馆发展状况等方面专题进行了广泛的学术交流。

4. 完成《CALIS子项目中期检查报告》,“CALIS三期全国医学文献信息服务中心”项目建设进展顺利。

【中国高校人文社会科学文献中心(CASHL)】 在资金没有增加的前提下,通过科学统筹和有效组织协调,仍保持了资源的持续订购和服务质量的稳步提升,并朝着“国家人文社会科学信息资源平台”的最终目标不断迈进。

1. 资源持续稳步增长。取得了一系列阶段性成果:“高校文科图书引进专款项目”引进图书在全国高校范围内实现了外文图书采、编、流一条龙服务。大型特藏文献新增10种,特藏总量达到58种。其中 *Bibliotheca instituti historici Societatis Iesu*, *Calendar of State Papers* 等文献均得到专家学者强力推荐。期刊总量达到13065种,期刊目次数据新增1543万条。电子资源新增APA和LRC两个数据库。

2. 西部馆员培训。“CASHL/Emerald西部馆员培养与交流合作项目”继续惠及西部12省区市130多所高校图书馆。来自广西大学、四川大学、兰州大学、云南师范大学和内蒙古大学的5位获选馆员分别在北京大学和复旦大学2个培养基地圆满完成交流计划,带回先进的共建共享理念和饱满的工作热情。

3. CASHL走入活动及援疆措施。2011年走入青海、新疆、湖北、天津、广东、吉林和江苏共7省区市,在东南和西南地区开展了丰富多彩的宣传推广活动,面向华中地区教育部人文社科重点研究基地开展了深度的宣传推广。设立“援疆”4项措施:全年免费文献服务、东西部高校图书馆馆长论坛、新疆高校馆员进京交流团、在西部馆员培养与交流合作项目中设立新疆专项名额。

4. 成员馆建设工作。新增成员馆51家,成员馆总量达到634家(含高校及人文社科科研机构)。新增注册用户15061个,累计用户总数达到了63696个(含3000多个机构用户)。个人用户中90%为人文社科教师、研究人员和研究生。

5. 期刊文献服务形成规模。全年文献传递服务达到122769篇,累计服务量突破64万篇。服务质量仍保持了高水平,平均满足率达到94.83%,完成时间为1.93天。其中代查代检文献9272篇,满足率90.03%,完成时间缩短到2.31天。处理图书申请1664笔,其中返还式借书495册,比上年有明显增长,已形成规模。电子资源全文下载量持续上升。

6. 项目管理走向成熟。在服务评估中,服务馆全部达到优质服务水平,其中获得一等奖的有13家。CASHL硬件设备、财产管理已走向规范化,保证了在国家规定的时间内高效合理地使用经费。圆满完成与34家成员馆的服务结算工作,结算金额113206元。成功举办一系列专业会议和大型工作会议,包括组织召开首届中美高校图书馆合作发展论坛暨地区研究与图书馆资源建设研讨会,中心馆馆长工作会议,东西部高校图书馆馆长论坛。

【高校图书馆数字资源采购联盟(DRAA)】 秘书处设立在北京大学图书馆的高校图书馆数字资源采购联盟于上年成立,本年度完成:召开DRAA理事会第二次会议;DRAA与中国科学院国家科学图书馆、Springer签署数字资源长期保存协议,将已成熟的Springer—中国科学院国家科学图书馆长期保存体系扩展至高校图书馆数字资源采购联盟范围;DRAA西部成员重庆大学图书馆、四川大学图书馆等西部15所高校图书馆接受爱思唯尔公司捐赠图书;开展多样化的服务方式,效果显著,包括开设集团采购QQ群、设立集团采购相关论坛版面、DRAA数据库商QQ群等;DRAA成员馆发展顺利,年度总计新增78家成员馆,累计共有成员馆383家;高校集团采购进展顺利,总计完成了63次集团采购,经过近一年半来的探索和实际工作经验积累,引进资源集团采购的管理和组织工作日趋完善和制度化。

【高校图工委与中国图书馆学会高校分会】 1. 高校图工委。2011年3月3日,发布"关于填报2010年高校图书馆统计数据的通知",启动"高校事实数据库"的填报工作。5月3日,新的统计数据库填报系统和新的图工委网站同时上线,发布"关于采用新系统填报2010年高校图书馆事实数据库的通知"。5月12—14日,委托深圳职业技术学院承办的"全国高职院校图书馆信息检索课程教学研讨会"召开。6月23—25日,委托南京大学图书馆承办的"教育部高校图工委期刊研究工作年会暨全国高校图书馆第十三届期刊工作学术研讨会"召开。7月27—28日,委托云南师范大学图书馆承办的"教育部高等学校图书情报工作指导委员会三届三次工作会议"召开,会议的主题是"'十二五'期间高校图书馆发展展望"。9月19—23日,与北京大学图书馆联合举办"新建本科院校图书馆馆长高级研修班"。9月24—29日,委托东北师范大学图书馆承办的"第一期全国高等学校文献检索课教学经验交流与教师培训班"举行。10月18—22日,委托郑州牧业工程高等专科学校承办、河南省高校图工委协办的"教育部高校图工委高职高专工作组第四次会议暨2011年全国高职院校图书情报工作年会"举行。12月15日,委托重庆大学图书馆承办的"2011年教育部高校图工委信息技术应用年会"召开,主题为"数字图书馆创新实践——技术与未来"。年内完成汇总"教育部高校图书馆事实数据库"中的2010年数据,发布各项排行榜,提交《2010年高校图书馆发展报告》给中国图书馆学会,并将编入《中国图书馆年鉴》(2010年卷)和《2010年中国图书馆事业发展报告》出版。中国知网发布《中国学术期刊影响因子年报》(2011版),《大学图书馆学报》在图书馆学、情报学的40种期刊中,影响因子继续排名第二。

2. 中国图书馆学会高等学校图书馆分会。在全国学会的领导下,在与教育部高校图书情报工作指导委员会的密切配合下,分会2011年主要工作如下:(1)继续配合全国学会组织各高校认真开展"2011年全民阅读活动",并推选高校分会系统内的全民阅读活动"先进单位奖"和"全民阅读示范基地"。3所高校获"全民阅读基地"称号。积极协助"国家图书馆文津奖"颁奖活动。(2)围绕分会中心工作,加强分会网站的同期宣传及名人专访,增强网站的权威性。建立网站"通讯员"制度。开设网站交流园地(网站留言板)。(3)2011年6月23—25日,在四川成都成功举办以"2011年高校图书馆发展论坛暨数字图书馆前沿问题高级研讨班"为主题的年会。(4)与全国高校图工委合作,完成1840—1949年间出版的部分翻译文学作品图书按需出版目录提供的任务。与全国高校图工委、瀚文典藏文化有限公司合作,按需出版《百年华文人文社会科学学术图书要目》。与CALIS全国农学文献信息中心合作,组织开展学术研究活动,提升了农林院校图书馆馆员的业务水平和学术研究能力。与教育部培训中心合作,共举办学术会议4次。(5)与书生公司、北京图书馆发行集团进一步合作,推广新技术在图书馆中的应用,指导高校图书馆的文献资源建设工作。(6)协助全国学会组织高校图书馆的代表出席第77届国际图联大会,继续主办"中国图书馆馆员暑期培训班",为高校图书馆提供参与国际交流的平台与机会,对促进图书馆行业与国际化接轨起到了积极的作用。

医学图书馆

【发展概况】 北京大学医学图书馆历史悠久、专业藏书丰富。始建于1922年,现馆于1989年建成并投入使用,馆舍面积10200平方米,提供阅览座位600余个。医学图书馆藏书以生物及医药卫生类为主,截至2010年年底,共有各类藏书近57.7万册,中外文纸本期刊近4162种,其中中外文现刊764种,报纸62种。医学图书馆注重数字化信息资源的建设,已引进或自建医药卫生数据库92个,中外文电子期刊50789种(其中外文期刊16362种),是目前国内医学专业文献资源充实、网络环境优良、软硬件设施较为先进的专业图书馆。

医学图书馆文献资源与北京大学各附属医院图书馆文献资源协调配套,共同形成全校医、教、研工作所需的医药卫生文献保障系统。医学图书馆特藏有珍、善本古代图书,其中包括珍善本——手抄本《太平圣惠方》1部/10函,共100卷/100册。

1985年,教育部在医学图书馆建立了全国唯一的医学外国教材中心,中心积极引进国外优秀医学教材和教学参考书,为全国医学教材的研究与发展提供文献信息保障。1991年,被卫生部确定为文献资源共享网络系统华北地区中心馆。1993年,通过卫生部医学情报工作管理委员会首批考核审定为科研成果查新定点单位(北京大学医学信息咨询中心)。1998年,教育部在医学图书馆设立中国高等教育文献保障系统(CALIS)全国医学文献信息中心,作为"211工程"医药重点学科所需文献的保障基地。2003年,被教育部审核确认为教育部综合类科技成果查新及项目咨询中心工作站(与北京大学图书馆查新部门合称为综合查新站)，具备为国家级或部级以上科研项目提供查新咨询服务、出具具有法律效力查新报告的资格。

医学图书馆提供的主要服务内容有书刊阅览、图书外借、信息咨询、科研立项及成果鉴定查新、定题服务、计算机光盘与网络数据库检索、计算机操作与互联网浏览、多媒体光盘阅览、馆际互借、文献传递、文献缩微、幻灯片制作及文献复印等。同时，承担各专业本科生、研究生和部分进修生的医学文献检索与利用教学任务，并不定期地举办各类计算机检索培训班。医学图书馆还将根据读者的要求不断扩大业务范围，改进服务手段，提高服务质量。

2011年，在全体馆员的共同努力下，在学校领导的全面支持、关心下，医学图书馆本着“一切为读者服务”的宗旨，围绕优化读者服务、切实做好文献信息保障，从读者服务、业务管理、人员素质入手，圆满完成了2011年的各项工作。

【读者服务工作】 流通阅览部圆满完成了日常的读者服务工作，努力为读者提供优质的流通借阅服务、导读服务、咨询服务和电子阅览服务，提高自身服务水平、改善服务环境、创新服务措施，并从细节入手，开展了多项人性化服务。

2011年1月，在对原图书馆一层北侧自习室进行重新装修后，将原位于图书馆二层的文艺书室内的文艺图书、社科现刊搬迁至原一层自习室，同时整合了原自习室中的报纸，组建了新的文艺书报刊借阅室，对阅览室布局进行全面调整，受到读者的好评。

在人员严重缺编的情况下，2011年医学图书馆的开馆时间仍坚持从早8点到晚10点，每天开馆时间为14小时，开馆时间与学生学习与作息的时间基本保持一致，最大限度地方便了师生们的学习和研究。图书馆开馆时间是评价图书馆服务质量的标准之一，关系到读者是否能够更充分地利用医学图书馆的文献信息资源。目前医学图书馆每周开馆时间达76.5小时，在国内图书馆中位于前列。

继2010年医学图书馆正式起用自助借还书机后，2011年加强了对自助借还书机的宣传，医学图书馆制作了自助借还书机使用说明的彩页展板和宣传小册子，做好宣传和读者使用培训工作。2011年，读者总借还书量为82703册，其中使用自助借还书机借书40342册，还书36225册。2011年度自助借还书机的使用率达到全部流通借还书业务的47.2%，大大提高了借还书的工作效率，缩短了读者借还书的等待时间，大大减轻医学图书馆工作的人力负担。

2011年，医学图书馆流通部开展了读者满意度调查，该调查面向全校师生，调查内容涉及图书馆传统服务项目、创新服务项目的满意度调查，图书馆资源满意度调查等。通过调查，初步了解读者的阅读行为和阅读习惯，了解读者对图书馆服务的需求，根据调查结果有针对性地改进各项工作，为大家提供更专业和更人性化的服务，尽可能地提高文献资源利用率，提升医学图书馆文献资源建设与服务的质量和水平，更好地为医学部教学科研服务。

2011年，医学图书馆正式推出了借阅排行榜服务，对图书的借阅量按类别、读者借书量按多少进行统计，汇总成排行榜的形式，挂在医学图书馆主页上，达到了图书的宣传推广目的。

电子阅览室拓展思路，开展活动，降低读者上网费用。电子阅览室共有机位105个，其中读者可用的机位有81个。每天接待大量读者上网浏览、查找资料或从事其他网络活动。在医学部无线上网免费使用等环境的冲击下，电子阅览室计算机使用人数出现了大幅度下降，针对这种情况，电子阅览室为全校师生提供多种免费服务：文献检索、学生选课、学位论文提交等。为了提高电子阅览室的利用率，吸引广大读者，医学图书馆连续推出电子阅览室优惠活动，如大幅降低上网费、限时免费上网(每周一至六上午10点之前对医学部师生实行上网免费的优惠政策)等。从2010年5月开始，通过降价和贴广告等一系列措施，使阅览室计算机使用率得到大幅度回升，全年共接待读者6935人次，累计使用机时达10586.35小时。

中西文老号书回溯整理。自1989年5月医学图书馆由老馆搬迁到新馆后，医学图书馆绝大部分老号书因采用波士顿分类法与现用中图法不一致而一直没有进行计算机管理，随着图书馆馆藏数字化、回溯工作的进行，也为了更完整地揭示馆藏，医学图书馆对老号书进行了整理、加工、清点、剔旧和回溯工作。此外，医学图书馆还开展了对俄文书、日文书等小语种图书的回溯工作。预计2012年医学部庆典时，所有图书将全部实现计算机管理。

为了使医学图书馆新书更快与读者见面，医学图书馆流通部提高了运送新书的频率，改为每周2次。并将特藏室图书按类别整理归位，接待外单位访客9人次。

参与大学数字图书馆国际合作计划(CADAL)，对图书进行数字化加工。医学图书馆为CADAL项目的参加单位，主要对8304本英文图书和101本古籍进行数字化加工。目前，已有8100多本英文图书全部扫描完毕，其中7000多本已经完成制作，并提交给CADAL项目管理中心，其中1000本已经通过验收，古籍部分目前正在扫描。

2011年，医学图书馆继续加强对订购的电子资源的宣传、推广和读者培训，本年度在医学部范围内共计组织了 SpringerProtocols 实验室指南、SciFinder web 版数据库等 2 次数据库用户培训，参加培训人数达 100 多人次。2011 年，电子资源利用率继续提高，医学部单独订购数据库的全文下载量统计见图 8-1，电子资源的使用统计情况见表 8-97。

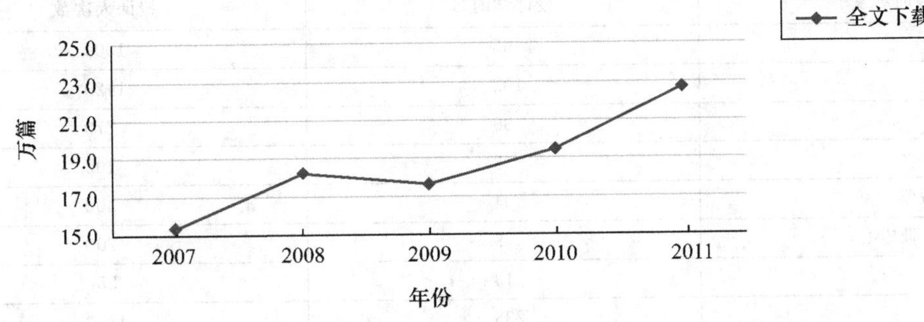

图 8-1 医学部单独订购数据库的全文下载量统计图

表 8-97 电子资源的使用统计表

资源类型	2010 年访问次数	2011 年访问次数
文摘索引数据库	78813	76457
循证医学数据库	3060	3334
引文分析数据库	27776	26128
自建数据库	476	468
电子图书	70511	67087
学位论文	13512	14395
综合数据库	2715	2660
电子期刊全文库	492567	501553

2011 年 6 月，CALIS 三期进入全面升级阶段，随着 CALIS 共享域平台的推出，全国更多的图书馆加入到了 CALIS 文献传递网，成员馆规模较去年扩大一倍多，预示着 CALIS 的文献传递工作进入了一个新的阶段，也预示着基于 CALIS 系统的文献传递工作成为医学图书馆文献传递工作的重中之重。BALIS 文献传递中心——中国人民大学图书馆今年成为 CALIS 在北京地区的中心馆，中国人民大学从而成为连接北京地区高校和全国高校两个文献传递网的重要桥梁。医学图书馆是 CALIS 文献传递网的全国医学中心，同时又是 BALIS 文献传递网的学科服务馆，承担着非常重要的文献传递工作。另一方面，医学图书馆积极参与了 BALIS 馆际互借，但由于工作人员有限，BALIS 馆际互借工作投入的人力和精力都要少一些，各方面取得的成果也基本与投入的精力成正比。在新的一年中，CALIS 将与 BALIS 紧密结合，并更好地联合几大文献机构，使全国的文献传递网得以更好地整合、规范，在此大环境下，在医学图书馆人员短缺的现状下，医学图书馆的文献传递与馆际互借工作的基本原则还是分清主次、积极参与各大文献网的建设，一方面尽可能扩大医学图书馆在医学部读者中的影响，最大限度为医学部读者服务；另一方面，加强馆藏，为全国高校、北京市高校和全国医学领域的读者提供高效、全面的文献服务。

2011 年，医学图书馆共计完成馆际互借 16 本，文献传递 4271 篇（包括纸本、电子本），同时医学图书馆面向全国医药院校积极开展馆际互借与文献传递的宣传工作，目前 CALIS 用户已累计达 159 个（包括机构和个人），BALIS 用户累计达 460 个。2011 年，CALIS 全国医学文献资源共建共知共享网（三共网）吸纳成员 45 家，包括医学部 4 家附属医院（第一医院、第六医院、第三医院、肿瘤医院），其中第一医院提交三共网 4401 篇，第六医院提交三共网 34 篇，医学图书馆提交三共网 50 篇。

2011 年，医学图书馆信息用户教育持续发展，除继续承担医学部硕士研究生、本科生、夜大及成人继续教育等文献检索课教学（见表8-98）外，还作为 Ovid 全国培训中心，承担了面向国内各医学院校的数据库使用经验介绍讲座的工作，并开设了新生入馆教育课程。2011 年，医学图书馆还针对医学部大一新生在本部上课的情况，与基础医学院联合开展了八年制医学部大二学生的入馆教育培训，并对滨州医学院医学信息管理专业来馆实习的实习生进行毕业实习带教与指导。2011 年，医学图书馆用户信息素质教育培训累计达 212 学时，近 6000 人次。

表 8-98 2010 年完成信息用户培训教育情况

培训对象	授课学时数	授课人次数
本科生	65	1000
专升本	102	1420
研究生	39	770
数据库厂商讲座	3	100
长学年制 PBL 教学	4	300
Ovid 北京地区培训中心	9	200
新生入馆教育	13	550
合计	235	4340

【主页服务】 医学图书馆主页是为读者开展网络服务的主要窗口。2011 年，医学图书馆各级页面访问统计情况见表 8-99（截止到 2011 年 12 月 31 日）。

表 8-99 医学图书馆员网页访问统计

排名	具体页面	点击量	分类
1	图书馆首页	655204	首页
2	电子期刊首页	501553	电子期刊
3	文摘索引	76457	数据库
4	电子图书首页	67087	电子图书
5	引文页	26128	数据库

【学科化信息服务】 在学科馆员服务方面，我馆调整学科馆员的服务模式，采取走出去的方针，给每位学科馆员每周 4 小时的固定时间，去接触各自所服务学科的联系人，去了解各个学科的发展前沿和信息需求。同时改变服务思路，加强对信息需求大的学科的服务力度，特别是医学人文、卫生政策等学科，为基础医学院、公共卫生学院、护理学院、北大医院男科中心、临床麻醉学等机构和学科开展服务。

全国大部分医学院校经历了综合性大学的重组合并，经过近 10 年的发展，各院校的每个学科在师资队伍、人才培养、科学研究、平台基地建设、学术交流等各方面都取得了长足的发展。为此，我馆基于对基础医学各专业学科的专业结构和发展态势的研究、学校发展特色和学科发展优势优化资源配置、医学科学基金管理方法的研究，优先学科领域的选择和科技规划等，并参考国内外各项评价指标体系，建立了一套基础医学二级学科竞争力评价指标体系，分别从人才队伍、科学研究和教学成果 3 方面，共含 30 项指标，对全国 33 家医学院校的基础医学二级学科 2010 年的数据进行了评价，并建立了指标体系平台。现该评价指标体系已被著名生物医学网站——生物通网站收录并登载。

【电子资源远程访问服务升级】 医学图书馆自 2006 年起，开通了电子资源远程访问系统，解决了校园网外的医学部读者访问图书馆电子资源的问题。电子资源远程访问服务系统面向医学部全部合法用户开放，截至 2011 年，医学部系统共计 916 人申请使用该系统，2011 年远程页面点击次数达 4853876 次。为使系统更加稳定，用户使用更加便捷，2011 年，医学图书馆将电子资源远程访问系统进行了升级，新版本兼容性更高，可兼容至 Window 7 操作系统，用户操作更简捷方便。

【附属医院图书馆馆藏文献资源共建共享】 2011 年，医学图书馆继续通过与各附属医院图书馆合作建设馆藏、馆际互借、文献检索等方式，实现北医图书馆系统的馆藏文献资源的共建共享，从而达到提高信息资源保障率、节约资源的目的。2011 年，医学图书馆对尚未加入或即将加入 Unicorn 系统的五家附属医院（口腔医院、第六医院、肿瘤医院、人民医院、第三医院）图书馆进行了系统培训，2011 年 4 月 7 日对第三医院、第六医院、口腔医院进行流通模块操作规程培训工作，11 月 16—17 日对肿瘤医院、口腔医院进行流通模块操作规程培训，11 月 21—23 日对第三医院图书馆进行采访、期刊模块操作规程培训,通过培训和协助工作大大推进了医学部及其附属医院文献资源的共建共享进程。截至2011年12月,附属医院图书馆文献共建共享建设情况如下:

第一医院于2006年10月份正式起用Unicorn系统。

第六医院于2011年6月正式起用流通模块。

第三医院于2011年9月正式起用流通模块,2011年12月正式起用采访、期刊模块。

口腔医院于2011年12月正式起用流通模块。

肿瘤医院图书馆正在制作读者借书证,将于近期起用流通模块。

在馆际互借与原文传递方面,医学图书馆对附属医院图书馆进行了CALIS全国医学文献资源共建共知共享网(三共网)的培训,介绍该系统的使用方法,征求意见,最终目的是提高医学部系统文献保障率,方便读者。

【《北医人·文库》建设初具规模】 《北医人·文库》是医学图书馆自建的电子图书数据库,目的是充分展示北京大学医学部及附属医院教学、科研、临床成果,对弘扬北医文化具有深远意义。截至2011年年底,《北医人·文库》已经收集到38种/41册北京大学医学部及各附属医院专家、教授所撰写的著作,并向文库网站添加了120条电子数据。

【资源保障】 2011年,图书馆印刷型资源平稳发展,具体采购情况如下:

中文图书:采购4983种,11071册;赠书223种,244册。

外文图书:采购698种,724册,其中医学图书馆购买的外教中心外文图书386种,409册;赠书16种,18册。

中文期刊:订购596种。

中文报纸:订购62种。

外文期刊:订购168种。

接收赠刊:中外文期刊约3000册。

【电子资源形成完善体系】 近年来,医学图书馆注重数字化信息资源的建设,2011年,引进电子资源情况如下:

电子资源:77种(新订6个数据库),其中与北大合订数据库43个。

电子期刊数据库:29个。

电子图书数据库:8个。

文摘数据库:12个。

事实型数据库:7个。

引文数据库:7个。

学位论文数据库:4个。

会议文献数据库:4个。

多媒体数据库:4个。

其他:2个。

2011年新订6个数据库:Primal Picture解剖数据库,Cochrane Library数据库,F1000数据库,First Consult数据库,Karger电子书,Annual Reviews电子刊。

外文电子期刊:16362种,其中医学图书馆单独订购电子期刊3321种,中文电子期刊34127种。

中文电子图书:123种,246册(方正Apabi公司);外文电子图书:106种,106册(Thieme:48种,Karger:50种)。

医学部学位论文:收到2011年毕业的博硕士学位论文1196篇,其中博士615篇、硕士581篇;博士后出站报告23篇。审核2011年提交的电子版学位论文1438篇。

国外优秀博硕士学位论文:60篇。

【基础设施】 近几年来,在学校领导的支持下,医学图书馆硬件环境不断改善,个人电脑、服务器等都有增加。具体情况如下:

个人电脑:近185台,其中读者用机112台。

服务器:共计26台。

其他设备:日立磁盘阵列一套,机柜八个,海洛斯机房专用空调一台,UPS一台,配电柜一台,主交换机一台,KVM两台。目前机房的监控设备可以对机房温湿度漏水烟雾空调UPS断电进行全时监控,一旦出现故障或问题,会及时打电话报警。

表8-100 医学图书馆服务器品牌、型号和数量一览表

品牌	型号	数量
DELL	2850	4
DELL	2650	3
DELL	2950	2
DELL	R200	1
HP ProLiant	DL380 G5	1
HP ProLiant	DL380 G6	1
HP ProLiant	DL380	1
HP ProLiant	DL580 G5	1
IBM	X336	3

续表

品牌	型号	数量
IBM	8665-61Y	1
IBM	X3400	2
SUN	V240	1
浪潮	NF5120	1(CADAL专用)
其他		4
共计		26

医学部骨干网为千兆网络，并以百兆光纤连接至北大。医学图书馆现有网络是千兆网，支持IPv6。医学图书馆现有交换机1台，共有可使用的端口226个左右，接入为百兆。全馆共有信息点700多个。学生阅览区和自习室都有无线网覆盖，最高速率达到54 M。

2011年新学年伊始，为迎接医学部百年庆典，医学图书馆对网站进行了全新改版。为使本次网站改版更加切合读者的需求，医学图书馆从各部室抽调了熟悉业务、能熟练制作网页的工作人员组成网页制作小组，其中的网页文字编辑工作全部利用业余时间完成。

此次医学图书馆网站改版前的准备工作历时近一年，大到网站整体设计方案定稿，小到网页文字编辑，图书馆都多次征求读者意见，始终以满足读者的需要为根本宗旨，以读者更方便地获取文献信息资源、更有效地利用图书馆的服务为首要目标。本次改版，医学图书馆以简洁、实用为原则，采用了最新的网页设计架构，对主页内容进行了全新的整合与修订。

【行政与后勤保障】 1. 行政工作井然有序。在日常行政工作方面，全年接待来自校内外的参访人员，如美国People to people代表团等共计6批次，组织安排各种会议10余次，其他活动2场，接受大规模赠书4次，安排图书馆图书展览1次。

2011年，医学图书馆继续规范各部室的收费状况，严格收费制度，坚持实行流水账和明细账双线审核制，要求各部室均按照学校要求出具规范的收费大表，加强了财务管理，保障了图书馆的正常运转。

图书馆在2011年加大了宣传力度，医学部采用的图书馆稿件增加，2011年度被医学部网站首页、医学部新闻网、《北医》报、北医《信息周刊》《北京大学学报医学版》、中国图书馆学会网站、生物通等采用稿件30余篇次，大大超过了往年的数量。《北京大学医学图书馆馆刊》按季度发行4期，向医学部各位主任，以及各学院、部处、学生主要信箱等投递，并选择性邮寄给20所左右的图书馆，每期发行约250册，扩大了医学图书馆在校内外的影响力。

在日常人事管理方面，2011年年底全馆职工共计47人(不含张大庆馆长)，新馆员的招聘、职称评定、离退休工作、非在编人员管理、相关的统计与档案管理等，有序而规范。

在馆员培训方面，2011年医学图书馆为馆员创造了各种学习机会和条件，积极开展馆内外的业务培训，组织参观访问等，提高了人员的整体业务素质。比如2011年派馆员参加了科技竞争力分析实务研讨班、2011海峡两岸图书馆研讨会、教育部查新人员培训、日文文献联机编目业务培训及研讨会、《中图法》第5版分类标引、CADAL数字化加工培训会等多个培训班或研讨会。12月，按惯例组织了各部室主任年度参访活动，到深圳大学城图书馆、深圳市图书馆、北京大学深圳医院图书馆、香港大学医学图书馆等多家图书馆进行参观访问、座谈学习，提高了管理和业务水平。

2. 后勤保障正式社会化。图书馆在后勤方面，除了进行常规业务，办公用品的采购和供应，电脑设备与空调的管理、维护和保养，以及馆舍的维修工作外，2011年还进行了一系列馆舍设备的改造与建设，如维修自习室等，竭尽全力为读者创造更加安全、舒适、优雅、和谐的阅览环境。

2011年，在学校的支持下，医学图书馆进行了正式社会化。1月1日，保安、保洁正式上岗，规范了图书馆保安、保洁管理，保障了图书馆各方面的安全、卫生，目前运行情况良好。

3. 主办各种会议。2011年4月11—15日，医学图书馆在海南主办了“第四届CALIS全国高校医学图书馆工作会议”，来自50所高校医学图书馆的75位馆长和部门负责人，以及24家数据商代表出席了本次会议，本次会议是CALIS医学中心举办的一次全国性图书馆馆长工作会议，以主题报告和交流讨论的方式，进行了4个场次的交流，共有12位专家在会上做了精彩报告。会议就CALIS三期建设与高校图书馆的发展、医学图书馆专业发展与联盟建设、军队及医科院图书馆资源建设研究、图书馆管理启示、台湾地区资源建设与发展、大陆中小医学图书馆发展状况等几个方面进行了广泛的学术交流。

【党支部工作】 在组织生活方面，2011年1月4日，在图书馆召开民主生活会（机关党委书记刘淑英、人事处处长朱树梅参加），医学图书馆领导述职。2011年7月1日，为纪念建党90周年，举办党史展。2011年6月3日，黄应申、张远、殷蜀梅代表支部参加机关党史知识竞赛，并获二等奖。2011年9月23—25日，医学图书馆党支部与北大图书馆党委联合举办参观淮海战役纪念馆、微山湖铁道游击队旧址等地的活动。本年度，党支部还组织了其他多种活动，包括推举先进、党代会代表选举等。在发展工作方面，两名预备党员转正，支部还讨论通过了2012年党员发展计划。

【工会工作】 2011年，工会小组与职工群众关系紧密，实行馆务公开、民主管理，注重馆员的成长和职业发展，开展丰富多彩的文体活动，关心馆员生活，促进教职工身心健康发展。

1. 工会小组服务大局，及时将馆员的意愿、要求、思想情绪反映给上级领导，让馆领导了解职工所思所想，从而能有针对性地开展工作。

2. 及时上报工作计划和年度总结。2011年3月，机关工会的工作计划出来之后，工会小组在听取广大馆员意见的基础上，由专人负责撰写工作计划，做财务预算，上报馆务会审批。每一学年结束之后，也由专人负责写年度总结，并且在全馆会上跟全体馆员汇报，虚心听取意见和建议，为下一年的工会工作做准备。

3. 踊跃参加各级工会活动，积极开展丰富多彩的自主活动。不管是学校还是机关组织的活动，医学图书馆工会始终都积极参与。今年参加的学校工会活动主要有三八节的学校喜乐汇活动、机关“庆三八，圈幸福”套圈活动、运动会的广播体操表演赛及各项目的比赛、医学部棋牌赛、羽毛球比赛、乒乓球比赛、白衣巧手手工艺品展、迎百年庆典大步走活动、机关主题歌会、机关趣味运动会等。其中在机关主题歌会活动中，柳和老师获得一等奖；在机关趣味运动会活动中，图书馆一、二队分获3个一等奖、3个二等奖。此外，图书馆工会也开展了一系列活动，比如春夏之交的时候到河北承德木兰围场塞罕坝草原踏青采风，前不久因地制宜地在学校操场组织了一次图书馆健步走活动等。

4. 关心教职工生活，热心为教职工办实事。工会小组和基层馆员联系非常紧密，馆员有什么困难或者问题，都争取第一时间发现，及时深入地了解情况，再上报给领导，为职工排忧解难。比如，通过临时调整排班，让馆员有完整的空余时间来解决家里的事情，工作上没有后顾之忧。

【科研成果】 2011年，图书馆科研工作稳步增长，科研项目显著增加，除参与北大五四讨论会并被会议论文集收录18篇会议论文外，还正式发表期刊论文16篇，正在进行的各级科研项目10余项。

科研项目：(1) CADAL（大学数字图书馆国际合作计划）项目2期；(2)《中文核心期刊要目总览》2011版；(3) 基于页面分析的资源整合研究—统一检索平台接入功能缺陷分析、解决和概括，北京市高校图书馆科研基金2011年自筹资金项目；(4) CALIS三期特色库子项目“中国居民常见慢性病防治知识教育数据库”；(5) CALIS三期特色库子项目“医疗卫生志信息资源数据库”；(6) CALIS三期特色库子项目“心血管疾病专题知识库服务平台”；(7) CALIS三期特色库子项目“医学三维动画网络原生资源数据库”；(8) CALIS三期特色库子项目“电子资源评估”；(9) 基础医学二级学科竞争力评价；(10) 国家科技支撑计划子课题“科研用核心试剂信息调研”。

出 版 社

【发展概况】 2011年，北京大学出版社总印刷图书4163种次，实现生产码洋7.13亿元，净发货码洋5.7亿元，净发货实洋3.16亿元，发货码洋、净发货实洋较上年均有超过12%的增长，退货得到一定程度的控制。资产总额达60671万元，同比增加6137万元，增长11.2%，全年实现回款2.84亿元，主营业务收入2.95亿元，税前利润7279万元，销售净利率24.7%，资本保值增值率112.8%，资产负债率11.0%，流动比例8.29，速动比例4.57。上缴国家各种税费2813万元（含音像社62万元），上缴学校利润1760万元，上缴学校教材建设专项基金100万元。

新版图书1852种、重印图书2311种。新版图书中，教材新书789种，学术新书570种，大众新书493种。教材、教学参考书和学术著作出版占比为72.38%，大众新书品种占比为27.62%。

截至2011年年底，出版社职工有367人，其中事业编制71人，其他人员296人；正高职称14人，副高职称37人，中级职称127人；博士学历19人，硕士学历143人，本科学历97人，大专学历37人。硕士及以上学历占全社职工人数的比例达到44.14%。

【重点项目】 (1)《法国哲学史（三卷本）》获得2011年度国家出版基金立项，资助金额14万元；(2)《新中国古籍整理出版目录（1—5卷）》《中国历代契约粹编》《大唐西市博物馆藏墓志墓碑》《日本〈论语〉古钞本综合研究》《重归文献——影印经学要籍善本丛刊之〈礼记正义〉》《清代经学丛刊(第二辑)》等 6 个项目获得国家古籍整理出版资助;(3) 承担了《宋代四川语音研究》等 11 个“国家哲学社会科学优秀成果文库”项目的出版工作;(4) 18 种图书入选全国哲学社会科学规划办公室设立的“国家社科基金后期资助项目”;(5)《中华文明史》日文版进入“中国图书对外翻译出版工程”,《中国现代文学发展史(插图本)》韩文版获批“中国图书对外推广计划”翻译资助;(6)《中国经济专题》日文版、《中国企业的多元解读》英文版和《中国报告 · 民生 · 2011》英文版入选“经典中国国际出版工程”。

【版权工作】 2011 年度,完成签约的版权引进新项目共计 107 项,其中教材 21 种,学术著作 66 种,一般图书 20 种。输出版权,以及完成签约的项目共计 100 项,其中教材 51 种,学术著作 19 种,一般图书 30 种,实现版税收入折合人民币 62.3 万元。《中国现代通俗文学史》韩文版、《中国经济专题》英文版获得 2011 年度输出版优秀图书奖,《批评官员的尺度》获得 2011 年度引进版社科类优秀图书奖。

【出版社荣誉】 北京大学出版社被新闻出版总署评为“新闻出版走出去先进单位”。图书获奖 55 项,其中省部级奖 13 项。《化学中的多面体》和《中国古代官阶制度引论》两本图书入选新闻出版总署第三届“三个一百”原创出版工程;《造物记——世博会的科学传奇》入选 2011 年新闻出版总署(第八次)向全国青少年推荐百种优秀图书;《道德力》入选中宣部和新闻出版总署组织的第三届优秀通俗理论读物;《系统功能语言学概论(修订版)》《新编英国文学选读(第三版)(上下)》《泰语教程(第 1—4 册)(修订本)》《俄国文学史(上卷)(修订版)》《英语综合教程学生用书(第 1—4 册)》《微型计算机基本原理与应用(第二版)》《国际经济法(第三版)》《口译进阶教程:专业交传》8 种图书被评为 2011 年普通高等教育精品教材;《法汉翻译新教程》获得山东省第二届高等学校优秀教材二等奖。

【社会公益】 2011 年,出版社向北京大学爱心基金捐款 20000 元,职工个人捐款 26200 元。出版社全年累计向社会捐赠图书码洋 72 万元:(1) 7 月,向新疆高等专科学校捐赠图书码洋 16860 元;(2) 7 月,向临沧师范高等专科学校捐赠图书码洋 9500 元;(3) 7 月,向四川阿坝理县教育局捐赠图书码洋 10120 元;(4) 7 月,向西藏大学捐赠图书码洋 9515 元;(5) 7 月,向新疆喀什师范学院捐赠图书码洋 9120 元;(6) 7 月,向中国残疾人联合会捐赠图书码洋 8730 元;(7) 8月,向西藏大学图书馆捐赠图书码洋 438779 元;(8) 9 月,向韩国成均馆大学捐赠图书码洋 209873 元;(9) 11 月,向新疆政协文史馆捐赠图书码洋 4000 元;(10) 12月,向重庆大学图书馆捐赠图书码洋 4124 元。

【重大记事】 1. 2011 年 4 月,出版社召开第一届职工代表大会,大会选举第一届职工代表大会执委会委员 7 名(以姓氏笔画为序):马逢皋、王军、王林冲、刘方、刘乐坚、李霞、陈健。刘乐坚为第一届职工代表大会执委会主任,李霞为副主任。2. 4月,出版社工会委员会顺利换届。选出第六届工会委员会委员 7 名(以姓氏笔画为序):马逢皋、刘洋、李霞、杜世博、宗秀菊、胡晶玉、潘丽娜。李霞为第六届工会委员会主席,胡晶玉为副主席。3. 出版社大兴印刷物流基地二期工程进展顺利,二期立项报告获经信委批复,核发了规划意见书和规划许可证,施工图设计完毕并通过强审。

(刘　洋　陈　健)

医学出版社

【经济指标完成情况】 1. 发货码洋 1.43 亿元,较去年增长 17%;实际销售码洋 1.21 亿元,较去年增长 18%。

2. 销售收入 5320 万元,比去年增长 5.7%。

3. 总印刷图书 620 种,其中新书 250 种,占 40.32%;重印书 370 种,占 59.68%。

4. 造货码洋 1.2 亿元;造货 371 万册。

5. 利润 1519 万元;上缴学校利润 520 万元。

【图书获奖及基金申请情况】 1.《大黄的现代研究》《肾活检病理学(第二版)》《膝关节交叉韧带外科学》获第二届中国出版政府奖提名奖。

2.《膝关节交叉韧带外科学》《输尿管外科学》入选第三届“三个一百”原创出版工程。

3. 11 种图书和教材获得第二届中国大学出版社图书奖或教材奖。

4.《艾滋病综合防治工作手册》被评为“2011 年度全行业优秀畅销品种”。

5. “生育力保护和生殖储备”项目获得 2011 年度国家出版基金资助。

6.《磁共振成像设备技术学》获国家科学技术学术著作出版基金资助。

7. 2011 年度北京大学医学科学出版基金评审工作完成,40 个项目获得基金资助。

【管理机制改革完善情况】 1. 完成了出版社转企改制后更换企业营业执照等后续工作。

2. 在员工绩效考核方面,为规范管理、节约成本、提高效益、充分调动员工的积极能动性,建立健全长效的激励机制。医学出版社经董事会批准调整了职工岗位津贴和管理干部津贴,使全体员工的积极性、创造性、企业的综合活力达到较佳状态。

3. 为改善出版社的劳动力结构与质量,构筑人才合理流动的平台,实施人力资源的优化配置,发现优秀人才,培养后备力量,2011年有3名硕士研究生和1名本科生入职。

【学术为本,教材优先】 1. 完成了高职高专、广东中职教材的出版工作,丰富和扩大了高职教材、中职教材的品种和层面。

2. 基本完成山东、东北地区的区域性教材组织工作,争取使其成为2012年的利润增长点。

3. 稳步推进长学制教材的第二版出版工作,成熟一本启动一本,争取2年内完成。

4. 做好教育部"十二五"国家级规划教材申报准备工作。

【党支部建设】 在党支部工作方面,医学出版社组织全体党员及入党积极分子到延安参观学习,接受革命传统教育。发展了2名员工入党。在庆祝建党90周年之际,张京生被评为北京大学医学部优秀共产党员。

【对外合作】 继续发挥爱思唯尔合作编辑室的作用,引进优秀的外版图书,吸取国外优秀出版物的精华,为广大医务工作者提供借鉴,共引进图书71种。

【数字出版】 逐步落实"十二五"国家重点电子出版物项目——北医"立体化教材"网络学习系统,继续加强医学出版社一批自主版权的图书电子化后并通过互联网发布。

档案馆

【发展概况】 北京大学档案馆建于1993年4月,前身为北京大学综合档案室,建于1982年12月,处级建制。1999年,北京大学进行管理体制改革,档案馆为学校领导下的独立直属机构,既是学校档案工作的职能部门,又是永久保存和提供利用本校档案的科学文化事业机构,下设收集指导、管理利用和技术编研3个办公室,编制13人。2011年全馆在编工作人员10人,其中高级职称1人,中级职称9人。另有兼职1人,返聘5人。现任馆长马建钧,副馆长周爽(兼)、刘晋伟。档案馆党支部隶属北京大学直属单位党总支,现有党员21人。支部书记刘晋伟,组织委员张娜,宣传委员魏卓。

档案馆馆藏包括北京大学、西南联合大学、日伪占领区北京大学、北平大学和燕京大学5个全宗,涉及党政、学籍、科研、基建、人物、出版、会计、声像、设备、实物等10个档案门类。截至2011年12月,馆藏档案排架长度1850米。

【档案收集与整理】 从丰富并优化馆藏的角度出发,将档案常规收集和专门征集相结合,坚持"简化立卷,指导在先",加强与各单位档案员交流沟通和上门服务。从每一个归档单位的需求角度出发,以服务促管理,取得较好工作成果。同时有针对性地开展业务培训,2011年召开了全校成教学籍档案员业务培训会,并重点就法学远程教育毕业生学籍归档工作进行了多次集中培训。法学远程教育共培养远程教育学生两万余人,2011届是最后一届毕业生,目前这些档案已分批逐步归档。此外,对基建部1980—1989年10年底图档案归档整理工作进行了专题培训。

档案常规收集2011年接收进馆并进行馆内移交的常规业务档案合计10494件/卷。

表 8-101 2011年档案馆档案收集数量构成表

档案门类	数量/(件/卷)	档案门类	数量/(件/卷)	档案门类	数量/(件/卷)
文书	1311	学籍	7499	学生卡片	600
科研	770	会计	42	声像	167
实物	8	基建	5	出版	12
已故人员	74	资料	6		

1. 人物档案征集。2011年,完成了江绍原、邢其毅、曹宗巽、林昌善4位人物档案的收集整理工作,共680件/卷。其中江绍原人物档案数量多、种类杂、年代久远,422件/卷全部整理完毕并移交入库。在校史馆的大力支持下,邢其毅、杨业治、谢义炳、许德珩、徐光宪5位人物照片共172张入藏档案馆,并全部数字化。

2. 学校重大活动照片整理。整理宣传部移交的北京大学1998—2000年间学校工作照片,共7000余张。目前,已经完成2000年照片的整理,共计底片135卷,照片1650张。

3. 馆藏历史档案整理。2011年,继续开展历史档案规范化整理工作,全年共整理历史档案1891件/卷。

【档案管理与利用服务】 1. 档案入库。依据档案入库"三审制"的要求,2011年度接收入库10748件/卷,其中文书2790件/卷,学籍7650件/卷,其他308件/卷。2011年对部分历史档案数据进行了核查和汇总,共计12590条。

2. 档案利用。2011 年接待来馆利用 1352 人次，利用档案 4858 件/卷，其中 1949 年前 999 件/卷，1949 年后 3859 件/卷；涉及管理类档案 3296 件/卷，学籍 767 件/卷，基建 416 件/卷，会计 4 件/卷，科研 3 件/卷，出版 6 件/卷，人物 11 件/卷，照片 247 件/卷，资料 108 件/卷。接受信函查询 140 余件，主要为学位证、学历证和成绩单认证等。

3. 库房清点。2011 年对 101 和 105 库房 178596 件/卷档案进行了全面清点，并对档案库房温湿度自动管理设备进行了调研。此外，三层 302 库房装具的改建工作正在进行中。

【信息化建设】 1. 档案 WEB 录入和查询系统开发工作。系统开发本着"简化、高效、灵活、安全"的思想，在多次讨论和征求各方意见的基础上，多次修改和完善，目前录入、收集、汇总等几个功能模块已完成了相应的开发工作，正在档案馆内和部分归档单位试运行。

2. 保障档案管理信息系统正常运行。档案馆现有服务器 6 台，分别是网站、原文、备份、流媒体、FTP 服务、目录服务器。每日进行数据备份，每周进行一次全库备份，确保数据的安全和完整。2011 年档案电子数据没有发生遗失、损坏等故障，保证了安全运行。

3. 进一步开展数据库建设。(1) 北京大学学生档案数据库，在 1952—1999 年学生数据库的基础上，2011 年完成京师大学堂至国立北京大学(1949 年前)学籍档案数据 10289 条；(2) 基建档案数字化，2011 年对馆藏基建档案图纸进行了数字化，目前完成 1924—1956 年图纸的数字化加工，共 2673 张。

【档案业务与学术交流】 1. 结合工作需要，开展档案业务学习。档案馆就《全国档案事业发展"十二五"规划纲要》，以及档案法规、保密法规、本馆的有关规章制度和整理要求等组织专题学习讨论，认真总结档案馆档案收集整理的历史发展演变过程，确保应进馆的档案依法保质接收进馆，逐步实现馆藏档案资源的优化配置。

2. 开展档案业务交流学习。(1) 参加北京市高校档案研究会工作研讨会(6 月，北京)；(2) 参加国家档案局主办的"中美数字时代档案管理研讨会"(10 月，北京)；(3) 本馆 5 位工作人员参加了北京高校档案研究会组织的赴四川大学、重庆大学数字档案馆专题学习(12 月)；(4) 参观"胡适诞辰 120 周年文物图片展"(12 月，北京)。

3. 接待兄弟高校同行来访。2011 年接待了来自东南大学、上海理工大学、重庆大学、武汉大学、中国地质大学等高校档案馆同人来馆进行业务交流。

【档案安全与保密】 1. 安全保卫工作。牢固树立"安全第一"的思想，强调全员安全意识和参与负责精神，重视组织建设和规章制度建设。建立消防检查的工作制度，坚持日常巡查和节假日前清查，每季度进行一次消防设备安检，请专业人员对全部的消防探头进行全面测试。档案馆全体人员有较强的安全意识，对确保档案馆的安全起到了十分重要的作用。2011 年档案馆被评为北京大学保卫工作先进集体，刘晋伟被评为北京大学保卫工作先进个人。2. 保密工作。以学校申请二级 JG 保密资格换证和质量体系新标准认证检查为契机，贯彻"积极防范、突出重点，既确保国家秘密又便利各项工作"的方针，从强化档案工作人员保密知识、保密意识教育和加强日常保密工作管理入手，进一步健全档案馆保密制度。2011 年刘晋伟、贾永刚、魏卓被评为北京大学 JG 保密资格审查认证工作先进个人。

（陈　香　刘晋伟）

医学部档案馆

【档案管理】 2011 年，医学部档案馆继续加强档案文件材料的归档工作，按时催促各部门及时将文件资料整理归档，围绕筹办"北医百年历程展"的工作，广泛收集与北医历史有关的图片和文字资料，丰富档案馆藏。

重视开展档案宣传工作，强化各部门的档案意识。借助"北医百年历程展"的筹备，在资料收集和整理工作中向医学部师生宣传北医的历史文化，宣传档案馆。

加强档案信息化建设。对升级档案信息管理系统进行深入调研，在此基础上向医学部申请了档案信息管理系统升级所需的经费，开始着手进行现有档案管理系统的升级改造工作。

为提升馆内工作人员的业务管理水平，定期选派部分工作人员参加北京大学、北京市高校档案研究会工作会议，交流工作经验，学习好的管理方法。

2011 年，医学部档案馆继续做好纸质档案的收集和整理工作。全年接收永久和长期档案 1870 卷，包括教学档案 1370 卷。其中教学综合 12 卷，科研档案 176 卷，党政档案 197 卷，财会档案 111 卷，出版档案 15 卷，礼品档案 1 件。对外提供查阅、借阅纸质档案 726 卷次，提供电子档案借阅 1199 卷次。完成 2011 年简报工作，翻拍近 500 张老照片。

加强档案馆硬件建设。因图书馆北门西侧自习室改造，又因医学部加强对配电室安全的管理，档案馆进行馆舍改造，历时近 2 个多月。将档案馆馆内的图书馆配电室与档案馆隔离，并在档案馆东侧加装防盗门。改造后的档案馆不再从图书馆北门西侧入馆，而直接从图书馆二楼进馆。因教学档案库房存储空间已经饱和，为保证每年接收的档案能正常入库上架，购置了5组档案柜沿库房墙角摆放，暂时解决部分库容量困难的问题。

【撰写大事记】 继续开展大事记的撰写工作。统一了撰写标准，依据校史、各部门工作总结、校刊及大量的档案史料，已经完成北医1998年大事记初稿的撰写。

【筹办北医百年历程展】 医学部档案馆参与编制"北医百年历程展"工作，档案馆工作人员查找3000多卷原始档案资料，整理汇集了北医1912—1999年近82年的档案史料，录入计算机近24万余字，是档案馆提供给"北医百年历程展"的重要编研成果。档案馆围绕"北医百年历程展"，积极收集并翻拍历史照片和文件资料。已经翻拍、整理并提供利用有关照片和图片资料近424张。

因"北医百年历程展"编制工作需要，档案馆多次到外单位收集与办展有关的档案资料。到海淀区国土资源局、卫生部档案室、中央档案馆、西安交大医学院、中国人民大学等单位翻拍办展所需的图片资料近400多张，收集纸质资料几十份。

【撰写合校后的北医十二年史料】 档案馆参与编写"北医2003—2012年校史"资料工作，编写完成校史有关专题史料15万余字，提交有关表格约28个。

校史馆

【发展概况】 校史馆于2001年9月1日落成，2002年5月4日正式对校内外开放。主要展览内容分为北京大学校史陈列和北京大学杰出人物展(一)两个部分。校史陈列以光荣革命传统和优良学术传统为主线，将北大历史分为9个阶段依次展示，有图片、图表800余幅，实物展品440余件，展板273块，展线长度400余米；北京大学杰出人物展(一)为北大历史上217位杰出革命家、思想家、理论家、教育家、科学家的生平简介及照片。

校史馆内设研究室、办公室、资料室(北大图书馆校史馆分馆)，编制6人，返聘12人。日常工作主要为校史展览、校史研究及校史文物的征集、保管和展出。

【校史展览】 本年度参观接待工作有三项重点。其一为2011级新生党员培训、新生入学教育的参观接待工作。其二为上级领导的参观接待工作。其三为纪念建党90周年的参观接待工作。主动筹办的"中国共产党成立90周年纪念图片展"，不仅配合了校党委理论中心组"发扬传统，勇担使命，争创一流"的主题学习活动，而且成为校内外纪念建党主题党团日活动的一个重要参观内容。

配合党办校办等部门院系，接待到访的国内外客人、各种工作团组和返校校友等，如建设部北大环境学院本科专业评估团，教育部直属高校中青年校级领导干部专题研修班，中央和国家机关司局级干部北京大学培训班，四川省24所高校党政领导代表团，重庆大学、上海交通大学代表团，宁波、苏州、昆山等市政府考察团，大学校园安全管理国际论坛与会代表，学生资助、县级资助管理培训班，宁夏六盘山革命老区村党支部书记参观团，第二届全国中学生地学夏令营，全国第一期检察系统英烈子女夏令营，宋庆龄基金会星巴克大学生环保实践夏令营，北大平民学校学员班，团中央年轻干部交流团，澳门高校校长代表团，澳门中学班主任参观团，香港青少年"北京、河北城乡考察团"，泰国大学代表团，泰国孔子学院学生团，台湾海基会、台湾富邦集团、韩国企业银行的客人，教育部副部长鲁昕，上海交通大学党委书记马德秀，澳门大学校长赵伟，澳门科技大学校长许敖敖，澳门城市大学校长颜泽贤，香港中文大学副校长郑振耀，澳门中联办文化教育部副部长徐婷，空军司令许其亮，审计署教育审计局局长朱登云，中央纪委第三检查室主任迟耀云，驻教育部纪检组副组长、监察局局长徐开濯，苏州市委书记蒋宏坤，苏州市委副书记、市长阎立，昆山市代市长路军，人力资源和社会保障部全国人才流动中心主任王克良，北京市旅游委员会副主任安金明，香港特别行政区终审法院原首席大法官李国能等。

本年度共接待参观21906人次，其中本校师生、员工、校友及客人7649人次，团组194个。

【专题展览】 为纪念建党九十周年，举办了一个富有北大校史特色的"北京大学与中国共产党的创建——中国共产党成立90周年纪念图片展"，该展览还于2011年9月19—30日在深圳研究生院展出。

在邢其毅院士亲属及化学与分子工程学院、图书馆等单位的配合下，举办了"书生本色 学者风范"系列展览之"邢其毅先生百年诞辰纪念图片展"。配合校纪委在校史馆举办北大党风廉政建设展览。

【校史研究】 王学珍主持的《北京大学校志》及《李大钊年谱长编》等均在编写中。"1952全国高等学校院系调整中的北京大学""北京大学校史上的第一·人物编"项目均在进行中。

校史馆工作人员发表的校史研究文章有：《校史馆研究工作应关注的若干问题》(《北京大学教育评论》2011年第九卷·高等教育管理专刊)，《五四时期李大钊传播马克思主义的第二阵地》(《安徽大学学报》2011年第4期)，《蔡元培在辛亥革命前后》(《北京大学学报》(哲社版)2011年第5期)，《中国共产主义运动的先驱——李大钊》(《中国档案报》2011年6月27日、29日)。

参加的学术研讨会有:"中华民族与辛亥革命百年"(5月,北京),"第三届中国报刊与社会历史研究"(7月,安徽),"辛亥革命与北京文化旅游"(8月,北京),"辛亥革命与世界"(10月,北京),并向"浙江与辛亥革命百年纪念暨学术研讨会"(绍兴)和"穆藕初先生生平与思想学术研讨会"(上海)提交了学术论文。

部分人员参加了《海纳百川有容乃大:北京大学文化研究》(2011年高等教育出版社9月出版)的编写及审校出版。协助西南联大北京校友会组织《联大的教授们》6个分卷的编写与出版。完成了《北京的名人故居》海淀卷中北京大学部分的出版审校及《北京革命史百科全书》关于北大部分词条的出版审校。杨琥选编的《历史记忆与历史解释——民国名人谈五四》(90万字),2011年1月由福建教育出版社出版。郭建荣撰写的《徐光宪——引发稀土世界的中国冲击》已完成,待出版。

设计制作了校史系列(八)2012年校史台历。

【校史文物实物的征集】 目前校史馆共有藏品339种/582件,礼品676种/746件。为了充分发挥藏品和礼品的作用,积极配合专题展览的展出,吴达元、李汝祺、邢其毅人物专题展览共使用展品143件。本年度征集校史人物图片532帧。

【安全保卫工作】 将"三防"(防火、防盗、防水)等安全保卫工作作为全馆建设的一项重要工作,坚实思想落实、组织落实、制度落实、工作细节落实,人防与技防结合。校史馆已连续十年"十无"达标。

坚持馆务会、行政例会及安保小组例会、保安员例会的四个层次会议制度。落实完善安保规章制度,如访客接待细则、巡视展区、按时清馆、监控系统每周录像回放、馆领导定期组织分管人员实地检查安保情况等。在"消防设施布置平面图""消防设施报警地址对照表""疏散通道示意图"及《保安员突发事件处置预案》《校史馆突发事件处置预案》《校史馆安保工作基础建设规划》《校史馆消防安全四个能力建设手册》的基础上,又制订了《校史馆消防安全四个能力建设方案》。

坚持以预防为主,以维护为主,保持安保设备的良性运转。续签监控系统维护保养协议,每月定期检查、维护相关设备。委托专业人员一年四次分区抽查消防报警系统。聘请专业公司对空调管道进行全面清洗。对应急灯、安全指示灯、展区照明灯具等进行定期检查和更换。

【志愿讲解员队伍建设】 与学生服务总队中国语言文学系分队合作,招聘了两批志愿讲解员,通过专家讲授校史、专业资深讲解员讲授讲解技巧,以及中国抗日战争纪念馆、北京新文化运动纪念馆及老北大旧址现场讲解观摩等活动进行培训,使志愿讲解员具有了初步的讲解知识和技巧,较好地完成了校友返校、新生教育及其他接待任务。

【图书馆校史馆分馆】 继续加强图书资料室的规范化管理,在为展览和内部工作人员服务的同时,每周定期对社会开放。资料室现有图书3550册,中文图书3358种/3438册,中文刊131种/142册,工具书106种/112册,报刊56册。接待校内外读者阅览723人次,借阅图书1102册次,室内阅览579人次,咨询123人次。对所购买和赠送的新书做到及时编目、上架、出借,并做好新书发布工作。

【学习交流】 参观了清华大学校史馆、韩美林艺术馆、"胡适诞辰120周年文物图片展"。接待到访的中国人民大学、北京师范大学、中国地质大学、装甲兵工程学院、山东大学、东南大学、上海理工大学、复旦大学、南京大学、武汉大学、新疆石河子大学、内蒙古师范大学等校同人并进行业务交流。

【党风廉政建设】 领导班子坚持周馆务会制度,坚持《档案馆校史馆馆务会议工作规则》《档案馆校史馆领导班子落实"三重一大"制度的实施办法》《档案馆校史馆财务工作规则》《档案馆校史馆馆务公开制度及实施办法》,研究决定各项工作,工作中一贯坚持集体领导、集体决策,实行民主集中制,坚持馆务公开,建立共识,增强向心力、主人翁责任感和集体荣誉感。遵守学校的财务制度,坚持"收支两条线",不设"小金库"。在强调思想觉悟和政治要求的同时,发挥政策和制度的约束作用,保证了工作的公正和廉洁。

(马建钧)

北京大学学报(自然科学版)

【刊载论文情况】 《北京大学学报(自然科学版)》2011年出版6期共1158页,刊载学术论文160篇。其中数学5篇,力学2篇,物理学6篇,化学3篇,电子学与信息科学31篇,地球与空间科学50篇,地理学与环境科学57篇,心理学6篇。

【数据库收录情况】 《北京大学学报(自然科学版)》2010年刊载的论文在2011年被多家国内外文献检索机构收录。重要的国内文献数据库有:中国科学引文数据库、万方网络全文数据库和中国知网。重要的国际文献数据库有:Elsevier科学期刊数据库(Scopus)、美国《化学文摘》(CA)、美国《地质参考》(GR)、美国《数学评论》(MR)、俄罗斯《文摘杂志》(AJ)、日本科学技术振兴机构文献数据库(JST)、德国《数学文摘》(ZM)、英国《科学文摘》(SA)、英国皇家化学学会《质谱学通报(增补)》(RSC)和英国《动物学记录》(ZR)。作为中国科学引文数据库(CSCD)的核心期刊,可在ISI Web of Knowledge数据库跨库检索。

【文献计量指标】 据中国科技信息研究所出版的《2011年版中国科技期刊引证报告(核心版)》中对国内2010年1998种中国科技论文统计源期刊的统计,《北京大学学报(自然科学版)》2010年主要文献计量指标见表8-102(同时列出2009年数据)。

【获奖情况】 据中国科学技术信息研究所2011年12月2日"2010年度中国科技论文统计结果发布会"公布,《北京大学学报(自然科学版)》连续第七次入选年度"中国百种杰出学术期刊"。2011年4月获教育部科技发展中心2010年度"中国科技论文在线优秀期刊"一等奖。

【出版工作进展】 2011年在"中国知网学术期刊数字出版平台"实行单篇论文的数字优先出版。印刷版从2011年第3期开始,在每篇论文首页标注网络出版日期和网络出版地址。为适应数字出版的需求,2011年第3期开始,从沿用多年的方正排版改换为Word排版,以便数字出版信息的标引,并获得高质量的电子版本(Pdf文件)。同时,在单篇论文的网络版发布后,增加一次作者校对程序,提高了印刷版的出版质量。

表8-102 《北京大学学报(自然科学版)》文献计量指标

年份	总被引频次	影响因子	他引率	即年指标	引用刊数	扩散因子	学科影响指标	学科扩散指标	被引半衰期
2009	1072	0.597	0.97	0.106	473	44.12	0.34	8.16	6.7
2010	1027	0.497	0.96	0.034	443	43.14	0.34	7.26	6.9

(学报编辑部 李亚文 整理)

北京大学学报(哲学社会科学版)

2011年,《北京大学学报(哲学社会科学版)》继续高举中国特色社会主义伟大旗帜,以马克思列宁主义、毛泽东思想、邓小平理论和"三个代表"重要思想为指导,深入贯彻落实科学发展观,贯彻党和国家的新闻出版方针、政策,坚持正确的人文导向,贯彻"双百"方针,走理论联系实际、学术结合时代之路,刊物不断取得新成绩。

【办刊更注重选题策划】 2011年,编辑部办刊思路更加明确,就是要结合本校实际,突出本校特色,树立精品意识,尽量多刊载一些研究解决国家或地区经济、社会发展中具有全局性、前瞻性、战略性的重要研究成果,一些在基础理论方面有创新意义,特别是具有原创性意义的学术成果。这一总体构思已成为北大学报主编、编辑办刊实践中的自觉追求。在栏目设置方面,《北京大学学报(哲学社会科学版)》发挥北大文、史、哲的传统优势,主要为文、史、哲各学科提供发表最新科研成果的平台,为人文院系学科建设服务,并把这些北京大学的优势学科、传统学科作为自己刊物的特色和个性,以此选择学术热点、学术前沿,以及重大社会问题,确定自己的主打栏目和品牌栏目。

学报主编和编辑在积极面向校外、面向国际组约稿件的同时,深入到各院、系、所、中心,积极主动地向有深厚学术造诣的著名学者和中青年骨干教师组稿、约稿,了解他们的研究专长和研究动态,在和学者充分沟通交流的基础上,根据学术热点问题、前沿问题来策划选题、组织稿件和遴选稿件。同时,还发动一些著名学者为学报组稿、约稿,聘请他们担任学报相关栏目的特约主持人。

2011年,编辑部精心组织,结合学术界热点问题进行选题策划。如第一期"北京论坛",组发了潘文石、尤根·莫尔特曼等人的文章;第三期"世界遗产研究",组发了谢凝高、陈耀华、韩光辉等人的文章;第四期"纪念中国共产党成立九十周年",组发了杨河、夏文斌的文章;第五期"纪念辛亥革命一百周年",组发了王晓秋、郭建荣、欧阳哲生等人的文章;第六期"十年来文化建设笔谈",组发了陈来、郭建宁、李宗桂、孙熙国、李翔海等人的文章。这些文章都取得了良好的社会反响,很多文章被转载和摘引。

【在全国高校学报研究会中发挥积极作用】 近几年来,基于北京大学学报在全国期刊界的地位,以及学报主编在全国学报界的影响和作用,主编程郁缀当选为全国高等学校文科学报研究会副理事长,一直负责研究会学术委员会工作。2011年6月,他组织、策划了第四届全国高等学校文科学报研究会优秀编辑和优秀编辑学论著的评选工作,主编出版了《学报编辑大视野——第四届全国高校社科学报优秀论文获奖作品集粹》。2012年1月,在广州又组织了高校学报研究会第一批编辑学研究课题结项及第二批编辑学研究课题评审。常务副主编刘曙光作为全国高等学校学报研究会副秘书长，以及北京高教学会社科学报研究会副理事长，也为全国高校文科学报研究会的宣传活动和北京市高校文科学报学术研讨做了大量工作。他们的这些工作得到了全国学报界同人的认可和好评。《北京大学学报（哲学社会科学版）》在全国高等学校文科学报中越来越多地起到引领、示范、带动和导向作用。

【学术影响不断提升】 入选教育部首届哲学社会科学名刊以来，经过各级领导，特别是学校领导的支持和编辑部的不懈努力，《北京大学学报（哲学社会科学版）》这些年名刊建设成效显著，在国内外享有良好声誉。

根据中南财经政法大学图书馆期刊信息检索中心2012年的检索报告，《北京大学学报（哲学社会科学版）》2011年共被中国人民大学书报资料中心、《新华文摘》《高等学校文科学术文摘》《报刊文摘》等检索途径转载文章91篇，在全国综合性大学学报中位居第二。

根据中国人民大学人文社会科学学术成果评价研究中心2012年在《光明日报》公布的数据，2011年人大报刊资料转载的论文数量中，《北京大学学报（哲学社会科学版）》排列第二，综合指数排名第三。

根据中国学术期刊（光盘版）电子杂志社、中国科学文献计量评价研究中心和清华大学图书馆编写的《中国学术期刊影响因子年报》（2011版），《北京大学学报（哲学社会科学版）》在大学学报社会科学类综合高校中的总被引频次、基金比、影响因子、5年影响因子和即年下载率均名列前茅。

进入数字化、信息化、网络化时代，各期刊的纸质发行量不断减少。《北京大学学报（哲学社会科学版）》虽然也受到一些影响，但在国内外的发行总量一直稳居人文社会科学期刊的前列。在筹备建构自己网络平台的同时，加入了中国知网和国家哲学社会科学学术期刊数据平台，努力扩大刊物影响力和传播力，产生了较好的社会效益和经济效益。

【坚持岗位培训】 按照新闻出版总署有关规定，学术期刊编辑必须定期参加岗位培训，坚持持证上岗。2011年8月，常务副主编刘曙光、副主编郑园参加了全国高校社科期刊编辑业务培训，刘曙光还参加了新闻出版总署教育培训中心全国部分学术社科期刊社长总编主编岗位培训班，都收效明显，圆满结业。

北京大学学报（医学版）

【获奖情况】 2011年，北京大学学报（医学版）荣获第2届中国精品科技期刊奖。科技部为提升中国科技期刊的整体水平，提出了打造精品科技期刊的概念，自2002年起先后立项进行了“中国精品科技期刊战略研究”和“中国科技期刊服务与保障系统”的研究工作，建立了中国精品科技期刊遴选指标体系综合评价系统。经过该综合评价系统，2008年《北京大学学报（医学版）》入选首批中国精品科技期刊。精品科技期刊每三年遴选一次，本次包括18种英文版中国国际化精品科技期刊和300种中国精品科技期刊。

北京大学学报（医学版）荣获2010年度“中国科技论文在线优秀期刊”一等奖。根据教技发中心函[2010]190号文件《关于组织2010年度“中国科技论文在线优秀期刊”评选活动的通知》和同时公布的《2010年度“中国科技论文在线优秀期刊”评选指标体系》，教育部科技发展中心对截至2010年12月31日已收录在“中国科技论文在线”栏目的教育部主管的期刊，就期刊的影响因子和他引率、网站收录论文数和下载量、期刊入网的完整性及期刊编委的国际化程度、开放存取等统计分析，经过严格的评审，评选出一等奖43项，二等奖92项。

【组稿与出版情况】 准时、准期、保质、保量地完成了全年6期924页的编辑出版工作，同时始终坚持编委会定稿制度，共召开了7次编委定稿会议，保证了所评审论文的公正和公平，也保证了所发表论文的学术质量。

编委参与组稿和办刊是国际优秀期刊办刊的共同模式。《北京大学学报（医学版）》的编委和医学部的专家多年来一直坚持国际化办刊的先进理念——编委、专家参与办刊。

2011年，《北京大学学报（医学版）》共完成了4个重点（专题）号的组稿工作。由俞光岩副主编、李铁军编委负责组织第1期“口腔”专题号；由胡永华、郭岩和郭新彪编委组织第3期“公共卫生”重点号；由郭应禄院士组织第4期“泌尿外科”重点号；由姜保国教授组织“骨科”重点号。

【加入国际重要的专业数据库】 2011年9月，《北京大学学报（医学版）》加入了美国EBSCO出版集团相关的医学数据库。EBSCO出版集团是全球最大的集成数据库出版商和期刊代理商之一，负责提供国际在线订购信息，它的医学数据库系列更是知名医学学术机构的必备研究工具。

2011年11月，学报又加入了波兰著名的《哥白尼索引》（IC，Index of Copurnicus）检索系统。IC是由“国际医学”组织（Medical Science International）创办的国际检索系统，以收集生物学、医药学内容为主。到目前为止，《北京大学学报（医学版）》已加入了MEDLINE等重要的国内外检索系统和数据库近20个。加入更多的国内外数据库，可以更广泛地展示《北京大学学报（医学版）》所发表的科研成果。

【重要会议】 2011年12月29日，在方伟岗副主编主持下，召开了《北京大学学报（医学版）》第8届编辑委员会第7次会议，就本刊的现状、存在的主要问题和今后的工作重点进行了研讨。编委纷纷为《北京大学学报（医学版）》的发展建言献策，建议《北京大学学报（医学版）》在医学部百年庆典时组织一期校友专题，充分展示校友在国内外医学领域所取得的优秀成绩。

【学会工作】 《北京大学学报（医学版）》的编辑在高校科技期刊研究会中承担了重要的工作，除曾桂芳编审担任了研究会组织工作委员会主任和任英慧副编审担任了版权工作委员会委员外，2011年赵波又担任了数字出版委员会委员。

体育馆

【发展概况】 2011年，北京大学体育馆全体工作人员在刘伟副校长及场馆临时管理小组的带领下，继续围绕“满足学校体育教学科研与训练需求，满足师生体育健身与文化活动需求，成为一流大学一流体育设施与服务的标志”的目标，始终遵行“三重一大”的党风廉政制度，有步骤地落实各项具体工作内容，通过组建运行团队，规范规章制度，组织员工培训，开展文化建设，积极推进赛后改造等事宜，实现了体育馆的人、财、物各方面资源的优化配置，提高了体育馆的整体运营能力，最大限度地发挥了体育馆的功能与价值，为全校师生提供了优质的服务。

【设施建设】 2011年12月，体育馆改造工程（除游泳馆外）基本结束，先后组织了北京市消防局与校内各部门来馆进行验收工作（并通过）。因发现游泳馆泳池瓷砖大部分鼓起，体育馆将情况及时汇报给校领导及基建工程部后，泳池地砖又进行了重新粘贴。

【教学服务】 2011年，通过全体人员的共同努力，体育馆于12月份实现了面向校内师生的正式全面开放。体育馆所拥有的20个体育项目，与北京大学体育课程十分吻合，健美操、形体、体育舞蹈、瑜伽、器械健身、乒乓球、跆拳道、散打、安全自卫防身术、台球、拓展、攀岩、击剑、剑道、游泳、篮球、排球、毽球、地板球、壁球等课程进入馆内进行教学；学校篮球队、羽毛球队的训练和比赛将主要放在体育馆内进行。体育馆克服困难，积极为学生和教工团体进行体育锻炼提供场地，如学校工会组织的体育舞蹈、瑜伽练习，以及学生社团如乒乓球协会、羽毛球协会、体育舞蹈社团、排球协会、风雷社、精武会、太极拳协会等组织的各种活动。

【场馆活动】 2011年7月初，承接了校内毕业典礼，活动主要由体育馆负责，包括前期的物品准备、人员准备、流程安排、与校内其他部门对接、音响设备准备、活动现场的布置与协调控制，推进典礼顺利圆满结束。2011年，体育馆还承接了诸多体育赛事活动，例如3月份校内书法比赛，5月份CUBA篮球联赛和北大教工毽球比赛，6月份中国乒超联赛和方正篮球赛，7月份NBA夏令营，10月份羽毛球团体赛等。

【工作成果】 2011年11月，体育馆经过多次修改完成《服务手册》和简页介绍的审定印刷工作，开始了体育馆开放的宣传工作。2011年12月12日，体育馆智能刷卡系统正式运营并获得成功。通过全体员工的共同努力，2011年，北京大学体育馆获得了“北京市优秀体育场馆”的称号，体育馆李杰主任获得了“北京市海淀区优秀管理者称号”。

计算中心

【发展概况】 截至2011年年底，计算中心共有职工89人，其中，正式在岗职工65人，返聘10人；正高级职称6人，副高级职称20人，中级职称34人，初级职称4人，无职称1人。具有硕士及以上学历的人数42人，占中心总人数64%以上，其中具有博士学位的7人，在读博士2人，学历结构逐年升高。2011年中心退休1人，去世1人，招聘2人。

2011年是全国各地教育系统认真学习国家“十二五”规划，全面贯彻落实《教育规划纲要》，努力实现“十二五”良好开局的关键时刻。进入2011年以来，计算中心上下齐心，充分认识新形势下加快推进教育信息化的重要性、紧迫性和艰巨性，在学校的正确领导和全校各级部门的鼎力支持下，努力完善基础建设、提升服务水平、关注技术进步、加强探索应用，在校园网建设、电子校务开发、微机教学实验等许多方面都取得了可喜的成绩，为我校教学、科研、管理等各项工作提供了稳定良好的信息网络保障。在中心党政工和全体员工的共同努力下，中心不仅圆满完成了各项工作任务，为北京大学信息化建设做出了积极贡献，也在发挥党支部战斗堡垒作用和共产党员先锋模范作用方面取得了可喜的成绩。

2011年，中心先后获得了“2011高等教育信息化先进单位”“2011年军工保密资格审查认证工作先进集体”“离退休工作先进奖”“校运会精神文明奖”“先进工会委员会”等荣誉称号和奖项。同时，计算中心的“北京大学‘世界讲堂'支撑平台"和"全校公共计算机、英语实验教学系统升级改造"两个教学实验项目还获得了"北京大学第六届实验技术成果三等奖"。也有不少老师在众多方面为中心争得了荣誉，如张蓓荣获"2011高等教育信息化先进个人"称号；孙光斗荣获北京大学离退休人员工作奉献奖；李笑难、周昌令荣获"北京大学学生资助活动先进个人"称号；范雪松、李笑难荣获北京大学"学生资助工作先进个人"称号；陈沙沙荣获"北京大学工会优秀工会干部"荣誉称号。在文体活动方面，中心也同样硕果累累，获得了校运会团体总分第5名、北大教职工羽毛球联赛第6名、北京大学教职工乒乓球联赛男女比赛第5名、北大教职工羽毛球联赛男双亚军等奖项。

本年度计算中心发表论文25篇，其中核心期刊发表17篇，被SCI或EI检索8篇。

2011年，计算中心的成人教育工作仍旧稳步进行，有夜大学和远程教育两种办学类型，均为专科起点本科业余学习形式。2011年，共招成人教育新生761人，毕业431人，在校生总计1823人。2011年，计算中心对3门专业课的课件进行了更新，得到北京大学继续教育部的好评。

（孙光斗　杨　雪）

【微机教学实验环境】 完善机房设备性能，完成全校计算机、英语教学实习机时　2011年，计算中心进一步优化英语网上选课管理平台的性能，并开发和优化机房自动化管理软件，提高了600台机器系统的恢复和联网的自动化水平；对8个学生机房和3个服务器机房的电源转插板进行更新升级，消除了安全隐患。2011年，完成全校计算机、英语教学实习机时约70万小时，圆满完成提供教学实习机时的任务。另外，完成了人事部培训、设备部培训、应聘考试和提职考试各类用机机时1400小时；完成平民学校计算机教学任务1700小时机时，以及计算中心各类成人教育班共1400人的教学实习机时。

自主招生阅卷和高考语文阅卷的环境支撑任务　2011年2月21—25日，北京大学等13所高校联合自主招生的阅卷工作于计算中心完成。计算中心提供6个机房共计400台机器，创建了无盲区监控系统，局域网物理隔断，保障了阅卷工作的顺利进行。高考网络语文阅卷环境的搭建方面，除对公共教学局域网实行物理隔离外，今年还对阅卷区域进行无线网隔离，禁用二层圈存机和8号机房，顺利完成阅卷的支撑和保障工作。

赛事支撑环境　完成构建北京大学第九届计算机编程设计ACM/ICPC大赛和数学建模大赛的环境和服务工作，为两项大赛共计1000余名参赛选手提供服务，保持了零故障记录。

IBT考试　在完成原有托福网考北大考点任务的同时，2011年新承接GRE网络考试考点的建设任务，与全球同步，以互联网为依托，完成托福和GRE考试的网上申请、平台建设和考试组织工作，为北大学生提供便利。

学生上机环境管理　为进一步遏制客户端不健康的文件内容存在和使用，值班人员进一步加强巡查，以引导、思想教育为主，疏、堵结合；每天清理一次硬盘，使不健康的文件内容得到明显的遏制。

（丁万东）

【校园网建设】 一年来，计算中心不断完善网络建设、优化网络性能，结合北京大学校园网规模庞大、应用复杂、用户活跃、服务要求高的特点，加强网络建设管理，较好地保障了我校网络的平稳高效运行。

新建及改造楼宇的网络建设　完成人文学苑、邱德拔体育馆、北京国际数学研究中心等8栋楼宇，以及学生宿舍28、29、30、32楼的网络设计、改造及设备升级工作，其中宿舍改造采用IEEE 802.11n，最高可实现300Mbps无线连接。完成邱德拔体育馆、原校医院门诊楼、勺园4号楼、成府园微电子大厦等7座楼宇的有线网络设备安装调试工作。2011年完成的校园网络建设共涉及信息点12725个，采购交换机782台、无线AP1030个。另外，还完成了资源西楼三层局部、南门2、3、6号楼、佟园餐厅、成府园科技成果转化中心、物理西楼、五四活动中心改造等19栋新建/改建楼宇的综合布线设计与修订、施工审图及预算编写工作；完成新联通用户141户；为学生区、家属区、办公区提供上门服务750多次；完成光纤敷设7000米、熔接光纤800多芯，累计完成网络和光纤工程16项。暑假期间还协助相关部门完成了：保卫部搬迁、物资设备部部门改造，学宿中心暑期楼宇检修1200多间宿舍、校园一卡通、审计室、房产部在电教楼的网络布线等相关工作。

改善校园网边界及骨干环境　完成了万兆网关上线运行测试工作，万兆负载均衡设备、万兆流量控制设备选型调研及设备性能测试工作。升级校园网主干交换机NOC7609及LIB7609引擎3块、LIKE16509万兆接口板1块、备件及相应光纤模块，支持虚拟化技术，支持高可用和动态业务扩展。预计2012年寒假前完成设备测试和网络升级改造工作。

推进无线网络建设　升级图书馆无线网络，完成化学楼、生物楼、国家发展研究院等学校重点学科的楼宇无线网络建设，采购网络交换机16台、AP 300个，采用IEEE 802.11n，最高可实现300Mbps无线连接。截至2011年12月，化学楼119个、国家发展研究院27个楼宇已经完成无线网络建设。预计2012年1月完成图书馆96个AP升级,2012年3月份完成帕卡德公寓10个AP、南北阁24个AP、新生物楼报告厅会议室10个AP安装调试。

推进CNGI-IPv6校园网建设 完成校园网应用系统IPv6迁移、建设IPv6 DHCPv6服务,并完成IPv6出口防火墙设备选型调研及设备性能测试。配合CNGI项目总体验收,在校园网进行SAVI和SAVA部署试验,完成在以下的全部或部分区域部署SAVI:学生宿舍45—48楼,燕北园,西二旗二期,蓝旗营,交流中心,配置华三、锐捷接入交换机的楼宇。

【信息服务】 加强信息化在教学管理中的应用 1. 完成开发邮件系统WAP版的合同签订工作,学期末将完成光纤管理系统基本功能的开发。

2. 完成交流中心307会议室音视频采集设备的升级改造,实现北大、南加大和台大三方合作课程共59小时。

3. 高可用实时视频直播平台建设基本完成。新版系统采用WEB方式收看电视,频道数目增加到40个,支持校园网用户通过身份认证后收看电视;支持用户权限分组,即不同权限用户能看的节目有所不同;组播/单播自动选择,扩大了收看范围,即使在校外,用户认证后也能通过单播方式收看;支持点播。

4. 桌面视频会议系统面向全校提供服务,在原有5个会议室基础上新扩充5个会议室,2011年共计为工学院、分子医学研究所、外国语学院、心理学系、物理学院、国家发展研究院等十余个院系提供了459次828小时的会议服务。

5. 配合学校"两卡合一"工作的开展,2011年10月27日,完成校园卡一卡通系统的网络升级改造,改造后实现一卡通系统独立组网,增强系统稳定性及可扩展性。

6. 完成深圳研究生院汇丰商学院邮件系统的迁移工作和深圳研究生院网络环境优化,从深圳研究生院教工学生防病毒软件更新、快捷访问图书资源、Windows Update等多个方面改善深圳研究生院教工学生的网络环境,提高网络访问速度。

加强网络信息安全监管

1. 完成校园网出口万兆防火墙招标采购和安装工作,2011年7月实现上线运行。

2. 校园网用户管理系统数据库迁移至双链路存储,确保系统在一条链路故障的情况下仍可继续运行。

3. WEB应用防火墙效果明显,目前受防护的IP达到71个,受保护的站点达到2399个,其HTTP流量峰值超过200兆,平均有17兆左右。HTTP会话数最大值接近2.5万,平均在1500左右。全年共阻断攻击超过6800万次,平均每个月要阻断攻击566万次以上,平均每秒阻断攻击2.5次,做到对关键WEB服务器的多重保护,确保WEB应用安全的最大化。

4. 系统防火墙的防护中心及托管服务器336个,建立防护规则254条。

5. 漏洞扫描系统共扫描主机近16万次,共发现非常危险主机近1.5万台,比较危险的主机近1万台,发出整改建议327条。

6. 在入侵检测系统应用方面,本年度报警超过1.6亿次,为校园网安全规则的制定、调整提供了有力的数据支持。结合其他安全措施,不断发现高危的计算机,逐个进行清理,逐步降低校园网的整体安全隐患。

7. 2011年处理关键部门的安全事件12起,涉及校办产业管理委员会办公室、北大团委、发展规划部、实验室与设备管理部、物理学院、燕园街道办事处等10个单位。

8. 系统数据备份系统发挥出日益重要的作用,目前已为电子校务主干应用、所有9个邮件系统、教学网等重要业务提供备份服务,存储备份近20TB。

9. 配合校保密办,对全校涉密人员使用的计算机做了全面的保密检查,共检查涉密和非涉密计算机280余台。截至2011年6月30日,共完成13个院系及单位的120余台涉密计算机的保密处理。另外,在学校军工认证领导小组的领导下,投入大量的人力,同保密办一起对全校多个院系的计算机、存储介质、办公自动化设备进行全面保密检查、处理,确保全校的计算机和移动介质符合军工认证要求,顺利通过军工保密资格现场审查认证。目前涉密计算机及设备管理技术小组已经将保密检查制度化、常态化。

(陈 萍)

【电子校务建设】 综合学生系统 2011年,研究生培养系统、就业指导中心平台、外聘教师管理、课程评估开发、研究生学位授予系统、研究生外聘教师管理、研究生课程评估、本科生课程管理、异动手续证明管理完成,并在相关部门得到使用。其中研究生培养系统和研究生学位管理系统作为学生综合系统中的两个重要子系统,均包括70多个子模块,涉及导师参与学生培养全过程,并涵盖评阅、答辩、分会、学位授予等多项功能。

综合人事系统 截至2011年年底,已实现系统的全线运行,查询统计功能于2011年5月份交付使用;招聘子系统于2011年10月上线运行,博士后管理、出境管理、建设基金管理和人才管理的程序也均已开发完毕进入运行阶段。系统还根据人事部新的管理思路,对聘期考核管理和合同管理进行改造,实现了聘期考核与合同的关联。

财务信息服务　2011 年 12 月，开发完成的财务信息服务系统正式上线运行。该系统整合了与财务相关的预算、核算、科研、工薪、收费、奖助学金等业务子系统的数据，采用先进的富互联网技术，为学校领导、职能部门、二级单位财务主管领导，以及广大师生员工提供内容丰富直观、数据实时安全、界面友好的财务信息服务，提高了学校财务管理的透明度和公开性，并为学校各级领导决策提供了有力的数据支持。

新实验室与设备管理系统　新实验室与设备管理系统基本开发完成并已进入测试阶段。系统为老师、学生、院系设备管理员、保密办、防护办提供设备信息管理服务。主要功能包括：建账建卡，系级设备管理，设备信息查询，涉密设备管理，含源及射线设备管理，实验室信息查询。

五道口教师住宅置换售房系统　从 2011 年 10 月 30 日接到任务起，开始进行需求分析和设计开发；从 2011 年 12 月 21 日起，系统正式运行。该系统包括“报名审核”“排队计分”和“选房计价”等应用模块。

组工系统　2011 年，完成了组工系统中的人员信息管理及查询功能和干部任免管理中的主体功能的开发；完成“北京大学车辆预约管理与服务系统”的概要设计工作；“财务文件交换平台”在财务部部署使用，使部门数据的提交更加安全规范；为学工部、资助中心管理系统增加了绿色成长方案、学生兼职意向、学生兼职信息和兼职报酬发放等管理功能。

数据综合服务平台　数据综合服务平台于 2011 年 4 月份实施上线，其通过数据交换平台将职工和学生数据从多个源头数据库交换到数据发布平台数据库中，提供了数据发布、数据订阅和数据服务功能。涉及人员类别包括：本部在职和离退休职工、博士后、劳动合同制职工、单双证研究生、双证本科生、本科交换生、图书馆用户、国际合作部短期留学生、北医校园卡学生和职工。

电子校务运行　学期初，新的备份系统正式上线，备份主机 50 多个，包括数据库系统、邮件系统等。虚拟机管理系统 VMware 在 2011 年 3 月份进行了升级，下半年完成了虚拟机运行环境的迁移工作，实现了多台物理设备的集群运行，目前 MIS 虚拟机运行环境支撑了 120 台虚拟主机，涵盖了主页、业务数据库、业务应用等各类应用环境及测试环境。2011 年还部署了代码安全扫描工具，内嵌版本控制，以及计划任务功能，实现了代码开发过程中的代码扫描，进一步保障了程序的可靠性。

（李庭晏）

【高性能并行计算】　完成 CNGI 课题的小机群的安装　对浪潮小机群的系统环境、编译环境、作业管理软件等进行调试和设置，并在 CNGI 的课题机群上和应用化学对外接口上部署 IPV6 环境，满足课题的要求。

完成工学院托管 HP 机群的运行维护　给湍流实验室分一个专门的 8 节点分区；所有 64 个刀片的 ilo 的微码升级到 2.01 版本；4 个刀笼的微码升级到 3.21 版本。

加强老惠普机群的维护管理　协调北大和中科院网络中心，一起完成 CNGI 课题的任务之一，将应用化学的 10 个应用顺利部署在老惠普机群上。

作为用户代表参加物理学院杨海军的课题——973 项目“北太平洋副热带环流变异及其对我国近海动力环境的影响”的招标工作，对大气科学模式 CCSM 在 intel 系列环境下的运行进行调研。

加强机房环境维护，排除安全隐患　及时更换了 1124 机房配电柜部分电线和开关并加大线径，解决了机房配电柜部分电线和开关过热的问题；对高性能机房已使用 6 年多的机房专用空调进行了更换，及时排除安全隐患。

（朱洪起）

【党建与工会工作】　注重学习型支部建设　2011 年，计算中心党支部结合形势、任务和自身特点，向书本学习，强调党员以自学为主，注重比较系统地学习中国特色社会主义理论体系，尤其是重点学习马克思主义中国化的最新成果，认真学习贯彻科学发展观，以人为本，统筹兼顾，全面可持续发展，坚持走中国特色社会主义道路不动摇。现任班子党员干部更加注重向已离任党员干部虚心学习，学习他们坚定的理想信念、高尚的道德品质、领导艺术、管理能力、业务水平、经验和智慧等；同时虚心向群众学习，放下架子，拜群众为师，群众是真正的英雄，而我们自己则往往是幼稚可笑的；向实践学习，深入实际，调查研究，脚踏实地，不断总结实践和理论成果，不断创新。

购买《王选传》上下册，《王选传》一发行，中心党支部就决定为党员和 6 名要求入党的积极分子购买《王选传》，王选老师曾和中心的同志一起战斗过多年，他在做人、做事、做学问等方面永远是我们学习的榜样。

注重发展新党员　严格按照党员的标准，及时为每位要求入党的积极分子指定联系人，从不同层面和他们沟通思想，交流体会，做耐心细致的思想政治工作。要求入党的积极分子在党支部的指导下，每季度写书面思想汇报，肯定成绩，找出不足，采取措施，指明方向；同时关心帮助他们解决在学习、生活和工作中的具体问题和困难，使要求入党的积极分子得到全面健康地成长；2011 年 6 月 29 日发展了 1 名新党员，5 年来，党支部共发展了 8 名党员；目前要求入党的积极分子有 6 人，中心支部将更进一步做好培养新党员的工作，使他们早日加入党组织。

发挥好工会的纽带、桥梁作用

首先，中心工会开展好自己安排的丰富多彩的常规文体活动，如每周100分钟的声乐训练，每周2小时羽毛球训练，台球循环赛，下午5点后的毽球、乒乓球、台球等活动，集体为工会会员办公园卡和游泳卡；组织好坚持多年的新年联欢晚会，使在职及离退休教职工和合同工欢聚一堂，沟通思想，交流经验，展望美好的未来。第一时间到家或医院慰问病号；为60岁以上的老同志过生日，把中心全体同志的祝福和礼物及时送到家。同时，离退休老师和在职老师享受中心一样的公共福利待遇；中心荣获2011年度离退休工作先进奖。工会的活动增强了大家的身心健康，提高了单位的凝聚力、向心力和战斗力。

其次，积极参加学校工会组织的活动，增强集体荣誉感，重在参与，但不放弃努力争取好成绩的机会，为单位争光；2011年，毽球连续4年荣获冠军，荣获校运动会团体总分第5名奖杯和精神文明奖杯，女子团体乒乓球荣获第4名，男子团体乒乓球荣获第5名，男子羽毛球荣获第6名，2名老师荣获平民学校优秀奖。

再次，积极做好宣传工作，向工会投稿，完成工会专题论文，质量数量均处领先地位，定期及时更换计算中心的宣传橱窗。

最后，中心工会每年都积极参加校工会组织的献爱心基金捐款和组织部组织的党员献爱心捐款活动。

计算中心党政工三位一体，齐抓共管，团结协作，努力营造和谐氛围，使计算中心各项工作全面持续发展，在高校处领先水平。

（丁万东）

现代教育技术中心

【奖励荣誉】 2011年获教育部级项目奖1项：“北大讲座网”在教育部科技发展中心主办的“2011高等教育信息化先进评选”中获“高等教育信息化应用创新奖”，全国共34个项目获此殊荣。这个奖项是对“北大讲座网”以信息化手段促进教育改革发展创新工作的肯定（讲座网团队：张亦工，孙中楠，冯雪松，李久安，闻希，张浩野）。2011年获厂商用户奖1项：在2011年11月的赛尔毕博用户会上，教学网推广组获得“教学信息化优秀团队奖”。（教学网推广组成员：赵国栋，冯菲，刘玲，王胜清，曾腾，李志刚）。

【国际国内影响】 本年度接待青岛海洋大学、首都医科大学研究生院等兄弟院校及相关机构参观来访与交流10余场，国际交流多次。中心员工共发表文章10多篇，完成书稿2部。中心员工多人在国内外会议应邀做专题报告10余场。

【教学网推广业务】 院系推广获得突破性进展 2010年秋季，中心向信息办倡议举办“北京大学教学信息化评优活动”，经过为时一个学期的筹备酝酿，对评审标准和评审过程进行多次讨论，于2011年5月13日，校办正式发布通知，2011年6月14日举办了“北大教学信息化评优启动会”。2011年11月举办了表彰大会，共有信息科学学院在内的10家单位获得教学信息化先进集体称号，杜晓勤等18位老师获得先进教师称号，郭艳军等11人获得先进管理人员称号。借着评优活动的东风，中心开展了全套院系推广服务，包括院系主页教学网接口、教学网社区功能推送等，组织针对院系的专场教师培训，每场培训都有近20名老师参加。个别院系还表示愿意配套支持老师进行类似教学新思路项目的教改活动。两年前，我们曾试图进行院系推广活动，并委派了院系专员，但那次铩羽而归，经过两年多的努力，已经有越来越多的老师认同了教学网，认可了中心的支持服务。

完成两套课程模板设计及技术方案探索 2010年，中心配合教务部，将所有通选课程的教学大纲放在教学网上。但随后发现，真正使用教学网教学的通选课不到40门，而通选课因为是多院系学生选修，是最合适使用教学网的。为此，2011年教学网推广组在邢磊老师的带领下，提出了让学生自己建设通选课网站的思路，希望能够将散落在公共邮箱、BBS中的课程资源汇总到北大教学网对应的课程网站中。教学网推广组为完成这一设想进行了技术方案规划和探索，目前已攻关完毕。另外，中心还为愿意自己建设课程网站的老师设计了课程建设模板，通过一些预设的功能模块将教学网使用培训和教法原则渗透其中。

完成了课程录像业务与教学网的自动对接 2009年，中心曾试图将之前录制的课程视频放在教学网对应课程中，尝试了两种技术路线，都不太稳定。2010年秋季，中心将所录制的部分精品课程的录像转为Flash格式，尝试在教学网上提供点播服务，效果不错。于是2011年春季，中心技术开发组完成了中心流媒体服务器设置，开发了中心视频文件管理系统，该系统完成了与教学网的自动对接，也就是说，当媒体制作组将拍摄好的视频资源上传到服务器后，系统将自动在教学网对应课程网站中建立指向该资源的链接，从而可以实现学生24小时内即可点播教师上课的录像。目前中心前几年录制的可以转成MPEG4格式的视频已经全部转入对应的教学网课程，加上本学期试验的两家自动录播系统录制的课程，现在教学网中已有70门课程具有全套教学视频。这项工作的价值在于打开了已有资源的利用渠道，并缩短了未来优质资源从采集到利用的时间间隔。

【优质资源建设】 讲座网 截至2011年12月15日，北大讲座网目前已累计发布讲座预告4495条，讲座视频1171个。本学期共发布讲座预告1010条，讲座视频376个，其中视频数量分为“对社会开放”和“对北大内开放”两种，是根据主讲人签字授权书中签署的意见进行划分的，在376个拍摄的讲座中，对社会开放的讲座数量为155个，对北大内开放的讲座数量为221个。讲座网的日平均点击率是4401，最高达到过8039。

2011年11月30日下午，由现代教育技术中心和图书馆合作主办的“北大讲座网”运行一周年答谢会在图书馆北配楼举行。来自全校各个院系的科研秘书和图书馆分馆负责人参加了本次答谢会。此次答谢会向院系赠送了由现代教育技术中心与图书馆精心制作的讲座光盘册，共计为29个院系制作了43本光盘册，其中包含988张光盘，这些光盘册将存放在院系图书馆分馆或科研秘书处，在资源纪念保存的同时也更加方便师生利用这些讲座资源。此次活动还完成了讲座网宣传册、宣传短片的制作。

“北大讲座网”2011年年底在教育部科技发展中心主办的“2011高等教育信息化先进评选”中获“高等教育信息化应用创新奖”。

课堂实录 本学年随堂录制了19门课程：科学是什么（多位老师）、理论语言学（汪锋）、力学（刘树新）、量子力学（程檀生）、普通化学（严纯华）、思想道德修养与法律基础（祖嘉合）、现代科技革命与马克思主义（多位老师）、应用分析（唐少强）、政治学原理（高鹏程）、政治学概论（包刚升）、汉语修辞学、环境问题、货币银行学、昆曲欣赏、圣经导读、西方美术史、信息检索、中国经济专题。

中心在传统录播教室录制及派人到教室录制两种方式的基础上，试用了两家自动录播系统，与信息科学技术学院合作，录制了15位老师的9门课程的部分教学实况。

视频公开课 2011年制作了5门课程：中国古代政治与文化、世界文化地理、名著名篇、科学是什么、西方思想经典。其中前两门课入选教育部视频公开课。

人物网 本年度共完成6个人物的网站制作，并为3位老师拍摄了人物专题片。

其他服务 北大党校培训课程的片头制作30余个，北大文科基地宣传片之外国哲学研究所拍摄制作1部，首届全国高校就业指导课程教学大赛心理学系老师参赛视频拍摄、后期制作1部，心理学系（学生参加职业规划比赛）拍摄、后期制作3部。

【教学促进】 教学新思路 2011年教学新思路项目第五期和第六期共有来自外国语学院、经济学院、教育学院、体育教研部等多个院系、研究中心的39位教师参加，收集教师教学研究论文32篇，制作视频4个。

助教学校 2011年举办了2期助教学校（第四、五期），结合之前2期的学员反馈，这2期助教学校的课程体系和考核方式有所调整，均采用了任务驱动式的方法，要求助教完成指定的作业，这些作业都和助教工作紧密相关，比如帮助任课教师制作课件、完善教学网课程、编辑教学视频等。在助教完成这些作业的过程中，中心提供各种技术支持和培训，这样改动的目的是希望能寓教于学、学以致用，具体地辅助助教完成教学工作。本年度2期助教学校共招生50人，最终有32人获得了结业证书。

教育技术一级培训 本学年，教育技术一级培训进行了改革，在开班前考试通过者将免培训，全勤参加培训且完成所有作业者免试。共培训13人，经考试合格获得教育技术一级证书的有21人。

教学促进通讯 《北大教学促进通讯》电子季刊上线4期，约20万字，其中原创文章约32万字。印刷、发放《通讯》摘要约6千份。网站一年新增访问量约22万人次，留言约800条。访谈30位知名教师，保存音像资料50多个小时。2011年5月，《通讯》编辑部与物理学院达成采编教学专辑与知名校友访谈录的初步协议。

【多媒体教室环境建设】 2011年，多媒体教室与有线电视主要完成了以下几项工作。

1. 建立规范，提高服务质量。制定了多媒体教室设备更新标准，明确了各项设备的技术指标，规范了教室服务的质量标准。

圆满地完成了8个教学楼（230个多媒体教室，22个语音教室）所有正常排课教室的设备管理和技术服务工作，以及国关楼5个多媒体教室及政府管理学院10个多媒体教室的技术支持及设备维护工作；配合学校相关单位，完成校内、校外各种大型重要考试的设备支持26次，没有出现任何技术问题。今年第二学期在学生资助中心学生助管员招聘不到位、教室服务人员不足的情况下，我们积极克服困难，挖掘现有人员潜力，加班加点，合理调配人员配置，保障了教学工作正常运转。

设立了专门的维修岗位，在做好故障维修的基础上负责教室设备的日常巡视检查，提高教室设备的可靠性；投影机集中除尘2次（约500台件），更换投影机灯泡120余只。为教室提供各种维修保障约200多次，电脑软件更新约

300台次。电教楼语音教室设备老化,为保证设备正常使用,全年共修耳机80余副,排除主控台电路故障12次,修复其他设备20台次,测绘中控维修图纸一套。

与相关部门通力合作对理科教学楼进行全面改造,完成了全楼教学相关设施的功能设计、预算编制、设备招标、现场施工、运行调试等一系列工作,在2011年9月13日前完成一、二层共22间教室的设备、黑板、桌椅、窗帘等安装,在2011年12月中旬全部完工后进行三、四层的相关设施安装(未完成),最终共增加教室36间、设备200余台件,其中低值设备100余台件,有效提升了理教的教学与管理效果。特别是理教一、二层设备安装时间非常短,安装前要做大量的前期准备工作,安装期间还要协调工程各方面力量和之间配合,刘志勇同志牺牲了大量个人时间,积极筹划,奔走现场,努力协调使设备安装主要工作在开学前得以完成,为新教室的按时使用争取了时间,保证了教学顺利进行。

参照其他兄弟高校情况,根据多年积累的实际数据对教室设备的更新频率进行了科学测算,向学校申请改变现在的经费预算方式,将设备更新经费列入每年的常规预算。教务长办公会已经同意了这样的预算方案,这既保障了教室建设有长期稳定的规划,又保持了根据教学效果对部分教室设备进行及时更新的灵活性。

承担教室管理工作小组主要的日常工作,先后将教室桌椅、窗帘、电铃等内容纳入工作范围,为各类教室服务提供统一窗口,提高教室服务满意度;提供教室一站式服务电话,为各类教室服务提供统一窗口,全年共接听各种有关服务电话600余个,均得到满意回复。

与学生资助中心一起规范教室助管员资格审查与报名程序,使教室助管员制度在服务学校教学的同时完成困难学生资助的职责;每月按时做考勤表多达89张。招聘学生助管员450余名(每学期约200~250人次),对学生助管员进行技术培训2次。学生助管员工资全年度支付共110990元,其中上学期工资支付83630(3—6月)元,本学期工资支付36360元左右(9—11月)。

继续执行岗位巡查制度,共对教室管理岗位进行各类岗位巡查40多次。及时纠正了工作中出现的各种不规范行为。

2. 积极实验,拓展教室功能。根据之前制定的北京大学教室管理三年规划,积极进行各类先期实验,力求拓展传统多媒体教室对于教学活动的支持功能。课堂实录实验在前期试验的基础上,正式为信息科学技术学院15门主干基础课程提供服务;虚拟教室服务继续进行;在文史楼教室引入一台触摸屏幕,尝试新的教育技术手段。

在教室网上建设完成了学生社团临时借用教室系统,规范了社团所办讲座的信息录入,为讲座网提供了基础数据,供教室管理员监督教室正常使用,以便发现非法占用教室的情况。

建设了教室桌面信息发布系统,可以定期更新教室计算机桌面,用于发布各类通知,增加了信息发布的时效性和直接性。

【天线/半路电视建设情况】 常规维修服务 有线电视维修人员圆满完成了全校8000多户有线电视网的维护、维修工作,共完成用户报修1300多次;完成学校包括毕业典礼、运动会、新年晚会、开放日等10多次直播任务。完成了勺园线路改造和大讲堂光缆故障排除,科技园、中关园、畅春园光缆焊接,公教楼、勺园4号楼、文科大楼、体育馆、外国语学院大楼、斯坦福中心等有线电视改造和网络建设工作。解决了因歌华公司对化工研究院家属区进行双向网改造造成的北河沿地区信号中断等问题。撰写了南门25、26楼拆迁造成的有线电视干线改造、肖家河家属区建立有线电视机房等报告提交基建工程部。

完成了歌华有线电视收视费的缴纳和维护管理费的收取工作,更新了自缴费名单,组织上门收取2011年有线电视收视费,完成了自缴费用户年终集中上门收取工作。

境外电视服务 参加了北京市广播电影电视局组织的境外卫星电视接收持证单位会议,协助外国语学院接受北京市安全局境外卫星电视接收情况检查,并针对他们的问题提出解决办法。完成了凤凰卫视中文、凤凰资讯、卫视音乐、星空卫视、凤凰电影等香港台收看协议的续签和缴费工作。加强了境外卫星电视节目的监管。按照党办校办的通知在敏感时期暂停凤凰台等境外台电视信号的播出工作。在我校有线电视系统中增加纪录片频道,并在校园网和小区公告栏上通知大家收看。

数字化改造 在做好基本服务的基础上,充分认识到有线电视数字化改造时间的紧迫性,积极调研各种改造方案,在前期提出的与歌华公司合作方案由于经费和产权矛盾无法解决的情况下,与海淀有线多次商谈,并且通过现场考察和引入实际信号进行测试等方式,成功提出了可以解决经费与产权问题的改造方案,并向学校领导汇报。

【工会工作】 现代教育技术中心工会围绕中心核心工作积极开展各方面的工作,在年初就制订好整年的工作计划、重点工作内容,并安排专人负责。

特色活动 上半年根据年初规划,积极以建党九十周年为契机,重点组织了三月的植树活动、五月的天津航母国防参观活动、六月的怀柔青龙峡采摘活动,以及积极参与学校组织的各项建党九十周年纪念、反腐倡廉、消防参观活动，回顾历史，展望未来，振奋精神，团结人心，提高中心教职工爱国、爱岗的工作热情。

下半年，利用暑期重点组织了泰山曲阜两日游活动，登泰山、观孔庙，让广大中心教职工在旅游参观中充分放松心情，互相交流，更好地投入到新学期的工作中。9月、10月又相继组织了野三坡、十渡漂流活动和怀柔黄花城水库烧烤活动。由于制订年初工作计划时，充分调研参考了广大教职工的意见，所以工会组织的这些活动受到大家的热烈欢迎和积极参与，而且活动间隔的时间也比较合适，因此每次活动的组织效果都非常好。

常规工作 1月的离退休老教师慰问工作，3月和11月的物品发放工作，4月的全校运动会工作，10月的全校羽毛球和乒乓球比赛，11月的全校健康大步走工作，这些工作都是每年工会的常规工作，根据年初的规划，中心工会在每一个时间点都安排专人负责组织实施，比如全校羽毛球和乒乓球比赛，我们每周都在体育馆为中心教职工预订练习场地，一方面每周大家都可以利用周三下午的机会锻炼身体，另一方面也为参与全校比赛锻炼了队伍，得到了广大教职工的喜爱与支持。

暖人心的工会爱心服务 从教职工关心的问题入手，不断创新“爱心服务”的形式和内容，六一儿童节期间，工会为有孩子的教职工发放全家的天文馆参观票；4月和11月组织为教职工发放应季的饮料和干果等食品；定期为教职工发送电影票优惠折扣、消防、安全等爱心服务的相关信息。同时，组织学校的爱心基金捐款、年终的食用油和饮料的统计发放工作，为刚生孩子的教职工赠送慰问爱心金，为生活有困难的教职工争取学校的爱心基金资助等等，这些暖人心的爱心服务拉近了工会与教职工的距离，受到了大家的热烈欢迎与支持。

医学部信息通讯中心

【网络、电话、一卡通工作】 维护电话、网络、一卡通系统及托管服务器的正常运行。城内学生宿舍开通一卡通服务，包括门禁、餐饮、水控。升级校园网主交换机6509，对开学典礼和毕业典礼进行网上直播，开通圈存机自助缴网费功能，新增托管服务器的管理。完成实验楼中心主机房改造、UPS升级、空调系统升级准备。

【信息工作】 基于网站发布平台各单位主页的管理及协助，制作网上杀病毒课件。保障医学部新生迎新系统运行，服务学校迎新。协助后勤处、财务处、教育处、宿管中心等单位进行信息系统运行维护工作。进行网上经费查询系统维护，进行精品课程及视频新闻的上传维护，进行邮件系统扩容，使个人邮箱增至每人1G。

【服务工作】 进行上千次的网络及电话用户问题的上门服务及电话解答。完成上万次的网络及电话用户的手续办理。新办及补办一卡通近三千张。每周三上午免费对网络用户进行培训。

【廉政建设工作】 对重点岗位进行廉政教育，并使用技术手段和群众监督的方式堵住漏洞。每月一次主任会议集中协商信息通讯中心重大事项并做出集体决策，开通网上信息发布系统，将重大事项决策结果公布。

医学信息学中心

【概况】 北京大学医学信息学中心（Peking University Medical Informatics Center）成立于2010年4月，隶属于北京大学医学部，是具有独立编制的实体机构。

中心于2011年1月正式开展工作，中心对医学信息学学科进行了认真的讨论，并在对目前国内医学信息学现状进行分析调研的前提下，确立了以985工程三期《医学信息学学科建设》和《北京大学临床数据仓库建设》为工作重点，建设世界一流的，集教学、科研、咨询服务为一体的卫生信息管理和卫生政策研究机构的总体目标。

【学科建设与团队建设】 2011年，中心制定了工作制度、考勤制度、保密制度、机房安全制度、医院数据使用安全制度等规章制度并逐步完善。完成985三期2011年经费的预算制定、使用、管理和年终汇总报告，制订2012年的经费预算草案。完成中心临时机房服务器及存储设备的采购和调试，为中心下一步临床数据的分析和临床数据仓库的建设打下基础。

2011年，中心在前期招聘工作的基础上引进多名研究人员，包括纽约医学院俞国培教授、曼彻斯特大学孔桂兰博士、阿拉巴马大学许蓓蓓博士（博士后研究人员）、北京大学刘徽和王静博士；同时聘请北京市卫生局邓晓红、国家食品药品监督局黄钦博士、美国食品与药品管理局前项目负责人李宁博士为客座教授。另外，还招聘了3名合同制人员，使教职工队伍进一步扩充。截至2011年年底，中心共有教授2名、客座教授3名、副教授6名、讲师多名。

【科研工作】 1. 2011年，中心的科研工作围绕985工程三期《北京大学临床数据仓库建设》开展，完成北京大学临床数据仓库的基本规划和构想，完成中心临时机房、服务器存储设备的建设和部署，及临床数据集成和查询系统的初步开发。完成北京大学六家附属医院(北大医院、肿瘤医院、人民医院、北医三院、北大六院、口腔医院)HIS、LIS及电子病例数据的采集。初步实现6家医院截止到2011年12月的临床数据在系统中的恢复和集成,同时建立起北大6家附属医院病案首页数据的分析和统计模型,为下一步的临床数据的分析、挖掘和共享打下基础。

2. 与公卫学院马谢民教授合作进行医院医疗质量指标统计分析,以及综合评估项目;多层次多指标的国家临床重点专科的综合评估方案研究。

3. 参与北京大学信息科学技术学院联合申请国家科技重大专项"面向远程医疗和社区医疗信息化的无线物联网技术总体研究",获得成功,为北医获得了牵头申请相关项目的机会。

4. 参与北大生物医学交叉学科发展十年成果展及交叉学科研讨会系列活动,主办了医学信息学专场。中心孔桂兰博士做了题为"基于数据仓库的医院管理和疾病诊断决策支持"的讲演,加强了与北大相关专业和学科的交流,也为中心树立良好的学术形象。

【论文发表】 2011年,中心发表论文6篇,包括雷健波等老师的《无线一键通:一种基于决策现场的移动临床决策支持方案的研究》《基于OpenSDE的XML技术在电子病历结构化中的应用》,刘徽等老师的"Generate Gene Expression Profile from High-throughput Sequencing Data"等。

【教学工作】 在教学方面,中心开设医学信息学研究生阶段核心专业基础课"医学信息学概论",上课人数36人,并开设了"数理统计基础及R软件应用导论"讨论班。2011年招收8名硕士研究生。

【对外合作与服务】 2011年6月6—8日,中心在学校各部门的大力支持下,主办了"2011年北京大学国际医学信息学研讨会"。该会议的成功举办为国际医学信息学领域优秀的专家和学者提供了交流的平台,扩大了北大医学信息学中心的国际影响力。来自美国、澳大利亚、丹麦、英国等国家,以及中国香港、中国台湾等地区的多位专家学者参加了研讨会。近20家媒体进行了报道,180余家网站进行了转载。

2011年,中心委派多名专业人员,参与卫生部标准处、医学信息学学会的日常工作,为中心科研力量扩展应用提供合作基础。同时,中心还与HP、IBM、志成恒业、亚通、赛若非、联合健康等多家公司开展合作洽谈,有些合作已达战略协议的签署阶段。

生育健康研究所

【发展概况】 北京大学生育健康研究所为"卫生部生育健康重点实验室"依托单位,北京大学教育部"流行病与卫生统计学"重点学科的一部分,"中美妇女儿童与家庭健康合作项目"执行单位,国际出生缺陷情报交换所成员,编辑出版《中国生育健康杂志》。生育健康研究所现有教职员工18人,其中医学部在编人员16人。在读研究生15人。

【科学研究】 1. 本年度承担的科研项目进展情况。2011年,在研校级以上课题8项,到账总经费417.5万元。各课题执行情况如下。

中美合作孕期营养项目。现场和数据清理工作于2011年年初完结,正在撰写研究论文;完成了2篇国际会议(Experimental Biology 2012)摘要。

妇女和儿童健康队列的综合信息资源研究。该课题由国家973项目资助,2011年10月底完成结题报告。本年度队列综合信息平台建设如下:河北儿童健康队列平台完成了15000名队列儿童的体格检查和问卷调查、2700名队列儿童的行为发育评价、1200名队列儿童的智力和语言发育评价。山西妊娠队列平台在寿阳和昔阳2县建立946名孕前妇女队列,在寿阳、平定、太谷3县建立2180名孕期妇女队列。山西和内蒙古出生缺陷病例对照研究平台采集了200余套核心家庭生物标本。

医疗行业非结构化数据管理系统应用示范研究。该课题是"核高基"国家科技重大专项的子课题,执行期限是2010年1月—2012年6月。目标是建立非结构化数据管理系统在医疗领域的行业应用示范,为AUDR在医疗行业的全面推广应用提供重要的经验和借鉴模式。本年度完成了AUDR医学非结构化数据管理系统软件的研发、测试和调试,以及医疗行业非结构化数据典型病例数据的采集(二维数字X-射线数据8000例、二维静态医学图片70000份、三维CT图像6000例、三维核磁共振6000例、三维超声心动3500例、四维E8-B超图像数据1000例)。

三聚氰胺污染奶粉所致肾结石儿童的随访观察及肾脏损害机理研究。该项目是国家自然科学基金面上项目,执行期限是2011—2013年。目标是评价三聚氰胺对儿童健康的较远期影响,探讨三聚氰胺致肾脏损伤的致病机制及远期效应。已完成医学伦理申报、现场摸底和预调查,以及现场培训,并于2011年11月初完成了30名病例及30名对照的静脉血采集工作。动物实验进展顺利,已确定氧嗪酸钾盐和三聚氰胺给药适宜剂量,建立了氧嗪酸钾盐高尿酸模型,并观察到高尿酸—三聚氰胺结晶。

多环芳烃及其代谢酶基因多态性与胎儿神经管畸形发生危险性之间的关系研究。该课题是国家自然科学基金面上项目，执行期限是2011—2013年。目标是探讨母亲多环芳烃暴露与后代神经管畸形发生风险之间的关系。年内募集出生缺陷病例86例、健康对照172例，对全部病例和对照进行了问卷调查，以及生物标本采集；选派博士研究生出国学习了PAH—DNA加合物测定技术，现已学成并着手在本实验室建立此测定技术。提取了768例新近收集和生物标本库内原有的神经管畸形病例及对照生物标本的DNA，正在着手进行相关基因多态性测定。

B族维生素科普项目。该课题由国家自然科学基金专项基金资助，目标为编写一本有关B族维生素的科普读物。按课题进度，正在准备结题报告。《B族维生素——21世纪健康守护神》科普书已由北京大学医学出版社于2011年12月出版，全书11.3万字，大32开，166页，全彩印刷；第一次印刷3000册，在全国新华书店上架销售。

广西武鸣县壮族育龄妇女健康状况调查。该课题属美国社会科学研究协会中国环境与健康项目，执行期限是2011年10月—2012年9月。目标是了解武鸣县农村壮族育龄妇女的健康状况，探讨环境污染治理对育龄妇女健康的影响，探索壮族农村育龄妇女获取环境与健康知识的主要渠道和喜闻乐见的方式，为该地区环境污染治理、环境与健康宣传提供指导和建议。

孕期母体及胎儿叶酸受体自身抗体与体内叶酸水平的关联性研究。该课题由教育部博士点新教师基金资助。目标是探讨母体叶酸受体自身抗体与母体红细胞叶酸水平、胎儿血浆和红细胞叶酸水平的相关性，以及新生儿血浆叶酸受体自身抗体与其红细胞叶酸水平的相关性。已成功从人胎盘纯化出人源的叶酸受体蛋白，并在国内首次建立起运用人源叶酸受体蛋白进行叶酸受体抗体水平检测的方法；完成300份孕妇及250份胎儿血浆的叶酸受体自身抗体水平的检测。

2. 发表论文情况。发表论文总数23篇，其中SCI论文12篇，核心期刊7篇。SCI论文累积影响因子48.8，发表杂志包括*Proc Natl Acad Sci U S A*，*Am J Epidemiol*，*Epidemiology*，*Clinical Infectious Diseases*等主流杂志。

3. 成果转化情况。2011年科技服务开发总收入20.3万元人民币。

4. 重要研究进展简介。“胎盘内持久性有机污染物与神经管畸形发病风险关系”研究论文在国际知名杂志美国科学院院刊（*Proc Natl Acad Sci USA*）发表，首次发现胎盘中多环芳烃和部分有机氯农药水平与神经管畸形的发生风险存在相关性。该论文发表后受到高度关注，路透社、*Nature*、健康报等均在第一时间对该研究进行采访报道。

【队伍建设与人才培养】 1. 生育健康研究所在编职工16人，其中研究员3人，副研究员2人，副主任技师1人。本年度内，5人次参加国内学术会议或培训班，1人到国外短期进修。

2. 2010年度毕业博士研究生4名、硕士研究生3名，在读博士研究生1名，硕士研究生9名。

【卫生部重点实验室工作】 1. 实验室迁址。实验室从旧公卫楼搬至原供应科楼，并进行重新设计和装修。

2. 基础建设。医学部为重点实验室建设拨款150万元，用于购买设备并补充部分业务支出。利用这部分经费，继续完善3个检测平台（营养和生物化学、分子流行病学、环境污染物分析），1个开发平台（叶酸受体蛋白纯化）和1个管理系统（生殖生物标本库管理系统）的建设，为实验室的发展提供了有力的保障。

3. 学术委员会会议。2011年9月1日，第二届学术委员会第一次会议在医学部会议中心举行，医学部分管领导、科研处领导出席会议。

4. 实验室评估。积极准备，迎接卫生部重点实验室评估工作。2011年12月21日上午，在中苑宾馆进行答辩。

【党务工作】 生育健康研究所党支部参照2011年度医学部和机关党委工作重点，围绕研究所的中心工作，以建党90周年为契机，带领全体党员深入学习贯彻党的十七大和十七届四中、五中全会精神，全面理解和准确把握会议精神实质。以党支部为活动中心，采取集中专题学习、理论研讨、调研考察和个人自学等多种形式，在切合主题和注重实效的前提下，确保每一名党员都能参与其中，保证学习效果。

年初配合生育健康研究所工会，组织全所职工和研究生举行元旦联欢会；4—5月份按照机关党委要求，积极落实创先争优工作精神，组织全体党员学习高松事迹；组织全体党员参与“共产党员献爱心”捐献和“百万党员寄心语”北大红楼贺卡邮寄活动；9—10月组织积极分子参加医学部2011年度入党积极分子培训班；年末配合机关党委组织全体党员或全所职工参加各类选举工作，配合工会组队参加机关2011年度职工趣味运动会。

【其他工作】 1. 学术交流情况。生育健康研究所教授应邀到国外讲学、参加国际会议2人次，选派1名博士研究生到美国进行短期学术交流。国外专家来访11人次，做学术报告7人次。

2.《中国生育健康杂志》。《中国生育健康杂志》被收录为“中国科技论文统计源期刊”（中国科技核心期刊）。杂志网站经试运行已经正式起用，实现了稿件处理的网络化和自动化，为杂志的进一步发展奠定了基础。

3. 召开学术委员会会议情况。召开卫生部生育健康重点实验室学术委员会议1次。

医学教育研究所

2009年,医学教育研究所开始招收医学教育方向研究生,与公共卫生学院卫生事业管理专业联合培养,至今,在校生已有7名。为增加学生的交流沟通、相互学习,医学教育研究所组织学生们定期举行研究生小组讨论会,并邀请北京大学刘红燕博士讲授课题调研方面的专业知识,对研究生课题研究进行认真指导。

医学教育研究所目前承担《中华医学教育杂志》、中华医学会秘书处、中国高等医学教育学会秘书处和临场医学专业认证工作委员会秘书处的工作,将来还将承担医学教育研究基地、CMB项目研究,以及师资培训等工作,为保证后期工作顺利平稳进行,相关项目的前期调研论证工作陆续开展。

中国卫生发展研究中心

【发展概况】 北京大学中国卫生发展研究中心成立于2010年4月27日。经过一年多的成长和壮大,中国卫生发展研究中心在实现既定目标、完成使命上迈出了坚实的一步。2011年,中国卫生发展研究中心在人员招聘、机构文化建设、项目研究、教学、国际交流、科研产出等方面都取得了很大进展。

【人员招聘】 到目前为止,中国卫生发展研究中心有9名全职人员,包括教授2人、副教授1人、助教5人、行政管理人员1人。在积极引进全职人员的同时,还利用部分兼职人员为年轻人成长提供支持条件。2011年工作1—3个月的兼职人员包括约翰霍普金斯大学的石磊玉教授、美国杜兰大学的施李正教授、韩国首尔大学的Soonman Kwon教授等。此外,从大量申请者中挑选并聘任了2名博士后研究员,分别是孙杨(获华中科技大学博士学位,侧重于卫生领域的治理研究)和袁蓓蓓(获山东大学博士学位,侧重卫生人员的激励机制研究)。

【机构文化建设】 中国卫生发展研究中心采用了两种机制,包括定期内部会议和学术研讨会。

定期内部会议。每两周召开一次定期的内部会议,交流研究和政策服务的情况,讨论行政管理事务,并讨论中心面临的问题、挑战,以及可能的应对措施。

学术研讨会。从2011年3月开始,中国卫生发展研究中心建立了两周的研讨会制度,围绕卫生体系、公立医院和卫生人力资源等领域共组织了9场研讨会。中国卫生发展研究中心研究人员和来自北京大学其他学院、中佛罗里达大学、莫纳什大学、约翰霍普金斯大学、卫生部、北京市卫生局和中华医学会的外部报告人受邀在研讨会上做了报告。来自卫生部、北京大学和其他院校及学术机构的许多学者和专家热情地参与了报告及讨论。

网站开发。网站在开发和初期维护的基础上,2011年来在不同栏目发布了与中国卫生发展研究中心息息相关的重要信息,如教职工招聘、研讨会、出版物等等,受到大量浏览访问。

【研究与经费】 中国卫生发展研究中心开展了多项课题研究,经费来源包括985工程、卫生部、欧盟、世界银行和世界卫生组织。以下是牵头的主要项目:

1. 卫生体系研究数据库项目。该项目受到学校985三期支持,目前的主要任务是从多渠道收集数据。数据收集工作预计将于2011年夏季完成。

2. 卫生体系改革对基层卫生机构功能和人力资源的影响。此项目由卫生部委托,意在评估基层卫生机构改革的主要活动,以及基层卫生机构和人员的绩效。

3. 供方支付方式改革。该项目由欧盟和世界银行资助,中国卫生发展研究中心与山东大学、牛津大学合作,在山东省3个县展开乡镇卫生院和村卫生室的供方支付干预研究。

4. 支付方式改革和药品集中采购政策。该项工作由卫生部委托,围绕“支付方式改革和药品集中采购政策”进行研究,旨在总结国内外卫生支付体系和药品采购政策。

5. 农村及边远地区卫生人员的吸引和保留。此项工作通过世界卫生组织卫生政策和体系研究联盟组织的竞标赢得经费支持,题为“为实现千年发展目标改进中低收入国家农村和边远地区卫生人员的吸引和保留的策略”。

6. 美国中华医学基金会(CMB)“991”研究项目。刘晓云和侯建林分别获得了项目资助,题为“卫生体系改革背景下的中国农村乡镇卫生院卫生人员的工作偏好及保留”(刘晓云);“药品零差率政策背景下的乡镇卫生院筹资和财务状况”(侯建林)。

7. 中国麻疹疫苗强化免疫活动社会经济评价。中国卫生发展研究中心受卫生部及中国疾控中心的委托针对麻疹疫苗强化免疫活动开展评估,报告呈送卫生部部长。

【教学工作】 从2011年起,中国卫生发展研究中心开始招收硕士和博士研究生。第一批研究生包括1名硕士研究生和1名博士研究生,2011年9月入学。研究生的人数基本上取决于中国卫生发展研究中心的研究生导师数。按照目前的政策,所有的教授和副教授都有资格担任研究生导师。

【政策服务】 中国卫生发展研究中心提供的政策服务包括撰写和发布政策简报,组织政策研讨会,以及参与政策顾问团体的有关活动。

1. 撰写和发布政策简报《卫生发展了望》。中国卫生发展研究中心创立了题为“卫生发展了望”的卫生政策系列简报,并已经发布5期,《卫生发展了望》将成为一份长期性的卫生政策系列简报。

2. 参与政策顾问团体和改革评估活动。(1) 孟庆跃教授被国家发展与改革委员会选为卫生体系改革检测与评价专家委员会委员。他同时被卫生部选为突发卫生事件专家咨询委员会委员。(2) 研究人员深入参与医药卫生体制改革的监测和评价工作。

3. 组织2次医疗机构支付制度改革与药品集中采购研讨会和第二次理事会。

【国际学术活动】 共商筹建“中日韩卫生体系联合研究机制”。东京大学公共卫生学院 Hashimoto Hideki 教授和首尔国立大学公共卫生学院 Soonman Kwon 教授于2011年1月23—24日期间访问中国卫生发展研究中心,共商筹建“中日韩卫生体系联合研究机制”。

组织 Nigel Crisp 爵士(英国国民卫生服务体系(NHS)原行政长官,英国前卫生常务副大臣)在北京做演讲。由中国卫生发展研究中心主办,美国中华医学基金会资助,Nigel Crisp 爵士在逸夫教学楼报告厅发表了题为“英国国民卫生服务体系发展和改革”的演讲。国务院医改办、卫生部、人力资源和社会保障部、国家食品药品监督管理局相关领导,以及相关科研机构的研究人员聆听了此次演讲。

2011年1月5日,艾美仕公司高级副总裁 Murray Aitken 和艾美仕市场调研资讯(上海)有限公司政府事务部总监韩德辉访问中国卫生发展研究中心。2011年1月18—21日,北京大学中国卫生发展研究中心、山东大学、瑞典 Karolinska 大学研究人员举办了中国医疗体制改革研讨和共同申请国际课题讨论会。2011年8月22日,Karolinska 大学全球卫生部公共卫生系科研协调人 Sarah Thomsen 博士和复旦大学公共卫生学院流行病学教研室王伟炳副教授访问中国卫生发展研究中心,并会见中心研究人员。2011年11月7日,缅甸妇幼福利协会主席 Mon MonAung 博士、缅甸卫生部卫生规划司司长 San SanAye 博士、缅甸区域卫生局长 Ngwe San 博士等一行5人组成的“缅甸卫生筹资改革来华考察团”访问中国卫生发展研究中心,学习中国医疗保障体系发展与改革的经验,以帮助缅甸设计新的医保体系。由泰国、孟加拉国、日本、韩国和中国共同参与的申请成为“亚太卫生观察”(The Asia and Pacific Observatory)研究伙伴获得成功。中国由北京大学、山东大学和复旦大学作为联合体参与申请,中国卫生发展研究中心是中方联络和协调机构。研究伙伴单位将按照世界卫生组织安排,提供卫生政策简报、国家卫生改革进展报告、政策研讨会等服务。

【科研成果】 2011年,中国卫生发展研究中心研究人员陆续发表多篇文章,包括8篇中文学术文章、1本译著,以及4篇提交卫生部和国家发展改革委员会的报告。

·管理与后勤保障·

“985工程”与“211工程”建设

【概况】 2011年是“211工程”三期建设的最后一年，根据《“211工程”建设实施管理办法》(211部协办[2003]1号)的有关规定，重点做好“211工程”三期的建设管理工作，确保学科建设任务的完成。做好“211工程”三期建设成效总结工作。依据《北京大学“985工程”(2010—2020)总体规划》，推动有关事项的执行。

【“985工程”建设】 根据《北京大学“985工程”(2010—2020)总体规划》提出关于学科体制改革和创新等建议。重点参与推动“预聘制”的实行，分析理科科研机构设立、管理、发展机制问题，完善科研机构评估章程与办法等。按照教育部的要求，进一步完善《北京大学“985工程”(2010—2020)总体规划》和《北京大学“985工程”工程改革方案》；完成“985工程”三期实施方案的研讨和制订；起草制定北京大学“985工程”管理办法和专项资金管理办法的修订工作；组织“985工程”新体制科研机构建设研讨会并讨论制定新体制机构的有关管理办法。

把高层次人才和优秀青年学者的引进作为队伍建设的重点，并努力改善现有教师的生活和工作条件，创造更好的条件，使他们尽快成长。目前学校“985工程”经费中48%用于人才队伍建设。本年度“985工程”学科建设共计完成“985工程”85个学科建设子项目的前期审核、审批和拨款等工作，共计安排项目资金13270万元。

“985工程”重点支持了新建立的功能成像研究中心、宗教文化研究院等前沿研究机构，促进学科结构的优化，使一些重要学科继续站在学术前沿，增强学科发展活力。功能成像研究中心的建设加强了校本部与医学部在脑认知科学和医学影像学等方面的交叉科学研究，中心的研究队伍由来自数学、物理学、心理学、生命科学、计算机科学和医学影像学等领域的专家组成，他们结合各自领域的研究方法和技术手段，开展高度跨学科的研究工作，推动了功能成像这一交叉学科在北京大学的发展。现“985工程”学科经费中约30%左右经费已投入到相关学科建设中。学校已成立了生命科学委员会，主要是规划北京大学生命科学发展的整体宏观布局，制定和实施生命科学学科建设发展规划，为学校生命科学学科建设重大问题提供决策依据。

2011年4月份由北京大学与清华大学正式联合成立“生命科学联合中心”，该中心充分利用清华和北大两校强强联合的优势，合理布局生命科学领域的学科方向和人员配置，为其他学科和高校提供可借鉴的措施。培养拔尖创新人才，造就一流的生命科学研究与教育中心。该中心将联合现有的部分交叉学科机构，如生物动态光学成像中心、定量生物学中心、合成与功能生物分子中心等，共同做好生命科学中心的建设。

学校为加强临床医院与校本部和医学部基础学科合作而设立的“临床医学交叉学科专项”项目今年也正式启动，从2011年起设立临床医院与生命科学、医学、化学、物理学、技术与工程学等相关学科的合作专项。合作专项经费的来源包括“985工程”(2010—2013)经费中的1亿元和临床医院的配比资金(1∶1)、生命科学研究与人才培养改革试点经费。合作专项以医院为单位进行项目设计，强调临床医学与其他基础学科和技术学科交叉合作，鼓励医院之间的合作。2011年8月，通过各医院组织的研讨、评议等环节，上报了33个项目申报书。之后北大生命科学委员会组织了初评、口头答辩等环节确定13个项目并已正式启动。“985工程”(2010—2013)给予首批项目的1000万元设备经费已经拨付到位。该专项将加强工程学科、生命科学和基础医学与临床医院的合作，积极推进转化医学的发展，为提升北京大学医学研究的整体实力发挥作用。

“985工程”重点支持的北京大学“海外学者讲学计划”继续得到实施。2011年启动了北京大学“海外学者研究计划”，目前，已经有33位著名学者来校进行访问研究;重点支持的生物动态光学成像中心、量子材料科学中心、高能效计算与应用中心、国际数学研究中心、统计科学中心等若干重要前沿与交叉领域研究中心正在快速发展,将大大推动北京大学学科建设的总体步伐,促进学科结构的优化,使一些重要学科继续站在学术前沿,增强学科发展活力;投入专项经费,确保了信息教学科研资源建设(图书,期刊,电子资源,多媒体,古籍等)和软硬件设备的维护工作;确保了校园网扩展与升级,校园信息服务及运行管理系统、数据存储系统扩展与升级,信息网络运行维护等工作;在"985 工程"建设中,物理学院加建改造工程,人文学苑、北京国际数学研究中心大楼建设顺利,且数学研究中心大楼已于 2011 年 9 月正式投入使用。

【"211 工程"建设】 2011 年是北京大学"211 工程"三期建设的最后一年,根据"211 工程"部际协调小组办公室《关于开展"211 工程"三期验收工作的通知》(211 部协办〔2012〕1 号)文件精神,以及国家发展改革委、教育部、财政部有关文件的规定,重点做好"211 工程"三期,总结前期工作,确保学科建设任务的顺利完成。

在"211 工程"三期总投资 56400 万元中,用于重点学科建设 39500 万元(其中国家发改委安排 24800 万元,财政部安排 14700 万元);用于创新人才培养项目 5700 万元(财政部安排);用于队伍建设项目 11200 万元(财政部安排)。截止到 2011 年 12 月,北京大学"211 工程"三期建设资金到位情况良好,中央专项资金均按照原计划全部到位。各项目已完成使用 56400 万,在已使用的经费中,用于购买设备和必要的修缮等总经费为 35519.92 万元,占总经费的 63.0%;用于业务费总额为 20880.08 万,占 37.0%。新购置的设备中单台(件)40 万元以上的仪器设备 140 台(件),总金额达 1.81 亿元,占设备总投资经费的 58.6%。其中单台 80～200 万元的设备 40 台,合计 0.51 亿元;200 万元以上设备 24 台,合计 0.86 亿元。

学校从全校学科建设的需求出发,注重统一规划、论证、建设、使用,有针对性地为一批重点建设学科配置了从事科学前沿领域研究所必需的先进设备,有选择地购置若干公用性强、学科服务面广的大型高质量高水平的仪器设备,包括功能核磁共振成像(fMRI)、以下一代测序技术为核心的高通量基因组测序仪、相干拉曼散射显微镜、电子束曝光机、高频旋转磁场无液氦稀释制冷机、时间飞行质谱、场发射环境扫描电镜等一大批先进设备。"211 工程"中央专项资金全部用于重点学科建设、创新人才培养和队伍建设项目。从已经执行的情况看,各项目经费执行情况良好,取得了可观的效益。

【重点领域】 在"211 工程"和"985 工程"的大力支持下,学校新成立的生物动态光学成像中心、量子材料科学中心、高能效计算与应用中心、北京国际数学研究中心、统计科学中心等若干重要前沿与交叉领域研究中心正在快速发展。2011 年 6 月,组织召开了"北京大学新体制科研机构(理工医)工作交流会",会议针对北京大学一批新体制科研机构发展、目标和面临的问题展开讨论和沟通。

北京大学量子材料科学中心是北京大学"985 工程"总体规划重点建设项目之一。中心自 2010 年成立以来,依托北京大学深厚的学术积累和多学科优势,专注于建立一个开放型、国际化的物理学研究教学平台,积极吸引国际优秀人才,并着力为他们的持续创新提供优势环境。中心主要研究领域是凝聚态物理和量子材料科学。中心现有教师 20 人,其中讲座教授 6 人,教授 2 人,副教授 10 人,助理教授 2 人。截至 2011 年 9 月,量子材料科学中心共发表 SCI 论文 53 篇,其中多篇为中心成员或博士后以第一作者或通信作者身份发表在国际顶级科学杂志,例如 *Science*, *Nature Materials*, *Physical Review Letters* 等。2011 年,中心成员及学生获得国际国内奖励荣誉共 10 项,其中包括国际重要奖项"亚洲计算材料科学奖"及"何梁何利奖"等。

北京国际数学研究中心(以下简称"数学中心")在政府各部门和北京大学各级领导的指导和支持下,不断改革和创新工作机制,在人才队伍建设、学科建设、后备人才培养、访问与交流合作等方面均取得了引人瞩目的成绩。数学中心办公新址于 2011 年 10 月正式落成,为人才引进和科研工作提供了重要硬件保障。2011 年,数学中心继续加强人才队伍建设的工作力度。数学中心副主任鄂维南教授当选中国科学院院士。2011 年,数学中心教授和博士后发表论文总数超过 50 篇,其中多篇发表在世界顶尖数学杂志上,如 *Invent. Math.*, *J. of Amer. Math. Soc.* 等。

生物动态光学成像中心(BIOPIC)成立一年以来,在人才队伍、设备平台、科学研究、校内服务、国际合作等方面取得了一系列初步成果。完成了具有国际先进水平的实验室基础建设和设备安装;成功招聘了一批年轻的优秀科学家组建独立课题组,召开了第一届由 8 位国际著名科学家组成的评审会;建设了国内第一套相干拉曼散射显微镜,并组织了第八届相干拉曼散射国际研讨会;组建了高通量测序平台,为全校 20 余个研究组提供高质量的深度测序及生物信息学服务,部分结果已经发表在国际高水平学术刊物上;开展新一代测序仪研发;获批准外部经费超过 4000 万元,发表学术论文近

20篇。

科维理天文与天体物理研究所、分子医学研究所等新体制机构也都在相关领域的人才队伍建设、学科建设等方面取得越来越多的丰硕成果，为提高北京大学在相关领域的国际声望发挥着重要的作用。

发展规划工作

【概况】 发展规划部是在学校党委和行政的领导下对学校的职能部门。内设学科规划办公室、事业规划办公室、绿色校园与可持续发展办公室、文物保护与管理办公室，2011年7月，学校批复发展规划部增设综合办公室。

【学科规划】 “十二五”规划工作。2010年12月底启动了《北京大学“十二五”改革和发展规划纲要》(以下简称《纲要》)的编制工作，2011年经过多次研讨征求领导、专家、学者及学校师生意见和建议，历经12次修改完成。《纲要》共23000字，分为“基本形势”“战略思路”“主要任务”“实施保障”等4部分，确立了北京大学“十二五”期间的发展战略，提出努力全面接近世界一流大学水平的基本目标。在制定过程中，编制起草小组以胡锦涛总书记在清华大学百年校庆上的讲话、“七一”讲话和刘延东国务委员在北大全校干部大会上的讲话精神为指导，开通了北京大学“十二五”网站，分别与学生、校职能部门负责人、院系负责人和医学部师生等不同群体多次座谈，广泛征求意见；参与了教育部直属高校工作司座谈会；组织全校各单位进行广泛讨论，整理了近10万字的会议纪要及反馈意见；参与了校工会组织召开的教师代表座谈会，听取一线教师的意见和建议；积极推进校学术委员会通讯评审工作。2011年12月21日，党政联席会讨论通过《纲要》(第十二稿)，并上报教育部。

发展规划部申请国家教育体制改革试点项目“学科管理框架”，填写任务书，并上交国家教育体制改革领导小组办公室。根据任务书内容，积极推动建立学科发展动态跟踪分析，以及学科发展科学决策的工作机制，并深入研究学科管理制度改革。在学科动态分析方面，发展规划部与汤森路透、艾斯维尔等公司构建战略合作伙伴关系，分析世界一流大学进入ESI学科影响力与交叉学科发展态势，总结北京大学学科发展差距。结合“北大特色”“国际前沿”“国家需要”战略，在学科布局方面，树立“上天、落地、下海”的发展思路，为“基于微小卫星的地球空间暴研究”“材料量子物性的研究及调控”“海洋酸化与全球环境效应研究”“先进光源综合极端条件实验平台建设”4个尖端科研项目寻求支持，撰写李兆基科教兴国基金项目建议书；大力发展面向人类健康的生命医学交叉学科群，进一步完善新型工科体系，提高学科整体实力。依托北京大学图书馆，搭建学科发展监测数据平台，合作开展针对学校各院系文献发表贡献、论文被引概况及各院系合作情况等学科发展态势的专题研究，并完成分子医学研究所、心理学系、新闻与传播学院、艺术学院、生命科学领域等相关学科论证工作。

在学术管理制度改革方面，进一步开展学部制、学术委员会机制研究，并推动了试点学院改革。发展规划部研究了美国、英国、欧洲大陆、日本的大学治理模式，深入研究香港大学2003年的学术治理结构改革，提出了加强学部制改革的思路。发展规划部参与了北大试点学院秘书组工作，协助物理学院系统梳理试点学院相关文件和改革精神的材料，研究探讨试点学院改革方案。此外，发展规划部还推动了新机制机构的运行模式研究、大学教师利益冲突政策研究、国外高校的人员分类研究、申诉制度研究、歌剧研究院章程研究等多项专题研究工作。

【事业规划】 2011年，发展规划部加强了对学校重大专项工作的调研、规划和论证工作，并通过事业规划委员会优化资源配置，促进学校发展。

事业规划工作会议 组织召开事业规划工作会议，对校内各单位关于调整内设机构、人员编制与级别职数的申请进行审议。2011年，发展规划部共组织召开事业规划工作会议4次，发放事业发展规划项目审批意见书18件。经由事业规划工作会议审议，并提请学校党政联席会议批准，新组建的研究机构包括：北京大学高能效计算与应用中心、北京大学统计科学中心、北京大学定量生物学中心、北京大学合成与功能生物分子中心；对机构编制进行调整或明确的学术机构包括：北京大学西方古典学中心、北京大学中国画法研究院、北京大学国学研究院、北京大学歌剧研究院；党政机关包括：党委办公室、校长办公室、督查室、招生办公室、国际合作部、校友工作办公室、组织部、房地产管理部、财务部、发展规划部。

后勤队伍建设规划相关机构编制论证 对《北京大学后勤队伍建设“十二五”规划纲要》中涉及机

构编制的内容开展事业规划论证。发展规划部研究了清华大学、北京交通大学、北京师范大学后勤队伍建设资料，以及北京高校后勤队伍建设研究报告，收集《高校后勤中长期改革发展规划纲要(2011年征求意见稿)》《教育部关于深化高校后勤社会化改革的若干意见(2011年征求意见稿)》，以及清华大学、浙江大学等兄弟院校的后勤队伍建设资料，呈报学校领导，并根据学校领导指示于2011年6月30日组织召开了关于《北京大学后勤队伍建设"十二五"规划纲要》的事业规划论证会议。

改组科技开发部并筹建北京大学产业技术研究院研究论证 2011年2月16日，为抓住中关村国家自主创新示范区暨中关村科学城建设的战略机遇，北京大学领导班子寒假战略研讨会进一步强调改组科技开发部，并提出成立北京大学产业技术研究院。为落实寒假战略会议精神，发展规划部在前期有关国内外大学技术转移体系和相关机构设置研究的基础上，于2月22日召开了关于组建北京大学产业技术研究院学科专家论证会，会议认为组建产业技术研究院非常有必要。3月15日，北京大学事业规划工作会议审议了发展规划部关于组建北京大学产业技术研究院的报告。3月29日、4月26日学校第6次、第8次党政联席会经审议，批准成立"北京大学产业技术研究院"。科技开发部与产研院合署办公，一套人马，两块牌子。北京大学产业技术研究院的职能包括三个方面：一是服务中关村国家自主创新示范区的建设，发挥北京大学同产业界交流与合作的窗口作用；二是重点面向首都，积极推进技术转移、科技成果转化及产业化研发工作；三是逐步统筹、协调和服务学校分布在全国各地的技术转移、科技成果转化及产业化研究开发工作。为适应北京市中关村科学城建设需求，整合资源、避免重复，北京大学产业技术研究院暨科技开发部内设"北京大学技术转移中心"。

北大长三角地区合作机构调研 关于北京大学软件与微电子学院无锡基地长期发展问题，以及北大在长三角地区建设合作机构的整体布局调研。结合杨芙清院士、王阳元院士建设北京大学长三角研究院的建议，以及北大"十二五"规划在长三角地区的战略布局，根据学校主要领导指示，杨开忠秘书长于2011年12月14—16日率队赴无锡、苏州、昆山开展了为期3天的考察和调研。参加调研的人员包括发展规划部、国内合作办、产业技术研究院、工学院、光华管理学院等相关单位负责人。调研小组走访调研了软微学院无锡基地、无锡国际干细胞联合研究中心、苏州高新区、昆山小核酸研究及产业基地、昆山高新区，以及昆山高科创意城(北大科技园)等地，同无锡滨湖区领导、苏州高新区领导、昆山市领导进行了座谈，还实地察看了昆山市为吸引北京大学长三角研究院落户所预选的3个地块。

结合实地调研情况，综合考虑北京大学在长三角地区的整体战略布局，调研小组经讨论，形成了两个调研报告，分别是：《关于北京大学软件与微电子学院无锡基地长期发展问题的调研报告》《关于北京大学在长三角地区建设合作机构的整体布局设想(基于长三角各地的特色合作需求)》。

【校园规划】 2011年，发展规划部继续坚持"可持续发展的原则""服务教学科研和学科建设的原则""有限资源统筹使用的原则"，以及"保护和利用兼顾的原则"，面向全局，充分挖掘校园规划深度和广度，提升校园规划的科学性。

校园规划工作会议 2011年，发展规划部组织召开校园规划委员会会议6次，讨论、审议的事项共43项。包括：理科教学楼改造设计方案、生命科学科研楼设计方案、艺术学院与歌剧研究院大楼设计修改方案、未名湖北岸环境景观设计修改方案、赛克勒考古与艺术博物馆中央庭院及雕塑花园改造方案、临湖轩装修改造设计方案、未名湖岛亭室外环境景观设计方案、佟园餐厅改建设计方案、北京核磁共振中心改造设计方案、技物大院环境整治项目的请示、五四体育中心加建改造设计方案、北大附中规划建设项目及北大附中北校区改建项目、无人机标靶车车库建设场地申请报告、实验设备楼1号楼设计方案局部调整、关于北大超市发装修扩建的报告、关于在物理大院内搭建氮液化车间的请示、物理学院重离子所水冷系统用房建设申请书、关于申请对图书馆进行大修的报告、在燕东园36号小楼搭建实验用临时彩板房的申请等。

燕园校区景观环境和校园形象的改善 按照学校安排，以及90级校友委托，经校园规划委员会研究，在之前东校门方案多轮征集的基础上，选出三家设计单位共四个设计方案，并委托制作模型，在图书馆举办为期一周的展示和意见征集活动，其后又多次组织校园规划委员会对设计方案进行改进。推动成府园、太平洋大厦两处区域校园围墙方案的设计，发展规划部组织召开相关协调会议，并会同保卫部等经过现场踏勘和商议，设计了成府园、太平洋大厦两个区域校园围墙规划方案。方案同时统筹考虑了北大综合体育馆、第二教学楼、五四运动场周边的交通组织和停车场地。

调整教学科研功能布局 2011年，发展规划部对太平洋大厦、人文大楼、外国语学院大楼的使用分配方案，以及圆明园校区和资源大厦的部分功能调整进行了调研并提出建议方案，部分方案已经校党政联席会议审议通过并开始实施。遵照学校领导指示，发展规划部对北京大学的空间拓展进行积极研究，并对在昌平、房山和周边区域的空间拓展的可行性进行分析和调研，编制昌平和房山校园发展的可行性研究报告。

为改善学生生活条件，发展规划部会同总务部、房地产管理部、基建工程部等部门积极推动28—32楼、35楼学生宿舍的改造工作。并推动餐饮综合楼，以及后勤多功能服务楼的立项及方案确定工作、启动学生宿舍28—32楼、35楼滚动改造项目的请示和学生宿舍滚动改造设计方案、餐饮综合楼建筑设计方案。

【文物保护与管理】 文化保护管理工作 为统筹和协调校园文物的保护与管理工作，2010年5月，学校党政联席会批准原挂靠考古文博学院的文物保护与管理办公室变更为发展规划部的内设办公室。2011年11月1日，学校党政联席会批准成立北京大学文物保护管理委员会，文物保护与管理办公室作为委员会的下设办公室，负责委员会的日常工作，并代表学校处理与政府文物保护管理部门的相关事宜。2011年11月17日，文物保护管理委员会召开了第1次会议。2011年处理国家文物局、北京市文物局和海淀区文化委员会下发文件30余件，并积极落实与反馈。接待北京市文物局和海淀区文化委员会对校园文物工作的检查4次，并根据意见落实整改。向北京市文物局报送北京大学文保工作信息、全国重点文物保护单位经营性活动调查表、重点文物保护单位防雷安全专项检查表、全国重点文物保护单位安全情况调查表等文件和函件多件。

文物保护普查建档 推进校园文物保护普查建档工作，并推动《燕园建筑》的编纂和古建标识系统建设工作。与出版社合作，充分调动专家学者和相关专业学生的积极性，启动和推动《燕园建筑》一书的编写工作。编制《燕园古建标识系统建设工作方案》，召开相关协调会议进行研讨和推动。

（张存群 杨 超）

对外交流

【重要交流活动】 2011年，北京大学共接待代表团402个，其中高校代表团226个，接待人数约6000人次。接待到访的外国元首、政要11人，其中元首包括澳大利亚总理茱莉亚·吉拉德(Julia Gillard)、巴基斯坦总理吉拉尼(Yusuf Raza Gillani)、土库曼斯坦总统库尔班古力·别尔德穆哈梅多夫(Gurbanguly Berdymukhamedov)；外国政要包括泰国公主诗琳通，新加坡前总理、国家研究基金委员会主席陈庆炎，美国前国务卿基辛格，泰国公主吉蒂亚帕，联合国副秘书长兼联合国开发计划署副署长丽贝卡·格林斯潘(Rebeca Grynspan)，比利时王储菲利普，英国发展大臣安德鲁·米切尔(Andrew Mitchell)等。为加强北京大学与海外相关机构和高校的深入合作，2011年度学校共派出校领导出访团组20个，涉及国家及地区包括美国、英国、日本、波多黎各、罗马尼亚、波兰、西欧多国、东南亚等，并实现新签协议20余项，进一步加深了北京大学对伙伴学校及所在国家高等教育领域的了解。

【重要出访活动】 2011年，北京大学多次派出校级代表团赴海外访问。4月，周其凤校长率团访问波兰、罗马尼亚，先后拜访波兰波兹南密兹凯维奇大学孔子学院、波兰科学院、华沙大学、罗马尼亚政治与公共管理学院等院校与科研机构，签署了合作谅解备忘录或达成合作意向。6月，周其凤校长一行出访德国，出席了德国柏林自由大学举办的两校建立合作关系三十周年庆祝活动，并访问了哥廷根大学，借此机会全面提升了北大与德国顶尖研究型大学的战略合作。

2011年11月27日—12月5日，校党委书记、校务委员会主任朱善璐一行出访美国和加拿大，先后访问斯坦福大学、加州大学伯克利分校、不列颠哥伦比亚大学、多伦多大学、哈佛大学、耶鲁大学和哥伦比亚大学等7所美加一流高校和研究机构，开展广泛交流并签署6项重要合作协议。代表团围绕美加两国在学生培养、学校管理、科研合作、科技成果转化等方面的经验展开专题调研，广泛听取了两国高教界资深人士的经验介绍，掌握了大量世界一流大学建设的最新动态。代表团还参观了泰伦斯·唐纳利细胞及生物分子研究中心(Terrence Donnelly Centre for Cellular and Biomolecular Research)、劳伦斯伯克利国家实验室(Lawrence Berkeley National Laboratory)等多个重点实验室。出访期间，代表团一行在不同场合与美加两国的政要、社会知名人士、侨界领袖和驻外使领馆进行了广泛接触，听取了各方对北大学科建设和人才培养的意见，同时也积极宣传了北京大学近年来所取得的成就。代表团还先后参观了美国IBM沃特森研究中心及方正驻纽约公司，就IBM超级电脑的研发情况及方正公司的国际化发展战略开展实地调研，加深了对美国科研转化与高科技产业发展情况的了解。此外，北大代表团还在北加州地区、新英格兰地区与当地的北大校友会举行了见面活动，并在美国纽约哈佛会馆隆重举行了规模盛大的第五届北京大学全美校友会代表大会，来自全美14个校友组织的150余名校友代表出席了大会。

【学生海外学习】 2011年年初，经学校批准，国际合作部交换学生办公室成立。交换学生办公室是国际合作部下属专门从事北京大学同海外高等学校、教育机构、企业界，以及其他各类组织开展学生交换项目的开发、执行及监督的科室。2011年全年，通过交换学生办公室派出的学生约400名，所属的项目类别也逐渐多样化。项目类型主要分为3大类：校际交换项目(在学期间赴协议院校进行为期一学期或一学年交换学习)、假期项目(暑期项目及寒假项目)、奖学金项目(多由海外机构资助北京大学毕业生到海外攻读学位)。在校际交换方面，2011年北京大学拥有70多个校际交换项目，选拔学生人数近200名(增长约25%)，交换项目已遍及美洲、大洋洲、欧洲、亚洲；假期项目方面，2011年由北京大学校方参与的常规假期项目近20个，总计派出约200名学生；奖学金项目方面，2011年共有30名北大学生通过学生海外学习项目(EAP)的实施获得海外学位奖学金，包括巴黎高科“9+9”项目，东京大学ADK奖学金项目，英国剑桥Wing Yip奖学金项目。此外，截至2011年年底，北京大学通过欧盟伊拉斯谟项目共派出约110名师生前往欧洲知名高校交流学习，通过根特(Ghent)和隆德(Lund)两个子项目获得奖学金资助共计约为150万欧元。

【首届北京大学学生海外学习教育展】 为帮助同学们更加集中、便捷地了解赴海外交流学习及深造的信息，2011年12月6日，首届“北京大学学生海外学习教育展”活动在校举办，活动邀请海外大学和教育机构为同学们集中介绍其机构概况、交换项目、学位项目及奖学金项目等信息。包括斯坦福大学、剑桥大学、东京大学在内的36所海外大学和机构应邀在教育展上设立展位，并派遣学校驻北京办公室工作人员、交换学生项目管理人员、教授或学生前来提供咨询。美国加州大学伯克利分校、以色列希伯来大学、瑞典隆德大学、意大利米兰大学、波兰华沙大学等众多高校均远道而来专程参加此次教育展。此次教育展还设置了单独宣讲环节，共有23所高校及高等教育机构分别举办了专场宣讲会，介绍了与北大的合作，以及北京大学学生可以申请的学习项目和奖学金项目信息。

【北京大学—信和教育基金】 为帮助参与海外学习项目的学生获得更多的资助，国际合作部交换学生办公室在学校教育基金会的支持下，积极争取面向海外学习项目的捐赠，于2011年与香港信和集团达成300万元人民币的捐赠协议。按照协议，信和集团将连续三年每年捐赠100万元人民币，每年资助85名学生参与海外学习项目。本项资助覆盖了北京大学现有的学期交换、假期学校及实验室实习、文化交流等其他短期项目。

【外国专家工作及国际会议】 2011年，北京大学利用各种引智平台共聘请外籍学者706人次，其中长期专家150人次，拥有教授职称、博士学位者占较大比例。此外，2011年，北京大学还主办、承办、协办了84场各种规模的双边和多边国际学术会议，累计邀请1879名外方学者和研究人员参会。

【北京大学“海外名家讲学计划”】 为强化学校学科建设和国际型人才的培养，同时满足广大师生邀请高层次学术名家的强烈愿望，2011年学校设立“海外名家讲学计划”。计划自推出以来便得到各院系的积极响应，本年度资助了十余个院系的二十多个项目，邀请到数十位本学科领域的著名奖项获得者、国家级院士及知名大学的终身教授来北京大学开设系列讲座。例如：日本甲骨学会会长松丸道雄；美国波士顿学院国际高等教育中心主任菲利普·G.阿特巴赫(Philip G. Altbach)；美国哥伦比亚大学比较文学与社会研究所所长加亚屈·史皮瓦克(Gayatri C. Spivak)教授；俄罗斯科学院院士，教授，高级研究员，语文学博士李福清(Boris Riftin)；德国国家科学院院士，慕尼黑大学教授鲍博安(Prof. Ernst Pöppel)；美国科学院院士，国际著名的计算数学专家S. Osher；伦敦帝国理工学院数学系教授，世界著名的数学家亚历山大·伊凡诺夫(Alexander Ivanov)等。多数讲座除本院系师生积极参加外，也吸引了学校其他院系的同学甚至校外同学参加。

【派出工作】 2011年，北京大学(校本部)因公出访人次为4807人。在出访人员构成上，教师出访人次为2537人，占总人次的52.8%；学生出访人次为2270人，占总人次的47.2%，较上年增长21.1%，从中可以看出学生出访非常活跃，增长幅度较大；在学生出访群体上，硕士、博士研究生的出访人数都实现了较大增长，其中博士增长率为5.37%，本科生增长率最大，为70.9%；在出访类别上，学术会议的比例仍保持快速增长，增幅为4.91%，访问考察、合作研究均有小幅度增长，体现出北京大学国际交流中鲜明的学术性特点。

【港澳台交流】 在对台交流方面，2011年5月，周其凤校长率135人代表团访问台湾大学，并举办“北京大学日”系列交流活动，开启了两校全面战略合作的序幕。在对港澳地区交流方面，2011年6月和

12月，周其凤校长分别赴澳门和香港访问，先后参加了澳门大学国际顾问委员会会议、香港大学100周年校庆“全球校长峰会”等活动，并访问香港中文大学，此外还出席了在四川大学举办的第七届“海峡两岸暨港澳地区大学校长联谊活动暨大学校长论坛”。2011年11月，由北京大学和澳门理工学院共同举办的“世纪回眸：纪念辛亥革命100周年邮票展”先后在两校公开展出。吴志攀常务副校长率团访问澳门并为邮票展揭幕。此外，北京大学还与澳门特区民政总署联合举办了“版印留青——北京大学赛克勒考古与艺术博物馆馆藏版画展”。港澳各界也高度重视与北大开展合作，2011年3月、7月，香港特别行政区行政长官曾荫权、澳门特别行政区行政长官崔世安先后到访北大，都对北大港澳研究中心的工作表示高度肯定，并希望北大能够加强研究，对港澳特区的未来发展建言献策。

人员交流方面，2011年北京大学(校本部)因公赴港澳台地区参加校际交流、合作研究、学术会议、短期学习、访问考察的师生共计1384人次，其中赴台871人次，赴港447人次，赴澳66人次。团体出访方面，共派出校级领导及5人以上赴台团组42个、赴港澳团组15个。

【北大—台大社会服务计划】 2011年7月15—22日，由北京大学与台湾大学联合主办，云南大学协办的“‘同心同行’北大—台大社会服务计划”在云南省昆明、腾冲等地举行，来自北京大学的10名学生、台湾大学的18名学生和云南大学的10名学生参加了为期一周的活动。在为期一周的活动中，服务团在昆明市、腾冲县城、和顺古镇和滇滩水城傈僳族村等地围绕基础教育、少数民族文化保护传承和旅游产业建设等3个主题开展支教宣讲、实践调研和参观考察等实践服务活动，并在活动结束后进行数据资料研究、分主题报告撰写与结论研讨。此次服务计划以调研与实践服务结合的新形式，使两岸青年学生通过共同的任务研究和丰富多彩的实地参与丰富知识、加深了解、切磋学问、砥砺品行，借助多元文化背景合作加强社会公益精神，提升两岸青年在未来社会中的竞争力。

【中美人文交流基地】 中美人文交流高层磋商机制标志着两国关系在一个新的领域的深化，具有重大的现实意义和深远的历史意义。2011年，为进一步深化中美人文交流与合作，教育部批准在北京大学设立中美人文交流研究基地。研究基地具体挂靠在北京大学国际关系学院，其成员来自全校及国内外知名高校和研究机构。北京大学国际合作部作为学校职能部门，协调与管理研究基地的相关事宜，参与研究基地的组织运行与项目开展。

【亚洲校园计划】 “亚洲校园”(“CAMPUS Asia”)，是中、日、韩三国政府主导实施，旨在促进中、日、韩大学交流的教育合作计划。具体内容为由中、日、韩三方高校向其他两方高校同时派出学生，就某一学科领域开展专门的学生交换，从而实现学生交流与学科合作的创新。2011年，北京大学与日本一桥大学、首尔国立大学合作的亚洲商业领袖项目，以及北京大学与东京大学、首尔国立大学合作的“国际关系及公共政策”双硕士学位项目成功入选该计划。

【北京论坛(2011)】 由北京大学、北京市教育委员会和韩国高等教育财团联合主办的第八届北京论坛于2011年11月4—6日在北京举办。本届论坛的主题是“文明的和谐与共同繁荣——传统与现代、变革与转型”。论坛下设七个分论坛、一个学生分论坛、一个圆桌会议、一个学术专场、三场高水平对话。七个分论坛的主题分别为“变与常：关于社会转型方式的历史思考”“变革与稳定：发展中国家的成就与挑战”“全球化背景下的经济增长：机遇、挑战和方向”“教育传承与创新”“城市转型与人类未来”“艺术传统与文化创新”和“协商民主与社会和谐”。继2010年创设青年学生论坛之后，今年北京论坛继续举办以“文化传承、创新、发展：青年的责任与行动”为主题的学生分论坛。论坛还结合中国加入世界贸易组织十年，设立了以“世界贸易组织与中国入世十年之发展”为主题的圆桌会议，并首次与世界银行合作，共同举办以“民办教育与公共财政”为主题的高端专场学术活动。今年论坛还举行了三场高水平的对话，主题分别为“世界格局变化中的国家发展与文化复兴”“轴心文明的对话”和“中美核心价值对话”。出席本届论坛的嘉宾有：2007年诺贝尔经济学奖获得者罗杰·梅尔森(Roger Myerson)，世界银行高级副行长兼首席经济学家林毅夫，美国当代著名社会学家罗伯特·贝拉(Robert Bellah)，1996年诺贝尔经济学奖获得者詹姆斯·莫里斯(James Mirrlees)，联合国系列驻华协调员、联合国开发计划署驻华代表罗黛琳(Renata Lok-Dessallien)，全国人大常委会副委员长周铁农，中国人权研究会会长罗豪才，教育部副部长郝平，北京市委常委、北京市委教育工作委员会书记赵凤桐，中国国际教育交流协会会长章新胜，中国人民外交学会副会长程涛等。联合国秘书长潘基文先生和英国前首相布莱尔先生特为本届论坛的召开发来视频贺词。此外，还有11位国外驻华使领馆的大使、公使等代表应邀出席开幕式。

【北京大学第八届国际文化节】 2011年10月29日，北京大学第八届国际文化节在校隆重举办。在党的十七届六中全会胜利召开、提出建设社会主义文化强国的背景下，本届国际文化节将主题设定为“创意先锋，我们的未来”，鼓励中外学生充分发挥他们锐意进取、开拓创新的精神，同时集中展现北大校园文化在兼容并蓄方面取得的成果。本届国际文化节从多方面努力扩大活动的参与度与影响力。在“创意文化”的主题下，北京市西城区区委区政府从下辖的诸多文艺表演团体中抽调力量，为国际文化节选送了一组极富北京民俗特色的文艺节目。与此同时，今年国际文化节还在历届活动的基础上丰富了活动的形式和内容。依托西城区丰富的文化创意产业资源，文化节举办了“艺述今昔——传统文化与创意作品展”，几位特邀的西城区民间艺术家还就面塑、泥塑彩塑脸谱、绳结艺术等民间工艺与师生展开互动。此外，国际文化节还拓宽了与校外机构的合作：与微软亚洲研究院联合举办微软Kinect应用设计大赛，为青年学子搭建创意碰撞的舞台；牵手教育电视台高校创意总部，举办了“巴菲特之子、音乐才子——彼得·巴菲特北大行”和“全球青年未来创意领袖论坛”等。

【生态文明贵阳会议】 2011年7月15—17日，由北京大学参与主办的2011生态文明贵阳会议在贵州省贵阳市隆重召开。北京大学主办贵阳会议下设的教育论坛，周其凤校长、李岩松副校长及环境科学与教育方面的北大师生代表参加了会议。本届教育论坛的主题为“教育引领绿色发展—创新理念、创新实践”。来自耶鲁大学、剑桥大学、东京大学等十余所国际知名大学和来自国内二十余所高校和机构的领导、专家、学者和学生共同参加了教育论坛。本次教育论坛的活动由青年先锋圆桌会、教育论坛讨论和创新工作室三部分组成。全体与会人员围绕教育论坛的主题，进行了深入的探讨和报告。

医学部对外交流

【发展概况】 2011年，医学部国际合作处暨台港澳办公室紧紧围绕北京大学创建世界一流大学的总体思想，充分开发和利用海外优质资源，在实际工作中切实落实科学发展观，加强党风廉政建设，坚定地在党的领导下，为医学部的教育、科研和医院的整体发展提供了强有力的支持和服务。

2011年，医学部因公出国和赴台港澳地区共计421批，708人次。其中，赴台港澳人员244人次。办理外国人来华签证邀请函共计148人次。

【接待来访】 2011年度，接待来自美国、英国、德国等20多个国家和中国台湾、中国香港地区的人员约735人次，其中中国台湾和中国香港地区94人次。通过组织和协调这些交流活动，不仅提高了医学部在海外的知名度，建立了友好关系，而且通过合作项目也对提高医学部教育、科研、医疗和管理水平起到了积极的作用。

【对香港和台湾地区的重要出访】 2011年，医学部领导、专家和师生代表团多次赴香港和台湾地区进行交流访问，不仅进一步加深了相互了解与沟通，而且通过实质性的合作，推动了医学教育和科研的共同进步。其中重要访问包括：

赴台访问　2011年5月11—13日，北京大学医学部副主任方伟岗率领医学部专家代表团参加北京大学师生代表团赴台进行了访问。

医学部代表团一行10人，除参加台湾大学“北京大学日”集体活动外，其中7人访问了台大医学院，3人访问了台大公共卫生学院，根据代表团成员的专业领域和研究方向，分成肿瘤学、免疫学、心血管、药物化学、公共卫生、临床研究6个小组，分别与台大医学院、公共卫生学院相关专业的科研人员进行了深入的对口交流，探讨了可能的合作方向。同时参观了医学院相关学系、研究所的中心设施和公卫学院的相关设施，以及台湾大学基因组医学研究中心，包括该中心的蛋白质组学暨蛋白质功能、微生物基因组、基因芯片、生物医学分子影像、基因医学组织库、遗传流行病学、生物信息学暨生物统计学、干细胞、代谢组学核心实验室。

在专业交流和实地考察的基础上，双方探讨了可能深入合作的领域和研究方向，并达成针对特定主题（如肿瘤学）召开小型专题研讨会、设立合作研究项目的共识，以实现互利双赢的学术交流和合作研究，促进两校医药卫生领域科研的发展。

海峡两岸医学生交流活动

继2010年4月“第一届海峡两岸医学生交流活动——台湾五校北京行”在北京大学医学部举行之后，2011年5月，北京大学医学部组成师生访问团，开始“第二届海峡两岸医学生交流活动·北大医学生台湾行”，旨在继续增进台湾大学生对祖国大陆的了解、增加两岸医学生的交流、促进两岸高等医学教育和医疗卫生事业的发展。在为期8天的交流活动中，北京大学医学部师生访问团一行67人，与台湾大学医学院、阳明大学医学院、高雄医学大学等5所医学院校师生，进行了充分而有效的交流，开阔了视野，增进了友谊。

访问港台两地院校　2011年

11月18—25日，北京大学常务副校长、医学部常务副主任柯杨率领医学部代表团访问台湾、香港两地，代表团成员包括医学部主任助理、教育处处长王维民，主任办公室、党委办公室主任肖渊，人事处处长朱树梅，台港澳办公室主任孙秋丹等。此次访问，代表团成员进一步了解了台湾和香港两地的医学教育管理体制和人才培养模式，加深了与港台地区合作院校的沟通，其中，在香港访问期间，与香港大学医学院续订了相关合作协议，并参加了由香港中文大学医学院主办的"第十三届海峡两岸暨香港地区医学教育研讨会"。

2011年11月18—20日，代表团访问了台湾大学医学院，与台湾大学医学院院长杨泮池进行了会见，并参加了由台湾大学医学院主办的"医学教育之全球化与在地化"的研讨会。柯杨在研讨会上做了主旨发言，介绍了大陆医学教育的现状和北京大学医学部医学教育改革情况和对策，引发了与会者的热烈讨论。

2011年11月21日，代表团访问了高雄医学大学，与高雄医学大学校长余幸司、医学院院长赖春生及其附属医院负责人等进行会谈。会谈中，进一步探讨了双方在医学教育领域的合作。11月22日，代表团访问了阳明大学，与阳明大学校长梁庚义、医学院院长邱文祥等进行了会谈，双方在医学教育和医学生互换方面达成了诸多共识。

【合作协议】 2011年，医学部层面共签署7项合作交流协议，根据协议，双方将在科研合作、人员互换、资源共享等方面开展合作。随着国际交流工作的深入，更多的实质性合作在本年达成，通过强强合作，提高了医学部医教研的整体水平。

【学术活动】 2011年，国际合作处共举办或协调组织了19次学术报告会、宣讲会和演讲会。通过举办和协调这些活动，为各学院和附属医院的广大师生搭建了国际交流的平台，促进了前沿学科的发展和最新研究成果的传播，对医学部的国际交流起到了积极的推动作用。

表9-1 2011年国际合作处举办学术报告会

时间	学术报告会
1月10日	爱丁堡大学医学院宣讲会
3月1日	昆士兰大学宣讲会
4月9日	(瑞典)Chalmers 大学宣讲会
4月20日	英国前卫生常务副大臣 Nigel Crisp 爵士演讲会
4月28日	伦敦国王学院宣讲会
5月10日	昆士兰科技大学宣讲会
5月17日	伦敦国王学院宣讲会
6月13日	法国总统医学研究顾问 Arnold Munnich 学术讲座
6月15日	2009年诺贝尔化学奖获得者、耶鲁大学分子生物学和生物化学 Thomas A. Steitz 教授学术报告
9月20日	(瑞典)卡罗林斯卡大学宣讲会
9月22日	2005年诺贝尔生理或医学奖获得者 Barry J. Marshall 教授
10月12日	(荷兰)Erasmus 大学宣讲会
10月21日	悉尼大学医学院宣讲会
10月26日	鲁汶大学学术报告和项目介绍会
10月28日	名古屋大学医学院宣讲会
10月28日	台湾大学医学院院长杨泮池演讲会
11月24日	香港科技大学宣讲会
11月30日	加州大学旧金山分校校长 Susan Desmond-Hellmann 教授演讲会
12月13日	昆士兰大学宣讲会

【学生交流】 2011年，国际合作处与其他处室紧密配合，积极联络国际知名大学，利用各种方式建立和申请国际奖学金项目、校际学生交流项目，通过这些项目，使医学部的专业人员和学生能够更多地走出国门，开阔视野，增长见识。

此外，国际合作处继续负责中国国家留学基金委奖学金(CSC) PhD项目候选人的遴选及推荐工作，2011年境外16所大学是此项目的协议院校。

表 9-2　PhD 项目协议院校

The University of Sydney(Australia, PhD)
The University of Melbourne(Australia, PhD)
The University of Adelaide(Australia, PhD)
The University of Queensland(Australia, PhD)
Queensland University of Technology(Australia, PhD)
The University of Massachusetts Medical School(USA, PhD)
The University of Pittsburgh(USA, PhD)
The University of Edinburgh(UK, PhD)
King College(UK, PhD)
Nagoya University(Japan, PhD)
Erasmus University Medical Centre(Netherland, PhD)
Erasmus Institute of Health Policy and Management(Netherland, PhD)
The Hong Kong University of Science& Technology(China, PhD)
The University of Hong Kong(China, PhD)
The University of British Columbia(Canada, PhD)
University of Birmingham(UK, PhD)

2011 年，北京大学医学部派往境外各学院进行短期交流的人数为 44 人，其中香港中文大学(4 周，5 人)，韩国嘉泉大学(4 周，8 人)，挪威奥斯陆大学(4 周，2 人)，泰国朱拉隆大学(4 周，2 人)，日本名古屋大学(5 周，2 人)，澳大利亚昆士兰科技大学(3 周，8 人)，美国佐治亚州立大学(4 周，14 人)，美国马萨诸塞大学医学院(8 周，3 人)。

2011 年，北京大学医学部接待的海外短期交流学生人数为 17 人，其中韩国嘉泉大学(4 周，7 人)，挪威奥斯陆大学(4 周，2 人)，日本庆应大学(8 人)。

表 9-3　其他短期学生交流项目

香港大学李嘉诚医学院 Dr Cheng Yu Tung Fellowships 奖助金
(丹麦)城市大学(护理)
密歇根大学(护理)
加州大学洛杉矶分校暑期学校
埼玉大学学生互换项目
富山医科医药“西山敬人”奖学金
东京大学暑期项目
美国中华医学基金会复旦大学公共卫生暑期学校

人　事　管　理

【概况】　2011 年，北京大学人事部紧密围绕北京大学创建世界一流大学的中心工作，重点抓好高层次人才队伍建设、专业技术职务评聘、工资、福利待遇，以及考核和岗位设置与岗位聘任等工作，为北京大学的教学、科研、管理等各项工作提供可靠并有效的人力资源保障。

【教职工队伍状况】　校本部　2011 年，北京大学教职工队伍的建设继续朝着规模适度、结构优化的方向发展，加大力度引进高层次创造性人才，为学校学科建设服务。截至 2011 年 12 月，北京大学校本部在职人员共 5848 人，离退休人员 5150 人(其中离休 281 人)，教职工总规模 11981 人。职工队伍的年龄、学历结构趋于合理。教师队伍中具有博士学位

2073 人,基本达到了预期目标,硕士学位 323 人,大学毕业(含学士学位)119 人。

表 9-4 北京大学校本部现有人员分布表(2011.12)

总计	教学科研		党政管理	选留学工	实验工程	图书出版	财会	医护	中小幼教	企业编制	工勤
	全职	非全职									
5848	2515	46	909	59	573	278	159	121	328	80	780

表 9-5 2011 年校本部教师队伍的年龄结构表

年龄	30 及以下	31～35	36～40	41～45	46～50	51～55	56～60	61～65	66 以上
人数	81	325	448	538	554	249	211	75	34

表 9-6 2011 年校本部教师学历状况表

学历	博士	硕士	本科	合计
人数	2073	323	119	2515
比例	82.4%	12.9%	4.7%	100%

北京大学校本部在职人员的专业技术职务分布(不含博士后):正高级职务 1098 人,其中教授 962 人;副高级职务 1601 人,其中副教授 916 人;中级职务 1576 人,初级职务 372 人,无专业技术职务 871 人。

2011 年,医学部教职工队伍建设继续朝着规模适度控制、结构基本合理的方向发展,截止到 2011 年 12 月 31 日,医学部在职职工总数 10525 人,比 2010 年增加 74 人,增幅 0.71%。其中医学部本部 1678 人,比 2010 年减少 40 人,增幅－2.33%。附属医院 8847 人,比 2010 年增加 114 人,增幅 1.31%。

表 9-7 医学部近三年教师队伍学历结构统计表

学历	2011 年		2010 年		2009 年	
	人数	百分比	人数	百分比	人数	百分比
博士	2186	58.81%	1964	55.3%	1817	51.8
硕士	942	25.34%	937	26.4%	973	27.8
本科及以下	589	15.85%	649	18.3%	716	20.4
合计	3717		3550		3506	

【增员情况】 校本部 2011 年,全年校本部增员 256 人,按类别划分:教学科研 120 人,占 46.9%;党政管理(含选留学工)54 人,占 32.8%;教学辅助人员(实验工程、图书资料、财会、医护、中小幼教)52 人,占 30.3%。按学历划分:获博士学位 138 人,占 53.9%;获硕士学位 75 人,占 29.3%;获本科或双学位 43 人,占 16.8%。

2011 年,选留毕业生 111 人,占全校增员的 43.4%,其中博士 14 人,占 12.6%;硕士 67 人,占 60.1%;硕士博士共均占 73%。除去选留学工 30 人,实际选留毕业生 81 人,研究生比例 100%,远远超过教育部规定的研究生所占 80%的比例。

2011 年,新体制人员新增 54 人。其中工学院 10 人,分子医学研究所 4 人,生命科学学院 7 人,歌剧研究院 2 人,物理学院 11 人,其他院系百人及年薪制人员 20 人。

高层次人才引进 39 人,其中教授 14 人(包括人文讲席教授 2 人,长江学者 1 人),研究员 25 人(包括百人计划 13 人,新体制 8 人)。

留学回国 78 人,占 30.5%;选留博士后 27 人,占 10.0%;地方调入 40 人,占 15.6%。留学回国、选留博士后,以及地方调入共 145 人,占全年总增员的 56.6%,其中博士学位 104 人,占 89.9%。

表 9-8 北京大学校本部 2011 年增员分布表

总计	小计	教学科研	党政管理	选留学工	实验工程	图书出版	财会	医护	中小幼教
总计	256	120	54	30	17	12	6	5	12

表 9-9　北京大学校本部 2011 年增员类别及学历分布表

	合计	选留毕业生	留学回国(含外籍)	地方调入	选留博后
合计	256	111	78	40	27
博士	138	14	76	21	27
硕士	75	67	1	7	
本科/双学位	43	30	1	12	

表 9-10　北京大学校本部 2011 年选留毕业生的分布

	总计	教学科研	党政管理	选留学工	实验工程	图书出版	财会	医护	中小幼教
总计	111	5	46	30	10	9	5	1	5
博士	14	3	1		6	4			
硕士	67	2	45		4	5	5	1	5
本科	30			30					

表 9-11　北京大学校本部 2011 年引进人员分布表(非毕业生)

	总计	教学科研	党政管理	实验工程	财会	图书出版	医护	中小幼教
总计	145	115	8	7	1	3	4	7
博士	124	114	1	6		1	2	
硕士	8	1	2		1	2		2
本科/双学位	13		5	1			2	5

医学部　2011 年，医学部的工作仍以调整结构、优化队伍、吸引优秀人才、提高医教研队伍整体实力为工作重点，在实行总量控制的前提下，加大吸引人才力度，同时有计划地补充新生力量。

2011 年，调入 42 人，人数与去年一致。调入人员的专业技术职务分布情况为：正高 4 人，占 10%；副高 7 人，占 17%；中级及以下 31 人，占 73%。与去年相比，副高及以上人员减少了 7 人，比例降低了 16%。学历分布情况为：博士 25 人，占 60%，比去年增加 12%；硕士 7 人，占 16%；本科及以下 10 人，占 24%，比去年降低 14%。

2011 年，共接收毕业生 514 人，其中博士 190 人，占 37%；硕士 139 人，占 27%；本科及以下 185 人，占 36%。

2011 年，调出 112 人，与去年相比增加了 11 人。调出副高以上人员 11 人，与去年相比减少了 7 人。

从人员增减情况看，医教研队伍趋于稳定，需要深层次地调整结构，加大吸引领军人才的力度，这仍是今后工作的重点。

表 9-12　2011 年医学部调入人员岗位及来源分布情况

项目		小计	岗位							来源				
			教学科研	医药护技	实验技术	工程技术	党政管理	图书资料	出版印刷	留学回国	京外调干	京内调入	军队转业	其他
专业技术职务	正高	4	2	2						2	1	1		
	副高	7	6	1						3		4		
	中级	18	13	3			2			8		5		5
	初级	13		7	1	1	4			1		8	1	3
合计		42	21	13	1	1	6	0	0	14	1	18	1	8
学历	博士	25	19	5			1			13	1	7		4
	硕士	7	1	3			3			1		4		2
	本科	5	1	1		1	2					3	1	1
	大专	5		4	1							4		1
合计		42	21	13	1	1	6	0	0	14	1	18	1	8

医学部　2011 年，调出 112 人，与去年相比增加了 11 人。调出副高以上人员 11 人，与去年相比减少了 7 人。

表 9-13　2011 年医学部调出人员统计表

项目		小计	岗位							流向				
			教学科研	医药护技	实验技术	工程技术	党政管理	图书资料	出版印刷	考研	出国	调到本市其他单位	调到京外其他单位	校内调动
专业技术职务	正高	5	2	3							1	4		
	副高	6	1	4			1				1	5		
	中级	37	6	22		1	6	1	1	1	1	30	3	
	初级	58		56			2			1	1	52	3	
	未定	5		4			1					1	1	
合计		111	9	89	0	1	10	1	1	2	4	92	7	0
学历	博士	28	8	19			1			1	1	24	2	
	硕士	16		9			5	1	1		1	14	1	
	本科	28	1	24		1	2			1	2	22	2	
	大专	28		27			1					26		
	中专	11		10			1					6	2	
合计		111	9	89	0	1	10	1	1	2	4	92	7	0

【奖教金评审工作】 2011 年度，绿叶制药集团设立了“绿叶生物医药杰出青年学者奖”，奖金总额为 80 万元，用于奖励生物医药领域的优秀学者，共 16 个名额。中国工商银行教师奖除保持原有的 15 万元用于奖励全校优秀教师及学术带头人以外，2011 年起新设“经济学优秀学者奖”，奖金总额 15 万元，用于奖励经济学院和光华管理学院的优秀学者，共 5 个名额。此外，宝洁教师奖、树仁学院教师奖及北京银行教师奖均将总奖励额度由 4 万元调整至 5 万元，名额各增加 1 人；东宝教师奖将总奖励额度由 2 万元调整至 5 万元，名额相应增加 3 人。从总体上看，总奖励名额由去年的 158 个增加到 185 个，总奖励额度由 2010 年度的 762 万元增加到 863 万元，学校仍然保持着奖教金工作力度逐年加大的态势。

2011 年 11 月 22 日，学校举行了奖教金颁奖大会。截至成稿时，因宝钢优秀教师奖和特等奖还在等待宝钢基金会的最终评审结果，人文杰出青年学者奖另行安排颁奖大会，两奖项的奖金暂未发放。

【人才开发工作】 校本部 2011 年，校本部办理公派出国人数共计 59 人。

表 9-14　2011 年校本部公派出国(境)人员的派出类别

派出类别	人数	派出类别	人数
单位公派进修	9	国家公派进修	20
校际交流	14	随任	2
单位公派任教	11	国家公派工作	1
国家公派讲学	1	国家公派读博	1
总计　59 人			

表 9-15　2011 年校本部公派出国人员(境)派出国别(地区)

国别	人数	国别	人数	国别	人数	国别	人数
美国	32	英国	2	荷兰	1	突尼斯	1
加拿大	0	法国	0	澳大利亚	2	中国香港	1
日本	8	西班牙	1	俄罗斯	0	中国台湾	0
韩国	1	瑞士	0	蒙古	2	葡萄牙	1
德国	4	瑞典	0	挪威	0	其他	3
总计　59 人							

2011 年共有公派留学人员 48 人回校本部，类别分布如下。

表 9-16　2011 年校本部公派留学人员回校工作类别分布

派出类别	回国人数	批准延期人数
国家公派讲学	2	
国家公派进修	17	0
国家公派读博士	0	
单位公派进修	7	
校际交流	12	2
单位公派出国任教	8	
单位公派读博	0	1
其他	2	
总计	48	3

主要出国项目推荐选拔及各种人才项目情况：哈佛燕京项目推荐 1 人，未入选；富布赖特项目推荐 4 人，等待结果；青年骨干教师项目推荐 16 人，入选 15 人；国际区域问题研究及外语高层次人才项目推荐并录取 1 人；国家留学基金全额资助项目推荐 26 人，录取 14 人；推荐中法蔡元培项目 4 人；推荐校际交流学者 28 名。

医学部　2011 年，医学部选派 61 名骨干教师出国留学，其中国家公派留学 10 人，单位公派留学 51 人。在派出人员中：副高级以上人员 29 人，中初级人员 32 人；派往美国 36 人，德国 4 人，英国 3 人，日本 4 人，奥地利、加拿大等其他国家和地区 14 人；出国进行合作研究 20 人，进修学习 32 人，访问学者 7 人，短期讲学等 2 人。2011 年批准在外留学人员的延期申请 16 人次。

【新任教职工岗前培训】　校本部　2011 年 9 月 14—16 日，组织了 2011 年度新任教职工岗前培训。全校本年度新聘任的教学科研人员、工程技术人员、行政管理人员，以及学工选留学生干部共 140 余人参加了培训。校常务副校长吴志攀，校党委常务副书记、副校长张彦，地球与空间科学学院涂传诒院士，哲学系（宗教学系）楼宇烈教授，化学与分子工程学院刘忠范教授，教育学院阎凤桥教授，光华管理学院刘学教授，党委组织部郭海部长，人事部刘波部长，教务部方新贵部长，科研部蔡晖副部长，社科部萧群常务副部长，财务部邵莉副部长出席培训活动并分别做了专题报告。

医学部　组织 721 名新教师进行岗前教育理论培训，其中本部 40 人、附属医院 330 人、教学医院 351 人，目前培训还在进行当中。此外对医学部从 1996 年到 2011 年组织的新教师岗前教育理论培训情况进行了全面统计和总结工作，16 年来共对 8025 人进行了培训。

【人才计划】　校本部　信息科学技术学院高文教授当选中国工程院院士；化学与分子工程学院严纯华教授、刘忠范教授，数学科学学院鄂维南教授，信息科学技术学院梅宏教授和生命科学学院朱玉贤教授当选为中国科学院院士。协助推荐“首都师德楷模”1 人，为数学科学学院姜伯驹院士；推荐第十五届五四奖章候选人 1 人，为心理学系方方；推荐第二十五届北京市五四奖章候选人 1 人，为药学院焦宁；协助推荐中国青年科技奖 1 人，为环境科学与工程学院胡敏。

1. 人文讲席教授与人文特聘教授。根据《北京大学人文讲席教授管理办法》，在中国语言文学系、历史学系、哲学系（宗教学系）和考古文博学院 4 个院系设立 10 个“人文讲席教授”岗位。2011 年有 2 位人文讲席教授到岗开展工作（哲学系（宗教学系）陈鼓应、历史学系穆启乐）。截至目前，学校共有 3 人受聘“人文讲席教授”。

2. 长江学者。2011 年 2 月，学校启动了对聘期届满长江学者的评估和续聘工作。本年度聘期届满的长江学者共 16 人。其中，教育部聘的第九批长江学者共 6 人（特聘 4 人，讲座 2 人）；学校续聘的长江学者讲座教授合同到期的共 10 人。经各单位考核和学校长江学者届满评估专家委员会评估，续聘长江学者特聘教授 4 位、讲座教授 9 位，刘军等 3 人不续聘讲座教授岗位。截至 2011 年 12 月 31 日，全校共续聘长江学者 91 人，其中特聘 63 人（含调入续聘 2 人），讲座 28 人。目前在校工作的长江学者共 134 人，其中特聘教授 92 人，讲座教授 42 人，其中有 16 名长江学者特聘教授未被续聘长江学者特聘岗位但仍在校工作。

3. 百人计划。自 2006 年正式启动北京大学优秀青年人才引进计划（即“百人计划”）以来，学校共批准引进优秀青年人才 103 人。其中理科 90 人，人文社科 13 人。到校工作 80 人，85%以上为海外留学回国人员。为了进一步加强对优秀青年人才聘期管理，激励其取得更多教学科研成绩，学校 2009 年出台了《〈北京大学优秀青年人才引进计划〉考核实施细则（试行）》。从考核结果看，已完成首个聘期的大部分“百人”在聘期内表现优秀，在本学科领域的高水平学术刊物发表了文章，并取得了一系列具有突破性的科研成果，其中 4

人获得杰青,1人获评长江特聘教授。通过不断加大百人计划实施力度,学校已经初步建立了一支具有较强竞争力和发展潜力的优秀青年人才队伍,这一计划的持续实施对于学校高层次人才梯队建设具有极其重要的战略意义。

医学部　医学部有两院院士11人,长江特聘教授11人,讲座教授5人,国家级突出贡献专家15人,"新世纪百千万人才工程"国家级人选6人。继续执行《北京大学医学部人才引进和支持计划的实施方案(试行)》,2011年医学部有3位"百人计划"教师到岗工作,医学部给予160万元的科研启动经费支持。

【岗位目标的年度考核与岗位聘任】　校本部　学校于9月初正式启动2011年度考核与专项岗位聘任工作,并召开全校各单位领导干部大会进行了布置。人事部同时发出《关于年度考核与岗位聘任的通知》。各单位按照学校的布置,于9月19日前完成了本年度岗位考核与聘任工作;相关职能部门审核了各单位新聘A类岗位人员的申报材料;各学部于9月30日前完成了所属各单位岗位聘任工作的审议。

1. 考核。年度考核:学校参加年度考核人员共5948人(不含在站博士后人员),考核合格者5692,考核不合格者122人,因新入职、借调等原因不参加考核的134人。考核不合格的主要原因是不在学校工作。

专项岗位年度考核:全校参加专项岗位年度考核的人员共3882人,根据人事管理信息系统的安排,参加专项岗位考核的人员在网上提交了业绩成果。考核合格者3877人,考核不合格者5人。

2. 通用岗位聘任。学校于2011年5月初布置了全校2011年度国家通用岗位聘任工作,明确了通用岗位聘用原则和具体工作要求。各单位于5月底之前完成了本单位的通用岗位聘任推荐工作。各分会于6月初完成了审议工作,学校于6月中旬完成审议。全校新聘专业技术岗位649人,其中,新聘二级岗位29人,三级岗位27人,4级及以下岗位593人。本年度通用岗位聘任工作完成后,全校专业技术岗位分布情况为:二级岗位264人,三级岗位238人,四级岗位591人。

2011年,共新聘管理职员80人,其中,五级职员17人,六级职员31人,七级职员29人,八级职员3人。本次聘岗完成后,校本部管理职员共聘任942人。

3. 专项岗位聘任。本学年校本部共有3809人被聘任到各985专项岗位。A类岗870人,其中:A1岗115人,A2岗264人,A3岗491人。BC岗1929人。正高在B岗的74人(B1岗67人,B2岗5人,B3岗2人),副高在A岗的76人(均为A3岗)。职员制人员共1010人,其中:院系职员制252人,教辅单位职员制6人,机关职员制752人(含选留学工59人)。

校本部各单位拟新聘A类岗位及A类岗位晋级人员80人,包括4个学部75人,4个教辅单位5人。其中A1岗15人,A2岗21人,A3岗44人。审议通过80人,包括理学部29人,信息学部14人,人文学部11人,社科学部21人;教辅单位5人。新聘A类岗位人员占A类岗位总数的9.2%。

全校各教学科研单位共聘岗2677人,其中:A类岗位846人,BC类岗位1579人。A类岗中A1岗位113人,A2岗位262人,A3岗位471人。教学科研单位职员制人员考核合格共聘任252人。按照学校部署,图书馆、计算中心、教育技术中心、校医院等教学辅助单位共聘岗375人,其中:A类岗位22人,BC类岗位347人,职员制6人。A类岗位中,A1岗1人(朱强),A2岗位2人(张宏印、张蓓),A3岗位19人。校机关及直属单位共聘岗757人(含选留学工59人),其中:A类岗位2人,BC类岗位3人,职员制752人。附中、附小的考核聘任工作单独进行。本年度青年津贴共申报476人,其中教学科研单位申报366人,教学辅助单位申报110人。校本部共有在职杰青136人,其中A类岗68人(A1岗26人,A2岗34人,A3岗8人,共占50%),教育部长江特聘教授12人,校特聘岗35人,院士6人,年薪制15人。校本部共有特聘岗53人(含特聘待遇3人);院士岗34人(含人文资深在职4人,不含双聘院士);新机制年薪制人员260人(含百人计划69人);教育部长江特聘岗15人。

医学部　1.(学)年度考核与岗位聘任。根据《北京大学医学部教职工考核聘任实施办法》(北医(2009)部人字149号)的规定,同时按照北京大学人事部北人发[2011]006号和医学部《关于学年度考核及985专项岗位聘任的通知》(北医(2011)部人字152号)文件的要求,完成了2010—2011学年度医学部本部ABC及职员岗人员考核聘任工作和其他未设ABC及职员的单位及临床医院的年度考核。

2011年,医学部本部应参加学年度考核人数1429人(含博士后研究人员41人),实际参加考核人数1374人。其中优秀148人,占参加考核人数的10.4%;合格1198人,占参加考核人数的87.2%;参加考核不确定等次28人,占参加考核人数的2.4%。不参加考核55人,占应参加考核人数的3.8%。

医学部本部未设ABC及职员岗位的单位应参加考核的人员308人,实际参加考核人员304人,优秀人员13人,占实际参加考核人数的4.3%;合格人员290人,占实际参加考核人数的95.4%;不合格1人,占实际参加考核人数的0.3%。不参加考核人员4人,占应参加考核人数的1.3%。

各临床医学院应参加考核人员10006人,实际参加考核人员9752人,其中优秀人员868人,占实际参加考核人数的8.90%;合格人员8546人,占实际参加考核人数的87.63%;不合格人员141人,占实际参加考核人数的1.45%;参加考核不确定等次197人,占实际参加考核人数的2.02%;未考核人员254人,占应参加考核人数的2.54%。

2. 完成岗位聘任及985专项岗位津贴标准的调整。在学年度考核的基础上,医学部进行了2011—2012学年度的专项岗位聘任工作。

聘任情况:本次聘任ABC岗988人,其中A岗101人(新增加A3岗2人,公共教学部1人、信息通讯中心1人)、院士7人、长江特聘教授6人、BC岗874人(B岗372人、C岗502人)、职员岗346人(含双肩挑16人),合计上岗总人数为1334人。ABC岗的比例为A岗(含院士和长江特聘教授)占11%,B岗占38%,C岗占51%。A岗中,正高为97%,副高为3%;教师为96%,非教师为4%。医学部在岗职工1694人,其中工人152人和经费自理单位142人不享受岗位津贴,上岗率为95%。

岗位调整情况:本次ABC岗位调整共119人,比去年增加88人,其中上调108人,比去年增加84人,下调11人,比去年增加4人;新增聘22人。模拟职员制人员共有154人正常晋升,新增聘13人。目前管理人员聘为ABC岗的25人。

青年人才支持计划:2011年度青年人才支持计划符合申报人数172人,实际申报171人。申报人数比2010年减少1人。

根据北京大学《2011年度岗位津贴及相关待遇调整方案》,医学部从2011年9月起调整岗位津贴。专业技术岗位保持九级分类体系,提高了标准。院士的岗位津贴从12.6万元/年调整到24万元/年;长江学者岗位津贴从10.6万元/年调整到18万元/年;聘任到九级岗位体系的国家杰出青年科学基金获得者在项目执行期间,在所聘岗位基础上另奖励5万元/年。

【专业技术职务聘任】 校本部

1. 准备工作。2011年3月27日,人事部组织了计算机、外语考试,共有166人次参加,其中参加计算机考试的69人(其中教师3人),参加外语高级考试的88人(其中教师9人),参加外语中级考试的9人。

因人员岗位变动、退休和调离等原因,经相关单位提出申请,由校学术委员会主任批准,对校本部的各级学术委员会和各级专业技术职务评审委员会的个别委员进行了调整。

根据往年专家意见,对各系列专业技术职务申报表格进行修改,并新增制定了《图书出版系列分会评审用表》和《会计/审计系列评审用表》。

2011年3月中下旬,人事部与校本部31个教学科研单位,以及各学科评议组负责单位及职能部门分别逐一进行了座谈交流,在细致调查的基础上,提出2011年教学科研系列和非教学科研系列的专业技术职务聘任指标方案,经校长办公会批准后正式下达执行。

2. 聘任过程。教师系列:2011年4月,各教学科研单位根据学校批准的岗位数进行公开招聘。申请人在规定时间内向本单位提出书面申请,并在网上提交申请。4—5月中旬,各教学科研单位通过教授会、同行专家评审、学术委员会、党政联席会对申请人进行审议,将审议通过的各候选人的申报及推荐材料在各单位公示一周后推荐到所属学部。5月31日—6月2日,各学部对所属各单位推荐的候选人进行审议。6月22日上午,校学术委员会对全校教学科研系列专业技术职务聘任进行了审议。6月下旬,校长办公会审议通过全校教师专业技术职务聘任人选。

非教师系列:申请人在规定时间内向本单位提出书面申请,并在网上提交申请。2011年5月上旬,各单位将申请人材料上报到各学科组。5月23日—6月4日,学科组根据学校下达指标对各单位推荐到学科组的人员进行评议。5月30日—6月15日,分会对所属各学科评议组推荐的候选人进行评议。6月22日上午,校专业技术职务评审委员会对全校非教学科研系列专业技术职务聘任进行了审议。6月下旬,校长办公会审议通过全校非教师系列专业技术职务聘任人选。

3. 聘任结果。教师系列:2011年,校本部共下达教师系列正高级岗位晋升指标53人、副高级岗位晋升指标65人。经评审,最终通过晋升教授48人,引进人才聘任教授7人;通过晋升副教授54人,引进人才聘任副教授13人、专职科研转入教学科研系列1人;晋升讲师职务1人,由工程技术系列转入教学科研系列1人。本年度共19人申请晋升不成功并记次,其中第二次申请的1人。

表 9-17　校本部各学部教授(研究员)审议结果

	本年度晋升				引进	未通过人数
	总数	正常	破格	“百人”转聘		
人文学部	15	14	1	2	0	15
社会科学部	14	14	0	2	0	14
理学部	12	11	1	1	0	12
信息与工程科学部	7	6	1	2	1	7
合计	48	45	3	7	1	48

表 9-18　校本部各学部副教授(副研究员)审议结果

	本年度晋升			引进	转系列	未通过人数
	总数	正常	破格			
人文学部	15	14	1	3	0	0
社会科学部	18	17	1	4	0	0
理学部	13	12	1	3	0	0
信息与工程科学部	8	8	0	3	1	0
合计	54	51	3	13	1	0

非教师系列：2011 年,校本部共下达非教师系列正高级岗位指标 14 人、副高级岗位指标 41 人(含出版系列非事业编制)。经评审,通过晋升正高职务 14 人;晋升副高职务 33 人,引进人才聘任副高职务 5 人;晋升中级职务 75 人。本年度共 34 人申请晋升不成功并记次,其中第二次申请的 4 人。

表 9-19　校本部各分会正高职务审议结果

	占年度指标		第一次申请晋升不成功	第二次申请晋升不成功
	总数	备注		
实验/财会/工程分会	3	教授级高级工程师 3	3	0
图书出版分会	3	研究馆员 1,编审 2	2	0
医疗卫生分会	1	主任医师 1	0	1
高等教育管理与德育分会	7	教授 2,研究员 5	6	0
合计	14	14	11	1

表 9-20　校本部各分会副高职务审议结果

	占年度指标		第一次申请晋升不成功	第二次申请晋升不成功
	总数	备注		
实验/财会/工程分会	8	高级工程师 7,引进确认高工 1	9	0
财会审计系列评聘小组	1	高级会计师 1	0	0
图书出版分会	7	副研究馆员 5,引进副研究馆员 1,副编审 1(另 3 位非事业编制)	2	0
医疗卫生分会	4	副主任医师 1,引进确认副主任医师 3	0	0
高等教育管理与德育分会	13	副研究员 10,副教授 3	8	3
中小学系列	5	中学高级教师 5	0	0
合计	38	38	19	3

4. 晋升通过人员年龄、学历结构及教学科研情况。教授(研究员)：2011 年度,晋升教授人员的平均年龄为 43.9 岁,与往年基本持平(06、07 年均为 43.0 岁,08 年 43.6 岁,09 年 43.5 岁,10 年 44.4 岁)。人文学部晋升教授的人员年龄略高(46.6 岁)。

晋升教授人员获博士学位的比例为 95.8%,比往年略有上升(03、04 年 81.4%,05 年 84.8%,06 年 95.2%,07 年 94.2%,08 年 87.8%,09 年 92.0%,10 年 94.7%)。

晋升教授人员的上一职务平均任职年限为 8.6 年,与往年基本持平(05 年 7.7,06 年 8.6,07 年 8.6,08 年 8.8,09 年 8.6,10 年 9.2),其中,人文学部晋升者任职副教授的时间平均为 10.4 年。

晋升教授人员平均教学任务为 151.6 学时/年(4.5 学时/周),

与往年基本持平(09 年 153.3,10 年 157.9)。平均发表科研文章 23.6 篇,近几年持续有所上升(05 年 15.8,06 年 19.5,07 年 20.7,08 年 22.8,09 年 21.8,10 年 24.6)。自然科学类平均发表被 SCI 等收录的论文 16.7 篇,比去年有所下降(07 年 14.8,08 年 14.4,09 年 16.8,10 年 21.0)。

表 9-21　晋升正高人员年龄与学历分布

学部	人数	年龄结构			学位情况				
		最小	最大	平均	博士	博士比例	硕士	学士	无学位
人文学部	15	42	56	46.6	14	93.3%	1	0	0
社会科学部	14	36	54	42.4	14	100%	0	0	0
理学部	12	34	50	43.0	12	100%	0	0	0
信息与工程科学部	7	36	47	42.3	6	85.7%	1	0	0
合计	48	34	56	43.9	46	95.8%	2	0	0

表 9-22　晋升正高人员任职时间与教学任务、科研文章统计

	任职时间(年)			教学任务(学时/年)			科研文章				
	最短	最长	平均	最多	最少	平均	最多(最多/年)	最少	平均	年平均	SCI,EI 平均
人文学部	5	16	10.4	333	68	176.6	117(10.6)	3	27.9	2.8	
社科学部	5	11	7.8	265	68	166.3	42(8.4)	7	17.6	2.6	
理学部	2	14	8.0	204	68	137.2	49(8.5)	11	25	3.6	17.2
信息学部	5	11	7.9	119	44	95.2	47(7.8)	13	24.9	3.4	15.9
合计	2	16	8.6	333	44	151.6	117(10.6)	3	23.6	3.0	16.7

副教授(副研究员):2011 年度,晋升副教授人员的平均年龄为 35.7 岁,获博士学位后任职年限平均为 4.0 年,与往年基本持平(09 年 35.3 岁,4.5 年;10 年 34.9 岁,4.2 年)。

晋升副教授人员的上一职务平均任职年限为 5.7 年,平均教学任务为 151.4 学时/年(4.5 学时/周),平均发表科研论文 11.3 篇,比往年略有增长(09 年 5.5 年,140.6 学时/年,8.9 篇;10 年 5.2 年,144.6 学时/年,8.9 篇)。

表 9-23　晋升副高人员年龄与学历分布

	人数	年龄结构			学位情况				获博士学位后平均任职时间
		最小	最大	平均	博士	博士比例	硕士	学士	
人文学部	15	32	41	36.4	14	93.3%	1	0	3.3
社会科学部	18	31	45	36.3	17	94.4%	1	0	4.4
理学部	13	30	44	34.6	12	92.3%	1	0	4.6
信息学部	8	33	41	34.9	8	100%	0	0	3.6
合计	54	30	45	35.7	51	94.4%	3	0	4.0

表 9-24　晋升副高人员任职时间与教学任务、科研文章统计

	任职时间(年)			教学任务(学时/年)			科研文章				
	最短	最长	平均	最多	最少	平均	最多(最多/年)	最少	平均	年平均	SCI,EI 平均
人文学部	2	12	6.4	476	68	193.1	43(8.6)	4	12.9	2.5	
社科学部	2	11	4.9	204	68	140.7	30(6.5)	3	10.8	3.2	
理学部	3	15	6.4	272	68	144.1	25(6.2)	3	9.5	1.9	6.2
信息学部	4	8	5.2	204	37	102.6	18(4.5)	4	12.5	2.6	8.8
合计	2	15	5.7	476	37	151.4	43(8.6)	3	11.3	2.6	7.1

医学部 1. 专业技术岗位聘任。医学部继续坚持学术标准,改进专业技术职务评聘工作,顺利完成2011年专业技术职务评聘工作。根据各单位队伍现状及学科发展要求,确定晋升比例,宏观控制队伍的结构。按照《北京大学教师聘任和职务晋升(暂行)规定》和《北京大学医学部专业技术职务评审聘任条例》,经各级评审,2011年共有324人通过高级专业技术职务的评审聘任,在212名晋升人员中,晋升正高职71人,晋升副高职141人。

下发了北医(2011)人字第005号"医学部关于2011年度国家通用岗位聘任工作的通知",2011年度专业技术岗位聘任工作与高级专业技术职务评聘工作同期进行,四级及以下的专业技术岗位按照文件规定的条件由各单位直接聘任;二、三级岗位由各单位根据条件并结合工作需要和实际贡献推荐人选,经医学部学术委员会审议,由学校聘任。按2011年8月岗位数聘任,9月兑现岗位工资。

表9-25 2011年北京大学医学部高级专业技术职务聘任情况表

	正高级职务				副高级职务				小计
	晋升	增聘	确认	先上岗后确认	晋升	增聘	确认	先上岗后确认	
本部	9	—	1	—	35	—	—	1	46
临床医院	62	16	1	2	105	44	2	—	232
教学医院	—	19	1	—	1	25	—	—	46
合计	71	35	3	2	141	69	2	1	324

表9-26 2011年北京大学医学部教师队伍职务结构、年龄结构统计表(2011年12月31日)

职务	总数	年龄段			
		35岁以下(人数)	36～45岁(人数)	46～55岁以上(人数)	56岁以上(人数)
正高级	841	1	188	486	166
副高级	1125	124	698	247	56
中级	1301	829	387	71	14
初级	450	422	28		
合计	3717	1376	1301	804	236

表9-27 2011年度专业技术二级、三级、四级岗位比例表

单位	二至四级总人数	二级		三级		四级	二、三、四级比例
		总数	其中新聘	总数	其中新聘	总数	
北京大学第一医院	206	42	5	82	10	82	2∶4∶4
北京大学人民医院	204	40	8	80	16	84	2∶4∶4
北京大学第三医院	187	37	7	74	17	76	2∶4∶4
北京大学口腔医学院	102	20	3	38	5	44	2∶4∶4
北京大学第六医院	25	4	1	8	1	13	2∶3∶5
医学部本部	200	39	2	62	6	99	2∶3∶5
合计	924	182	26	344	55	398	

2. 管理岗位聘任。2011年,管理岗位聘用是在2010年考核的基础上进行的,聘用范围为2011年3月31日在职的专职管理人员。职务任命、学历记录的截止时间为2011年3月31日,工龄记录的截止时间为2010年12月31日。2011年,管理岗位的聘用时间为2011年8月,兑现时间为2011年9月。

表 9-28 医学部 2011 年管理岗位聘用统计表

	五级			六级			七级	八级	九级	十级	合计
	小计	正处	副处	小计	副处	正科					
本部	30	16	14	72	38	24	188	34	6	0	330
北大医院	5	3	2	28	8	20	83	14	4	0	134
人民医院	5	4	1	21	10	11	108	23	4	0	161
第三医院	4	0	4	18	8	10	115	20	5	1	163
口腔医院	3	1	2	6	2	4	44	8	4	0	65
第六医院	1	1	0	8	4	4	24	5	2	0	40
医学部	48	25	23	153	70	73	562	104	25	1	893

表 9-29 医学部 2011 年管理岗位聘用新增情况统计表

	新增五级	新增六级	新增七级	新增八级	新增九级	合计
本部	2	0	16	3	0	21
北大医院	3	0	2	0	0	5
人民医院	0	1	16	6	0	23
北医三院	1	4	3	1	0	9
口腔医院	0	0	1	0	0	1
第六医院	0	1	2	1	1	5
医学部	6	6	40	11	1	64

【劳动合同制职工的管理】 校本部　截至 2011 年 11 月底，全校劳动合同制职工总数为 2673 人，职工年净增加 531 人，年入职 1376 人，年离职 845 人。职工分布于 77 个二级单位，20 个理科院系（占单位数的 100%）、23 个文科院系（占单位数的 92%）、15 个后勤单位（占单位数的 100%）和 19 个机关行政单位（占单位数的 51%）均聘有劳动合同制职工。

在全校劳动合同制职工中，拥有博士学位人员占职工总数的 1.9%，硕士占 13.6%，本科占 23.3%。教学科研类岗位占 5.1%，行政管理类岗位占 27.5%，专业技术类岗位占 19.8%，工勤类岗位占 47.6%。职工以 21～39 岁青年职工为主，职工整体平均年龄约为 32 岁。职工薪酬年实发额约为 12702 万元，人均约 5.14 万元；单位年实际用人成本约为 15891 万元，人均约 6.43 万元，其中，社会保险单位年缴纳约 3275 万元，公积金单位年缴纳约 864 万元。

人事部一直积极加强劳动争议调解力度，从而有效遏制劳动争议案件急剧增长势头。2009 年仲裁案件量为 33 起，2010 年降为 13 起，2011 年至今仅发生 4 起。

2011 年 5 月 26 日，在校党委常务副书记、副校长张彦，校长助理、党办校办主任、学工部部长马化祥，党委组织部部长郭海等领导陪同下，国家人力资源和社会保障部党组成员、副部长杨志明，北京市委组织部副部长、市人力社保局党组书记、局长张欣庆，海淀区副区长傅首清等领导莅临北大检查调研劳动关系工作。杨志明副部长等领导在视察了校劳动人事争议调解室，查阅了北大劳动关系工作档案材料，听取了校人事部副部长戴长亮以"重预防、重预警、重调解，构建和谐劳动关系"为题的情况汇报之后，对北大劳动关系及劳动争议预防调解工作给予了高度评价，指出北大该项工作走在了全国高校、事业单位前列，经验值得向全国推广。

2011 年 4—5 月，海淀区社会保险基金管理中心对北大社会保险申报及缴费情况进行稽核检查，人事部组织协调校内相关单位积极配合。

医学部　截止到 2011 年 12 月 31 日，医学部本部有合同制聘用人员 287 人（含劳务派遣 58 人），其中 143 人办理了社会保险；平均每月完成 137 人的工资审核工作。2011 年，医学部与新进的临时聘用人员签订了劳动合同 38 份、劳务合同 10 份，续签劳动合同 7 份、劳务合同 28 份；新增劳务派遣人员 37 人。

随着《中华人民共和国劳动合同法》的实施和社会保险有关政策的调整，劳动争议案件逐年增多，主要集中在跨年度补缴养老保险、社会保险及住房公积金补差、补发加班费、解除劳动合同的经济补偿和经济赔偿、老工伤要求工伤待遇等方面，人事处按照有关法律法规积极应对，予以解决。

【工资与福利】 校本部　2011 年 1 月 1 日，为 5570 名在职职工增加了 2010 年度的工龄，未增加工龄人数为 210 人。2010 年度共有 5282 人晋升一级薪级工资，498 人不增，人均月增资 30 元。

1 月 3 日，根据《北京大学专项

岗位绩效奖励实施办法(试行)》,顺利通过薪酬子系统完成了2010年度专项岗位绩效奖励的兑现工作,总计发放绩效奖励约3306万元,比上年度增加40.4%;获奖人数4158人,占在职教职工总数的71.7%。

1月,根据学校预算安排,为全校离退休人员发放了一次性生活补贴,离休人员每人2200元,退休人员每人2000元,总计发放1010万元;考虑到物价上涨的因素,在国家调整退休人员生活补贴的文件尚未出台之前,学校先垫付给每位退休人员生活补贴月标准500元,此项举措有4765人受益,总计垫付了238万元。

年初兑现2010年1~1.5月抗战前离休人员补贴,43人享受,总计11.58万元,人均2694元。

3月,根据国家文件,及时完成了规范和调整退休人员生活补贴的工作,自2010年1月起补发,涉及4875名退休人员,总计补发4711万元;同时国家提高了离休人员生活补贴标准,自2010年1月起补发,涉及289名离休人员,总计补发259万元。6月,为庆祝建党90周年,国家规定在原有的基础上给每位离休人员每年增发一个月工资,涉及284名离休人员,总计补发655627元。12月,根据北京市政府规定提高归国华侨生活补贴,涉及53名离退休人员,补发29425元。

5月,学校考虑到物价上涨因素,提高了在职职工的职务补贴月标准,涉及5274人,人均月增资625元,年增资总额约4000万元。

6月,为庆祝建党九十周年,按照国家要求,扩大离休干部生活补贴发放的范围,并增发一个月基本工资,涉及278人,总计发放64.19万元,人均2308元。

11月初,校领导批准启动工作技术工人岗位聘任工作。

11月14日,学校党政联席会审议通过了985专项岗位津贴及其他相关待遇调整的方案,自2011年9月1日起实施。本次方案在大幅提高学校教职工队伍待遇的基础上,重点加强了对院士、资深教授、长江学者、讲座教授、国家杰出青年科学基金获得者等高端人才和青年后备人才的支持,有力地保证了现有人才队伍的稳定,明显加大了学校吸引人才的力度,实施平稳,效果良好。

11月22日,学校举行了奖教金颁奖大会。截至成稿时,因宝钢优秀教师奖和特等奖还在等待宝钢基金会的最终评审结果,人文杰出青年学者奖另行安排颁奖大会,两奖项的奖金暂未发放。

12月,根据2010年度岗位津贴调整幅度,调整附中附小2010年度岗位津贴包干额度:附中350万元/年,增加90万元/年;附小100万元/年,增加30万元/年。调整后,人均月增长303元。

12月16日,学校批准了本年度岗位绩效奖励实施方案,总奖励额度约4996万元,比去年增加约56%;其中约3637万元用于教学科研单位,涉及3013人,人均12068元;约1359万元用于党政管理单位及教学科研支持单位,涉及1150人,人均11817元。

2011年有5529人(含当年退休人员)享受一次性年终奖,共9089603元,人均1643元,因停薪或考核不合格等其他原因不享受一次性年终奖的有423人;校机关工作人员789人,年人均机关津贴5023元。2011年享受干警补贴52人,年人均1972元;2011年新增教育部基础学科拔尖创新人才培养计划专项绩效,目前涉及数学、物理、化学、生命、地空、环境、城环七个学院,已经完成发放460万元;发放机关返聘费总计1144100元,涉及人员83名,年人均13784元;核发公共英语教研室超课时费,共计267120元;拨付校医院临时用工专款8万元;发放边疆补助,涉及5人,共计162000元。

福利方面,学校2011年共支出福利费1210208元,主要用途为离退休人员纪念品及各种临时补助和慰问;办理在职职工死亡抚恤4人,离退休死亡抚恤71人,丧葬抚恤费用共计3013950元;管理25人的伤残保健金发放工作,共计44280元,年人均2571元;新办理高干医疗6人。目前全校享受高干医疗待遇人员有1098人;为体现国家和学校对高级人才的关怀,下半年组织34名院士和资深教授在北京医院和北医三院上地门诊部进行了体检。

医学部 2010年9月—2011年8月第十一轮岗位奖励津贴共发放3851万元。2011年9月起调整岗位奖励津贴,大幅提高享受985岗贴人员待遇,人均月增幅1759元。

2011年1月发放2010年度专项岗位绩效奖励共1355人,合计1079万元。发放2010年年终一次性奖金252万元;有1606人晋升一级薪级工资,人均月增资30元;医学部附属医院规范整合在职人员津补贴,医学部本部调整职务补贴标准,人均月增资616元,自2011年5月起执行。

2011年医学部本部有73人退休,其中:干部61人,工人12人。为1335位离退休人员发放一次性生活补贴269万元。其中:离休92人,每人2200元;退休1243人,每人2000元。

根据教人司[2011]38号“关于转发中共中央纪委等六部门《关于调整在京中央事业单位离休人员补贴标准的通知》的通知”,自2010年1月1日起调整离休人员补贴,人均月增资642元。

根据组通字[2011]29号“关于提高离休干部生活补贴标准和扩大发放范围的通知”,自2011年起离休干部每人每年再多发一个月基本离休费。2011年医学部本部离休干部91人,年增资21.59万元。

根据教人司[2011]12号“关于转发人力资源和社会保障部、财政部《关于规范在京中央事业单位退休人员津贴补贴的通知》《关于印发规范中央事业单位退休人员津贴补贴有关问题宣传提纲的通知》的通知”,从2010年1月1日起退休人员执行的津贴补贴项目统一归并为退休人员补贴,人均月增资792元。

根据教育部教人司【2011】83号《关于转发中组部〈关于提高部分离休干部医疗待遇的通知〉》等三个文件精神,6月份经中组部批准(干薪字[2011]592号、干薪字[2011]646号)为1937年7月6日前参加革命工作的、离休前为副厅局级的离休干部王承祝提高享受省(部)长级医疗待遇;为1937年7月7日至1938年12月31日参加革命工作、离休前为副厅局级的离休干部刘波、赵轩提高享受副省(部)长级医疗待遇。

2011年为保卫处干部及校卫队16名在编工作人员发放特殊津贴5520元;为基础学院解剖教研室29位在职人员发放特殊岗位津贴10万元;2011年有12位职工去世(其中在职2人,离退休10人),发放丧葬费、抚恤金52万元;为25位遗属发放遗属生活困难补助6.7万元;2011年新增1人享受遗属生活困难补助(离休干部霍芝润的遗属何日霞);为34位原“五七连”人员发放生活补助37万元,发放一次性生活补贴1.6万元;提高了邹小平同志生活护理费和伤残津贴标准,2011年共发放5.3万元。

【保险】 校本部 2011年4—5月,海淀区社会保险基金管理中心对北大社会保险申报及缴费情况进行稽核检查,人事部组织协调校内相关单位积极配合。尽管通过了检查,但也暴露出用人单位社会保险缴纳过程中存在的一系列问题,如部分单位为节省用人成本低报缴费基数等,这些有待于在进一步规范工资发放方式和社保基数计算方法的基础上加以有效约束。

医学部 北京市人力资源和社会保障局从2011年4月1日起调整了农村劳动力失业保险的缴费下限,由之前的上一年度最低工资调为上年社平工资的40%。

表9-30 2011年医学部本部(含临时聘用人员)社会保险缴费情况

社会保险种类	月平均参保人数(人/月)	月平均单位缴费(万元/月)	月平均个人缴费(万元/月)	年度缴费总额(万元/年)
养老	212	10.72	4.29	180.14
失业	1766	9.93	1.96	142.67
工伤	1769	4.02	0.00	48.19
医疗	171	2.59	0.49	37.06
合计		27.26	6.74	408.06

根据《社会保险稽核办法》的规定,北京市海淀区社会保险基金管理中心于2011年4月—6月对医学部有关社会保险社保及缴纳情况实施稽核检查。对1542名事业编制在职人员进行自查;对271名事业编制合同制在职人员、退休返聘或到达退休年龄人员、合同制聘用人员、借调人员、外籍临时聘用合同制人员等共计271人进行了稽核,含2010年1月—2011年3月工资发放情况及2011年度北京市职工上年月均工资收入申报情况等,学校均已按国家规定足额按时交纳社会保险。

【博士后管理工作】 校本部 截至2011年12月31日,校本部累计招收博士后3575名,出站2651名,其中出站留校人员531名,目前在站924人。

2011年,共招收博士后研究人员387名(含外籍13名)。其中,国拨58名,学校配套33名,自筹经费167名,985经费29名,留学回国15名,北京市政府奖学金4名,校企联合66名,深圳研究生院14名。2010年应出站博士后374人,目前已出站293人,其中留校工作27人。

2011年办理博士后进站4次,共招收博士后研究人员387名(含外籍13名),具体包括国拨58名,学校配套33名,自筹经费167名,985经费29名,留学回国15名,北京市政府奖学金4名,校企联合66名,深圳研究生院14名。办理博士后出(退)站293人。组织开展博士后中期考核355人。协助学校相关部门组织博士后申报2011年国家自然科学基金、社会科学基金。2011年,全校博士后共获得国家自然科学基金27项,国家社科基金9项,教育部项目10项。协助计算中心进行学校人事系统博士后子系统建设,先后10多次与计算中心进行会议沟通。并先后3次召集计算中心、中国博士后科学基金会和解放军信息中心召开会议,协调关于北大博士后系统与国家博士后信息系统接口问题。组织选拔9名博士后研究人员到北京市、贵州省等地挂职锻炼。

医学部 2011年,医学部共招收博士后研究人员37名。其中,国家拨款12名,学校资助10名,导师全额自筹5名,留学回国2名,校企联合8名。2011年已出站20人,其中留校工作2人。截至2011年12月31日,医学部累计招收博士后556名,出站460名,其中出站留校人员121名，目前在站96人。

2011年6月完成《北京大学医学部博士后研究人员管理工作暂行规定》的修订工作，下发了《北京大学医学部博士后研究人员管理工作实施办法》（北医（2011）部人字81号），同时出台了《北京大学医学部博士后研究人员中期考核办法》（北医（2011）部人字80号）和《北京大学医学部博士后研究人员经费管理办法》（北医（2011）部人字79号）。这些文件将成为未来几年博士后工作的重要制度依据。

按照《北京大学医学部博士后研究人员激励计划》的规定，人事处组织医学部博士后工作专家小组进行了医学部优秀博士后的评选工作。医学部博士后工作专家小组本着"公开、公平、公正"的原则，在综合考虑博士后在站期间科研能力和学术成果的基础上评选产生了3位2011年度北京大学医学部优秀博士后：贾力蕴、韩丽敏、成刚。贾力蕴和韩丽敏同时获得北京大学优秀博士后奖励。

【人事档案管理工作】 校本部 2011年，人档室接收档案7571卷、转递档案6105卷。

表9-31 北京大学校本部2011人事档案构成及转递等情况统计

项目	卷数
在库教职工档案	12783卷
现职（包括博士后）	6662卷
离退	5281卷
辞离遗留（超龄等）	352卷
死亡（5年内）	320卷
其他	168卷
向档案馆移交	53卷
新接收干部档案	228教工＋89＋218博士后＝446（卷）
转出干部档案	67教工＋314博士后＝381（卷）
在库学生档案	34417卷
本科生档案总计	11277卷
研究生档案总计	16123卷
待分待定生档案总计	1278卷
出国学生档案总计	5739卷
档案利用	1191卷
接收档案材料	教工5508份
新生档案接收	2826＋4388＝7214（卷）
毕业生档案转递（含往届遗留）	3739＋1136＋849＝5724（卷）

2011年4月15日，人事部按上级要求提交了学校现职中层干部名单。4月18日，中组部信息中心档案处对干部档案进行了检查验收。在组织部的配合及帮助下，顺利通过了验收。此次中组部的检查验收，对北大干部人事档案工作提出了制度化、规范化和科学化的要求，进一步促进了北大组织人事工作的提升与拓展，提高了北大人事档案管理工作水平。

从2011年3月24日开始，在校园网上给全体毕业生进行了有关人事档案知识的讲解等指导性工作，发布了致毕业生的一封信。

6月23日，召开了北京大学2011级毕业生暨2011级新生档案材料收集归档及转递工作培训会，全面部署毕业生就业工作中与学生档案密切相关的各项服务体系支撑工作。就毕业生暨新生档案材料收集归档及转递的具体工作流程进行了培训。

2011年，毕业生档案总数6507卷（2765本、2881硕、861博）。截至2011年12月15日，已转递4875卷（不含往届）。其中7月12日集中转递3312卷，假期转递528卷。教工档案转递67卷，博士后档案转递314卷。截至12月15日，接收2011年新生档案7214卷（2826本、4388研）。

2011年，学生档案转递系统全面运行。人事档案室努力做好学生就业信息平台毕业生上传档案数据的审核、修改、补充及完善工作，补充及修改毕业生档案数据4800余条，保证毕业生档案安全迅速到达用人单位。同时努力为全校教职工、学生、各级领导及职能部门提供人事档案利用服务，接待查借阅档案1191人次，充分发挥档案的凭证作用，为学校的各项工作提供信息保障作用。

医学部 截止到2011年12月31日，医学部人事处管理档案4606份。含在职职工、博士后、离退休人员、出国人员、去世人员等。

2011年，完成医学部本部接收毕业生、博士后及调入、调出人员档案的接收、审核、转入、转出工作累计342份。

完成日常工作的同时继续完成307份档案装订、新进材料的补装订、历史材料清理及提供查询、解决遗留问题、出国人员档案的规范建库、分类规范管理、数据维护、归档材料登记及完善各类归档材料严格审核再归档工作。办理查、借阅616份，材料归档2576份。

【人才服务与培训中心工作】 校本部 2011年3月，人事部新改版主页正式上线。2011年3—12月，主持"北大人物"栏目组稿工作，每月一篇，介绍北大的优秀学人。

2011年5—6月，设计《北京大学教师手册》的框架并负责内容组稿、统稿和印刷，共计9万字。

全年共办理集体存档人员调入25人，调出手续21人，目前集体存档286人。对集体存档人员，全年办理78份各类证明及介绍材料。集体存档人员年度考核共计39个单位286份存档证明。代收代缴39个单位286人，人事档案管理费共计61222元。

2011年聘用应届高校毕业生参与科研项目研究工作7人。同时，对6位2009年聘用人员、1位2010年聘用人员进行了年度考核。11月，办理完毕2009年聘用的5名毕业生落户手续。

目前转岗富余人员总计58人，离退休人员(含退职)33人，在职人员25人，其中10人有工作岗位。

医学部 人事代理及档案管理工作：2011年新增各类人事代理人员546人，各类人员解除合同92人。截止到2011年12月31日，共接收各类代理人员6870人，终止或解除合同1490人，现有各类代理人员5380人(卫生部代理5205人；北京市代理175人)。

考务工作：2011年完成3231人次专业技术职务及行政职务晋升考试的考务工作。

培训工作：组织721名新教师进行岗前教育理论培训，其中本部40人、附属医院330人、教学医院351人，目前培训还在进行当中。此外对医学部从1996年—2011年组织的新教师岗前教育理论培训情况进行了全面统计和总结工作，16年来共对8025人进行了培训。

技术工人升级考工工作：完成16名技术工人升级考工工作，15人通过考试，有1人需参加2012年补考。

代管工作：目前代管事业编制人员5人，企业编制人员1人，他们分别在不同的临时工作岗位，负责他们日常管理和协调工作。

招聘工作：为医学部本部单位和附属医院在医学部网上发布50多次招聘信息，为用人单位及时提供应聘人员情况和相关信息、回答咨询者提问等。

离退休工作

校本部 学校党委决定，从2011年起增加离退休特困专项补助经费，完善《离退休人员特困专项经费使用办法》，对因瘫痪长期卧床或因癌症、心血管疾病等大手术造成特殊困难的老同志给予特别补助，切实帮助老同志减轻经济负担。

举办"离退休工作政策知识竞赛"，强化二级单位离退休工作人员的政策理论知识和业务水平，中组部老干部局授予北京大学组织三等奖。2011年4月以来，北大作为北京高校重点单位对"进一步加强高校离退休工作队伍自身建设"这一课题进行重点研究，率先自行设计调查问卷，在北大进行问卷调查和问卷分析，为北大，以及高校离退休工作队伍建设提供依据和参考。

4—5月，为纪念中国共产党成立90周年，弘扬党的优良传统和作风，离退休工作部按照中组部和学校党委的决定，在全校离退休同志中组织开展"与党同呼吸、共命运、心连心"征文活动，并荣获组织三等奖。

5月初，以《中国共产党党史》第二卷的出版为契机，离退休工作部邀请北京大学原副校长梁柱教授为离退休干部做党史理论报告，分析中国共产党历史现实情况，总结成败经验教训，增进离退休干部对党的历史的认识。

5月，学校按照国家有关文件，及时规范、提高了离退休人员生活补贴，并补发了离退休人员2010年全年应增加的生活补贴。7月，按照中组部文件精神，为每一位离休干部增发了一个月的基本离休费。

6月初，离退休工作部和宣传部组织召开"北京大学三代党员共话党的建设与发展"座谈会。

6月，离退休工作部等多部门在百周年纪念讲堂联合举办"纪念中国共产党建党九十周年北京大学老年书画、摄影、工艺作品展"。老同志们用中国书画、水彩画、摄影、手工艺品等多个艺术领域作品来表达自己对党九十华诞的喜悦之情。

"七一"前夕，离退休工作部为北大离退休老干部、老党员组织安排两场专门慰问电影《建党伟业》，吴志攀常务副校长在电影播映前向全校老同志报告了学校近期的发展建设情况，并表达了对老干部、老党员的问候与感谢。

7月1日，离退休工作部召开纪念中国共产党成立90周年老干部座谈会。多位年逾八十的老党员、老同志欢聚一堂观看了中央电视台直播的“庆祝中国共产党成立90周年大会”，离退休老同志深情回顾加入中国共产党、参加革命和社会主义建设的奋斗历程，追忆往昔、展望未来。

8—10月，在全校组织开展离退休工作先进集体、先进个人评选表彰活动，召开了表彰大会，校党委书记在大会上发表讲话。

坚持走访慰问制度。走访慰问是传递学校对老同志政治关怀的重要途径之一，逐步形成节日慰问、生日慰问和病号慰问制度，校领导的关心更使老同志们倍感温暖。朱善璐书记到任之初，亲切看望了侯仁之等老先生和王学珍等学校老领导，并在中秋节前夕专门组织召开老领导、老干部、老教授座谈会，认真听取他们对学校改革发展的意见和建议。

北京大学离退休教师中具有高级职称的大约占一半，学校和学院一直非常重视发挥离退休教师的作用，对离退休教师的返聘工作在政策上和经费上给予了大力支持。离退休教师中有20%的人在通过各种形式继续为教学科研做贡献。

学校关心下一代工作委员会组织对校本部和医学部的50位离休干部进行了专门访谈，编撰出版了《赤霞长歌——北大离休干部访谈录》一书，通过离休干部口述的方式，回顾了他们参加革命和在北大工作的历程。

医学部。截至2011年12月31日，医学部（含附属医院）有离退休人员4960人，其中离休243人，退休4717人。医学部本部有离退休人员1397人，其中离休87人，退休1310人。2011年，医学部（包括附属医院）去世离退休人员95人。

离休干部中老红军、原北京医学院党委副书记王承祝享受正部级医疗待遇。彭瑞骢、刘波、赵轩享受副部级医疗待遇。正局级干部有3人，原北京医科大学党委书记彭瑞骢，原北京医科大学校长曲绵域，原北京教育工委副书记、北京青年政治学院党委书记、北京医科大学党委常务副书记徐天民。享受正局级干部待遇2人：刘波、陈化。副局级干部2人：嵇静德、王承祝。享受副局级干部待遇44人。退休干部中有副局级干部9人。

医学部党委认真执行党中央、国务院、北京大学关于老干部的政治待遇和生活待遇的有关政策规定，凡重要文件传达和国内外形势报告等离退休老干部同在职干部同步进行。坚持现任医学部领导联系老领导制度，坚持主管领导向老干部代表通报情况和座谈会制度，坚持重大节日、老干部生病住院探望、慰问制度。

原北京医学院院长马旭于2011年7月8日去世，享年97岁，根据马旭同志生前遗嘱，将遗体捐献给北医医学教育事业。

关心下一代工作委员会编撰《马旭与北医》纪念文集，帮助整理《彭瑞骢回忆录》《彭瑞骢文集》。在建党90周年之际，采访了5位曾在医学部工作过的老干部。在离退休老同志中征文、征集老照片，先后有11篇文章报宣传部，并在报刊和建党纪念刊物上发表。为迎接医学部百年校庆，编辑《翰墨丹青 百年育人》北医离退休人员书画集。

积极组织开展适合老同志们身心健康的各种文体活动，目前老干部活动中心有门球、合唱、民乐、京剧、乒乓球、计算机、书画、摄影、舞蹈等16个文化活动社团。坚持每年组织离退休人员体检，春、秋季各组织一次外出游及离退休人员运动会，丰富了老同志离退休后的精神、文化生活。开展为离退休老同志医疗健康服务活动，组织系列健康讲座，配合校医院为“老医疗照顾人员”发放新就医卡。在离退休人员活动中心设置一台电子血压仪，方便离退休老同志随时观察并了解自身健康情况。

财务工作

【概况】 2011年，学校收入总额753030万元，比2010年的593018万元增加160012万元，增长26.98%。其中，专项经费196587万元，比2010年的134126增加62461万元；非专项经费556443万元，比2010年的458892万元增加97551万元。

2011年学校支出总额为728159万元，比2010年的485894万元增加242265万元，增长49.86%。年末固定资产总额为823652万元，比2010年的675456万元增加148196万元，增长21.94%。

总体看来，2011年，学校收支总量和固定资产总量都保持了稳健增长趋势，这表明学校教学科研事业发展活跃、办学实力进一步增强。

【财务专题分析】 多渠道筹措办学经费 2011年，学校收入具体构成情况如下：教育经费拨款

309028万元，科研经费拨款168676万元，其他经费拨款34007万元，上级补助收入101万元，教育事业收入125229万元，科研事业收入37494万元，附属单位缴款920万元，经营收入1148万元，其他收入76427万元。国家拨款（包括教育经费拨款、科研经费拨款、其他经费拨款和上级补助收入）占总收入的67.97%，是学校办学财力的主要来源；学校自筹资金（包括教育事业收入、科研事业收入、附属单位缴款、经营收入和其他收入）占总收入的32.03%，是弥补办学经费不足的重要来源。学校的事业发展不再单纯依靠国家拨款，而是逐步形成了以国家拨款为主、多渠道筹措办学经费的格局。

1. 财政拨款大幅增加。国家加大对高校教育经费的投入力度，通过实施“985工程”三期、“211工程”、纵向科研基金、重点实验室、基本科研业务费等多个渠道，对学校给予了大力的支持，为学校加快教学科研事业发展，创建世界一流大学提供了资金保障。

2. 自筹经费收入稳定。为弥补办学经费的不足，促进学校的可持续发展，在保证正常教学、科研工作的前提下，学校充分利用自身条件，积极开展各种社会服务，努力发展校办产业，广泛争取海内外捐赠和社会资助。2011年，学校自筹经费收入达241218万元，占总收入的32%，较2009、2010年有一定增长，但从比例上看在一定程度上反映出学校自筹经费的压力在不断增大，需要进一步开拓渠道，加大自筹经费力度。

支出结构合理　2011年，学校总支出为728159万元，教学支出和科研支出占总支出的33.26%和25.57%。这表明学校在支出预算安排上始终以教学、科研为核心，资金投向明确，支出结构合理。

财务指标评价良好　2011年，学校现实支付能力为8.98个月，潜在支付能力8.75个月，非自有资金余额占年末货币资金的比重为31.06%，资产负债率为8.96%，总支出占总收入的比重为96.70%，自有资金动用程度为52.74%。从整体上看学校2011年各项发展潜力指标与2010年相比继续维持在合理的范围之内，学校财务状况处于良性循环状态。

【财务管理工作】　*进一步强化预算管理*　近年来，财政部、教育部不断强调预算管理的重要性，采取了多项措施，如建立预算执行情况简报制度、执行预算与预算执行挂钩制度、项目预算报告制度、约谈制度，建立奖励机制等。北京大学党政领导班子高度重视预算管理工作，专门成立了预算工作小组和预算办公室。2011年，学校在加强财务管理的过程中，进一步明确将预算管理作为龙头和抓手，不断提高预算的科学性、精细化，维护预算的严肃性，对优化资源配置和提高资金使用效率起到了重要作用。一是年初召开三次预算小组会议，讨论研究预算体制机制中存在的问题，逐项审议各部门重大预算申请，审核2011年校级预算，报党政联席会审定。二是年中严格维护预算的严肃性，凡重大预算外资金支出事项，均按照“三重一大”要求上党政联席会审议；同时通过召集会议、电话、面谈等多种形式，提醒和督促相关院系和课题负责人按预算计划进度及时使用资金，努力帮助院长和老师们协调解决预算执行过程中面临的问题。三是年末召集财务部科室负责人和独立核算单位会计主管，汇总研究全年预算执行情况，对预算执行进度不理想的项目加强沟通和督促，加快预算执行。

大力推进国家重大专项建设　今后十年是北京大学创建世界一流大学的关键时期，任务十分艰巨。北京大学按照教育部的要求，进一步完善了《北京大学“985工程”（2010—2020）总体规划》和《北京大学“985工程”工程改革方案》；完成了985三期实施方案的研讨和制订；起草制定了北京大学985工程管理办法和专项资金管理办法的修订工作；组织了985工程新体制科研机构建设研讨会并讨论制定新体制机构的有关管理办法。学校下一步将重点开展人才队伍建设，并实现高水准上重点突破。努力解决院系发展瓶颈问题和新建机构的发展问题。2011年共获得985工程拨款11亿元。

2011年是211工程三期建设的最后一年，按照有关规定，做好项目建设管理工作，确保学科建设任务的完成。本年度共计完成211工程73个子项目的前期审核、审批和拨款等工作。从执行来看，211工程目前总体进展顺利，部分项目已产生一些标志性成果。2010年年底和2011年年初先后对医学部、物理学院、生命科学学院、环境科学与工程学院等建设单位的211工程执行进展进行了中期检查评估。完成了国家发改委专项资金的执行进展排查，并向国家发改委提交有关数据。

“十一五”期间，在教育部、财政部的大力支持和精心指导下，北京大学高度重视修购专项工作，认真组织实施，不断提高资金使用效益，使北京大学的基础设施和办学条件得到了有效改善。2011年获得修购资金拨款1.02亿元，用于16项修缮与设备购置项目。

初步建立资源有偿使用机制　2011年北京大学继续全面推行公用房有偿使用改革，目的在于改变现行公用房无偿分配和使用机制，实行分类定额管理、有偿使用、基础定额（教学、办公）免费、超定额加大收费的原则，建立公用房管理的调控与约束机制。体制上实行学校与院系两级管理，学校主要负责总量分配与管理，保障基础教学、重点科研，以及公共平台用房；

切实发挥院系对公用房调控与管理的积极性,提高调控力度。进一步优化学校房屋资源配置,充分发挥北京大学现有房屋资源的使用效益,并为今后学校公用房的建设和科学管理打下良好的基础。从实施的效果来看,通过公用房有偿使用,学校有限的房屋资源得到了有效的利用,公用房资源逐步得到科学合理的管理。

加大资金统筹力度　近几年是北京大学事业跨越式发展的关键时期,办学空间急需快速扩张,基础设施建设资金需求量十分巨大。由于国家对专项经费用于基建项目的要求非常严格,学校除捐赠、院系自筹外,主要依靠自有结余资金用于基建垫款,资金十分紧张。为在保持学校可持续发展的前提下,进一步加快基础设施建设,满足学校创建世界一流大学需要,财务部会同发展规划部、基建部、总务部等部门,多次在工作中倡导和践行合理控制投资规模,规划项目优先顺序,区分项目,确定经费来源,同时动员校系两级尤其是项目使用单位筹措资金,积极争取建楼捐赠。此外,统筹考虑校级预算和985工程资金结构,增加985工程队伍建设经费,充分利用985经费允许安排修缮的政策,改造老旧教学科研设施。

切实做好国有资产管理工作　2011年,北京大学按照中央加强公务车管理的要求,在全校范围内逐一核对公务车基础信息,包括车辆的使用单位、车辆类型、车牌号、品牌型号、排气量、单价、购置日期、经费来源等,完成了学校公务车信息统计工作,为北京大学严格公车管理,控制"三公经费"提供必要的数据支持。同时,及时汇总各单位数据,按时完成2011年度国有资产决算报表工作。

进一步增强会计核算工作规范化和精细化　一是进一步细化会计核算工作,如对目前有效发票和作废发票进行了梳理,印发了在用各类发票和已经废止发票的票样,供派驻会计和审核人员参考使用,杜绝作废发票报销现象;对历史遗留的专项经费超支进行了逐一清理等。二是调整工作流程,把以前年底的专项工作纳入日常工作中。根据国家近期出台的结余资金管理的文件和预算决算考核的需要,调整了审核工作流程,把原来集中在下半年的专项工作调整为日常工作,如:暂付款冲销、暂存款入账、结余资金清理等等。三是采取措施应对会计核算中出现的一些新问题,如:通过对各院系捐赠收入的调研,理顺了捐赠收入在财务部和基金会的入账流程;编制了基本科研业务费文件汇编;规范了机票报销手续事宜。四是改进了外汇审核流程,如:修改完善外汇服务指南、编写医学部用汇流程、编写科技开发服务指南、开发科技开发分配小程序、编写学费入账模板、运用汇入款查询系统等一系列措施进一步理顺业务,改进工作流程,极大地方便了教师用汇和报销,减轻了院系会计的工作负担,提高了工作效率。医学部进一步推广网银支付业务。2011年将北京市内支票业务纳入网银汇款,大大节约转账支票的使用量,节约了办公成本,缩短教职工等候排队时间,同时也便于及时了解款项的收支情况,减少了年末银行未到账项数目。

大力加强财务队伍建设　学校财务部门每个月举办一次全员讲座培训,内容包括有关国家财政经济的新情况、新规定和新知识,同时还邀请学校资深教授为财务人员传授悠久博大的传统经典文化,树立正确人生观与价值观,提高综合素质;加强会计队伍内部尤其是派驻会计队伍的换岗和流动,提高综合业务能力;全员参加每年的会计培训。通过会计培训,进一步加强高校财会队伍建设,强化政策和业务学习,着力打造一支政治可靠、业务精炼、作风优良、清正廉洁的队伍,不断提高管理水平,提升工作效率和质量,推动学校事业的全面协调可持续发展。

持续推进"小金库"治理工作　全面深入推进"小金库"治理工作,努力构建长效机制,预防和惩治"小金库"的滋生是高校党风廉政建设和反腐倡廉工作的重要任务之一。2011年,在学校"小金库"治理工作领导小组的领导下,认真学习了9月23日中共中央政治局常委、中央纪委书记贺国强同志在出席中央反腐倡廉专项治理工作汇报会上的讲话,研究制订下一步工作计划,通过宣传教育、完善制度、监督检查三者的有机结合,努力构建长效机制,把治理工作和反腐倡廉融入日常工作中的各个环节,坚持行之有效的收费自查和内部抽查制度,加大对"小金库""账外账"等的惩治力度,坚决遏制"小金库"的发生,促进学校各项事业持续健康协调发展,为创建世界一流大学提供良好的内部环境。

努力提升窗口服务质量　北京大学财务人员深刻认识财务工作在推进建设世界一流大学中心工作中的职责和使命,以服务师生为重点,以群众满意度为导向,以完善服务机制、加快服务转型、提升服务水平为突破口,在"主动服务、透明服务、个性服务"上不断努力,认真解决财务服务热点和难点问题,充分激发窗口服务人员为师生服务、创先争优的热情。

1. 主动服务。财务部领导班子明确提出,每一名员工要充分认识自己在创建世界一流大学中的作用,以高度的责任感和集体荣誉感,立足本职岗位,积极主动工作。针对老师们反映的科研项目预算编制要求高,可能导致评审预算难以通过、造成资金使用浪费等问题，财务部在上级规定的指导下，积极主动为科研老师想方设法，包括：根据国家政策和学校实际为科研课题负责人编写有指导性的预算编制建议；聘请财务专家和技术专家来校为老师讲解预算评审环节容易出现的问题；通过邮件、面谈等多种形式帮助老师审核预算初稿，提出修改意见等。通过这些措施，在帮助老师们合理争取更多科研资金的同时，也指导老师按照项目需要使用资金，发挥资金的最大效益。

2. 透明服务。为满足老师查询各项经费、收入，以及学生查询各项奖助学金，学校财务部门大力加强财务信息化建设，开发经费查询系统，逐步实现和完善了财务数据网上查询功能，基本满足师生员工查询了解财务信息的需求，稳步推进财务信息公开。一是主动向学生提供各类财务信息。每周五将各类学生补贴提交银行的同时，通过BBS、邮件和短信等形式告知广大同学，请他们及时查收；同时，将数据上传到校内门户，学生通过登录校园门户即可查询。二是升级各单位主管财务负责人经费管理和查询系统，将专业的财务信息转化为易于理解的财务信息，实现财务主管轻松查询本单位财务状况，做到一目了然。三是开发职能主管部门经费查询系统，方便随时查询所负责的经费使用情况，更加合理地调配资源。四是方便有科研课题经费的老师网上查询本人科研经费的到账、使用和预决算情况，便于及时、合理地安排经费使用。五是学校在职教职工可以查询自己的工资情况，做到心中有数。

3. 个性服务。实施派驻会计制度以来，充分发挥派驻会计的作用，服务前移，逐步实现"后台变前台"的转变，主动和教师、课题负责人对接，深入了解他们的需求和困难，积极提供专业的个性化业务指导，让老师们在财务上少耗费时间，把更多的精力放到教学科研、人才培养等中心工作中去。自本学期开始，学校在部分院系开展了派驻会计精细化服务试点工作，对相关人员进行了两轮业务培训。试点单位的会计除了正常做好老师的日常财务报销工作外，每月还为课题负责人提供一份课题经费使用报告，内容包括经费的类别、已开支经费是否合理、未开支的经费情况、使用建议等等，帮助老师及时、合理地使用经费。这一举措取得了良好效果，受到试点院系老师的一致好评。

审 计 工 作

【概况】 2011 年，北京大学审计室共完成审计审签项目(出具审计报告、意见)958 项，包括综合管理审计、建设工程管理审计、建设投资评审等 4 个方面 11 类工作，详见附表。

为学校增收节支、创造效益 通过加强内部审计的管理控制作用，促进学校资源利用效益不断提高，除去隐性效益之外，显性效益主要包括：通过造价审计，为学校直接减少工程费用 1217 万元；通过月度拨付款审计，为学校直接减少拨付款 4063 万元；建设工程投资控制在学校批准的规模以内。

为学校防范风险 揭示资金资产管理控制风险，防范资金资产安全风险；纠正和调整违法违规事项，防范学校违规风险；促进内部管理与控制机制建设；提出促进内部管理控制机制建设的意见和建议数十条，促进了二级单位内部控制建设和管理活动的规范运行。

2011 年 9 月，因在促进学校完善内部管理控制和提高资源利用效益方面的绩效，北京大学审计室被评为全国内部审计先进集体。

【综合管理审计】 综合管理审计面向"业务、控制、风险"，关注"利用资源、开展业务、取得绩效"的过程和结果，围绕管理职能中的决策、计划、控制职能展开，把"三重一大"经济事项决策、预算管理、内部控制建设与执行情况作为主要审计内容。

1. 学校预算执行审计。根据教育部要求和《北京大学预算执行与决算审计规定》，组织开展预算执行审计。由于此项业务长期持续开展而且学校资金量大、二级单位数量较多、业务复杂等特点，2011 年着重体现了"一个理念、两个目标、三个导向、四个重点、五个结合"。一个理念就是，内审开展的预算执行审计不同于国家审计部门开展的预算执行审计，它不仅是一项单独的审计，还是内部审计各类业务的一个统领，应结合各类业务统筹考虑，全面审计，突出重点；两个目标就是，通过预算执行审计促进资源管理运行控制机制有效改善、资源配置和利用效益有效提高；三个导向就是管理审计导向、绩效审计导向、过程审计导向；四个重点就是特别关注重大事项、重要资源利用、非常规业务、管理衔接部位等；五个结合就是把预算执行审计与大额资金月度审计审签相结合，与二级单位综合管理审计相结合，与领导干部经济责任审计相结合，与科研项目审计相结合，与建设工程管理审计相结合。

预算执行审计通过合理确定审计目标和方式，科学整合审计资源，既提高效率又提高效果，促进了学校预算管理规范化程度的不断提高。

2. 学校大额资金月度审计审签。2011年，严格执行教育部“银行对账单双签制”的有关规定，按照《北京大学大额资金审计审签办法》的要求对学校（包括学校本级和21家二级独立核算单位）的10万元以上大额资金支出进行审计，特别是对非经常性业务开支重点审核。通过这些工作，规范了大额资金的支出程序，完善了资金管理的内部控制，确保了资金安全。

3. 二级单位综合管理审计。2011年开展二级单位综合管理审计16项。并对涉及学校利益流失的重要问题进行了后续审计与督促整改。通过审计，防止了学校资源、资产收益的流失，防范了学校风险。通过审计，促进二级单位建立健全“三重一大”决策机制、预算管理机制、内部控制机制等，进一步规范了内部管理。

4. 以“综合管理审计”为基础的经济责任审计。（1）根据《北京大学中层干部任期经济责任审计办法》，对领导干部依法行政、规范管理、取得绩效的情况进行审计。在规范管理方面，把“三重一大”事项决策、预算管理、内部控制建设与执行情况作为主要审计内容。（2）在经济责任审计中，加强了调研和访谈，听取被审计单位副职和内设机构负责人意见，全面了解和掌握领导干部履行职责情况，并对审计结果多方听取和征求意见，不断提高审计水平。（3）在经济责任审计中，进一步加强了经济责任审计联系会议的作用。学校组织、纪检、审计等部门共同研究经济责任审计中遇到的问题，强化审计结果的利用。（4）通过审计，为学校党委选拔和任用干部提供参考，促进领导干部和领导班子全面掌握本单位管理状况，促进领导干部认真履行所承担的经济责任，促进单位进一步完善内部管理机制，规范内部管理。

5. 科研项目审计审签。根据国家部委有关规定，完成科研项目审计审签354项。其中包括部委委托军工科研项目审计2项。

【开展建设工程投资评审】 根据《北京大学建设工程投资管理办法》，学校成立了建设投资评审小组和投资评审办公室，加强了对建设工程投资的监管，规范了立项批准程序。对投资计划、投资估算等进行评审，确定建设投资的控制目标，促进工程管理部门进行限额设计，在确保满足工程项目使用功能和质量性能的前提下，尽可能节约经费，控制工程建设开支，提高建设经费使用效益。学校基建部门、总务部门、会议中心等管理的50万元以上工程全部纳入学校建设投资评审管理范围。投资评审办公室由学校审计部门兼管，根据新建工程和改造工程的不同特点，采用切实可行的方法和程序，及时有效地为建设工程投资评审小组审定投资计划提供决策支持。2011年4月，学校调整了投资评审小组，由周其凤校长担任组长。2011年对生命科学大楼、环境科学大楼等13项新建工程和修缮改造工程投资计划进行了评审，确定了投资标准和规模，对建设投资形成了有效约束，为提高建设资金使用效益打下了基础。2011年，投资评审办公室还对投资评审申报过程、内容进行了规范，完善了相关管理部门会签程序，对申报内容做了进一步结构化、精细化的规范。投资评审成为学校控制建设总投资、提高资源利用效益的有效管理手段。

【开展建设工程管理审计】 1. 开展造价审计。（1）概算审计。在设计阶段，对设计概算进行审计，提高投资控制的精确度，促进把投资控制落在实处。（2）洽商变更事中审计。目前各地开展的全过程审计对于施工过程中的各类事项，事无巨细都要由审计机构审核确认，不利于突出重点和提高效率。学校审计部门在对过去几年开展的第一阶段的全过程审计项目分析研究的基础上，在第二阶段全过程审计中采取了新的模式。在施工阶段，洽商变更当中主要对10万元以上项目进行重点审核。更加突出了对重要内容的重点审核，较好地处理了管理控制与运行效率的关系，促进了施工阶段过程审计的有效开展。（3）结算审计。在竣工阶段，继续对经过监理公司和工程管理部门初审过的工程项目进行二次审核。2011年，审结10万元以上的竣工项目143项，其中送审金额85724万元，审定金额84657万元，审减金额1067万元，二次审核审减率为1.24%。

2. 开展招标项目审计。根据《北京大学建设工程项目招标管理办法》，促进建设项目招标机制不断完善。2011年参与基建部、总务部、会议中心等部门组织的50万元以上招标评审99次，促进材料设备市场询价机制的建立和落实，促进提高采购资金效益。

3. 开展财务月度拨付款审计。基建部、总务部、会议中心等工程管理部门的月度工程款经过基建财务室、总务财务室审核后，报学校审计室进行审计。2011年送审金额65447万元，审定金额61384万元，审减4063万元。通过审计，加强了对建设资金的监管，减少了学校工程款支付的风险，提高了学校资金利用的效益。

4. 开展建设工程管理审计。

除在前述有关重点环节设置审计控制机制外，还对工程管理情况提出审计意见和建议，旨在促进工程管理部门进一步完善内部管理机制，促进工程造价有效控制，提高建设资金效益。

5. 开展肖家河项目拆迁管理审计。2011 年，按照学校要求开展了肖家河项目拆迁管理审计。在肖家河项目拆迁正式启动之前，组建审计项目组，梳理拆迁流程，分析拆迁风险，督促肖家河项目建设管理办公室完善拆迁管理相关流程与控制措施。肖家河拆迁正式启动之后，安排人员参加拆迁指挥部资金联审组会议 9 次，会同审议拆迁协议 132 份，支付补偿款 2.47 亿元，安置房屋 3.34 万平方米。在审议的过程中与学校相关部门人员一起督促规范拆迁工作流程，完善付款审批手续，降低拆迁风险，发挥了重要的建设性作用。

此外，学校审计部门作为学校有关专门委员会的成员单位(包括建设投资评审领导小组、产业管理委员会、校园规划委员会、肖家河项目领导小组、五道口项目领导小组、建设工程招标领导小组、仪器设备招标领导小组、国有资产管理委员会、收费管理领导小组等 10 多个专门委员会)，在 2011 年参与了上述专门委员会的相关工作，充分发挥了内部审计的建设性作用。

【专业化队伍建设】 1. 坚持专业化、职业化内部审计人员的培养。建立一支专业化、职业化、适应国际内部审计发展与世界一流大学建设的内部审计队伍是北京大学内部审计队伍建设的目标，经过近年来的努力，以国际注册内部审计师为骨干的审计队伍基本形成。

校本部 70%审计人员具备国际注册内部审计师资格，40%审计人员具有中国注册会计师资格。此外，还有注册造价工程师、注册税务师、注册资产评估师、注册价格鉴证师等专门人才。审计队伍由多学科复合型人才组成，既拥有多种职业资格，又具有较强的解决复杂问题的能力，这成为北大审计队伍的重要特点。

2. 坚持集体学习制度，提升现代内部审计理念。2011 年，组织集体学习 10 次，对 10 个专题进行学习和研究。学习内容主要包括国家经济发展前沿专题、内部审计与内部控制、组织治理的前沿课题、国家和行业有关制度与政策的最新变化、审计技术与策略等。

3. 坚持开展案例研讨，提升审计实战能力。2011 年，审计部门开展了审计案例研讨活动，利用三个时段对十个案例进行了讲解、分析、讨论、点评。案例涉及综合管理审计、内部控制审计、经济责任审计等多方面内容。

4. 坚持修订完善审计手册，确保审计品质。2011 年，审计部门对部门审计规范进行了全面修订。修订后的《内部审计手册》包括《行政管理规则》《业务管理规范》《业务操作规程》等三个部分十几类规范化的文件。

表 9-32　2011 年审计项目情况简表

方面	类别	数量
一、综合管理审计	1. 学校预算执行审计	1
	2. 学校大额资金月度审计审签(校级、二级共 22 个单位)	264
	3. 二级单位综合管理审计	16
	4. 经济责任审计	7
	5. 科研项目审计审签、专项审计	355
	小计	643
二、工程管理审计	6. 造价审计(包括概算、洽商过程审计、结算等)	157
	7. 招标审计(包括招标文件、合同等)	99
	8. 财务月度拨付款审计(3 个部门、单位)	35
	9. 建设工程管理审计	10
	10. 拆迁管理审计	1
	小计	302
三、建设投资评审	11. 建设工程投资评审	13
四、参与专门委员会工作	包括建设投资评审领导小组、产业管理委员会、校园规划委员会、肖家河项目领导小组等 10 多个专门委员会	
合计		958

房地产管理

【概况】 2011年,在学校党委、行政的高度重视和大力支持下,房地产管理部继续围绕创建世界一流大学的目标和要求,进一步加强了对学校土地、房屋、家具资产的科学管理与合理调配,重点做好了公用房管理改革和五道口教师住宅置换售房等专项工作,以及公用房的调配与管理、教职工住房与教师公寓的分配与管理、住房制度改革与房改售房、房地产产权管理、房屋维修日常管理、家具资产管理、人防工程维护与管理等常规工作。

2011年7月,学校批准增设房屋维修管理办公室和家具管理办公室,使房地产管理部的工作职能得到进一步充实。

2011年年底,北京大学占地面积2742343平方米;各类房屋建筑面积2205386平方米,其中教学、科研及辅助用房749621平方米,行政办公用房42511平方米,学生宿舍399596平方米,教职工住宅(含集体宿舍)336264平方米。

【公用房调配与管理】 校本部 (1)公用房分配与调整。2011年,在方正电子楼、原校医院门诊楼及平房、理科5号楼、电教大楼、学生活动中心楼为计算机科学技术研究所、生物动态光学成像中心、城市与环境学院、信息科学技术学院、分子医学研究所、量子材料科学中心、理论生物学中心、审计室、离退休工作部、保密办公室等19家单位调配5660平方米的科研及办公用房。同时,积极配合发展规划部推动太平洋大厦的接收和分配工作。本着资源节约、有偿使用的原则,对学校公用房进行合理有效的配置,进一步加大违规占房等不合理用房的清退工作。(2)搬迁周转工作。2011年,学校拟开工建设学生活动中心大楼、新闻与传播学院楼、对外汉语教育学院楼,并对物理楼、理科楼群公共教室楼、理科楼东连廊、北京核磁共振中心等旧楼进行扩建改造。需要对校内16—18楼、校内25—26楼、核磁共振中心西部水电中心二层小楼、物理大楼东平房等建筑进行拆除或改造,涉及工学院、学生资助中心、保卫部、图书馆、考古文博学院、房地产管理部家具库、审计室、水电中心等多家单位的搬迁周转安置。经房地产管理部的积极协调,在电教大楼、资源西楼、畅春新园2号楼地下室、校内冰窖平房等为搬迁单位提供了1760平方米的周转用房,保证了学校建设工程的顺利开工。(3)公用房竣工验收工作。2011年,北京国际数学研究中心、人文大楼、工学院交叉学科研究院1号楼等新建工程,以及理科楼群公共教室楼、物理楼加建加层工程、邱德拔体育馆地上1层和地下1层改造工程竣工。新增建筑面积49000平方米,其中:新建33000平方米,改造增加16000平方米。

医学部 在完成医学部《国有土地使用证》变更工作后,开始进行医学部《房屋所有权证》变更工作,目前已进行到准备资料,提交海淀区建委审批这一阶段。

【公寓及住房日常管理】 校本部 (1)房屋维护。完成公共楼道粉刷检修,主要包括中关园1、2、3公寓,50甲、50丙、501—506号楼,共11栋楼宇,约18000平方米的粉刷工作。开具房屋维修通知单324份,公寓粉刷检修60处。(2)房屋整理。2011年,学校回购已售公有住房2套;清理、收回因历史原因未腾退房屋29套(间)。2011年10月,完成了北京大学高级访问学者公寓三期9套房屋的装修工程和设备采购工作,并投入使用。(3)供暖费、物业费、房租支付。2011年,支付无房教职工自购房及住外单位福利房职工供暖费约91.8万元;西二旗778户供暖费约188万元;西三旗育新花园小区、六道口静淑苑小区供暖费121.2万元和物业费57.2万元;方正集团畅春园60楼租金89.76万余元。(4)办理住房相关手续。办理住房调查表、开具住房证明452人次;办理退休、病故、调出转单131人次;房租调整662人次;发放与回收(初审)新进人员住房调查表149人次;回收退房86人次;办理博士后进站教师公寓分配66人次,出站退房70人次;办理访问学者公寓、校内集体宿舍入住、调整及退房手续800余次。

医学部 (1)清理教职工公寓1套。(2)供暖费、物业费支付134.8万元。(3)办理住房调查表、开具住房证明170人次;房租调整105人次。

拓展教职工住房和教师公寓房源 为缓解教师住房压力,房地产管理部主动联系和组织商品房团购。2011年6、7月间,"筑华年"商品房团购项目取得较好效果,共有598名教职工报名参加摇号,其中97户挑房选号,最终争取到校企合作优惠折扣价格。经过协调和努力,继续整体租用方正集团畅春园60楼44间青年公寓,缓解学校教师公寓房源不足的状况。与特殊用房管理中心协调沟通,顺利解决2011年应届毕业留校教职工房源。

【土地与房屋产权管理】 完成综合体育馆的测绘工作,完成理科1、2、3、5号楼,以及光华楼、电教大楼、二教、三教、四教的楼角点测绘工作。完成中央单位用地数据库信息系统的建设及数据完善工作。上报《中央国家机关在京单位2012年度土地利用计划表》。办理海淀区苏家坨镇寨口村44号的国有土地使用权证。推动万柳公寓、资源西楼国有土地使用证与房屋所有权证变更办理工作。

人防工程管理　(1) 按照教育部人防办公室对人防工程使用管理进行调查统计的要求，上报我校 39 处人防工程的《人防工程使用管理数据表》。准备人文大楼 1—6 号楼新建人防工程验收材料，上报国管局，等待验收。(2) 按照国管局《关于开展中央国家机关地下空间综合整治工作的通知》要求，做好我校普通地下室综合整治的前期准备工作：填报我校 62 处普通地下室的基础数据表，搜集全部图纸进行扫描，确保地下空间数据的完整性和准确性。(3) 配合保卫部填报《地下空间消防基础情况统计表》。

房屋维修管理　2011 年 12 月，委托中电投工程研究检测评定中心对中关园 1、2、3 公寓现状结构进行检测和安全鉴定。委托北京首华物业管理公司对东城区礼士胡同 141 号院进行屋顶除草，消除消防隐患。对电教楼一层离退休工作部临时办公用房进行维修改造。批准信息科学技术学院、心理学系、计算中心、会议中心四家单位的维修和改造申请，并转基建工程部具体安排。

【房改工作】　2011 年，学校住房制度改革工作主要包括房改售房、住房改革资金测算和教职工住房补贴发放等工作。

房改售房　1. 校本部重点解决好特殊情况和遗留问题，为 69 户教职工家庭办理了购房手续并发放房屋所有权证。与工会共同组织召开关于我校已售公有住房上市政策的教职工座谈会。

2. 医学部积极和海淀区房管局相关部门联系办理 2002 价《房屋所有权证》事宜，逐步推进医学部 2002 价 124 名职工产权证办理。

住房改革资金测算　按照国家要求和学校规定，为新进校职工及时建立住房档案。同时，对我校现有教职工住房档案进行完善。编制上报北京大学住房制度改革支出预决算报表，为今后我校住房制度改革顺利进行奠定良好基础。

教职工住房补贴发放　1. 校本部全年为 2561 名无房及未达标教职工发放住房补贴 4763 万元，其中为 442 名新进职工及时核定和发放住房补贴及临时生活津贴，并继续做好老职工住房补贴拾遗补缺工作，为 257 名老职工核定和发放了相关住房补贴。

2. 医学部：(1) 2011 年，住房补贴共计发放 924 人共计 1369 万元，其中发放 915 人无房户住房补贴共计 1328.91 万元，未达标 9 人共计 40.09 万元。(2) 2012 年，住房补贴预算上报 1026 人共计 1771.44 万元。(3) 2011 年，进一步完善和规范了北京大学医学部教职工住房情况调查的审核及签章等工作程序，累计建立教职工住房档案 2905 份。

【家具资产管理】　从 2010 年开始，我校各单位全面使用家具管理系统进行家具的申报、购置和报废，家具报销更为规范。2011 年，全校购置新家具 23490 件，共计 17191682.38 元，全校报废家具 1120 件，共计 924708.40 元。

【推进公用房管理改革】　2011 年，房地产管理部继续大力推进公用房管理改革，全面贯彻落实《北京大学公用房管理条例》及实施细则，取得重大突破，完成全校 37 家教学、科研单位的公用房数据盘查、定额测算、协议签订等工作。截至 5 月，全校 37 家单位全部完成 2010 年度房产资源使用费的交纳工作，缴费金额达 4353.1 万元。11 月以来，调整后的公用房管理改革工作小组正在加紧修订完善《北京大学公用房管理条例》及实施细则。目前，2011 年度公用房定额测算工作已经启动，院系科研单位正在核对公用房、人事、学生等测算数据。

2011 年，房地产管理部启动了虚体科研机构的公用房收费改革工作，收效显著，房产资源使用费收费金额比 2010 年度增长了近 2.3 倍。教辅单位、校机关、后勤、产业、商业用房将逐步纳入公房管理改革范围。

为配合学校公用房管理改革，提高公用房管理的信息化、实效性和透明度，房地产管理部加快了校级房地产信息系统，以及院系级公房管理子系统的开发和研制工作。目前，公共查询系统研发工作基本完成，公用房管理信息系统(院系版)已上线试用，二级单位公房基础数据不断更新完善。

【启动五道口教师住宅置换售房工作】　2011 年，在学校党政领导的大力支持下，在北京市、海淀区领导的关心和帮助下，房地产管理部深入推进五道口教师住宅置换售房工作。3 月以来，数次召开施工进度协调会、审核定价沟通会、住房政策咨询会、置换售房领导小组和工作小组联席会议。12 月 19 日，学校举行教代会执委会扩大会议，就《实施办法》向教代会执委、工会常委、教代会生活福利工作委员会委员、工会生活福利委员会委员、教代会民主管理与监督工作委员会委员和教代会暨工代会各代表组长、二级单位工会主席征求意见。12 月 22 日，学校党政联席会正式通过了《五道口教师住宅置换售房实施办法》(校发[2011] 186 号)。12 月 23 日，学校召开五道口教师住宅置换售房工作布置会，正式启动申请、审核、排榜和选房工作，预计于 2012 年春节前基本完成。12 月 29 日，学校主要领导召集五道口教师住宅置换售房专题工作会，对群众工作进行部署。

【内部建设】　为了优化工作流程，提升服务质量，加强队伍建设，提高管理水平，2011 年，房地产管理部在加强单位自身建设上不断努力：

1. 形成业务培训和工作交流机制。2011 年，房地产管理部一共举办了 4 次培训交流会，通过集体学习、头脑风暴等形式，理清管理思路，解决工作中的疑难问题，突出重点，破除科室壁垒，打造两型组织。

2. 加强与国际国内高校房屋管理同行的联系。进一步扩大与国际高校房屋管理协会、全国高校房地产管理专业委员会的工作交流，组织业务骨干到兄弟院校调研。

3. 加大部务公开和督查督办力度。变被动接访为主动公开，向纪委监察室、审计室、工会和党办校办督查室4家单位就住房申请分配、住房补贴发放和公用房分配调整等情况进行专题汇报。完善部内公文流转制度，及时提交《关于校领导批转件落实情况报告》。高度重视教师公寓申请资格和教职工住房补贴申请资格的公示工作，名单在校内门户通知公告栏中予以公示，平均点击率高达2000人。

表9-33　2011年北京大学土地基本情况汇总表

序号	土地坐落	面积/平方米
1	海淀区颐和园路5号	1016971.00
2	海淀区颐和园路102号(蔚秀园)	84851.11
3	海淀区北京大学畅春园	60644.06
4	海淀区成府路燕东园	185073.10
5	海淀区北京大学中关园	160200.70
6	海淀区北京大学承泽园	58748.41
7	海淀区清华南路4—7公寓	15732.44
8	海淀区骚子营北京大学燕北园	94472.54
9	海淀区中关村19号楼	663.66
10	海淀区中关村23号楼	651.55
11	海淀区中关村25号楼	1017.84
12	海淀区中关村26号楼	1045.24
13	海淀区中关村北二条街3号	13182.95
14	海淀区中关村北二条街7号	1527.07
15	海淀区大泥湾北大附中	55485.32
16	海淀区北河沿3号楼	581.68
17	海淀区上地朱房	7529.80
18	海淀区教养局10号	353.80
19	海淀区苏家坨镇金仙庵	16779.40
20	海淀区苏家坨镇金仙庵朝阳院	6667.00
21	海淀区苏家坨镇寨口村44号	1681.83
22	东城区黄米胡同7号	837.00
23	东城区黄米胡同9号	400.00
24	东城区礼士胡同141号	375.20
25	东城区东高房胡同21号	3093.00
26	昌平区十三陵镇北京大学昌平园区	346296.00
27	昌平区十三陵镇西山口村南	3935.00
28	昌平区十三陵镇西山口村南苗圃	11260.00
29	昌平区十三陵镇太陵园村东南侧	1938.00
30	昌平区南口镇太平庄村	6667.00
31	昌平区十三陵镇北京大学昌平园区污水处理池	120.00
32	海淀区海淀路36号	589.44
33	海淀区海淀路38号	777.79
34	海淀区海淀路44号	132.61
35	海淀区海淀路46号	1548.05
36	海淀区海淀路50号	2150.52
37	海淀区蓝旗营教师住宅小区	25323.84
38	海淀区蓝旗营教师住宅小区商建	5964.45
39	海淀区北京大学畅春新园学生宿舍	19999.94
40	海淀区北京大学篓斗桥学生宿舍	7775.00
41	海淀区北京大学成府园	102212.30
42	海淀区万柳大学生公寓	23557.61
43	海淀区学院路38号(医学部)	389130.90
44	西城区草岚子胡同8号(医学部)	4398.60
合计		2742342.75

表 9-34　2011 年北京大学房屋基本情况汇总表

类别	校本部建筑面积/平方米	医学部建筑面积/平方米	合计建筑面积/平方米
一、教学科研及辅助用房	599035	150586	749621
其中公共教室	47280	33530	80810
图书馆	57438	10024	67462
体育馆	35485	2700	38185
会堂	12419	3492	15911
实验室其他教学科研及辅助用房(院系)	446413	100840	547253
二、行政办公用房	30480	12031	42511
三、生活用房	781731	114008	895739
其中学生宿舍	313326	86270	399596
教工集体宿舍	107796	1530	109326
学生食堂	39601	3173	42774
生活福利及其他附属用房	321008	23035	344043
四、教工住宅	60561	166377	226938
五、产业用房	192878	5630	198508
六、附小、附中用房	92069	0	92069
总计	1756754	448632	2205386

注：上表所列面积为含地下室建筑面积。

表 9-35　2010 年北京大学教职工住宅汇总表

区片	套数/套	建筑面积/平方米
主校园内	96	9834.00
医学部校内	1312	82642.88
附中	108	6000.00
中关园(含科学院)	1286	79083.00
蔚秀园	817	43403.00
畅春园	662	31790.00
承泽园	394	24961.00
燕东园(含清华园)	884	51698.00
燕北园	1390	96700.00
蓝旗营	641	75600.00
西三旗	535	41660.30
其中 1. 校本部	447	35322.01
2. 医学部	88	6338.29
六道口	102	7368.20
其中 1. 校本部	83	5994.30
2. 医学部	19	1373.90
燕东园小楼		3134.00
燕南园小楼		2754.00
校本部筒子楼		17666.00
平房		9522.00
其中 1. 校本部		8849.00
2. 医学部		673.00
合计	8227	583816.38

注：校本部教职工住宅中(1) 筒子楼为蔚秀园 23 楼、科学院 19 楼、校内 44 楼、校内 18—24 楼；(2) 西三旗和六道口建筑面积为产权证面积；(3) 燕东园小楼、燕南园不含转办公用房面积。

肖家河项目建设

【概况】 2011年是肖家河教工住宅项目的关键之年,也是取得突破性进展的一年。北京大学领导高度重视、正确领导,在校内外各单位的大力支持下,建设办公室积极参与、密切配合政府相关部门,协调组织专业公司,克服重重困难,取得了腾退拆迁工作的阶段性成果;同时继续深入推进项目立项、规划设计及工程报批手续,为项目开工建设奠定了坚实基础。

【腾退拆迁】 肖家河重点村是北京市政府2010年确定的50个挂账村之一,与其他重点村相比,情况更为复杂,腾退拆迁工作难度更大。针对肖家河地区的实际情况,北京大学与海淀区委区政府进行多次研究,创新区校合作新机制,确定了"北京大学是项目主体,海淀区是推进主体"的腾退拆迁工作机制,联合设立肖家河地区腾退工作指挥部,鞠传进副校长和穆鹏副区长共同担任总指挥。指挥部下设综合协调组、政策研究组、资金管理组、腾退安置及宣传动员组、规划建设组、维稳法务组和资金联审组等七个工作组。按照肖家河地域情况划分为两个片区,由海淀镇和马连洼街道分别负责协调本片区腾退拆迁工作。建设办公室代表北京大学参加指挥部和各工作组,全程参与确权、评审、安置房销控、资料整理、资金保障等业务工作,同时作为指挥部的现场办事机构,协调落实指挥部的决定,并承担了会议组织、情况汇总、信息报送、宣传联络及后勤服务等大量综合性事务。

腾退拆迁准备阶段 1. 2011年5月,指挥部决定启动入户调查工作。建设办公室集中力量,配合组织入户动员培训会,制作、张贴悬挂横幅、标语,印制发放宣传材料,营造有利的氛围。建设办公室同志与街、镇干部和专业公司人员组成15个入户工作组,走街串户,宣传动员,收集信息,圆满完成了入户调查工作,入户测量率达80%,为制定腾退政策及启动拆迁提供了前提条件。

2. 入户调查结束后,建设办公室配合区政府相关部门研究制定了腾退拆迁补偿安置方案及实施细则,并加紧印制了《肖家河新村宣传册》和《致海淀乡经济合作总社社员的一封信》,做成"明白袋"向群众发放,全面系统介绍肖家河项目拆迁政策和相关法规,动员群众尽早拆迁。

3. 安置房的选房和销售是拆迁工作必不可少的重要环节,海淀区其他重点村均聘请专业的销售机构负责该阶段工作,需要支付上千万元的服务费用。为尽可能降低综合成本,建设办公室抽调力量,组建了安置房销控团队,从安置房选房大厅选址、布置,制作回迁安置楼沙盘、户型模型、展板及销控图表到制定销控流程,在咨询请教专业人士的基础上,从无到有,从陌生到熟练,结合项目特点,创造性地建立了一整套完善的房屋销控体系。全体同志热情服务,严谨工作,保证了销控工作的有序进行。

实施腾退拆迁 2011年10月20日,腾退拆迁进入实施阶段。建设办公室全程参与审核确权、资金联审、补偿发放、选房交房等各个环节的业务工作,同时承担了确权会、评审会、组长会、核心工作会和指挥部会议的组织、撰写会议纪要,以及后勤服务等大量日常事务。建设办公室全体人员放弃休息日连续工作,克服困难,尽心尽职坚守工作岗位。

1. 建设办公室牵头制定了《肖家河重点村腾退安置资金管理办法》,规范腾退安置资金的审核与发放;组织校内外相关单位召开资金联审组会议。拆迁过程中,根据拆迁方案和上述资金管理办法,设专人参与腾退安置组对宅基地、房屋和人口的确认审核工作,参与资金管理组对拆迁协议中有关补偿安置标准和资金使用情况等的审核工作,组织进行资金联合审议,坚持原则,严格把关。同时建设办公室参照现有重点村改造模式,聘请专业的审计公司参与监管项目拆迁资金,以加强"阳光工程""廉洁工程"建设,预防腐败现象的发生。

2. 建设办公室建立了完善的数据汇总、进展分析,以及信息收集、报送、上报机制,工作信息实行每日一报,拆迁进展情况、项目投资情况分别报送北京大学肖家河项目建设领导小组、总指挥和区委区政府相关部门;根据拆迁进展情况,编写、印制《肖家河快讯》共10期,有针对性地解答群众关心的热点问题,正面引导动员群众支持拆迁工作。

3. 建设办公室与区政法委、公安分局及派出所、信访办等各单位密切配合,深入了解掌控社情动态,将维护稳定贯穿腾退工作全过程,多次参加信访接待,就拆迁群众关心的回迁安置房户型、朝向等问题及时解答、充分沟通,打消了群众疑虑。建设办公室会同北京大学两办、保卫部、燕园派出所等单位,配合政府部门和当地公安机关,成功化解了两起群众准备到北大聚集上访的事件,协调马连洼派出所,全程陪同群众代表到北大递交意见书,并及时做出明确回复,有效化解了矛盾,切实维护了北京大学声誉和正常的工作、学习秩序,稳定了拆迁大局。

4. 截止到2011年12月31日晚24时,已完成550个院落的入户测量工作。已签订腾退协议132份(116个院落),涉及安置人口492人,占总院落的17.98%。回迁安置427套住宅,建筑面积3.34

万平方米。其中已拆除151处院落，拆除面积3.78万平方米。已为107位被腾退人发放了补偿款，累计发放资金20571.1万元。

【规划设计】　取得《建设项目选址意见书》　2011年1月底，建设办公室组织设计单位完成了报市规委和市文物局规划设计方案图册的编制、装订和申报工作；2011年5月取得了北京市政府对控规调整的批复；2011年7月中旬取得新的钉桩成果报告（2011拨地0487），2011年8月初取得新版《建设项目选址意见书（城镇建筑工程）》（北京市规委2011规选字0026号）。取得新版规划意见书标志着项目第三次规划调整得以实现，沿圆明园西路两侧三个地块的建筑高度均提高至最高30米，地上建筑规模增至62.8万平方米，同时调整了机动车停车泊位比例及还建商业、配套设施和公共绿地的布局，并为妥善迁建西郊机场导航台提供了前提条件。

确定规划设计方案　在规划设计工作中，坚持内外同步进行的总体思路，即深化项目规划设计方案的同时，积极准备市政条件；同时将方案深化分层为几个有机的组成部分，分别进行汇报落实，同时推进。2011年11月，建设办公室组织设计单位经过三次集中的汇报和调整，原则确定了规划设计方案的全部内容；12月中旬完成了设计方案的深化，向市规委上报设计方案，为取得方案复函提供了基础。

确定户型　2011年3—4月，建设办公室集中精力组织设计单位对户型进行调整和修改，多次组织对回迁户型和北京大学自有户型进行讨论，并邀请教师代表、校外专家进行讨论；2011年5月底，建设办公室根据拆迁工作的要求对回迁安置房户型比例进行调整。

确定地下建筑规模　2011年9月开始，建设办公室要求设计单位就上述议题提出了多种不同的比较方案，并对项目周边已建成小区，以及北京市其他小区进行考察，提出考察报告，最终确定了设计方案。

还建商业设计　2010年年底，圆明园农工商公司对原还建商业方案进行了调整，取消J地块的还建商业，不仅在布局上有变化，同时对业态也进行了重大调整。建设办公室先后组织设计单位提出多种方案与圆明园农工商公司进行讨论，并参与其组织的对同类型项目的考察，基本确定了还建商业的业态和布局。

幼儿园设计方案　2011年7月中旬，建设办公室组织设计单位到北大幼教中心讨论幼儿园的设计方案，更多的听取要求、想法，以及办园过程中的经验，2011年12月，建设办公室与北大幼教中心幼儿园就最新提供的新建幼儿园方案进行了讨论，幼教中心已原则同意新的设计方案。

签订导航台迁建协议　肖家河教工住宅项目用地范围内的西郊机场北远距导航台对项目建筑规模有很大的影响。在北京大学领导的带领下，通过与北京市政府和相关部门的积极沟通，北京市政府已原则同意导航台的新建站址位置，并要求尽快落实新建导航台的选址手续、后期建设等相关工作。根据上述条件，本着平等互利、自愿的原则，建设办公室多次与空军有关单位协商，并于2011年12月28日签订了《西郊机场北远距导航台迁建协议》。

【前期手续办理】　向教育部重新申请立项　根据新的规划意见书，2011年9月，建设办公室及时组织编写了《北京大学肖家河教工住宅项目立项报告》并上报教育部。项目预计总投资78亿元，项目总建筑规模约为928314平方米。教育部已于12月23日将立项报告相关资料转发至国有资产管理局。建设办公室还积极向教育部相关部门汇报肖家河教工住宅项目投资完成情况，目前肖家河教工住宅项目已列入教育部北京大学2011年基建投资调整计划，并列入北京大学2012年基建投资建议计划。

场评、环评、交评工作　2011年9月，建设办公室取得了《北京市环境保护局关于海华换热设备厂、北京变压器厂开关分厂场地环境评价报告审查意见的函》，为完善环境影响评价报告创造了条件。环境影响评价报告是可研报告的重要组成部分。肖家河教工住宅项目环境影响评价工作已经完成第二次公示和民主参与程序。交评报告已经北京市交通委员会初审，并按交通委提出的意见对交评报告进行了修改并适时上报。

【健全校内参与机制】　2011年，肖家河项目继续得到校内各部门、各单位的大力支持。财务部、工会、纪委、审计室等部门与建设办公室共同研究制定了《肖家河重点村腾退安置资金管理办法》，并积极参与腾退拆迁资金的审核、管理工作，在资金联审工作中发挥了重要的监管作用；房地产管理部、总务部、水电中心、供暖中心、校园管理服务中心抽调精干力量，参加入户调查和安置房销控工作。党办校办、保卫部、燕园派出所等密切配合建设办公室，积极应对，妥善处理被拆迁群众上访事件，切实维护北京大学稳定。2011年，建设办公室继续坚持和落实教职工参与机制，通过多种途径与教职工充分交流和沟通。在项目招投标、方案设计、户型调整等各项工作中邀请教职工代表参加，认真征求、广泛听取教职工的意见和建议。

【办公室建设】　建设办公室始终坚持贯彻“制度化、规范化、流程化”的管理理念，随着内设部门逐步健全，人员陆续到位，建设办公室紧紧围绕核心目标，有计划有步骤地将制度建设的重心转向制定部门间协调配合的相关规定方面，研究制定了一系列保证和规范部门间协调配合的管理办法和工作流程，充实完善了制度体系，为提高和加强部门间的协同能力，科学指导业务工作发挥了积极而重要的作用。为了规范肖家河项目建设经费的管理和使用，与北京大学财务部、审计室等部门反复研究，对《北京大学肖家河教工住宅项目建设经费审批管理办法》进行了数次修订，并提交北京大学党政联席会审议批准，现已正式颁布实施，为保证项目建设资金安全提供了可靠的制度依据。

【团队建设】 建设办公室坚持“专业、精干、高效、廉洁”的队伍建设理念，改进招聘方式，主动出击，增强工作的预见性，建立人才库，定期与有意向、符合相关岗位要求的人员进行联系沟通，有效提高招聘工作效率。另一方面，拓宽用人思路，通过校内借调、返聘和社会公开招聘等多种渠道，延揽专业人才，建立起一支年龄结构合理、专业方向互补、团结精干、充满活力的管理团队，为项目顺利推进提供了重要保证。加强建设办公室组织文化建设，增强员工凝聚力。坚持在入职前和入职后，通过组织各种形式的内部培训，提高员工对北大和建设办公室的归属感和认同感，提高员工的主人翁意识，自觉维护北京大学和建设办公室的荣誉和利益。通过多种方式，增进员工的交流和感情，形成了和谐团结、努力向上的组织文化和工作氛围，创造了有利于工作的软环境。

实验室与设备管理

【概况】 2011 年，实验室与设备管理部（以下简称设备部）的工作重点是：组织和推进学校大型科学仪器公共平台建设，构建国内领先、国际先进的科研公共服务体系，支撑各学科建设和发展；总结和凝练实验教学示范中心评建经验，以培养复合型、创新型人才为核心目的，继续深化实验教学改革；继续加强实验技术队伍建设，组织完成本年度实验技术系列职称评审和实验技术成果奖评审工作；继续完善大型设备论证和效益管理，促进资源整合与开放；继续管理和执行学校“985/211”工程项目设备经费；进一步规范设备采购的各个环节，加大招标采购、集中采购的执行力度，为学校争取更大的利益；进一步加强免税科教用品的宣传和管理；加强环境保护和辐射防护管理及实验室废物排放和实验动物安全管理；承担教育部、北京市科委相关研究项目的建设工作；继续以管理机制创新和信息化建设为手段，进一步落实各项规章制度的执行。此外，协助先进技术研究院和保密办完成相关认证工作。

（黄 凯）

【实验室建设与实验教学改革】 截至 2011 年年底，北京大学共有实验室 155 个，其中校本部 83 个，医学部 72 个（校本部部分详见附表 1：《2011 年北京大学实验室基本情况一览表》）。2011 年，实验室建设和实验教学改革的主要工作如下：

实验教学改革和教学实验室建设 通过申报、评审等程序，2011 年度，北京大学实验教学改革经费共支持实验教学改革项目 14 项，金额 82.55 万元；2011 年度，北京大学实验教学设备补充经费共支持本科教学实验室建设项目 14 项，金额 107.04 万元。

实验技术队伍建设 截至 2011 年年底，校本部共有实验技术人员 408 人（指在院系工作的实验技术人员），其中，教授级高工 22 人，高级工程师/高级实验师 149 人，工程师/实验师 212 人。

1. 组织完成 2011 年实验技术系列职务评审工作。2011 年，北京大学新评聘教授级高工 3 人，高级工程师/高级实验师 9 人（其中 1 人为代评），工程师/实验师 12 人。

2. 组织完成 2011 年度北京大学第六届实验技术成果奖评选。设备部在全校范围内组织开展“北京大学第六届实验技术成果奖”（每 2 年一次）的申报和评审工作。经过院系推荐、校评审专家组评审和公示等阶段，从全校 17 家单位，42 项参评成果中评选出一等奖 4 项（其中校本部 3 项，医学部 1 项），二等奖 9 项（其中校本部 6 项，医学部 3 项），三等奖 14 项（其中校本部 9 项，医学部 5 项）。

北京大学大型科学仪器公共平台建设 为有效利用和整合资源，学校一贯重视并逐年加强校级大型科学仪器公共平台（以下简称公共平台）建设。截至 2011 年，北京大学共有校级公共平台 5 个，分别为：实验动物中心、分析测试中心、电子显微镜实验室、微/纳米加工超净公共实验室和北京核磁共振中心，仪器设备总价值 1.81 亿元。2011 年，大型科学仪器公共平台建设工作主要包括：

1. 北京大学校级科学仪器公共平台工作会。2011 年 11 月 25—26 日，北京大学校级科学仪器公共平台工作会召开。本次会议以“汇聚资源，凝聚力量，开创北京大学公共平台建设新局面”为主题，校长周其凤院士，常务副校长王恩哥院士出席了会议并分别做了重要讲话。同时与会的还有平台建设相关职能部门负责人，各院(系)科研主管领导，各校级公共平台主任及平台主要校内用户。会议分别听取了设备部部长张新祥教授所做的大会工作报告及各公共平台主任所做的平台工作汇报，并就相关议题进行了深入讨论。本次工作会全面总结了北京大学公共平台建设经验，梳理分析了平台建设遇到的问题与挑战，明确了如何通过加强统筹、科学规划，不断推进平台建设的发展思路。会议的成功召开为公共平台的建设与发展指明了方向，公共平台的建设与发展也必将为北京大学全面推进创建世界一流大学工程提供有力的支撑。

2. 制定《北京大学校级科学仪器公共平台建设与管理办法》。为进一步完善平台规划论证，规范平台运行机制，明确相关单位责权，加强平台的建设与管理，保持平台的可持续运行与发展，保证其对教学、科研的支撑和公用性的发挥，建立健全公共平台建设与管理的相关制度，设备部组织制定了《北京大学校级科学仪器公共平台建设与管理办法》。该办法由实验室与设备管理部起草，初稿完成后经部务会讨论修改后，发全校主要理工科院(系)主管领导、各相关职能部门负责人、各平台主任及平台主要用户征求意见，并根据反馈意见进行了适当的修订。在 2011 年 11 月 25 日召开的北京大学公共平台工作会上，设备部再次将修订稿作为会议资料发给全体参会人员，经会上讨论并在会后征求了全体参会人员的意见与建议。最终，经校党政联席会审议通过，以校发文形式在全校范围内发布施行。

3. 实验动物中心。2011 年 2 月，国际 AAALAC 组织理事会正式发函北京大学，再次授予北京大学 AAALAC 完全认证，使北京大学保持了在实验动物相关领域的优势地位。为进一步规范北京大学实验动物饲养、使用及相关研究，提高资源分配的公平、公正、公开，设备部组织实验动物中心启动了实验动物中心资源预约与使用管理系统建设，旨在实现资源的高效共享和中心的规范化、信息化管理。

4. 北京核磁共振中心改扩建为北京大学核磁共振中心。北京大学核磁共振中心的筹建工作于 2010 年启动，是以北京核磁共振中心为基础，以争取“国家蛋白质科学基础设施项目”——凤凰计划(Pilot Hub Of ENcyclopedical proteomIX)为契机，通过扩充和整合北京大学现有核磁资源而启动建设的大型公共科研设备平台。中心的建成将带动北京大学核磁共振谱仪应用与管理水平的提高，巩固和确立北京大学在核磁共振研究领域的优势地位，促进相关学科的发展。2011 年，经多方协调，最终确定了中心建设选址，之后将陆续开展设计、招标和施工工作。

【985/211 设备经费管理与执行】 截至 2011 年年底，由设备部负责管理和执行的 985 与 211 设备经费的情况为：

校本部 985 工程二期、三期设备经费总拨款 8.28 亿元，截至 2011 年年底已执行 7.10 亿元。其中 2011 年执行 1.36 亿元(国内采购 0.42 亿元，国外采购 0.94 亿元)。

校本部 211 工程三期设备经费拨款 3.01 亿元，截至 2011 年年底已执行 2.90 亿元。其中 2011 年执行 1.20 亿元(国内采购 0.45 亿元，国外采购 0.75 亿元)。

【仪器设备管理】 截至 2011 年年底，北京大学在用仪器设备总量增至 186827 台，价值人民币 34.06 亿元(校本部 135954 台，价值人民币 26.12 亿元；医学部 50873 台，价值人民币 7.94 亿元)，其中，40 万元以上大型仪器设备 871 台，价值人民币 11.14 亿元(校本部 662 台，价值人民币 8.67 亿元；医学部 209 台，价值人民币 2.47 亿元)。

2011 年，北京大学新增 800 元以上仪器设备 25027 台，价值人民币 5.22 亿元。其中，校本部新增 19792 台，价值人民币 3.89 亿元；医学部新增 5235 台，价值人民币 1.33 亿元。

2011 年，北京大学新增 40 万元以上大型仪器设备 142 台，价值人民币 1.84 亿元。其中，校本部新增 40 万元以上大型仪器设备 99 台，价值人民币 1.3 亿元；医学部新增 40 万元以上大型仪器设备 43 台，价值人民币 0.54 亿元。2011 年，仪器设备管理方面的主要工作如下：

北京大学第十九期大型仪器设备开放测试基金的执行　第十九期大型仪器设备开放测试基金共完成测试项目 894 个，使用测试费 767 万元，测试机时 159128 小时，测试样品 140153 个。受益单位包括化学与分子工程学院、生命科学学院、物理学院、地球与空间科学学院、城市与环境学院、环境科学与工程学院、信息科学技术学院、考古文博学院、工学院、分子医学研究所、心理学系、医学部、深圳研究生院、元培学院、图书馆等。

北京大学第二十期大型仪器设备开放测试基金的申报和评审

第二十期大型仪器设备开放测试基金共收到课题申请1067个，测试费申请总额达1371.63万元，申请机时21.70万余小时，申请样品测试20.47万余个。通过评审，最终获得批准的课题共1055个，测试基金总额达800万元，其中学校出资400万元，申请人配套经费400万元。参加第二十期开放的仪器设备共150台(套)和实验动物中心平台。

大型仪器设备测试服务　2011年，北京大学大型仪器设备测试服务总收入达1960.4万元(不含大型仪器设备开放测试基金部分)。

40万元以上大型仪器设备购置可行性论证工作118台/(套)(校本部)。

大型教学科研仪器设备使用情况调查及分析　根据教育部和北京市教委文件要求，完成校本部772台40万元以上教学科研仪器设备的年度使用情况调查及分析。其中，校本部624台，价值8.16亿元，年使用机时800小时以上的仪器占61.74%，年使用机时2000小时以上的仪器占23.48%。

首都科技条件平台北京大学研发实验服务基地建设　2011年，北京大学继续参与首都科技条件平台建设。由实验室与设备管理部牵头组织的北京大学研发实验服务基地建设在科技资源开放共享、科研成果转化、专利技术转移等方面取得了优异的成绩，并顺利通过三期项目建设验收。

北京大学仪器创制与关键技术研发中心建设　2011年，设备部继续负责组织开展“北京大学仪器创制与关键技术研发中心”相关工作。组织召开第三期“仪器创制与关键技术研发基金项目”申评工作。截至2011年，“北京大学仪器创制与关键技术研发中心”专项基金已支持仪器及技术研发项目23项，支持经费共计452.5万元，范围涵盖工学院、信息科学技术学院、物理学院、分子医学研究所、生命科学学院、化学与分子工程学院、环境科学与工程学院和前沿与交叉学科研究院等。目前，所支持的项目已产出多项技术专利，部分项目已成功试制出仪器样机或获得重大项目支持，进入成果转化阶段。

国家科技基础条件资源调查　根据科技部、财政部《关于开展科技基础条件资源调查数据更新工作的通知》要求，设备部完成了向科技部、财政部上报北京大学2010年度科技基础资源信息数据工作，上报数据主要包括研究实验基地基本信息、科研仪器设备概况、大型科学仪器设备(50万元以上)基本信息、人员概况、高层次科技人员基本信息、财务概况等。

旧仪器设备的报废、调剂与回收　规范旧仪器设备的报废程序，及时发布拟报废仪器设备信息，供全校教学、科研单位调剂使用，充分发挥仪器设备的使用效益。对确实没有利用价值的旧仪器设备进行分类集中、招标出售，2011年，校本部旧仪器设备变价收入为146.10万元。

【仪器设备采购】2011年，设备部进一步推进和完善了招标采购制度，规范仪器设备采购申报、审批程序，以及招标采购流程。作为“阳光采购”机制之一，定期公布学校通用设备实际采购价格及采购工作相关信息，使全校教职工及时掌握通用类仪器设备的实际价格变动情况。2011年，北京大学共采购仪器设备5.22亿元，其中校本部采购仪器设备3.89亿元，医学部采购仪器设备1.33亿元，主要工作如下：

招标采购工作　2011年，实验室与设备管理部共组织仪器设备招标采购161次，中标金额共计2.43亿元。其中校本部仪器设备招标83次，中标金额共计1.3亿元；医学部仪器设备招标78次，招标金额共计1.13亿元。通过招标方式采购，为学校节省了大量经费。

国内仪器设备采购　2011年，北京大学共采购国内仪器设备1.50亿元，审核通用设备采购8846.32万元。其中校本部采购国内仪器设备1.07亿元，审核通用设备采购7426.91万元，审核并签订5万元以上合同474份，合同金额共计1.76亿元；医学部采购国内仪器设备0.62亿元，审核通用设备采购1419.41万元。

国外仪器设备采购　2011年，北京大学采购国外仪器设备4.12亿元人民币。其中校本部采购国外仪器设备2.82亿元人民币，通过竞争性谈判或招标采购等方式签订及执行合同666项，共计3121台(件、套、批)；医学部采购国外仪器设备0.71亿元人民币，通过竞争性谈判或招标采购等方式签订及执行合同403项。

接受境外赠送　2011年，北京大学共接受境外友好赠送的仪器设备1批，折合人民币4.18万元，赠送仪器设备办理了申请接受赠送的行文、报审、进口审批手续。

办理科教用品免税情况　2011年，北京大学共办理免税861项，免税合同金额折合人民币约2.63亿元。其中校本部办理免税573项，免税合同金额折合人民币约2.18亿元，按平均税率25%计算，免除税款约5500万元；医学部办理免税288项，免税合同金额折合人民币约0.45亿元，按平均税率25%计算，免除税款约1125万元。

【实验室安全与环境保护】随着人们环保意识的不断提高，实验室安全和辐射安全问题越来越引起社会的关注。北京大学在创建世界一流大学的过程中，有责任在从事教学科研的同时，提高师生的环保、安全意识，避免或减少对环境的污染。2011 年，在实验室安全、环境保护和辐射防护方面的主要工作如下：

危险化学废物管理与处理　2011 年，实验室与设备管理部在化学与分子工程学院的积极配合下，组织处理化学废液及废旧试剂共计 52326 千克，支付处理费用约 84 万元。处理实验动物等医疗废弃物共计 4080 千克，支付处理费用 2.39 万元。2011 年，完成了北京市环保局、北京市公安局、北京市安全生产监督管理局、北京市教委下发的各项实验室危险化学品、危险废物情况的调查和统计工作。

实验室安全管理　为确保北京大学的实验室安全，实验室与设备管理部采取多种方式大力加强实验室安全管理：

1. 制度化建设。完成《北京大学放射性同位素与射线装置台账管理实施细则》《北京大学废旧放射源和放射性废物管理和处置规定》《北京大学涉源单位安全保卫职责规定》《北京大学辐射安全事故应急预案》《北京大学实验室安全管理办法》的制定和修订工作。

2. 构建和完善实验室安全教育体系。(1) 采取实验室安全宣传、讲座、课堂教育等多种方式开展实验室安全教育培训工作；(2) 组织开发“北京大学实验室安全培训与考试系统”，作为传统实验室安全课堂教育和宣传模式的重要补充；(3) 编写、制作了《北京大学实验室安全指导手册》，手册结合高校实验室特点，从消防安全、用电安全、危险化学品使用安全、生物安全、辐射安全、特殊仪器设备使用安全、实验室事故人员应急等方面介绍了实验室安全基本知识、防护方法、事故救援与自救技能等。

3. 隐患排查、责任落实。(1) 采取定期检查与不定期抽查相结合的方式，对物理学院、信息科学技术学院、化学与分子工程学院、生命科学学院等实验室比较集中的院系进行了多次安全检查，并对检查中发现的问题及时提出整改要求；(2) 签订实验室安全责任书，将实验室安全责任层层落实到人；(3) 负责北京大学特殊工种人员保健费发放工作，切实保护特殊工种人员的身体健康，确保队伍稳定。

辐射安全与防护　为确保北京大学辐射安全与防护，通过多种方式加强管理：

1. 开展全校范围内清查放射源工作，统一处置废旧放射源和放射性废物。2011 年集中处置废旧放射源 4 枚、含镅 241 烟感报警片 2000 余枚，以及放射性废物约 600 升。

2. 加强辐射源头管理。(1) 规范办理 10 次放射性同位素购买审批、豁免及备案手续；(2) 根据北京市环境保护局和北京市公安局治安总队相关文件要求，在国庆期间，组织实施放射源就地封存管理，确保安全稳定，实验室与设备管理部代表学校与全校各院系放射工作人员签订辐射安全责任书；(3) 开展辐照室卡源故障专项整治，并组织人员配合辐照室开展增添放射源工作。

3. 放射工作人员管理。为确保辐射工作人员的职业安全与身体健康，(1) 统一对放射工作人员进行一年 4 次个人剂量监测，共计约 520 人次；(2) 6 月 2—4 日，邀请国家环保部、北京市治安总队、北京市卫生局等审管单位专家，集中对全校 87 名辐射工作人员开展辐射安全培训，经考核，受培训人员全部取得培训证书；(3) 根据北京市治安总队文件要求，对北京大学所有涉源单位的值守人员进行了培训和考核，持证上岗。

4. 放射场所应急演练。为提高事故应对能力，根据国家环保部、北京市环保局、北京市公安局治安总队的要求，北京大学于 2011 年 12 月 19 日开展了以“应急处理钴源室水位低于要求值”为题的应急演练。本次演练主要目的是考察钴源室应对突发事件的处理程序是否得当。演练过程中钴源室相关人员根据设备报警，及时发现了水位下降问题，并立即补充水量，恢复了系统的正常运行。在演练后，及时将处理过程通过电话和文字形式报告了有关院系和学校环保办，演练取得了预期效果。

环境保护　1. 环保审批申报。向环保局办理污染物审批、申报统计、报表等工作。

2. 水质、室内空气质量监测和环境剂量检测。为给北京大学师生员工营造健康的生活环境，环境保护办公室组织对北京大学环境进行监测。(1) 水质监测：定期对饮用水和未明湖水质进行监测；(2) 室内空气质量监测：本次重点检测公共区域空气质量，检测了电教楼、体育场馆、公共教室、食堂、化学库房、校史馆、档案馆、图书馆、百周年纪念讲堂及英杰交流中心等场所约 30 间房间。检测指标包括甲醛、可吸入颗粒物、总挥发性有机物、苯系物、新风量、空气流速、氡气浓度、温湿度及放射性本底等；(3) 检测校内环境剂量共计两次，确保辐射工作场所周围环境的安全。

3. 环保宣教活动。为推动北京大学“绿色校园”建设，实验室与设备管理部、环境保护办公室开展主题为“青春北大、绿色校园”的环保系列活动：(1) 新生入学的环保宣传工作，设计制作并印发环保宣传册；(2) 在全校范围内进行废旧电池回收；(3) 开展“青春北大、绿色燕园”系列环保宣传；(4)“六五”环境日期间，开展全校范围的网络答题活动。

地铁 4 号线、海淀山后线（地铁 16 号线）振动影响评估工作　设备部向北京市政府等相关单位报送了《北京大学关于恳请调整地铁16号线规划的紧急请示》《关于规划中的地铁海淀山后线(16号线)将对北京大学部分精密仪器造成严重影响的第二次紧急报告》《关于规划中的地铁海淀山后线将对北京大学部分精密仪器造成严重影响的报告》等文件和材料;向两会代表提交了"北京大学恳请调整地铁海淀山后线(16号线)规划"的提案。

表9-36　2011年北京大学实验室基本情况一览表(校本部)

序号	单位	实验室个数	实验室使用面积/m²	教学实验(10—11学年)			仪器设备			
				实验个数	实验时数	实验人时数/万	数量	金额/万元	其中20万元以上	
									数量	金额/万元
	合计	83	97039	1234	15720	145.42	95911	218045.7	1476	109940.4
1	数学科学学院	2	2100	10	30	1.51	3036	1891.5	1	44.5
2	工学院	5	2582	38	2701	0.94	6291	12580.1	73	5417.4
3	物理学院	10	17523	164	1582	11.69	11603	35238.6	228	20854.8
4	化学与分子工程学院	12	18246	151	1042	17.08	11938	30547.4	291	19022.5
5	生命科学学院	8	8970	216	654	7.74	10366	26412.2	196	12587.3
6	地球与空间科学学院	5	5085	168	1110	4.21	5913	10211.0	67	4097.2
7	心理学系	4	600	118	946	2.46	1138	1480.9	9	562.1
8	中国语言文学系	1	80	7	1400	1.9	1061	996.3	0	0
9	考古文博学院	1	1200	1	4	0.0024	1402	2499.8	18	877.9
10	光华管理学院	1	450	32	585	2.70	3866	3832.2	11	391.5
11	法学院	1	530	3	116	0.28	1294	981.2	0	0
12	北京核磁共振中心	1	2000	1	32	0.07	392	4728.3	13	4286.9
13	现代教育技术中心	1	1128	0	0	0	2384	2630.9	8	241.7
14	体育教研部	1	80	0	0	0	830	728.9	1	29.1
15	信息科学技术学院	17	20360	233	4807	91.92	13450	34878.3	242	18281.9
16	计算机科学技术研究所	1	1100	0	0	0	722	1326.1	7	381.8
17	计算中心	1	2000	0	0	0	6476	12074.6	73	5731.6
18	图书馆	1	400	0	0	0	2851	8236.5	41	2258.5
19	城市与环境学院	3	2742	92	711	2.92	4549	6405.9	65	2486.7
20	环境科学与工程学院	3	2840	0	0	0	3862	8766.0	79	4077.9
21	分子医学研究所	1	1784	0	0	0	1889	4654.4	35	2053.8
22	北京大学实验动物中心	1	4139	0	0	0	348	2830.4	6	2443.3
23	电子光学与电子显微镜实验室	1	500	0	0	0	217	4066.6	12	3812.0
24	北京现代物理研究中心教育部重点实验室	1	600	0	0	0	33	47.6	0	0

表9-37　2011年新增40万元以上大型仪器设备一览表

序号	设备名称	单价/万元	经费来源	单位
1	高分辨小动物超声实时影像系统	319.50	985工程	实验动物中心
2	独立通气笼	1369.19	985工程	实验动物中心
3	独立通气笼	452.42	985工程	实验动物中心
4	多模式活体成像系统	110.02	985工程	分子医学研究所
5	自动机械搅拌不锈钢中试发酵罐	56.00	211工程	环境科学与工程学院
6	电感耦合等离子体发射光谱仪	53.27	211工程	环境科学与工程学院
7	离子色谱仪	46.59	科研经费	环境科学与工程学院
8	等离子体增强化学气相沉积设备	50.00	科研经费	环境科学与工程学院
9	气相色谱—质谱联用仪	64.24	985工程	城市与环境学院

续表

序号	设备名称	单价/万元	经费来源	单位
10	24 通道土壤呼吸全自动测量系统	47.99	211 工程	城市与环境学院
11	磁盘阵列	88.60	科研经费	图书馆
12	交换机	101.03	科研经费	图书馆
13	交换机	101.03	科研经费	图书馆
14	矢量网络分析仪	85.93	985 工程	工学院
15	多功能原子力显微镜	160.88	211 工程	工学院
16	三维数据可视化系统	179.80	科研经费	工学院
17	材料试验机	41.65	科研经费	工学院
18	纳升级高通量全自动液体处理工作站	69.87	985 工程	工学院
19	高内涵分析筛选系统	106.57	985 工程	工学院
20	液相色谱—四极杆飞行时间质谱联用仪	195.11	211 工程	工学院
21	硫酸浓缩系统	110.34	科研经费	工学院
22	膜脱水系统	43.15	科研经费	工学院
23	硝化脱氮系统	67.05	科研经费	工学院
24	厌氧发酵罐	52.39	科研经费	工学院
25	乙醇蒸馏系统	79.44	科研经费	工学院
26	纤维素糖化系统	72.80	科研经费	工学院
27	低聚糖分离装置	124.13	科研经费	工学院
28	电渗析实验装置	58.61	科研经费	工学院
29	乙醇发酵系统	53.06	科研经费	工学院
30	万兆防火墙	69.21	科研经费	计算中心
31	场发射扫描电镜	183.30	科研经费	电镜室
32	离子减薄仪	48.91	科研经费	电镜室
33	UPS	59.82	科研经费	计算机科学技术研究所
34	图像质量分析仪	58.27	211 工程	信息科学技术学院
35	光纤波导对准系统	87.35	科研经费	信息科学技术学院
36	原子力显微镜	122.43	科研经费	信息科学技术学院
37	射频测试系统	56.57	科研经费	信息科学技术学院
38	超净水系统	126.00	985 工程	信息科学技术学院
39	多系统卫星导航模拟器	57.50	科研经费	信息科学技术学院
40	半导体参数分析仪	56.74	科研经费	信息科学技术学院
41	矢量网络分析仪	49.90	科研经费	信息科学技术学院
42	示波器	40.06	科研经费	信息科学技术学院
43	电子束光刻机	618.56	985 工程	信息科学技术学院
44	网络分析仪	46.55	211 工程	信息科学技术学院
45	安捷伦实时示波器	121.68	科研经费	信息科学技术学院
46	宽泰 4 K 立体校色系统	180.00	科研经费	人口研究所
47	700 MHz 核磁共振谱仪	809.63	985 工程	核磁共振中心
48	600 分子结构分析仪	195.92	985 工程	核磁共振中心
49	X 射线分析荧光显微镜	75.51	211 工程	考古文博学院
50	光学热膨胀仪	45.39	211 工程	考古文博学院
51	三维动作捕捉系统	70.02	985 工程	心理学系
52	阴极荧光接收器	64.41	211 工程	地球与空间科学学院
53	电子背散射衍射—能谱仪系统	66.14	211 工程	地球与空间科学学院
54	热场发射扫描电镜	187.93	211 工程	地球与空间科学学院
55	多通道微电极阵列系统	44.24	985 工程	生命科学学院
56	数码微珠芯片系统	89.23	科研经费	生命科学学院

续表

序号	设备名称	单价/万元	经费来源	单位
57	高性能服务器及存储	179.98	211 工程	生命科学学院
58	高真空镀膜仪	69.76	985 工程	生命科学学院
59	冷冻超薄切片机	77.29	985 工程	生命科学学院
60	正置多光子显微镜系统	276.75	985 工程	生命科学学院
61	单光子探测器	43.98	985 工程	生命科学学院
62	固体激光器	58.57	985 工程	生命科学学院
63	飞秒激光器	97.61	985 工程	生命科学学院
64	高通量基因组测序仪	506.00	985 工程	生命科学学院
65	服务器	56.61	985 工程	生命科学学院
66	单光子探测器	65.61	985 工程	生命科学学院
67	光学参量振荡器	43.79	985 工程	生命科学学院
68	高通量快速实时荧光定量 PCR 仪	66.71	985 工程	生命科学学院
69	高分辨冷场扫描电镜	233.98	211 工程	生命科学学院
70	串联四级杆线性离子阱质谱仪	235.17	科研经费	生命科学学院
71	纳升级液体处理工作站	88.60	985 工程	生命科学学院
72	圆二色光谱仪	75.43	211 工程	化学与分子工程学院
73	等离子体发射光谱仪	65.89	科研经费	化学与分子工程学院
74	钴源	56.14	211 工程	化学与分子工程学院
75	超临界流体萃取仪	57.30	211 工程	化学与分子工程学院
76	红外荧光测试系统	85.91	211 工程	化学与分子工程学院
77	曙光刀片服务器	100.00	985 工程	化学与分子工程学院
78	全功能微孔板检测仪	48.57	211 工程	化学与分子工程学院
79	电子束—热阻真空镀膜机	75.55	211 工程	化学与分子工程学院
80	全自动物理吸附和化学吸附仪	66.93	科研经费	化学与分子工程学院
81	服务器	240.00	985 工程	物理学院
82	三组合四级透镜	53.91	985 工程	物理学院
83	脉冲过滤电弧离子镀膜机	50.00	科研经费	物理学院
84	多功能靶室	45.40	科研经费	物理学院
85	六维转角仪	80.00	科研经费	物理学院
86	双通道云凝结核计数器	101.54	科研经费	物理学院
87	大口径闪烁仪	42.88	211 工程	物理学院
88	霍尔效应测试仪	57.50	科研经费	物理学院
89	准分子激光器	80.03	科研经费	物理学院
90	细胞芯片自动扫描显微镜	96.52	科研经费	物理学院
91	扫描近场光学显微镜	98.52	科研经费	物理学院
92	拉曼光谱仪	69.56	科研经费	物理学院
93	单面紫外光刻机	100.45	科研经费	物理学院
94	等离子体去胶机	50.14	科研经费	物理学院
95	精密离子刻蚀镀膜仪	44.52	科研经费	物理学院
96	分子束外延系统	367.73	211 工程	物理学院
97	细胞芯片自动扫描显微镜系统	98.83	211 工程	物理学院
98	稀释制冷机	281.82	211 工程	物理学院
99	脉冲激光沉积系统	310.84	211 工程	物理学院
100	温度感觉测试系统	53.24	其他 211	口腔医院
101	胎儿分娩模拟系统	55.63	修购经费	第三医院
102	宫腔镜手术模拟器	125.01	修购经费	第三医院
103	膝关节镜治疗模拟系统	67.51	修购经费	第三医院

续表

序号	设备名称	单价/万元	经费来源	单位
104	便携彩色超声系统	40.00	其他 211	第三医院
105	眼睛显微成像系统	59.21	其他 211	第三医院
106	腹腔镜手术训练系统	54.00	财政 211	第一医院
107	钬激光治疗仪	120.00	985 经费	第一医院
108	磁盘阵列	91.84	修购经费	北大医院
109	数据库服务器	126.08	修购经费	北大医院
110	临床教学和医疗信息系统软件	268.00	修购经费	北大医院
111	持续数据保护设备	41.02	修购经费	北大医院
112	数据库服务器	126.08	修购经费	北大医院
113	超高效液相色谱仪	44.43	985 经费	北京大学心血管研究所实验室
114	串联四级杆—线性离子阱质谱仪	273.74	985 经费	北京大学心血管研究所实验室
115	多功能酶标仪	53.70	科研经费	创新药物实验平台
116	高效液相—离子阱—飞行时间质谱联用仪	210.97	科研经费	创新药物实验平台
117	石英晶体微天平分析仪	79.25	科研经费	创新药物实验平台
118	停流反应动力学分析仪	51.56	科研经费	创新药物实验平台
119	心血管成像系统	397.92	修购经费	介入血管外科
120	全自动高通量核酸纯化工作站	52.18	985 经费	流病与卫生统计系
121	液相悬浮芯片系统	51.62	科研经费	流病与卫生统计系
122	遗传分析系统	97.78	985 经费	流病与卫生统计系
123	骨科微创可视化教学系统	190.00	修购经费	人民医院
124	激光共聚焦显微镜	116.16	其他 211	神经生物学系
125	倒置荧光显微镜	85.36	科研经费	神经生物学系
126	细胞生长分析系统	98.44	其他 211	生化系
127	激光共聚焦显微镜	178.16	985 经费	生理与病理生理系
128	刀片服务器集群	73.99	科研经费	天然及仿生药物国家重点实验室
129	激光多普勒组织血流灌注成像系统	50.30	科研经费	天然及仿生药物国家重点实验室
130	小规模制备液相色谱质谱联用仪	60.76	科研经费	天然及仿生药物国家重点实验室
131	自动纯化液相色谱仪	45.25	科研经费	天然及仿生药物国家重点实验室
132	全自动高通量药物筛选机器人工作站	434.15	科研经费	天然及仿生药物国家重点实验室
133	超高效液相色谱仪	42.02	科研经费	天然及仿生药物国家重点实验室
134	平行反应站	51.18	教学经费	天然及仿生药物国家重点实验室
135	高效液相色谱四极杆串联质谱联用仪	92.44	科研经费	天然及仿生药物国家重点实验室
136	核磁共振波谱仪	561.34	科研经费	天然及仿生药物国家重点实验室
137	气相色谱/质谱联用仪	40.34	科研经费	天然及仿生药物国家重点实验室
138	高效液相色谱四极杆质谱联用仪	58.18	科研经费	天然及仿生药物国家重点实验室
139	核磁共振波谱仪	128.01	科研经费	天然药物学系

续表

序号	设备名称	单价/万元	经费来源	单位
140	多模式活体成像系统	89.61	科研经费	药剂学系
141	小动物活体成像系统	289.68	其他 211	医药卫生分析中心
142	小动物活体成像系统	208.32	科研经费	医药卫生分析中心
合计：		18428.63 万元		

表 9-38 北京大学大型仪器设备开放测试基金使用情况表

序号	年份	校拨测试费/万元	经费来源	资助课题/个	测试费总额/万元
十一期	2002—2003	70.00	985 一期	374	91.00
十二期	2003—2004	152.00	“十五”“211”	443	198.00
十三期	2004—2005	204.00	“十五”“211”	564	306.00
十四期	2005—2006	249.14	“十五”“211”	628	373.70
十五期	2006—2007	299.75	985 二期	690	449.63
十六期	2007—2008	350.00	985 二期	792	571.00
十七期	2008—2009	300.00	985 二期	808	600.00
十八期	2009—2010	370.00	985 三期	892	740.00
十九期	2010—2011	414.08	基本科研业务费	960	828.16
二十期	2011—2012	400.00	基本科研业务费	1055	800.00

表 9-39 第二十期大型仪器设备开放测试基金开放仪器一览表

序号	仪器名称	型号	所属院系	仪器负责人
1	瞬态荧光及拉曼谱仪	XY	物理学院	杜为民
2	诱导耦合等离子刻蚀机	KYICP-T888036	物理学院	康香宁
3	碳 14 测量加速器质谱仪	1.5SDH-1	物理学院	刘克新
4	交变梯度磁强计	2900-04C	物理学院	刘顺荃
5	串列静电加速器	5SDH-2	物理学院	马宏骥
6	离子刻蚀机	LKJ-1C	物理学院	马 平
7	准分子激光器	LPX PRO 210F	物理学院	马 平
8	脉冲激光溅射沉积系统	PLD-IV	物理学院	聂瑞娟
9	精密阻抗分析仪	Agilont 4294A	物理学院	沈 波
10	半导体参数分析仪	Agileut 4155C	物理学院	沈 波
11	高温高阻霍尔测量系统	Accent	物理学院	沈 波
12	材料研究衍射仪	X’PERT-MRD	物理学院	王永忠
13	磁学性质测量系统	MPMS XL-7Tesla	物理学院	张 焱
14	物理性质测量系统	PPMS 9Tesla	物理学院	张 焱
15	荧光光谱仪	FL4500	化学与分子工程学院	陈明星
16	稳态/瞬态荧光光谱仪	FLS920	化学与分子工程学院	陈明星
17	气相色谱质谱联用仪	7890A/5975C	化学与分子工程学院	陈明星
18	X 射线粉末衍射仪	X’PertPro	化学与分子工程学院	陈小芳
19	小角 X 射线衍射仪	SAXsess	化学与分子工程学院	陈小芳
20	X 射线衍射仪	D8 Discover	化学与分子工程学院	陈小芳
21	500 MHz 核磁共振谱仪	BRUKER AVANCE III 500	化学与分子工程学院	扶 晖
22	红外荧光测试系统	Nanolog FL3-2iHR	化学与分子工程学院	关 妍
23	光电子发射谱仪	AC-2	化学与分子工程学院	关 妍
24	激光扫描共聚焦显微镜	A1R-si	化学与分子工程学院	关 妍
25	色谱质谱联用仪	ZAB-HS	化学与分子工程学院	贺晓然
26	透射电子显微镜	JEM-100CX	化学与分子工程学院	黄建滨
27	场发射高分辨透射电子显微镜	JEM-2100F	化学与分子工程学院	鞠 晶

续表

序号	仪器名称	型号	所属院系	仪器负责人
28	高分辨透射电子显微镜	JEM-2100	化学与分子工程学院	鞠　晶
29	拉曼光谱及成像系统	L2BRAM ARAMIS	化学与分子工程学院	李　彦
30	流变仪	MCR301	化学与分子工程学院	梁德海
31	电位分析仪	ZeTaPALS	化学与分子工程学院	梁德海
32	X射线衍射仪	DMAX-2400	化学与分子工程学院	廖复辉
33	核磁共振谱仪	300 MHz Mercury Plus	化学与分子工程学院	林崇熙
34	核磁共振谱仪	JEOL-300MHz	化学与分子工程学院	林崇熙
35	核磁共振仪	Varian 200 MHzMercury	化学与分子工程学院	林崇熙
36	核磁共振波谱仪	AM-300	化学与分子工程学院	林崇熙
37	气相色谱仪	HP6890	化学与分子工程学院	刘虎威
38	高压液相色谱仪	HP1100	化学与分子工程学院	刘虎威
39	接触角测定仪	OCA2O	化学与分子工程学院	刘忠范
40	热台偏光显微镜	DMLP	化学与分子工程学院	潘　伟
41	高效液相色谱仪	HP1100	化学与分子工程学院	潘　伟
42	扫描探针显微镜	SPI3800N,SPA-400	化学与分子工程学院	潘　伟
43	傅氏变换拉曼红外谱仪	Raman950/Magna-IR750	化学与分子工程学院	潘　伟
44	凝胶渗透色谱	515＋2401＋2487	化学与分子工程学院	孙　玲
45	全自动旋光仪	P-1030	化学与分子工程学院	宛新华
46	圆二色光谱仪	J-810	化学与分子工程学院	宛新华
47	超高真空镀膜机	ULS-400	化学与分子工程学院	王银川
48	红外光谱分析仪	SYSTEM 2000	化学与分子工程学院	王银川
49	MBE/SPM 电学测量系统	Multiprobe	化学与分子工程学院	王银川
50	多针尖纳米刻蚀系统	830-ABC/SP/N	化学与分子工程学院	王银川
51	紫外/可见光谱仪	Lambda 950	化学与分子工程学院	王银川
52	高压液相色谱	AGILENT 1100	化学与分子工程学院	王银川
53	冷场发射扫描电镜	S-4800	化学与分子工程学院	王银川
54	元素分析仪	VARIO EL	化学与分子工程学院	王智贤
55	元素分析仪	Vario MICRO CUBE	化学与分子工程学院	王智贤
56	多功能成像电子能谱	Axis Ultra	化学与分子工程学院	谢景林
57	激光光散射仪	ALV/DLS/SLS-5022F	化学与分子工程学院	阎　云
58	液相色谱—质谱联用仪	SURVEYOR-LCQDECA	化学与分子工程学院	袁　谷
59	多功能电泳仪	MultiphorⅡ	化学与分子工程学院	袁　谷
60	等离子发射光谱仪	PROFILE SPEC	化学与分子工程学院	张　莉
61	X射线荧光光谱仪	S4-Explorer	化学与分子工程学院	张　莉
62	影像板X射线衍射仪	RAPID-S	化学与分子工程学院	张文雄
63	毛细管电泳仪	P/ACE 5500	化学与分子工程学院	张新祥
64	色—质联用仪	GCQ GC/MS	化学与分子工程学院	张新祥
65	400 MHz 核磁共振谱仪	BRUKER AVANCE III 400	化学与分子工程学院	张　秀
66	热分析系统	TA3100	化学与分子工程学院	章　斐
67	比表面和孔径分布测定	ASAP 2010	化学与分子工程学院	章　斐
68	调制式扫描量热仪	Q100	化学与分子工程学院	章　斐
69	热重分析仪	Q600SDT	化学与分子工程学院	章　斐
70	傅立叶变换高分辨质谱	APEX IV	化学与分子工程学院	周　江
71	紫外可见近红外光度计	UV-3100	化学与分子工程学院	周永芬
72	流式细胞分选仪	MOFLO	生命科学学院	杜立颖
73	制备超速离心机	L-80XP	生命科学学院	潘　卫
74	激光共聚焦显微镜	Tcs-sp	生命科学学院	桑华春

续表

序号	仪器名称	型号	所属院系	仪器负责人
75	蛋白质序列分析仪	Procise 491	生命科学学院	沈为群
76	等温滴定微量热仪	ITC-200	生命科学学院	苏晓东
77	串联飞行时间质谱仪	Ultraflex	生命科学学院	王青松
78	高通量基因组测序仪	Hiseq 2000	生命科学学院	谢晓亮
79	高分辨等离子质谱仪	VG Axiom	地球与空间科学学院	黄宝玲
80	激光显微定年系统	MS5400	地球与空间科学学院	季建清
81	热场发射扫描电镜	QUANTA-650FEG	地球与空间科学学院	刘建波
82	激光显微探针定年系统	VSS	地球与空间科学学院	刘玉琳
83	电感耦合等离子质谱仪	Agilent 7500 Ce	地球与空间科学学院	马　芳
84	激光拉曼光谱仪	RM-1000 型	地球与空间科学学院	任景秋
85	电子探针	JXA-8100	地球与空间科学学院	舒桂明
86	多功能 X 射线粉末衍射仪	X′pert Pro MPD	地球与空间科学学院	王河锦
87	顺序式 X 射线荧光光谱	ADVANT'XP+	地球与空间科学学院	杨　斌
88	128 导脑电采集分析仪	ESI-128system	心理学系	韩世辉
89	64 导脑电系统	BrainAmp DC Standard 64-channel	心理学系	周晓林
90	眼动追踪系统	CL Version 4.31	心理学系	周晓林
91	500 MHz 核磁共振谱仪	AV 500	核磁共振中心	金长文
92	800 MHz 核磁共振谱仪	AV 800	核磁共振中心	金长文
93	600 MHz 核磁共振谱仪	AV 600	核磁共振中心	金长文
94	600 MHz 核磁共振谱仪	AVANCE DRX 600 MHz	核磁共振中心	金长文
95	400 MHz 核磁共振谱仪	AV400	核磁共振中心	金长文
96	场发射扫描电镜	XL30SFEG	信息科学技术学院	陈　清
97	扫描探针显微镜	MultiMode V	信息科学技术学院	高　崧
98	扫描探针显微镜	Innova	信息科学技术学院	高　崧
99	原子层沉积系统	Savannah	信息科学技术学院	梁学磊
100	紫外近红外成像光谱仪	JYIHR320	信息科学技术学院	廖建辉
101	反应离子刻蚀机	Minilock	信息科学技术学院	潘华勇
102	单面紫外光刻机	MJB4	信息科学技术学院	秦艳龙
103	单双面紫外光刻机	2000S/A	信息科学技术学院	秦艳龙
104	电子显微镜	TECNAI20	信息科学技术学院	王晶云
105	脉冲测试仪	Keifhley 4200-PIV-A	信息科学技术学院	王　胜
106	椭偏谱仪	UVISEL FUV	信息科学技术学院	岳双林
107	透射电子显微镜	H-9000NAR	电镜实验室	陈　晶
108	环境扫描电子显微镜	Quanta 200FEG	电镜实验室	陈　莉
109	透射电子显微镜	Tecnai G2 T20	电镜实验室	李雪梅
110	聚焦离子束系统	STARTA DB235	电镜实验室	徐　军
111	场发射透射电子显微镜	Tecnai F30	电镜实验室	尤力平
112	高性能肖特基场发射扫描电子显微镜	Nova Nano SEM 430	电镜实验室	张会珍
113	场发射透射电子显微镜	Tecnai F20 S-Twin	电镜实验室	张敬民
114	高性能计算服务器	9076-550	计算中心	孙爱东
115	热像仪	SC7300M	工学院	强　明
116	数字化扫描电子显微镜	KYKY-2800	工学院	强　明
117	激光测振仪	OFV-3001/353	工学院	强　明
118	粒子成像流场测量系统	Y120-15E	工学院	强　明
119	原位纳米力学测试系统	Tribo Indenter	工学院	强　明
120	日立高分辨扫描电子显微镜	S-4800	工学院	张杨飞
121	元素分析仪	PE2400	城市与环境学院	贺金生

续表

序号	仪器名称	型号	所属院系	仪器负责人
122	液相色谱—质谱仪	Alliance2690-ZMD	城市与环境学院	胡建英
123	气相色谱质谱联用仪	GC-MS-QP2010plus	城市与环境学院	胡建英
124	高效液相色谱仪	Agilent 1100	城市与环境学院	刘　煜
125	大幅面扫描仪	Atlas Plus P-93	城市与环境学院	刘雪萍
126	气相色谱仪	Agilent 6890	城市与环境学院	刘　煜
127	气相色谱—质谱联用仪	HP6890/5973N	城市与环境学院	刘　煜
128	气相色谱仪	7890A	城市与环境学院	刘　煜
129	气相色谱仪	HP-6890	城市与环境学院	刘　煜
130	气相色谱—质谱联用仪	5973 I	城市与环境学院	刘　煜
131	气相色谱仪	Agilent 6890N	城市与环境学院	刘　煜
132	三级四极杆串联质谱仪	320 MS	城市与环境学院	刘　煜
133	气质色谱/质谱联用仪	5975C/7890A	城市与环境学院	刘　煜
134	总有机碳分析仪	TOC-5000A	城市与环境学院	蒙冰君
135	激光粒度仪	FRITSCH A22	城市与环境学院	蒙冰君
136	快速溶剂提取仪	ASE-300	城市与环境学院	蒙冰君
137	微波消解/萃取系统	MARSXPRESS	城市与环境学院	蒙冰君
138	纳米粒度仪	Nano-ES90	城市与环境学院	蒙冰君
139	原子吸收分光光度计	Z-5000	城市与环境学院	蒙冰君
140	离子色谱仪	792IC	城市与环境学院	蒙冰君
141	极谱仪	757VA	城市与环境学院	蒙冰君
142	激光粒度分析仪	MS2000	城市与环境学院	周力平
143	液相色谱质谱联用仪	1100LC/MS Trap SL	环境科学与工程学院	陈　倩
144	石墨炉原子吸收分析仪	AAS Zeenit 60	环境科学与工程学院	陈　倩
145	气相色谱质谱联用仪	5973I	环境科学与工程学院	陈　倩
146	总有机碳/总氮分析仪	Multi TOC/TN 3000	环境科学与工程学院	陈　倩
147	离子色谱	ICS-2500	环境科学与工程学院	陈　倩
148	电感耦合等离子体发射光谱仪	Prodigy	环境科学与工程学院	陈　倩
149	高分辨气谱质谱联用仪	MSTATION 700-D	环境科学与工程学院	胡建信
150	病理组织形态学检测系统	RM2235/CM1900/VIP-5-JR-J2/TEC-5/ST5020/BX51/IX71	分子医学研究所	张秀琴
151	实验动物开放平台	*	实验动物中心	朱德生

表 9-40　1998—2011 年北京大学大型仪器设备测试服务收入统计表(校本部)

年度	金额/万元
1998	54.0
1999	80.0
2000	100.0
2001	138.0
2002	178.0
2003	270.0
2004	328.0
2005	436.8
2006	454.8
2007	625.2
2008	693.3
2009	1159.0
2010	1864.0
2011	1960.4

表 9-41　2011 年北京大学大型仪器设备购置论证统计表(校本部)

序号	设备名称	拟购型号	论证预算/万元	资金来源	所属院系	申请人	论证日期
1	双光子激光共聚焦显微镜	Olympus FV1000	140.0	国重设备费	物理学院	李　焱	2011-01-05
2	X 射线平板探测器	XRD1622AP14	62.0	国防紧缺专业	物理学院	黄斐增	2011-01-14
3	稀释制冷机	Leiden 公司 Model Minikelvin 126-450TOF	370.0	985 工程三期	物理学院	林　熙	2011-03-18
4	超高真空低温扫描探针显微镜	LT-STM-AFM-1	360.0	985 工程三期	物理学院	江　颖	2011-04-20
5	极低温原子力扫描系统	attoAFM microscope for low temperatures	180.0	985 工程三期,973 计划项目	物理学院	危　健	2011-04-20
6	双通道云凝结核计数器	CCN-200	105.0	973 计划项目	物理学院	赵春生	2011-04-20
7	高强度粉末中子衍射仪	美国密苏里大学研制	845.0	985 工程三期	物理学院	杨金波	2011-05-12
8	自适应变形镜系统	俄罗斯自适应光学公司	42.3	973 计划项目,重点实验室资助课题	物理学院	蒋红兵	2011-06-13
9	超快激光系统	美国 coherent	300.0	985 工程三期	物理学院	孙　栋	2011-06-28
10	磁场氦 3 系统	Janis 公司	185.0	985 工程三期	物理学院	张　弛	2011-07-04
11	微波信号发生器	Anritsu	59.0	985 工程三期	物理学院	张　弛	2011-07-04
12	超快激光系统	美国 Spectra Physics	310.0	985 工程三期	物理学院	任泽峰	2011-09-20
13	纳米压印系统	瑞典 Obducat Technologies AB.	170.0	973 计划项目,211 工程三期	物理学院	陈志忠	2011-09-22
14	高性能计算机集群	Beowulf 刀片式机群系统	200.0	211 工程三期	物理学院	刘征宇	2011-09-28
15	四端口矢量网络分析仪	安捷伦 N5230C PNA-L	52.0	国重设备费	物理学院	王　芳	2011-10-12
16	气体纯度分析仪	WE34DM-3/SM38	56.0	国重设备费	物理学院	郝建奎	2011-10-12
17	全波长多功能读数仪	赛默飞世尔(美国)Varioskan Flash	45.0	国重设备费	物理学院	王宇钢	2011-10-20
18	激光共聚焦显微镜	尼康(日本)Nikon C2	120.0	国重设备费	物理学院	王宇钢	2011-10-27
19	纳米压痕仪	安捷伦(美国)Nano Indenter G200 System	180.0	国重设备费	物理学院	王宇钢	2011-10-27
20	大功率皮秒激光器和光学参量产生/放大器	PL 2210A including SH option	133.0	985 工程三期	物理学院	施可彬	2011-11-01
21	飞秒激光器	美国 Mai Tai HP	97.0	211 工程三期	物理学院	江　颖	2011-11-01
22	钛宝石超窄线宽可调谐激光器	英国 M squared Laser ltd	105.5	国重更新改造费	物理学院	肖云峰	2011-11-01
23	聚焦离子电子双束系统	Helios NanoLab600i	813.0	985 工程三期	物理学院	危　健	2011-11-03
24	环行硅微条探测器阵列系统	英国 MICRON SEMICONDUCTOR,德国 MESYTEC	136.0	国重设备费	物理学院	华　辉	2011-11-03
25	VME 核电子信号处理与数据获取系统	VME 标准插件与机箱系统	166.0	国重设备费	物理学院	叶沿林	2011-11-03
26	多功能超高分辨电子束刻蚀系统	e-LINE plus	810.0	国重设备费	物理学院	李　焱	2011-11-03

续表

序号	设备名称	拟购型号	论证预算/万元	资金来源	所属院系	申请人	论证日期
27	超细制粉系统	北京瑞驰拓维科技有限公司 HZM12-Ce	61.0	863 计划项目	物理学院	杨应昌	2011-11-04
28	完全无液氦综合物性测量系统	PPMS Dynacool-9	239.2	211 工程三期	物理学院	徐洪起	2011-11-10
29	傅里叶变换远红外光谱仪	德国 Bruker 公司 VERTEX 80v	126.0	国重设备费	物理学院	刘克新	2011-11-14
30	核聚变反应堆材料研究用射频直线加速器	定制	118.0	自然科学基金	物理学院	陆元荣	2011-11-17
31	多功能荧光分析仪	Typhoon FLA 7000 Biomolecular Imager	64.6	国重设备费	物理学院	颜学庆	2011-11-23
32	时间分辨可见-红外全光谱发光寿命测量仪	日本滨松 C10910 Universal Streak Camera	190.0	国重设备费	物理学院	王树峰	2011-12-06
33	金属/氧化物介质多功能超薄膜制备系统	美国 Kurt J. Lesker LAB18 薄膜沉积系统	210.0	国重设备费	物理学院	肖立新	2011-12-07
34	千赫兹高功率相位稳定飞秒激光放大器	FemtoLasers CEP Pro V	600.0	重点实验室设备费，985 工程三期，测试费，杰青经费	物理学院	刘运全	2011-12-08
35	纳米压印机	瑞典 Obducat Etire 6	200.0	国重设备更新费	物理学院	秦国刚	2011-12-13
36	电子显微镜	日立 S4800	230.0	973 计划项目	化学与分子工程学院	邹德春	2011-03-18
37	高效液相色谱-四级杆飞行时间质谱联用仪	Agilent 1200-6530 Q-TOF MS	170.0	自筹	化学与分子工程学院	刘虎威	2011-04-01
38	傅里叶变换拉曼光谱仪	赛默飞世尔 NXR FT-RAMAN MODULE	79.6	自筹	化学与分子工程学院	徐怡庄	2011-09-23
39	IVIS LuminaII 活体影像系统	美国 Xenogen Corp. IVIS Lumina II	85.7	科研经费	化学与分子工程学院	严纯华	2011-09-28
40	无水无氧超净薄膜沉积系统	Kurt J. Lesker(美国)；Vigor(美国)非标	180.0	国重实验室与课题组自筹	化学与分子工程学院	黄春辉	2011-11-01
41	元素分析仪	vario EL cube	48.0	211 工程三期	化学与分子工程学院	沈兴海	2011-11-24
42	单四极杆气相色谱-质谱联用分析仪	SCION SQ GC-MS	45.0	北京大学生命科学联合中心经费	化学与分子工程学院	杨　震	2011-12-07
43	双波长光源单晶 X-射线衍射仪	Agilent Technologies；Bruker AXS Inc.	340.0	国重运行经费	化学与分子工程学院	王哲明	2011-12-22
44	激光共聚焦显微镜	德国 Zeiss 公司 700	150.0	985 工程三期	化学与分子工程学院	陈　兴	2011-12-22

续表

序号	设备名称	拟购型号	论证预算/万元	资金来源	所属院系	申请人	论证日期
45	高速快扫描激光共聚焦显微镜	德国徕卡仪器有限公司 SP5II MP	250.0	985 工程三期	化学与分子工程学院	陈　兴	2011-12-22
46	液相色谱-质谱联用仪	美国 Agilent Technologies 公司 1260-6120	120.0	985 工程三期	化学与分子工程学院	陈　兴	2011-12-22
47	制备型高效液相色谱仪	美国 Agilent Technologies 公司 1260	50.0	985 工程三期	化学与分子工程学院	陈　鹏	2011-12-22
48	多功能微孔板检测仪	美国 BIOTEK INSTRUMENTS,INC. H4MLFPTAD	52.0	985 工程三期	化学与分子工程学院	陈　鹏	2011-12-28
49	多光子扫描显微镜	Olympus	205.0	985 工程三期	生命科学学院	张　晨	2011-01-05
50	高压均质机	英国 TS-Series	43.0	211 工程三期	生命科学学院	孔道春	2011-01-07
51	液体闪烁计数仪	PerkinELmer,USA	56.4	985 工程三期	生命科学学院	周先碗	2011-01-14
52	高通量 DNA 自动测序仪	3730XL	314.4	985 工程三期	生命科学学院	董　志	2011-01-15
53	体式测量学分析测量系统	Stereo Investigator 9,Neurolucida 9	71.4	985 工程三期	生命科学学院	饶　毅	2011-01-23
54	活细胞成像显微镜	Applied Precision 公司的 Delta Vision 系统	230.0	985 工程三期	生命科学学院	苏都木日根	2011-05-12
55	大动物在体多光子显微镜	Ultima IV	300.0	985 工程三期	生命科学学院	唐世明	2011-07-06
56	高通量测序仪	SOLiD5500XL	360.0	211 工程三期	生命科学学院	谢晓亮	2011-09-05
57	活细胞实时跟踪荧光显微镜	尼康 Ti-E,Roper Evolve 512 EM CCD	89.0	北京大学生命科学联合中心经费	生命科学学院	汤　超	2011-09-08
58	超低温冷冻箱	美国 Thermo Fisher Scientific 的 Biobank	130.0	北京大学生命科学联合中心经费	生命科学学院	饶　毅	2011-09-22

续表

序号	设备名称	拟购型号	论证预算/万元	资金来源	所属院系	申请人	论证日期
59	双转盘高速激光共聚焦实时成像仪	UltraVIEW VoX	316.0	985 工程三期	生命科学学院	陈建国	2011-12-06
60	激光共聚焦实时成像仪	UltraVIEW VoX	190.0	985 工程三期	生命科学学院	陈建国	2011-12-06
61	高性能生物信息计算集群	Dell,China;EMC,China	300.0	重点实验室经费	生命科学学院	李瑞强	2011-12-21
62	新一代快速测序仪	Illumina MiSeq(TM)	130.0	985 工程三期	生命科学学院	谢晓亮	2011-12-21
63	大地电磁测深仪	德国 Metronix GMS-07e	158.0	211 工程三期	地球与空间科学学院	黄清华	2011-09-28
64	自然物质微波介电常数测量系统	矢量网络分析仪 N5230C-255(Agilent)	95.0	211 工程三期、985 工程三期	地球与空间科学学院	法文哲	2011-11-10
65	AMT 电法仪	Canada,Phoenix Geophysics Ltd,V8-AMT	76.0	211 工程三期	地球与空间科学学院	秦其明	2011-11-16
66	傅里叶变换红外显微光谱仪	美国 ThermoFisher Scientific Nicole iN10	64.0	211 工程三期	地球与空间科学学院	刘　曦	2011-11-29
67	影像导航经颅磁刺激仪	英国 Magstim 公司 Rapid2	140.0	北京大学生命科学联合中心经费	心理学系	方　方	2011-10-13
68	稳定同位素比质谱仪	Delta V Advantage	260.0	211 工程三期	考古文博学院	吴小红	2011-06-13
69	光华管理学院 PeopleSoft 信息战略项目 2 期	北京创景咨询有限公司	395.0	院拨经费	光华管理学院	王明舰	2011-12-27
70	低温稀释制冷机	英国 TRITON200-10	412.5	211 工程三期	信息科学技术学院	徐洪起	2011-01-14
71	低温稀释制冷机	英国 TRITON200-10	412.5	211 工程三期	信息科学技术学院	徐洪起	2011-01-14
72	低温稀释制冷机	英国 TRITON200-10	412.5	211 工程三期	信息科学技术学院	徐洪起	2011-01-15

续表

序号	设备名称	拟购型号	论证预算/万元	资金来源	所属院系	申请人	论证日期
73	低温稀释制冷机	英国 TRITON200-10	412.5	211 工程三期	信息科学技术学院	徐洪起	2011-01-15
74	64 通道脑电事件相关电位系统	BrainAmp DC	100.0	211 工程三期	信息科学技术学院	黄铁军	2011-03-01
75	溅射台	英国 MANTIS DEPOSITION	80.0	北京市科委科技计划项目	信息科学技术学院	王 漪	2011-04-01
76	原子层淀积系统	德国 MEZ	60.0	北京市科委科技计划项目	信息科学技术学院	王 漪	2011-04-01
77	等离子增强化学气沉积与反应离子刻蚀系统	牛津	160.0	北京市科委科技计划项目	信息科学技术学院	王 漪	2011-04-01
78	网络分析仪	E5071C	46.3	211 工程三期	信息科学技术学院	徐洪起	2011-06-15
79	中远红外光谱仪	美国 Horiba Jobin Yvon	45.0	211 工程三期	信息科学技术学院	徐洪起	2011-06-15
80	多系统导航模拟器	HWA-RNSS-7400,NS803,RNSS 3000	60.0	北京科技计划	信息科学技术学院	张 兴	2011-06-17
81	低温真空探针台	美国 Lakeshore CCR-VF	145.0	22 纳米重大专项基金	信息科学技术学院	傅云义	2011-07-06
82	半导体器件分析仪	美国 Keithley 4200-SCS 美国 Agilent B1500A	45.0	22 纳米重大专项基金	信息科学技术学院	傅云义	2011-07-06
83	脉冲激光沉积设备	NONO-PLD-1000	190.0	重大专项	信息科学技术学院	刘力峰	2011-09-08
84	三维电磁发声图像仪	加拿大北方数字公司 8 channal wave system	66.0	211 工程三期	信息科学技术学院	吴玺宏	2011-09-08
85	原子层沉积设备	TFS200-ALDsystem	192.0	重大专项	信息科学技术学院	刘力峰	2011-09-09
86	混合信号示波器	Tektronix MSO70604C	59.0	863 计划项目	信息科学技术学院	李巨浩	2011-09-29

续表

序号	设备名称	拟购型号	论证预算/万元	资金来源	所属院系	申请人	论证日期
87	电子耦合等离子体刻蚀机	NE-550H	310.0	国家科技重大专项课题	信息科学技术学院	许晓燕	2011-10-13
88	计算机服务器集群	DELL/联想/曙光	230.0	核高基项目	信息科学技术学院	李晓明	2011-11-17
89	误码仪	泰克(美国)N4906B-012	105.0	211 工程三期	信息科学技术学院	党安红	2011-11-30
90	可调谐激光源	Agilent 81600B-160	45.0	211 工程三期	信息科学技术学院	党安红	2011-11-30
91	多通道神经电生理记录系统	TDT System III,64-channel	51.0	211 工程三期	信息科学技术学院	黄铁军	2011-12-01
92	高校数据计算中心-云计算平台	IBM(美国),HP(美国),DELL(美国)	390.0	自筹	计算机科学技术研究所	郭宗明	2011-09-05
93	校园网边界万兆防火墙	华赛 USG9310	70.0	985 工程三期	计算中心	张　蓓	2011-03-24
94	DSM Xplore 15 毫升微型双螺杆挤出机	DSM 15ml 微型双螺杆挤出机	76.0	211 工程三期	前沿交叉学院	魏世成	2011-12-06
95	全自动物理/化学吸附分析仪	Autosorb-iQ-C-TCD-MS-VP	71.0	985 工程三期	工学院	邹如强	2011-03-10
96	D8 ADVANCE(达芬奇设计)衍射仪	D8 ADVANCE	100.0	211 工程三期	工学院	夏定国	2011-11-03
97	图书馆下一代界面与资源整合方案	Exlibris、Serialssolutions、EBSCO	150.0	985 工程三期	图书馆	聂　华	2011-03-07
98	虚拟化软件 VMware	美国 VMware,美国思杰,美国微软	58.0	211 工程三期	图书馆	陈　凌	2011-03-07
99	高效液相色谱-四极杆飞行时间串联质谱仪	UPLC - Xevo G2 QTof	225.0	985 工程三期、211 工程三期	城市与环境学院	万　祎	2011-05-25
100	Tekran 2700 甲基汞分析系统	Tekran 2700	42.0	211 工程三期	城市与环境学院	王学军	2011-05-26
101	GPR 探地雷达	SIR-20 专业型高速地质雷达	60.0	211 工程三期	城市与环境学院	李有利	2011-06-30
102	电感耦合等离子体发射光谱仪	Optima8000DV	48.0	211 工程三期	城市与环境学院	贺金生	2011-07-05
103	24 通道土壤呼吸全自动测量系统	LAC-SW024	48.8	985 工程三期	城市与环境学院	朴世龙	2011-11-29
104	液相色谱/三重四极杆串联质谱/质谱仪	美国 WATERS 公司 UPLC/TQD	151.0	211 工程三期	城市与环境学院	陶　澍	2011-12-13

续表

序号	设备名称	拟购型号	论证预算/万元	资金来源	所属院系	申请人	论证日期
105	24通道土壤呼吸全自动测量仪	LAC-SW024	48.8	985工程三期	城市与环境学院	贺金生	2011-12-20
106	流式细胞仪	美国BD公司 BD FACSVerse	75.0	211工程三期	环境科学与工程学院	朱　彤	2011-09-06
107	三波段光声消光测定仪	美国 Droplet Measurement Technologies	113.0	国重设备费	环境科学与工程学院	胡　敏	2011-11-30
108	双通道云凝结核计数器	美国 Droplet Measurement Technologies	99.0	国重设备费	环境科学与工程学院	胡　敏	2011-11-30
109	单颗粒黑碳光度计	美国 Droplet Measurement Technologies,SP2	122.0	211工程三期	环境科学与工程学院	胡　敏	2011-11-30
110	电感耦合等离子体质谱仪	美国布鲁克道尔顿公司 Aurora M90	150.0	国重设备费	环境科学与工程学院	陆思华	2011-12-07
111	高级双光子荧光寿命成像激光共聚焦显微镜	德国蔡司 LSM 710 NLO-FLIM	420.0	北京大学生命科学联合中心、985工程三期、测试费	分子医学研究所	程和平	2011-11-03
112	笼盒笼架清洗机	IWT900 系列	220.0	985工程三期	动物中心	朱德生	2011-08-25
113	活细胞实时跟踪荧光显微镜	尼康 Ti-E CCD: Photometrics CoolSNAP HQ2	65.0	北京大学生命科学联合中心经费	北京大学生命科学联合中心	汤　超	2011-11-08
114	蛋白液相色谱仪	GE公司	43.0	北京大学生命科学联合中心经费	北京大学生命科学联合中心	方　敏	2011-11-21
115	快速纯化液相色谱仪	GE公司	56.0	北京大学生命科学联合中心经费	北京大学生命科学联合中心	方　敏	2011-11-21
116	串联四极杆线形离子阱质谱仪	美国 Applied Biosystems 公司 QTRAP 5500	260.0	北京大学生命科学联合中心经费	北京大学生命科学联合中心	来鲁华	2011-12-22
117	快速纯化液相色谱系统	美国GE公司 Purifier 100	42.0	北京大学生命科学联合中心经费	北京大学生命科学联合中心	来鲁华	2011-12-22
118	高性能计算集群	戴尔中国有限公司	79.0	北京大学生命科学联合中心经费	北京大学生命科学联合中心	汤　超	2011-12-23

昌平校区管理

【概况】 北京大学昌平校区位于北京市昌平区西北4公里的天寿山脚下，目前占地面积550余亩，已有建筑面积5.6万平方米，是北京大学60年代建设的分校区。1994—1999年间，北京大学文科一年级新生迁入昌平校区，2000年之后成为成人教育学院的办学基地。2008年，北京大学做出决定，对昌平园区的功能定位进行调整，把北京大学昌平校区建设成集大科学装置、开放性公科研平台、国家重大科研项目和国家重点实验室于一体的科学研究基地，建设成基础研究向实际应用转化的研发平台。2011年，昌平校区已基本完成基础设施改造，实验室入驻，以及昌平校区各项运转已经步入正常轨道。

【日常行政工作】 按照《北京大学昌平校区管理办公室聘用人员管理办法》等规定面向社会招聘了9名职工，及时办理了2名职工离职、6名季节工入职离职手续。2011年，累计收发各类文件103份，172台仪器设备录入北京大学设备管理系统，71件家具录入北京大学家具系统，并对58台老旧仪器设备和63张旧床进行报废。建立昌平校区网站后台，并随时更新网站内容和实验室相关信息。结合昌平校区发展更新宣传栏内容。加强对昌平校区财务、公章、车辆、电话、信息，以及网站等的管理，并及时将昌平校区办公会形成通报对外公布。

【入驻实验室工作】 截至2011年12月，昌平校区入驻实验室由2010年的14个增加到17个，昌平校区全体职工积极为各院系实验室师生提供良好的服务，努力保障各院系实验室的良好运行，同时收取各院系房屋资源费1663680元，电费747893.24元，水费45130.4元，住宿费31600元；公寓住宿费159000元，接待住宿人数220人，接待会议7次；保障了各院系实验室的入驻工作顺利进行。

【对外联络工作】 （1）2011年6月3日，校长周其凤在副校长鞠传进、秘书长杨开忠、总会计师闫敏等陪同下来昌平校区调研。（2）杨学祥副主任等一行5人考察了云南大学、湖南大学等，通过实地考察、学习，借鉴其他各高校的先进办学理念和管理模式。（3）邀请著名中医养生专家陈璞做主题讲座。（4）组织昌平校区职工参观双清别墅和碧云寺。（5）加强与北京大学各部门的联络工作。同时，加强与昌平区委、区政府、教委、科委、供电局、水务局、环保局、十三陵镇政府、西山口村、泰陵园村等单位的互动关系。

【运行保障工作】 *基础设施的改造工程* （1）昌平校区完成了食堂改造工程剩余的全部项目（包括消防报警、保安监控、油烟净化、煤气报警、液化灶具、不锈钢调理设备、冰箱炊事机械、密胺餐具及餐桌椅等）。（2）对昌平校区北围墙增高加装防护网。（3）井房改建。（4）昌平校区道路改造修缮。（5）主楼墙裙水刷石及北平房装修改造等。

日常运行保障工作 完成了昌平校区供水设施保养、电站管理设备维护、路灯检修维护、锅炉供暖、洗浴系统检修、对宣传栏进行刷漆维修、修补方砖路面、维护污水处理设施、在无人值守部位安装时空节能灯10个等工作。

【安全保卫工作】 昌平校区与入驻单位签订《入驻单位消防安全责任书》13份，同时依据《消防法》《高等学校消防安全规定》成立安全应急领导工作组及安全应急志愿队伍，负责应对昌平校区发生的各类突发事件，并安装保安员电子巡更系统、宿舍电子门禁系统及重点部位摄像监控系统。

【党组织建设】 2011年5月，昌平校区党支部组织参观汶川地震灾后恢复重建主题展览。庆祝建党90周年，昌平校区组织党员学习文件。在宣传栏内，专设2栏进行党的历程回顾。

昌平校区教工党支部加强理论知识学习，继续坚持两周一次的政治学习，加强对入党积极分子的思想教育，2011年发展新党员1名，加强了党的组织建设。

基建工作

【概况】 学校批准北京大学基建工程部岗位编制为32人，2011年退休2人，截止到2011年年底，在编人员28人，其中，部长1人，副部长3人，综合办公室5人，计划办公室6人，维修管理办公室9人，工程建设办公室4人。在编人员中教授级正高职称1人，副高级职称7人，中级职称16人，其他工作人员4人。

【基建投资计划与完成】 1. 投资计划。截至2011年年底，北京大学当年新建、改造项目共有25项，建设总规模244843平方米，计划总投资136680万元。其中新建项目8项，建筑面积148010平方米，计划总投资94107万元；改造项目17项，建筑面积96833平方米，计划总投资42573万元。

2. 投资完成。新建工程项目

完成情况：截至2011年年底，教育部下达当年计划项目的本年度累计到位资金有22467万元；其中国拨资金到位1247万元，自筹资金到位为21220万元。本年度累计完成投资18704万元，其中，完成国拨资金595万元，自筹资金18109万元；全部为校本部完成投资。

完成由会议中心自筹资金项目中关园留学生公寓投资9971万元（该项目由北京市立项，不在教育部计划内）。

改造项目完成情况：2011年完成维修改造工程投资26873万元。其中，理科教学楼公共教室改造7149万元、校医院住院部改造4766万元、物理楼加建改造3632万元、体育馆赛后改造2008万元、附中教学南楼加固改造1988万元、朗润园158号院（诗歌中心）修缮978万元、斯坦福中心修缮972万元、勺园4号楼改造851万元、计算机大楼改造843万元、法学楼内部改造803万元、五四体育活动中心改造560万元、塞克勒考古博物馆改造415万元、校基金会修缮398万元、校园门诊楼改造286万元、昌平维修二期205万元、老化学南楼改造205万元、保卫部改造134万元、北招改造86万元、一教东阶梯教室改造53万元、校友泉雕塑30万元、电话室搬迁23万元、岛亭改造19万元。

【工程项目管理】 2011年，校本部新建和改造工程开复工主要项目为25项，建筑规模约为244843平方米。其中，竣工项目14项，竣工面积为109695平方米，在施工项目11项，建筑规模约135148平方米。

1. 竣工工程。（1）人文大楼：建筑面积24660平方米，为6座建筑单体，3号楼为古建筑，其余为仿古建筑。2009年4月开工，2011年10月竣工并投入使用。该工程受到国务委员刘延东、香港慈善家李兆基等的极高评价。（2）北京国际数学研究中心：建筑面积10990平方米，全部为1层、局部为2层仿古建筑。1998年，我校特聘国际著名数学家田刚教授担任长江学者，为此，我校决定在未名湖畔兴建北京大学国际数学研究中心。该工程是2009年7月开工，2011年10月竣工并投入使用。（3）北达资源学生食堂：建筑面积2559平方米，原计划1852平方米，后经使用方要求，新增地下面积707平方米，建筑结构形式为框架结构；主体为2层、局部3层，地下1层。建筑总高为11.7米。该项目于2009年12月开工，2011年3月竣工并投入使用。（4）工学院与交叉学科大楼：该工程分为1号楼和2号楼两个建筑单体。总建筑面积62730平方米，2号楼4层控高18米，1号楼6层控高24米，地下2层。其中1号楼面积8418平方米，于2009年12月开工，2011年12月竣工。2号楼目前正处于拆迁阶段，具体开工时间要视拆迁进展而定。（5）理科教学楼公共教室改造：建筑面积19000平方米。我校的理科楼群建于1998年，经过十多年的使用，教室的水、暖、电系统已经老化，尤其是楼内空间狭小、空气不畅，学生反映强烈。为改善学生上课环境，学校决定对原有的理科教学楼公共教室改造，增加2层，并改造整体的空调换气系统。该工程于2011年6月开工，于2011年9月完成一层二层改造，2011年12月完成三层四层的改造。期间，正好赶上百年少遇的雨季，基建工程部克服种种困难，顺利在学生开学前完成一、二层的改造工作，没有耽误正常开课时间，并大大地改善了该区的校园地貌，获得了全校师生的一致好评。（6）勺园4号楼改造：建筑面积3535平方米，原为外国留学生宿舍，建于20世纪70年代，砖混结构，地上5层。经过30多年的使用，在功能方面已逐渐显现出诸多局限性，而且各项基础设施设备等严重老化，难承重负。同时为了改造南门区域的学生宿舍，也需要有部分周转房以供使用。该工程于2011年5月开工，2011年8月完工并交付使用。基建工程部利用暑假期间，紧张作业，克服雨水繁多的困难，终于在学生开学入住前竣工交付使用。（7）体育馆赛后改造工程：改造面积13596平方米，原为2008年北京奥运会的乒乓球赛馆。在奥运会设计初期预留了很多空间，奥运会结束后，为适应教学和其他需要，对场馆进行了整体恢复改造。地下二层原奥运会乒乓球馆的热身场地调整为室内足球、壁球、攀岩等运动的比赛场馆；运动员更衣区、训练场地管理办公室、休息区调整为综合练习区。地下一层原奥运会文字记者工作区、媒体休息区、新闻管理办公室等改造为重竞技比赛场馆。该工程于2010年9月开工，2011年12月竣工。（8）北大附中教学南楼加固改造：建筑面积5206平方米，是对原附中高中楼进行加固改造，2010年7月开工，2011年11月底竣工。（9）校医院门诊楼改造：建筑面积3155平方米，原为校医院门诊室，后改造成为实验设备部的实验室楼，该工程2010年12月底开工，已于2011年7月竣工。（10）昌平食堂改造：昌平校区的食堂由于年久失修，其操作间已不符合目前规范的需要，所以需要对其进行整体改造。该工程总面积2500平方米，2010年10月开工，2011年5月竣工。（11）计算机科学技术研究所大楼改造：建筑面积4229平方米，位于我校东门外，由计算机科学技术研究所使用。按照使用单位的需求和学校的整体规划，进行装修改造。该工程2011年5月开工，2011年12月竣工并投入使用。（12）赛克勒考古博物馆屋面改造：建筑面积为 4254 平方米。该建筑建于 1989 年，1992 年投入使用，经过 18 年的使用，屋面檐口位置瓦件脱节、破损、脱落，若遭遇大风天气或者暴雨天气，瓦檐部分随时可能发生大面积脱落，室内防水层脱落，危害博物馆内各项文物的安全。我部于 2011 年 8 月紧急接受学校指示开工，于 2011 年 11 月底完成该项工程的改造。

2. 在施工程。(1) 科技成果转化中心：建筑面积 14200 平方米，2008 年 1 月开工，由于学校对规划进行了调整，该项目的用途由原来的酒店公寓转变成外国语学院的办公楼，我部于 2010 年接手此项工程，并积极进行二次设计及改造工作。目前已基本完成了主体结构，正在进行室内装修，预计于 2012 年 10 月竣工。(2) 朗润园 160 号修缮：建筑面积 3552 平方米，为美国斯坦福大学捐资建设，2010 年 9 月开工，目前进行室内精装修阶段，计划于 2012 年 2 月底竣工。(3) 朗润园 158 号修缮：建筑面积 3626 平方米，2010 年 9 月开工，目前进行结构作业中，计划于 2012 年 10 月竣工。(4) 镜春园 75 号修缮：建筑面积 1598 平方米，2010 年 12 月开工，目前进行结构作业中，计划于 2012 年 9 月竣工。(5) 老物理楼加建改造，建筑面积 8000 平方米，对物理学院的东楼进行加层改造。2010 年 9 月开工，2011 年 12 月竣工。(6) 校医院住院部改造（实验设备 1# 楼）：建筑面积 13565 平方米，2010 年 12 月底开工，计划于 2012 年 10 月竣工。

【工程前期报批】 2011 年，除了校本部的新建、改造，以及维修项目数量众多以外，附属小学及附属中学均申请进行不同规模的校舍新建，并希望尽快推进，建设管理工作均由我部负责，因此，2011 年工程前期报批工作仍然呈现时间紧、任务重的状态。

在校领导及我部领导班子的积极有效推动下，新建及改造项目的报建工作均在有条不紊地进行中，体现在合理化调整校园规划，可行性研究编制更加贴近我校校情，力争做到深入浅出，设计方案力争布局合理，充分利用空间满足使用要求，建筑外观传承北大特色，充分体现校园文化，并尊守文物、规划、环保等相关要求，得到了教育部，规划、文物及环保等相关审批部门的大力支持及普遍认可，有效加快了我校校园建设的进程，本年度处于前期申报阶段的主要项目进展情况如下：1. 生命科学科研大楼（26900 平方米）和环境科学大楼（20500 平方米）。承接去年工作，两项目均于今年年初向教育部申报了可行性研究报告，生命科学科研大楼于 2011 年 7 月取得批复，但由于我校位于文物保护区存在限高问题，我部会同使用单位一直在协调文物单位力争解决该问题，预计明年年初可以解决；环境科学大楼按照教育部要求于 2011 年 6 月进行可研报告的评审工作，进展顺利，预计明年年初可以取得批复，另外，本年度还完成了本项目人防、园林绿化等申报工作，并按校长要求同步开展本项目“绿色建筑”的设计工作。两项目于 2011 年 12 月均已进入深化设计阶段，预计 2012 年下半年可以开工建设。

2. 餐饮综合楼（32365 平方米）、多功能后勤综合楼（11700 平方米）和学生公寓（71200 平方米）。该三项工程是本年度新项目，餐饮综合楼于本年第二季度开展设计方案征集工作，为尽快推进项目进行，同时进行项目建议书的编制工作，其中，餐饮综合楼、多功能后勤综合楼分别于 2011 年 9 月、11 月上报项目建议书，学生公寓计划于明年 1 月上报项目建议书，并同步开展申报文物方案及人防规划设计工作，其中多功能后勤综合楼方案已上报文物局，餐饮综合楼及学生公寓，预计明年年初可申报文物审批，如进展顺利，预计后勤综合楼及学生公寓可于明年年底开工建设，餐饮综合楼可于 2013 年开工建设。

3. 北京大学附属小学体育馆（10000 平方米）、北京大学附属中学体育馆等（58965 平方米）和北京大学附属中学北校区综合教学楼（25620 平方米）。此三项工程为我部为附小及附中代管的三项工程，附小及附中均希望可以及早投入使用，因此，我部在本年度积极推进前期报批工作，分别于 2011 年 9 月、10 月取得教育部项目建议书批复，于 2011 年 12 月启动设计、勘察和招投标工作，同时开展环评报审、文物报审等工作，并与附小及附中共同协调解决人防申报工作，如进展顺利，预计明年年底可开工建设。

4. 艺术学院与歌剧研究院大楼（32000 平方米）和景观设计学大楼（22300 平方米）。此两项项目均在报建阶段遭遇了一些难题，其中艺术学院与歌剧研究院大楼由于文保区 18 米限高与标准歌剧剧场高度的冲突使设计工作难以开展，我部已向有关校领导申明情况并得到指示，由规划部门与市规委协调沟通解决方案。景观设计学大楼本应于今年内取得规划许可证，但由于用地许可过期，校房地产管理部正在协调解决，如进展顺利预计明年上半年可开工建设。

本年度处于前期报批及设计阶段的主要新建项目有 11 项，分别是：生命科学科研大楼、环境科学大楼、国家发展研究院大楼、艺术学院与歌剧研究院大楼、景观设计学大楼、餐饮综合楼、多功能后勤综合楼、学生公寓、北大附小体育馆、北大附中体育馆等、北大附中北校区综合教学楼。

本年度处于设计阶段的改造项目主要有 7 项，分别是临湖轩改造、化学北楼改造、一体改造，太平洋大厦改造，图书馆东楼（新馆）改造，勺园 1、2、3、5 及餐厅改造，佟园餐厅改建。

需要特别指出的是，我校位于中关园北大街沿线成府园区的几项规划新建项目,包括景观设计学大楼、环境科学大楼、物理西楼、工学院与交叉学科大楼2#楼、艺术学院与歌剧研究院大楼,临近地铁四号线,根据北京市人民政府颁布的《北京市轨道交通安全运营管理办法》(213号令)规定,已进入地铁隧道的安全保护区,其建设需征得地铁运营单位的许可方可建设,给此五项工程的前期工作增加了难度,我部于本年度与地铁运营单位——京港地铁取得联系,已基本理顺相关审批程序。

除校本部及附小、附中的前期报建任务外,我部于本年度还协助医学部完成其医药科技园区综合楼的有关前期工作,主要包括协助理顺报建程序,开展设计方案征集工作,项目建议书、可行性研究报告的编制及上报等前期工作。

【阳光工程】 基建工程部各类工程无论大小,均实施阳光工程:开工前进行工程招标,严格接受政府及学校相关部门监督管理;在实际进行中接受校纪委、审计等部门全过程监督;工程竣工结算接受审计室审计监督。2011年由政府监管招标工程共计5项,分别是:勺园4号楼改建工程(3077.30平方米,850万元),教学科研楼(物理西楼)工程(24865平方米,12500万元),2#、3#教学科研楼工程(21159平方米,9500万元),6#教学科研楼工程,北大科技大楼加层工程。本年度在校内共完成10项总包、监理招标,分别是:工学院昌平校区风洞实验室工程(651.26平方米,240万元)、计算机科学技术研究所大楼改造工程(4229平方米,1000万元)、理科教学楼公共教室改造工程(19187平方米,7600万元)、人文学苑绿化景观工程(25000平方米,600万元)、北京国际数学研究中心—未名湖北岸绿化景观工程(63000平方米,700万元)、赛克勒博物馆屋面挑顶工程(3000平方米,500万元)、斯坦福中心精装修工程(3300平方米,1400万元)、幼儿园食堂操作间改造工程(430平方米,200万元)、保卫部改造工程(2056.61平方米,420万元)、五四体育中心改造工程。共完成结算73项,其中送学校审计工程结算41项。

【制度建设】 2011年,在基建工程部领导班子的带领下,理顺工作关系,继续加强制度建设。1. 加强管理、发挥集体领导作用。定期召开部务会和全体职工大会,及时沟通工作进展情况,发挥集体智慧作用,重大事项坚持集体决策,使得各项工作得以顺利进行。按照学校的要求,年内进一步修订了基建工程部部务公开办法及部领导班子落实"三重一大"的办法。

2. 强调投资控制,加强内外监督,完善工作制度。随着学校对投资控制要求的提高,基建工程部也把投资控制作为基建工程的要点,针对投资控制先后召开部门及专业办公室的专题会,明确工程建设各阶段部领导、办公室主任及专业人员的职责,严格工地现场变更洽商签订的权限和程序,同时建立了工程款支付动态台账制度,以利于从总体上把握工程造价和投资控制。

3. 加强施工管理,提升建筑品质。充分发挥专业办公室的力量,同时进一步落实项目负责人制,统一材料设备的建设标准。强化工地安全管理,每周一次例行安全检查并做好书面记录。加强对总包单位的管理,发挥监理单位的监督作用,定期查处安全隐患,及时消除隐患。

4. 加强沟通,服务大局,示范引领,争创一流。作为从事校园建设的职能部门,基建部在遵守工程建设领域的相关规章程序的前提下,考虑学校教学科研实际需求,从大局出发,注重提高工作效能。按照校领导"服务群众树形象、示范引领创一流"的指示,树立服务理念,顾全大局。注意协调与使用单位、学校各职能部门,以及与各政府主管部门之间的工作关系,创造更加和谐、良好的工作环境。

5. 改善办公室硬件环境,提高工作效率。2011年度,基建部经报请学校同意,已逐步改造了办公室外窗、楼内走廊及卫生间,针对员工反响强烈的冬季供暖不足问题,部里在暑期进行理科教室楼公共教室改造攻坚的同时,投入人力、财力改造办公室暖气,进一步改善了办公条件。

另外,按照教育部要求修订了我校十二五基建规划,增加了附小和附中的建设项目,和校内相关职能部门一起对《教育部直属高校基本建设项目管理办法》提出修改意见;协助财务部申报2012—2015年北京大学基建修购计划及各年执行明细、985三期新建项目与改造维修项目报告书等。

总务工作

【后勤保障服务】 总务部与各中心加强分工合作,全力做好后勤保障服务工作,确保全年供水、供电、供热系统的安全运行和餐饮、学生宿舍、学生教室、浴室、校内环境、运输、幼教、通讯的良好服务。

1. 餐饮:餐饮中心管理全校12个食堂,全年服务师生70927人次/天。克服食品原材料价格上涨压力,保证学校伙食价格稳定。为师生提供安全稳定优质的餐饮服务。

2. 供水供电:全校全年供水量242.26万吨,供电量11777.81万度,为学校创造了安全良好的用水用电环境。

水电收费：实行全额收费管理制度，做好水电收费和节水节电工作。

零星维修：全年共完成校内教学、科研、生活楼宇零星维修23855次，燕北园家属区水电零修7680余次，圆满完成零修任务。

3. 供暖：全年供暖总面积186.9万平方米。其中：燃煤供暖142万平方米，燃气供暖31.5万平方米，北大附中6.56万平方米，科学院4栋楼0.95万平方米，技物楼1.2万平方米，昌平校区4万平方米。

洗浴：全年洗浴约207万人次，其中：学生宿舍浴室日均3342人次，大浴室日均1530人次，教工浴室日均350人次，畅春新园浴室日均663人次，总计约6000人次/日，高峰时达到8566人次/日，为师生员工提供了安全优质的洗浴服务。

4. 校园绿化：校本部绿地总面积90万平方米，古树531株。做好绿地日常养护管理和古树保护工作。

校园保洁：道路清扫保洁面积38万平方米，湖面清理保洁面积10万平方米。

教室管理：承担学校公共教室楼257间教室、19280个座位的日常管理和保洁服务工作，保洁面积5.41万平方米。

办公区保洁：办公区48个服务单位6.4万平方米日常清洁养护工作。营造了美观舒适的校园环境和教学、工作环境。

收发：负责全校173个单位的报纸、杂志、信件的分发、登记、投递。全年分拣报纸99万份，收发信件39万份。

订票：负责全校师生员工日常出差、探亲、旅游、寒暑假的火车票、飞机票的预定、购买工作，全年完成火车票预定购买50000余张。

茶饮服务：管理6个开水房和116台饮水机，提供全校的饮水供应。全年供水量1.29万吨，保证师生员工饮水安全供给。

5. 学生宿舍：管理燕园、畅春新园、畅春园(篓斗桥)3个宿舍区共31栋宿舍楼，建筑面积19.12万平方米，入住学生20605人。克服宿舍紧张状况，保证新生入住，为学生住宿提供了安全优质、健康文明的软硬件条件。

6. 运输：全年安全无事故运行92万公里，合理调配车辆，为全校各职能部门、院系、师生员工用车提供服务，满足了学校教学科研和日常工作开展的用车需求。

班车：全年投入8辆班车运行，平均每日接送教职工800人左右，全年累计接送教职工上下班18万人次，为教职工上下班提供了安全优质的班车服务。

7. 幼教：在园儿童880名，其中：校内二代447人，占53%；校内三代194人。二代和三代子女共641人，占总人数的73%。幼教中心较好地为教职工子女入托解决了后顾之忧，并为学校引进人才做出了贡献。

8. 电话：全年新安装电话782余部，修复各类电话故障1400余次，检修电话4500余部(其中学生宿舍201电话2860余部)，维修电话电缆16000米。受理各类电话业务1000余宗，收缴电话费19.5万余户，电话号码查询6万人次。保障了通讯畅通，提供了良好的通信服务。

打印各类文件14956份，印刷复印文稿18.93万份，制版820张。

【重点工作】 1. 投入3000余万元，进行全校水电暖设施、学生食堂、宿舍、浴室、校园环境和幼儿园等各方面改造，消除安全隐患，提高安全系数，进一步改善硬件设施条件，为教学、科研、师生生活提供安全优质的硬件环境。(1)加强水电暖设施改造。110 KV电站及部分开闭站的一些设施已经老旧，严重影响运行。2011年进行了电力系统隐患整改工程。运用专项资金1000万元，为全校安装避雷装置。新建中关园水井，解决学校地下水位下降、校园内用水高峰期间用水紧张的问题。对新建、投入运行楼宇进行改造：为工学院、物理学院、北京国际数学研究中心、人文学苑等新建楼群，新建改造水电暖设施，提供安全可靠保障。(2)对农园食堂进行改造。农园食堂改造是总务部暑期工作的重点项目之一，目的为彻底消除各项安全隐患。根据北京市消防局，以及现场情况的要求，改造项目非常复杂而又时间紧迫。运行办全体工作人员暑期加班，全部投入到这项改造工程中，经过62天紧张而忙碌的施工，农园食堂改造工程终于在开学前顺利完工，确保了学校正常的生活秩序。(3)对学生宿舍楼进行改造。改造老旧设施，增加消防安全设施，继续推进浴室进宿舍工程，进一步提高学生宿舍居住条件。对30楼和35楼下水管道进行更换，改变其由于长期使用的老化和结垢带来的严重堵塞现象。对宿舍楼内安全设施、设备、标识等定期进行检查，及时更换和完善。(4)运输中心消防通道改造工程。改造消防通道后，极大地提高了安全系数，改善了运输中心办公条件。(5)美化校园环境。围绕电教楼、图书馆、学生区、院系办公楼、未名湖等学校重点区域实施了多项绿化改造工程，其一草一木中所凝聚的历史底蕴和人文关照，也同北大所继承和传承的文化传统血脉相依，不仅创造优美环境，更能达到环境育人的效果。

2. 坚持师生为本、服务为先的工作导向，高度重视服务工作，理顺工作机制，优化工作流程，通过学习教育活动凸显“阳光服务、微笑服务”的工作理念和精神风貌，不断提高服务师生群众的意识和能力。在强化服务意识，规范服务标准，建立服务沟通渠道，实行民主监督等管理机制，服务“民生化”，服务关注贫困生群体，服务多元化，服务文化化，服务精品化等方面，都取得了较好的进展。

3. 水电暖运行安全系数、保障能力大幅提高，为学校提供安全优质的水电暖保障。经过近几年实施一系列水电暖基础设施建设和改造，2011 年达到：供电能力 10 万 KVA，供水能力 700 万吨/年，供暖能力 200 万平方米，设备、设施、管网安全齐备，为学校稳定发展提供可靠的能源保障。2011 年，保障安全优质用水，做好排水设施检修维护、水井消毒、防汛等工作。面对地下水位下降、校园内发生用水高峰期间用水紧张的困难，通过新建中关园水井，调整管网供水压力，积极实施错峰供水等多项措施，确保稳定的供水环境。保障安全优质用电，做好供电设施维护、电力系统除缺消隐、全校避雷系统安置等工作。全年 8760 小时无一次人为原因造成停电，为学校创造了良好的用电条件。进行供暖系统设备大项检修及室内外暖线更新改造工程，供暖设备管网安全，实现了安全、稳定、持续、高效供热，为师生员工及家属提供温暖舒适的教学、科研和生活条件。

4. 在原材料持续涨价、人工成本上涨和餐饮招工难等多种困难下，积极采取各种措施节约成本，提高餐品质量和服务质量，保障食堂基本伙食稳定，为学校提供安全优质的餐饮服务。2011 年，食品原材料价格继续大幅上涨，其中肉类和粮油类是带动采购成本上涨的最主要的两个品种。学校食堂以服务师生为根本，坚持“价格、数量、质量”三不变原则，压力很大。同时，餐饮服务人员的用工成本急遽增加，且面临人员短缺和招工难的困难。餐饮中心劳动合同制职工 920 人，其待遇与其他高校、同行业领域职工相比较低，但是，依照国家有关政策逐年提高，人工成本当年比前一年约呈 20% 的速度增长。合同制职工工作在餐饮服务一线，日均服务就餐师生 70927 人次，平均每人每天承担约 52 名师生的服务量，由于人工成本增长快、待遇偏低、招工困难，食堂紧缩人员，人员缺口近百人，全年食堂人员和设备均超负荷运转。面对这些问题和困难，学校、总务部和餐饮中心共同努力，采取多种措施进行补贴、节约成本，提高餐品质量和服务质量，全力以赴做好餐饮服务工作。学校对餐饮中心实行水电暖费减免、房屋零租赁和补充用工成本费用等方式。餐饮中心积极实行生产售卖节能，降低生产成本，集中采购获得价格优势，运用成本补偿伙食积累进行内部补贴，开发价廉物美新菜品丰富伙食，重视学生意见需求、延长售饭时间、开展与学生合作办餐饮活动、丰富校园餐饮文化，加强食堂设施建设改造、进行农园食堂改造，采用综合工时、提高员工待遇、凝聚员工队伍等方式，餐饮中心创造了 54 年未发生群体性食源疾患的安全记录，为学校提供了安全优质的餐饮服务。

5. 做好日常管理服务，加强毕业生离校、迎新、宿舍楼搬迁等重点工作，建设安全和谐的宿舍文化，提供安全优质的宿舍服务。学生宿舍通过改善硬件设施条件和提升管理服务质量，通过开展安全检查、安全宣传教育、消防安全改造演练、文明卫生宿舍评比等活动，为学生提供了安全的住宿服务，未发生一起安全责任事故，特别是火灾事故，在培养学生健康文明的生活习惯、培养人才的“育人”工作和校园文化建设中发挥了积极作用。顺利完成 25、26 楼住宿学生搬迁，为配合学校整体工作，学宿中心于 2011 年 9 月 15 日、16 日组织开展 25、26 楼学生搬迁工作，分别搬往 30、32 楼，以及畅春新园 4 号楼。此次搬迁人数较多，且绝大多数为博士研究生，书籍行李较多。学宿中心配合院系将搬迁计划告知每一名同学，暂时不在学校的学生由院系负责委派其他同学协助搬迁。搬迁之前与搬家公司共同制定了详细的搬迁时间表，每隔 30 分钟为一个发车时段，明确每名同学的搬迁时间。经过两天的紧张工作，220 余名同学顺利搬迁完毕。整个过程井然有序，未发生任何物品丢失事件，获得了同学们的好评。

6. 提供安全优质的教室管理服务。教室管理服务人员继续做好教室的管理保洁，并且，新增为现代化教学方式提供调试设备等服务，在教室管理服务面积增加近一倍、而工作人员几乎无增加的情况下，做好各项工作，为师生提供了良好的教学、科研和学习环境。

7. 提供安全优质的用车、班车服务。经过近几年车辆发展更新，运输综合能力大幅提高，能够承接学校 800 人以上的大型活动用车，为迎新、军训、教学、科研、管理活动等提供了安全优质的用车服务。班车运行安全无事故，日均接送教职工 800 人次，全年累计接送 18 万人次。本年度，经过多方协调，开通旗胜家园班车。

8. 提供安全优质的幼儿教育服务。幼教中心不断加强基础设施建设和提高教学科研水平，已经建设成为北京市最优秀幼儿园之一。幼儿教育服务，为教职工子女入托解除了后顾之忧，并成为北京大学引进人才的重要吸引力因素之一。

9. 提供安全优质的电话通信服务。电话室配合教学科研和管理单位搬迁，及时快捷完成迁移电话和新装电话任务，保证搬迁和电话通信“两不误”，开展针对个人用户的开通 IP 长途电话、电话费代存和防止电话诈骗服务，确保通讯畅通和提供良好服务。

10. 加强节能减排工作，创建绿色校园。(1) 煤改气工程积极推进实施。为响应国家节能减排政策，进一步推进清洁能源建设，更好地改善北京市大气状况，建设北京大学可持续绿色校园构想，根据北京市政府和北京市环保局的要求和工作部署，学校计划于 2012 年供暖季前完成 4 台 20 吨以上燃煤锅炉的煤改气工作。2011 年年初，煤改气工程已正式启动。目前，该工程已完成落实设计单位、锅炉设备招标采购、落实施工单位等工作。计划 2012 年 3 月底停暖后，将进行现有燃煤锅炉的拆除、原有锅炉房土建改造、安装燃气锅炉及附属设备、天然气施工及调试等工作，并将于 10 月底前完成全部改造工作。(2) 蔚秀园燃气锅炉房被北京市评为“安全与节能管理标杆”锅炉房，成为北京首批、海淀区首家安全与节能管理标杆锅炉房。(3) 在学生宿舍公共区域照明和餐饮中心更换节能灯具。经过几年不断努力，北京大学较有成效地开展节能减排工作，走在兄弟院校前列，总务部多次代表北大赴全国、北京市高校节能工作会议介绍经验，全年接待兄弟院校节能工作考察团二十余次。

11. 同学校相关部门密切配合，完成好学校组织的各种大型活动，如北京大学开放日、全国优秀高中生夏令营、高考阅卷、迎接新生、新生党员培训、学军、毕业生就业招聘会、毕业生离校、113 周年校庆、北京论坛、国际文化节等大型活动和学校重大外事活动的保障服务工作，为这些活动提供后勤保障，保证各项活动圆满完成。

12. 完成开放校园参观管理、冰场管理等的相关组织协调工作，维护校园秩序、保护校园环境。总务部牵头继续做好暑期、法定节假日开放校园参观管理工作，营造了有序、友好、和谐的校园参观氛围，学校的教学、科研和师生生活秩序井然，环境卫生、绿化、文物古迹、设施等面貌较好，受到校领导和师生好评。继续做好冰场管理工作，增设安全设施，改善服务水平，进一步确保冰上活动的良好秩序和为广大师生及校外冰上运动爱好者提供良好服务。

13. 农园食堂已逝厨师李建华的事迹牵动了北大学子的心，学生自发捐款悼念。国务委员刘延东做出批示，朱善璐、周其凤、张彦、吴志攀、杨河、鞠传进等学校领导都相继捐款、探望亲属并做出批示，号召师生向李建华学习。后勤系统认真学习国家领导、学校领导的批示精神，结合学习两个讲话精神和“示范引领，争创一流”主题党日活动，开展了多种形式的学习李建华活动。例如，和校团委、新闻与传播学院、医学部后勤联合举办的座谈会和学习活动，后勤党委、后勤团委主题党团日活动，号召后勤系统全体干部职工开展学习活动等，收到很好的教育效果。

【运行管理】　完善基础设施建设与改造，确保水、电、暖设施的安全运行。水、电、暖基础设施的安全运行是保障学校正常教育教学秩序的基础，确保其无故障运行，是运行管理办公室工作基本的立足点。2011 年，运行管理办公室主要实施了学生区、公教、家属区维修工程 22 项，供暖夏季维修改造工程 12 项，电气系统维修改造工程 15 项，校园绿化及环境整治工程 7 项，节能改造工程 2 项。如：农园食堂维修改造工程(一期)，中关园水井工程，卧具采购，毕业生宿舍粉刷、检修工程，畅春新园、篓斗桥、45 甲和 45 乙楼学生宿舍地砖修补工程，燕北园及附中供暖改造工程、廖凯原楼更换散热器垫片工程，燕北园 305、307、308、317、320 电缆及Ⅱ接箱更换工程、电缆隧道井盖监控系统，温德花房入水口泵房及驳岸整修工程，全校道路、道牙修补工程，校内路灯更换为节能型无极灯工程等等。这些项目的成功实施，为学校教学、科研和师生员工生活提供了强有力的后勤保障。

表 9-42　2011 年主要工程项目列表

一、学生区、公教、家属区维修项目		
序号	项目名称	经费/万元
1	农园食堂维修改造工程	650
2	卧具采购	140
3	学生宿舍 45—48 楼给水进户管道更新工程	10
4	30、35 楼内下水管道更新工程	64
5	全校饮水机及电锅炉维修	16
6	燕北园下水改造	21

续表

序号	项目名称	经费/万元
7	蔚秀园平房水管维修	2
8	4—7公寓排水干管维修	21.3
9	4—7公寓室外供水干管入户	20.5
10	学生宿舍排水干管清碱除臭	8.9
11	物美超市卫生间维修	1.5
12	五四水井购水泵	9.88
13	中关园水井	160
14	全校公共教室桌、椅的维修	12
15	学生宿舍40楼厕所隔板更新	5
16	畅春新园、篓斗桥、45甲和45乙楼学生宿舍地砖修补工程	20
17	昌平校区苗圃围墙改造	9
18	燕南园厕所维修工程	24
19	运输中心消防通道改造工程	35
20	毕业生宿舍粉刷、检修工程	200
21	学生宿舍家具维修	15
22	温德花房周边路面建设工程	17
二、供暖夏季维修改造工程		
序号	项目名称	经费/万元
1	蔚秀园、燕北园燃气锅炉、燃气机保养更新	20
2	集中供暖锅炉房1#、3#燃煤锅炉上棚管及后拱更新	40
3	中关园内化学楼西侧暖沟改造	20
4	综合楼换热站配电柜更新	10
5	畅春园外线管道及保温更新	18
6	燕北园及附中供暖进户改造	40
7	中关园三公寓室内供暖系统改造	20
8	出版社大楼更换回水管及阀门	10
9	新化学南楼更换散热器垫片	15
10	廖凯原楼更换散热器垫片	18
11	蔚秀园锅炉房燃气报警系统改造	16
12	集中供暖锅炉房煤廊上煤皮带更新	20
三、电气系统维修改造项目		
序号	项目名称	经费/万元
1	电力系统隐患整改工程	80
2	校园路灯、景观灯系统完善工程	26
3	宿舍楼和公共教室排风扇更新工程	6
4	理科楼群2号楼冷冻机组中修	25
5	第二教学楼3台空调机除垢	6.5
6	110KV变电站例行保护校验	25
7	110KV配电室例行保护校验	50
8	电缆隧道井盖监控系统	80
9	燕北园305、308、307、317、320电缆及Ⅱ接箱更换	130
10	学生宿舍地下室应急灯	6
11	电教供电隐患整改	10
12	理科三号楼供电隐患整改	20
13	全校避雷检测	10
14	理科楼6部电梯维修	53
15	45甲地下室消防系统维修	7

续表

四、校园绿化及环境整治项目		
序号	项目名称	经费/万元
1	温德花房入水口泵房及驳岸整修	34
2	鸣鹤园龙头南河道整修工程	23
3	电教旗杆周边区域景观改造工程	7
4	图书馆东侧绿化及环境整治工程	20
5	全校道路、道牙修补工程	10
6	理科 1 号楼拼装运动地板采购安装工程	27
7	抛雪机、扫雪滚刷采购	25
五、节能改造项目		
序号	项目名称	经费/万元
1	学生宿舍公共区域照明更换为节能灯	4
2	餐饮中心更换节能灯具	10

【计划管理】　2011 年，计划管理办公室按照校党委、校行政和总务部的总体工作部署，在制定总务系统全年工作计划时就将重点紧紧围绕着保障安全和校园节能减排，严格遵守学校及总务部各项工作制度，进一步规范管理，较好地完成了全年的工作任务。

1. 全年工作任务安全、有序完成，坚持服务宗旨，进一步强化管理，所有工程都严格按照党风廉政建设要求和《北京大学关于党政领导班子落实"三重一大"制度》《北京大学工程建设项目招标管理办法》《北京大学建设工程投资管理办法》及《北大总务部关于新建改造维修工程管理规定》的规定，规范工程启动程序，审核招标文件和合同条款的编制，保证了年初制定的总务系统各项工程和临时性突发工作按时完成，并符合学校和总务部的规章要求。

2. 在制订全年计划时将事关教学科研和广大师生学习、工作、生活的问题，涉及运行安全的问题，关乎学校节能减排的工作都摆在首位，确保为广大师生员工提供优质的后勤服务；另一方面，努力与各中心沟通，促进各中心转变观念、转换机制，强化成本核算，控制运行预算等，努力构建和谐校园环境。

3. 为进一步完善后勤基础设施的建设与改造，先后完成学校拨款的专项工程 4 项，分别为煤改气前期工作、全校避雷系统改造、农园食堂一期改造和昌平校区综合雷电防护工程，已使用资金 1842 万元，剩余 244 万元下一年度将继续实施；完成上年度专项工程 227 万元；年初总务部计划工程近 20 大项，涉及全校水、电、暖、空调、土建、园林绿化、校园环境等各个方面，自筹资金 700 余万元。

4. 为严格执行学校财务资金拨付制度和总务部工程资金的使用要求，与财务部总务财务室充分沟通，将每一项工程进行资金来源的详细分类，明确资金出处，提高资金使用的计划性，并配合学校审计室，落实校拨资金的申请、资料审查等工作。

5. 为构建和谐校园环境，考虑到各中心的实际困难和现实问题，强化中心实体成本核算观念，定期给各中心拨付一定的运行经费，控制预算资金的合理使用。与学校房地产管理部、供暖中心密切联系，做好新建楼宇供暖面积的统计工作，并据此与有关单位签订供暖协议，保证供暖费用的回收，同时完成全校供暖费用、成本及收支情况的核算。

6. 与各中心密切配合，及时完成全年已竣工工程的结算审核工作；与总务部其他办公室配合，完成总务部全年用款预算编制，及一次性专项工程的申请工作。

【财务管理】　2011 年，财务部总务财务室紧紧围绕总务系统发展需要，合理安排财力，加强预算管理，理顺业务流程，强化基础工作，严格资金管理，保证预算收支综合平衡，为学校后勤事业的服务和发展提供了较好的财力保障。

1. 2011 年，总务部校级预算经费为 7564.9 万元，预算支出为 7564.9 万元。年度校级预算收支平衡。(1) 供暖费支出为 4292 万元。(2) 修缮及零星维修维护费 790 万元。(3) 公用水电费等支出 1060 万元。(4) 校园管理服务环境卫生保洁支出 580 万元。(5) 学生宿舍管理服务运行支出 330 万元。(6) 全校水电运行费用支出为 220 万元。(7) 公共教室维护保洁 200 万元。(8) 职工班车费 30 万元。(9) 办公费及其他支出为 17.56 万元。(10) 其他支出 45.34 万元。

2. 2011 年，学校拨入专项工程资金 2655.52 万元，总务部全部完成。(1) 昌平校区基础设施改造 6.27 万元。(2) 昌平校区花房及苗圃改造 87.66 万元。(3) 昌平校区防雷系统改造 78.66 万元。

(4) 集中供暖锅炉房脱硫除尘系统改造740万元。(5) 校园电力系统除缺消隐64.95万元。(6) 农园食堂改造工程531.72万元。(7) 中关园基础设施改造183.03万元。(8) 燕园校区防雷系统改造963.23万元。

3. 本年中心返还工资590.76万元，中心上缴款126.62万元，收北京市供暖燃料补贴525.32万元。

4. 2011年，总务部预算外资金使用情况。2011年，总务部利用自有资金1105.5万元用于学生宿舍、食堂、教室等校园房屋修缮，以及校园绿化、道路维修、公共基础设施的更新改造等工程项目及服务支出。补充学宿中心、校园中心预算经费超支114.22万元，购置扫雪设备24.8万元，购置蟑螂蚊蝇等杀虫剂16.87万元。

为稳定食堂饭菜价格，支付餐饮中心水电费及工资1050万元，另外支付总务各中心绩效奖励及补贴570.96万元。

5. 全校水电费收支及上缴情况。水电费总收入7532.42万元，总支出6364.93万元，返还水电中心水电收费运行管理费263.63万元，结余903.86万元上缴学校。

6. 上缴学校供暖费情况。本年收取博雅国际会议中心、中关新园及校外住户供暖费共计809.8万元，并已上缴学校。

【人事管理】 截至2011年12月底，总务系统事业编制383人(其中总务部14人)、合同制(集体存档人员)36人、其他合同制1290人、短期工和施工队等95人、返聘30人，共计1834人。

1. 在主管校长的带领下，制定《北京大学后勤队伍建设"十二五"规划纲要》，并积极推动其实施。

2. 通过进一步规范对合同制职工的管理，加强教育培训，推进同工同酬，加强合同制职工队伍建设。(1) 各中心加强合同制职工用工规范管理，订立合同、用工管理、发放工资、缴纳保险等方面，都纳入学校统一的规范化管理。(2) 积极贯彻落实国家、北京市和学校职工"同工同酬"的精神和要求，加强职工收入分配制度调整工作，打破身份界限，制定相关措施稳步推进"同工同酬"收入分配制度落实，使每一位职工都享受到平等待遇，充分调动职工的积极性。(3) 继续组织后勤职工参加平民学校，目前，总务系统300多人已经获得结业证书。通过参加平民学校，大量从事一线保障服务工作的合同制职工更加热爱学习、热爱生活，各方面能力得到提升，有的感受到学校和用人单位的关心和培养，愿意在北大更好地工作；有的通过自身努力转岗、创业，实现为北大培养人、为社会输送人的目标。

4. 加强对职工教育培训，使职工业务操作更加规范，业务能力得到提高，为师生员工提供更好的管理保障服务。餐饮中心举办"学习贯彻《食品安全法》全员卫生知识培训"。水电中心加强对服务人员的岗位技能和职业操守培训。供暖中心加强对浴室服务人员规章制度、礼仪规范、服务规范方面的培训。校园管理服务中心加强对不同岗位、不同层级职工的培训，提高职工知识水平，增强职工专业技能；加强对年轻职工的培训；加强职工执业上岗资格培训，通过多种渠道多种形式培养人才。学生宿舍管理服务中心在本年度是楼长队伍更替较大的一年，面对大量的新楼长，制订了详细的培训方案，使新楼长能够快速树立"全心全意为同学服务的意识"，掌握服务技能更好地为同学服务；对外来务工职工，每半个月召开一次全体会，集中学习各种规章制度，并进行安全教育。运输中心对职工开展操作规范教育、安全生产教育、服务规范教育等等。幼教中心尽量将每一位教师安排在恰当的岗位，促其发挥最大的作用，在队伍的培养方面，更加注重提高教师的教和研的综合能力。电话室对职工加强业务知识、标准化服务和安全操作教育培训。

5. 加大对职工的服务力度。党政工团共同努力，尊重职工，关心职工，积极为职工组织各种丰富多彩的文体和学习考察活动。由于学校没有给予后勤职工岗位绩效奖励，因此总务部自筹资金为职工发放生活补贴提高待遇、调动职工的积极性，关心帮助困难职工。

6. 做好对离退休人员的服务工作。本年度，学校成立了离退休工作部，进一步加大了对全校离退休职工的管理服务工作力度。人事室按照学校人事部、离退休工作部的要求，加强了对离退休工作业务知识的学习，在离退休工作总结会上及时汇报工作经验和不足，进一步提高业务水平；同时，加大力度做好离退休人员经费使用，对离退休支部关心慰问、困难帮扶等等工作。

【综合工作】 1. 按照北京大学纪委和财务部有关2011年治理教育乱收费和小金库自查自纠工作的要求，由副总务长杨仲昭主抓，办公室具体负责，认真检查总务系统服务和管理收费项目标准，经自查未发现违规现象。2011年，总务部根据开水供应情况，组织学生两会代表召开座谈会，通过有关免收学生开水费的决定并上报学校批准，取消开水收费项目。总务系统对所有收费项目的标准严格审核和申报，均按照国家和学校的管理规定执行。

2. 完成了2011年新生学生月票IC卡5653张，补办695张，共计完成6348张卡，317400元。

3. 2011年，学校成立了督察室，综合办共梳理和处理网络信息18件。

4. 2011年，综合办公室完成后勤党委390位党员的“共产党员爱心”捐款，共计27293元；办公室组织工会会员“爱心基金”捐款1472元；为餐饮中心去世职工李建华组织捐款2600元。

【节能减排】 1. 根据“北京大学‘十二五’节能规划”，2011年度学校节能指标计划为5.6万吨标准煤，截至2011年年底，实际能源消耗总量为55293.24吨标准煤，完成了本年度设定的节能指标量。

2. 继续坚持执行北京大学用水用电全额收费的市场运作机制，将节约能源纳入市场经济的轨道。2011年是执行全额收费办法的第十年，也是执行学生宿舍“定额管理，计量收费”制度的第六年。学校各单位及广大师生的节约意识、资源意识和环境意识有了显著提高，各单位的成本核算观念也进一步增强。全年水电费总支出为6365万元，总收费为7532万元，收支基本平衡，略有节余。

3. 为贯彻落实科学发展观，按照国家关于进一步做好节能减排工作的要求，促进校园建设全面、协调、可持续发展，2011年完成以下节能减排项目。(1) 加快实施节能监管平台建设。根据住建部关于校园节能监管体系建设导则的要求，结合学校实际情况，与校内能源管理的各个部门及相关职能单位进行了多次沟通，同时听取有关高校、平台开发公司和表计生产厂家对平台建设的经验、网络架构、功能应用等多角度、全方位的介绍，形成了北京大学节能监管平台建设工程实施的初步方案、步骤，为平台建设的组织实施和顺利完成提供了先决条件。(2) 节能灯更换工程。更换了学生宿舍公共区域原有非节能声控灯，新安装的红外人体感应灯既能够较为灵敏的控制灯具开关，同时又达到了节能的目的，使用效果较好。另外，将学校所有食堂照明灯具全部更换为节能型灯具。(3) 校园路灯、景观灯节能型光源改造工程。对校园内一部分照明不足的区域进行路灯和景观灯的完善，同时新装的路灯和景观灯采用节能型无极灯光源，提高光源照度的同时，节约电量，增加光源使用寿命。(4) 推进水平衡测试工程。按照水法及北京市节约用水办公室关于高校水平衡测试的要求，对未名湖北部区域进行现状排查，包括现有老旧截门、水表、截门井的情况是否符合测试要求，哪些需要改造，个别需要更新的管线位置等等。绘制管线、水表分布图，为下一步完成未名湖北部区域的水平衡测试做好基础准备工作。

4. 加强节能宣传。积极配合各级政府的能源管理部门及市区节水办在世界节水日、全国节水宣传周及节能宣传周开展节水、节能宣传。加强与兄弟院系的沟通，学习一些周边学校切实可行的节水、节能经验和技术；与学校相关学生社团联系，开展宣传活动，引导学生树立节能环保观念。

【爱卫会】 1. 为确保学校正常的教学、科研秩序，保障学校的环境，先后完成了两次较大规模的灭蚊蝇、灭鼠和灭蟑螂工作，还根据学生宿舍发生的实际情况重点进行了灭臭虫的工作，购置了各种药品16.87万元，人工费投入6万多元，圆满地完成了消灭害虫的工作任务，得到领导及师生的好评。

2. 切实推动校园冬季扫雪铲冰工作，一方面积极构建校园扫雪铲冰工作制度，使全体师生参与到这项工作中来，展现北大师生良好的精神面貌；另一方面加大投入，打造一支较为专业化的扫雪铲冰队伍，专门购置了3台扫雪车和2台抛雪机，总价值为24.8万元。

3. 为使学校师生远离烟草侵害，2011年，北京大学积极响应教育部、卫生部和北京市的号召，积极创建无烟校园，并被列为全国30所创建无烟校园的示范院校之一。

后　勤　党　委

【概况】 2011年，后勤党委所属党总支4个，党支部29个(其中在职14个、退休8个、混编7个)。党员502名(正式党员493名，预备党员9名；在职党员297名，离退休党员205名)，分布在后勤14个单位，总务部、房地产管理部、基建工程部、会议中心、燕园社区服务中心、特殊用房管理中心、餐饮中心、水电中心、供暖中心、校园管理服务中心、学生宿舍管理服务中心、运输中心、幼教中心和电话室。

庆祝建党90周年，全面贯彻落实科学发展观　1. 组织各基层党支部开展“学习党史，坚定信念，‘创先争优’主题党日活动”，各单位认真学习党史，会议中心开展了“党史我来讲”和“参观军博 以军史强化党史 增强爱国爱党爱校热情”活动。

2. 组织各基层党支部开展学习杨善洲先进事迹活动，通过观看报告会、阅读书籍、谈体会、观看电影等形式，开展学习优秀党员、争当优秀党员的活动。

3. 组织各基层党支部开展“学习先进基层党组织、学习优秀共产党员，比工作成绩、比岗位奉献的双学双比双提高”活动，后勤全部29个党支部、271名党员和394名群众参加，通过学习全国优秀共产党员候选人事迹、网上投票等活动，不断提高基层党组织工作水平、提高共产党员的素质能力。

4. 组织各基层党支部开展教工党支部评议，以及优秀党务和思想政治工作者评比活动，29个基层党支部有28个参加评议，评议优秀率较高，党员自评优秀率85%以上支部占比62%，群众评议优秀率85%以上支部占比62%，通过各党支部认真总结近两年的工作、党员和群众评议，总结经验和查找不足，进一步促进先进基层党组织建设；并在此基础上，评选2名校级优秀党务和思想政治工作者，树立先进典型和起到示范作用。

5. 组织各基层党支部开展好处级领导班子民主生活会，通过开展好民主生活会，改善在深入学习实践科学发展观和创先争优活动中推动科学发展、促进后勤工作、服务师生员工、加强党支部建设方面的问题和不足，制定整改措施并加强落实，进而推动后勤管理工作思路开拓创新，提高管理服务水平。

6. 组织各基层党支部开展"百万党员寄心语"活动，后勤全部党员利用暑假期间参加这项活动，进一步增强党员党性修养、坚定理想信念。

7. 在校党委组织部开展的"创先争优"主题征文活动中，后勤有3篇获奖，其中二等奖1个、三等奖1个、优秀奖1个。

8. 后勤党委自主开展好党员活动。后勤党委开展"参观红旗渠纪念建党90周年党团日联合主题活动"，鞠传进副校长、后勤系统总务部、房地产管理部、会议中心、社区中心、特房中心、水电中心、学宿中心、校园中心、幼教中心和电话室等10余个单位的党员和团员青年骨干共70人参加了活动。

加强干部职工思想政治和理论学习 密切联系和结合后勤实际，开展"服务师生树形象、示范引领创一流"主题党日活动，党组织和党员填写形象标准建议表并做出承诺，在后勤各单位深入开展"学习李建华事迹、服务奉献创一流、温暖关爱树新风"后勤职工与学生座谈会、党团联合主题党日活动等学习活动并提出争做服务、立德、育人、学习、成才五个典范的要求。通过开展活动，提高后勤职工的服务意识、能力和本领，争创在学校后勤系统、本行业领域、高校后勤系统中的示范引领作用和一流业绩，为加快建设世界一流大学做出积极贡献。

后勤队伍建设"十二五"规划 围绕满足学校目前和未来发展需要的中心任务，提出了后勤队伍建设工作方案。经过征求后勤各单位意见，与学校组织、人事、规划、财务相关职能部门多次沟通，认真论证，于今年年底报学校党政联席会审议。

【队伍建设】 1. 按照党委组织部要求，做好干部教育培训工作，本年度后勤参加干部在线学习25人。2. 配合党委组织部，按照《2009—2020年全国党政领导班子后备干部队伍建设规划》的要求，做好中层领导班子后备干部的推荐工作。3. 按照学校纪委和党委组织部要求，做好干部廉政建设工作。本年度，重点学习《党员领导干部廉政从政若干准则》(以下简称《廉政准则》)，召开加强领导干部作风建设处级领导班子民主生活会，开展《关于实行党风廉政建设责任制的规定》(以下简称《规定》)和《廉政准则》贯彻执行情况的专项检查，做好收入申报和个人事项报告工作，促进干部廉政建设。

【基层党建工作】 根据后勤的实际情况，后勤党委依托基层党组织开展丰富多彩的支部活动、培养入党积极分子、发展党员、做好教育服务党员工作、配合行政保障监督工作等各项党组织建设的日常工作、党委协调指导各单位的工作；同时，在发展党员、党支部换届、党支部书记教育培养、党支部和党员评优、教育服务在职党员、关心服务离退休党员、干部考察推荐、党风廉政建设等方面，党委更加注意统一协调，做好基层党组织工作。

本年度共有21人参加学校第三届教职工党的知识培训班并取得结业证；基层党支部换届2个；共评选出优秀党务和思想政治工作者2人；共产党员献爱心捐款活动，有390人参加，捐款27293元；6人获得"生活困难党员帮扶补助"。

【党风廉政建设】 1. 召开民主生活会，加强作风建设，改善在深入学习实践科学发展观和创先争优活动中的问题和不足，促进行政工作和党风廉政建设的双赢。2. 开展《规定》和《廉政准则》贯彻执行情况的专项检查，后勤各单位自查情况良好。通过这项工作，进一步加强党政领导班子党风廉政建设责任制分工，落实党风廉政建设责任制和相关配套制度，密切联系后勤工作，进一步认真履行职责，规范管理，坚持重点人员、重点环节、多种形式监督和部务公开。

【其他工作】 *北京大学燕园街道办事处第三选区选举* 按照学校整体部署，做好2011年北大燕园街道办事处除文科、理科选区之外的所有机关、后勤、产业单位和居民的第三选区海淀区人大代表推选工作。工作出色，选区内所有单位获得学校通报表扬。

荣获北京市教委表彰 后勤党委、会议中心中关新园、运输中心、幼教中心、社区服务中心博实超市5个单位和6名个人，被评为北京市教委2011年"北京高校后勤工作先进集体和先进个人"。

医学部后勤工作

【概况】 制定战略、明晰职责、明确目标　2011年7月，医学部后勤召开暑期战略工作研讨会，明确后勤总目标为建立与创建世界一流大学相适应的服务保障体系，努力实现充满北医独特文化氛围的花园式校园；宽裕的科研教学和全面落实素质教育的发展空间；经济和高效的能源保障；智能化和现代化的管理理念和方法；优质高效的人性化服务。明晰后勤职责是全面落实医学部整体发展规划；不断完善可持续发展的后勤保障服务体制机制；形成优势互补、管理高效、效益良好的保障服务格局；最广泛地加强与师生员工的沟通，及时改进工作。

健全机构、充实队伍、完善内部管理　按照医学部批复精神，设置医学部饮食管理办公室，全面负责医学部餐饮监管协调及综合服务楼（新跃进厅）整体运行。配置专门技术人员，从人、财、物三方面全力支持，确保师生餐饮服务得到改善，确保综合服务楼良性运行。

后勤发展困难重重，为有效应对日益庞杂的后勤工作局面，提高后勤的管理协调能力和工作效率，2011年，经医学部批准，设立处长助理岗位，协助处长开展工作。经选拔，吴至翔、何素丽、孙凌波三名同志被任命为后勤处处长助理。

落实规划，基本建设跨越式推进　2011年，医学部已竣工、在建和前期规划的基本项目如下。

表9-43　2011年基建工程已竣工项目

项目分类	项目名称	项目概况
医学部保障服务体系	学生综合服务楼工程	建筑面积20395平方米
	运动场看台改造工程	建筑面积1409平方米
	运动场看台西侧道路绿化工程	施工面积2500平方米
	西门道路改造工程	改造面积3812平方米
	医学部变电室电力监控系统升级改造工程	
	消防联网监控系统改造工程	
	燃气锅炉节能技改	
	安全技术防范系统升级改造工程	
	中心花园及国合处楼前种植项目	
	行政1号楼周边草坪更新及玉簪种植	
教学科研区	北京大学医学部中心实验楼地下室装修改造工程	
	教学区供电线路增容工程	
	制剂楼创新药物大平台及国家重点实验室改造装修工程	改造面积2200平方米
	28教及周边教室装修改造	改造面积560平方米
	国合处污水抢修工程	
	北京大学生育健康研究所网络工程	
	两所楼外立面维修工程	
	中心楼一层核磁实验室加固工程	
	生育健康研究所周边环境综合改造	
	生理楼外电源增容工程	
	产业楼一层装修改造	
	国合处屋面防水大修和室内粉刷	
	医学部国际合作处装饰工程	
	实验动物部西侧电梯井地下带水堵漏工程	
	产业楼国产办装修工程	
	生化楼201、220、225房间改造工程	
	图书馆文艺书报刊借阅室装修	
	信息通讯中心网络机房改造	
	综合性创新药物研究所开发技术大平台Logo字标工程	

续表

项目分类	项目名称	项目概况
学生生活区	学生宿舍 2、3、4 号楼强电、弱电、粉刷改造工程	
	留学生公寓中南楼屋面防水大修	
	留学生公寓楼地下二层电梯底坑漏水工程	
	中南楼地下二层电梯井漏水治理	
	中南楼 1506、1515 房间木地板更换	
	中南楼 9 层、4 号楼 2 层电开水器采购项目	
	2 号学生公寓楼盥洗间和卫生间化学灌浆堵漏工程	
家属区	26 号楼地下室装修改造	装修改造面积 2142 平方米
	东区雨水回收利用工程	施工面积 16130 平方米
	家属区污水管线翻建	
	医学部工会办公区外墙粉刷	
	居委会用房改造	

（数据提供：基建维修办公室　余　平、柳文慧）

表 9-44　2011 年基建工程在建和前期规划项目

项目名称	项目概况
北京大学医学部校园标识导向系统制作并安装项目	计划于 2011 年 12 月开工，计划分阶段施工，于百年庆典前完工
医学部高层无负压给水变频泵改造工程	2011 年 12 月开工，计划于 2012 年 3 月完工
北京大学医学部地下管网测绘工程	2011 年 11 月开工，计划于 2012 年 2 月完工
医学部供暖大修	2011 年 10 月开工，目前进行了小部分维修，具体开工于明年停止供暖后进行
老公卫楼装修改造工程	改造面积 7600 m^2，2011 年 6 月开工，计划于 2012 年 4 月完工
生理楼部分实验室与一教室装修改造工程	改造面积 730 m^2
医学信息学中心装修改造工程	改造面积 1207.1 m^2
24 号楼地下室消防改造装修工程	改造装修面积 1409 m^2

（数据提供：基建维修办公室　余　平、柳文慧）

2011 年竣工的重点建设项目　1. 综合服务楼起用并试运行。2011 年 11 月 4 日，医学部举行综合服务楼起用仪式，综合服务楼正式投入使用。综合服务楼占地约 2100 平方米，总建筑面积 20394 平方米，综合服务楼集餐饮服务、办公、学生活动、公共洗浴、小商业和地下停车场等多种功能于一体。其餐饮服务面积由原学生食堂的 3000 平方米增加到 11000 平方米，就餐座位由 800 个增加到 1700 个。

2. 东区雨水回收利用工程（家属区改造工程）。2011 年 10 月，东区雨水回收利用工程顺利通过验收，正式竣工。该工程包括铺装沥青路、人行道、车行道路面，增加绿化面积，规划停车位、自行车棚等。

3. 运动场看台改造工程。2011 年 3 月，运动场看台改造工程竣工。改造后的体育看台设施先进、功能齐全，地下一层为 400 余平方米的塑胶地板运动场所，内设乒乓球台，可满足师生雨雪天气的运动需求，另有两间多媒体教室，可供学生开展电教课程。地上部分主要为办公室、会议室、器材室，能满足体育系教工的办公、教学及会议需求。

4. 医学部天然药物及仿生药物国家重点实验室环境改造装修工程。2011 年 2 月，经 141 天的紧张施工，随着天然药物及仿生药物国家重点实验室大门标牌的落成，并在外国专家安装调试好所有实验设备基础上，天然药物及仿生药物国家重点实验室环境改造装修工程竣工。此次改造共完成投资 566 万元，装修建筑面积 5200 平方米，外墙粉刷 3828 平方米。

2011 年重点规划项目　1. 西北区（医药科技园区综合楼）项目。2011 年 6 月，国家发改委对于北京大学医学部医药科技园区综合楼项目可行性研究报告予以批复，确定项目性质为科研实验用房，并初步核定了总建筑面积及总投资，根据发改委的批复意见和要求，医学部现已启动西北区项目的设计方案征集，确保后续西北区初步设计方案和投资概算的顺利批复。

2. 综合游泳馆建设项目。该项目是医学部计划“十二五”基本建设规划的重要工程之一。该项目建成，将大大改善医学部体育场所的严重不足，填补医学部体育课程中游泳课的空白。综合游泳馆项目建议书已编制完成并报送教育部，申请项目立项。

加强沟通、强化管控、确保质量 1. 招投标。2011 年度，通过自行招标、议标、委托招标等方式，完成招标 240 余项。从招标信息发布、资格审查、招标文件编制，到评标、定标，纪委、审计、财务相关部门全程参与，公开透明。

2. 施工管理。2011 年，已竣工和在建的大小工程共 70 余项。施工现场，对重点工程实行工程监理制，通过第三方对施工单位检查监督，基建办派出项目组会同监理单位、使用单位进行施工现场管理，并通过巡查，严把工程质量关。项目管理人员在熟悉施工图和验收规范下，时刻关注工程质量和工程进度，见证取样送检，定期召开监理例会，总结工程进度、质量情况，安排下一步施工计划，确保工程有条不紊顺利进行。

3. 项目管控。2011 年，后勤在原保洁、绿化、电梯、学生公寓维修等托管基础上，继续鼓励社会优秀企业进入校园，完成 36 项托管合同，并通过摸索，确立托管服务合同签订原则，即一般合同期为 2 年，一年满后，根据合同执行情况的优劣，我方有权决定是否续签第二年合同，有条件的经医学部招标工作组同意适当延长合同期，既能保持服务的稳定、连续性，也能减少频繁招标引致的人力、物力、时间等成本。

【信息化建设】 在后勤已有的信息化建设基础上，2011 年，已初步完成教室管理系统、餐饮物流管理信息系统、维修申报系统、房产信息系统及项目信息管理系统并投入试运行；下一步，将进一步健全完善车辆管理系统、人事管理系统等，并与人事处、计财处等有关部门形成对接平台，科学合理配置资源、管控资源。

【队伍建设】 3 月 28 日，召开后勤中层干部学历教育报名工作会议，在医学部网络教育学院支持下，启动后勤干部学历提升计划，现已有 13 名本科学历以下干部参加了学历教育。

4 月 12 日，邀请医学部公共教学部党委吴玉杰书记为后勤广大干部、党员、入党积极分子和青年职工做了题为“旗帜：马克思主义在中国的传承与发展”的讲座，激发爱国热情、坚定理想信念。

为增强职工代表的责任意识，提高提案质量和参政议政水平，4 月 22 日，医学部工会刘穗燕副主席为后勤职工代表做了题为“明确职责 发挥作用 促进后勤工作的改革发展”的专题讲座。

9 月 23 日，组织举办 2011 年新职工入职培训，后勤各实体、机关 2011 年接收的应届毕业生、新调入人员、新聘用职工等共计 40 余人参加了培训。通过培训，加深新员工对医学部的认识、对后勤的了解，明确医学部发展理念及后勤文化价值，并增进新职工间的互相了解、增强团队合作意识。

11 月 16 日，医学部纪委副书记、监察室主任、医学部第五届教代会提案工作委员会主任范春梅老师以“教代会提案工作定位与提案撰写”为题，为后勤职工代表做了丰富生动、具有高度操作性的提案工作讲座。

11 月 22 日，组织召开“学习李建华先进事迹 争创一流的后勤服务——学习贯彻讲话精神，深入开展创先争优主题党日活动”。以李建华师傅的先进事迹为契机，在领导干部、党员职工中展开学习讨论，体会身边人、平凡事带给我们的感动和思考。

通过公开招聘，党政联席会研究决定聘用人选。2011 年，机关各办公室、实体职工队伍都得到充实，10 余名技术含量高、学历素养好的外部专业人员相继引入后勤关键岗位，有效解决了一些部门用工荒、青年人才缺乏的问题。

改善待遇，留住人才。2011 年，后勤根据北京大学政策，参照医学部“985”岗位津贴调整标准，对后勤不享受“985”津贴的事业、企业编制职工进行了补贴发放。

【服务保障】 2011 年，虽然面临很多困境和挑战，但通过迎难而上，不怕苦和累，奋战在服务师生员工的第一线，圆满完成了各项服务保障任务。

1. 房产管理。继续推进全校“房屋所有权证”的变更工作、房地产管理信息系统的完善工作及房改售房工作。完成 2011 年住房补贴预决算；发放住房补贴，支出物业费、供暖费等。清查校外房源、办理今典花园产权证变更，以及住房公积金的支取等工作。完成毕业派遣、2011 级新生入住工作以及 2、3、4 号楼暑期装修粉刷工程。对教师公寓管理办法进行了修订完善，清理违规占用公寓房、博士后公寓 12 套。房地产管理中心工会小组荣获“北京大学模范工会小家”称号，其读书活动获得医学部工会 2011 年精品活动奖。

2. 校园服务保障。面临人员紧张压力，切实履行各项服务保障职能，做好维修服务。工作中加强节能减排，建立水电网络监控平台，保障学校供水供电正常安全运行。做好水电收费工作，2011 年收缴额达到 230 万元。专人巡视校园电梯的运行，确保正常。做好校园供暖保障工作，强化供暖设备、管网的保养维护，全面检修、调试、保养锅炉及热交换站设备。顺利完成新老绿化托管公司的交接工作，加强监管力度，保证校园绿化、卫生、保洁服务明显提升。获得“首都美化花园式单位”称号，校园管理中心工会小组获得了“2011 年医学部模范小组”称号。

3. 餐饮管理服务。采取多种措施稳定学生食堂饭菜价格。制定学生食堂饭菜统一标准，严格控制采购成本,加强食品加工制售环节的管理,并将拨付学生食堂伙食专项补贴188万元全部用于学生食堂。制定食堂饭菜标准化食谱和各岗位工作质量标准,抓好食品安全卫生。放弃暑假休息,加班加点,投入综合服务楼前期筹备工作。加强信息化建设,完成餐饮物流管理信息系统建设,提高餐饮科学化管理。

4. 城内学生宿舍。明确职责,团结协作,紧抓学生宿舍安全工作,尤其是在消防、防盗及安防方面,加大管理监督力度。保障学生宿舍区各类设施、设备正常运行,宿舍区干净美观,做好宿舍管理及对托管单位的监管,积极营造文化氛围,建设管理人员、学生和谐关系。5月25日,城内宿管办与育新物业、文安保安班联合举行"颂歌献给党诗歌朗诵会";6月28—30日,在城内学生多功能厅举行草岚子文化周;11月18日,举办"医路有你我们共携手"城内住宿新生与后勤职工联欢活动。

5. 教室管理服务。强化服务意识,用心接待师生。学期固定走访教学单位,征求意见建议。负责教学楼35000平方米及外围4000平方米建筑面积的维护保修、日常管理。2011年,更换桌椅260余套,报告厅接待会议256次,安排勤工助学岗位100个。在12间小教室开展了PBL教学试用。

6. 运输服务保障。重点完善规章制度,加强岗位职责培训,保证安全运行。2011年,全年无违章,安全运行38万公里。草拟了《北京大学医学部运输服务中心管理办法(试行)》,组织职工认真学习,严格执行。全年坚持24小时值班制度。保证学校重大活动用车,如毕业典礼、迎新、搬家、军训等,全面配合,及时到位,提供安全、优质运输保障服务。

7. 医疗保障服务。完成门诊量53318人次,与去年相比增加3.5%。牵头与北医三院联合组织医学部职工体检1387人次,完成新生入学体检275余人次,研究生体检1087人次,调入博士后进站查体235人次,新职工入职体检106人次。开展健康教育和健康促进工作,2011年进行大型健康讲座6次,小型讲座3次,健康咨询3000余人次。与三院合作,建立预约转诊和双向转诊合作模式,率先成为海淀区与大型医院实施预约转诊的试点社区服务中心。顺利完成医生工作站系统上线工作,大大推进了医院的信息化建设。计划生育工作首次获得"北京市人口和计划生育工作先进集体"荣誉。

8. 幼儿教育服务。2011年投入80余万元用于环境设施改造,并投入2万元更换门禁系统和设施。积极参与社会活动,知名度得以提升,相继通过北京市一级一类幼儿园2011年度复验工作和社区早教活动站验收。内部管理不断规范,加强成本核算,经费管理民主参与、公开透明。做好职工的培训考核,加强专业技能、业务工作的学习,不断提升职工素养,为医学部医教研提供幼教保障。

9. 社区管理服务。健全机制,制定《社区工作者守则》《社区工作者准则》等规章制度。尽心尽力,圆满完成海淀区第十五届人大代表换届选举工作,投票率达到81%。在两会、重大节日、政治敏感期间,做好社区安稳工作,并被评为"北京市社区志愿服务优秀组织"。除此之外,居委会组织了丰富的活动,社区老年合唱队、舞蹈队还在多项比赛中获奖,为北医、为后勤赢得了荣誉。

丰富活动,建设文化、和谐后勤 2011年,后勤继续加大文化后勤建设力度,组织了丰富多彩的文体活动,增强职工的凝聚力、向心力。从邀请李鹰副主任举办主题为"各美其美——关于职业女性管理者的思考"的"庆祝三八妇女节女性自强自立恳谈会"、参加医学部运动会获得佳绩、取得医学部乒乓球团体赛乙组冠军、组织参观国家博物馆、前往八达岭国家森林公园—红叶岭景区秋游等,到各部门组织的读书活动、趣味运动会、"大步走"等,都展现了后勤浓厚的文化氛围和和谐的工作氛围。

主要后勤保障服务机构

餐饮中心

【发展概况】 确保食品安全,连续54年未发生群体食源性疾患 自2001年开始,餐饮中心开始执行周末值班和中午检查制度,加强伙食质量、服务和卫生方面的常规检查和突击检查,全年共检查388次,处理投诉154件,抽检菜品2480份,平均合格率为98%,餐具抽样2059件,平均合格率为94%,为就餐师生把好食品安全关。

做好安全培训及安全保卫工作 各食堂落实安全管理政策,每月对食堂员工进行治保安全、交通安全、生产安全、消防安全的培训,并填写《安全培训记录》,每月进行安全自查,杜绝消防隐患,在中心安全领导小组和各食堂的努力下,2011年,全年无事故发生,被评为北京大学安全保卫工作先进单位。

克服物价上涨压力,保证伙食基本稳定 2011年,采购数量较2010年相比增加了107万斤,但采购成本却增加了1231万元，成本增加的根本因素是食品原材料价格的大幅上涨，其中粮油类成本增加162万元，肉类成本增加689万元，分别占到了增加成本部分的13.16%和55.97%，是带动采购成本上涨的两个最主要品种，其中猪肉价格季度平均价格较2010年增加4.69元/斤，鸡蛋、大豆油价格等均涨幅较大。面临物价的持续高位运行，餐饮中心上下一心，通过多种途径，尽一切努力保证伙食稳定。

1. 作为北京高校联合采购工作的倡导者和发起者，十年来，餐饮中心始终坚持在北京市高校联合采购平台上进行所有食品原材料的采购，并响应“农校对接”的政策号召，通过直供基地采购土豆（内蒙古乌兰察布盟）、胡萝卜（河北固安）、白菜（河北固安）、大米（黑龙江）和肉（福建），在保证质量的情况下，获得一定的价格优势。采购部门通过对市场的分析，利用价格波动周期，在波动低谷期进行大宗采购，共节约采购成本约30万元。

2. 食堂经理和厨师长，密切关注市场行情的变化，使用应季的时令蔬菜来调剂学生伙食，让学生吃得营养且健康。

3. 学校给予一定的资金支持，一定程度上缓解了餐饮中心的压力。为了用好这部分补贴，餐饮中心通过严密测算，制订了详尽科学的补贴方案。自2011年4月开始，每周召开经理例会，由采购部门公布近期各大类食品原材料的涨幅和趋势；定期召开厨师长例会，总结补贴利用情况，指导各食堂合理使用补贴。

推动标准化建设、信息化建设　2011年4月，餐饮中心与中国烹饪协会及兄弟高校合作，开展“团餐标准化建设”项目，对菜品进行实验操作，量化标准，制作标准化食谱，为北京大学及各高校的团餐提供一个指导标准；2011年暑假，开始进行成本核算系统的研发和物流系统的升级，这两项工作尚在进行中，完成之后将实现售饭系统、物流系统、核算系统的关联，从而进一步推进中心标准化和信息化的建设。

采取措施，缓解食堂就餐拥挤　由于扩招及校内短期就餐人员的增加，食堂拥挤情况较为严重。为此，餐饮中心采取了几项措施以加强太阳卡管理，方便师生就餐：在饭卡充值点安装身份识别系统，师生持卡充值，防范饭卡租借；增设教工充值点，减少学生充值等候时间。

延长供餐时间，满足学生就餐需求　为了落实教育部的文件精神及朱善璐书记对食堂工作的指示，餐饮中心于2011年9月22日开始，延长学生基本伙食堂的售饭时间，早餐关餐时间从8：00延长至8：30，午餐关餐时间从12：30延长至13：30，各食堂严格落实经理值班制度，保证在延长供餐时段至少有荤菜、半荤菜、素菜类等4个菜品，以供学生选择，免费汤一直供应到关餐。

及时处理学生就餐意见，改善餐饮服务　充分利用学生监督员制度，通过监督员与就餐者架起沟通桥梁，以第三方的立场，根据学生直接反馈的意见，进行详尽的调查、处理，及时解决问题；完善信息处理流程，设立专门的工作组，处理就餐意见，在接到就餐意见之后，填写《投诉意见转单》，由质检监督室进行实地调查并给予相应的处理意见，最终反馈给就餐者；餐饮中心安排专职人员每天对BBS各类投诉意见进行汇总，并有选择地以站内信进行回复，全年针对BBS上的66个帖子进行了216封信件往来，及时消除误解，促进沟通。

尽力满足师生的多元化需求，与学生合作办伙　学生参与办伙是北大餐饮的传统，除了学生监督员的参与外，北京大学素食协会定期为学五食堂和艺园食堂的素食窗口提供食谱，以服务校内吃素的同学；北京大学学生会女生部在2011年冬天与学五食堂合作，推出“冬季女生菜品”，由学生会提供菜谱，食堂经过核算，新增了萝卜炖羊排、南瓜炖排骨、素炒双菇等温补的菜品，受到同学们的欢迎；应广大同学的要求，开展食堂内部的“限盐”工作，由餐饮中心对食堂每月的用盐量进行统计监控，合理削减食盐使用量；积极为参加“挑战杯”项目、校长基金项目的学生提供支持，配合其进行调研；与医学部公共卫生专业的学生合作推动“健康校园”项目，对食堂菜品进行营养分析，指导同学们合理安排膳食。

学习“阳光大厨”，倡导微笑服务　农园食堂李建华师傅因病过世后，广大师生同事开展活动追思李建华的平凡事迹，国务委员刘延东、北京大学党委书记朱善璐都给予批示，新华网等各大媒体广为宣传平凡岗位上的“阳光大厨”。餐饮中心内部组织员工募捐，并开展内部学习，倡导微笑服务，阳光服务，激发一线员工的工作热情。

加强培训考核，提升管理队伍和员工队伍　2011年，举行了技能考核、安全管理知识全员培训、新员工到岗培训、工伤保险法律知识培训、《劳动合同法》培训、消防安全培训、红外报警系统培训等专题培训，确保全员受训，进一步提高员工队伍的技术水平，法律意识、安全意识和管理能力。

改善硬件设施，推动机械化、集约化生产　2011年暑假，对农园食堂进行了大型维修改造工程，改造工程主要涉及天然气管道改造、安装运水排烟罩、更换液晶大屏幕电视、后厨吊顶墙面粉刷及更换售饭台面、后厨消防喷淋系统改造等。此外，为部分食堂购置了包子机、面条机、万能蒸烤箱等设备，推动机械化、标准化生产。

水电中心

【概况】 2011 年，水电中心在中心领导班子的带领下，在校领导、总务领导的关心和支持下，深入学习贯彻科学发展观，认真贯彻两个讲话精神，以"服务群众树形象、示范引领创一流"为目标，以创建优秀后勤服务为契机，紧扣"保稳定、促发展"的工作主题，中心全体职工积极进取、务实创新，圆满完成了"确保校园水电设施正常运行，为全校师生提供优质服务"的工作任务，为北京大学各项工作的顺利开展奠定了坚实的基础。

全年各类指标　全年全校供电量约为 11777.81 万度；全年全校供水量约为 242.26 万吨；全年共收取水电费 7532.42 万元；全年共完成零修小票 24134 张；全年燕北园维修室供电量约为 670 万度；全年燕北园维修室供水量约为：19 万吨。

校园供电系统　水电中心负责运行管理的校园供电系统全年 8760 个小时无一次人为原因造成全校停电，为学校教学科研工作创造了良好的用电条件。

完成校园电网包括 1 座 110 kV 电站、9 座开闭站、30 多处 10 kV 配电室、11 座箱变、100 多台变压器在内的清扫、检修、试验等工作。

对用电负荷不断增加的家属区输配电线路及设备进行了调整并加大维修力度，加强线路巡视，保证了家属区全年的用电安全。

全年全校共有 2 个 10 kV 配电室正式发电。水电中心按照规程规定进行操作，所有发电均按照程序一次成功。

电管科多次派专人负责学校各类重大活动的值班保电工作。全年共派出 40 余人次，圆满完成各项重要活动的安全供电。

共完成了 5 次高低电缆故障抢修工作，保证了校园电网的稳定运行。

对全校近 2000 盏路灯进行巡视和检修；对全校建筑防雷、避雷器近 509 个点进行了检测，对检测不合格的地方进行了检修，并按照上级检测部门的要求对部分老楼进一步完善防雷系统提供了改造方案。

校园给排水系统　安排人员清通校内雨水管道，特别是对学校重点部位进行了疏通和清理。将全校的排水和上水系统进行检修，重点针对主管线排水、给水系统，消除一切安全隐患。

和电管科共同完成对全校 6 台水井的消毒设备的运行管理工作。确保了北京大学水源的清洁，保证全校师生喝上放心水。

认真做好挖漏抢修、检修阀门、疏通下水管道、夏季换纱、清修全校污水泵等，为全校师生的教学和生活提供了良好的用水环境。

校园水电收费管理　水电中心收费科完成了对全校近千户公用单位、7300 多户居民、30 余座学生宿舍楼、近 6400 户 IC 卡售电户的查表、检修和水电收费等工作。

完成公共办公区、家属用户、集体宿舍等用户水电费的季查、年收费工作。在学校各部门的配合下，收费科基本完成了全校水电费收缴工作。

继续为全校师生提供优质售电服务。家属区收费室、学生区售电室全年 365 天对全校师生服务，无论是寒暑假还是五一、十一、春节，都坚持在工作岗位上。收费科在完成收费任务的同时还配合总务部、保卫部、教务部、学生宿舍管理服务中心对学生宿舍楼进行了两次安全用电检查，在检查中及时排除安全隐患，耐心地给同学们讲解安全用电的重要性。

校园零星维修　水电中心维修班组共完成水电维修小票 18355 多张，全年更换各类灯泡（各种规格）共 6230 个、日光灯管 5165 支、空气开关 287 块、单双联开关 171 个、插头插座 1032 个；挖漏抢修 30 多处、检修阀门 60 多个、疏通下水管道 1.5 万余米、夏季换纱 220 平方米，清修全校污水泵 10 处；燕北园家属区完成上下水零票 3700 张左右；玻璃等其他零票 330 张左右；电工零票 3200 张左右；公共设施零票 450 张左右；挖漏 6 处。

继续推行校内维修车流动维修服务，该维修车校园服务工作行程约 9600 余千米，完成维修服务小票 5500 余张。

防汛抢险工作　2011 年汛期，水电中心防汛小组共接居民报修电话 66 个，出险抢修 59 次，清掏雨水沟 2537 米，清理雨水井 121 座，清理渣土 90 立方米，为居民修缮漏雨房屋、阳台 10 余处。

校园水电施工工程　完成了理科三号楼供电改造、人文楼电气、给排水外线改造工程、国际数学研究中心外线给排水工程、理科教室改造外线给排水工程、工学院外线给排水工程等二十余项计划内外工程；配合基建工程部完成了两座 10 kV 开闭站的新建工作；为校工学院、物理学院、数学科学学院、人文系等院系新建楼群提供了良好的用水用电环境；同时，水电中心还针对学生区旧楼的使用情况，进一步对校园管道系统进行改造，完成暑期学生宿舍改造、农园消防给水改造等改造工程。

校园水电物业管理　继续完成理科楼群、光华楼、生命科学大楼、新第二教学楼和畅春新园学生公寓等 20 余万平方米楼宇的物业管理工作。

供暖中心

【概况】 2011年，供暖中心有事业编制职工63人，合同制职工50人。中心下设综合办公室、财务室、生产技术科、预算合同科、供暖运行科、燃气运行科、外网维修科、电气维修科、材料科、浴室科10个部门。主要承担北京大学教学区、生活区的冬季供暖及校内各浴室的运行管理工作。

党总支工作　中心党总支以适应新形势新任务为要求，认真贯彻落实党的十七届四中全会精神，不断深化和巩固学习和实践科学发展观教育成果，开展学习两个讲话和创先争优活动，组织全体党员和积极分子到延安参观学习，重温延安精神。学习“阳光大厨”李建华的事迹，在广大党员干部中开展“立德树人、示范引领”主题党日活动。组织党员参观北京大学反腐倡廉展，了解近年来北京大学党风廉政建设的进展和成果。较好地发挥了党支部的战斗堡垒作用和党员的先锋模范作用，在安全生产、党风廉政建设、职工队伍稳定等方面都得到了加强，较好地完成了后勤党委下达的各项工作。

供暖工作　2011—2012供暖季，供暖中心辖区的供暖面积约1869000平方米，比上一供暖季增加46509平方米。

1. 供暖系统设备大项检修。2011年4—9月，供暖中心先后完成了集中供暖锅炉房1#、3#燃煤锅炉上棚管更新改造，后拱重新拆换砌筑；对上煤皮带进行更新，对蔚秀园、燕北园燃气锅炉燃烧机进行保养维修；对蔚秀园锅炉房燃气报警系统进行更新改造。此外，中心还完成了综合楼配电室2面循环泵软启动柜和1面配电柜的更新、软化水2台配电箱的更新、天车更换滑线、柴油发电机的维修保养、高低压电气试验、昌平校区锅炉房的电气维修等。通过对供暖系统夏季过硬的检修，降低了运行期间报修维修的发生，提高了整个供暖系统的供热达标率和运行安全指数。

2. 煤炭采购与存储。2011年5—6月，供暖中心配合总务部完成了煤炭的考察、招标工作，并按招标结果以合理的价格完成了预定的进煤、存煤任务，夏季，中心煤场存煤1.5万吨，昌平校区存煤1000吨，为供暖工作做好充分准备。

3. 室内外暖线更新改造工程。供暖中心承接并完成室内外暖线更新改造工程共计18项，其中包括：廖凯原楼更换散热器垫片、新化学南楼更换散热器垫片、中关园内化学楼西侧暖沟改造、畅春园外线管道及保温更新、燕南园厕所暖外线工程、北大附中更新水泵工程、综合楼换热站配电柜更新工程、运输中心办公区域改建工程、总务部北侧房间加暖气工程、农园食堂风机管及暖气改造、基金会室外暖气工程、斯坦福研究中心室外暖气工程、2011物理大楼加建改造室外暖气工程、人文学苑暖气外线工程、理科楼群公共教室暖管改造工程、工学院及交叉学科大楼1#楼热力外线工程、国际数学研究中心暖气外线工程、人文学苑暖气主干线改造工程、昌平校区实验室室外管道工程、燕东园幼儿园暖气外线工程。

4. 多措并举，节能减排。供暖中心重点根据北京市政府和环保局对节能减排工作的要求，积极筹措资金在对原有供暖设备更新改造的基础上，多措并举，促进节能减排工作的全面开展。

5. “煤改气”工程。为响应国家节能减排政策，进一步推进清洁能源建设，为更好地改善北京市大气状况，建设北京大学可持续绿色校园构想，根据北京市政府和北京市环保局的要求和工作部署，北京大学计划于2012年供暖季前完成4台20吨以上燃煤锅炉的“煤改气”工作。2011年年初，“煤改气”工程已正式启动。2011年12月，该工程已完成落实设计单位、锅炉设备招标采购、落实施工单位等工作。计划于2012年4月进行现有燃煤锅炉的拆除、原有锅炉房土建改造、安装燃气锅炉及附属设备、天然气施工及调试等工作，并将于2012年10月底前完成全部改造工作。

6. 树节能典范——蔚秀园燃气锅炉房。为推进节能减排工作，供暖中心积极响应北京特种设备行业协会开展的“安全与节能管理标杆”锅炉房达标验收工作。中心所辖的蔚秀园燃气锅炉房通过了专家组在技术档案材料、管理制度与实施、安全附件及连锁保护装置、能效监测、人员管理与作业等15项内容上的打分考核，成为北京首批、海淀区首家安全与节能管理标杆锅炉房。

7. 抓好日常运行，确保检测达标。为切实落实节能减排工作，供暖中心从日常运行工作着手，严控重点关键环节，煤炭入场需每车抽检化验硫、灰份和发热量，检验合格方可存储。在运行方面，中心先后更新脱硫除尘设备、安装烟气在线监测设备，做到烟气数据实时传输。通过多方努力，供暖中心烟气排放指标完全符合北京市标准，通过市区环保局的层层检测。

8. 完善制度建设，安全常抓不懈。安全生产和安全运行是一切工作的前提和基础，中心把安全问题放在首位，与各运行科室、班组层层落实安全生产责任制。定期组织例行安全检查和消防专项检查等，配备消防器材，制订应急预案，组织合同制工人进行消防演习，普及消防知识，悬挂警示标语，加强安全意识，消除事故隐患。此外，中心进一步完善“岗位责任制”

"节能目标责任制""锅炉及附属设备安全经济运行操作规程""锅炉作业人员节能培训制度"等一系列重要规章制度并要求工作人员严格遵守,按章执行。

浴室工作 1. 改造老化系统、更新硬件设施。2011年,中心发现楼区浴室高峰期用水量较大,原有水泵功率较小供水能力有限,水泵之间频繁转换,造成水温不稳。供暖中心及时采取措施对34楼水站供水系统进行改造,更换功率较大的水泵并对管道布局进行了调整,使楼区供水能力得到大幅提高,也为将来楼区浴室扩建做好前期准备工作。畅春新园浴室铁皮更衣柜因使用多年腐蚀老化,2011年,中心逐步把铁皮更衣柜换成不怕潮、不生锈的PVC更衣柜,既安全又美观,进一步改善了浴室的洗浴条件。此外,中心还对畅春新园浴室淋浴设备进行升级改造,由原来的计时收费系统改为计量收费系统,每升水收费0.01元,根据喷头水流量决定洗浴金额,更加科学合理。中心先后安排人力物力完成了校内学生宿舍浴室的改造工程,校内36楼5层、6层浴室扩建工程,楼区水站过滤器滤芯更换工程,畅春新园水站活性炭锰砂更新工程等。硬件设施的不断完善既为系统的稳定运行保驾护航,又改善了学生的洗浴条件。

2. 规范管理,提升服务水平。供暖中心要求浴室工作人员要塑造良好的工作形象:穿工作服、佩戴工作胸牌、讲文明用语、热情服务、营造良好的班组氛围。大浴室和畅春新园浴室的工作人员坚持浴室巡查制度,防止突发事件的发生。此外,中心注重精神文明建设,倡导拾金不昧,每年浴室捡拾物品数万元。2011年6月,浴室科连续五年被北京大学团委授予"青年文明号"的光荣称号,得到广大师生的认可。此外,中心派专人及时回复意见与建议,积极听取各方意见,及时改进工作,努力为师生提供高质量的服务。

校园管理服务中心

【概况】 2011年,校园管理服务中心在职职工37人,代管职工5人,合同制职工181人;退休职工269人。下设中心办公室、财务室、环卫服务部、保洁服务部、茶饮服务部、收发室、订票室7个部门。主要工作有:全校绿化养护,新建、改造绿化工程,全校水面保洁及补水,校园环境保洁,公共教室及部分院系办公区保洁,节日校园环境布置工作,全校饮用水管理和供应,寒暑假学生票预订和日常火车票、航空机票的预定工作,毕业生、新生行李托运、发放及部分迎新接待工作。

【日常养护管理】 2011年,完成本校90万平方米绿地、531株古树的绿化养护管理,10万平方米湖泊的清理保洁工作,重大节日校园内的陆地栽植及盆花摆放。提供会议使用横幅及会议用鲜花、绿植的租摆。新栽灌木8300株,移植和新栽乔木200株,绿篱攀援植物新增600米。节日摆花包括地栽达20万盆(株),完成280余次会场的摆花任务。注重科学养护使植物生长健壮,形态美观。较好地体现了设计效果。在保证植物良好生长的前提下,注意节水节电,有效节约了养护成本。伐除死树25株,修剪60株危险树木,创造安全的校园环境。

绿化新建和改造工程方面主要新开工项目14项,主要有化学南楼改造室外绿化工程;岛亭绿化工程;图书馆东侧绿地改造工程;物理学院移树工程;鸣鹤园驳岸工程;燕园街道老旧小区环境改造工程;法学楼内部改造室外绿化工程;勺园建车棚工程。

【环卫保洁服务】 校园管理服务中心负责全校环境卫生清扫,室内保洁工作。环卫任务主要有露天清扫面积达38万平方米,清掏化粪池185座,全校办公楼、宿舍楼灭蟑灭蝇工作,保证学校垃圾楼的正常使用。2011年,生活垃圾清运4745标准箱,清运树枝落叶建筑垃圾1195车。湖面保洁10万平方米。保洁部门主要任务有教学区54017平方米、257间教室、19280个座位及办公区48个服务单位64224平方米日常清洁养护工作。

【其他】 订票室负责全校师生日常出差、探亲、旅游的火车、飞机票的预定,2011年完成火车票45700张、飞机票2900张。茶饮服务部负责全校师生的饮水供应,管理6个开水房、两台天然气锅炉、4台电加热锅炉、116台饮水机,全年供水量12873吨左右。收发服务部负责全校173个单位的报纸、杂志、信件的分发、登记、投递工作。2011年,年分拣量:报纸993600份,杂志42288本,挂号信、单75960份,信件387360封,国际信件65520封,印刷品国内26964斤、国际37800斤。

学生宿舍管理服务中心

【概况】 学生宿舍管理服务中心共管理校本部燕园校内、畅春新园、畅春园(篓斗桥)3个学生宿舍园区,共计31栋学生宿舍楼,分35个楼管组进行管理。额定住员20605人。现有职工183人,其中事业编制12人,外聘楼长105人,保洁员51人,维修人员15人。

表 9-45　北京大学学生宿舍情况一览表—2011 年 12 月

楼号	建设年代	层数	建筑面积/m²	建筑开间	房间面积/m²	宿舍总数	额定住员
28	1956	4	5001.7	190	13.2	186	706
29	1956	4	2886.9	131	13.2	129	498
30	1956	4	2886.9	132	12.4	110	220
31	1956	4	5001.7	214	13.2	211	797
32	1956	4	3101.2	123	14.7	118	233
33	1998	6	8665.08	154	20.36	151	614
34B	1998	6		84	20.36	75	288
34A	1999	6	5519.46	183	22.64	170	680
35	1956	4	3101.2	122	14.7	118	461
36	2003	6	8065.39	267	21.87	229	916
37	2003	6	8319.24	271	21.87	246	984
38	2004	6	6941.22	220	21.87	197	788
39	2004	6	8206.12	274	18.76	243	972
40	2005	6	7675.7	240	21.87	218	872
41	2005	6	8202.62	232	21.87	217	870
42	2005	6	6698.12	225	21.87	200	758
45	1985	6	6285	238	14.2	234	936
45 甲	2000	6	7734.5	241	22.77	221	896
45 乙	2003	6	8423.18	279	22.77	241	976
46	1985	6	6034	224	14.2	222	888
47	1985	6	5450	200	14.2	198	792
48	1985	6	5450	200	14.2	198	792
60 甲	2007	6	2252.18	90	15.39	80	160
61 甲	2007	6	2041.19	81	15.39	71	142
63	2005	6	5460.23	201	14.6	188	378
64	2007	6	4529.87	174	15.39	161	322
65	2007	6	5307.51	212	15.39	205	410
畅—1	2005	6	9240.84	360	17.12	353	706
畅—2	2005	6	10526.07	418	17.12	411	822
畅—3	2005	6	12493.55	496	17.12	487	974
畅—4	2005	6	9744.7	384	17.12	377	754
合计	——	——	191245.37	6860	——	6465	20605

加强党风廉政建设　1. 党支部组织全体党员学习贯彻胡锦涛总书记“七一”重要讲话和刘延东国务委员在学校教师干部大会上的讲话精神，深入开展创先争优活动，按照学校《在全校党组织和共产党员中深入开展“服务群众树形象、示范引领创一流”活动实施方案》的要求和后勤党委的统一部署，开展了一系列主题党日活动。通过学习，全体党员明确了使命，凝聚了共识，在今后的工作中将继续深刻领会讲话精神，将主题党日活动的成果落到实处，创建先进基层党组织，争做优秀共产党员。

2. 落实党风廉政建设。以树立公仆观念、增强服务意识为中心，以提高服务质量为目标，立足实际，积极探索和尝试有效的监督、预防机制，切实加强党风廉政建设工作。党支部认真规范组织工作制度，在重大决策中发挥党组织的政治核心作用，发挥党内民主、科学决策、精心策划，增强党组织的凝聚力和战斗力，使党员干部进一步加强和转变作风，提高业务和服务水平，树立讲实干、讲实效、讲奉献的风气，推动工作深化发展。

重点工作　1. 今年校本部住宿毕业生 5300 人，分布在 24 栋宿舍楼。中心先后召开多次会议布置毕业生离校期间的各项工作，切实解决学生离校时遇到的各项困难。毕业生离校时，学生宿舍秩序井然，没有出现违纪行为和不文明行为。同时还认真做好了 150 名延期本科生和 427 名延期博士研究生的安置工作。确保了毕业生离校期间的安全稳定。

2. 2011 级本科新生党员 409 人，国防生 50 人，辅导员 24 人，共计483人,8月18—24日入住45乙楼。中心积极做好新生党员的住宿服务工作,制订了详细的新生党员住宿方案,配备高素质管理服务人员。

3. 本年度中心还承担了本科生招生办公室组织的全国优秀高中生夏令营接待工作,接待各类住宿人员830人。适逢暑期工程验收及开学准备转换阶段,中心克服了时间紧、任务重的困难,无条件地完成了学校布置的任务,获得了来自全国各地学生,以及家长的好评。

4. 中心在暑假期间认真完成了6409名新生入住的各项准备工作。由于思想上高度重视,真正做到了关心新生,体贴新生,服务新生。在整个迎新的过程中,全体职工热情细致,认真负责地完成了迎新任务。

维修保障　1. 全年完成各类家具门锁维修1786次,配新钥匙1605把,配合施工单位更换门锁1777套,新配钥匙2083把。电子门禁维修出勤200次,更换读卡器、闭门器等各类配件78件。

2. 从毕业生离校结束起,中心配合各施工单位开展了暑期宿舍修缮工程。负责修缮工作的同志制定工作计划、组织协调工作方案、验收检查工作质量,在一个多月的时间里共完成:(1)粉刷维修宿舍1208间,检修宿舍362间(主要包含宿舍家具、供电照明电路、灯具、门锁等设施的修缮);(2)30楼、35楼盥洗室改造;(3)37楼、35乙楼自习室改造;(4)毕业生宿舍限电器检修;(5)畅春园63楼、64楼、65楼消防通道划线、喷字。

学生搬迁工作　为配合学校整体工作,中心于9月15日、16日组织开展25楼、26楼学生搬迁工作,分别搬往30楼、32楼,以及畅春新园4号楼。由于此次搬迁人数较多,且绝大多数为博士研究生,书籍行李较多,因此,中心积极向总务部申请后,为搬迁同学免费提供车辆并发放编织袋和加厚纸箱。中心配合院系将搬迁计划告知每一名同学,暂时不在学校的由院系负责委派其他同学协助搬迁。搬迁之前与搬家公司共同制定了详细的搬迁时间表,每隔30分钟为一个发车时段,明确每名同学的搬迁时间。对有困难的同学,单独协调解决。经过两天的紧张工作,220余名同学顺利搬迁完毕。整个过程井然有序,未发生任何物品丢失事件,获得了同学们的好评。

安全保卫工作　中心成立安全保卫工作领导小组,全权负责消防安全管理组织工作,定期召开安全保卫专题工作会,传达学校安全工作最新精神指示。制定各类规章制度,明确科室人员的安全保卫工作职责。建立健全消防档案,包括消防器材档案、检查记录档案、会议视频资料档案等各类别档案。年初,在保卫部、燕园派出所的大力支持下开展了首届安全管理先进楼管组评比表彰活动,活动有效地起到了示范引领的效果,对于经验总结推广起到了积极的作用。全年印制消防安全“四个能力”建设手册和消防安全提示卡300余份。除了在全部宿舍楼门厅及每层楼梯口显著位置设置消防疏散图外,还启动了“疏散图进宿舍”的工作,目前,畅春新园、畅春园学生宿舍共2345间宿舍内已设置了疏散指示图。

队伍建设　为保障楼长队伍的新老更替,中心7月召开楼长招聘培训会,一批来自部队、企事业单位的退休干部应聘并认真参加了培训课程。全年又有十余名新楼长加入我们的楼长队伍,继续传承着“全心全意为同学服务”的工作宗旨。

外来务工人员的管理长期以来一直是中心工作的重点,每半个月召开一次全体会,集中学习各种规章制度,进行安全教育。选派优秀务工人员参加学校的平民学校课程。定期的理论及文化知识学习,丰富的业余文化生活使大家获得了家一般的归属感。

未名木器厂　木器厂承担了20605套学生家具、全校165个公共教室16274个座椅、办公楼、部分院系办公室、实验室家具的维修、保养任务。全年承担各院系机关部门搬迁、装修、家具制作工程共计60余万元。同时,作为安全防火重点单位,木器厂严格执行安全制度、制订安全预案及定期排查隐患。

运输中心

【概况】　2011年,中心安全生产、运输服务保障工作平稳发展。按照学校安全稳定工作要求,在落实安全管理责任制和提升安全生产管理水平的基础上,重点对班车运行、车场车库管理、学校大型活动用车、司机安全教育、防火方面进行跟踪监管,保证了全年生产运输任务的完成。班车运输服务,在去年的基础上,细化了安全乘车要求。对附小学生及幼童乘车加强安全教育,保证了乘车安全。在总结历年接新生工作的基础上,对接新生工作各环节进行细化分工,保证了新生和家长安全有序乘车、平安到校。中心按计划完成了学校大型出车任务和教学科研任务。中心按要求实现了全年安全生产目标,全年安全运输94万千米,无责任事故,2011年被评为“北京市海淀区交通安全先进单位”。

【提升服务意识】　中心运输服务工作,在提高文明服务和安全驾驶操作服务水平方面有了改进。主要体现在人文关爱,创建文明服务车队,坚持以诚信为本,树立全局服务观,克服个人主义狭隘服务意识观念,宽阔服务视野提升服务境界，开好安全车和用心做好服务工作上。中心开展向李建华师傅学习活动，提高文明服务窗口示范效用，对比不足和偏差，在本职工作中将"立德树人、阳光服务、微笑服务"贯穿于服务全过程，通过服务环节和服务细节的改进，提升了服务活力，推动了服务创新。

幼教中心

【概况】 中心目前有教职员工142名，其中党员31名。事业编制职工38名，外聘人员104名。现有教学班28个，亲子班1个。在园儿童880名，其中教职工子女447人，占总数的53%；三代子女194人，二代和三代子女共641人，占总人数的73%。本年度，中心全面实施新的三年发展规划，大力加强科研工作的开展，不断提升教育品质，向更加专业化和特色化的方向迈进。

【北京市特殊教育名师工作室】 北京特殊教育名师工作室工作从2011年开始，持续3年，现已进入启动阶段，它将带动全市特殊需要儿童的随班就读工作，让更多的特殊儿童能够接受平等的教育和专业的支持。2011年5月，中心协助北京市教委和北京幼师师资培训中心组织开展新一期的北京市幼儿园特教师资培训工作，为北京市开展特教融合工作培养了10余位该领域的优秀教师和园长。

另外，中心开展学前儿童心理咨询与评估室工作。自行设计编制《新生入园评估家长问卷/教师问卷》，对入园前儿童开展初期发展评估，并为中心老师和家长提供大量的儿童心理发展与教育的咨询服务。

【领导视察】 2011年5月13日上午，国务院参事任玉岭一行全面考察了幼教中心的办园条件、管理模式、教育理念、师资队伍状况、职工福利待遇等，听取了中心各位领导对国家幼儿教育事业发展的意见和建议，对中心优雅而富有童趣的环境、尊重幼儿、给幼儿以个性化教育支持的全纳教育理念、开放民主的管理特点、充满年轻活力的教师队伍，以及团结和谐高素质的领导班子给予了高度评价，对儿童所表现出来的热情开放主动积极的状态十分欣赏，并对幼教中心未来更好的发展寄予厚望。

【人才培养规划】 为适应新时期幼教中心发展的需要，在分析当前中心教职工队伍现状的基础上，中心制定了人才培养规划，更加注重两支队伍的梯队建设和教师的教和研的综合能力，以及整体素质的提升，特别是实施"领导带徒弟模式"和"骨干带新兵"模式来培养新教师和骨干教师队伍。

中心还加大对员工的师德教育，不仅开展师德演讲竞赛活动，而且将教职工的德行与日常细致工作相结合，纳入考核内容，自上而下，德行为先，浩然正气，使"师爱为魂，学高为师，身正为范"的思想蔚然成风。通过师德建设及师德演讲，提高了教师职业的认同度，营造良好的师生互动氛围，帮助幼儿建立安全感及对教师良好的依恋关系，促进孩子们身心健康幸福快乐地成长。

【校园文化建设】 中心建立党群、干群的密切联系。加强了中心的教代会制度，所有中心发展大事和制度、政策的调整一律经过教代会讨论通过，充分实现民主管理。还通过各种丰富的工会活动及结合教育研究的文化节活动努力营造和谐的校园文化环境。2011年，中心参加全国节能文化艺术节演出，获一等奖。

【社会服务】 2011年，中心多次接待不同范围的参观和学习活动；承办首都博物馆的儿童剪纸联展；中心各级主任受委托作为评委参加区级示范园的验收、民办幼儿园的考核、早教基地园的验收考核、幼儿园管理工作的先进评选、幼儿园的职称评定并承担市区教育书刊的编写等工作，多方面发挥着示范幼儿园的示范和指导作用。2011年6月，中心被评为"海淀区干部教师培训基地"。

【体育教育】 坚持开展以户外活动为主的阳光体育锻炼，促进幼儿体能全面发展，实践特色的体能活动，充分保障幼儿户外活动量；中心保健室大夫积极参与到户外活动的开展及指导管理工作中，确保了中心儿童身体健康指标达到优秀水平。全园儿童体格增长率100%，合格率91%，儿童龋齿矫治率达90%；身高、体重增长合格率为95.5%。

【以研带教】 在《幼儿园教育指导纲要》精神指导下，中心坚持以保教质量的提高为基础，强化为建设一流大学服务的意识，进一步开展心理与教育相结合的实践与研究。中心独立申报立项或参与研究的三项中国教育学前研究会的"十二五"重点课题，完成了初期的开题论证工作。

中心充分鼓励并支持教师参加市、区各种评优活动，展示幼教中心教师业务能力。中心积极参加海淀区优秀半日活动评选，其中1名骨干教师以优异的成绩进入北京市优秀半日活动评选决赛阶段。

2011年5月，中心获得北京市辛勤育苗先进集体称号，2名教师获得先进个人荣誉称号；2011年12月，中心获得北京市教委"北京高校后勤优秀幼儿园"荣誉称号；同年中心获得海淀区落实"三年行动计划"先进集体奖。王燕华主任获管理创新奖；中心获海淀区继续教育先进集体；6名青年教师获海淀区先进教育工作者。由王燕华主任等编写的北京大学幼教中心早期教育系列丛书——《幼儿园如何接纳特殊需要儿童——融合教育工作经验篇》现正式出版。

【安全保卫】 幼教中心是服务于北京大学教科研工作的后勤保障之一。做好服务是中心工作的主要任务。中心始终把保护幼儿的生命和促进幼儿健康放在工作首位。细化安全管理、提高安全管理实效。在安全管理上,不断努力细化制度内容,加强安全小组值班和巡视,强化、细化和规范重要工作环节。

中心实行全体干部"11个小时在岗制",主要是针对幼儿园安全的特殊标准和在幼儿园所在的复杂的地理环境和开放性的大门设施,实行了干部全天在岗,负责配合保安大门值班和园内巡视,中心还成立专门的安全巡查小组,每天三次环境巡查工作,同时深入开展自查自纠工作,并建立安全自查制度。在儿童教育活动中渗透安全意识的培养,并定期进行逃生演习训练。通过检查考核,强调安全教育的常规化和实效性,共同提高了教师、家长的安全教育意识,促进了对幼儿的安全教育效果,让幼儿更好地学会保护自己。与全体教师签订了"安全工作责任书",与各部门和各班级补充签订了安全工作管理责任书;加强了全体教师对安全工作的责任心。

【党建工作】 中心党支部是一个团结向上的集体。目前,有党员31名,其中大专以上学历的党员29名,青年党员5名。支部重视党员思想建设,积极开展学习和民主生活。坚持重大事情和决策集体讨论研究制度,不断提高管理和决策水平;坚持发挥党支部的监督保障作用,党政班子注重"三重一大"原则,做到依法治园,依法治教,做到园务公开,党务公开。坚持民主生活会制度,党员干部积极学习,不断自省,保持党员的敬业精神和干部的民主作风。

坚持开展党员活动,除了外出进行政治和传统教育活动以外,还组织党团员义务劳动,在群众中树立共产党员的良好形象。鼓励和帮助年轻教师积极向党组织靠拢,年底又发展了一名聘任制的年轻教师加入党组织。2011年,中心获北京市中小学先进基层党支部称号。同时,中心始终关注团员队伍的建设,开展丰富多彩的团员活动,增强团员意识,增加团组织的凝聚力。2011年6月,韩巧巧等青年教师获得"北京大学优秀团员"的荣誉称号。

【工会活动】 充分调动职工的工作积极性,增强职工的主人翁意识,中心积极发挥工会组织的作用,多方面关心职工生活,为全体在职和退休人员做健康体检,提高了包括聘任制职工在内的全体员工津贴待遇,举办"女工健康讲座"和心理健康讲座等。同时,积极参加学校工会、后勤分工会组织的各项活动,如:参加"三八"节教师女性风采展;参加校运动会开幕式,荣获"北京大学运动会精神文明奖";参加后勤系统体育竞赛;参加学校工会组织的平民学校培训,先后有10名老师参加并获得结业证书;为北京大学工会爱心基金捐款等,同年幼教中心部门工会也被学校工会评为"先进教工之家"。

电话室

【概况】 2011年,电话室在学校和后勤党委及总务部的领导下,全体员工努力工作,为学校教职工及学生提供优质的服务保障。

电话室现有在职职工9人,合同制职工8人,退休人员18人。工作岗位有电话业务室、线务室、收费室、查号台、文印室。

【完成任务情况】 新安装电话782余部,迁移电话800余部。检修电话4500余部,其中学生宿舍201电话2860余部。安装电话宽带(ADSL)250部,维护电话电缆16千米。修复各类电话故障1400余个,受理各类电话业务1000余宗。收缴电话费19.5万余户。电话号码查询6万人/次。打印各类文件14956份,印刷复印文稿18.93万份,制版820张。

【线路增改】 数学科学学院新增300对电缆1200米;法学院科研楼新增100对电缆400米;微电子大楼新增100对电缆300米;人文学苑新增400对电缆1000米;学校南门25、26楼改接4800对电缆管道共计300米,改接光纤500芯;校内16、17、18楼改接电缆光缆管道150米。

【通信保障工作】 按照学校基本建设需求,积极和电信运营商协调,认真做好电话线路的调配和增设工作,为学校各院系所及教职工电话的安装和使用提供了有力保障。按照惯例,每年毕业生学生宿舍楼进行粉刷,对38、42、45甲、46、47、48楼的201电话检修2860部,保障了新生入住电话的使用。为北京国际数学研究中心新装电话115部;法学院新装电话13部,迁移电话54部,确保了法学院电话使用;物理学院新装和迁移电话70余部;保卫部迁移电话28部,新装电话2部。

(马红梅)

会议中心

【概况】 北京大学会议中心是1999年9月正式组建的专业化服务实体,主要负责组织承办各类会议,协助开展多种形式的对外学术、文化交流活动;管理经营群众文化活动场所,组织校园文化艺术活动;为外国专家、留学生、部分国内学生和其他中外宾客提供住宿、餐饮等服务。

会议中心组建时下设办公室、对外交流中心、百周年纪念讲堂管理部和勺园管理部，2003年8月增设中关园留学生公寓建设项目部，负责中关园留学生专家公寓园区前期筹备和施工阶段的工作，并为建成后的运行管理做准备，2007年4月学校批准会议中心设立中关新园管理部，撤销原中关园留学生公寓建设项目部。2011年，中关新园建设工程基本结束，公寓、客房、餐厅和康乐设施先后投入使用，开始全面运营。2008年4月，会议中心办公室开始实体运行，加强对中心行政、人事、信息等工作的统筹协调。2008年年底成立中心财务室，开始整合中心财务工作，加强集中统一管理和内部控制。

会议中心组建12年以来稳定运行，在学校工作中发挥了积极作用，成为北京大学精品接待服务基地和对外展示形象窗口。2011年，会议中心全体员工认真贯彻学校领导讲话精神，以争创一流会议中心为目标和动力，继续坚持服从学校大局、服务广大师生的根本宗旨，提高为创建世界一流大学提供服务的自觉性，紧密团结，扎实进取，发挥自身综合优势，为支持教学科研、人才培养和对外交流，为加强学生素质教育、丰富校园文化生活，为重要涉外接待服务做出了贡献，圆满完成各项任务，中心整体状况愈加稳定，发展水平更显成熟。

在会议中心总体框架下，2011年对外交流中心、讲堂、勺园、中关新园继续紧密合作，在管理、经营上相互借鉴，在人员、设备等方面相互支援、互通有无、齐心协力、优势互补，共同承担和高水平完成了接待阿富汗总理吉拉尼、泰国诗琳通公主等多位外国政要，北京论坛、凤凰卫视影响世界华人颁奖盛典、北京青年艺术节开幕式、学校春节团拜会、庆祝建党90周年活动和“一二·九”师生歌咏比赛等多项工作，进一步显示了会议中心独特的专业化优势和整体综合实力。

2011年，会议中心继续加强领导班子建设，更加充分体现集体领导和全体成员共同承担分工责任，明确每位成员主管工作内容，保证实际投入，切实履行职责。注重加强干部队伍建设，坚持自2003年起每年举办的专题研讨会，组织干部学习理论、更新观念、交流经验，提高水平。2011年，利用勺园建园30周年契机，以“发扬勺园优良传统，推进会议中心一流建设”为主题，通过回顾勺园和会议中心多年发展历程，总结成功经验，积淀宝贵财富，分析存在问题，提出改进意见，增进各单位间的理解与合作，提高管理骨干的大局意识和主人翁责任感，加速了中心的整体融合和一流建设进程。

2011年，会议中心首次举办全体领班以上骨干参加的干部会，统一步调，明确目标；首次组织青年骨干交流营活动，搭建融合互动新平台，推进核心骨干团队建设，积极吸引、选拔管理与技术骨干，一批新人走上重要岗位；举行会议中心2011年工作总结暨庆祝勺园建园30周年大会，设立并首次评选颁发“会议中心奉献奖”，完善激励机制，表达对长期坚持扎实努力、勤奋工作员工的敬意；15名员工参加平民学校学习；举办会议中心专题培训系列讲座，开展多种形式学习培训和羽毛球联谊赛等文体活动，开始为全体员工定期发放文娱活动兑换券；坚持组织暑期慰问、节日联欢、健康检查等活动；组织参加燕园街道选举分会第三选区人大代表选举投票工作。

2011年，会议中心狠抓安全管理，落实消防法规要求，开展四个能力建设，举行消防演习，实现安全运行无事故。会议中心被评为燕园地区交通安全先进单位。

2011年，进一步加强中心整体运行管理，继续完善行政办公、人力资源等方面的规范要求，在梳理中心及所属单位现行规章基础上，陆续研究起草招标、人事管理等制度，通过《会议中心公文处理暂行办法》《会议中心突发事件处理办法》。摸索管理干部推荐选拔考核办法，完成26人次重要干部考核任命。积极抓好民生工程，开始整合中心全员薪酬体系。

2011年继续狠抓党风廉政建设，针对中心的具体情况，在全中心开展廉政教育活动，树立良好廉政氛围，增强风险防范意识，要求将一岗双责落到实处。开好领导班子民主生活会，做好自查自纠等工作。梳理补充现有制度，加强统一财务管理，定期进行内审自查，坚持主任办公会集体决定“三重一大”事项。

2011年，会议中心克服困难，加强统筹，积极挖掘潜力，千方百计增收节支，保持整体经营状况基本稳定，取得良好效益，全年总收入1.5066亿元，利润4089万元，提取大修基金、摊销开办费和房产折旧后净利润1563万元，上缴学校500万元。其中对外交流中心收入1330万元，提取大修基金309万元，利润226万元，上缴学校50万元；讲堂收入1763万元，提取大修基金231万元，利润149万元，上缴学校50万元；勺园收入4889万元，利润1089万元，上缴学校400万元（含上缴学校教育基金会100万元纳入北大正大基金，支持学校教学科研工作）；中关新园收入7084万元，摊销开办费和房产折旧2805万元，利润99万元。

2011年，对外交流中心会场对校内单位免收、减收费用73.8万元；讲堂为学校免费提供活动场地72次，师生艺术团体免费排练176次，对校内单位免收、减收费用147万元，讲堂在低价位基础上以兑换券形式再为师生让利

20%，2011年销售兑换券2127本优惠5.3万元，坚持帮助贫困生走进高雅艺术殿堂，免费发放兑换券折合6000元，赠门票价值近4万元。

范强任会议中心主任，陈振亚、张胜群、刘寿安、孙战龙、杨敏任中心副主任，郝淑芳任中心办公室主任。2011年共有员工984人，其中学校编制员工152人。

（范　强　郝淑芳）

【对外交流中心】 2011年，对外交流中心以服务学校大局为重，坚持两个效益并重的原则，为学校创建世界一流大学做出积极贡献。继续致力于开展对外学术交流活动，为学校和各单位提供高质量专业化的会议策划、联络、咨询、组织、会务等一系列服务。工作效率和管理水准不断提高，管理体制逐步完善成熟；注重优化人员配置，骨干队伍保持稳定；装修改造一楼走廊，会场设施得到显著提升。

重要活动接待 2011年协助学校接待国家领导人及外国政要，包括接待阿富汗总理吉拉尼、泰国诗琳通公主等。

会议筹办 2011年参与筹备策划“全球倡议书2011”等国际国内学术研讨会议7个。

团队接待 2011年承接“印尼华商精英高级商务研修班”等海外交流团队、国情研修班16个，接待会议及团队研修班客人近2000人。接待来自17个国家和地区160批、11287人次的海外旅游团队。

会场租赁 2011年共为3092场次活动、27万人次提供会场服务。

对外交流中心由陈振亚兼任主任，2011年共有工作人员34人，其中学校编制2人，另有学生助理30余名。

【百周年纪念讲堂】 2011年，讲堂遵循“挖潜增效，提升实力；保质求信，稳树形象”的年度工作思路，承接各类演出、电影、典礼、会议、展览等活动975场。

推动校园文化建设 1. 活动丰富多彩。2011年策划演出157场，放映电影133场，推出艺术课堂4场，承接展览16场，编采网站新闻、评论、专访约220篇。

2. 拓宽艺术市场。继续精塑北京大学五四交响音乐会、新生音乐会、中芭新年芭蕾音乐会、“沐阳浸月”系列演出等品牌项目；与艺术院团及艺术家开展深度合作，策划推出北京京剧“唱响之旅”大型巡演、2011北大声乐演出季等系列项目；在方正校园文化艺术发展基金支持下，引进俄罗斯芭蕾舞剧《天鹅湖》、意大利米兰交响乐团新年音乐会等国际高端演出项目；引进数字电影放映设备，提高影片清晰度、拓展片源渠道。

3. 开拓师生眼界。承接凤凰卫视影响世界华人颁奖盛典、北京青年艺术节开幕式、世界艾滋病日主题公益晚会等活动，引进林青霞、李连杰等名人进校园专场活动。

加大服务学校力度 1. 确保学校活动场地。提前为七一表彰大会、工会文艺汇演、新生入学教育、新年联欢等学校大型活动预留场地，积极协调“一二·九合唱”“奖学金颁奖大会”等时间临时变动的活动场地，调整原有排期计划，服务学校大局。

2. 学校资产保值增值。利用积累资金对二层休息厅、舞台灯光可控硅及电路收线装置进行改造，引进数字放映系统，对舞台声反射罩完成招标及改造计划，共投入约600多万元。

3. 配合学校重点工作。与保卫部密切配合，对所承接校外活动严格把关，从政治、交通、安全等各方面维护校园秩序；作为校内重点防火单位，认真落实消防法规要求，开展四个能力建设；配合学校完成重要嘉宾接待任务。

规范单位内部管理 1. 挖掘内部培训资源。向员工开设“职业生涯规划”“走近交响乐”“Photoshop应用”“电脑常见问题及解决方法”等讲座，提升队伍整体综合素质。

2. 引导员工规划职业生涯。帮助骨干员工跨部门试岗、借调、转岗、晋升。

3. 优化组织结构。将原行政办服务组礼仪队改组为技术办礼仪安保组，重新划定岗位职责，提升形象、提高效率。

4. 用ISO9001体系精髓促进规范管理。顺利通过年度ISO9001质量管理体系外部监督审核。

百周年纪念讲堂管理部由刘寿安兼任主任。2011年共有员工77人，其中学校编制员工6人，另有学生志愿者135人。

【勺园】 2011年是勺园建园30周年，勺园以此为契机，传承精神，总结经验，凝聚队伍，鼓舞士气，促进发展，进一步提高管理水平和服务质量，为学校创建一流大学做出新的贡献。

开展庆祝建园30周年系列活动 组织在勺园工作过的三代员工代表进行座谈、交流，挖掘珍贵记忆，总结丰富经验，积累宝贵财富，并对以老员工为代表的优秀员工进行表彰和宣传，感谢他们30年来的贡献。各部门开展业务练兵和技能、知识比赛，员工踊跃参加，通过培训、交流和竞技，夯实业务技能，提高员工素质，提升服务水平。举办征文、登山等文体活动，丰富员工业余生活，展现良好精神风貌。

优化机构设置，开展新一轮干部岗位聘任 2011年对各部门机构和岗位设置进行全面梳理，整合资源成立人力资源部，规范人事管理和用工流程；将商务中心并入前厅部，加强管理职能；开展新一轮干部岗位聘任，提高干部整体素

质，增强担责履职的自觉性。进一步深化廉政风险防范工作，将党风廉政建设落到实处。增设餐饮部行政总厨和服务主管岗位，统一管理各餐厅厨师和服务标准，提高技艺和服务水平。

加强人力资源工作　巩固与实习生院校良好合作关系，加强对实习生全面素质、能力的培养，开拓实习生来源。全年招收实习生57人，47名实习生顺利结业。拓宽员工招聘渠道，设专人负责，参加招聘会、加入招聘网络，及时补充员工队伍。

提高效益水平，提升两个满意度　2011年继续完善绩效考核制度，9号楼开始绩效考核，提高员工积极性。提高成本意识，杜绝浪费，节能降耗；紧缩人员编制，提倡一专多能。进一步完善宾客满意度保障体系，了解客人不断增长的需求，收集宾客意见，通过加强自身管理提高宾客满意度。全面提高员工工资，改善员工福利待遇。开设员工餐并成立管理小组收集员工意见，提升员工满意度，确保队伍稳定。

有序进行设施设备更新改造　在学校支持下稳步推进各项更新改造工作。6—8号楼完成智能门锁系统改造工程；4号楼完成全面修缮，接待本科新生入住；完成佟园餐厅设计方案；稳步推进1—3、5号楼修缮改造方案设计。

完善制度建设，加强科学管理　对各部门工作流程和管理办法进行梳理汇编，在此基础上建立全园综合性工作制度、跨部门工作流程等，汇编完成综合管理手册。

进一步加强学习交流　继续组织员工学习培训活动，组织各部门之间、青年骨干之间的交流活动；鼓励员工在职学习，利用校园文化优势为员工提供更多学习机会和发展空间。

加强高校同行间的联系，深化与哈尔滨工业大学后勤集团的双向合作协议，与兰州大学后勤集团等高校兄弟单位开展交流，相互启发，共同进步。

勺园管理部由范强兼任总经理，马钧任常务副总经理。范强还兼任北京大学正大国际中心总经理，马钧兼任北京大学正大国际中心常务副总经理。2011年共有员工351人，其中学校编制员工138人。

【中关新园】　2011年，中关新园基本实现全面运行。

4—9号楼平稳运行，1—3号楼、康乐中心、时光西餐厅相继投入使用　1. 2月18日，2号楼投入使用；4月16日，3号楼投入使用；5月25日，1号楼投入使用；9月28日，康乐中心大部分项目投入使用；10月22日，时光西餐厅投入使用。新投入使用场所占园区总面积的50%。

2. 2011年，园区整体出租率63%，共接待住宿宾客50710人，团队559批次；国内研究生775名；来自99个国家和地区的949名留学生；8号楼博士后公寓在住224户，全年新入住131户。餐饮累计接待客人20万人次；接待会议159场次。

3. 大力推行节能增效，能耗支出占总收入比例下降到11%。

园区主体建筑工程基本结束，自主完善和总包整改工程稳步实施　1. 根据接收楼座情况和运营实际需要，对1—9号楼进行局部改造和完善，各类工程整改项目总改建改造面积达1万平方米。

2. 加大工程质量跟踪和维修维护力度，检查并解决800多条问题。

招标工作　2011年共完成15个项目招标工作，总金额1254万元。

队伍建设　1. 依据相关政策对员工薪资标准进行调整；改善员工住宿环境。

2. 继续加大培训和管理力度，2011年共组织各类培训245次，3209人次受训；32名员工进修大专以上课程；6名员工参加北京市特种行业操作证验证年审培训顺利通过考试。2011年新入职421人，离职261人；开始引进成建制实习生。

3. 对班组、班长以上干部和特殊岗位人员进行全面测评。先后5次组织对九部一室25个班组、全体管理干部和特殊岗位员工共92人的测评工作。共有32名员工得到晋升。

经营管理　1. 继续坚持管理部层面的"三会"（隔日晨会、每周总经理办公会、每月经营分析会）制度，优化集体决策机制。

2. 完成中软酒店管理系统更新工作，满足园区全面运行信息化管理需求。

3. 2011年制定并完善5个规章制度。强化档案管理，完成2011年以前现存音视频档案的整理收集归档工作。

4. 积极组织消防"四个能力建设"教育，举行消防演习，加强安全管理，全年安全运行无事故。

5. 经会议中心主任办公会审核批准，新设康乐部、公共关系部2个一级部门，相继在客务部、餐饮部下设4个二级部门。

中关新园管理部由张胜群任总经理，孙战龙、王桂云任副总经理。截至2011年年底共有员工522人，其中学校编制员工6人，学校财务部派驻会计1人。

特殊用房管理中心

【概况】　万柳公寓总建筑面积

10.06 万平方米，总房数 1588 间，总共入住 4267 人。其中校内教师租房 331 间、住 381 人，校内专业硕士研究生租房 400 间，北大科研、办公及招待用房 70 间，校外学生、事业单位用房 787 间。校内学生和教师住房占万柳公寓房源总数的50.44%，校外学生和单位用房占房源总数的 49.56%；在收入构成上，学校住宿占住宿收入的 23.7%，校外住宿占住宿收入的 76.3%。

2011 年，特房中心实现收入 6058 万元，青年教师住房抵冲款 840 万元，运行费支出 2612 万元，上交国家税金 260 万元，上交学校财政 4000 万元，出色地完成了全年收支预算。

【房源使用】 在万柳公寓房源使用满负荷的情况下，2011 年，特房中心积极与已经租用万柳公寓房屋的单位协商，通过房源置换及经济补偿等多种方式，调剂出 25 套房源，顺利完成了学校安排的 71 名青年教师的住宿工作；对于申请入住万柳公寓的 19 个院系 608 名新生全部稳妥地安排入住。

在确保学校用房的前提下，特房中心积极面向市场开拓客源。年内接待散客和团队，实现收入近百万元。

万柳公寓的房源，由于北京大学的影响力和特房中心细致周到的服务，不仅吸引了周边中国人民大学、北京外国语大学、中国政法大学的学生入住，还吸引了国家知识产权局、中国银行、大地保险等国家机关和企业入住，形成了万柳公寓的房源使用达到满负荷运转的良好态势。

【工程改造】 特房中心自 2009 年至今，连续 3 年为居住在 1—3 区的师生居室安装空调和改善室内环境。截至 2011 年年底空调安装率已达 98%，学生宿舍 PVC 地板铺装率已达 78%，理顺 162 间宿舍网线，安装不锈钢水槽 60 套，梳妆镜及托架 80 套。为解决 4 区空调制冷效果差的问题，重新改装 289 台室外机的安装方式，改装量占 4 区房间总数的 92%。还为 400 多个学生房间配备了近 2000 把座椅，把传统的方凳换成依据人体工程学设计的椅子，让学生生活更加舒适、温馨。

特房中心按照现代化公寓的标准，加大园区环境综合规划整治力度。翻新了 1—3 区原有破旧的瓷砖地面，铺设了 339 平方米颜色错落有致的瓷砖。更换了 1—4 区 6 部客梯和 2 部消防梯共 8 部电梯的地板材料，提升了电梯的载重量和运载能力。增加了通道上无障碍坡道，以方便师生搬运行李和拖拉重物。对 1—3 区的屋面进行防水施工，施工面积 5726 平方米，保证了园区内各楼宇雨季不出现漏水。对学思堂屋顶进行了施工改造，建成了 400 平方米的晾衣场，方便了师生晾晒。此外，特房中心全年粉刷房间 163 间，面积达 14441.5 平方米，油漆面积 856.92 平方米。

【食堂管理】 为了缓解食堂用餐高峰拥挤问题，特房中心对食堂就餐格局进行了调整和改造，改扩了饭菜自选区，新增了近 300 个座位，停止对校外人员售卡。

特房中心着力完善食堂的整体环境，重新装修了小餐厅后厨，新做了吊顶和广告架，使小餐厅的用餐环境更加明亮温馨。在食堂出口处，更换了新的不锈钢箱式残食回收台，对残食和食品包装进行科学分类处理；拆除了陈旧的档口宣传板，重新装饰了各档口灯箱。让就餐的师生客人可以一目了然选择自己喜欢的饭菜。特房中心将食堂小餐厅高耗能的空调机组更换成空调盘管风机，不仅降低了噪音，还极大降低了能耗。食堂经理还将自己和财务的办公室，置换到原来拐角处的小包间，腾出来的房间安置了 8 位学生。此外，特房中心还加大学生参与食堂管理的力度，将食堂监督员由 1 名增加到 3 名，确保同学们反映的每一个问题都得到及时有效反馈。

【安全管理】 2011 年，由于中心各级领导高度重视安全工作，使全年实现“大事没出，小事极少，管理严格，秩序良好”，师生客人零投诉的安全目标，维护了园区的和谐、安全与稳定。

2011 年，特房中心深入贯彻落实《北京大学万柳公寓消防应急预案》《北京大学万柳公寓安全管理规定》，制定、完善了《北京大学万柳公寓防汛工作预案》《北京大学万柳公寓燃气检查制度》《北京大学万柳公寓停车协议》等，进一步规范了园区的安全管理，初步形成了完整、规范、科学、有效的安全管理规章制度体系。

特房中心一直坚持综合检查评比制度，严格执行抽查制度，不断总结和完善综合检查与抽查的方式、侧重点、量化标准等。每次检查都做到有记录，重点问题存影像资料，对安全隐患当即安排落实整改事后复查，每次检查都形成书面报告，并在中心主管以上干部会上进行通报。2011 年对全园区范围内安全综合大检查 2 次，安全抽查 8 次，消防设施检查 24 次。对 860 个灭火器按期进行年检。

万柳公寓重点部位保安 24 小时巡逻，各楼层定期检测消防器材。2011 年，万柳公寓新配备 60 个灭火器，更换 8 个铁制防火门，张贴消防标牌 160 个，更换 11 部对讲机，进一步完善了园区人防、物防、技防相结合的防控体系。

2011 年，特房中心围绕“11·9”消防宣传日，开展了全员安全培训，通过专家讲解、观看消防演习光盘，实际演练消防器材，使全体员工熟知防火基本知识和万柳公寓安全规定。在食品安全方面，专门购置一台超声波消毒洗碗机，确保入住万柳公寓师生、客人就餐安全。在现金安全管理方面，财务部每次收送款都派专员护送，保证财务和人员安全。

2011 年，共开展安全培训 80 多次，参加人员 800 余人次，全年培训时间累计达 240 小时，安全培训率 100%。

【公寓运行】 2011 年，万柳公寓内的日常维修、维护、安全用电、用水及正常运转能做到接报修后，紧急情况 5 分钟内到达现场，正常报修不超过 15 分钟。运行部完成各类报修 13661 项，检查和维护、保养了 37 台供水设备，其中 18 台水泵实行了大修，每季度对 23 个污水坑清理一次，更换了 23 个污水坑 102 根轨道。保证了全部设备的正常运行。

2011 年，保洁部对全园区保洁，做到了室外公共区域、室内楼道、客厅，到处都是干干净净，一尘不染，用整洁的环境营造良好的学习氛围，受到师生客人的高度评价。同时为师生提供 1482.5 小时的有偿服务。

2011 年，万柳食堂日均收入 1.77 万元，全年收入达到 646 万元，校外就餐管理费收入 68 万元，日均就餐师生 3000 多人次。在物价上涨，人手紧张的情况下，保证了师生安全、健康的就餐。

2011 年，热力站顺利完成了全年的供暖、制冷计划，保证供暖期室温 18 摄氏度以上，制冷期室温 26 摄氏度以下，供暖季坚持 24 小时值班，处理电话报修 400 次，入室测温 190 余次。2011 年，空调制冷面积 1.8 万平方米，供暖面积 12 万平方米。热力站还顺利完成了浴室热水常年正常供应工作。

2011 年，客务部坚持全天候服务，全年查房 1884 间，查处清理私住、乱住 31 人。服务台管理电卡 971 张、水卡 902 张、燃气卡 166 张、钥匙 1000 多套，全年借用登记 10282 人次，为 5220 人次充电，分拣、投递挂号信、快件、包裹 8346 件，分发报纸 17950 份，在全年各项服务中没出现一例差错，从未因服务不好而与师生发生矛盾。

2011 年，配电站实行变压器一备一用节能运行，全年共计节约用电 7.47 万度。全年清洗空调 1307 台，接报网络故障 1200 余次，做到了随报随修，全年零投诉。

2011 年，安保部努力把做好安全工作贯穿于日常工作每一天。全年化解学生中的各类矛盾纠纷 23 起、应对突发事件 37 起、清除安全隐患 26 起、处理车辆剐蹭 12 起、办理境外住宿登记 129 人次、换车证 130 个，为万柳公寓平安年做出了贡献。

【师生共建】 年初，特房中心邀请王学珍、王德炳、吴树青等 13 位前校领导到万柳公寓指导工作。国庆节前夕，特房中心召开"庆十一"师生茶话会。元旦前，特房中心先后与住在万柳公寓的北大师生、人民大学老师进行座谈。特房中心还在 1—6 区门厅及食堂安装了和谐园区建议箱，广泛搜集师生对万柳公寓服务工作的意见和建议。

一年来，特房中心妥善解决了同学们反映的复印店乱收费、节假日浴室开放等问题。对涉及同学们身体健康的保暖问题，特房中心高度重视，入冬前对全部房间门窗做检修和保温处理，还安排专人到各楼顶层学生房间测量温度。中心承诺在天气寒冷时，对无法达到 18 摄氏度的宿舍，补贴空调取暖电费。

特房中心利用万柳公寓多功能厅的优越条件，为法硕联合会等学生团体提供联欢、会议、讲座等活动的场地。年末，特房中心与法硕联合会携手开展"温情'苹'安夜，万柳法硕一家亲"活动，为 780 名法律硕士赠送特房中心精心准备的苹果和龙年吉祥物。这些丰富多彩的生活，增进了师生之间、同学之间的交流机会，也增强了同学们以万柳公寓为家的归属感。

在为学生献爱心方面，特房中心为因病需要特殊住宿条件的学生免费安排了职工探亲房；为精神状况欠佳的学生调整了房间。

【管理育人】 特房中心在日常的管理和服务细节中，始终坚持管理育人，服务育人的理念，做到"科学管理、热心服务和正确引导"，做到了"动之以情、晓之以理和严之以法"。

对住宿不缴费的同学，特房中心不是简单的清退，而是主动与学生沟通，耐心做学生的思想工作，让他们明白诚信的道理。

对将床位转租的同学，特房中心不是简单的收回房屋，而是对学生进行感恩教育，和学生细算一笔经济账，让学生明白学校和院系为了让他们能安全、舒适地住在公寓，经济上付出的代价。

对勤工俭学的学生，特房中心不仅仅给学生提供一个工作岗位和几百元的酬劳，而是给学生创造一个体验社会、实习和锻炼的机会。

【队伍建设】 2011 年，特房中心党政领导班子按照学校党委部署，稳步推进党风廉政建设。召开了领导班子民主生活会，就如何带头建设万柳反腐倡廉小绿洲展开热烈讨论，深入开展批评与自我批评，提出了进一步整改的思路和措施。开展了丰富多彩的纪念中国共产党建党 90 周年活动，先后组织党员、干部及积极分子参观北京大学反腐倡廉教育展览、焦庄户地道战遗址纪念馆，赴贵州红色之旅，开展“七一”唱红歌活动等，重温老一辈的革命精神，激发广大党员群众的爱国热情。此外，还组织员工登长城，到天安门广场看升旗仪式等，这些活动使员工在放松心情之余陶冶了情操，统一了思想，提高了认识，增强了干部队伍反腐倡廉意识。

特房中心从多方位关心职工队伍建设。2011 年，员工基本工资上调 5%，劳保待遇由 100 元/季度调增到 150 元/季度。薪资待遇的提高，提升了员工的工作积极性，增强了大家服务北大师生的激情和干劲。同时，组织机关主管以上管理人员体检，组织员工接种疫苗。

2011 年，在职工中广泛开展业务技能培训，对各岗位进行了“应知应会”考核。保洁部开展了保洁标准、文明用语培训；客务部开展了仪容仪表和行为规范等商务礼仪培训。特房中心还推荐 7 名优秀员工参加学校组织的平民学校，利用业务时间系统学习科学文化知识。

【宣传工作】 2011 年，反映特房中心 4 年来探索与创新工作的文章《北京大学万柳公寓运行模式与管理实践》先后在《中国后勤研究》《中国高校后勤研究》和《北大青年研究》上发表。特房中心应邀在福州市召开的中国行政管理学会后勤工作委员会四届二次理事会上做大会发言，获得与会单位的一致好评。

2011 年，特房中心在北大新闻网发布新闻 13 条，在学校动态发布信息 20 条。出版简报 5 期，制作橱窗宣传板 6 期。在特房中心网页上发布工作动态 58 篇，通过这些新闻与信息，让全校师生了解万柳，关心万柳公寓的发展。

燕园社区服务中心

【概况】 北京大学燕园社区服务中心成立于 1999 年 11 月 16 日，是北京大学领导下的社区服务机构。燕园社区服务中心承担着北大燕园七个园区的社区建设和社区服务工作。

北京大学燕园社区理事会代表学校管理燕园社区服务中心。燕园社区服务中心是燕园社区理事会的日常执行机构，下设五个职能部门：综合管理部、服务管理部、经营管理部、财务管理部、工程管理部，以及两个管理中心：燕园社区网络服务中心、燕园社区市场管理中心。燕园社区网络服务中心是燕园社区服务中心的服务实体。网络服务中心由医疗服务、安全服务、家政服务三个分系统和三个服务站组成。燕园社区市场管理中心负责管理畅春园、中关园、燕东园三个便民服务市场。燕园社区服务中心通过参与市场经营和社区便民服务，取得经济效益，为燕园社区服务提供经济保障。

【社区服务】 2011 年，燕园社区服务中心在学校理事会和校内各部门的大力支持、帮助下，在全体员工团结一致、辛勤努力的默默耕耘下，始终以“以人为本、服务师生”为思想准则，在服务和经营两方面继续探索和实践，尤其是在改善园区居民生活环境及为老服务方面付出了巨大的努力，取得了长足的进展，并圆满完成了 2011 年工作计划的各项内容。

1. 居家养老服务。居家养老服务开展近两年，服务范围内的 80 岁以上的老人由 465 人增至 718 人，还有残疾人员近百人。燕园社区服务中心的老年券统计发放、款项预收预付、清点回收、审核清算、上交销毁等一系列工作都由专人负责，全年共发放老年券 794007 元，回收老年券（含残疾券）50 余万元。并且不断扩大使用老年券的服务商，有青松为老服务公司、鹤逸慈老年用品公司、社区服务队、理发店、服务站、小饭桌、订报、订奶、送水近 30 项服务内容，使燕园地区的老人获得了便利、快捷、丰富的社区服务，为促进本区老龄事业的发展做出了新的贡献，被北京市人民政府评为 2011 年度“北京市敬老爱老为老服务示范单位”。

2. 社区家庭服务。2011 年，燕园社区服务中心根据中关园小区居民的情况与居住特点，与海淀区邮政投递局协商，投入 19 万元为全小区安装信报箱 1270 个，得到了居民的好评。社区服务队及服务站继续为居民解决家庭困难，服务站不仅做好日常的小商品供货，还免费为老人提供送水、送粮、送报服务，全年共计 5000 余次。中关园服务站被北京市评为“优秀服务商”，畅春园服务站被海淀区个体协会推荐为“优秀服务商”。

3. 公益讲座及文体活动。2011 年，燕园社区服务中心与燕园街道办事处合作使用的社区大课堂，充分发挥了为居民服务的功能，共为居民举办了老年心理咨询、高血压糖尿病的防治、老年健康的养护等近 10 场讲座，丰富了居民的业余生活。63 号院老干部活动中心继续组织退休老干部开展各项文体活动，如手工、摄影、民乐、合唱、书法等各种文体班，满足老年人的精神需求及丰富老年人的文化生活，被北京市人民政府授予“北京市敬老爱老为老服务示范单位”。

4. 文化交流及日照教授花园项目。2011 年，燕园社区服务中心继续开展留学生住家及厨艺活动,全年共接收来自日本、美国等国家的148名留学生,收住留学生94户,继续在细节上为外国学生与中国家庭之间的沟通做好桥梁作用。继续组织北大教师在假日前往日照教授花园休闲度假,并为买房的教职工代收物业管理费、提供房源信息及购房程序的解答,简化程序、提高效率,受到师生好评。

【社区服务设施建设】 2011年,燕园社区服务中心按照学校总体规划的统一部署,以改善园区生活居住环境为目标,保质保量地完成了社区各项维修改造工程共计24项,涉及金额317万元,美观了各园区整体环境。

1. 燕东园便民超市工程。对燕东园已使用了10年的小市场进行升级改造,2011年11月10日进场施工,2012年春节后完工,一座崭新的社区便民超市将为燕东园居民在生活及文化活动上提供便利。

2. 超市发超市扩建工程。为满足蔚秀园、畅春园小区居民购物的需要,对超市发超市北侧店面进行扩建,2011年10月15日动工,12月竣工并交付使用,扩建后的超市发超市将增加经营品种,更好地满足北大教职工的购物需求。

3. 原蔚秀园粮店二层装修改造。改造面积256平方米,改造后将以招待所的面貌为蔚秀园居民提供服务。

【经营管理】 2011年,燕园社区服务中心按照以经营补服务、以服务促经营的发展原则,大力发展社区经济,开源节流、积极开拓市场,取得了较好的经济效益和社会效益。

1. 各项经营指标完成情况。下属企业全部按合同规定完成了各项指标,完成了年初确定的708万元的经济指标,取得了较理想的经济效益,为社区服务提供了坚实的保障。

2. 博实超市荣获全国高校教育超市"样板店"光荣称号。2011年2月,全国高校超市"样板店"评审专家组到北京大学博实超市进行考核评估,社区中心主任张鸿奎、副主任李永新陪同考察并向专家组进行了工作汇报,副校长鞠传进在会上发言。专家组组长崔曙锦对博实超市给予了高度评价。2011年4月,在北京高校商贸工作会议上,宣布了《关于授予北京大学博实超市等三所高校全国教育超市"样板店"荣誉称号的通知》。博实超市将再接再厉,继续为北大师生做好服务工作。

3. 燕欣宾馆扭亏为盈。2011年3月,社区中心调整了燕欣宾馆的上层管理者和经营管理模式,强调宾馆开源节流、开拓市场、扭亏为盈。截至2011年12月底,燕欣宾馆不负众望,盈利72万元,宾馆还在硬件与软件上进行改造,为企业以后的经营发展打下坚实基础。

【安全管理】 2011年度,燕园社区服务中心加强消防安全管理力度,建立和健全了消防安全组织机构;与下属各单位签订了治安综合治理领导责任书和防火安全责任书;坚持每年3次(春节、五一、十一)的定期综合检查,以及每月不定期的抽查,及时消除检查中发现的安全隐患;改造和完善消防设备。2011年度进行了3次大型综合检查,通过社区中心全体员工的努力,全年未发生任何安全生产事故,保证了社区服务的正常进行。

【党支部、工会活动】

1. 社区中心党支部2011年在组织发展方面有了可喜的成绩,经过组织考察及严格的入党程序,中心机关三名同志被吸纳为预备党员,形成了全体人员昂扬向上的精神风貌。

2. 加强职工理论学习。为全体职工印制了建党90周年党史知识答卷,动员职工了解党的历史,发扬奉献精神,为服务全校师生做贡献。

3. 做好职工各种生活福利工作。继续给职工发放水果和春节节日礼品,组织在职职工赴山西绵山、退休职工赴国际鲜花港参观考察,使职工开阔视野,加强整体凝聚力。

4. 为职工举办各种文体活动。2011年共为职工举办了棋类比赛、羽毛球比赛及趣味运动会,充分调动了职工的积极性,强身健体,活跃职工文化生活。

【综合管理】 1. 加强领导班子建设,重视党风廉政建设工作,定期召开民主生活会。在社区中心主任张鸿奎兼任水电中心主任的情况下,领导班子成员团结一致、相互配合。重大问题在领导班子内进行广泛讨论,实行民主集中制。确立并完善党风廉政建设责任制、"三重一大"集体决策制度,加强群众监督及舆论监督工作。

2. 加强中层干部的学习,提高队伍管理能力与综合素质,为中层干部布置了消防安全知识答卷,并要求结合工作实际撰写读书心得,大大提升了管理骨干的管理能力。

3. 继续在场地及资金上支持各种老年团体活动的开展,积极支持北京大学老龄问题研究中心开展老龄问题研究。继续做好资助家庭经济困难新生工作,为经济困难新生奉献"爱心大礼包",并被评为北京大学2011年度"学生资助工作先进单位"。燕园社区服务中心还因在离退休工作中的扎实、细致被评为"北京大学2011年度离退休工作先进集体"。

燕园街道办事处

【概况】 燕园街道办事处成立于1981年12月，属于大院式街道办事处，受北京大学和海淀区双重领导。燕园街道辖区面积约2.66平方公里，其中北京大学校园面积2721682平方米，下辖7个社区居委会。辖区户籍人口约4.4万人，流动人口6546人。

【人大换届】 第十五届海淀区人大代表换届选举是首次实行城乡按相同人口比例选举人大代表，对人大代表的广泛性和结构提出新要求。2011年8—11月，海淀区第十五届人大代表换届选举工作有序进行，在上级主管部门的领导下，燕园街道选举分会认真贯彻落实《中共北京市人大常委会党组关于做好全市区县、乡镇两级人民代表大会换届选举工作的意见》精神，坚持以《选举法》和《北京市区、县、乡、民族乡、镇人民代表大会代表选举实施细则》为依据，将全校划分为理科选区、文科选区和机关后勤选区，精心组织、周密安排、依法操作、规范有序，完成燕园选区30000名选民的选民登记、初步候选人和正式代表候选人提名及代表的投票选举工作。通过三上三下，广泛征求选民意见，充分发扬民主，使代表构成充分体现北京大学特点。2011年11月8日，共有26266名选民参加投票，整体投票率达到80%，顺利选出6名区人大代表，其中女性代表2名、非中共代表3名。

【党建工作】 为了让广大党员干部和群众在重温党史的过程中坚定爱国、爱党信念，燕园街道党工委在全体党员中开展了“学党史、知党情”问卷答题活动，共收到有效问卷210份。燕园街道党工委还开展“创先争优在社区”有奖作品征集活动，归集整理稿件39份。燕园街道所属各党支部也结合自身特点，以迎接建党九十周年为契机，开展丰富多样的参观、学习和纪念活动。此外，燕园街道党工委还积极参加北京市、海淀区和北京大学组织的各类参观活动。如组织50名党员参观“一切为了人民——北京市纪念中国共产党成立90周年展览”。通过上述活动，使党员群众经受了“红色洗礼”，受到了生动的爱党爱国教育。整合高校资源，加强文化工作，为迎接建党九十周年和创先争优营造浓郁氛围。燕园街道办事处与北京大学工会合作，共同举办了以“歌颂丰功伟绩，唱响和谐乐章”为主题的大型文艺汇演；与北京大学艺术学院共同编创并选送小品剧，参加海淀区街道系统“颂歌献给党，建功核心区”小品剧大赛。

【环境建设】 2011年，海淀区政府首次将大院式街道纳入老旧小区环境整治工作中。按照区市政管委的要求，燕园街道办事处全年投资467万元，进行辖区七个社区的环境整治和改造工作。在主管校领导的大力支持下，向学校争取了234万元配套资金，用于环境整治和改造。7—9月，环境改造共铺设柏油路3766平方米、透水砖12000平方米，铺建步行道、停车场22000平方米，新建及粉刷围栏5526平方米，改建新建自行车棚330平方米，完成绿化4550平方米，清运渣土170立方。此外，燕北园社区地处骚子营，远离学校主校区。燕园街道办事处在充分调研的基础上，积极支持社区居委会、燕北园老年协会、社区车友会等组织开展自我管理、自我服务。通过多方协调、多次讨论，在学校的支持下，燕北园社区实行了南北分园管理，燕园街道办事处先后投资80余万元，拓宽楼宇间道路1100余平方米，改善社区行车、停车条件。同时，社区居民大会讨论通过，由社区车主集体委托居委会聘请专业停车公司管理车辆的方式，改善了该社区的停车秩序。通过以上措施，广大居民参与园区事务的积极性得到调动，也部分解决了存在多年的难题，引进社会力量管理社区事务的模式也将成为燕园地区的有益探索。作为海淀区垃圾分类的试点单位，中关园、燕东园、畅春园3个社区的垃圾分类工作顺利进行，新购置保洁车20辆、户外垃圾桶180个，为3364户居民发放了免费垃圾分类桶和垃圾袋，累计投入资金448000元。

【便民服务】 在海淀区领导和北京大学校领导的支持与协调下，燕园街道办事处租用了燕园社区服务中心400平方米的经营性用房进行改造，以建设“燕园街道办事大厅和社区联合服务站”。服务站将覆盖除燕北园社区以外的6个社区，将整合办事大厅、公共服务信息平台、城管监督指挥分中心多项职能，从居民公共服务事项办理、生活保障服务、市容环境整治及科技创安等方面，为8000多户社区居民提供便捷、安全、优质的服务，使居民享受“一站式服务”的同时进一步加强辖区的公共管理。在各社区办公服务用房条件方面，燕园街道办事处积极与北京大学房地产管理部沟通，讨论一揽子解决方案。投入12万元，为6个居委会更换了办公、会议桌椅；投入8万元，购置了办公电脑、打印机、档案柜等办公设备，改善了各社区居委会办公条件。在区民政局的协调下，燕园街道办事处与青龙桥街道办事处积极沟通，努力筹措房源，初步解决燕北园搬迁楼居委会办公用房问题。

【民生保障】 2011年，民政发放各类慰问金、慰问物品、临时救助价值近40万元,1000余人次,覆盖了低保、低保边缘、临时生活困难家庭;完成伤残军人、伤残警察和伤残国家工作人员抚恤金、地退人员抚恤金审批及发放40人次,金额870680元;完成居家养老服务申请审批、高龄津贴审批230人,发放居家养老服务券、高龄津贴共计850000元,办理老年优待卡210人,完成高龄老人家庭无障碍设施改造27户;完成最低生活保障待遇半年复审84户共142人,新办理及取消10户;完成地退人员一次性调标工作,涉及122人,金额1182830元;开展了60岁以上老人免费体检及60岁以上全口无牙低保老年人免费镶牙工作。积极协助妇联开展走访慰问、维权宣传、妇联系统干部队伍能力素质轮训等工作,开展各类讲座、咨询会、培训会7场。街道残联顺利通过"北京市残疾人人人享有康复服务审评"验收;积极落实残疾人就业、精神病人免费服药等各项优惠政策;为符合条件的60名残疾人按季度发放助残服务券。

【社会保障】 2011年,街道社保所宣传、贯彻国家和本市有关社会保障、劳动就业的法律、法规和相关政策,开展《社会保险法》、春风行动等多项宣传活动;管理失业人员档案800余份、社会化退休人员档案289份;发放失业金144余人次,发放金额179937元;开展就业失业登记证换发工作,共换证381人;办理领取失业金人员参加医疗保险手续;促进123名失业人员就业;完成职业指导397人次;采集空岗信息529个;完成失业人员动态监测124人;组织12名社退人员参加北京市疗养活动;开展国庆节、重阳节社退人员慰问活动;完成领取资格认证899人;为38人办理退休手续;为44名享受优惠政策人员办理参保手续;为1053人办理城镇居民医疗保险参保手续;为51人办理城乡居民养老保险参保手续;为城镇居民医疗保险人员、享受优惠政策人员、领取失业金人员报销医药费261人次,报销金额343550.18元;为95岁以上老人办理补助医疗费用报销21173.52元;发放社保卡880张,办理补换卡业务359人次。住房保障工作稳步推进。全年召开住房保障评议会6次,累计完成限价房申请审核60户,经济适用房审核16户,廉租房审核3户,完成协查26户;第三次经适房摇号、选房和第七次限价房摇号、选房的准备工作进展顺利,辖区共55户家庭获得选房资格;限价房核查工作顺利完成,2010年11月以来下发的疑似超标家庭全部约谈、评议完毕,向区住房保障办公室专项核查小组提交43户家庭相关材料。

【计划生育】 2011年,燕园街道分别召开燕园地区、北京大学人口和计划生育工作会,目标责任落实到位,统筹解决人口问题;坚持不懈抓业务培训,全年共组织10次人口计生业务培训;严格依法行政,规范办事流程,编辑印制《北京大学2011年计划生育工作手册》;办理生育服务证、独生子女证、各类婚育证明921件,办理新生儿入户190件;办理独生子女父母奖励、独生子女伤残(死亡)家庭特别扶助、计划生育困难家庭帮困等奖励扶助893人次,发放金额472980元;代办国寿学生、幼儿平安保险投保工作,共计224份;深入开展违法生育清理清查工作,征收社会抚养费697752元;共发放各类避孕药具72221只(板/盒);完成流动人口计划生育信息协查、婚育证明查验等共计179件,组织蔚秀园社区申报并顺利通过2011年流动人口计划生育管理示范社区创建工作;摸清底数,采集信息,认真做好燕园地区户籍人口及流动人口两个全员人口信息系统建设;开展"幸福家庭 · 和谐人口"咨询会、"知国情、懂国策、明法规"知识竞赛等各种形式的宣教活动。

【安防建设】 增加了安全维稳工作力量,进一步健全安全管理相关规章制度,严格岗位职责,提高安全管理水平。通过学校的财政支持,加大安防设备投入,积极推进社区安防设施的优化、联网等工作。

【文明创建】 燕园街道党工委、办事处高度重视、加强领导、注重落实,以《海淀区创建首都文明区工作实施方案》等一系列文件为指导,结合辖区实际,充分动员辖区居民积极参与创建,全力开展创建工作。

北京大学医院

【概况】 在编职工134人,其中卫生技术人员124人,具有正高职称6人、副高职称37人、中级职称52人,行政后勤人员10人;正式调入6人;劳动合同人员161人,其中医师45人,护士74人,其他42人。

【医疗工作】 全年门诊364736人次,急诊27794人次,急诊危重症抢救3人次,抢救成功2人次,成功率67%,全年手术例数116人次,年住院人数447人次,出院人数438人次,床位周转次数4.34,床位使用率26.2%,平均住院日21.58天,七日确诊率100%,治愈好转率85.39%;出入院诊断符合率100%,死亡率4.11%,院内感染率3.2%,住院手术11例。查体

32622人次。网上咨询电话回访2820人次，护士上门服务1146人次，对行动不便的慢性病患者由医生定期上门服务的有827人次，免费为院士巡诊479人次。

加强医疗质量管理，住院病历实行三级负责制，病案质量管理委员会负责病案的质控工作，医务科每月定期对医疗文书进行抽查，手术、麻醉、特殊检查、特殊治疗等履行患者告知率达到100%，入出院诊断符合率≥95%。手术前后诊断符合率≥100%，2011年全年出院终末病历438份，均由各科主任在出院后的1个月之内逐份检查完成，全院甲级病历达100%。传染病上报报告率100%，无漏报、漏登事件发生。

定期组织召开医疗质量管理会议，实施医疗质量实时进行监控和管理。全年组织院长业务查房12次；医疗、护理查房24次；召开医疗质量管理会议、护理工作研讨会共计30次；处方检查12次，抽查处方6000余张；检查住院及门诊病历11次。通过督查和专题工作研讨，及时发现工作中存在的问题，及时提出改进措施，规范医疗护理流程，使医疗质量管理更加科学、规范，业务质量有了显著提高。

全年迎接上级卫生行政部门督查15次，社区绩效考核检查3次。

2011年12月，接受北京市卫生局对口腔中心的医疗质量管理口腔专业医院感染管理的全面检查，专家组对口腔中心的环境建设和业务管理水平做出高度评价。

对重点科室重点部位微生物监测270件，合格率92.2%。空气培养345间/次，合格率99.7%。符合卫生局要求的质控标准。针对不合格项目逐一进行原因分析，及时向相关科室反馈，提出整改措施，在各科室监控医师和监控护士的配合下，整改措施得以落实。

医保门诊25282人次，出院15人次，住院总费用77505.51元，次均费用7111.95元。医保工作严格按照北京市医保中心规定的药品库、诊疗库、服务设施项目库及卫生局、物价局制定的标准收费，实现医保刷卡实时结算。所有医保病人就医信息实时经网络传送至医保中心。

【科研工作】 继续做好与安贞医院合作，参与国家项目课题组"健康危险因素追踪调查及死因调查"研究；与北京大学第一医院肾内科联合北京市社区卫生协会、北京市社区卫生服务管理中心合作，参与首都医学发展科研基金项目"北京市社区慢性肾脏病教育与干预模式的研究"，推进北京市社区慢性肾脏病防治的工作。

与北京大学人民医院合作开展"北京市青少年运动性心脏猝死预防筛查项目"，对学生进行筛查，旨在早发现、早预防、早治疗，避免恶性事件发生。

【教育培训】 全年5000人次（医生）参加中华医学会的教育课程。有6名护士参加并通过了全科护士培训，取得了合格证。77人次参加市举办专科培训班。组织38次院职工业务学习，4000余人次参加。到国内外进修共10人。

【国际交流与合作】 2011年9月23日，北京大学医院与日本渡边牡蛎研究所第三届中日保健医学学术交流会在北京大学医院报告厅举行。

【信息化建设】 2011年1月8日起上线门诊就医优化流程，实行"电话预约、持卡就医"。让广大教职员工享用到快捷便利的一卡通式服务流程，优化患者就医流程，减少缴费环节，节省排队等候时间，实现患者门诊病历、住院病历、健康查体、慢性疾病管理等多种检查治疗资料的数字化管理，为患者提供便捷的医疗服务。门诊优化就医流程工程的实施，大大改善了群众的就医感受，得到广大师生员工的高度认可，全年收到表扬信86封，锦旗4面，横匾1幅。门诊病人满意度调查，全年平均满意度95%；住院病人满意度98%。

完成LIS系统（4台设备）、RIS系统（2多台设备）、住院电子病历、保健科的疫苗管理系统、体检医生工作站、体检系统的完善、门诊电子病历、优化流程等模块的上线。

【医院新大楼开业典礼】 2011年4月29日上午9时，北京大学医院新楼开业典礼暨健康促进与慢病管理、口腔临床诊疗与全程化管理学术论坛，在医院新大楼报告厅隆重举行。北京大学闵维方书记、周其凤校长、鞠传进副校长、卫生部医政司秦耕副司长、教育部体卫艺司廖文科副司长、北京大学原部分老领导，以及北京市卫生局、海淀卫生局主管领导出席开业典礼，典礼由张宏印院长主持。北京大学闵维方书记、卫生部秦耕副司长、教育部廖文科副司长等分别在典礼上致辞，北京大学哲学系杨辛教授、学生张雯代表患者发言。各位领导和嘉宾对北京大学医院近十几年来的改革创新、科学发展给予了高度评价和充分肯定。闵维方书记、周其凤校长等领导同志为医院新楼开业剪彩。

【建党90周年纪念活动】 2011年6月17日，医院党委组织党员、干部、入党积极分子开展"学党史，颂党恩，跟党走"暨庆祝建党90周年活动，大家以演讲、朗诵、歌舞表演等形式，歌颂共产党在建党以来为中国革命、中华人民共和国成立、改革开放、现代化建设方面做出的突出贡献，赞扬医院党政班子在医院新院迁建、医疗改革、蓬勃发展的过程中发挥的领导作用，表达了全体医务人员团结在党的周围将生命奉献给医疗卫生事业、服务北大师生的强烈愿望。

2011年6月18日，组织医院党员、入党积极分子到歌曲《没有共产党就没有新中国》诞生地，参观学习，进行爱国主义教育。

1人被评为北京大学党务思想政治工作先进个人，受到学校表彰。

【其他工作】 北京大学红十字会发展学生会员585人，占入学新生的10%以上，教师分会发展会员11人，现有会员中教师800人，学生1375人。全年组织学校学生及教职员工无偿献血5次，举办健康讲座3次，联合北京市红十字会举行了一期正式的初级急救培训，成立校园急救小组，组织2010年北京市耐多药性结核防控启动大会等大型公益活动，被评为北京大学十佳社团。

北京大学附属中学

【概况】 2011年，北京大学附属中学占地面积5万平方米，建筑面积6.5万平方米，体育场(馆)面积16000平方米。图书馆(室)藏书50000册，电子图书5000册，订阅杂志408种、报纸36种。拥有计算机800台，多媒体教室座位300个，校园网出口总带宽170Mbps，数字资源量1T，“信息技术”课程70课时/周。普通教室77个、物化生物实验室和各种专用教室46个。教职工274人，其中，具有副高级职称102人。专任教师199人，包括本科以上学历177人；特级教师13人、北京市学科教学带头人1人、市级骨干教师10人。全国先进教育工作者2人，全国优秀教师4人。开设教学班91个，其中，初中班18个、高中班73个。毕业生728人，其中，初中257人、高中471人；招生669人，其中，初中299人、高中370人；在校生2072人，其中，初中790人、高中1282人。高中录取分数线535分(海淀区)，应届高考本科上线率100%。

【学部制改革】 北大附中“学院制”改革形成“三部、三学院、五中心”的全新组织架构，为学生的学习成长与全面发展提供有力保证。“三部”为初中部，高中部及预科部，为常规高考和中考体系下的学生提供课程。初中部注重基础培养；高中部定位为常规文理；预科部则全面针对高考升学。“三学院”为元培学院、博雅学院及道尔顿学院，为非常规中高考的学生提供多元选择的创新培养。元培学院为原五单元，针对本科就读于国内而非单一高考途径的学生，注重培养全方位创新性人才；博雅学院为原六单元，针对出国留学深造的学生，注重为学生提供学习的多元选择；道尔顿学院为原国际部，以“道尔顿制”为教学原则进行创新性教学。“五中心”为艺术中心、体育中心、技术中心、综合实践活动中心、心理辅导中心，五大中心面向全校提供课程和支持。艺术中心负责美术及音乐课程安排；体育中心负责体育课程和健康教育；技术中心负责计算机与通用技术课程安排；综合实践活动中心负责规划社区服务、社会实践、学生活动及其他实践内容；心理辅导中心为学生提供必不可少的心理帮助。

【教育教学】 高考：2012年，北大附中高考延续了上一年度的好成绩。其中理科600分以上人数158人，文科12人，总计170人，位列海淀区示范校第三名；且统招生一本上线率达到99%。与此同时，尖子生群体表现突出，保送及获得北京大学、清华大学自主招生大幅加分的学生比例继续保持优势。此外，还有40余位学生提前获得了华盛顿圣路易斯大学、康奈尔大学、加州大学伯克利分校、卡内基—梅隆大学、加州大学洛杉矶分校等国际著名大学的录取资格，其中有45%的学生被排名(参考《美国新闻和世界报导》大学排名)前30的学校录取，被排名前50的学校录取的学生达80%。

中考：我校初三年级高孜同学以568高分获海淀区中考第一名。

【素质教育】 北大附中第32届北京市青少年科技创新大赛获奖情况　1.一等奖有四项：秦岭同学，论文题目：“市售饮料中五种增塑剂的快速筛查新方法”；成城同学，论文题目：“一种新堆型核电站辅机凝汽系统故障诊断的SDG建模方法初步研究”；瞿凌蔚同学，论文题目：“长江流域野生拟南芥居群与哥伦比亚生态型的生活史差异初探”；张路同学，论文题目：“外来入侵植物齿裂大戟的生物学特性和种群动态及其防治”。

2.二等奖有四项：王长天同学，论文题目：“异养型硝化菌生物传感器初步探究及应用”；白冰同学，论文题目：“氧化铈薄膜电阻开关效应的研究”；张云鹤同学，论文题目：“基于物联网技术的个人物品管理系统及三维定位算法研究”；徐祎然、周菁、徐楚乔同学，论文题目：“phbB基因的克隆及其功能验证”。

物理竞赛　在2012年4月22日举行的第七届全国高中应用物理竞赛(北京赛区)中有6名同学获得北京市一等奖，其中，有3名同学闯入了前十名；11名同学获得北京市二等奖，4名同学获得北京市三等奖。他们分别是：

一等奖(共6人)

周星宇、孙逸天、王思真、乔袭明、周喆、郝泽锟

二等奖(共11人)

段雅琦、汪远、石磊、白冰、连震、江勇、田元贺、王子瑞、陈潇潇、刘为一、王天塑

三等奖(共4人)

李子晗、曹睿杰、李铮、高丰

明天小小科学家　在第12届“明天小小科学家”奖励活动中,我校沈简、瞿凌蔚两位同学荣获一等奖,张路同学获得二等奖。

2012年北京市信息学奥林匹克联赛(NOIP2012)　2011年10月13日进行了初赛,于11月10日和11日进行了复赛,我校有12名同学进入了复赛,并有5位同学取得了北京市一等奖。他们是:乔袭明(高三)、张博洋(高二)、丛润川(高二)、马鸿宇(高二)、曾沐焓(高二)。

体育比赛　附中初中足球队在海淀区中学生足球比赛中顽强拼搏获得冠军,同时所有参赛队员都获得5分的中考加分。

【党建工作】 1. 按照北京大学党委的统一部署和安排,经北大党委批复同意,中共北京大学附属中学党员大会于2012年3月22日召开。本次大会主要选举产生北京大学第十二次党代会代表。本次大会实到正式党员(党代表)162名,发出选票162张,收回选票159张,其中无效票2张,有效票157张。本次大会的选举公开透明,并通过电子计票的办法让全体党员监督了计票过程,与会正式党员进行了一轮投票之后选举北大附中党委书记生玉海、北大附中党委副书记杨文焕和北大附中副校长、党委统战委员张思明等3位同志为中共北京大学第十二次代表大会代表。2. 经本人申请,党支部培养考察,支部大会全体党员讨论一致通过,北大附中党委批准,决定吸收初中部党支部鲁月明、预科部党支部成城、石竹佳、刘婧妍、曹一凡5位同志为中国共产党预备党员,预备期为一年;决定批准资源支部周立松、张卓2位同志按期转为中国共产党正式党员。

【年度纪事】 1. 1月14日起北大附中高中部面向初中部部分学生开设了初高衔接课程。短短几天,初中学生体验了许许多多的第一次。第一次了解高中的小班化教学,第一次知道什么是走班上课,第一次接触北大教授为我校高中学生开设的科学课程和人文课程。周程教授的荧光蛋白分子标记法对于初三学生来说有一定难度,陈喜波博士关于北京历史地理变迁的精彩演讲引出学生们的热烈讨论。在化学实验室,老师指导同学动手制作肥皂,同学们给自己的作品定型、上色。同学们为自己成功地制作出肥皂而兴奋。

2. 3月8日上午,新加坡南洋女子中学校长王梅凤一行4人访问北大附中,附中校长王铮和党委书记生玉海等在校会议室接待了来宾。双方就两校的合作交流,尤其是学生的短期访学进行了友好的沟通,达成了建设性的意向,并确定了今年互派学生访学的交流项目。

3. 3月8日下午,由附中工会组织,艺体中心大力协助,北大附中首届迎“三八”国际劳动妇女节趣味运动会在学校体育馆举行。运动会设立了乒乓球反弹投准、三砖过河、地板球射门、一分钟踢毽、夹沙包、一分钟跳绳、托球绕杆跑、钓鱼等8个项目,所有项目都有趣有益,简单易做,吸引了很多女教工在繁忙的工作之余,前来锻炼身体、愉悦身心。而男教工们则甘做服务工作,为妇女节增添了一份靓丽的色彩。

4. 3月29日,北大附中召开了拔尖创新人才培养课题校际交流研讨会,人大附中、清华附中和首师大附中的领导和课题负责老师参加了此次会议。北大附中姜民副校长介绍了北大附中《拔尖创新人才课程体系建立与实施初探》子课题的理论建构、课题进展,以及目前遇到的困难和存在的问题。人大附中的许飞副校长和校长助理王晶老师、清华附中的德育主任辛颖老师、首都师范大学的张国华校长和丁伯华主任分别介绍了各学校子课题的进展情况。同时,各校领导又沟通了4—5月将陆续召开的拔尖创新人才培养课题开放日活动的准备工作和校际协作内容,充分讨论了课题研究中各校间的互相支持、团结协作的方式。

5. 4—5月,初一年级学生240人参加开展“生物多样性”综合实践活动。活动由学校初中部组织,由野外考察、展板展示、专题汇报等4部分组成,活动研究、考察分析生物多样性,树立敬畏自然生态理念。

6. 4月20—23日,北京大学第十九届体育文化节暨北京大学运动会在五四体育场举行,附中所有参赛教工运动员顽强拼搏,奋勇争先,团结一心,最终以376分的总成绩再次蝉联北京大学运动会冠军。

7. 5月4日,北大附中召开高中部精品模块课程建设课题交流会。会议听取学校《(2010—2012)初中综合实践活动课程》介绍,介绍课题缘起、研究过程,以及改进和完善情况,8名教师分别展示语文、生物、政治、英语、数学、信息技术和通用技术精品课程建设情况。

8. 5月25日,中国教育学会全国基础教育评价委员会组织全国“高效课堂”研讨会的各地校领导和老师、北京市教育学院数学系部分教师走进北大附中,走进我们的课堂,和我们的任课老师面对面地进行交流,语文教师郑雁青、数学教师秦占的“研究性学习”课堂供与会老师们观摩,并进行了深入坦诚交流。与会老师对北大附中“研究性学习”课堂充满好奇,对同学们的自主学习能力、表达能力、组织能力、专注度赞叹不已。

9. 8月14日上午，北大附中体育馆一期工程可行性研究报告评估会在附中校办会议室召开。教育部发展规划司领导、同济大学建筑设计研究院（集团）有限公司评估专家小组、可行性研究报告方案设计人员、北京大学基建部领导及相关人员、北大附中相关领导出席会议。评估专家就此工程项目分别从自己专业角度提出建议及相关评估意见。教育部领导表示教育部和国家发改委对此项目相当重视。同时对专家们提出的中肯意见表示感谢，对评估单位所提出来的意见，希望设计单位等相关部门进一步探讨修改。

10. 10月6日，北大附中举办首届传媒节。传媒节由学校综合实践活动中心组织，主题为“记录变化”，采取海报、照片及杂志展卖形式，展出学生作品50余幅，内容包含附中几十年的各种变化、附中学生民主、创新精神，以及对梦想的追求等。

11. 10月13日，北大附中黑匣子剧场落成。黑匣子剧场位于学校图书馆一层左侧，建筑面积400平方米，拥有78个座位，内置全套音响设备，新型的话剧表演场所，场所内可以实现无话筒的专业话剧表演，同时满足一些社团等小型演出活动。

12. 10月13日晚五点半在学校黑匣子举行剧场的落成仪式暨第二届戏剧节启动仪式，并在10月14日晚再次举行了话剧《未完待续》的演出。北京大学副教务长兼北大附中党委书记生玉海与中央戏剧学院导演系主任丁如如教授签署交换了合作交流协议，并分别致辞，希望通过双方的合作，达到共同提升的目的。

13. 11月2日，教育部“国培计划”英语示范课在我校举行，作为实践基地校，我校初中英语组进行了两节英语示范课的展示。分别是初二年级张丽萍老师的课本常规课，初一年级许涵老师的校本特色阅读课。极具附中特色的课堂氛围，精彩的教学设计，师生的互动配合给五十位来自全国各地的省市级骨干英语教师留下了深刻的印象。

14. 11月27日，由北京大学、海淀区教委主办，北大附中协办的“走进北京大学——探索拔尖创新人才培养模式”研讨会在北京大学英杰交流中心举行。此次活动的主题为：基础学科拔尖学生培养试验计划。北京大学的领导和专家、海淀区教委的领导，以及北大附中、清华附中、人大附中、首师大附中、北理工附中、北航附中的师生代表参加此次活动。北大附中承接《拔尖创新人才课程体系建立与实施初探》子课题。

北京大学附属小学

【概况】 2011年，北京大学附属小学占地面积27080平方米、建筑面积21709平方米、体育场（馆）面积6000平方米。图书馆（室）藏书7.2万册，电子图书180 G，订阅杂志、报刊263种。固定资产总值2303万元。全年教育经费投入4103万元，其中，国家拨款2952万元、自筹经费1151万元。学校信息化经费投入677万元，拥有计算机466台，多媒体教室座位315个，校园网出口总带宽100 Mbps，数字资源量300 GB，“信息技术”课程1课时/周。普通教室69个、专用教室22个、实验室6个。教职工176人，包括副高级职称6人、中级职称134人。专任教师147人，包括本科以上学历158人；北京市学科教学带头人3人、市级骨干教师8人。开设教学班69个。毕业607人；招生357人；在校生2799人，包括寄宿生194人。网址 www.bdfx.net.cn。

【教代会】 8月20日，北大附小在张家界召开教职工代表大会。尹超校长以《统一思想　凝聚共识　加快发展　谋求跨越》为题做了报告，分析了北大附小当前发展的问题与挑战，找到了学校发展的方向与出路。会议期间，代表们积极参加讨论，充分发表了自己的意见，为学校可持续发展提出了一系列建议。此次会议还重新修改了学校的各项规章制度，效果良好。参会人员包括“党、政、工、团、队”各部门代表，共计62人。

【小学规范化建设工程】 4月19日，北大附小代表海淀区接受北京市小学规范化建设工程实施情况督导。北大附小校长尹超首先在北大附小小讲堂做了题为《以人为本 快乐和谐发展》的工作汇报，对北大附小实施小学规范化建设工程的有关情况向各位领导做了简要汇报。之后由北京市教委各部门领导近20人组成的专家组成员共分4组，对北大附小进行了学生问卷、一线教师座谈、领导班子座谈、现场听课和查阅档案等检查活动。此次督导得到市区级领导的一致好评。

【金鹏科技团验收】 4月28日，北京市对北大附小金鹏科技团进行验收。检查团由北京市学生管理中心活动部部长张京华、海淀区教委体美科主任栾心立及北京师范大学教授李逸飞等领导和专家约15人组成，他们对北大附小科技活动组织机构、活动计划、活动记录、竞赛成绩、科技校本课程、各科课堂教学对科学教育的渗透、科技专用教室的建设、学校对周边学校及社区的辐射作用、学校聘请的科技专家情况及讲座、科技方面的科研课题等方面进行了验收。北大附小顺利通过了此次验收，再次被认定为北京金鹏科技团北大附小分团。

【“北京市健康促进学校”市级验收评估】 6月21日，北京市教委、卫生局、红十字会对北大附小进行了“北京市健康促进学校”验收及健康促进学校工作效果的评估，此次评估北大附小代表海淀区。潘东辉副校长采用多媒体形式代表北大附小做了题为《与健康促进同行》的工作汇报，全面汇报了学校近两年开展健康促进学校的工作情况，并对工作的成果进行了展示。评估组首先进行了问卷调查，包括健康知识调查问卷、中小学生健康调查问卷、中小学校教师健康调查问卷、校医或保健教师人力资源现况调查问卷。接着进行了现场查看，包括查阅《北京市健康促进学校考核标准》6大部分档案资料、独立的医务室及具备的基本医疗设施、健康促进学校章程、承诺展示的位置、校训、禁烟标志、心理咨询设施、校园环境等。之后进行了物质环境检测：对学校不同楼层、朝向的两间教室进行物质环境检测，包括教室人均面积、教室照明（灯管垂直黑板、控照式灯具、黑板灯管、课桌面平均照度）、课桌椅（课桌分配符合率、课椅分配符合率）、黑板面平均照度、噪声共5个方面。最后随机抽取10名学生现场查看10项卫生行为及眼保健操。此次考核结果良好，北大附小再次被认定为北京市健康促进学校。

【《妙趣横生经济学》出版】 8月，北大附小《妙趣横生经济学》出版。该书为校本课程教材，由北京大学出版社出版，为16开本，全书4.7万字，10讲。系统介绍微观经济学、宏观经济学和货币银行学中的经济学原理和概念，如稀缺、资源、货币、外汇、GDP等，每讲通过游戏、故事或戏剧形式，让学生进行体验和学习，思考问题，并具备做出正确选择的能力。该书现为学校四五年级学生经济社团选修课教材。

【“小荷风采”少儿舞蹈大赛】 7月25日，北大附小舞蹈团荣获第六届全国“小荷风采”少儿舞蹈大赛“小荷之星”金奖，指导老师荣获“最佳编导”和“小荷园丁”奖。此次比赛由中国文学艺术界联合会和中国舞蹈家协会举办，共有来自全国34个省、市、直辖市、港澳地区近450个作品报名，分别在北京、淮南两地展演。北大附小参赛作品名为《沁园春 雪》，服饰华美，音乐大气，表演如行云流水，颇有气势，融合了诗文诵读和京剧元素，彰显了北大附小鲜明的文化风格。

【第二届“国戏杯”学生戏曲大赛】 11月，北大附小京剧团参加北京市教委举办的第二届“国戏杯”学生戏曲大赛，经过复赛和决赛，京剧节目《四郎探母·坐宫》获得集体项目一等奖。此次大赛以“放飞艺术梦想 点亮戏曲人生”为主题，以面向全体学生，推进素质教育为宗旨，力求集“艺术性、观赏性、参与性、创造性”于一体。此次大赛由北京市教育委员会、文化部非物质文化遗产司主办，中国戏曲学院、北京学生活动管理中心承办。小学组共有93个曲目参赛，比赛地点为中国戏曲学院小剧场。

【主体课题全国教学展示交流活动】 11月24日，北大附小李正辰老师代表学校数学团队参加了“基础教育未来发展新特征研究”主体课题专题研讨会全国教学展示交流活动，《观察物体》一课获一等奖并在交流中得到了专家和参会教师的高度评价。本次会议由总课题组、四川师范大学、成都市锦江区教育局联合主办。会议通过专家报告、专题研讨、课堂观摩，展示前期研究的阶段成果，分析当前研究亟待突破的问题，进一步明确下一步研究的思路、重点，期待在课题研究区域和学校两个层面上有更大的实质性推进。会议主题为当代学习科学与课堂教学创新，具体议题为：1. 当代学习科学的新进展及其对课堂教学创新的启示；2. 个性化教与学方式的变革；3. 课堂教学进程结构设计；4. 信息技术与学科课堂教学的整合。约500多人参加了此次会议。

信息化建设与管理

【信息化规划纲要】 信息化建设与管理办公室组织计算中心、现代教育技术中心、图书馆、校园卡管理与结算中心在《国家中长期教育改革和发展规划纲要（2010—2020年）》《北京大学“985工程”（2010—2020）总体规划》的指导下，撰写《北京大学信息化规划纲要（2011—2015年）》，全面回顾了学校信息化建设历程，总结了近年来信息化建设的成效和不足，分析了目前面临的机遇和挑战，借鉴了世界一流大学和国内知名高校的成功经验，进一步明确了北京大学推动信息化进程的建设目标和建设内容。

【智慧校园规划分析】 信息化建设与管理办公室组织人员利用2011年暑假，调研70所国内外大学的信息化发展状况，总结归纳了国内外著名高校的信息化建设与服务、信息化管理体制和运行机制情况，在此基础上形成《北京大学信息化现状与分析》调研报告。以学校信息化现状为基础，借鉴国内外知名高校信息化经验，信息化建设与管理办公室提出“智慧校园”建设设想，并纳入学校“十二五”发展规划。2011 年 10 月 18 日，北京大学党委理论中心组举行学习报告会，信息化建设与管理办公室主任柳军飞教授做了《北京大学信息化现状与分析》专题报告，进一步明确了建设“智慧校园”的信息化发展思路。

【信息化法规制度建设】 信息化建设与管理办公室对截至 2011 年 12 月北京大学范围内的信息化相关政策法规进行了梳理汇总，初步搭建了北京大学信息化政策法规体系框架，主要由基础设施、数字资源、共享与集成平台、安全机制和保障体系组成，明确了体系建设的重点和方向。信息化建设与管理办公室起草制定了《北京大学信息化项目管理办法》，从项目组织、项目验收、经费管理等方面明确了信息化项目管理的职责权限和工作程序。信息化建设与管理办公室起草制定了《北京大学网站管理办法》，从管理机制、保障措施等方面规定了包括门户网站和各基层网站在内的北京大学各级各类网站的建设、运行与维护的具体制度措施。信息化建设与管理办公室进一步梳理各内设科室业务流程和工作规范，起草了《信息化建设与管理办公室综合业务流程》《北京大学楼宇信息网络建设业务内容及工作流程》《北京大学统一短信平台业务内容及工作流程》《北京大学正版软件共享平台业务内容及工作流程》《北京大学大型软件购置审批业务内容及工作流程》和《北京大学增设单位编码管理业务内容及工作流程》等业务管理规范。

【信息安全管理】 信息化建设与管理办公室起草了《关于加强网络信息安全管理，做好信息安全等级保护工作的通知》，明确了信息安全等级保护工作的业务主管部门、技术保障单位和信息系统使用单位及其职责，强调了加强信息安全等级保护工作规范体系建设和全面实施信息安全等级保护的相关工作任务，并提出了工作要求。信息化建设与管理办公室起草了《北京大学中文网站栏目设置规范（暂行）》《网站工作整体情况》《网站运行监控与应急处置》等网站管理工作规范性文件。信息化建设与管理办公室重点开展了对北京大学各级各类网站的管理与监控工作，进一步强化了以北京大学名义建设和管理的网站的审批和备案工作，引入了网站安全预警系统，建立了门户网站统计系统和网站预警平台，对各级各类网站进行运行监控和访问监测。信息化建设与管理办公室定期开展对重要信息系统的安全检查工作，督促信息系统使用单位加强管理，制订信息系统应急预案并保证应急预案的可操作性。信息化建设与管理办公室组织了重要信息系统使用单位开展自查，接受了北京市公安局文化保卫总队的常规检查，并受到肯定。

【教学信息化建设】 信息化建设与管理办公室组织协调教务部、研究生院、现代教育技术中心及医学部教务处，开展教学信息化先进单位和个人评选的组织工作，完成了评审标准制定、评选工作方案起草及评选工作动员部署。信息化建设与管理办公室与现代教育技术中心等相关单位共同协作，成功举办了“北京大学 2011 年教学信息化先进单位和个人表彰大会”。“北大教学网”集网络教学、数字资源管理、在线视频课堂和教学社区诸多功能于一体，承担着辅助和支持全校课程数字化与网络化的重任。截至 2011 年 12 月，“北大教学网”的用户总数达到 43000 余名，活动用户数达到 15611 名，活动课程总数已超过 3800 门，每日页面平均访问量超过 8000 人次，成为北京大学教学改革的重要支持平台。“北大讲座网”提供讲座信息录制、查阅、讲座录像点播、讲座信息订阅等服务，充分整合了校内讲座资源。截至 2011 年 12 月，“北大讲座网”共制作 4495 场讲座，累计 1720144 人次访问量。

【楼宇信息化建设】 信息化建设与管理办公室组织新建楼宇及旧楼改造中信息网络建设的图纸审核、预算编制、工程招标、施工协调、工程验收、办理付款等工作；组织勺园 4 号楼、理科楼群公共教室、原校医院门诊楼、物理楼加建改造、体育馆改造、人文大楼、北京国际数学研究中心等工程综合布线的施工和设备采购；组织中关新园 1—3 号楼、经济学院综合楼综合布线施工的验收事宜。

【信息化服务项目管理】 根据北京大学短信平台的运营方案和收费标准，信息化建设与管理办公室继续在全校推广该平台的使用。截至 2011 年 12 月，已有 63 个校内单位使用该平台，共开通 87 个账户。信息化建设与管理办公室负责账户管理、日常维护、收费缴费管理、业务咨询，保障短信平台的正常运行。2011 年，北京大学正版软件共享平台新增金山毒霸、AutoCAD、3D MAX 等通用软件。信息化建设与管理办公室不断丰富正版软件资源库，加强宣传，吸引师生使用免费下载的正版通用软件，为校内用户提供软件下载、升级、激活和使用方面的咨询服务。信息化建设与管理办公室负责审批校内各单位的大型软件购买申报，2011 年共审批申报表 43 份。

【单位网站改版】 信息化建设与管理办公室根据整体工作实际和现实需要，对本单位网站主页实施了改版。新版主页简洁醒目，凸显服务功能，通过重点栏目调整、增设"留言板"等途径,强化了意见反馈功能,以利于更有效地吸纳汇总师生对北京大学信息化建设与管理工作的意见建议。

教育基金会与校友会工作

【捐赠概况】 2011 年,在学校和基金会理事会的正确领导下,在全校各院系、各部门的共同努力下,教育基金会全年共获得社会各界捐赠 1984 笔,到账总额超过 6.3 亿元人民币,比上年同期实现较大幅度的增长;签署捐赠协议 350 个,协议总额 16.2 亿元,其中包括黄怒波校友 9 亿元资产捐赠;另外与学校财务部一起,争取并落实国家捐赠配比资金 1.935 亿元。这些资金为学校的学生培养、师资队伍建设和基础设施的改善注入了新的活力,为学校"十二五"开好局、起好步提供了有力而持续的财政支持。2011 年到账捐赠中,用于基础设施建设的约占 23%;用于教师发展的约占 13%;用于学生发展的约占 8%;用于院系发展的约占 20%;非限定资金约占 33%;其他用途约占 3%。

【校友捐赠】 2011 年,黄怒波校友捐赠的 1 亿元地产正式过户基金会,继而签署协议承诺捐赠价值 9 亿元的资产注入"北京大学中坤教育基金",引起社会热烈反响。除此以外,广大校友回馈母校捐赠也非常活跃,1991 级校友共同设立"北大 1991 基金"用于修缮东校门和支持母校发展,李国庆校友捐赠当当网购书卡资助家庭困难新生,王立华、孙彦校友捐资设立"天元法学讲席教授"支持法学院师资建设等,给予母校宝贵的贡献。

【内地捐赠再创新高】 继 2010 年内地首次成为基金会第一大捐赠来源以后,2011 年,基金会继续加大力度开拓内地捐赠资源,进一步加强与内地企业的联系与合作,内地捐赠再次取得新的突破。江苏润地利集团捐资设立产学研基金、山西金晖能源集团捐资支持经济学院大楼的建设、东方园林集团捐资设立生态城市讲席教授基金,有力地支持了学校教学科研的发展。

【院系筹款工作成效显著】 2008 年以来构建的学校院系二级筹款工作体制是协调和动员各类资源的有益探索,为鼓励院系筹款,基金会自 2009 年起设立了配比基金,取得了积极成效。2011 年,生命科学学院、工学院、建筑与景观设计学院、经济学院、法学院、医学部等院系都获得了千万以上的大额捐赠;全校各院系共计申请配比资金 3544 万元,比上年度增长 49.51%,审批配比总额达 1930 万元。

【重大活动】 2011 年 10 月 27 日,李兆基人文学苑落成典礼隆重举行,国务委员刘延东、中央人民政府驻香港特别行政区联络办公室主任彭清华、教育部副部长郝平、香港恒基兆业集团主席李兆基校董等嘉宾共同出席,取得了圆满成功。此外,基金会还举办了新太阳学生中心开工典礼、对外汉语教育学院方李邦琴楼奠基典礼、方文雄先生北京大学名誉校董授予仪式等活动,进一步增进了捐赠人对北大的感情和信任。

2011 年,基金会建立和完善了中国内地、香港、台湾和北美地区的活动平台,除了继续举办 113 周年校庆答谢酒会、香港政治经济文化沙龙、全美校友会代表大会及未名论坛,加强与海内外校友和友好人士的沟通和友谊,增进感情,密切联系,还首次举办了台湾企业界人士交流午宴,推动学校与台湾企业界扩大合作、共谋发展。此外,一年一度的奖教金颁奖典礼、奖学金颁奖典礼已成为具有广泛影响力的重大典礼之一,成为捐赠人与受赠者之间沟通的重要平台,成为传播慈善理念的有力载体。

2011 年,基金会还启动了"财智人物北大讲堂"系列讲座,邀请到碧桂园集团主席杨国强先生、新希望集团主席刘永好先生莅临北大发表演讲,与广大青年学子共同分享他们的成功经验和人生智慧,成为北大丰富多彩的校园文化和第二课堂的又一个组成部分。

【项目管理】 2011 年,基金会管理的各类捐赠项目达 1600 余项,同比增长 28%。其中讲席教授基金 23 个,奖学金、助学金、奖教金和研究资助项目共计 803 项,共奖励资助教师和学生 7400 余名。

【机构建设】 2011 年 3 月和 9 月,基金会先后召开两次理事会,就下一步的筹款策略、目标和工作思路进行了战略部署。理事会决定增补一名理事,重新调整投资委员会,并就资产配置、投资决策等进行了规划。新的投资委员会由 9 名委员组成,除 3 名校内成员以外,其余 2/3 的成员均是来自校外的资本运作专家,大大提高了队伍的专业化水平,有利于探索更为有效的投资策略和决策机制,实现捐赠基金的保值、增值。此外,经基金会投资委员会决定,成立北京大学教育基金资产管理公司,负责基金会的资本运作,以更加专业化、规范化的投资,为基金稳定、持续增长提供更加强有力的保证。

2011年，基金会通过公开招聘，选拔了一名应届毕业生和两名劳动合同制职工，充实了基金会的筹款和行政工作队伍。基金会对工作人员的职责不断调整细化，加强组织机构和管理体系的有效性。

根据《基金会管理条例》等相关法律法规要求，基金会于2011年3月顺利完成上一年度的审计和年检工作。

表 9-46　2011 年度社会捐赠奖学金、助学金、奖教金概表

项目数	奖学金	助学金	奖教金	合计
校级项目数	90	42	15	147
院系项目数	176	53	40	269
合计	266	95	55	416

·党建与思想政治工作·

组　织　工　作

【发展概况】 2011年，党委组织部在校党委的坚强领导下，坚持以邓小平理论和"三个代表"重要思想为指导，深入贯彻落实科学发展观，坚持"围绕中心抓党建、抓好党建促发展"，紧紧围绕加快创建世界一流大学的历史使命，坚持"抓基层，打基础"的总体工作思路，以制度化、精细化、信息化为目标，牢牢抓住队伍建设和制度建设两个关键性的基础工作，全面落实各项工作任务，提高党的建设科学化水平，提高组织工作满意度，为加快创建世界一流大学提供组织保证。

【活动组织】 1. 大力开展庆祝建党九十周年、深化创先争优活动，加强党史校史教育，提升党员队伍能力素质。牢牢把握庆祝建党90周年重大契机，以北京大学进步师生在中国共产党创建史上的特殊贡献为切入点，以"学习党史，坚定信念，创先争优"主题党日、北京大学庆祝中国共产党成立九十周年暨创先争优活动年度推进大会、"喜庆九十华诞、共话创先争优"——北京大学优秀共产党员标兵和李大钊奖获得者代表座谈会等为重点开展系列学习教育活动，并组织师生参观"北京市纪念中国共产党成立90周年展览"、参与"向党说句心里话——百万党员寄心语"活动、参观"北京高校纪念中国共产党成立90周年展览"等，引导广大党员立足岗位为民服务创先争优。各基层党组织也通过专题学习、参观考察、演讲辩论等多种形式广泛开展庆祝建党90周年系列活动，扎实推进党史校史教育。

2. 精心组织"学习贯彻重要讲话精神、深入开展创先争优活动"主题学习教育活动，引导党员干部和广大师生深化共识、统一步调、加快推进创建世界一流大学步伐。按照学校党委统一部署，积极组织动员全校各级党组织和广大党员认真学习贯彻胡锦涛总书记"七一"重要讲话和刘延东国务委员在全校教师干部大会上的讲话精神，以"服务群众树形象、示范引领创一流"为主题深入开展创先争优活动。积极创设基层党建创新立项、"立德树人、示范引领"教工党支部主题党日活动和"学习'七一'讲话精神、牢记使命争创一流"学生党团日联合主题教育活动等载体，基层党组织广泛开展了"服务群众树形象、示范引领创一流"专题讨论、"我心中的党组织/党员形象标准"关键词征集和承诺践诺活动，共征集教工党组织形象关键词387个、教工党员形象关键词408个，成为近年来一次具有较大规模影响、取得较好实际效果的学习教育活动，充分调动了领导干部和广大师生群众加快推进创建世界一流大学步伐的积极性、主动性、创造性，"勇担使命、再立新功，示范引领、走在前列，抓住机遇、大有作为"的要求深入人心。为保证广大干部和党员群众吃透和掌握好总书记重要讲话精神，为每位党员发放了胡锦涛同志《在庆祝中国共产党成立90周年大会上的讲话》单行本，同时为校本部各基层党委（党工委、党总支、直属党支部）、各党支部、各位中层正职以上干部发放《中国共产党历史》《庆祝中国共产党成立90周年胡锦涛同志"七一"重要讲话辅导读本》等；为充分发挥典型示范作用，引导广大党员向先进看齐、向榜样学习，编写印发了包括杨善洲、沈浩、高松、马庆军等的《高扬的旗帜——优秀共产党员先进事迹学习材料汇编》。

【基层党建创新】 1. 提升规范化建设水平，修订完善各项工作规范和工作流程，为基层党务工作提供制度保障。严格按照中央和北京市委要求，顺利完成党的十八大代表候选人初步人选推荐提名工作。按照学校党委部署，规范召开中共北京大学第十一届委员会全体会议，审议通过北京大学出席党的十八大代表候选人初步人选；听取学校党委常委会关于召开北京大学第十二次党代会的建议，审议通过《中国共产党北京大学第十一届委员会全体会议关于召开中国共产党北京大学第十二次代表大会的决议》。修订并下发了《北京大学发展党员工作规范》《北京大学党员组织关系接转工作规范》等工作规范，进一步细化、完善了党员发展流程、组织关系转接流程等一系列基层党务工作者实际需要的工作规范和程序。下发了《关于统计2011年党员参加教育培训活动情况并做好2012年党员教育培训工作计划的通知》，起草了《北京大学关于进一步规范和完善党员、干部、领导班子和基层党组织评优表彰工作的意见(草稿)》。在实践中加强对教职工党员发展等工作的流程管理。

2. 继续开展基层党建创新立项工作，激发基层党组织的活力，提高组织生活质量。在总结以往经验的基础上，继续开展"基层党建创新立项"工作，并进一步规范和优化了项目申报、管理和评审流程。2011年，全校共有519个项目获准立项，共计下拨活动经费343600元。邀请党建组织员参与项目评审等方式引导基层党组织立项方向，在创新立项申请通知中还添加了"立项指南"项目，进一步加强对基层党组织的申报指导。环境科学与工程学院党委"同在党旗下、携手创和谐——高校、社区共建活动"获得北京市优秀基层党建工作创新项目。

3. 加大对基层党组织的指导和支持力度，为基层党建工作的可持续发展提供坚强保障。学校党委继续分别按照党员年人均100元的标准下拨党支部工作与活动经费和党员教育培训经费，党委组织部加强对基层党建经费的规范管理，通过基层党建创新立项等工作提升经费的使用效率，对两笔经费的使用要求、所在院系对应账户等情况进行了详细说明，为基层党组织创造性地开展工作提供坚实保障。

【党员队伍建设】 1. 统筹规划，重点推进，积极稳妥地做好党员发展工作。指导各基层单位制定党员发展规划和工作方案，加大督促、检查工作力度；采取有针对性的措施，提高发展质量；积极主动做好对教工入党积极分子的培养，努力推动在青年教师中发展党员的工作。2011年，全校共发展党员1836名，其中发展在岗教职工党员132人，发展学生党员1704人，全校党员比例达到42.9%，学生党员比例达到37.2%。

2. 利用重大时间节点开展集中教育，宣传推广先进典型。以纪念建党90周年为契机，开展党内评优工作，2011年，共有13个单位被评为"北京大学党务和思想政治工作先进集体"，81位同志被评为"北京大学优秀党务和思想政治工作者"，49位同志被评为"北京大学党务和思想政治工作奉献奖"。此外，高松同志被评为"全国优秀共产党员""北京市优秀共产党员"，人民医院党委被评为"北京市先进基层党组织"，王燕同志被评为"北京市优秀党务工作者"。人民医院党委、信息科学技术学院党委被评为"北京高校先进基层党组织"，高松、叶新山、赵明辉同志被评为"北京高校优秀共产党员"，王燕同志被评为"北京高校优秀党务工作者"。学校党委隆重举行表彰大会，对全校党员和广大党务工作者进行集中教育。

【干部队伍建设】 1. 平稳有序地开展领导班子换届工作，及时调整配备干部。在班子换届和干部调整中，坚持党管干部原则，坚持以科学发展观为指导，坚持德才兼备、以德为先的用人标准，坚持民主、公开、竞争、择优方针，用正确的人才观和政绩观衡量和使用干部。2011年，校本部共完成基层党组织和行政班子换届6个，新组建班子1个，完成班子调整和充实36个，有2个党总支撤销、成立党委(其中1个同时完成了选举换届)，医学部党委也于2011年下半年顺利完成整体换届；校本部共任命中层干部77人次，任命党口科级干部39人。

2. 进一步改进和优化干部工作程序，着力提高干部选拔任用工作的科学化水平。在坚持原有好的办法和措施基础上，及时总结经验，探索创新，不断完善我校干部选拔任用工作机制。2011年下半年，学校成立干部人事小组，增加干部事项协商议事环节，为常委会提供决策支持；为深入了解引进人才干部基本情况，尝试开展了校外延伸考察；为防止干部"带病提拔""带病上岗"，与纪检监察部门密切配合，将干部工作程序中出具纪检意见环节提前至常委会预告前；为进一步扩大干部工作民主，提高干部群众参与度，采用信函推荐和大会推荐相结合的民主推荐方式等。

3. 稳妥推进干部选任制度改革，扩大选人用人视野，增强干部选拔的竞争性。推动落实公开选拔副处级干部工作，对2010年年底通过副处级干部公开初选入围的26位干部进行考察，与空岗单位沟通协调，进行人岗匹配，安排了20位干部担任副处级职务。整个选拔任用工作节奏紧凑、程序完整、过程透明、结果满意。进一步加大干部交流与轮岗力度。2011年陆续考察任命了11位一线教师到机关职能部门挂职；密切关注在同一岗位任职多年干部情况，积极推动院系与机关之间的干部交流与轮岗，调整轮岗了3位在同一岗位长期任职的专职管理干部，并选派了3位院系干部到机关部门任职。

4. 坚持严格管理和关心爱护干部相结合，完善干部管理监督和服务机制。贯彻落实党要管党、从严治党方针，坚持对干部严格要求、严格教育、严格管理、严格监督，又在政治上信任、工作上放手、生活上关心，着力建设一支政治上靠得住、作风上过得硬、人民群众信得过、善于领导科学发展的高素质干部队伍。健全和落实谈心谈话制度，坚持召开新上岗干部集体谈话会。2011年，共与48名新任和提任干部进行了任前谈话。9月底，校党委书记朱善璐，党委副书记、纪委书记于鸿君，向近百名新上岗干部做专题报告，进一步增强新上岗干部在加快创建世界一流大学进程中示范引领、走在前列的自豪感、责任感和使命感，增进领导干部落实好“一岗双责”的责任意识。贯彻落实领导干部任职廉政承诺制，与50名新上岗干部签订了《北京大学领导干部任职廉政承诺书》。认真执行领导干部报告个人有关事项、出国(境)报备和任期经济责任审计等制度，2011年，将住房、投资、配偶子女从业等情况列入领导干部报告个人有关事项内容，两次前往北京市公安局出入境管理处更新干部报备数据库，委托审计室对6个单位进行了领导干部任期经济责任审计。按照本年度开展组工干部“讲党性、重品行、做表率”活动的总体安排及提高组织工作满意度的工作部署，动员全部门工作人员力量，并聘请兼职组织员，与近180位任职一年以上的副处级干部进行了谈心谈话，深入了解了副处级干部的思想、工作和生活等情况，倾听他们的呼声，帮助他们排忧解难，让中层领导干部深切感受到学校党委对他们的关心和爱护，取得了很好的工作成效。

5. 加大干部考核工作力度，健全完善干部考核评价机制。一是按照上级要求组织开展好校级领导班子和领导干部年度考核工作的同时，认真组织开展好机关干部年度考核工作。2011年9月上旬，组织全校38个校部机关(含直属附属单位及群团组织)开展了干部年度考核工作，同时与纪委部门密切合作，列席参加了有关单位述职考核会议，听取了有关意见。二是尝试开展院系年度考核工作。借助各院系召开年终总结会的时机，在哲学系、马克思主义学院、国际关系学院、历史学系、工学院等部分院系开展了年度考核工作，受到了院系教职员工的欢迎。三是积极探索建立促进科学发展的党政领导班子和领导干部考核评价机制。2011年，党委组织部专门组织力量前往上海、南京等多所兄弟高校进行学习调研，同时充分发挥集体智慧，对我校考核工作情况进行认真总结，交流研讨，根据中央“一个意见、三个办法”的新要求，参考兄弟院系考核工作的成功经验，形成了《关于加强中层领导班子和领导干部考核工作的意见》《北京大学院系领导班子和领导干部年度考核工作办法》《北京大学党政管理及教学科研支持单位领导班子和领导干部年度考核工作办法》等文件草案，努力构建体现不同层次、不同要求、不同类型特点的领导班子和领导干部考核评价工作机制。

6. 树立正确导向，认真做好2011年度教育管理与德育系列专业技术职务评审工作。2011年，党委组织部严格按照《北京大学教育管理与德育系列专业技术职务评审暂行规定》，精心准备、认真组织，经过三级评审程序，正高级通过人员共7人(其中教育管理系列研究员5人、德育系列教授2人)，副高级通过人员共13人(其中教育管理系列副研究员10人，德育系列副教授3人)，另有两人为提调，中级通过人员共43人。

7. 顺利完成北大援疆援藏干部选派工作。根据中央精神和教育部第七批援疆干部选派工作协调会的要求，选派1名干部担任石河子大学副校长、2名干部和3名专技人员分别担任新疆医科大学第二附属医院副院长和新疆医科大学附属肿瘤医院病理科副主任。按照教育部指示，根据《高校团队对口支援西藏大学工作方案》，加强北京大学与西藏大学的交流与合作，推荐1名干部担任西藏大学副校长。与学校相关部门沟通，积极落实好援疆援藏干部的有关政策待遇，切实保障援疆援藏干部的工作生活条件。

8. 协助上级领导部门完成各项推荐考察工作。协助上级考察组开展学校党委常务副书记、副校长的民主推荐和考察工作，2名交流任职市属高校副书记人选推荐和考察工作，对学校党委书记的任职考察工作，完成了全程接待、组织协调和信息报送等各项任务。规范有序地开展了北京市出席十八大党代表建议人选提名推荐工作。

9. 圆满完成中组部干部人事档案检查验收工作。党委组织部与人事部密切配合，以评促建，分别在2006年和2008年开展了干部人事档案集中审核整理和补充，2010年又联合进行了自查评分。在前期大量准备工作的基础上，2011年5月，我校接受并通过中组部干部人事档案检查，干部人事档案质量良好，受到好评。

【干部对外交流】 2011年，党委组织部继续健全完善挂职锻炼工作机制，坚持高标准选拔、全方位培训、全过程跟踪，有组织、有计划、高质量地选派干部、教师、研究生到政府机构挂职锻炼，依托校地合作关系，不断巩固和加强与地方政府之间的干部人才合作关系。目前，学校与江苏省，重庆市，北京市东城区、海淀区，辽宁省沈阳市，广西壮族自治区南宁市，江苏省南京市、苏州市、无锡市等地建立了较为稳定的干部人才合作关系，与江苏省签署了《人才合作“双千计划”》，与江苏省南京市签署了《干部人才交流合作协议》，与广东省深圳市、辽宁省沈阳市初步达成了干部人才交流合作的协议意向，干部对外交流渠道有了一定的基础和保障。2011年，学校向北京、辽宁、西藏等8个省(市、区)选派挂职锻炼人员20人(不含医学部)，其中管理干部3人，教师2人。向部委、高校，以及北京、重庆、广东等地输出干部23人，其中管理干部19人，教师1人，博士后3人；任职岗位为副局级的4人，正处级的3人，副处级的15人。在学校党委的坚强领导和大力支持下，2011年学校干部对外交流工作取得了一定成效。

【党员干部培训工作】 1. 突出培训科学性，切实抓好大规模培训干部工作。(1) 结合学校发展和干部需求，全力办好北京大学第38期干部研讨班。2011年，干部培训班更名为干部研讨班，过去一年新上岗和新晋升职务的63位中层领导干部参加培训。重新修订《北京大学干部研讨班理论学习自编读本》，增加"党史学习"模块，并邀请专家为"原著选读"撰写导读文章。(2) 针对学员特点和学习需求，进行中青年骨干教师培训。2011年4月，举办第2期中青年骨干研修班，对34位各院系推荐的专任教师进行了集中培训。经过近半年的培训，33位学员顺利结业。(3) 扩大培训对象，开展帮学助学，切实抓好干部在线学习。2011年，北京大学干部在线学习报名总人数为313人，同比2010年增长35人，涨幅为12.6%，显示了干部对培训的需求日益主动化。坚持开展"督学促学"和"帮学助学"，有效地推动了干部在线学习活动的顺利进行。经过一年的学习，194人按期完成年度学习任务(总学时40，其中必修学时10)。

2. "以人为本"，提高管理服务质量，深入开展教职工和学生入党积极分子培训工作。(1) 以育人为中心，举办北京大学第18期党性教育读书班和北京大学第24期党的知识培训班。第18期党性教育读书班培训班历时3个月，1517名学生入党积极分子顺利结业。第24期党的知识培训班于9月25日启动，并全面起用网络在线报名系统。1787名同学报名，最终1691人结业。目前，学生入党积极分子培训工作已经初步形成了"学校党委发动、院系党委推动、党支部促动、领队辅导员带动、党员主动、学员联动"的总体工作格局，形成了党委组织部、党校办公室牵头，各有关职能部门和相关单位协助支持的全员育人机制。(2) 深入落实教职工入党积极分子培训工作，举办北京大学第3期教职工党的知识培训班。本期培训班将学校劳动合同制职工纳入进来，涉及学校教学科研单位、党政管理机构、后勤产业系统的116位教职工入党积极分子。最终112位学员结业。(3) 总结党校20年发展历史经验，研讨新时期高校党校发展的新模式，规划未来五年的干部培训和党员教育工作。2011年11月，举办"北京大学党校成立20周年纪念大会"，系统梳理党校20年的历史，总结工作成绩和工作经验，并对未来四年党员干部培训工作做了规划和展望，目前已经形成了《2012—2017北京大学大规模培训干部的实施意见》和《2012—2017年北京大学党员教育培训规划》的文件草案，提出了进一步改进工作思路、创新管理办法、拓展培训渠道、提升服务水平、增强培训效果的目标、任务和工作要求。

【课题研究】 全国党建研究会高校党建研究专业委员会秘书处工作顺利，举办了学习贯彻胡锦涛总书记在庆祝清华大学建校100周年大会上重要讲话精神座谈会暨主任委员、秘书长联席会，纪念建党90周年征文活动，在新疆召开了年会；启动了"高校党建研究之窗"门户网站的建设工作，推进高校党建研究协同创新。圆满完成北京高校党建研究会第七届理事会(2008—2011)秘书处工作，出版了《北京高校党建研究会文集》。组织力量开展党建课题研究，承担北京市党建研究会重点课题《北京高校院系级单位党政领导班子职责和工作机制研究》，完成问卷调查、研究报告、文件修改等关键任务。根据工作需要，进行了《北大党建》的编委会调整和改版工作，实现了从半年刊到季刊的突破。

【组织工作队伍建设】 1. 重视组织工作队伍建设，提高组工队伍服务意识、服务能力和服务水平。(1) 以培训交流为切入点，大力加强基层党务工作队伍建设。举办党委秘书工作研讨会，搭建基层单位党委秘书沟通交流的平台，准确把握党委秘书队伍的整体情况和实际特点，健全对基层党委秘书的激励、保障措施。举办教工党支部书记培训示范班，全校各单位推荐的56名教工党支部书记交流了工作经验，开拓了工作视野，提升了工作能力。(2) 发挥党建组织员的作用。建立党委组织部工作人员定点联系基层院系制度，聘请资深党委书记担任党建组织员，共同做好对基层党组织的联络、指导工作，全程参与基层单位的民主生活会、年终总结会和支部活动，督促基层党组织将党建工作任务落到实处，指导基层单位创造性开展工作，结合自身特点多出经验、出好经验。

2. 抓好组织部自身建设，努力构建学习型、研究型、开拓型、服务型、和谐愉快健康发展型组织。(1) 注重党风廉政建设，严格执行《北京大学推进廉政风险防范管理工作实施方案》；结合日常工作实际，认真开展推进廉政风险防范管理"回头看"工作；注重提高组工干部风险防范的主动性和自觉性，构建具有北大特色和适合组织部工作特点的廉政风险防范长效工作机制；坚持"三重一大"制度，认真履行学校相关规定，进一步严格规范部门财务预算编制、报销和设备采购流程。(2) 注重思想建设，按照"讲党性、重品行、作表率"的要求，以建设学习型党支部为主要载体，把学习实践科学发展观作为主体内容，加强政治理论学习，加强业务培训和内部业务交流。(3) 注重组织建设，在部领导班子和各个科室明确分工的基础上，建立横向的信息沟通和协作机制。成立了课题研究、部务会纪要整理、信息化建设、网站维护等四个跨科室的工作小组，完成专项工作；充分发挥组织部党支部的作用，健全工会小组。(4) 注重工作手段建设，不断完善党员干部管理信息系统，以信息化带动工作的规范化。加强组织部网站建设和北大组工业务管理服务平台建设，完善干部管理数据库、党员管理数据库，以网站和两个数据库为中心，实现组织部门业务应用和信息资源的互通共享、部门和院系工作协同，强化信息资源的汇聚与综合运用。

(党委组织部)

宣 传 工 作

【发展概况】 2011 年，党委宣传部在学校党委的领导下，继续贯彻高举旗帜、围绕大局，内聚人心、外塑形象，促进发展、服务师生的工作方针，集中力量抓好迎接中国共产党成立 90 周年、学习贯彻胡锦涛总书记给北京大学第十二届研究生支教团成员回信精神和党的十七届六中全会精神，以学习型党组织建设带动思想理论建设，进一步加强和改进理论调研、新闻宣传、校园媒体建设、师德建设、校园文化建设等常规工作。为学校加快创建世界一流大学提供了强大的精神动力、思想保证和舆论支持。

【理论工作】 1. 深入开展迎接中国共产党成立 90 周年系列活动。组织编写出版《北京大学与中国共产党》，该书是全校迎接中国共产党成立 90 周年的精品之作，得到刘延东国务委员的高度肯定；在中国教育报以大半个版面发表《北京大学与中国共产党的密切关系》，论证在加快建设世界一流大学、建设高等教育强国的新进程中，必须继续发挥党建和思想政治工作凝聚人心、推动发展的重要作用，文章产生了很好的反响；开展"北京大学纪念中国共产党成立九十周年"论文评选表彰活动；承办北京大学纪念中国共产党成立 90 周年"五四"大型理论研讨会，大会主题为"中国共产党与中华民族伟大复兴"，校内外百余名专家参加会议，在社会上产生了重要影响；7 月 1 日上午，组织召开了学习胡锦涛总书记"七·一"讲话师生座谈会，邀请中央党史研究室副主任李忠杰等为理论中心组做关于学习"七一"重要讲话精神的讲座。

2. 深入学习贯彻胡锦涛总书记给北京大学第十二届研究生支教团成员回信精神。针对胡锦涛总书记 5 月 10 日给北大第十二届研究生支教团成员发来的回信，党委宣传部联合校团委等部门，卓有成效地开展了学习宣传工作：配合新华社、中央电视台做好宣传报道工作；为学校党委草拟《关于学习贯彻胡锦涛总书记给北京大学第十二届研究生支教团成员回信精神的通知》；举办学习回信精神师生座谈会，新华社、中央电视台等媒体参会并进行了现场采访；协助学校党委主要领导在《人民日报》理论版发表《促进青年学生向实践学习、向人民群众学习》长篇理论文章。

3. 深入学习贯彻党的十七届六中全会精神，全面加强学校文化建设，推动形成良好的党风、师风、学风、校风。协助学校起草《北京大学加强文化建设的意见》；协助学校做好党委理论中心组的学习，邀请和联系文化部部长蔡武等做文化建设专题辅导报告；组织召开学习贯彻十七届六中全会精神的座谈会；出版《北大文化百年》，整理北大优秀历史文化传统。

4. 舆情和思想调研工作深入开展。通过全校教师思想动态调研工作，为上级和学校如实掌握北大教师的思想状况提供了客观依据。参加教育部每年一度的高校师生思想状况滚动调查活动等调研活动；向中宣部等上级部门报送 50 余条舆情信息，其中 10 余条信息被单条采用，完成中宣部交办的 10 余个专题舆情分析报告。

【新闻宣传】 1. 营造良好社会舆论氛围，提升北京大学社会影响力和社会美誉度。(1) 围绕学校中心工作，包括人才培养、学科建设、师德建设、和谐校园建设等重点工作，积极主动地开展对外宣传和学校形象塑造工作，继续加强与中央和地方主要媒体的合作机制，定期或不定期召开新闻发布会。提高新闻宣传工作的主动性和针对性，在正面宣传和舆论引导方面取得新的进展。据不完全统计，平均每周协助校内大型活动或其他部门邀请、接待校外媒体 3～5 次，北大 2010—2011 年度对外宣传中正面宣传整体发稿 3000 多篇，转载率 80%以上。(2) 努力探索宣传工作新的方式方法。组织召开宣传工作会议，出台《北京大学新闻宣传管理办法(征求意见稿)》《北京大学突发性事件新闻宣传管理办法(征求意见稿)》。积极策划组织建党 90 周年、北京论坛 2011、北京大学"一二·九"师生歌咏比赛、北京大学对口支援石河子大学十周年等重大活动的宣传工作。(3) 进一步做好校园文化的宣传工作，努力为广大师生营造美育、德育的优良环境。组织调研活动，完成《北京大学文化建设十二五规划(草案)》,提出学校文化建设框架并参与起草文化建设意见。组织研讨北京大学文化建设工作。积极参与、组织学校各类文化活动。(4) 继续摸索应对危机事件的处理方式,进一步调查研究危机事件新闻报道的特征影响,通过资料收集、调查分析、研讨对策完成《北京大学危机报道分析报告》,对北京大学的危机事件进行理性分析,提供借鉴和指导。

2. 师德建设稳步推进,精神文明建设成效显著。(1) 积极做好教育部开展的全国教书育人楷模"每月一星"学习宣传活动,宣传姜伯驹院士事迹。主要内容是:宣传部与北京教育新闻中心、北京大学数学科学学院共同主办"姜伯驹院士教育教学思想研讨会";《光明日报》发表《姜伯驹院士:学生是我们的衣食父母》;《中国教育报》发表《教师心 数学魂——北大学子对话首届教书育人楷模姜伯驹》等长篇报道;"姜伯驹院士报告会——一个几何公式的故事"于2011年4月28日在百周年纪念讲堂多功能厅举行。(2) 校内各媒体对优秀师德师风人物进行重点报道。推出了如高松、李建华、新当选院士等北京大学一系列典型人物的宣传。积极宣传保安队长王桂明和阳光大厨李建华师傅感人事迹。电视台配合"2010年感动北大人物"的评选活动,制作了5位获奖师生的专题片。校报推出"教书育人楷模姜伯驹教授"等多个专版。广播台制作2011年新当选院士访谈节目两期。各媒体共同完成新当选院士系列报道发表在新闻网上。(3) 全面开展"北京大学建设世界一流大学阶段性成果"宣传报道活动。根据美国基本科学指标数据库(ESI)2011年7月的数据显示,北京大学17个学科先后进入全球大学和科研机构的前1%,在国内各高校中遥遥领先。以宣传北京大学学科建设成就为重点,全面报道北京大学建设世界一流大学阶段性成果。(4) 按照中纪委、教育部纪检组的要求,大力加强反腐倡廉宣传教育活动,进一步推进廉政文化建设。开设党风廉政建设网络专题。

【校刊】 北京大学校刊2011年共出报34期(1234—1267期)。出版了《学习胡锦涛总书记给北京大学第十二届研究生支教团回信专刊》等专刊,集中宣传了学校、院系的大事、要事,同时加大了理论文章的宣传力度。

与学校人事部联合推出了"北大人物"系列报道,推出了"走基层·身边的故事"专栏,进一步加强"国内政治经济热点访谈"和文艺副刊版。

配合做好部内重大宣传活动,积极做好北京论坛等重大任务、重大专题的报道工作。《北京高等教育·德育》《光明日报》《中国教育报》等重要媒体转载了北大校刊汤继强等同志的文章。

推进中国高校校报协会秘书处的工作革新,成功组织了全国的高校校报好新闻评选,组织召开了业务工作会议和协会年会。

【新闻网】 2011年,开设专题29个,编辑、发布文章2600余篇,采写新闻、通讯等新闻作品近500篇,拍摄新闻图片数千张,发布新闻图片万余张,忠实地记录了北大各方面的成就。新闻网全员参与了北大要闻报道小组,在采访、写作、编辑、发布等环节提高速度,保证质量。重新梳理、改进了工作程序,坚持每周编辑会制度。在编辑部内部进行了业务交流。利用新闻网成立十周年契机,改版网页于9月28日开始运行。成功举办新闻网成立十周年暨高校新闻网建设研讨会。出版了新闻网十周年专刊。组织了一系列的学生记者团活动。举行新记者培训会。

【电视台】 2011年,共制作新闻58期,拍摄和编辑新闻624条,专题片22部,重要活动和学术交流活动的全程录像100余场,现场直播10次(场)。

针对建党90周年、辛亥革命100周年、党的第十七届六中全会、第26届世界大学生夏季运动会等重大主题,北大电视台制作和播出了相应的新闻和专题片。

《北大新闻》进行了改版,重新制作了片头、片花、背景和字幕包装等,大幅增加了新闻报道的数量,增加了学生新闻版块,增强了时效性和准确度。

北大电视台作为中国教育电视协会高校电视专业委员会的常务副主任单位和秘书处,为全国高校电视工作者的交流与合作做出了大量工作。北大电视台选送的三部作品全部被中国教育电视台播出,北大电视台较强的电视制作水平和实力再次得到业界的认可。

【广播台】 广播台共制作节目455期,包括新闻和专题栏目、音乐栏目、文学栏目、生活娱乐栏目、访谈栏目。组织了专门的报道组制作了第八届北京论坛系列节目。制作介绍北大的节目三期,在中央人民广播电台播出。燕园校区有线广播系统播出时间为2月28日至6月3日、9月19日至12月16日。节目实现了手机收听。在工作手册中采用了统揽全局工作的节目表,全部工作制度都统一到章程当中。组织了招新、业务培训等集体活动。组织协调全国高校广播联谊会工作,并在第十二届全国高校广播宣传工作研讨会上做了大会报告。

【英语新闻网】 2011年,共采写、编译新闻415篇,分为Global,Focus,Campus,Outlook 4个栏目。对"北京论坛2011""2011GEDC全球工学院院长大会"进行全程跟踪报道。编辑电子报校庆113周年专刊(第八期),其中绝大部分内容为首次见诸英文媒介。打造全媒体"北大之窗",报道内容通过多种平台向外发布。发布《北京大学英语新闻存档》(2003—2010)。

英语新闻网本年度新闻全文被圣智学习出版公司旗下的新闻资讯数据库“HighBeam Research”收录。《中国日报》、英国《卫报》等知名媒体和国外高校转载引用了英语新闻网的报道。编印了《北京大学英语新闻网工作手册(第3版)》。

【摄影组】 2011年,在校内外报纸杂志网上共发稿三百余幅图片,做到当天及时发稿,提高了新闻的时效性。制作图片橱窗展板八十余版。跟拍重大活动,包括李克强同志作为北大校友看望北大师生、贺国强同志到北京大学考察调研,以及跟随学校书记、校长去台湾、新疆、重庆等地拍摄报道工作。

“图片北大”网站进行了改版,从拍摄到选片修片,到刊登图片都由摄影组负责。此外,摄影组还承担着包括学校很多部门各种图片展览,出版书籍提供图片的任务,有时需要图片量大并且时间跨度长,需要有丰富的资料库,摄影组都及时提供了所需图片。

医学部宣传工作

【发展概况】 2011年,医学部党委宣传部继续全面贯彻党的教育方针,全面落实科学发展观,在医学部党委领导下,在上级宣传部门的指导下,围绕医学部中心工作,扎实并以创新的精神开展思想政治建设、新闻宣传、校园文化、控烟、政促会等各项工作。树典型,建文化,创和谐,促发展,是宣传思想文化工作的主旋律。

【理论工作】 1. 举办党委理论中心组学习报告会,推动学习型党组织建设。2011年11月14日上午,医学部组织党委理论中心组学习,北京大学马克思主义学院郭建宁教授做了题为“发展繁荣社会主义文化,建设社会主义文化强国”的报告。

2. 举办庆祝建党90周年征文活动。(1)医学部开展以“中国共产党与社会主义现代化”为主题的征文活动。从2010年10月开始至2011年4月结束,宣传部共计收到稿件一百余篇,它们大都来自医学部医、教、研一线的教职员工还有学生党员的投稿,其中不乏将理论联系实际、反映医护人员在医疗工作一线的好文章好作品。征文活动充分体现了北医人对祖国、对党的热爱,并结合本职工作总结出的感人事例反映了北医人艰苦奉献的优良品质。(2)针对离退休干部,宣传部则与离退休办公室联合开展“永远跟党走——纪念中国共产党建党九十周年征文活动”。此次征文活动在医学部离退休同志中间引起了较大反响,征文中大多回顾了老同志在抗日战争、解放战争,以及新中国建设时期,在北医工作、学习的经历,文章内容真挚、朴实,字里行间流露出老同志对新中国的热爱、对党的热爱、对北医的热爱。宣传部将优秀文章汇编成册。

3. 举办两会精神传达学习报告会。2011年3月23日下午,为了更好地传达两会精神,让医学部师生了解国家时势,宣传部与统战部邀请医学部全国两会代表、委员,为师生代表解读两会精神,举行两会精神传达学习报告会。全国人大代表魏丽惠、顾晋、刘忠军和全国政协委员柯杨、马大龙、陈仲强、吴明、俞光岩传达了两会精神并介绍了参加两会的感受与体会。2011年两会期间,医学部的10名代表、委员共提交提案、建议34份。参加报告会的代表和委员们都谈到作为人大代表和政协委员,深知肩负的责任重大,表示将在今后工作中继续开展调查研究,广泛听取意见,积极反映社情民意,不辜负医学部广大师生的重托。

4. 加强廉政文化建设。宣传部与纪委加强沟通与合作,在反腐倡廉工作中不断努力,特别是在廉政文化建设方面加大宣传力度。继与纪委合作出版北医纪委工作三十年画册、廉政文化作品展特刊之后,2011年11月,配合纪委等部门,举办反腐倡廉培训班,医学部附属医院科主任、支部书记参加了培训。宣传部及时进行了报道,并刻录讲座光盘供学习之用。

2011年,孔凡红受中纪委监察部嘉奖并获“北京市优秀纪检监察干部”称号,在此期间,宣传部协助视频拍摄、材料上报,做好幕后工作。

【校园媒体稳步发展】 北医新闻网 2011年,北医新闻网年整编发布新闻量同比增加10%,深度报道了医学部第十二次党代会、区人大代表选举、感恩无言良师等校园热点事件。2011年,北医新闻网增添了搜索引擎功能,方便了广大师生查阅过往资料。北医新闻网配合北医电视台,在综合新闻栏目里实现视频新闻一事一发,一条一播,方便大家及时观看。不断完善页面栏目,增加了“行业动态”栏目,开阔了视野。

2011年12月,北医首页新闻移交宣传部,不断探索新闻宣传新途径。

部刊《北医》 截至2011年12月31日,《北医》报共出报22期,其中包括教代会专刊1期,党代会专刊1期。全方位宣传医学部工作。

配合医学部庆祝中国共产党建党90周年,不仅宣传报道相关活动,还承担了“身边好党员”的组织及内容编辑工作,加强了对基层党员的先进事迹宣传,在报纸二、三版开辟专栏,连续刊登。中共医学部第十二次代表大会于2011年12月下旬召开,北医报前期做了诸多相关内容的铺垫，如：北医历史上的历次党代会等、从数字及主题看北医的发展，除第一时间报道第12次党代会消息，并增设专刊，多视角报道本次党代会内容，编辑部同志还克服困难，积极组织协调，对代表团成员实地采访，第一时间进行报道。

2011年也是迎接北医百年华诞的关键之年，编辑部主动与老干部处联系，积极开展对历史的"抢救性"工作，搜集整理校史相关内容，对老专家进行采访报道，相继约谈老同志多人：李学愚、饶用清、江伟洵、何美仪、苏静仪、何权瀛、柴元瑞、吴秉铨、陈兴安、彭瑞骢等，特约、刊发了一系列回忆性文章。让北医人对北医的历史有所认识与了解。

弘扬先进，树立榜样，是北医报的导向。针对本年度医学部不断涌现的先进人物，2011年，编辑部重点推出了《一个女医学家孜孜不倦的奋斗情怀——记北京大学肿瘤医院超声科首席专家陈敏华教授》(1月15日)、《李玉莲：一辈子做了一件事》(5月30日)，为医学部向陈敏华学习和"全国高校辅导员十大年度人物"的宣传工作做了先导宣传；并且继续完成对医学部桃李奖获得者进行宣传报道。

针对当前社会、医院、学校面临的热点，结合医学部实际，继2010年特邀专家领导谈医改之后，2011年，加大对医学教育改革的宣传力度，刊发了柯杨《合校十年的回顾——对医学教育特殊性的再认识》(4月15日)、《建立医生制度任重道远》(8月30日)、《大学：变与不变——访北大党委书记闵维方教授》(4月15日)、姚树印《忆传统，话一流》(6月30日)、胡新《给无处安放的青春一个支点——新生导师的高等教育功能》(9月15日)、陈兴安校友《谈科技成果推广和创新人才培养》(10月30日)等一系列专家文章。

2011年下半年，《北医》报重点着手在医学部范围内宣传创新团队的先进经验，报道了北大医院肾内科创新团队的采访通讯《创新，转化医学改善临床诊疗》(9月15日)、人民医学血液科创新团队《团队发展，志在高远》(9月30日)、第三医院生殖医学中心创新团队《奇迹为爱而生——访三院妇产科主任、生殖医学中心主任乔杰》(10月15日)及神经生物学创新团队《凝聚共识，共享合作》(11月15日)。目前，对其他团队的采访正在进行中。

积极配合医学部第二课堂开展的医学人文教育，编辑部关注学生及学生的成长，组稿《向实践学习，向人民群众学习》；组织专题报道学生在基层支教实践中锻炼自我的青春风采；专版报道了学生自主开展的星火计划《星火燎原，千里始行》；采写了《关注社会医疗卫生，阳光医学生在行动——记北京大学医学部阳光爱心诊所》《行走在生命之后》等文章，受到师生们的称赞。

《北医人》杂志　经过近七年的探索和成长，《北医人》杂志逐步走向成熟。2011年成立了编委会，吸收各二级单位人员，大家集思广益、建言献策，为杂志未来发展做了规划。宣传部从杂志的可读性和人物报道的深入性、广泛性入手，对人物专访的数量有所增加。加大对基层团队、平凡人物的宣传，加大对医疗、科研、教学领域的先进典型的宣传，鼓励起用师生的原创文章。同时，还对杂志封面进行了全新改版，使封面视觉更加美观，内页也全部为铜版纸彩印，提升了杂志的整体品位，使《北医人》逐渐成为医学部的文化品牌。

刊物在保持原有特色的基础上，力求提高品质、突破创新。《北医人》加大主动策划力度，丰富期刊内容。围绕当月新闻人物或新闻事件进行组合式专题报道，设置"新闻人物、本刊记者、业界专家"三种视角，围绕同一主题做全息解读，形成集群效应。增加视点声音板块，搜索大众媒体刊发的医学部教师或医务人员对日常生活问题的医学解答，是一种资讯式积累，也服务于职工更多地了解校外媒体。

2011年出版六期，包括一期"七一"特刊和一期医学部第十二次党代会特刊。

北医广播台　广播台作为校园宣传的"有声工具"，是信息传播最快、穿透力最强的媒介之一。广播台进一步丰富了栏目内容，节目有所扩展，更加注重结合医学生的特点制作节目。《新闻纵横》主要播报国内外和校内新闻，涵盖各临床医院动态、北大国际交流活动、北医系统教授及校友取得的荣誉、各院系举办的活动等等；《综艺》包括《文学欣赏》《文学漫步》，以选读精美的散文、诗歌为主题，要求同学选取作品与大学生活贴近；《英语组》目的是给大家提供一个学习英语的平台，每期选一至两篇易懂的英语散文，中间插播中文翻译；《音乐组》又称《音乐心情》，每期都有一个主题。2011年共播出《新闻纵横》校内新闻38期260多条新闻，校外新闻27期约230条；《英语组》30期；《综合组》38期；《文学欣赏》35期。

广播台还举办新生广播大赛，选拔优秀的播音员，为广播台注入新鲜血液。

2011年设立了节目策划组，主要联系学生会、社团，收集活动新闻稿件，给新闻组同学提供很大的帮助。

北医电视台　北医电视新闻是在没有专职编辑的情况下录播完成的。北医电视新闻也有一些新的变化。电视新闻在文稿编辑上有了进一步的提高，新闻导语更加口语化、口播内容更加灵活。2011年进行了改革，由原来的每两周一期改为一条一播，提高了电视新闻的时效性。在北医新闻网以单条形式挂出，增加了视频新闻的点击率。

同时，电视台还承担了开学典礼短片、毕业典礼短片、韩济生院士事迹专题片、孔凡红事迹短片、党代会短片等视频制作任务。

校园橱窗　宣传部在橱窗设计上加大力量，同时配合国家时事及医学部各项重大活动，更换频率有所加快，橱窗内容随时更新，被誉为医学部的“文化走廊”。宣传展板不但承担了宣传部内部的宣传工作，还积极协助组织部、统战部、教育处、工会与离退休办等二级单位做好展板宣传工作。

针对国家发生的大事，校园橱窗及时更换图片，先后以“光辉的历程，伟大的成就——庆祝中国共产党成立90周年”“为中国赢得更好的未来”“永远的丰碑——优秀共产党员精选图片展”为主题，制作展板，在校园橱窗展出，吸引了大批师生观看。

十二次党代会前夕，以“团结拼搏创佳绩，科学发展争一流”为主题组织各二级党委(总支)设计制作展现5年来各单位发展成果展板，各单位积极参与，展板一经展出，收到良好的宣传效果。

摄影图片工作　宣传部摄影力求使拍摄的作品在思想上和艺术上统一，内容和形式完美表达。发表的图片经常受到领导和师生的赞扬。摄影坚持贴近实际、贴近生活、贴近群众，拍摄好优秀的图片。2011年，共拍摄约130场会议及学校重要活动，拍摄照片8000余张，并供报纸、杂志、新闻网、橱窗等校园媒体运用。

【医德医风建设】　宣传部秉持正面报道、树立典型的做法，为医学部师德师风建设频添新砖。

2010年年底，肿瘤医院陈敏华、人民医院陶其敏当选为“第三届首都十大健康卫士”。《北医人》、新闻网、校园橱窗等媒体对候选人进行了报道。2011年4月，在第三届首都十大健康卫士颁奖典礼上，医学部与北京市卫生局合作，将颁奖典礼同时作为陈敏华事迹报告会，成功推出陈敏华教授作为典型，号召大家学习她刻苦钻研的精神，把“中国标准”变为“国际标准”。6月23日晚，由医学部党委宣传部、基础医学院党委主办，基础医学院团学联外联部承办的“‘和时间赛跑的人’——陈敏华事迹报告会”在逸夫教学楼报告厅举行，对加强医学部师德师风、医德医风、学德学风建设起到积极作用。

在中国卫生思想政治工作促进会和医学教育分会的评优活动中，宣传部积极向总会和分会推荐医学部先进集体和优秀教师代表，2011年推出“思想政治工作先进单位”口腔医学院，“优秀思想政治工作者”基础医学院谷涛、郭琦，“师德师风先进个人”精神卫生研究所黄悦勤。

孔凡红受中纪委监察部嘉奖并获“北京市优秀纪检监察干部”称号，李玉莲获评“2010全国高校辅导员十大年度人物”，宣传部协助相关单位做好材料上报、视频拍摄等工作。

【对外宣传】　在对外宣传工作中，宣传部继续加强与社会新闻媒体的沟通合作，及时将医学部各种有价值的信息提供给各媒体。

早在前几年，《北医人》杂志就报道了肿瘤医院陈敏华教授的事迹，2010年，《北医人》杂志再次以封面人物对陈敏华教授进行专访报道。在医学部迎新年师生联欢会上，邀请陈敏华教授到节目现场，通过视频，向北医全体师生介绍陈敏华教授在治疗肝癌方面所做的在国际上处于领先地位的研究和治疗工作。同时，宣传部还通过新华社记者用内参形式向中央领导报道了陈敏华教授的事迹，中央有关领导做了批示，在第三届首都十大健康卫士颁奖典礼暨陈敏华事迹报告会上成功推出陈敏华教授。宣传部积极通过校外平面媒体、电视、广播和新媒体，对像陈敏华教授的先进典型进行重点宣传。

2011年1月10日晚，医学部党委宣传部举办迎新年媒体联谊会，为加强与媒体沟通交流，向外推出北医优秀团队和人物架起桥梁。

继续做好医学部危机公关工作，做好“医学部药物实验招募受试者”“北大医生收受药代礼物”等危机公关处理。

2011年，登记校外报纸报道医学部相关信息375条。

【自身建设】　好的宣传干部及通讯员队伍是做好医学部宣传工作的有力保障。一直以来，宣传部始终坚持不断加强与各二级单位宣传干部的沟通合作，在通讯员队伍建设方面也进行了不断调整和完善，并通过开展各种联谊活动加强与通讯员间的交流，促使医学部各二级单位的信息能够及时有效传递。2011年，宣传部克服困难，下大力气加强通讯员队伍建设。

1月5日，在逸夫楼报告厅，北京大学医学部2010年宣传工作总结会召开。总结会上，邀请了卫生部新闻宣传中心主任毛群安做辅导报告。毛群安主任以“加强与媒体沟通，树立良好社会形象”为题，从医院医生的社会形象及形成原因，认识当前的媒体环境，与媒体沟通的意义和作用，建立发言人制度、加强与媒体沟通四个方面向大家讲解了新闻发言人制度的重要作用，提出了操作建议。

6月2日，医学部宣传部组织召开了2011年度通讯员培训会，对来自各医院、学院、相关部处的通讯员进行了业务培训，交流了宣传工作经验。宣传部部长姜辉介绍了医学部几年来的宣传工作，指出宣传工作的宗旨在于维护校内政治舆论稳定，为创建世界一流大学树立良好的思想、营造文化氛围，通讯员发挥了重要作用。医学部推出了马庆军、陈敏华等先进典型，他们身上体现了知识分子、白衣天使的社会责任感和爱国情怀，这种时代的主旋律需要我们学习与大力弘扬。《健康报》新闻中心主任杨秋兰讲授了新闻写作要点，重点讲授了医学科技新闻写作的选题方法与写作原则。《北医》报主编傅冬红简要介绍了目前医学部报纸、网络（新闻网）、杂志（《北医人》）等几个主要宣传平台的发展。北大医院、人民医院、三院、肿瘤医院等单位介绍了各自宣传工作的特色。

2011 年，在学生记者队伍建设上，仍采用例会、博客、邮件、电话和面谈等方式，通过确立选题、指导采访、点评文章等，指导他们开展报道工作。

（于晓凤　胡运起　杜晓鹏）

统战工作

【发展概况】 2011 年，北京大学统战工作在学校党委统一领导和上级统战部门具体指导下，在全校统一战线广大成员的支持参与和全体专兼职统战干部的共同努力下，围绕社会热点和学校发展积极建言献策、参政议政，在民主党派工作、统战理论与实践研究、民族宗教专项工作、队伍建设等多个方面开展了一系列工作。

【主要工作】 1. 完成统战部班子新老交替，加强统战工作队伍建设。1月，统战部进行了新老部长交接，张晓黎任统战部部长，卢咸池不再担任部长。3 月、10 月，统战部两次组织基层党委主管统战工作的领导和统战干部召开全校统战干部工作会议，深入学习领会全国统战部长会议、北京高校统战部长会议等各级统战工作会议精神，总结前一阶段工作，布置下一阶段工作安排。

2. 开展庆祝建党 90 周年、纪念辛亥革命 100 周年系列活动。2011 年是中国共产党成立 90 周年，校本部及医学部统战部结合学校实际，认真筹划，组织开展了庆祝建党 90 周年系列活动。

5月，组织北京大学校本部、医学部各民主党派代表、统战干部 80 余人，由医学部顾芸副书记带队，集体参观了我国最早传播马克思主义的阵地、中国共产党建党时期的重要活动基地之一——位于沙滩的北京大学红楼。6 月，举行了“携手共进、与党同行”——北京大学统战系统庆祝建党 90 周年座谈会；医学部召开统战人士庆祝中国共产党成立 90 周年知识竞赛和座谈会。10 月，与宣传部等职能部门一起举行了北京大学纪念辛亥革命 100 周年座谈会，无党派人士、北大数学科学学院张恭庆院士，民革北大支部主委、地球与空间科学学院教授吴泰然，民盟盟员、历史学系教授王晓秋，致公党北大医学部支部主委、北京大学第三医院院长陈仲强教授，分别做了大会发言，民革、致公党和侨联派代表参加。

与国际合作部等有关部门一起，同澳门理工大学合作，举行纪念辛亥革命 100 周年邮票展。

3. 认真做好民主党派工作。积极支持民主党派开展丰富多彩、富有特色的活动。农工党北京大学委员会、农工党中央医药卫生工作委员会和文化工作委员会在农工党中央共同举办了“医患和谐，沟通无限——构建和谐医患关系座谈会”；致公党北大校本部、医学部、北大第一医院开展联合活动；民盟两校三委“相约北医，共谋发展”召开主题工作会议；九三学社北京大学第二委员会成立了理论学习与研究小组。民盟北大委员会和中关村管委会共同主办了中关村科学城高峰论坛，中科院、清华大学、人民大学等高校学者、专家、教授发言，为中关村地区高科技发展出谋划策，民盟中央副主席陈晓光，民盟北京市委副主委田静、李怀方出席。民盟北医委员会、民盟北京大学委员会、民盟清华大学委员会主办了以“大学责任”为主题的第六届民盟高教论坛。为贯彻十七届六中全会精神，民进北大委员会举办了“民进文化论坛”。

统战部认真组织协调各民主党派组织参加了两年一度的学校党务与思想政治工作先进评选表彰活动。九三北大委员会、民盟医学部委员会被评为先进集体，民盟北大委员会主委鲁安怀、民进北京市委副主委胡军、民盟北医委员会主委季加孚等被评为先进个人。

民盟北医委员会被授予民盟中央“先进集体”称号，盟员田耘被授予“先进个人”称号。九三学社北京大学第二委员会有 2 个集体和 49 人次在九三学社北京市委员会 2010 年创先争优活动中受到表彰。

积极协助各民主党派区县组织做好换届工作。上半年，北京市各区县民主党派组织先后完成换届。统战部积极配合海淀区委统战部和各党派市委、区委，做好人选的推荐、考察工作。经选举，先进技术研究院副院长、民建北大支部副主委邱建国,新闻与传播学院教授、农工党北大支部副主委陆地分别当选为民建和农工党海淀区委副主委。

9月以来,区人大、政协先后启动了换届工作,经过与学校党委、组织部、纪委,以及燕园街道办事处沟通,圆满完成了换届工作。北大新当选的14名区人大代表中,共有7名党外代表;新一届区政协委员人数达21人。

本年度,九三北大委员会、民盟北大委员会、农工党北大委员会先后完成了换届工作。

筹办"全国高校统战工作经验交流会暨第十六次全国高校统战工作研讨会"民主党派工作观摩会。10月25日,全国高校统战工作经验交流会暨第十六次全国高校统战工作研讨会民主党派工作观摩会在北大召开。40余位高校的统战干部参加了观摩会。民盟北大委员会、民进北大委员会、农工党北大委员会、致公党北大支部、九三学社北大第二委员会分别介绍了近年来各党派具有特色的思想建设、组织建设、学习教育、参政议政等方面的做法和经验。人民医院党委介绍了医院党委和行政在统战工作中的做法和体会。

4. 切实加强党外代表人士工作。做好党外代表人士工作是统战工作的重要内容。2011年,统战部在学校党委领导下深入开展调研,积极创造条件,为党外代表人士充分发挥在校内外的作用搭建平台。本年度,统战部先后到数学科学学院、地球与空间科学学院、生命科学学院等院系,对各单位党外代表人士及后备人选状况进行深入调研。10月17日,市委常委、统战部部长牛有成,常务副部长闵克,市教工委副书记王民忠来到北大调研,朱善璐书记、杨河副书记参加了座谈会。

做好中央统战部无党派代表人士信息员补充工作,新增4人为信息员。北大现共有16位无党派代表人士进入中央统战部无党派代表人士信息员库。

与北京市委统战部、市教工委密切配合,认真做好党外干部挂职工作。7月,经全市统一协调,北大第一医院眼科主任医师、民建会员李海丽前往朝阳区挂职卫生局副局长,挂职时间一年。

进一步推动民主党派、侨联会在学校民主管理、民主监督中发挥作用。上半年统战部与组织部联合举行干部工作座谈会,邀请民主党派、侨联负责人,党外代表人士参加。于鸿君副书记出席座谈会,就学校干部工作、组织工作介绍了工作情况,并与与会同志沟通交换了意见。医学部党委召开统战人士座谈会,敖英芳书记向民主党派、无党派代表人士、归侨侨眷、归国留学人员代表通报了医学部党委、行政2010年的主要工作,并听取了大家对教学、科研、医疗等方面的意见和建议。9月,举行学校党外代表人士中秋茶话会,朱善璐书记、杨河副书记代表学校党委,与学校部分全国、北京市两会代表委员、民主党派和侨联负责人进行了亲切座谈。

全国和北京市"两会"前,分别举办学校领导、相关职能部门负责人与全国、北京市"两会"代表委员见面座谈会。会议均由杨河副书记主持。朱善璐书记、周其凤校长分别在两个会议上介绍了学校近期主要工作,与会代表委员与相关职能部门负责人就拟在"两会"上提交的提案、建议案等广泛交流了看法。全国"两会"召开之前,协助北京市委统战部、市教工委邀请北大部分代表委员举行座谈会。与会代表委员就所关心的有关国家发展、教育与医疗改革、两岸关系和国际形势的焦点、热点、难点问题发表了看法。"两会"后,医学部党委还邀请了8位人大代表政协委员进行两会精神传达学习报告会,并对委员和代表的建议和提案进行汇编。

组织丰富多彩的党外人士联谊活动。10月,组织统战系统近200名民主党派、无党派人士赴顺义鲜花港秋游。12月,举行了统战系统新春联谊会,朱善璐书记、杨河副书记,相关职能部门负责人,以及北京大学全国、北京市、海淀区两会代表、委员,国务院、北京市政府参事,校本部民主党派成员,无党派代表人士,少数民族代表,归侨侨眷,台胞台属,各院系党委书记和新老统战干部300余人欢聚一堂,共迎新春。

5. 深入细致地做好民族宗教工作。注意通过各种方式团结和关心广大少数民族师生,与有关部门、群众组织一起参加了开斋节等少数民族师生的节日庆祝活动,邀请少数民族师生代表参加统战系统的座谈会、联谊会等活动,关心他们的工作、学习和生活。

根据市委教育工委和市宗教专项工作办公室的要求,建立了专项工作领导和工作机制,有效加强了专项工作力度。与党办校办、保卫部、学工部、国际合作部等部门密切配合,及时传达上级有关工作要求,与各相关基层党委一起深入开展工作,组织有关院系负责同志参加培训,取得了较好的工作效果。

6. 努力做好港澳台及侨务工作。5月,统战部与校友工作办公室、港澳台办公室一起,参加了台湾北大校友会在母校举办的联谊活动。

参加了中国统促会、全国和北京市台联、北大台湾研究院等举办的涉台调研、研讨活动。

5月，接国务院侨办函，经过与中国语言文学系、历史学系、哲学(宗教学)系、教育学院、心理学系等相关院系沟通，上报了利用寒暑假赴国外培训华文教师的后备教师名单。

医学部统战部积极支持协助侨联举办了庆祝建党90周年征文活动，报送周春燕、谢秋菲为首都侨联特聘专家候选人的有关材料，推荐归侨参加海淀区第六届归侨侨眷代表大会。

7. 积极开展统战研究、宣传、信息工作。积极参与北京市委统战部和北京高校统战理论与实践研究会的统战调研课题研究。报送的《无党派人士群体与个体关系研究》论文被评为2011年度北京市统一战线理论研究和调查研究优秀成果二等奖，并被北京市委统战部作为2011年研究创新成果上报中央统战部；向北京高校统战理论与实践研究会拟于2012年出版的研究文集报送3篇文章，其中1篇被《中国统一战线》摘登。

继续做好统战信息报送工作，努力提高信息质量和参考价值。2011年，共向中央统战部、北京市委统战部、北京市教育工委报送了28份统战信息。

2011年度，北京大学被评为北京市统一战线理论研究和调查研究优秀组织单位。

【会议论坛】 1. 举行庆祝建党90周年座谈会。6月29日下午，“携手共进、与党同行”——北京大学统战系统庆祝中国共产党成立90周年座谈会，在英杰交流中心举行。出席座谈会的同志有：中央统战部一局副局长易玉娟，中央统战部六局调研处处长马建国，中共北京市委统战部党外干部处处长王素江，北京市委教育工委统群处处长钱卫，北京大学党委书记闵维方、副书记杨河、校长助理马化祥，北大各民主党派基层组织负责人及代表、部分无党派代表人士、归侨、台胞、少数民族师生代表、基层党委书记、部分职能部门负责人等共计90余人。座谈会由杨河副书记主持。

2. 举行统战系统中秋茶话会。9月10日下午，北京大学统战系统中秋茶话会，在正大国际会议中心举行。学校党委书记朱善璐与学校统战系统各界人士共聚一堂，欢度教师节和中秋节。全国政协常委、光华管理学院名誉院长厉以宁教授，全国政协常委、经济学院李庆云教授，全国政协常委、中科院院士、生命科学学院朱作言教授，全国政协常委、国际关系学院副院长贾庆国教授等部分全国和北京市人大代表、政协委员，学校各民主党派组织和侨联会负责人等共40余人出席了茶话会。学校党委副书记杨河，北大副秘书长、党委统战部部长张晓黎，医学部党委副书记顾芸，医学部党委统战部部长王军为等也出席了茶话会。

3. 牛有成同志赴北大调研。10月17日，北京市委常委、统战部部长牛有成，市委统战部常务副部长闵克，党外干部处处长王素江，市委教育工委副书记王民忠，统战群工处处长钱卫等一行，到北京大学调研统战工作。学校党委书记朱善璐，副书记杨河，校长助理、党办校办主任马化祥，医学部党委副书记顾芸，副秘书长、统战部部长张晓黎等参加了座谈会。

4. 全国高校统战工作经验交流会暨第十六次高校统战工作研讨会在北京大学举行观摩会。10月25日下午，全国高校统战工作经验交流会暨第十六次高校统战工作研讨会观摩会在北京大学举行。参加交流会的约40位各地高校统战工作干部参加了观摩会，中共中央统战部六局局长王永庆等中央统战部、教育部、北京市委教育工委领导，以及北大各民主党派组织负责人也出席了观摩会。

5. 举办第六届民盟高教论坛。11月30日，民盟北京大学委员会、清华大学委员会和北京大学医学部委员会联合在北京大学医学部逸夫楼二层报告厅举办了“第六届民盟高教论坛——大学责任”。民盟中央副主席索丽生，民盟中央参政议政部部长张冠生，民盟北京市委专职副主委李怀方、秘书长赵雅君，北京大学医学部党委副书记顾芸，清华大学党委统战部部长唐杰，北京大学党委统战部部长张晓黎，北京大学医学部党委统战部部长王军为等，及“两校三委”的部分盟员出席了论坛。民盟北京大学医学部委员会主委、北京大学肿瘤医院院长季加孚教授主持论坛。

6. 民进北京大学委员会举办文化论坛。12月12日，由民进北京大学委员会举办的文化论坛，在北大中关新园科学报告厅举行。全国人大常委会副委员长、民进中央主席严隽琪，博鳌亚洲论坛咨询委员会委员、原外经贸部副部长龙永图，全国人大常委会委员、民进中央副主席兼秘书长朱永新，民进中央副秘书长兼办公厅主任高友东，民进北京市委副主委李焕喜，北京师范大学资深教授黄会林，北京大学党委副书记杨河、统战部部长张晓黎，民进北大委员会的部分会员及部分院系师生代表出席了论坛。论坛由民进北大委员会主委、中国语言文学系教授张颐武主持。

表 10-1　2011 年年底校本部民主党派组织机构状况

党派	委员会	总支	支部(支社)	小组	总人数	发展人数
民　革			1		27	
民　盟	1		9		207	6
民　建			1		27	3
民　进	1		6		114	3
农　工			1		13	1
致公党			1		34	
九　三	1		7		152	8
台　盟					1	
总　计	3		26		575	21

表 10-2　2011 年年底医学部民主党派组织机构状况

党　派	委员会	总支	支部(支社)	小组	总人数	发展人数
民　革			1		37	
民　盟	1		6		179	12
民　建					3	
民　进					19	
农　工	1		5		293	8
致公党			2		29	1
九　三	1		9		359	13
台　盟						
总　计	3		23		919	34

（统战部）

纪检监察工作

【概况】　2011 年，北京大学纪委贯彻落实中央纪委和教育部关于党风廉政建设的决策部署，紧紧围绕推动教育事业的改革发展，坚持标本兼治、综合治理、惩防并举、注重预防的方针，以维护师生员工的根本利益为宗旨，以党风廉政建设责任制为抓手，以加强制度建设和强化监督检查为重点，深入推进廉政风险防范管理工作，进一步建立健全具有北大特色的惩治和预防腐败体系，不断提高反腐倡廉建设科学化水平，为学校改革发展提供有力保障。

纪委办公室监察室结合上级系列会议精神与学校实际，研究制定《2011 年北京大学党风廉政建设工作重点及责任分工》（党发【2011】29 号），协助学校党委修订完成并正式下发《北京大学党风廉政建设责任制实施办法》（党发【2011】28 号）等。

【党风廉政建设工作会】　5 月 23 日，在英杰交流中心召开落实“一岗双责”暨党风廉政建设工作会议，传达学习十七届中央纪委第六次全会、全国教育系统、北京教育系统党风廉政建设工作会议精神，总结学校上年度党风廉政建设工作，部署本年度党风廉政建设工作主要任务，按照“一岗双责”要求，深入推进党风廉政建设责任制实施工作。

【部分高校反腐倡廉建设座谈会】　11 月 10 日，中共中央政治局常委、中央纪委书记贺国强到北京大学考察调研，出席部分高校反腐倡廉建设座谈会并发表重要讲话。其间，还参观了“北京大学党风廉政建设展”。座谈会由中央书记处书记、中央纪委副书记何勇主持。

【反腐倡廉教育】　*主题廉洁教育月活动*　纪委办公室监察室与宣传部、学工部等部门共同制定“永远跟党走”主题廉洁教育月活动计划，把贯彻执行《关于实行党风廉政建设责任制的规定》《中国共产党党员领导干部廉洁从政若干准则》和《直属高校党员领导干部廉洁自律“十不准”》作为重点教育内容开展系列教育活动。

参观反腐倡廉警示教育基地　6 月 24 日，纪委办公室监察室、学生工作部联合开展廉洁教育活动，组织了 20 名即将到政府机关、国有大中型企事业单位等行业领域就业的 2011 届毕业生代表、部分中层干部和人财物重点部门工作人员参观北京市监狱，以及北京市

反腐倡廉警示教育基地。一行人员进入监区，参观了服刑人员劳动改造所在的生产车间、监舍、会见室等场所，深入了解服刑人员经过教育改造悔过自新的过程。还参观了北京市反腐倡廉警示教育基地，观看典型案例展，了解北京市近年发生的40余个典型案例和60余名职务犯罪人员的情况。

理论中心组学习报告会　9月9日，学校党委理论中心组举行学习报告会，学习贯彻胡锦涛总书记在庆祝中国共产党成立90周年大会上的讲话精神和刘延东国务委员在北京大学教师干部大会上的讲话精神，深入推进党风廉政建设责任制的落实。报告会由校党委书记朱善璐主持，中央党史研究室副主任李忠杰做了辅导报告。校党委副书记、纪委书记于鸿君做了关于“深入推进党风廉政建设责任制的落实”的专题报告。

反腐倡廉教育展览　5月举办主题为“推进党风廉政建设，创建廉洁文化校园”的反腐倡廉教育展览，展览分为五个专题，分别是认识篇、制度篇、工作篇、创建校园廉洁文化篇和成效篇，着重展示了我校“一岗双责”制度结构体系、党风廉政建设的基本制度、廉政风险防范管理、廉洁教育、重点领域的监督等工作。要求全体党员、干部和科研项目负责人前往参观。据统计，全校共有45个基层单位1244人参观了此次展览，部分单位还上交了观后总结报告。

大学生廉洁教育　5月8日，在百周年纪念讲堂举办反腐倡廉教育专题辅导报告。中纪委驻教育部纪检组、监察部驻教育部监察局党风廉政建设室主任李耀建为学生入党积极分子分析了当前我国反腐败的形势，讲解了中国共产党领导的反腐败斗争所取得的明显成效，并指出北大学子要加强自身修养，以及反腐倡廉的努力方向。

警示教育　3月，会议中心针对李德亮案件召开整改会议，校党委副书记、纪委书记于鸿君要求发案单位吸取惨痛教训，防范岗位风险。

纪委办公室监察室组织财务部、科研部及有关院系人员旁听了徐家祥、谢昌昊贪污案的庭审和李德亮贪污案的庭审。

重要岗位人员教育　11月12—13日，医学部举办主题为“加强反腐倡廉建设，夯实医学事业发展基础”的专题培训班，旨在学习贯彻胡锦涛总书记在庆祝中国共产党成立90周年大会上的讲话精神、刘延东国务委员在北京大学教师干部大会上的讲话精神，学习贯彻中共中央政治局常委、中央纪委书记贺国强在部分高校反腐倡廉建设座谈会上的重要讲话精神。两批医院、学院科系室主任、支部书记、学科带头人共500多人参加了此次培训。党委副书记、医学部党委书记敖英芳，常务副校长、医学部常务副主任柯杨，医学部党委副书记、纪委书记孔凡红，北京市检察院反贪局局长朱小芹，反贪局指导处副处长秦小兵分别结合中央精神和本职工作要求，介绍了反腐倡廉、学科建设、医学伦理、领导科学、职务犯罪预防等内容。在交流讨论环节，北京大学第一医院肾内科主任赵明辉介绍了科室“三重一大”制度落实情况，北京大学人民医院党委副书记陈红松和肿瘤医院胸外科主任、支部书记杨跃介绍了党支部建设经验。

【推进反腐倡廉制度建设】　根据教育部《关于进一步推进直属高校贯彻落实“三重一大”决策制度的意见》（教监【2011】7号）的精神，起草《北京大学党政领导班子‘三重一大’制度实施办法》，通过电子邮件、集体讨论、书面反馈等形式向校纪委委员和部分院系领导征求修改意见，形成最终制度文本。结合推进廉政风险防范管理工作，对全校基层单位的“三重一大”决策制度和事务公开制度制定情况进行全面检查并提出修改建议，要求各单位结合工作实际和职能特点做出相应的修改。医学部将“三重一大”制度向医院科系室延伸。第一医院、口腔医院制定了科室“三重一大”制度。第一医院编制了“三重一大”制度执行手册，将“三重一大”要求列入主任年度考核。

根据教育部党组《关于进一步加强直属高校党员领导干部兼职管理的通知》（教党【2011】22号）精神，起草《北京大学党员领导干部兼职管理办法》并向教育部汇报起草思路和基本内容，着力规范干部兼职管理，明确兼职行为界限。

医学部制定了《北京大学医学部落实党风廉政建设责任制和加强反腐倡廉建设的实施办法》，以完善责任体系和强化“一岗双责”为着力点，将责任主体延伸到医院科室、学院系室的主任和支部书记，完善了从医学部领导至科系室负责人的“一岗双责”责任体系。

【专项检查】　下发通知　8月23日下发《关于开展〈关于实行党风廉政建设责任制的规定〉和〈中国共产党党员领导干部廉洁从政若干准则〉贯彻执行情况专项检查工作的通知》（党发【2011】50号），并转发教育部办公厅《关于开展〈关于实行党风廉政建设责任制的规定〉和〈中国共产党党员领导干部廉洁从政若干准则〉贯彻执行情况检查的通知》（教监厅函【2011】11号），北京市委教工委、北京市教委办公室《关于开展〈中国共产党党员领导干部廉洁从政若干准则〉贯彻执行情况专项检查工作的通知》（京教工办【2011】19号）。

自查阶段　8月24日—9月9日组织领导干部学习通知精神，并对照文件要求，认真开展自查自纠。组织各基层单位副处级以上党员领导干部填写《北京市党员领导干部遵守〈廉政准则〉承诺书》；

组织上学期末填报兼职情况统计表的副处级以上(包括新上岗)领导干部补报相关材料;结合自查情况和工作实际,完成自查报告,并经主管或联系校领导审阅确认;提交贯彻落实党风廉政建设责任制和《中国共产党党员领导干部廉洁从政若干准则》相关文件制度目录。

督导阶段 纪委办公室监察室、党办校办、组织部、宣传部等部门做好学校迎接教育部和北京市的督导检查的工作准备。在各基层单位自查自纠基础上,学校党风廉政建设领导小组对各单位进行督导检查,检查各单位落实情况和自查自纠情况。

召开汇报会和座谈会 9月21日,教育部第九检查组一行3人,对我校贯彻落实情况进行专项检查。检查组由南开大学党委副书记杨克欣,驻教育部纪检组、监察局执法室主任董晞,以及南开大学正处级纪检员叶向明组成。当日上午,专项检查汇报会在勺园报告厅举行。校长周其凤,党委常务副书记、副校长张彦,常务副校长吴志攀,党委副书记、纪委书记于鸿君,党委副书记、医学部书记敖英芳,副校长鞠传进,以及其他学校党政领导班子成员,院系、职能部门负责人代表,民主党派代表,教师代表,离退休老同志代表共100多人出席了会议。校党委书记朱善璐主持会议并致辞。会上,杨克欣主持进行了对北大领导班子的民主测评。下午,检查组在办公楼103会议室召开院系、职能部门负责人代表,民主党派代表,教师代表,以及离退休老同志代表座谈会。检查结束后,检查组向学校反馈了专项检查的初步意见。

检查结果 教育部第九检查组对北京大学贯彻执行《关于实行党风廉政建设责任制的规定》和《中国共产党党员领导干部廉洁从政若干准则》两项法规情况给予了充分肯定和高度评价。经测评,校领导班子执行党风廉政建设责任制民主测评"好"和"较好"的为98.06%;检查组对学校执行《关于实行党风廉政建设责任制的规定》专项检查考核为98分,贯彻落实《中国共产党党员领导干部廉洁从政若干准则》和《直属高校党员领导干部廉洁自律"十不准"》情况专项检查考核为94分。同时也指出工作中的不足之处:贯彻执行情况还不够平衡、"一岗双责"意识还有待进一步强化、制度执行力还有待进一步提高。

【廉政风险防范管理】 根据北京市工作要求,开展廉政风险防控"回头看"工作,要求各基层单位进一步梳理和规范业务工作流程,检查权力结构是否合理,权力运行是否规范,剖析工作程序、制度、管理等方面存在的廉政风险,提出加强预防工作的对策。各基层单位都递交了相关自查报告。

按照北京市《关于报送廉政风险防范管理有关材料的通知》(京责办【2011】23号)要求,呈报报告《强化"一岗双责"意识、不断推进规范管理,努力建构全方位的廉政风险防范体系》,以及相关典型经验材料。9月1日,北京市纪委在北京会议中心举办北京市廉政风险防范管理工作展,我校关于开展廉政风险防范管理的工作成果和经验材料作为教育系统的代表之一参展。

12月15日,纪委办公室监察室在"北京高校廉政风险防控管理工作大会暨北京高校廉政风险防控管理工作论坛"上做了题为"强化'一岗双责'意识、不断推进规范管理,构建全方位的廉政风险防范管理体系"的大会经验交流。

【信访与案件】 2011年,收到纪检监察信访举报151件(其中校本部93件,医学部58件)。举报件中,反映政治问题1件,组织人事问题8件,经济问题21件,违反财经纪律7件,失职1件,侵权3件,违反社会道德问题4件,违反学术道德问题3件,违反计划生育政策1件,招生考试35件,教育收费3件,基建招投标5件,违规办学办班7件,干部自律问题3件,医疗行风7件,其他类10件。举报涉及党员24人,监察对象11人,处级干部11人,科级干部1人,一般人员30人,其他人员8人。初步核查违纪线索8件,立案3件。

按照北京市教育纪工委的要求,与北京师范大学、北京电子职业科技学院和清华大学开展案件质量互评互查工作,并全面整理本校所办案件资料,着力提高办案科学化和规范化水平。

【基建工程与物资采购】 纪委办公室监察室参加基建工程部、总务部、房地产管理部、实验室与设备管理部、校医院、科技园、中关新园、肖家河项目建设办公室等单位的设备与大宗物资采购、工程建设项目招标达520多项。11月16日,党委副书记、纪委书记于鸿君带队察看肖家河教师住宅项目,提出要确保肖家河教师住宅项目成为廉洁工程。

【招生工作监督】 纪委办公室监察室列席招生委员会,监督各类招生工作政策的制定过程。及时受理招生方面的投诉举报和来信来访,与招办召开座谈会,针对招生监督中发现的问题进行沟通。

【教育收费工作监督检查】 按照国家七部委文件的要求,纪委办公室监察室与财务部门配合,于3月份和9月份分别进行春季和秋季教育收费检查。经过全校范围的认真检查,各部门和附属中小学进一步强化了规范教育收费的意识,自查结果没有发现违反规定擅自设立收费项目、提高收费标准和扩大收费范围的行为。

【干部工作监督】 根据中央组织部和教育部党组有关文件规定,校纪委为160位拟任副处级以上领导干部出具廉政方面的意见。

【科研经费管理监督】 4月份，接受中央纪委驻教育部纪检组、监督部驻教育部监察局、教育部财务司、科技司、社科司、科技发展中心组成的科研经费管理调研组的调研。调研内容涉及我校科研经费申报、立项、使用管理、监督等基本情况，以及科研经费监管的基本情况、成功做法和经验。

【"小金库"专项治理工作】 按照教育部治理"小金库"工作领导小组办公室《教育部2011年"小金库"专项治理工作的实施方案》(教财司函[2011]138号)通知精神，开展"小金库"治理复查、抽查、核查、整改落实，以及长效机制建设工作。

【医德医风建设】 各医院及时传达并组织学习全国医疗卫生系统开展"三好一满意"活动视频会议和北京市卫生系统纪检监察和行风建设工作会议精神，以开展"服务好、质量好、医德好、群众满意"的"三好一满意"活动为载体，推动医院行风建设迈上新台阶。人民医院完善医德考评制度，评选"医德医风"奖，弘扬高尚医德。各医院加大对医德高尚、医术精湛、敬业奉献先进典型的宣传表彰力度。第六医院把每个月最后一个周五设为院长接待日，接受患者及家属的来访。第一医院强化对临床科室、医技科室、职能处室的日常工作的监督管理，党委书记每月亲自主持召开三级投诉工作会议，处理并纠正医务人员在行医过程中存在的问题。

【调研工作】 5月，纪委办公室监察室主笔完成教育部直属高校第一片组调研课题"高校基层领导班子作风建设研究"调研报告。

7月，配合北京市纪委监察局来校调研廉政风险防控工作。

8月，参与编写北京市教育纪工委《高校教职工廉洁教育读本》。

2月24日，北京市纪委副书记王海平率市纪委研究室和宣教室一行六人到北京大学廉政建设研究中心调研。北京市教育纪工委书记周燕陪同。北京大学党委副书记、纪委书记于鸿君，纪委常务副书记叶静漪等人参加了调研会。调研会由廉政建设研究中心主任李成言主持。

3月29日，北京市纪委副书记隋秀梅、常委张同生一行六人到北京大学廉政建设研究中心调研。北京市教育纪工委书记周燕陪同调研。纪委副书记龚文东、廉政建设研究中心部分研究人员参加了调研会。调研会由廉政建设研究中心主任李成言主持。

积极申报并立项北京大学现代大学制度研究中心"新时期高校反腐倡廉制度建设研究"课题，计划在五年内深入研究高校"三重一大"决策制度建设、校务公开制度建设、特殊类型招生监督制度建设、高校科研经费监管制度建设，以及高校廉政风险防范机制建设等内容。

纪委办公室监察室课题组撰写的《高校基建工程领域职务犯罪预警机制研究》被北京教育纪检监察研究会评为一等奖；纪委办公室监察室庄德水撰写的《论公职人员利益冲突的廉政分析》被评为三等奖，并获中央纪委"坚持中国特色反腐倡廉道路"理论征文三等奖。

【片组会议】 教育部直属高校纪委第一片组第七次会议5月12—16日在西北大学太白校区举行，会议主题是"高校基层领导班子作风建设研究"。会议由纪委党务副书记叶静漪主持，片组高校共有37名纪检监察干部出席会议。

10月，参加河北大学组织召开的教育部直属高校纪委第一片组第八次会议。

9月23日，全国教育纪检监察系统深入学习贯彻胡锦涛总书记"七一"重要讲话精神暨高校廉政研究机构第五次联席会议在南通举行，会议主题是总结交流近年来廉政理论研究成果。中央纪委委员、中央纪委驻教育部纪检组组长、教育部党组成员王立英出席会议并做重要讲话。纪委办公室监察室做大会交流发言。

【干部队伍建设】 3月3—4日，纪委办公室监察室专职纪检监察干部参加2011年北京教育系统纪检监察工作会暨案件工作培训会，听取市教育纪工委书记周燕所做的纪检监察工作报告和两个纪检监察工作专题辅导报告。纪委常务副书记叶静漪做了题为《认真落实党风廉政建设责任制、严肃查办违纪违法案件》的大会主题发言。

6月，选派一名专职纪检干部参加中央纪委信访培训班。

8月，选派一名专职纪检干部参加教育部纪检监察案件审理培训班。

9月16日，举办组工、纪检干部专题学习报告会。党委副书记、纪委书记于鸿君做学习胡锦涛同志"七一"重要讲话精神和刘延东在北京大学教师干部大会上的重要讲话精神专题辅导报告。校纪委委员，以及全校组工、纪检干部100余人参加了报告会。

11月17日，纪委办公室监察室组织校纪委委员、专职纪检干部集体学习贺国强书记在部分高校反腐倡廉建设座谈会上的重要讲话精神，强化纪检监察职责意识。

5月，纪委办公室监察室选调法学教授王成到纪委办公室监察室挂职，任监察室副主任。

【交流活动】 6月28日，中央纪委第三检查室党支部、驻教育部纪检组监察局党支部与纪委办公室监察室党支部联合举办以"重温党史，继承传统，坚定信念，为纪检监察事业作贡献"为主题的党日活动。中央纪委第三检查室迟耀云主任、袁久强副主任等20名同志，驻教育部纪检组副组长、监察局局长徐开濯和监察局副局长钟燕等

21名同志，以及党委副书记、纪委书记于鸿君和纪委办公室监察室党支部全体干部参加了联合党日活动。

6月，与海淀区检察院开展联合党日活动，深化校检合作机制。

6月27日，香港廉政公署首席廉政教育主任严厚蕴带领50余名香港“校园廉政大使”到访政府管理学院，与北大师生就廉洁教育问题进行座谈。

12月19—20日，纪委办公室监察室两名干部受邀参加中央纪委《中国共产党党内监督条例（试行）》评估工作总结会。中央纪委副书记干以胜出席会议并讲话，要求全面总结《条例》立法后评估工作，进一步推动《条例》的贯彻落实。

【获奖情况】 纪委办公室监察室获得“北京市办案集体三等功”；纪委副书记、医学部党委副书记、纪委书记孔凡红被评为“北京市优秀纪检监察干部”，受到中纪委全国优秀纪检监察干部嘉奖；办公室主任曲春兰获得北京大学“李大钊奖”，以及北京市办案“个人二等功”。

保卫工作

【发展概况】 2011年，保卫部在学校党委、行政的坚强领导和上级部门的大力支持下，紧紧围绕为创建世界一流大学营造安全和谐的校园环境的中心任务，以创建“平安校园”建设为主要抓手，不断推进校园安全管理工作的精细化、科学化，增强服务意识，努力创建“平安校园、和谐校园”，取得了较好的成效。

2011年，北京大学保卫部荣立北京市公安系统集体三等功，有1人荣立北京市公安系统个人三等功、11人荣立北京市公安系统个人嘉奖，有5人分别获得市级、区级先进个人。

【校园安全基础设施】 保卫部将2011年作为校园安全基础性工程建设年，连续启动了多项校园安全基础设施建设项目，大力改善校园安全环境。消防方面，启动了理科楼群火灾自动报警系统改造项目。交通方面，改造启用了法学楼及二教地下停车场，提供136个停车位，缓解理科楼群周边停车压力；在校园重要路口加装了减速带、路桩，维修与新增路桩118个，增设减速带24条，维修、新增挡车器46个，施划停车位233个、标线约6125米，安装、翻新标识183套，新增自行车架96栅（可供约2400辆自行车停放），安装护栏51套；组织实施昌平园区基本交通设施建设工程，安装指示标识、禁令标识37套，施划标线800米，满足该区域基本交通安全设施需求。治安方面，进一步完善视频监控系统，及时维修、更换老坏摄像头，同时应师生要求和满足实际工作需要，新增一批摄像头。

【校园秩序管理】 深化秩序管理体制，制定《北京大学校园秩序管理规定及实施细则》《校园秩序管理运行条例》《北京大学监控室值机手册》等规范性文件，促进校园秩序规范管理和专业队伍规范运行。继续实行校外人员入校验证登记、校外机动车辆预约、校园参观预约等制度，严格校门管理，控制入校人员数量，将精神病、上访等问题人员拦在门外，全年入校登记人数东侧门149644人，总计散客进入学校数量为1173651人。加大对大型活动的管理力度，修订《北京大学大型活动管理条例》，着重突出了风险评估环节，11月对一个违规举办大型活动的院系进行了通报，全年执行各类勤务98次，其中执行三级以上警卫任务22次，审批接待活动进车入校约312次、约7130辆。整治校园游商、“黑车”、小广告，重点开展商业区专项治理活动，营造良好的校园、良好的商业秩序，全年查抄游商547起，清理展位摊位18个，清理横幅305个，清除违规张贴物3305个。加强节假日“校园游”管理，采取团体参观网络预约入校的办法，分时段限制参观人数，严厉打击“黑导游”“黑车”，确保游人数量和校园秩序可控，共预约团队参观入校140470人。创新管理方式，与学生宿舍管理服务中心联合建立自行车清理模式，召开首次“校园秩序管理沟通会”，主动与师生代表交流，将事后处置变主动沟通。将学校交通秩序治理列为重点工作，对个别违反约车条例的院系给予处罚，对重点路段实行临时交通管制，在畅春园天桥实行重点时段提醒，张贴车辆违章告知书8027张。利用技术手段提升管理水平，启动了常规勤务管理网络平台设计，可实现一线指挥自动化。加强保安员队伍建设，上半年开展文明执勤活动，建立保安员文明执勤培训，提升保安员队伍的整体素质。

【消防安全管理】 完善检查监督机制，建立“每学期一次联合检查”“每年年底一次综合检查评比”“每逢重大活动和节假日前安全检查”和“不定期的专项检查”等安全检查制度，定期和不定期对地下空间、学生宿舍、实验室的消防安全管理实施专项检查，顺利通过了北京市委教育工委学生公寓消防安全专项检查组的检查，并组织开展安全检查专项培训，有效提升检查队伍的专业化水平。加强消防安全“四个能力”建设，编制《北京大学消防安全“四个能力”建设手册》，指导院系等二级单位认真做好“防火墙”工程建设。加强施工和工地消防安全管理，“两会”“五一”“十一”及中秋节前，召集校内施工单位负责人召开安全会，防范发生安全事故。加强文物建筑安全管理，学校成立了北京大学文物保护管理委员会，并在化学北楼组织文物建筑消防疏散演练，聘请市文物局专家开展文物建筑消防安全知识培训。开展消防安全教育，组织2010级军训学生、物理学院2011级硕士、出版社、财务部、中关新园、百周年纪念讲堂、餐饮中心等单位人员、师生开展消防疏散演练，以及逃生棚体验活动3次、消防安全培训讲座3次，并于暑期组织50余名单位专(兼)职消防工作人员参加市消防局培训活动，使现有消防中控室持证上岗人员达到53名。做好基础数据统计工作，摸底统计制作《建筑消防设施设置情况统计表》《建筑消防设施专项档案》《建筑外墙保温材料消防安全登记表》《建筑外墙保温材料消防安全登记表》《消防控制室值班操作人员实名制登记表》。做好日常安全管理，购置检修灭火器材5786具，安全出口指示标志牌、灭火器箱、应急灯等62个；办理易制毒化学品领用审批手续71件、施工许可证20件、施工现场动火证51件。

【交通安全管理】 加强校园车辆管理。采取校内机动车凭机动车通行证入校和校外机动车预约入校的办法，严格机动车通行证办理和校外机动车预约工作，控制校园机动车总数；结合校外车辆入校网上预约系统建设，实行预约车辆专线，防止无关教学科研校外车辆入校。加强机动车行驶和停放管理，打击不文明、不规范的行驶和停放行为。大力开展非法电动自行车管控行动，自5月9日开始，禁止无牌照电动车入校，使校园内电动摩托车、电动自行车“飞车”现象得到一定控制。开展交通安全宣传，组织开展“文明交通行动”“做一日交警”“交通安全反思日”主题活动和无车日宣传活动，提高师生员工的文明交通意识；组织驾驶员和教工开展交通知识培训，提高驾驶能力。加强调查研究，对学校东北部围墙外区域、太平洋大厦周边区域的交通状况进行实地踏勘，研讨新区域新问题；调研西侧门拥堵问题，通过规范预约流程、车辆分散入校的方式减缓拥堵程度；组织召开工作研讨会，研究专项工作，包括校园交通业务研讨会、“两会”交通安全工作部署会、电动车管理座谈会、年中交通工作专题研讨会等。

【校园治安管理】 2011年，共发生刑事案件237起、治安案件942起，共抓获、处理各类违法违纪人员710余人，其中受拘留以上处理的18人。加强治安预防和打击犯罪工作，对全校各单位、楼宇开展安全检查，现场发放意见单，指导其整改安全隐患；成立便衣打击队，在校内重点区域巡逻蹲守，抓获多名犯罪嫌疑人，有效震慑了违法犯罪分子，降低了发案率；在二体、五四运动场等处设置了存储柜，方便锻炼的学生存放贵重物品；在食堂餐桌上粘贴1200余张桌贴，在教学楼饮水机、教室门、厕所等处张贴警示宣传画，提醒广大师生将贵重物品随身携带；多次开展防范诈骗宣传会，发放宣传材料30000份，效果比较明显；召开被盗物品发还仪式，教育广大同学提高安全防范意识；加大打击力度，及时出警，妥善处置各类治安案件，加大校园犯罪侦破力度，破获教室盗窃和流氓滋扰等几起具有影响的案件。加强流动人口和出租房屋管理，11月召开流动人口管理会议，增强流动人口管理工作的系统性、规范性；检查暂住人口500余人次，出租房屋330户。做好治安重点人的管控工作，针对高危人群开展特殊管理，包括精神病患者51名、社区服刑矫治人员6名、已释放的吸毒人员4名、刑满释放人员17名。做好户籍管理，为师生提供良好服务，共办理市内外户口迁入、迁出11745人次；出生报户口210人，死亡注销户口72人；处理疑难户口问题48件，户口项目变更720人，办理身份证1000余人，纠错150余件；集体户口登记25000人次，开具各类证明500余份。做好校园内各类矛盾纠纷的排查、化解工作，防止矛盾进一步激化引发事端。做好校园养犬登记管理和流浪狗处置工作，办理居民养犬注册登记156条，养犬注册率达到100%，收缴无证犬16条。

【安全宣传教育】 编制安全宣传教育材料。编写《大学生安全知识》教材，由机械工业出版社出版，以及《学生消防安全知识手册》《新生入学校园安全指南》折页和宣传海报等。发放张贴安全宣传材料。全年通过各种途径为师生发放教材2500份、折页10000份，在食堂、宿舍、教室张贴海报150张。开展安全宣教活动。不断创新活动形势、丰富宣教内容，开展首次“学生校园安全视频征集大赛”，鼓励学生参与安全、懂得安全、宣传安全，创造出一批形象生动的校园安全宣传片；组织“119”消防宣传系列活动，包括现场烟雾逃生棚火场逃生体验、参观中国消防博物馆、组织消防安全知识网络竞赛，在全校营造良好的安全文化氛围；

开展新生入学专题安全教育,举办报告会、现场宣传、资料发放、网络教育等活动;开展军训安全教育,组织消防综合演练、消防知识讲座,发放、展示消防宣传资料;开展防盗、防骗、防火、防交通事故等专题安全教育活动;加强日常安全警示教育和提醒,通过校园网部门公告、未名BBS、保卫部网站和手机短信平台发布安全提示、警情通报、安全知识和宣传片,提高师生的安全防范意识和安全知识。开展安全教育培训。组织全校安全管理干部业务培训会,邀请主管校领导、国务院应急管理专家组长闪淳昌、北京市消防局王爱平大校等专家做专题报告,并进行工作研讨,提高全体安全管理干部的整体素质和业务水平。编辑安全宣教刊物,编写《保卫工作动态》《安全管理工作简报》,宣传安全保卫工作,传播安全防范知识。

【突发事件应急处置与维稳】 完善保卫部突发事件应急预案,在重要时点和节假日期间,加强校园安全管理。圆满完成了"两会"爱马人俱乐部和"十一"期间的校园安保,以及巴基斯坦总理吉拉尼来访、世界大学生运动会火炬传递等重大活动的安保工作任务;积极稳妥地处置各类校园突发情况,特别是妥善处置一名死亡学生的家长在校园内持续滋扰学校秩序的事件。对应急分队组织体系进行调整,力量分配更加科学化,加强培训,规范激励机制,强化了应急处突力量。

【理论研究】 顺利完成了国务院应急办委托的"高校突发事件经典案例"研究的课题和中国高教保卫学会委托的"大学生安全教育"课题,承接了北京市委教育工委委托的"意识形态"研究和"高校重大事项安全稳定评估机制"研究;成功投稿到全国高教保卫学会和第五届"海峡两岸高校安全管理论坛";特别是在学校的支持下,成功承办了首届"大学校园安全管理国际论坛",此论坛是目前我国校园安全管理领域最高层次的学术论坛,来自中国、加拿大、新加坡、美国、百慕大等国家和地区的高校及加、美、德、英等国8所在京国际学校的专家学者,中国政府有关部门、加拿大驻华使馆和部分国内安防企业的领导150余名代表,针对大学校园安全热点问题进行交流研讨。

(保卫部)

保密工作

【发展概况】 2011年,北京大学保密工作全面贯彻党的十七大及历次全会精神,以邓小平理论和"三个代表"重要思想为指导,深入学习实践科学发展观,认真贯彻党和国家的保密工作方针政策、法律法规,按照中央和上级领导关于加强新形势下保密工作的重要指示精神,认真研究保密工作中出现的新情况新问题,以学习贯彻保密法为主线,以加强保密工作队伍建设、提高保密管理能力为着眼点,围绕中心,服务大局,系统思考,深度研究,扎实工作,开拓进取,全力服务国家战略,为加快创建世界一流大学的步伐,促进师生全面协调可持续发展,做出新的、更大的贡献。分别接待东南大学、清华大学和北京化工大学军工认证工作调研组来校调研。评选、表彰北京大学2011年军工保密资格审查认证工作先进集体7个、先进个人72名。

【军工保密资格审查认证】 2011年,在学校保密委员会和军工认证工作领导小组的领导下,各相关单位密切合作,认真筹备,落实认证标准要求。9月27日,以466分的总成绩通过北京市军工认证专家组的现场审查认证。

1. 咨询沟通。先后5次就认证标准的解读、规章制度修订意见、认证项目确定、档案及人员管理等内容咨询北京市军工认证办公室。邀请北京市国家保密局认证专家对涉密计算机、保密要害部位、认证档案等项目的准备情况进行检查。

2. 落实认证标准。重新修订《北京大学军工科技保密工作规章制度》;联合图书馆、房地产管理部、出版社等单位推动学校涉密载体印制点建设;完善涉密设备报废、外调管理流程。

3. 学校党政联席会决定成立北京大学军工保密资格认证工作领导小组及其办公室;召开北京大学军工认证工作干部动员大会,周其凤校长就军工认证工作做出重要指示,张彦常务副书记、副校长做认证工作动员并与相关单位主管保密工作领导签订《保密责任书》,保密工作机构详细汇报了军工认证工作进展情况和存在的主要问题;调整北京大学保密委员会成员。

4. 保密委员会工作。召开两次保密委员会全体会议,审议了关于调整北京大学(军工科技)保密工作小组、涉密人员定岗领导小组的建议,关于成立北京大学军工保密资格认证工作领导小组及其办公室的建议,关于进一步加强涉密人员因公、因私出国(境)管理工作的建议，以及对《学校军工科技保密工作规章制度》的修订建议；听取关于北京大学涉密计算机及设备管理技术小组建设情况及军工认证工作现状等工作汇报；审议《北京大学 2011 年保密工作计划》、“北京大学 2010 年度保密先进集体和先进个人”建议名单；召开军工认证工作领导小组及保密委员会扩大会议，听取军工认证工作进展情况及各单位认证准备情况汇报，布置保密检查工作。

5. 军工认证领导小组办公室工作。召开六次军工保密资格认证工作领导小组办公室会议，及时跟进工作进度，协商解决重点问题；组织赴中国科学院化学研究所进行专项调研，详细了解现场认证细节问题；召集承担涉密科研项目单位主管领导、科研秘书和保密员会议，通报存在问题，部署相关工作；召集保密委员会办公室、先进技术研究院和涉密计算机及设备管理技术小组筹备迎接现场审查认证具体工作。

6. 保密委员会办公室工作。召开涉密计算机及设备管理技术小组工作协调会；组织军工认证领导小组办公室内部讨论会；筹建军工保密资格考试网络平台；组织召开定岗领导小组工作会议；为涉密人员印制发放军工保密资格审查认证工作手册、现场考试试题库等材料；深入各学院和涉密科研项目组开展保密检查；多次邀请国家保密局、北京市国家保密局技术专家来校检查指导；协调解决保密要害部位建设问题。

7. 现场审查认证。召开北京大学军工保密资格现场审查认证首次会议和末次会议；陪同专家组赴各学院检查；组织涉密人员保密知识测试。

8. 落实隐患整改。召集涉密计算机及设备管理技术小组会议，针对现场审查认证中发现的问题制订整改方案；召开北京大学军工保密资格审查认证工作总结研讨会议；召开涉密科研人员保密补贴问题专项研讨会；召开军工保密资格审查认证工作总结表彰大会。

【教育培训】 组织召开军工认证工作专题动员培训会议，邀请总装备部科技保密局梁学贵大校和北京理工大学保密部(处)长张振华为全校涉密人员讲解上级对军工科研工作的保密要求，介绍现场审查认证经验；程旭校长助理代表学校做动员讲话。刘旭东传达上级有关通知精神。

召开北京大学涉密载体保密管理专题培训会议，邀请国家国防科技工业局保密认证中心工程师、国家军工认证专家于成凯深入解读如何加强涉密载体管理。承担军工科研相关单位涉密管理人员、各单位专兼职保密员、机要文件管理人员、教育考试管理人员、涉密纸图管理人员、涉密研究生学位论文及博士后出站报告管理人员、涉密科研档案管理人员、保密办公室、先进技术研究院、涉密计算机及设备管理技术小组全体成员等共计 104 人参加。

召开北京大学 2011 年保密技术培训会，国家保密局技术专家通过泄密隐患现场演示和失泄密案例分析，对与会人员进行保密教育，提醒大家注意身边隐患。部分人大代表、政协委员、文科资深教授、国家杰出青年科学基金获得者，以及相关职能部门和院系主管保密工作领导、保密员、涉密科研人员、网络与信息化工作负责人、研究生教务员等 260 余人参加培训。

向学校部分“两院”院士、文科资深教授、973 计划项目首席科学家、国家杰出青年科学基金获得者，以及国家重点实验室、国家工程研究中心、教育部重点实验室、教育部工程研究中心、教育部人文社科重点研究基地、北京市重点实验室等科研单位负责人和专家学者发放《保密技术防范常识(图文本)》，加强保密教育与提醒。

编印《保密工作简报》10 期、《保密教育专栏》2 期、《军工认证工作简报》6 期、《军工保密资格现场审查认证工作专报》1 期；发放 2012 年保密提醒台历 450 册；在《北京保密工作》刊载信息 1 条。

【涉密载体管理】 根据上级单位通知精神，组织国家涉密测绘成果资料管理单位和使用单位按照要求开展自查工作。多次向上级主管单位咨询自查内容范围和相关要求；对学校国家涉密测绘成果资料管理单位进行检查；组织召开涉密测绘成果资料保管和使用单位座谈会，了解管理情况，布置自查任务；对存在隐患单位下达《保密隐患及限期整改通知》；就自查中发现的疑难问题形成报告，呈报主管校领导；配合城市与环境学院保密资料室召开库存涉密测绘成果清理工作筹备会。协助地球与空间科学学院规范涉密数据使用管理。严格按照规章制度，完成各类事项审查、审批共 353 件；组织统一销毁材料共 14.96 吨。

【人文社会科学领域保密工作】 分别赴国家发展研究院、中国社会科学调查中心调研保密管理工作，根据调研情况形成调研报告。

【教育考试】 为加强硕士研究生入学考试自命题流程中试题的保密管理，协同研究生院、纪委办公室监察室等单位对全校承担 2012 年研究生入学考试自命题的 30 家单位进行全面检查，查找保密隐患，督促进行整改，确保密级试题安全。

(保密委员会办公室)

工会与教代会工作

【发展概况】 2011年，北京大学工会、教代会在校党委的领导和上级工会的指导下，在校行政的大力支持下，以学校改革发展为中心，以服务教职工为根本，以依法维权为手段，以健全机制为保障，以队伍建设为关键，以构建和谐为目的，较好地发挥了工会组织、引导、服务、维护教职工的作用，为创建世界一流大学作出了应有贡献。2011年，中华全国总工会授予北京大学"全国五一劳动奖状"，中国教科文卫体工会授予北京大学工会"先进工会组织"称号，北京市总工会授予北京大学工会女职工委员会"工会女职工组织规范化建设示范单位"称号。2011年，北京大学通过"全国模范职工之家"复查验收，获得北京市教育工会"模范职工之家优秀建设单位"荣誉。

【民主建设】 1. 充分发挥教代会作用，推动源头参与。教代会是学校民主政治建设的重要载体，是校务公开的主渠道。2011年1月11日，北京大学第五届教职工代表大会暨第十七次工会会员代表大会第七次会议召开。校长周其凤做学校2010年工作报告(含财务报告)和"北京大学985工程(2010—2020)总体规划"主题报告。常务副校长吴志攀就《北京大学教职工行政纪律处分暂行规定》的制定背景及意义、工作进程、制定依据、主要内容向大会做了报告。副校长鞠传进、刘伟分别主持"校园规划与后勤保障""教学、科研与学科发展"沟通交流会。教代表听取了以上各项工作报告，讨论审议了学校发展中的重大事项和教职工关心的热点问题，保障了广大教职工的知情权、参与权、管理权和监督权。会上，校工会以书面报告的形式向与会人员汇报了北京大学2010年工会、教代会工作。时任北京大学党委书记闵维方发表重要讲话。

医学部召开了五届三次教代会，校党委常务副书记张彦代表学校党委发表重要讲话，校党委副书记、医学部党委书记敖英芳代表医学部做行政工作报告。2011年，医学部出台《北京大学医学部院级教代会民主评议领导干部工作意见》《关于加强和改进院级教代会管理工作意见》，进一步完善了教代会制度。

2. 积极推动教代会提案落实，发挥各专门工作委员会作用。3月，教代会提案工作委员会召开会议，就五届七次教代会征集的31件提案(建议、意见)进行审议，形成提案14件、建议4件、意见11件，并案处理、不予立案各1件。医学部五届三次教代会征集提案25件，形成提案22件、意见建议3件。在学校领导的指导和支持下，工会积极协调，推动有关职能部门通过书面答复、电话答复和提案专项沟通会等方式，对教代会代表的提案(建议、意见)进行答复和落实。提案(建议、意见)答复率100%。

校本部和医学部充分发挥教代会下设的民主管理与监督工作委员会、劳动争议调解工作委员会、生活福利工作委员会等各专门委员会的作用，围绕学校中心工作认真履行职责，在维护教职工权益、为教职工办实事等方面做了大量卓有成效的工作。

3. 拓宽民主参与渠道，加大民主参与力度。教代会闭会期间，校工会通过多种方式进一步拓宽民主渠道。校工会汇总教代会各代表组讨论意见上报校领导，为学校改革发展献计献策。组织教代会代表参与民主评议领导干部，参加学校教师干部大会、肖家河教工住宅项目工程招投标会议、学校党委理论中心组学习活动等，更好地发挥了教代会代表的作用。

2011年，工会组织召开4次校领导与教职工沟通会：校长周其凤、校党委副书记杨河与40余名女教授就女教师发展等话题展开讨论；常务副校长吴志攀与教代会代表、教职工代表30余人就学校的人事管理和人才队伍建设等问题进行了沟通交流；总会计师、财务部部长闫敏与教职工代表就科研经费管理与使用的话题进行了深入交流；秘书长杨开忠与教代会代表、教师代表就《北京大学"十二五"改革和发展规划纲要(征求意见第十稿)》进行了讨论与交流。

12月，校工会举办"五道口教师住宅置换、售房方案"征求意见会，教代会执委和校工会委员、教代会民主管理与监督工作委员会委员、教代会和工会生活福利工作委员会委员、教代会代表组组长，以及基层单位工会主席等80余人出席会议，真正做到源头参与。

【教职工合法权益维护】 1. 完善群众利益表达和协调机制，维护教职工合法权益。维护广大教职工的合法权益是工会组织的基本职责。当前，学校用工形式多样，校工会坚持从实际出发，积极稳妥地推进合同制职工入会工作。召开合同制教职工加入工会组织专项工作推进会，调研、沟通合同制职工的管理、待遇等问题；与北京市总工会、产业党工委、燕园街道办事处等单位召开座谈会，就合同制职工入会工作进行沟通交流。全校工会活动向合同制职工全部开放，爱心基金等工作全面覆盖，医学部教代会中已有合同制职工代表，增强了合同制职工的认同感与归属感，使燕园更加和谐。

校工会召开劳务派遣用工单

位座谈会、劳务派遣职工代表座谈会，对保卫部、餐饮中心和第三医院的劳务派遣用工情况进行调研。2011年，医学部工会在口腔医院召开现场交流会，交流、学习劳务派遣职工管理的工作经验。

工会做好劳动争议调解和教职工接待工作。2011年，校本部和医学部共接待教职工来访24人次，集体信访1次，为教职工排忧解难，理顺情绪，化解矛盾。

2. 完善扶贫帮困长效机制，真诚服务教职工。“北京大学工会爱心基金”资助范围继续扩大，由帮助患重病的教职工扩展到慰问身故教职工的家属。2011年，“爱心基金”校本部账户共收到2466名教职工的捐款369032元，为15名重症教职工、身故教职工家属（含3名合同制职工）送去211000元慰问金，使他们感受到学校大家庭的温暖和关怀。2011年，北京大学有3名教职工获得“首都爱心基金”资助。

2011年，工会共为1731名女教职工办理了女职工特殊疾病互助保险，理赔13人共208862元；为2449人办理了职工重大疾病互助保险，理赔19人共129740元；为468位教职工办理了职工住院津贴互助保险。

工会积极开展“送温暖”和慰问活动，慰问骨干教师、资深教授、两院院士、困难教职工等共约300余人次。工会认真做好劳模服务工作，落实劳模待遇。劳动节期间，校工会精心组织慰问全校54名全国及省部级劳动模范（先进工作者）；认真组织劳模参加北京市总工会劳模体检、北京市劳模协会“庆祝建党90周年劳动模范优秀摄影作品展”等活动；举办“劳模与学生话成长”主题座谈会，邀请劳模代表与北大学子畅谈成长成才之路。“两节”期间，慰问全校教职工（含离退休）和节假日坚守岗位的职工。

校工会继续为广大教职工办理职工互助卡（京卡），组织暑期旅游、驾驶员培训班和医学部单身教职工联谊活动。校工会联合校医院、人口研究所、体育教研部、餐饮中心等相关单位，在教职工健康体检、建立档案的基础上，开展基层健康巡讲与健康促进活动，有500多位教职工参加了体质监测，专业人士针对监测结果进行风险评估、分类干预，有针对性地开展运动与饮食指导。医学部工会开办午间健康讲堂；在北医三院体检中心为医学部教职工体检，并召开2011年体检工作总结会，报告教职工体检结果和存在的问题，有针对性地开展健康咨询活动，以更好地维护教职工身心健康。

3. 关心女教职工发展，关爱女教职工身心健康。“三八”节之际，工会向全校女教职工发出慰问信，鼓励和支持女教职工更好地服务于学校的发展建设；举办女教职工电影招待会、“智慧献北大”女教授座谈会、“我奉献，我快乐”女干部座谈会、女工会干部趣味运动会、平民学校联欢会等活动。医学部围绕女教职工需求开展活动，“三八”节期间组织“品味人生，提升自我”女先进工作者事迹交流会，“放飞心情、拥抱自然”喜乐会系列活动等。

校工会积极搭建交流平台，举办“做学生的知心朋友”女教授沙龙，组织女教授参观北京大学电视研究中心，使女教师们在轻松温馨的氛围里增进了解、交流思想、互通有无，在缓解工作压力的同时，更全面及时地了解学校发展的新动向。

2011年，北京大学第三医院呼吸科获得由中华全国总工会授予的“全国五一巾帼标兵岗”荣誉称号。

【发挥工会“大学校”作用】 1. 加强师德师风建设，“评、选、树”模范标兵。2011年，校工会共推荐评选出1个全国五一巾帼标兵岗、1名“首都劳动奖章”获得者、2个首都“教育先锋号”集体、2个首都“教育先锋”先进集体、2名首都“教育先锋”标兵、8名首都“教育先锋”先进个人。校长周其凤在北京大学工会2011年教师节表彰大会上为获奖人员颁奖。通过评选先进、树立典型，提高全体教职工的思想政治素质、职业道德水平和责任感，引导教职工立足岗位，争创一流业绩。

2. 比赛、实践相辅相成，助力青年教师发展。5月，北京大学组队参加北京高校第七届青年教师教学基本功比赛，获得一等奖的人数和获奖总数均在北京高校中名列第一。12月，工会与教务长办公室、教务部、研究生院、人事部、现代教育技术中心等部门联合主办北京大学第十一届青年教师教学基本功比赛，校党委副书记杨河到场观摩比赛并讲话。来自43个教学单位的85名青年教师分别参加了人文社科类、理工类和医科类的比赛。

暑期，工会组织青年教师赴延安进行实践考察。原校长许智宏院士带队参观革命旧址，与延安市政府、延安大学进行交流。通过实践考察，青年教师亲身体验到延安精神的内涵，激发了他们的责任感和使命感，促进了青年教师之间的相互了解和交流，对于跨学科建设及青年教师队伍建设具有积极意义。

3. 丰富教职工精神文化生活，提高平民学校办学质量。2011年，为深入实施首都职工素质教育工程、丰富教职工的精神文化生活，校工会继续组织内容丰富的“北京大学工会大讲堂”活动。公共卫生学院许雅君副教授讲授食物营养与健康，为教职工增添了丰富的医学健康知识。经济学院副院长董志勇教授与教职工分享生活中的经济学，深入浅出的讲解受到听众们的欢迎。

工会协助现代教育技术中心等部门联合举办“北京大学第四届多媒体课件和网络课程大赛”。基层单位通过开展医技科室技能比赛、烹饪技能竞赛等活动，促进教职工业务素质的提高。

3月，北京大学平民学校第六期培训班开学，101名新学员走进课堂。课余时间，平民学校举办学员干部培训、素质拓展、登山、“缅怀蔡元培先生”清明祭扫、参观李大钊专题展、庆祝建党90周年诗歌朗诵比赛等活动；组织学员参加北京大学教职工庆祝建党90周年文艺汇演、“迎校庆”师生长跑活动；召开教学工作研讨会及多次师生、志愿者座谈会，以总结经验，不断提高办学水平。6月，92名学员顺利结业。下半年，平民学校面向全校合同制职工举办“如何走进音乐”“情绪管理”“北京四合院及四合院文化”等专题讲座，共有450余名教职工参加活动。平民学校已经成为合同制职工的精神家园。

平民学校第六期的办学工作得到了各方的大力支持。常务副校长吴志攀教授为平民学校第六期学员做了题为《热爱学习，热爱生活》的结业专题讲座。党委副书记杨河、于鸿君分别出席平民学校第六期开学典礼、结业典礼并讲话。

【文化体育活动】 1. 大力开展群众性体育运动，营造全民健身氛围。针对当前社会生活节奏快、工作压力大、人际关系相对封闭的特点，校工会积极组织开展各类群体性体育活动，逐渐形成以全校运动会为主，多种健身项目并举的工作格局。

2011年，按照惯例，校工会负责全校运动会教工项目的组织与筹备。校工会投入大量的时间、人力和物力，进行比赛项目设计、组织编排团体操、培训团体操小教员等。运动会开幕式上，1200余名教职工参加了长绸扇健身操表演，成为校园文化建设中一道靓丽的风景线。为增强基层单位的凝聚力，调动教职工健身的积极性，运动会增设了“同心鼓”“车轮滚滚”“团队台阶”等集体趣味项目，受到教职工的热烈欢迎和基层单位领导们的一致肯定。

2011年，由校工会主办的教职工羽毛球锦标赛、乒乓球团体赛、毽球邀请赛、“健康始于足下”教职工冬季健步走活动，得到广大教职工的热烈响应，512人次参加羽毛球赛，350人次参加乒乓球团体赛，275人次参加毽球赛，6100余人次参加冬季健步走活动。9月，校工会还组织棋牌队参加第25届“京华杯”北大清华棋牌友谊赛，在与清华大学教工代表队的交流中，北大代表队以大比分4∶2胜出，为北京大学创造“京华杯”历史上的第一个五连冠做出贡献。

校工会还相继开办瑜伽培训班、太极拳培训班，组织工会干部登山和工会女干部趣味运动会等活动，满足不同群体的健身需求。

医学部举办第48届田径运动会，组织开展了迎“五一”第八届教职工棋牌比赛、职工第八套广播体操展示竞赛、教职工足球联赛、乒乓球比赛、羽毛球比赛，以及迎医学部百年华诞职工大步走活动等。

2011年，全校约有近4万人次参加了校工会组织的各类群众性体育活动。

2. 以庆祝建党90周年等活动为契机，弘扬主旋律。校工会与燕园街道办事处联合主办“歌颂丰功伟绩，唱响和谐乐章”北京大学教职工庆祝中国共产党90华诞文艺汇演。认真组织教职工合唱团参加市、区组织的“祖国万岁”“百团万人颂中华”、纪念“黄河大合唱”发表70周年、纪念建党90周年等活动，积极参加学校纪念“一二·九”歌咏活动，配合学校有关部门组织合唱团在毕业典礼、新年庆典等活动中演唱《岁月如歌》《思想是百年的荣光》等曲目。医学部工会与有关部门配合，承办了医学部“永远跟党走”红歌会。庆祝建党90周年和校园文化建设等系列活动展现出北京大学教职工爱国、爱党、爱校的真挚情感和争先创优、团结向上的精神风貌，极大地激发了教职工建设世界一流大学的豪情。各种文化活动获得了校内外观众的一致好评和学生们的称赞。

3. 扶持教职工社团和兴趣小组建设，拓广教职工交流渠道。据不完全统计，全校现有各级、各类教职工社团和兴趣小组126个。其中，校级骨干社团15个。校工会尽力满足社团需要，为教职工合唱团、教授合唱团长期聘请指挥和钢琴伴奏教师，为舞蹈团排练协调、租订场地，为足球协会购买体育器材，帮助户外健身协会举办全校性活动等。

校工会还根据二级单位的实际情况，下拨文体活动专项经费，鼓励二级单位自主开展文体活动。校工会自2007年起，为有条件的单位配备乒乓球台。2011年，为基层单位配备乒乓球台11块。

教职工社团建设不仅丰富了校园文化，也拉近了教职工彼此间的距离，拓宽了教职工彼此认识、交往、合作的渠道。

【工会组织自身建设】 1. 稳步推进“建家”工作，夯实工会工作基础。各级工会组织以迎接“全国模范职工之家”复验工作为抓手，结合学习贯彻胡锦涛总书记“七一”重要讲话、刘延东国务委员在北京大学教师干部大会上的讲话和“服务教工树形象、示范引领创一流”主题活动，召开“建家”工作研讨会，认真梳理工作、总结经验、查找不足，以评促改、以评促建，有力推进了“建家”工作的深化和工会、教代会工作水平的提升。

2011年是北京大学“全国模

范职工之家”的复查验收之年。学校党委和行政高度重视复验工作，校党委书记朱善璐、副书记杨河出席工会委员会（扩大）会议并就迎接复验工作做动员讲话；朱善璐书记、周其凤校长等校领导出席“全国模范职工之家”复查验收汇报会并做重要讲话。北京大学顺利通过“全国模范职工之家”复查验收。第一医院和肿瘤医院也顺利通过“北京市模范职工之家”复查验收。第三医院药剂科被评为“北京市模范职工小家”。

校工会逐步规范二级“建家”工作，稳步探索三级“建家”模式。2011年，修订《北京大学基层工会委员会“教职工之家”验收标准》，对3个“北京大学模范教职工之家”、1个“北京大学先进教职工之家”、8个“北京大学模范职工小家”申报单位进行了验收。校工会通过邀请基层工会主席作为验收工作小组成员参与评审，促进了学习和交流。医学部工会提出的3年内建30个“北京大学模范职工小家”的目标正逐步实施落实。

2. 搭建学习和交流平台，提升工会干部队伍业务能力。7月，工会举办主题为“工会工作与一流大学建设”的工会干部培训班。中国教科文卫体工会副主席何力克、校党委副书记杨河、社会学系副教授卢晖临分别做“论教代会制度建设的几个问题”“走向世界一流”“转型期中国工会的角色定位”主题报告。研讨会上，第一医院、工学院代表基层单位，在大会上做经验交流。培训期间，工会干部赴首钢京唐公司、乐亭李大钊故居与李大钊纪念馆、唐山抗震纪念馆与地震遗址等地参观考察，感受现代化工业大发展，学习革命精神和唐山抗震精神，激发了工会干部的工作热情，增强了工会干部队伍的凝聚力。

4月，校工会启动工会干部沙龙活动，为各级工会干部的互相学习、交流和成长搭建新的平台，及时了解教职工的思想动态和诉求，使工会工作更加贴近实际、贴近生活、贴近群众。2011年，先后举办工会主席沙龙、文体委员沙龙、青年委员沙龙、女工委员沙龙，就新时期工会工作、教职工社团建设、青年教师教学基本功比赛、服务女教职工等话题进行了深入探讨与交流。

医学部工会组织召开了工会经审工作交流会、工会干部培训会等活动，对工会干部进行了系统培训。

3. 用激励机制激活基层，鼓励基层服务创新。3月，校工会组织召开了工会十七届十五次委员会（扩大）会议，隆重表彰了2010年度北京大学13个“先进工会委员会”、25个“工会工作先进集体”和7个“先进教职工社团”。开展2011年度工会系统先进个人、第四届“好新闻奖”评选等活动，交流、推广基层工会工作先进经验，有效激活了基层工会组织活力。医学部继续做好“权益杯”精品活动和模范工会小组评审工作。

4. 加大理论研究和宣传工作力度，指导、引导实践工作。工会鼓励和引导全校工会干部开展理论研究与调研工作，成立“教代会在高校管理和建设中的作用研究”课题组。建设《北大教工》《教工之声》宣传阵地，充分利用互联网、电视台等媒介宣传工会、教代会工作。医学部工会积极开展立项工作，通过理论研究指导实际工作。

学生工作

【发展概况】 2011年，学生工作部人民武装部，以及医学部教育处、研究生工作部等部门坚持以科学发展观为指导，深入贯彻落实党的十七大和十七届六中全会精神，认真学习胡锦涛总书记“七一”重要讲话精神和刘延东国务委员在北京大学教师干部大会上的讲话精神，继续推进学生工作“精致化”进程。围绕庆祝中国共产党成立90周年这一契机，结合“两个讲话”精神，不断加强大学生思想政治教育，借助全国范围内深入开展创先争优活动的热潮，在认真总结前几年工作经验的基础上，创新工作方法，丰富工作形式，增强活动内涵，取得了良好的育人成效，得到了上级领导、兄弟院校的高度评价和普遍认可。

辅导员李玉莲和学生范敬怡分别荣获“2010全国高校辅导员十大年度人物”和“2010中国大学生十大年度人物”称号。形势政策教育由于组织有力，效果显著，被中宣部选定作为典型在全国进行宣传。北京大学学生代表队在首都大学生庆祝建党90周年党史知识竞赛中勇夺西北一组赛区冠军。由学生工作部组织申报的《唱响“北大林歌”构建绿色校园文化》荣获教育部2011年高校校园文化建设优秀成果一等奖，《持续推进新生党员培训，全面深化学生党建工作》荣获第二届首都大学生思想政治教育工作实效奖一等奖。学生服务总队获全校通令嘉奖。

【队伍建设】 学工系统队伍建设全面开展辅导员队伍统计工作，形成《2011年北京大学辅导员队伍状况统计报告》。制定2011年学工系统培训计划，坚持岗前培训和专题培训相结合、定期培训与不定期培训相结合，以及理论培训与实践相结合的原则实施辅导员培训。

8月，召开学生工作暑期研讨会，围绕北大建设世界一流大学这一中心工作，深入阐释了学生工作科学化与精致化的工作要求。同时加强与兄弟高校的合作交流，先后接待了复旦大学、浙江大学、重庆大学等兄弟院校来访。组织辅导员赴上海、浙江等地学习考察，暑期组织全校辅导员分两支队伍赴湖南、甘肃等地考察交流。医学部拟定了“北京大学医学部学生辅导员培训中心”的相关方案，将学生工作队伍的培训做深、做精、做实。

选留学生工作干部管理 制定完成了《北京大学选留学生干部管理办法》，并制作和发放了《北京大学选留学生工作干部工作手册》。举办多场新老选留学生工作干部交流活动，有效促进了经验的传承和制度的发展。经过笔试、面试和是否获得免试推荐攻读硕士研究生资格审核，最终录取27名2012届选留学生工作干部。

学生骨干队伍建设 一方面，开展“自我教育、实践教育”，充分尊重和发扬了学生助理的自主创造性和能动性，促使学生助理自觉完成教育提升。另一方面，采取科学严谨的活动审查和考核方式，包括前期活动策划审核、中期情况报告，以及学期末的优秀助理团队表彰奖励。学生心理健康教育与咨询中心与助理学校联合开展心理专项助理培训工作，内容涉及常见心理问题的识别，以及自杀等严重心理问题的干预等方面。学生心理健康教育与咨询中心建立了两周一次的专项助理汇总人例会制度，监督和指导专项助理的日常危机排查工作，在例会上解答有关排查的疑问并结合案例进行工作督导。2011年暑期，学生心理健康教育与咨询中心还开设了专门面向本科生朋辈辅导助理的暑期课程《朋辈心理辅导》，介绍朋辈心理辅导的基本概念、技巧、伦理，以及如何处理辅导中面临的一些具体问题。北京大学唐仲英服务分队由北京大学获得唐仲英德育奖学金的全体成员组成，在唐仲英基金会及学生工作部的指导下开展活动，唐仲英服务分队主动与北大图书馆取得联系，成为全校范围内第一个也是唯一一个义务进行图书整理的团队。一学年累计约有四百人次参与这项活动。每个月安排一个周五的下午前往大兴中学，和当地的孩子面对面交流，指导他们学习，分享成长经验，开展社团活动。分队还成功在北大校园内发起了午餐义卖活动。

工作人员变动情况 2011年，学生工作部工作人员中，学生管理办公室副主任杨虎参加公开选拔调任研究生院奖助办公室主任，国防工作办公室苏熙调动至保卫部工作；王玮从青年研究中心调任学生管理办公室副主任；尤宇川、吕轶舟留校在教育宣传办公室工作，刘宁留校在学生管理办公室工作；2009届选留学生工作干部马佳结束选留工作，开始攻读硕士研究生；2011届选留学生工作干部张莹选留在教育宣传办公室工作。

学生资助中心工作人员中，宋涤尘调动至教育部工作；2009届选留学生工作干部许美静、张辉结束选留工作，开始攻读硕士研究生；2011届选留学生工作干部况文婷、刘杰参加工作。

学生就业指导服务中心工作人员中，李泊桥从环境科学与工程学院调入担任中心副主任，林思聪留校工作；2009届选留学生工作干部刘凡子、张纯结束选留工作，开始攻读硕士研究生；2011届选留学生工作干部梅亚冲、张伟一参加工作。

学生心理健康教育与咨询中心工作人员中，2009届选留学生工作干部杨沛铮结束选留工作，开始攻读硕士研究生；2011届选留学生工作干部陈冀然参加工作。

青年研究中心工作人员中，王玮调任学生工作部学生管理办公室副主任，张勇、户国栋留校工作；2009届选留学生工作干部刘洁纯结束选留工作，开始攻读硕士研究生；2011届选留学生工作干部周航参加工作。

【学生思想政治教育】 学生党建

1. 深入开展创先争优活动。3月，以庆祝中国共产党成立90周年为契机，北京大学隆重召开2010—2011学年学生党团日联合主题教育活动表彰暨动员会，正式启动了“学习党史，坚定信念，创先争优”党团日联合主题教育活动。10月，党委组织部、学生工作部和校团委联合下发了《关于开展“学习七一讲话精神 牢记使命争创一流”学生党团日联合主题教育活动的通知》。通知下发后，全校各院系迅速行动起来，传达文件精神、部署工作安排、提出具体要求、给予资源支持。按照北京市教工委的要求，认真组织学生党支部“红色1+1”活动，活动结束后共有13个项目申报了北京市示范评比活动。我校有四个支部获奖，其中化学与分子工程学院2010级本科生党支部获三等奖，2010级法律硕士第二支部、北京大学第一医院学生党总支2007级党支部、公共卫生学院社医卫管班联合党支部获鼓励奖。

2. 本科新生党员培训班。8月19—24日，2011年本科新生党员培训班顺利开展。411名新生党员提前到校，集中接受校情校史、理想信念、骨干素质、文化素质等培训。先后举行了7场主题报告会，参观了中国人民抗日战争纪念馆并重温了入党誓词，观看了教育影片并进行讨论，举行了党员风采展示活动，增强了学员的爱党爱国意识；参观校园、校史馆和赛克勒博物馆；总计开展了2个主题、32班次的工作坊活动，组织学员自学了党的基础理论知识并进行考试,提高了党员的骨干能力。校党委常务副书记、副校长张彦做《以新生党员培训为起点,成长为一名优秀的学生骨干》报告,校党委副书记、纪委书记于鸿君做首场报告《廉洁 · 成才 · 使命》,校党委副书记、医学部党委书记敖英芳主讲《漫谈青年学子的成长》,原校党委副书记杨河围绕《北大历史与北大精神》做报告。国际关系学院袁明教授讲授《全球视野与大国青年》,生命科学学院副院长昌增益做《严谨勤奋,追求卓越》报告,政府管理学院李成言教授做廉洁教育专题辅导报告。

本次党员培训班首次开设了未名 BBS“新生党培”版面,为新生党员交流提供平台,并在学员住宿和集中培训地首次设置了“微贴留言墙——对党培说句心里话”。最终由同学们的微贴内容汇编成的《新生党培微贴录 · 2011》不仅成为此次新生党员培训工作的真实记录,也成了党培工作迈入新阶段的见证。本科新生党员培训班对新生党员坚定理想信念、增强骨干意识、提升党性修养具有显著成效,推进了北京大学学生思想政治教育工作和学生党建工作的深入发展,为北京大学学生骨干培养和学生党建工作积累了宝贵经验。

3. 学习党的知识,传承革命精神。学生工作部组织全校范围内的党史知识竞赛,并选拔代表队参加北京市纪念中国共产党成立 90 周年党史知识竞赛。学生工作部通过发放学习材料、在《学生工作周报》上增设“党史上的一周”连载栏目、编订初选试题、组织模拟竞赛等方式,扩充同学们的党史知识储备。6 月 12 日,在北京外国语大学举行的北京市高校纪念建党 90 周年党史知识竞赛西北一组赛区决赛中,北京大学代表队获得冠军,并以出色的团队表现获“最佳团队奖”。其中,医学部韩竞男同学获“最佳抢答能手奖”。

榜样教育　1. 广泛宣传中国大学生年度人物。城市与环境学院 2008 级本科生范敬怡同学荣获“2010 中国大学生年度人物”。范敬怡品学兼优,创新意识强,她于 2009 年 10 月倡导创立“林歌项目”,致力于可持续校园建设,探求具有高校特色的低碳意识教育模式。截至目前该项目直接参与人数近 6000 人,辐射人数超过 20000 人。学生工作部及时面向广大学生大力宣传范敬怡同学的先进事迹,在新闻网主页、未名 BBS、《学生工作周报》等媒体上开展多次报道,在全校范围内产生了良好的示范效应。

2. 开展“青春 · 新锐”学生榜样系列报道。2011 年,学生工作部针对本学年奖学金、奖励评选中涌现出的先进个人和集体进行持续报道,全面展示优秀个人和团体的精神内涵和青春风采,引导全体北大学子砥砺德行、坚定志向、文明生活、健康成才,在校内营造出向先进学习的良好风气,面向全社会展现北大学生昂扬向上的精神风貌。

3. 通令嘉奖学生服务总队。学生服务总队始终坚持“真情回报社会、塑造精彩人生”的宗旨,积极开展公益服务、能力建设和温暖家园等项目,涌现出一大批先进学生典型,充分展现了北大学生的良好精神风貌,为团队和学校赢得了良好声誉。通过全校通令嘉奖,以及专题新闻报道,学生工作部在北大师生中广泛宣传了学生服务总队的先进事迹,鼓励全校学生学习先进、争创一流。

4. 开展“从这里走向西部基层”2011 年就业榜样系列报道。6 月 21 日起,学生就业指导服务中心先后报道了广西选调生群体、重庆选调生群体、新疆就业群体等西部就业先进学生群体,以及以刘国亮为代表的一批志愿扎根西部的北京大学优秀学生。通过广泛宣传这些毕业生的事迹,感染和鼓舞更多的北大学子响应胡锦涛总书记给北京大学第十二届研究生支教团成员的回信精神,抓住伟大时代所赐予的宝贵机遇,投身西部,走向基层,躬身实践,锻炼成才。

5. 编写北京大学 2011 届优秀毕业生毕业纪念文集。7 月,学生工作部与校新闻网联合启动了“绚彩燕园 · 青春北大”优秀毕业生系列报道。通过对北京大学 2011 届不同类型优秀毕业生事迹的汇总整理,集中展现本学年度优秀毕业生群体精神风貌和进取精神。与此同时,霍晓丹副部长担任主编,出版了《绚彩燕园 · 青春北大——60 位北大优秀毕业生的校园记忆》一书,在 2011 级新生中有效发挥了大学导航、榜样示范的作用。

主题教育活动　1. 开展学习“两个讲话”精神主题教育活动。学生工作部将学习贯彻胡锦涛总书记“七一”重要讲话精神和刘延东国务委员在北京大学教师干部大会上的讲话精神(简称“两个讲话”精神)作为开展学生思想政治教育的重要载体,面向全校学生连续举办多场学习讨论活动。10 月 27 日,学生助理学校组织全校学生助理代表召开学习“两个讲话”座谈会。11 月 4 日,学生工作部召开学习“两个讲话”精神学生代表座谈会。校党委常务副书记、副校长张彦在座谈会上生动阐释讲话的核心精神内涵,就北京大学学生深入学习贯彻讲话精神,提出党员带头、长期推进、结合实际、转化实践的四点要求。在学生工作部组织带动下,各院系相继开展形式多样的学习活动。通过新颖的形式,将学习“两个讲话”精神与国情校情紧密结合,极大地触发了学习与思考,达到了学习效果。

2. 深圳大运会火炬手/护跑手选拔报道和观众组织。根据深圳第 26 届世界大学生夏季运动会组委会的安排，大运会火炬传递启动仪式于5月4日在北京大学举行，中共中央政治局常委、国务院副总理李克强出席了启动仪式，学生工作部全程参与火炬手/护跑手选拔工作，并负责现场2000多名观众的组织工作。活动期间，学生工作部在校新闻网开辟了“大运会火炬手风采展示”专题，深入宣传高明、马清源、范敬怡、邢衍安等火炬手先进事迹，充分发掘优秀典型的示范效应。火炬手选拔和报道活动将青年学子的风采展示给世界，也在北京大学学子中进一步传递勇于拼搏，追求卓越的奥运精神。

3. 创新开展新生入学教育和毕业教育。2011年，学生工作部按照北京市教工委的统一部署，启动“新生引航工程”。与上年相比，教育活动具有四个特点：一是重视校规校纪教育，在各院系组织新生认真学习基础上，组织校规校纪开卷考试，明确了学术规范和纪律要求，增强了学生的纪律意识。二是加强大学生廉洁教育，举办了多场针对新生的廉洁教育专题报告，并组织新生观看了廉洁教育影片，组织毕业生参观了北京市反腐倡廉警示教育基地，使学生们在思想上高度重视清正廉洁，形成廉洁奉公的自觉意识和慎独精神。三是向各院系下发了《绚彩燕园 青春北大——60位北大毕业生的校园记忆》一书，供新生阅读，通过优秀毕业学子的榜样教育，激励新生的理想情怀和实践热情。四是依托艺术教育，深入推进理想信念教育，举办了北京大学2011年新生音乐会、北京大学新生文艺汇演，组织新生观看了主旋律电影《杨善洲》、电影与话剧《郭明义》《建党伟业》和红色歌剧《青春之歌》，使新生们在丰富多彩的校园文化中，深刻感受北京大学的精神氛围。

4. 持续开展形势与政策教育。在庆祝中国共产党成立90周年之际，学生工作部组织学生观看庆祝大会直播，并组织各院系积极开展学习胡锦涛总书记“七一”重要讲话精神活动。同时，学生工作部及时号召全校师生学习十七届六中全会精神。9月22日，组织学生代表参加北京高校形势政策报告会，中国社会科学院美国问题研究所研究员张国庆做了关于中美关系和西方文化的形势政策报告，为学生解答了关于中美关系和西方文化的主要疑问。12月2日，邀请外交部机关党校教务长、前驻黑山大使李满长做“多党制与前南斯拉夫解体”主题报告会，使同学们进一步认识到中国共产党领导的多党合作和政治协商制度的优越性，深切体会到国家统一、民族团结对于中华民族伟大复兴的重要性。

5. 适时开展传统文化教育。学生工作部继续以中华传统节日为契机，开展传统文化教育活动，引导大学生在参与传统节日活动中，感受传统文化的深刻内涵，取得了显著的育人效果。清明节之际，学生工作部突出“慎终追远、缅怀先烈”的主题，发布了《清明节学生活动倡议书》，号召学生开展烈士纪念碑公祭、重温入党誓词、召开主题班会、植树造林等活动。学生工作部充分挖掘端午节的传统元素和现代价值，号召开展以弘扬爱国主义精神、服务回报社会为主题的社会实践活动。以重阳节为契机，号召广大同学学习传统文化、开展主题班会、拜访老校友、走出校园开展环保活动等，并创造性地在未名BBS上发布重阳节电子贺卡、电子杂志和可供打印邮寄的明信片。

6. 重点开展向模范人物学习活动。4月，组织学生代表参加央视“对话”栏目杨善洲同志专场，并组织全校学生参加“杨善洲同志先进事迹报告会”。9月，开展“郭明义精神进学校”活动，组织学生观看电影《郭明义》，举办“学习郭明义，争做当代雷锋”主题座谈会等，学习郭明义的活动简报被教育部采纳。10月，组织学生代表参加“全国道德模范首都高校巡讲”活动首场报告会，学习郭明义、王文珍、文建明的模范事迹和崇高精神。11月，举办“向李建华师傅学习”学生骨干座谈会，在组织学生纪念李建华师傅的同时，深入引导学生学习李建华师傅在平凡岗位上所体现的崇高精神和高尚品格。

舆情调研　通过座谈研讨、问卷调查、网络观察等各种途径，广泛了解学生关注的热点，开展思想政治整体状况、意识形态领域关注热点、宗教信仰、新媒体适用等专项调研，准确把握学生的思想动态，确保对各类潜在的危机事件做到早发现、早介入、早解决。借助专业力量对座谈研讨、问卷调查、网络观察等途径收集到的大量一手资料进行深度分析，形成调查分析报告。2011年共编写《学生工作周报》36期，《情况反映》25期，《北京大学“文明生活、健康成才”主题教育活动工作简报》3期，《学生工作简报》3期，《教育部简报》1期，全面反映了学生群体动态和关注热点，为学校领导和上级主管部门掌控情况、科学决策提供了重要依据和可靠参考。

安全教育　坚持“预防为主”的基本原则，在假期前发放了“关于假期安全给同学们的一封信”和“学生假期安全卡片”，有效教育全校学生注意防盗、交通旅行安全，切实做到“防患于未然”。同时学生工作部积极贯彻执行有关安全保卫工作的规定，配合学校及保卫部的工作，参与学校的学生宿舍安全用电情况的检查工作。

【学生管理】 规范工作流程　在校园典礼组织工作中，有效融入流程管理理念，集合整编《典礼活动组织管理办法》《北京大学场馆示意图》《院系带队老师组织工作流程》等文件资料，为校园典礼的组织打下扎实基础，有效降低了培训成本，提高了工作效率。以《北京大学学生综合素质测评办法》为基础，在奖励奖学金评审工作中牢牢把握“零误差”原则，通过信息化平台，实现优秀典型在校内广泛宣传，以及由校内往校外的辐射。在奖学金评审工作中，通过建立学生电子信息数据库，进一步优化评审环节和材料报送流程，有效降低评审工作的误差率和返工率。

奖励评选　2011 年，共评出各项校级个人奖励 4305 人，其中三好学生标兵 250 人，创新奖 144 人，三好学生 1759 人，优秀学生干部 99 人，学习优秀奖 1214 人，社会工作奖 793 人，红楼艺术奖 24 人，五四体育奖 22 人。2011 年共评出 9 个 2010—2011 学年度学生工作先进单位，分别为：外国语学院、国际关系学院、化学与分子工程学院、工学院、物理学院、深圳研究生院、口腔医学院、公共卫生学院、药学院；共评出 2010—2011 学年团体创新奖 4 个，其中学术团体创新奖 2 个、社会工作创新团队 2 个，分别为：北京大学数学建模竞赛团队、北京大学 IGEM 代表队、北京大学第十二届研究生支教团、医学部“阳光爱心诊所”。

奖学金评选　2011 年，共设立奖学金 84 项，奖金总金额高达 2665 万余元。其中单项奖学金额度最高为每人 20000 元，最低为每人 1000 元。共评出获奖学生 4506 人，占参评学生总数的 22.81%；人均奖金额度 5900 余元。

我的班级我的家　优秀班集体创建评比活动。学生工作部在部主页开辟“班级建设”专栏，对推荐班级的展示视频、文字材料进行集中展示，充分利用网络平台交流全校班级建设的经验和成果。9 月，从推荐班级中精选出 5 个团结和谐、友爱互助、凝聚力强的班级参赛，并指导各班制作宣传视频和形成文字材料。12 月，元培学院 2010 级本科 3 班代表学校参加评比，并获得“优秀示范班集体”荣誉称号。北京大学在活动中组织得力，成绩突出，获活动优秀组织奖。

团体保险　2011—2012 学年度，全校共有 21976 人投保，共有 27 人获赔，其中 1 人重疾、1 人死亡，总保险金额为 54 万余元。

申诉受理　2011 年，共处理 3 起学籍处理申诉，均维持原处理决定，按院系意见执行。

【国防教育】　联合军训工作　8 月 16—29 日，首次将校本部和医学部的学生合编成一个军训团，集中在同一军训基地进行训练，是两部合并以来受训学员人数最多的军训团，共计 3412 名。以团为单位建立临时党支部、以连为单位建立临时党小组是 2011 年军训团的一项创举；同时军训团坚持以人为本，注重温情教育，为 103 名师生庆贺了集体生日；领队老师整体呈现年轻、精干、团结的特点，坚持跟班作业，时刻把握学生思想状况；除常规训练任务外，本次军训还安排了真人 CS、定向越野、心肺复苏、消防演习、拉练打靶等训练活动，受到了参训同学的普遍欢迎；举办了各类讲座、电影、板报比赛、演讲比赛、合唱比赛、文艺晚会等教育活动。

学校成立军训领导小组，由张彦担任组长，由马化祥、医学部党委副书记李文胜担任副组长，组员由校本部教务部、校医院、保卫部、餐饮中心和医学部学生处、教育处、部医院等相关职能单位的负责同志组成。军训工作在军训领导小组的统一领导下开展。同时建立军训总指挥部，马化祥担任总指挥，王维民担任副总指挥，严敏杰担任前线总指挥，陶纪国担任前线副总指挥，王欣涛担任总领队，焦岩担任副总领队。

国防教育　2011 年，较好地组织完成了近 3000 人的军事理论课教学工作，使军事理论教学工作逐步走向科学化、规范化的轨道。继续开设《孙子兵法导读》《当代国防》等课程，同时积极邀请校内外知名专家学者进行演讲。在《中华人民共和国国防教育法》颁布十周年之际，举办了以“情驻国防，心系国家”为主题的国防教育系列活动。4 月，开展了国防教育活动月活动，其间举行了国防讲座、知识问答、射击体验、军营参观等活动。

征兵工作　2011 年，北京大学共有 3 名男兵和 1 名女兵光荣地应征入伍，他们分别是医学部药学院 2011 级研究生陈业懂、公共医学部 2010 级本科生常伟、地球与空间科学学院 2011 级本科生伍昕钰；医学部护理学院 2011 级专科生李雪成为医学部首位应征入伍的在校女兵。

【理论研究】　通过制定激励制度、搭建研究平台、支持课题项目等途径，着力提升学生工作干部的理论研究素养。继续以基层学生工作创新基地建设工程为平台，推动学生工作的实践探索与理论创新，多篇创新基地研究文章在全国中文核心期刊发表，多个基地以新媒体为教育载体推动思路转化与方法创新，显示出了学生工作所具有的理论高度和学生工作者的创新能力。2011 年 11 月，学生工作部组织进行了 2010 年学生工作系统课题申报工作，共有 15 个课题获得了资助立项。学生工作部和各挂靠中心还参与或承担了包括国家社科基金重大项目、“十一五”国家科技支撑计划重点项目、教育部人文社科研究专项任务项目，以及北京市哲学社会科学规划项目在内的多个课题研究任务。

《北大青年研究》杂志坚持“专业化”办刊标准，编写完成《〈北大青年研究〉编辑部工作手册》，对出刊流程和编辑规范进行系统梳理；邀请《北京大学学报（哲学社会科学版）》常务副主编刘曙光等专家学者主讲期刊撰稿与编辑规范，进行专题培训；参加《北京教育（德育）》等期刊学习交流，提升专业水平和能力。全年共出刊4期，刊发各类文章102篇，被校外核心和权威期刊转载60多篇，转载率超过60%。在近两年刊物所载文章的基础上，选编完成《创新与发展——北京大学加强和改进学生思想政治教育论文选编》一书，并由北大出版社正式出版发行，以“精致化”理念的提出、解读、丰富和落实作为编辑脉络，成为北大学工系统交流工作的全新教材。

学生心理健康教育

【心理危机排查与干预】 学生心理健康教育与咨询中心采用访谈、经验交流及专业督导等形式，加强对干预体系各环节的指导与沟通。与中国心理网合作，研发了高校学生心理健康与危机干预网络管理平台，面向校本部和医学部开展心理健康测评，共有5325名同学参加测评并建立心理健康档案。

【全员教育机制】 学生心理健康教育与咨询中心围绕学生危机识别与处理、危机干预特殊案例讨论，以及网络时代的大学生心理等内容开展培训。5月，邀请北京高教学会心理咨询研究会秘书长、首都师范大学心理咨询中心主任蔺桂瑞教授前来指导工作；10月，邀请中国精神分析学组华中地区组长、中国心理卫生协会心理咨询与心理治疗专业委员会副主任委员施琪嘉老师前来督导。

【心理咨询工作】 2011年1—11月，共有341名在校学生通过网络、电话或是亲自到访的形式向学生心理健康教育与咨询中心提出了心理咨询辅导的申请，其中241人前来接受了咨询。医学部接待学生心理咨询233人次，接待学生家长来访4人次。4月，学生心理健康教育与咨询中心举办现场咨询活动，以更开放更集中更方便的形式为同学们答疑解惑。在做好常规咨询工作的同时，还推出了团体咨询、couple咨询（面对恋人群体的咨询）和日常心理测评等项目。

【心理健康教育】 2011年4—5月，举办以“沟通 让宿舍更温馨”为主题的第十四届整体健康活动月。2011年，朋辈辅导工作坊覆盖学生约719人次，其中新生适应工作坊438人次，素质拓展工作坊218人次，成长小组63人次。全年共培训志愿者199人次，开发出标准化的工作坊操作教案10余份，并在此基础上编写了《新生工作坊领导者培训手册》《朋辈辅导助理工作坊技巧培训手册》等培训教材。4月，主办“首都大学生心理健康节”系列活动之一——高校心理论坛，共有18所高校派代表出席了论坛。全年发行了9期《燕园心声》，逐步成为心理健康教育宣传普及工作的一个重要阵地。定期编写和发放主题宣传折页。针对学生面临的典型问题，撰写共性问题指导文章，在校内媒体刊登，并在新闻网专门开设了心理成长热线，为同学们提供相应指导。

【国际交流合作】 2011年4月，学生心理健康教育与咨询中心与来访的斯坦福大学学生心理咨询中心Michael Haberecht博士举行了交流会。5月，邀请比利时心理治疗师、情感教育专家米杉（Michel Claeys）教授做讲座。10月，与中美精神分析协会共同主办了一场精神分析研讨会。

学生资助工作

【发展概况】 2010年年底，北京大学荣获“全国高等学校学生资助工作先进单位”称号。2011年年初，学校领导决定通令嘉奖学生资助中心。3月，学生资助中心应邀参加教育部第5次新闻通气会，介绍“专业化学生资助机构”工作特色。6月，学生资助中心指导下的家庭经济困难学生成长成才平台——学生服务总队得到北京大学通令嘉奖。7月，国家新资助政策第一批受益者、北京大学2007级家庭经济困难学生顺利毕业。刘延东国务委员、教育部袁贵仁部长、全国学生资助管理中心张光明主任等领导高度评价北京大学学生资助中心为扶助家庭经济困难学生顺利完成学业所做出的努力。2011年，下发的各类资助资金较往年稳步增长，资助资金及时准确发放到位，学生资助中心有6人共9人次获得校级以上嘉奖。

【领导关怀】 1. 国务院领导对北京大学依托专业化资助机构开展工作给予充分肯定。6月，中共中央政治局委员、国务委员刘延东同志给国家新资助政策第一批受益者、北京大学2007级家庭经济困难学生亲切回信，对北京大学学生资助工作予以充分肯定。

2. 教育部领导对北京大学学生资助中心工作给予高度评价和大力支持。6月，在了解到北京大学2007级家庭经济困难学生取得优异成绩、即将顺利完成学业后，袁贵仁部长对北京大学专业化学生资助机构表示高度评价和充分肯定。全国学生资助管理中心邀请北大学生资助中心参加教育部新闻通气会，介绍专业化学生资助机构工作特色。张光明主任、马建斌副主任、涂义才副主任等领导莅临北京大学学生资助中心，检查指导工作，并给予充分信任，委托承办全国县级学生资助管理人员培训班，多次邀请学生资助中心主任以资助工作专家身份参加调研，与学生联欢，关心慰问家庭经济困难学生学习生活。

3. 学校领导高度重视学生资助中心工作，悉心指导，示范引领。(1) 北京大学党委书记朱善璐教授高度重视和亲切关心家庭经济困难学生成长成才，莅临学生资助一线指导工作，高度评价"燕园领航"和"燕园携手"计划的设计实施，并亲自担任领航老师，参加学生服务总队元旦联欢等活动，高度评价北京大学学生资助中心工作，鼓励北大学生资助中心要敢于同世界一流大学学生资助机构一比高下，提出学生资助工作更高目标。(2) 校长周其凤院士多次参加包括 2011 年全国县级学生资助工作管理人员业务培训班的开班仪式、学生服务总队中秋联欢会、元旦联欢会等活动，亲切关心受助学生成长成才，再次领航一名家庭经济困难学生，通过题词、批示等方式给予学生资助工作极大鼓舞，称赞学生资助中心是"全心全意为学生服务的中心"。(3) 党委常务副书记、副校长张彦作为主管校领导大力支持和全面指导学生资助工作，数十次出席学生资助相关活动并讲话，统筹资源大力支持学生资助中心的建设和发展，深入调研家庭经济困难学生成长成才需求，并给予细致关怀，以个人身份捐赠学生温馨咖啡角，表达关爱。

【机构建设】 2011 年是《教育规划纲要》实施的关键之年，是国家"十二五"发展规划实施的开局之年，学生资助中心着眼中长期发展，大力加强专业化机构各项建设，全面提升专业化水平。

1. 统一工作思想，坚定服务信念。不断强化对学生资助工作政治性和政策性的认识，召开专题讨论会、民主生活会、座谈会、师生主题党日等活动，学习上级领导指示精神，讨论完善服务。全体员工统一思想认识，坚定"发展为了人民、发展依靠人民、发展成果由人民共享"的信念，普遍表示要时刻把家庭经济困难学生当成亲人、放在心上，强化服务意识，努力把党和国家，以及各级领导对家庭经济困难学生的高度重视和大力支持转化到进一步做好各项服务工作的具体行动中。

2. 强化业务理论，建设学习型队伍。加强理论研讨，承接教育部"家庭经济困难研究生资助"课题，杨爱民主任担任组长。编辑《学生资助研究》《阳光照耀梦想》《每日摘报》等刊物，组织高校家庭经济困难研究生资助工作研讨会、女性学生资助工作者论坛、学生资助工作精致化论坛等研讨平台。加强体验式学习。组织实地调研和工作交流。鼓励员工钻研业务。工作人员在《中国高等教育》《北大青年研究》等刊物发表文章近 10 篇，2 人在"全国高校学生资助育人工作实践与理论研讨会"上获一等奖，中心主任杨爱民在该会议上做主题发言。2011 年，学生资助中心有 6 人共 9 人次获校级以上奖励。

3. 提高管理效率，加强信息化建设。完善信息平台建设，探索、完善并实施学生资助信息化管理体系理念。实现家庭经济困难学生档案管理的信息化、项目管理的信息化、资助结果通知的信息化。方便学生，借助现代技术手段，推出便捷服务。严格规范信息管理，按照要求做好资助报表报送和学生信息采集工作。

4. 深入创先争优，开展组织文化建设。紧紧围绕建党 90 周年，深入开展创先争优活动，建设学习型党小组，设置创先争优岗，落实党员承诺制，倡导"比学赶帮超"，把创先争优转化为团队共同价值取向，积极转化创争成果，创新服务手段，提升服务效果。中心主任杨爱民荣获"北京大学优秀党务工作者"。

5. 注重风险防控，加强党风廉政建设。组织参观反腐倡廉教育展览，提升廉洁自律意识。党员同志深入宿舍慰问关心孤儿、残疾、重病家庭经济困难学生，在切实解决学生实际困难的同时，进一步密切联系群众、加强自我教育、增进与受助学生的血肉联系，切实提升党风廉政建设实效。

【完善资助体系】 1. 形成品牌特色，确保应助尽助。北京大学从事业收入中足额提取、足额使用资助经费，充分调动学校品牌资源，大力筹集社会捐赠资源，形成以赠予资助为主、助学贷款等方式为辅、专业机构面对面服务的特色局面。2011 年，学生资助中心围绕学生需求完善资助模式，提供属于学生本人的精致化绿色成长方案，下发的各类资助资金较往年稳步增长。包括各级各类资助资金在内，北京大学家庭经济困难学生学费、住宿费、基本生活费实现全覆盖。

2. 开展立体宣传，扩大政策影响。(1) 多层次、全方位宣传北大学生资助政策体系。北大学生资助中心在"两会"前应教育部邀请参加教育部新闻通气会，介绍"专业化学生资助机构"。通过热线电话、学生寻访、政策宣讲、联合招办宣传，把政策送到考生的高中母校、送到学生家中。加强与地方政府合作，探索解决新生入学前困难的新途径。建立学生资助课程，主任牵头讲解学生资助政策。在学校宣传部门帮助下，积极联络校内外主流媒体开展宣传，学校领导和学生资助中心主任积极参加资助政策宣传，38 家媒体 60 余次报道北京大学学生资助工作。(2) 及时性、动态化报告北大学生资助工作讯息。学生资助中心以学生资助工作简报、校内动态信息等形式及时、全面地向全国学生资助管理中心和北京大学校领导上报学生资助工作讯息，有关领导分别在简报和信息上做出重要批示。上报学生资助工作简报 68 期(教育部采用 10 篇)，校内动态信息 120 期，相关领导做出重要批示，排名分别居部属高校和校内单位第一名。

3. 创新工作举措，追求精致服务。(1) 调整优化，有效探索家庭经济困难学生认定新模式。根据学生需求，调整服务时间，分别在1月面向在校生、9月面向新生开展认定，提高认定效率。健全家庭经济困难学生认定工作交流机制，完善业务培训，指导基层院系做好认定工作。(2) 细致服务，精心做好国家助学贷款及贷后管理工作，面对面开展高校国家助学贷款服务。2011年5月，提前办理以往安排在9月份的国家助学贷款续放手续。8月27日迎新当天，邀请银行人员现场办理国家助学贷款申请。9月，受助学生第一时间收到资金，北大成为北京第一家续申放款的高校。2011—2012学年总计为795名贷款在校生放款469.7万元。贷款满足率为100%。在学生资助中心的积极推动下，深圳研究生院与中国银行开启助学贷款合作。安排专人负责配合相关工作，在迎新绿色通道提供服务，配合系统升级，及时优化工作方式，全力做好相关服务，总计协助国家开发银行为134人放款80.4万元。配备专人负责贷后管理，定期邀请银行专家探讨贷后管理，进一步完善管理，建立信息共享和督导机制，明确部门分工，分解工作职责，落实具体责任，形成工作合力。丰富信用教育方式，引导学生树立良好信用意识。北京大学贷后管理工作取得较好成效，整体正常还款率约99%，无恶意欠款案例。(3) 科学规范，严格管理国家奖助学金等助学金项目。严格执行制度规定，坚持“四级评审、两级公示”。学生资助中心牵头组织评审委员会，成员包括相关部门负责人。评审委员会常态化召开会议，严格履行职责。各项奖助学金候选名单严格实施“四级评审、两级公示”，即院系初审、学生资助中心复审、评审委员会会审、学校领导审定；院系公示、学生资助中心公示。9月中旬，350名家庭经济困难新生拿到1500元助学金，第一时间解决入学后的学习生活需求，标志着北大助学金发放时间较往年提前近2个月；10月底，各项助学金陆续发放，受助学生学习生活得到充分保障。(4) 点面结合，积极创新学费补偿贷款代偿工作机制。不仅通过基层院系、校园网络等途径开展宣传，而且在中西部区域建立重点校友月度联络制度，动态掌握校友基层就业情况，取得较好效果。直接联络和指导学生办理手续，及时、规范报送相关材料。2011年，共为3名参军的在校生、4名2011年退伍返校的复学生办理学费资助申请手续，为35名赴基层就业校友分别发放学费补偿金和助学贷款代偿金。(5) 协调资源，大力推动全校共同开拓勤工助学岗位。安排专人负责，注重便利学生，联动校内各单位，重点拓展校内岗位，强化岗前培训，优化服务流程，开拓家教培训、礼仪服务、校园引导参观、图书馆助理、教室协管等富有北大特色的勤工助学项目，惠及5000余人。(6) 搭建平台，深度开发迎新绿色通道资助育人功能。北京大学迎新绿色通道在学生资助中心的牵头组织下，成为集国家、学校和社会各界提供经济资助、捐赠机构表达爱心支持、各级领导给予精神关爱等多功能于一体的绿色成才平台。2011年，全国学生资助管理中心向新闻媒体专稿报道北京大学迎新绿色通道工作。

【资助项目探索调研】 1. 着眼学生需求，设计实施资助育人项目。(1) 实施“燕园领航”计划和“燕园携手”计划。落实《教育规划纲要》精神，积极依托曾受资助的师长校友资源，针对家庭经济困难新生的实际需求，聘请领航老师和携手学长，“一对一”个性化地引领家庭经济特别困难新生成长成才。各级领导高度评价“燕园领航”和“燕园携手”计划，北京大学党委书记朱善璐教授和校长周其凤院士亲自担任领航老师。《光明日报》《北京日报》等主流媒体深度报道“燕园领航”计划。(2) 加强家庭经济困难学生成长成才平台建设。学生资助中心指导学生服务总队，进一步丰富公益服务、能力建设、温暖家园等项目内容，组织文艺表演、演讲比赛、主题读书会、开心运动会等家庭经济困难学生喜闻乐见的活动，引领家庭经济困难新生尽快适应城市和大学生活。

2. 加强国内外交流，借鉴经验提升专业水平。2011年，政府部门、捐赠单位和兄弟院校广泛邀请北大学生资助中心作为专家单位开展调研、访问，30余家境内外高校学生资助部门前来访问、交流。

3. 把握发展趋势，开展前瞻性资助工作探索。探索开展家庭经济困难研究生资助工作。探索建设学生资助研究平台。充分尊重并努力满足家庭经济困难学生在基本学习生活需求之上的成绩提升、学业发展、参与科研、社会实践、特长培养、能力建设、视野拓展等需求。

4. 积极扎实做好上级交办的各项任务。及时全面完成全国学生资助管理中心等上级机关交办的各项任务，包括抽调工作、课题研究、陪同调研、承办会务等。全国学生资助管理中心等上级领导机关布置的各项会议全部按要求参加。严格按照上级指示开展工作，中心主任杨爱民参加国家奖学金评审等工作，陪同全国学生资助管理中心领导赴甘肃、贵州等地调研，成功承办全国县级学生资助人员业务培训班(第1、2期)、在京高校生源地信用助学贷款培训会等大型会务，1名工作人员借调教育部工作。

5. 科学调研评估,受助学生成才效果显著。开展家庭经济困难学生普查和抽样深访,组织专家研讨,提出服务举措。北京大学家庭经济困难学生在思想道德、学习成绩、学术科研、社会实践、奖励荣誉等方面发展状况高于学校平均水平。校长周其凤院士指示学生资助中心"再接再厉,一起努力,争取更好!"

学生就业工作

【发展概况】 2011 年,北大本科毕业生和研究生毕业生年底就业率双双超过 98%,80%以上毕业生的去向为经济建设、科技教育、社会管理、国家安全及其他社会发展事业的重要行业和领域。共有 501 人报名应聘各地基层选调生项目、大学生"村官"项目、预征入伍项目、社区工作者项目和参与重大科研项目,288 人签约基层和西部地区,再创历史新高,其中 46 人签约广西选调生,23 人签约重庆选调生,11 人到新疆就业,3 人到西藏就业,另外,还有参加社区工作者 1 名,大学生预征入伍毕业生 1 名,参加重大科研项目研究毕业生 1 名。

【家国战略】 旗帜鲜明地提出"我回家乡做贡献"主题口号,从"家与国"两个维度引导毕业生把实现个人理想与奉献祖国建设相结合。10 月 14 日隆重举行"我回家乡做贡献"主题教育活动启动仪式,相继和一系列基层西部单位签订实习实训协议。紧紧把握各省份进入北大进行定向选调生招录的契机,积极引导和鼓励毕业生面向基层和西部地区就业,并作为向各地方党政机关开展人才输送战略布局的关键举措。

【完善职业生涯指导体系】 举办包括"职场分享""职业素质提升""模拟面试""创业教育"4 个主题共 20 多场讲座和沙龙的"职场嘉年华"系列活动。推出"职场北大人"系列讲座,相继举办 7 场专题讲座,邀请了 22 位优秀青年校友与在校学生分享职场心得与从业感受,共吸引 3000 余人次参加。开通"职场北大人"网站,周其凤校长为网站提名,由优秀校友指导在校学生提升职业技能、规划职业生涯。举办北京大学第四届学生职业生涯规划大赛。

【强化市场调研与合作】 通过走访毕业生去向较为集中的党政机关、国有大中型企业、民营企业代表单位,初步编写完成了《北京大学重点用人单位调研报告》。举办首届 500 强企业北京大学高端就业酒会、北京大学优秀校友企业招聘会,为高端企业和北大毕业生搭建了形式新颖、气氛融洽的交流平台。共举办以城市地区和大型企业为单位的"集团招聘"38 场,企事业单位专场招聘宣讲活动 304 场,提供需求岗位信息超过 48000 余条,信息量比上年增长近 10%。

【推进就业信息化建设】 对就业信息网进行了第六次改版升级,增加了学生自助职业测评、线上预约职业咨询,用人单位自助登记和上传信息等专业化的服务功能。投入专项资金开发北京大学毕业生就业管理系统,简化就业管理程序、提高工作效率。

网络育人工作

【网络监管】 严格落实 24 小时值班监控机制,编制《2011 年度网络舆情监控及网络阵地建设工作要点》;稳步拓展工作覆盖面,实现监控对象由校园 BBS 向全网转变,包括人人网、微博、大型社会论坛及境外重点网站;积极参与教育部雨虹网络平台建设,全面掌握教育系统舆情资源。调整充实未名 BBS 发展委员会,加强与学校相关部门的沟通联系,完善网络舆情的现实反馈和解决机制。有针对性地推出各种舆情产品,共推出 130 期《校园网络动态》、17 期《网络舆情参考》、30 期《舆情专报》,以及《年度舆情分析报告》,从不同角度、深度反映广大师生利益诉求和思想动态,为学校全局决策提供参考。

【未名 BBS 发展】 指导成立学生社团"未名发展俱乐部",站刊《北大未名》实现试刊,开辟校园网络文化传播的新途径。组织站务组多次赴兄弟高校调研,借鉴经验,加强 BBS 科学化建设。完成《北大未名 BBS 站规总纲》修订,从法理基础解决管理实践与制度规定相脱节的长期矛盾。制定完成《总监选举办法(暂行)》,首次实现线下投票换届。在学校支持下,未名 BBS 完成硬件设备更新升级。通过争取相关部门支持,未名 BBS 首次推出网络视频直播服务,直播毕业典礼、开学典礼及新年联欢晚会;积极帮助联系校内团队、搭建合作平台,共同参与未名 BBS 技术开发。

【"北大·地带"升级改版】 本年度进一步规范"北大·地带"中《北大青年研究》网络版的运营,根据"刊网合一"要求,保证杂志封面、文章内容在网上同步发布。启动"北大·地带"升级改版计划,在网站界面友好度及使用便利度等方面优化配置,开辟校园网络文化新阵地。顺利完成硬件位置迁移,从根本上保障网站运行的稳定性与高速度。形成切实可行的开发计划,依托专业社团充实技术队伍和运营队伍。

【媒介素养教育】 与新闻与传播学院联合推出"网络舆情研究与青年工作创新"系列专题培训,从"网络舆情"审视和思考"青年工作",从"青年工作"观察并认识"网络舆情”，全面理解青年学生成长环境和学生工作服务对象，推动北京大学青年工作的持续创新发展。首场讲座邀请《人民网》舆情监测室秘书长祝华新，主讲“新媒体时代与大学生沟通对话”，理性探讨了虚拟社区中在校大学生教育管理这一时代命题，对提高师生的网络媒介素养和干部教师的网络舆情意识起到积极作用。依托第二十届“挑战杯”系列赛事特别贡献奖，重点资助7支学生团队研究互联网相关问题，指导其中两支团队制订开展教育方案。

共青团工作

【发展概况】 2011年，北大团委高举中国特色社会主义伟大旗帜，以邓小平理论和“三个代表”重要思想为指导，深入学习实践科学发展观，认真贯彻落实党的十七大和十七届六中全会、团的十六大和十六届四中全会、北京共青团十二届九次全委会和2011年北京市共青团工作会议精神，按照学校党委对共青团与青年工作的要求，积极落实北京大学第十八次团代会精神，坚持“务求实效、内涵发展”和“眼睛向下、重心下移”的原则，突出思想引领、成才服务和基层团建三条主线，狠抓青年马克思主义者培养工程、大学生素质拓展计划和团建强基工程三大重点，积极参与维护校园稳定、促进就业创业工作，在率先实现“两个全体青年”的目标上迈出了重要步伐，开创了北大共青团工作的新局面。

以科学发展观为统领，秉承“育人为本、德育为先”的理念，全面把握时代特征，立足青年特点，深入贯彻落实中央16号文件精神，不断充实思想政治教育工作内涵。2011年5月，胡锦涛总书记给北京大学第十二届研究生支教团回信，勉励广大青年“向实践学习，向人民群众学习”，北大团委第一时间向广大师生发出号召，通过座谈交流、理论研讨、实践调研等形式认真贯彻落实总书记回信精神。牢牢抓住建党90周年重要契机，大力开展理想信念教育，组织广大青年积极学习贯彻胡锦涛总书记“七一讲话”精神。认真落实团中央在大学生中开展青年思想引领工作的部署，深入推进分类引导青年工作。以刘延东国务委员在北京大学教师干部大会上的讲话精神为指导，引导广大青年学生继承和弘扬北大的光荣传统，认清自己肩负的历史重任，为北京大学创建世界一流大学和中国特色社会主义事业贡献青春智慧和力量。

紧密围绕北京大学创建世界一流大学的中心工作，全面服务青年学生成长成才需求，深入推进第二课堂和校园文化建设，大学生素质教育取得新成就。2011年，北大团委把促进大学生就业创业放在服务学生成长成才的重要位置，与校外单位建立就业创业见习合作关系，帮助学生解决成长发展中面临的突出问题。继续加强学生课外活动指导中心建设，构建多元丰富的第二课堂育人体系。成功举办“挑战杯”——五四青年科学奖竞赛、首届“跨学科”竞赛、医学部生物医学论坛等课外学术科研活动。以“爱乐传习”理念为统领，圆满完成社团文化节、十佳歌手大赛、新生文艺汇演、新年联欢晚会及“北大杯”“新生杯”和“硕士杯”体育联赛等校园文体活动。在“一二·九”师生歌咏比赛中，党委书记朱善璐和校长周其凤亲临现场参与指挥和领唱，极大提高了青年的参与热情。稳步推进青年志愿者协会、青年理论研究、《北大讲座》、暑期社会实践、中国大学生环境教育基地等品牌工作，培养学生与时代发展要求相适应的全面素质。

扎实推进青年马克思主义者培养工程，进一步做好学生骨干培养工作。2011年，北大团委继续践行“自我教育、同伴教育、实践教育”的创新培训理念，在骨干培养工作中坚持思想引领和实践育人相结合。一方面，召开“与祖国共奋进”北大青年时事分享汇等活动，通过融入青年喜闻乐见的时代元素加强大学生形势与政策教育；另一方面，以“在路上学党史，举团旗跟党走”为主题，在江西井冈山、贵州遵义等地扎实开展社会实践活动。在培训体系和制度层面，本着“以人为本、立足高端、因材施教、分类培养”的理念，巩固并发展三层办学体系，总结基层院系成功经验，进一步丰富团校导师资源。

坚持“党建带团建”原则，深入学习实践科学发展观，继承和发扬北大共青团光荣传统，进一步加强团的自身建设。2011年，北大团委继续牢固树立“以人为本，胸怀大局，求真务实，与时俱进”的工作理念，发扬“特别能吃苦，特别能战斗，特别能创造”的优良作风，以可能达到的最高标准要求自己，将奋发有为的精神状态与脚踏实地的实际行动结合起来，努力推动北大共青团事业的新发展。3月13日，共青团北京大学第十八届委员会第四次全体（扩大）会议召开，会议全面分析了北大共青团的工作形势和任务，为共青团事业发展开创全新局面。

2011年，医学部团委紧密围绕学校育人根本目标，立足学生和青工的实际需求，深入学习实践科学发展观，牢固树立"全团一盘棋"思想，在努力实现"两个全体青年"的进程中创造了新的业绩。深入学习实践科学发展观，切实改进青年思想政治教育工作。充分利用建党、"五·四""一二·九"等重要时间节点，以征文、演讲、座谈、文艺演出、主题升旗、展板宣传等多种形式，积极开展"爱·责任·成长"等主题活动和以弘扬民族精神为主要内容的爱国主义教育活动。结合广大团员青年的切实需求，继续推进免疫文献大赛、公卫文化节、元旦联欢晚会等经典活动，全力打造美食文化节等新型品牌活动。不断加强青年骨干培养工作和团组织自身建设，努力夯实共青团工作的人才基础和组织基础。

2011 年 9 月，在学校党委的亲切关怀和直接领导下，共青团北京大学委员会的领导班子进行了调整。吕晨飞调离团委，学校决定阮草主持工作。

【纪念建党 90 周年】 2011 年是中国共产党成立 90 周年，北大团委精心组织系列庆祝活动，教育和引导当代北大青年始终高举爱国主义旗帜，把热爱祖国与热爱中国共产党高度统一起来。

根据党中央、教育部、北京市和学校的总体安排，通过座谈会、社会实践、志愿服务、师生歌咏比赛等活动形式，深入开展"学党史、知党情、跟党走"等系列主题教育活动，加强理想信念教育，明确青年所肩负的神圣历史使命。北京大学高级团校积极组织全体学员集中收看十一届全国人大第四次会议开幕式及政府工作报告直播，举行清明节祭奠革命烈士活动。组织部分学生骨干奔赴湖南长沙开展"肩负时代责任，寻访伟人足迹"主题红色实践教育活动，深入开展"学党情、知党史、跟党走"系列教育活动。5 月 4 日，北京大学 50 余名学生作为高校代表参加了在北大红楼举行的首都青少年纪念中国共产党成立 90 周年"寻找党的足迹"主题教育实践活动，全体学生代表在红楼前庄严宣誓。7 月 1 日，北大团委组织学生代表向李大钊铜像敬献鲜花，并在像前默哀、朗诵，寄托当代北大师生对革命先烈的崇高敬意和深切追思。仪式结束后，全体活动人员一起收看了庆祝中国共产党成立 90 周年大会的现场直播。北大团委还认真分析和总结党建带团建工作经验，先后完成《北京大学党建带团建工作经验总结》《北京大学关于贯彻落实党建带团建工作会议精神说明》《北京大学党建带团建工作思路梳理》等。面向全校开展基层学生团支部工作专题调研，对存在的问题和薄弱环节做了充分了解和分析。

2011 年 5 月，在建党 90 周年来临之际，医学部团委在共青团系统中全面开展了"学习优秀党员事迹，争当时代有为青年"主题教育活动，组织开展集中学习、交流座谈、撰写学习心得体会、观看视频资料等多形式的学习活动，激励广大北医青年学习楷模、坚定信念、勇担责任，用自己的实际行动向建党 90 周年献礼。

【深入学习总书记回信精神】 2011 年 5 月，胡锦涛总书记给北京大学第十二届研究生支教团亲切回信，充分肯定研究生支教团的志愿服务活动，勉励广大青年学子"向实践学习、向人民群众学习，努力成长为堪当国家建设重任的栋梁之材"。北大团委按照校党委统一安排并结合北大共青团工作的实际情况，研究制订了《北京大学团委落实学习胡锦涛总书记回信精神工作方案》，对学习贯彻总书记回信精神工作进行了周密部署。在往年工作的基础上，继续推进实践育人工作精致化，把握定位、明确思路、整合资源、突出重点，在学生社会实践、志愿服务活动等工作上取得丰硕成果。

紧密结合"深入社会和民生进行深度观察"的口号，充分调动广大学生参与积极性，深入社会生活，深度观察社会实际状况；深入人民的生活，深度观察人民群众的生存、生产、生活和生命状态，不断推动社会实践工作纵深式发展。2011 年，共有 266 支暑期社会实践团队、3043 名北大学子分赴全国各地，开展社会观察、志愿服务、访谈交流和学术调研等形式多样的社会实践活动，其中绝大多数团队配备了多位调研方法指导员及学术指导教师。团队的实践区域覆盖了除澳门外的全国各省、自治区、直辖市，以及香港特别行政区和台湾地区。同学们在实践中加深了对国情和民情的直观认知，升华了对祖国、家乡、人民的感情。北大团委还不断推动社会实践活动常态化和制度化建设。2011 年 4 月，出台《北京大学 2011 年学生暑期社会实践资助办法》，规定了"评分划阶，梯度资助"的基本办法，由校团委按照"定量为主，定性为辅"的原则为各实践团队评分，依分数将实践团队分为四个等级实行不同的资助额度。在制度设计方面进行多方位的实践前指导工作。北大团委还组织编写《北京大学 2011 年学生暑期社会实践指导手册》《安全出行一册通》《社会调研 ABC》等资料，在社会实践、安全教育、社会调研方法等方面为参与实践的同学提供全面指导。

持续推动青年志愿者和青年文明号工作。2011 年 3 月 5 日是第 12 个"中国青年志愿者服务日"，为贯彻落实共青团中央、北京团市委关于开展"关爱农民工子女志愿服务活动"的相关要求，北大团委集中开展了"关爱农民工子女志愿服务活动"。2011 年 3—6 月开办第六期平民学校，充分利用校内既有的专业教育培训资源，借助学生、教师志愿者的力量，为校内工友提供免费的培训教育服务。

2011年，北京大学青年志愿者协会会刊《精·志》全面实现了刊物的数据化和电子化，为志愿服务工作提供了有效宣传载体。同时，深入开展北京大学青年文明号和青年岗位能手评选活动，将一线服务保障岗位职工作为重点评选对象，并启动校园网络投票，开展后期交流活动，扩大活动影响力。

研究生支教工作继续推进。2011年9月，根据《关于选拔北京大学第十四届研究生支教团志愿者的通知》，第十四届研究生支教团招募工作全面展开，最终确定18名应届本科毕业生入选第十四届研究生支教团。在做好日常管理和服务工作，及时掌握支教团志愿者的工作、生活和思想状况的同时，北京大学研究生支教团项目办公室还负责协调支教团志愿者和服务地之间的关系，解决志愿者在工作、生活中遇到的困难和问题，确保其顺利、圆满完成支教任务。2011年，北大团委组织编写了《别样青春》一书，记载12年来北京大学研究生支教团成员在西部地区开展支教扶贫的感人事迹。该书融入了北京大学的志愿者们从实践中收获的思考，是对多年来实践育人工作成效的一次生动展示。

积极拓展创业资源，推进创业见习基地建设。2011年，北大新增见习基地15个，并首次成规模、成建制地开展“博士生服务团”活动，与4个地方建立了“博士生服务团”活动基地，活动面覆盖到北京、河北、湖南、重庆、福建、山东、安徽、江苏、云南、吉林、浙江、海南、新疆、四川、陕西、内蒙古等16个省、市、自治区。

2011年，医学部青年志愿者协会全面完善评选月度“志愿之星”、提供书面志愿服务证明、颁发志愿者证等激励制度与管理办法，为医学部志愿者工作的蓬勃发展打下坚实基础。在原有海淀博物馆、国家图书馆两个志愿项目的基础上力求创新，拓展了一系列新的志愿服务项目：与北医三院建立长期合作关系，为中国科技馆输送讲解志愿者，与医学部跑步爱好者协会合作选拔北京国际马拉松赛事高校志愿者。在“走入肿瘤医院——为癌症患者送温暖”志愿行动中，医学部青年志愿者协会获得中国癌症基金会颁发的“优秀组织奖”荣誉称号。2011年，医学部青年志愿者协会在燕园成立分部，为医学部志愿者队伍增添了一支重要力量。同时，组织部分团干部、学生骨干赴吉林省和内蒙古赤峰进行暑期社会实践活动，积极鼓励广大团员青年在实践中深入了解国情与民情，奉献爱心、服务基层、回馈社会。

【学生思想政治教育】 北大团委坚持以邓小平理论和“三个代表”重要思想为指导，深入学习实践科学发展观，继续落实中央16号文件要求，贯彻“育人为本、德育为先”的工作理念，将大学生思想政治教育摆在各项工作的突出位置，以深入学习实践科学发展观活动为统领，以纪念建党九十周年等重大主题纪念活动为主线，不断提升思想政治教育工作实效，取得了显著的育人效果。

2011年上半年，以学习胡锦涛总书记回信精神为契机，认真开展大学生骨干训练营、学习李建华师傅先进事迹、研究生支教团等活动和项目，不断丰富“向实践学习、向人民群众学习”的路径和载体，让更多的青年学生在实践中“丰富阅历、磨练意志、增长才干”。2011年下半年，根据党中央、教育部、北京市和学校的总体安排，通过座谈会、社会实践、志愿服务、师生歌咏比赛等活动形式，深入开展“学党史、知党情、跟党走”等系列主题教育活动，帮助同学们进一步增强文明生活、健康成才的意识，明确青年所肩负的神圣历史使命。同时，按照团中央的部署，北大团委积极推动分类引导青年思想工作，开展专项调研系统研究青年思想意识的关键点，积极探索创新有效引导青年的路径和载体，为校园的和谐稳定做出了不少努力。

2011年，北大团委还从思想教育层面加强了青年学生维稳工作，在安全保卫思想教育和宣传教育工作的基础上，更加注重舆情监控，努力做好政治隐患排查工作。立足自身特点，充分发挥团组织紧密联系青年大学生的优势，积极开辟更多元的信息渠道，深入学生之中掌握学生思想动态，在国内外局势敏感时期加强每日舆情监控报送工作，引导青年学生以理性方式表达内心诉求；通过倡议书、座谈会等方式，积极疏导学生情绪，有效避免和遏制了舆情隐患。

2011年1月，为树立青春榜样，发挥优秀学生的示范作用，引导医学部学子文明生活、健康成才，医学部团委举办了“天使之星”评选活动。通过医学部团委网站、人人网ID“北医青年”等平台，宣传先进事迹，提供借鉴经验，营造了积极向上的校园网络氛围，吸引了青年学生的广泛关注与参与。医学部团委还通过团属刊物、网络平台等全面报道山东省优秀大学生村官张广秀的先进事迹，为北医青年树立榜样，倡导团员青年勤奋学习，深入实践，扎根基层，奉献社会，到祖国和人民最需要的地方去实现自己的人生价值。

【理论研究与宣传引导】 北大团委高度重视理论研究和宣传引导工作，充分发挥北大团委理论研究的先锋优势，把握理论研究的前瞻性、实践性、指导性，突出宣传引导工作的方向性、创新性、实效性，大力推动理论研究和宣传引导工作。

着力加强理论研究工作制度建设。在组织上，加强青年理论骨干发展中心的建设，带动团校，以及青年马克思主义发展研究会等学生理论社团，主动发挥“理论代表队”的作用。在机制上，继续开展“学习例会”“专题学习”“专业写作”“实践调查”“基层理论研究”等特色工作，有力地促进了学习的日常化和规范化。在品牌上，继续完善和巩固《海外参考》《理论学习通讯》等项目。

北大团委努力掌握各类大学生群体的思想特征，主动适应时代发展和青年特点，着力提高思想政治教育工作对青年学生思想上的引导力、参与上的吸引力和行动上的凝聚力，创造性地探索了一些有效引导大学生的新路径、新方法。开展了2011年青年学生思想引导工作专项调研，通过问卷调查、小组座谈交流、深度访谈等方法形式，全面深入梳理当前北大青年学生关注的重要思想理论问题和现实生活问题。形成阶段性成果《2011年北京大学青年学生思想意识状况调研报告》，并在此基础上部署编写了适合北京大学学生实际的《北大青年学生思想引导工作手册》，从理论问题和现实问题两方面对当代青年学生关切的重点问题进行了深入浅出的论述，为更好地开展北大青年学生的思想引导工作，打下坚实的基础。2011年，北大团委正式完成《北大青年和谐成长全程调研报告（2008—2011）》，该课题以2007级北大新生为总体，以其中不同学部的五个班级为样本，展开为期四年的追踪调查，通过对调查研究结果进行深入整理，认真分析了2007级北大学生和谐成长的基本特点与存在问题，并提出了可操作的对策建议。

2011年，《北大青年》电子日报内容框架进一步完善，手机报用户覆盖了包括校本部和医学部在内的大一、大二全部新生和大三大部分同学，受到同学广泛欢迎，发挥了团属传媒体系在引领青年思想方面的积极作用。研究生“国是论坛”以“青年与时代”为主题，使同学们增强了责任意识，开拓了国际视野。《形势与政策》实践课程使同学们在实践活动中加深理论理解、坚定理想信念、培养道德情操、了解国情社情、拓宽国际视野。

【大学生素质教育】 2011年，北大团委深入贯彻落实十七届六中全会精神，进一步完善“实践育人”工作体系，不断加强校园文化建设，有效推动第二课堂育人体系建设顺利开展。

2011年3月，根据《形势与政策》实践课程的开展情况，调整了2011年秋季学期的课程设置，增加社会实践、志愿服务、北大讲座等“无门槛”课程的数量，将更多同学纳入第二课堂育人体系中来。2011年4月，发放《校园生涯规划项目调研问卷》，展开调查研究，帮助同学进行合理的校园生涯规划。2011年8月，将《预习北大》电子书与《初入燕园》手册联系起来，以索引的形式帮助新生迅速了解手册内容，形成对北大生活的直观印象。通过对《北大英雄》电子游戏进行升级和拍摄《出发》情景剧第二季，有效激发了新生群体的认同感，帮助新生尽快熟悉北大校园生活，完成从中学生至大学生的重要转变。

2011年下半年，北大团委组织高年级学生骨干参加了120场校园招聘活动，共发放《校园生活简历宣传推广手册》1000册，《校园生活简历个人制作流程指南》4500册，吸引200多名在学习、学生工作领域表现出色的同学申请数据，统计数据总量达2500余条，为同学制作校园生活简历1300余份。2011全年共举办12期“第二课堂面对面”，累计有130名同学参与其中，培养了参与者的统筹规划、团队合作能力，提升了其参与课外活动的积极性。完善了学生咨询委员工作机制和学生课外活动发展基金，确保第二课堂基层工作有序开展。

2011年，医学部团委进一步构建和完善第二课堂育人体系，结合团员青年成长成才的切实需求，通过举办“美食文化节”、第十二届“北大生物医学论坛”等特色鲜明的校园文化活动，全面提升学生人文素养，营造出和谐向上的校园文化氛围。大力支持扩展学生社团活动，积极评选“北医优秀十佳社团”，不断提高社团活动的品质和水平，进一步完善第二课堂育人体系。

【学术科创活动】 2011年，北大团委紧密围绕“创新创业”工作重心，以“学术为本，创新成才”为宗旨，着力打造学术竞赛、创业教育、讲座品牌三大体系工程，在广泛开展“北大讲座”“学生科学年会”“北大生物医学论坛”等品牌活动的基础上，营造出浓厚的校园学术科创氛围，取得良好成效。

注重过程指导，深化校内竞赛育人成果。成功举办北京大学第十九届“挑战杯”——五四青年科学奖竞赛，深化与本科生“研究课程”项目的合作机制，进一步激发了青年学生的学术热情。赛事涵盖了校本部、医学部和深圳研究院的41个院系，参赛作品达503件，创下历史新高。4—5月，北京大学第八届“江泽涵杯”数学建模竞赛顺利举行，共122支团队、363名同学报名参赛，有效激发了青年学生的学术创新热情。在北京大学第三届计算机应用大赛中，共有来自校内22个院系126支队伍，共计285名同学参赛并提交作品，参赛作品的数量和质量都较以往有很大提高。

积极组织参与，校外赛事成绩喜人。在第十二届全国“挑战杯”大学生课外学术科技作品竞赛中，北京大学参赛学生获得特等奖1名，一等奖1名，二等奖3名，三等奖1名的佳绩，并捧得了本届全国挑战杯的“优胜杯”。在全国第三届大学生数学竞赛暨北京市第二十二届大学生数学竞赛中，北京大学工学院、物理学院2名同学摘得非数学专业组一等奖，元培学院、信息科学技术学院、物理学院、化学与分子工程学院的7名同学分别获得非数学专业组的二、三等奖，数学科学学院10名同学获数学专业组最高奖项一等奖，25名同学分获专业组二、三等奖。

明确创业教育活动导向，进一步深化创业理念。成功举办第十三届学生创业计划大赛，来自经济学院、光华管理学院、法学院等24个院系的200多名学生参加比赛，参赛作品涉及移动互联网、节能环保、生活服务、医疗健康等诸多领域。推行“大学生创业与创新”暑期课程，面向全校同学普及创业创新理念，采取理论授课和实践教育相结合的授课模式，实行导师责任化机制。积极推进创业创新讲座及论坛的开展，成功开展了北京大学与东京大学的第四次创业交流活动。拓展学生创业资源，在“河合创业基金”项目上与日本通用工程股份有限公司保持长期友好稳定的合作。

积极采用多形式、多角度的宣传引导模式，实现对青年学生科研兴趣的有效引导。推行新版《未名学页》，优化内容结构，提升学生阅读乐趣。建立人人网学术小站，寓教于乐，贴近生活。利用2011国际化学年的契机，举办北京大学第二届学生科学年会，搭建师生相互交流的平台，引领学生攀登科学高峰。

【校园文化建设】 2011年，北大团委深入贯彻落实十七届六中全会精神，大力加强校园文化建设，围绕“文化育人”“体育强身”的工作理念，广泛开展形式多样、内涵丰富的文体活动，为学生展现自我、锻炼能力、促进身心和谐提供了广阔舞台。

4月，为纪念中国共产党建党90周年和五四运动92周年，北大团委举办“五四文化季·学生艺术节”系列活动，并于5月初在图书馆南配殿开展爱国电影展映，分别播放了《建国大业》《十月围城》《风声》《八月一日》《毛泽东的故事》《红色娘子军》和《重庆谈判》等7部有关党建或相关题材的爱国主义影片，进一步激发了全校师生的爱国主义情怀。5月，为充分繁荣北大礼仪文化，北大团委举办“礼仪之风进校园——未名礼乐，博雅来仪”首届北京大学学生礼仪风采大赛，弘扬了中国传统礼仪文化，推广了现代文明礼仪规范，对提高全校师生的礼仪文化修养、建设和谐校园做出了有益尝试。

下半年，以纪念“一二·九”运动76周年为契机，深入推进“爱乐传习”项目。在活动立意和策划上，努力将“一二·九”歌咏比赛办成一场弘扬北大光荣革命传统，激励全校师生凝心聚力、加快创建世界一流大学步伐的主题教育活动。12月8日，北京大学纪念“一二·九”运动76周年师生歌咏比赛在北京大学百周年纪念讲堂举行，学校领导现场指挥、领唱，充分调动了青年学生的参与热情，引起了广大师生的强烈共鸣，营造出了有北京大学特色、积极向上、和谐有序的校园文化。

新年联欢晚会、毕业生晚会、新生文艺汇演、校园十佳歌手大赛、“演讲十佳”大赛等文艺活动百花齐放，为校园生活增添了亮丽色彩，推动了精品文艺与大众文艺的双向发展。围绕阳光体育校园活动，深入普及“体育强身”理念。师生长跑、学生趣味运动会等体育活动蓬勃发展，京华杯、北大杯、咔咕杯、围棋锦标赛、棋牌冬令营硕果累累。北京大学棋牌队以18∶4的总比分夺得“京华杯”比赛史上第一个五连冠。此外，北大棋牌队还夺得了2011年欧洲围棋锦标赛总决赛——巴黎公开赛团体和个人两项冠军、第六届“咔咕杯”北京市高校中国象棋团体赛冠军等多项荣誉，通过比赛棋牌队向国内外展示了北大学子的精神风貌。

医学部团委以迎接北京大学医学部百年庆典为契机，通过举办丰富多样的庆祝活动，在医学部校园内营造出爱国、爱校、爱师、爱生、爱友的良好氛围。向北医学子发起了“镜中有你——庆祝北医99岁生日校园风景人物图片征集活动”，并将征集作品在校庆期间进行展示。在原有经典活动的基础上不断推陈出新，打造出美食文化节等新型品牌文体活动，进一步激发了同学参与活动的兴趣，丰富了同学们的课余生活。免疫文献大赛、元旦联欢晚会、公卫文化节、5·12国际护士节庆典，以及英文文化周都得到了医学部同学的热情参与，为校园文化增添了亮丽的一笔。

【青年团干与学生骨干培养】 北大团委高度重视团组织的队伍建设，不断加大青年团干与学生骨干的培养力度。2011年适逢中国共产党成立90周年，同时又是“十二五”规划的开局之年，团校秘书处抓住这一良好契机，精益求精，继续推动青年马克思主义者培养工程，本着“以人为本、立足高端、因材施教、分类培养”的理念，巩固并发展三层办学体系。

高级团校立足高端，着眼长远，打造高素质化的北大学生骨干队伍。倡导红色教育，坚持思想引领，开展“庆祝建党90周年”专题系列讲座，组织学员于清明祭奠革命烈士；进行以“肩负时代责任，寻访伟人足迹”为主题的红色实践教育活动，深入开展“学党情、知党史、跟党走”系列教育活动。突出时事导向，强调社会责任，组织收看十一届全国人大第四次会议开幕式及政府工作报告直播，并结合政府工作报告及“十二五”发展规划的具体内容进行深入讨论。召开“与祖国共奋进”北大青年时事分享汇活动，通过融入青年喜闻乐见的时代元素加强大学生形势政策教育。强化实践教育，突出社会观察，紧密围绕总书记回信精神，引导学员开展一系列学习讨论活动，丰富学员对“向实践学习、向人民群众学习”这一要求的理解与感悟，并构筑一系列实践育人平台。引入第一课堂，完善办学体制，科学、专业、系统地设置培养课程，将“高级团校”活动纳入第一课堂“形式与政策”课程，并组织开展“文本重温，再读经典”的读书学习交流活动、素质拓展活动，丰富办学活动载体。运用流行文化，丰富传播手段，通过人人网“北大高团”主页及时发布热点和动态信息，紧跟青年时尚。医学部举办高级团校系列活动——“医患沟通从‘心’开始”邀请了北大医院肾内科副主任周福德、人民医院肝胆外科副主任医师高杰、北医三院运动医学住院医师赵锋等三位不同时期从北医毕业的临床医生作为主讲人，就如何在临床工作中通过有效沟通避免医患矛盾的发生，以及矛盾出现后如何化解等问题为团校学员带来了精彩发言和讨论。

机关团校进一步找准定位，整合资源，着力推进共青团学生骨干梯队建设，一方面继续深入开展岗位交流培训工作，将北京大学学生会的骨干引入到培训中，加强了校团委各部门间，以及各机关部门与学生会的交流与联系；另一方面形成实务技能与基本素养并举的培训模式。基层团校充分夯实基础，发挥优势，协力建设具有院系特色的骨干培养模式。深入开展基层团校调研，举办多次基层团校秘书长联席会议，组织典型院系团校经验推广活动，推进基层骨干建设全面协调发展。建立并优化了基层团校通讯平台，有效推进了学生骨干培养新思路、新动态的交流。医学部党委副书记李文胜和公共教学部党委副书记、哲学与社会学系王玥教授为团校学员带来了《谈谈团员青年的入党问题》和《继承传统，不辱使命——北京大学与青年团的创立》的精彩讲座，在新生团员中普及党团知识，取得良好成效。

北京大学第六期学生骨干训练营继续践行“自我教育、同伴教育、实践教育”的创新培训理念，以“在路上学党史，举团旗跟党走”为主题，在江西井冈山、贵州遵义等地扎实开展社会实践活动。北京大学医学部团委组织暑期社会实践，广大团员青年奔赴吉林省、内蒙古赤峰，在实践中深入了解国情与民情，充分发挥自身医学专业优势，奉献爱心、服务基层、回馈社会。

以科学发展为目标，继续实施团干部系统培训计划，北京大学哲学系党委副书记聂锦芳教授以“重读马克思红色经典”为主题做了精彩讲座；9 月，北大共青团系统集体学习，以刘延东国务委员在全校教师干部大会上的讲话精神作为贯彻胡锦涛总书记在庆祝中国共产党成立 90 周年大会上的重要讲话精神的着力点，深入推进北大共青团系统工作创新和作风建设，切实把思想和行动统一到学校中心工作上来。北大团委还专门制作团干部读书学习推荐书单，加强团干部读书学习，并依托北大共青团“青春之歌”校内网主页转载分享，以吸引凝聚、教育引导青年。

【学生组织】　学生会　2011 年 5 月 21 日，北京大学第三十一届学生会中期调整会议召开。经过无记名投票，马克、张旭光、刘向一、张欣、宋文轩、李根、郑力璇当选主席团成员，梁岩、陶原、黄俊骁、郑金阳成为新任常代会会长团成员。在主席团特别会议上，马克被推选为执委会主席。梁岩被会长团一致推选为常代会会长。

打造校园精品，活跃文化氛围。北京大学学生会立足学校实际，组织开展了一系列具有北大特色的校园文化活动。在百周年纪念讲堂拉开帷幕的第四届“新人电影节”和“平凡之美”——感动燕园的 100 个瞬间主题活动吸引了众多关注，反响强烈。旨在为大学生拓展职业道路提供磨炼机会的“挑战职场”模拟招聘大赛引起好评如潮。校园十佳歌手大赛继续完善，学生会各部门协调配合，从大处着眼，从细节入手，逐步将大赛打造成更加专业化的成熟品牌活动。此外，北京大学学生会继续开展了“北大之锋”和“新生杯”辩论赛、“北大剧星”风采大赛、“北大杯”和“新生杯”系列体育赛事、新生派对和神棍节系列活动、“十佳教师”评选和“十佳菜肴”评选等，同时还承办了国际文化节的部分活动及留学生歌手大赛，丰富了校园文化和同学的课余生活，培育了校园文明风尚。

深化组织建设，保障学生权益。北京大学学生会始终密切关注并重视权益工作，开学伊始，学生会向新同学发放了《2011 级新生入学维权手册》，将维权意识植根于每位同学心中。为受理同学投诉，学生会新招募食堂、超市、洗衣店等地共 16 名监督员帮助同学们维护自身权益。针对新浪公司和学生活动中心工地施工对于附近学生宿舍的影响，学生会积极开展多方协调，有效地解决相关问题，得到了同学们的好评。此外，北京大学学生会始终高度关注时事热点动态，针对一些敏感问题，通过倡议书、座谈会的方式，积极疏导同学们的情绪，增加同学们对一些重要问题的清醒认识。

加强自身管理，推动科学发展。始终坚持以《北京大学学生会章程》为指导方针，是北京大学学生会不断发展的前提条件。2011 年，北京大学学生会继续开展“强基工程”，深化服务维权职能，加强对学生骨干的培训工作，积极打造一支形象过硬、工作水平高的学生会队伍。同时,通过网站建设、新年联欢晚会、创办会刊《此间》等形式增强学生会成员的组织认同感,弘扬和传承组织文化。

2011年5月16日召开的北京大学第27次研究生代表大会选举产生了赵萱、魏文栋、吴文琪、邹晓东、张庆霞、滕贵根、刘静等7人组成的主席团。赵萱当选为北京大学第三十一届研究生会执行委员会主席,曹璐当选为北京大学第三十一届研究生会常代会会长。

重视学术科研,推进社会实践。学术科研是研究生学习生活的核心内容,营造研究生群体学术氛围是北京大学研究生会工作的一个重点。研究生"学术十杰"评选作为研究生会学术方面的品牌项目,在2011年得到进一步推进。第十六期科创论坛"扶摇直上九万里—揭秘航空工业技术与发展战略"也在11月成功举办。2011年是"中国—东盟建立对话关系"20周年、"中国—东盟友好交流年",从9月到12月,北京大学研究生会承办了"中国—东盟青年创新大赛",以网络为平台吸引了众多关注和青年们的积极参与。在社会实践方面,北京大学研究生会自6月起先后组织优秀研究生组成实践团到南京市、南宁市、昆山市、西安市政府挂职锻炼,8月份还组织了实践团赴湖南省衡阳市、邵阳市进行暑期考察。大学生职业生涯规划讲座和"群贤聚博雅·伯乐点英才"500强企业北京大学高端就业酒会则在10月先后举行,影响广泛。此外,北京大学研究生会还开展了"走访百度总部""与校友座谈"等"京内两小时实践圈"活动。志愿服务作为北京大学研究生会重要活动内容之一,一直得到高度重视,研究生会陆续开展了包括"收衣服—献爱心"、畅春园天桥扫雪、星河农民工子弟学校支教、盲人儿童"心目图书""心目电影"等志愿服务活动。在国际交流方面,北京大学研究生会与新东方教育科技集团合作举办了"Brave Blurt club"(BBC),活动旨在提高中外学子外语口语水平,收到了良好效果。

推动自身建设,丰富校园文化。北京大学研究生会广泛开展了一批主题鲜明、形式多样、内容丰富的文体活动。10月13日,由北京大学团委、体育教研部和研究生会共同举办的"北京大学'阳光体育'计划暨2011—2012年'硕博杯'体育联赛启动仪式"在英杰交流中心举行。作为北京大学研究生会每年规模最大的品牌活动,2011年度研究生新年晚会"强国志·燕园情·赤子心"于12月22日在百周年纪念讲堂观众厅隆重上演。"德赛讲堂"是北京大学研究生会举办的系列文化类讲座,研究生会继续通过多种渠道,邀请成就突出的文化名人和成果显著的专家学者走进北大、走上讲台,与同学们畅谈艺术与人生。此外,北京大学研究生会还举办了"她比烟花灿烂'电影展播'""美丽课堂"等多项活动,服务广大女性研究生同学。

10月中旬至11月,北京大学研究生会在全校发起了为餐饮中心农园食堂李建华师傅募捐的活动,学校领导对此做出重要批示,老师和同学们积极响应,很多校外人士及媒体大力支持。研究生会从为身边的人奉献点滴爱心做起,努力播撒爱与阳光,以感恩关怀的情操引领北大学子的精神文明风貌,努力推动和谐校园建设。

【学生社团】 2011年,北大团委坚持"科学引导、合理规划、分类指导、重点扶持、整体推进"的工作思路,以全局性、战略性和前瞻性的思维方式构建全校学生团体工作体系,活跃校园氛围,繁荣校园文化,取得了良好效果。

立足服务,加强支持,全面推进日常工作的便捷化和规范化。2011年3月和9月,学生团体部根据《北京大学学生社团管理条例》及其实施细则之规定,两次对全校的学生社团进行了重新登记注册,并要求全校社团分别提交了2010年度工作总结和社团现行章程。

积极探索社团团建新模式,充分发挥社团团支部育人功效。2011年,学生社团团工委扎实推进社团团建工作,截至2011年12月,北京大学正式登记注册的学生社团达258家,其中254家建立了团支部。同时,团工委紧跟时代步伐,选取新颖主题,力求最大限度调动学生社团参与团日活动的积极性。春季学期,团工委组织举办了以"高举团旗跟党走,青春献礼九十年"为主题的团日活动。秋季学期,团工委开展了以"铭记平凡感动,共建感恩校园"为主题的团日活动。每次团日活动后都组织表彰答辩会,并分别给予一定额度的经费支持。

修订规章制度,规范管理工作。2011年3月和10月,根据工作中的新问题、新思路,学生团体部对《〈北京大学社团管理条例〉实施细则》进行了两次修订,以更好地开展对社团的管理与指导工作。与相关部门配合,社团活动网上借用教室系统全面投入使用;制作了统一的三角地展板并投入使用,起到了良好的宣传效果;与相关部门沟通,为部分社团解决活动场地和宣传活动问题,并在2011年11月颁布了《关于学生团体活动申请使用外设临时展位的规定(试行)》。同时广泛开展调研工作,一对一调研本校学生社团,切实了解学生社团的发展需求。

丰富传播载体,繁荣社团文化。2011年6月出版《且行且思——北京大学学生社团暑期社会实践风采集》,7月出版《学生社团团建的探索与创新——北京大学开展学生社团团建工作的总结与思考》,完成了《北大社团》杂志第四期、第五期和第六期的印刷及发放工作,并逐步实现网络化。

2011年,学生社团团工委在校团委书记班子的正确领导下,扎实推进社团团建工作,取得了良好效果。以团日活动为载体,充分发挥社团团支部的育人功效。团工委紧跟时代步伐,选取新颖主题,力求最大限度调动学生社团参与团日活动的积极性。春季学期,团工委组织举办了以"高举团旗跟党走,青春献礼九十年"为主题的团日活动。秋季学期,团工委开展了以"铭记平凡感动,共建感恩校园"为主题的团日活动。每次团日活动后都组织了表彰答辩会,并分别给予了一定额度的经费支持。

紧跟时代发展,建立骨干培训理事会。理事会由16名理事组成,理事原则上由社团负责人担任;执委会由若干委员组成,其委员应具有指导中心认可的学生社团工作经历。2011年12月4日,经过报名与选拔产生的理事会全体成员召开了成立大会暨第一次理事会会议,审议了章程,并就本学期的学生社团骨干培训计划提案进行了充分讨论。12月18日,理事会主办的第一次培训活动"北京大学学生社团骨干交流会"在经济学院307泰康人寿报告厅成功举办。

推进品牌活动,扩大社团影响力。成功举办五四文化季开幕式暨第六届"社团大观园"活动。2011年是中国共产党成立九十周年,90家学生社团在讲堂广场、五四路搭设展位,开展与其社团相关或者主题涉及建党90周年的互动项目。活动当天适逢2011年本科招生开放日,活动现场气氛热烈,向社会各界展示了北大社团的风采。

调整社团评优制度,引导学生社团多元化、精致化发展。2011年11月,学生团体部正式启动2011年度学生社团评优表彰工作。在奖项设置上,"品牌社团"作为北京大学学生社团的最高荣誉得以保留,该奖项旨在表彰在本年度表现卓著、广受欢迎,对北京大学校园文化的丰富和第二课堂建设做出突出贡献的学生社团。9个"社团单项奖"作为新设置的团体奖项,将为不同类型、不同规模、不同发展方向的学生社团提供更完备的展示平台,这9个奖项分别是:"精诚合作奖""厚德公益奖""新锐成长奖""文化传承奖""求学问道奖""乐活创意奖""践行探索奖""组织建设奖"和"成长助力奖"。

【团的建设】 作风建设 2011年,北大团委深入贯彻落实科学发展观,认真学习党的十七大及十七届六中全会、2011年北京市共青团工作会议有关精神,紧紧围绕党政大局和学校中心工作,以创先争优活动为契机,努力实现思想、工作和学习作风求先、务实、争优。

坚持思想求先,深入开展思想政治教育活动。紧密围绕总书记回信精神和"庆祝建党九十周年",广泛开展"向实践学习、向人民群众学习"和"寻找党的足迹""学党史、知党情、跟党走"系列主题党团日活动。

坚持作风务实,深入开展调研实践活动。面向校本部456名基层团支书部书记进行深度访谈,全面掌握北大共青团工作的第一手资料。组织学生骨干深入井冈山、遵义、延安等革命圣地,在实践中锤炼作风,坚定理想信念。

坚持创先争优,深入开展创优推优和奖项申报工作。2011年先后完成"先锋杯"团支部、"达标创优"等各类上级组织奖项申报工作,并有30个团支部、30名基层团干部、30名团员分别获得"先锋杯"优秀团支部、优秀基层团干部和优秀团员荣誉。医学部团委大力实施"青年岗位能手""青年文明号"等品牌创建和"达标竞赛"活动,一批优秀医学部青年学子获得表彰。

组织建设 研究完善现有学生副部长选聘机制,加强干部配备,进一步维持组织机构稳定,保障了团委工作的高效开展,2011年度副部长(副主任)聘任工作于春秋两学期进行两次,先后聘任81名学生骨干为校团委机关学生干部和101名学生骨干担任副部长(副主任、副秘书长)、部长助理(主任助理、秘书长助理)。编制了《2011年校团委机关、学生会、研究生会常规工作一览表》,明确了各机构职能和年度工作计划,扩展工作领域,调整人员编制,搭建起年级搭配合理、能力兴趣结合、权责明确的良好组织架构。

深化团的基层组织建设。创新基层团组织工作考核评价方法,制定"360°"基层团组织评测办法,于6月举行基层团组织落实基本职责情况述职会议,并将达标情况作为评优资格、划拨团建经费的参考。继续探索基层团建创新,形成社团团建、学生会团建、年级团建、宿舍团建、网络团建等新模式,构成全方位、多层次化的基层团建格局。加大对基层院系团支部资源倾斜,开展基层院系竞争性团建高点,激发基层团组织活力。修编完善团支部指导手册,加强对团支部工作的指导。继续推进学部共青团交流活动,搭建院系沟通平台,推进轮值主题研讨和资源共享,促进基层团组织共同进步。医学部团委深入落实《医学部基层团组织建设经费资助方案》,大力支持和推介基层优秀品牌和成功经验,帮扶有需要的院系团总支。

深化党建带团建 认真分析并总结北大团委以党建带团建经验,做好各项成果保留和传承工作;先后完成《北京大学党建带团建工作经验总结》《北京大学关于贯彻落实党建带团建工作会议精神说明》《北京大学党建带团建工作思路梳理》。选优配强团支部书记，继续要求各院系在团委(总支)党委(总支)支持下，推行和任用党员、预备党员、条件比较成熟的党员发展对象或入党积极分子担任团支书，全校团支部书记实现党员占51%、预备党员占21%、团员占28%的构成局面。

信息与财务工作　做好信息采编和报送工作。充分发挥团委综合办公室等机关的信息枢纽作用，严格执行信息采集和报送工作，编辑每周一期的《北大团内信息》，完成《2011年共青团北京大学委员会大事记》编写工作。上报的信息被团市委网站采用，为上级团组织及整个团系统更好地了解北大共青团提供了重要渠道，北大团委信息上报工作得分居于高校共青团系统前列地位。改进基层信层员制度。2011年，北大团委以基层信息员例会为基础加强沟通交流，以信息员公邮为渠道及时上传相关资料，以集中学习与专门培训相结合调动基层信息员的工作热情，有效提升了信息员队伍的业务水平。突出舆情信息报送工作。2011年，北大团委联合学校多部门开展安全保卫思想教育和宣传教育，更加注重舆情监控工作，发挥与青年大学生联系的优势，开辟多元信息渠道，牢牢掌握舆情动态。

2011年，北大团委修订了《北京大学团委财务报账工作制度》，设计了《北京大学团委财务报销明细表》，进一步规范报账流程，提高了资金使用效率，精细化推进财务收支统计和报销工作，为“挑战杯”竞赛、创业大赛、社团文化节、暑期社会实践、学生骨干训练营、“一二·九”文艺汇演等丰富多彩的校园活动提供了坚实的财务保障。

·人 物·

在校院士

中国科学院
数学物理学部

姜伯驹 男，1937年9月生，汉族，祖籍浙江省平阳县。1957年毕业于北京大学数学力学系。曾在美国普林斯顿高等研究所、美国伯克利数学科学研究所等处做研究访问，在美国加州大学、德国海德堡大学等校任客座教授。1980年当选为中国科学院学部，1985年当选为第三世界科学院院士。1995—1998年为北京大学数学科学学院首任院长，现任数学科学学院教授。

姜伯驹教授长期从事拓扑学研究。20世纪60年代，在不动点理论中尼尔森数的计算方面取得突破性进展，所创的方法在国外称为“姜子群”和“姜空间”。80年代，运用低维拓扑学的理论和方法，证明了曲面自同胚的最少不动点数等于尼尔森数；并以辫群为工具发现了与高维情形相反，曲面自映射的最少不动点数一般不等于尼尔森数，全面解答了已有50年之久的尼尔森不动点猜想。之后又开拓了尼尔森式的周期点理论，并进一步探索其与低维动力系统的联系。2000—2005年曾任科技部973计划项目首席科学家。

姜伯驹于1982年和1987年分别获国家自然科学奖三等奖和二等奖，1988年获陈省身数学奖，1996年获何梁何利基金科学与技术进步奖，2002年获华罗庚数学奖和中华全国总工会的全国五一劳动奖章，2006年获教育部的高等学校教学名师奖。

姜伯驹是第七、八、九、十届全国政协委员。1995—2000年曾任教育部理科数学与力学教学指导委员会主任。

张恭庆 男，1936年5月生，汉族，上海市人。1959年毕业于北京大学数学力学系，曾在美、英、法、德、意大利、瑞士、加拿大等国做研究访问。1991年当选为中国科学院学部委员，1994年当选为第三世界科学院院士，现任北京大学数学科学学院教授。

张恭庆教授曾在非线性泛函分析及非线性偏微分方程理论研究中获得了国际领先成果，特别是建立和发展了孤立临界点无穷维莫尔斯成果，把几种不同的临界点定理纳入了一个新的统一的理论框架，由此又发现了好几个新的重要的临界定理，运用这一理论，得到了一批重要理论成果。此外，他发展了集值映射拓扑度和不可微泛函的临界点理论，解决了一批有实际应用的非线性偏微分方程的自由边界问题。

张恭庆教授曾在1982年获得国家自然科学奖三等奖，1986年获得陈省身数学奖，1987年获得国家自然科学奖二等奖，1993年获得第三世界科学院数学奖，1995年获得何梁何利基金科学与技术进步奖。他还在1994年的世界数学家大会上做了45分钟的邀请报告。

张恭庆是第八、九、十届全国人大代表。现任国务院学位委员会数学学科评议组召集人，高校数学研究与人才培养中心主任，北京大学校学术委员会委员。曾任北京大学数学研究所所长（1998—1999），第七届中国数学会理事长（1996—1999）。他还是许多国际数学核心刊物的编委。

陈佳洱 男，1934年10月生，汉族，中共党员，上海市人。1954年毕业于吉林大学。1963—1966年曾在英国牛津大学和卢瑟福高能研究所做访问学者，1982—1984在美国纽约州立大学石溪分校核物理实验室和劳伦斯伯克利实验室做访问科学家。曾在1996年8月至1999年12月任北京大学校长，1999年12月至2003年12月任国家自然科学基金委员会主任、党组书记。1999年以来先后获美国加州门罗学院、日本早稻田大学、香港中文大学、英国拉夫博鲁大学等院校荣誉理学博士学位，并当选为英国物理学会特许会员、纽约科学院院士。1993 年当选为中国科学院院士，2001 年当选为第三世界科学院院士。现为北京大学物理学院技术物理系教授。

陈佳洱长期从事加速器的教学与科研工作，在开拓发展我国的射频超导加速器、加速器超灵敏质谱计、射频四极场加速器、高压静电加速器，以及束流物理等众多的低能加速器及相关的应用领域，取得了突出的成果，发表论文 150 余篇。

陈佳洱于 1986 年被评为国家有突出贡献中青年专家，先后获得国家高技术研究发展计划“八五”先进工作者一等奖、国家科学技术进步奖二等奖、省部级科学技术进步奖一等奖和二等奖各三项，以及光华科技基金奖一等奖、何梁何利基金科学与技术进步奖等奖励。

陈佳洱现任中国人民政治协商会议第十届常委，国家自然科学基金委员会顾问，国务院学位委员会委员，中国科学院研究生院物理科学学院院长，中国科协荣誉委员，北京市科协名誉主席，中国博士后科学基金会名誉主席，以及国际纯粹与应用物理学联合会(IUPAP)执委会副主席，萨拉姆国际理论物理研究中心科学理事会理事等职。曾任中国物理学会第六、七届理事长，北京市科协第五、六届主席，以及中国科学院数理学部主任，亚太物理学会联合会理事长等职。曾当选中国共产党十五届中央候补委员，中国共产党十六次全国代表大会代表。

甘子钊 男，1938 年 4 月生，广东省信宜县人。1959 年毕业于北京大学物理系，1959—1963 年在北京大学物理系读研究生，后留校任教至今。1991 年当选为中国科学院学部委员。现任北京大学物理学院教授，北京现代物理中心副主任，国家超导实验室学术委员会主任，人工微结构和介观物理国家重点实验室学术委员会主任。

甘子钊的研究领域是固体物理和激光物理。1960 年至 1965 年间，主要从事半导体物理的研究工作。曾在半导体中的电子隧道过程、杂质电子状态、磁共振现象等方面进行过理论研究，解决了锗中隧道过程的物理机理。1970 年至 1978 年间，主要从事激光物理的研究工作，曾在二氧化碳气体激光器和燃烧型气体动力学激光器的研制，气体激光器的频率特性等方面进行过实验和理论研究，对发展我国的大能量气体激光做出一定贡献。1978 年至 1982 年间，主要从事光与物质相互作用的研究，曾提出多原子分子光致离解的物理模型和光在半导体中相干传播的理论。1982 年至 1986 年间，主要从事固体电子状态的研究，曾在半导体中杂质的自电离状态、量子霍尔效应、绝缘体—金属相变、磁性半导体中的磁极化子、低维系统中的电子输运等方面进行理论研究。从 1986 年开始，转入高温超导电性的实验和理论研究，主持北京大学的高温超导和全国超导攻关项目的研究工作，对我国高温超导研究的发展做出重要贡献，并负责组建国家重点实验室“人工微结构物理实验室”的工作，在国际与国内学术刊物上发表论文 50 余篇。甘子钊学术工作的特点是致力于凝聚态物理与光学物理的前沿研究，并总是力求把理论研究与实验研究结合起来。1984 年被评为国家有突出贡献中青年专家。

甘子钊兼任中国人民政治协商会议第九、十届常委，《中国物理快报》(*Chinese Physics Letter*)主编，中国物理协会副理事长。

文兰 男，1946 年 3 月生，汉族，安徽省泾县人。1969 年毕业于北京大学数学力学系，1981 年于北京大学数学系获硕士学位，1986 年于美国西北大学数学系获博士学位。1988 年至今在北京大学数学科学学院工作，其间多次在美国西北大学等国外院校做学术访问。文兰于 1999 年当选为中国科学院院士，2005 年当选为第三世界科学院院士。现为北京大学数学科学学院教授。

文兰主要从事微分动力系统方面的研究，在 C1 封闭引理、非扩张双曲吸引子、C1 连接引理、稳定性猜测、星号猜测、Palis 猜测等动力系统的若干困难的基本问题上做出了重要贡献，产生了令人瞩目的国际影响。

文兰是我国动力系统学术带头人，曾主持自然科学基金委重点项目《动力系统与哈密顿系统》，973 计划项目《核心数学的前沿问题》中的《动力系统》子课题等。

文兰于 1996 年获陈省身数学奖，1997 年获香港求是杰出青年学者奖。主要社会兼职有《数学学报》等国内刊物编委，美国 *Discrete and Continuous Dynamical Systems* 编委，中国数学会理事长。

杨应昌 男，1934 年生，北京市人。1958 年毕业于北京大学物理系，留校任教至今。其间曾在法国国家科研中心路易 · 奈尔实验室和美国密苏里—罗拉大学材料研究中心工作。现任北京大学物理系教授，凝聚态物理专业博士生导师。

杨应昌教授致力于研究物质的磁性，以及宏观磁性与微观结构的联系，以基础研究为先导，结合我国资源特点，在探索新相、发现新效应、开发新型稀土磁性材料方面取得一系列在国际上领先的研究成果，曾获得国家自然科学奖二等奖、王丹萍科学奖、国家教委科学技术进步奖一等奖等。

丁伟岳 男，1945 年生，上海市人。1968 年毕业于北京大学数学系，1986 年在中国科学院数学研究所获理学博士学位。现为中国科学院数学物理学部院士。

丁伟岳在几何分析这一当代基础数学的前沿领域许多重要而困难的课题上做出了令人瞩目的成果。他推广了著名的 Poincare—Birkhoff 定理并将其应用于常微分方程周期解的存在性问题；他在著名的 Nirenberg 问题研究上取得了突破性进展，首次证明了该问题有解的充分条件，这一结果与其他一系列相关研究有力地推进了具共形不变性的半线性椭圆方程的理论；他在调和映射的存在性问题和热流方法、Kahler—Einstein 度量的存在性等一系列重要问题上也获得了有国际影响的结果。目前丁伟岳指导的一个几何分析青年研究中心，集中了一批该领域的优秀青年数学家，并取得了丰硕的成果。丁伟岳曾获国家自然科学奖二等奖、陈省身数学奖和香港求是杰出青年学者奖，他在 1991 年被国家教委和国家学位委员会授予“做出突出贡献的中国博士学位获得者”称号。

陈建生　男，1938 年 7 月生，福建省福州市人。1963 年毕业于北京大学地球物理系天体物理专业。1979—1980 年在英澳天文台访问，1982—1983 年在欧洲南方天文台访问，现任中国科学院北京天文台研究员，中国科学院—北京大学联合北京天体物理中心主任，1986 年起任博士生导师，1991 年当选为中国科学院院士和中国科学院数学物理学部副主任，兼任：中国科学院天文学科专家委员会主任，国家自然科学奖等国家评审组专家，中国科技大学兼职教授，国际天文学会第 9 届、第 28 届委员会组委，美国 *Fundalmental of Cosmic Physics* 学报编委，国务院学位委员会及人事部博士后，专家组成员等。主要研究领域：类星体巡天、类星体吸收线、星系际介质、星系物理、施密特 CCD 测光及大视场、大尺度、大样本天文学，现领导 BATC(北京—亚利桑那—台湾—康奈狄克)CCD 多色巡天计划。现主持“九五”中科院重大基础研究项目及国家基金委重点项目。第八届全国政协委员会、第九届全国人大常委会、教科文卫委员会委员，中—德议会友好小组成员。现任北京大学天文系主任。

田刚　男，1958 年 11 月生，江苏省南京市人。1982 年本科毕业于南京大学数学系，1984 年获北京大学硕士学位，1988 年获美国哈佛大学数学系博士学位，现任北京大学教授及美国麻省理工学院西蒙讲座教授。曾在美国斯坦福大学、普林斯顿大学等校任访问教授。自 1998 年起，受聘为教育部“长江计划”在北京大学的特聘教授。

田刚教授解决了一系列几何及数学物理中的重大问题，特别是在 Kahler—Einstein 度量研究中做了开创性工作，完全解决了复曲面情形，并发现该度量与几何稳定性的紧密联系。与人合作，建立了量子上同调理论的严格的数学基础，首次证明了量子上同调的可结合性，解决了辛几何 Arnold 猜想的非退化情形。田刚教授在高维规范场数学理论研究中做出杰出贡献，建立了自对偶 Yang—Mills 联络与标度几何间的深刻联系。由于他的突出贡献，于 1994 年获美国国家基金委沃特曼奖，1996 年获美国数学会的韦伯伦奖。

赵光达　男，1939 年 10 月生，陕西省西安市人。1963 年毕业于北京大学物理系。现任北京大学物理学院理论物理所教授。1994 年被评为国家有突出贡献中青年专家。1997 年获中国物理学会评选的周培源物理奖。

在粒子物理学的强子物理和量子色动力学等方面，赵光达教授取得了有意义的研究成果，首次从 QCD 轴矢流反常的基本关系出发，研究了 h，h₵ 与赝标重夸克偶素之间的混合及现象学，解释了 J/Y 的辐射衰变实验，对 Ψ(2S)的预言与之后的实验一致。与研究生一起对 NRQCD 和重夸克偶素物理进行了研究，首次给出了强衰变中色八重态对 QCD 辐射修正的贡献，证明了红外发散的抵消，并得到了符合实验的 P 波粲偶素强衰变宽度；指出色八重态可将 D 波粲偶素在许多过程中的产生率提高一两个数量级，是对 NRQCD 产生机制的关键性检验；预言了正负电子对撞中 J/Y 的产生截面以色八重态的贡献为主，得到了美国和日本两个 B 介子工厂最新实验结果的支持。与合作者预言了奇异数等于－2，－3的重子谱，并被之后发现的 W* (2250)等重子所验证。有关夸克模型和重子谱，重子磁矩，胶子球，及 B 介子衰变的四篇论文被国际粒子物理界权威评述机构“粒子数据组”连续引用。

徐至展　男，1938 年 12 月生，汉族，江苏省常州市人。1965 年北京大学物理系研究生毕业。1967 年 3 月至今在中国科学院上海光学精密机械研究所工作，曾任该所所长，现任该所学术委员会主任、研究员。1991 年当选为中国科学院院士，2004 年当选为第三世界科学院院士。从 2000 年 10 月起被聘为北京大学物理学院教授，并担任中国科学院—北京大学激光物理与超快光科学联合研究中心主任。

徐至展主要从事并主持现代光学、激光物理、强场超快科学等领域的研究。曾作为首席科学家长期主持并出色完成包括国家攀登计划、973 计划等国家级重大科技项目，2006 年再次被聘任为 973 计划项目首席科学家。在国内外重要学术刊物上发表论文 300 余篇,近年约 30 余次被邀请在重要国际学术会议上做大会主题或特邀报告。

作为第一获奖人曾获国家科学技术进步奖一等奖一项(2004 年),国家自然科学奖二等奖两项(1995 年、2001 年)、三等奖一项(1989 年),国家技术发明奖二等奖一项(1999 年),全国科学大会奖一项(1978 年)等多项国家级科技奖励。1998 年获何梁何利基金科学与技术进步奖。他培养的 3 位博士相继获得全国优秀博士学位论文奖。他是 1990 年国家人事部批准的国家有突出贡献中青年专家,1995 年被国务院授予全国先进工作者称号。1993 年被评为上海市十大科技精英,1996 年获得上海市科技功臣奖。

目前还担任全国政协常委,国务院学位委员会学科评议组成员,《光学学报》和 *Chinese Optics Letters* 主编,国际量子电子学理事会理事,美国光学学会会士 Fellow,美国光学学会会士 Fellow & Honorary Members 委员会成员等。

李政道　男,1926 年 11 月生于上海市,祖籍江苏省苏州市。1944—1946 年先后就读于浙江大学、西南联合大学。1946 年入美国芝加哥大学学习,1950 年 6 月获芝加哥大学博士学位。1953—1960 年历任美国哥伦比亚大学助理教授、副教授、教授,1960—1963 年任普林斯顿高等研究院教授,1964 年至今任哥伦比亚大学费米物理教授,1984 年至今任哥伦比亚大学教授。

李政道教授曾获:诺贝尔物理学奖(1957 年)、爱因斯坦科学奖(1957 年)、法国国立学院布德埃奖章(1969 年、1977 年)、伽利略·伽利莱奖章(1979 年)、意大利共和国最高骑士勋章(1986 年)、埃·马诺瑞那爱瑞奇科学和平奖(1994 年)等。他是美国艺术和科学院院士(1959 年)、美国国家科学院院士(1964 年)、意大利林琴科学院院士(1986 年)和中国台湾"中央研究院"院士(1957 年)。

李政道教授关于弱相互作用中宇称不守恒定律,以及其他一些对称性不守恒的发现,是极为重要的划时代贡献,为此,李政道和杨振宁共同获得 1957 年的诺贝尔物理学奖。

从 20 世纪 40 年代末到 70 年代初,李政道教授在弱相互作用研究领域做出了许多具有里程碑性质的工作,除去宇称不守恒定律,还有二分量中微子理论、两种中微子理论、弱相互作用的普适性、中间玻色子理论,以及中性 K 介子衰变中的 CP 破坏等重要研究成果。

在统计力学方面,李政道和杨振宁研究了一阶相变的本质(1952 年);完成了稀薄玻色硬球系统低温行为的分析(1956 年);他们还对量子多体系统的位力展开做了一系列研究(1956—1959 年),并和黄克孙一起研究了量子玻色硬球系统的能级(1956—1957 年)等。这些研究对多体理论做出了开创性的贡献。

20 世纪 70 年代和 80 年代,李政道教授创立了非拓扑性孤子理论及强子模型方面的研究,具有经典意义。量子场论中的"李模型"对以后的场论和重整化研究有很大影响。"KLN 定理"的提出,为分析夸克—胶子相互作用奠定了理论基础。"反常核态"概念的提出,深化了人们对真空的认识,推动了相对论性重离子碰撞的理论和实验研究工作。用随机格点的方法研究量子场论的非微扰效应,并建立离散时空上的力学,理论上受到广泛重视。李政道教授近年来关于高温超导的系统理论研究工作,也是别具一格的。

从 20 世纪 70 年代起,李政道教授为中国的教育事业和科学技术的发展做出了重大的贡献。为了在中国发展高能物理和建立高能加速器,在李政道教授的建议和安排下,自 1979 年起,有几十位中国学者到国外学习和培训,后来成为建立北京正负电子对撞机(BEPC)、北京谱仪和进行高能物理实验的骨干;1982 年,当我国高能物理事业举棋不定的关键时刻,他帮助我国选择了一个既先进又符合国情的 BEPC 方案,并促成了中美高能物理合作,使 BEPC 工程在选择方案、进行设计和建设中都得到了美国高能物理界的帮助和支持,对撞机之所以能如期建成,并成为当今世界上在 c-τ 物理研究能区唯一的高亮度电子对撞机,并做出了重要的物理结果,这与他的努力是分不开的。

为了年轻人的尽快成才,李政道教授除在国内长期开设讲座外,还倡议并创立了中美联合培养物理类研究生计划(CUSPEA),在 1979 年到 1989 年的十年内,共派出 915 位研究生,并得到美方资助。

1985 年,他又倡导成立了中国博士后科研流动站和中国博士后科学基金会,并担任全国博士后管理委员会顾问和中国博士后科学基金会名誉理事长。1986 年,他争取到意大利的经费,在中国科学院的支持下,创立了中国高等科学技术中心(CCAST)并担任主任,每年回国亲自主持国际学术会议,并指导 CCAST 开展多种形式的学术活动,对提高科技人员的水平起了重要作用。同时,在北京大学建立了北京现代物理中心(BIMP);其后,成立了在浙江大学的浙江近代物理中心,和在复旦大学的李政道实验物理中心。他是中国科技大学、北京大学等 11 所大学的名誉教授。

1994 年当选为首批中国科学

院外籍院士。

苏肇冰 男，1937年6月生。1953—1958年就读于北京大学物理系。1991年当选为中国科学院一学部委员。2000年当选为第三世界科学院院士。1994—1998年任中国科学院理论物理研究所所长。

目前主要研究领域为强关联多电子系统、介观系统、低维凝聚态系统和非平衡量子统计。他与周光召、郝柏林、于渌合作，系统地把现代量子场论与统计格林函数结合，发展了适用于平衡和非平衡统计的闭路格林函数方法，已经应用到相变临界动力学等多种问题。与合作者论证了电磁波在粗糙金属表面传播的安德森局域化，提出了在金属小颗粒悬浮液体中可能通过测量吸收系数观察电磁波局域化的迁移率边界的建议。与于渌合作，推广了黄昆的多声子晶格弛豫理论，建立了准一维有机导体系统中非线性元激发的量子跃迁理论。

1987年获中国科学院科学技术进步奖一等奖，1999年获中国科学院科学技术自然科学奖一等奖，2000年获何梁何利基金科学与技术进步奖，2000年获国家自然科学奖二等奖。

张焕乔 男，1933年12月生，重庆人。1956年毕业于北京大学物理系，之后一直在中国原子能科学研究院工作，现任研究员、博士生导师和北京串列加速器国家核物理实验室主任，兼任北京大学教授、中核集团公司科技委高级顾问、国防科工委专家咨询委员会委员、中国物理学会常务理事。1997年当选为中国科学院院士。

张焕乔先后从事中子物理、裂变物理和重离子反应的实验研究。为我国第一台中子晶体谱仪和第一台中子衍射仪的建立做出了重要贡献。参与压电石英单晶中子衍射增强现象的发现，并提出合理解释。为国防需要测量部分重要核数据，提供若干测试手段和方法。系统研究自发裂变和中子诱发裂变的中子数及其与碎片特性的关联，提供了高精度252Cf自发裂变的平均中子数，被收入国际标准。系统研究近垒和垒下重离子熔合裂变角分布，在国际上首先采用碎片折叠角技术实现将熔合裂变与转移裂变分开，发现碎片角异性的异常现象，并参与提出理论解释，最近得到国外实验支持。在国外合作研究垒下重离子熔合反应的平均角动量激发函数和熔合势垒分布中，首次揭示双声子激发引起熔合势垒分布劈裂成三个峰，表明复杂的核表面振动影响垒下熔合增强。该工作成为这方面研究的一个典型工作。采用转移反应作探针和发展ANC方法，首次研究稳定核激发态中子晕，观测到12B第二、第三激发态和13C第一激发态为中子晕态，扩大了晕核研究范围。

张焕乔在国内外杂志上发表百篇文章，在国际学术会上做邀请报告16次。曾获国家自然科学奖等多项奖励，1991年被评为核工业总公司优秀科技工作者，2004年获何梁何利基金科学与技术进步奖。

解思深 男，1942年2月生，汉族，中共党员，山东省青岛市人。1965年毕业于北京大学物理系，1983年毕业于中国科学院物理研究所，获博士学位。1965—1978年在宁夏钢铁厂任技术员，1984—1986年在美国科罗拉多大学电机工程与计算机科学系做博士后，1986年至今，历任中国科学院物理研究所副研究员、研究员。2003年当选为中国科学院院士，2004年当选为第三世界科学院院士。现任中国科学院物理研究所研究员、博士生导师、国家纳米科学中心主任和首席科学家，从2005年5月起被聘为北京大学信息科学技术学院教授。

解思深于1987—1992年主要研究高温超导体的合成、相关系和晶体结构。在超导体系的相关系和晶体结构测定上有过重要贡献。编写《高温超导》一书，由湖南教育出版社出版，参与合著《高温超导电性》一书，由上海科学技术出版社出版。1991年至今主要从事碳纳米管及其他一维纳米材料的合成、结构和物理性质的研究，在定向碳纳米管的制备、结构和物理性质的研究方面取得了一系列重要进展。先后在*Science*，*Nature*上发表三篇文章，并在*Phys. Rev. Letts.*，*Phys. Rev. B*，*Appl. Phys. Letts.*，*Advanced Materials*等杂志上发表多篇学术论文，论文被引用3500余次。

解思深于1989年获国家自然科学奖一等奖，1991年获国家自然科学奖三等奖，1998年获中国科学院科学技术进步奖三等奖，2000年获何梁何利基金科学与技术进步奖、桥口隆吉基金会材料奖、国际科学检索系统（ISI"）1981—1998年经典论文奖，2001年获中国科学院自然科学奖一等奖，2002年获国家自然科学奖二等奖和周培源基金会物理奖。

王诗宬 男，1953年1月生，汉族，江苏省盐城市人。1981年获北京大学硕士学位，留校任教至今。1988年获美国加州大学洛杉矶分校博士学位。访问过五大洲的30余所高校和研究院。2005年当选为中国科学院院士。现为北京大学数学科学学院教授。

王诗宬致力于研究低维拓扑性质，涉及几何群论、不动点、动力系统和代数拓扑等领域。与人合作有成果如下：发现三维流形中本质浸入曲面不能提升成有限覆叠中嵌入曲面的第一个例子；观察到卫星结上循环手术的障碍，证明了双曲流形中的浸入本质曲面边界数的有限性；在有限群作用、手性、流形嵌入、吸引子与流形拓扑间的制约等方面均有颇具创意的研究；特别是开拓和发展了三维流形间的映射这个研究领域，在探索覆叠度的唯一性、非零度映射的存在性、有限性、标准型及其与三维流形拓扑的相互作用中，有一系列预见和佳作。

1994 年获中国青年科学家奖，1995 年获求是杰出青年学者奖，1998 年获陈省身数学奖，2001 年获国家自然科学奖二等奖。

王诗宬还是 *Algebr. Geom. Topology*，*Topology Appl.*，《中国科学》和《数学年刊》等杂志的编委。

贺贤土　男，1937 年 9 月生，汉族，浙江省宁波市人，1962 年毕业于浙江大学物理系理论物理专业，随后进入中国工程物理研究院，在北京应用物理与计算数学研究所工作。1986 年至 1987 年年底任美国马里兰大学高级访问学者。1988—1997 年任研究所科技委员会副主任、副所长（1991 年起）。1995 年当选为中国科学院院士。1996—2001 年任 863 计划惯性约束聚变主题首席科学家。2001—2006 年先后任中国科学院数理学部常委、副主任、主任和中国科学院学部主席团成员和执行委员会成员。曾兼任科技部国家 863 计划顾问组成员、国家自然科学奖评审委员会委员，以及国家中长期科技规划战略能源组组长委员等职。现兼任中国工程物理研究院专家委员会委员，863 计划领域委员会委员，浙江大学理学院院长，北京大学应用物理与技术研究中心主任，高功率激光物理国家重点实验室学术委员会主任，中国计算物理学会理事长和 *Communications in Computational Physics* 国际杂志主编等职。

长期从事国家重大任务，以及核聚变与等离子体物理、理论物理专业研究。在国家任务的物理理论研究、设计及实验室模拟研究中完成了大量开拓性工作。在惯性约束聚变研究方面，曾组织领导了我国这一领域的研究工作，建立了我国独立自主的研究体系。在基础研究方面，主要从事高能量密度物理、非平衡态统计物理、激光与等离子体相互作用、激光核聚变物理和非线性科学方面的研究。发表科学论文 150 多篇，多次在国际学术会议上做大会邀请报告，并多次担任有关国际会议的主席、合作主席和科学顾问委员会成员。

1985 年获国家科学技术进步奖一等奖，1991 年获国家自然科学奖二等奖，1993 年获国家技术进步奖二等奖，2000 年获何梁何利基金科学与技术进步奖，2001 年获 863 计划突出贡献先进个人奖和部委级奖八项。

霍裕平　男，1937 年 8 月生，汉族，湖北省黄冈市人。1959 年毕业于北京大学物理系。曾任国家学位物理评审组成员，863 计划能源领域专家委员，国家重点基础研究规划专家顾问组成员，国际热核聚变实验堆（ITER）计划中国专家委员会首席科学家。1993 年当选为中国科学院院士，现任郑州大学教授。从 2007 年 9 月起被聘为北京大学物理学院教授。

主要从事理论物理的研究工作，研究内容涉及凝聚态物理、光学和光信息处理、非平衡态统计理论、高温等离子体物理和受控热核聚变等。在当时极其困难和屡受冲击的情况下坚持科学研究工作，在国内外主要刊物上发表近五十篇论文，并与郑久仁合著《非平衡态统计理论》，由科学出版社出版，受到国内外高度重视。20 世纪 60 年代初，与实验物理学家孟宪振合作，发展了强耦合共振系统的理论，完全解决了国际上关心的稀土离子引起铁氧体铁磁共振诸多特异反常的现象。20 世纪 70 年代初，与杨国桢等合作，将泛函分析方法引入光信息学中，讨论了现代光学设计的基本问题：用全息光学系统实现任意光学变换的可能性，并发展了一些可能的具体设计途径。这一系列工作在国内外引起较大反响。20 世纪 70 年代末，有关“等离子体的静态稳定性”研究，提出了“降低受控热核装置设计精度的可行途径”，并在以后用于我国大型托克马克装置的物理设计中，于 1977 年完成具有自己特色的物理设计，其后国际上也陆续采用了这种观点。20 世纪 90 年代初，成功领导和组织了世界第四个大型超导托克马克的建设。

1978 年获全国科技大会个人奖，1984 年获中国科学院科技成果二等奖，1986 年获中国科学院科学技术进步奖一等奖，1988 年获全国五一劳动奖章，1989 年获全国先进工作者称号，2000 年获河南省科技功臣荣誉称号。

周又元　男，1938 年 7 月生于上海，祖籍江苏省南京市。1960 年毕业于北京大学物理系。曾任中国天文学会星系和宇宙专业委员会主任。现为中国天文学会常务理事和中国天文学会教育工作委员会主任。2001 年当选为中国科学院院士。

主要从事类星体和活动星系核的研究，同时涉及宇宙学、宇宙大尺度结构和高能天体物理等的研究。20 世纪 70 年代与他人合作采用射电类星体子源之间的距离作为判据进行光度标定，改善了类星体的 Hubble 图，支持了类星体红移的宇宙学起源本质。20 世纪 80 年代中期与他人合作，在国际上较早利用类星体获得 100Mpc

的超大尺度结构的观测证据，并被大样本星系巡天所证实。20世纪90年代与合作者通过对活动星系核内部结构和辐射机制的深入研究，首次得到活动星系核大蓝包形状参数方程，确认了大蓝包的辐射来自吸积盘及其冕区，得到大蓝包的温度分布，给出了估算中心黑洞质量的新方法，并发现 FeKα 短时标变化规律新类型，用耀斑模型对各种类型的变化规律进行了统一解释。发表论文100余篇，其中在国际一流杂志发表13篇，在《中国科学》发表10篇。他的论文受到国际学术界重视，有15篇论文被国际权威杂志介绍和引用，*Nature* 曾发专文介绍他与合作者研究的内容和意义。

1980年和1990年两次获中国科学院自然科学奖二等奖，1992年获中国科学院有突出贡献中青年科学家奖。

王恩哥 男，1957年1月生于辽宁省沈阳市，汉族。1982年毕业于辽宁大学，获学士学位；1985年毕业于辽宁大学，获硕士学位。1990年毕业于北京大学，获博士学位。1990年8月至1991年12月在中国科学院物理研究所做博士后；1992年1月至1995年7月在法国和美国做博士后及副研究员；1995年8月起在中国科学院物理研究所工作；1999年5月至2007年4月任中国科学院物理研究所所长；2001年4月至2002年3月在日本东北大学做 JSPS 访问教授；2004年9月至2009年8月任北京凝聚态物理国家实验室（筹）主任；2005年6月至2009年5月在德国 Fritz-Haber 研究所做 AvH 访问教授；2007年10月至2008年3月在美国斯坦福大学做 GCEP 访问教授；2008年2月至2009年12月任中国科学院副秘书长、中国科学院研究生院常务副院长；2009年10月至12月在美国加州圣巴巴拉大学做 KITP 访问教授。2007年当选为中国科学院院士，2008年当选为第三世界科学院院士。现为北京大学物理学院教授（2009年），中国科学院物理研究所研究员。

王恩哥主要从事凝聚态物理研究，在纳米新材料探索及其物性、原子尺度上的表面生长动力学，以及受限条件下水的复杂形态等方面做出了有重要影响的工作。他首先提出利用掺杂来调制纯纳米管的结构和物性，与合作者首次制备出管状碳纳米锥、CN 聚合纳米钟和 BCN 单壁纳米管；与合作者共同发现并证实了表面原子运动的一些新规律，完善和发展了原子尺度的薄膜/纳米结构生长动力学；与学生在 SiO_2 表面预言并发现了一种全新的二维镶嵌冰，建立了有助于解释冰表面预融化的新序参量。已在国际学术期刊上发表论文260余篇，在国际学术会议上做邀请报告70余次，获国家发明专利5项。

1996年获香港求是青年学者称号；2003年获世界华人物理学会“亚洲成就奖”，北京市科学技术奖一等奖，中国科学院杰出成就奖；2004年获国家自然科学奖二等奖；2005年获第三世界科学院物理奖，德国洪堡研究奖，周培源物理奖；2008年获美国斯坦福大学“GCEP”访问学者称号，香港理工大学“杰出中国访问学人”称号。

王恩哥现为美国物理学会会士，英国物理学会会士，香港大学物理系荣誉教授，日本国立材料研究所、智利大学和英国伦敦大学国际学术顾问，国家中长期科技规划“量子调控”专项副组长。同时担任 *Journal of Physics: Condensed Matter*, *Solid State Communication*, *IEEE Transactions on Nanotechnology* 等国际学术期刊的副主编或编委。2002年10月至2005年9月任国际纯粹与应用物理联合会（IUPAP）专业委员会副主任。

鄂维南 男，1963年9月生于江苏省靖江市。1982年毕业于中国科技大学数学系，1985年获中国科学院计算中心硕士学位，1989年获美国加州大学洛杉矶分校博士学位。2011年当选为中国科学院院士。现任北京大学、普林斯顿大学教授。

主要从事计算数学、应用数学及其在力学、物理、化学和工程等领域中的应用等方面的研究。与合作者一起把偏微分方程、随机分析及动力系统的理论巧妙地结合起来，用于研究随机 Burgers 方程、随机 passive scalar 方程、随机 Navier-Stokes 方程和 Ginzburg-Landau 方程等，证明了不变测度的存在性和唯一性，分析了稳定解的特性，并在此基础上解决了 Burgers 湍流模型中一些存有争议的问题；与合作者一起构造和建立了稀有事件的迁移路径的理论框架，并发展了一种十分有效的数值方法——弦方法。此方法已成为研究物理、生物和化学领域中稀有事件的一个重要手段；与合作者研究了弹性理论的微观基础，从量子力学和分子动力学模型出发导出了宏观层面下的非线性弹性理论，得到了经典的 Cauchy-Born 准则成立的稳定性条件。提出了设计与分析多物理模型的多尺度方法的一般框架。曾获国际工业与应用数学协会颁发的科拉兹奖，首届美国青年科学家总统奖，冯康科学计算奖及美国工业与应用数学学会颁发的卡门奖等。

中国科学院化学部

唐有祺 男，1920年7月生，汉族，中共党员及九三学社社员，原江苏省南汇县人。1942年毕业于同济大学，获理学学士学位；1950 年毕业于美国加州理工学院，获博士学位。1950 年 5 月至 1951 年 5 月在美国加州理工学院做博士后研究员，1951 年 8 月在清华大学化学系任教，在院系调整中转入北京大学化学系至今。1980 年当选为中国科学院学部委员。唐有祺现为北京大学化学与分子工程学院教授。

唐有祺一直从事物理化学和结构化学研究，为我国晶体结构和结构化学研究做了重要奠基和发展工作。早在 20 世纪 50 年代就撰文关注生物大分子结构研究，后相继提出和指导胰岛素晶体结构测定工作，领导开展了蛋白质结构和分子设计研究，以及多肽合成和表征，并历任“生命过程中重要化学问题研究”攀登项目首席科学家。在载体自发单层分散等研究基础上，又提出建设分子工程学的倡议，在攀登项目“功能体系的分子工程学研究”，以及之后入选的 973 计划项目中任顾问，再次强调了功能意识和组装设计思想，对新形势下的科研工作起到了指导和推动作用。著有《结晶化学》、《统计力学及其在物理化学中的应用》、《化学动力学和反应器原理》、《对称性原理(一)——对称图象的群论原理》、《对称性原理(二)——有限对称群的表象及其群论原理》和《相平衡、化学平衡和热力学》，发表论文 400 余篇。

1982 年获国家自然科学奖二等奖；1987 年获国家自然科学奖二等奖；1991 年获国家自然科学奖三等奖；2006 年获国家科技发明奖二等奖，以及国家教委等省部级奖 9 项。

1978 年以来，先后担任北京大学物理化学研究所所长；分子动态与稳态结构国家重点实验室主任和学术委员会主任；国家教育委员会科技委员会主任；第三届国家自然科学奖励委员会副主任，以及第一届国家科技奖励委员会成员；国际晶体学联合会第十四届执委会副主席；中国化学会第二十二届理事会理事长；中国晶体学会理事长；全国政治协商会议第八届和第九届常委及第九届科技委副主任等职。

徐光宪　男，1920 年 11 月生，浙江省绍兴市人。1944 年毕业于上海交通大学化学系，1951 年获美国哥伦比亚大学博士学位，回国后在北京大学任教。1980 年当选为中国科学院学部委员。现任北京大学化学与分子工程学院教授、博士生导师。

徐光宪与合作者在量子化学领域中，提出了原子价的新概念 nxcπ 结构规则和分子的周期律、同系线性规律的量子化学基础和稀土化合物的电子结构特征，被授予国家自然科学奖二等奖。他编著的《物质结构》被授予国家优秀教材奖特等奖。他创建“串级萃取理论”，并与严纯华等合作者深入发展这一理论，并在全国普遍推广应用，使我国单一高纯稀土的生产与外贸占到全世界 90% 以上的份额，迫使美日稀土分离厂停产，取得国际领先水平和巨大的经济及社会效益。

徐光宪曾获 1994 年首届何梁何利基金科学与技术进步奖，2005 年又获何梁何利基金科学与技术成就奖，2006 年获北京大学首届蔡元培奖。

黎乐民　男，1935 年 12 月生，广东省电白县人。1959 年毕业于北京大学技术物理系，并留校任教；1965 年北京大学研究生毕业。曾任美国能源部能源与矿物资源研究所客座科学家。1991 年当选为中国科学院学部委员。现任北京大学化学与分子工程学院教授、博士生导师、院学术委员会主任；北京大学校学术委员会和理学部学术委员会委员；北京大学稀土化学研究中心主任。

黎乐民教授早年从事核燃料配位化学和萃取化学研究，用正规溶液理论解释了萃取过程中惰性稀释剂的溶剂效应；把两相滴定法推广应用到生成复杂萃合物的情况。1977 年以后主要从事量子化学和物理无机化学研究。在同系线性规律、双层点电荷配位场模型、分子中的原子与原子轨道、某些麻醉镇痛剂的构效关系等的研究中取得有特色的成果；系统研究镧系化合物的电子结构和成键特征，以及相对论效应产生的影响，阐明了这类化合物稳定性变化规律的微观机制；发展了四分量、两分量和标量相对论，以及非相对论的高精度密度泛函计算方法和程序；提出新的大体系分区计算和局部高精度计算或相对论计算的方法，以及结合相对论—非相对论密度泛函计算方法等。

1987 年获国家自然科学奖二等奖。还获得过多项部委省级科技成果奖。合作编著有《量子化学——基本原理和从头计算法》(上、中、下三册)、《量子化学——基本原理和从头计算法题解》和《分子对称性群》等研究生教材。

黎乐民教授还兼任中国科学院化学学部常务委员会副主任，稀土材料化学及应用国家重点实验室学术委员会主任，理论与计算化学国家重点实验室学术委员会主任，中国材料研究会计算材料学分会副主任，《中国科学》(B 辑：化学)执行副主编，《高等学校化学学报》《中国化学快报》和《分子科学学报》副主编。

刘元方　男，1931 年 2 月生，汉族，中共党员，浙江省宁波市人。1952 年毕业于燕京大学。1952 年起在北京大学任教。1980—1981 年在美国劳伦斯伯克利国家实验室做访问学者。1987—1988 年作为访问教授在瑞士保罗谢尔研究所工作。1991年当选为中国科学院学部委员。现为北京大学化学与分子工程学院教授。

刘元方40年来在核化学与放射化学领域做出过许多开拓性和创造性的工作。在创立和建设我国第一个放射化学专业的教育事业中做出了贡献。例如1960年领导建成了我国第一台5万转/分的浓集235U的锥形气体离心机;利用超铀元素重离子核反应首次直接制得251Bk,解决了从几十种元素中快速分离纯Bk的难题,重制了251Bk的衰变纲图等;1994年以来,在生物—加速器质谱学研究中做出了优良成果,研究了尼古丁、丙烯酰胺等分子的基因毒性;2001年以来,积极从事纳米材料的生物效应研究。在国内外杂志上发表论文约160篇,著有《放射化学》《核化学与放射化学》等书。1986年获得国家教委科学技术进步奖一等奖。

现兼任上海大学纳米化学与生物学研究所所长,国防科工委高放射性废物处置专家组副组长等职。曾任中国核化学与放射化学学会理事长,国际化学联合会放射化学和核技术委员会主席,中国科学院化学学部副主任。

周其凤 男,1947年10月(农历)生,汉族,中共党员,湖南省浏阳市人。1965年入北京大学化学系,1970年留校工作;1981年9月于美国麻省大学获得硕士学位;1983年2月于美国麻省大学获得博士学位。1983年5月起在北京大学化学与分子工程学院任教,1990年被聘为教授。1999年当选为中国科学院院士。2001年6月至2004年7月任国务院学位委员会办公室主任、教育部学位管理与研究生司司长。2004年7月由国务院任命为吉林大学校长(副部长级),同时继续担任北京大学化学与分子工程学院教授、高分子科学与工程系主任、高分子科学研究所所长、教育部高分子化学与物理重点实验室主任等职务。

周其凤教授的主要研究领域是高分子合成、液晶高分子、高分子的结构与性质等。在液晶高分子方面,周其凤创造性地提出了"Mesogen-Jacketed Liquid Polymer"(甲壳型液晶高分子)的科学概念并从化学合成和物理性质等角度给出了明确的证明。此外,还对液晶高分子的取代基效应进行了系统而深入的研究,得到了有重要科学意义的成果;最先发现通过共聚合或提高分子量可使亚稳态液晶分子转变为热力学稳定液晶高分子两个原理;并发现了迄今认为是最早人工合成的热致液晶高分子等。近年来,周其凤和他在北大的同事们一起,对甲壳型液晶高分子及其在材料结构与性能设计中的应用进行了系统而深入的研究,不断取得新成果。在2007年6月于纽约召开的国际纯粹与应用化学联合会高分子会议上,他应邀代表其研究小组做了45分钟的大会报告。在国内外著名刊物上已发表学术论文两百余篇;其他主要学术论著有:《液晶高分子》《高分子化学》*Liquid Crystalline Polymers*, *Contemporary topics in advanced polymer science and technology*, 2004;《耐高温聚合物及复合材料》。取得发明专利3个,主持国家自然科学基金委重点项目2个,973计划子项目1个等。

周其凤于1986年获得北京大学教学优秀奖,1988年获得中国化学会高分子基础研究王葆仁奖,1988年获得教育部"霍英东青年教师基金",1991年获得国家教委科学技术进步奖二等奖,1992年获得中国青年科学家提名奖,1997年获得"全国优秀留学回国人员"称号,1997年获得国家自然科学奖三等奖,2001年获得中国化学会高分子化学创新论文奖,2001年获得北京大学教学成果一等奖、北京市教育教学成果一等奖等。

周其凤的主要社会兼职为:国务院学位委员会委员,中国科学院化学部常委,教育部化学和化工专业教学指导委员会主任委员,人事部博士后管理委员会委员,国家自然科学基金委员会委员,清华大学兼职教授,以及中国科学院化学研究所、东华大学、北京化工大学等多个国家重点实验室学术委员会主任等。

王夔 男,1928年5月生,汉族,无党派人士,天津市人。1949年毕业于燕京大学,获理学学士学位。1949—1952年先后为燕京大学和北京大学化学系研究生。1952年,分配到北京大学医预科任教。1953年起在北京医学院(现北京大学医学部)从事教学和科研工作。1991年当选为中国科学院院士。现为北京大学药学院化学生物学系教授。

王夔是我国生物无机化学研究的先行者之一,是细胞无机化学的开拓者之一。他的课题组在细胞层次上研究无机物的生物效应的化学基础,跟踪细胞应答过程中发生的化学事件,研究它们与病理和毒理过程的关系,从而阐明无机物干预生命过程的机制,研究无机药物。目前,王夔主持国家自然科学基金重点项目"稀土元素的生物化学反应和有关细胞化学过程的干预"的研究,目的在于阐明稀土生物效应的化学机制,解释稀土金属离子生物效应的两面性和非线性浓度依赖关系,为稀土农用和药用提供合理基础。此外,他还参加了国家863计划和北京市科技计划的创新药物和中药研究的ADMET研究平台建设,开展了考虑ADMET性质合理设计抗糖尿病无机药物的工作。王夔课题组在国内外著名杂志上发表多篇论文。

曾获国家教委科学技术进步奖二等奖两次、三等奖一次，教育部科学技术进步奖一等奖一次，北京市科学技术进步奖二等奖一次，中国科学院科学技术进步奖二等奖和三等奖各一次。2000年获何梁何利基金科学与技术进步奖。2006年获北京大学蔡元培奖。目前担任《化学进展》和 *Frontiers of Chemistry in China* 的主编。

张礼和　男，1937年9月生，汉族，中共党员，江苏省扬州市人。1958年毕业于北京医学院药学系；1967年于北京医学院药学系研究生毕业。1967—1981年在北京医学院任助教、讲师；1981—1983年在美国弗吉尼亚大学化学系做访问学者；1983—1985年在北京医科大学药学院任副研究员；1985—1999年在北京医科大学任教授；1999年至今在北京大学药学院任教授。1995年当选为中国科学院院士。现为北京大学药学院教授、天然药物及仿生药物国家重点实验室学术委员会主任。

张礼和主要从事核酸化学及抗肿瘤、抗病毒药物方面的研究。自1990年以来系统研究了细胞内的信使分子 cAMP 和 cADPR 的结构和生物活性的关系，在此基础上发展了作用于信号传导系统，能诱导分化肿瘤细胞的新抗癌剂，发展了结构稳定、模拟 cADPR 活性，并能穿透细胞膜的小分子，成为研究细胞内钙释放机制的有用工具。系统研究了人工修饰的寡核苷酸的合成、性质和对核酸的识别，提出了酶性核酸断裂 RNA 的新机理，发现异核苷掺入的寡核苷酸能与正常 DNA 或 RNA 序列识别，同时对各种酶有很好的稳定性，寡聚异鸟嘌呤核苷酸有与正常核酸类似形成平行的四链结构的性质，发现信号肽与反义寡核苷酸缀合后可以引导反义寡核苷酸进入细胞并保持反义寡核苷酸的切断靶 mRNA 的活性，研究了异核苷掺入 siRNA 双链中去对基因沉默的影响，为发展基因药物提供了一个新途径。共发表论文200多篇，获得中国专利3项。

张礼和曾获日本星药科大学名誉博士（1990年），美国密苏里—堪萨斯大学埃德加·斯诺教授（1992年），何梁何利基金科学与技术进步奖（1999年），国家自然科学奖二等奖（2004年）等。兼任国务院学位委员会学科评议组药学学科召集人，中国药学会副理事长，英国皇家化学会高级会员，亚洲药化学会主席（1998—1999年），以及 *Organic & Biomolecular Chemistry*，*Chem Med Chem*，*Medicinal Research Review* 和 *Current Topics of Medicinal Chemistry* 编委，《中国药物化学》杂志主编，《高等学校化学学报》副主编等职。

黄春辉　女，1933年5月生，汉族，中共党员，江西省吉安县人。1955年毕业于北京大学化学系，同年留校工作至今。1981—1983年间在美国能源部 Ames 国家实验室和亚利桑那大学化学系作为访问学者进行合作研究。2001年当选为中国科学院院士。1988年至今任北京大学化学与分子工程学院教授。

黄春辉主要从事稀土配位化学和分子基功能膜材料方面的研究。前者内容涉及稀土元素的萃取分离和稀土配合物的分子设计、合成、结构及性质研究，特别是稀土配合物的光致发光及电致发光性质的研究。在分子基功能材料的研究中，将二阶非线性光学材料分子设计的原理引入到光电转化材料的设计中，发现了两者在构效关系上的相关性，开发了一类新的光电转化材料。

黄春辉著有《稀土配位化学》《光电功能超薄膜》和《有机电致发光材料与器件导论》。在国内外重要学术期刊发表论文300余篇，他引1800余次。

黄春辉先后主持973计划子课题、863计划子课题，以及国家自然科学基金等项目。2005年获何梁何利基金科学与技术进步奖，2003年获国家自然科学奖二等奖。现兼任《中国稀土学报》常务编委、中国稀土学会常务理事。

高松　男，1964年2月生，汉族，安徽省泗县人。分别于1985年、1988年和1991年先后获北京大学化学系理学学士、硕士和博士学位。1988年7月留校任教至今。1995—1997年作为洪堡学者在德国亚琛工业大学做访问研究。1999年作为求槎基金访问教授在香港大学进行合作研究。2007年当选为中国科学院院士。现任北京大学化学与分子工程学院教授，长江学者。

高松主要从事配位化学与分子磁性研究，他及其研究组结合分子设计合成与各种物理方法，系统研究分子固体中磁性离子的相互作用、磁弛豫、磁有序等与分子结构、晶体结构、单离子各向异性等的关系，在发现新的磁现象，发展新类型分子磁体方面取得了一些重要进展。例如，系统发展出设计分子磁体的一些新途径：新短桥分子磁铁、混桥杂化磁体、微孔磁体、不对称"三原子单桥"构筑分子弱铁磁体等；发现一些弱作用体系外磁场依赖的慢的磁弛豫行为，得到第一例同自旋单链磁体等。1998—2007年，高松及其合作者在配位化学和分子磁性领域发表 SCI 论文200余篇，累计引用4000余次，影响因子34。应邀在相关重要国际会议上做报告10余次。正在主持基金委重大项目"分子固体的控制合成与功能性质的研究"。

2006年获国家自然科学奖二等奖，2004年获第八届中国青年科技奖，指导的博士研究生于2002年获全国百篇优秀博士学位论文奖，2007年获评英国皇家化学会会士。

兼任中国化学会常务理事，北京化学会副理事长。*Chem. Soc. Rev.*，《中国科学B》《化学进展》《无机化学学报》《中国稀土学报》，*Cryst Eng Comm*，*Inorg. Chem. Commun* 等杂志顾问编委或编委。

吴云东 男，1957年5月生，汉族，江苏省溧阳市人。1982年和1986年先后获得兰州大学化学系学士学位和匹兹堡大学化学系博士学位。之后在加州大学洛杉矶分校和德国埃朗根大学从事研究工作。1992年到香港科技大学化学系任教，并于2001年升为教授。2005年当选为中国科学院院士。现任北京大学深圳研究生院化学生物学与生物技术学院教授。

吴云东主要从事理论与计算有机化学的研究，他的研究跨越有机化学、生物化学、材料科学及药物设计等多个领域，主要研究领域为金属有机催化及不对称合成，多肽及蛋白质的二级和三级结构，基于多肽的药物设计，以及发展有效的计算方法用来研究蛋白质结构及蛋白质与蛋白质的相互作用，并在此基础上进行抗癌症、抗病毒，以及抗老年痴呆症等的药物设计。至今已在主流化学刊物上发表论文近170篇(已被SCI收录165篇)，论文他引5800多次，影响因子44。吴云东曾在国际和国内学术会议上做邀请报告或大会报告67次，亦被邀请在世界70多所知名大学和研究所做了80场学术报告。

自1999年以来，吴云东担任世界理论与计算化学家协会理事会理事，也是亚太理论与计算化学家协会的共同发起人之一，同时担任多个国际和国内专业学术刊物的顾问编委、编委或副主编。

刘忠范 男，1962年10月生，汉族，吉林省九台市人。1983年毕业于长春工业大学化学工程系；1987年毕业于日本横滨国立大学，获硕士学位；1990年毕业于东京大学，获博士学位。1990年4月至1993年5月在东京大学和日本国立分子科学研究所从事博士后研究，1993年6月回国。2011年当选为中国科学院院士。现为北京大学化学与分子工程学院教授，长江学者。

刘忠范主要从事低维材料与纳米器件、分子自组装，以及电化学研究。发展了纳米碳材料的化学气相沉积生长方法学，发明了碳基催化剂、二元合金催化剂等新型催化剂，建立了精确调控碳纳米管、石墨烯等碳材料结构的系列生长方法。他将有机小分子的自组装概念拓展到准一维碳纳米管领域，建立了多种化学自组装方法，并开拓了自组装膜电化学和基于扫描探针显微技术的针尖化学研究方法。发表学术论文310余篇，获中国发明专利19项。曾任国家攀登计划(B)、973计划和纳米重大科学研究计划项目首席科学家，现任国家自然科学基金"表界面纳米工程学"创新研究群体学术带头人。

1997年获香港求是杰出青年学者奖，2007年获高等学校科学技术奖自然科学奖一等奖，2008年获国家自然科学奖二等奖，2011年获中国化学会—阿克苏诺贝尔化学奖等。

现任北京大学纳米科学与技术研究中心主任、物理化学研究所所长，多个国际期刊顾问编委或编委，《化学通报》副主编，中国化学会、中国材料学会和中国微米纳米技术学会常务理事。曾任第六十届国际电化学大会主席、第十届国际分子组装大会主席等。

严纯华 男，1961年生于上海，汉族，祖籍江苏省如皋市。1982年7月毕业于北京大学化学系，获理学学士学位；1985年7月和1988年1月先后获该校理学硕士和博士学位。1988年起留校工作，先后任化学系讲师(1988年)、副教授(1989年)、教授(1992年)、长江学者(1999年)，现任北京大学稀土材料化学及应用国家重点实验室主任，北京大学—香港大学稀土材料及生物无机化学联合实验室主任。2011年当选为中国科学院院士，2012年当选为第三世界科学院院士。

严纯华主要从事稀土分离理论、应用及稀土功能材料研究。发展了"串级萃取理论"，实现了中重稀土串级萃取工艺参数的准确设计及高纯重稀土的大规模工业生产；提出了"联动萃取工艺"的设计和控制方法。建立了稀土纳米晶的可控制备方法，系统研究了"镧系收缩"效应对稀土纳米晶的结构影响规律；发现稀土晶发光主要受到表面晶格对称性破损的控制，实验上率先证实了CeO_2对CO的催化活性与其外露晶面有关的理论预测；实现了不同结构与组成的稀土氟化物纳米晶的多色转换发光。

曾获得国家自然科学奖二等奖两次(2011年，2006年)和三等奖(1987年)、国家科学技术进步奖二等奖(1999年)和三等奖(1991年)。严纯华还获得了香港求是杰出青年学者奖(1996年)、中国化学会—阿克苏诺贝尔化学奖(2010年)等多项科技奖励。1996年被授予国家有突出贡献中青年专家称号。

兼任多个国际国内期刊的副主编、编委或顾问编委等，还兼任中国科协全委会委员，北京市科协常委，中国稀土学会、有色金属学会常务理事等。

中国科学院地学部

侯仁之 男，1911年12月生，山东省恩县人。1936年毕业于燕京大学，1949年获英国利物浦大学博士学位。1952年任教于北京大学地质地理系，曾兼任地质地理系系主任和北京大学副教务长等职。1980年当选为中国科学院学部委员。现任北京大学城市与环境学院教授、博士生导师。

侯仁之教授长期致力于历史地理学的教学与科学研究，1950年发表“中国沿革地理课程商榷”一文，第一次在我国从理论上阐明沿革地理与历史地理的区别及历史地理学的性质和任务。其在对北京历史地理的研究中，解决了北京城市起源、城址转移、城市发展的特点及其客观规律等关键性问题，为北京旧城的改造、城市的总体规划及建设做出重要贡献。其还在西北干旱及半干旱地区的考察中，揭示了历史时期不合理的土地利用是导致沙漠化的重要原因，为沙区的治理，在决策上提出了重要的科学依据。1984年被英国利物浦大学授予荣誉科学博士称号。

侯仁之还兼任北京市人民政府首都发展战略顾问组顾问等职。

赵柏林 男，1929年4月生，汉族，辽宁省辽中县人。1952年毕业于清华大学气象系。其后在北京大学物理系及地球物理系任助教和讲师。1979年越级晋升为教授。1984年为博士生导师。1957—1959年在苏联莫斯科大学和苏联科学院应用地球物理所进修。1991年当选为中国科学院学部委员。1994年当选为莫斯科国际高等学校科学院院士。现任北京大学物理学院大气科学系教授。

赵柏林是大气科学及遥感技术专家。他在云降水物理和人工影响天气、大气(光学、微波)遥感、无线电气象、卫星气象及气候变化等领域做出重大贡献。他在苏联进行了人类首次人乘气球入云测量云中电荷的实验。研究雨层云人工增雨和冰雹机制，用于人工影响天气实践。研制多频微波辐射计系列监测天气变化，微波辐射计与雷达联合测雨，提高了精度。建立微波地物实验室遥感水面油污和土壤湿度。研究了微波传播在大气云雨中的衰减和大气波导预报。建立光学遥感大气污染(大气气溶胶和二氧化氮)的新方法，利用卫星遥感东亚沙尘暴和大气臭氧的分布。建立海洋低空大气遥感系统，并参加中日合作西北太平洋云辐射实验，得到良好的结果。主持世界气候研究计划项目——中日合作全球能量与水分循环实验的淮河流域实验，取得成功。提高了淮河流域气象水文的预报。其著作有《大气探测原理》和《赵柏林文集》等。

赵柏林曾获全国科学大会奖(1979年)，国家科学技术进步奖一等奖一项(1987年)，教育部科学技术进步奖一等奖两项(1986年和2006年)，其他部委二等奖三项(1992年和1997年)和何梁何利基金科学与技术进步奖(2004年)。被授予国家有突出贡献中青年专家(1989年)，全国高等学校科技先进工作者(1990年)，全国气象科技先进工作者(2006年)。

社会兼职有中国气象学会常务理事和全国博士后管理委员会专家组专家。

涂传诒 男，1940年7月生，汉族，北京市人。1964年毕业于北京大学地球物理系。先后于1980—1981年在美国天主教大学、1988—1990年在德国马克斯普朗克学会高空研究所从事合作研究。2001年当选为中国科学院院士，2006年当选为第三世界科学院院士。现任北京大学地球与空间科学学院教授。

涂传诒教授主要从事太阳风湍流和形成机制方面的研究。截至2006年5月，涂传诒(含合作)发表论文中有75篇共被引用1766次，其中涂传诒为第一作者的文章共被引用1206次。其中4篇涂传诒为第一作者的论文每篇被引用超过100次，16篇涂传诒为第一作者的论文每篇被引用20次以上。涂传诒在该领域中取得自主重大原始创新成果，包括如下内容：发现太阳风中存在湍流串级过程。发现太阳风加热的能源来自湍流串级能量。提出太阳风能量供给和传输机制。首次把阿尔芬波传播理论与磁流体湍流理论结合起来，创建了描述太阳风湍流传输特性的“类WKB湍流理论”。在此基础上又创建了太阳风阿尔芬湍流串级加热理论和推广的湍流间歇理论，从而开辟了新的研究道路。通过合作研究发现太阳风流动起源于极区冕洞磁漏斗结构中光球层上方五千公里至二万公里的高度范围。提出沿径向的太阳风流动是由垂直径向大尺度对流运动驱动的新观点，突破以往学术界流行的太阳风起源于一维流管的想法和理论。提出五千公里尺度或更大的磁圈在磁漏斗结构中的磁重联供给太阳风初始的质量动量和能量。

涂传诒教授作为唯一获奖人，两次获得国家自然科学奖二等奖(1989年和2001年)，1992年获得国际科联空间研究委员会(COSPAR)颁发的Vikramsarabhai奖章和首届王丹萍科学奖，2002年获得何梁何利基金科学与技术进步奖，2006年获得陈嘉庚科学奖。

陈运泰 男，1940年8月生于福建省厦门市，祖籍广东省潮阳区，中共党员，地球物理专业，研究员，中国地震局地球物理研究所名誉所长。

1962年本科毕业于北京大学地球物理系。1966年研究生毕业于中国科学院地球物理研究所。

1966—1978年任中国科学院地球物理研究所研究实习员。1978—1982年任中国地震局地球物理研究所副研究员。1981—1983年为美国加州大学洛杉矶分校地球和行星物理研究所访问学者。1982年3月至今任中国地震局地球物理研究所研究员。1986—2000年任中国地震局地球物理研究所所长。现任中国地震局地球物理研究所名誉所长。1986年至今任中国地震学会理事长(1986—1991年,1995年至今)、副理事长(1991—1995年),中国地球物理学会常务理事,《地震学报》(中、英文版)主编,《地球物理学报》副主编,《中国科学》《科学通报》《自然科学进展》编委。1989—1991年任国际数字地震台网联合会副主席,1995—1999年任国际学术刊物《纯粹和应用地球物理》编委;现任国际学术刊物《地震学刊》编委,联合国际地质对比计划"大城市地区的地震地面运动"项目学术委员会委员。曾任中国科学技术协会第三届全国委员会委员(1986—1991年),现任中国科学技术协会第五届全国委员会委员。1998年至今任国际大地测量和地球物理学联合会中国委员会副主席,国际地震学与地球内部物理学协会中国委员会主席。1991年当选为中国科学院学部委员。1998—2000年任中国科学院地学部副主任。1999年当选为第三世界科学院院士。

陈运泰从事地震学和地球物理学研究,并在地震波理论、地震震源理论和数字地震学研究中做出了突出贡献。他用地震波、大地测量、形变和重力等资料反演与综合研究邢台、昭通、海城、唐山等大地震震源过程的工作,是我国震源研究领域的先驱性工作,并因此获得1978年的全国科学大会奖。

童庆禧 男,1935年10月生,湖北省武汉市人,1961年毕业于苏联敖德萨水文气象学院。遥感学家,中国科学院遥感应用研究所研究员,我国最早从事遥感研究的专家之一。早年从事气候学、太阳辐射和地物遥感波谱特征研究。在我国首先提出关于多光谱遥感波段选择问题,并在理论、技术和方法上进行了研究。主持了中国科学院航空遥感系统的研制,"七五"攻关中发展成为具有国际先进水平的"高空机载遥感实用系统"。倡导和开展了高光谱遥感研究,在岩石矿物识别、信息提取和蚀变带制图方面取得突破。根据植被光谱特征研究发展的高光谱导数模型和光谱角度相似性匹配模型等为高光谱遥感这一科技前沿的发展与应用奠定了基础。1997年当选为中国科学院院士。

马宗晋 男,1933年1月生,汉族,吉林省长春市人。1955年毕业于北京地质学院,获学士学位,留校任教一年半。1960年毕业于中国科学院地质研究所,获硕士学位。毕业后留所任助研,为构造力学研究组组长。1967年调地震工作系统工作,逐步升至中国地震局分析预报中心副主任,1988年任地震局地质研究所所长,1991年当选中国科学院学部委员。2001年起被聘任为北京大学地球与空间科学学院教授,学位委员会主任。2005年任国家减灾委员会专家委员会主任。

马宗晋主要从事地质构造、地震地质、减轻自然灾害、全球构造动力学研究,1964年完成节理定性分期配套等小构造研究,在全国构造地质教学中广为选用。提出长、中、短临渐近蕴震模式,成为中国预报强震的主要思想和工作程序。提出现今地球动力学,建立了3个全球的现今构造系统,论证了地球变动的韵律性和非对称性,从而提出以壳、幔、核细分层角差运动为基础的地球自转与热、重、流联合的动力模式构想,对全球构造动力模式进行了新的分析与综合,为灾害和矿产科研提供了部分基础。提出了综合减灾的减灾系统工程设计。发表论文200余篇,出版专著5本,编著18本。主持地震综合预报、国家重大自然灾害对策研究、中国地壳变动网络工程(一期、二期)、全球构造双重非对称性研究。

马宗晋于1978年获全国劳动模范称号,1981年获国家出版局优秀图书奖,1982—2002年间获中国地震局科学技术进步奖一等奖六次(排名第一)。于2002和2006年两次获国家科学技术进步奖二等奖。

马宗晋现担任《中国地震》《地震地质》《中国科学D》《中国石油》等期刊编委。

叶大年 男,1939年7月生,汉族,中共党员,民盟盟员,广东省鹤山市人。1962年本科毕业于北京地质学院地质系岩石和矿物专业;1966年9月研究生毕业于中国科学院地质研究所。1966年9月至今在中国科学院地质与地球物理研究所工作,历任研究实习员、助理研究员、副研究员和研究员。1991年当选为中国科学院学部委员。现任中国科学院地质与地球物理研究所研究员,从2001年9月起被聘为北京大学地球与空间科学学院教授。

叶大年主要从事矿物学、晶体化学和矿物材料方面的研究,开拓了矿物学的新领域——结构光性矿物学,并著有世界上第一部此领域的专著——《结构光性矿物学》;解决了用X射线粉末法鉴定长石、辉石、角闪石、石榴石等造岩矿物的鉴定难题,出版了《X射线粉末法及其在岩石学中的应用》专著;研究了铸石学的理论和工艺等各种主要问题,主编了《铸石研究》;

在统计晶体化学方面，开展了颗粒随机堆积的研究，发现了一些重要的堆积常数，揭示了地球圈层氧离子平均体积守恒定律。近年来研究城市地理，揭示城市分布的对称性，著有《地理与对称》。叶大年发表的论文有170余篇。

叶大年于1978年获全国科学大会奖，1986年奖获中国科学院自然科学二等奖和国家科学技术进步奖三等奖。

张弥曼 女，1936年4月生，汉族，浙江省嵊县人。1960年毕业于苏联莫斯科大学地质系。1982年获瑞典斯德哥尔摩大学博士学位。1960年至今在中国科学院古脊椎动物与古人类研究所工作。1991年当选为中国科学院学部委员。现为中国科学院古脊椎动物与古人类研究所研究员，从2001年9月起被聘为北京大学地球与空间科学学院教授。

张弥曼主要从事比较形态学、古鱼类学、中—新生代地层、古地理学及生物进化论的研究。曾发表《渤海沿岸地区第三纪鱼化石》《浙江中生代晚期鱼化石》，*The Braincase of Youngolepis, a Lower Devonian Crossopterygian from Yunnan, southwestern China* 等著作及编撰 *Early Vertebrates and Related Problems of Evolutionary Biology*，《热河生物群》（中、英文）等书籍，曾获中国科学院重大科技成果一等奖，中国科学院自然科学奖一等奖，国家自然科学奖二等奖，以及何梁何利基金科学与技术进步奖。

秦大河 男，1947年1月生，汉族，山东省泰安市人。1970年毕业于兰州大学地质地理系自然地理专业，1992年获理学博士学位。1978年起在中国科学院兰州冰川冻土研究所工作。先后任中国科学院兰州冰川冻土研究所副所长、冰芯与寒区环境重点实验室主任、中国科学院兰州分院副院长、中国科学院资源环境科学与技术局局长、中国气象局局长。2003年当选为中国科学院院士，2004年当选为第三世界科学院院士。现任第十一届全国政协常务委员，人口资源环境委员会副主任，中国科学院地学部主任，中国科学院冰冻圈国家重点实验室主任，政府间气候变化专门委员会（IPCC）第一工作组联合主席。从2009年1月起被聘为北京大学城市与环境学院教授。

秦大河长期从事冰冻圈与全球变化研究，多次参加、主持南极、北极、青藏高原和中国西部地区的科学考察和研究，取得了许多创新性成果。他对南极冰盖表层雪内的物理、化学过程与气候环境记录之间的关系进行了深入研究，有关降水中稳定同位素比率的分布规律与温度的关系、水汽和多种杂质来源与输送路径的研究结果，是迄今为止国际上对南极冰雪表层最广泛、最全面的研究成果，得到了国内外同行的认可，使中国南极冰川学研究跃登国际先进行列；他率先在中国西部开展雪冰现代过程和雪冰生物地球化学循环实验观测研究，论证了我国山地冰芯中气候环境指标的适用性；他对珠穆朗玛峰地区冰川变化、环境变迁和冰芯的综合研究，揭示了地球最高海拔地区近现代气候环境的变化特征。他主持研究973计划项目"我国冰冻圈动态过程及其对气候、水文和生态的影响机理与适应对策研究"，为西部地区水资源持续利用、寒旱区生态保护与治理、西部社会经济可持续发展提供重要科学依据和对策建议。他主持的"中国气象事业发展战略研究"，凝练出"公共气象，安全气象和资源气象"的发展理念。积极倡导学科交叉渗透，推动部门合作，实行科学数据共享。作为IPCC主席团成员、IPCC第一工作组联合主席，他前期参加并成功组织了IPCC科学评估活动。在努力构建和传播有关人类活动影响地球气候重要科学结论方面做出了巨大贡献，从而为人类必须积极应对气候变化的行动奠定了坚实的基础，为此获得了2007年的诺贝尔和平奖。

秦大河院士迄今发表论文256篇（其中SCI论文56篇），著作12部。研究成果被国际冰川学界著名教科书《冰川物理学》和 *Nature* 等刊物引用207次（他引102次）。获国家、中国科学院和省部级自然科学奖10项。

1990年4月，被国家南极考察委员会记一等功，获全国五一劳动奖章。1991年7月成为享受政府津贴的专家。1992年2月，获评国家有突出贡献中青年专家；2007年获诺贝尔和平奖。2008年获得第53届世界气象组织奖（IMO奖）。2009年获得法国格勒诺布尔金质奖章。秦大河在国际上也担任过各类重要职务，曾任国际南极研究科学委员会冰川学常设工作组副主席、主席，国际雪冰科学委员会副主席、国际冰川学会理事。现任IPCC第一工作组联合主席，世界气候研究计划气候与冰冻圈计划科学指导组成员，国际地圈生物圈计划科学委员会委员和IGBP中国全国委员会副主席，《中国科学》《科学通报》编委，《气候变化研究进展》主编等职务。

陶澍 男，1950年8月生，汉族，江苏省无锡市人。1977年毕业于北京大学地质地理系，分别于1981和1984年获美国堪萨斯大学硕士、博士学位。1984年至今在北京大学工作。2009年当选为中国科学院院士。现为北京大学城市与环境学院教授，长江学者。

陶澍主要研究微量有毒污染物排放、行为、归趋和效应等区域尺度环境过程；建立了中国高分辨多环芳烃排放和全球多环芳烃排放清单;证明了同分异构多环芳烃在迁移过程中的分异;建立了多介质源解析方法;在污染物区域环境归趋研究中,建立了具有空间分辨率的多介质模型,阐明了决定土壤中持久性有机污染物空间分异的主要机理;建立多环芳烃从产生、迁移、暴露到健康危害的系统模拟方法,揭示了有机氯农药摄入量与人体组织残留水平之间的定量关系;揭示了多环芳烃呼吸暴露对中国人群的健康危害,将基因易感性等参数的变异特征引入风险模型,定量阐明了健康风险的变异和不确定性。在国外学术刊物发表第一或通信作者论文百余篇。曾主持国家杰出青年科学基金、创新研究群体、重点项目、国际合作项目、973计划项目等多项国家自然科学基金项目。

2004年获教育部提名国家科学技术奖自然科学奖一等奖,2001年获全国模范教师荣誉称号。目前兼任中国地理学会环境地理专业委员会主任,国际环境毒理与化学学会亚太分会主席,多个国际刊物的顾问编委和编委。

中国科学院 信息技术科学部

杨芙清 女,1932年11月生,汉族,中共党员,江苏省无锡市人。1958年研究生毕业于北京大学数学力学系。1957—1959年在苏联科学院计算中心和莫斯科大学数力系学习,1962—1964年在苏联杜勒纳联合核系物理所计算中心工作。1959年至今在北京大学工作。1991年当选为中国科学院院士。现任北京大学信息科学技术学院教授,软件工程国家工程研究中心首席科学家,软件与微电子学院理事长、名誉院长。

杨芙清主要从事系统软件、软件工程、软件工业化生产技术和系统等方面的教学和研究工作。主持研制成功我国第一台百万次集成电路计算机多道运行操作系统和第一个全部用高级语言书写的操作系统;倡导和推动成立北京大学计算机科技系,1983—1999年担任系主任期间,将该系建成国内一流和国际知名的计算机科学技术研究和人才培养基地;在国内率先倡导软件工程研究,创办了国内第一个软件工程学科;开创了软件技术的基础研究领域;主持了历经四个五年计划的国家重点科技攻关项目——青鸟工程和863计划若干重点课题的研究;创建了软件工程国家工程研究中心;提出"人才培养与产业建设互动"的理念,创建了以新机制、新模式办学的示范性软件学院。发表论文150余篇,著作8部,培养了百余名硕士、博士和博士后。

杨芙清于1978年获全国科学大会奖,分别于1998和2007年获国家科学技术进步奖二等奖,1996年获电子工业部科学技术进步奖特等奖,2005年获国家级教学成果奖一等奖等十七项国家及省部级的奖励。

兼职情况:担任国务院学位委员会学科评议组第一召集人,中国软件行业协会副理事长,北京市人民政府专家顾问团顾问,贝尔实验室基础科学研究院(中国)高级顾问,《中国科学》《科学通报》《电子学报》副主编,清华大学、复旦大学、浙江大学、香港科技大学等校兼职教授。

王阳元 男,1935年1月生,汉族,中共党员,浙江省宁波市人。1958年毕业于北京大学物理系,1958年至今在北京大学工作,1982—1983年任美国加州大学伯克利分校高级访问学者。1995年当选为中国科学院院士。王阳元现为北京大学信息科学技术学院教授、微电子学研究院首席科学家。

王阳元主要从事微电子学领域中新器件、新工艺和新结构电路的研究。20世纪70年代成功主持研究我国第一块3种类型1024位MOS动态随机存储器,是我国硅栅N沟道MOS技术开拓者之一。20世纪80年代提出了多晶硅薄膜"应力增强"氧化模型、工程应用方程和掺杂浓度与迁移率的关系,被国际同行认为"对许多研究者都有重要意义""对实践有重要的指导意义"。研究了硅化物薄膜及深亚微米CMOS电路的硅化物/多晶硅复合栅结构;发现磷掺杂对固相外延速率的增强效应,以及$CoSi_2$栅对器件抗辐照特性的改进作用;20世纪90年代在SOI/CMOS器件方面,提出了器件浮体效应模型的工艺设计技术。成功研究了多种新型器件和电路;与合作者一起提出了多晶硅发射极晶体管的新的解析模型,开发了成套的先进工艺技术,对独立自主发展我国集成电路产业有重要意义。20世纪90年代后期研究微机电系统(MEMS),任国家重点实验室主任,主持开发了三套具有自主知识产权的MEMS工艺,开发了多种新型器件并向产业转化,获得一批发明专利。近期又致力于研究纳米级集成电路。在任全国ICCAD专家委员会主任和ICCAT专家委员会主任期间,成功领导研制了我国第一个大型集成化的ICCAD系统,使我国进入能自行开发大型ICCAD工具的先进国家行列。为推动我国微电子产业的发展,作为发起人之一,创建中芯国际集成电路制造有限公司,成功领导建设了我国第一条12英寸纳米级集成电路生产线,使我国集成电路生产技术水平处于国际先进水平。共培养百名硕士、博士和博士后。发表科研论文230多篇,出版著作6部。

王阳元有 20 项重大科技成果。1978 年获全国科学大会奖，1991 年获国家教委科学技术进步奖一等奖，2003 年获何梁何利基金科学与技术进步奖，2007 年获国家科学技术进步奖二等奖，共 19 项国家级和省部级奖励。

王阳元长期担任中国电子学会副理事长，《半导体学报》和《电子学报》(英文版)副主编，信息产业部科技委委员(电子)，美国 IEEE Fellow 和英国 IEE Fellow 等。

秦国刚　男，1934 年 3 月生于江苏省南京市，祖籍江苏省昆山市。1956 年 7 月毕业于北京大学物理系，1961 年 2 月研究生毕业于该系固体物理方向。长期从事半导体材料和器件物理研究。现任北京大学物理学院教授。

他和他带领的研究组在半导体杂质与缺陷和多孔硅与纳米硅镶嵌氧化硅发光领域做出系统的和创造性的成果，例如：在中子辐照含氢硅中检测到结构中含氢缺陷在导带以下 0.2 eV 深能级，在国际上最早揭示硅中存在含氢深中心，提出的微观结构被实验证实；发现退火消失温度原本不同的各辐照缺陷在含氢硅中变得基本相同；最早揭示氢能显著影响肖特基势垒高度。测定的硅中铜的深能级参数被国际权威性半导体数据专著采用。1993 年对多孔硅与纳米硅镶嵌氧化硅光致发光提出量子限制——发光中心模型，成功解释大量实验，得到广泛支持；首次观察到 p-Si 衬底上氧化硅发光中心的电致发光现象。在此基础上，设计并研制出一系列硅基电致发光新结构，如：半透明金膜/纳米(SiO_2/Si/SiO_2)双垒单阱/p-Si 等。发光波长从近红外延伸到近紫外。所提出的电致发光机制模型，被广泛引用。

秦国刚获国家教委(教育部)科学技术进步奖一等奖和二等奖各一次，中国科学院自然科学奖二等奖一次；获物理学会 2000—2001 年度叶企孙奖。在国内外重要期刊上发表论文 180 余篇，其中 SCI 论文 130 余篇。

黄琳　男，1935 年 11 月生，汉族，江苏省扬州市人。1957 年毕业于北京大学数学力学系，1961 年同系研究生毕业。1957 年 8 月至 2006 年 3 月先后在北京大学数学力学系、力学系工作，1984 年特批为教授。1985 年 9 月至 1986 年 9 月，1989 年 3 月至 1989 年 9 月和 1994 年 12 月至 1995 年 4 月三次在美国麻省大学等高校做访问学者进行合作研究，其间曾在包括哈佛大学在内的多所大学进行学术交流。1990 和 1996 年他还对日本与澳大利亚分别进行过短期的学术访问。2003 年当选为中国科学院院士。现任北京大学工学院力学与空天技术系教授。

黄琳一直从事系统稳定性与控制理论方面的研究工作，早在 1959 年就结合飞机安定性分析提出多维系统衰减时间概念并给出估计方法，该成果作为中国的两项成果之一参加 1963 年第二届国际自动控制联合会学术大会；1964 年就解决了现代控制理论中的一些基本问题：给出单输入系统极点配置定理，并且给出了二次型最优控制的存在性、唯一性与线性控制律。后来又给出了输出反馈实现二次型最优控制的充要条件，并指出在一般情况下该问题无解。1986 年，首先给出了稳定多项式的凸组合保持稳定的充要条件，以及利用顶点集与边界集判断多面体多项式族稳定的一组充分条件。随后与美国学者一起给出并证明了分析多项式系统族稳定性的棱边定理，有效地降低了计算复杂性，被业界誉为里程碑式的结果。与国内学者合作给出了更为基础的边界定理，在多项式稳定性理论中相继提出了值映射、参数化等概念，建立了一系列重要定理，形成了一套系统的理论体系。进一步在鲁棒控制前沿领域、控制器与对象同时摄动问题、积分二次约束问题、模型降阶问题、非线性系统总体性质等方面指导开展了一系列研究工作，做出了有价值的成果。1993—1997 年，主持国家“八五”重大基金项目“复杂控制系统理论的几个关键问题”(验收评价为优)。此外先后主持 973 计划项目子课题，攀登项目子课题，以及多项面上项目的研究任务。出版三部著作：《系统与控制理论中的线性代数》《稳定性理论》《稳定性与鲁棒性的理论基础》。在《稳定性与鲁棒性的理论基础》中首次将鲁棒性与稳定性这两个基本概念统一于同一框架下，提炼与总结了相关的基础理论成果。目前正主持基金委重点项目“非线性力学系统的控制”。目前研究兴趣在航空航天中复杂运动控制、非线性力学系统的总体特性及其控制等方面。

在人才培养上做出了突出贡献，培养的研究生中有不少已成长为国内外知名学者，其中有航天控制领域专家(神舟飞船系列控制系统副总设计师)，长江学者与杰出青年科学基金获得者，中国科学院 1999 年十大优秀博士后称号获得者等。

黄琳院士曾获包括国家自然科学奖三等奖在内的多项奖励。

黄琳院士兼任北京航空航天大学、浙江大学、东北大学、南京航空航天大学、华南理工大学、中南大学、南京理工大学等多所院校兼职教授或名誉教授，任中国科学院科学出版基金技术科学组组长。

李启虎　男，1939 年 5 月生，汉族，浙江省温州市人。1963 年毕业于北京大学数学力学系，1984—1986 年应美国普林斯顿大学邀请在美国工作，1997 年当选为中国科学院院士。曾任中国科学院声学研究所所长，现任中国科学院声学研究所研究员、厦门大学通信工程系教授、博士生导师。从 2007 年 10 月起被聘为北京大学先进技术研究院教授。

李启虎院士长期从事信号处理理论和声呐设计、研制工作。结合我国浅海声传播的特点，应用信息论、数字信号处理、水声工程等理论，解决了一系列水声信号处理中的问题。研究了自适应波束成形的稳态特性，给出了用频域最优传输函数求解波束指向性的表达式。给出在海洋噪声背景下检测微弱信号的增益计算方法。解决了在时间上非平稳、在空间上不均匀的噪声场对经典理论应做的修正的问题。提出了指导声呐设计的重要依据——声呐方程的一种新的表达方式。在水下目标的被动检测中提出利用声信号的相位信息估计目标方位的新方法，还提出了用自适应阵处理方法完全分离在空间上不重叠的多个点源信号的新算法。

1976 年因参加自适应滤波的研究而获得中国科学院重大科技成果一等奖。1978 年因参加 001 岸用声呐站的研究而获得全国科学大会一等奖。1984 年因负责 262 声呐研制而获得六机部科学技术进步奖。发表论文数十篇，其中有《自适应噪声抵消滤波器抵消能力的研究》《声呐设计中的计算机模拟技术》《自适应阵信号分离理论》等。专著有《数字式声呐设计原理》《声呐信号处理引论》《计算机图形学》(合作编译)等。

陆汝钤 男，1935 年 2 月生，汉族，江苏省苏州市人。1959 年毕业于德国耶拿大学数学系，获学士学位。1959 年至今在中国科学院数学与系统科学研究院数学研究所工作，先后担任研究实习员、副研究员、研究员和博士生导师。1988 年被评为国家有突出贡献中青年专家。1987—1990 年任中国科学院数学研究所副所长，1991—1994 年担任中国科学院数学研究所学术委员会主任。1999 年当选为中国科学院院士。从 2008 年 3 月起被聘为北京大学信息科学技术学院教授。

陆汝钤在知识工程和基于知识的软件工程方面做了系统的、创造性的工作，是我国该领域研究的开拓者之一。设计并主持研制了知识工程语言 TUILI 和大型专家系统开发环境“天马”。首次把异构型 DAI 和机器辩论引进人工智能领域。研究出基于类自然语言理解的知识自动获取方法，把 ICAI 生成技术推进到以自动知识获取为特征的第三代，并开发出基于知识的应用软件自动生成技术。研究出能把中文童话故事自动转换成动画片的计算机动画全过程自动生成技术，在艺术创造领域内推进了人工智能。

陆汝钤曾获中国科学院重大科技成果一等奖、国家科学技术进步奖二等奖等重大奖项。

梅宏 男，1963 年 5 月生，汉族，籍贯重庆市，出生并成长于贵州市。1984 和 1987 年分别于南京航空学院获学士和硕士学位，1992 年于上海交通大学获博士学位，1994 年从北京大学博士后出站。1999 年 3 月至 2000 年 4 月在美国贝尔实验室任访问科学家。2011 年当选为中国科学院院士。现为北京大学信息科学技术学院教授，教育部长江学者计划特聘教授。

梅宏主要从事软件工程和系统软件领域的研究。在构件化软件中间件、开发方法学和工具环境等方面取得了系列成果。针对开放网络环境下软件动态适应和在线演化两个核心难题，提出基于微内核的中间件构件化体系结构和基于容器的构件在线组装机制，建立了构件化的软件中间件技术体系与框架。提出基于软件体系结构(SA)的构件化软件开发方法 ABC，拓展 SA 到软件全生命周期，实现了对系统级结构复杂性和一致性的有效控制。发表学术论文 150 余篇，多次获国际会议最佳论文与优秀论文荣誉。获国家技术发明专利授权 10 余项。承担了数十项国家级科研项目，两次担任 973 计划项目首席科学家。

梅宏曾获国家技术发明二等奖、国家科学技术进步奖二等奖、教育部自然科学奖一等奖等科技成果奖励。个人荣誉包括：霍英东基金青年教师奖(研究类)、全国优秀博士后奖、国家杰出青年科学基金获得者、中国青年科技奖、“新世纪百千万人才工程”国家级人选、国家自然科学基金委创新研究群体学术带头人等。

历任 863 计划项目专家组成员，国家“核高基”科技重大专项专家组成员，信息产业部软件构件技术标准工作组组长，国务院学位委员会计算机科学技术学科评议组成员，教育部科学技术委员会委员。担任多个国内外学术期刊编委，数十次担任重要国际学术会议程序委员会主席或委员。

包为民 男，1960 年 3 月生，汉族，黑龙江省哈尔滨市人。1982 年毕业于西北电讯工程学院(现西安电子科技大学)，获学士学位。2010 年毕业于北京航空航天大学，获博士学位。2005 年当选为中国科学院院士。包为民历任中国航天科技集团公司一院十二所副组长、副主任、副所长、所长，现任航天科技集团科技委主任，国家某重点工程技术总负责人。2012 年 1 月起被聘为北京大学工学院教授。

包为民院士工作实践丰富、学风正派、严谨务实、勇于创新，为我国国防现代化建设做出了突出贡献，是我国航天运载器及控制系统领域的学术带头人。曾获得国家科学技术进步奖特等奖一项、一等奖一项，国防科学技术奖一等奖两项、二等奖一项，第二届国防科技工业杰出人才奖，国防科技工业有突出贡献中青年专家称号等奖项。

兼任《计算机工程与设计》编辑委员会委员，丰台区科协主席，第十一届全国政协委员，国防科学技术大学、北京航空航天大学、西安电子科技大学等院校兼职教授。

中国科学院技术科学部

叶恒强 男，1940 年 7 月生，广东省番禺市人，汉族。1963 年本科毕业于北京钢铁学院(现北京科技大学)。1967 年研究生毕业于中国科学院金属研究所。曾任金属研究所副所长(1990—1998 年)、所长(1998—2001 年)，中国电子显微镜学会理事长(2000—2004 年)，973 计划项目(2001—2004 年)首席科学家。1981 和 1985 年在美国亚利桑那州立大学、1982 年在比利时安特卫普大学、1988 年在日本东北大学做访问学者。1991 年当选为中国科学院院士。现任中国科学院金属研究所研究员、北京大学物理学院教授。

叶恒强主要从事材料科学与工程(一级)学科下的材料物理化学(二级)研究。20 世纪 70 年代，他在对高温合金材料的故障分析中，发现了冲击韧性随硅含量出现马鞍形变化的规律，为冶金产品的质量改进做出了贡献。20 世纪 80 年代初期，对层状晶体的长周期结构进行了系统的探索，发现了两种新的相畴，用高分辨点阵像确定了碳化硅中 6 种多型体的结构。20 世纪 80 年代中期，他与合作者和国外同时独立发现晶体块体中传统晶体学不允许的五次对称性，进而与合作者发现并研究了二十面体对称、八次对称等准晶相，为我国在准晶实验研究居于国际前列做出了贡献，为此获 1987 年的国家自然科学奖一等奖。作为我国最早从事固体原子像的研究者之一，他对固体材料结构与缺陷进行了深入研究，在高温合金长时间时效析出的拓扑密堆相中发现了四种新相及大量的平移畴、旋转畴结构，总结出这类相结构的晶体学构造规律。此成果获 1986 年中国科学院科学技术进步奖一等奖。用高分辨像直观揭示合金非公度结构的原子模型，在固体表面与界面中观察到新的重构与界面及应产物。已发表 250 余篇学术论文，与人合作出版了《高分辨电子显微学》《高空间分辨分析电子显微学》等六部著作。他先后主持重大基金项目两项："材料表面与界面研究"(1992—1996 年)；"金属间化合物关键基础性问题研究"(1998—2001 年)。他重视培养青年人才，协助郭可信先生指导的博士研究生张泽、硕士研究生王大能获首届(1985 年)吴健雄物理奖。指导的博士研究生已有 2 人获全国百篇优秀博士学位论文奖，3 人获中国科学院院长奖学金特别奖。

叶恒强于 1982 年获国家自然科学奖三等奖，1989 年获国家自然科学奖四等奖，1994 年获钱临照奖(中国电子显微镜学会)，1996 年获何梁何利基金科学与技术进步奖，1999 年获国家自然科学奖四等奖，2002 年获辽宁省科学技术奖一等奖。

社会兼职有：973 计划顾问专家组成员，国务院学位委员会学科评议组(材料科学与工程)成员，中国科学院研究生院学位委员会成员。现任 *Materials Letters* 主编之一，《材料研究学报》主编。

中国科学院
生命科学和医学学部

翟中和 男，1930 年 8 月生，江苏省栗阳市人，汉族，中共党员。1950—1951 年在清华大学学习。1956 年毕业于苏联列宁格勒大学。1959—1961 年在苏联科学院生物物理研究所进修。1984—1986 年在美国麻省理工学院生物学系做访问教授。1991 年当选为中国科学院院士。现为北京大学生命科学学院教授。

翟中和教授曾在细胞超微结构、放射生物学、病毒与细胞生物学等领域从事科研与教学工作。较早建立细胞超微结构技术，首次研制成鸭瘟细胞疫苗，在动物病毒复制与细胞结构关系的研究方面取得了突出成就。近二十多年来，主要进行核骨架—核纤层—中间纤维体系、非细胞体系核重建、细胞凋亡等方面的研究，取得了许多创新性成果，被国内外所引用。先后在国内外发表论文 280 余篇，专著 15 部。主编的《细胞生物学》被评为全国高校优秀教材一等奖，发行 50 万册。

曾获得国家自然科学奖三次(二等奖、三等奖、四等奖各一次)，国家科学技术进步奖三等奖，教育部科学技术进步奖一等奖五次，何梁何利基金科学与技术进步奖，桥本初次郎(日本)电子显微学奖。培养硕士研究生、博士研究生与博士后共 80 余名，有 3 名博士研究生先后获得全国优秀博士学位论文奖。

翟中和教授现为北京市学位委员会副主任，全国博士后管委会专家组召集人，清华大学双聘教授。曾任香港科技大学、南京大学、武汉大学、南开大学、中山大学等学校的兼职教授或客座教授。现任《分子细胞学报》《微生物学报》编委。曾任国家重点科研规划专家顾问委员会委员、国务院学位委员会学科组召集人、亚洲太平洋地区细胞生物学会联盟副主席、中国细胞生物学会副理事长、中国电子显微镜学会副理事长，美国细胞生物学会第六届大会、第十四届世界电子显微学会大会、亚洲—太平洋细胞生物学大会组委与顾问，中国医科院分子肿瘤开放实验室、中国医科院医学分子生物学开放实验室等十多个重点实验室学术委员。曾任 *Cell Research*、《美国电子显微学报》《实验生物学报》《动物学报》《植物学报》《电子显微学报》等杂志编委。

韩济生 男，1928 年 7 月生，汉族，中共党员，浙江省萧山市人。生理学家，博士生导师。1953 年毕业于上海医学院医学系。在大连医学院生理高级师资班进修后，先后在哈尔滨医科大学(1953 年)、北京卫生干部进修学院(1956 年)、北京中医学院(1961 年)、北京医学院(1962 年)等单位生理系任教。1979 年由讲师直接晋升为教授。1983—1993 年任北京医科大学生理学教研室主任，1987 年任北京医科大学神经科学研究中心主任。1993 年任卫生部神经科学重点实验室主任，神经科学研究所所长。1993 年当选为中国科学院院士。现为北京大学神经科学研究所、北京大学医学部神经生物学系教授。

从 1965 年开始从事针灸原理研究，1972 年以来从中枢神经化学角度系统研究针刺镇痛原理，发现针刺可动员体内的镇痛系统，释放出阿片肽、单胺类神经递质等，发挥镇痛作用；不同频率的电针可释放出不同种类的阿片肽；针效的优劣取决于体内镇痛和抗镇痛两种力量的消长。研制出“韩氏穴位神经刺激仪”，对镇痛和治疗海洛因成瘾有良效。1987—2000 年连续获美国国立卫生研究院(NIH) RO1 科研基金用以研究针刺镇痛原理。2004—2009 年获 NIH 重点科研基金与哈佛大学合作研究针刺戒毒原理，其间兼任哈佛大学精神病学科兼职教授。2007 年担任 973 计划项目首席科学家。在国内外杂志及专著上发表论文 500 余篇，编写中文专著 9 册，英文教科书 1 册。

获国家自然科学奖二等奖和三等奖各一次，国家科学技术进步奖三等奖一次，卫生部甲级奖三次、乙级奖二次，国家教委一等奖二次、二等奖一次，国家民委一等奖一次，北京市科学技术进步奖一等奖一次，国家中医药局二等奖一次。1984 年被评为国家有突出贡献中青年专家。1992 年获北京医科大学“桃李奖”。1995 年获何梁何利基金科学与技术进步奖，并被评为北京市先进工作者。2006 年获北京大学先进党员标兵和首届蔡元培奖。

1979 年以来应邀到 27 个国家和地区的 100 余所大学和研究机构演讲 206 次。多次担任国际学术会议主席和大会报告人，1990—2002 年任世界卫生组织科学顾问，1991 年至今任美国国立卫生研究院顾问。获国际脑研究组织与美国神经科学基金会联合颁发的“杰出神经科学工作者奖学金”，被选为瑞典隆德皇家学院国际院士，国际疼痛研究会教育委员会委员和中国分会会长，担任两届国际麻醉性物研究学会执委会委员。2007 年任国际神经肽协会中国分会主席。现兼任国务院学位委员会学科评议组成员，中国博士后科学基金会理事会医学组长，北京神经科学会名誉理事长，中华医学会疼痛学分会主任委员，《生理科学进展》杂志名誉主编，《中国疼痛医学杂志》主编，《国际神经科学杂志》《中国药理学通报》《中国中西医结合杂志》(英文版)、《中国药物滥用防治杂志》等编委。

韩启德 男，1945 年 7 月生，汉族，中共党员，九三学社成员，上海市人，病理生理学家。1968 年毕业于上海第一医学院医学系，1982 年在西安医学院获医学硕士学位，1985 年 9 月至 1987 年 8 月在美国埃默里大学药理系进修。曾任北京大学常务副校长、研究生院院长，北京医科大学副校长、研究生院院长，北京医科大学心血管基础研究所所长。1997 年当选为中国科学院院士，2004 年当选为第三世界科学院院士。现任全国人大常委会副委员长、九三学社中央主席、中国科学技术协会主席、欧美同学会中国留学人员联谊会会长、北京大学医学部主任、北京大学前沿交叉学科研究院院长、国际病理生理学会主席、国际心脏研究学会中国分会主席、中国病理生理学会理事长。

韩启德教授长期以来从事分子药理学与心血管基础研究。在 α1 肾上腺受体 α1-AR 亚型研究领域获重要成果，1987 年在国际上首先证实 α1-AR 包含两种亚型，后系统研究 α1-AR 亚型在心血管分布、功能意义，以及病理生理改变上的作用。近年来，关注学科交叉研究，开始研究生物单分子在细胞中的转运及其生物学意义，用复杂系统手段研究肾上腺素受体的网络调节。发表学术论文 200 余篇，据不完全统计，发表的论文被引用 1700 余次。讲授“心血管病理生理学”“受体学”等诸门课程。

韩启德教授曾于 1992 年获国家教委科学技术进步奖一等奖，1993 年获卫生部科学技术进步奖三等奖，1994 年获国家自然科学奖三等奖，1995 年获国家教委科学技术进步奖一等奖，1998 年获何梁何利基金科学与技术进步奖，2000 年获高校自然科学奖一等奖。1990 年获卫生部授予的“优秀留学回国人员”称号，1991年获国家人事部与教委授予的“做出突出贡献的留学回国人员”称号，1994年获评国家有突出贡献中青年专家。1993年被聘为博士生导师，已培养博士研究生30名，硕士研究生7名，博士后7名。

许智宏　男，1942年生，江苏省无锡市人。1965年毕业于北京大学生物系植物学专业，随后考上中国科学院上海植物生理研究所研究生，毕业后留在该所长期工作。1979年至1981年，先后在英国约翰依奈斯研究所和诺丁汉大学从事研究工作。自1983年起，历任上海植物生理研究所副所长、所长兼植物分子遗传国家重点实验室主任。1992年10月至2003年2月任中国科学院副院长。1999年11月至2008年11月任北京大学校长。曾任中国细胞生物学会理事长、中国植物学会副理事长、中国生物工程学会副理事长。现任国际植物组织培养和生物技术协会主席、中国植物生理学会理事长、联合国教科文组织人与生物圈中国国家委员会主席、中国科学院学部科学道德建设委员会主任。1995年当选为第三世界科学院院士。1997年10月当选为中国科学院院士。现为北京大学生命科学学院教授、中国科学院上海植物生理研究所研究员。

许智宏教授长期从事植物发育生物学、植物细胞培养及其遗传操作、植物生物工程的研究。在植物发育、组织和细胞培养，以及生物工程领域，已发表论文、综述、专著共200多篇(册)。

许智宏教授曾获中国科学院自然科学奖一等奖、国家自然科学奖三等奖等奖项，1988年被评为国家有突出贡献中青年专家，1991年被评为全国做出突出贡献的留学回国人员，并先后获香港大学荣誉教授、英国德蒙特福特大学和诺丁汉大学、香港城市大学、日本早稻田大学、加拿大麦吉尔大学荣誉理学博士学位，以及澳大利亚墨尔本大学荣誉法学博士学位和加拿大蒙特利尔大学荣誉博士学位。

朱作言　男，1941年9月生，汉族，湖南省澧县人。1965年毕业于北京大学生物系，1980年毕业于中国科学院研究生院。自1965年起，先后在中国科学院水生生物研究所任研究实习员、助理研究员、副研究员、研究员和研究所所长，其中1980—1983年和1998—1994年分别在英国和美国的大学和研究所进修和工作。1997年当选为中国科学院院士，1998年当选为第三世界科学院院士，2007年被授予英国阿伯丁大学科学博士荣誉学位。现任中国科学院水生生物研究所研究员、国家自然科学基金委员会副主任、《科学通报》执行主编、中国国际科技合作协会会长，从2000年5月起被聘为北京大学生命科学学院教授。

主要从事遗传发育生物学及生物技术方面的研究。取得了多项具有开创意义的重要成果，为鱼类基因育种奠定了理论基础，发表相关论文100多篇，其中3篇已成为转基因鱼领域公认的经典文献，先后6次获得国家和省部级科技成果奖。

方精云　男，1959年7月生，汉族，安徽省怀宁县人。1982年毕业于安徽农学院林学系，同年考入北京林学院教育部政府派遣出国研究生。1983年赴日本留学，分别于1986年3月和1989年3月获日本信州大学和大阪市立大学硕士和博士学位。1989—1996年在中国科学院生态环境中心工作，先后任助理研究员、副研究员、研究员和中国科学院重点实验室副主任。其间，于1992—1993年任日本学术振兴会博士后研究人员，1996年在加拿大麦吉尔大学生物系做访问学者。1997年5月起在北京大学城市与环境学系工作。其间，先后在美国密苏里大学(2001年)、日本筑波大学(2002年)、美国北卡大学教堂山分校(2004年)和宾州大学(2007年)，以及德国柏林自由大学(2007年)等地短期工作或交流。方精云于2005年当选为中国科学院院士，现为北京大学生态学系教授、长江学者。

方精云主要从事全球变化生态学、植被生态学，以及生物多样性等方面的研究，在国内外期刊发表学术论文210余篇(SCI刊物70余篇)。他建立了我国陆地植被和土壤碳储量的研究方法，系统研究了我国陆地生态系统的碳储量及其变化，较早地开展了碳循环主要过程的野外观测，构建了中国第一个国家尺度的陆地碳循环模式，为我国陆地碳循环的研究奠定了基础；系统研究了我国大尺度的植被动态及时空变化，揭示了我国植被生产力的变化趋势、空间分异及其对气候变化响应的规律；系统开展了我国植被分布与气候关系的定量研究，提出了基于植被气候关系的我国植被带划分的原则和依据，首次采用统一的调查方法，较系统地研究了我国山地植物多样性的分布规律。他还较为系统地研究了我国一种重要的木本植物属——水青冈属植物的生物学及生态学特性，较深入地研究了长江中游湿地50年来的生境变迁及其生态后果。

方精云重视野外调查工作。20多年来，对中国和日本的主要植被类型都曾做过实地考察或定点观测，研究地点涉及我国西藏、青海、新疆、黑龙江、海南等25个省区和日本的一些地区。1995年参加我国首次北极科学考察，对加拿大高纬度地区的生物、冻土、冰雪和大气进行过研究。方精云于1994年获首届国家杰出青年科学基金,1996年入选“新世纪百千万人才工程”第一、二层次,2001年获宝钢教育奖,2003年获教育部自然科学奖一等奖,2004年国家自然科学奖二等奖(均为第一完成人),2006年获教育部—李嘉诚基金会“长江学者成就奖”,2007年获何梁何利基金科学与技术进步奖。

方精云在国内外多个学术机构中任职,现任中国生态学会副理事长、北京市学位委员会副主任委员、全球陆地碳观测工作组成员、多个国际学术刊物编委会成员、日本*Tropics*科学指导委员会成员,是国内多个学报的副主编或编委,并为*Science*,*Nature*等20多个国际重要刊物的审稿人。

童坦君 男,1934年8月生,汉族,浙江省慈溪市人。1959年本科毕业于北京医学院医疗系,1964年研究生毕业,师从生化专业刘思职院士。1964年4月留校任教至今,历任讲师、副教授、教授等职。1978年12月被教育部选拔为中美建交前首批访美学者,先在约翰·霍普金斯大学做研究访问,后在美国国立卫生研究院进行博士后研究训练,1981年回国。1986—1988年在美国加州大学戴维斯分校和纽约大学等地再次做研究访问。2005年当选为中国科学院院士。现为北京大学基础医学院教授、北京大学衰老研究中心主任。

童坦君主要从事老年医学基础研究,在国内外学术期刊上共发表研究论文160余篇。20世纪70年代末,揭示生物体液中存在抑癌活性物质,此物质对癌细胞具有杀伤作用,但不抑制自身骨髓细胞;后主攻衰老分子机理,率先将细胞生物学与分子生物学理念和技术引入我国老年医学基础研究。童坦君领导的研究组系统揭示p16等细胞衰老相关基因的作用机制、基因调控及信号转导,证实环境因素不仅可直接作用,也可引发基因变化,间接影响衰老;在国际上首先证明p16不通过端粒酶,可影响端粒长度与DNA修复能力;为观察不同因素对衰老的影响,创建了估算人类细胞“年龄”的基因水平生物学指征,建立了一套国际承认的评估细胞衰老的定量指标,可用于衰老研究,也可检验药物抗衰作用。童坦君曾主持国家自然科学基金重点项目,承担多项国家攻关课题等,现主持国家重点基础研究发展计划项目的“细胞复制性衰老的机制”课题,已培养博士研究生20余名,硕士研究生10余名,主编了《医学老年学》《医学分子生物学》《生物化学》书籍,参编各种专业书籍数十部,并创立了“中华健康老年网”。

童坦君主持的课题获2006年高等学校自然科学奖一等奖、北京市科学技术奖一等奖各1项;2002年获中华医学科技奖二等奖,1995—2001年获省部级科学技术进步奖二等奖3项;相关课题曾入选“2002年度中国十大科技进展”“2002年度中国高等学校十大科技进展”;同年被选为“北京市教育创新工程”创新标兵。童坦君于1992年起获国务院颁发的政府特殊津贴,1993年曾获北京市普通高校优秀教学成果一等奖。

赵进东 男,1956年11月生于重庆,祖籍江苏省武进区。植物生理学及藻类学专家。1982年毕业于西南师范大学,1990年在美国得克萨斯大学获博士学位。1993—1994年在美国加州ABI公司任研究员。1994年至今在北京大学任教。2007年当选为中国科学院院士,2010年当选为第三世界科学院院士。现为北京大学生命科学学院教授、长江学者。

赵进东长期从事藻类生物学研究,对蓝藻细胞分化和格式形成有系统研究,尤其对蓝藻异型胞分化中的信号转导和基因表达调控有深入研究。揭示了钙结合蛋白和钙离子信号在蓝藻细胞分化中起到的重要调控作用。对蓝藻藻胆体吸收光能在两个光系统间的分配与调节开展了系统研究,对揭示藻胆体吸收光能向光系统1传递的途径和调控方式有重要贡献。

赵进东于1999年获得全国优秀华侨称号,2006年获得教育部自然科学奖一等奖,2007年获得国家自然科学奖二等奖,2008年获得何梁何利基金科学与技术进步奖。

现任中国植物学会常务理事、中国植物生理学会常务理事。

蒋有绪 男,1932年5月生,回族,江苏省南京市人。1954年本科毕业于北京大学生态学与地植物学毕业,1957—1959年在苏联科学院森林研究所进修,1999年当选为中国科学院院士。现为中国林科院森林生态环境与保护研究所研究员、国际竹藤网络中心兼职博士生导师。从2008年1月起被聘为北京大学城市与环境学院教授。

蒋有绪是我国著名的森林群落学家、林型学家,长期从事森林生态系统结构与功能森林地理学、森林群落学、生物多样性、森林可持续经营等研究,先后培养了生态工程和系统生态研究方向的博士研究生10余人。他深刻分析了我国亚高山针叶林与寒温带针叶林在发生上的历史联系和相对独立性,提出我国西南亚高山森林的发生在生态学上受外区成分水平辐凑、垂直分异和区域内部差异的生态隔离三过程所影响的学术假说。在加深认识亚高山森林功能的基础上提出川西高山森林经营应以水源涵养作为主要方向,他的成果成为我国建设长江中上游水源涵养林体系工程项目的理论依据。20世纪80年代,他又建立了江西大岗山杉木、毛竹林生态定位站，促进了林业系统其他生态定位站的建设和发展。目前，国家林业局已建立了13个森林生态定位研究站，推动了我国森林生态系统结构与功能的研究发展。

蒋有绪是中国科学院生态系统网络科学咨询委员，长白山开放试验站和植物数量生态学开放实验室的学术委员，《林业科学》副主编，以及多个国内外刊物编委，国家气候委员会委员等。

尚永丰　男，1964年6月生，汉族，甘肃省通渭县人。1986年毕业于甘肃农业大学兽医系，获学士学位；1989年毕业于中国兽药监察所，获硕士学位；1999年毕业于美国宾夕法尼亚州立大学，获博士学位。1999—2002年在美国哈佛大学进行博士后研究。2009年当选为中国科学院院士。现为北京大学基础医学院生物化学与分子生物学系教授、系主任、长江学者。

主要从事基因转录调控的表观遗传机制及性激素相关妇科肿瘤分子机理的研究。提出、验证并从分子机理上诠释了雌激素受体转录起始复合体在靶基因启动子上循环反复结合的假说，以及雌激素受体所介导的基因转录具有“双相性”和“两维性”的特点，为基因转录调控的理论增添了新的内容；揭示了雌激素受体拮抗剂三苯氧胺诱发子宫内膜癌的分子机理，克隆了多个肿瘤相关基因，对肿瘤分子生物学的理论发展有重要意义；揭示了组蛋白去乙酰化和组蛋白去甲基化在染色质重塑中协调作用的机理，对认识表观遗传调控的分子机制具有创新性的理论意义；在世界上首次建立了哺乳动物细胞染色质免疫沉淀技术(ChIP)，对DNA与蛋白质相互作用的研究做出了贡献。多年来在*Cell*，*Nature*和*Science*等杂志上发表了一系列研究论文。

2006年获第九届“中国青年科技奖”、美国ELI Lilly公司的“礼来科研成就奖”；2007年获“中华医学科技奖”一等奖、教育部自然科学奖一等奖和何梁何利基金科学与技术进步奖；2008年获国家自然科学奖二等奖；指导的博士研究生获2007年度全国百篇优秀博士学位论文奖。

主要学术兼职有《中国生物化学与分子生物学学报》副主编，国际著名学术杂志*Journal of Biological Chemistry*编委。

朱玉贤　男，1955年12月生，汉族，浙江省杭州市人。1982年本科毕业于浙江农业大学，1986年赴美国康奈尔大学攻读博士学位。1991年6月回国后一直在北京大学生命科学学院从事植物功能基因组学，特别是棉纤维发育的分子机理研究。2011年当选为中国科学院院士。现任北京大学生命科学学院教授、长江学者。

朱玉贤的主要研究领域是棉纤维发育和拟南芥细胞分化机制。他的主要学术贡献有：(1)首次展开棉纤维中差异表达基因的大规模克隆分离工作，建成具有国际领先水平的大型高通量陆地棉cDNA芯片，发现植物激素乙烯在棉花纤维细胞伸长过程中的主导作用。发现超长链脂肪酸(VLCFA)在转录水平上调控乙烯生物合成，发现同时受乙烯和超长链脂肪酸调控的果胶多糖生物合成是棉纤维细胞初生壁合成和细胞伸长的限速步骤。(2)研究发现拟南芥乳腺癌抑制因子同源基因BARD1是干细胞决定因子WUS和WOX5的抑制因子，bard1缺失突变体中WUS的表达从顶端的组织中心扩展到所有外表层细胞，使顶端分生组织分化受阻。在拟南芥根尖，BARD1抑制了WOX5基因表达，从而控制植物向地性生长和根尖分生组织细胞分化。(3)主编《现代分子生物学》，出版发行超过30万册，已成为我国高等学校生物学专业本科生分子生物学主要教材。由于在乙烯信号通路上下游长期而系统性的研究，世界植物科学著名的综述期刊《当代植物学观点》邀请他撰写论文，阐述他对棉纤维这个特殊细胞的认知。该研究于2011年获国家自然科学奖二等奖。

已发表经同行评审的科研论文98篇，其中被SCI收录85篇(通信作者或第一作者的SCI论文66篇)，总影响因子超过300，篇均影响因子相当于世界植物科学排名10%的刊物。

中国工程院

陆道培　男，1931年10月生，汉族，农工民主党党员，中共党员。浙江省宁波市人。1955年毕业于同济医学院，获学士学位。后分配至原北京中央人民医院(今北京大学人民医院)内科，1957年起主要从事血液病临床和实验研究。于1980年及1986年获世界卫生组织和世界癌联奖学金分赴英国皇家医师进修学院哈姆史密斯医院及美国哈佛大学医学院布列根和妇女医院专修白血病和骨髓移植。1981年起任北京大学血液病研究所所长，1984年7月任北京大学人民医院内科学教授，1985年起任北京大学人民医院内科主任、北京大学血液病国家重点学科带头人(首席专家)、北京市和上海道培医院医学总监。1996年当选为中国工程院院士。

陆道培教授对我国血液病学发展做出了多方面的杰出贡献，其中最重要的是开创了我国异基因骨髓移植事业的先河，并促进了造血干细胞移植事业在我国的迅速发展。在国际上进行了首例异基因骨髓移植治愈无丙种球蛋白血症；率先在临床上证实第三者细胞有利于 HLA 配型不全相合的造血干细胞移植；发现了硫化砷对急性白血病的治疗作用。同时还是我国出凝血疾病领域的少数奠基人之一，也是再生障碍性贫血诊断和治疗的先驱，并在白血病治疗中起着学术带头人的作用。已发表360余篇/部论著，包括主编《白血病治疗学》等4部专著，参与编写19部著作。多次主持召开国际或国内专业学术会议，2002年当选亚洲血液学会副主席，并被国际血液学会推举为第11届国际血液学会2007年大会主席。

鉴于陆道培教授对我国血液病学发展做出的重大贡献，陆道培教授除荣获国家科学技术进步奖二等奖（排名第一）等多项重大奖励外，还荣获何梁何利基金科学与技校进步奖和陈嘉庚奖。由于他在开展单倍型造血干细胞移植的带头作用与贡献，已获2007年北京市科学技术进步奖一等奖（仅此一项，排名第一）与2006年中华科技奖二等奖（排名第一）。

2005年被复旦大学聘为教授，并担任复旦大学第五人民医院血液病中心主任。他自1994年至2005年担任中华医学会副会长，随后任中华医学会常务理事、中国医学名词审定工作委员会主任、中华医学会血液学分会名誉主任委员、造血干细胞学组名誉主任。同时担任国内外近10所大学的名誉教授或兼职教授。在国内外多种医学杂志任主编、副主编或编委。

唐孝炎　女，1932年10月生，汉族，江苏省太仓市人。1953年毕业于北京大学化学系；1959年1月至1960年5月，曾在苏联科学院地球化学与分析化学研究所进修；1985年9至1986年10月，先后在美国布鲁克海文国家实验室和美国国家大气科学研究中心任客座研究员。自1953年起，一直在北京大学工作。1995年当选为中国工程院院士。现为北京大学环境科学与工程学院教授、博士生导师。

唐孝炎教授在我国创建环境化学专业和开创、发展大气环境化学新领域方面有显著贡献。在环境化学前沿领域大气臭氧、酸雨和大气细颗粒物（气溶胶）化学方面做过许多具有开拓性和创造性的系统工作。领导组织了兰州光化学烟雾大规模现场综合研究，证实了光化学烟雾在我国的存在，发现了我国光化学烟雾不同于外国的成因。在国内，设计建造了第一个大气光化学反应模拟装置，并最早建立了化学反应与大气扩散相结合的计算模式。对酸性雨水、雾水和云水开展了酸化过程的化学研究。在国际公约履约方面为国家做出了重要贡献，她主持编写的《中国消耗臭氧层物质逐步淘汰国家方案》，于1993年1月经国务院批准，3月获《议定书》国际执委会批准，被译成六国文字，做其他国家的参考范本。1972年创建了我国最早的环境化学专业，率先开设了“环境概论”“三废治理”“环境化学”和“大气化学”等一系列环境新课程。1990年出版的《大气环境化学》，先后获得教育部、国家环保局优秀教材一等奖、北京市先进教育集体和教材一等奖。30余年来，已为我国环境科学的科研、管理和教学培养了大批学术带头人和骨干。唐孝炎教授曾参加国家中长期科技规划第十专题战略及其政策研究、多次主持国家攻关项目，973、863计划有关项目、国家自然科学重大基金项目和北京市空气质量达标战略研究、北京市大气污染控制研究等。

她于1998年获国家科学技术进步奖一等奖；1985年、1987年、1990年三次获得国家科学技术进步奖二等奖；1993年获国家教委科学技术进步奖一等奖；1996年获何梁何利基金科学与技术进步奖；2003年获国家环保总局臭氧层保护个人特别金奖；2004年获国家环保总局第二届中国保护臭氧层贡献奖特别金奖，北京大学环境中心集体奖；2005年获美国国家环保局平流层臭氧保护奖，北京大学环境中心集体奖，联合国环境署和世界气象组织维也纳公约奖；2006年获北京市政府首都环保之星奖等。

唐孝炎教授曾任国际纯粹与应用化学联合会大气化学委员会衔称委员（类似常务委员）（1988—1996年）。自1993年起担任联合国环境署臭氧层损耗环境影响评估组共同主席。在国内曾任中国环境学会副理事长多届，教育部环境科学教学指导委员会主任、副主任等。

郭应禄　男，1930年5月生，汉族，中共党员，山西省人。1956年于北京医学院医学系本科毕业，1963年于北京医学院泌尿外科专业研究生毕业；1956年迄今在北京大学第一医院工作，先后担任泌尿外科主任、医院副院长、北大泌尿外科研究所所长等职务。1983年4月至1983年10月在加拿大麦吉尔大学医院移植科研修。1999年当选为中国工程院院士。现任北京大学第一临床医学院名誉院长，北京大学泌尿外科研究所名誉所长，北京大学第一医院男科病防治中心主任，北京大学泌尿外科医师培训学院院长、主任医师、教授、博士生导师。

郭应禄是我国泌尿外科和男科学新一代学科带头人，主编著作32部，论文300余篇，成果20余项。曾获第一届吴阶平杨森医药学一等奖，香港外科学院荣誉院士称号。1982年主持研制国内ESWL样机，1984年用于临床治疗肾结石。1987年首创俯卧位治疗输尿管结石，是国内 ESWL 领域的开拓者。20 世纪 80 年代，率先开展经尿道手术、输尿管镜、经皮肾镜和腹腔镜的微创手术。1991 年主编第一部《腔内泌尿外科学》，为我国这一领域的奠基人。20 世纪 80 年代主编第一部肾移植专著《肾移植》。1995 年提出腔内热疗 3 个温度段的观点，澄清了国际上的模糊概念。1991 年创建腔内泌尿外科和 ESWL 学组。1995 年创建中华医学会男科学会，同年组建北京医科大学泌尿外科培训学院。为我国泌尿外科事业的快速发展做出了卓越的贡献。

郭应禄于 2005 年获中华医学科学进步奖二等奖，2004 年获北京市科学技术进步奖三等奖，2003 年获湛江市科学技术进步奖一等奖和广东省科学技术进步奖二等奖，2002 年获北京市科学技术进步奖三等奖，2000 年获北京市科学技术进步奖二等奖。

曾在第八、第九届全国政协委员，现任中国医师协会泌尿外科医师分会会长、中华医学会组织管理委员会副主任委员、中华临床医师杂志总编辑、中华医学会泌尿外科分会名誉主任委员、中华医学会男科学分会名誉主任委员、中华泌尿外科杂志名誉总编辑。

沈渔邨　女，1924 年 2 月生，汉族，浙江省杭州市人。1951 年毕业于北京大学医学院医学系，精神病学家、教授、博士生导师。1997 年 11 月当选为中国工程院院士。1951 年赴苏联留学攻读精神病学研究生，1955 年毕业，获医学科学副博士学位。曾任北京医学院第三附属医院精神科主任、副院长，北京大学精神卫生研究所所长，WHO/北京精神卫生研究与培训合作中心主任。现任北京大学精神卫生研究所名誉所长，卫生部精神卫生学重点实验室主任，中国心理卫生杂志社社长。

20 世纪 50 年代，她率先改革精神病院约束病人的旧管理模式，创立人工冬眠新疗法，为控制病人兴奋、实行开放管理创造条件。20 世纪 70 年代，她首创的在农村建立精神病家庭社会防治康复新模式获得成功，获卫生部乙级科技成果奖，该成果已在国内推广。20 世纪 80 年代，她引进精神疾病流行病学调查的先进方法，组织国内六大行政区的十二个单位进行了全国首次精神疾病流行学调查，使得我国精神疾病流行病学研究水平迅速与国际接轨，于 1985 年获卫生部乙级科技成果奖。并对老年期痴呆筛查和诊断工具、发病率、患病率及发病危险因素进行研究，开展抑郁症病人的生化基础与药物治疗机理研究。上述课题在 1993 年分别获得卫生部与国家教委科学技术进步奖三等奖。20 世纪 90 年代，她研究我国不同民族酒瘾的遗传学，首先发现我国蒙古族为 ADH 多态。20 世纪 60 年代开始指导研究生。1984 年被聘为博士生导师，为我国精神病学专业培养出第一名博士研究生和第一名博士后研究人员。

主编的《精神病学》大型参考书先后于 1980 年、1988 年、1995 年、2001 年出版四版，分别获卫生部优秀教材奖、国家新闻出版署优秀科技图书二等奖、卫生部杰出科技著作、科学技术进步奖二等奖。目前正在进行该书第五版的编辑工作。主编卫生部规划教材《精神病学》第二版、第三版，主编的《精神病防治与康复》荣获中宣部颁发的全国首届奋发文明进步图书二等奖。发表论文百余篇，被 SCI 收录 19 篇。参加国际学术会议 50 余次。1986 年被挪威科学文学院聘为国外院士。1990 年 12 月被美国精神病学协会聘为国外通讯研究员。曾任 WHO 总部精神卫生专家组成员，卫生部精神卫生咨询委员会主任委员，国务院学位委员会医学科学评议组成员，《中华精神科》杂志总编辑。1959 年被北京市授予“文教卫生先进工作者”荣誉称号。20 世纪 90 年代是北京医科大学首批 8 位名医之一。2002 年 8 月由国务院残疾人工作协调委员会、卫生部、民政部、财政部、公安部、教育部、中国残疾人联合会授予“全国残疾人康复工作先进个人”称号。2006 年荣获中国医师协会首届杰出精神科医师奖。

庄辉　男，1935 年 1 月生，汉族，中共党员，浙江省奉化市人。1961 年毕业于苏联莫斯科第一医学院。1961 年 9 月起在中山医科大学任教，1963 年 1 月调入北京大学医学部工作至今。先后 3 次赴澳大利亚维多利亚州立传染病参比实验室（兼世界卫生组织病毒参考、生物安全性和协作研究中心）做访问学者。1991 年 5—8 月任日本大学医学院第一病理学教研室客座教授。2001 年当选为中国工程院院士。现为北京大学基础医学院病原生物学系教授。

庄辉主要从事病毒性肝炎研究。首先证实我国存在流行性和散发性戊型肝炎；在国内首先建立戊型肝炎实验室诊断技术和猕猴动物模型；成功研制“戊型肝炎病毒 IgG 抗体酶联免疫测定试剂盒”和“乙型肝炎病毒表面抗原胶体金试纸条”等。在国内外学术期刊上共发表论文 450 余篇，参加编写英文专著 5 册，中文专著 30 余册，译著 1 册。

庄辉曾主持国家“七五”“八五”“九五”攻关课题；参加国家“十五”攻关课题、973 计划、863 计划、国家科委重大专项课题、国家科技攻关计划引导项目、中比和中日科研合作课题（中方主持人）等。

2003 年获美国专利一项，1993 年和 1999 年获国家科学技术进步奖二等奖两项，1998 年、1999 年、2004 年获国家新药证书三项，

1991年、1992年、1997年获卫生部科学技术进步一、二、三等奖各一项，1998年获教育部科学技术进步奖二等奖(基础类)，1992年获中国人民解放军总后勤部科学技术进步奖二等奖，2005年获中华医学科学技术进步奖一等奖，1999年获浙江省科科学技术进步奖一等奖，1991年获北京市科学技术进步奖一等奖等。1983年被评为北京市教育系统先进工作者，1986年获评卫生部有突出贡献中青年专家，1989年被评为北京市劳动模范，1991获国务院颁发的政府特殊津贴，1994年获光华科技基金二等奖。现任世界卫生组织西太区消灭脊髓灰质炎证实委员会委员、亚太地区肝病学会理事、国际疫苗研究所理事会理事、国务院学位委员会学科评议组成员、国家药典委员会委员、卫生部病毒性肝炎专家咨询委员会委员、中华预防医学会副会长、中华医学会理事、中华医学会肝病学会名誉主任委员及十余种期刊的顾问、名誉总编、总编、常务编委或编委。

何新贵　男，1938年10月生，汉族，中共党员，浙江省浦江县人。1960年本科毕业于北京大学数学力学系，1967年研究生毕业于北京大学数学力学系。20世纪80年代初留学美国俄亥俄州立大学计算机和信息科学系，1960年4月至2002年8月先后在国防部五院、七机部(后改航天部)和原国防科工委任技术员、工程组长、室主任、工程总师、所科技委主任和总工程师等职。2001年当选为中国工程院院士。2002年9月被聘任为北京大学信息科学技术学院第一任院长，现任北京大学信息科学技术学院教授。

何新贵长期从事计算机软件和人工智能的理论研究和工程实践工作，是我国首批计算机软件工作者之一。特别在模糊理论与技术、计算智能及数据库等领域做出了具有创造性和系统性的贡献。他提出了一套较完整的模糊数据库的理论与技术，提出了加权模糊逻辑、模糊计算逻辑、模糊区间值逻辑和模糊分布值逻辑等多种非标准模糊逻辑，提出了可执行模糊语义网、模糊H网和主动模糊网络等概念，并提出了一种巨并行的浸润推理模式和加权神经元网络理论，特别是近年来对其提出的过程神经元网络的研究等，对边缘科学——知识处理学的最终建立和发展起了较大促进作用。此外，他对编译程序和数据库管理系统的实现技术，以及软件过程改进技术等也做出了较大贡献。至今，已发表第一作者学术论文130多篇，并著有11部专著，编撰5本文集，并是多部大型辞书的主编和主要撰稿人。在软件工程实践方面，20世纪60年代初，他为我国导弹武器进行科学计算和数字仿真，提出了较有影响的最优分段逼近和有理平方逼近等理论和方法。1962年在我国最早成功开发宏汇编系统。1973年在国产计算机上开发成多个FORTRAN编译系统。20世纪80年代中，他任总工程师领导实现了我国早期的一个计算机网络工程及其上的管理信息系统。从1986年开始长期担任我军大型软件工程“军用共性软件系统”的技术负责人和总设计师，负责该工程的总体设计和组织实施等全面工作。从1996年开始，长期担任中国载人飞船工程软件专家组组长，负责我国载人飞船工程的软件工程总体方案的设计和实施工作，进行全工程级的软件质量保证。

何新贵曾先后获国家或省部级以上科学技术进步奖等19项，其中12项排名第一。

何新贵长期担任北京计算机学会理事长、中国计算机学会抗恶劣环境计算机专业委员会主任、中国软件行业协会系统与软件过程改进分会会长，并任《计算机学报》副主编、《计算机工程与设计》和《智能系统学报》主编。

王陇德　男，1947年1月生，汉族，河南省开封市人。1969年毕业于原兰州医学院医疗系；1982年毕业于中国医学科学院，获医学硕士学位。1980年作为交换学者，赴美国纽约市大学西奈山医学院进修两年。1982年回国后，一直从事卫生行政管理工作，历任甘肃省卫生厅副处长、副厅长和厅长，1995年调任国家卫生部副部长，1998—2007年任国家卫生部党组副书记、副部长。2009年当选为中国工程院院士。现为北京大学公共卫生学院院长。

他长期在公共卫生领域从事行政管理、流行病学和公众健康促进专业研究工作。他提出并领导组建了全国医疗机构传染病和突发公共卫生事件网络直报系统，提高了我国传染病控制工作的质量和水平，有效应对了近年发生的传染病突发公共卫生事件；研究提出了以控制传染源为主的血吸虫病控制新策略，并组织试点成功，此策略可解决我国湖区血吸虫病反复感染、无法彻底控制的难题，已在全国推广；推进慢性病防控策略向“预防为主”转移，提出并组织实施了全国“脑中风筛查及防控工程”。发表学术论文100余篇，主编多部专著。

他曾获国家科学技术进步奖二等奖1项(2005年)，中华预防医学会科学技术奖一等奖1项(2009年)、二等奖1项(2008年)。2007年，因其在中国艾滋病和结核病控制领域做出的突出贡献，获得了联合国艾滋病规划署颁发的应对艾滋病杰出领导和持续贡献奖，以及世界卫生组织颁发的结核病控制高川奖。他还曾获得全国卫生系统优秀留学回国人员(1990年)，全国卫生防疫防治工作先进个人

(1993年),中华预防医学会公共卫生与预防医学发展贡献奖(2008年)等荣誉。

王陇德现任第十一届全国人大常委、中华预防医学会会长、中国老年保健医学研究会会长、世界卫生组织结核病控制技术和策略专家组成员、UNAIDS亚太地区艾滋病控制和发展领导论坛指导委员会委员、卫生部“健康中国2020战略研究组”首席专家、中国疾病预防控制中心健康教育首席专家等职。

高文　男,1956年3月生,辽宁省大连市人。1982年毕业于哈尔滨科技大学,获学士学位;1985年毕业于哈尔滨工业大学,获硕士学位;1991年毕业于日本东京大学,获博士学位。1991—1995年,任哈尔滨工业大学计算机系教授。1996—2005年,任中国科学院计算技术研究所研究员。2006年至今,任北京大学信息科学技术学院教授。2011年当选为中国工程院院士。

主要研究领域为数字视频编码、计算机视觉、模式识别与多模态人机交互、虚拟现实。在高效视频编码算法、视频检测与分析方法、人脸识别算法与系统、大词汇量手语识别与合成算法系统、移动视频检索理论与算法等方面做出贡献。已出版专著5部,在国际期刊和重要国际会议上发表论文(含指导研究生论文)500多篇。

曾获国家技术发明奖二等奖、国家科学技术进步奖二等奖等多项奖励。因对于基于对象的视频表达与可伸缩视频编码,以及视频编码标准化的贡献,2008年当选为电气电子工程学会会士。

文科资深教授

北京大学哲学社会科学资深教授名单(截至2011年12月31日)

批次	院系	姓名
1	中国语言文学系	袁行霈
1	哲学系	黄枬森
1	历史学系	田余庆
1	考古文博学院	宿　白
1	光华管理学院	厉以宁
1	经济学院	胡代光
2	中国语言文学系	严家炎
2	哲学系	汤一介
2	哲学系	叶　朗
2	历史学系	马克垚
2	考古文博学院	严文明
2	外国语学院	刘安武
2	外国语学院	胡壮麟
2	国际关系学院	赵宝煦
2	国际关系学院	梁守德
2	法学院	沈宗灵
2	马克思主义学院	梁　柱
2	信息管理系	吴慰慈
2	党办校办	吴树青
2	教育学院	汪永铨

袁行霈　男，1936生，江苏省武进区人。北京大学中国语言文学系教授、人文学部主任、国学研究院院长。1957年毕业于北京大学中国语言文学系，留校任教至今，1984年晋升为教授，1986年取得博士生导师资格。1982年4月至1983年3月任日本东京大学外国人教师；1992年7月至1993年9月，以及1998年任新加坡国立大学客座教授；1997年9月至12月在美国哈佛大学哈佛燕京学社做访问学者。2004年9月至11月任香港城市大学客座教授；2005年9月开始兼任新加坡南洋理工大学教授（与北大联聘）。此外，还先后在日本爱知大学，美国哈佛、耶鲁、哥伦比亚、华盛顿、夏威夷等大学，以及香港大学、台湾大学讲学。第八、第九届全国政协常委，第十届全国人大常委会委员，民盟中央副主席，中央文史研究馆馆长，国务院学位委员会委员。

主要著述包括：《中国诗歌艺术研究》《中国文学概论》《中国文言小说书目》（合著）、《陶渊明研究》《中国诗学通论》（合著）、《中国文学史》（四卷本，主编）、《当代学者自选文库·袁行霈卷》《袁行霈学术文化随笔》《陶渊明集笺注》《唐诗风神及其他》《中华文明史》（四卷本，主编之一）、《历代名篇赏析集成》（主编）、《盛唐诗坛研究》《中国地域文化通览》（主编，已陆续出版13卷）等。曾获全国普通高校优秀教学成果奖国家级特等奖（个人），国家图书奖，北京市哲学社会科学优秀著作一等奖、特等奖，全国高等学校优秀教材一等奖，全国教育系统劳动模范称号暨人民教师奖章，北京市先进工作者称号等。

黄枬森　又名黄楠森，男，1921年11月生，四川省富顺县人。哲学家，哲学史家，北京大学资深教授、博士生导师。1948年毕业于北京大学哲学系，同年加入中国共产党，就读哲学专业研究生。1950年起历任助教、讲师、副教授、教授、资深教授；1981—1987年任哲学系主任；1982年始任博士生导师；1981—1996年任国务院学术委员会评议组第一、第二、第三届成员、召集人；1983—2002年任国家社科基金学科评议组成员、召集人；1991年始任《北京大学学报》（哲学社会科学版）主编、编委会主任、顾问；1991年始任北京大学人学研究中心主任；1998年任邓小平理论研究中心研究员。曾兼任中国马哲史学会会长、中国人学学会会长、中国恩格斯学会会长、北京市社科联副主席、中国人权研究会常务理事、中国马哲史学会名誉会长、中国人学学会名誉会长、中国恩格斯学会名誉会长、中国北京市社会科学联合会顾问、北京市哲学学会名誉会长、中国人权研究会顾问等。

田余庆　男，湖南省湘阴县人，1924年2月11日生于陕西省南郑县（今汉中市）。1950年毕业于北京大学历史学系，1983年任教授。主要研究中国古代史、秦汉魏晋南北朝史等方向。曾担任北京大学历史学系主任、国务院学位委员会第二届学科评议组成员、国务院学术委员会历史学科评议组成员、国务院古籍整理与出版规划小组成员等职。著有：《中国史纲要》《东晋门阀政治》《秦汉魏晋史探微》《拓跋史探》。主要论文有：《关于拓跋猗卢残碑及题记二则——兼释残碑出土地点之疑》《文献所见代北东部若干拓跋史迹的探讨》《代歌、代纪与北魏国史》《贺兰部落离散问题——北魏离散部落个案考察之一》《孙吴建国的道路》《隆中对再认识》《说张楚》等。

宿白　男，1922年生，辽宁沈阳人。中国现代考古学家。1944年本科毕业于北京大学文学院史学系，1948年于北京大学文科研究所考古组研究生肄业同年任职于该所考古学研究室兼北京大学图书馆编目员。1952年任北大历史学系考古教研室副主任。1978年任北京大学历史学系教授，1983年任北京大学考古系系主任兼该校学术委员，同年任文化部国家文物委员会委员。1999年起当选中国考古学学会荣誉理事长。

宿白先生是北京大学考古专业的主要创办人，一直从事历史考古学的教学和研究工作，为国务院公布的第一批博士生导师。宿白先生研究范围广博，在宗教考古、建筑考古和古籍版本学等领域的造诣为学界所公认，尤其专长汉唐考古、宋元考古和佛教考古，在历史考古学领域是一位集大成者。宿白先生的主要学术论著有《白沙宋墓》《中国石窟寺研究》《藏传佛教寺院考古》《唐宋时期的雕版印刷》《魏晋南北朝唐宋考古文稿辑丛》等，其中《中国石窟寺研究》获国家社会科学基金项目一等奖和美国"岛田著作奖"。

厉以宁　男，1930年11月生于江苏省南京市，祖籍江苏省仪征区。教授，博士生导师，北京大学社会科学学部主任、北京大学光华管理学院名誉院长。

厉以宁教授于1988—2002年任第七、第八、第九届全国人大常委、全国人大财经委员会副主任、法律委员会副主任，2003—2012年任第十、第十一届全国政协常委、全国政协经济委员会副主任。

厉以宁教授在经济学理论方面著书多部，并发表了大量文章，是我国最早提出股份制改革理论的学者之一。他提出了中国经济发展的非均衡理论，并对"转型"进行理论探讨，这些都对中国经济的改革与发展产生了深远影响。厉以宁教授还主持了《证券法》和《证券投资基金法》的起草工作。厉以宁教授对推动国有企业改革、城乡二元体制改革，以及促进民营经济和低碳经济等方面做出了重要的理论贡献。厉以宁教授因为在经济学,以及其他学术领域中的杰出贡献而多次获奖。包括孙冶方经济学奖、国家有突出贡献中青年专家、金三角奖、环境与发展国际合作奖(个人最高奖)、第十五届福冈亚洲文化奖——学术研究奖(日本)、第二届中国经济理论创新奖、教育部全国高等学校科学研究优秀成果(人文社会科学)一等奖、北京大学首届蔡元培奖、吴玉章人文社会科学特等奖、张培刚发展经济学优秀成果奖等。

厉以宁教授出版的《体制·目标·人:经济学面临的挑战》《中国经济改革的思路》《非均衡的中国经济》《中国经济改革与股份制》《股份制与现代市场经济》《经济学的伦理问题》《转型发展理论》《超越市场与超越政府——论道德力量在经济中的作用》《论民营经济》《中国道路与新城镇化》《资本主义的起源——比较经济史研究》《罗马—拜占庭经济史》《希腊古代经济史》《厉以宁经济史论文选》《二十世纪的英国经济:"英国病"研究》《工业化和制度调整》等主要著作,具有重要的研究价值、文献价值和理论价值,为推动中国经济改革和发展提供了重要的理论指导。

胡代光　男,四川省新都区人。1947 年 7 月毕业于南京中央大学研究院。中共党员,著名经济学家,第七届全国人大常委会委员,第七届全国人大财政经济委员会委员,第六、第七、第八届民革中央委员会常务委员,北京大学经济学院原院长。曾任北京大学校务委员会委员,中华外国经济学说研究会副会长兼总干事、会长、名誉会长,中国《资本论》研究会副会长,北京市经济学总会副会长,北京大学外国经济研究中心主任等职。曾获首届国家社会科学基金奖著作二等奖、孙冶方经济科学著作奖、第二届吴玉章奖金一等奖、北京大学蔡元培奖等。

严家炎　男,汉族,中共党员,1933 年 11 月 14 日生于上海。1958 年副博士研究生肄业。历任北京大学教员、讲师、副教授、教授。曾任北大中国语言文学系主任(1984—1989 年),国务院学位委员会第二、第三届语言文学学科评议员(1985—1997 年),中国现代文学研究会会长(1990—2002 年),北京市文艺界联合会副主席(1988—2003 年)。2005 年 1 月被聘为北京大学哲学社会科学资深教授。

代表性成果有:《二十世纪中国文学史》,2002 年以"百项精品教材"立项,后纳入第十个五年教材规划,2009 年 10 月交稿。严家炎主编,约 130 万字,时间自 19 世纪 80 年代末至 20 世纪末年共 110 年的文学史。由严家炎、袁进、关爱和、方锡德、解志熙、陈思和、孟繁华、王光明、程光炜、黎湘萍 10 人撰写,共上、中、下三册,由高等教育出版社出版。所获主要奖项有:1987 年,《求实集》获北京市首届人文社科优秀成果二等奖;1988 年,全国普通高校第一届优秀教材一等奖(《中国现代文学史》三卷本);1992 年,全国普通高校第二届优秀教材一等奖(《中国现代小说流派史》);1993 年,获"国家级优秀课程"称号("中国现代文学史",教育部授予);2008 年,《中国现代小说流派史》获改革开放三十年北京大学社会科学研究"百项精品成果奖"之精品奖。

汤一介　男,1927 年 2 月 16 日生于天津市,湖北省黄梅人。1951 年毕业于北京大学哲学系。现任北京大学哲学系资深教授、博士生导师、儒学研究院院长、《儒藏》编纂与研究中心主任、中国哲学与文化研究所名誉所长、中国文化书院创院院长,兼任中华孔子学会会长、中央文史研究馆馆员、中国哲学史学会顾问、国际儒学联合会顾问、北京外国语大学文学院名誉院长、上海社会科学院兼职研究员、中国炎黄文化研究会副会长、北京什刹海书院院长、国际道学联合会副主席,曾任国际中国哲学会主席(1992—1994 年),现任该会驻中国代表。1983 年任美国哈佛大学访问学者,1986 年任纽约州立大学宗教研究院研究员,1990 年获加拿大麦克玛斯特大学荣誉博士学位,2006 年获日本关西大学荣誉博士学位。曾先后在美国俄勒冈大学(1986 年)、加拿大麦克玛斯特大学(1986 和 1990 年)、香港科技大学(1992 年)、澳大利亚墨尔本大学(1995 年)等校任客座教授。1996 年任荷兰莱顿大学汉学院胡适讲座主讲教授,1997 年任香港中文大学钱宾四学术讲座主讲教授。主要研究领域:魏晋玄学,早期道教,儒家哲学,中西文化比较等。主要论著有《郭象与魏晋玄学》《早期道教史》《魏晋南北朝时期的道教》《中国传统文化中的儒道释》《儒道释与内在超越问题》《儒教、佛教、道教、基督教与中国文化》《在非有非无之间》《汤一介学术文化随笔》《非实非虚集》《昔不至今》《郭象》《当代学者自选文库:汤一介卷》《佛教与中国文化》《生死》《和而不同》《我的哲学之路》《新轴心时代与中国文化的建构》等,在国内外哲学界产生很大影响。主编《20 世纪西方哲学东渐史》丛书,第一次系统、完整地展示了 20 世纪西方哲学东渐的百年历程,被张岱年先生称为是"一项贯通中西哲学视野的难得的学术工程";2003 年更是以耄耋之年发起并主持《儒藏》工程,一年间组织 20 多所高校两三百位学者投入此项工程,主要包括 500 多种约 1.5 亿字儒家典籍的《儒藏》精华本。2011 年获"孔子文化奖",2012 年获中国人民大学第六届吴玉章人文社会科学"终身成就奖",同年获北京大学"哲学教育终身成就奖"。主编的九卷本《中国儒学史》是迄今出版的资料最翔实、内容最丰富、体系最完备的中国儒学通史,该书于 2012 年获北京市第十二届哲学社会科学优秀成果特等奖、2013年获新闻出版署第四届中华优秀出版物奖。

叶朗 男，1938年生，浙江省衢州市人。北京大学哲学系资深教授。1960年毕业于北京大学哲学系，1986年9月起任教授，曾同时兼任北京大学哲学系、宗教学系、艺术学系三个系的系主任，并曾兼任教育部哲学教学指导委员会主任委员、国务院学位委员会哲学学科评议组召集人。现任北京大学哲学系教授，兼任北京大学艺术学院名誉院长、北京大学文化产业研究院院长、北京大学美学与美育研究中心主任、北京市哲学会会长、北京市社科联副主席、教育部艺术教育委员会主任委员。第九、第十届全国政协常委。主要著作有《美在意象》《美学原理》《中国美学史大纲》《中国小说美学》《胸中之竹——走向现代之中国美学》《欲罢不能》，以及《文章选读》《现代美学体系》(主编)、《中国历代美学文库》(总主编)等。

马克垚 男，1932年生，山西省文水县人。1956年毕业于北京大学历史学系，后留校任教，1985年任教授，2005年被聘为北京大学资深教授。主要研究世界中古史。曾任北京大学历史学系主任、北京大学学位委员会委员、北京大学学术委员会人文学部委员、中国社会科学院世界历史研究所学术委员会委员、中国世界中世纪史研究会副理事长、北京历史学会副会长、教育部人文社科研究专家咨询委员会委员等职。主要著作包括：主编《世界文明史》(三卷本)；主编《中西封建社会比较研究》；《亚欧封建经济形态比较研究》，朱寰主编，个人参加写作1/4内容；《英国封建社会研究》；Asian and European Feudalism: Three Studies in Comparative History, East Asia Institute；《西欧封建经济形态研究》。主要论文有：《编写世界史的困境》《英国封建时代的农业生产力》《困境与反思："欧洲中心论"的破除与世界史的建立》《论超经济强制》《论封建社会的农业生产力》《论地主经济》《评"早期奴隶制社会比较研究"》《关于封建社会的一些新认识》等。

严文明 男，1932年生，湖南省华容县人，考古学家。1958年毕业于北京大学历史学系考古专业并留校任教至今。曾任北京大学考古学系主任、中国考古学会副理事长，现为北京大学资深教授，国家文物局专家组成员、国际史前学与原史学联盟常务委员等。长期从事并引领中国新石器时代考古研究与教学，兼及商周考古。

严文明先生先后主持或参与指导了数十项田野考古和室内整理项目，发表论文近200篇，出版著作10余部。他全面系统地研究仰韶文化，找到了一把开启整个中国新石器时代考古研究的钥匙。综合梳理中国史前文化，建立了中国新石器时代文化分期和谱系框架，辩证地揭示出中国史前文化的"重瓣花朵"式格局。大力倡导聚落考古和文明起源研究，理清了中国新石器时代聚落形态发展演变的脉络，深刻揭示了中国文明起源、早期发展的基本历程和本质特点。积极倡导农业起源、环境考古和科技考古研究，提出稻作农业边缘起源论和长江起源说，深刻揭示了中国史前文化特殊的环境背景。长期探索东夷文化等，摸索出考古学与传说时代古史对证研究的有效方法。实事求是，勇于实践，对考古学一般理论与方法论的建设和中国新石器时代考古学史研究有重要贡献。

刘安武 男，1930年7月生，湖南省常德市人，汉族。北京大学外国语学院南亚学系教授、博士生导师，北京大学哲学社会科学资深教授。曾先后就读于湖南大学、北京大学、印度德里大学和贝拿勒斯大学。1958年毕业回国后，一直在北京大学任教。曾任北京大学东语系东方文学研究室主任、东语系学术委员会暨学位委员会主任、北京大学学术委员会委员、南亚文化研究所所长等职。历任中国印度文学研究会副会长、会长，现为名誉会长；并为中国作家协会会员。主要著作有《印度印地语文学史》《普列姆昌德和他的小说》《普列姆昌德评传》《印度两大史诗评说》《印度两大史诗研究》《印度文学和中国文学比较研究》等。获得过陆文星韩素音中印友谊奖、全国高校人文社科优秀成果二等奖、北京市社科优秀成果二等奖(两次)、北京大学文科优秀科研成果奖(三次)等。此外，还组织编写了《简明东方文学史》《东方文学史》(1996年获北京市社科优秀成果特等奖，1998年获全国高校人文社科优秀成果一等奖)，以及《东方文学辞典》《东方文学作品选》(1991年获第一届全国优秀外国文学图书三等奖)等文学论著、辞书、作品集多种。主要译著有《新婚》《如意树》《割草的女人》《普列姆昌德短篇小说选》，以及泰戈尔剧本10种。选编或选译了《印度现代文学研究》《印度两大史诗评论汇编》《普列姆昌德论文学》《普列姆昌德短篇小说选》《印度古代诗选》《秘密组织——道路社》等著作。2000年出版了三人主编的24卷本《泰戈尔全集》。2004年中国译协授予其资深翻译家称号。

胡壮麟 男，1933年3月生，上海市人，汉族。1950年入清华大学外文系，1952年转入北京大学西语系，1954年毕业，1979—1981年在澳大利亚悉尼大学语言学系进修学习并获文学硕士学位。1992年1—9月任美国圣巴巴拉加州大学语言学系高级访问学者；1995年9月—1996年1月任香港中文大学英语系访问学者;1998 年 8—9 月任香港岭南大学访问学者;2008 年 11—12 月在香港大学做访问学者。历任北京大学副教授、教授、博导、资深教授、英语系主任、澳大利亚研究中心主任。培养硕士研究生 31 名、博士研究生 26 名。曾任中国高等学校外语专业教学指导委员会委员、英语组副组长,中国英语教学研究会副会长,国际系统功能语言学会委员会委员,中国语言与符号学研究会会长,中国功能语言学研究会会长、名誉会长,中国文体学研究会名誉会长,北京外国语大学中国外语教育研究中心学术委员会主任,教育部国家基础教育课程教材专家咨询委员会委员,国家基础教育实验中心外语教育研究中心顾问。北京师范大学兼职教授、博士生导师,清华大学双聘教授,并是国内 40 所大学兼职教授。完成专著 7 部,合著 10 部,主编 10 部,合编 11 部,译著 1 部,论文 208 篇。《语言学教程》获国家教委优秀教材一等奖,《系统功能语法概论》获第二届全国优秀教育图书二等奖,《语篇的衔接与连贯》获北京大学优秀教材奖,《语言学教程(修订版)》获北京市精品教材二等奖,"普通语言学教学实践"获北京市教育教学成果(高等教育)一等奖。1993 年被评为北京市优秀教师。

赵宝煦 男,1922 年 11 月生,北京市人,祖籍浙江省绍兴市。政治学家,当代中国政治学主要奠基人之一。赵宝煦教授曾任北京大学国际政治系主任,亚非研究所所长,北京大学校务委员会委员,校学术委员会委员,中央社会主义学院副院长,国务院学术委员会政治学评议组副组长,国家社会科学基金委员会政治学基金组组长,中国政治学会副会长,北京市政治学行政学会会长,中国世界民族学会副会长,中国欧洲学会理事,国际政治科学协会执行局委员、理事,《中国大百科全书·政治学卷》(国际政治分卷)主编等。在政治学方面,1982 年出版了《政治学概论》,这是新中国成立后第一部以马克思主义为指导的政治学教材。1983 年在美国出版了英文版学术演讲集《中国政治学的复兴》,并被译成日文、德文、韩文在日本、奥地利和韩国出版。同年在北大建立了全国第一个政治学博士点,1985 年起正式招生,3 年后培养出中国有史以来第一批由国内培养的政治学博士。1985 年在德国出版了《当代中国政治专题研究》。在国际政治方面,1985 年在北大建立了全国第一个国际政治博士点,成为国内为数不多的双学科博士生导师。在国情研究方面,白手起家,1988 年在北大创办了跨学科综合性学术研究及咨询机构——北京大学中国国情研究中心,亲自担任中心主任。针对学界长期存在的教条主义盛行的严峻局面,明确提出搞实证研究,反对坐而论道。该中心出版了"中国国情与现代化·丛书"和"国情与世界·丛书"两套丛书,为国家的战略决策提供政策咨询。曾承担国家"八五"重点科研项目"中国政治体制改革研究",联合全国 10 所高校的政治学教师历时 3 年在全国进行 3 次大规模调查,出版了 3 本调查报告——《民主政治与地方人大》《政治机构与党的职能》和《行政机构改革透析》。

梁守德 男,1936 年生,湖北省武汉市人。1960 年本科毕业于中国人民大学,1963 年研究生毕业于中国人民大学。毕业后一直在北京大学政治系(后改名为国际政治系)工作。为北京大学资深教授,北京大学国际安全与和平研究中心主任,东西方文化研究中心主任,《国际政治研究》主编,中国高校国际政治研究会理事长。

梁守德教授长期从事国际政治学理论和国际战略的教学和研究工作,是我国高校最早开设"国际政治理论"课程的教授之一,是全国高校公共政治理论课"世界政治经济与国际关系"的主要设计者之一,是教育部社科司组织编定的第一份该课教学大纲的主要参与者和该课教材的第一主编。梁守德作为长期担任院长和系主任的"双肩挑"教授,潜心科学研究,勤奋笔耕,出版的著作和教材虽不足 20 部,发表的论文也只有 50 余篇,但很有自己的特色,凸显了"立足现实,与时俱进,大胆探索,开拓创新"的科学精神。

梁守德教授的科学研究有一条主线,主要集中于中国国际政治学理论的学科建设。在学术界大量引进美国国际政治学理论的同时,他就和一些同行积极倡议学科建设要突出中国国家特色。他首先发表论文《论国际政治学的"中国特色"》《国际政治学在中国——再论国际政治学理论的"中国特色"》,从哲学的高度上系统探讨了国际政治学中国特色的必要性、重要性,以及如何突出中国特色等问题。他主著的《国际政治学概论》就是突出中国特色的初步尝试。其主要代表作有:《民族解放运动史》《当代世界政治经济与国际关系概论》《国际政治论集》《国际政治学概论》《国际政治新论》《国际政治学理论》《冷战后国际政治中的新现象》《冷战后国际关系中的"彼"与"己"》《邓小平的国际政治理论》。近几年来,在多个国内外学术刊物上发表多篇有独到见解的论文。

沈宗灵 男,1923 年生,北京大学教授,博士生导师。1946 年毕业于国立复旦大学,获法学学士学位。1948 年在美国宾夕法尼亚大学研究生院获硕士学位。先后在复旦大学、北京大学等校执教。曾任北大法律系法学理论教研室主任,北京大学比较法—法律社会学研究所所长,中国法学会法理学研究会总干事,中国法学会比较法学研究会总干事,国际法律哲学与社会哲学学会中国分会第一任主席。1994年当选为国际比较法科学院联系成员。主要从事法理学和比较法学研究。

梁柱 男,1935年生,汉族,福建省福州市人。1953年参加工作。1960年毕业于中国人民大学,后到北京大学工作。现任北京大学教授、博士生导师,2005年被聘为资深教授。曾任北京大学副校长,现任校务委员会副主任,兼任教育部邓小平理论研究中心副主任、国家哲学社会科学规划学科评议组副组长,全国高教自考“两课”专家组组长,中华人民共和国国史学会副会长,中国延安精神研究会副会长等职。此外,还被一些高等学校和研究机构聘为兼职教授、研究员。长期从事马克思主义理论教学与研究工作,先后出版的专著有《毛泽东民主政治建设的思想探析》《毛泽东思想若干理论研究》《国民革命的兴起》《蔡元培与北京大学》《社会主义初级阶段与四项基本原则》等十余部;在各种报刊发表了近二百篇学术论文,并从中选编出版了《履冰问道集》。其在参与编辑的“居安思危·世界社会主义小丛书”中独著了《历史虚无主义评析》,广受社会各界人士好评。

吴慰慈 男,1937年生,安徽省枞阳县人。1961年7月毕业于北京大学图书馆学系。现任北京大学信息管理系教授、图书馆学专业博士生导师。曾任北京大学信息管理系主任、信息传播研究所所长,教育部高等院校图书馆学学科教学指导委员会主任委员,国务院学位委员会图书馆、情报与档案管理学科评议组第一召集人,中国图书馆学会学术委员会主任,《中国图书馆学报》《大学图书馆学报》《情报学报》《情报科学》等核心期刊的编委、编辑委员会副主任委员。他还被聘任为南京大学、南开大学、吉林大学、中山大学兼职教授。

吴慰慈主持国家社会科学基金、教育部、科技部等重大研究项目多项。已获奖励有:北京大学优秀教学奖,国家教委优秀教材一等奖,北京大学人文社科优秀著作奖,中国图书馆学会优秀著作奖,中国图书馆学报优秀论文奖,教育部普通高校第二届人文社科研究成果二等奖,北京大学优秀教学奖,以及国家精品课程等奖项。

吴慰慈长期从事图书馆学基础理论的教学和研究工作,是全国高校图书馆学基础课程的主要设计者之一,第一部图书馆学基础教学大纲的主要执笔者和第一部示范性教材《图书馆学基础》的主要参与者。他曾多次参加国际和国内主要的学术会议,并做学术演讲,还多次参加中美图书馆界高层论坛并担任组委会副主席。已有10余部著作出版,发表学术论文300余篇。据南京大学中国社会科学研究评价中心(CSSCI)的统计,在“图书馆、情报与档案管理”一级学科中吴慰慈论著被引率名列前茅。

吴树青 男,1932年1月出生,江苏省江阴市人。经济学家兼教育家,教授。1955年毕业留校任经济学助教,致力于经济学教学和理论研究工作。1984年被评为教授。1985年任中国人民大学研究生院副院长,1987年起任中国人民大学副校长兼研究生院院长。1989年8月至1996年8月任北京大学校长。在北大主政7年间,他按中央要求把科研开发和市场开拓紧密结合起来,大力扶持高新科技项目“北大方正”,拆北大南围墙建成“中关村”现代化电子街,为创建中国硅谷提供了较好条件。同时设立教学和科研奖励基金,培养年轻人才,使具有博士学位的教师由不足100人扩展到600多人。并主持制定了北大面向21世纪的宏伟蓝图,从而为北大跻身世界一流大学行列打下坚实基础。吴树青在担负繁重的教学和管理工作的同时,仍坚持经济学的研究,著作颇丰。1980年发表了《正确认识社会主义生产目的》等文。1981年之后,又陆续发表了《关于社会主义基本经济规律的几个问题》《正确认识我国社会主义建设的战略目标》《社会主义经济中的互助合作关系和等价交换关系》《加快城市改革的必要性和迫切性》《关于增强企业活力的几个问题》等文。1986年出版专著《中国社会主义建设》;1987年出版《模式·运行·调控》;1990年出版《吴树青选集》;1993年出版《中国宏观经济管理》和《政治经济学》;1998年,主编《邓小平理论概论》。其中,他主编的《中国社会主义建设》和《政治经济学》,分别于1991年和1995年获国家教委优秀教材一等奖;论文《坚持社会主义必须弄清什么是社会主义》于1994年获中宣部“五个一工程”论文奖。

汪永铨 1929年8月生,湖北省鄂城县人。我国高等教育学科的主要奠基人之一。他早年毕业于清华大学物理系,毕业后留校任教。院系调整期间,汪永铨教授调至北京大学工作,历任北京大学物理系普通物理教研室主任、无线电电子学系系主任、电化教育中心主任、教务长、高等教育科学研究所所长等职务。汪永铨教授还先后担任国务院学科评议组教育学科组成员、中国高等教育学会副会长、全国教育科学规划领导小组高等教育学科组副组长、《北京大学教育评论》创刊主编。汪永铨教授在我国高等教育学科发展、人才培养、学风建设等方面都做出了诸多开创性的卓越贡献,先后获得众多学术奖励,在国际国内学术界享有崇高的声誉。2011年7月5日,中国高等教育学会授予汪永铨教授高等教育科学研究开拓贡献奖,迄今国内获得该类荣誉的学者只有汪永铨教授和浙江大学王承绪教授、厦门大学潘懋元教授三人。汪永铨教授荣获全国教育科学研究突出贡献奖的代表作为《中国高等教育结构研究》《关于我国高等教育科学研究的几点思考》和《关于政府对高等教育的管理》。

长江学者

批次	姓名	单位	岗位类别
1	田　刚	数学科学学院	讲座
1	夏志宏	数学科学学院	讲座
1	欧阳颀	物理学院	特聘
1	刘忠范	化学与分子工程学院	特聘
1	彭练矛	信息科学技术学院	特聘
1	邓兴旺	生命科学学院	讲座
1	龚旗煌	物理学院	特聘
1	佘振苏	工学院	特聘
1	张志刚	信息科学技术学院	特聘
2	鄂维南	数学科学学院	讲座
2	许进超	数学科学学院	讲座
2	刘晓为	物理学院	特聘
2	程正迪	化学与分子工程学院	讲座
2	赵新生	化学与分子工程学院	特聘
2	周力平	城市与环境学院	特聘
2	查红彬	信息科学技术学院	特聘
2	严纯华	化学与分子工程学院	特聘
2	陈十一	工学院	特聘
3	张继平	数学科学学院	特聘
3	孟　杰	物理学院	特聘
3	赵进东	生命科学学院	特聘
3	邓宏魁	生命科学学院	特聘
3	陶　澍	城市与环境学院	特聘
3	朱　彤	环境科学与工程学院	特聘
3	丛京生	信息科学技术学院	讲座
3	王　宪	医学部	特聘
3	叶新山	医学部	特聘
3	程和平	分子医学研究所	特聘
3	刘国庆	医学部	特聘
4	来鲁华	化学与分子工程学院	特聘
4	杨　震	化学与分子工程学院	特聘
4	刘文剑	化学与分子工程学院	特聘
4	马伯强	物理学院	特聘
4	席振峰	化学与分子工程学院	特聘
4	夏　斌	化学与分子工程学院	特聘
4	金长文	化学与分子工程学院	特聘

续表

批次	姓名	单位	岗位类别
4	朱玉贤	生命科学学院	特聘
4	陈永顺	地球与空间科学学院	特聘
4	李凌松	医学部	特聘
4	王诗宬	数学科学学院	特聘
4	王　龙	工学院	特聘
4	汪　涛	医学部	特聘
4	刘征宇	物理学院	讲座
5	张平文	数学科学学院	特聘
5	俞大鹏	物理学院	特聘
5	汤　超	物理学院	讲座
5	高　松	化学与分子工程学院	特聘
5	苏晓东	生命科学学院	特聘
5	高克勤	地球与空间科学学院	特聘
5	方精云	城市与环境学院	特聘
5	尚永丰	医学部	特聘
5	肖瑞平	分子医学研究所	特聘
5	韩平畴	工学院	特聘
5	方岱宁	工学院	特聘
5	陈　峰	工学院	特聘
6	郁　彬	数学科学学院	讲座
6	沈　波	物理学院	特聘
6	邵元华	化学与分子工程学院	特聘
6	张传茂	生命科学学院	特聘
6	王　希	历史学系	特聘
6	申　丹	外国语学院	特聘
6	陈兴良	法学院	特聘
6	郑晓瑛	人口研究所	特聘
6	约翰·施特劳斯	经济中心	讲座
6	詹姆斯·赫克曼	经济中心	讲座
6	管又飞	医学部	特聘
6	王克威	医学部	特聘
6	王存玉	医学部	讲座
6	周治平	信息科学技术学院	特聘
6	杨　槐	工学院	特聘
6	刘　锋	工学院	特聘
7	王长平	数学科学学院	特聘
7	陈　勇	物理学院	讲座
7	王剑波	化学与分子工程学院	特聘
7	王世强	生命科学学院	特聘
7	郭红卫	生命科学学院	特聘
7	龙漫远	生命科学学院	讲座
7	张立飞	地球与空间科学学院	特聘
7	何玉山	环境科学与工程学院	讲座
7	梅　宏	信息科学技术学院	特聘
7	张　毓	医学部	特聘
7	陈平原	中国语言文学系	特聘
7	阎步克	历史学系	特聘

续表

批次	姓名	单位	岗位类别
7	刘　伟	经济学院	特聘
7	李中清	社会学系	讲座
7	曾满超	教育学院	讲座
7	加里·贝克尔	经济中心	讲座
7	约瑟夫·斯蒂格利茨	经济中心	讲座
7	张东晓	工学院	特聘
7	王一川	艺术学院	特聘
8	宗秋刚	地球与空间科学学院	特聘
8	杜军保	医学部	特聘
8	朱苏力	法学院	特聘
8	彭小瑜	历史学系	特聘
8	韩　青	数学科学学院	讲座
8	涂豫海	物理学院	讲座
8	费英伟	地球与空间科学学院	讲座
8	徐清波	医学部	讲座
8	李　浩	物理学院	讲座
8	徐　雷	信息科学技术学院	讲座
8	王晴佳	历史学系	讲座
8	任秋实	工学院	特聘
9	姜　明	数学科学学院	特聘
9	王建祥	工学院	特聘
9	瞿礼嘉	生命科学学院	特聘
9	荣新江	历史学系	特聘
9	郭　岩	数学科学学院	讲座
9	徐　昆	工学院	讲座
10	宗传明	数学科学学院	特聘
10	赵宏凯	数学科学学院	讲座
10	朱世琳	物理学院	特聘
10	林志宏	物理学院	讲座
10	高毅勤	化学与分子工程学院	特聘
10	谢晓亮	生命科学学院	讲座
10	黄　如	信息科学技术学院	特聘
10	张人一	环境科学与工程学院	讲座
10	姜钟平	工学院	讲座
10	张　康	分子医学研究所	讲座
10	陆　林	医学部	特聘
10	柴　洋	医学部	讲座
10	张旭东	中国语言文学系	讲座
10	蔡洪滨	光华管理学院	特聘
10	谢　宇	社调中心	讲座
11	朱小华	数学科学学院	特聘
11	庆　杰	数学科学学院	讲座
11	宛新华	化学与分子工程学院	特聘
11	吴　凯	化学与分子工程学院	特聘
11	何　川	化学与分子工程学院	讲座
11	Guillaume Dupont-Nivet	地球与空间科学学院	讲座
11	胡建英	城市与环境学院	特聘

续表

批次	姓名	单位	岗位类别
11	蔡进一	信息科学技术学院	讲座
11	乔　杰	医学部	特聘
11	李剑鸣	历史学系	特聘
11	陈瑞华	法学院	特聘

突出贡献专家

姓名	院系
甘子钊	物理学院
姜伯驹	数学科学学院
厉以宁	光华管理学院
张恭庆	数学科学学院
陈佳洱	物理学院
胡美浩	生命科学学院
林炳雄	化学与分子工程学院
楼宇烈	哲学系(宗教学系)
吴树青	党办校办
赵柏林	物理学院
曾　毅	国发院
董学文	中国语言文学系
李　忠	数学科学学院
谢有畅	化学与分子工程学院
叶　朗	哲学系(宗教学系)
袁行霈	中国语言文学系
智效和	马克思主义学院
蒋绍愚	中国语言文学系
闵维方	教育学院
涂传诒	地球与空间科学学院
丁明孝	生命科学学院
项海格	信息科学技术学院
赵光达	物理学院
王邦维	外国语学院
肖建国	计算机科学技术研究所
严纯华	化学与分子工程学院
马　戎	社会学系
张继平	数学科学学院
周其凤	化学与分子工程学院
张　弛	考古文博学院
吴　凯	化学与分子工程学院
张　兴	信息科学技术学院

续表

姓名	院系
张守文	法学院
韩济生	基础医学院
王　夔	药学院
李家泰	第一医院
陆道培	人民医院
潘中允	第一医院
郭静秋	第一医院
张震康	口腔医院
徐光炜	临床肿瘤学院
何申戌	人民医院
王海燕	第一医院
韩启德	第三医院
郑　杰	基础医学院
蔡少青	药学院

教 授 名 录

教授名录

数学科学学院

教授

宗传明　任艳霞　夏壁灿　朱小华　马尽文　王保祥
李　若　汤华中　丘维声　裘宗燕　王诗宬　郑志明
徐树方　刘和平　伍胜健　方新贵　李治平　王　鸣
莫小欢　李伟固　房祥忠　潘家柱　柳　彬　周　铁
刘旭峰　蔡金星　史宇光　丁　帆　周蜀林　王冠香
甘少波　刘力平　杨静平　邓明华　姜　明　许进超
鄂维南　孙文祥　陈大岳　冯荣权　徐　恺　葛力明
蒋美跃　何书元　高　立　刘培东　王长平　张继平
耿　直　林作铨　张平文　刘张炬　谭小江　姜伯驹
王正栋　张恭庆　田　刚　丁伟岳　文　兰　夏志宏
孙笑涛

研究员

刘化荣　姚　远

编审

刘　燕

物理学院

教授

俞大鹏　熊传胜　蒋红兵　王宏利　史俊杰　冒亚军
陈志坚　范祖辉　马中水　刘富坤　朱世琳　班　勇
冉广照　尹　澜　张家森　杨海军　钱思进　李　焱
李定平　吴学兵　刘树华　田光善　钱维宏　胡晓东
李振平　许甫荣　刘克新　张宏升　季　航　刘　川
盖　峥　赵春生　徐仁新　郑汉青　张庆红　戴　伦
马伯强　王福仁　张　杰　刘晓为　叶恒强　徐至展
陈建生　周又元　张焕乔　樊铁栓　王宇钢　刘玉鑫
朱守华　胡永云　沈　波　郭光灿　陈　斌　王晓钢
王世光　龚旗煌　谭本馗　王若鹏　朱　星　叶沿林
秦国刚　孟　杰　张国义　张　酣　李重生　甘子钊
杨应昌　陈佳洱　欧阳颀　赵光达　赵柏林　吕建钦
王稼军　霍裕平　杨金波　王恩哥

研究员

陈金象　卢咸池　彭逸西　胡宗海　肖池阶　王新强
孟智勇　黎　卓　肖云峰　吴孝松　刘运全

研究馆员

范淑兰

教授级高工

王建勇　陈　晶　陆元荣　方　胜　鲁向阳　王洪庆

化学与分子工程学院

教授

寇　元　杨　震　席振峰　施祖进　陈尔强　张　锦

邵元华　黄春辉　钱民协　贾欣茹　刘虎威　王剑波
王　远　朱　涛　沈兴海　黄建滨　李　彦　王哲明
李子臣　齐利民　翟茂林　张亚文　刘文剑　裴　坚
徐东升　吴　凯　程正迪　其　鲁　刘海超　李星国
夏　斌　余志祥　施章杰　袁　谷　魏高原　来鲁华
邹德春　赵新生　金长文　刘　锋　高　松　张新祥
刘忠范　林建华　严纯华　宛新华　甘良兵　李克安
段连运　徐光宪　唐有祺　黎乐民　周其凤　刘元方

研究员

付雪峰　郭雪峰　张俊龙　蒋　鸿　马　丁　陈　鹏
李笑宇

生命科学学院

教授

白书农　郑晓峰　蔡　宏　苏晓东　昌增益　罗静初
于龙川　安成才　赵进东　张传茂　王忆平　陈建国
柴　真　苏都莫日根　张　博　吕　植　饶广远
王世强　顾　军　纪建国　樊启昶　秦咏梅　邓兴旺
范六民　魏丽萍　孔道春　郭红卫　邓宏魁　朱玉贤
许崇任　顾红雅　李　毅　陈章良　翟中和　朱作言
瞿礼嘉　饶　毅

研究员

蒋争凡　魏文胜　陶乐天　刘　磊　刘　东　罗述金
谢　灿

教授级高工

周先碗

城市与环境学院

教授

周力平　徐福留　唐晓峰　刘鸿雁　胡建英　方　拥
贺灿飞　张永和　王红亚　方精云　陈效逑　王仰麟
李有利　许学工　吕　斌　王缉慈　冯长春　柴彦威
韩光辉　韩茂莉　曾　辉　吴必虎　阙维民　杨小柳
贺金生　王学军　刘耕年　莫多闻　蔡运龙　俞孔坚
陶　澍　蒋有绪　黄国和　满燕云　秦大河

研究员

朴世龙　李喜青　李永平　王喜龙　许云平　赵淑清

教授级高工

王永华

地球与空间科学学院

教授

高克勤　鲁安怀　传秀云　陈永顺　胡天跃　傅绥燕
周仕勇　黄清华　徐　备　刘树文　王河锦　魏春景
秦　善　张立飞　陈　斌　朱永峰　吴朝东　涂传诒
赵永红　宁杰远　李　琦　程承旗　曾琪明　陈秀万
李培军　郝维城　关　平　侯贵廷　李江海　张进江
张弥曼　童庆禧　叶大年　陈运泰　郑海飞　宋述光
陈衍景　马宗晋　潘　懋　郭召杰　韩宝福　吴泰然
秦其明　侯建军　马学平　白志强　方　裕　邬　伦
蔡永恩　晏　磊　宗秋刚　沈正康

研究员

宋振清　刘　曦　巫　翔

教授级高工

郭仕德

心理学系

教授

韩世辉　周晓林　钱铭怡　谢晓非　苏彦捷　吴艳红
李　量　王　垒

研究员

方　方　李　晟

信息科学技术学院

教授

代亚非　王　漪　王厚峰　吴文刚　张海霞　谢昆青
夏明耀　于晓梅　陈　清　李正斌　傅云义　李红滨
胡薇薇　张　路　梁学磊　谢　冰　郭　瑛　刘新元
陈徐宗　焦秉立　朱柏承　陈章渊　杨芙清　王阳元
杨冬青　屈婉玲　王克义　陈向群　张　铭　王千祥
吴玺宏　张大成　张　兴　刘晓彦　黄　如　王捍贫
郝一龙　徐安士　程　旭　刘　宏　张耿民　李文新
封举富　陈景标　罗英伟　赵建业　许　超　金玉丰
汪国平　彭练矛　王子宇　康晋锋　罗　武　何新贵
赵玉萍　李志宏　郭　弘　侯士敏　张志刚　解思深
何　进　高　文　程玉华　梅　宏　邵维忠　李晓明
谭少华　陈　钟　查红彬　迟惠生　韩汝琦　黄铁军
苏开乐　陆汝钤　邬江兴　周治平　许　进　谭　营
金　芝

研究员

张盛东　崔　斌　揭斌斌　姜玉祥　赵卉菁　王亦洲
袁晓如　肖　臻　陈一峯　曾　钢　宋令阳　解晓东

教授级高工

于敦山　赵兴钰　王兆江　李　婷　闫桂珍　金　野
何永琪　高成臣

工学院

教授

陈十一　王健平　贺贤土　方岱宁　郑春苗

研究员

蔡　剑　郑　强　米建春　李克文　王习东　谢天宇
杨剑影　韩平畴　吴晓磊　孙　强　汤岳琴　董蜀湘
袁章福　曹安源　任秋实

计算机科学技术研究所

教授

肖建国

研究员

陈晓鸥　周秉锋　杨　斌　郭宗明　邹　维　汤　帜
赵东岩

环境科学与工程学院

教授

马晓明　刘阳生　唐孝炎　栾胜基　郭怀成　宋豫秦
胡建信　蔡旭晖　张世秋　谢绍东　胡　敏　陈忠明
李文军　邵　敏　叶文虎　毛志锋　宋　宇　徐晋涛
朱　彤　倪晋仁　张远航

研究员

童美萍　要茂盛　邱兴华　刘　永

教授级高工

曾立民

软件工程国家研究中心

教授

吴中海

研究员

张世琨

中国语言文学系

教授

刘　东　朱庆之　车槿山　王韫佳　陈晓明　董洪利
高路明　吴　鸥　耿振生　陈平原　陈跃红　傅　刚
戴锦华　杨荣祥　刘勇强　高远东　李　杨　张　辉
刘玉才　项梦冰　孔庆东　韩毓海　吴晓东　杜晓勤
郭　锐　漆永祥　商金林　卢永璘　王洪君　夏晓虹
王岳川　陈保亚　于迎春　孔江平　潘建国　李小凡
葛晓音　袁毓林　沈　阳　张　鸣　张颐武　李　零
曹文轩　钱志熙　杨　铸　袁行霈　程郁缀　宋绍年
孙玉文　龚鹏程　廖可斌

历史学系

教授

彭小瑜　王立新　吴小安　李孝聪　徐　勇　王红生
王小甫　朱孝远　郭卫东　刘浦江　张　帆　颜海英
许　平　郭润涛　陈苏镇　王新生　杨奎松　高　岱
辛德勇　朱凤瀚　李剑鸣　邓小南　董正华　牛大勇
欧阳哲生　王晓秋　阎步克　荣新江　高　毅
罗志田　钱乘旦　王　希　王奇生　黄　洋　井上亘
赵世瑜

研究员

王春梅

研究馆员

臧　健　王美秀

考古文博学院

教授

李崇峰　权奎山　刘　绪　黄蕴平　王　迅　赵　辉
宋向光　齐东方　王幼平　张　辛　徐天进　孙　华
张　弛　吴小红　高崇文　赵化成　李水城　林梅村
秦大树　杭　侃

哲学系

教授

聂锦芳　朱良志　吴国盛　靳希平　张祥龙　尚新建
姚卫群　刘壮虎　王宗昱　丰子义　周北海　任定成
章启群　陈　波　韩水法　徐凤林　韩林合　刘华杰
王　博　孙尚扬　王海明　徐向东　张学智　陈少峰
陈　来　何怀宏　赵敦华　胡　军　王　东　张志刚
叶　朗

研究员

冀建中

外国语学院

教授

王一丹　谷　裕　董　强　黄燎宇　赵华敏　秦海鹰
罗　芃　裴晓睿　姜望琪　唐仁虎　王邦维　辜正坤
段　晴　张世耘　李昌珂　王继辉　韩加明　拱玉书
彭广陆　刘树森　申　丹　周小仪　王辛夷　田庆生
刘　锋　王东亮　李　玮　李　政　王　建　查晓燕
赵桂莲　王　军　李先汉　梁敏和　丁宏为　钱　军
姜景奎　陈岗龙　金　勋　张　敏　金景一　赵白生
于荣胜　任一雄　刘建华　杨国政　付志明　黄必康
孔菊兰　唐孟生　刘曙雄　程朝翔　刘金才　赵　杰
谢秩荣　高一虹

研究员

吴新英

艺术学系

教授

李道新　李　松　彭吉象　朱青生　翁剑青　陈旭光
俞　虹　李爱国　丁　宁

对外汉语教育学院

教授

王顺洪　王若江　杨德峰　刘元满　张　英　李大遂
李红印　李晓琪

研究员
张秀环

国际关系学院

教授
牛　军　杨保筠　李义虎　王正毅　袁　明　尚会鹏
叶自成　许振洲　李保平　孔凡君　张植荣　朱　锋
罗艳华　王　勇　唐士其　张小明　连玉如　潘　维
张世鹏　张光明　王缉思　李安山　贾庆国　张锡镇
张清敏　查道炯　王逸舟

法学院

教授
白建军　刘剑文　汪建成　刘凯湘　曲三强　张千帆
姜明安　王世洲　赵国玲　邵景春　张　平　张　骐
汪　劲　马忆南　潘剑锋　钱明星　梁根林　王　磊
徐爱国　刘　燕　张守文　陈瑞华　甘培忠　张建国
王锡锌　尹　田　白桂梅　强世功　李　鸣　郭自力
贺卫方　周旺生　陈兴良　龚刃韧　吴志攀　朱苏力
饶戈平
研究员
叶静漪　蒋大兴

信息管理系

教授
王余光　赖茂生　马张华　段明莲　张浩达　刘兹恒
李国新　陈建龙　周庆山　李常庆　王子舟　祁延莉
李广建

社会学系

教授
蔡　华　郑也夫　钱民辉　杨善华　王思斌　刘世定
张　静　佟　新　王铭铭　刘爱玉　方　文　邱泽奇
谢立中　李建新　郭志刚　吴宝科　高丙中　王汉生
陆杰华　马　戎　周　云

政府管理学院

教授
路　风　肖鸣政　陈庆云　杨　明　袁　刚　吴　丕
李　强　沈明明　江荣海　周志忍　金安平　燕继荣
赵成根　徐湘林　关海庭　张国庆　傅　军　李国平
黄恒学　杨开忠　李成言　王浦劬
研究员
顾　昕

马克思主义学院

教授
陈占安　程立显　李淑珍　郭建宁　白雪秋　康沛竹
李少军　仝　华　尹保云　黄小寒　刘志光　孙代尧
孙蚌珠　祖嘉合　杨　河　孙熙国　李毅红　程美东
郇庆治
研究员
侯玉杰

教育学院

教授
岳昌君　康　健　陈学飞　马万华　汪　琼　李文利
施晓光　文东茅　陈洪捷　丁小浩　陈向明　闵维方
闫凤桥　眭依凡

新闻与传播学院

教授
杨伯溆　徐　泓　程曼丽　肖东发　谢新洲　师曾志
刘德寰　陈　刚　陆绍阳　关世杰　陆　地

体育教研部

教授
董进霞　顾玉标　李德昌　张　锐　郝光安　何仲恺
研究员
田敏月

经济学院

教授
章　政　平新乔　曹和平　王大树　王志伟　刘文忻
李心愉　叶静怡　王跃生　刘　怡　黄桂田　杜丽群
张　博　王一鸣　李绍荣　何小锋　宋新明　乔晓春
林双林　刘民权　雎国余　刘　伟　孙祁祥　李涌平
李庆云　萧国亮　郑晓瑛　胡　坚　萧　琛　穆光宗
编审
于小东

光华管理学院

教授
单忠东　邹恒甫　陈丽华　符国群　徐信忠　张志学
陆正飞　龚六堂　吴联生　武常岐　王　辉　陈　嵘
彭泗清　梁钧平　李　东　何志毅　王立彦　姚长辉
雷　明　王明进　张一弛　于鸿君　刘　学　张红霞
江明华　蔡洪滨　刘　力　朱善利　王建国　涂　平
曹凤岐　张维迎　张国有　厉以宁　刘玉珍　陈松蹊
刘国恩　李怡宗

先进技术研究院

教授
李启虎

分子医学研究所

研究员

周　专　程和平　梁子才　李　建　田小利　熊敬维

科维理天文与天体物理研究所

研究员

李立新　于清娟　闫慧荣　理查德　马丁·史密斯
柯文采

党办校办

教授

张　彦　许智宏　吴树青

研究员

陈文申　林钧敬

纪检监察室

研究员

王丽梅　侯志山

组织部

教授

李文胜

研究员

郭　海　岳素兰

宣传部

研究员

赵为民

统战部

研究员

付　新

教务部

研究员

金顶兵　卢晓东

科研部

研究员

周　辉　吴　錡

社科部

编审

刘曙光

研究生院

研究员

郑兰哲　魏志义

继续教育部

研究员

李国斌　张　虹

人事部

研究员

蒋宗凤　刘　波　周岳明　王红印

财务部

研究员

闫　敏

国际合作部

研究员

刘新芝　李岩松　潘庆德　夏红卫

实验室与设备管理部

研究员

李小寒　史守旭

总务部

研究员

张宝岭　鞠传进

基建工程部

教授级高工

莫元彬

图书馆

研究馆员

高倬贤　沈正华　沈乃文　朱　强　肖　珑　姚伯岳
陈　凌　张红扬　聂　华　宋力生

计算中心

教授级高工

张　蓓　黄达武　丁万东　种连荣　李庭晏

教育基金会

研究员

许　诤

出版社

编审

周雁翎　杨立范　张黎明　高秀芹　张凤珠　林君秀
王明舟　张　冰　金娟萍　杨书澜　徐万丽　刘　方

研究员

胡美香

校医院

主任医师

张宏印　赵丽雅　张玉梅　杨萍兰　周广华　李　华

会议中心

研究员

陈振亚

社区服务中心

研究员

赵桂莲

餐饮中心

研究员

崔芳菊

方正集团

教授

魏　新

研究员

张兆东　蒋必金　张炳贤

教授级高工

陈文先　汪岳林　黄肖俊　廖春生

未名集团

研究员

张　华

教授级高工

潘爱华

青鸟公司

研究员

杨　明　初育国

教授级高工

田仲义　苏渭珍

资源集团

研究员

张永祥　黄琴芳

维信公司

研究员

段震文

医学部

基础医学院

教授

陈英玉　崔彩莲　崔德华　杜晓娟　方伟岗　高远生
高子芬　顾　江　管又飞　韩济生　韩晶岩　韩文玲
李　刚　李凌松　李学军　李　英　刘国庆　鲁凤民
马大龙　毛泽斌　梅　林　濮鸣亮　齐永芬　钱瑞琴
邱晓彦　沙印林　尚永丰　沈　丽　谭焕然　唐军民
田新霞　童坦君　万　有　汪南平　王　凡　王　露
王文恭　王　宪　王　韵　吴立玲　徐国恒　杨宝学
尹长城　尹玉新　于常海　张　波　张宏权　张书永
张炜真　张永鹤　张　毓　章国良　赵红珊　郑　杰
周春燕　钟　南　钟延丰　朱卫国　朱　毅　祝世功
庄　辉　孔　炜　王　应　彭宜红　葛　青　邵根泽

研究员

吴鎏桢

编审

安晓意

药学院

教授

蔡少青　崔景荣　李润涛　李中军　梁　鸿　凌笑梅
刘俊义　卢　炜　吕万良　蒲小平　齐宪荣　史录文
屠鹏飞　王　超　王　夔　王　璇　王银叶　徐　萍
杨晓达　杨秀伟　杨振军　叶新山　曾慧慧　张礼和
张亮仁　张　强　张天蓝　周德敏　杨晓改　王克威
张　烜

研究员

车庆明　崔育新　傅宏征　郭绪林　林文翰　贾彦兴
焦　宁

公共卫生学院

教授

安　琳　常　春　曹卫华　陈　娟　郭新彪　郭　岩
郝卫东　胡永华　贾　光　康晓平　李立明　林晓明
刘　民　马　军　马谢民　马迎华　钮文异　潘小川
王培玉　王晓莉　王　燕　吴　明　肖　颖　詹思延
张宝旭　张拓红　陈大方　王志锋　朱文丽　王　旗
张玉梅

研究员

陈晶琦　李可基　李　勇　王京宇　武阳丰　余小鸣
周小平

护理学院

教授

路　潜　郭桂芳　尚少梅

公共教学部

教授

丛亚丽 贺东奇 洪 炜 胡佩诚 贾炳善 李 菡
刘大川 刘新芝 王 玥 吴任钢 张大庆 甄 橙
孙秋丹 郭莉萍 王一方

研究员

王红漫 谢 虹

党政机关、后勤、直属及产业

教授

孟庆跃 田 佳

研究员

蔡景一 陈立奇 戴 清 邓艳萍 樊建军 高澍苹
郭 立 侯 卉 李 红 李 鹰 梁建辉 刘建蒙
刘穗燕 刘志民 陆 林 马长中 聂克珍 任爱国
时 杰 王春虎 王 青 徐白羽 张 翎 朱树梅
祝 虹 张 明 王翠先 叶荣伟 范春梅

主任医师

韩方群 王晓军 易 英 王振宇 阮 晶

研究馆员

林小平 谢志耘

主任技师

袁 兰

编审

安 林 白 玲 暴海燕 赵 莳 赵成正 曾桂芳
王凤庭

第一临床医学院(北大医院)

教授

包新华 鲍圣德 崔一民 丁 洁 丁文惠 杜军保
高献书 郭晓蕙 郭应禄 黄一宁 霍 勇 姜 毅
姜玉武 蒋学祥 金 杰 李若瑜 李 挺 李晓玫
廖秦平 刘梅林 刘新民 刘荫华 刘玉村 潘柏年
秦 炯 秦 永 任汉云 涂 平 万远廉 王广发
王贵强 王海燕 王 丽 王荣福 王薇薇 王蔚虹
王霄英 温宏武 谢鹏雁 辛钟成 徐小元 严仁英
晏晓明 杨慧霞 杨 欣 杨艳玲 杨尹默 姚 晨
于岩岩 袁 云 张 宏 张彦芳 张月华 张卓莉
章友康 赵明辉 周丛乐 周利群 周应芳 朱 平
朱学骏 邹英华 左 力 迟春花 贾志荣 杨 柳
王东信 陈 旻 王学美 吴问汉 潘英姿 李建平

主任医师

白文佩 白 勇 岑溪南 柴卫兵 陈 倩 陈旭岩
陈永红 迟春花 段学宁 冯 琪 冯珍如 高 枫
高惠珍 高燕明 贺占举 洪 涛 黄 真 季素珍
贾志荣 李淳德 李海潮 李海丽 李 简 李建平
李巧娴 李淑清 李 岩 梁芙蓉 梁丽莉 梁卫兰
刘玲玲 刘桐林 刘小颖 刘雪芹 刘玉洁 刘朝晖
柳 萍 卢新天 米 川 年卫东 聂红萍 聂立功
潘英姿 庞 琳 齐慧敏 乔歧禄 阚呈立 山刚志
时春艳 宋鲁新 宋以信 孙 洁 谭 伟 汤秀英
汪 波 汪 欣 王爱萍 王东信 王化虹 王建中
王 军 王宁华 王 平 王全桂 王维民 王文生
王 颖 文立成 吴士良 吴问汉 肖 锋 肖慧捷
肖江喜 肖水芳 许 幸 杨海珍 杨建梅 杨 柳
姚 勇 邑晓东 殷 悦 张宝娓 张家湧 张俊清
张澜波 张明礼 张淑娥 张晓春 张学智 章小维
赵建勋 朱丽荣 庄 岩 刘 刚 陆海英 佟小强
曹永平 潘义生 曲 元 孙晓伟 韩文科 尹 玲
吴 晔 何志嵩 王素霞 刘秀芬 周福德 袁振芳
孙伟杰 陈喜雪 张宪生 刘玉和 刘宪义 盛琴慧

研究员

高树宽 李惠芳 李敬伟 李六亿 刘晓燕 马兰艳
潘 虹 戚 豫 王学美 辛殿祺 徐国兵 俞莉章
张春丽 张庆林 陈 旻 吴 林 刘武江

研究馆员

黄明杰

主任药师

孙培红 周 颖 赵 侠

主任护师

陈建军 丁炎明 王 群

主任技师

艾 乙 刘静霞 卢桂芝 王 彬 吴北生 李雪迎

编审

单爱莲

第二临床医学院(人民医院)

教授

白文俊 鲍永珍 陈 红 崔 恒 杜湘珂 冯传汉
冯 艺 高承志 高旭光 高占成 郭 卫 洪 楠
胡大一 黄晓波 黄晓军 纪立农 姜保国 姜燕荣
黎晓新 李建国 栗占国 刘开彦 刘玉兰 卢纹凯
陆道培 苗懿德 那彦群 彭吉润 苏 茵 王德炳
王 辉 王建六 王 俊 王 梅 王秋生 王 杉
王晓峰 魏 来 魏丽惠 余力生 张建中 张庆俊
张小明 赵明威 赵 彦 朱继业 张 萍 姜冠潮
林剑浩

主任医师

安友仲 白 文 曹照龙 陈 欢 陈 坚 陈江天
陈 雷 陈陵霞 陈源源 陈育红 陈 彧 戴 林
杜 娟 冯国平 付中国 高 燕 关 菁 关振鹏
郭静竹 郭丹杰 郭淮莲 郭继鸿 韩 芳 何晋德

何燕玲 胡肇衡 黄迅 贾玫 江滨 寇伯龙
李剑锋 李琦 李澍 李学斌 李永杰 栗光明
梁建宏 梁梅英 梁治矢 刘代红 刘桂兰 刘海鹰
刘慧君 刘健 刘杰 刘捷 刘靖 刘军
刘兰燕 刘士军 刘文玲 刘元生 刘月洁 陆爱东
路瑾 毛汛 苗榕生 倪磊 牛兰俊 裴秋艳
钱彤 曲星珂 任泽钦 沈晨阳 沈丹华 沈浣
孙宁玲 唐军 佟富中 王波 王东 王福顺
王豪 王晶桐 王茜 王山米 王少杰 王伟民
王悦 王智峰 吴夕 吴彦 吴燕 谢启伟
邢志敏 熊六林 徐涛 许俊堂 许克新 许兰平
许清泉 严荔煌 杨拔贤 杨德起 杨荣利 杨松娜
杨铁生 叶颖江 袁燕林 曾超美 张殿英 张海澄
张欢 张乐萍 张立红 张万蕾 张熙哲 张晓红
张晓辉 张文娟 张学武 赵辉 周波 周殿阁
周蓉 朱凤雪 朱继红 朱天刚 朱元民 陈琦玲
蔡美顺 穆荣 江倩 郭杨 薛晓艳 陈周
尹慕军 刘鹏 王殊 李建兴 王天兵 齐慧君
尹虹 金龙 薛利芳 田莉 王世军 王朝华
尹东辉 郑春华

研究员

陈红松 戴谷音 何雨生 黄锋 李红 李月东
刘艳荣 路阳 王吉善 赵越 周庆环 阮国瑞

主任药师

顾健 李玉珍

主任护师

张海燕 应菊素

主任技师

李丹 马丽萍

编审

李燕华 林文玉 王黛 张立群

第三临床医学院(北医三院)

教授

敖英芳 陈跃国 陈仲强 丁士刚 段丽萍 樊东升
付卫 高炜 郭向阳 韩启德 郝燕生 贺蓓
洪晶 洪天配 姜辉 解基严 克晓燕 李东
李惠平 李健宁 李邻峰 李昭屏 林共周 凌晓锋
刘湘源 刘晓光 刘忠军 马芙蓉 马潞林 马志中
乔杰 汪涛 王金锐 王俊杰 王薇 王侠
王颖 王悦 王振宇 吴玲玲 修典荣 徐智
杨孜 余家阔 袁慧书 翟所迪 张纯 张捷
张燕燕 张永珍 郑丹侠 周丽雅 周谋望

主任医师

陈文 崔国庆 范家栋 冯新恒 高洪伟 葛堪忆
顾芳 郭长吉 郭红燕 郭丽君 郭昭庆 韩鸿宾
韩劲松 侯纯升 侯宽永 胡跃林 黄雪彪 黄毅
黄永辉 贾建文 景红梅 李比 李东 李海燕
李小刚 李选 李志刚 林发俭 刘桂花 刘剑羽
刘平 刘书旺 刘瑜玲 刘仲奇 鲁珊 吕愈敏
马彩虹 马力文 马勇光 么改琦 苗立英 聂有智
牛杰 朴梅花 齐强 沈扬 宋世兵 宋为明
孙宇 田华 童笑梅 王爱英 王超 王贵松
王海燕 王健全 王军 王乐今 王丽 王立新
王少波 王雪梅 魏玲 肖卫忠 胥婕 许艺民
闫明 闫天生 杨雪松 姚婉贞 袁炯 张爱华
张凤山 张福春 张俊 张克 张立 张立强
张利萍 张璐芳 张媛 赵军 赵素焱 赵扬玉
郑亚安 周方 周劲松 朱红 朱曦 朱昀
庄申榕 郑卓肇 曾辉 夏志伟 刘延青 姬洪全
谢京城 窦宏亮 齐虹 朱丽 张华斌 熊光武
李在玲 崔鸣 王继军 徐迎胜 田耘 李危石
侯小飞 李学民 赵艳 陈亚平 张龑 史成和
王霄 万峰

研究员

艾华 耿力 金昌晓 李树强 林丛 秦泽莲
沈韬 王新利 许锋 张小为 张幼怡 赵一鸣
周洪柱 常翠青 宋纯理 刘薇薇

主任药师

段京莉 赵荣生

主任护师

张洪君 张会芝

主任技师

吕志珍 杨池荪

口腔医学院

教授

蔡志刚 傅开元 傅民魁 甘业华 高学军 葛立宏
高岩 郭传瑸 贾绮林 李铁军 栾庆先 吕培军
林久祥 林野 徐韬 俞光岩 王兴 许天民
张益 王伟建 魏世成 毛驰 徐军 张建国
张震康 周彦恒 郑树国 刘宇 谭建国 周永胜
张刚 张成飞 刘宏伟 孟焕新 姜婷 秦满
王新知 谢秋菲 冯海兰 华红 李巍然 岳林
李翠英 刘鹤 谷岩 马莲 欧阳翔英
李刚

主任医师

陈洁 邓旭亮 董艳梅 樊聪 高娟 高雪梅
何秉贞 和璐 胡炜 胡文杰 胡晓阳 姬爱平
姜霞 晋长伟 李彤彤 李自力 柳登高 罗奕
马琦 孙凤 邱立新 刘玉华 佟岱 王世明
王泽泗 王尊一 谢毓秀 徐莉 阎燕 杨亚东
伊彪 翟新利 张汉平 张清 赵燕平 姜若萍
张伟 张祖燕 刘瑞昌 赵奇 张杰 彭歆

李健慧　江　泳　唐志辉　聂　琼　马文利　张万林

研究员

李盛林　林　红　郑　刚

主任技师

吴美娟

主任护师

李秀娥

教授级高级工程师

王　勇

临床肿瘤学院(肿瘤医院)

教授

陈敏华　邓大君　方志伟　顾　晋　郭　军　郝纯毅
季加孚　柯　杨　李萍萍　吕有勇　任　军　寿成超
邢宝才　杨仁杰　李　鸣　游伟程　张力健　张青云
张珊文　张晓鹏　朱广迎　陈克能　王　洁　解云涛
沈　琳　刘宝国

主任医师

蔡　勇　陈　晓　邸立军　范志毅　高雨农　胡永华
李　萍　李金锋　张乃嵩　陆爱萍　马丽华　那　加
欧阳涛　苏向前　孙　艳　章新奇　卫　燕　徐　博
严　昆　杨　跃　张集昌　张晓东　朱　军　李　洁

吴梅娜　郑　文　王洪义　安彤同　方　健　朱步东
孙　红　唐丽丽

研究员

潘凯枫　张焕萍　张　联　胡亚洲　张志谦　许秀菊
隗铁夫

主任药师

张艳华　杨　锐

主任护师

丁　玥

精神卫生研究所(第六医院)

教授

黄悦勤　沈渔邨　王玉凤　于　欣　张　岱　周东丰

主任医师

丛　中　甘一方　韩永华　李　冰　刘建成　刘　靖
马　弘　唐登华　田成华　王希林　王向群　张大荣
张鸿燕　周　沫　唐宏宇　贾美香　孔庆梅　姚贵忠

研究员

司天梅　汪向东

主任护师

马　莉

· 2011 年北京大学党发、校发文件 ·

党　发

党发〔2011〕1 号	关于中共北京大学第一医院第五次党员代表大会选举结果的批复
党发〔2011〕2 号	关于组织师生学习《北京日报》署名文章的通知
党发〔2011〕3 号	关于转发《关于推进北京高校学习型党组织建设的指导意见》的通知
党发〔2011〕4 号	关于孙华职务任免的通知
党发〔2011〕5 号	关于于晓凤任职的通知
党发〔2011〕6 号	关于共青团北京大学第十八届委员会第四次全体会议选举结果的批复
党发〔2011〕7 号	关于评选表彰北京大学党务和思想政治工作优秀个人及先进集体的通知
党发〔2011〕8 号	关于成立中国共产党北京大学对外汉语教育学院委员会的通知
党发〔2011〕9 号	关于孙华免职的通知
党发〔2011〕10 号	关于孙华任职的通知
党发〔2011〕11 号	关于张琳任职的通知
党发〔2011〕12 号	关于张存群任职的通知
党发〔2011〕13 号	关于张莉鑫、于晓凤职务任免的通知
党发〔2011〕14 号	关于汤继强任职的通知
党发〔2011〕15 号	关于卢亮任职的通知
党发〔2011〕16 号	关于金锐任职的通知
党发〔2011〕17 号	关于曾嘉坤等职务任免的通知
党发〔2011〕18 号	关于孙战龙、陈宝剑免职的通知
党发〔2011〕19 号	关于冯支越、李宇宁免职的通知
党发〔2011〕20 号	关于范春梅、石敬慈职务任免的通知
党发〔2011〕21 号	关于中共北京大学医学部公共教学部第二次党员大会选举结果的批复
党发〔2011〕22 号	关于吕晨飞任职的通知
党发〔2011〕23 号	关于马化祥、缪劲翔职务任免的通知
党发〔2011〕24 号	关于衣学磊任职的通知
党发〔2011〕25 号	关于学习贯彻胡锦涛总书记在庆祝清华大学建校 100 周年大会上重要讲话精神的通知
党发〔2011〕26 号	关于中共北京大学社会学系党员大会选举结果的批复
党发〔2011〕27 号	关于转发《中共北京市委教育工作委员会办公室关于学习贯彻胡锦涛总书记在庆祝清华大学建校 100 周年大会上讲话精神的通知》的通知
党发〔2011〕28 号	关于印发《北京大学党风廉政建设责任制实施办法》的通知
党发〔2011〕29 号	关于印发《2011 年北京大学党风廉政建设工作重点及责任分工》的通知
党发〔2011〕30 号	关于转发《中共北京市委教育工作委员会关于进一步贯彻落实〈中国共产党党员领导干部廉洁从政若干准则〉有关规定的通知》的通知
党发〔2011〕31 号	关于张彦等同志职务任免的通知
党发〔2011〕32 号	关于学习贯彻胡锦涛总书记给北京大学第十二届研究生支教团成员回信精神的通知
党发〔2011〕33 号	关于开展纪念中国共产党成立 90 周年系列活动的通知
党发〔2011〕34 号	关于转发《中共教育部党组关于学习贯彻胡锦涛总书记给北京大学第十二届研究生支教团成员回信精神的通知》的通知

续表

党发〔2011〕35 号	关于章政等职务任免的通知
党发〔2011〕36 号	关于孙熙国、黄南平职务任免的通知
党发〔2011〕37 号	关于迟行刚免职的通知
党发〔2011〕38 号	关于王永健、孙明职务任免的通知
党发〔2011〕39 号	关于李军凯任职的通知
党发〔2011〕40 号	关于邹惠免职的通知
党发〔2011〕41 号	关于北京大学第十七届工会委员会第十六次全体会议选举结果的批复
党发〔2011〕42 号	关于邹惠等职务任免的通知
党发〔2011〕43 号	中共北京大学委员会关于表彰党务和思想政治工作先进集体与优秀个人的决定
党发〔2011〕44 号	关于成立中国共产党北京大学深圳研究生院委员会的通知
党发〔2011〕45 号	关于刘力平等职务任免的通知
党发〔2011〕46 号	关于束鸿俊、马建钧职务任免的通知
党发〔2011〕47 号	关于魏巍任职的通知
党发〔2011〕48 号	关于中共北京大学光华管理学院党员代表大会选举结果的批复
党发〔2011〕49 号	关于深入学习贯彻《胡锦涛同志在庆祝中国共产党成立 90 周年大会上的讲话》的通知
党发〔2011〕50 号	关于开展《关于实行党风廉政建设责任制的规定》和《中国共产党党员领导干部廉洁从政若干准则》贯彻执行情况专项检查工作的通知
党发〔2011〕51 号	关于表彰 2010—2011 学年获奖教师的决定
党发〔2011〕52 号	关于印发《北京大学进一步学习贯彻胡锦涛总书记“七一”重要讲话、刘延东国务委员在全校教师干部大会上的讲话精神工作方案》的通知
党发〔2011〕53 号	关于同意中共北京大学医学部委员会进行第十二次党员代表大会筹备工作的批复
党发〔2011〕54 号	关于印发《在全校党组织和共产党员中深入开展“服务群众树形象、示范引领创一流”活动实施方案》的通知
党发〔2011〕55 号	关于表彰 2011 年军工保密资格审查认证工作“先进集体”和“先进个人”的决定
党发〔2011〕56 号	关于郭艾花、刘淑英职务任免的通知
党发〔2011〕57 号	关于转发中央统战部《关于统一战线深入学习贯彻胡锦涛同志在纪念辛亥革命 100 周年大会上重要讲话的通知》的通知
党发〔2011〕58 号	关于转发《中共教育部党组关于认真学习宣传贯彻党的十七届六中全会精神的通知》的通知
党发〔2011〕59 号	关于印发《北京大学 2011 年处级领导班子民主生活会方案》的通知
党发〔2011〕60 号	关于转发《中共教育部党组关于学习贯彻贺国强同志在部分高校反腐倡廉建设座谈会上重要讲话的通知》的通知
党发〔2011〕61 号	关于北京大学临床肿瘤学院、北京大学肿瘤医院、北京肿瘤医院第一次党员代表大会选举结果的批复
党发〔2011〕62 号	关于北京大学公共卫生学院第三次党员大会选举结果的批复
党发〔2011〕63 号	关于北京大学医学部党委、纪委换届候选人预备人选的批复
党发〔2011〕64 号	关于印发《北京大学 2011 年校级领导班子民主生活会方案》的通知
党发〔2011〕65 号	关于印发《北京大学校级领导班子和领导干部 2011 年度考核工作方案》的通知
党发〔2011〕66 号	关于杨河、赵为民职务任免的通知

校 发

校发〔2011〕1 号	关于黄桂田、刘伟职务任免的通知
校发〔2011〕2 号	关于马化祥任职的通知
校发〔2011〕3 号	关于李红滨、周程任职的通知
校发〔2011〕4 号	关于北京大学护理学院行政班子任职的通知

续表

校发〔2011〕5号	关于陈十一、王恩哥职务任免的通知
校发〔2011〕6号	关于王恩哥、林建华职务任免的通知
校发〔2011〕7号	关于张晓黎任职的通知
校发〔2011〕8号	关于表彰北京大学第十一届人文社会科学研究的决定
校发〔2011〕9号	关于做好2011年春节和寒假期间学校安全工作的通知
校发〔2011〕10号	关于成立北京大学空间科学探测研究中心的通知
校发〔2011〕11号	关于张佳利免职的通知
校发〔2011〕12号	关于北京大学分析测试中心行政班子调整的通知
校发〔2011〕13号	关于北京大学艺术学院行政班子任职的通知
校发〔2011〕18号	关于成立北京大学督查室的通知
校发〔2011〕19号	关于批复研究生院内设机构负责人招聘结果的通知
校发〔2011〕20号	关于表彰安全保卫工作先进单位、先进个人的决定
校发〔2011〕21号	关于成立北京大学军工保密资格认证工作领导小组及领导小组办公室的通知
校发〔2011〕22号	关于调整校园规划委员会的通知
校发〔2011〕23号	关于调整北京大学肖家河教师住宅建设领导小组的通知
校发〔2011〕27号	关于北京大学医学部公共教学部行政班子任职的通知
校发〔2011〕28号	关于段丽萍等任职的通知
校发〔2011〕29号	关于张东晓任职的通知
校发〔2011〕30号	关于批复国际合作部内设机构负责人招聘结果的通知
校发〔2011〕31号	关于同意授予星云法师北京大学名誉教授称号的决定
校发〔2011〕43号	关于印发《北京大学人文社会科学研究机构管理办法》的通知
校发〔2011〕45号	关于调整北京大学财经工作领导小组组成人员的通知
校发〔2011〕46号	关于刘钊任职的通知
校发〔2011〕47号	关于杜鹏任职的通知
校发〔2011〕48号	关于杨虎、黄俊平职务任免的通知
校发〔2011〕49号	关于同意聘请洪小文博士为北京大学客座教授的决定
校发〔2011〕50号	关于同意聘请陆艺博士为北京大学客座教授的决定
校发〔2011〕51号	关于同意聘请季明华博士为北京大学客座教授的决定
校发〔2011〕52号	关于同意聘请马克·诺瑞尔博士为北京大学客座教授的决定
校发〔2011〕53号	关于同意聘请藤田博之博士为北京大学客座教授的决定
校发〔2011〕54号	关于同意聘请幸多博士为北京大学客座教授的决定
校发〔2011〕55号	关于评选2011年北京大学教学信息化先进单位和个人的通知
校发〔2011〕56号	关于公布北京大学第九届学位评定委员会成员名单的通知
校发〔2011〕61号	关于社会学系、社会学人类学研究所行政班子任职的通知
校发〔2011〕62号	关于调整建设工程投资评审小组的通知
校发〔2011〕63号	关于缪劲翔免职的通知
校发〔2011〕65号	关于印发《北京大学放射性同位素与射线装置台账管理实施细则》的通知
校发〔2011〕66号	关于印发《北京大学废旧放射源和放射性废物管理和处置规定》的通知
校发〔2011〕67号	关于印发《北京大学涉源单位安全保卫职责规定》的通知
校发〔2011〕68号	关于印发《北京大学辐射安全事故应急预案》的通知
校发〔2011〕69号	关于印发《北京大学实验室安全管理办法》的通知
校发〔2011〕70号	关于成立北京大学肝癌诊断治疗研究中心的通知
校发〔2011〕71号	关于王恩哥、林建华职务任免的通知
校发〔2011〕72号	关于调整北京大学研究生奖助工作专家委员会委员的通知
校发〔2011〕73号	关于公布北京大学2011年招生工作组组长名单的通知
校发〔2011〕74号	关于批复研究生院内设机构负责人岗位调整的通知

续表

校发〔2011〕75 号	关于对北京大学学生服务总队予以通令嘉奖的决定
校发〔2011〕76 号	关于成立北京大学西方古典学中心的通知
校发〔2011〕77 号	关于调整北京大学研究生奖助委员会组成人员的通知
校发〔2011〕78 号	关于同意歌剧研究院举办第一届"金葵花"北京国际歌剧声乐大赛的批复
校发〔2011〕79 号	关于李国忠免职的通知
校发〔2011〕80 号	关于杨荣祥任职的通知
校发〔2011〕81 号	关于王成任职的通知
校发〔2011〕82 号	关于刘宝栓任职的通知
校发〔2011〕83 号	关于陈斌斌、宝海荣职务任免的通知
校发〔2011〕84 号	关于黄桂田免职的通知
校发〔2011〕85 号	关于调整北京大学校园规划委员会组成人员的通知
校发〔2011〕86 号	北京大学关于表彰 2011 届优秀毕业生的决定
校发〔2011〕87 号	关于李国平等任职的通知
校发〔2011〕88 号	关于程旭等任职的通知
校发〔2011〕89 号	关于批复国际合作部内设机构负责人招聘结果的通知
校发〔2011〕90 号	关于印发《北京大学肖家河教工住宅项目建设经费审批管理办法》的通知
校发〔2011〕91 号	关于批复社会科学部内设机构负责人招聘结果的通知
校发〔2011〕92 号	关于表彰 2010—2011 学年北京大学公益之星的决定
校发〔2011〕93 号	关于王建等任职的通知
校发〔2011〕94 号	关于雷虹、魏姝任职的通知
校发〔2011〕95 号	关于北京大学附属小学行政班子任职的通知
校发〔2011〕96 号	关于进一步加强离退休工作的意见
校发〔2011〕97 号	关于北京大学公共卫生学院行政班子任职的通知
校发〔2011〕98 号	关于柳军飞、黄达武职务任免的通知
校发〔2011〕99 号	关于吴明、马大龙职务任免的通知
校发〔2011〕100 号	关于谢心澄、王恩哥职务任免的通知
校发〔2011〕103 号	关于表彰 2011 年度北京大学优秀博士学位论文获得者及其指导教师的决定
校发〔2011〕104 号	关于成立北京大学定量生物学中心的通知
校发〔2011〕105 号	关于成立北京大学合成与功能生物分子中心的通知
校发〔2011〕106 号	关于批复房地产管理部内设机构负责人招聘结果的通知
校发〔2011〕107 号	关于表彰 2011 年北京大学研究生教育管理奖获得者的决定
校发〔2011〕108 号	关于北京大学临床肿瘤学院、北京肿瘤医院、北京市肿瘤防治研究所行政班子任职的通知
校发〔2011〕109 号	关于印发《北京大学印章管理规定（试行）》的通知
校发〔2011〕111 号	关于批复教务部内设机构负责人招聘结果的通知
校发〔2011〕112 号	关于同意北京北大先锋科技有限公司实施股权激励改革的决定
校发〔2011〕113 号	关于北京大学清理学校规章制度工作小组更名的通知
校发〔2011〕114 号	关于批复审计室内设机构负责人招聘结果的通知
校发〔2011〕115 号	关于授予方腾等同学北京大学 2011—2012 学年度博士研究生校长奖学金的决定
校发〔2011〕116 号	关于同意聘请葛维宝博士为北京大学客座教授的决定
校发〔2011〕117 号	关于同意聘请陈弘毅先生为北京大学客座教授的决定
校发〔2011〕118 号	关于同意聘请廖凯原先生为北京大学客座教授的决定
校发〔2011〕119 号	关于转发《教育部关于庆祝 2011 年教师节有关工作的通知》的通知

续表

校发〔2011〕120 号	关于表彰北京高校第七届青年教师教学基本功比赛、北京大学第十届青年教师教学演示竞赛获奖单位及个人的决定
校发〔2011〕121 号	关于同意授予小雅各布·帕里斯博士北京大学名誉教授称号的决定
校发〔2011〕122 号	关于表彰"北京大学第六届实验技术成果奖"获奖者的决定
校发〔2011〕123 号	关于调整北京大学学科规划委员会组成人员的通知
校发〔2011〕124 号	关于转发《教育部办公厅卫生部办公厅关于进一步加强学校控烟工作的意见》的通知
校发〔2011〕125 号	关于成立北京大学产业技术研究院的通知
校发〔2011〕126 号	关于调整北京大学保密委员会组成人员的通知
校发〔2011〕127 号	关于同意聘请魏爱德博士为北京大学客座教授的决定
校发〔2011〕128 号	关于同意聘请乌尔里希·齐白博士为北京大学客座教授的决定
校发〔2011〕129 号	关于同意聘请班德·许内曼博士为北京大学客座教授的决定
校发〔2011〕130 号	关于北京大学国际卫生研究中心更名的通知
校发〔2011〕131 号	关于批复房地产管理部内设机构负责人招聘结果的通知
校发〔2011〕132 号	关于授予甘子钊等六位教授 2011 年度北京大学国华杰出学者奖的决定
校发〔2011〕133 号	关于印发《北京大学实施"青年千人计划"暂行办法》的通知
校发〔2011〕134 号	关于撤销北京大学光谱研究中心的通知
校发〔2011〕135 号	关于成立北京大学中美人文交流研究基地的通知
校发〔2011〕136 号	关于成立北京大学马克思主义哲学研究中心的通知
校发〔2011〕137 号	关于撤销北京大学人居环境中心的通知
校发〔2011〕138 号	关于调整长江学者评估专家组的通知
校发〔2011〕140 号	关于调整北大未名 BBS 发展委员会组成人员的通知
校发〔2011〕141 号	关于表彰北京大学离退休工作先进集体、先进个人的决定
校发〔2011〕142 号	关于同意聘请李述汤院士为北京大学客座教授的决定
校发〔2011〕143 号	关于同意互联网安全技术北京市重点实验室主任和学术委员会主任推荐人选的通知
校发〔2011〕144 号	关于同意北京大学高能效计算与应用中心主任推荐人选的通知
校发〔2011〕145 号	关于调整北京大学学术委员会组成人员的通知
校发〔2011〕146 号	关于陆远权任职的通知
校发〔2011〕147 号	关于同意聘请理查德·波特博士为北京大学客座教授的决定
校发〔2011〕148 号	关于同意聘请霍尔德博士为北京大学客座教授的决定
校发〔2011〕149 号	关于调整北京大学公用房管理改革工作小组成员的通知
校发〔2011〕150 号	关于成立北京大学太平洋大厦接收改造工作小组的通知
校发〔2011〕157 号	关于成立国军标质量管理体系换版审查工作领导小组的通知
校发〔2011〕158 号	关于开展北京大学 2011 年冬季义务兵征集工作的通知
校发〔2011〕159 号	关于北京大学医学网络教育学院行政班子任职的通知
校发〔2011〕160 号	关于北京大学人民医院、第二临床医学院行政班子任职的通知
校发〔2011〕163 号	关于同意授予北京大学名誉教授称号的决定
校发〔2011〕164 号	关于对医学部"阳光爱心诊所"团队予以通令嘉奖的决定
校发〔2011〕165 号	关于批复房地产管理部内设机构负责人招聘结果的通知
校发〔2011〕166 号	关于成立北京大学试点学院改革工作小组及秘书组的通知
校发〔2011〕167 号	关于印发《北京大学学位授予工作细则》的通知
校发〔2011〕168 号	关于印发《北京大学学位评定委员会职责及议事规则》的通知
校发〔2011〕169 号	关于霍琨任职的通知
校发〔2011〕170 号	北京大学关于表彰 2010—2011 学年度学生优秀个人和先进集体的决定
校发〔2011〕171 号	关于成立中国科学院学部气候变化北京大学研究中心的通知
校发〔2011〕173 号	北京大学第七届教材建设委员会名单

续表

校发〔2011〕174号	关于调整北京大学绿化委员会组成人员的通知
校发〔2011〕175号	关于调整北京大学爱国卫生运动委员会组成人员的通知
校发〔2011〕178号	关于表彰2010—2011学年北京大学学生资助工作先进单位和个人的决定
校发〔2011〕179号	关于进一步加强留学生管理服务工作的意见
校发〔2011〕180号	关于调整北京大学继续教育指导委员会的通知
校发〔2011〕181号	关于北京大学科维理天文与天体物理研究所代理所长任职的通知
校发〔2011〕182号	关于沈如群免职的通知
校发〔2011〕183号	关于种连荣免职的通知
校发〔2011〕186号	关于印发《北京大学五道口教师住宅置换售房实施办法》的通知
校发〔2011〕187号	关于成立北京大学中法地球系统模拟联合研究中心的通知
校发〔2011〕188号	关于陈东敏、姜玉祥职务任免的通知
校发〔2011〕189号	关于印发《北京大学校级科学仪器公共平台建设与管理办法》的通知
校发〔2011〕190号	关于表彰北京大学2011年优秀博士后的决定
校发〔2011〕191号	关于刘明利任职的通知
校发〔2011〕192号	关于印发《北京大学研究生学籍管理实施细则》的通知
校发〔2011〕193号	关于批复教育基金会内设机构负责人招聘结果的通知
校发〔2011〕194号	关于批复校友工作办公室内设机构负责人招聘结果的通知
校发〔2011〕195号	关于批复燕园街道办事处内设机构负责人岗位调整的通知
校发〔2011〕196号	关于调整北京大学仪器创制与关键技术研发中心学术委员会及工作委员会的通知
校发〔2011〕197号	关于变更北京大学金融信息化研究中心依托单位的批复
校发〔2011〕198号	关于同意北京大学深圳研究生院国际法学院更名的通知
校发〔2011〕199号	关于成立北京大学—清华大学生命科学联合中心的通知
校发〔2011〕200号	关于贯彻执行《教育部关于进一步贯彻执行国家科研经费管理政策 加强高校科研经费管理的通知》的通知

· 表彰与奖励 ·

党建与思想政治工作奖励

全国优秀共产党员(1 人)

高　松　化学与分子工程学院教授
中国科学院院士

北京市先进基层党组织(1 个)

人民医院党委

北京市优秀共产党员(1 人)

高　松　化学与分子工程学院教授
中国科学院院士

北京市优秀党务工作者(1 人)

王　燕　公共卫生学院党委书记　妇女与儿童青少年卫生学系主任　教授

北京高校先进基层党组织(2 个)

信息科学技术学院党委
人民医院党委

北京高校优秀共产党员(3 人)

高　松　化学与分子工程学院教授
中国科学院院士
叶新山　药学院党委委员　天然药物及仿生药物国家重点实验室主任　教授
赵明辉　第一医院党委委员　科研处处长　肾脏内科主任　教授　主任医师

北京高校优秀党务工作者(1 人)

王　燕　公共卫生学院党委书记　妇女与儿童青少年卫生学系主任　教授

北京大学党务和思想政治工作先进集体(13 个)

生命科学学院党委
地球与空间科学学院党委
信息科学技术学院党委
中国语言文学系党委
外国语学院党委
教育学院党委
基础医学院党委
第一医院党委
人民医院党委
深圳研究生院党总支
图书馆党委
九三学社北京大学委员会
民盟北京大学医学部委员会

北京大学优秀党务和思想政治工作者——李大钊奖(9 人)

宋振清　党建组织员　地球与空间科学学院党委书记　研究员
郭　瑛　党建组织员　信息科学技术学院党委原书记　教授
丰子义　党建组织员　哲学系党委原书记　学术委员会副主任
马克思主义文献中心主任　教授
李淑静　外国语学院党委副书记　英语系副主任　副教授
曲春兰　校纪委委员　纪委办公室主任　正处级纪检员
纪委监察室党支部副书记　副研究员
马建钧　直属单位党总支书记　档案馆馆长
校史馆馆长　副研究员
李萍萍　临床肿瘤学院党委书记
中西医结合科主任　教授　主任医师
刘淑英　医学部机关党委书记　机关工会主席
副研究员
李玉莲　药学院辅导员　党委原副书记　副研究员

北京大学优秀党务和思想政治工作者(81 人)

董子静　数学科学学院党委秘书　2009 级本科生党支部书记　团委书记　讲师
张亚伟　物理学院党委委员　校工会委员　高级工程师
冉广照　物理学院党委委员　教授
马玉国　化学与分子工程学院党委副书记　高分子化学与物理教育部重点实验室副主任　副教授
郭振泉　生命科学学院离退休党支部原书记　教授
刘德英　生命科学学院党委副书记　讲师
张家富　城市与环境学院地貌第四纪教研室党支部书记　副研究员
卢晓霞　城市与环境学院环境学系党支部书记　副教授
戚国伟　地球与空间科学学院行政党支部书记　党团人事办公室主任　助理研究员
吴艳红　心理学系党委书记　副主任　教授
陈征微　工学院团委书记　讲师
叶志远　计算机科学技术研究所直属党支部书记　副所长　工会主席　高级工程师
张剑波　环境科学与工程学院党委副书记　教授
韩　凌　环境科学与工程学院教工第二党支部组织委员　讲师
卢　伟　中国语言文学系古典文献党支部书记　讲师
刘隐霞　历史学系党委秘书　党委原副书记　副研究员
许　平　历史学系党委委员　世界史研究院副院长　教授
宋向光　考古文博学院党委书记　博物馆副馆长　教授
郭秀芸　外国语学院东语系离退休党支部书记
李　静　艺术学院党总支青年委员　副教授
王若江　对外汉语教育学院原党总支书记　教授
潘京初　国际关系学院行政党支部书记　行政办公室副主任　副研究馆员
孙　岩　国际关系学院世界社会主义研究所与中国政治研究室联合党支部书记　副教授
崔建华　经济学院党委副书记　副院长　副研究员
张红霞　光华管理学院应用经济学与市场营销系党支部书记　工会主席　教授
徐俊华　光华管理学院行政教辅党支部组织委员　人事办公室副主任　经济师
朴文丹　法学院党委副书记　副研究员
吴宝科　副教务长　党建组织员　社会学系党委原书记　原副主任　教授
李凤兰　政府管理学院党委委员　党委秘书　综合办公室主任　副研究员
杨开忠　校秘书长　发展规划部部长　政府管理学院党委原委员　教授
刘士杰　马克思主义学院行政办公室主任　行政党支部原书记
徐未欣　教育学院党委委员　团总支书记　助理研究员
徐金灿　新闻与传播学院教工第二党支部书记　副教授
宋新明　人口研究所教工党支部书记　教授
谷　涛　医学部纪委委员　工会副主席　基础医学院党委副书记　工会主席　助理研究员
李卫东　基础医学院党委委员　药理学系党支部书记　副教授
张景怡　公共卫生学院学生党总支副书记　学生办公室主任　讲师
白家瑶　公共教学部应用语言学系党支部书记　第二外语教研室主任　副教授
杨　柳　第一医院党委副书记　工会主席　眼科中心副主任　教授　主任医师
马兰艳　第一医院纪委书记　人事处处长　研究员
陈永红　第一医院儿科党支部书记　儿科副主任　主任医师
白文佩　第一医院纪委委员　妇产科党支部书记　副教授　主任医师
汪　波　第一医院急诊科党支部书记　急诊科副主任　门诊部副主任　主任医师
赵建勋　第一医院普通外科党支部书记　普通外科副主任　主任医师
陈红松　人民医院党委副书记　纪委委员　肝病研究所党支部书记　党委办公室院长办公室主任　研究员
岳　兰　人民医院老院党支部书记　主管护师
王少杰　人民医院中医科党支部书记　中医科主任　主任医师
苏　茵　人民医院内科联合第二党支部书记　风湿免疫科副主任　监察室副主任　教授　主任医师
乔　杰　第三医院党委副书记　妇产科主任　生殖中心主任　教授　主任医师
李文彦　第三医院离退休党总支书记　离退休办公室主任　副研究员
阎高毅　第三医院纪委委员　院长助理　主管药师
何爱玲　第三医院党委办公室干部　主管护师
朱　红　第三医院呼吸科党支部书记　呼吸科副主

任　大内科副主任　主任医师
周永胜　口腔医学院纪委副书记　口腔修复科常务副主任　副教授　主任医师
王　冕　口腔医学院党委办公室院长办公室干部　研究实习员
王　伦　临床肿瘤学院离退休党总支副书记　政工师
孙　红　临床肿瘤学院中西医结合科党支部书记　副主任医师
黄悦勤　精神卫生研究所党委书记　副所长　教授
王逸鸣　元培学院教工党支部书记　团委书记　讲师
安晓朋　深圳研究生院学生工作处处长　机关党支部副书记　讲师
束鸿俊　党委组织部副部长　副研究员
余　浚　党委办公室校长办公室副主任　党支部副书记　副研究员
杨爱民　学生工作部人民武装部党支部宣传委员　学生资助中心主任　副教授
王　卫　教务部党支部委员　教务办公室主任　副研究员
李赛丽　财务部结算中心副主任　党支部组织委员　工会委员　助理会计师
刘　波　人事部党支部书记　部长　研究员
姜　如　房地产管理部党支部书记　公共用房与土地管理办公室主任　副研究员
王锡茂　后勤党委会议中心党总支副书记　勺园第二党支部书记　勺园管理部总经理助理兼总务部经理　高级工
邓　娅　校长助理　直属单位党总支副书记　基金会秘书长　副研究员
高倬贤　党建组织员　图书馆党委书记　研究馆员
郑月娥　出版社编辑第一党支部书记　编辑
朱建华　校医院党委副书记　党委秘书　护理部主任　主管护师
修亚冬　燕园街道党工委副书记　机关第一党支部书记　助理研究员
杨文焕　附属中学党委副书记　工会主席　教代会执委会主任　中学高级教师
王金玲　医学图书馆党支部书记　副馆长　副研究馆员
于　洁　医学部党委宣传部校园文化办公室副主任　编辑
吕晓明　医学部后勤党委副书记　工会主席　助理研究员
高澍苹　医学部产业党总支委员　医学网络教育学院党支部书记　院长　北京医大时代科技发展有限公司董事　总经理　研究员
鲁安怀　民盟北京大学委员会主委　全国政协委员　地球与空间科学学院教授
胡　军　民进北京市委副主委　北京市人大常委　哲学系教授
季加孚　北京市政协委员　民盟中央委员　民盟北京大学医学部委员会主委　临床肿瘤学院胃肠外一科主任　教授　主任医师

北京大学党务和思想政治工作奉献奖(49 人)

丘维声　数学科学学院党委原委员　几何代数方程党支部书记　教授
高凤茹　生命科学学院党委委员　教工联合党支部书记　副研究员
姜德珍　心理学系原直属党支部书记
张天义　信息科学技术学院党委原委员　计算机系党委原副书记　微电子所原副所长　教工党支部原书记　教授
高崇文　考古文博学院原院长　党委原委员　教授
杜凤珍　外国语学院俄语系离退休党支部原书记　副教授
顾稚英　外国语学院俄语系教研室党支部原委员　教授
李明滨　外国语学院俄语系党总支原委员　教授
戚德平　外国语学院俄语系离退休党支部书记　副教授
黄宗鑑　外国语学院东语系党总支原副书记　教授
贺剑成　外国语学院东语系党总支原书记　研究员
张殿英　外国语学院东语系党总支原书记　研究员
郭秀芸　外国语学院东语系离退休党支部书记
张保生　外国语学院西语系党支部原书记　人事干事
彭吉象　艺术学院党总支委员　原副院长　教授
白　巍　艺术学院党总支组织委员　副教授
洪　宁　经济学院经济学第一党支部书记　副编审
方洪勉　教育学院行政党支部书记　综合办公室主任　工会生活福利委员　助理研究员
钟延丰　基础医学院病理学系党支部书记　病理学系副主任　教授
王银叶　药学院分子与细胞药理系党支部书记　教授
林桂椿　药学院药物化学系党支部副书记　副主任技师
雷小平　药学院药物化学系教授
李玉莲　药学院辅导员　党委原副书记　副研究员
崔景荣　药学院天然药物及仿生药物国家重点实验室党支部组织委员　教授

殷　悦　第一医院眼科主任医师

刘淑华　人民医院机关第三党支部书记　助理研究员

王少杰　人民医院中医科党支部书记　中医科主任　主任医师

魏艳秋　人民医院妇产科副主任医师

陈慧丽　人民医院退休党支部原副书记　主治医师

马秀芬　人民医院心内科党支部原书记　主管护师

付剑锋　人民医院血液病研究所党支部原书记　副教授　主任医师

刘桂兰　人民医院儿科党支部书记　儿科主任　主任医师

徐国英　人民医院急诊科党支部书记　护理部主任　急诊科护士长　副主任护师

赵淑清　第三医院神经内科党支部书记　副主任医师

栾胜基　深圳研究生院党总支书记　教授

袁红利　机关党委秘书　助理研究员

周有光　校纪委副书记　监察室主任　副研究员

侯志山　监察室副主任　研究员

张继洲　广播电视台台长　助理实验师

白　云　保卫部交通安全管理办公室主任　实验师

冯　军　保卫部综合办公室副主任

潘铁忠　保卫部交通安全管理办公室副主任

罗利荣　保卫部综合办公室干部

刘淑兰　保卫部校园治安综合治理办公室干部

石秀梅　学生工作部副部长　万柳学区办公室原主任　助理研究员

宗殿魁　后勤党委供暖中心党总支离退休党支部书记

孙战龙　后勤党委会议中心党总支书记　副主任　副研究员

高倬贤　党建组织员　图书馆党委书记　研究馆员

孙瑞霞　医学部后勤党委原副书记　高级会计师

表 13-1　北京大学荣获 2010 年全国高校辅导员年度人物名单

获奖者	单位
李玉莲	药学院

表 13-2　北京大学 2010—2011 年度优秀德育奖名单

获奖者	单位	获奖者	单位
孙启明	数学科学学院	郭晓春	外国语学院
解　明	工学院	李石生	马克思主义学院
刘远超	物理学院	张晓黎	艺术学院
于超美	地球与空间科学学院	丁夕友	元培学院
佟志伟	信息科学技术学院	张　蕾	人口研究所
白　宇	化学与分子工程学院	曾嘉坤	校团委
张传茂	生命科学学院	李　楠	校团委
刘　卉	环境科学与工程学院	黄　冠	校团委
刘　萍	城市与环境学院	吴　婧	学生工作部
李　军	中国语言文学系	王　浩	学生工作部
王元周	历史学系	杨爱民	学生资助中心
金　英	考古文博学院	查　晶	心理健康教育与咨询中心
杨弘博	哲学系	陈永利	学生就业指导服务中心
周衍冰	国际关系学院	张红梅	药学院
袁　佳	经济学院	罗友晖	基础医学院
冒大卫	光华管理学院	李保芹	第一临床医学院
路姜男	法学院	尹同良	精神卫生研究所
王益明	信息管理系	魏雪涛	公共卫生学院
孙　华	新闻与传播学院	刘兴隆	深圳研究生院
惠长虹	政府管理学院		

表 13-3 北京大学 2010—2011 年度优秀班主任获奖名单

获奖者	单位	获奖者	单位
董子静	数学科学学院	张琳娜	外国语学院
雷 军	地球与空间科学学院	冯雅新	马克思主义学院
张 立	生命科学学院	李艳萍	信息科学技术学院
柳春蕊	中国语言文学系	李平风	基础医学院
初晓波	国际关系学院	朱燕萍	公共卫生学院
王元道	经济学院	俞荔琼	基础医学院
粘怡佳	法学院	郑凌冰	医学部教育处
高 翔	社会学系	刘 堃	深圳研究生院

表 13-4 学生工作先进单位

外国语学院	工学院	口腔医学院
国际关系学院	物理学院	公共卫生学院
化学与分子工程学院	深圳研究生院	药学院

教育教学奖励与奖教金

表 13-5 北京大学荣获第六届国家教学名师奖名单

获奖者	单位
高 毅	历史学系

表 13-6 北京大学荣获第七届北京市教学名师奖名单

获奖者	单位	获奖者	单位
裴 坚	化学与分子工程学院	朱孝远	历史学系
代亚非	信息科学技术学院	赵化成	考古文博学院

表 13-7 北京大学 2010—2011 年度教学优秀奖名单

获奖者	单位	获奖者	单位
王长平	数学科学学院	章 政	经济学院
李铁军	数学科学学院	萧国亮	经济学院
王 勇	工学院	罗 炜	光华管理学院
郭 卫	物理学院	王明进	光华管理学院
郑汉青	物理学院	杨 明	法学院
童云海	信息科学技术学院	王 新	法学院
李志宏	信息科学技术学院	王益明	信息管理系
杨展澜	化学与分子工程学院	王思斌	社会学系
陈家华	化学与分子工程学院	梁雅卿	外国语学院
于龙川	生命科学学院	赵桂莲	外国语学院
顾红雅	生命科学学院	彭吉象	艺术学院

续表

获奖者	单位	获奖者	单位
范闻捷	地球与空间科学学院	毕明辉	艺术学院
张东和	地球与空间科学学院	严富昌	新闻与传播学院
李本纲	城市与环境学院	仝　华	马克思主义学院
王　奇	环境科学与工程学院	黄小寒	马克思主义学院
方　方	心理学系	丁延庆	教育学院
蒋朗朗	中国语言文学系	杨　壮	国家发展研究院
林　嵩	中国语言文学系	郝光安	体育教研部
牛　可	历史学系	蔡云凌	对外汉语教育学院
李　猛	哲学系	宋德懋	基础医学院
刘　哲	哲学系	袁　云	第一临床医学院
宋向光	考古文博学院	刘玉兰	第二临床医学院
魏正中	考古文博学院	黄　毅	第三临床医学院
宋　磊	政府管理学院	杨　艳	第三临床医学院
范士明	国际关系学院	徐　军	口腔医学院

表 13-8　北京大学 2011 年奖教金获奖名单

获奖者	单　　位	奖项名称	获奖等级
叶　朗	艺术学院	国华杰出学者奖(2011 年)	
赵敦华	哲学系	国华杰出学者奖(2011 年)	
赵光达	物理学院	国华杰出学者奖(2011 年)	
许智宏	生命科学学院	国华杰出学者奖(2011 年)	
王　夔	药学院	国华杰出学者奖(2011 年)	
韩济生	基础医学院	国华杰出学者奖(2011 年)	
彭宇新	计算机科学技术研究所	王选杰出青年学者奖	
朴世龙	城市与环境学院	王选杰出青年学者奖	
李晓明	信息科学技术学院	杨芙清—王阳元院士奖教金	特等奖
宋豫秦	环境科学与工程学院	杨芙清—王阳元院士奖教金	优秀奖
刘晓彦	信息科学技术学院	杨芙清—王阳元院士奖教金	优秀奖
汪国平	信息科学技术学院	杨芙清—王阳元院士奖教金	优秀奖
王立威	信息科学技术学院	杨芙清—王阳元院士奖教金	优秀奖
郁　莲	软件与微电子学院	杨芙清—王阳元院士奖教金	优秀奖
蔡运龙	城市与环境学院	杨芙清—王阳元院士奖教金	优秀奖
高克勤	地球与空间科学学院	杨芙清—王阳元院士奖教金	优秀奖
梁敏和	外国语学院	杨芙清—王阳元院士奖教金	优秀奖
周小仪	外国语学院	杨芙清—王阳元院士奖教金	优秀奖
丁小浩	教育学院	杨芙清—王阳元院士奖教金	优秀奖
朱文莉	国际关系学院	杨芙清—王阳元院士奖教金	优秀奖
贺　蓓	第三临床医学院	杨芙清—王阳元院士奖教金	优秀奖
刘宏伟	口腔医学院	杨芙清—王阳元院士奖教金	优秀奖
李萍萍	临床肿瘤学院	杨芙清—王阳元院士奖教金	优秀奖
李若瑜	第一临床医学院	杨芙清—王阳元院士奖教金	优秀奖
汤小东	第二临床医学院	杨芙清—王阳元院士奖教金	优秀奖
张恭庆	数学科学学院	方正奖教金	教师特等奖
田永鸿	信息科学技术学院	方正奖教金	教师优秀奖
邓明华	数学科学学院	方正奖教金	教师优秀奖

续表

获奖者	单　位	奖项名称	获奖等级
叶沿林	物理学院	方正奖教金	教师优秀奖
郑　一	工学院	方正奖教金	教师优秀奖
赵留彦	经济学院	方正奖教金	教师优秀奖
甘培忠	法学院	方正奖教金	教师优秀奖
朱天飚	政府管理学院	方正奖教金	教师优秀奖
柯彦玢	外国语学院	方正奖教金	教师优秀奖
李奇楠	外国语学院	方正奖教金	教师优秀奖
罗　炜	光华管理学院	方正奖教金	教师优秀奖
胡大源	国家发展研究院	方正奖教金	教师优秀奖
肖东发	新闻与传播学院	方正奖教金	教师优秀奖
孙　俊	计算机科学技术研究所	方正奖教金	教师优秀奖
李　蔼	医学部公共教学部	方正奖教金	教师优秀奖
王　燕	公共卫生学院	方正奖教金	教师优秀奖
万　有	基础医学院	方正奖教金	教师优秀奖
张　强	药学院	方正奖教金	教师优秀奖
李秋根	地球与空间科学学院	方正奖教金	优秀管理奖
朴文丹	法学院	方正奖教金	优秀管理奖
陈　杰	组织部	方正奖教金	优秀管理奖
付　新	统战部	方正奖教金	优秀管理奖
邵　莉	财务部	方正奖教金	优秀管理奖
金顶兵	教务部	方正奖教金	优秀管理奖
魏志义	研究生院	方正奖教金	优秀管理奖
许　诤	教育基金会	方正奖教金	优秀管理奖
张宏印	校医院	方正奖教金	优秀管理奖
范　强	会议中心	方正奖教金	优秀管理奖
姜保国	第二临床医学院	方正奖教金	优秀管理奖
尚少梅	护理学院	方正奖教金	优秀管理奖
张家富	城市与环境科学学院	正大奖教金	
黄　艺	环境科学与工程学院	正大奖教金	
王腾蛟	信息科学技术学院	正大奖教金	
吴泰然	地球与空间科学学院	正大奖教金	
牟克典	数学科学学院	正大奖教金	
王建勇	物理学院	正大奖教金	
杨　宏	物理学院	正大奖教金	
严纯华	化学与分子工程学院	正大奖教金	
钱铭怡	心理学系	正大奖教金	
刘　岚	人口研究所	正大奖教金	
张潇剑	法学院	正大奖教金	
余万里	国际关系学院	正大奖教金	
祁延莉	信息管理系	正大奖教金	
王汉生	社会学系	正大奖教金	
李　玮	外国语学院	正大奖教金	
王成英	马克思主义学院	正大奖教金	
王丽文	体育教研部	正大奖教金	
刘晓雨	对外汉语教育学院	正大奖教金	
陈晓宇	教育学院	正大奖教金	
毕　群	生命科学学院	东宝奖教金	

续表

获奖者	单　位	奖项名称	获奖等级
陈丹英	生命科学学院	东宝奖教金	
蔡　宏	生命科学学院	东宝奖教金	
冯仁青	生命科学学院	东宝奖教金	
秦咏梅	生命科学学院	东宝奖教金	
张志勇	信息科学技术学院	宝洁奖教金	
胡天跃	地球与空间科学学院	宝洁奖教金	
程　雪	数学科学学院	宝洁奖教金	
马中水	物理学院	宝洁奖教金	
黄建滨	化学与分子工程学院	宝洁奖教金	
李文博	地球与空间科学学院	树仁学院奖教金	
郭秋菊	物理学院	树仁学院奖教金	
耿海燕	心理学系	树仁学院奖教金	
刘　能	社会学系	树仁学院奖教金	
田庆生	外国语学院	树仁学院奖教金	
陈彦光	城市与环境学院	中国工商银行教师奖	
程宇新	信息科学技术学院	中国工商银行教师奖	
刘志敏	信息科学技术学院	中国工商银行教师奖	
李成才	物理学院	中国工商银行教师奖	
周文灵	工学院	中国工商银行教师奖	
张　鸣	中国语言文学系	中国工商银行教师奖	
徐　勇	历史学系	中国工商银行教师奖	
吴小红	考古文博学院	中国工商银行教师奖	
何怀宏	哲学系	中国工商银行教师奖	
张智勇	法学院	中国工商银行教师奖	
初晓波	国际关系学院	中国工商银行教师奖	
金安平	政府管理学院	中国工商银行教师奖	
李昌珂	外国语学院	中国工商银行教师奖	
林丰民	外国语学院	中国工商银行教师奖	
钱　华	对外汉语教育学院	中国工商银行教师奖	
平新乔	经济学院	中国工商银行经济学优秀学者奖	
夏庆杰	经济学院	中国工商银行经济学优秀学者奖	
王志伟	经济学院	中国工商银行经济学优秀学者奖	
岳　衡	光华管理学院	中国工商银行经济学优秀学者奖	
杨云红	光华管理学院	中国工商银行经济学优秀学者奖	
廖慧敏	物理学院	北京银行教师奖	
高彦梅	外国语学院	北京银行教师奖	
张建君	光华管理学院	北京银行教师奖	
吴　昊	体育教研部	北京银行教师奖	
刘小龙	艺术学院	北京银行教师奖	
董秀芳	中国语言文学系	人文杰出青年学者奖	
杜晓勤	中国语言文学系	人文杰出青年学者奖	
郭　锐	中国语言文学系	人文杰出青年学者奖	
韩毓海	中国语言文学系	人文杰出青年学者奖	
计璧瑞	中国语言文学系	人文杰出青年学者奖	
金永兵	中国语言文学系	人文杰出青年学者奖	
李鹏飞	中国语言文学系	人文杰出青年学者奖	
李　杨	中国语言文学系	人文杰出青年学者奖	

续表

获奖者	单　　位	奖项名称	获奖等级
廖可斌	中国语言文学系	人文杰出青年学者奖	
刘玉才	中国语言文学系	人文杰出青年学者奖	
刘子瑜	中国语言文学系	人文杰出青年学者奖	
潘建国	中国语言文学系	人文杰出青年学者奖	
漆永祥	中国语言文学系	人文杰出青年学者奖	
孙玉文	中国语言文学系	人文杰出青年学者奖	
汪　锋	中国语言文学系	人文杰出青年学者奖	
王韫佳	中国语言文学系	人文杰出青年学者奖	
吴晓东	中国语言文学系	人文杰出青年学者奖	
杨海峥	中国语言文学系	人文杰出青年学者奖	
詹卫东	中国语言文学系	人文杰出青年学者奖	
张　辉	中国语言文学系	人文杰出青年学者奖	
张　沛	中国语言文学系	人文杰出青年学者奖	
张颐武	中国语言文学系	人文杰出青年学者奖	
黄春高	历史学系	人文杰出青年学者奖	
刘浦江	历史学系	人文杰出青年学者奖	
罗　新	历史学系	人文杰出青年学者奖	
欧阳哲生	历史学系	人文杰出青年学者奖	
尚小明	历史学系	人文杰出青年学者奖	
王立新	历史学系	人文杰出青年学者奖	
吴小安	历史学系	人文杰出青年学者奖	
桥本秀美	历史学系	人文杰出青年学者奖	
颜海英	历史学系	人文杰出青年学者奖	
臧运祜	历史学系	人文杰出青年学者奖	
张　帆	历史学系	人文杰出青年学者奖	
崔剑锋	考古文博学院	人文杰出青年学者奖	
何嘉宁	考古文博学院	人文杰出青年学者奖	
胡　钢	考古文博学院	人文杰出青年学者奖	
秦　岭	考古文博学院	人文杰出青年学者奖	
沈睿文	考古文博学院	人文杰出青年学者奖	
魏正中	考古文博学院	人文杰出青年学者奖	
杨哲峰	考古文博学院	人文杰出青年学者奖	
韩林合	哲学系	人文杰出青年学者奖	
聂锦芳	哲学系	人文杰出青年学者奖	
孙尚扬	哲学系	人文杰出青年学者奖	
王　博	哲学系	人文杰出青年学者奖	
吴国盛	哲学系	人文杰出青年学者奖	
徐凤林	哲学系	人文杰出青年学者奖	
徐向东	哲学系	人文杰出青年学者奖	
杨立华	哲学系	人文杰出青年学者奖	
杨学功	哲学系	人文杰出青年学者奖	
仰海峰	哲学系	人文杰出青年学者奖	
叶　峰	哲学系	人文杰出青年学者奖	
周学农	哲学系	人文杰出青年学者奖	
刘志荣	化学与分子工程学院	绿叶生物医药杰出青年学者奖	
赵达慧	化学与分子工程学院	绿叶生物医药杰出青年学者奖	
张俊龙	化学与分子工程学院	绿叶生物医药杰出青年学者奖	

续表

获奖者	单　位	奖项名称	获奖等级
高　歌	生命科学学院	绿叶生物医药杰出青年学者奖	
魏丽萍	生命科学学院	绿叶生物医药杰出青年学者奖	
张　研	生命科学学院	绿叶生物医药杰出青年学者奖	
陈海峰	工学院	绿叶生物医药杰出青年学者奖	
郑玉峰	工学院	绿叶生物医药杰出青年学者奖	
曹春梅	分子医学研究所	绿叶生物医药杰出青年学者奖	
王显花	分子医学研究所	绿叶生物医药杰出青年学者奖	
崔庆华	基础医学院	绿叶生物医药杰出青年学者奖	
孔　炜	基础医学院	绿叶生物医药杰出青年学者奖	
梁　静	基础医学院	绿叶生物医药杰出青年学者奖	
姜　勇	药学院	绿叶生物医药杰出青年学者奖	
余四旺	药学院	绿叶生物医药杰出青年学者奖	
张志丽	药学院	绿叶生物医药杰出青年学者奖	
管又飞	基础医学院	宝钢奖教金	特等奖
高　峡	数学科学学院	宝钢奖教金	优秀奖
徐仁新	物理学院	宝钢奖教金	优秀奖
裴　坚	化学与分子工程学院	宝钢奖教金	优秀奖
郭宝平	马克思主义学院	宝钢奖教金	优秀奖
包志强	数学科学学院	宝钢奖教金	二等奖
李　博	数学科学学院	宝钢奖教金	二等奖
孔　楠	物理学院	宝钢奖教金	二等奖
吴施雨	物理学院	宝钢奖教金	二等奖
戴海譖	物理学院	宝钢奖教金	二等奖
李　梅	地球与空间科学学院	宝钢奖教金	二等奖
郝瑞霞	地球与空间科学学院	宝钢奖教金	二等奖
刘譞哲	信息科学技术学院	宝钢奖教金	二等奖
王　珏	信息科学技术学院	宝钢奖教金	二等奖
赵玉萍	信息科学技术学院	宝钢奖教金	二等奖
高　音	生命科学学院	宝钢奖教金	二等奖
王　菲	化学与分子工程学院	宝钢奖教金	二等奖
林　木	化学与分子工程学院	宝钢奖教金	二等奖
王　苗	化学与分子工程学院	宝钢奖教金	二等奖
徐建华	环境科学与工程学院	宝钢奖教金	二等奖
刘兆荣	环境科学与工程学院	宝钢奖教金	二等奖
陈彦光	城市与环境学院	宝钢奖教金	二等奖
刘　明	城市与环境学院	宝钢奖教金	二等奖
张长宏	城市与环境学院	宝钢奖教金	二等奖
陈宝贤	中国语言文学系	宝钢奖教金	二等奖
王丽萍	中国语言文学系	宝钢奖教金	二等奖
李　维	历史学系	宝钢奖教金	二等奖
牛　可	历史学系	宝钢奖教金	二等奖
张宇翔	考古文博学院	宝钢奖教金	二等奖
李　猛	哲学系	宝钢奖教金	二等奖
朱效民	哲学系	宝钢奖教金	二等奖
王锁劳	国际关系学院	宝钢奖教金	二等奖
高　静	国际关系学院	宝钢奖教金	二等奖

续表

获奖者	单位	奖项名称	获奖等级
齐伟	经济学院	宝钢奖教金	二等奖
杨东宁	光华管理学院	宝钢奖教金	二等奖
左孝光	医学部留学生办公室	宝钢奖教金	二等奖
唐应茂	法学院	宝钢奖教金	二等奖
陈志红	法学院	宝钢奖教金	二等奖
王继民	信息管理系	宝钢奖教金	二等奖
吴利娟	社会学系	宝钢奖教金	二等奖
黄璜	政府管理学院	宝钢奖教金	二等奖
苗庆红	政府管理学院	宝钢奖教金	二等奖
陈松岩	外国语学院	宝钢奖教金	二等奖
吴杰伟	外国语学院	宝钢奖教金	二等奖
沈定昌	外国语学院	宝钢奖教金	二等奖
朱红	教育学院	宝钢奖教金	二等奖
刘小龙	艺术学院	宝钢奖教金	二等奖
刘德寰	新闻与传播学院	宝钢奖教金	二等奖
吴国治	元培学院	宝钢奖教金	二等奖
王逸鸣	元培学院	宝钢奖教金	二等奖
加那提古丽·卡德尔	元培学院	宝钢奖教金	二等奖
刘蔚然	元培学院	宝钢奖教金	二等奖
郑铭	分子医学研究所	宝钢奖教金	二等奖
刘晓南	对外汉语教育学院	宝钢奖教金	二等奖
刘岚	人口研究所	宝钢奖教金	二等奖
鄢萍	国家发展研究院	宝钢奖教金	二等奖
朱跃生	深圳研究生院	宝钢奖教金	二等奖
许华	深圳研究生院	宝钢奖教金	二等奖
邵宏	药学院	宝钢奖教金	二等奖
陈扬霖	临床肿瘤学院	宝钢奖教金	二等奖
崔念晖	口腔医学院	宝钢奖教金	二等奖
李杰玲	第一临床医学院	宝钢奖教金	二等奖
张景怡	公共卫生学院	宝钢奖教金	二等奖
时月芹	第三临床医学院	宝钢奖教金	二等奖
佟巍	医学部教育处	宝钢奖教金	二等奖
高芳	第五临床医学院	宝钢奖教金	二等奖
章复熹	数学科学学院	宝钢奖教金	三等奖
王家军	数学科学学院	宝钢奖教金	三等奖
東琳	数学科学学院	宝钢奖教金	三等奖
汤岳琴	工学院	宝钢奖教金	三等奖
黄迅	工学院	宝钢奖教金	三等奖
杨剑影	工学院	宝钢奖教金	三等奖
李长辉	工学院	宝钢奖教金	三等奖
姚中元	物理学院	宝钢奖教金	三等奖
李奇特	物理学院	宝钢奖教金	三等奖
陈国兴	物理学院	宝钢奖教金	三等奖
施伟红	地球与空间科学学院	宝钢奖教金	三等奖
张波	地球与空间科学学院	宝钢奖教金	三等奖
翟双猛	地球与空间科学学院	宝钢奖教金	三等奖

续表

获奖者	单　　位	奖项名称	获奖等级
黄　罡	信息科学技术学院	宝钢奖教金	三等奖
谭云华	信息科学技术学院	宝钢奖教金	三等奖
孙　琰	信息科学技术学院	宝钢奖教金	三等奖
陈　兢	信息科学技术学院	宝钢奖教金	三等奖
王　源	信息科学技术学院	宝钢奖教金	三等奖
姚思宇	化学与分子工程学院	宝钢奖教金	三等奖
周继寒	化学与分子工程学院	宝钢奖教金	三等奖
铁　偲	化学与分子工程学院	宝钢奖教金	三等奖
祁　燃	生命科学学院	宝钢奖教金	三等奖
白效耘	生命科学学院	宝钢奖教金	三等奖
宋　峰	城市与环境学院	宝钢奖教金	三等奖
戴林琳	城市与环境学院	宝钢奖教金	三等奖
籍国东	环境科学与工程学院	宝钢奖教金	三等奖
王超贤	中国语言文学系	宝钢奖教金	三等奖
陈绍锋	国际关系学院	宝钢奖教金	三等奖
吴小安	历史学系	宝钢奖教金	三等奖
何雨坤	经济学院	宝钢奖教金	三等奖
张　翼	光华管理学院	宝钢奖教金	三等奖
赵龙凯	光华管理学院	宝钢奖教金	三等奖
谷　凌	法学院	宝钢奖教金	三等奖
许德峰	法学院	宝钢奖教金	三等奖
陈　莹	法学院	宝钢奖教金	三等奖
韩圣龙	信息管理系	宝钢奖教金	三等奖
程弋洋	外国语学院	宝钢奖教金	三等奖
孙　凯	外国语学院	宝钢奖教金	三等奖
马　剑	外国语学院	宝钢奖教金	三等奖
王　京	外国语学院	宝钢奖教金	三等奖
张嘉妹	外国语学院	宝钢奖教金	三等奖
周飞舟	社会学系	宝钢奖教金	三等奖
王辰瑶	新闻与传播学院	宝钢奖教金	三等奖
闫立佳	政府管理学院	宝钢奖教金	三等奖
李爱国	艺术学院	宝钢奖教金	三等奖
金　珊	深圳研究生院	宝钢奖教金	三等奖
徐期勇	深圳研究生院	宝钢奖教金	三等奖
艾　彦	深圳研究生院	宝钢奖教金	三等奖
徐　兰	基础医学院	宝钢奖教金	三等奖
庞　冬	护理学院	宝钢奖教金	三等奖
曲　琳	第二临床医学院	宝钢奖教金	三等奖
王海宁	第三临床医学院	宝钢奖教金	三等奖
王　冕	口腔医学院	宝钢奖教金	三等奖
徐小元	第一临床医学院	宝钢奖教金	三等奖
徐　健	基础医学院	宝钢奖教金	三等奖
张　贤	护理学院	宝钢奖教金	三等奖
王凤清	公共卫生学院	宝钢奖教金	三等奖
陈　平	药学院	宝钢奖教金	三等奖
邓媛媛	口腔医学院	宝钢奖教金	三等奖
李　岩	北京世纪坛医院	宝钢奖教金	三等奖

续表

获奖者	单　　位	奖项名称	获奖等级
王德慧	护理学院	宝钢奖教金	三等奖
李　红	第二临床医学院	宝钢奖教金	三等奖
车　颖	首钢医院	宝钢奖教金	三等奖

表 13-9　2011 年全国五一劳动奖状名单

获奖单位
北京大学

表 13-10　北京大学荣获 2010 年"全国模范职工之家"名单

获奖单位
第三临床医学院

表 13-11　北京大学 2011 年在教育战线工作满三十年教职工名单

校本部

姓名	单位	姓名	单位
徐树方	数学科学学院	赵喜萍	燕园社区服务中心
王诗宬	数学科学学院	华永毅	燕园社区服务中心
王振生	生命科学学院	刘继增	燕园社区服务中心
冯长春	城市与环境学院	李和平	水电中心
潘　懋	地球与空间科学学院	郑文武	水电中心
李　琦	地球与空间科学学院	白旭明	水电中心
王宇珣	工学院	赵　军	水电中心
高路明	中国语言文学系	丁原利	电话室
周　燕	中国语言文学系	尹德瑞	会议中心
葛晓音	中国语言文学系	李　刚	会议中心
陈平原	中国语言文学系	刘利清	会议中心
杨　铸	中国语言文学系	刘美玲	会议中心
宋绍年	中国语言文学系	任翠英	会议中心
李小凡	中国语言文学系	郑玉琴	会议中心
姚卫群	哲学系	王慧军	会议中心
李凤兰	政府管理学院	秦凤英	会议中心
李红云	法学院	李惠蓉	会议中心
饶戈平	法学院	余静江	会议中心
张　婕	法学院	张淑凤	会议中心
姜明安	法学院	贾士蓓	会议中心
郭自力	法学院	薛明环	会议中心
甘培忠	法学院	徐宇华	会议中心
乔丛启	法学院	宋文香	会议中心
尚会鹏	国际关系学院	徐建群	会议中心
杨保筠	国际关系学院	陈凤霞	会议中心
孙　岩	国际关系学院	王丽花	会议中心
杨　洁	国际合作部	李春宏	会议中心
刘　军	外国语学院	王海英	会议中心
李昌珂	外国语学院	刘德才	会议中心
黄小寒	马克思主义学院	陈元冬	基建工程部
李淑珍	马克思主义学院	任学亮	附中
王余光	信息管理系	许庆玲	附中
高回忆	计算中心	高玉凤	附中

续表

姓名	单位	姓名	单位
杨　敏	财务部	刘学慧	附小
苏　熙	学生工作部	邱尚红	出版社
毛淑贞	人才交流中心	杜　欣	出版社
杨仲昭	总务部	丛丰裕	出版社
李荣科	餐饮中心	郑国芳	出版社
郭兰海	餐饮中心	胡晶玉	出版社
任金锁	餐饮中心	郭惠琴	出版社
刘同祯	餐饮中心	段小兵	出版社
高爱华	餐饮中心	刘　锋	出版社
赵　英	餐饮中心	宗秀菊	出版社
郑长森	餐饮中心	王红炜	出版社
孔桂兰	餐饮中心	贾长兰	出版社
董　武	餐饮中心	刘朝霞	出版社
刘利明	餐饮中心	赵卫东	出版社
张　勇	餐饮中心	张金花	出版社
张永生	餐饮中心	王　俊	图书馆
王智平	餐饮中心	李东明	图书馆
赵建辉	餐饮中心	肖凤华	图书馆
岳荣源	幼教中心	殷　莉	图书馆
张国华	运输中心	张宝杰	图书馆
安书德	运输中心	陈　霞	图书馆
陆延秋	运输中心	翟　慧	图书馆
刘继凤	燕园社区服务中心	吴政同	图书馆
于立生	燕园社区服务中心	舒　红	图书馆
刘玉秋	燕园社区服务中心	王建媛	校医院
陈国茹	燕园社区服务中心	王永明	北大青鸟
郭宇霞	燕园社区服务中心		

医学部

姓名	单位	姓名	单位
仝艳红	医学部机关	邹　革	第二临床医学院
朱翠萍	医学部机关	陆　颖	第二临床医学院
姜京亮	医学部机关	颜　霞	第二临床医学院
张晶晶	医学部机关	刘　洋	第二临床医学院
闫学勤	基础医学院	许　怡	第二临床医学院
闫　玲	基础医学院	孙　泳	第二临床医学院
于　亭	药学院	孟　蕾	第二临床医学院
马建建	药学院	杨玉琴	第二临床医学院
张惠勤	公共卫生学院	马行行	第二临床医学院
王晓燕	公共卫生学院	秦京玉	第二临床医学院
张建红	医学部公共教学部	张　华	第二临床医学院
罗　萍	护理学院	汪素琴	第二临床医学院
张继英	护理学院	张燕荣	第二临床医学院
杜彩霞	护理学院	刘文云	第二临床医学院
张珊珊	第一临床医学院	王　茜	第二临床医学院
郭燕玲	第一临床医学院	程淑华	第二临床医学院
马春燕	第一临床医学院	娄迺彬	第二临床医学院

续表

姓名	单位	姓名	单位
周新萍	第一临床医学院	张玉芝	第二临床医学院
陈星薇	第一临床医学院	韩　丽	第二临床医学院
刘建平	第一临床医学院	王文彬	第二临床医学院
胡桂姝	第一临床医学院	贾铁林	第二临床医学院
闫怡静	第一临床医学院	杨红霞	第二临床医学院
张　帆	第一临床医学院	沈凤勤	第二临床医学院
吕元霞	第一临床医学院	胡怀玉	第二临床医学院
俞礼霞	第一临床医学院	赵秘华	第二临床医学院
王云秀	第一临床医学院	杨长青	第二临床医学院
王红玉	第一临床医学院	赵进永	第二临床医学院
汪春林	第一临床医学院	茹宗莉	第二临床医学院
于世平	第一临床医学院	石景明	第二临床医学院
陈宝珠	第一临床医学院	巨　睦	第三临床医学院
李玉娟	第一临床医学院	王燕荣	第三临床医学院
于文萍	第一临床医学院	杨玉杰	第三临床医学院
刘　岩	第一临床医学院	曹燕芬	第三临床医学院
苏　玉	第一临床医学院	马凤琴	第三临床医学院
蒋　洪	第一临床医学院	郝东惠	第三临床医学院
东锦华	第一临床医学院	陈小凤	第三临床医学院
石建春	第一临床医学院	张淑丽	第三临床医学院
李杰玲	第一临床医学院	张朝霞	第三临床医学院
范玲霞	第一临床医学院	陈秀华	第三临床医学院
陈立萍	第一临床医学院	姚燕君	第三临床医学院
钱芳桥	第一临床医学院	韩亚梅	第三临床医学院
魏玉萍	第一临床医学院	李　莉	第三临床医学院
林　蓉	第一临床医学院	王洗荣	第三临床医学院
张兰霞	第一临床医学院	唐顺玲	第三临床医学院
马　琼	第一临床医学院	柳小芳	第三临床医学院
刘淑华	第一临床医学院	费小研	第三临床医学院
李秋莉	第一临床医学院	王雪松	第三临床医学院
孔若玫	第一临床医学院	徐　融	第三临床医学院
王莉荣	第一临床医学院	赵　跃	第三临床医学院
张　青	第一临床医学院	卢贵胜	第三临床医学院
罗义萍	第一临床医学院	乔志芳	第三临床医学院
张海燕	第一临床医学院	姚采莲	第三临床医学院
付　健	第一临床医学院	贾凤荣	第三临床医学院
陈丽君	第一临床医学院	王晓红	第三临床医学院
刘春华	第一临床医学院	王佳荣	第三临床医学院
赵丽丽	第一临床医学院	汤微秋	第三临床医学院
苏世萍	第一临床医学院	张晓光	第三临床医学院
陈淑玲	第一临床医学院	王秀玲	第三临床医学院
杨　军	第一临床医学院	张常明	第三临床医学院
张　冬	第一临床医学院	贾易木	第三临床医学院
崔　丽	第一临床医学院	任　燕	第三临床医学院
陈尤泽	第一临床医学院	黎庆华	第三临床医学院
贾雅琴	第一临床医学院	田爱萍	第三临床医学院
翟文琦	第一临床医学院	竺洁萍	第三临床医学院

续表

姓名	单位	姓名	单位
陈秀容	第一临床医学院	琚　虹	第三临床医学院
张明霞	第一临床医学院	李庆春	第三临床医学院
丁炎明	第一临床医学院	张　枫	第三临床医学院
耿小凤	第一临床医学院	韩亚京	第三临床医学院
吴淑芬	第一临床医学院	胡丽琴	第三临床医学院
陈艳玲	第一临床医学院	张慰伦	第三临床医学院
张凤娟	第一临床医学院	高艳秀	第三临床医学院
张瑛燕	第一临床医学院	王秀玲	第三临床医学院
戴燕萍	第一临床医学院	李小雯	第三临床医学院
吕金梅	第一临床医学院	王　丽	第三临床医学院
盖可笛	第一临床医学院	李丽娜	第三临床医学院
徐　萍	第一临床医学院	孙　成	第三临床医学院
王秋霞	第一临床医学院	王　博	临床肿瘤学院
王　华	第一临床医学院	袁　彬	临床肿瘤学院
李　彦	第一临床医学院	王　芳	临床肿瘤学院
韩福月	第一临床医学院	顾春明	临床肿瘤学院
李中惠	第一临床医学院	许秀菊	临床肿瘤学院
郭振华	第一临床医学院	王凤婷	临床肿瘤学院
周　昕	第一临床医学院	杨玉琴	临床肿瘤学院
贺秋菊	第一临床医学院	陈素珍	临床肿瘤学院
王金会	第一临床医学院	宛凤玲	临床肿瘤学院
杨海萍	第一临床医学院	陈咪未	临床肿瘤学院
徐　莉	第一临床医学院	张艳玲	临床肿瘤学院
焦秀宇	第一临床医学院	朱　笛	临床肿瘤学院
宋玉红	第一临床医学院	张　荔	临床肿瘤学院
屈海云	第一临床医学院	侯景丽	临床肿瘤学院
边惠香	第二临床医学院	颜青兰	临床肿瘤学院
张建中	第二临床医学院	薛　玫	临床肿瘤学院
张榕琴	第二临床医学院	刘　娟	临床肿瘤学院
胡小芬	第二临床医学院	郝玉琳	临床肿瘤学院
董　葆	第二临床医学院	刘俊峰	临床肿瘤学院
陈　坚	第二临床医学院	陈香玲	临床肿瘤学院
杨　洁	第二临床医学院	白瑞春	口腔医学院
张宏洁	第二临床医学院	张俊丽	口腔医学院
邢晓燕	第二临床医学院	李春妹	口腔医学院
双　林	第二临床医学院	彭科凤	口腔医学院
李　蔷	第二临床医学院	高　茜	口腔医学院
陈立红	第二临床医学院	武登成	口腔医学院
张静华	第二临床医学院	张丽君	口腔医学院
吴晓英	第二临床医学院	赵梅英	口腔医学院
张建民	第二临床医学院	石燕如	口腔医学院
何　平	第二临床医学院	姬　宏	口腔医学院
张小芬	第二临床医学院	陈　薇	口腔医学院
王晓丽	第二临床医学院	魏秀霞	口腔医学院
王　玲	第二临床医学院	赵小鹏	口腔医学院
王　红	第二临床医学院	鲍　红	口腔医学院
郭佩兰	第二临床医学院	王　涛	口腔医学院

续表

姓名	单位	姓名	单位
姜　珍	第二临床医学院	严　红	口腔医学院
孙风森	第二临床医学院	王　建	第六医院
周　锦	第二临床医学院	张绍华	第六医院
昝玉焕	第二临床医学院	孙然泊	第六医院
简　洁	第二临床医学院	李江华	第六医院
赵建春	第二临床医学院	王慕兰	第六医院
何　炎	第二临床医学院	王素荣	第六医院
黄　丹	第二临床医学院		

学生、学生工作奖励

通令嘉奖

医学部"阳光爱心诊所"志愿者团队

北京市三好学生

数学科学学院　龚任飞
数学科学学院　魏晔翔
工学院　孙文跃
地球与空间科学学院　朱梅倩
教育学院　郭　俊
物理学院　史寒朵
物理学院　邵立晶
信息科学技术学院　郭佳奇
信息科学技术学院　李冬晨
生命科学学院　何文容
生命科学学院　蔡昌祖
城市与环境学院　范敬怡
化学与分子工程学院　刘原君
环境科学与工程学院　黄贤睿
艺术学院　郭莉莉
心理学系　龙一萱
中国语言文学系　鲁子奇
历史学系　王　唱
哲学系　李　震
考古文博学院　陈春婷
国际关系学院　周　权
国际关系学院　谷　宁
经济学院　李承健
光华管理学院　蒋海涛
光华管理学院　任秋潇
法学院　姚希鸿
法学院　胡诗雪
社会学系　何凯波
政府管理学院　王　帅
马克思主义学院　孙　宇
外国语学院　洪宏烨
外国语学院　张悉煜
新闻与传播学院　何　威
元培学院　魏　彤
元培学院　孙公晨
深圳研究生院　邱国波
软件与微电子学院　丁　岑
医学部　姜雅楠
医学部　田杰华
医学部　韩竞男
医学部　赵剑雄
医学部　曾　静
医学部　马胜男
医学部　舒　洁
医学部　黄一平
医学部　张　晶
医学部　高　莉
医学部　曾　成
医学部　毕　海
医学部　江晓丹
医学部　郑博隆
医学部　周　靖
医学部　潘德林

医学部　董宁宁
医学部　王胜锋

三好学生标兵

数学科学学院

龚任飞　卢焕然　魏晔翔　张　浩　赵一衡　黄　垒　张　敏　雷理骅

工学院

孙文跃　张凯强　杜汇丰　郭　鹏　温广辉　聂飞龙

物理学院

吴　超　于晓明　王晗宇　史寒朵　严梦媛　黄新徽　张　睿　王思敏　张艺宝　夏　炎　邵立晶

地球与空间科学学院

邓正宾　潘　路　史晓菲　朱梅倩　于　勇　刘　帅

信息科学技术学院

袁　洋　何　鑫　刘　翔　郭佳奇　胡飞飞　秦　晓　江文哲　姜胜寒　过岩巍　严　睿　陈　星　李冬晨　周明昕　姚雨涵　符文杉　李　扬　郜　哲　袁　泉　张飞飞

化学与分子工程学院

王普舟　周礼楠　张　弛　成　静　孟　虎　孙少阳　刘原君　闫　冰　杨　挺

生命科学学院

边树蕊　赵诗杰　秦梦霖　何文容　谢　忱　蔡昌祖　纪玉锶

城市与环境学院

李潇璐　范敬怡　张倩倩　张　雪　舒　良　赵若曦　李春梅

环境科学与工程学院

黄贤睿　覃　栎　徐振强

心理学系

龙一萱　王　玉

中国语言文学系

高华鑫　王启玮　董　晨　鲁子奇　赵　昱　张　文　张　辉

历史学系

苗思安　王　唱　邵　声　孙闻博

考古文博学院

陈春婷　王冬冬

哲学系

李　震　易　恒　臧春蕾　于　宙

国际关系学院

牟　舣　王婉璐　刘翌秋　周　权　谭春霞　谷　宁

经济学院

孙　玥　蔡　雨　张露瑶　马天骄　邹　欣　梁　帆　李承健

光华管理学院

何　远　侯希然　代龙脊　王浩铭　阮天悦　蒋海涛　丁　瑛　陈　玥　马晓白　任秋潇

法学院

姚希鸿　胡诗雪　朱　艺　王开元　谢　琳　孙艺铭　李　明　李思佳　张　敏　王　帆　郭　慧　田飞龙　付宇程　赖骏楠

信息管理系

颜时彦　麦晓华

社会学系

刘开标　张靖华　焦长权　何凯波

政府管理学院

尚　磊　王　帅　陈嘉玉　盖佳萌

外国语学院

洪宏烨　施顶立　李心怡　刘晓萃　高　冀　张忞煜　冯思遥　梁晓天　陶治旭

马克思主义学院

孙　宇

艺术学院

郭莉莉　王寅博

新闻与传播学院

何　威　惠济州　白晨阳

元培学院

魏　彤　孙公晨　代　云　陈嘉曦　王　琳　曲　鹿

对外汉语教育学院

范红娟

国家发展研究院

赵　岳

教育学院

刘广宇　郭　俊　李　璐

分子医学研究所

王　旭

前沿交叉学科研究院

魏　朋

深圳研究生院

黎江凤　蒋培培　方　伟　陈伟劲　张婷婷　朱奕宣　齐　凡　张　静　詹德昕　刘文雯　邱国波　雍珊珊　郑　洁　兰紫娟

软件与微电子学院

许伟民　丁　岑　周佳琳　吴　广　任前平　李　楠　李　文　杨　奔　韩　雯　冯　焕　侯永干　唐　亮

医学预科

谭智超 姜雅楠 张稚琪 张志军 谢新垠

基础医学院

王 超 田杰华 谢 洪 李 倩 韩竞男

药学院

信枭雄 孟 帅 赵剑雄

公共卫生学院

赵 锋 曾 静

护理学院

陈益群 马胜男 张雅蓉 蔡晓宇 杨博杰

医学部公共教学部

舒 洁

第一临床医学院

王天昱 孟昭婷 张 晶

第二临床医学院

高 莉 曾 成 王谦明

第三临床医学院

毕 海 江晓丹 臧思雯

第四临床医学院

郑博隆

第五临床医学院

周 靖

口腔医学院

黄一平 刘福良

医学部研究生

刘 静 樊贵真 丁 力 刘振云 姚海红 吕 萌
边 莎 王晓锋 潘德林 董宁宁 敖明昕 孙新志
李 玲 曾镇罡 张庆娴 刘中宁 张智玲 王胜锋
符 君 曾 进

三 好 学 生

数学科学学院

张瑞祥 王志宇 徐东昊 庄梓铨 梅 松 蒋雨辰
范晨捷 匡宇明 秦历宽 范若昕 范 钧 黄政宇
邓彦桢 史际帆 李 黎 赵若扉 程哲驰 曲文卉
青慈阳 郭兆中 童嘉骏 陈慧明 李亮泽 张学斌
林 博 郭溢譞 张 楠 赵彤远 程 宏 熊 欢
章博宇 卢 雨 潘 略 张蓉蓉 付潇鹏 赵 沨
张一甲 叶立早 李欣然 辛永安 邓 剑 洪阿丽
范 悦 徐 泽 龚斯靓 查 理 梁 琴 王善标
李 超 李晓澄 李立颖 王晓星 朱 华 杨 云
林义筌 林 铃

工学院

周 凯 周光照 杨 翔 张加巍 杨子江 杨 策
张昆罡 孙永奇 温丽群 刘诗泽 吴海燕 孟令怡
吕 嘉 崔笑尘 刘忻悦 袁克彬 孙 坚 郑恩昊
孔耀男 邹桂进 张东焜 梅振锋 赵 健 张春燕
贺宜萍 刘一民 陆建洲 张建磊 黄汝超 康建宏
顾佳欢 王绍鑫 尹 涵 周 莹 高敏江 陈保君
朱思雨 秦欢欢 周锡龙 温 鑫 杜 诚 李 楠
丁翼晨

物理学院

吴泰霖 黄俊午 唐 鹏 熊泓宇 戴晓亮 杨 婧
严通行 彭义来 许元达 周一凡 白 钰 李 琼
厉潇渊 金辰皓 周美林 岳 嵩 陈 伟 戴凌云
徐建宇 郑 永 于晓明 张艺宝 褚赛赛 王昆仑
吴 超 陈思聪 雷 进 夏 炎 姜显哲 戴海瑨
李虹飞 王逸伦 苏 航 徐婉筠 朱新利 杨云波
张睿雄 张逸伦 史寒朵 孙杨慧 邵立晶 郑晓晨
管紫轩 王晗宇 朱威頔 王册明 周 奎 叶鑫欣
朱立群 吴 强 黄 妍 杜 宇 董国香 刘项琨
熊力扬 严梦媛 黄新徽 田正阳 李 航 张春莉
张靖中 生冀明 包宜骏 蔡文艳 张志科 张 睿
李 智 马 铮 王智鑫 彭 韬 余 斌 范顺飞
李海涛 王思敏 徐广伟 陈 钊

地球与空间科学学院

王成祖 张艾琳 刘天时 吴 静 贺敬博 李晓敏
尹丹东 左 奕 李子悦 阎 聪 高 松 赵 越
周 彤 安圣培 陈 艳 鞠 玮 高计县 李林林
谢亚彤 龚胜全 庞小娇 王明志 马乐天 钟 军
马昱强 王 雪 钱加慧 王金梁 王 鑫 陈 伟
王誉桦 杨泽民 蔡 彩 王永福 褚天行 苟龙龙

信息科学技术学院

周明昕 姜胜寒 何 鑫 杨江申 陈云帆 朱洺祎
袁 洋 薛子骏 刘文一 潘星星 郑拓伦 胡飞飞
张 弛 符文杉 贾大同 张 楠 刘鹏宇 章彦星
彭 焯 张青双 丁雪晨 李雨钊 王一凡 梁艳慧
过岩巍 朱臻慧 刘晴芸 封晓彧 高志同 裴冬冬
陈 昕 刘 翔 杨 楠 秦 晓 王 珏 周 静
陈 颜 沈嘉思 曹昊文 石 静 林 鑫 李应非
黄雨青 任浩瀚 王 田 王胤阳 邓瑞伶 薛 瑞
郑 阳 褚 海 李忠亮 张 鹏 杨康德 宋 宇
郭佳奇 任东昊 李 菁 王 鹏 王晨曦 金 靖
江海挺 王维依 江文哲 桑 燕 陆自清 王 省
张 洵 姚雨涵 王诣斐 杨海玲 陈 刚 樊 波
张清翔 刘广垚 郝雨萌 洪 杰 何昌洪 陈 星
祝 锋 白瞳阳 邹亚苡 纪腾飞 张晓升 唐 伟
单子非 任鸿儒 陈 诚 袁 泉 赵 鑫 徐晓燕
刘 芸 王仲禹 安传恺 徐兵杰 谭明星 艾 果
张宏毅 张润泽 张 成 严 睿 张朝英 张 猛
田 钊 高 飞 罗牧龙 张荣庆 李冬晨 张飞飞

陈林 高明志 张玮 李扬 陈梅 部哲
雷鑫 郑晴 吴俊东 韩磊 翟晓华 王栋
严松柏 郑子杰 王卓 许海涛 公韦 陈宏铭
兰铮 马潇 高翔 刘婵娟 王子南 詹杭龙
倪燎 黄鑫 邓景予 魏豪

化学与分子工程学院

杨飏 徐若愚 王普舟 王南 王汝一 陈丰坤
曹杰 陈星 彭州 乔增莹 孙天文 魏丽
蒋骏骢 徐林楠 周昂 谢翔 周加才 周志贵
张则尧 严佳俊 张涛 徐春虎 石玲英 刘良会
金亮 陈心懿 张嘉俊 成慧明 蔡金光 周琳
苏一驰 戴鹏 胡骏 钮洋 郑弢 钟璐玮
赵欧狄 申国华 宋泽昊 牛林 肖军燕 周易
贾上 崔知涵 程昳 李珉 孟令辰 常翠兰
张宇罡 蒋兴宇 石襄禹 敖银勇 刘栋栋 刘珊珊
张可天 闫冰 王拓 苏昕 王志坚 孙少阳
朱新宇 朱倩倩

生命科学学院

侯华芸 张功 袁媛 陈素婷 何珊 王世威
杨志芃 曹畅 高曼琦 王国鹏 安明瑞 刘熹
张全 韩倩 赵云 郭运波 杨永康 孙辉
陈曦 邱耘江 成泽 黄清配 李爽 侯英楠
张小宇 沙颖 汤澜 白效耘 刘轶群 石佼
张弛 王欣 吕默含 黄岳 郭梁 许楠
于宙 夏思杨 张孙媛 张晓川 徐奕 张俊
刘锦檀 张宏 黄骎骎 冯莹 瞿玲龙 郑鹏里
丁鹏飞 任庆鹏

城市与环境学院

钱雨奇 王斌喆 姜昕 傅江帆 邹沛思 石婷婷
郑欣 王一舒 王扬帆 张敏 聂危萧 韩霞
赵楠 谢磊 陈怡琳 张雪 舒良 苏燊燊
李潇璐 贺涔霖 柳巧云 黄姣 赵若曦 莫琳
张钰 甘霖 陈诗弘 部晓雯 史洪超 王利伟
范敬怡 张倩倩 杨琳琳 孔祥臻 王凌霄 胡国铮
刘锐 王宇凡 王一帆 董兆敏 钟栎娜 陈睿山
李春梅

环境科学与工程学院

宋立娜 朱元晴 王岩 李蒙蒙 刘俊 寿明佳
单敬雯 胡松禾 申芳霞 刘晓途 黄德生 武艳
孙仁华 孙芳 穆泉 赵翠 王明煌 王志彬

心理学系

朱冬青 刘金婷 王茜 孙睿 姚泥沙 邵晓琳
杨寅 王玉 盛峰 孔文默 陈安吉尔
王哲 王玥 李廷睿 龙一萱 郎超

中国语言文学系

李林芳 李静 迟文卉 陈思 董乐 刘一豪
闫梦醒 周鹤 赵伯奇 翟昊 周昀 韩达
李杭媛 黄君子 缴蕊 王广雷 郭艳瑜 董岑仕
向灵凤 李晓蓉 陆沁诗 袁健惠 马昕 苏安国
赵雅娇 张琳莉 汪忞 徐昌盛 安宁 陈云豪
焦一和 李铁男 罗雪晴 罗言发 赵二超 董理
汪春涛 姜雯雯 徐紫馨 陈恒舒 赵潞梅 万群
王玉婷 高思 张帅 曹琳 李淑英 袁媛
李新良

历史学系

苗思安 陈婷婷 张博宇 张程 徐梦 何芊
李真 侯亚杰 王唱 马思宇 张龙 陈昱良
包晓悦 张晓慧 张文怡 李霖 孙闻博 李斯
惠波 潘致远 邵声 王波 谭昊 黄圆晴
王禹

考古文博学院

陈豪 王圣雨 孙雪静 罗汝鹏 王佳音 谢西营
谢雨豪 陈盼 俞莉娜 范佳楠 冉宏林 韩婧
吕淑贤 余雯晶

哲学系

邵世恒 吕存凯 张乘 王坤娜 易恒 臧春蕾
许嘉静 李想 汪笑男 陈涛 纳雪沙 常超
李震 侯杰耀 石羚 王晶 李高荣 张梧
曾馨 程志翔 张翔霞 谢伟铭 熊姣 谢波
刘鹤亭 彭振 赵曦 丘乐媛 蒋薇 许迪
曹润青 于宙

国际关系学院

李原 朱中博 黄蕊 郭彤 杨妍捷 刘翌秋
陈韬凡 王阳林 谷宁 谭春霞 殷晴飞 仲艳妮
周权 李荣杰 郑林栋 张彦 孙文竹 顾炜
王君卿 任全 陈少钦 龚婷 何雅洁 洪嘉泽
吴天力 王金保 顾宁 牟舣 崔圣 王婉璐
赵贝佳 李泽 田马爽 王济 陈碧玮 林彬彬
伍雪骏 聂小依 张小庆 娄敏 傅若兰 曹丹妮
龚玉婷 郑唯实 肖震苏

经济学院

王征 郑文璪 沈芳瑶 于淑仪 朱琳彦 杨鹤
卢天伊 姜坤佯 陈禹江 于航 李晗 曾蓁
江舟 张晓婕 李抒怡 程悦 沈佳颖 但堂华
招杰 辛奕 缪思 韩丽媛 沈诗涵 李学林
尹玉容 吴昕 靳祖幂 王昱人 徐博立 郭雯雯
刘菲 郭兴 陈敏行 陈晖 刘庆 刘博
卢绮婷 王文健 戴革 张涛 付丽莎 翟菲菲
杨旭 何平宇 陆匡妍 赵敏 王晓月 殷洁
孙克 邓琨 郭永斌

光华管理学院

汪敬吾 王晓禹 毕 龛 张茂松 李 伟 汪 平
黄晓寒 王安宁 李 想 刘 彪 曹 森 刘海北
刘 小 俞力嫚 文 博 王泽清 张 晋 张 宇
翟静媛 王斐然 杨扬阳 董 珂 刘莎莎 王文庆
韩雪骏雯 张博通 宋泓滢 张 进 李 丹
姚婧妹 付雪晴 于京竹 谭世博 龚启辉 曾建光
韩非池 施 茜 邱 昉 潘 援 李宁果 邓 洁
谈文峰 戴 晔 刘彼得 陈思思 吴 双 左丁亮
王 颖 赵昕玥 孙诗皓 丁瑞祺 瞿晔久 雷 蕾
王 浩 侯千乘 李露霖 张辰阳 何 远 侯希然
代龙脊 于 越 段 湾 傅 蔷 王浩铭 阮天悦
蒋海涛 俞晓婧 计 羽 刘 畅 丁 瑛 陈 玥
马晓白 任秋潇

法学院

叶 蕤 周韶龙 吴 倩 张 欣 刘 月 马上云
陈铭宇 柳 倩 胡诗雪 徐 然 章 政 孙艺铭
姚希鸿 初 萌 郝丹阳 庞秀雯 苏芳芳 付大伟
张梦夏 曾 思 郭剑桥 曹秀云 姚 桐 汪俊华
戚云辉 汪 凡 时 秒 郭 慧 张佳俊 卢羽睿
杨心恬 康玮星 张 娇 王 璐 朱 琳 潘倩仪
李姝君 朱灵希 马 琳 张 炎 卢少虹 黄昕瑞
马梦芸 朱 艺 李 明 包以芳 黄婷婷 邢丹芳
齐伟聪 朱 侃 郑 杰 胡帮达 詹阿娜 王小舟
李思佳 刘韵迪 张立翘 叶兵兵 袁 欣 谢 琳
俞广君 张 敏 朱逸秋 沈杨飞 孙红杰 王茉郦
黄敏娜 孙 川 王 璇 金晓芸 蒋莉莉 王 宇
晁 译 张戴旭 董家成 李 伟 王 帆 吴纪奎
陈立诚 王开元 吴才毓 伍俐斌 蒋季雅 田飞龙
刘真珍 朴文一 陈雄超 陈 坤 苏 宇 何锦前
付宇程 牟绿叶 朱新林 赖骏楠 刘 权

信息管理系

梁兴堃 沈昀浩 张梦迪 吴素平 冯 佳
李雷明子 赵玉现 姚珂男 陈雪婷 张梦雅
王建冬 吴汉华 阿里木·米吉提

社会学系

连泽鹏 蒋 拓 蒋佩雯 陈旭峰 张惠强 朱 荟
苏晓童 师瑞阳 邹亚琦 孙 超 王霞绯 焦长权
齐晓艺 刘开标 邱 羽 卢 云 陈慧萍 李 欣
汤 澄 丁丽琴 智 楠 王 辉 何凯波 刘 菲
张靖华 雷 玮 侯豫新 赖梵一

政府管理学院

赵璐瑶 齐云蕾 胡思慧 赵培强 侯玉婧 张冰雪
孙 伟 王 奕 胡骏晖 刘海天 刘 洋 李 乐
米伊雯 武暾辉 黄 宁 林永兴 方 怡 万里鹏
孔 斌 严靖凯 张梦梦 李加东智 邵勇波
吴晓霞 张 皎 张茗翔 武沐瑶 田 栋 龚宏龄
陈 浩 张佳康

外国语学院

洪宏烨 施顶立 苏东睿 张伊伊 陶治旭 黄超然
赵 丹 曹雅玲 杨珏彤 李晓畅 徐雪纯 张英子
方佳俊 王 远 龚 诚 彭柯嘉 王一苇 潘瑞莲
杜景涛 胡 越 郑 璐 邱梓欣 张欣云 朱宏华
田 阳 李夏菲 赵亚杰 刘晓萃 王逸颖 叶芳芳
刘媛媛 吕如羽 李心怡 杨白云 张 健 吕 佳
徐博雅 梁伊宁 刘 博 于鸿洋 张忞煜 逄国平
杨 阳 王清雨 邹 舒 陈娇梅 张天怡 张甜甜
周璐荣 沈亦乐 彭高唱 鲁蒙初 高 冀 姜 婧
冯思遥 梁晓天 李诗聪 罗国花 阿如罕 陈洪学
陆 晨 王丽君

马克思主义学院

于 倩 孙 宇 胡 锐 张树焕 张 莉

艺术学院

李金汇 刘润坤 郭莉莉 王寅博 林 楠 石 纯
周圣崴 张天竹 费晨仪 蔡晓璐 陈 希 雍文昴

新闻与传播学院

李思源 郑婉莹 孔 龙 安晶丹 朵 兰 弓 建
胡 璇 张 也 徐艺婷 胡 旸 曹 璐 李 夏
栗 征 刘彭媛 张文婷 向 阳 章玉萍 刘 凯
陈 玲 冯慧文 黄晓蕾 叶韡明 孙美玲 钱一彬
郭 蕙 黄子健 魏兆阳

元培学院

梁腾原 梁 聪 孙达飞 薄秋磊 禹丽敏 江嘉骏
孙兆轩 陈恩石 张文峣 顾鼎鼎 胡晓玲 宣宜昊
郑泽宇 李 明 高茉人 李 靖 朱凌雪 吴雨豪
娄筱筱 张恺惟 陶 沁 丁雨晴 徐 青 刘 熠
蒋如洋 陈 洁 朱逸杰 朱睿智 王青艳 刘诗尧
吴若愚 从群基 叶 轲 边仁君 曾 鑫 李 灏
江昊昱 李文静 黄毛毛 马越原 段英子 谢瑞豪
王昊达 张 帅

人口研究所

高菲菲 谈玲芳

对外汉语教育学院

范红娟 李瑞英 孙艳玲 李 苑 李 占 段艳玲
郭鲁华 魏新恬 彭梁颖

国家发展研究院

刘 超 陶尹斌 张 勋 周广肃

教育学院

刘 萨 王 征 吴宇川 孙 钰 谷屹欣 余胜强

陈明慧　叶晓阳　阎　妍　张魁元　张　腾　王世岳
白　银　刘岐山　曹雪莲　潘昆峰　杨素红　王友航
申　超　刘子瑜

分子医学研究院

杨　帆　林　娜　胡镇干　肖　瑶　刘丰华

体育教研部

黄若琦

前沿交叉学科研究院

胡　娟　郑丹丹　杨雷静　杨　萌　党　祎　周　喻
王　欣

深圳研究生院

林艳萍　张文广　马慧莲　黄晓峰　陈俊宇　孟庆龙
龙彬彬　谢　彰　王　霞　赵　猛　欧皎交　罗桂波
李春艳　张圣裔　李　驰　朱琳瑜　马泽宇　王曦溪
王　博　罗华杰　班庆远　毛熙彦　王　政　孙慧洁
杨庚雨　李　波　任梦琪　李　源　韩香梅　方明慧
岳国宗　谭海波　王　飚　魏婧毅　靳　晶　周玥婷
李超骕　解庆龙　黄　非　李　辰　洪文萍　张　鹏
向　雯　张月云　刘　伟　刘岩红　李林营　罗　婧
李　倩　陈圳寅　熊康生　刘　薇　姜玮丽　彭　唯
李　铃　黄　泽　谭胜虎　仇尚航　杨小林　李　欣
王中杰　陈　璐　赵耀洪　张芳妮　高　璇　唐汉红
王力玉　李　静　周福芳　刘　瑛　李　程　薛　丹
魏国兴　李昌娥　李雅琼　童　磊　冯　哲　叶成康
邱意云　张玉玲　王美君　郭　繁　汪永喆　苏珊珊
张践祚　韩晓维　许骏飞　薛俊龙　侯　蕊　白　燕
马致远　曾　旭　施　展　郑传续　赵　霞　楼海君
骆盈盈　卓　杰　唐　尧　王　腾　宋连凯

软件与微电子学院

张　鹤　陈英逸　胡　咏　伍杨洋　孙才婵　刘水清
许　颖　陈天真　张慧晶　叶　鹏　连俊健　颉恩泽
张颖异　丁大伟　倪　磊　王　栋　王水木　任　娜
李六一　郭子豪　高挺挺　黄文土　崔　兵　赵凤月
邓学映　李　超　李培培　马玉超　王曙球　乔奇兵
李丽霖　谢　茜　康　森　傅小利　卢炫直　侯　政
陈　涛　黄　晨　马　赛　张　健　吴　刚　王　雪
陈慧挺　何　飞　陈郁馨　蓝岩真　郭瑜童　李苏媛
万　冕　陈　彬　陈晓瑾　李　申　张也弛　许博蕊
曾　琳　张励之　张壮壮　汪　洋　张立佳　贾海涛
徐奇龙　曲　毅　尹晓晓　许伟民　丁　岑　周佳琳
吴令一　官　毅　姜　慧　李　文　杨　奔　韩　雯
雷闽川　韩　峥　管佳珏　吴　广　任前平　李　楠
冯　焕　候永干　唐　亮　马凯声

医学预科

杨春媛　袁宇瑶　张世红　赵朕龙　周　斌　谭智超
文　曦　杜仁杰　张文晴　王若珺　秦岫波　刘　爽
梁之桥　姜雅楠　付亦男　史晨辰　张稚琪　唐巧思
张志军　崔　铭　张　琪　赵雨薇　赵　伟　丁　宁
秦蒙蒙　涂　健　李大蔚　李　青　张　肖　李星火
姚家健　胡钰曦　李善欣　梁芳园　孙　黎　谢新垠
章　寒　胡　昕

基础医学院

谌　鋆　谭　晗　张希朦　韩竞男　程　丝　侯　昌
王大为　李妍静　谢郭佳　王丁然　陈祎霏　梁海杰
方禛浩　杨婧祎　王雨蒙　张瑞涛　陈　民　罗祎明
苏晓鸿　王冬青　闻洁曦　许华敏　田杰华　田诗雨
李　倩　王　畅　谢　洪　崔圣洁　吴骜州　俞霁航
柳江枫　李　婧　苏丽敏　王　超　陈颖嘉　项颂雨
昕　夏　陈君逸

药学院

李　彦　王荟霞　冯震东　赵紫楠　徐小晴　赵逸舟
马　绫　于　宁　石继凤　苏慧中　张碧晨　姜汉杰
孙　谊　单　冬　张萌萌　黄小强　姚　望　王　婕
许飞飞　陈溢欣　杜　若　徐　伟　王　潇

公共卫生学院

王　苹　宋　颖　马文杰　金音子　曾　静　方任飞
张　龙　赵　锋　张超亭　宁　可　李　昊　江　莱
刘　清　王彩云　刘胜兰　王　昕

护理学院

张　欢　张　蕾　郭晨阳　果子婷　胡艳梅　王春阳
刘志超　闫佳琪　岳　莹　魏　颖　白　杰　赵丹丹
刘　荻　张　骏　马　傲　陈益群　马胜男　原　琳
李　引　张　芳　王　丹　苗广艳　张雅蓉　蔡晓宇
马晓菊　李　曼　王冰洁　刘亚琳　胡　佳　杨博杰
董　晴　郑新新　孟　竹　宁　忻　崔晨頔

医学部公共教学部

张晓彤　王竞达　常　莉　范丽君　李梦月　舒　洁

第一临床医学院

王天昱　范　宇　孟昭婷　张思宇　秦　涵　蒋孟茜
肖　飞　张　晶　王晓雯　贺欣然　郑艺明　俞　萌
曾　桢　方　冬　李德润　刘梦然　孙婧茹　张椿英
席思思　王　含　赖青颖

第二临床医学院

王晓迪　何　洋　侯艳茹　杨文嘉　陈　姣　王玲玲
周　健　罗碧芬　高　莉　王　迅　关文龙　王谦明
尉　然　张晓盈　任　璟　曾　成　杨　珏　王冀川
杨莹超

第三临床医学院

刘晓鲁 叶 珊 唐 涛 陈 璐 魏 颖 李 维
宋 昱 毕 海 王 宇 臧思雯 庞一帆 李 星
马 妍 崔 莹 江晓丹 孙禹尧 杜雅丽 盛 晴

第四临床医学院

郑博隆 唐 浩 赵晓蕾 李 燕 邱宇轩 丛端端

第五临床医学院

翟晶晶 李 彭 周 靖 杨希孟 柴 坷

口腔医学院

刘思毅 刘木清 刘 帅 付 玉 刘 洋 刘福良
孙 玥 戴帆帆 黄一平 洪 霞 闫 燕 谷 明
贾胜男

医学部研究生

孙秘书 黄金铭 杜军霞 姚健楠 刘鹏飞 刘 宇
王江南 李语玲 沈 楠 吴学银 邬 娜 钱 琴
黄金玲 李晶津 陈 颖 段 琳 王晶晶 王 雪
邓敬娜 樊贵真 苗一飞 刘 苗 曹海峰 林 博
赵 婷 毛婧倬 李小凤 王 宁 崔代超 范 超
张岩飞 刘 佳 王学伟 李 金 边 莎 梁 静
桂 宾 徐 芳 张 磊 杨文志 王 舒 于 洋
郑佳佳 李继伟 许 冬 李广永 胡 倩 高志冬
丁 力 马孔阳 刘振云 滕贵根 李 昕 刘 达
杨 枚 田小超 韩晓媛 赵丹华 王春燕 张玉东
黄海锋 李阳冰 许娇娇 孙 燕 邢海洲 林金兰
王珊珊 张微微 王 珍 杨 静 萧云备 高元丰
李日东 王晓锋 潘德林 禚洪庆 彭建平 王心蕾
张丰盈 张 贤 文翠菊 刘中宁 张智玲 王晴竹
李 玲 曾镇罡 张庆娴 李 刚 宋晓晨 梁 晨
刘 伟 李 沈 王颖慧 田庆河 赖韶婷 孙新志
张 瑞 李 辉 李薇薇 陈志宇 郝文婧 袁重阳
姚海红 吕 萌 张绍龙 何 毅 陈豫闽 宁少南
赵 灿 卢新昌 包晓霞 廉沈沂 刘 音 李冬妹
薛 超 封 康 容 威 赛音巴雅尔 梁 燕
赵星宇 敖明昕 曾 进 高福强 邓玉辉 王胜锋
丁 叶 戴婉薇 温悦萌 刘锐锋 赵凯平 田 振
符 君 欧阳思远 王 琳 甄 敏 贾晓峰
苏 萌 吴 双 高 天 王 洋 王 菲 尹 丽
吴 洁 危志刚 李继涛 汪 艳 苏 怡 刘 静

优秀学生干部

数学科学学院

黎雄风 罗武林

工学院

钟恒森 吴文琪

物理学院

汤亦多 严 引 孟繁庚 刘兆沛

地球与空间科学学院

邵子剑 麻男迪

信息科学技术学院

马陶然 曾齐齐 李 钊 张晓东 张 萌

化学与分子工程学院

傅虹桥 林 木

生命科学学院

刘天舒 沈璧蓉

城市与环境学院

孙 童 肖 丹 方晓晖 杨 倩

环境科学与工程学院

姜含宇 申中正

心理学系

于 坤 王晨舟

中国语言文学系

任一丁 刘 坤

历史学系

白 云 徐倩倩

考古文博学院

侯 琳 丁 雨

哲学系

余梦婷 裴 倩 王 崟

国际关系学院

杨 萌 孙博洋 肖 桃

经济学院

卜 炜 韩廷宇 张启明

光华管理学院

戴 威 武云金 佟 飞

法学院

侯 乐 张 丹 刘真朋 向来富

信息管理系

段紫薇 艾 锋

社会学系

秦长运 翟宇航

政府管理学院

杨 喆 徐涌斐

外国语学院

张一凡 李 航 孙 皓 张家辉

马克思主义学院

孙 伟

艺术学院

姜晓潼 顾晓燕

新闻与传播学院

王小敏　王　梓　刘钰迪

元培学院

陈乃彬　朱子云

对外汉语教育学院

宫瑞禧

国家发展研究院

徐志浩

教育学院

于　洋

分子医学研究院

徐华栋

前沿交叉学科研究院

魏文栋

深圳研究生院

韦祉含　周　详

软件与微电子学院

夏　魏　陈铭杰

医学预科

马元亨　刘　艳

基础医学院

曹　帅　韩　钦　吕天楚

药学院

王　宽

公共卫生学院

李侗桐

护理学院

陈燕婧

医学部公共教学部

宋　多

第一临床医学院

唐　琦

第二临床医学院

彭　媛

第三临床医学院

王　凯

第四临床医学院

王志新

第五临床医学院

孙　诚

口腔医学院

付　玉

医学部研究生

丁　力　滕贵根　聂广孟　乔　康　顾宝要　王文振
俞志鹏　周绍楠

学习优秀奖

数学科学学院

杨　奔　于浩然　李光昊　李文博　邹佛灵　王伟楠
熊杰超　王　储　杨嘉骐　钟逸桥　黄向屹　韦东奕
顾嘉雯　林　希　方文阳　连　宸　谢振肖　张　蕊
韩劼群　蔡　政　胡一鸣　贾　晨　周梦荃　樊昊霏
周意闻　毕　楠　丁之元　谢　腾　李艳梅　郭英龙
周　越　宁少阳　吴昌晶　余　彪　廖　刚　吴朔男
张一木　廖　军　徐　劼　顾　怡

工学院

褚世敢　张泽群　吴　鑫　李佑兵　孙　涛　王　璐
张　琦　蔡志伟　高　翔　魏庆凯　张辰振　陈　曦
王舒颜　勾志宏　廖　舒　彭小玲　潘振海　高　翔
刘燕妮　周　健　叶林茂　王贺宁

物理学院

刘天奇　刘伊琨　贺卓然　张涌良　张帅宁　张　欣
郑琪野　戴琳逸　张　琼　井　然　章　树　靖　礼
刘海瑞　张小峰　程正谦　王　飞　兰春娥　刘占伟
郭嘉骅　周元颖　马晨耕　王　健　王小平　郑　辉
刘　易　董　阁　崔震巍　桑胜景　陈　静　李　喆
罗　睿　原亚焜　康婉莹　岳　健　向茂盛　任金丽
舒思扬　李　超　贺　珺　夏元华　罗伟科　赵　胜
王　冲　缪育聪　曾天生　黄丽旬　赵洋洋　谭晟宇
孔文文

地球与空间科学学院

李显伟　朱　递　谢沐禾　贾　科　王显光　陈育晓
马　骁　李雪文　周艺芝　崔　莹　杨永飞　冯　帆
吴逸飞　李　奇　石　雷　史冠中　周肖贝　王晓先
张　拓　刘凤麟　邓　仪　张俊魁　任　荣　宗　普
邹　明　高一钊　段玉婷　闫梦龙

信息科学技术学院

桂欣璐　蒋凌君　于　岩　薛　飞　陈伯翾　李　想
陈燕飞　高　源　谭　旭　姜梦林　刘小兵　梁　博
庄希威　白　蔚　李欣雨　朱诗雄　胡海勇　胡　智
刘澜涛　桂　欢　刘靖骞　刘力力　何正焱　王　鑫
张瑞松　马啸宇　乔羽澄　黄　群　肖旺裕　袁　野
刘　正　李　多　戴竹韵　杨　果　姜　宁　王永春
刘晓哲　陈子豪　邓叶昕　李　斌　任　毅　潘　越
冯恺骏　王天聪　邓昊培　张歆业　张　昕　曹子栋
安玮琪　李远韬　王　冰　赵　鹏　邓　俊　何春华
寇　然　张泰之　程　烨　廖艳闺　赵　楠　单黎平
孙徐湛　刘　阔　罗韬威　易　立　刘　宁　高　昕

赵时 尤鸿元 黄译旻 谢明利 唐建 王中凯
王文俊 赵庄田 梁世裕 黄英龙 罗勇 余怀强
喻韵璇 牛育泽 葛晓燕 樊捷闻 刘长泽 李俊晖
陈琳婕 张泽亚 王杰 杨烨华 闫林 沈霞
赵牧 胡志挺 朱锦华 李玉林 邹恺蘅 盛豪杰
尹冠皓 齐荣嵘 朴成哲 谢文轩 孙新

化学与分子工程学院

邢佳伟 蔡恺珉 叶宇轩 梁渊 秦震 何珊
王朝 谢国俊 于静雯 张犇 高阳 赵莉
郑莲君 刘伯通 许言 万旺 张佳玲 侯绍聪
安彤 白玉 曹阳 郑仲 宋成程 许静
赵小伟 张泰基 崔培培 朱晓翠 屈伟 魏俊年
王硕珏 黄虹端 尚鉴 王华明

生命科学学院

李姗姗 刘宁菁 闫临轩 齐慧 陈文博 张新岩
徐习进 王子猛 汪峡 王吉龙 罗诗琦 王家亮
孟劲 田婉洲 曹天骄 刘朋朋 李超男 杨琰
李一同 杨麓 胡帅 沈兆瑞 张晓薇 冯晖
林玫 肖清扬 蒙皓 廖美雪 华余 罗佳
赵墨 方方 陈亮 郑虹 董珊 胡莹莹

城市与环境学院

孔莹晖 诗雨 郭昊丽 张姝 文婧 刘翰
王雅捷 曹今 田露 沈晔 舒华 王春
李愚非 邹林佚 蒋玉娇 徐曼 马宗文 罗潇
马妍 杨帆 董颖 旺姆 徐敏 许婵
周珂瑞 高飞 王格格 刘天宝 李伟 魏丹
陈立群 邓潇潇 汪宜龙 赵砚彬 司苏沛 戴湘毅
陈轶

环境科学与工程学院

杨骏楠 尚冬杰 张兆阳 赵岳 谷宇辰 廖虹云
李志超 杨永辉 吴婧 盛虎

心理学系

张逸凡 王怡 詹稼毓 雷铭 杨斐瞳 陈曦
王广谦 何康

中国语言文学系

任荷 李昕桐 付文红 徐勇 林峥 张丽
付泽新 王丽 叶述冕 李飞跃 冯青青 郭思韵
胡滢 汪洋 唐芊尔 王耐刚 黄育聪 叶归真
李彧 马勤勤 关思怡 程振红 陈佳 李昌禹
仝十一妹 张静芬

历史学系

邵文静 金雨薇 徐蕊 马清源 兰教材 乔志勇
马倩 张辞修 何天白 周施廷 滕延海 徐畅
韩策 杨莎 周雯 李雷波

考古文博学院

韩博雅 冯乃希 何月馨 温成浩 王开 张成睿
侯郁聪 李楠 柏进波 张东 冀洛源 陈玭

哲学系

岳砥柱 赵海燕 刘黛 李勇刚 王燕秋 王玉彬
温雪 王嘉 俞乐琦 吴苗森 杨文敏 沈赟
王嘉新 刘婉莹 易丹韵 黄笛 李冀 岳圣豪

国际关系学院

夏庆宇 王正 颜铨颖 宋晨 吴芳芳 邱晨曦
朱竹雷 何岸 贾力楠 刘江 蒋立群
欧阳鹏上 南江 曾逸心 李佳璐 韩薇
刘畅 李伟红 宋佳骏 王敏钊 杨明珠 张铭毅
李秋平 周嘉宝 夏雨 马嘉鸿 杨倩 孙博文
员欣依 胡烨 李亚男

经济学院

龙捷 朱曙光 陈培文 张钦文 顾晓琦 何蒙悦
陈彧西 姜蕴璐 赖海涛 刘笑语 胡允执 任静仪
刘梦园 郑乐凯 吴泓 邱清干 曹琦 金晟哲
薛中一 陈皓 韩佳伟 何碧婵 吴珍芳 何雨坤
朱千帆 闫欣 李文竹 王雅毅 武玲蔚 姜志霄
高瑞琪 仇文竹 李林芷 林四春 谭君强 方宇惟
师与 唐恒 路畅 李四光

光华管理学院

张戈 叶杨 陈希骅 周安儿 何川洋 向昊天
陈宇缘 郭薇 雷羽 施丹 王会娟 张路
赵奕 李睿鹏 于静文 孙原 邢华苑 王诗瑶
刘岩 李怡然 马然 吴施妮 原兴宇 赵莉
张婧 沈宇豪 宋婧瑄 王丽颖 周寅猛 宫晴
冯翼翔 林雪婷 杨雪萌 刘佳 李磊 邵海秋
侯笑笑 陈川 钟隽仪 林田 雷维坚 李云洁

法学院

姜欣然 胡星昊 丁琳琳 宋明 马晓琛 金明轩
刘劼祎 林伊泓 王一盈 陈俐利 李睿 程黎
冯驰 徐昆 王春蕾 张云龙 石妍妍 潘泓晴
涂婧羚 李梦莹 梁洁艳 姜婷婷 刘睿 席拾根
李霖姗 徐骁睿 敖重森 谭奇前 李艳 陈晓东
张琳竺 赵安琪 王尹 黄冠男 刘靖靖 姜晨
郭怡廷 马可彤童 李梦飞 金冉冉 熊文超
王希真 赖梦茵 张玥 王艺伟 樊中豪 方田
张晏 胡思宇 何爽 李兆俊 付磊 李国兴
张传玺 韦薇 贺丹 陈卓 李宗辉 张春燕
刘灿华 韩静茹 蔡小萌 周淳 鲁宁 郑磊
赵振士 张梦媛 马思虹 马晨旭 郭世杰 刘跃挺
廖恬婧 张鑫 沈银芳

信息管理系

崔婧玉　郜铎淮　顾嘉伟　严越君　周格非　朱　荀
刘合翔

社会学系

李蓝天　鲁　娟　王丽雅　何贝莉　邹艳辉　侯俊丹
范志英　付华昊　张婧涵　罗　杨　王蕙琴　吴施雨
管清天　朱明婵　李利利　李汪洋　关江娜　杭苏红
闫雅心　刘　爽

政府管理学院

余　洪　赵楠琦　吴卓谦　韩　东　赵国文　栾　吉
运安琦　王安琪　李春晓　余艳红　包刚升　郑　寰
雷　蕾　姚璐薇　吴雅文　项　冶　胥　博　罗海芸

外国语学院

闫冰涵　王琳可　朱嘉琳　谢　欣　杜周安安
赵晓兰　李骁越　蔡　正　李宇晴　李金龙　褚　楚
朱碧云　陈　昀　张雪玲　王　晋　李　然　付玲毓
吴　际　董　昀　郭雅格　秦　唯　刘珊珊　程　莹
韩小春　葛红岩　余小翠　展　望　张江玲　关　迪
吴汶倩　王红音　赵　琳　邱志豪　杨　沁　董　军
田　怡　李诺雅　王　彧　褚天虹

马克思主义学院

张飞雪　陈文旭　祝猛昌　何海根

艺术学院

张　博　王　旌　高静静　褚国娟　司　达　刘胜眉
杨雅婷　李墨若迷　孟宪平

新闻与传播学院

朱文婕　周　南　秦宜含　谭秀凤　刘志宇　刘　澜
刘潇艺　刘伊能　王晨子

元培学院

唐笑天　金　苏　龙雨林　吴　琼　李竞妍　熊婉茹
王　楚　李翘楚　杨　腾　石春晖　卢思达　刘天歌
曹　霆　周　权　刘运鹏　吴建邦　吴宇青　谢雨辰
张理由　张博涵　刘雨轩　李成杨　陈宇望　陈箐箐
朱圣洁　唐秋韵

人口研究所

墨媛媛

对外汉语教育学院

吴　愁　李振华

国家发展研究院

陈　琛　王筑艺　王雅琦　缪海勤　龚雅娴

教育学院

管　浩　耿　玥　崔宏月　李晓杰　武晓旭　黄　鑫
张晓玥　范璐君　高振花　赵亚楠　毛　丹　刘　强
史祎美　钱雅静　侯欣迪

分子医学研究所

郭寺乐　吴　迪　王文婧　杨　峰　滕洒洒　雷　蕾

体育教研部

王沂淳

前沿交叉学科研究院

吴元子　李　旸

深圳研究生院

王　笛　范海婷　穆雪静　林　婕　杨　一　李　阳
徐志宇　夏　静　崔卿虎　穆　静　徐晟程　陈　露
刘　晗　任春蕊　刘　超　冯丽萍　韩　婷　江信文
金　银　计　瑞　邹天培　杨　帆　赵红梅　罗显琴
原小楠　李龙飞　赵　庆　成贵娟　罗　璇　常丹琳
赵　蕾　徐姣姣　宗洪强　傅一程　陆慕秋　林逸韵
宋　静　王泠莎　李嘉羽　王宇双　蔡嘉殷　刘沁真
秦　雨　祁　宇　杨　荃　彭炎民　吴莎莎　杨　帆
高晓敏　黄　淼　郑　灿　李媛媛　沈劲鹏　陈　键
戴志伟　王　璐　沈　辰　顾　鹏　徐　硕　肖作鹏
苏日娜

软件与微电子学院

罗　乐　李　敏　熊一冰　马　亮　刘青峰　孙光荣
陈定胜　李勇全　李俊汝　龚勇谋　卢家广　谢少梅
钱金鑫　曾　妮　钱　琴　臧晓哲　王　皓　吕　蒙
陈兰丽娜　朱晓文　王梅梅　于海洋　朱志兴
陈杰宾　单　丹　邹小琳　赵静伊　傅传家　张　超
陈　楚

医学预科

俞　冰　曾　攀　张　静　胡心怡　沈惠丹　王　倩
郝清清　尹若昀　李怡婧　丁　瞳　冒丹丹　伍楚君
李璐瑶　司佳卉　杨　玲　赵利建　刘欣然　杨燕芬
吕鸣樾　吴星宇　孙丽凤　邓飞阳　杨　芸　孙晓晖
陈　杰　张泓昊　王高南

基础医学院

苏雪莹　罗雨虹　刘　畅　鲁昊骋　陈新旺　梁　晨
唐梦园　古　柏　张　丛　程雅琳　李　浩　吴　峥
桑建明　滕博川　陈咏冰　李轶雯　赵怡琳　董瑞瑞
汪基炜　胡　萍　顾文多　任天云

药学院

王占璋　关旭颖　季双敏　丁　一　高　都　马小卓
周　佳　吴哲萌　母光妍　杨　辉　于小婷　程阔原
段　丹

公共卫生学院

郑启文　赵云龙　曾新杰　黄艳洁　庞明樊　庞元捷

谢春艳 崔政坤 韩 意 刘向宇 王清波 何晶晶
努尔比亚·艾孜孜

护理学院

陈晓朦 陈 钰 李 雪 王雪莲 李莹雪 王 洵
白洪磊 郭海涛 魏 巍 李 雪 赵 晶 张 迪
安 静 王 微 高如月 段 爽 崔美玲 王伊宁
闫 钰 李红艳 李 鑫 果子秋 王 征 王兆伟
赵 越 程周娜 朱云莲 路 乐 尚 东 庞 媛
林晓娟 窦晶颖 崔 闯 史立坡 陈向南 张宝平
李 智 朱幸婷 任家林

医学部公共教学部

陈小伟 涂 诚 邵 薇 胡万享

第一临床医学院

王 玮 米 悦 金怡汶 贾 芃 陆迪菲 张玄烨
杨 帆 李志盈 张晓琳 周士源 邓春梅 杨昆霖
崔云鹏 李 薇 倪彦彬 李 毅 严琴琴 李 楝

第二临床医学院

陈 识 苗 恒 王峻瑶 章亚琼 许 婕 左 瑜
王捷夫 王伊娜 王 莎 孟庆娱 江志红 冯非儿

第三临床医学院

黄建林 刘 擘 王永强 刘 爽 张慧君 宋文君
李 圆 李荣雪 朱 璐 王睿峰 包文晗 李丽红
张 沫 刘少强 郭 歌

第四临床医学院

冷颖琳 张 栋

第五临床医学院

王俊杰 岳 兵 孙 灿 顿耀军

口腔医学院

黄进伟 于洪馗 肖雨萌 王希昱 刘明月 侯力瑜
廖 宇 王 旭 杨 洋 谢也斯

医学部研究生

孔金阁 于宝琪 徐春晖 黄 婧 冉梦龙 张巧丽
贺 珂 刘周英 刘 云 赵 珺 王璐璐 谢 涵
陈 莉 程 媛 朱鹏飞 孙云闯 吴鹏杰 张重明
涂 博 刘尚昕 王发田 刘晨星 肖静波 廖金敏
郭嫦媛 董 杰 徐晓艳 马淑云 杨晓花 魏正茂
李 翀 张可辉 邓述华 王艳华 李明晖 张 静
李莎莎 顾海东 陈 粟 南 京 陈丽丽 金恩忠
张 洋 郑 华 覃日慬 郭晓玥 张天欧 罗亚军
高 志 杨 巍 张 博 祝 斌 陆丹芳 李明珍
许小菁 茹喜芳 秦尚彬 战 园 陈 倩 王爱萍
钱 霞 周 红 贾茜茜 王 莹 郭 睿 崔焕焕
李 睿 张晓慧 卞山岩 陈 蕾 张 敏 吕 娟
朱晓斐 王诗军 王 芳 连 斌 乔 月 范寅泰
高 丽 李珊珊 梁瑞娟 马晓林 张丽娟 张绿明
王春芳 杜 玮 张 帅 张 蕊 马 宁 王清亮
张 静 韩婷婷 安 帅 杜宇坤 邹 鹏 黄 森
高美娟 马 玎 朱瑞霞 杜巍巍 姜燕飞 郭晓培
肖 博 杨 萍 郝燕婷 师迪婧 杨静静 李 娜
刘健如 赵 静 李江明 范华莹 薛丽芬 芦 瑀
刘杉杉 马斐斐 王 晶 黄娅茜 周 喆 王 萌
沈 娜 王婷婷 樊美荣 陈海靖 闫 帆 綦 辉
杜艳涛 李 楠 林 艺 王 惠 周 允 郭晓红
符 涛 冯法博 刘达琪 苏 莉 程明伟 江晓舟
李洪杰 李正鹏 陈 珑 佟淑文 卢敬凯 李 辉
莫运政 徐小翠 黎国威 林宗涛 赵 欣 袁鹏飞
张培培 郭利娜 曲 直 陈 锋 陈达炜 孙 琦

社会工作奖

数学科学学院

张 成 陈弘毅 唐 朝 孙 龙 赵国宇 贺少杰
李小钢 李金哲 曾 立 李 申 余 波 刘玲芳
梁 玥 魏佳林 张鹏浩 张 伟 刘和灵 雷锦江
付龙杰 房 玮 刘逸飞 陈 烨 杨树宝 杨功荣
吴泽彬

工学院

唐 肖 赵 宇 周子桓 武振伟 杜华睿
欧阳子健 孙梦荷 王珏晶 李小乖 贾永楠
王琦峰 董润莎 闻 悦 徐菁玮 伍嘉祺 刘 勐
陈仕洋 郭 鹏 丁星宇 郭文翰 俞 玥 刘 欣
吴天昊 张 堃 徐 静 吕 兵 张 勇

物理学院

谢云鲲 张 骏 陈励治 荆任之 吴宇航 周彦竹
胡世能 王志超 段淳若 张佳辰 冯 涛 王李祺
房智轩 葛红星 潘 达 王 翡 富聿岚 戴 倩
李黄幸 庄群韬 张 岳 陈 广 张 玮 张 薇
刘慎修 张骏祎 张 玥 严 缘 徐承龙 胥 君
周智勤 吕凯成 王一出 俞 锋 刘树全 夏文龙
林陈昉 王宏伟 曹 超 王红刚 柴兆阳

地球与空间科学学院

董轶婷 张 岩 刘 熠 赵文祎 耿嘉洲 涂继耀
何 晨 常一尧 杨 楠 邹晓东 毛 翔 叶久艳
余 萍 方俊钦 廖春华 张慧琴 范诗玥 郭瑞龙
焦 龙 纪晓璐

信息科学技术学院

张海峰 李 晨 李春奇 贾 雷 刘丙双 王 敏

吴悦昕　兰　天　刘　凯　王　瑜　杨　东　王翠云
马永芳　张汉星　田　野　李　成　宋建国　付炳楠
邵培莹　柳　黎　罗贝尔　陆顾婧　王东颖　张道岚
耿玉峰　吴欣宇　林海南　张　蕾　侯吉冉　黄　鹏
郝逸洋　曲乐之　白艺冲　李应博　王中华　许婷婷
侯　放　张炜其　李　果　王　青　刘　运　郑少秋
杜仲轩　郭晓雷　李长啸　张　楠　邹　军　刘重晋

化学与分子工程学院

张　吉　郑志桐　王晴飞　李天祥　张冬予　王瑞琦
高梦溪　李雨萌　郑雨晴　张鑫雨　江海源　董　斌
常善奎　赵靖波　李潇瀚　杨　挺　张京晶　李亦舟
吴瞳勃　赵洪凯　王敬峰　王　苗　王绍杰　刘　斌
赵欧迪　牟　迪　曲培源　张有为　刘清海　高　昂
宋正天　赵泽琼　王斯博　李丽萍　冯　煜　罗美钰
上官湘航　翁　瑞

生命科学学院

董雅韵　牛　婕　孙海莉　姜冬青　韩　煜　张海阳
董其平　张小明　孔寅飞　李佳昀　彭竞宇　林　青
高　山　徐　桢　龙　颖　殷　翔　高　远　夏毬丹
潘文博　王　霞　柳皋隽　林　薇　杨　迎

城市与环境学院

梁　弘　刘　璐　张添宏　刘　颖　马国强　王清卿
王　博　刘禹君　沈肇怡　穆晓燕　燕　群　李　韦
郑超群　徐志搏　徐迪航　沈　虹　刘一芾　黄金碧
赵　辉

环境科学与工程学院

邢　璇　鲁雪梅　陈颖翱　张　骞　王　丰　赖玉佩
方　波　封羽涛　杨璐华　王　战　段婧琳

心理学系

韦文琦　吴　琼　尚　哲　吴菲音　佘颖乔　曹　媛
王小玲　谢钰琪　袁　瑛　周圆圆

中国语言文学系

徐艺峰　张韵竹　张二伟　韩　旭　贾变变　刘新华
赵铁凯　许　龙　张　石　李笑莹　张一帆　赵　妮
赵兴智　刘　娟　金晓丹　沈　悦　徐奉先　曹银晶
旺　珍　樊桔贝　潘子豪　谢安安　陈俐苹　陈新榜
李　瑞　齐肇楠　李　派　黄娣佳　徐维焱　李　喆
马　源　袁腾飞　黄昳婧

历史学系

李学宜　安　铮　宋启航　刘亚娟　刘晨曦　陈　默
高　凯　王沁鸥　张悠然　谢　敏　周晓菲　姜　静
沈一心　苏健伟

考古文博学院

朱程康　乔苏婷　王彦玉　陈燕茹

哲学系

陈培荣　王云飞　孙雨辰　李学梅　郑　伟　左　稀
吴宁宁　胡翌霖　戴晓芳　汪一峰　王　美　苏　磊
王　东　刘　沁　蒋季芳　赵　悦　黄杨荔　杨洪源

国际关系学院

赵鹏杰　刘武鑫　陈　豪　吴　婷　朱　彧
陈菊婉聪　林文欣　金钰堂　卢　敏　周瑜倩
韩致宁　谌　斌　卢雨涵　王菁菁　肖　雪　崔　莹
惠雅莉　刘　双　王　文　张　度

经济学院

孙克扬　陈　刚　唐　琦　丁匡达　高庆昆　王　卓
章晓婷　高菡聪　张月月　张　菁　刘　硕　田　庄
沈　佳　赵欣琦　程启帆　王宇飞　吕嘉林　王　卓

光华管理学院

马骁骁　贾静文　苗博舒　洪欣格　谢可夫　周静荷
黄奕磊　蒋　蓉　王可倚　陶　川　张玉龙　李　理
戴茗菲　郭倩凝　许　骛　刘文良　李剑飞　刘小君
郭骅亮　景伟豪　蔡林峰　李　菲　刘华美　罗思宇
刘轶群　任泽宇　樊　帅　朴章铉　王　韧　祝　捷
耿一丹　俞　悦　童　坤　王　颖　张　玫　郭　鹏
杜　赟　唐　琪　覃　翔　唐国桥

法学院

马　克　黄浩荣　刘　辰　闫召光　郭弈超　洪小潞
肖贺文　张冠驰　谢梦菲　徐晓栋　赵　岑　邢　梅
杨　玲　李婧一　贾润东　施剑云　杨　帆　王江懿
赵　安　杨翼飞　彭正一　梁　日　李　晶　肖　宁
杜一凡　冯泰来　王　晶　刘馨阳　郭一杰　周子越
罗　菁　何扶升　张庆霞　吴俊超　林凌南　徐　鹏

信息管理系

杨　鹏　于　信　张　磊　王雪菲　孟　越　赵玉现
曾显越　柯　珂　王婧文

社会学系

黄燕丽　王钰珏　李晓慧　李化斗　房光宇　梁　萌
庞子钰　董郑芳　李　炜

政府管理学院

寇逸馨　李　月　苏　政　李钦帅　常　健　莫亚军
莫雨萌　窦新竹　王　闯　苏海波　姚传明　兰宗敏
林丹阳　李　钰　赵　越　马　杰　董晨子　刘　晴
梁勤之　刘镇杰

外国语学院

沈　希　赵晓航　杨　帅　雷　拓　周睿琪
李岳枝子　陈家宾　贺　飞　宋文轩　冯倩丽
林一鸣　张子轲　宋　澎　张博君　王彦松　腾雅姝
宋寒冰　徐　玮　杨　硕　武高强　杨亚晨　朱宏亮
王　楠　韩　笑　梁方舟　徐如梦　张文瀚　高雅祺
王　梓　马文辉　崔丽伟　蒋燎原

马克思主义学院

孙文博　辛晓川

艺术学院

傅思云 祖纪妍 陈家位 欧阳天

新闻与传播学院

李则曦 谢思楠 谭 卓 潘佼佼 肖龙凤 王舒怀 张 欣 杨 柳 余萧桓 史鹏飞 陈 萌 张 天 项 思 邹圳超 谢连英 林 闽

元培学院

骆少君 朱天骢 南文瑞 桂正卿 杨春雨 高瑛泽 任慧岩 杭 天 李粟粟 王 越 徐少川 杨锦程 许小雯 秦思雨 廖元辛 宋少栋 赵 洋 李亚诗 王 舒 王康宁 何庆宇 陈安祥 匡 超 徐涵剑 俞 涛 张 达

人口研究所

王振华 宋 骁

对外汉语教育学院

马 薇 闫姗姗 解明静 李华峰 曾璐蔚 孟若愚 黄传雯 黄雁青 冯丽娜

国家发展研究院

杨 光 周海平 张霁阳 方 伟 申广军 崔 旭 李 明

教育学院

许 锐 杨寓哲 侯 菲 王婷婷 毕 鹏 刘 理 金 鑫 程 飞

前沿交叉学科研究院

张 鑫 张向梅 周幸叶 赵敏芝 杨 薇 平现凤

深圳研究生院

王新野 袁士泰 罗 卫 李 佳 张守鹤 刘茂强 杜广延 唐志扬 靳 毅 李佩珊 林汉松 岳 明 曾 婷 耿 赫 姚 奕 杨天翼 马 翔 郭益安 吴松涛 李 辉 何 洁 宋 文 张 宏 杜婉婉 张 亮 张浩森 吕千千 麦文隽 赵 娟 李 沁 郑 琨 旷平江 李成雯 高妍妍 王丽君 刘 文 高 乐 麦睿楷 张婧远 李星海 安 力 韩楚楚 何小璐 付 饶 李 博 唐开元 张晋竹 孙倩茹 王 枫 云 慧 彭智文 乔 倩 龙颖茜 耿萌萌 徐 丽

软件与微电子学院

王 琼 张胜春 葛志儒 孙 静 周志轩 杜 刚 韩付为 赵志超 吴兆玉 李泽文 周建国 王龙飞 李巧佳 钱 聪 朱金岩 方培培 王 涛 曲 铁 王 坤 岳 佳 王壮哉 杨 维 苏静思 代文文 葛静静 陈 越 刘 腾 郇琛曦 王轶群 夏小涵 王云鹏 严兆辉 黄晓伟

医学预科

李 杨 梁文英 朱佳琳 聂 丹 成 恩 林 莉 花 明 黄晓敏 陈 庄 彭 耕 冯雪云 侯新智

基础医学院

毛丁丁 丁雨竹 罗丽达 刘 亮 姜蔚然 汪晓彤 梁 令 刘旭妍 冯 烨 陈子圆 张彤格 钱予忱 刘 鹭 朱雨泽 翁剑真 滕睿頔 徐 璐 郭冀帆 何婉毓 王雨楠 李婉津 张 婉 马思思 陈 雪 马 驰 徐 欢 齐清怡

药学院

吴 凯 张寓安 梁清照 赵炜煜 王 鸿 吴 凌 李惟怡 李 健 朱冰玉 陈显慧 刘安鹍 王计明 杨秀聪 尹大伟

公共卫生学院

陈润滋 谭圣杰 温连奎 李 有 吴志军 杨 超 曾梦歆

护理学院

曹 炜 潘 勇 郑 琳

医学部公共教学部

王冠龙 赵 亮

第一临床医学院

孟令超 易铁慈 张扬子 邱 林 胡攀攀 吕笑冬 余 洋

第二临床医学院

孙 川 潘 峰 刘 蕊 王江源 王冠莹 王 沛 吴泽璇

第三临床医学院

万苡辰 王 超 欧阳汉强 刘 畅 梁 靓

第四临床医学院

王鉴顺 赵 冉 路 然 赖良鹏 赵楚楚

第五临床医学院

王 子 吴 梦

口腔医学院

尉华杰 陈 虎 杜飞宇 余 涛 张 路

医学部研究生

侯聪聪 陈博凡 濮 润 贾 峰 邓小林 王 娜 顾会平 杨 宁 胡 星 时瑞瑞 张桂林 黄琼辉 殷 雷 袁延楠

红楼艺术奖

法学院

韦龙杰 李 昂 刘子平

社会学系

张 曦 刘小天

软件与微电子学院

曹顺达 申冠雄 王 玮 卫易辰 聂 砂 简 晨

王　帅　李　艺　赵文杰　赵金燕　杨　帆　王乐晶
卢　伟　浮　宁　张晓静　彭　杉

医学预科

王依林

基础医学院

马润镒

五四体育奖

社会学系

赵　萱

软件与微电子学院

经　磊　肖永康　陆　遥　陈　凌　廖　逍　卢镜如
李学文　朴海彤　谢露露　胡　碟　刘威威　王瀚超
周　麟　李静晨　杨　旭

医学预科

章守祥　金铖铖　王首洋　郭　娜　李　飞

第二临床医学院

王　璐　张宝庆

北京市优秀学生干部

数学科学学院　黎雄风
物理学院　严　引
信息科学技术学院　张晓东
城市与环境学院　方晓晖
环境科学与工程学院　姜含宇
国际关系学院　孙博洋
经济学院　韩廷宇
光华管理学院　戴　威
化学与分子工程学院　林　木
深圳研究生院　韦祉含
法学院　张　丹
工学院　钟恒森

北京市先进班集体

教育学院　2010 级高校管理班
国际关系学院　2010 级本科生 1 班
法学院　2009 级本科生 3 班
马克思主义学院　2010 级硕士生班
对外汉语教育学院　2010 级汉语国际教育硕士班
深圳研究生院　2010 级传播学班
工学院　2009 级博士生 2 班
化学与分子工程学院　2009 级本科生 5 班
信息科学技术学院　2009 级本科生 9 班
物理学院　2009 级本科生 3 班
政府管理学院　2008 级本科生班
生命科学学院　2009 级研究生班
外国语学院　2010 级英语硕士生班

北京大学"优秀班集体"

教育学院　2010 级高校管理班
国际关系学院　2010 级本科生 1 班
国际关系学院　2009 级本科生 3 班
法学院　2009 级本科生 3 班
马克思主义学院　2010 级硕士生班
对外汉语教育学院　2010 级汉语国际教育硕士班
深圳研究生院　2010 级传播学班
工学院　2009 级博士生 2 班
化学与分子工程学院　2009 级本科生 5 班
信息科学技术学院　2009 级本科生 9 班
物理学院　2009 级本科生 3 班
政府管理学院　2008 级本科生班
生命科学学院　2009 级研究生班
外国语学院　2010 级英语硕士生班
数学科学学院　2010 级本科生 5 班
光华管理学院　2008 级本科生 2 班
城市与环境学院　2007 级本科生城规班
艺术学院　2008 级本科生班
哲学系(宗教学系)　2008 级本科生班
环境科学与工程学院　2009 级博士生班
地球与空间科学学院　2008 级本科生地质 1 班
社会学系　2009 级硕士生班
中国语言文学系　2010 级硕士生班
第一临床医学院临床医学　2006 级 1 班
公共卫生学院预防医学　2007 级 1 班
医学预科药学　3 班
护理学院护理本科　2007 级
公共卫生学院社会医学与卫生事业管理研究生班
口腔医学院口腔医学　2005 级
第四临床医学院临床医学2008 级 3 班
第六临床医学院临床研究生班
药学院研究生　2 班

北京大学"先进学风班"

法学院　2010 级本科生 1 班

法学院 2010级本科生2班
法学院 2009级博士生班
化学与分子工程学院 2010级研究生班
化学与分子工程学院 2010级本科生3班
化学与分子工程学院 2007级研究生班
工学院 2010级博士生2班
工学院 2010级硕士生2班
工学院 2008级本科生工程班
光华管理学院 2010级本科生2班
光华管理学院应用经济系 2010级硕士生班
光华管理学院 2009级本科生2班
数学科学学院 2010级本科生1班
数学科学学院 2009级本科生2班
数学科学学院 2010级本科生4班
物理学院 2010级本科生3班
物理学院 2010级本科生2班
物理学院 2009级本科生5班
城市与环境学院 2009级硕士生2班
城市与环境学院 2008级本科生1班
城市与环境学院 2008级博士生班
历史学系 2010级本科生班
生命科学学院 2008级本科生2班
生命科学学院 2010级本科生1班
生命科学学院 2010级本科生3班
心理学系博士生班
心理学系 2009级本科生班
元培学院 2009级本科生5班
哲学系 2009级硕士生班
国际关系学院 2010级本科生3班
国际关系学院 2010级本科生2班
考古文博学院 2008级本科生班
考古文博学院 2009级硕士生班
信息科学技术学院 2009级本科生8班
信息科学技术学院 2008级本科生2班
信息科学技术学院 2009级微电子本科生3班
马克思主义学院 2010级博士生班
新闻与传播学院 2009级本科生班
对外汉语教育学院 汉语言文字学班
社会学系 2010级本科生班
艺术学院 2010博士生班
艺术学院 2009级本科生班
教育学院 2010级普硕班
医学预科 2010级临床2班
医学预科 2010级医学英语班
外国语学院 2010级德语本科生班
外国语学院 2009级本科生越南语班
外国语学院 2010级本科生英语班
政府管理学院 2010级本科生班
中国语言文学系 2009级本科生2班
中国语言文学系 2010级本科生班
环境科学与工程学院 2010级博士生班
地球与空间科学学院 2008级本科生地质2班
地球与空间科学学院 2010级本科生地质1班
地球与空间科学学院 2010级遥感博士班
经济学院 2010级本科生2班
经济学院 2010级本科生1班
经济学院 2010级本科生3班
深圳研究生院 2010级城市规划班
深圳研究生院 2010级企业管理与金融学双硕士班
深圳研究生院 2010级微电子学与固体电子学2班
北医三院研究生 外科班
公共卫生学院妇女与儿童青少年卫生学系 研究生班
基础医学院病原生物学系 研究生班
口腔医学院修复 研究生班
药学院研究生 3班

创新奖(学术类)

数学科学学院

陈　巍　杨智成　连义江　韩京俊

工学院

李鹏飞　徐敏义　冯英杰　张鲁辉　李华芳　季春燕
伍　梓　陈　林　王飞飞　梁文恺

地球与空间科学学院

王　伟　顾婷婷　李　乐　陈　博　沈心一

信息科学技术学院

王心悦　蔡少伟　李昀露

化学与分子工程学院

张韶光　李　湖　赵伯譞　刘　赟　晏琦帆　李建明
傅永平

生命科学学院

黄　鹏　李中海　王云凤　靳进朴　佘　继

环境科学与工程学院

李红娜　李金凤　黄　道　张书颖

心理学系

陈霓虹　于宏波

分子医学研究所

熊　彦　黄渊余　路　瑶　丁　怡

物理学院

秦思学　刘　坤　唐克超　王　科　马　楠　王　琳
李贝贝　赵鹏巍　叶　堉　秦　楠　朱华星　付星星
李晓岚　易　煦　牛玥蓁

城市与环境学院

王旭辉

深圳研究生院

石　航　龚建贤　方李超　隋　鑫　郑　超　陈　凯
祝　伟　苏文勇

中国语言文学系

刘洪涛　金　玲　李松睿　荣文汉

历史学系

罗　帅　孙闻博

考古文博学院

路国权　张闻捷　李　鑫

国际关系学院

王庆忠

光华管理学院

秦　昕　韦　夏　潘　蕊　乔坤元

法学院

陈　坤　郭世杰　林志毅　胡　达

信息管理系

张　丽　吴汉华

政府管理学院

张新刚　臧雷振　赵　源　李宜轩

新闻与传播学院

余　人

经济学院

杜浩然

外国语学院

高　冀

对外汉语教育学院

杨宏业

教育学院

郭　俊

哲学系

李红文　熊江宁

医学部

秦　冲　张　淳　乔　雪　薛言学　杨　静　王冬来
张　重　韩启飞　张　楠　李　薇　刘　强　苏毅进
邹志勇　韩永华　邓　凯　徐昕晔　郭玉兴　王小星
林日远　王　栋　邱承祥　许永星　程俊歌　朱　玓
李　帅　阙琳玲　刘珂弟

学术类团队

数学建模竞赛团队　北京大学 iGEM 代表队

创新奖(体育类)

黄敏华　付　楠　袁　雯　逄　欢　方梦琦　王　莹
胡　静

创新奖(文艺类)

康闰哲　王梦璇　刘　晶　郑超群　王黄典子
黄　宁　成　泽　田田叶　谭逸爽

创新奖(社会活动类)

北京大学第十二届研究生支教团
医学部“阳光爱心诊所”
王　巍　张晓刚

学生奖学金

CASC 一等奖学金

工学院

周　健

地球与空间科学学院

王　潮　邓　凯

CASC 二等奖学金

数学科学学院

毕　楠　李欣然　苏乃芳

物理学院

张英博　鲍志强　李　琼

化学与分子工程学院

毛悦之

环境科学与工程学院

郑茂盛

CASC 三等奖学金

数学科学学院

李　豫　赵兴林　胡　志

工学院

孙仕琦

物理学院

李海涛　陈静静　曹云姗

地球与空间科学学院

王洪浩　王　泽

信息科学技术学院

臧家瑞

ESEC 奖学金

中国语言文学系

刘晨智　胡行舟

考古文博学院

李可言　顾　杨

国际关系学院

朱　彧

Panasonic 育英奖学金

化学与分子工程学院

朱如意　张　涛

地球与空间科学学院

翟卫欣　邵子剑

社会学系

杜津威　宋　岳　李昌琦　周　扬

外国语学院

陈思敏　李诺雅　徐　鸣

信息科学技术学院

肖刘明镜　张翼腾

POSCO 奖学金

数学科学学院

陆弘量　陈　浩

工学院

张永甲　童　立

物理学院

袁　骁　王一男

地球与空间科学学院

宋桔尔　刘志鹏

中国语言文学系

李玉长

经济学院

魏依男

光华管理学院

孔令鑫　丁瑞祺

法学院

徐骁睿　王艺伟

信息管理系

程媛媛

社会学系

宋　宇　王柯懿

元培学院

李　明　郭雨阳

信息科学技术学院

王亚洲

SK 奖学金

化学与分子工程学院

王普舟

生命科学学院

冯慧中

光华管理学院

沈宇豪

外国语学院

董　斌

信息科学技术学院

刘程玉

宝钢奖学金

化学与分子工程学院

叶宇轩　严佳骏　刘原君

新闻与传播学院

丁怡婷

考古文博学院

李云河　俞莉娜

国际关系学院

江东晛　成亚曼

社会学系

薛思荞　罗晓亚

元培学院

俞博闻　黄重行　龚南博

北加州校友会奖学金

化学与分子工程学院

张　驰

生命科学学院

宁润东　张　弛

城市与环境学院

徐隐吟　赵　辉

北京大学 1987 校友奖学金

数学科学学院

潘　略　方文阳

工学院

孙　赫

物理学院

马　铮

化学与分子工程学院

蒋兴宇

生命科学学院

商　瑾

地球与空间科学学院

史文婧

心理学系

于　典

新闻与传播学院

张　天

中国语言文学系

闫梦醒

历史学系

李汉符

考古文博学院

陈　盼

哲学系

成　立

国际关系学院

龚　雪

经济学院

朱千帆　陈　皓

光华管理学院

冯翼翔　杨雪萌

法学院

姜欣然

信息管理系

杨冰心(2008 本)

社会学系

毛一凡

政府管理学院

王怀乐

外国语学院

黎诗雨

艺术学院

杨檠檠

元培学院

石春晖　盛　浩

信息科学技术学院

郭佳奇　孙豪泽

城市与环境学院

宋　萌

环境科学与工程学院

黄贤睿

长岛(叶曦)奖学金

新闻与传播学院

孔　龙　赵雅婷

经济学院

张晓婕　龙　捷

城市与环境学院

彭丽青　张亦培

成舍我奖学金

中国语言文学系

庞若愚　傅　林　李松睿

戴德梁行奖学金

工学院

张加巍　袁克彬

物理学院

马　楠

化学与分子工程学院

徐莺莺

地球与空间科学学院

李　乐

新闻与传播学院

杨　蕊　张　青

中国语言文学系

刘同华

考古文博学院

曹 斌 王小娟

哲学系

马 丽 李红文 崔凯华

国际关系学院

孙文竹 熊 洁

信息管理系

赵 康 陆晓曦

社会学系

杜 月 汪栋杰

外国语学院

唐小丽 褚 叶 高玉干

艺术学院

王黄典子 张 慧

对外汉语教育学院

闫 菁

人口研究所

张 博

城市与环境学院

杨子江 舒 良

环境科学与工程学院

王明煌 赵 翠

邓真邓琨奖学金

外国语学院

胡 越 林 喆 陈倩雯

东宝奖学金

生命科学学院

张晓薇 胡莹莹 董 珊 冯 晖 蔡昌祖 彭竞宇 黎荣昌

东港奖学金

化学与分子工程学院

李 伟 侯绍聪 叶 飞 江媛媛 王绍杰 梁 渊 刘 璐 蒋凌翔 古江勇 王晓明 丁 琳 许灵敏 赵 飞 崔培培 吴屹然 李建明 苏 昕 赵小伟 张云舒 王 玉 邵黎明 周志贵 剡 剀 王珊珊 杜庶铭

生命科学学院

张建军 辛广伟 焦 悦 吴丽虹 白效耘 边 洋 陈佳佳 孙夏琴 沈璧蓉 陈 伟

药学院

李金霞 梁 静 李日东 张 亮 时念秋 孙双勇 黄文林 濮 润 李 玮 刘 强 陈 玥 胡伟民

董氏东方奖学金

数学科学学院

李 超 刘 媛 徐 泽 梅 松 李晓澄 黄向屹 黄东明 邹佛灵 钟逸峤 黄政宇 胡煜中

物理学院

蔡陈骋 熊泓宇 熊力扬 戴晓亮

心理学系

刘漪昊 和 悦 金悦宁

软件与微电子学院

倪 雪 徐小金 张 鹤 丁 岑 方 舟 胡 蝶 李六一 钱 琴 王 皓 龚勇谋

国际关系学院

陆佳仪 孙 婧 戴帼君 兰天莹 陈天天

经济学院

何 畅 陈培文 王 磊 韩佳伟

光华管理学院

艾 睿 李红红 姚田芝 虞晓雯 张琼芳

信息科学技术学院

高 戈 华哲邦 李晔晨 江 翰 赵梓棚 胡子千 牟雁超 艾 苇 罗韬威 颜 聪 唐 浩 许伦博 窦笑添 梁世裕 王纾寒 林洪武 陈 长 王松林 卢 欣 刘鸿博 陆顾婧 吴幸夏 吕雁飞

杜邦奖学金

生命科学学院

洪鑫宇 范琳琳 李佳昀 罗 佳 郑 虹

心理学系

李耀中

环境科学与工程学院

孙浩然 冯 琳 张书颖 王 丰

方瑞贤奖学金

数学科学学院

金 冲

工学院

周光照 温丽群 谢 瑜 郭 鹏

化学与分子工程学院

张可天 廖正瀚 郎 珂 王 峰

生命科学学院

鲍凡尘 温玎乔 杨纪元 梁东海 沈青骥 苗洁玲 石 汧 邵思达 朱晓彤 蔡 乐 杨晓旭 马牧青 严筱溦 丁贯乔 郭 梁 徐 奕 王 珺 孙 辉

光华管理学院

刘　穗

政府管理学院

张雅雯　冯　悦　王　腾　陈　怡　叶亚芝

城市与环境学院

熊忻恺　徐湘涛　胡歆笛　朱高儒

环境科学与工程学院

李芸邑　郑　哲　穆　泉

方树泉奖学金

考古文博学院

李雨生

外国语学院

叶春兰

方正奖学金

数学科学学院

龚任飞　李光昊　熊　欢　张蓉蓉　赵　沨　付潇鹏
谢　腾　赵一衡　程　宏　陈　巍　刘和灵　唐春明

工学院

陈　林　梅振锋　张春燕　李鹏飞　潘振海　吴天昊
杜　诚

物理学院

洪凌宇　侯冰雅　杜奕辰　李虹飞　彭　韬　徐承龙
严　缘　朱家彩　牛一斐　刘奇航　余　婧　任致远
刘占伟　李　琳　王珞珈　江　涛　杨再宏　王小保
周杨波　朱新利　李晓岚　徐婉筠　杨腾飞　刘　戈
徐　川　孙杨慧　杜　宇　林　忠　马　楠　夏　炎
左文文　纪晓飞

化学与分子工程学院

彭　洲　金泽鑫

生命科学学院

肖　凡　刘轶群

地球与空间科学学院

张晓玉　姜　城　王　桥　何　强　孔繁达　耿嘉洲
郁　浩　王思程　林浑钦　熊翠娥　蒋洪波　段依妮
董　芳　张　浩　朱　骁　周维卫　罗梦佳

心理学系

陈　静　范志伟　王　斯

新闻与传播学院

张　也　谢思楠　余　人

中国语言文学系

欧阳月姣　张玉瑶　曹　东　王沈洁　王和平
陈欣瑶　孙书杰　逯铭昕　陈尔杰　国家玮　郭艳瑜
王　瑶

历史学系

张文怡　吉　辰　李　上　陈昱良　王　波
陈晓伟

考古文博学院

韩　婧　铁　铮

哲学系

牟潘莎

国际关系学院

杨　郁　黄伟晶　聂小依　胡　烨　杨雅梅　刘昌雨
马　骕　张永杰　王庆忠　张汉良

光华管理学院

刘　小　黄奕磊　叶　杨　王可倚

法学院

张冠驰　胡思宇　姚　桐　王　宇

社会学系

寇浩宁

外国语学院

李杨敏慧　方佳俊　曹雅玲　姚　青　毛　蔚
高晓金　王英魏

马克思主义学院

江大伟

艺术学院

王寅博

对外汉语教育学院

郭小磊

元培学院

陈　桑　张雨嘉　夏　曼　谢雨辰

信息科学技术学院

刘文一　刘　翔　刘宝光　杨　楠　曾齐齐　张宏毅
李　灿　刘少龙　王大昌　郭留成　苏之阳　高　宁
孔　亮　王　珏　徐潇然　林邦姜　张　磊　杨晓勇
陈兆麟　江明阳　朱元春　裴　天　赵春旭　李凌达
李扬曦　孙旭明　李　萌　何慧虹　杨　涛　黄芊芊
冯　程　陈　琪　朱　飞　李先刚　白梅林　耿玉峰
房福志　魏　为　王立杰　吴成君　文永正　何文欣

国家发展研究院

卯光宇

教育学院

李　璐

人口研究所

孙韩钧

前沿交叉学科研究院

王　颖

城市与环境学院

杨琳琳　黄　姣　塔　娜　肖　丹　王　春　胡　丹
聂　淼　赵　莹　何　伟　郭笑盈　范湛蓝

环境科学与工程学院

寿明佳　申芳霞

分子医学研究所

王沁怡　张　茂　黄章泷

医学部

王若珺　王　祯　文　曦　崔　铭

冈松奖学金

物理学院

潘　瑞　柯伟尧

化学与分子工程学院

张　鼎

地球与空间科学学院

李小伟　杨朋涛

国际关系学院

肖　桃　徐　刚

法学院

袁　欣　黄昕瑞

信息科学技术学院

寇　然　贾若溪　罗牧龙　黄　鑫　王元夫

城市与环境学院

李筠洁　王　娜

格瑞卫康奖学金

深圳研究生院

李　思　彭智文　张瑛媛　王庆霞

顾温玉生命科学奖学金

生命科学学院

王云凤　李中海　黄清配

光华奖学金

数学科学学院

于浩然　吴　昕　吴丹丹　郑国亮　黄俊亮　谢哲士
艾　辛　赵若扉　严圣培　张学斌　李　颖　苏怡宁
冯春远　杨纬华　廖　军　任　琰　朱红梅　于　伦
富千里　葛化彬

工学院

刘忻悦　田方敏　朱思雨　赵干坤　范润东　刘　傲
王　伟　武　丹　贾存利　白　龙　孙　涛　隋　杰
刘永芳　李佑兵　刘　伟

物理学院

徐海琨　屈智嵩　黄学骏　杨志成　王通和　任雪欣
王　栋　孔令剑　盛　典　徐　震　何宇驰　淡　洋
周伶俐　朱　瑞　李宏钊　邓红波　孟凡利　赵洋洋
祝　娇　王　凯　李贝贝　吴　栋　赵　登　郑晓晨
李　喆　越　朱承吉　芦佳宁　王小平

化学与分子工程学院

张晓璐　汤若金　叶文和　徐若愚　周礼楠　刘　吉
郑文山　姚颖琪　刘思睿　王跃樊　吴红亮　周长龙
卓连刚　高　腾　耿　靓　郑仁垟　刘凌涛　夏玉琼
刘　斌　刘　一　王　杨　梁亚唯　杨守良　刘　佳
成富圈

生命科学学院

杨　琰　丁鹏飞　夏薇薇　柳皋隽　徐礼鸣　孙文香
任庆鹏　张晓川　靳进朴　郑鹏里

地球与空间科学学院

汪　珊　刘子谓　马宇岩　侯俊涛　蔡　晨　陈萌莎
潘昱洁　赵俊彦　曾翠平　刘川江　杜瑾雪　陈　博
张菲菲　张　倩

心理学系

尚思源　陈雨露　王子叶　张　晓　王秋鸿

新闻与传播学院

王佳佳　潘婧瑶　高　姗　李海雁　弓　健　李杰琼
贾哲敏　蔡玉沛　陈霓虹　曹　璐

中国语言文学系

李　静　马怡虹　黄新骏蓉　黄柯柯　陆沁诗
李晓蓉　蔡　薇　王品佳　王玉王　谭雪晴　刘怀辉
许晓颖　初颖宇　荣文汉　张静芬　梁苍泱　李晓春
李子鹤　金　玲　蔡丹君　兰善兴　袁　媛　寇晓丹
魏　雪　王春茵　马　征

历史学系

吴建巍　赵可馨　陈　浩　徐倩倩　曾小顺　乔志勇
任　伟

考古文博学院

商晨雯　袁怡雅　丁　雨　李　鑫　余雯晶　谢西营
范佳楠

哲学系

杨逸帆　周小龙　林　夏　张鹏鸿　王筱娜　张凯作
鲁鹏一　李　夔　刘靖贤　于　宙　陈　帅　郑笑冉

国际关系学院

甄兆平　高　焕　梁虹怡　张里程　向昱筱　傅若兰
宛　如　李丹阳　田马爽　伍雪骏　钟　宁　卢雨涵
迟　琳　缪　盈　韩嘉怡　陈少钦　袁佩如　张　度
顾　全　陈昌煦　叶键懿　吴　婷　牛长振　杨雯茜

经济学院

陶学臻　陆雨薇　张弘扬　莫雨璐　孙小荷　宋伯浩
夏健全　韦璐璐　仇文竹　李林芷　唐　恒　周紫露
师　与

光华管理学院

马骁骁　侯希然　毕　龛　李紫菡　战昕彤　陈　琨
陈晓灵　闵科玉　俞经纬　施　思　陈　哲　胡修怡
刘彼得　赵昕玥　孙诗皓　于　越　曹思盈　李　励
计　羽　周安儿　肖　艺　谢可夫　向昊天　文欣怡
董　珂　何　杨　李剑飞　刘文良　蒲成川　涂　涵
乔　晨　唐　勇　佟　飞　熊冬韬　张敏训　郭凯明
梅冬州　刘威仪　王　夏　刘忠轶　张庶平　洪诺亚
常惠丰　何川洋　韩　光　左丁亮　张锡金　李卓君

法学院

周悦霖　王春蕾　刘劼祎　王一盈　丁琳琳　刘　辰
高　凤　王　尹　赵安琪　解梦菲　张琳竺　李梦莹
陈晓航　王子谦　于雪辰　李　星　陈玺岚　龚　捷
姜婷婷　金明轩　刘　睿　宋　明　王子聪　向来富
贺　丹　刘　月　黄冠男　金冉冉　李　睿　李　伟
潘泓晴　施剑云　石妍妍　李国兴　薛启明　李宗辉
刘　权　郭世杰　刘灿华　汪琛莹　刘海滋　薛　坤
林伊泓

信息管理系

时翩翩　张梦迪

社会学系

梁　艳　田志鹏　马　蕊　吴青阳　刘芃希　卢　露
孙俨斌　许庆红

外国语学院

陈文佳　袁天添　宾依娜　张琰妮　卜兴潼　陈　璐
王艳超　李　琬　李宇晴　秦　唯　张　琦　赵振宇
黄海韵　蔡亚玲　马超平　王　星　侯　鑫　韩　璐
冯振源　曾　健　杨　昊　王天驰　陈敬阳　裘宇飞
文琦珺　刘欢番　刘顺玉　赵梓彤　陈嘉瑜　谢　欣
邓中伟　丁露莎　沈文松　王盈洁　杨翕然　霍　然
乔　芊　靖安达　王惠敏　赵　丹　耿　炎　王　恒
赵婉婷　杜晓彬　陆一琛　赵　琳

马克思主义学院

余艾力　曹　平　刘爱章

体育教研部

邵　欣

艺术学院

向　佳　查正琳　秦一然　李墨若迷　潘　彧
司　达　戴　璐　刘跃兵

对外汉语教育学院

宋璟瑶　董雅莉　刘　丽　庞　慧　谢敏灵　贺玲玲
于　歌　张　易　王文龙　李天舒

元培学院

程　康　任慧岩　刘　洋　姜范依　唐笑天　李翘楚
刘　颖　丁　丁　马若云　段默龙　李　靖　何庆宇
徐　青　金云帆　吴兴宜　王子豪　李　婵　帅凯旋
代　云　代　莹　卢思达　谢思佳　马雨杭　金　洋
王　琳　荣秋艳　朱　越　林　昭　吴建邦　黄佩媛
孙顺杰　邹婷湘　张博涵　薛逸凡　刘天歌　吕欣桐

深圳研究生院

刘　畅　叶紫薇　宋伟伟　朱奕宣　孙建林　计军平
石　航

信息科学技术学院

陈　鑫　吕芃芃　胡　泊　张　平　景年强　年家震
王　衎　徐泽林　孙　越　庄虔伟　唐　昱　马　铭
何方彤　黄宇心　李霄翔　李世川　刘　洋　冯　捷
李　琼　魏　嘉　卢善波　王万红　宗　露　武义涵
张　缘　张新义　王旭磊　朱利丰　孙伟强　王任鑫
房　婧　张鹏涛　杨　慧　程　序　杜少轩　于全福
蒋佳琪　李荣锋　李荣锋　杨智强　李立松

国家发展研究院

刘晓光　陶尹斌　王雅琦　王筑艺　刘　超　李　明
缪海勤　钱　玥　姜　超　申广军

教育学院

陈明慧　许　锐　刘　萨　吴宇川　张晓玥　侯欣迪
刘　理　王世岳　王婷婷　余盛强　刘岐山　史祎美
白　银　范璐君　曹雪莲　钱雅静　于　洋　赵亚楠
潘昆峰　刘子瑜　毛　丹　申　超　王　征　张　腾
侯　菲　金　鑫

人口研究所

刘向国

前沿交叉学科研究院

郑家新　魏　朋　黄　婷　刘晓晨　屈贺如歌

城市与环境学院

薛　磊　刘元博　高明捷　沈　晔　徐　曼　徐丽芬
朱江玲　马月存　张书海　欧阳慧灵

环境科学与工程学院

陈颖翱　申中正　谷宇辰　张浩月　王艺淋

医学部医学预科

梁芳园　孙　黎　章　寒　秦岫波　梁文英　丁　瞳
付亦男　史晨辰　伍楚君　唐巧思　杨春媛　张　静
章守祥　张　琪　郭　娜　丁　宁　秦蒙蒙　李　青
邓家荔　尹若昀　杜仁杰　赵　伟

分子医学研究所

卜　晔　王　黎　胡方园

基础医学院

刘惠蛟　王大为　王丁然　陈　民　刘　静　王小燕
周艳兰　李自茹　李　丽　王子君　丛　馨　罗　聃

孔金峰 董诚岩 周 亮 唐 寅 王 涛 张凯铭
杜贻鹏 王珊珊 卜秋宇 康 凯 裴晓言 尹胜菊

药学院

冯震东 母光妍 张晓晶 牛亚茹 吕 聪 杨先桃
王小星 钟文和 李 立 李 滢 王朝辉 秦 冲
黄海锋 李新刚

公共卫生学院

张超亭 江 莱 刘伟霞 张 佩 丽娜·马达尼亚
褚红玲 王 洋 王江蓉 何 柳 黄育北 武珊珊
张佳丽

公共教学部

范丽君 顾宝要

护理学院

张 贤

第一临床医院

俞 萌 刘梦然 曾 桢 滕贵根 曾镇罡 李 昕
刘 达 刘 伟 李 沈 王颖慧 王春燕 张玉东
张 瑞 李 辉 李广永 李 玲 赵丹华

第二临床医院

任 璟 侯艳茹 张绍龙 高元丰 杨 静 赵 灿
姚海红 薛 超 包晓霞 禚洪庆 卢新昌 萧云备
彭建平

第三临床医院

欧阳汉强 杜雅丽 赖韶婷 胡 星 刘琳娜
王洪亚 葛迎年 沈 刚 王 洋 汪海鑫 徐昕晔
戴婉薇 俞志鹏

第四临床医院

杨 勇

第五临床医院

吴 梦 刘 健

口腔医学院

洪 霞 贾胜男 陈启兴 魏 攀 乔朋艳 贾凌飞
高 敏 陈志宇 郭玉兴 黄宝鑫

精神卫生研究所

陈 超 郑凡凡

临床肿瘤学院

高 天 林 艺 李冬妹 廉沈沂 沈 娜 王婷婷

中日友好临床医学院

杨文强

第九临床医学院

张雁凯

航天临床医学院

荆伟龙

国家奖学金

数学科学学院

郭溢譞 章博宇 叶立早 魏晔翔 张 敏 雷理骅
苏 钧 白 钰 庄梓铨

工学院

孙文跃 崔笑尘 张凯强 杜汇丰 尹 涵

物理学院

吴泰霖 黄俊午 金辰皓 许元达 张逸伦 张靖中
生冀明 王智鑫 王晗宇

化学与分子工程学院

杨 飏 曹 杰 申国华 陈心懿 戴 鹏 程 昳
崔知涵 王汝一

生命科学学院

边树蕊 吴小骥 张汉林 赵诗杰 夏思杨 黄骎骎

地球与空间科学学院

安圣培 周 彤 刘天时 张艾琳

心理学系

邵晓琳 陈安吉尔

新闻与传播学院

唐 诗 何 威 肖 轶 罗 蔓

中国语言文学系

高华鑫 缴 蕊 王启玮 赵雅娇 李轶男 姜雯雯

历史学系

苗思安 陈婷婷 张晓慧

考古文博学院

陈春婷 孙雪静

哲学系

许嘉静 程志翔 邱 羽

国际关系学院

林彬彬 赵贝佳 娄 敏 曹丹妮 刘翌秋 肖震苏

经济学院

马天骄 孙 玥 蔡 雨 邹 欣 张露瑶 戴 革
于淑仪 陆匡妍 靳祖幂 卢绮婷

光华管理学院

张博通 王浩铭 王安宁 李 想 蒋海涛 施 茜
邱 昉 王斐然 翟静媛 汪敬吾

法学院

周韶龙 吴 倩 叶 蕤 朱 艺 李 明 杨心恬
李思佳 张立翘 张 敏 康玮星

信息管理系

沈昀浩 颜时彦

社会学系

苏晓童 雷 玮 汤 澄

政府管理学院

赵璐瑶 尚 磊 黄 宁 张 皎

外国语学院

苏东睿 李夏菲 吕如羽 徐博雅 沈亦乐 邹 舒
梁晓天 黄超然 彭柯嘉 王清雨

艺术学院

高静静 胡 宁

元培学院

孙公晨　孙兆轩　蒋如洋　郑泽宇　叶　轲　吴雨豪
陈嘉曦　朱睿智　段英子　丁雨晴

信息科学技术学院

刘晴芸　薛子骏　彭　焯　单子非　安传恺　陈　诚
张　成　王　卓　陈　林　高　翔　陈云帆　戴竹韵
吴俊东　赖陆航　张润泽　郑子杰

城市与环境学院

甘　霖　张　钰　贺涔霖　谢　磊　陈怡琳

环境科学与工程学院

杨骏楠　胡松禾

医学部

李　彦　陈益群　彭　媛　王　迅　周　靖　张晓彤
臧思雯　李　帅　张思宇　刘福良　孙婧茹　邱宇轩
谷　明　石继凤　常　莉　刘胜兰　张椿英　孟　帅
孙禹尧　王　超　赵剑雄　李　倩　李　昊　柳江枫
田杰华　赵逸舟　梁海杰　谢　洪　王雨蒙　曾　静
赵朕龙　谭智超　张文晴　刘　爽　张稚琪　涂　健
李大蔚　马元亨　姚家健　张志军　信枭雄　刘　清
张雅蓉　侯　昌　韩竞男　闻洁曦

海航·慈航精英学子奖学金

工学院

王世浩

物理学院

旷　烨

化学与分子工程学院

冯嘉杰

心理学系

盛子桐

中国语言文学系

林　莹

经济学院

王　悦

法学院

李　丹

元培学院

高茉人

环境科学与工程学院

罗超文　朱元晴

韩国学研究基金奖学金

外国语学院

刘珊珊　吕　曦　逄国平　宋寒冰　王雨蒙　张宝云

廖凯原奖学金

数学科学学院

张瑞祥　李　黎　顾嘉雯　青慈阳　连义江　亓延峰

工学院

王启晨　李小乖　季春燕　徐敏义

物理学院

管紫轩　雷　进　严梦媛　黄新徽　赵鹏巍　刘　健
刘　铁　刘　坤

化学与分子工程学院

王　熠　张嘉俊　施海玲　李　湖　肖　卿　林　木

生命科学学院

吴霄汉　范逸临　陈慧慧　黄　岳　谢　忱

地球与空间科学学院

施　力　张　旭　任　荣　顾婷婷　王　伟

城市与环境学院

张倩倩　于海东　苏燊燊　沈国锋

心理学系

宋轶凡　马燚娜

新闻与传播学院

徐艺婷　彭雪松　章玉萍

中国语言文学系

周　鹤　樊桔贝　鲁子奇　赵　昱　周　昀

历史学系

李晓琳　张　龙　孙闻博

考古文博学院

侯　琳　王冬冬

哲学系

佘瑞丹　陈健美　张　乘　许一苇　刘　沁　黄　笛
黄杨荔　冯仁可　曾　馨　王淑庆　王　嘉　赵新侃
杨睿之　杨　浩　释圣玄　仇彦斌　吴宁宁　李　震
李成金　陈肖生

国际关系学院

夏布望　唐筱睿　李芳芳　李帅虎

经济学院

姜坤佯　沈芳瑶　朱曙光　王　征　陈彧西　缪　思
招　杰　尹玉容　李抒怡　吴　昕　辛　奕　江　舟
王文健　马玉洁　杨　鹤　高瑞琪　郭　兴　薛中一
杨　旭　张　俏　陈敏行　李文竹　程　悦　韩丽媛
沈佳颖　何雨坤　武玲蔚　张　涛　姜志霄　李雯轩
殷　洁　吴珍芳　王雅毅　吕嘉林　金晟哲　郭雯雯
付丽莎　王晓月　梁　帆　李承健　陈　晖　翟菲菲
杨镇瑀　韩鹏飞　刘　韬　赵　敏　周　毅　刘　博
李　鑫　徐肇涵　郑文璪　陈禹江　朱琳彦　刘　菲
但堂华　刘　庆　胡蓓蓓　何碧婵　刘智娟　郭永斌

光华管理学院

何　远　张　戈　刘　岩　段　湾　施　韵　孙　原

法学院

郝丹阳　姚希鸿　郭剑桥　张梦夏　戚云辉　初　萌
曾　思　陈铭宇　柳　倩　朱灵希　齐伟聪　时　秒
朱　侃　马　琳　涂婧羚　李姝君　马梦芸　陈立诚
黄敏娜　晁　译　俞广君　董家成　郭怡廷　张戴旭
孙　川　苏芳芳　包以芳　付大伟　胡帮达　黄婷婷
孙艺铭　谢　琳　邢丹芳　章　政　孙红杰　徐　然
吴才毓　黄亚颖　朴文一　郭　慧　潘倩仪　朱　琳
张佳俊　王茉郦　王　璐　田飞龙　吴纪奎　陈　坤
付宇程　赖骏楠　胡诗雪　郑　杰　张　娇　朱逸秋
王　璇　庞秀雯　沈杨飞　卢羽睿　王　帆　牟绿叶

信息管理系

梁兴堃

社会学系

李蓝天　刘东鑫

政府管理学院

田家宁　李晨曦　徐　杰　李宜轩　方　锐　郑若愔
曾春阳　蔚　爽　张弛弛　许牧南　殷子枫　王　达
王安然　孟茹玉　王鸣曦　林碧霞　曾子洋　肖　遥
王　璇　刘舰蔚　周　宇　陈罗烨　臧天宇　刘　青
侯　韵　张丽敏　刘京萌　胡　鹏　赵　源　杨小雨
张　昊　袁　倩　黄　帅　吴新星　苗　萱　崔博韬
陈　威　秦　燕　谢远玉　迟洪涛　张　超　张　源
余　茜　杨　旎　马　瑞　马志娟　臧雷振　杨　梅
张如国　程　熙　苏　政　金雅昭　张　帆　邓祎頔
邓凌媛　石　萌　田　巍　刘小青　马胜强　胡微微

外国语学院

洪宏烨　杨　洋　黄玉姣　李诗聪　张忞煜　冯　时

艺术学院

崔情情　孟宪平

对外汉语教育学院

吴杏红

元培学院

梁腾原　赵博文

深圳研究生院

黄瑞娇　邱力戈　雍珊珊

信息科学技术学院

卞宇阳　姜子臻　张　钊　杨和敏　解国栋　王　军
马盛林　高　滨　李　鹏　刘丽娟

教育学院

刘广宇　郭　俊

环境科学与工程学院

戴兆毅　覃　栎　李蒙蒙

医学部

李善欣　谢新垠　姜雅楠　周　斌　赵雨薇

IBM奖学金

信息科学技术学院

张　弛　张海峰　严　睿

休斯敦校友会奖学金

新闻与传播学院

马　珺　陈楚汉

元培学院

俞若诚　曹　霆　陈　卓　胡瑞蒙

信息科学技术学院

毕颖杰　邵林博　胡修涵　刘娱婷

杨芙清—王阳元院士奖学金

数学科学学院

匡宇明

工学院

钟芳盼

物理学院

戴琳逸

化学与分子工程学院

周志尧　彭　康

生命科学学院

周一望

心理学系

史　超　陈瑞云　朴秋虹

软件与微电子学院

马恺声　郭瑜童

中国语言文学系

路　杨

考古文博学院

侯卫东

哲学系

许　迪

法学院

蒋莉莉

社会学系

孙　萌

马克思主义学院

夏祖奎

元培学院

宣宜昊　俞秀梅

信息科学技术学院

叶　旻　宗伟健　刘　芸　李远韬　李　萌　李烨青
江　珊　刘姚萍　邹积彬　薛炯微

城市与环境学院

孙　童　史秋洁　赵寰熹

益海嘉里奖学金

工学院

梅　然　高　翔　李世琛　胡　丹　陈宽宇　刘一民

生命科学学院

井　森　李雪莹　陈则宇　冯　艺　郭采薇

经济学院

刘梦园　卢天伊　于　航　曾　蓁　李　晗

光华管理学院

安　雨　文　博　陈希骅　曹笑阅　梁　昊　覃　翔
傅　蕾

信息科学技术学院

赵　星　王人泽　任东昊　周迪宇

城市与环境学院

雷　夏

环境科学与工程学院

王　岩　李志超

永旺奖学金

数学科学学院

阮　丰　韦东奕　李立颖

物理学院

李佳鹏　孙思白　戴　凝

心理学系

盛子桐　陈　思

中国语言文学系

任一丁　张　力　王柯月

国际关系学院

刘桉彤　叶菁菁　郭　彤

经济学院

李学林　沈诗涵　王昱人

光华管理学院

刘天鹤　马　然　程　岗　王　昆

法学院

李兆俊　何　爽　伍俐斌　何锦前

信息管理系

冷　玥

社会学系

鲁　娟　苏文扬　张丹璐　焦　姣　王惠琴　王　娟
夏希原　王晓慧

马克思主义学院

王　娜　李金辉

艺术学系

李晓唱　欧阳天　陈　希

对外汉语教育学院

邢　飞　傅　琪

信息科学技术学院

封自强　欧阳伟　李　佩　武慧薇　谭　斐　陈建广

教育学院

谷屹欣　孙　钰　阎　妍　杨素红

城市与环境学院

唐辉栋　郭永沛　刘笑彤　胡映洁　陈义勇

友利银行奖学金

光华管理学院

成佳蕾　曹宇菁　周伊伦　阳　盼

外国语学院

邓　楠　耿　静　郑　璐　田　恬　张　末　高忆晨
周冠宇　郭月华　夏　坤

育才(华夏基金)奖学金

新闻与传播学院

石　慧　雒健晴

经济学院

赖海涛　姜蕴璐

元培学院

顾鼎鼎　陈菁菁　陈宇望

张景钺—李正理奖学金

生命科学学院

沈兆瑞　沈美丽

张令昭奖学金

经济学院

王敬一　文令懿　潘明杰　李一纯　王朝麒

章文晋奖学金

物理学院

任铂宇　曹　鑫

化学与分子工程学院

贾　上　张宇罡

历史学系

钱栖榕　惠　波　李　霖　毕晓莹

哲学系

金　琦　邹　蕴

国际关系学院

吕秋月　石益莹　孙博洋　卢星杰

社会学系

鲍程亮　陈慧萍

外国语学院

盛亚捷　陈　肖　陈若君　崔黎薇

芝生奖学金

历史学系

兰教材

中国电科十四所国睿奖学金

数学科学学院

吕唐杰　张　蕊　曲文卉　赵　亮

物理学院

别亚青　李兴斌　岳　嵩　王　曦

软件与微电子学院

傅传家　王瀚超　李巧佳　钱金鑫

信息科学技术学院

乐　天　杨　健　王贵重　吴久涛

中国科学院奖学金

数学科学学院

樊昊霏

工学院

杨　翔

物理学院

叶　堉

化学与分子工程学院

李亦伦

元培学院

赵蔼姗

中国石油奖学金

工学院

温广辉　聂飞龙　伍　梓

生命科学学院

何文容　纪玉锶　杨永康

环境与科学工程学院

孙　芳　刘　俊　孙仁华　武　艳

信息科学技术学院

陆晨曦　王　达

中国石油塔里木励志奖学金

物理学院

江　漫

地球与空间科学学院

王　磊　吴文娟

心理学系

薛晓芳　何东军

国际关系学院

刘少楠　谷　宁

前沿交叉学科研究院

赵荧晖

中国石油塔里木优秀奖学金

信息科学技术学院

李焕敏　李月伦　何金薇　温淼文　魏开进

城市与环境学院

崔司宇　孙建宁

环境科学与工程学院

文　航　杨璐华　刘　润

中石化英才奖学金

工学院

贺宜萍　李华芳

物理学院

郑琪野　秦　毅

地球与空间科学学院

张华添　王宇航　张　晨　宗　普　阿尔察　张　宁

中国工商银行奖学金

工学院

余　靓　冀　如

化学与分子工程学院

黄华璠

新闻与传播学院

赵勤勤　赵　恺　潘聪平　安　静　李　夏　潘佼佼

刘　青

经济学院

李　洁　陈凤平　刘芮辰　刘　娟　王　卓　张启明
虞　萌

光华管理学院

李睿鹏　武云金　毛绍萌　邢　喆　姚晶晶　林国裕
梁耀权　汪　晏　王　蕾　常晋源　张　宇

法学院

梁洁艳　李梦飞　汪　凡　王小丹　詹阿娜　刘真珍
韩静茹　金晓芸　张　欣　曹秀云

政府管理学院

胡思慧　王玉潇　韩丰蔚

元培学院

窦　帅　张晓雯　陈乃彬　王昊达

国家发展研究院

龚雅娴　周广肃　张川川　康　辰　张　勋

中国平安励志一等奖学金

中国语言文学系

刘　坤

历史学系

邱靖嘉

考古文博学院

吕淑贤

哲学系

熊　姣

社会学系

李隆虎

中国平安励志二等奖学金

国际关系学院

李　原　周　权

外国语学院

张瑞雪　蒋　杨

国家发展研究院

赵　岳

教育学院

王友航

城市与环境学院

马宗文　胡　垚

环境科学与工程学院

鲁雪梅　刘晓途

中国平安励志三等奖学金

数学科学学院

向圣权　王强力

工学院

白若冰

物理学院

梁　鑫　罗宇霆　廖　舒

化学与分子工程学院

周振鹏　陈林宵

生命科学学院

侯华芸　臧　潇

地球与空间科学学院

孟繁露　朱尉强

心理学系

李思阳

中国语言文学系

崔　璨　董　晨

历史学系

刘星辰　邹佳宸

国际关系学院

侯雨凌　蒋亚男

社会学系

金炜玲　李海蓉

信息科学技术学院

刘卢琛　张泓亮　高　飞　马　潇　尹冠皓

城市与环境学院

刘泽睿　杨晟朗　谢伊羚　汤宁越

中营奖学金

深圳研究生院

罗升华　吴　丹　张瑞芳　周广玉　王笑非　王　潇
李　波　王　博　罗华杰　崔卿虎　徐志宇　黄诗瑜
蔡晨薇　杨　蔚　孙海美　吕晓蕾　崔　翀　路　桐
龙　欢　刘　琬　杨向荣　汪琼玥　刘　晶　向静林
刘越瑛　裴雨龙　赵红梅　张芳妮　赵　猛　欧皎交
李　佳　黄晓峰　陈俊宇　周　聿　吕　甜　殷　铭
王令凯　陈璇卿　王　婷　宫照恒　蒋　理　韦　琳
史相宾　毛熙彦　郭盈盈　张星辰　谭钰阳　朱燕琼
郑传续　杨　洋　郑　超　常　乐　蔡顺有　岳　宏
吴　雪　郭文星　杨庚雨　汪　杰　易　晶　孟庆龙
卢雅函　罗显琴　陈　舒　薛蓉蓉

钟天心奖学金

历史学系

阙建容　张德明

外国语学院

付玲毓　赵薇薇

周昭庭奖学金

新闻与传播学院

李思源

元培学院

江昊昱

信息科学技术学院

何欣然

住友商事奖学金

数学科学学院

刘沛然　田辰玮　孟洪宇　吴斯嘉　韩劼群　董金硕

物理学院

区永曦　周彦栋　陈　煦　刘仪襄

化学与分子工程学院

程农壹　王　龙　韩　琦　施立雪

生命科学学院

姚致远　徐偲玥　袁雪菲　姜　昊

地球与空间科学学院

陆　阳　宋子豪

费孝通奖学金

新闻与传播学院

谭　卓　卢　茜

国际关系学院

冯东明　张　茗

社会学系

刘　爽　刘万顺　王霞绯

政府管理学院

章梦昱　詹修贤

陶氏化学可持续发展创新奖

化学与分子工程学院

赵伯譞　邱　頔　叶　飞　王　琳　林　光　任为武
肖　卿　林世贤　郝子洋　赵　霞

航天科工一等奖学金

物理学院

冉　靓

工学院

倪琼琳

航天科工二等奖学金

物理学院

秦　楠

地球与空间科学学院

陈　超

信息科学技术学院

党向磊　吴　倩　王永刚

航天科工三等奖学金

物理学院

贺卓然　王浩宇

化学与分子工程学院

王烨欣

地球与空间科学学院

袁憧憬

信息科学技术学院

陈　卓　刘　盖

工学院

李　翔　康建宏

华为奖学金

软件与微电子学院

罗　乐　朱晓文

信息科学技术学院

徐晓庆　詹　瞻　唐大闰　谢　球　管　笛　蔡明宸
杜龙志　李润东

黄昆—李爱扶奖学金

物理学院

吴培才

季羡林奖学金

中国语言文学系

王　冠

哲学系

邓　毅

外国语学院

葛　格　李　玥　孙　皓

佳能奖学金

数学科学学院

卢焕然　蔡振宁

物理学院

李　正　裘东盈　付星星

化学与分子工程学院

闫　冰　李　勋

哲学系

汪笑男　陈　涛

信息管理系

周　妍　严越君

社会学系

狄　雷

外国语学院

张译丹　姜　婧

信息科学技术学院

王斐然　郝雨萌　孔令明

城市环境学院

李梦涵　张　雪

环境科学与工程学院

李红娜

康宁奖学金

物理学院

曹留烜　王　琳　路翠翠

化学与分子工程学院

殷安翔　周加才

生命科学学院

谢文兵　刘朋朋

信息科学技术学院

万明瑜　丁　璐　张　诚

工学院

杨　策　余　成

分子医学研究所

路　瑶

基础医学院

胡红丽

乐森旬白顺良奖学金

地球与空间科学学院

郭　芸

乐生奖学金

经济学院

徐博立

元培学院

乔天一

李惠荣奖学金

数学科学学院

范晨捷　熊杰超　王艳莉　杨智成

物理学院

胡少冉　夏元华　全　旖　郑　辉(2009 博)
陈启博

化学与分子工程学院

诸琪磊　王斯博　蒋骏骢　李灿灿

生命科学学院

矫骏逸　冯　莹

地球与空间科学学院

胡佳顺　刘世然　于祥江

心理学系

谢　曼　陈　娟

新闻与传播学院

闪　希　崔远航

中国语言文学系

汪　忞　翟　昊　徐奉先　刘洪涛　徐昌盛　王耐刚

历史学系

孙雅琪　马思宇

考古文博学院

陈　豪　冉宏林

哲学系

杨洁琼

国际关系学院

冯东明　孙博文　贾韶罡　王道亮　张宇炎　储云燕
陈　曦

光华管理学院

雷　羽　李京飞　王春飞　王　鹏　解蕴慧

法学院

侯　乐　汪俊华　叶兵兵　陈雄超　卢少虹

信息管理系

李雷明子

哲学系

胡璟怡　胡　伟

政府管理学院

盖佳萌

外国语学院

陈思毅 李 玲

马克思主义学院

赵艳华

艺术学院

周圣崴 李天昀

对外汉语教育学院

曹 汐

元培学院

吴宇青

信息科学技术学院

李昀露 任轩乐 张驰丞 王颖斐 吕 海 王 晓 贾 韬

国家发展研究院

王雪珂

教育学院

叶晓阳

人口研究所

陈 鹤

前沿交叉学科研究院

魏文栋 张朝华 何康敏 高雅博 刘海啸

工学院

叶林茂

城市与环境学院

田 露 高 阳

环境科学与工程学院

李逸婧 黄德生

李文刚奖学金

数学科学学院

李文博 舒睿文

物理学院

包宜骏 周一凡 叶舒豪

光华管理学院

俞晓婧 沈志鹏

信息科学技术学院

王 然 胡志挺 刘 泉

李彦宏奖学金

数学科学学院

陈弘毅 杨嘉骐 匡斯萌 林 希

物理学院

易 煦 陈思聪 李 响 杨 钊 沈逸文 李 智

化学与分子工程学院

陈 晨 邢佳伟 蔡恺珉 张 骏

生命科学学院

王 颜 杜 菁 陈伟琦 李丹阳

地球与空间科学学院

谢沐禾

心理学系

王一棉 郎 超

新闻与传播学院

王凌子 王文浩 程曼祺 姜 静

中国语言文学系

李林芳 胡 洋 胡佳依 张琳莉 李 琬

历史学系

聂思捷 郑 宪 潘致远

考古文博学院

乔苏婷 李 楠

国际关系学院

母君晨 霍雪霏 王倩芸

经济学院

苏 宏 郑乐凯 张一哲 司方博 赵 康

光华管理学院

郭 薇 单宏哲 关诗航 杨小雨 戴 晔 李露霖 林雪婷

法学院

胡星昊 贾 元 张弛驰 李霖姗 赖梦茵 马可彤童

信息管理系

鲁洁琼 孟 越 郑笑宵 于文静 陈雪婷 赵 誉 许宜哲 顾嘉伟

社会学系

李 翃 王 晨 张艺芸

外国语学院

王启超 周 宓 汪嘉蕾 段晓宇 赖冠辰

艺术学院

王一楠 张天竹

元培学院

李 冉 潘东海 梁嘉韵 熊婉茹 陈少闻 吴梦斓

信息科学技术学院

秦毅成 贺一骏 张 弛 周伟明 程 烨 陆 璇 黄睿哲 张泽亚 邱 罡 朱臻慧 张 博

工学院

滕益华 顾佳欢

城市与环境学院

刘 锐 纪 洋 陈诗弘 黄懿杰

环境科学与工程学院

宋立娜　姜含宇

林超地理学奖学金

城市与环境学院

胡一川　陈天歌　王旭辉　舒　华

摩根士丹利奖学金

软件与微电子学院

陈兰丽娜　管佳珏　赵婧伊

经济学院

张　波

光华管理学院

付雪晴　于京竹　刘　毅

信息科学技术学院

熊巧丽　张　宇　孔　睿　王　菲　张晓东　梁　丰

国家发展研究院

徐志浩

纽约校友会奖学金

新闻与传播学院

陈卓忻　黄泥萌

元培学院

朱怿成　周　权

信息科学技术学院

张奉琦　尤鸿元

欧阳爱伦奖学金

生命科学学院

马一禾

经济学院

路　畅

外国语学院

段文睿　朱宏华　刘苏曼

全球数量科学奖学金

数学科学学院

王　储　李艳梅　林义筌

物理学院

金　驰　史寒朵　秦思学

三昌奖学金

新闻与传播学院

黄雷蕾

哲学系

董　文　刘廳娇

社会学系

陈思颖　倪　涛　赵　杰

元培学院

商润清　朱凌雪

信息科学技术学院

张　睿

城市与环境学院

刘翌旸

三菱东京日联银行奖学金

经济学院

杜　月　金　秋　徐蕙兰　张　磊　周子言　刘　鹏
王智强　方宇惟　李四光　付明卫

光华管理学院

刘　佳　刘小君　陈　爽　黄志勇　兰方玲　郭维博
王　渤　张法吾　赵　鑫　王　颖

法学院

常会玲　陈　婷　李　飒　刘振坤　马晨旭　席拾根
马上云　陈　卓　肖　宁　陈俐利　樊中豪　何　霄
林培超　孙向远　王希真　张春燕　郑　磊　马思虹
程　黎　熊文超

三星奖学金

数学科学学院

沈峥迪　连　宸　谢振肖

物理学院

付建龙

化学与分子工程学院

宋泽昊

经济学院

吴　泓

光华管理学院

王致远

法学院

徐　昆

社会学系

王钰珏

外国语学院

成　翔

信息科学技术学院

沈嘉思　任鸿儒　叶天扬　唐良晓　黎文浩　吴　凌
伍　玉

膳府奖学金

数学科学学院

黄　垒

新闻与传播学院

郭　嘉

中国语言文学系

潘妍艳

历史学系

马　丹

哲学系

文　雅

国际关系学院

邱道隆

法学院

朱新林

信息管理系

张　丽　曹海霞　赵需要

社会学系

吴施雨　赵　萱

艺术学院

杨玉娟

对外汉语教育学院

李燕辉

教育学院

张魁元

人口研究所

刘亚芳

城市与环境学院

欧浪波

环境科学与工程学院

杨巧云

分子医学研究所

左盼莉　熊健华

社会育才张令昭奖学金

经济学院

王敬一　文令懿　潘明杰　李一纯　王朝麒

沈同奖学金

生命科学学院

张　俊

苏州工业园区奖学金

化学与分子工程学院

王　朝　肖艺能　苏一驰　胡　骏　丁　祎　敖银勇
丁朝斌　孙建波　姚二冬　赵文博　吴红伟

生命科学学院

闫　晗　刘诗璇　任　驰　瞿玲龙　华　余

经济学院

蔡志伟

外国语学院

蒋　骏

信息科学技术学院

王仲禹　常逸坤　刘　凯　陈　颜　刘星洋　才　华
周　武　李雨钊　刘一会　李　江　刘鹏宇　罗　鑫

工学院

张昆罡　刘佳颖　陶　然　吴文琪　杨子江　郑恩昊
丁翼晨　李　楠　张鲁辉　吴海燕

腾讯创新特等奖学金

数学科学学院

董永生

信息管理系

王建冬

信息科学技术学院

杨　李

腾讯创新优秀奖学金

数学科学学院

林　博　张　楠　张　帆　徐　劼

信息管理系

崔婧玉　麦晓华

信息科学技术学院

王振兴　任　杰　邢远见　邱　勤

田村久美子奖学金

中国语言文学系

迟文卉　李　瑞　陈恒舒

王家蓉—王山奖学金

光华管理学院

蒋　健　曲红燕　孙　聪　孙　轶　袁振超　石　川

西南联大国采奖学金

经济学院

董照璐　张　玲

光华管理学院

刘莎莎　刘　惟

政府管理学院

杨京宁

西南联大吴惟诚奖学金

心理学系

陆婧晶

西南联大曾荣森奖学金

化学与分子工程学院

张则尧　董　璐　郑　仲　李　盼　凌　曦　梅　雷

谢培智奖学金

历史学系

洪　橙　周晓菲

才斋奖学金

中国语言文学系

王　尧　蔡丹君

考古文博学院

王子奇

哲学系

熊江宁

经济学院

谢　超　胡祖铨

光华管理学院

潘　蕊　朱　虹

法学院

朱新林

信息管理系

刘合翔

社会学系

陈旭峰　夏希原

马克思主义学院

张　莉

教育学院

王友航

人口研究所

陈　鹤

王文忠—王天成奖学金

数学科学学院

熊　欢

工学院

李华芳

物理学院

刘关玉

化学与分子工程学院

石文娟

生命科学学院

张茂林

地球与空间科学学院

张　琼

心理学系

夏海伟

新闻与传播学院

袁　利

中国语言文学系

曹德超

哲学系

王生云

国际关系学院

李海涛

经济学院

刘洁纯

光华管理学院

蒲成川

法学院

陈祖贤

社会学系

赵　杰

政府管理学院

汪远航

外国语学院

马文辉

信息科学技术学院

党 越

教育学院

冯丽丽

城市与环境学院

祝春敏

笹川良一优秀青年奖学基金

历史学系

崔金柱

国际关系学院

陈一谔

光华管理学院

蒋子熹 周小宇

政府管理学院

李亚薇 胡微微

西南联大基金

数学科学学院

雷理骅

物理学院

金辰皓

化学与分子工程学院

程 眣

中国语言文学系

姜雯雯 李轶男

历史学系

张晓慧

哲学系

程志翔

五四奖学金

数学科学学院

苗 旺 秦历宽 邓彦桢 潜骏阳 黄晨笛 罗 马
秦一骁 张晓沛 田昉暘 韩京俊 付龙杰 盛 开
杨鹏宇 陈晨曦 易鼎东 周意闻 兰 洋 李 骋
金 陟 胡鸣鹤 唐志皓 熊世豪 孔小点 史宏健
许文昌 范若昕 唐凤阳 宋 洋 陈慧明 江 涌
姜清元 王昆佘 张 涛 张海伦 金 威 常金龙
丁之元 曾 立 王佳伟 陈霄泓 张 牧 张 可
徐行忠 梁 琴 洪阿丽 沈 非 殷 杰

工学院

周 凯 杨 艳 孙梦荷 吴 鑫 刘英杰 金兆阳
纪炘烨 罗 楠 刘鲁峰 刘开奇 王 璐 贺 扬
杨鋆智 李 超 王 晨 李韶武 邵 玲 彭小玲
冯英杰 周 莹 张颖毅 赵大伟 刘 玄 陈 熹
庞 刚 王飞飞 毛亦心 刘国希 王 岩 尹新彦
晋立丛

物理学院

冯景辰 张小峰 周铁成 顾思凡 周廷弢 彭义来
郑加贝 刘天奇 郑一琦 段 然 秦伟伦 吴骏飞
高 桦 张跃伟 滕 茜 李昊坤 吴 宪 林雨晗
张功球 王大涛 刘 怡 章弋嘉 周 超 果 辰
刘峄阳 金伟良 陈 一 李 宁 刘 翔 刘世韬
刘传武 王维康 张 鹤 姜 楠 缪育聪 代 宇
谢旭飞 陈学刚 古利娟 黄 胜 颜 开 肖英东
宋哲文 马 达 沈齐欣 鲁 铂 李博华 丁 一
王玉玮 王溯源 杨 茂 王 维

化学与分子工程学院

李潇瀚 王凌宇 张梦楠 崔 畅 董 哲 邱 天
徐林楠 彭 阳 傅虹桥 刘文驰 郑莲君 金 亮
王抒扬 吴若嘉 王子宽 刘 帅 上官湘航
张传杰 王 珏 朱春梅 高 昂 黄 换 徐伟高
李子龙 宋艳群 商 冉 房华毅 胡 悦 曹 阳
蔡 欣 刘 文 陈 星 谢国俊 王健纯 付 婧
徐春虎 陈涓涓

生命科学学院

刘天舒 陈 问 曾庆龙 王雁冰 黄 榕 韩舒婷
龚 翼 赵峻峰 慕 童 顾 婧 赵娟娟 徐琳杰
廖美雪 姚 頔 林 薇 王 刚 侯英楠 林 青
任 姣 许 楠 李 爽 成 泽 张小明 陈 亮
王家亮

地球与空间科学学院

詹 彦 沈 阳 李世林 石 嘉 李夏路 郑玉洁
陈文磊 秦小双 程 鹏 王旭阳 冯 昕 田 原
孙 艺 邱 添 廖春华 孙华波 赵 勇 乔宝平
钟日晨 支 野 舒启海 贾 佳 孙岩标 李金星
闫淑玉 尹丹东 赵杰鹏 周述慧 简 星 宋本钦

城市与环境学院

张洪谋 李 智 李小萌 张 芃 王秋懿
淑阿克·乌扎提 熊若轩 张 穆 高 硕 楼梦醒
燕 群 史 进 肖晓俊 张 晶 董晓莉 崔 璨
史洪超 李 韦 李 琰 沈 虹 张静茹 朱镜颖
马世罕 王一帆 黄金碧 赵 晶 王 戎 张 丹
刘小茜 郑颖尔 文布帆 郑音楠 王 雁 边 雪
彭书时 秦 宁 丛 丽

环境科学与工程学院

尚冬杰 师 帅 封羽涛 方 波 盛 虎 徐振强
杨永辉 解宇峰 邢 璇

心理学系

雷蕾 罗运轴 陈明立 林沐雨 孔令志 汪晨波
李慧斯 于宏波 李松蔚

新闻与传播学院

林闽 朱羿璇 李卓群 李靖 杨荃 何萍
高洁 胡旸 王梦瑶 王舒颖 向阳 裴苒迪
王莹

中国语言文学系

刘祎 冯望舒 任荷 陈荔闽 林芳颖 吉雪霏
朱瑞婷 付泽新 饶德孟 张亚如 高策 林晴
赵团员 廖明飞 丁宇文 刘芸 董岑仕 张烨
付佳 马里扬 吴舒洁 齐一民 陈春莲 冯青青
张文 林静 赵柔柔 陈晓 赵志国 刘书刚
陈荣阳 梁盼盼 王宇飞 马娇娇 巩国莹 于海峰
徐丽丽 王紫微

历史学系

赵通 靳亚娟 王菲菲 潘敦 侯亚杰 叶雨薇
王健丁 李扬天 高燎 陈卓 赵野均 田卫卫
宋舒扬 骆露 马玺 丁义珏 张卫忠 惠慧
李欣 聂溦萌 马骥飞 张程 高宇 潘丹

考古文博学院

龙妍 陆元诚 邓振华 李颐轩 郑海霞 陈殿
罗汝鹏 闫欣

哲学系

柏宇洲 吕存凯 蒋季芳 李思仪 励晴昀 刘文姗
李杏 李帅 臧春蕾 谢吨虎 徐保军 王新宏
梁议众 贾辰阳 韩琪 王巍 丘乐媛 余亮
徐菁菁 郑伟 杨杰 张励耕 陈星群 李林
安冬 朱竞旻 曹润青

国际关系学院

张晓旭 王钰 王敏钊 徐嘉琪 史迪雯 杨妍捷
黄天元 刀洛西 李鸿雁 王菊 张彦 陈宇慧
高尔坦 林奕谷 刘畅 孙丰怡 曾璇 王怡雅
袁峰 郭小雨 沈丹 范暘沐 孙明霞 王剑英
黄佳宁 戚凯 罗芳 贾力楠 邵开愚 江文军
王疆婷

经济学院

卢梦瑶 宋立 汪术勤 高杨 黄洁 刘抱一
刘芮睿 陈西岳 刘雅清 张雪晴 陈栩 洪徐悦
张钦文 任静仪 刘笑语 邱清千 田克 顾晓琦
何蒙悦 胡允执 黄维 曹延龙 林展鹏 王睿
王宇飞 冯源 李明曦 付亚利 曹琦

光华管理学院

秦晴 钟华 黄晓寒 彭程 许骛 戴威
张婧 张文琦 戴忆尔 查刘云 杨扬阳 于静文
赵佳卉 郭骅亮 朱一峰 刘羽晨 洪欣格 童坤
刘畅 钟隽仪 俞悦 曾羽 侯笑笑 侯千乘
江宇源 高然 刘海北 安超 许超 杨黎
矫堃 杨惟玮 赵宇驰 黎欢 张鹏 于丽峰
赵欣娜 雷潇雨 陈文 惠文杰 刘轶群 王淘沙
于超 张茂松 王春静 章雯 张成林 韩非池

法学院

刘立力 韩婧文 李祎璐 孙智超 钱聪 孙靖洲
宋子笠 韦龙杰 周东 陈璟 许月 李哲炜
栗欣悦 杨海波 焦露漪 陈俐静 冯荣玉 贺曦
黄义也 姜媛媛 李青 李贤玉 梁惠娟 廖垚
凌芳 王掣 张庆霞 梁日 冯雷 许春彬
齐璐 王晓媛 方田 张云龙 许星遥 谢慧君
王争 王喆 童菁菁 佘倩影 姜晨 李临榆
龙潇 刘国干 高仕银 林志毅 刘跃挺 赵振士
曹志勋 吴天添 田铖 陈尔彦 鞠黎 沈银芳
郭一杰 徐铭谦 潘玥 鲁宁

信息管理系

赵莞莼 艾锋 张梦雅 周格非 徐蒙 于春明

社会学系

蒋拓 师瑞阳 梁栋 胡晓 胡凤潮 庞渤
张艳 谭明智 于洪妍 李汪洋 宋红娟 陈彦勋
周彦汐 胡雯 陈颖茵 宋文静

政府管理学院

刘弈含 王琳琳 徐溯 徐冠男 赵滕 蒋敏娟

外国语学院

杨海 沈希 董俊玲 王晋 赵鸣磊 吕瑞嘉
谭璐 李潇伊 钱江潮 平亦奇 姜一秀 郑友洋
汪雅琪 杨心悦 刘畅 吉竞 张伊伊 廖崧渊
陈丹青 吴彦 赵一丞 陆笑天 张婷 刘玉中
叶芳芳 章文 于泓洋 齐琳 廖宇 任昊
习超 宋文静 宋鑫 须一吟 张银 杨帅
杜卓黎 阮倩 宣金学 樊玉洁 陆琪玮

马克思主义学院

杜兴军 朱会莉 丁晔 黄天颐 向金芳

艺术学院

牟欣桐 罗洁 覃柳笛 刘静 吴燕武 刘胜眉

对外汉语教育学院

张未然 董艳婷 李琼 曾天 王瑗珲 薛晶晶
聂大昕 王楠

元培学院

万一楠 叶萌 李佩朔 李代 肖彦 刘运鹏
乔冠楠 南文瑞 吴琼 张梦秋 葛凤女 邹征廷
胥振阳 周思齐 董璘娜 蒋雨薇 李诗卉 赵雨淘
魏佳 罗雅方 狄央 张帅 张凌泽 张管宇
黄蒙 江嘉骏 刘萍 魏玮

信息科学技术学院

隋昕 施维加 卢菲菲 邵培莹 王朔 韩蕾
严亚伟 黄智聪 刘跃 陈昕 魏莱 张佳音

孙潇雪 方译萌 刘芳璐 欧阳思元 曹昊文
张骐 孙宇翔 刘驰 王臻皇 余美华 史歌
张文龙 马靖寰 刘真 余乐乐 李昱良 刘晨昊
王雨 刘力 赵路睿 牟瞻 张恂 管毓清
孙开成 崔一凡 龙云 严松柏 张凯 周振宇
熊文洁 马舒蕾 陈菊月 于晨 毕帅 孟霏湲
余扬 金星明 树柏涵 张韧 孟祥云 张延东
李云洁 郑雅丹 翁玲妹 李琳 张龙凯 郑聪
褚丽恒 邓瑞伶 张志昆 杨勇 张猛 张磊
汤伟男 梁广泰 许东阳 李月龙 贺鑫 朱韫晖
李冬晨 赵丹淇 王洋 黄明凯 张磊 游立
于昕元 常一阳 林舒 黎桐辛 侯冠荣 张航
涂昭 刘昌盛 李辰 史庭训 陈龙 崔雯雯
金丹 张贤国 刘飞 张志超

国家发展研究院

陈琛 孙晨 孙伊满 张琳弋 周海平 蒋浩
蔡卡尔

教育学院

耿玥 江涛 童小平 崔宏月 管浩 黄鑫
武晓旭 杨收梅 张璐帆 陈霏 毕鹏 刘强
程飞 王嘉颖 杨寓哲 孙也程

人口研究所

林婷

前沿学科交叉研究院

王霖 任晓庆 郝瑛 甄珍 陈雪

分子医学研究所

欧阳萌 黄渊余

深圳研究生院

邵茜 朱礼志 楼海君 杨云芳 陈婉 黎江凤
刘晓萍 卢毅 怀明云 任鲁宁 方伟 班庆远
谭胜虎 黄泽 傅辰渊 任孟琦 李铃 袁波
李食美 刘寅喆 李超骕 李思远 张丽娟 高竹友
周轶 罗桂波 仉尚航 张婷婷 杨小林 李欣
项楠 王欢 姜祎 魏雪艳 高璇 肖作鹏
傅一程 冯喆 余珊 孙凌昊 杨枫 王帅
马欣卫 祝伟 陈玮 曲世伟 苏文勇 费洁琼
孙晰晶 贺钊胜 黄源媛 赵枫 王琼 赵嘉祺
施拟阳

软件与微电子学院

倪际航 孙晓棠 陈楚 马占刚 杨旭 周佳琳
邹小琳 郑冰凌 张颖异 张楠 张健 张慧晶
曾妮 臧晓哲 岳佳 杨芳 许伟民 谢少梅
夏巍 王龙飞 孙静 申锦涛 任海潮 乔奇兵
乔欢 刘洋 刘青峰 李文 李苏媛 李培培
蓝岩真 金世超 姜瑞翔 姜慧 黄文土 黄晨
何申密 韩雯 丁大伟 陈郁馨 张超 张莉
殷静静 万冕 聂砂 陈慧琼 陈彬 李丽霖
黄晨曦 陈秋凤

医学部

冯雪云 杨芸 孙晓晖 刘芹 陈杰 胡钰曦
赵祎 邹绵成 孙丽凤 陈庄 孙丹 程青
黄晓敏 姚天卓 吕鸣樾 刘欣然 金奥铭 李飞
成恩 王凯路 杨玲 赵利建 俞冰 张琪
高翠歌 李杨 张世红 胡心怡 王倩 沈惠丹
李璐瑶 聂丹 王首洋 郭姝珉 幸华杰
令狐丹丹 梁之桥 李怡婧 郝清清 朱佳琳
胡昕 张泓昊 王高南 李星火 桂悦 司佳卉
袁宇瑶 姚雪妍 白赟

表 13-12　北京大学 2011 年才斋奖学金获奖名单(15 人)

序号	院系	姓名	课题名称
1	中国语言文学系	王尧	语境内部的活态传说之变异研究
2	中国语言文学系	蔡丹君	文人与文学文本的地域迁徙对南北朝文学的影响
3	考古文博学院	王子奇	川峡地区宋元城市的考古学研究
4	哲学系	熊江宁	中国宗教与法律的历史及现状研究
5	经济学院	谢超	产业结构、经济增长与失业率关系研究
6	经济学院	胡祖铨	地区间差距与征税努力程度
7	光华管理学院	朱虹	财政分权、地方政府行为与经济增长和波动
8	光华管理学院	潘蕊	社交网络的统计分析与回归建模
9	法学院	朱新林	论民事执行救济
10	信息管理系	刘合翔	基于共词网络的学科知识结构及知识演化研究

续表

序号	院系	姓名	课题名称
11	社会学系	陈旭峰	“农民上楼”与农村教育的发展研究
12	社会学系	夏希原	历史人类学视野中的川北古代城市与战争研究
13	马克思主义学院	张　莉	建国以来马克思主义大众化的历程与实践
14	教育学院	王友航	高校毕业生基层就业政策的认受性
15	人口研究所	陈　鹤	中国老年人口健康预期寿命的历史趋势、影响因素及预测

共青团系统奖励

北京大学红旗团委(共 5 家)

光华管理学院团委
法学院团委
信息科学技术学院团委
物理学院团委
第三医院团委

北京大学共青团专项工作创新奖(共 9 家)

政府管理学院团委
外国语学院团委
经济学院团委
国际关系学院团委
城市与环境学院团委
元培学院团委
哲学系团委
护理学院团委
第一医院团委

共青团标兵(共 10 名)

杨弘博　哲学系(宗教学系)团委书记
黄新骏蓉　中国语言文学系 08 级本科生
孙少阳　化学与分子工程学院 10 级硕士研究生
廖秋子　法学院 07 级本科生
李　丹　国际关系学院 11 级硕士研究生
胡思慧　政府管理学院 08 级本科生
李　钊　信息科学技术学院 09 级硕士研究生
杜浩然　经济学院 11 级硕士研究生
韦祉含　北京大学深圳研究生院 10 级硕士研究生
赵　珊　北京大学基础医学院团委书记

优秀团支部(共 34 个)

数学科学学院 09 级本科生 1 班团支部
工学院 08 级博士班团支部
物理学院 10 级本科生 2 班团支部
化学与分子工程学院 09 级第三团支部
生命科学学院 08 级本科 2 班团支部
信息科学技术学院 09 电子系 2 班团支部
地球与空间科学学院 09 级本科团支部
环境科学与工程学院 09 级本科团支部
心理学系 09 级本科团支部
中国语言文学系 08 级本科 2 班团支部
历史学系 09 级本科团支部
考古文博学院 09 级本科团支部
哲学系(宗教学系)09 级本科团支部
国际关系学院 09 级本科 2 班团支部
经济学院《壹评》团支部
光华管理学院 08 级本科工商 3 班团支部
法学院 09 级法律硕士 2 班团支部
社会学系 10 级硕士团支部
政府管理学院 10 级本科团支部
外国语学院 10 级德法联合支部
艺术学院 08 本科团支部
马克思主义学院 10 级硕士班团支部
元培学院 09 级 1 班团支部
教育学院高校管理 10 级团支部
软件与微电子学院科技一苑团支部
人口研究所 10 级团支部
供暖中心团支部
深圳研究生院 10 级经济 1 班团支部
前沿交叉学科研究院 10 级团支部
爱心社团支部
绿色生命协会团支部

山鹰社团支部
台湾研究会团支部
自行车协会团支部

十佳团支书(共10名)

周超然　物理学院07级本科生
金　亮　化学与分子工程学院10级本科生
郝雨萌　信息科学技术学院09级本科生
王荣婧　环境科学与工程学院09级硕士研究生
张博宇　历史学系08级本科生
李玉磊　国际关系学院09级硕士研究生
王丽雅　社会学系09级本科生
张忞煜　外国语学院09级硕士研究生
邓凯馨　元培学院07级本科生
陈　卓　深圳研究生院10级硕士研究生

优秀新生团支书(共10名)

林　铃　数学科学学院10级博士研究生
杜金铭　工学院10级博士研究生
田雨婧　生命科学学院10级本科生
袁　硕　中国语言文学系10级本科生
俞晓婧　光华管理学院10级本科生
潘驿炜　法学院10级本科生
赵培强　政府管理学院10级本科生
李诗语　艺术学院10级本科生
王婷婷　教育学院10级硕士研究生
罗　婧　深圳研究生院10级硕士研究生

优秀团干部(共134名)

数学科学学院

苗　旺　盛　开　刘博玄

工学院

王少杰　周子恒　董润莎　吴文琪

物理学院

周美林　黄　龄　沈星辰　孙逸超

化学与分子工程学院

傅虹桥　杨　挺　金　亮　上官湘航

生命科学学院

侯华芸　袁　媛　刘天舒

信息科学技术学院

周　武　韩　蕾　乔　丹　郭佳奇　李雨钊　郝雨萌
王　正

地球与空间科学学院

刘天泽　朱尉强　邵子剑

城市与环境学院

熊忻恺　史洪超　方晓晖　徐迪航

环境科学与工程学院

杨巧云　黄贤睿　闫美霖

心理学系

孔文默　张　欢

中国语言文学系

许　龙　闫梦醒　赵铁凯　王宇飞　马川茼

历史学系

刘继元　支　锂

考古文博学院

侯　琳　龙　妍　戴鸿运

哲学系

邢冠宁　易　宇

国际关系学院

杨　萌　吴临风　傅若兰　王菁菁　卢紫烟　陈昌煦

经济学院

张　俏　徐肇涵　高庆昆　庞　桐

光华管理学院

蒋海涛　黄晓寒　文　博　樊　帅

法学院

姚希鸿　李　菁　韩　玮　张德祯　吕祚成　徐晓栋
陈　涛　马　克

信息管理系

崔婧玉　梁　岩

社会学系

杜津威　秦长运　薛荻枫　周　扬

政府管理学院

胡思慧　盖佳萌　赵培强

外国语学院

李　航　杨亚晨　高梦宇　洪宏烨　赵晓航

艺术学院

郭莉莉　崔情情　李伟民

新闻与传播学院

何　威　张　天

马克思主义学院

孙　宇　余艾力

元培学院

陈　洁　陶　沁　黄毛毛　曲　鹿　王福晗

中国经济研究中心

贾　申　刘　超

教育学院

刘　理　王婷婷　刘　萨

软件与微电子学院

丁　岑　陈铭杰　夏　巍　陈慧挺

人口研究所

孙韩钧

附　中

李济辰　张甫吟

后　勤

宋　飞　尹润芝

深圳研究生院

李　博　仉尚航　陈　卓

对外汉语教育学院

吴杏红

前沿交叉学科研究院

郝　瑛　王艺舒

医学部

赵永为　冯建春　李　辉　刘立婷　王　楠　李　静
周世强　曾梦歆　石昊昱　王冠龙　张　婉　刘　静
刘亚琳　杨　震　顾宝要　刘安鹏　郑金阳

优秀团员(共 208 名)

数学科学学院

何笑鸥　秦一骁　赵　沨　赵国宇

工学院

李佳智　刘　欣　叶林茂　罗　楠　孙　坚

物理学院

李永明　张　亮　汤亦多　孟繁庚　林清源

化学与分子工程学院

王敬锋　刘博通　赵欧狄　牟　迪

生命科学学院

孙华英　章雪萍　杨　萌　蔡昌祖　兰　青　蒙　皓

信息科学技术学院

陈云帆　李昱良　刘鹏宇　刘文一　刘　翔　陆　璇
马陶然　年家震　宋诗琴　杨　健　牟力立　詹杭龙
刘晨昕

地球与空间科学学院

李　奇　蔡亚平　王丽斌　周艺艺　于翔宇

城市与环境学院

郭永沛　杨　倩　徐志搏　刘禹君　孙　童　邹林佚
唐辉栋

环境科学与工程学院

申中正　姜含宇

心理学系

米依尔　玉尔麦

中国语言文学系

刘　娟　黄　琪　蒋仁正　周天逸　张　玥

历史学系

马奏旦　侯亚杰　傅程豪

考古文博学院

孙雪静　裔传臻

哲学系

秦晋楠　罗宇迪　刘一鸣　杨偲劢　姚中道

国际关系学院

卫　琛　周瑜倩　杨品杰　王婉璐　崔　圣　杨明珠

经济学院

胡冉迪　任溯远　张棋尧　孙克扬　蒋　澈　莫雨璐
何映天　陈婧霖

光华管理学院

张　婧　戴　威　孙菁泽　宋泓滢　戴茗菲　胡　楠

法学院

黄浩荣　陈映萍　王开元　刘　辰　侯　乐　郝丹阳
李彦恺　齐　乐　张　镇　张　克　蒋少祥　袁　雯
李　明

信息管理系

段紫薇　赵玉现　崔婧玉　梁　岩

社会学系

宋　宇　宋　岳　王丽雅　安　浩　吕　帅

政府管理学院

孔　斌　杨　喆　詹修贤　章梦昱　何庆钦　严靖凯
王　达　金雅昭

外国语学院

冯思瑶　李心怡　沈亦乐　张博君　张　塔　朱中原
王艳超　宋文轩　冯　源

艺术学院

李伟民　李诗语　时梦月

新闻与传播学院

肖　铁　李卓群　彭雪松　王小敏　黄雷蕾　李　靖
张　欣

马克思主义学院

朱会莉　夏祖奎

元培学院

唐秋韵　顾鼎鼎　梁嘉韵　郝　凡　桂正卿　李　琦
周文杰

中国经济研究中心

陶尹斌　徐志浩

教育学院

曹雪莲　李　璐

软件与微电子学院

李　楠　马　迪　吴　广　赵冬冬　韩　雯　倪际航

杨　冉

人口研究所

王　曼　王振华

附　中

曹　群　姜沣洋　周鹏翔　董小涵

后　勤

熊　蕾　韩巧巧

校医院

刘　丽　王春旭

深圳研究生院

陈　驰　李　程　邱国波　王新波

对外汉语教育学院

丁利民　郭鲁华

前沿交叉学科研究院

黄　婷　张　鑫

医学部

郑艺明　林秀峰　石晶晶　何　博　贺　辉　侯芙蓉
王　韵　张　珂　钟沃权　文　卉　龚元昆　马义斌
金泽健　梁　靓　冯　寒　陈亚希　从端端　罗丽达
王　南　王计明　陈显慧　吴　妮　万　幸　郭海涛
潘　勇　张佩锋　赵　亮　曹　炜　刘　鹭　王　沛
侯新智　许柏森　宋倩倩　张建静

·毕业生名单·

本科生毕业生名单

一、2011年授予学士学位名单

学士学位总数2698人

理学学士学位1260人

数学与应用数学专业114人

陈昊 程诚 董煊 费燕 冯玥 付雷
郭越 郝雪 黄辰 黄涛 鞠想 康迪
李凡 李沫 李眺 林杉 林茜 刘欢
刘熙 吕渊 裴阳 强华 邱野 孙旭
孙鑫 王彬 王虹 王今 王远 魏峰
吴边 谢磊 徐路 徐曙 杨帅 杨阳
杨政 易龙 余诚 张栋 张雷 张琳
张微 张炜 张龑 赵昳 郑直 周瑾
曹灵灵 查雯蝶 陈佳一 陈若微 陈心之 丁凯琳
范俊秋 付仑策 郭一鸣 何曼怡 何妍君 黄一纯
姜子麟 蒋佳忆 金睿璋 靳思宪 孔唯早 李晓月
李小鸥 李欣意 刘烜伯 刘克琪 刘雨晨 刘兆楠
龙昌伦 卢道帝 卢天亮 吕卓然 莫少康 南永辰
欧雨蒙 庞星星 任天一 沈才立 苏炜杰 孙文博
孙正元 孙志兴 唐雪颖 唐云清 田轶平 王安琪
王佳星 王锦霞 王静姝 许地生 许子岳 严晓莉
俞锦炯 岳元熙 詹婉苏 章高驰 张碧源 张博扬
张任宇 张瑞勋 张雪珊 张雨萌 张宇翔 张昊天
张焱斌 周晨璐 左婷婷 闫博巍 闫梦怡
李铁合金

信息与计算科学专业33人

常博 陈晨 焦阳 晋捷 李亮 刘森
刘洋 刘鑫 骆熠 马睿 乔磊 温爽
张龙 陈渝嘉 樊家琛 樊玉伟 康浩坤 李家祺
李声融 刘澜涛 刘瑞恺 马怡聪 唐兴雨 王金龙
王闻蔚 王志明 续晓婧 杨孟洲 应鲍龙 张吉源
张佳玮 赵子慧 朱明昊

统计学专业38人

安杨 陈龙 胡杰 李超 刘靖 马健
马昕 裴蕾 任泰 王海 杨凡 杨婷
余洋 赵倩 包京宇 陈施喆 陈韵竹 范爱琳
冯书豪 葛大东 季张龙 蒋智超 解曜国 康永健
李安琪 刘湘晖 卢梦茵 潘丽芬 沈威宇 施超轶
童潇潇 王林勃 王亦璠 吴潇潇 徐懋祺 许维隆
岳亦辰 张一弛

物理学专业175人

陈华 陈黎 陈岩 陈琛 戴亮 董常
方可 房瑜 高鹏 郭畅 郭寻 郭璐
韩旭 郝阳 贺娟 侯杰 黄南 黄朕
汲翔 纪玮 姜杉 孔朔 雷扬 李恒
李涛 李一 刘畅 刘楚 刘通 陆峣
马蕊 裴度 阮鹏 邵斌 邵帅 史卿
孙佳 孙萌 孙蒙 孙涛 王胜 王绪
王玄 王鞅 魏哲 吴彬 吴斌 吴韬
夏树 谢浩 薛驰 严昊 于琛 余超
章进 张因 张宸 张琨 张晖 赵冬
赵淇 朱鑫 左宇 班博颢 薄连坤 蔡钧安
蔡俊毅 蔡拓程 曹远胜 曹志军 柴俊一 陈星尘
丛明舒 丁长长 董建津 范琳然 方仙法 符合振
甘斯亭 宫阳阳 郭东升 韩炳鸿 胡劲力 胡溢文
黄辰亮 黄舒聪 黄太武 黄维冠 惠辰宇 姜凯立
焦龙飞 靳路昶 赖龙海 李东耀 李冠辰 李俊泽
李林泽 李晓燕 李晓璞 李艺威 李志昂 李佐鸿
李鑫龙 梁昌支 林智远 刘士毅 刘文静 刘旭东
刘永亮 刘雨潇 刘禹驰 刘振宏 马晨昊 马万里
毛英男 冒再兴 倪良富 倪泽远 年庆功 彭星宇
彭星月 商宽平 申禹杰 沈盛杰 孙守坤 孙伟奇
汤衍浩 汤雨波 王佩剑 王天宇 王伟冰 王卫龙
王晓晨 王欣上 王耀彰 王一凡 王孜博 王子源
文汗青 肖建元 徐欣安 徐志明 徐志庆 徐子骏
杨海峰 杨路炜 姚松林 易祺坤 于晨露 于东洲
余力立 岳海岑 张长建 张春茂 张大彤 张海硕
张米伟 张天威 张维加 张欣宇 张宇昊 张玉豪
张之梦 赵宏宏 赵润中 赵耀民 郑平辉 周超然

周愈之　朱觉远　朱上果　朱一舟　庾雄杰　闫晓东
瞿中明

化学专业 118 人

蔡　康　曹　科　陈　思　陈　阳　邓　越　翟　峰
刁　硕　段　博　冯　菊　冯　鹏　高　洋　高　原
高　琛　顾　均　海　洋　何　军　胡　诚　胡　墨
蒋　雯　李　晨　李　川　李　悦　李　沣　李　昊
刘　阳　刘　茜　刘　婧　马　兰　潘　宇　乔　博
石　莹　史　怡　苏　宇　孙　耿　汪　韬　王　典
王　鹏　王　皓　王　皓　吴　杉　吴　桐　相　锟
徐　磊　徐　瑶　杨　扬　杨　阳　杨　璐　喻　超
张　桐　张　伟　张　行　张　炜　赵　然　周　昕
周　烨　栾　书　滕　欣　蔡元博　陈戈敦　陈焕发
陈鹏程　陈其伟　成楚旸　党曦偹　冯鲍盛　宫勇吉
顾一帆　顾昱晓　呼宇飞　蒋成皿　金文最　李丹娜
李力一　李文平　李现鲲　李亚伟　李跃星　林小欢
刘翔宇　刘晓晗　刘一帆　刘泽宇　刘志宇　卢旷达
吕宏品　吕绳涛　马佳辰　马远驰　马志勇　苗晓斐
潘金龙　师付博　孙轶伦　田成喆　王涵柳　王家锐
吴东锴　吴国骄　吴晓伟　吴筱杰　席雨蒙　肖先金
杨博衍　杨穗嘉　尹克华　应罕泽　张大魁　张少斐
张文涛　张一弛　张一苇　张振宇　张子旸　赵昊涵
钟梦绮　周瀚洋　卓峻峭　闵笑全

应用化学专业 5 人

巩　昊　贺　蓓　楼　宇　危苏昊　张欣亮

生物科学专业 126 人

安　瑞　程　璐　丁　阳　董　杰　董　韵　高　琼
高　妍　高　瑜　关　芮　郭　铠　呼　群　胡　龙
胡　翔　解　玄　金　晨　李　晨　李　迪　李　盾
李　阳　力　菲　罗　琳　罗　路　马　明　邱　实
冉　辰　申　珊　盛　盈　史　苒　孙　昱　王　涛
王　洵　王　珏　韦　雯　吴　燊　肖　澈　肖　盟
徐　腾　杨　旸　杨　冰　杨　景　杨　颖　杨　兮
殷　译　虞　洁　张　曌　张　景　张　媛　张　雯
郑　凡　周　謇　朱　祎　朱　昀　庄　庆　陈昌亚
陈祖煜　戴建莉　但青云　范佳琳　方御堃　冯蔚然
高煜芳　管昕玥　郭智坚　韩宇翔　贺莹晨　胡逸眉
黄子骥　江海峰　金家慧　靳雅娜　李东阳　李洪阳
李皖昆　李文渊　李晓晴　梁东旭　林济民　林思博
林婧媛　刘佺佺　刘代飞　刘竞金　刘俊杰　刘梦羽
路宇衡　陆楷钧　骆文珊　马士棋　潘星宇　庞紫璇
曲芳菲　沈佳驹　盛扬蕙　师成平　施子尚　史文天
宋依然　孙雨青　唐智鹏　唐紫薇　陶文琪　王玥琦
王长荣　王凌威　王文东　王小龙　吴秋雨　伍洪刚
谢怡然　熊哲浩　徐唯涛　徐志超　杨正林　叶永鑫
易培珊　应凌霄　于奉高　张国晟　张继昌　张潇云
赵鸣堃　赵旭照　郑雯君　朱军豪　庄泓川　皇甫存青

生物技术专业 7 人

李　然　周　泓　郭超然　梅亚冲　饶驰通　张婷婷
冼丹林

天文学专业 17 人

柴　伊　李　婷　宋　斌　王　栋　许　尘　易　正
周　萱　郝国强　鞠文华　李忠良　刘金易　陆朝胜
王文慧　王熙庆　夏启然　杨起源　张建东

地质学专业 28 人

陈　静　陈　瑞　戴　箫　黄　琴　卢　丹　孟　树
倪　鹏　秦　浪　孙　楠　汤　勇　夏　青　张　瑞
张　爽　张　璇　郑　勇　付宛璐　李翔泽　刘志成
唐俊杰　王丽斌　王玉国　王增振　吴一超　袁学银
张天然　赵文韬　朱婷婷　鄢雪龙

地球化学专业 2 人

李　宁　杨晓雪

地理科学专业 9 人

韩　阳　宋　木　王　玥　韩忆楠　李鹏飞　李润琪
孟祥巍　苏云翔　陶静娴

资源环境与城乡规划管理专业 18 人

王　博　卫　晓　武　媚　张　弛　周　君　朱　莎
蔡一帆　洪巧民　李德瑜　李晓宁　施凯崴　王天天
王伟凯　翁时伟　杨雪怡　张一凡　菅一琪
格桑扎西

地理信息系统专业 16 人

底　骞　刘　磊　刘　羽　邵　虎　武　鹏　徐　励
杨　健　展　望　蔡亚平　黄竹梅　廖嫣然　刘平一
孟庆野　郑培晨　周明亚　阿布热力·艾尔肯

地球物理学专业 24 人

陈　洁　陈　敏　黄　星　亢　豆　李　多　李　晗
齐　刚　王　博　张　宇　冯力理　耿万里　郭一村
何怡原　贺鹏超　蒋生森　李智超　刘敦宇　马筱玥
孟浩然　谢建军　徐慧辉　俞红玉　曾祥堃　郑忆康

空间物理学专业 12 人

陈　曦　巫　飞　赵　泓　崔燕波　胡骏翔　李晨放
李德胜　鲁尚文　马文文　裴仲添　申井然　申艺善

大气科学专业 19 人

何　淼　黄　龄　贾　喆　简　悦　李　成　李　航
吕　程　陈璟怡　黄亚男　李奇龙　卢飞雨　宋阳阳
孙道勋　涂小林　王泽睿　武凯军　徐春萌　张佳伟
张秋实

理论与应用力学专业 26 人

何　旭　李　腾　李　影　李　琪　满　怡　毛　晟
沈　洋　施　峰　涂　庆　杨　声　于　浩　张　健
蔡觉逸　付俊杰　季锦梁　娄开元　梅文俊　邱明峰
施建峰　谭斯逸　王恒杰　谢金翰　杨谨硕　尹希晨
钟思阳　周晓晨

古生物学专业1人

刘乐

电子信息科学与技术专业105人

陈旻 陈超 陈龙 陈特 陈新 陈政
陈蛟 高照 顾源 李辰 李冲 李聪
李辉 李赓 林拓 凌莉 刘畅 刘鹤
刘磊 罗鑫 马骁 荣振 阮飞 邵珊
童枭 王京 王禹 王瀚 吴腾 夏云
邢城 颜骏 杨晶 杨帅 杨易 羊晋
永辉 袁格 张剑 赵洋 郑倩 左涵
栾添 臧凯 陈静超 陈至远 崔益霏 戴少阳
邓丽霞 冯洁琪 高虹桥 高欣祺 高亚运 耿海洋
谷昂晟 何明丽 胡浩亮 黄家强 姜通晓 蒋雨欣
李大为 李定辰 李佳斌 李明华 李尚遥 李文超
李洋晶 李逸樵 李毅之 李政宇 梁诗鸣 廖泥乐
林师文 刘孟奇 刘书航 鲁金龙 陆辉志 齐璐晔
祁晓霞 曲国龙 沈逸超 石岱庭 孙宏宇 万阳沙
王凤翔 吴长灿 吴沛文 谢金铭 邢晓迪 熊泽冲
薛潇博 杨丹凤 虞洵捷 张东扬 张巾帼 张敏林
张前南 张晓迪 赵青靓 赵耀环 郑一林 钟一然
周天瑶 朱晓琪 朱雪韵

微电子学专业77人

池煜 翟歌 丁珂 杜菲 冯博 郭剑
何凯 黄颖 李默 廖凯 刘健 刘黎
路浩 毛翔 蒲敬 邱林 沈灵 王龙
王卓 王倩 王韬 韦超 伍峰 夏韬
谢全 于弢 袁帅 张凡 张潇 张昊
毕小斌 陈国鹏 陈昊荣 崔铁梦 单宏宇 段志明
付思迪 宫礼星 郭昕婕 何一波 胡俊嵘 黄福青
李元慧 卢恬涛 陆光易 马晓乐 孟时光 倪永江
盛世伟 宋京京 孙骁骏 陶婷婷 王贯江 王君逸
王骏成 王绍迪 王舒阳 王帅民 王炫烨 翁东旭
翁轩锴 吴渤翰 徐秋旻 徐肇奇 徐子寒 杨瀚文
杨昊哲 余文宣 张辰飞 张笑阳 张雪琳 张雅婧
张宇识 赵治烨 郑鸣昕 周剑韬 裘元俊

材料化学专业36人

陈铖 邓强 邓睿 翟优 方源 冯博
冯峰 付赫 谷航 何鹏 侯觉 胡朗
蒋晶 柯俊 张羽 周凡 褚杨 柴志刚
陈金伟 邓先河 胡剑青 惠静姝 纪清清 李昆霖
娄舒洁 骆周扬 桑金钊 宋子元 汤培峰 王瑛琪
信跃龙 徐应容 杨诺亚 殷昊霖 赵晓堃 赵志远

环境科学专业15人

韩雪 牛薇 尹力 朱宸 邹洁 李彤超
李晓豹 李元青 凌润东 王彦骐 杨武霖 尹珍珍
袁辰怡 袁冠湘 闵雨佳

生态学专业12人

马麟 王韬 杨柳 余乐 郁言 陈学成
崔梦頔 何龙斌 金哲侬 李卓楠 鲁超凡 沈利峰

环境科学专业22人

丁丁 刘栩 彭暐 万瑞 汪雯 薛莲
薛涛 张凤 张静 张昕 戴灵真 郭洪宇
李梦仁 李青云 李昊洋 刘小溪 孙铁同 陶晔彬
吴华峰 章宇超 郑汉涛 邝斌宇

心理学专业42人

葛翔 贾珂 金迈 柯瀚 李环 李岱
梁晨 马驰 马征 彭沁 唐堃 陶纯
王昕 吴昊 俞青 张可 邹鑫 安淡名
曹梦洋 陈东飞 陈洁盈 丁欣放 丁琦城 关嘉榆
胡楚苓 焦文娟 李靖宇 马婧婧 牛启昆 丘家璿
邱雪梅 施纯桐 王婷婷 吴向宏 武云路 杨宇辉
余昊旻 张梦娇 张祖贤 诸梦馨 诸梦妍
卡哈尔江·阿布拉

智能科学与技术专业39人

陈培 盖孟 郭燚 韩冰 李博 刘云
刘邠 刘恺 苏航 王靖 王敏 王宁
王晗 肖融 杨翔 尹宁 余默 崔建昕
董中倩 何梦文 何晓宇 黄林晟 黄钇森 蒋晴野
梁馨月 刘春彤 吕盛龙 斯文骏 孙恒一 孙嘉琪
孙军渭 万馨忆 王泽亮 徐晓寒 许达锋 薛业翔
俞毓锋 张文静 赵树娟

计算机科学与技术专业124人

白易 陈琛 陈瑜 段镭 方赟 冯浩
苟瑞 郭颂 胡薇 黄群 焦妍 金庸
金鑫 李锭 李龙 李铄 林嘉 林旖
刘森 刘阳 卢钊 马郓 潘昊 彭飞
曲直 唐艳 田野 王菁 魏婉 吴良
许坤 杨浩 杨挺 曾旻 张伟 张姣
张淼 赵伟 郑何 钟诚 周璟 周辰
柴泽林 陈科吉 陈仕麟 陈曙威 陈思靖 陈璐瑶
崔伟龙 顾张磊 桂载铎 韩冬煦 韩养莎 何辉辉
洪星星 黄舒志 黄思儒 蒋达晟 李成果 李克强
李小奇 李雁章 李泳浴 李怡文 梁博文 梁一中
林嘉怡 刘金宝 刘凯南 娄焕庆 罗海鹏 马舒浩
毛宁宇 莫景辉 蒲昭昭 钱梦仁 秦大洲 邱会达
任志辰 沙文鹏 石立山 史秦青 孙晓鸥 汤元超
田昕晖 万富强 王承珂 王伟超 王小龙 王宇昕
王宇鹭 王恺然 巫金凯 吴志川 武嘉怡 肖祥全
谢佳亮 邢雪源 熊学禹 徐谷子 徐宗连 许恒昌
许梦竹 许世泽 薛晓颖 杨文新 姚汝颢 易天旸
余昊男 张化劲 张明君 张勤健 张无忌 张晓伟
张旭东 赵婧妤 赵皎皎 郑泽宇 周家 朱星炜
朱致远 佟晓帆 闫丰润 阿里木·吾不利哈生

工学学士学位113人

能源与资源工程专业41人

成乔 崔旭 何瀚 金泰 李成 栗斌
梁晨 刘奕 罗浩 石欣 王博 王丰
吴戈 吴湖 杨成 郑凯 周敏 陈毅敏
陈志敏 代亚非 邓志超 郭逸人 贺劲鑫 侯忠志
孔祥翔 林修竹 林钟荣 刘玺璞 聂照云 彭海涛
沈宏伟 王彬彬 王国胤 王龙飞 许佳玮 杨埔蘅
杨婷云 叶泰来 禹楚航 张健鹏 张楠林

工程结构分析专业18人

常钰 陈磊 高峰 李果 聂凯 桑頔
李永生 李渝哲 李羽白 王冠男 王一蕤 夏劢镭
杨长东 叶礼清 张明磊 张顺洪 张夏灵 张先念

环境工程专业9人

陈成 石刚 舒帆 卢睿卿 唐海龙 张保龙
张成扬 张承禹 阿尔斯·艾尔扎提

软件工程二学位专业14人

董熹 官毅 纳罕 张磊 黄晨晨 李宝久
刘宇明 吕楚夫 王显辉 温黄东 杨荣宝 张洪玉
张一洋 周海洋

城市规划专业31人

安頔 罗洁 潘悦 裴钰 秦杨 任疆
孙森 王星 袁泉 张帆 郑蕾 朱敏
邓婷婷 韩雅飞 胡俊杰 李维瑄 刘昊飞 马晨越
邵胤培 沈翥鹏 宋丽青 宋腾飞 王景双 王怡然
武华宇 相云柯 许超诣 俞苗苗 张一唯 张禹平
赵蕃蕃

文学学士学位421人

中国文学专业78人

陈思 杜琳 范雯 胡涛 黄琪 江鹏
李垚 李锐 李璇 刘玥 刘慧 刘颖
吕虹 马晋 毛劼 门聪 庞博 苏展
王丁 王穆 王杨 王焱 王磬 吴可
武頔 薛静 于潇 张玥 张琳 张蕊
赵楠 钟欣 朱凡 俸田 白惠元 蔡依纹
曹德超 陈洁琳 陈淡宁 范超然 冯相郡 高华伟
巩潇蔓 顾晓路 韩世中 李美英 李雯洁 吕初序
吕漪帆 齐薇菂 宋鹏程 孙牡丹 索芳放 王慧慧
王思宇 王梓瑜 武振涛 伍观弟 谢立鑫 严菲菲
杨松梅 杨晓雪 章闻韶 张丽雪 张丽婧 张玲玲
张伟一 张晓鸥 张钰珣 赵雪健 赵永强 赵悦波
赵梓言 谢靖妍 郑建浩 郑依菁 周萌宣 窦金龙

汉语言学专业21人

陈叶 丁姝 董哲 冯晨 李冰 刘杰
魏航 朱泓 曹彦雁 陈稚瑶 都桓兴 何雨殷
黄梦迪 黄攀伟 李玉军 李卓琳 刘菲晖 朴红花
汪强强 王媛媛 张一文

应用语言学专业5人

陈刚 马腾 朱成 王靖楠 周天逸

古典文献专业12人

刘晶 宋现 薛威 何其书 蒋仁正 冷雪涵
廖海华 韦胤宗 熊修奇 杨光磊 俞昕雯 袁春杰

葡萄牙语专业10人

樊星 刘派 马琳 王渊 张晨 陈畅言
符辰希 贾凤娟 张智雅 周效国

英语专业48人

陈微 陈稀 贺超 黄文 蓝澜 李享
林坤 刘悦 罗天 欧玲 任莹 王雪
王韬 武玥 徐媛 薛丽 杨艳 张媛
周帅 郗洋 逯璐 陈炜夷 陈淼娟 程雪娇
冯雨叶 关梦桐 胡正泽 金丽鑫 刘梦星 毛斯祺
聂振宇 彭小沛 沈丹玺 石晓菲 寿晨霖 孙晓静
韦慧慧 徐祖怡 岳琳川 张春岚 张梦璐 赵文静
赵小溪 周文仪 朱绿和 朱钦琦 陈倩芷
努尔艾力·阿不利孜

俄语专业16人

吕行 马迪 穆童 王蕊 王梓 吴超
叶纯 费海汀 管佖路 黄文帝 贾敏慧 李晓萌
刘红萍 穆路遥 张烨雯 闫晓光

德语专业17人

范为 冯叶 何昕 刘杰 陆天 梅欣
彭黎 巫锐 蔡若筠 郭金石 郭美玲 黎志青
李文丹 李园真 林芳芳 赵安祺 朱思聪

法语专业18人

刘彦 苑宁 张洁 朱珠 柏雯瑛 冯玮炜
黄河清 季季青 连佳璨 孙宝新 吴曼萁 杨奕修
张佳杰 张轶琳 赵雅婷 周珊珊 朱玲玲 朱梦恬

西班牙语专业18人

李静 李军 梁鹏 夏青 肖瀚 杨捷
于群 原璐 蔡雅芝 戴薇薇 范笑妍 韩斐斐
胡泽丹 刘旦复 马丽姣 赵轶凡 郑桂先 逯月婵

阿拉伯语专业15人

黄玥 李观 刘龙 刘阳 韦欣 赵政
曹蒙蒙 董会娜 杜金浩 方炜韫 李一超 孙晓雯
阎鼓润 郑燕雄 周艳根

日语专业17人

崔敏 傅越 姜通 李莹 吕睿 王苏
王莹 杨宸 张雯 姬晨辰 李胡兴 李雯易
陆玉蕾 唐俊杰 武曾宇 赵丹萍 赵红桥

朝鲜语专业14人

韩锋 李淼 吴傲 杨阳 尹航 祝捷
董俊宇 范心露 付佳音 王希明 薛晓媛 杨琳琳
赵梦蝶 周海舟

印地语专业11人

谷粒 韩旭 黄睿 贾岩 李旭 邓亚姗
华黎裕 华丽斯 吕桢南 虞丽娜 张书剑

乌尔都语专业11人

李聪 施越 孙静 田妍 王瑶 周韵
杜佳宁 胡萍萍 李方达 王允雨 袁雨航

希伯来语专业12人

陈硕 刘学 王腾 徐叶 杨光 华若筠
姜旻敏 梅华龙 孙梦雅 王迎颖 夏切尔 佘纲正

广播电视新闻学专业15人

陈婧 刘欣 龙昊 宋昱 王尧 王森
朱博 包蓓蓓 胡月清 祁文静 乔聪睿 阳广霞
曾雨珅 赵樱泽 格桑旺久

广告学专业18人

白捷 李赛 刘晨 王薇 谢宁 张爽
邹阳 蔡融融 郝文涛 胡译丹 梁宇阳 刘晓桐
屈昕晨 孙依宁 张一爽 张芮筠 张怡然 朱晓琪

新闻学专业38人

卜飒 陈磊 陈薇 郭超 何扬 黄其
黄恬 刘程 刘婵 卢波 马淼 沈叶
王维 许雅 杨帅 易洁 殷晴 赵旸
陈鹤鑫 陈梦溪 高嘉晗 龚婉雯 韩心怡 黄悠然
李晓燕 李一涵 刘素楠 吕沙沙 那丽莎 仝希西
苏孟迪 汪玉龙 王颜欣 杨丽娟 赵亦楠 朱悦俊
吴红毓然 祖丽胡玛尔·依沙克

广播电视编导(影视编导)专业27人

陈琦 戴韵 杜鑫 方程 劳娱 陆芸
马珏 白添夫 董小红 李鹤群 李梅里 李梦同
牟冬野 裴之田 饶龙峰 苏美东 田茂竹 王依依
肖妍琳 徐润南 杨惠萍 杨银萍 叶沛洁 张擎华
张宇星 赵涌涛 周田田

历史学学士学位66人

历史学专业19人

陈骁 康妮 刘钊 尹航 张驰 张欢
张楠 周衡 傅富强 郭洪伯 牟利君 乔文婷
求芝蓉 孙延征 孙宇晨 杨建刚 尹梓奇 俞海萍
章雯晶

世界历史专业23人

包李 蔡懋 程琳 杜娟 高然 高旭
吉鎏 李珂 邱然 王烨 车璐璐 陈业诗
高茜雯 郭若璐 李晓倩 秦冰凌 冉茂林 盛乙晨
吴伯乔 许翔云 杨金峰 叶怀敏 杞支雅男

考古学专业14人

白晨 戴伟 贾宁 林健 吕梦 童歆
王倩 张璐 陈泠 董文林 蒋宇超 张辉兰
赵艳娟 郑喆轩

博物馆学专业4人

蔡怡雯 陈岩筱 康迎彦 滕秋涛

文物保护专业6人

陈洁 任刚 杨晨 张琼 滕飞 刘百舸

哲学学士学位43人

哲学专业30人

董心 冯霞 韩骁 黄瑜 梅蔚 齐芳
王姣 卫琳 吴湘 张胜 朱峰 白辉洪
白牧宸 陈茜雯 戴芳芳 何滨柔 蒋珂菲 金永哲
雷本仲 李茂颖 楼俊超 冉亚威 任劭婷 苏子汀
孙任哲 铁丹丹 于文博 张文慧 赵之光 钟振博

宗教学专业3人

李陶 顾超一 夏萌潇

政治学、经济学与哲学专业10人

李锋 刘杨 关盼龙 金君达 李彧可 刘长安
秦思鼎 熊光辉 赵天舒 滕佳佳

法学学士学位378人

法学专业168人

安蓉 曹逸 柴源 陈诚 陈际 陈立
陈然 党星 冯博 高龙 高雯 关磊
郭晨 郭婧 贺子 侯卓 黄超 黄瑞
黄茜 贾琇 景娜 景婧 李庚 李浩
李佳 李乐 李强 李然 李祥 李燕
李洋 林然 刘唱 刘洋 罗玲 罗腾
罗茜 潘虹 强贞 任娜 伞冰 施睿
舒丹 孙可 孙玄 王璟 王晶 王杨
王宇 王悦 王曦 王鑫 谢茵 徐晴
杨琦 杨鑫 余峰 袁琳 张帆 张明
张蓉 张一 张琦 周虹 周游 周游
朱萌 宗吉 宗晓 毕安桦 曹力为 陈惠燕
陈柳利 陈万辉 段冰晶 段棣淳 冯志超 高国彬
龚佳丽 郭小荣 何小锋 贺环豪 洪晨叶 洪子云
侯楚莲 呼辰光 胡安琪 胡继杰 胡敏之 黄敏华
黄思怡 黄子宜 贾苏哲 蒋晶晶 蒋凌霄 蒋箴毅
解高洁 况文婷 赖雨轩 李冰凝 李加林 李静恬
李净植 李梦恂 李松晓 李艳军 李源粒 李桦烨
梁睿龙 廖秋子 林熙翔 刘苗苗 刘文川 刘晓燕
刘亦鸣 吕玉梅 吕倩男 罗吉刚 罗越婷 马梦璇
任淑芳 邵龙龙 宋求实 宋易融 苏荷箭 唐海青
唐文烨 陶海燕 陶丽娜 王天麟 王子风 王茜蒙
王绮雁 王璐扬 吴光杰 吴良健 萧家炜 熊思淼
杨伟竹 杨宜静 姚二盼 叶俊成 尹春阁 余嘉美
余霏霏 俞琳璐 袁嘉炜 袁钟锐 张欢欢 张佳慧
张江峰 张儒鑫 张舒妍 张宇识 赵龙吟 赵笑竹
郑舒婷 郑晓丽 郑宇茂 周嘉丹 周洁娴 周耀凤
朱霄宇 朱晓然 嵩竹兰 阙冰雪 锺佳霖 臧雨晴

社会学专业48人

胡吉 蒋越 金毅 柯晓 梁田 林菁
林琦 刘欢 刘药 刘颖 那威 汪澄

王维 王骁 吴博 熊锦 徐媛 杨佳
周航 覃璇 白玉彤 常翟子 范新光 管书旋
韩苹萍 何景戈 洪沁川 姜松延 雷凯萌 李正婕
梁博姣 刘静东 刘融莹 刘永晨 刘越懿 柳皑然
吕雨辰 裴电清 强子珊 伞殿阳 邵琬欣 谢琳璐
谢正勇 于丽平 张好雨 张勇军 周燕华 褚文璐

社会工作专业 6 人

邓骁 梁妍 石静 侯亚丽 肖婧华 徐仙萍

国际政治专业 83 人

曹玏 陈昭 葛青 郭锦 姜波 解然
金笛 兰博 李丹 林肯 林熙 刘斌
刘毅 罗昊 秦逸 沈宸 孙青 孙源
孙懿 王典 王虎 王景 王晓 王瑾
吴蓉 杨超 杨薇 叶枝 叶琬 尹航
袁境 张冲 张欢 张维 赵丹 郑李
郜帅 覃爽 张洁琼 曹疏野 陈静怡 陈小囡
陈沐阳 郭依依 赫佳妮 贺剑峰 赖婧颖 李龙军
李梦婕 林芬奇 刘家宁 吕文菁 吕孝辰 马知遥
秦丽洋 曲通达 任博雅 帅慧敏 孙韶虞 孙天旭
王梦影 王玉珏 王子云 吴晨垚 夏慧锋 谢立言
谢灵珏 徐博晨 徐晓燕 颜君怡 杨小斌 俞旭佳
袁静宇 章辰磊 张丹彤 张冠李 张康乐 张龙伊
张友谊 张宇帆 赵舒萌 周淇隽 陈绍锋

政治学与行政学专业 40 人

程帅 程叶 邓涵 付昱 高晨 黄波
李洋 施琳 王策 吴田 曾妍 赵鹏
曹天龙 陈冀然 郭凤林 何西龙 黄敬理 金海燕
金秀瑛 李伯阳 李晓婷 李亚薇 李远歌 刘懿冰
邱昌璞 孙宇锋 谭金芳 王冰屹 王思扬 王向东
王筱昀 薛有为 杨兵兵 曾小荣 张恒源 郑黄燕
朱烽枫 朱虹璇 苏德钰洁 努尔艾麦提江·麦麦提

外交学专业 6 人

张雨 耿海峰 姜珊珊 林晓霏 徐婷婷 陈颖雯

国际政治经济学专业 27 人

刘欣 徐静 张京 张力 赵瑞 周栋
胡希媛 黄朔楠 康闰哲 康笑笑 赖竞超 李靖宇
李思梦 李宇博 李智超 陆玓瓅 吴秀华 吴园园
熊卫雁 姚春汝 于诗哲 章颖博 张曈曈 张雅霖
周宇琼 周睿杰 缪慧凌

经济学学士学位 295 人

经济学专业 35 人

程超 崔雯 何舒 林爽 刘丛 庞桐
任扬 王歆 危然 夏爽 张莹 张悦
缪婕 薄善祥 薄诗雨 邓留纯 杜浩然 冯颖杰
胡毛圆 李飞宇 刘语潇 柳志湛 卢存宣 卢韦辰
南纯艳 阮若珊 王光华 王峭茜 杨怡茹 张华蕾
张洁羽 张旷怡 张晓静 赵伟博 周诗楠

国际经济与贸易专业 9 人

韩青 罗娇 卫哲 张雯 朱岩 杜古丽
雷霏霏 王笠欢 曾蔚萍

金融学专业 175 人

蔡青 陈川 陈龙 程祎 方芳 付博
管楠 何超 黄菲 姜冰 金朦 兰玥
李昆 李璐 梁艺 刘扬 刘洋 马骁
钱璐 邱琳 邱适 申坤 谭姗 唐彦
陶胜 陶冶 王凯 王琳 王琼 王森
王珊 王硕 温韬 谢昱 薛原 杨乐
叶芹 于一 袁林 袁瑗 曾田 张驰
张航 张昕 张翊 赵楠 郑阳 周翔
周岳 朱伟 邹韬 刘梓浩 包文成 蔡淑娟
常雪伦 陈睿茜 丁一博 董梦琬 樊曾聪 高传炬
关景振 郭庆龙 郭颖妍 韩越洋 胡金戈 胡赢颖
黄海冬 黄少东 贾雪萌 贾一凡 金姜赟 靳晓龙
靳皓晨 蓝钦城 李京蓉 李竟然 李彦博 李盈盈
李元申 李子昂 梁甫茵 梁中华 林婵娟 刘坤阳
马冰一 梅楸雪 任庆乾 戎鸿敏 孙丽思 唐显煜
田姗姗 王铭明 王平平 王莎莎 王誉嵩 吴超琼
吴小卫 邢洁琼 杨辰雪 张含若 张陆阳 张沛瑞
张秋婷 张瑞龙 张诗耘 张天乐 张啸啸 张玉琬
张菁雯 张曦如 周圣哲 周雨晴 朱倩怡 祝子雄
邹晓琳 于思雨 边赛 常逵 丁锐 冯帆
桂竹 郭放 郭颖 洪悦 胡博 雷淼
李晨 李丹 李溪 李昭 李直 李楠
邱梦 王衍 夕禾 余鹏 张程 张恺
郑直 卜凡婕 陈梅清 邓凯馨 丁一超 董明璐
范阳君 冯天骄 傅静涛 侯湘宜 桓雅琦 金芙杰
李辰遥 李晨晨 李金涛 刘璐露 曲秋颖 任梦婷
孙步阳 孙一鹤 王汉宁 王艺凝 王皙妍 夏茂成
肖文嫣 谢思佳 徐岳阳 许陈杰 薛惠中 颜晖皓
张康康 张宇明 张潇筱 张璐涵 郑燕巧 朱亦军
朱轶波

财政学专业 25 人

程凌 何健 简妮 刘璟 吴卓 肖潇
杨帆 陈芳芳 陈思羽 陈婧霖 何倩文 侯海波
黄阳阳 李鹏飞 鲁艳雯 裴星星 冉宇航 谈圣婴
王翠平 许美英 许蓉蓉 易芬琳 战智超 张佳佳
张智宣

环境、资源与发展经济学专业 25 人

贾雪 蒋茵 李杨 李琦 刘帆 邱筠
孙娴 杨清 张露 朱成 董婉璐 雷雯雯
李宪泽 李行舟 刘博妮 刘一鸣 任抒杨 沈仙纹
盛延玉 史湘莹 苏峰逸 续田曾 杨祎熳 张资磊
张菁儒

保险专业 26 人

董晶 段誉 高瑾 李峥 宿静 王欣

吴　逸　熊　璐　张　喆　张　翔　张　娴　樊宗琦
龚小洁　关浩亮　何银深　胡欣欣　解冬雪　刘笑黎
吕曜晖　全耀蓬　韦忠虹　吴越凡　杨凝云　俞玉芳
禹奇锋　张雯婧

管理学学士学位122人

会计学专业51人

白　烁　陈　雷　陈　默　陈　曦　段　尧　傅　丛
高　雪　黄　晔　姜　晨　李　楠　刘　瑄　路　西
权　莉　沈　婷　王　鑫　韦　达　吴　琦　夏　斐
信　琪　邢　阳　邢　尧　薛　敏　雪　松　杨　菁
邹　韵　蔡潇潇　戴卉君　龚夏雯　蒋研莹　康俊萌
李琛琪　林丽渊　刘丹华　刘海真　刘寅璐　刘永康
卢淑怡　卢欣旻　罗宏晟　罗绍武　马冰哲　邵晓龙
沈俊年　王立言　王云龙　王尊珍　辛云娜　徐晓剑
张雪思　郑诗佳　郑奕玲

市场营销专业3人

吴　侃　童丹丹　杨小露

图书馆学专业5人

林　源　李富春　连康平　王文磊　吴文昭

信息管理与信息系统专业33人

杜　宇　李　姝　刘　斌　刘　硕　刘　蔚　刘　稣
钱　涛　许　云　于　洁　曹雨佳　曹皓轩　杜思雨
方浩锟　黄希斐　贾乃鑫　姜子亚　金鑫锋　李志强
罗颖琳　孙金奎　王长宇　王福宁　王启贤　王钟贤
杨保珠　杨宇智　俞治朕　张科行　张苾莜　张小永
张艺山　周煜东　朱京野

公共政策学专业14人

傅　睿　史　琳　田　越　许　馨　傅唯佳　胡高诗
黄紫苓　梁群娣　孙一如　吴玲玲　吴晓雪　夏丹青
张子晔　覃宇清

城市管理专业16人

丛　聪　高　洁　宦　佳　黎　薇　李　平　宋　灏
张　宇　周　楚　都珊珊　李慧思　马小雨　倪龙军
屠顺杰　于点默　张华迪　张晓东

二、2011年留学生获得学士学位名单

学士学位总数182人

理学学士学位4人

生物科学专业1人

郑天雍

心理学专业3人

陈尊恒　金佶妍　岸本鹏子

文学学士学位53人

汉语言文学专业30人

劳　拉　林　露　易　飞　安宝罗　白汀源　白银夏
曹阿俐　陈树荣　崔丞希　傅德阳　简应隆　金旻宣
金奎年　金孝真　金信尧　李惠林　李灵芝　李龙熙
李贤镜　李知炫　林心惠　朴智慧　千智仁　魏美智
吴承真　吴宥丽　许嘉恬　杨智淑　赵惠智　斐宰晚

广播电视新闻学专业7人

吴　赫　都亭喜　姜银珠　金知映　李廷旭　宋埃米
郑贤智

广告学专业6人

白多润　金多惠　金荣旭　李承远　朴主荣　张允先

广播影视编导专业1人

李淑仪

新闻学专业3人

金多率　李莲智　赵泰熙

广播电视编导(影视编导)专业6人

曹秉铉　陈清銮　韩旼容　胡煜清　宋惠俊　郑义真

历史学学士学位6人

历史学专业5人

夫健馨　韩佳熙　金东洙　宋炯荣　郑贰先

世界历史专业1人

陈封伟

哲学学士学位2人

哲学专业2人

徐尚贤　姚心莲

法学学士学位75人

法学专业19人

曹黎明　崔高恩　金欧廷　金东眩　金兑年　金知雄
李思腾　李宰炯　李羲中　林东怡　刘泰英　刘伊丽
朴夏林　朴夏贤　沈廷珉　孙勃舒　孙娥玲　王博崇
神谷竜志

社会学专业7人

陈　曦　金东炫　金铉雨　李恩知　朴孝泳　吴庚娥
郑国珍

社会工作专业1人

滕锦花

国际政治专业21人

伊　万　卞熙秀　陈美莲　陈威杰　崔美兰　郭根荣
金东辰　金佳睿　金泰一　金小娜　金约瑟　康米高
林伟扬　林炫局　刘子瑄　马佳娜　权知媛　云了凡
崔冶吉娜　新田顺一　维拉蕾娃玛丽安娜

政治学与行政学专业7人

金瑜镇　李东雨　李秀芳　李柱映　朴延佑　尹喆熙
赵洧新

外交学专业6人

韩优美　金日松　金自然　纳子林　吴邦爀　赵秀皓

国际政治经济学专业14人

晨　曦　尔　兰　谢　天　叶　达　丁守妍　河白鸟

金娥岚 金秀津 李欣峯 李在仁 朴美娜 宋美英
孙宙嬉 许慧芳

经济学学士学位26人

经济学专业1人

权赫建

国际经济与贸易专业10人

阿 紫 程衍淳 李慧玲 李柔贤 林润雅 南炫志
朴成洛 全芝英 宋福敏 徐侑爽

金融学专业11人

程 怡 崔仙惠 韩定叔 李炫宗 李 茜 金敏雨
金仁杰 李都丽 柳基烈 罗珍雅 扈载铉

环境、资源与发展经济学专业3人

巴龙治 黄巧伶 李映旻

保险专业1人

托 勒

管理学学士学位16人

会计学专业2人

黄好世 南韩娜

市场营销专业4人

唐 旭 艾力马 姜民柱 李羲雄

信息管理与信息系统专业4人

金世英 李银率 柳景烈 片柳安庶

公共政策学专业2人

崔必真 朴俊明

城市管理专业4人

金素娟 李羲媛 申钟焕 禹润锡

三、授予双学位学士学位名单

双学位学士学位总数1345人

法学学士学位120人

社会学专业36人

陈 微 高 杉 宦 佳 李 环 李 蕾 李 楠
廖 异 刘 派 门 聪 穆 童 宋 昱 王 敏
夕 禾 夏 爽 郑 李 周 凡 周 韵 卜凡婕
曹成琦 陈茜雯 付佳音 黄河清 蒋珂菲 金秋萍
靳培浩 刘语潇 马知遥 那丽莎 曲秋颖 孙一鹤
王哲妍 曾庆奇 赵雅婷 朱悦俊 阙琳玲 于思雨

国际政治专业10人

康玟惠 李旻重 林芝仪 中山翔 陈慧瑜 陈桑桑
乐山圣志 西井由乃 伊东直子 进藤美生

国际关系与对外事务专业74人

陈 雷 陈 默 崔 敏 段 尧 冯 叶 管 楠
何 扬 李 晨 李 訸 刘 龙 吕 虹 吕 行
罗 天 庞 桐 邱 梦 阮 飞 谭 姗 王 莹
王 梓 王 森 韦 达 吴 超 吴 湘 杨 帅
原 宁 张 欢 张 昕 赵 政 赵 楠 郑 阳
邹 鑫 曹德超 曹皓轩 陈畅言 陈洁盈 陈业诗
邓凯馨 都桓兴 杜古丽 符合振 傅德阳 高嘉晗
龚婉雯 关景振 管佖路 郭金石 胡月清 金旻宣
李竟然 李茂颖 李园真 李源粒 李子昂 李雯易
林心惠 吕曜晖 麦慧娟 庞紫璇 彭海涛 乔聪睿
秦冰凌 任劭婷 邵晓龙 孙宝新 田姗姗 王希明
阎鼓润 张文慧 赵丹萍 郑诗佳 周田田 周文仪
邹晓琳 闫晓光

经济学学士学位943人

经济学专业943人

安 峋 白 捷 包 李 包 锴 毕 成 蔡 懋
曹 猛 曹 逸 常 博 陈 晨 陈 诚 陈 际
陈 洁 陈 洁 陈 娟 陈 磊 陈 立 陈 龙
陈 龙 陈 敏 陈 茹 陈 瑞 陈 思 陈 思
陈 叶 陈 哲 陈 薇 陈 琛 陈 瑜 程 忱
程 璐 池 煜 丛 聪 党 星 邓 骁 邓 睿
底 骞 董 哲 杜 江 杜 宇 尔 兰 樊 星
方 鹏 方 赟 冯 博 冯 畅 冯 晨 冯 霞
冯 鑫 傅 伟 傅 越 付 翔 付 昱 甘 泉
高 放 高 峰 高 洁 高 瑜 葛 青 巩 昊
关 芮 郭 超 韩 锋 韩 雪 郝 阳 何 军
侯 卓 胡 吉 胡 龙 胡 翔 胡 薇 黄 超
黄 辰 黄 瑞 黄 星 黄 颖 黄 瑜 吉 鎏
汲 翔 贾 岩 贾 珂 姜 杉 姜 通 蒋 晓
蒋 越 金 晨 金 笛 金 迈 金 鑫 景 娜
敬 丹 鞠 原 巨 程 亢 豆 孔 楠 兰 博
雷 熙 黎 薇 李 昂 李 冰 李 畅 李 超
李 冲 李 川 李 聪 李 丹 李 庚 李 观
李 果 李 浩 李 辉 李 罱 李 平 李 赛
李 森 李 祥 李 洋 李 洋 李 阳 李 莹
李 韵 李 岱 李 赓 李 姝 李 婷 李 昊
李 晗 李 淼 李 铄 栗 斌 力 菲 梁 晨
梁 思 林 拓 林 熙 林 菁 凌 莉 刘 斌
刘 斌 刘 唱 刘 菲 刘 翰 刘 欢 刘 江
刘 凯 刘 力 刘 硕 刘 通 刘 蔚 刘 欣
刘 洋 刘 洋 刘 颖 刘 云 刘 倩 刘 茜
刘 恺 刘 琛 刘 栩 刘 钊 刘 羿 刘 稣
卢 丹 吕 凯 吕 睿 罗 洁 罗 腾 罗 昊
骆 熠 马 迪 马 可 马 蕊 马 腾 马 翔
马 郓 马 麟 毛 翔 孟 洁 那 威 聂 凯
聂 萍 宁 剑 庞 博 裴 钰 彭 来 彭 韬
齐 刚 钱 涛 强 贞 秦 杨 秦 琪 邱 玥
邱 林 邱 然 全 铭 饶 凯 任 浩 任 疆
任 洁 任 莹 伞 冰 桑 颉 邵 虎 邵 珊
沈 灵 沈 叶 盛 盈 施 琳 施 睿 石 琳
史 琳 舒 丹 宋 堃 宋 畅 宋 颖 宋 灏
孙 萌 孙 青 孙 玄 孙 源 孙 楠 孙 昱

唐堃 唐冲 唐艳 田川 田野 田野
田越 田昊 万方 万翔 汪澄 汪慧
汪雯 王玥 王博 王超 王典 王海
王今 王京 王蕊 王维 王希 王星
王绪 王勇 王雨 王渊 王萱 王薇
王姣 王珏 王琛 王瑜 王瑾 王韬
王曦 韦欣 韦雯 魏峣 魏峰 魏航
卫斌 卫晓 吴傲 吴斌 吴迪 吴戈
吴蓉 吴腾 吴田 吴洵 吴昊 武媚
武頔 夏青 夏青 夏阳 夏韬 肖迪
肖融 肖瀚 谢全 谢茵 熊锦 熊伟
熊莺 徐飞 徐静 徐滔 徐腾 徐叶
许雅 许云 许馨 薛莲 严昊 颜骏
杨帆 杨凡 杨光 杨佳 杨坚 杨进
杨晶 杨景 杨青 杨蕊 杨阳 杨阳
杨易 杨薇 叶纯 易洁 尹航 于博
于航 于浩 于洁 余默 余洋 袁格
袁泉 曾旻 曾逍 曾妍 张曌 张斌
张博 张弛 张冲 张帆 张凤 张健
张洁 张京 张静 张翀 张力 张琳
张鹏 张乔 张琼 张蓉 张瑞 张爽
张宇 张宇 张妍 张姣 张琦 张璇
张璐 张璐 张楠 张昊 张昕 张晔
张煦 赵波 赵瑞 赵星 郑建 郑凯
郑蕾 郑勇 郑直 郑煊 周楚 周虹
周君 周晴 周游 朱博 朱成 朱峰
朱琳 朱敏 朱泓 宗晓 邹洁 邹阳
逯璐 臧凯 滕飞 覃璇 艾亚萍 包蓓蓓
毕安桦 蔡觉逸 蔡若筠 蔡亚平 蔡怡雯 曹灵灵
曹梦洋 曹天龙 曹雨佳 常翟子 常昊然 车璐璐
陈东飞 陈惠燕 陈冀然 陈佳一 陈江飞 陈洁琳
陈金伟 陈柳利 陈施喆 陈思靖 陈艳姣 陈雨乔
陈韵竹 陈至远 陈妍言 陈钰尧 程钰茗 崔必真
崔好胜 崔建昕 崔龙基 崔梦頔 崔伟龙 戴思宇
戴晓晨 戴晓枫 邓秋菊 邓亚姗 邓婷婷 丁学坤
丁耀武 董俊宇 董小红 董嫣然 杜金浩 杜林蔚
段冰晶 段大伟 段宗栓 段棣淳 范俊秋 范新光
范心露 方浩锟 方仙法 方炜韫 冯洁琪 冯善文
冯雨叶 冯玮炜 傅唯佳 傅婧英 付俊杰 付鲁西
付思迪 付宛璐 高虹桥 高茜雯 葛大东 耿海峰
耿海洋 巩晓婷 谷昂晟 顾芳慧 顾培希 顾骁坤
关嘉榆 管书旋 郭超然 郭凤林 郭若璐 郭一村
郭玉婷 哈月娇 韩旼容 韩萍萍 韩日康 韩心怡
韩雅飞 韩忆楠 韩荞莎 郝进宏 何大炜 何梦文
何文睿 何西龙 何晓宇 何小锋 何雨殷 何妍君
洪巧民 洪沁川 侯楚莲 侯亚丽 侯忠志 胡楚苓
胡敏之 胡萍萍 胡希媛 胡雨青 胡泽丹 华丽斯

华若筠 黄飞达 黄敬理 黄林晟 黄梦迪 黄沛锴
黄舒聪 黄朔楠 黄竹梅 黄紫苓 黄子骥 惠辰宇
纪清清 贾凤娟 贾敏慧 贾乃鑫 简成章 姜旻敏
姜丽丽 姜松延 姜子亚 蒋晶晶 蒋露莎 蒋晴野
蒋生森 蒋智超 蒋箴毅 解高洁 金家慧 金文最
金鑫锋 靳雅娜 康迎彦 孔祥翔 匡喆莒 赖竟超
雷本仲 李安琪 李炳龙 李伯阳 李德瑜 李冠辰
李光丽 李鸿辉 李慧思 李加林 李金妮 李静恬
李靖宇 李俊泽 李昆达 李林益 李鹏程 李鹏飞
李青云 李清慧 李思梦 李维瑄 李文超 李翔敏
李晓宁 李晓燕 李小鸥 李欣峯 李亚薇 李亚楠
李艳燕 李燕红 李一超 李一涵 李渝哲 李宇博
李远歌 李跃星 李在宣 李正伟 李志昂 李志强
李璐娟 梁群娣 梁诗鸣 廖嫣然 林德宇 林师文
林修竹 林智远 林婧媛 凌润东 刘佺佺 刘春彤
刘旦复 刘菲晖 刘建新 刘静东 刘澜涛 刘苗苗
刘平一 刘秋妍 刘思彤 刘晓琳 刘晓燕 刘晓晗
刘小露 刘小溪 刘永晨 刘越懿 刘云涛 刘泽宇
刘玺璞 刘昊飞 柳皑然 楼俊超 卢飞雨 陆光易
吕宏品 吕红迪 吕孝辰 吕玉梅 吕倩男 吕桢南
罗吉刚 罗颖琳 罗越婷 马晨越 马金仙 马世超
马万里 马文文 马晓乐 马晓强 马小雨 马怡聪
马筱玥 毛斯祺 梅亚冲 孟庆野 孟祥巍 苗晓斐
聂照云 宁文鑫 潘丽芬 庞星星 彭小沛 蒲昭昭
齐璐晔 祁晓霞 钱梦仁 乔文婷 秦大洲 邱昌璞
邱会达 曲江寒 屈昕晨 冉茂林 饶慧芸 饶龙峰
任宏达 任晶晶 任淑芳 沙文鹏 商宽平 邵小快
沈宏伟 沈盛杰 沈彦皓 师成平 师付博 施剑云
施建峰 施凯崴 史睿智 舒影岚 帅慧敏 宋关阳
宋丽青 宋腾飞 宋天翼 宋杨挺 宋志刚 苏美东
苏孟迪 苏子汀 苏炜杰 孙恒一 孙宏宇 孙韶虞
孙天旭 孙晓雯 孙扬波 孙一如 孙志兴 谭斯逸
汤培峰 汤元超 唐海青 唐俊杰 唐立生 唐文烨
陶海燕 陶静娴 陶丽娜 陶庆梅 田茂竹 田淦中
铁丹丹 屠顺杰 万晓蒙 万阳沙 万馨忆 王安琪
王碧琦 王冰屹 王炳辉 王长宇 王冠男 王海军
王涵柳 王金龙 王景双 王君逸 王丽斌 王凌威
王龙飞 王启贤 王瑞冬 王诗瑶 王思景 王伟超
王伟凯 王文磊 王向荣 王亚珍 王颜欣 王阳晔
王一蕤 王伊南 王宇翔 王宇哲 王增振 王占璋
王贞力 王孜博 王子佳 王子源 王怡然 王嫣然
王皓越 王筱昀 韦成勇 韦慧慧 魏学海 闻茗萱
翁轩锴 巫金凯 吴渤翰 吴超群 吴华峰 吴静静
吴玲玲 吴晓伟 吴晓雪 吴秀华 吴潇潇 武华宇
夏丹青 相云柯 谢金铭 谢琳璐 信枭雄 邢晓迪
徐谷子 徐润南 徐晓寒 徐志庆 徐祖怡 许彬彬
许超诣 许恒栋 许翔云 薛晓颖 薛晓媛 薛有为

严晓莉　颜小品　杨保珠　杨长东　杨惠萍　杨建刚
杨金峰　杨丽娟　杨琳琳　杨路炜　杨埔蘅　杨瑞平
杨廷响　杨晓雪　杨小斌　杨雪萍　杨雪怡　杨银萍
杨正林　杨婷云　杨昊旻　杨昊哲　阳广霞　叶俊成
叶礼清　叶茂欣　易天旸　殷昊霖　尹占涛　尹梓奇
于点默　于奉高　于诗哲　虞丽娜　俞红玉　俞苗苗
俞治朕　禹楚航　袁雨航　岳菲菲　岳琳川　岳亦辰
曾春明　曾祥堃　曾雨珅　章辰磊　章颖博　张曈曈
张博扬　张博宇　张才玉　张大魁　张冠李　张化劲
张佳杰　张健楠　张江峰　张俊东　张科行　张梦璐
张苾莜　张前南　张擎华　张瑞勋　张舒妍　张溯源
张天然　张天威　张维加　张夏灵　张晓东　张晓宇
张小永　张欣然　张旭东　张雅霖　张一弛　张一凡
张一爽　张艺山　张逸嘉　张禹平　张宇魁　张宇识
张宇识　张宇星　张征来　张志洋　张子晔　张芮筠
张怡然　张轶琳　张烨雯　张焱斌　赵安祺　赵国文
赵立祥　赵龙吟　赵梦蝶　赵树娟　赵文聪　赵文静
赵旭照　赵雪健　赵艳娟　赵亦楠　赵樱泽　赵蕃蕃
赵婧好　赵梓言　赵皎皎　郑汉涛　郑启文　郑舒婷
郑英亮　钟宇平　周超然　周晨卉　周晨璐　周嘉丹
周家帅　周洁娴　周丽洁　周珊珊　周思睿　周晓晨
周燕华　周耀凤　朱烽枫　朱虹璇　朱京野　朱梦恬
朱钦琦　朱仁宗　朱晓琪　朱星炜　朱婷婷　诸梦妍
庄思亮　庄雅婷　佟晓帆　冼丹林　闫丰润　闫梦怡
闫宇航　闫奕歆　阙冰雪　缪慧凌　缪祥多　陈绍锋
臧雨晴　覃宇清　裘元俊　李铁合金　片柳安庶
吴红毓然　穆尔扎别克

理学学士学位 215 人

数学与应用数学专业 51 人

董　心　郭　燚　何　超　何　舒　雷　扬　李　晨
刘　畅　满　怡　潘　悦　潘　昊　王　博　王　靖
王　宁　王　琼　王　晗　温　韬　巫　飞　吴　彬
谢　浩　谢　昱　杨　乐　俞　青　赵　伟　郑　卫
陈科吉　陈曙威　顾张磊　韩越洋　贾雪萌　靳晓龙
李靖阳　李彦博　李雨涓　李智超　陆玓瓅　罗海鹏
任抒杨　任志辰　孙轶同　万富强　王融璋　王耀彰
翁东旭　薛业翔　应凌霄　袁钟锐　张晓伟　赵云龙
赵之光　郑燕巧　欧阳新周

统计学专业 61 人

陈　刚　陈　龙　程　超　崔　伊　丁　锐　董　晶
高　瑾　桂　竹　李　丹　李　锭　李　昭　李　直
刘　帆　刘　扬　邱　琳　邱　筠　史　苒　苏　航
孙　原　王　凯　王　韬　王　歆　魏　哲　熊　璐
薛　原　张　程　张　翔　张　恺　张　翊　朱　昀
薄诗雨　陈倩倩　邓留纯　丁一超　董冲亚　董明璐
冯颖杰　傅静涛　郭洪伯　何银深　黄海冬　金姜赟
金芙杰　梁宇阳　梁中华　倪龙军　史湘莹　孙宇锋
陶晔彬　王汉宁　王小龙　肖文嫣　邢雪源　徐秋旻
徐岳阳　许陈杰　俞玉芳　袁冠湘　张华蕾　张璐涵
赵文韬

物理学专业 3 人

杨　健　杨　阳　吕卓然

化学专业 2 人

陈　勇　庞　博

生物化学与分子生物学专业 4 人

高　洋　蒋　雯　李元青　马远驰

心理学专业 77 人

柴　源　高　成　黄　玥　黄　睿　简　妮　金　庸
景　婧　李　宁　刘　彦　龙　昊　罗　琳　苗　淼
王　瑶　王　皓　张　欢　赵　泓　朱　伟　蔡融融
陈鹤鑫　陈梅清　翟文雯　范阳君　耿世伟　管昕玥
贺莹晨　洪晨叶　胡煦晨　黄天晓　金秀瑛　雷凯萌
李方达　李鹤群　李行舟　林芳仔　林芬奇　林熙翔
林晓霏　娄舒洁　陆楷钧　全耀蓬　冉亚威　饶驰通
邵琬欣　申艺善　孙建波　孙金奎　孙牡丹　孙秋辰
孙星河　孙雨青　王玥琦　王依依　王泽亮　韦胤宗
吴伯乔　吴沛文　吴秋雨　吴文昭　夏驭龙　谢思佳
杨开来　尤宇辰　俞毓锋　袁学银　张春丽　张好雨
张继昌　张萌森　张书剑　张婷婷　张雯婧　张雯霏
赵鸣堃　赵伟博　郑桂先　周艳根　闫博巍

计算机软件专业 16 人

成　乔　雷　淼　刘　楚　唐　旭　杜思雨　樊家琛
胡溢文　黄希斐　路宇衡　田成喆　王福宁　王天宇
张国晟　张明磊　张子旸　张潇云

电子信息科学与技术专业 1 人

赵子方

历史学学士学位 15 人

历史学专业 15 人

王　策　王　虎　叶　琬　蔡依纹　曹疏野　李富春
刘素楠　谢灵珏　严菲菲　叶沛洁　于文博　张恒源
张一弛　张友谊　谢靖妍

文学学士学位 28 人

艺术学专业 28 人

黄　晔　江　鹏　李　然　李　璇　林　琦　刘　程
毛　劼　王　忱　王　尧　魏　婉　邹　韵　陈万辉
黄悠然　李洋晶　林莹洁　刘焰葳　马冰哲　马婧婧
全希西　孙梦雅　孙依宁　吴晨垚　吴曼萁　张一文
赵舒萌　周萌宣　朱思聪　褚文璐

哲学学士学位 24 人

哲学专业 24 人

陈　磊　方　程　高　然　郭　婧　贾　宁　李　昆
林　健　吕　梦　徐　坤　白添夫　董文林　李淑贞

裴电清　裴之田　乔灵思　孙文博　王向东　王瀚民
杨兵兵　张少斐　张啸啸　周圣哲　周雨晴　滕秋涛

四、辅修专业证书 144 人

行政管理学专业 9 人

陈　琦　胡　涛　李　楠　张　雯　丁凯琳　谷宇辰
刘红萍　朴红花　许维隆

国际关系与对外事务专业 5 人

王　博　丁一博　蓝钦城　王旭辉　赵子慧

经济学专业 47 人

戴　韵　董　常　郭　锦　郭　文　李　锐　连　欣
林　茜　林　荟　刘　杰　刘　明　刘　奕　裴　阳
彭　飞　彭　沁　石　慧　童　枭　王　柳　王　维
王　宇　王　磬　卫　琳　向　前　余　乐　张　帆
张　硕　祝　捷　陈威杰　陈雄超　崔绍巍　戴灵真
何景戈　胡正泽　黄亚男　金丽鑫　金永哲　李金辉
李梦仁　李翔泽　刘梦娟　南宫檀　倪良富　王欣上
许慧芳　尹春阁　章高驰　周睿杰　訾一琪

数学与应用数学专业 7 人

胡　闯　罗　茜　徐　辉　缪　婕　胡毛圆　姜志霄
斯文骏

统计学专业 1 人

张曦如

生物科学专业 2 人

李　拉　张梦娇

心理学专业 2 人

范佳琳　张大彤

计算机软件专业 5 人

李　成　丁琦城　郭英龙　骆文珊　袁军龙

历史学专业 2 人

秦丽洋　章闻韶

德语专业 9 人

贺　超　孙　森　王　璟　肖　潇　张　欣　柏雯瑛
黄攀伟　张宇帆　杞支雅男

法语专业 21 人

傅　睿　金　泰　路　浩　童　歆　朱　凡　郜　帅
费海汀　赫佳妮　刘芳宏　刘竞佥　吕雨辰　马梦璇
彭波丽　王思扬　王玉洁　魏干伟　熊卫雁　俞琳璐
张东奇　郑依菁　左婷婷

西班牙语专业 3 人

徐　钰　李晓豹　张玉琬

日语专业 27 人

白　易　陈　昭　高　旭　林　然　刘　慧　沈　宸
薛　静　薛　威　袁　境　张　驰　张　娴　曹力为
陈小囡　陈婧霖　丁欣放　何倩文　蒋凌霄　吕漪帆
牟利君　朴夏贤　孙嘉琪　孙延征　徐婷婷　杨光磊
杨晓雪　俞昕雯　朱晓琪

艺术学专业 1 人

范超然

哲学专业 3 人

刘　丛　彭　黎　宋易融

五、境外办学毕业生名单

法学学士 10 人

刘嘉瑶　莫伟权　麦子充　黄汀贤　叶家兆　李荆慧
梅振群　华一春　徐国钧　叶惠芬

六、2010 年结业、2011 年换发毕业证书并授予学士学位名单

2010 年结业、2011 年毕业并授予学士学位 46 人

法学学士 3 人

姜　燕　尼玛加措　徐安琪

工学学士 2 人

黄斯乔　黄振兴

管理学学士 3 人

隋　晨　黄晓红　刘　翰

经济学学士 2 人

申　祺　谢　宽

理学学士 27 人

饶先拓　李明洺　王　媛　徐瀚龙　刘　捷　王　侃
王　卓　吴宗杰　毛　鹏　李颖轩　高　亮　崔绍巍
何中野　尹　帅　李笑菲　秦美英　潘圣语　吕振洋
张　昊　黄　力　刘新静　王　骞　胡开明　李　欣
杨　桦　张　舒　谢　欣

历史学学士 2 人

孙　莜　张　洁

文学学士 7 人

马欣博　李淑贞　李臻颖　林　豹　周　末　田欢囡
彭彦智

七、留学生 2010 年结业、2011 年获得毕业证书并授予学士学位名单

留学生 2010 年结业、2011 年获得毕业证书并授予学士学位 7 人

法学学士 4 人

朴恩贤　金洛宪　崔柱英　林嬉贞

经济学学士 2 人

崔钟浩　金荷旎

文学学士 1 人

金桐玄

八、2010 年结业、2011 年换发毕业证书名单

2010 年结业、2011 年换发毕业证书 3 人

冯　涛　李　鑫　郝庆松

九、医学部授予学士学位名单

医学部学士 611 人

理学学士 147 人

医学实验学专业 16 人

寿小婧　赵子方　王建海　胡　洋　高　成　卫　斌
那达翔　赵　阳　宋　畅　裴北冰　袁佳怡　康丝雨
陈路佳　张可昕　索朗卓嘎　赫科麦提·托合提

药学专业 96 人

朱　婧　李夏溪　陈　睿　张　欣　闵　青　邱雨婕
阙琳玲　赵　波　许智涵　杨　文　王颖峥　刘珂弟
黄晓西　李　超　王占璋　李　伟　王荟霞　王　刚
陈景贤　刘　鹏　刘玉鹏　万　钊　陈业懂　于　博
刘文龙　孟　瑶　赵　硕　张征来　萨尔阿　李凌宇
刘　伟　冯震东　周　佳　邹　朗　吴国森　毛世永
王　宽　郭　巍　王艺辉　赵　勇　于　宁　朱志鹏
李　楠　全　铭　舒影岚　杜林蔚　李　丹　刘　倩
彭逸云　关旭颖　路卫刚　梦　圆　林文斯　邱允俨
卢昕玮　冉　丽　张　斌　王辰皑　吴　凯　许泽君
周安泉　李　彦　王世凡　段　瑀　杨松林　李丹丹
李璐娟　翁怡然　楚明明　李红菲　秦　琪　刘香宜
吴　琼　张彬彬　祁　超　范俣辰　马　绫　冯健全
杨　芳　杨廷响　马志桥　周亦川　侯文杰　李雅婷
贾　璇　李　晗　季双敏　曹　猛　吴　游　信枭雄
朱仁宗　郑国伟　戎舟挺　徐悠然　付双双　鄢忠军

应用药学专业 35 人

马微微　栾　嵘　黄天晓　杨　帆　张霏霏　万　祎
阎江南　高泽深　张伊文　刘文颖　唐立生　刘润泽
李洪林　杨　坚　李新鹏　魏　冕　王浩然　杨　君
万晓蒙　范鑫萌　米家琦　孔维华　李　畅　陈　哲
刘海南　戴思宇　杨　梦　田　鹤　张　博　张萌森
张溯源　付祎璠　薛敬一　崔　伊　格桑罗布

医学学士 428 人

护理学专业 37 人

李　韵　李金妮　郭　超　饶慧芸　何智丽　孙秋辰
邢珺月　姜丽丽　孟　洁　艾亚萍　王　影　刘　洋
王秋勉　巩晓婷　房爱萍　冯　畅　刘芳宏　吴　婧
林莹洁　刘　菲　丁学坤　秦菲菲　崔春燕　廖　异
王　敏　高　杉　张　玮　庄雅婷　曹成琦　李　蕾
苗　森　魏干伟　彭波丽　李燕红　杨瑞平　麦慧娟
苏日古嘎

临床医学专业 251 人

邓　洵　邱立城　陈晓亮　彭　洋　丛　卉　马欣欣
周　寅　吴鸿伟　李子然　黄俊芳　张晓琳　吕晓娟
黄珺君　杨　洋　崔晓敬　董栩然　陈　静　方　冬
李天雄　李　翔　易铁慈　杨　帆　鲁京慧　王丽梅
曾　桢　张晓明　张献博　唐舒锦　郑　卫　陈星佐
白　歌　何　睿　陈绪勇　金巍娜　胡　展　李志盈
马永薪　王闫飞　冯兆亿　杨慕坤　曾　妍　赵　强
王　爽　彭　泽　李怀瑾　马军宇　许南方　赵　耀
郝健晨　安明月　罗晶晶　张　晶　江成功　王　玮
肇　诣　陈　扬　朱小敏　崔云鹏　谭书韬　屈晓旋
唐　池　刘　佳　赵润蕾　黄剑锋　马瑞松　李春伟
谷潇雅　陈　静　翟晶晶　曲宗阳　满富丽　王俊杰
杜　危　陈　雯　姚　旬　李　旭　寇福新　李安琪
王　子　徐筑津　曹　昊　解珺淑　姚粤峰　周家宁
刘桐希　田金翌　阎　凯　鲁　超　郑　琴　王晓雯
折剑青　洪学翀　江小成　王剑雄　李　乐　尹星华
刘　涛　潘牧雯　郭慧凝　赵　冉　张萨丽　罗碧芬
袁佳奇　石　茭　陶　萄　张晓晓　刘　蕊　顾闻达
赵　博　何　毅　王师尧　徐东辉　王　刚　张珏颢
臧　鑫　黄　珊　王捷夫　李一晗　孙　玥　尉　然
王江源　冯　婧　李松珊　丁一鸣　甘　武　许　航
时　晓　于　聪　周　勘　戴逸君　刘　洋　王　倩
薛　奇　李慧燕　施永康　艾富强　金　仙　潘　璐
闵　楠　付立功　徐　雷　王　璐　赵立超　周　越
王峻瑶　刘　赛　高　莉　姜蕾蕾　赵昌盛　周　娟
龚宝青　张茉沁　郭海江　郭林彦　李梦远　朱　璐
赵　暕　原晋芳　钟　军　杨　柳　丁　蕾　鲁亚东
王红霞　马　妍　黄　悦　王丹丹　李荣雪　崔　莹
刘梦媛　张　寅　赵　登　李晓曦　吴　琼　张　堃
徐驰宇　刘　鑫　谢　杨　赵宇晴　张铭涛　王　颖
牛占岳　王　莹　田　雨　赵　晨　王　宇　毕　海
孙卓然　张　沫　万苡辰　曹　轲　张智科　李沛源
谭　磊　石　磊　宋　瑞　王东来　吴舟桥　刘　婧
曲音音　胡德庆　黄山雅美　　张玉婷　罗卓铠
伊　辰　杨开来　刘小露　靳培浩　何大炜　宋关阳
翟文雯　毋睿涵　杜咏姿　林则行　郭亮依　黄士轩
陈宥任　李正玟　吴伦比　王雯倩　陈炳蓓　刘静逸
李彬彬　徐芷珩　郑浩民　吴　浩　徐　冉　刘运峰
王　彬　王亚丹　潘红旭　金　莹　黄　芩　李大伟
殷小涛　王景明　杜　鑫　毛明峰　尤宇辰　耿聪俐
王玉洁　张　帆　夏驭龙　柴　攀　孙玉杰　唐　冲
张春丽　王鑫毅　胡煦晨　宋　祝　王春赛尔
玛丽帕提·马尔旦

预防医学专业 64 人

邓秋菊　郑华龙　郝　羽　冯　鑫　张欣然　郑　建
丁耀武　孙傲伊　傅　伟　陈章健　王碧琦　翟康乐
李　嚣　万　方　李云飞　宫曼漫　陈鹏虎　韩峰林
陈　茹　曾庆奇　刘　庆　李　响　杨　进　史睿智

张晋铭 王军凯 赵 伟 刘云涛 董冲亚 何洁婷
郑启文 赵一飞 姚 希 刘明明 崔枭醒 张 妍
孙星河 陈倩倩 孙扬波 崔好胜 罗晓玲 张 璐
濮 吉 王 瑜 吕志远 顾芳慧 陶庆梅 宋 颖
田 野 王逸斌 吴超群 陈 晨 吴静静 余治平
赵云龙 富韵婷 王 苹 汪 慧 黄绯绯 陈 辰
高 放 张子龙 音达拉·夏格德尔
亚库甫·艾麦尔

基础医学专业38人

李凯波 吴思远 沈 忱 郑 歌 闫艺舟 张 晔
周 晴 骆涵之 修 越 蒋晓晓 桂军样 李文倩
沈 聪 郭怿暄 孟祥玲 苏 文 江志冲 张 璐
陈 西 刘惠蛟 袁 帅 李 研 陈 强 孙 莹
杨昊澎 苏 玉 孙维梁 王亚宸 姜冬阳 张江波
蒋晴晴 高雅楠 陈肖龙 马丽千 黄 洁 黄 明
李思奇 张书婷

口腔医学专业38人

李 莱 黄云惠 戴帆帆 李嘉楠 黄良斌 童泽榕
章晶晶 赖观有 孙 浩 罗 铮 郑佳佳 廖 宇
林 斐 陈 虎 杨 雪 黄 湉 苑绪光 李 丹
李 昕 孙 玥 赵静仁 郭晓丹 金 鑫 刘 园
王思斯 高 原 乔 迪 胡 嘉 杨 柳 刘欣然
廖晓玲 刘 帅 胡洪成 张 昕 肖雨萌 王 哲
杨 刚 吕晓鸣

文学学士36人

生物医学英语专业36人

张东奇 原 宁 张 鑫 韩 晔 吴 迪 田 野
吕 凯 刘焰葳 王 萱 赵佳亮 李光丽 赵俊超
闫宇航 安 宁 杨昊旻 李艳燕 郭玉婷 戴晓晨
闫梦琪 段宗栓 金秋萍 李 江 陈 娟 王 忱
徐 坤 文青松 李 川 周丽洁 李 昂 饶 凯
赵 龙 耿世伟 杨 超 陈 勇 袁军龙
欧阳新周

十、医学部留学生学士学位名单

医学学士学位99人

临床医学专业70人

李胜赫 金伟星 雪 达 郑美鸿 李丙花 金智雅
周 洹 李凯慈 李在郁 金映勋 吴浩一 俞竣渊
徐宰贤 安正宇 李承一 李凯君 洪宜铉 杨雅琦
张雅惇 方治翔 钟予涵 杜芙蓉 黄靖凯 黄竹君
杨铠源 杨采洁 林暐家 林修贤 许弘煊 李秉学
许沛琪 蔡景涵 刘宇甄 罗奇河 陈尚仁 庄涵喻
孙华俞 廖婉婷 李轩进 钟杼宸 杜明贤 陈柏嘉
方辰洋 高宇榛 林裕强 张闵泽 王文昱 秦詠伦
江宜蓁 吕安蓓 高东宁 刘康宁 林仪乔 谭家璿
陈沛安 陈科引 郭铭升 林冠辰 任庭谊 陈信翰
石砚安 郑京桓 张智恩 沈映勋 刘功铎 邱凯扬
高桥琢哉 塔兹努瓦 推井大雄 小西由里子

口腔医学专业20人

郑大植 徐润钟 张源兴 钟先瑜 吴宓勋 刘依宁
陈怡如 徐秋皓 吴千圣 金正训 朴世真 安相炫
吴世恩 高志延 孙炳周 沈容玄 金钟球 金智贤
金东炫 朴撒母耳

医学英语专业9人

李健羽 李和星 安承春 扈智允 林芳伃 孙知炫
金宰贤 姜那妍 金瑶雅

研究生毕业生名单

毕业博士研究生

数学科学学院

毕艳会 褚为娟 杜 炅 房崇伦 冯声涯 郭智超
何济峰 何 平 何元珍 贺 鹏 侯 琳 黄 炎
贾继伟 李 琨 梁 薇 刘 徽 刘 健 刘文飞
刘燕俊 刘译璟 马世光 聂梦龙 钮凯福 钱建祯
钱 盛 司远征 滕凯民 王 晨 王 涵 王洪艳
王 华 王怀习 王 珊 吴镇国 徐 岱 许金兴
严 巍 杨 燕 袁 钢 张 超 张 诚 张贺信
张 磊 张 松 张小旺 张原草 张占利 张志海
张志虎 赵 锴 郑延婷 周 达 周正华

物理学院

曹中鑫 陈国英 陈建军 陈伟孟 邓兆泽 丁 庆
丁 婷 董 昭 法 涛 方 玄 方哲宇 冯晓波
付 强 高靖云 高 俊 高 原 郭 爽 韩俊峰
胡雪元 姜黎黎 康明磊 李 旦 李 昊 李 佳
李 剑 李 军 李 然 李 硕 李兆聿 廖 成
林 晨 林 芳 刘文韬 刘显荣 刘占军 吕林辉
马滟青 梅 韬 蒙 康 明建川 聂元存 牛志元

牛中明　余俊　史凯宇　宋会英　宋杰　孙拓
覃睿　陶岳彬　王富瑶　王家园　王建　王璐
王乔　王轩弓　王亚洲　王由凯　温静　文瑞
吴彬贵　吴云飞　夏磊　肖波　肖智　谢正伟
熊畅　徐怡冬　阎鹤凌　叶晶　尹春明　尹扬
尤剑颖　元旭津　苑海波　张碧辉　张昊　张伟明
张颖　赵乘龙　周晶　朱博　朱好　朱磊

化学与分子工程学院

陈光韬　陈强　陈政　程方　崔荣丽　崔毅然
党文辉　丁飞　董波涛　范小兵　冯超群　付颖
韩纪旻　韩书亮　韩叶俭　韩晔华　郝燕　何湘伟
洪果　扈楠　黄斌　黄华　黄腾　霍飞凤
姜伟丽　蒋尚达　焦淑红　金辰　金建余　靳豪
兰玉茹　李红卫　李阔　李梦圆　李雁　李瑶琦
李元凯　李振兴　梁海林　梁小朝　刘楠　刘琦
刘松　刘宇　么佳耀　聂海瑜　潘中怀　乔燕
任为武　任晓白　邵光胜　宋晨　孙长亮　孙吉莹
田文宇　王晨　王磊　王琳　王帅　王暘
王羽　翁丹凤　吴方勤　吴佳佳　吴思　肖超
肖青　徐晨　徐涛　徐晓东　徐一丁　杨大志
杨敏　杨容　杨胜韬　杨旭燕　杨悠悠　姚忠科
叶建锋　叶思宇　殷杰　于跃　余彩芳　张长胜
张超　张国庆　张建新　张兰英　张锐　张胜男
张振华　赵威　赵霞　赵颖　赵振华　郑宁
郑宜君　支泽勇　周利艳　朱斌　朱洪　朱宁波

生命科学学院

陈松　陈振夏　崔佳　杜娟　付文祥　高栋
高巍　郭鹏飞　韩佳嘉　何善平　侯仙慧　靳翔
李峰　李林宸　李瑞熙　李晓晨　李艳琴　李一飞
李政　刘峰　刘海松　刘利芳　刘敏　刘婷婷
刘贤伟　刘祥　刘翔　刘翔宇　刘小川　刘晓栋
刘歆　刘炎林　刘盈盈　吕学龙　麻洪　苗靳
缪林清　倪铭　普颖颖　戚飞　任洁　任熙
孙晓萌　万仟　王春政　王锋　王慧　王晶晶
王乔　王曦　王晓君　吴昊迪　吴苏　吴柘
伍启熹　肖哲　闫海亮　杨芳　杨鹏　杨扬
殷海娣　尹康权　雍军　游富平　于彩虹　于晨
张迪　张禾　张力　张璐　张萌　张蔷
张维绮　张蔚　张旭　赵燕婷　周翔　朱丹灵
朱芳芳　朱自强

地球与空间科学学院

安芳　陈波　陈家富　程海艳　邓小华　董宝青
付勇　郭丽爽　韩小刚　金毅　李博　李小凡
廖通逵　林星　凌辉　刘韬　刘义勤　罗俊成
马星华　马旭　牛晓露　潘赟　潘征　乔金海
申银民　宋树华　随欣欣　田安民　田甜　田原
涂勇　汪乙飞　汪志国　王洛　王璞　王伟
王亚姝　文健　相云　肖晨超　徐佳佳　徐芹芹
杨彪　姚硕　尹大朏　张聪　张晓琳　张毅
赵增玉　赵作鹏　朱钥　朱云

心理学系

杜忆　郝坚　黄韫慧　厉蔚　穆妍　任真
王孟元　王雨吟　王志稳

新闻与传播学院

安珊珊　李欣频　李宇　刘立丰　刘扬　阮纪宏
沈虹　田丽　王璿　闫肃　于文　朱灼文

中国语言文学系

白静　程苏东　冯一鸣　宫铭　郭道平　乐耀
黎路遐　李斌　李飞　李伟　李湘　刘点点
卢燕娟　陆胤　马建平　马月华　聂友军　潘晓声
彭春凌　孙文秀　孙显斌　王睿　王申　王媛
王周谊　咸蔓雪　徐刚　张广海　张红波　张慧丽
张一南　张忠堂　赵翔　钟厚涛　周剑之　朱俊阳

历史学系

陈昊　陈倩　陈文龙　古丽巍　华喆　李鸣飞
李淑慧　李文杰　李洋　林纯洁　凌文超　刘峰
刘凤华　倪玉珍　裴成国　乔芳　孙明　王珊
韦心滢　席会东　肖翠松　姚远梅　于玲玲　张洁洁
张静　张延杰　赵倩　郑子良

考古文博学院

陈灿平　陈晓露　何晓琳　刘未　魏兴涛

哲学系

常旭旻　陈探宇　陈天嘉　龚重林　何欢欢　贾旗
琚凤魁　李华伟　李忠伟　刘阿斯　刘利　刘乃勇
刘胜利　刘新华　刘莹珠　龙鑫　骆长捷　冒大卫
孟庆楠　荣鑫　邵铁峰　石刚　苏磊　谭忠诚
汤凌云　唐纪宇　王文娟　吴敏燕　武晓超　肖磊
徐凌　杨丽芬　于晓宁　臧勇　张二平　张轩辞
张永超　张云飞　张昭炜　赵玉兰　庄政宪

国际关系学院

陈拯　邓超　邓集龙　冯亮　黄雨果　赖钰麟
李光辉　李潜虞　梁亚滨　孟艳　任羽中　苏莉
孙力舟　夏纪媛　项佐涛　谢志海　徐思宁　杨晋
姚远　衣远　游国龙　岳晓勇　赵光锐　赵继显
赵森

经济学院

陈人可　崔楠楠　杜林　杜艺中　高国伟　韩华为
郝君富　侯艺　胡翠　黄驰云　焦芳　李继民
李睿鉴　李时宇　李淑萍　李昕旸　刘京　孟建军
聂佃忠　孙旭光　王昭伟　肖志光　杨霞　张悦
周晔馨　朱璐璐

光华管理学院

蔡宇杰　陈晓　杜中明　段颀　韩煦　何宗炎
胡吉祥　纪文波　金毅　李茜　刘慧龙　刘建颖

陆勇 吕振艳 彭小平 宋丹 宋竞 宋乐
孙便霞 王锟 魏昕 吴国鼎 徐昕 尹伟力
张会丽 赵锦勇 郑少武 朱春艳 庄鹏冲

法学院

常磊 陈儒丹 程迈 丁晓东 冯之东 郭秀华
韩姗姗 郝凯广 何隽 何诗扬 胡娟 胡欣立
黄海如 黄永庆 李飞 李旭鸿 林健聪 林岚
林良亮 刘伟宏 刘晓春 米铁男 裴敬伟 彭鹏
乔丽春 秦川 尚继征 申柳华 沈朝晖 沈源洲
孙新昱 谭家悦 汤文平 唐勇 万立雪 汪贻飞
王婧 王帅一 王彦鹏 文姬 毋冰 吴正茂
徐靖 于明 张曙光 张伟国 张学博 周华兰
周杰

信息管理系

蔡箐 胡磊 刘璇 马春晖 茆意宏 潘梅
裴永刚 屈鹏 孙琳 王馨 肖勇 杨薇薇
杨继贤 余红梅 张慧军 张慧丽 张旭 赵悦

社会学系

艾云 白小瑜 陈家建 高明华 焦开山 李丁
李志宏 刘阳 吕焱 马强 王迪 王树生
熊焰 喻东 赵亮员 郑文换

政府管理学院

曹胜 崔健 房德良 高桂芳 高红 宫经理
郭喜 韩斌 胡本良 皇娟 霍慧芬 江永清
蒋凯 金志峰 康子兴 梁华峰 梁江 刘娟凤
刘奎廷 刘祥军 刘宇 吕普生 马志达 彭金辉
任梅 苏鸿 孙其军 谭玉刚 吴景海 肖俊奇
徐鸣 叶静 尹艳红 张帆 张强 张鑫
张学艺 朱慧涛 卓仕文

外国语学院

包乌云 毕晓燕 边永卫 曹明玉 陈礼珍 代红光
单文垠 党素萍 杜洋 韩金鹏 何宁 霍英
冀可平 金海娜 李凝 李晓婷 李旖旎 梁明霞
刘小侠 刘志强 孟艳丽 莫琼莎 牟芳芳 曲长亮
邵春燕 史阳 王荣珍 王帅 许琴芳 尹凌
余苏凌 张金生 张幸 周骅

马克思主义学院

李丁 李健 李卫红 刘海静 刘荣 刘耀京
鲁春霞 孟高峰 宋修见 王旭琰 杨发航 叶红云
员俊雅 岳全力 张建桥 张立娇 张治银

艺术学院

毕志飞 邓昭 金晓聚 李静 刘鹏 夏娃

对外汉语教育学院

高媛媛 辛平 章欣

深圳研究生院

李清亮

信息科学技术学院

艾玉杰 蔡琳 陈李江 陈宇 仇睿恒 崔健
戴高乐 邓科 丁力 董志华 冯沁原 冯雪
高欣 高永辉 古亮 桂尼克 韩德栋 韩耀强
何靖 洪成 胡慧琳 黄侃 霍红文 金暐
雷银花 李研 刘安 刘博 刘丹 刘洪
陆路希 鹿博 罗斌 罗颂 罗涛 毛海央
孙聪 孙涛 唐聪 王川 王峰 王建
王晶 王铁磊 王维 王伟 王祥 王子桢
魏泽文 闻丞 吴畏 徐慧龙 许洪华 许京奕
薛守斌 燕飞 叶蔚 易华祥 袁鹏辉 张彬彬
张吉豫 张丽杰 张良 张若兴 张小娴 张晓薇
张行功 张志平 张治坤 赵培 赵婷婷 朱君
朱文辉 诸葛菁

国家发展研究院

丁建峰 郭桂霞 江宇 马克非 沈可 汪金爱
王勋 徐建炜

教育学院

陈光辉 陈睿腾 陈淑梅 杜桂英 范秀仁 高峰
韩高军 黄伟 黄学彬 江凤娟 金川 孔良
李凌己 刘国权 刘妍 罗华 莫景祺 莫明峰
阙海宝 涂云海 汪庆华 王硕 王添淼 王玉芳
王哲 韦勇 吴重涵 肖鹏 徐守磊 许申
杨帆 于光辉 张爱萍 张宝灵 周详

人口研究所

陈华 陈三军 解韬 杨蓉蓉 张冰子 周美林

前沿交叉学科研究院

封红青

工学院

常海滨 陈晖 陈军 陈千一 陈小杰 陈占明
单立 丁可琦 杜朝亮 方昊 冯宝平 高彦平
顾雪楠 何建安 胡宁 黄任含 蒋方翠 康宏
刘彬 刘伟东 楼航迪 毛峰 裴杰 钱同成
沈越 宋磊 孙振旭 王靖 王帅 吴凡
夏振华 宣李俊 杨亮 杨晴 张博 张凯
张玲毓 张田 赵明 邹晨

城市与环境学院

陈晓珊 陈雅涵 段晓峰 郭兆迪 胡珂 贾瑗
李鹏飞 刘保奎 刘沛林 路旭 马振邦 潘峰华
乔秀娟 邵隽 石雷 史辰羲 田天 王长松
王俊松 王磊 王尧 巫晓琴 吴秀臣 伍婧
向岚麟 徐琳 于海波 俞来雷 张纯 张良
郑衡泌 郑童

环境科学与工程学院

蔡皓 曹明兰 陈倩 都小尚 高晓薇 郭松
洪浩 乐小芳 李彬 李辉 刘侃 刘磊
毛宁 邱奕诚 邵立国 孙金水 万丹 谢旭轩
熊林 张宝刚 张广之 赵斌 朱婷婷 朱秀萍

分子医学研究所

安晓晋 郭宁 洪俊梅 刘韬 罗艳 孙蕾

张　勃　张　基

基础医学院

宋瑞生　周　烨　李　晶　赵明明　刘　毅　蒋　春
陈娟娟　吕　丹　赵　伟　刘　伟　阮　媛　赵莹颖
丁　冲　康金森　李　倩　聂琰晖　王　静　张　峰
冯若鹏　卓德祥　肖春霞　曹亚军　郝　锋　杜瑶瑶
高艳香　文　亮　侯英健　刘东辉　段晓辉　许戈阳
向晓辉　吕秀芳　朱彦兵　刘新英　于　艳　李　艳
孙峰波　孙浩瑞　李朝英　杨　芬　李艳艳　曹晓晓
李　娜　张笑天　郭　婷　李斌虹　郑志兴　王　钊
关立照　吴卫华　胡凡磊　张丽洁　王平章　许兰俊
张荷钰　张文娟　邱　翔　董红亮　李文鹏　谢　清
史继云　宋爱平　张立英　李　卓　赵　静　崔素萍
龚苗子　迟毓婧　朱　森　黄　磊　李　欣　史海水
蒋文高　李芊芊　吴　萍　肖　远　林　然　张　翼
陈　瑜　滕　飞　刘向宇　李　洋　刘　婷　孙　邈
崔晓兵　李　琦　何耀鑫　初　明　孔晓牧　李　纤
肖　楠　李　楠　梅　帆　李荷楠　崔素颖　崔　鑫
苏　萍　王　溪

药学院

周受辛　肖苏龙　周　玥　胡学桥　李卉芳　王　楠
李阿敏　高中兰　彭　鹏　高　昕　葛跃伟　胡传芹
李　锐　向　诚　耿轶群　李　根　林松文　刘金明
戚　娜　徐正仁　史壮志　覃　华　周　伊　李　良
李汉青　姚红娟　张亚洲　赖道万　时海燕　张加余
周　渊　王付荣　高建伟　侯　丽　李云锋　田　超
刘竟成　向仕凯　魏涌标　管晓东　韩　晟

公共卫生学院

梁明斌　任经天　邱　曼　胡佩瑾　崔　爽　曹志辉
徐文英　李静芸　衣　喆　国晓燕　张毓辉　武轶群
李　希　尚鹏辉　代小秋　闫世艳　解武祥　李国星
刘晓华　林　峰　马　乐　王付曼　赵　燕　尹　慧

公共教学部

郭莉萍　甄宏丽　夏媛媛

第一临床医学院

鲁巧云　曹娅丽　刘昌璇　曹延延　樊曦涌　汪　旸
杨　婷　曾克武　林琼真　周绪杰　王　磊　王力芬
徐鹏程　吴学杰　李　培　郑金鑫　程文荣　宋娜娜
姜丽娜　黄晓妹　王新宝　马艳艳　洪道俊　阳　芳
刘征华　卢　霞　关海涛　田茂霖　王海峰　曹小利
李维仁　刘　涛　谢　娅　赵　静　熊　伟　张　泰
王秋霞　季涛云　曹广娜　高运军　贾　莹　徐大民
张崔建　瓦斯里江　薛　湛　赵　亮　吴　元
郭　丽　刘朝兴

第二临床医学院

刘丽君　苏　惠　孔　盟　张　钦　汪　磊　宋俊贤
卢晟晔　叶海格　杨丽娟　陆小兰　孙　健　郭晓夏
高莹慧　蔡春晓　李德志　赵　菁　吴　昆　葛　健
于　媛　权光南　夏长胜　赵福龙　韩大成　寇玉辉
董令仪　胡卫国　石　程　陈勇华　高　磊　邹姝丽
袁梦克　畅立斌　谢万坤　周玮琰　陈　哲　唐志坚
原　源　赵秀娟　付海霞　暴　婧　孔　军　唐文雄
韩增强　张　韬　齐典文　周　刚　胡　浩　李广学
赖云耀

第三临床医学院

刘　飞　高　倩　李　楠　王　丽　付勇南　朱明霞
闫丽辉　王　晶　张　运　许方婧伟　袁国红
兰　杰　田远虎　张小青　杜　源　张　晶　韩　晶
石俊俊　皮彦斌　刘　慧　李　涛　刘　瑢　周晓玲
赵　伟　郝靖欣　刘韶瑜　田雪丽　张苗苗　马国栋
张玮玮　杨　欢　赵衍斌　杨　辰　张洪宪　贾子昌
张志鹏　刘　斌　周吉超　周　臻　廖　晶　徐晓娟

积水潭医院

王　呈　查晔军

口腔医学院

雷海华　林碧琛　张趁英　董　灵　曲兴民　寇晓星
严颖彬　李　锴　沈文静　杨　生　刘小舟　陈　贵
赵宁宁　林　范　齐　伟　王　智　周建锋

精神卫生研究所

安　莉　吉　宁　栾志琳　杨　阳　陈　曦　冯　瑜
朱　玥　常卫利　邱琳琳　张　磊

临床肿瘤学院

潘元明　曾红梅　武建国　谢　飞　高艳红　纪方兴
刘兆君　严　志　徐慧玉　付　颖　宋军民　王龙刚
英　旻　葛少华　申潞艳　马　旭　翟建坡　王之龙
李启炯　邓　薇　李金銮　张成海　林晓琳　毛丽丽

中日友好医院

孙力超

世纪坛医院

马兵兵

深圳医院

侯海峰　陈伟豪

地坛医院

高学松

解放军第三〇二医院

福军亮

毕业硕士研究生

数学科学学院

鲍宇阳　蔡啸天　陈淑娜　陈卓瑾　丁　鹏　高　谋
韩　霄　黄佳倩　黄　稚　姜　恺　姜宇辉　李大州

李凯利 李蔚明 李颖麟 廖金花 刘 贝 刘森茂
刘相宜 任方炯 沈 洋 苏 亚 孙鹏飞 汪石磊
王必雄 王 晨 王国祯 王 珺 王 锐 王俞富
吴法波 吴 硕 奚 瓅 邢硕博 徐 盛 徐 婷
徐宙利 杨东睿 杨 帆 杨 凝 杨 勇 翟广贺
张 成 张 瑞 赵 斌 钟景洋 周思慎 周 游
朱冰冰 朱国芳 朱庆三 祖鹏鹤

物理学院

曹学明 陈 威 邓俊静 邓 星 丁 峰 杜彦浩
方小龙 傅正平 高力浩 高 玲 高 祥 龚知宇
谷红芳 谷永涛 郭怀珂 郝 锐 胡双元 黄政广
贾寒冰 贾振东 江得福 孔祥鹏 雷 兴 李广如
李瀑飞 李文龙 李志强 梁启军 梁 思 刘海涛
刘佳明 刘鹏飞 卢旭星 马 月 潘建海 亓博远
齐彦军 任 攀 任 通 王保凯 王 达 王恩宏
王 玮 王晓峰 王晓伟 王宇宙 吴 超 吴桃李
吴岳东 徐明辉 徐运琦 闫 俊 颜 建 杨 春
杨 罡 杨忠诚 余思海 庾君伟 张法法 张海宏
张 鹤 张 鹏 张世勇 张 帅 张宗婕 周普天
周忠球 朱 江 祝兆文 庄 凯

化学与分子工程学院

付 刚 付素珍 梁 坤 龙海涛 马子玥 裴海军
孙文博 田陆峰 汪 廷 王主祥

生命科学学院

陈 璐 杜思雯 冯明静 李艳东 廖显智 罗 露
孙江容 万 硕 王 磊 杨 霞 于晶莹

地球与空间科学学院

白竣天 蔡 华 蔡 磊 曹 毅 常海燕 陈海明
晨 辰 崔 欢 崔要奎 杜江辉 杜金宝 范文渊
房 亮 冯继承 郭 宁 胡江权 胡晓敏 黄玲丽
黄 荣 寇 彧 乐 超 李晨皓 李春玲 李大鹏
李松霖 李晓璨 梁子旭 刘 京 刘 滢 鲁云飞
陆 忞 马福光 梅万会 钮耀诚 齐 羽 秦艳芳
上官时迈 沈 超 盛 程 舒武林 司海媛
宋延彰 宋 宇 孙即才 孙 权 孙荣双 谭亚平
王春雨 王海峰 王海洋 王 康 王 锐 王祎婷
王 运 吴成成 徐海卿 许 健 闫彬彦 杨 晶
杨学斌 尹中义 游 林 袁蔚林 张 弛 张恩东
赵长海 赵鹏沄 钟 龙 周红伟 资礼波

心理学系

曹婧谦 陈舒婷 陈 颖 戴红云 杜晓雅 方 圆
冯沐辰 高 博 高 榕 顾水云 郭明珠 郭 宁
韩 笑 贺 熙 侯 悦 胡 陶 贾瑞华 江 滟
雷 泉 李晨枫 李 洁 李人龙 李 瑶 李 震
刘 澳 刘三锁 刘 曦 刘 妍 鲁振刚 吕 锐
罗 林 孟 冉 牟文婷 舒 敏 苏君竹 孙维纳
孙小舒 覃婷立 覃一珩 陶拓新 滕相斌 田 梅

万颖莹 王宝玉 王 非 王海江 王佳颖 王今昭
王 觅 项凯艳 谢佳秋 熊 继 许 珊 鄢婷婷
杨 畅 杨燕萍 游寒琳 于思昕 余芝兰 张琳琳
张 洋 张瑶瑶 章 振 赵 婧 赵旖旎 周玉芹

软件与微电子学院

安 宁 安文月 包 睿 卞 琪 蔡 端 曹 健
曹力鹏 曹明洁 陈方怡 陈国富 陈 婕 陈 磊
陈 鸣 陈琪超 陈仁炳 陈松林 陈 曦 陈 昕
陈兴慧 陈宇量 陈志琼 陈紫瑄 程浩华 程家锐
程智聪 崔明惠 戴礼文 戴骎骎 邓 苹 邓小兵
丁元宁 董 洁 董凌志 董文英 董 旭 董征杰
杜方志 杜海容 杜 鹏 段英杰 樊家麟 范国华
范琳琳 冯冠男 冯 磊 冯 青 冯晓阳 冯新平
冯泽跃 奉世玉 符文君 付 强 傅 然 高京京
高 晶 高志军 耿 伟 宫玲玲 宫天翔 龚 涛
顾 硕 关 腾 郭 超 郭 娟 郭 琪 郭 擎
郭志汀 海丽阳 韩 冬 韩纪渊 郝 丹 郝俊杰
何 帆 何 非 何 聚 何 理 何 苗 何顺烽
何 啸 侯 波 胡建文 胡敬坤 胡 玲 胡 蓉
胡赛全 胡顺为 胡 涛 胡望成 胡湘君 花 超
黄 航 黄 河 黄 力 黄温柔 黄晓莹 黄雪蒙
黄一朕 黄 钟 霍 金 纪长铭 冀 托 贾晓晔
贾 毅 菅 宁 简 娜 姜黎黎 姜明明 姜 涛
蒋 辉 蒋慧金 蒋 耘 焦优静 焦 媛 金 坤
靳光洒 靳海峰 靳 松 景 龙 竟银行 瞿新芳
康从升 康 单 赖正盛 冷兴平 黎 亮 黎武剑
李 波 李春红 李春旭 李德聪 李冠村 李国威
李 洁 李静蕾 李 军 李 坤 李 伦 李 梅
李 萌 李 萌 李明超 李齐辉 李求索 李如意
李 飒 李尚上 李 铁 李小虎 李益杰 李 悦
李 臻 李争艳 李志超 厉 鹏 连 城 廖 丹
林 锋 林 莉 林育景 刘 昂 刘 贝 刘 博
刘 程 刘丹青 刘 冬 刘国亮 刘海豹 刘 恒
刘 佳 刘诗童 刘伟峰 刘 炜 刘仙丽 刘小敏
刘星晨 刘 旭 刘业伟 刘 屹 刘熠阳 刘豫章
刘 钊 刘 臻 刘祖龙 卢立蕾 卢 珊 卢 威
陆黎川 陆文君 陆云飞 吕志诚 罗 华 罗华阳
罗胤贤 麻剑锋 马 刚 马 骏 马 兰 马 莉
马 茜 马 玥 马 喆 马 征 毛艺霖 蒙德鑫
孟 超 孟德凯 孟 轲 孟阳子 苗志英 母亦翔
倪宜明 宁江彬 欧阳兵 欧阳菲 潘 硕 潘 艳
彭 康 彭 澎 蒲 啸 齐少蕾 钱晓凤 邱振天
全德文 饶 侠 任晓斌 任 艺 戎 立 尚 春
邵 华 邵 莉 沈 闯 史 辉 史俊平 舒 博
司洪霞 宋 丽 宋 鹏 宋夏玉 宋晓春 苏昊明
苏 佳 苏勇力 苏毓仁 孙宝雷 孙 干 孙世超
孙晓东 孙亚红 孙志钢 孙子木 汤梦华 唐连运

滕书平　提云龙　田浩然　田健　田帅　田野

田艺　田艺　童菲　万浩华　万渝　王炳卜

王昌　王超　王朝垒　王存迎　王霏　王冠

王光耀　王果　王海彬　王翰林　王航　王浩

王建铭　王瑾祎　王锴　王坤　王浪　王立

王亮　王亮　王猛　王攀　王鹏　王少飞

王为鹏　王箫音　王晓见　王晓琨　王晓瑜　王笑

王新健　王旭亮　王轩　王夷　王媛媛　王增光

王振华　王志伟　王智玮　尉燕妮　魏程华　魏思

文成　吴令　吴润初　吴晓雯　吴兴丽　吴彦泽

吴莹　武杰　夏茂漪　夏志刚　向志玲　肖霁

谢丹　谢晗　谢政　辛凯　邢国军　熊安亚

熊奇　徐广金　徐国春　徐焕　徐军帅　徐俊扬

徐可光　徐磊　徐礼吏　徐庆　徐翔　徐新华

徐尧　徐有福　徐云志　许道远　许飞　许菁

许焱　许玉梅　薛飞　闫思倩　杨百忠　杨博

杨川　杨建强　杨劲锋　杨丽霞　杨明　杨明辉

杨仕锋　杨苏丹　杨巍威　杨维强　杨晓伟　杨扬

杨英　杨宇　杨志超　姚慧男　叶诚　叶顺平

叶伟铭　易晓磊　殷姗姗　尹燕彬　尹卓　于彬

于华　于青　于彤　禹熹　袁傲　袁晨

袁楠　袁因达　苑少飞　岳林　曾真　翟浩然

翟涛　翟晓刚　张大川　张丹武　张帆　张帆

张凤　张海平　张慧　张瑾　张隽永　张军

张君　张俊峰　张坤　张露　张萌　张鹏舒

张其文　张清　张晴　张全彪　张仁民　张韧禾

张瑞香　张曙丽　张望　张炜琛　张文静　张文钊

张翔　张潇　张昕　张信峰　张学楷　张彦辉

张洋　张洋　张晔　张咏梅　张勇　张玉葆

张展　张治平　张智　章澄　章栋　赵泊瑄

赵春子　赵迪　赵迪　赵凰吕　赵鹏　赵小超

赵昕　赵玉亮　赵志强　赵智圆　郑建旭　郑庆义

钟俊方　钟雄华　周虎生　周佳　周金利　周晶

周良　周泼　周舒　周维刚　朱车壮　朱隽

朱鹏飞　朱强　朱莎莎　朱婷婷　朱卫武　朱颖

朱运立　祝旭巍　卓呈祥　邹海英　邹惠钦

新闻与传播学院

白景雪　蔡薇　陈涵　陈瑶　陈钰尧　丛蓉

崔忱　崔悦　代宁　戴静　丁延喆　方堃

冯颖　付中华　郭雅婧　哈丽丝　何建航　何军毅

何媌　何思南　何薇　何峥峥　胡月明　黄蓓蓓

黄晓玉　黄妍　黄钰　蒋雏燕　孔丽萍　黎小夏

李礼　李利军　李娜　李松蕾　李星野　李暄

李彦霖　李彦仪　李志伟　刘晨　刘川　刘会慧

刘明千　刘阳　刘洋　陆宁　逯娜　吕钦钦

罗勤明　马航　马哲　孟婧　牟晴　穆静

潘琦　彭博　彭俊　饶永　任凯麟　邵圣懿

时嵩巍　孙彩芹　孙强　孙晓峰　陶雪璇　王彬

王晨瑜　王慧　王嘉娜　王杰玲　王金祥　王婧

王爽　王小双　王源　吴浩　吴辉　吴玥

项明　肖芳　邢志国　徐芳　徐辉　徐娟

许璐娜　鄢洋　杨迪　杨乐　杨欣　杨新爽

杨之立　杨尊　衣彩天　阴玥　于欣　袁朝玉

翟轶贤　张红梅　张京涛　张楠　张小溪　张晓萍

张轶　张紫瑞　赵盛楠　赵小满　智春丽　钟意

周红　周榕　周晓杰　朱灿欢　朱丽　朱明欣

朱萍萍　邹雅婷

中国语言文学系

艾溢芳　陈冠豪　陈蒙　陈小远　陈莹　邓韵娜

丁菁　丁小莺　都轶伦　杜羽　方叒　傅宏远

耿葳　宫睿哲　顾虹　郭子娟　何瑞娟　侯晓晨

胡光明　胡妍妍　黄政　贾悦　解天池　靳成诚

亢杰　李国春　李欣　李雪莹　刘迪　刘方

刘建国　刘开普　刘汭屿　罗桢婷　马千　孟飞

闵慧　欧阳泱　邵琛欣　沈力　沈抒寒　沈亚男

史诗　覃俊珺　唐慧明　唐璐璐　唐义广　田丰

万辉　王帆　王昉　王琦　王嵘　王婉如

王先云　尉程炜　吴君如　邢程　许帆婷　许昱华

严明　阎婕　燕子　杨静静　杨璐　于婷婷

余鹏　张慧　张慧君　张岩雨　张营　张志娟

郑嘉俊　周莎

历史学系

蔡欣宁　陈博翼　丹筱彤　丁浩　杜乐　冯佳

高俊杰　郭瑞雪　韩飞　韩澍　何存金　胡珂

胡晓丽　简心怡　李怡文　栗河冰　刘崇锺　刘乳滨

刘玉群　吕超　罗志　王梦婕　王月　乌兰

吴伟锋　严智德　于娜　余奕珠　袁鹏　张成晗

张寒　张宁芳　张心远　张曜光　郑启芬

考古文博学院

陈元楱　崔力凡　段文蓓　方笑天　高霄旭　郭桂豪

李飞　刘静　柳青　缪丹　彭明浩　彭鹏

秦臻　王冠宇　王敏　王寅娟　吴震霖　徐枫芬

闫海涛　张通　张晓磊　张钊　赵昊　赵献超

周利军　周仪

哲学系

陈凌霄　陈晴　陈斯一　陈笑天　丁栋　董桥声

官道华　韩永磊　江晶静　姜锐　蒋秋芬　李栋

李苗苗　李墨秋　李唯正　李熙　李政　梁颢

廖亚　林丽娟　刘海川　刘乐鸣　孟丹　钱咏邠

沙春燕　宋翠娥　宋江杰　王宾　王洪美　王琳

温世君　吴安东　吴东昶　吴庆前　杨超　叶伟平

于瀚森　于洺　袁新宇　张然　张文彦　赵菲

赵瀚超　周长春　周慧灵　周亮

国际关系学院

安梦京 白宇 毕振山 曹阳 陈雯 陈旭辉
程娟 单金萍 冯峥 高大林 高倩 龚正
关家惠 郭珍 韩麟儒 韩知恩 侯俊玮 胡彬
胡渝 黄才玲 黄晓童 贾如 姜峰 姜鑫
金天 柯仁榕 赖含 李波 李翀 李定华
李康安 李榕 李向国 李新灿 李玉磊 李智
李卓 刘赫丹 刘嘉 刘捷 刘宁 刘茜
刘扬 吕继阔 吕佩瑜 罗夔夔 马相伯 马妍
麦浩旻 孟克 聂敏涛 裴亮 彭璟 齐大愚
全玲 邵梦宇 时萍 孙颖 谭心蕊 陶鹏
汪豆豆 汪元 王立 王明力 王燕婕 吴微
吴宇桢 谢大伟 徐千茹 徐一方 杨仲苗 姚燕
姚莹 叶啸林 尹崟 于帅 张柯 张灵
张鹭 张茜 张元 赵香女 赵怡娜 朱冠鹏
朱蓉 邹国煜

经济学院

安春花 白宁 陈岑 陈聪 陈颢庐 陈鹏辉
陈思全 陈懿 程奕 董纳 冯婧玉 高明星
耿颢 广森 郭朝辉 郭涛 海琳娜 胡晨
胡维金 胡月 黄嘉俊 季拓 贾喆 景晓晖
李川 李丽娜 李玲青 李前 李侠 李翔
李晓琳 李岳峰 刘丁华 刘冠吟 刘桥镇 刘巧
刘铁志 刘源 刘振楠 卢新月 吕小林 毛雷
孟萌 闵杰 莫伟钢 齐向宇 秦邱月 戎越
邵宇平 沈冲 石倩 帅振威 宋贺实 宋鹏
苏霞 孙晓力 孙妍 孙莹 汤璐 田传金
田旭 田宇 童立 万繁增 万洁华 万玲艳
王迪 王芳 王非 王俊朋 王梦婷 王帅
王小溪 王晓光 王晓睿 王亚楠 吴海燕 夏添
肖才德 谢僚僚 谢玥 邢茜 邢祯伟 熊开阔
杨寒 杨敏群 姚爽 姚学康 于泊 曾京
曾颖 张弛 张荣 张莎 张文勇 张旭东
张岩 郑必林 郑晶晶 郑骁 周黎丽 周培奇
周妍伶

光华管理学院

艾东 白冰 白慧妍 白文飞 柏松 贝光耀
蔡建琼 蔡莹 曹晋勇 曹乃承 柴桉 柴文婷
柴永生 常丽 陈博思 陈超 陈凤章 陈海华
陈涵 陈惠名 陈骥 陈建宏 陈建林 陈佼莉
陈九平 陈丽娜 陈世诚 陈欣怡 陈中梁 谌飞
成鑫 程一民 崔晨 崔高岳 崔玮 崔袁园
崔耘 单建洪 党彬武 邓世翔 丁帅 董娟
董仕龙 董晓枫 董自瑜 范丽波 方芳 方杰
方斯琦 方旭赟 房卉林 房瑶 费靖然 丰丽丽
丰亮 冯冬林 冯俊峰 冯梅 冯璞 冯士祯
冯旭 付会文 付强 高玲 高鹏 高艳辉
高扬 高永琳 高煜丰 谷仕平 郭滨 郭佳
郭磊 郭宇芳 韩鹏 韩珊珊 郝又超 何冰
何超 何凡 何嘉 何小航 何雨 何昭雩
何桢 贺冰洁 洪燕 侯紫薇 胡天佑 胡震华
黄薇 黄筱晴 霍华蕾 姜承操 姜丽 蒋迪
蒋睿 金光耀 金淑敏 金晓磊 景建坤 鞠桂秋
康翔 孔令超 孔振钢 兰荣 兰雪 黎璨
李春锋 李丛 李慧 李佳峻 李涓 李君
李坤 李孟华 李明霞 李茗芝 李瑞 李思
李雪飞 李炎华 李远 李志鹏 李智洋 厉成旭
连小超 梁磊 廖李庚 林海燕 林锦葳 林娟
林山 林天强 凌婧 刘保东 刘蓓蓓 刘帆
刘晗竹 刘欢 刘江宁 刘莉 刘丽丹 刘盟盟
刘明 刘涛 刘田运 刘翔 刘小溪 刘晓
刘晓龙 刘欣 刘洋 刘一墨 刘宇飞 刘御廷
刘子瑜 柳龙涛 柳文清 龙妍 卢大军 鲁宁
陆昌博 路贺佳 吕美 吕旬 罗佳 马江涛
马诗阳 马卫东 马晓星 马艳 马彧 毛立云
毛声俊 毛翔宇 孟凡颖 米仁兵 牟灵芝 倪子铭
牛丛 欧阳珊 潘贝蓓 潘慧 潘磊 潘祥
潘依文 彭坤 彭丽 彭娉婷 彭书凝 彭薇
彭文 朴俊红 戚一川 齐双林 乔小为 秦小倖
邱汛 曲越 权琦 任爽 沈睿 盛伟
石凌怡 时曼 舒畅 宋茜 苏晶 苏林
苏涛 隋金金 孙春桂 孙丰 孙磊 孙林
孙梦曦 孙晟 孙伟 孙伟 孙晓静 孙奕
孙毅 孙聿峒 覃伟 覃璇 覃扬眉 谭幸
汤博晖 唐宁枫 唐霞 唐娅薇 田耕 万金明
王超 王琛璐 王冲 王春鹏 王代智 王丹妮
王聃 王东旋 王峰 王刚 王鹤 王辉
王剑锋 王进 王静 王珏 王乐男 王利平
王亮 王林冲 王秋劲 王然 王森 王寿文
王帅 王塔男 王廷伟 王维 王玮 王亚龙
王岩 王羿 王宇 王宇 王雨希 王玉
王煜慧 王忠刚 韦文生 卫冰原 魏辉 魏六寿
吴甘星 吴希 吴雪亮 吴贞妮 武贵文 武红丹
武晓威 夏广志 咸兵 相成 向林 项雷
项睿鸣 项水华 项燕霞 肖立 肖丽媛 肖述涛
肖宇超 肖志光 辛丹 辛颖 辛永健 邢江龙
徐超 徐程惠 徐德力 徐帆 徐建 徐莉莎
徐倩雯 徐巍 徐毅磊 许百川 许宏图 许焕
许哲 禤韬 鄢超 闫龙 闫志伟 严涛
阎靖 颜华 阳琴 杨碧枝 杨长明 杨崇兵
杨东 杨非 杨晶 杨淑慧 杨田洲 杨文利
杨骁 杨晓斌 杨晓凌 杨燕 杨阳 杨逸
杨永生 姚飞 叶静雅 叶年敦 叶学平 易蕾
易希薇 尤炜 于京涛 于侃 于馨 余琨

余音 俞凡 俞学峰 禹磊 喻梦旸 袁岚
岳旖旎 臧志斌 曾志 张彪 张凡 张剑
张杰 张金松 张静燕 张雷 张莉 张利敏
张忞捷 张娜 张榕 张舒 张为 张维佳
张晓延 张一雷 张禹 张云鹤 张泽 张志斌
张志远 赵春龙 赵芳 赵红波 赵欢 赵建坤
赵亮 赵楠 赵世宏 赵维纳 赵英俊 赵颖博
赵勇 赵中杰 郑海洲 郑立航 郑琥 郑怡力
钟鸣 周波 周达 周凯 朱传仁 朱光宇
朱佳 朱亮亮 朱璇 庄雅茹 宗福玲 邹栩
邹阳 祖丹 左研

法学院

蔡芳 曹芳 曹文韵 曹亚伟 曹宇 陈菲
陈佳佳 陈杰 陈靖文 陈兰 陈倩 陈秋贤
陈荣 陈硕 陈文娴 陈文颖 陈晰 陈寅宇
陈颖 陈园 陈跃凡 程菲 程兰岚 程秋迪
程欣 程子航 池欣欣 代贵利 戴杕 董小光
董玉 杜春燕 杜慧敏 段康 范立科 方伟
冯春亭 冯杰 冯子明 付艳菊 高岑 高明
高霞 高小吉 高兴 高玉婷 高原 高振坤
高铮铮 耿协阳 巩利娟 巩艳军 顾培希 郭家伦
郭婧然 郭强 郭文奇 郭一聪 韩桂珍 韩辉
韩森 郝致涛 何娉 贺鑫 胡茜 胡远航
华煜雯 华运钰 黄海燕 黄建军 黄鹂鸣 黄明凤
黄煜琳 黄志和 季婷婷 冀小宁 贾超 贾莉莉
江南 姜继鹏 姜文博 姜彧 蒋睿 蒋舒婷
焦婧 焦娟朋 金轲 金印 晋雯 靳如悦
康欣 康玉梅 孔庆杨 赖元东 冷昆 黎星明
李阿侠 李朝丽 李飞 李敢 李浩 李洁
李沐珣 李慕 李娜 李强 李嫱 李秋雯
李瑞峰 李世阳 李婷婷 李伟 李先仁 李小威
李笑黎 李雪鹏 李亚静 李杨 李瑶瑶 李义龙
李逸男 李郢 李韵卓 李赞 梁晓光 廖慧
廖文卿 林伟江 林兆昌 蔺楷毅 蔺伟涛 刘常欣
刘计 刘佳 刘佳宁 刘敏 刘青 刘然
刘绍洁 刘伟 刘晓蒙 刘晓敏 刘欣蕾 刘旭飞
刘亚奇 刘艳玉 刘燕 刘晔 刘远萍 刘月鹏
刘庄 刘子玉 刘紫东 龙明珠 卢永琦 鲁会清
吕超 吕聪聪 吕露兰 吕梦羽 吕明达 罗华鹏
罗敏 马龙 马岩 麦林静 毛爱宏 孟凡智
孟三峰 乃振峰 倪建平 宁佳 欧阳瑭珂
潘汇 潘雯 潘智欣 彭文林 彭竹 蒲钰
齐柳 齐松虑 钱俞均 秦丹鸿 秦晓磊 邱文珍
邱依 冉沅弋 任春生 任奕奕 荣存 茹庆谷
尚博 邵菲 邵华 邵然 沈昊 沈民选
沈敏茹 沈琼 沈毓龙 施鲤榕 石晴川 史本懿
史洪佳 史倩倩 史诗 司政 宋鸽 宋佳佳
宋雨轩 宋玉环 宋志清 苏少华 苏一敏 孙超
孙静 孙琳琳 孙若冰 谭刚 谭洁 田飞
田雪姣 田真 童学谦 万萍 万祎伊 王宝荣
王勃 王超辉 王德昌 王冠 王杰 王瑾
王京 王晶 王力 王力 王丽 王丽娜
王琳 王宁琳 王蓬翠 王少星 王湘羽 王晓琳
王晓姝 王旭 王学昊 王雅祺 王怡 王颖
王勇 王玉珏 魏臣熙 温小宝 温玄 温雅
翁莉莎 吴璠 吴华莎 吴努 吴琼 吴绍卿
吴延续 武斌 袭著园 夏菊萍 夏清晶 项紫君
萧达莎 肖能 肖田 辛秀慧 邢立 熊静
徐博 徐晨 徐鸣涧 徐文中 许博 薛冬雪
薛飞 薛建伟 薛源 严沛 颜蝶 杨超
杨浩然 杨红伟 杨楠楠 杨瑞 杨文超 杨盈
杨彧 姚谧 姚天健 姚寅 叶康喜 叶琦
殷星 尤娜 于达 于峰 于明君 俞强
虞晓燕 禹海波 袁冰玉 袁阳阳 岳薇 占苏
张昂 张蓓蓓 张东 张菲菲 张广明 张海亮
张化全 张辑存 张霁爽 张丽莎 张沙沙 张尚
张守凤 张松山 张伟凤 张晓 张笑宇 张砚
张予倩 张媛媛 张昀 张圳 张振亚 张正
张钟元 章龙平 章云丽 赵宾阳 赵丹阳 赵单童
赵汉阳 赵靓 赵立平 赵琳 赵子琦 郑建云
郑杰斌 郑延强 钟震宇 周国栋 周苗苗 周平俊
周蓉 周世宇 周倜 周旋 朱金勇 朱婧
朱兰 朱丽华 朱倩容 朱书清 朱毅 朱志亮
郏映映

信息管理系

白珊珊 陈文燕 邓悦 高长伟 黄松祥 黄晓燕
黄嫣艳 李芙蓉 李振 刘京娟 刘亮 刘宇威
鲁周 罗建岚 马彦姣 南智文 秦莽 盛勤
石长翼 唐开敏 汪洋 王钦炜 王雅男 王一帆
邢博 曾嵘 张海 张铧予 张洁雪 张松颂
张西园 张岩 张扬扬 郑晰少 周俊

社会学系

白泰萱 常超 陈科科 陈哲 戴硕 丁虞
古丽孜依帕·依力拉斯 顾芗 顾燕 韩君
韩亚鹏 何雯雯 贺洁 胡琼 黄柯劼 黄绣丽
季佳 蒋立 鞠晓 康艳 孔春霞 李丹
李鹏飞 李若木 李莎 李志强 李忠路 林海堆
林子敏 凌鹏 刘飞鹏 刘璞 刘晓轩 刘烨
龙腾飞 潘凌飞 彭云亮 钱伟男 秦婷婷 邵海南
沈佳 苏娜 谭黎 唐泽远 田峻闻 万恒
汪芸 王敦猛 王浩 王璜 王佳 王梅杰
王文婷 王雅静 王玉栋 王志娟 魏倩 吴情操
徐聪颖 闫化贇 杨磊 杨扬荣 余丹茜 余昕
袁艺 张浩 张金慧 张翎 张婷婷 张新辉

张　月　赵　迪　赵玉金　周　丽　周旅军　周　璞

政府管理学院

艾　晖　陈　超　陈敏生　陈小军　陈雪嵩　戴晓光
丁　勇　段学军　冯国栋　符　晓　甘启裕　高　明
高　琼　耿士藜　郭金桃　韩亚栋　郝雪松　郝壮敏
何海燕　侯　超　胡婧炜　户国栋　黄俊森　金　玲
李大有　李　雯　李校红　李　鑫　李玉萍　李云鹏
林希鹤　刘惠超　刘九勇　刘丽丽　刘　翊　鲁薇薇
吕　楠　吕晓轩　吕轶舟　罗　佳　马菲菲　牛　聪
戚家领　秦　蕾　孙　欣　唐　莲　唐宇行　汪文姝
王　菲　王嘉琪　王丽君　王　钦　王　玮　王　洋
王振汉　王治铎　吴林斌　吴　爽　武晓萌　夏印材
项方强　徐晓红　徐晓婷　徐正华　许　琴　牙韩壮
杨秉华　杨　菲　杨　洪　杨小帆　尤宇川　于　杰
于　潇　张　欢　张　静　张　蕾　张　敏　张　凝
张笑宇　张　昕　张　鑫　张异凡　张云轩　张志超
赵迪娜　赵益民　赵　照　钟棉棉　钟行宁　周　波
周志芳　朱文娟

外国语学院

巢　巍　陈广琛　陈　琴　陈晓怡　邓　倩　董广芳
杜　宇　樊倩蓉　高　璐　高诗源　贵雪佼　黄晓韵
黄莺莺　贾　斐　贾　云　姜　磊　姜清远　焦　黎
金　浩　鞠庆梅　康　路　雷孟静　李　卉　李莹莹
李月平　梁崇一　廖　迅　林小峰　刘　琳　刘小敏
路　艳　苗赫然　缪玉奇　倪　云　聂　骅　聂　雯
牛晓萍　屈丽娜　尚　锋　宋佳玲　苏　道　孙彩凤
孙佳琦　孙　彤　覃　琳　唐　薇　万　梅　王丹丹
王付东　王晓宇　魏彦平　吴苏梦　仵彦雷　肖一之
谢　娟　邢红岩　许世欣　杨任任　于　潼　俞　婧
曾少美　张加楠　张新莹　张　怡　张英杰　张友云
周明瑞　周星月　朱成明　朱可佳　祝　杨

马克思主义学院

李　波　李　洁　李　京　李　欣　林立扬　刘　洁
刘小畅　路红芳　罗国明　毛晓强　秦　菲　舒均游
孙京菊　孙　腾　孙　鑫　谭祖开　涂　斌　王　琛
王春锋　王春明　王聪聪　王嘉鑫　王小凤　张洪秋
张　华　张梦云

体育教研部

蒋　钦　郎　玥　李璟寒　王赫妍　邢衍安

艺术学院

卞宇茜　车　琳　丁　一　马　骏　曲　丹　邵　丁
苏　哲　孙莹水　王　菁　王乃超　王　宇　魏　莱
吴　昊　杨聪雷　杨兴华　杨　洋　张　倩　周　琳

对外汉语教育学院

白　洁　陈　灿　陈文婧　陈妍妍　程　亮　葛锴桢
郭　泠　何文秀　洪　洋　侯志远　贾　嘉　蒋凤云
兰海燕　雷　雯　李桂森　李　华　李琳琳　彭　怡
任洪亮　邵　滨　史佩佩　宋文婧　王　丹　王墨妍
王邵飞　王玉菁　魏宝良　徐清白　杨　乐　杨知然
张　菡　张　璇　张又絜　赵玉亲　朱　欣

深圳研究生院

敖丹丹　白　彧　曹　晶　查　嘉　常　伟　陈辞行
陈　栋　陈　平　陈莎莎　陈天悦　陈星睿　陈志伟
崔爱博　崔忠波　邓敬东　邓鹏飞　丁旭晨　董俊宏
杜春伍　段　然　范潇璇　范　杨　费　霖　冯　聪
付　娟　龚　超　管　孟　韩丽娴　韩　雪　郝　爽
何　犁　贺　苗　洪　彦　胡东健　胡姗姗　黄　婷
姜　涛　蒋暘晶　焦　娟　焦青伟　介勇虎　金　婧
赖远洋　李　娇　李　凯　李　良　李　昕　李欣利
李永胜　李子晨　梁　晓　梁余音　廖柏全　林双盈
林伟莹　林英睿　刘　婧　刘　静　刘　康　刘琼岭
刘　帅　刘心任　刘芷冰　龙　飞　陆　艳　吕彦欣
栾　晔　马　丽　马牧野　马　鑫　马义林　门建召
闵　帅　牟春旭　穆　然　牛静雯　潘纪雄　彭书琴
邵景丽　史江辉　宋云端　苏　宁　孙　杉　唐　琳
陶　然　田　晖　佟　琦　涂　一　王德伦　王　冬
王　欢　王　洁　王　琳　王虔雅　王　茜　王娓萍
王晓愆　王　苑　吴　静　吴　巧　吴清宇　谢　佳
谢雨婷　谢仲伟　熊玮佳　徐　程　徐　淮　徐欢欢
徐　希　许云飞　鄢　哲　杨安江　杨光普　杨济华
杨　鹏　杨秋惠　杨艺娟　姚晋琼　姚　瑶　易　晔
殷　洁　袁　怡　曾彦谦　曾　真　张　帆　张芳玲
张凤鸣　张汉亭　张　磊　张　良　张　宁　张　鹏
张通奇　张　燕　赵　博　赵大巍　赵　璐　赵　爽
郑　蕾　郑　璐　钟　赟　种佳伶　周宏钦　周　琳
朱继红　朱婷婷　朱正强

信息科学技术学院

白　迪　白光冬　白　鹏　白旭辉　暴　筱　蔡凯伟
蔡　璐　蔡延亮　曹　佳　曹舒扬　曹亚莉　曹　勇
曹　越　岑　睿　昌　锋　常守峰　陈昳丽　陈飞龙
陈奎林　陈　亮　陈　巍　陈　伟　陈晓华　陈岩光
陈　振　崔　伟　戴　旭　邓　飞　邓　浩　邓可君
邓斯天　邓效诚　杜田桑　段　俊　段　俊　樊　锴
范　军　范志伟　方　傲　方　舒　冯　超　冯　亮
淦　华　高　锐　高　双　龚孺敏　谷志伟　郭　华
郭　健　郭　健　郭思祺　郭　岳　韩普晓　韩　澍
何　俊　何凯旋　何　媛　何子龙　洪才富　洪培真
洪晓鹏　胡国静　胡君珏　胡泽行　黄锦锋　黄利君
黄启祥　黄　帅　黄宇聪　霍　然　霍薇靖　季　昊
贾国琛　贾候萍　江开华　江　希　江哲夫　姜　松
姜　旸　蒋　威　蒋　晓　蒋星博　金希根　金　熙
靳辛欣　敬　丹　鞠　原　亢国纯　亢文萍　孔德宏
赖荣凤　郎磊杰　李　超　李福才　李　浩　李浩军
李辉忠　李　剑　李　静　李　磊　李　磊　李茜华

李硕 李思宇 李婷婷 李维将 李伟 李小飞
李雄 李颖 林思聪 林武 刘德成 刘芳
刘飞 刘国鹏 刘海文 刘军 刘雷 刘凌
刘伦 刘胜厚 刘守君 刘晓兰 刘新星 刘洋
刘洋 刘一鸣 刘毅 刘钊 柳景明 柳明海
龙进凯 卢奇 鲁莹莹 陆典昆 罗洁 罗兴
罗雅枝 马然 马腾飞 孟玥婷 孟贞 苗小康
缪新育 聂楠 牛秀峰 潘颖 彭宏波 彭建宏
彭琨 彭玲娟 彭跃辉 钱闯 钱晶 乔超
秦石强 邱翔宇 曲强 全敏 权冰心 任永雄
沙杰 邵晨光 沈苗 沈伟 石淙寅 石福昊
石奎 史京生 寿思聪 舒文杰 宋宝奇 宋冰洁
宋德成 宋媛媛 苏世祥 孙柏 孙滨 孙剑
孙丽娜 孙亚昊 唐晨 田昊 田明 田山川
宛星 汪罕 汪玲 汪思捷 王超 王晨
王成啸 王大量 王刚 王健 王健 王婧
王坤鹏 王来东 王磊 王帅 王伟 王玮珑
王希 王曦 王晓东 王晓菲 王洋洋 王寅
王玉杰 王忠辉 望靖 韦伟 翁伟 吴常亮
吴栋霞 吴娜 吴奇林 吴晟 吴世东 吴宪国
吴修栋 武文琦 夏范进 夏海峰 肖达 肖锋
肖红梅 邢晓萍 熊涛 熊晓燕 徐安华 徐飞
徐建辉 徐岚 徐连宇 徐蕊鑫 徐远东 许文超
薛晓旭 荀娜 闫国庆 严华梁 严凯 严远
严志峰 阎博 阎晋奇 阳骁尧 杨波 杨国磊
杨凯 杨亮 杨敏 杨帅 杨天航 杨欣
杨元祖 杨兆辉 杨振强 姚斌 姚恩鑫 姚芳华
姚凯 姚欣 叶牡丹 于航 于侃 余睿蜚
余婷婷 臧连君 张纯 张惠平 张健 张立君
张璐 张明龙 张欧 张尚良 张伸正 张诗航
张书鑫 张顺廷 张夙 张韬 张天舒 张文良
张文明 张夏 张新 张言锋 张耀国 张业展
张毅然 张翼 张舟 赵翠 赵俊雷 赵凯
赵莉 赵立红 赵亮 赵威 赵兴鹏 赵旭
赵学敏 赵永凯 赵哲 赵志辉 郑瑞峰 郑永军
钟金辉 钟原 周凯 周翾 周游 周喆颋
周致赜 朱晶璇 朱然 竺明达 邹淼 邹小军
左丹 左林子

国家发展研究院

安平 安赟 陈聪 陈菲菲 陈刚 陈靖娴
陈凯 陈拓 程琛 崔超 董丁丁 韩思怡
何坚 胡赟之 黄鹤 黄炜 黄耀锋 贾欣蓓
雷卉 李东游 李天博 李一楠 李远志 李哲
李仲 刘普成 刘天然 刘向荣 刘轶群 陆奔
罗弥 钱炳 钱振 商潜 石磊 史若瑶
宋伟 孙俊伟 孙强 谭力 唐西均 田新峰
王江霞 王鹏 王小勇 王子 闻雁飞 吴继军
吴健 相阳 肖潇 许富强 杨豪放 于刚
于九卓 袁素 曾晓宇 张恩源 张颖 赵白
赵启 赵欣 郑云昀 周羿 朱斌 朱锐
朱晓苏

教育学院

陈晔 崔伟 戴甚彦 冯明 付烨 郝庆
黄杰琼 蒋静 蒋宇 康乐 兰雅慧 李菊
李先 吕家淇 麻雪妮 屈仁丽 孙茂元 王小龙
魏易 温余荣 吴戬 杨晓芳 伊江 原帅
张晓雷 张勇 张至正 赵丽霞 左祖晶

人口研究所

卜雯婷 古丽青 何英 李祥专 彭雅馨 丘明峰
王佳 王美瑜 周媛

前沿交叉学科研究院

何小伟 王珊珊 韦玲 周艺

工学院

陈晨 陈贵娥 陈智峰 程超 从轶群 崔晓熙
丁远昭 房瑞 傅振祥 关越 郝烨 霍达
季建朝 金志昊 雷鸣 李德民 李飞 李琳琳
李曼 李骞 李希农 李卓政 刘佳 刘先恩
刘湘琪 卢艳艳 罗法毅 潘晓畅 裴廷斌 邱鑫
邵洁 申菲菲 石涛 孙鹏 王博 王静雯
王明庆 王希光 王晓丽 徐项 杨林 杨雪峰
姚瑶 尹玉婧 余彦敏 战亚鹏 周宏伟 周进锋

城市与环境学院

包琛 曹娜 曹伟 陈曦 陈雪 程艳春
邓金杰 丁俊男 高翔 古维迎 韩炜 黄赟
贾慧慧 阚俊杰 李昊 李爽 李卫波 李先一
李猷 李钊 刘碧寒 刘津玉 刘立 刘明达
刘诗毅 刘涛 刘效龙 刘洋 刘寅春 刘志刚
马建静 马静 马禄义 潘况一 亓孝然 钱文婧
石磊 苏亦宁 孙丽娟 孙婷 孙小明 唐琳
田刚 汪娟萍 王洁晶 王俊坚 王珺 王磊
王丽 王滔 王雨 吴炳干 吴芳芳 吴佳明
吴世闽 谢婧 辛园园 邢璐 熊青青 徐冰
许立言 许晓霞 薛岚 薛淼 闫冬冬 严祥
杨兆凯 姚争 银森录 于蕾 郁秀峰 原嫄
袁涛 张敬春 张泉 张帅 张璇 张跃
赵凤鸣 钟秀萍 周琴丹 周文嘉 朱彦刚 朱以才
邹倩

环境科学与工程学院

陈冬蕾 陈海丹 陈枳君 池彦琪 丁嫚 杜芳
范杰 冯宁 郭丰 何成杰 瞿利建 雷晶
李超 李伟 李响 李小环 李杨 刘川
刘慧 刘星 卢利 吕明姬 罗三保 骆娜
齐玲 申韵 沈劲 石慧 孙锐 孙天乐
谈兆敏 谭玉菲 唐敬 汪成运 汪青 汪韬

王靖添　王　琴　王荣华　王雯雯　王晓彦　温闲云
吴应超　徐　婧　薛　莲　颜锽锽　于　钰　余嘉玲
俞　挺　张　浩　张默贺　张　旭　张盈盈　赵和春
赵倩彪　赵亚娟　赵志新　郑　宇　钟　晨　朱　雷
邹　莉

基础医学院

郑　琴　蒲晓宇　陈　洁　胡芳精　刘伟伟　王兆红
朱振久　耿山景　靳伟杰　曹　也　葛瑞民　李常虹
尚应辉　张亮亮　井　然　孟庆振　王维斌　罗宜孝
孙丽丽　阎本永　金玉洁　邵翠萍　王建伟　常　莹
陈钇宇　郝佳庆　梁　伟　石丹丹　王昌军　杨荣秉
郑　奕　孙奎霞　王美容　王晓娟　王永峰　闫春辉
朱红云　李　抗　杨素娟　刘羽萱　徐教生　任　慧
王喆明　段泽君　董冠伯

药学院

李叶桓　范雅婷　孙　慧　吴雅楠　徐振中　仰浈臻
赵炳祥　李淼鑫　刘淑娟　王丽威　王庆辉　邢鹏鹏
杨晓娟　赵巧丽　王　丹　王耀欣　丁　双　许阳光
包宁疆　宋福鱼　王　娜　田　昕　郑丽英　耿向楠
殷其蕾　穆合塔尔·卡德尔哈孜　金　鑫　潘　鑫
黄菲霞　关祥宇　高海飞　陆世芳　李若婧　赵　欣
张力勤　海沙尔江·吾守尔　吴锁薇　魏艳红
任宇鹏　贺锐锐　杨　婧　周冰莹　黄　鑫　李　珅
孙纯广　杨　婷　杨　爽　刘策时　冯　帅　王　东
刘　义　李勇剑　韩利强　洪梦实　易湛苗　孙　曼
丁胜涛　张　浩　范爱丽　酒向飞　姚　瑶　何向辉
李　超　张承悦　施　喆　张金洋　张沛然　律宗霞
帕孜来提·亚库甫　于　欢　陈　忻　詹先王
钟　帼　王维为　王小宁　黄荣华　张　燕　关　巍
李博彧　贺华平　刘瞳彤　罗来春　张　杨　陈　欣
李　刚　王　萌　王瓅珏　孙　晟　李　松　张力月
张　亮　伊利夏提·肖开提

公共卫生学院

董晓慧　包鹤龄　李　蕾　孙小宇　王　勋　杨雅平
曹　磊　刘　琴　王　冰　杨馨宁　赵　霞　蔡晶晶
胡建伟　马丹丹　徐琳琳　张　超　赵晓慧　胡　芳
李百惠　吕晓静　张　曼　何月莹　吕　艳　任泽明
薛江丽　贾金忠　刘小娜　孟琴琴　王东旭　王立立
谢一萍　许　静　杨　威　尤莉莉　于梅子　刘　超
赵　堃　陈江飞　黄小迅　张耀文　杨一博　范雯怡
雷洁萍　傅锦秀　汤淑女　丁　明　李卫芹　许志远
肖晚晴　安维维　王　薇　阿尔帕提　李久存
王　欣　卢秀玲　王　璐　邓陶陶　于永超　赵佳夕
敬　挺　李　融　宋彦超　郭　健　江清浩　徐文婕
宋　智　黎学海　董鹏程　袁　月　徐陆正　王子佳
杨　婷　付国颖　陶　辉　郑　薇　孙婷婷　林　兵
裴正存　焦士勇　栗潮阳　刘　淼　刘　闯　曹　洋
彭茨克　舒　正　李凤霞　苏　畅　穆尔扎·别克
范　杰

护理学院

陈　梅　李会娟　刘金莲　孟朝琳　王德慧　王　敏
王文焕　于　晨　周子琦

公共教学部

范　彬　黄　琅　陈　涛　庞　英　谢中垚　胡　俊
黎润红　丁　莎

第一临床医学院

马　池　邵克花　杨金辉　逄红娟　戴珊珊　邸北冰
高培培　黄光银　梁　彧　刘　砺　龙颖姣　吕向裴
宋建君　宋立娜　孙晶雪　田　真　杨　静　袁雪芳
代丽芳　鲁　伟　相　婷　徐建彪　张凤文　朱露璐
陈宪琪　谭燕红　郭小超　廖栩鹤　刘善德　张　丽
刘雪凯　王美玲　田　健　占方彪　张全文　马晓艳
王　睿　张　慧　张　旭　战小军　周鲲鹏　谢　旻
于永沛　窦　攀　陈嫚轩

第二临床医学院

杨振娟　张银丽　陈衍辉　迟　骋　郭乌兰　胡　莹
王丽虹　谢　婧　徐玲玲　杨　杰　袁婷婷　昃　峰
张丽丽　张　瑶　郑凤美　谢丽娜　唐春花　张雪萍
邓　磊　李凤卫　李恒超　帕拉提·吾不力　汤国庆
王志强　刘亚南　徐启英

第三临床医学院

陈　嵘　唐惠林　毕小瑞　陈君忆　郭春梅　何艳晶
李如源　李素芳　刘金波　潘月娟　石岩岩　孙　琳
陶琴琴　于　伟　张永燊　关育红　张　群　李　帅
连慧秀　陈鑫磊　韩晓光　刘亚奇　毛加明　陶　明
王重凯　徐云峰　张　扬　丁永霞　李晓倩　孙晓乐
涂彬彬　徐婷婷　杨玲玲　张　雪　刘　峰　王冬梅
魏　炜　奚　逸　曾凡硕　张兰涛　张云霄

积水潭医院

孙莉莉　陈祥述　邓玖征　胡　浩　黄晓寒　赵丽娜

口腔医学院

冯加飞　聂晶晶　杨　祥　朱　涛　李　娟　范靖华
郝　挺　孙立平　王成洁　王晓颖　于　森　陈永刚
刘思璇　谭　瑶　自　伟　高博韬　娄丽丽　裴　涛
秦一飞　吴　丹　伍雪红

精神卫生研究所

冯映映　侯希妍　李海梅　林　仲　倪　英　彭祖来
邱宇甲　王　晓　张艳玲

临床肿瘤学院

高建笺　陈　玲　管振坡　裴仁广　杨　梅　陈　飞
段又佳　洪金玲　李伟伟　李雪峰　刘　鑫　卢元丽
庞至远　王　鹏　杨云鹏　于玮玮　元霄梅　张智超
朱　建　朱昱冰　付雪松　宋明洋　李荣杰

北京医院

刘君萌　吕　游　房砚文　程茂杰　黄　娟　李金凝
谭庆亭　张　宏　李　达　周昌虎

中日友好医院

魏冯宁　张　敏　丁　冉　丁振山　李超丰　甄雪克

世纪坛医院

雷　婷　卢桂阳　王丽丽　赵　瑾　佟玲霞　王风磊
刘永亮　赵孟菲

航天中心医院

陈秀峰　陆良愿　安　迪　窦立冬　李小龙　王　卓
艾向南　司　雨

首都儿科研究所

孟　洪　王婷婷　王雁飞　岳　梅

深圳医院

刘晓怡　代延朋　蒋熙攘　谭好升　王朝亮　郭情情
张　凌　李海东

首钢医院

赵　栋　赵子臣

地坛医院

刘　凤　刘丽改

解放军第三〇二医院

韩佳琪　黄　坤

解放军第三〇六医院

牛文芳　李海侠

毕业留学生研究生

校本部

姓名	研究生类别	院系名称	专业名称
李锡遇	博士	国际关系学院	国际关系
金道荣	博士	中国语言文学系	语言学及应用语言学
佐藤芳之	博士	中国语言文学系	汉语言文字学
李荣学	博士	国际关系学院	外交学
尹基德	博士	中国语言文学系	语言学及应用语言学
柳浚炯	博士	历史学系	中国古代史
卞敬爱	博士	历史学系	世界史
宣炳三	博士	哲学系	中国哲学
朴乡兰	博士	中国语言文学系	汉语言文字学
林谯林	硕士	考古文博学院	考古学及博物馆学
申永湜	博士	国际关系学院	国际政治
许文颖	博士	法学院	经济法学
河贞美	硕士	中国语言文学系	中国现当代文学
盖　文	硕士	法学院	民商法学
丹羽香	博士	中国语言文学系	比较文学与世界文学
金东淑	博士	哲学系	中国哲学
郑珠荣	博士	政府管理学院	政治学理论
阮大瞿越	博士	中国语言文学系	语言学及应用语言学
金正秀	博士	中国语言文学系	比较文学与世界文学
李壬灿	博士	哲学系	中国哲学
叶祖达	博士	城市与环境学院	人文地理学
李知恩	博士	中国语言文学系	汉语言文字学
李明喜	博士	历史学系	历史地理学
金志园	硕士	考古文博学院	考古学及博物馆学
林明熙	博士	哲学系	中国哲学
张惠思	博士	中国语言文学系	中国古代文学
崔瑛祜	博士	中国语言文学系	中国现当代文学
崔宰溶	博士	中国语言文学系	中国现当代文学

续表

姓名	研究生类别	院系名称	专业名称
郑氏恒	硕士	哲学系	中国哲学
刘美娜	博士	光华管理学院	企业管理
河斗振	硕士	中国语言文学系	语言学及应用语言学
李善冏	硕士	中国语言文学系	汉语言文字学
安宝罗	硕士	中国语言文学系	中国古代文学
刘珉僖	硕士	中国语言文学系	中国现当代文学
许祯仁	硕士	中国语言文学系	汉语言文字学
王思婷	硕士	中国语言文学系	汉语言文字学
周凯琴	硕士	中国语言文学系	汉语言文字学
马　硕	硕士	历史学系	中国古代史
王　林	硕士	历史学系	中国古代史
辛韩贞	硕士	考古文博学院	考古学及博物馆学
张娥凛	硕士	考古文博学院	考古学及博物馆学
董仁绪	硕士	哲学系	宗教学
游大海	硕士	哲学系	中国哲学
山根良公	硕士	国际关系学院	国际关系
稻田健志	硕士	环境科学与工程学院	环境科学
郭礼扬	硕士	光华管理学院	工商管理硕士
朱罗宾	硕士	光华管理学院	工商管理硕士
全祐正	硕士	法学院	民商法学
陈奕安	硕士	法学院	法律硕士
沈慧龄	硕士	对外汉语教育学院	汉语言文字学
俞英守	硕士	教育学院	高等教育学
甘　迪	硕士	新闻与传播学院	新闻学
安省玟	硕士	国际关系学院	国际政治
黄智雄	硕士	国际关系学院	国际政治
杨睿彦	硕士	国际关系学院	国际政治
曾安安	硕士	国际关系学院	国际政治
郑元硕	硕士	国际关系学院	国际政治
韩慧渊	硕士	国际关系学院	国际关系
刘晓翾	硕士	国际关系学院	政治学(国际政治经济学)
梅　林	硕士	国际关系学院	国际关系
柯安娜	硕士	国际关系学院	国际关系
代安玲	硕士	国际关系学院	国际关系
戴凯臻	硕士	国际关系学院	国际关系
何安蕊	硕士	国际关系学院	国际关系
贺凯智	硕士	国际关系学院	国际关系
郭莉莉	硕士	国际关系学院	国际关系
刘至芹	硕士	国际关系学院	国际关系
雷　山	硕士	国际关系学院	国际关系
朴安祖	硕士	国际关系学院	国际关系
斯佳妮	硕士	国际关系学院	国际关系
林　娜	硕士	国际关系学院	国际关系
陶　飞	硕士	国际关系学院	国际关系
詹姆士	硕士	国际关系学院	国际关系
冯海瑞	硕士	国际关系学院	国际关系
叶舜菱	硕士	国际关系学院	国际关系

续表

姓名	研究生类别	院系名称	专业名称
马德飒	硕士	国际关系学院	国际关系
徐玟蕙	硕士	国际关系学院	国际关系
波波夫	硕士	国际关系学院	国际政治
王　美	硕士	国际关系学院	国际政治
李　杉	硕士	国际关系学院	国际政治
利景志	硕士	国际关系学院	国际关系
思瑞坎	硕士	国际关系学院	国际关系
欧　林	硕士	国际关系学院	国际关系
小川修子	硕士	国际关系学院	国际关系
杜文凯	硕士	经济学院	世界经济
杨　硕	硕士	经济学院	金融学
韩娜罗	硕士	光华管理学院	金融学
安玟雅	硕士	光华管理学院	工商管理硕士
金孝昱	硕士	光华管理学院	工商管理硕士
安泳完	硕士	光华管理学院	工商管理硕士
程　林	硕士	光华管理学院	工商管理硕士
黄旭哲	硕士	光华管理学院	工商管理硕士
金成俊	硕士	光华管理学院	工商管理硕士
金东奎	硕士	光华管理学院	工商管理硕士
金龙焕	硕士	光华管理学院	工商管理硕士
金永洛	硕士	光华管理学院	工商管理硕士
金周荣	硕士	光华管理学院	工商管理硕士
李东殷	硕士	光华管理学院	工商管理硕士
李建宇	硕士	光华管理学院	工商管理硕士
李赢博	硕士	光华管理学院	工商管理硕士
李钟圭	硕士	光华管理学院	工商管理硕士
朴恩珍	硕士	光华管理学院	工商管理硕士
尚祖烨	硕士	光华管理学院	工商管理硕士
萧大卫	硕士	光华管理学院	工商管理硕士
杨佩岑	硕士	光华管理学院	工商管理硕士
尹成宰	硕士	光华管理学院	工商管理硕士
赵凡皓	硕士	光华管理学院	工商管理硕士
赵文晟	硕士	光华管理学院	工商管理硕士
高惠敏	硕士	法学院	民商法学
韩白熙	硕士	法学院	经济法学
彭安迪	硕士	法学院	民商法学
朱　莉	硕士	法学院	民商法学
白周岘	硕士	法学院	民商法学
苏景谦	硕士	法学院	民商法学
唐　宁	硕士	法学院	民商法学
温睿霆	硕士	法学院	民商法学
雅　耐	硕士	法学院	民商法学
盖瓦基拉温	硕士	政府管理学院	行政管理
冯耀华	硕士	政府管理学院	公共管理(发展管理)
陈任宏	硕士	政府管理学院	公共管理(公共政策)
元贵熙	硕士	教育学院	高等教育学
卢　达	硕士	政府管理学院	公共管理(公共政策)

续表

姓名	研究生类别	院系名称	专业名称
付艾克	硕士	政府管理学院	公共管理(公共政策)
阿　力	硕士	政府管理学院	公共管理(公共政策)
阿盖斯	硕士	政府管理学院	公共管理(公共政策)
卡美亚	硕士	政府管理学院	公共管理(公共政策)
吉特威	硕士	政府管理学院	公共管理(公共政策)
李法莱	硕士	政府管理学院	公共管理(公共政策)
安伯楚	硕士	政府管理学院	公共管理(公共政策)
杜可丽	硕士	政府管理学院	公共管理(公共政策)
马　杜	硕士	政府管理学院	公共管理(公共政策)
付安克	硕士	政府管理学院	公共管理(公共政策)
马博礼	硕士	政府管理学院	公共管理(公共政策)
马　赫	硕士	政府管理学院	公共管理(公共政策)
祖娃妮	硕士	政府管理学院	公共管理(公共政策)
莫哈德	硕士	政府管理学院	公共管理(公共政策)
艾米莉	硕士	政府管理学院	公共管理(公共政策)
皮　特	硕士	政府管理学院	公共管理(公共政策)
唐让德	硕士	政府管理学院	公共管理(公共政策)
欧　吉	硕士	政府管理学院	公共管理(公共政策)
卢　远	硕士	政府管理学院	公共管理(公共政策)
韦　彬	硕士	政府管理学院	公共管理(公共政策)
艾利克斯	硕士	政府管理学院	公共管理(公共政策)
文海浪	硕士	政府管理学院	公共管理(公共政策)

医学部

姓名	类别	专业
蔡孟珊	硕士	外科学
胡兰	硕士	妇产科学
吴霁晖	硕士	外科学
菲德莉娅	硕士	妇产科学
金达莱	硕士	妇产科学
梁家铭	硕士	运动医学
廖振发	硕士	精神卫生
陈玮志	博士	眼科学

·大事记·

1月

1月7日 由北京大学党委宣传部和新闻中心共同举办的"北大因你而骄傲·2010感动北大人物"颁奖典礼在百周年纪念讲堂举行。数学科学学院姜伯驹教授、生命科学学院潘文石教授、北京大学第三医院骨科主任医师马庆军教授、物理学院王恩哥教授、历史学系2010级硕士研究生马清源获奖。

1月9日 17时38分,著名的社会学家、法学家、教育家,杰出的社会活动家,中国民主促进会的创始人之一和卓越领导人,中国共产党的亲密朋友雷洁琼先生在北京因病逝世,享年106岁。

1月14日 2010年度国家科学技术奖励大会于2011年1月14日在人民大会堂隆重举行。北京大学共有12个项目获得国家科学技术奖,包括2项国家自然科学奖、1项国家技术发明奖、9项国家科学技术进步奖。其中有5项是北京大学作为第一完成人所在单位或者第一完成单位获奖,包括2项国家自然科学奖、1项国家技术发明奖、2项国家科学技术进步奖。教育部向北京大学发来贺信,对北大5项科研成果获得2010年度国家科学技术奖表示祝贺。

2月

2月12日 科技部发布《关于表彰"十一五"国家科技计划工作先进集体和个人的决定》。北京大学获得国家科技计划执行优秀团队奖2项,国家科技计划执行突出贡献奖1项。其中,北京大学作为科研机构获得"十一五"国家科技计划执行优秀团队奖,由北京大学等5家单位组成的"新一代高可信网络"项目研发团队也获得了该奖。北大城市与环境学院冯长春教授获得"十一五"国家科技计划执行突出贡献奖。

2月16日 原北京市政协副主席、北京大学信息科学技术学院韩汝琦教授在北京逝世,享年72岁。中共中央政治局常委贾庆林、李长春、李克强,中共中央政治局委员王刚、王岐山、刘淇、刘延东等领导同志,以及全国政协办公厅、中共中央组织部、中共中央统战部、中华人民共和国教育部、中国国民党革命委员会中央委员会、北京市委、北京市人大常委会、北京市人民政府、北京市政协等部门送了花圈。

2月25日 北京大学常务副校长、医学部常务副主任柯杨和香港林植豪先生家人代表、林护基金会主席林柏年(Lam Pak Nin)先生在北京共同签署了"林植豪先生家人向北京大学捐赠协议"。根据协议,林植豪先生家人将向医学部一次性捐赠1000万元人民币,设立"北京大学林松年系统生物医学基金",支持北京大学系统生物医学的发展。该基金为不动本基金,每年使用基金收益资助讲席教授1名、青年学者2～4名。

2月26日 目前世界上规模最大的泌尿外科医学中心——吴阶平泌尿外科医学中心在北京大学首钢医院正式起用,标志着中国在建设世界级泌尿外科中心的目标上迈出了坚实一步。

3月

3月2日 著名医学科学家、医学教育家、泌尿外科专家和社会活动家、九三学社的杰出领导人吴阶平于北京逝世,享年94岁。胡锦涛、江泽民、吴邦国、温家宝、贾庆林、李长春、习近平、李克强等党和国家领导人,通过各种形式对吴阶平同志的逝世表示沉痛哀悼并向其亲属表示深切慰问。

3月7日 在人民大会堂举行的创先争优巾帼建功全国三八红旗手(集体)表彰大会上,北京大学中外妇女问题研究中心获得2011年"全国三八红旗集体"殊荣。此次全国妇联共表彰10名全国"三八红旗手标兵"、334名"全国三八红旗手"和222个"全国三八红旗集体"。

3月13日 共青团北京大学第十八届委员会第四次全体(扩大)会议在生命科学学院邓祐才学术报告厅举行。

3月18日 在"书香中国——第二届中国出版政府奖颁奖典礼"上,北京大学方精云教授等主编的《中国木本植物分布图集》荣获第二届中国出版政府奖图书奖。《中国木本植物分布图集》全三册共2000余页,详细介绍了我国全部

11400余种木本植物基于县域的分布区及相关气候信息，是目前世界上物种收录最完备、分布最详尽的有关区域植物分布的图集。

3月20日 中国共产党的优秀党员，著名的法学家、教育家，北京大学资深教授芮沐先生在京逝世，享年103岁。胡锦涛、温家宝、朱镕基、李长春、李克强、吴官正、罗豪才、刘延东等党和国家领导人，以及最高人民法院、最高人民检察院、全国人大法制工作委员会、国务院法制办公室、教育部、商务部等部委和中国法学会、中国国际法学会等有关单位及各界友人向芮沐先生敬献花圈，并对其家属表示慰问。

3月27日 2010年中国经济女性年度人物揭榜典礼在中国广播电视影像资料馆举行。因在学术领域的突出成就与国际影响力，北京大学经济学院院长孙祁祥教授当选“2010年中国经济女性年度人物”。

3月 北京大学中国社会科学调查中心正式发布《中国报告·民生·2011》，引起国家有关部门和社会各界的广泛关注。

3月 北京大学外国语学院阿拉伯语系仲跻昆教授荣获“谢赫·扎耶德图书奖——第五届文化人物年度奖(2010—2011)”，以表彰他在长达半个世纪的阿拉伯语教学与科研和中阿文化交流中所做出的重大贡献。

3月 由北京大学中国新诗研究所组织编选、北京大学中国语言文学系谢冕教授担任总主编的大型中国新诗选本《中国新诗总系》由人民文学出版社出版。这套诗歌选本旨在检视百年来新诗实绩，展现中国新诗演化的历史进程，遴选了1917—2000年间的诗作4000余首，每10年为一卷，另有“理论卷”和“史料卷”各一，一共10卷。《中国新诗总系》的编选工作于2006年年初启动，历时近五载完成。

3月到7月 北大第十二届研究生支教团在西藏、青海、新疆、云南支教服务地开设“启明星”课堂，开展党史教育。“启明星”课堂的主题为“学党史，举党旗，坚定信念跟党走”，以每周一次讲座的形式为主，辅以主题班会、师生互动交流、学生课后撰写感想等多样化的教学方式，给西部学子讲党史，在体验感恩中深入开展爱党、爱社会主义教育。按照支教服务地的教学安排，第十二届研究生支教团在2011年3月到7月期间开展16期专题讲座。

4月

4月1日 杨善洲同志先进事迹报告会在北京大学百周年纪念讲堂举行。

4月2日晚 “世界因你而美丽——影响世界华人盛典2010—2011”在北京大学举行。

4月17日 北京大学与湖南省政府在长沙市共同签署“湖南省人民政府与北京大学在信息技术领域深度合作协议”。根据协议，北京大学数字视频编解码技术国家工程实验室、微处理器研究开发中心将于湖南省有线电视网络(集团)股份有限公司共同建设“3D技术与应用实验室”，并联合开发“中国芯芯片在三网融合广电网络上的应用”，共同推进“云电视”产业在湖南的发展。

4月18日 “北京大学—清华大学生命科学联合中心”举行揭牌仪式，教育部副部长杜占元、北京大学校长周其凤、清华大学校长顾秉林共同为中心揭牌。

4月22日 由北京市委宣传部、北京市卫生局、北京大学医学部共同举办的第三届“首都十大健康卫士”评选颁奖暨陈敏华同志事迹报告会在北京市西城区文化中心举行。北京大学肿瘤医院主任医师陈敏华、北京大学人民医院主任医师陶其敏荣获第三届“首都十大健康卫士”称号。北京大学第三医院主任医师赵鸣武当选为第三届“首都健康卫士”。

4月25日 北京大学师生学习胡锦涛总书记在清华大学100周年校庆上的讲话座谈会在英杰交流中心举行。师生代表就胡锦涛总书记的讲话进行了深入学习和交流。

5月

5月4日 深圳第26届世界大学生夏季运动会火炬点燃暨火炬传递活动启动仪式于5月4日在北京大学举行。中共中央政治局常委、国务院副总理李克强在仪式上点燃主火炬，宣布世界大学生运动会火炬传递活动开始。

5月8日 由北京大学新闻与传播学院现代出版科研所和中国新闻出版研究院联合主办的“2011年数字出版与文化产业国际研讨会”在北大召开。

5月8—15日 应台湾大学邀请，5月8日至15日，北京大学校长周其凤率领代表团访问台大，展开了北大历史上规模最大的校际交流活动。

5月9日 由教育部主办的庆祝建党90周年“红色经典”专场演出于5月9日在北京大学举行，演出集中展示了近年来高校“红色经典”艺术教育示范基地的建设成果。

5月10日 胡锦涛总书记给北京大学第十二届研究生支教团成员回信，在信中，总书记勉励支教团成员要“向实践学习、向人民群众学习”“坚持把支教扶贫的接力棒一届一届传下去”

"努力成长为堪当国家建设重任的栋梁之材"。

5月11日 北京大学医学部全科医学学系成立大会召开。柯杨常务副校长代表医学部向郑家强教授颁发北京大学医学部客座教授聘书和全科医学学系第一届系主任聘书。

5月12日 以著名神经科学家、疼痛学家、北京大学神经科学研究所韩济生院士名字命名的"北京济生疼痛医学基金会"在京正式成立。全国人大常委会副委员长韩启德出席会议并为基金会揭牌。韩济生院士捐献"国华奖"奖金50万元,用于成立北京济生疼痛医学基金会。

5月17日 北京大学药学院辅导员李玉莲入选教育部"2010全国高校辅导员年度人物"。

5月17日 北京大学荣获"全国五一劳动奖状",是北京市教育系统2011年唯一获此殊荣的单位。

5月19日下午 巴基斯坦伊斯兰共和国总理赛义德·优素福·拉扎·吉拉尼在北京大学英杰交流中心做了演讲。中国驻巴基斯坦大使馆刘建大使、北京大学校长周其凤等出席了演讲会。

5月19日 "北京大学纪念中国共产党成立90周年理论研讨会"在英杰交流中心举行。研讨会主题为"中国共产党与中华民族伟大复兴"。

5月25日 北京大学—重庆大学合作签字仪式在北京大学英杰交流中心新闻发布厅举行。北京大学校长周其凤和重庆大学校长林建华代表两校签署了合作协议。

5月28日 北京大学新闻与传播学院建院十周年庆祝大会暨媒体融合时代中国新闻传播业发展趋势高峰论坛在英杰交流中心阳光大厅举行。北京大学校长周其凤,人民日报社总编辑吴恒权等出席会议。

5月30日 东方园林集团董事长何巧女女士捐资2000万元人民币在北大建筑与景观设计学院设立"东方园林生态城市讲席教授基金"。

6月

6月3日 北京大学通令嘉奖学生服务总队,高度评价了他们取得的成绩,赞扬了他们展现的精神风貌,并希望广大师生能够向学生服务总队学习,立足实际,开拓进取,为学校加快创建世界一流大学做出新的更大贡献。

6月16日 备受社会各界关注的"2010中国大学生年度人物评选颁奖典礼"在北京交通大学科学会堂举行。北京大学城市与环境学院2008级本科生范敬怡入选"2010中国大学生年度人物"。

6月23日 中共中央政治局委员、国务委员刘延东来到北京大学英杰交流中心,出席全国高校学生"永远跟党走"主题暑期社会实践活动启动仪式并发表重要讲话。

6月24日 "北京大学庆祝中国共产党成立九十周年暨创先争优活动年度推进大会"在百周年纪念讲堂隆重举行。北京大学党委书记闵维方,校长周其凤,原党委书记王德炳,常务副校长柯杨,党委副书记、纪委书记于鸿君,党委副书记敖英芳,副校长鞠传进、王恩哥出席大会。

6月28日 "中坤集团向北京大学捐赠协议签字仪式"在英杰交流中心阳光大厅举行。北京中坤投资集团董事长、北京大学杰出校友黄怒波先生向北京大学捐赠价值9亿元人民币的资产,注入"北京大学中坤教育基金"以进一步推动北京大学人才培养和教学科研的发展。

7月

7月12日 金砖国家全球卫生与发展论坛在医学部举行。来自巴西、俄罗斯、南非及我国卫生部门的代表及相关专家,围绕金砖国家政府推进全球卫生与发展进程中的主要挑战,及在推进全球卫生与发展进程中全球卫生研究机构应当承担的责任等问题展开了交流。

7月 在建党90周年全国先进基层党组织、优秀共产党员、优秀党务工作者评选工作中,北京大学化学与分子工程学院高松院士荣获"全国优秀共产党员"称号。

8月

8月22日 北京大学隆重召开全校教师干部大会。受中央领导委派,中组部副部长李智勇在会上宣布了中共中央关于北京大学党委主要领导职务调整的决定。中央决定:中共江苏省委副书记朱善璐同志调任北京大学党委书记,闵维方同志不再担任北京大学党委书记职务,另有任用。中共中央政治局委员、国务委员刘延东,教育部部长、党组书记袁贵仁,国务院副秘书长江小涓,教育部副部长、党组副书记杜玉波,北京市委常委、市委教育工委书记赵凤桐等领导出席了会议。刘延东在会上发表重要讲话。

8月28—31日 北京大学校长周其凤率团赴西藏,出席在拉萨举行的新一轮高校团队对口支援西藏大学年度例会等活动,并签署《北京大学与西藏大学对口支援协议》。

8月 经国务院学位委员会第二十八次会议审议批准,北京大学新增4个博士学位和2个硕士学位授权一级学科。截至目前，北京大学共有42个一级学科具有博士学位授予权，42个一级学科具有硕士学位授予权。新增授权学科中，博士学位授权一级学科4个，分别为：新闻传播学、生物医学工程、中西医结合、管理科学与工程；硕士学位授权一级学科为新闻传播学和中西医结合。

9月

9月12日 2011年度拉斯克奖的获奖名单揭晓，中国科学家、北京大学校友屠呦呦获得临床医学奖，获奖理由是“因为发现青蒿素——一种用于治疗疟疾的药物，挽救了全球特别是发展中国家的数百万人的生命”。这也是目前中国生物医学界获得的世界级最高大奖，离诺奖只有一步之遥。

9月19日 石河子大学党委书记何慧星、副校长郑旭荣、副校长夏文斌一行访问我校。北京大学党委书记朱善璐、常务副校长吴志攀、校长助理马化祥及相关职能部门代表与何慧星一行就进一步推进对口支援工作、共同服务国家战略、促进两校科学发展等问题进行了座谈，就举办对口支援工作十周年纪念活动交换了意见。

9月21日 教育部第九专项检查组来我校检查“责任制”和“廉政准则”落实情况。上午，北京大学贯彻落实“责任制”和“廉政准则”情况汇报会在勺园七号楼弘雅厅召开。

9月22日下午 苏州市党政代表团访问北京大学，双方在英杰交流中心新闻发布厅举行了“北京大学、苏州市战略合作协议签约仪式”。

9月26日 德国洪堡大学校长扬·亨德里克·奥尔贝茨(J.-H. Olbertz)一行来访北大，北京大学校长周其凤、副校长李岩松及相关职能部门的代表在临湖轩东厅会见了来宾。奥尔贝茨此行来访的主要目的即与北京大学签署两校共建“中德高级研究院”合作意向书，并续签两校交换协议。

9月27日 由教育部、北京大学共建的北京大学人力资本与国家政策研究中心正式成立。教育部副部长鲁昕、北京大学党委书记朱善璐、校长周其凤等领导出席成立仪式。

10月

10月6日 英国《泰晤士报高等教育》周刊10月6日公布2011—2012年度全球大学排行榜，北京大学位列第49位。日本东京大学是亚洲排名最高的大学，位列全球第30名。今年全球大学200强中，中国内地3所高校上榜，北京大学排名第49位，清华大学位列第71位，中国科学技术大学位列第192位。

10月9日 “北京大学纪念辛亥革命100周年座谈会”在英杰交流中心新闻发布厅举行。校党委书记朱善璐、校长周其凤等学校党政领导，各基层党政负责人，各职能部门、直属附属单位负责人，校内各民主党派负责人，学生代表及医学部相关人员参加了座谈会。

10月10日 北京大学党委书记朱善璐率北大代表团赴新疆，参加北京大学对口支援石河子大学十周年纪念系列活动。

10月13日 备受社会各界关注的第五届“母亲河奖”颁奖仪式在人民大会堂举行。由北京大学团委和北京大学城市与环境学院共同创办的中国大学生环境教育基地在众多参评单位中脱颖而出，以优异的成绩获得了第五届“母亲河奖”，并且在获得组织类奖项的5个单位中名列前茅。

10月18日 北京国际数学研究中心办公新址揭牌仪式在北京大学镜春园82号甲乙丙二楼报告厅隆重举行。

10月19日 第十二届“挑战杯”全国大学生课外学术科技作品竞赛终审决赛在大连理工大学落下帷幕。北京大学入围的6件参赛作品分别获得特等奖1项、一等奖1项、二等奖3项、三等奖1项，北大团队最终以优异成绩捧得本届“挑战杯”竞赛团体优胜杯。

10月21日 北京大学学习贯彻十七届六中全会精神座谈会举行。校党委书记朱善璐，著名马克思主义哲学家、文科资深教授黄枬森，文科资深教授、原副校长梁柱，文科资深教授、文化产业研究院院长叶朗，研究生院、工学院院长陈十一教授，社会学系主任谢立中教授，艺术学院院长王一川教授，新闻与传播学院党委书记冯支越教授等出席座谈会。

10月21日 “2011全球工程教育领袖峰会——全球工学院院长大会”在北京大学英杰交流中心隆重开幕，来自全球30多个国家和地区的200余位工学院院长齐聚北大，共商全球工程教育发展。

10月26—28日 北京大学研究生会发起募捐活动，纪念因突发脑溢血去世的农园“阳光大厨”李建华师傅。李建华师傅，来自吉林农村，在北大工作的5年时间里，兢兢业业、勤勤恳恳，带给每位就餐师生以阳光般的微笑和亲切的叮咛问候。李建华的离世，牵动着北大师生的心，也引起了社会大众的关注。北大校领导亲切慰问李建华遗属，并送上餐饮中心给予的经济补助和捐款。在募捐活动之外，同学们还自发制作了满载北大师生怀念之情的纪念册。在3天中，有3000余人参加募捐活动，共募得善款62520.41元人民币，以及100元港币。

10月27日上午 北京大学李兆基人文学苑落成典礼隆重举行。中央人民政府驻香港联络办公室主任彭清华，教育部副部长郝平，全国人大常委、原香港特别行政区立法会主席范徐丽泰，香港恒基集团主席、北京大学名誉校董李兆基博士，恒基集团副主席李家杰先生，恒基集团副主席、北京大学名誉校董李家诚先生，北京大学党委书记朱善璐，校长周其凤，全国政协文史与学习委员会副主任、北京大学教育基金会理事长闵维方，中央文史馆馆长、北京大学人文学部主任、资深教授袁行霈，李兆基博士的亲友、恒基集团的高层领导，以及北京大学相关职能部门负责人和中国语言文学系、历史学系、哲学系(宗教学系)师生代表参加了典礼。

10月28日 国家汉办、北京大学、斯坦福大学合作建立斯坦福大学孔子学院签字仪式在北京大学临湖轩举行。国家汉办主任许琳、斯坦福大学校长约翰·亨尼斯、北京大学校长周其凤出席签字仪式并签署斯坦福大学孔子学院基金管理和执行协议。

11月

11月4日上午 第八届北京论坛在钓鱼台国宾馆隆重开幕。北京论坛(2011)主题为“文明和谐与共同繁荣——传统与现代、变革与转型”。

11月8日 何梁何利基金2011年度颁奖大会在北京举行。北京大学第三医院乔杰教授荣获2011年度何梁何利基金科学与技术进步奖。

11月10日 中共中央政治局常委、中央纪委书记贺国强到北京大学考察调研，参观了校史馆和化学与分子工程学院，出席了在北大召开的部分高校反腐倡廉建设座谈会，并发表重要讲话。

11月11日 北京大学口腔医学院“口腔数字化医疗技术和材料国家工程实验室”在北京举行揭牌仪式。这是我国口腔医学领域的第一个国家工程实验室，也是医学部第二个国家级实验室和北京大学第二个国家工程实验室。

11月12日 北京大学医学部风湿免疫学学系成立大会暨风湿免疫学专科医师培训研讨会举行。10家医院联合参组的北京大学医学部风湿免疫学学系宣布成立。

11月14日 北京大学校务委员会主任、党委书记朱善璐在临湖轩会见了瑞典斯德哥尔摩大学校长卡尔·布雷默教授一行。

11月14日 北京大学、南京市战略合作协议签约仪式在英杰交流中心举行。此次市校战略合作协议的签署，将推进双方在重大项目、创业就业、人才交流培养、国际科技交流等领域展开全方位合作，推进创新平台建设，并有利于构建双方长效合作的工作机制。

11月18日 北京大学医学部韩济生院士荣获中国医学界最高规格个人奖项——吴阶平奖，以表彰他在针刺原理研究、疼痛医学和神经科学方面的科研和教学成就。

11月21日 由北京市教育工会负责组建的专家组一行18人，在北京市总工会党组书记、副主席曾繁新，市教育工会主席张青山，专家组组长、原中国地质大学党委书记毕孔彰的率领下，对北京大学“全国模范职工之家”的建设情况进行了全面的复查验收。在深入细致的听、看、走、访以后，复验专家组一致同意：北大通过“全国模范职工之家”复验。

11月23日下午 土库曼斯坦总统库尔班古力·别尔德穆哈梅多夫北京大学名誉教授授予仪式在人民大会堂西大厅举行。中共中央政治局委员、国务委员刘延东，以及国家民族事务委员会主任杨晶，中国驻土库曼斯坦大使肖清华，外交部副部长程国平，教育部副部长郝平，北京大学校务委员会主任、党委书记朱善璐，北京大学校长周其凤等出席了仪式。

11月25日 中共北京大学党校成立二十周年纪念大会在英杰交流中心阳光大厅召开。北京大学党委书记、党校校长朱善璐，党委常务副书记、副校长张彦，党委副书记、纪委书记于鸿君，党委副书记、医学部党委书记敖英芳等校领导，以及北京市委教工委常务副书记刘建，北京林业大学党委副书记全海等嘉宾出席了会议。

11月27日起 北京大学党委书记、校务委员会主任朱善璐率北大代表团出访美国和加拿大，先后造访斯坦福大学、加州大学伯克利分校、不列颠哥伦比亚大学、多伦多大学、哈佛大学、耶鲁大学和哥伦比亚大学等美加高校和研究机构，签署了多项交流合作协议，拜会了诸多重要国际友人和机构，介绍北大及中国教育和文化最新发展及战略。其间，代表团还与海外优秀留学人员和校友进行了多次交流座谈。

11月28日下午 英国发展大臣安德鲁·米切尔到访北京大学，并在英杰交流中心发表了题为“中英伙伴关系与国际发展合作”的演讲，北京大学校长周其凤在演讲会之前会见了安德鲁·米切尔一行。

11月29日 北京大学马克思主义哲学研究中心成立仪式暨马克思与辩证唯物主义理论研讨会、《黄枬森文集》首发仪式在英杰交流中心新闻发布厅举行。

11月29日 著名有机化学家、化学教育家、中国科学院院士、原北京市化学研究会理事长、中国化学会常务理事、北京大学化学与分子工程学院教授、中国民主同盟盟员张滂先生因病医治无效，在北京逝世，享年 94 岁。

12 月

12 月 1 日 由中国福利会主办的第十五届“宋庆龄樟树奖”颁奖典礼在北京亚洲大酒店举行，北京大学第三医院生殖医学中心终身名誉主任张丽珠教授获奖。

12 月 2 日 第八届“中国青年女科学家奖”颁奖典礼在北京钓鱼台举行，共有来自全国六所高校、四家科研院所的十位青年女科学家获奖。北京大学环境科学与工程学院教授胡敏获此殊荣。

12 月 4 日至 13 日 北京大学党委书记、校务委员会主任朱善璐率团访问爱丁堡大学、剑桥大学、牛津大学、伦敦政治经济学院等欧洲著名大学。

12 月 6 日 受中共中央政治局委员、国务委员刘延东的委托，教育部副部长刘利民、中国科学院副院长李静海先后到北京大学校医院看望侯仁之先生，转达刘延东同志的问候，转交刘延东同志的贺信，并分别代表教育部和中科院向迎来百岁生日的侯先生致以诚挚的祝贺。

12 月 7 日下午 润地利房地产投资集团有限公司向北京大学捐赠暨“北京大学—润地利产学研基金”设立仪式在北京大学英杰交流中心月光厅举行。

12 月 12 日 美国前总统詹姆斯·厄尔·卡特及夫人罗莎琳·卡特到访北大，北京大学校长周其凤在凯原楼 305 室会见了来宾。

12 月 13 日下午 荷兰格罗宁根大学校长 Sibrand Poppema 率团一行 7 人访问北京大学。北京大学副校长李岩松在临湖轩会见了来宾，并就两校在城市规划专业学生交流交换项目签署协议。

12 月 14 日上午 北京大学、国家教育发展研究中心、中国教育发展战略学会三方合作协议签字仪式在北京大学办公楼 103 会议室举行。朱善璐、张力、郝克明分别代表三方签署了《北京大学、国家教育发展研究中心、中国教育发展战略学会关于加强教育发展战略与政策研究协同创新的合作协议》。

12 月 15 日、17 日 北京大学先后与中国工程物理研究院、中国航天科工集团公司签署了合作协议。北京大学党委书记朱善璐，校长周其凤，常务副校长王恩哥，研究生院院长、工学院院长陈十一，以及相关院系和职能部门负责人出席了签约活动。

12 月 16 日 中国工程院、中国科学院相继公布了 2011 年两院院士增选结果。北京大学 5 名教授当选中国科学院院士、1 名教授当选中国工程院院士，当选总人数居全国高校之首，也是北大近 10 年以来两院院士增选工作中当选院士人数最多的一年。他们分别是：北京大学信息科学技术学院高文教授当选为中国工程院信息与电子工程学部院士，数学科学学院鄂维南教授当选为中国科学院数理学部院士，化学与分子工程学院刘忠范教授、严纯华教授当选为化学部院士，生命科学学院朱玉贤教授当选为生命科学和医学学部院士，信息科学技术学院梅宏教授当选为信息技术科学部院士。

12 月 16 日和 17 日晚 北京大学歌剧研究院携手中国航天科技集团公司、中国运载火箭技术研究院、中国空间技术研究院，在解放军歌剧院隆重推出歌剧新作《钱学森》。

12 月 20 日 北京大学“出席党的十八大代表候选人初步人选推荐提名工作部署会”暨“认真学习贯彻讲话精神、深入开展创先争优活动”推进会在正大国际交流中心弘雅厅举行。校党委书记朱善璐，党委常务副书记、副校长张彦，党委副书记、纪委书记于鸿君，党委副书记、医学部党委书记敖英芳等出席会议。

12 月 28 日 中共北京大学医学部第十二次代表大会在医学部会议中心召开。大会的主题是：高举中国特色社会主义伟大旗帜，深入贯彻落实科学发展观，发扬优良传统，全面加强党的建设，进一步发挥基层党组织和全体共产党员在学校建设与发展中的源动力作用，团结广大师生员工，凝心聚力，振奋精神，勇担使命，在加快创建世界一流医学教育进程中，努力做到示范引领，走在前列。大会审议通过了十一届党委和上届纪委的工作报告，选举产生了北京大学医学部第十二届委员会和新一届纪律检查委员会。

12 月 28 日 北京大学党委书记朱善璐会见了澳大利亚前总理、现任国会议员陆克文，双方就北京论坛十周年回顾总结及未来发展等议题进行了深入的交流和探讨。

· 附　录 ·

2011 年授予的名誉教授

序号	姓名	性别	职业与现职务	授予日期	申报单位
1	星云大师 Venerable MasterHsing Yun	男	国际佛光会世界总会会长	2011 年 3 月 31 日	新闻与传播学院
2	小雅各布 · 帕里斯 Jacob Palis Jr.	男	巴西科学院副院长	2011 年 9 月 16 日	数学科学学院
3	库尔班古力 · 别尔德穆哈梅多夫 Gurbanguly Berdymukhamedov	男	土库曼斯坦总统	2011 年 11 月 23 日	口腔医学院

2011 年聘请的客座教授

序号	姓名	性别	职务	聘任时间	申报单位
1	洪小文 Hsiao-Wuen Hon	男	微软亚洲研究院院长	2011 年 3 月 29 日	信息科学技术学院
2	季明华 CHI,MIN-HWA	男	中芯国际集成电路制造公司(SMIC)资深研发副总裁	2011 年 3 月 29 日	信息科学技术学院
3	陆艺 Yi Lu	男	伊利诺伊大学(厄巴—香槟分校)化学系教授	2011 年 3 月 29 日	化学与分子工程学院
4	马克 · 诺瑞尔 Mark Norell	男	美国自然历史博物馆古生物部主任	2011 年 3 月 29 日	地球与空间科学学院
5	藤田博之 Hiroyuki Fujita	男	东京大学生产技术研究所教授、副所长	2011 年 3 月 29 日	信息科学技术学院
6	幸多 T. Russell Hsing	男	亚利桑那州立大学电气工程系教授	2011 年 3 月 29 日	信息科学技术学院
7	理查德 · 波特 Richard Pott	男	汉诺威莱布尼兹大学地植物学研究所所长	2011 年 6 月 27 日	城市与环境学院
8	陈弘毅 Albert Chen Hung-yee	男	香港大学法学院陈氏基金宪法学教授	2011 年 6 月 27 日	法学院
9	葛维宝 Paul Gewirtz	男	耶鲁法学院波特 · 斯图尔特宪法学教授,耶鲁大学中国法律中心主任	2011 年 6 月 27 日	法学院

续表

序号	姓名	性别	职务	聘任时间	申报单位
10	李述汤 Shuit-Tong Lee	男	香港城市大学物理与材料学系教授和超金刚石及现金薄膜研究中心主任	2011 年 6 月 27 日	信息科学技术学院
11	廖凯原 Leo Ko Guan	男	美国国际软件屋公司（SHI International)创办人兼董事长，美国廖凯原基金会(Leo Ko Guan Foundation)创办人兼董事长	2011 年 6 月 27 日	法学院
12	班德 · 许内曼 Bernd Schuenemann	男	慕尼黑大学法学院教席教授	2011 年 9 月 20 日	法学院
13	魏爱德 Eduardo Velez Bustillo	男	世界银行(华盛顿)东亚和太平洋地区教育部门主管	2011 年 9 月 20 日	教育学院
14	乌尔里希 · 齐白 Ulrich Sieber	男	德国马普外国刑法与国际刑法研究所所长，弗莱堡大学法律系、慕尼黑大学法律系荣誉教授	2011 年 9 月 20 日	法学院

2011 年部分媒体报道索引

主题	副题	作者	作者单位	报刊名称	出版日期	版面
北大师生眼中的灾后重建	来自汶川的调查报告			光明日报	2011-1-4	15
时代呼唤诗歌的担当		谢冕	北京大学中国语言文学系教授	人民日报	2011-1-6	24
诗歌乃大学之精魂		陈平原	北京大学中国语言文学系教授，北京大学博雅讲席教授	人民日报	2011-1-6	24
五位师生当选感动北大人物				中国青年报	2011-1-11	3
北大评出“2010 感动北大人物”				光明日报	2011-1-8	4
北大汇丰商品指数落户和讯网				北京青年报	2011-1-10	D3
雷洁琼逝世享年 106 岁				新京报	2011-1-10	A4
雷洁琼同志逝世				人民日报	2011-1-10	1
继承顾颉刚先生的学术精神		袁行霈	北京大学中国语言文学系教授	光明日报	2011-1-11	13
教育家是决定因素		卢晓东	北京大学教务部副部长	科学时报	2011-1-11	B1
创新驱动 转型发展	创新，需要变追赶者为赶超者	路风	北京大学政府管理学院教授	文汇报	2011-1-12	12
不能牺牲学习成绩来对抗教育体制		李戡	北京大学学生	中国青年报	2011-1-17	12
北大：创意“团”聚青年				中国青年报	2011-1-17	8
紧缩政策对当前通胀无效		厉以宁	北京大学社会科学学部主任、北京大学光华管理学院名誉院长	新京报	2011-1-17	A28

续表

主题	副题	作者	作者单位	报刊名称	出版日期	版面
学业奖学金评定导师应发挥主导作用		魏赤	中国语言文学系研究生教务	中国青年报	2011-1-17	5
百年“雷先生”最喜“教书匠”				新京报	2011-1-17	A20
饶毅VS俞敏洪：理想激荡现实				中国青年报	2011-1-15	4
轻叩智慧之门		杜维明	北京大学高等人文研究院院长	光明日报	2011-1-14	15
“寒光刀影未名湖”				新京报	2011-1-13	D8、9
经典淡出之后的读书人		罗志田	北京大学历史学系教授	教育文摘周报	2011-1-12	7
“北大系”联考少了怪题偏题	突出对学生视野及学习潜能的考查			北京日报	2011-2-21	6
北大爱心大巴免费接大学生返校				京华时报	2011-2-19	12
北大等13所大学自主招生联考	突出考查学生视野、综合运用知识能力、未来学习潜能			光明日报	2011-2-21	1
北京大学工学院德发高新技术研究所成立				科技日报	2011-1-20	10
给对“千人计划”感兴趣者的几点建议		饶毅	北京大学生命科学学院教授	科学时报	2011-1-21	A2
体制改革对中国经济增长和发展的作用		刘伟	北京大学党委常委、副校长	中国教育报	2011-1-18	8
北京大学科学史与科学哲学研究中心成立				科学时报	2011-1-18	B2
王选如何发现“千里马”		丛中笑	北京大学计算机科学技术研究所副研究员、王选纪念室主任	光明日报	2011-2-23	15
韩汝琦同志逝世				北京日报	2011-2-23	1
创建世界一流大学，别订时间表		陈平原	北京大学中国语言文学系教授，北京大学博雅讲席教授	人民日报	2011-2-22	12
北大新诗所力推十卷本《中国新诗总系》				中华读书报	2011-2-23	1
北大确定今年首批保送生				新京报	2011-2-23	A10
北大预录取学科竞赛获奖者	从2014年起奥赛获奖学生不再有保送大学的资格			北京青年版	2011-2-23	A7
拆迁变法：变迁、变法与社会参与		王锡锌	北京大学法学院教授	新华文摘	2011-3-1	P16-18
季羡林：被遗忘或被删节的		杨匡满	北京大学校友	人民日报	2011-2-28	24
北大陈平原：将求学与致富挂钩是对大学的误解	选专业别为虚名所累，要考虑自己的性格与才情			中国青年报	2011-2-28	12
北大专业化队伍夯实学生资助工作				中国教育报	2011-3-2	7
成就鹰的飞翔	学生资助政策从确保不辍学走向资助育人			光明日报	2011-3-4	13

续表

主题	副题	作者	作者单位	报刊名称	出版日期	版面
范式陷阱及其对创造性的制约		卢晓东	北京大学教务部副部长	科学时报	2011-3-1	B4
中国当前的经济属于哪种状态		黄桂田 谢 超	北京大学教师	人民论坛	2011 年 2 下	P46、47
怎样判断中国政治模式的成败		潘 维	北京大学国际关系学院教授	人民论坛	2011 年 2 下	P22-24
北大自主招生将设校长推荐面试专场				北京青年报	2011-3-8	A10
厉以宁建言警惕滞涨		厉以宁	北京大学社会科学学部主任、北京大学光华管理学院名誉院长	中国青年报	2011-3-8	T1、2
第二届中国文化软实力研究高层论坛精论荟萃		杨河	北京大学党委副书记	光明日报	2011-3-9	14
文化软实力与中国文化建设		郭建宁	北京大学马克思主义学院教授	光明日报	2011-3-9	14
两会教育专题		柯扬	北京大学常务副校长	光明日报	2011-3-9	9
厉以宁称须关注我国外汇储备安全问题	"藏汇于国"与"藏汇于民"应并重	厉以宁	北京大学社会科学学部主任、北京大学光华管理学院名誉院长	京华时报	2011-3-9	A07
情之所系 历久弥坚	记北京大学副教授荣起国之生物力学研究			科学时报	2011-3-9	A7
选才,给先行者更多空间	北大公开回应"不鼓励招偏才怪才"的社会质疑,引发新一轮争议			人民日报	2011-1-27	12
以己之力兴科学		韩启德	北京大学医学部主任、北京大学前沿交叉学科研究院院长	光明日报	2011-1-31	13
以创先争优推进高校建设		中共北京大学委员会		人民日报	2011-2-9	7
人口学家陆杰华:城市人口疏解关键不在人而在产业功能		人物说话栏目		中国青年报	2011-2-10	7
季羡林的预言				中国青年报	2011-2-1	10
让论文飞一会儿:质量重于数量	在科研论文畸形竞赛的喧嚣中,北大教授饶毅一直坚持质量而不怕"慢"			中国青年报	2011-2-10	3
古城保护是基础工程	关于世界文化名城建设的思考	陈平原	北京大学中国语言文学系教授,北京大学博雅讲席教授	人民日报	2011-2-10	7
百岁学人侯仁之				人民日报	2011-2-10	24
告别一个学术时代		陈平原	北京大学中国语言文学系教授,北京大学博雅讲席教授	中华读书报	2011-2-16	3
封建政治经济学与封建主义批判	读马克垚先生《封建经济政治概论》	彭小瑜	北京大学历史学系教授	中华读书报	2011-3-9	10
成本推进型通胀的应对之策		厉以宁	北京大学社会科学学部主任、北京大学光华管理学院名誉院长	文汇报	2011-3-14	5
校长推荐生昨天面试	北大提问紧贴时事			北京日报	2011-3-14	5

续表

主题	副题	作者	作者单位	报刊名称	出版日期	版面
北大披露自主招生面试考题				京华时报	2011-3-14	A13
经济发展的动力在民间		厉以宁	北京大学社会科学学部主任、北京大学光华管理学院名誉院长	北京日报	2011-3-14	17
“校长推荐生”北大面试				中国教育报	2011-3-14	1
旁听北大自主招生面试				光明日报	2011-3-14	13
21世纪，中国经济学家继续有所贡献		厉以宁	北京大学社会科学学部主任、北京大学光华管理学院名誉院长	光明日报	2011-3-16	13
如何应对“互联网自由”的挑战		卢晓东	北京大学教务部副部长	科学时报	2011-3-15	B1
立法总体完备 尚缺行政程序法	采访北大法学院教授姜明安			新京报	2011-3-14	06、07
“怪杰”冯玉祥的民生观		程美东	北京大学马克思主义学院副院长、教授	北京日报	2011-3-21	19
雷洁琼的社会整体观		杨善华	北京大学社会学系教授	北京日报	2011-3-21	18
大学：变与不变	访北京大学党委书记闵维方教授			人民日报	2011-3-23	7
借城镇化走向城乡一体化		曹凤岐	北京大学光华管理学院教授	文汇报	2011-3-28	B
口腔卫生是防治牙周病的重要“屏障”	访北大口腔医院专家徐莉			科学时报	2011-3-25	B4
医者仁心，悲悯大气	访北医三院运动医学所长于长隆			科学时报	2011-3-25	1、2
汤一介：我不是哲学家				中国教育报	2011-3-27	3
自强榜样：大学生首选俞敏洪	“社会责任”成大学生最看重的自强标准			中国青年报	2011-3-26	2
北大举办“青年时事分享汇”				中国青年报	2011-3-26	2
“虎妈”争议的冷思考		张颐武	北京大学中国语言文学系教授	北京青年报	2011-3-26	A2
睿智一生 永沐春风	各界人士深情缅怀著名法学家芮沐			光明日报	2011-3-26	4
北大光华MBA设新生奖助学金				北京青年报	2011-3-29	A6
一件新鲜事：学业会商	对话北大学工部查晶			光明日报	2011-3-30	16
北京大学形势与政策教育入脑入心	发挥第二课堂育人成效			经济日报	2011-3-31	7
北京大学：课内外结合形势政策教育让人解渴				光明日报	2011-3-31	3
世间再无芮先生	追忆恩师芮沐	吴志攀	北京大学法学院教授	光明日报	2011-3-31	15
对苏联解体重大历史事件的深入思考		梁柱	北京大学马克思主义学院教授	光明日报	2011-4-1	14、15
韩汝琦同志逝世				人民日报	2011-4-1	4
杨善洲事迹在北大引起强烈反响				光明日报	2011-4-2	5
令人信服是破格的关键		萧鸣政	北京大学政府管理学院教授	光明日报	2011-4-6	15

续表

主题	副题	作者	作者单位	报刊名称	出版日期	版面
北京大学向部分机构赠阅《儒藏》精华编				北京日报	2011-4-6	19
北大研究生帮在美移民打官司				中国青年报	2011-4-8	3
北京迈向国际一流旅游城市的体制创新	加强泛旅游时代城市管理，推进国际一流旅游城市建设	吴必虎	北京大学城市与环境学院教授	北京日报	2011-4-11	17
北大调研天通苑居民幸福感				京华时报	2011-4-8	A18
医者，别样的美丽	记北京大学第一医院副院长丁洁			科学时报	2011-4-14	A1、A2、B1、B2
当前行政改革中值得注意的三种倾向		罗豪才	北京大学原副校长	北京日报	2011-4-18	19
北大校园开放日首次上微博				光明日报	2011-4-14	6
北大：新增艺术学专业 两专业首招女国防生				光明日报	2011-4-17	4
让新生代农民工读北大“北大100”：可复制性有多大				中国青年报	2011-4-18	6
北京大学新增艺术学专业				京华时报	2011-4-19	C01
含德之厚，比于赤子	怀念张岱年先生	周猛		光明日报	2011-4-21	15
姜伯驹事迹诠释北大精神	姜伯驹：教师心 数学魂			中国教育报	2011-4-21	1、2
姜伯驹：教师心 数学魂				中国教育报	2011-4-21	4
百龄清誉称棠棣 万卷华章照古今	清华大学百年校庆讲话	周其凤	北京大学校长	人民日报	2011-4-25	6
财智人物北大讲堂开讲				光明日报	2011-4-25	6
姜伯驹：一辈子献身数学教育				中国教育报	2011-4-25	4
做什么选择 才能发展哲学		张世英	北京大学哲学系教授	光明日报	2011-4-25	16
姜伯驹院士：学生是我们的衣食父母				光明日报	2011-4-22	6
开天辟地的大事变		沙健孙	北京大学马克思主义学院教授，北京大学原副校长	光明日报	2011-4-27	11
教育部对高校重大决策设立规范程序	重大决策、重要人事任免、重大项目安排和大额度资金运作事项须经校领导班子集体研究决定			中国教育报	2011-4-30	1
高校社科界座谈学习胡总书记重要讲话精神	以高水平哲学社科研究支撑高质量高等教育（刘伟、汤一介发言）			中国教育报	2011-5-4	01、08
创新争优与一流大学建设		闵维方	北京大学党委书记、校务委员会主任	中国教育报	2011-5-2	4
蔡元培、北京大学与五四运动		顾颉刚		光明日报	2011-5-4	8
冰心：回忆“五四”		冰心		光明日报	2011-5-4	8
语言学家的文学事业		陈平原	北京大学中国语言文学系教授	中华读书报	2011-4-27	13
走进北大红楼		许志壮		北京日报	2011-5-3	18

续表

主题	副题	作者	作者单位	报刊名称	出版日期	版面
世界大学生运动会火炬在京点燃传递	李克强点燃主火炬并宣布火炬传递活动开始(北大百年讲堂举行)			北京日报	2011-5-5	01、02
要有学人本色 也要有公仆情怀	学习杨善洲有感	陈宝剑	北京大学教师	光明日报	2011-5-9	16
繁荣哲学社会科学 提高教育质量		刘伟	北京大学党委常委、副校长	光明日报	2011-5-6	7
发挥文化育人作用		汤一介	北京大学哲学系教授	光明日报	2011-5-6	7
让"师德为先"成为习惯	北京市座谈学习首届"全国教书育人楷模"姜伯驹教育教学思想			中国教育报	2011-5-6	3
呈现数学之美 展现师者之魅	北大师生体悟首届"全国教书育人楷模"姜伯驹的教育人生			中国教育报	2011-5-11	3
欢迎考生报考北大	专访北京大学招生办公室副主任舒忠飞			中国教育报	2011-5-12	6
北大与台大签署系列合作协议	目前共有300名台湾学生在北大学习			中国教育报	2011-5-10	1
西南联大为何成为教育史上的奇迹		何贤桂		中国教育报	2011-5-12	11
怎样看待用工成本上升		厉以宁	北京大学社会科学学部主任、北京大学光华管理学院名誉院长	北京日报	2011-5-16	18
四川雅安落成季羡林图书馆				人民日报	2011-5-13	12
将"化学"进行到底	《分子共和国》,北京大学化学与分子工程学院编	程树鑫		科学时报	2011-5-19	B2
提高学术要求才能提高教育质量		卢晓东	北京大学教务部副部长	科学时报	2011-5-17	B1
追忆同事李保平		潘维	北京大学国际关系学院教授	中华读书报	2011-5-18	18
北大MBA招生全年面试	以实践报告代替毕业论文			中国教育报	2011-5-17	1
李大钊:中国最早的马克思主义教育家		徐卫红		中国教育报	2011-5-18	7
百名民工圆梦北大		林洁		中国青年报	2011-5-23	01、06
你知道高校BBS吗?		计雪荣		光明日报	2011-5-21	6
苏联解体进程中意识形态的作用及其教训		曹长盛	北京大学国际关系学院教授	光明日报	2011-5-20	10、11
高校党建专委会座谈贯彻胡锦涛总书记重要讲话精神	提高质量立德树人争创一流大学	闵维方	北京大学党委书记	中国教育报	2011-5-23	3
《金克木集》再现先生道德文章	博大精深 不求闻达	庄建		光明日报	2011-5-23	9
哲学之为穷理与哲学之为对话	陈嘉映教授在北京大学国家发展研究院的讲演			文汇报	2011-5-23	D

续表

主题	副题	作者	作者单位	报刊名称	出版日期	版面
让青春在实践中闪耀	胡锦涛总书记给北京大学第十二届研究生支教团成员的回信使全校师生受到极大鼓舞和激励			光明日报	2011-5-25	01、02
胡锦涛回信北大支教团勉励学子"向群众学习"				北京青年报	2011-5-25	A4
学校贯彻胡锦涛总书记给北大研究生支教团回信精神	教育部通知要求全国教育系统			光明日报	2011-5-26	4
团中央部署学习贯彻胡锦涛给北大第十二届研究生支教团成员回信精神		崔玉娟		中国青年报	2011-5-26	3
青春在祖国西部飞扬	记连续 12 年支教扶贫的北京大学研究生支教团			中国青年报	2011-5-26	3
电子政务 要瞄准公共服务	访北京大学电子政务研究院院长杨凤春	罗旭		光明日报	2011-5-26	14
开创群众工作新局面的思想指南	读《论党的群众工作——重要论述摘编》	宇文利	北京大学马克思主义学院副院长、教授	人民日报	2011-5-27	20
在艰苦环境中砥砺意志	胡锦涛总书记给北京大学研究生支教团成员回信在全国高校引起热烈反响	李斌		人民日报	2011-5-27	4
北京大学纪念建党 90 周年				光明日报	2011-5-30	11
心传笔种谱新编	北京大学新闻与传播学院建院 10 周年	赵婀娜		人民日报	2011-5-29	4
重庆大学与北大签署合作协议		蔡葳		中国教育报	2011-5-30	2
北大牵手媒体共育传媒英才	优势互补 互利双赢	李志伟		光明日报	2011-5-29	4
《百年孤独》生日当天重返中国	"80 后译著挑战文学巨著"	路艳霞		北京日报	2011-5-31	12
1951 年：我那会儿高考		王义遒	北京大学原常务副校长	中国青年报	2011-6-2	7
北大红楼 兼容并包聚精英				北京青年报	2011-6-1	A4
燕园六月，走不出的风景		朱苏力	北京大学法学院教授	中华读书报	2011-6-1	16
为马克思主义中国化时代化大众化作出更大贡献	北京大学召开建党 90 周年理论研讨会			中国教育报	2011-6-4	3
中国共产党：开天辟地的九十年		北京大学中国特色社会主义理论体系研究中心		中国教育报	2011-6-4	3
信仰，为青春引航	走进高校基层党组织			人民日报	2011-6-7	1、5
老吾老以及人之老	考察浙江、安徽养老事业发展的一点感想	张梅颖	北京大学临床肿瘤学院兼职教授	人民日报	2011-6-8	20
党在百姓心中：故事讲到清华北大	"90 后"用掌声回报真人真事真感情			光明日报	2011-6-12	1

续表

主题	副题	作者	作者单位	报刊名称	出版日期	版面
盖茨昨访北大与学子聊慈善				北京青年报	2011-6-12	A5
用活动经济拉动文化旅游		陈少峰	北京大学哲学系(宗教学系)教授	光明日报	2011-6-11	7
北京大学与中国共产党的密切关系		北京大学党委宣传部		中国教育报	2011-6-13	4
“双百”人物中的共产党员精神永不磨灭	《“双百”人物中的共产党员》栏目引发社会热烈反响			中国青年报	2011-6-14	6
北大联手名校共建“世界课堂”				科学时报	2011-6-14	B2
回忆四位老人(上)	季羡林、王元化、谢希德、黄裳			中华读书报	2011-6-15	11
审阅博士论文杂感		韩水法	北京大学哲学系(宗教学系)教授	中华读书报	2011-6-15	10
为何为小学生编就现代经典名著读本?		钱理群	北京大学中国语言文学系资深教授	中华读书报	2011-6-15	12
北大:通过面试者可降至一本线录取	明年继续实施“中学校长实名推荐制”			中国青年报	2011-6-20	8
专家建言《精神卫生法》修改	北大第六医院副院长唐宏宇说			新京报	2011-6-20	A04
高校要推进党务政务校务公开	王丽英在教育部阳光治校座谈会上强调			中国教育报	2011-6-21	1、6
《共产党宣言》中文译本撷珍	以北京大学图书馆藏为例			中华读书报	2011-6-22	17
党的建设的伟大丰碑		梁柱	北京大学马克思主义学院教授	光明日报	2011-6-23	11
仨文科状元均钟情北大小语种				京华时报	2011-6-24	A10
回忆四位老人(下)	季羡林、王元化、谢希德、黄裳			中华读书报	2011-6-22	11
科学家趣话:男人与女人		饶毅	北京大学生命科学学院教授	科学时报	2011-6-24	B2
北大开讲毛泽东诗词				光明日报	2011-6-27	11
“中国化”研究的主题、热点与前沿		郭建宁	北京大学马克思主义学院教授	北京日报	2011-6-27	17
刘延东到北京大学考察				人民日报	2011-6-25	3
北京大学:三代党员共话党建				光明日报	2011-6-25	1
科学发展离不开法治		姜明安	北京大学法学院教授	人民日报	2011-6-29	17
革命足迹 北京探寻	李大钊、陈独秀故居;陶然亭;北大红楼等,见证革命历程			新京报	2011-7-1	A06
为什么选择了中国共产党		沙健孙	北京大学马克思主义学院教授,北京大学原副校长	光明日报	2011-7-1	10
北大山鹰社将登5547米高峰				北京青年报	2011-6-30	A18

续表

主题	副题	作者	作者单位	报刊名称	出版日期	版面
开天辟地的大事变		沙健孙	北京大学马克思主义学院教授，北京大学原副校长	中国教育报	2011-7-1	11
北京大学：忧患意识让我们战胜一切艰难险阻				光明日报	2011-7-2	3
红色短信祝福党				人民日报	2011-7-2	4
“党在百姓心中”宣讲团走入首都高校				经济日报	2011-7-3	2
蔡元培 教育先锋 牛刀初试				新京报	2011-7-5	C11
道德力量调节的重要和独特作用		厉以宁	北京大学社会科学学部主任、北京大学光华管理学院名誉院长	北京日报	2011-7-4	18
重读马克思		聂锦芳	北京大学哲学系教授	光明日报	2011-7-4	5
胸怀祖国 心系苍生	周其凤在北京大学 2011 年本科生毕业典礼上的讲话			光明日报	2011-7-6	6
中国共产党：历史和人民的选择		沙健孙	北京大学马克思主义学院教授，北京大学原副校长	光明日报	2011-7-6	11
北大医院拟在大兴建分院				北京日报	2011-7-6	10
接续陈寅恪，树立了一个新的路标	缅怀唐长孺先生	田余庆	北京大学历史学系教授	中华读书报	2011-7-6	15
全民医保成就在于制度优势		李玲	北京大学国家发展研究院教授	人民日报	2011-7-7	13
西方政治理论的“浪花”与“潜流”	访“西方政治思想译丛”主编李强			中华读书报	2011-8-17	9
培养具有世界眼光的世界史人才		马克垚	北京大学历史学系资深教授	光明日报	2011-8-18	11
季羡林究竟是什么“家”？		王保纯	光明日报教育研究中心主任	光明日报	2011-8-15	7
你柔软地想起校园	读苏力的《走不出的风景》	刘彬		光明日报	2011-8-28	5
北大迎新：由绿色通道走向绿色成才				光明日报	2011-8-28	4
文化产业发展趋势与创意领导力建设		向勇	北京大学文化产业研究院	光明日报	2011-8-30	11
北大迎新绿色通道“心系”贫困生				科技日报	2011-8-30	7
开学第一讲：校长讲什么				光明日报	2011-9-1	1,7
人文与科学教育双翼齐飞	北大知名学者“才斋讲堂”献风采			中国教育报	2011-9-1	5
积极推进我国人权理论与实践的发展和创新		罗豪才	北京大学原副校长	人民日报	2011-9-2	11
美在中国	《中国美术全集》评价 北大教授	齐东方	北京大学考古文博学院教授	光明日报	2011-9-2	14
没想到学校考虑得这么周到	绿色通道入学无忧 精神食粮滋养心灵			中国教育报	2011-9-3	1
为还 8.5 元饭钱致信北大校长				新京报	2011-9-3	A13

续表

主题	副题	作者	作者单位	报刊名称	出版日期	版面
北大校长寄语新生"闳约深美"				北京青年报	2011-9-4	A5
透视清华北大招博"申请制"				中国青年报	2011-9-5	7
北大医学部建遗体捐献者纪念墙				北京青年报	2011-9-6	A9
北大设立校长书记信箱				新京报	2011-9-6	A17
我们从哪里来,要到哪里去	北大中国语言文学系韩毓海访谈			光明日报	2011-9-6	13
"呦呦鹿鸣,食野之蒿"	青蒿素			文汇报	2011-9-15	1
一个"迟到"的大奖是怎样炼成的	中国本土科学家摘得拉斯克奖引发热议			科技日报	2011-9-15	3
一株小草解决世界难题	青蒿素发现者屠呦呦获国际生物医学界大奖			科技日报	2011-9-15	9
北大"元培计划",培养拔尖人才				人民日报	2011-9-14	01、12
朱善璐出任北大党委书记				北京青年报	2011-8-23	A10
两名北大学子荣获"丘成桐奖"				北京青年报	2011-8-22	A5
校长对大学毕业生的临别赠言	胸怀祖国 心系苍生	周其凤	北京大学校长	科学时报	2011-8-18	A6
汤一介夫妇向北大捐赠藏书				中国青年报	2011-9-17	2
马克思恩格斯创立辩证唯物主义世界观的过程		黄枬森	北京大学哲学系教授	光明日报	2011-9-19	11
北大清华招博尝试申请审核制				中国教育报	2011-9-19	1、6
北大新生演习火场逃生				北京日报	2011-8-24	6
北大首试博士研究生入学申请制				北京青年报	2011-8-24	A13
一草一木总关情	对话：不可复制的燕园			科学时报	2011-9-20	A5
北京大学元培学院喜迎十周年				科学时报	2011-9-20	7
屠呦呦、张亭栋获GSK"生命科学杰出成就奖"				科学时报	2011-9-20	1
北大保安考大学的启示				北京青年报	2011-9-22	A2
心血管杂交微创手术受重视	北京大学医学部心血管外科学系主办论坛			科技日报	2011-9-21	4
北大元培计划实施十周年				中国青年报	2011-9-25	3
从实体法和程序法上的思考：国家所有权之诉		陈若英	北京大学法学院讲师	光明日报	2011-9-22	15
不一样的文化可一样尊重人的尊严		罗豪才	北京大学原副校长	人民日报	2011-9-23	20
中国科学家首获"准诺贝尔奖"	屠呦呦获国际医学大奖			北京青年报	2011-9-25	A1
屠呦呦：让小草变成中国神药				北京青年报	2011-9-25	A3
创建世界一流大学重在创新		陈宝剑	北京大学教师	光明日报	2011-9-26	16

续表

主题	副题	作者	作者单位	报刊名称	出版日期	版面
屠呦呦告诉世界中国传统医药的神奇				光明日报	2011-9-27	6
这样的新闻"有看头"	教育界师生盛赞"走转改"			光明日报	2011-9-26	1、3
北大保安如何脱胎换骨	17年走出300名大学生 副队长通过司法考试			北京晚报	2011-9-26	15
元培模式是否代表一种潮流和方向		卢晓东	北京大学教务部副部长	科学时报	2011-9-27	A7
保安怎么不能上北大?				光明日报	2011-9-27	5
"哲学动物"金岳霖				中国青年报	2011-9-27	10
胡适父子与北京绩溪会馆		曹立先		北京日报	2011-9-27	24
北大保安队走出300名大学生				中国教育报	2011-9-28	2
"李大钊"带现代人寻找信仰	话剧《寻找李大钊》燕园上演			人民日报	2011-9-28	7
中美联合研究六大疾病	北京大学医学部和美国密歇根大学医学院合作			新京报	2011-9-28	A29
呦,终于得奖了	屠呦呦作为当年发现青蒿素抗虐效用的英雄集体一分子,如今以个人名义获得国际科学大奖			中国青年报	2011-9-28	11
北大保安张国强的学习史				中国教育报	2011-9-30	3
做社会的良心		韩启德	北京大学医学部主任、北京大学前沿交叉学科研究院院长	光明日报	2011-10-10	7
"国家队"在燕园		迟惠生	北京大学原常务副校长	光明日报	2011-10-10	11
在时代进步洪流中奋力实现中华民族伟大复兴	社会各界热议胡锦涛在纪念辛亥革命一百周年大会上的讲话			光明日报	2011-10-10	2
振兴中华 矢志不渝	北大师生座谈"辛亥百年"			光明日报	2011-10-10	2
民众的"文化自觉"意识来自何处		程美东	北京大学马克思主义学院教授	北京日报	2011-10-10	23
中国特色社会主义是历史的选择	各地各部门学习胡锦涛总书记"七一"重要讲话综述之一			人民日报	2011-10-9	1、3
全球高校排名哈佛首失第一	美国加州理工学院荣膺榜首;北大和清华位列百强			文汇报	2011-10-7	4
中国特色社会主义制度是当代中国发展进步的根本制度保障	各地各部门学习胡锦涛总书记"七一"重要讲话综述之二			人民日报	2011-10-11	1、5
乔布斯的启示		卢晓东	北京大学教务部副部长	科学时报	2011-10-11	A5
继承先辈遗志 书写奋进篇章	社会各界热议胡锦涛总书记在纪念辛亥革命100周年大会上的讲话			中国青年报	2011-10-11	6
追梦,在未名湖畔	从保安到北大学子,甘相伟一直在努力			人民日报	2011-10-11	6

续表

主题	副题	作者	作者单位	报刊名称	出版日期	版面
中国共产党是开创事业新局面的核心力量	各地各部门学习胡锦涛总书记"七一"重要讲话综述之三			人民日报	2011-10-12	4
从高深走向亲切	高校哲学社会科学发展成就巡礼			光明日报	2011-10-13	6
新编京剧《知音》北大上演	纪念辛亥革命百年			北京日报	2011-10-13	2
文化产品对社会道德的影响力		董学文	北京大学中国语言文学系教授	光明日报	2011-10-14	1,10
肿瘤"防""治"两手抓	专访北京大学肿瘤医院院长季加孚教授			科技日报	2011-10-13	9
姜伯驹院士畅谈"数学之美"				科学时报	2011-10-14	A8
北大在"寻根"中勇担今日使命				光明日报	2011-10-14	6
都市视野与文本解读		吴晓东	北京大学中国语言文学系教授	中华读书报	2011-10-12	10
树立文化自觉与自信的理念	访北京大学中国语言文学系教授董学文			光明日报	2011-10-12	2
北京16所中学校长可向北大"荐才"	北京大学昨公布获2012年度中学校长实名推荐资质的中学校长名单			北京青年报	2011-10-12	A5
北大公布"实名推荐制"名单	2012年名额增多 优惠加大			光明日报	2011-10-12	6
30皖籍务工青年昨天北大听讲座				北京青年报	2011-10-16	A4
电视要担起塑造国民精神的责任	访北京大学艺术学院院长王一川			光明日报	2011-10-17	2
发展先进文化应注意的几个问题		郭建宁	北京大学马克思主义学院教授	北京日报	2011-10-17	17
一场灵魂与高尚的对话	全国道德模范首都高校巡讲活动侧记			光明日报	2011-10-19	4
北大回应"不孝敬父母者不得推荐"				北京日报	2011-10-19	6
漏网肿瘤,最危险!	北京大学肿瘤医院院长季加孚谈癌症防治			光明日报	2011-10-23	6
问世间,"学"是何物		陈平原	北京大学中国语言文学系教授,北京大学博雅讲席教授	光明日报	2011-10-23	5
韩启德和大学生们谈人生				中国教育报	2011-10-24	7
在行业整合中抢抓新一轮市场机遇	解读人:北京大学中国产权与PE市场研究机构	孟令余 毛振宇		经济日报	2011-10-24	10
皖籍在京务工青年有了北大"智囊团"	安徽驻京团工委服务青年出新招			中国青年报	2011-10-24	8
大学问家给大众编的小辞书		陆俭明	北京大学中国语言文学系教授	光明日报	2011-10-23	5
做好社会主义文化继承者和传播者	全国高校师生热议党的十七届六中全会召开			中国教育报	2011-10-21	1
凸显文化对中国未来发展关键意义	访北京大学文化资源研究中心副主任张颐武教授			光明日报	2011-10-22	4

续表

主题	副题	作者	作者单位	报刊名称	出版日期	版面
大力培养校园道德文化		阮草	北京大学教师	人民日报	2011-10-25	18
“范式陷阱”与大学制度改革		卢晓东	北京大学教务部副部长	科学时报	2011-10-25	A5
校园厨师早逝 北大千余人募捐				新京报	2011-10-27	A20
这几种法制观念绝不可取		姜明安	北京大学法学院教授	北京日报	2011-10-31	19
八旬学人汤一介 口述个人史	《汤一介传》近日由新华出版社推出			北京青年报	2011-10-31	B12
樊锦诗：守望敦煌的女儿	敦煌研究院已数字再现43个洞窟			人民日报	2011-10-31	12
“燕园”一叶舟	校园情怀			中国教育报	2011-10-31	8
知者乐，仁者寿	为赵宝煦先生九十寿辰作	吴志攀	北京大学法学院教授	中华读书报	2011-11-2	18
北大校长支持“撑腰体”	副校长“撑腰做好事”言论引网络热议，周其凤称好人好事应多宣传			新京报	2011-11-3	A17
文化的法治与法治的文化		王锡锌	北京大学法学院教授	光明日报	2011-11-3	15
高校能否为文化大发展提供有力人才支撑	中国大学评论	卢晓东	北京大学教务部副部长	科学时报	2011-11-3	A5
专家学者畅谈“教育传承与创新”	北京论坛第八届年会举办			科学时报	2011-11-8	
传承优秀传统文化 发展中国先进文化		郭建宁	北京大学马克思主义学院教授	人民日报	2011-11-4	24
学会在经济转型中受益		刘俏	北京大学光华管理学院院长助理	经济日报	2011-11-4	16
教授收入差距该这么大吗？	有的开着宝马 有的骑着飞鸽			中国教育报	2011-11-6	2
中国奥数第一，为何没有菲尔兹奖				中国青年报	2011-11-4	3
惜别，北大厨师				中国青年报	2011-11-9	10
李建华：北大学子心中的阳光大厨				中国教育报	2011-11-9	2
中德顶尖大学校长聚焦“协同创新”	中德大学校长会议 由北大与德国洪堡大学共同发起			中国教育报	2011-11-7	6
记住北大有个叫王瑶的教授		钱理群	北京大学中国语言文学系资深教授	文汇报	2011-11-5	B
北大青年研究中心引导青年实现集体成长				中国青年报	2011-11-10	3
北大医院送别“抢救大王”				北京晚报	2011-11-9	20
名校公开课今起免费网上观看	首批20门课程以中国传统文化为主			北京青年报	2011-11-9	A9
“校长撑腰体”引热议	为道德撑腰的应该是法律			中国青年报	2011-11-10	7

续表

主题	副题	作者	作者单位	报刊名称	出版日期	版面
韩启德离京出访两国				人民日报	2011-11-14	3
贺国强 11 月 10 日在北京大学出席部分高校反腐倡廉建设座谈会并讲话	深入推进高校反腐倡廉建设,为高校改革发展提供有力保证			人民日报	2011-11-12	1、2
专家学者热议中原经济区		厉以宁	北京大学社会科学学部主任、北京大学光华管理学院名誉院长	人民日报	2011-11-11	24
重庆牵手北大 进行战略合作				科学时报	2011-11-14	1
北京大学 婚恋教育"先成人后成才"				京华时报	2011-11-15	C05
名记者齐聚北大共议记者使命				光明时报	2011-11-10	6
让学校充满正气和阳光	高校加强反腐倡廉建设综述			中国教育报	2011-11-16	1、6
"希望带来新的激励机制"	15 日,屠呦呦被授予中国中医科学院杰出贡献奖,她说——			人民日报	2011-11-16	14
全市四分之三以上高校实现"无烟"	有的设戒烟个人奖,有的设食堂禁烟巡查队,高校禁烟各有高招儿			北京日报	2011-11-16	7
构建国际化儒学研究交流平台	"孔子文化奖"获奖者 汤一介	谌强		光明日报	2011-11-16	14
北大获赠千辆"公益自行车"	贫困生优先发放,旨在宣传环保理念	申志民		新京报	2011-11-17	A20
全国高等学校哲学社会科学工作会议召开	李长春作出批示 刘延东出席			中国教育报	2011-11-18	1
西方"国学"走进北大课堂		钟华		科学时报	2011-11-17	A5
屠呦呦昨获杰出贡献奖	中国中医科学院召开 2011 科技工作大会	赵新培		北京青年报	2011-11-16	A9
大力推进文化传承创新 发展社会主义先进文化		朱善璐	北京大学党委书记、校务委员会主任	光明日报	2011-11-21	15
北大学子为什么向厨师致意	从"阳光大厨"的精神魅力说开去	陈宝剑	北京大学教师	光明日报	2011-11-21	16
青春的拗		曹文轩	北京大学中国语言文学系教授	北京日报	2011-11-17	19
大学生与大师傅的生命交集	北大厨师李建华	王珺		中国教育报	2011-11-19	1、2
为家乡立人	北大硕士李英强建 13 座乡村图书馆			中国教育报	2011-11-20	2
储安平与季羡林		谢冰		北京青年报	2011-11-19	C1
新一轮高校哲学社会科学繁荣计划启动				中国教育报	2011-11-22	2
北大教授蔡洪斌当选计量经济学会会士				光明日报	2011-11-22	6
刘延东出席授予土库曼斯坦总统北京大学名誉教授称号仪式				人民日报	2011-11-24	3
史料是史学研究的基础	严昌洪教授新著《中国近代史料学》读后	张艳国		光明日报	2011-11-24	11

续表

主题	副题	作者	作者单位	报刊名称	出版日期	版面
文化自觉、文化自信与文化发展		孙熙国	北大马克思主义学院党委书记、教授	中国教育报	2011-11-23	7
辛亥百年邮票亮相北大				北京青年报	2011-11-25	A7
燕京大学	近代著名教会大学毕业文凭赏析			光明日报	2011-11-25	12
北大哲学系百年系庆活动正式启动				科学时报	2011-11-25	A8
在 2012 年全国普通高校毕业生就业工作视频会上的发言摘要	引导毕业生到基层建功立业	朱善璐	北京大学党委书记、校务委员会主任	中国教育报	2011-11-25	7
继续实施积极的财政政策和稳健的货币政策	访北大金融与证券研究中心主任	曹凤岐	北京大学光华管理学院教授	经济日报	2011-11-25	6
风险管理比边界拓展更重要		曹和平	北京大学经济学院教授	新京报	2011-11-28	B07
改善空气质量关键是治理大气复合污染		张远航	北京大学环境科学与工程学院教授	光明日报	2011-11-28	3
北大获赠千辆人体工学自行车 校园骑行推广绿色户外健身				人民日报	2011-11-29	15
北大外语保送生语种明年达十种				北京青年报	2011-11-29	A17
李春平千辆自行车捐北大				北京青年报	2011-11-29	A6
方寸之间看辛亥百年	北京大学和澳门理工学院共同举办			科学时报	2011-11-29	A6
孙中山像邮票北大展出	"世纪回眸—纪念辛亥革命 100 周年邮票展"			新京报	2011-11-28	A06
终身探索全无悔 宇宙人生两有之	马克思主义哲学家黄枬森访谈录			光明日报	2011-11-29	11
人生来不能像走兽一样活着	追忆恩师田德望教授	余匡复		中华读书报	2011-11-30	7
北大举办蔡元培汤用彤学术讲座				光明日报	2011-11-30	15
敬畏民意 严控"三公"经费		姜明安	北京大学法学院教授	人民日报	2011-11-30	17
静水流深 星斗其人	为侯仁之先生百岁寿辰而作	郝平		光明日报	2011-12-1	13
"占领华尔街"与基尼系数	北京大学、市委党校	王跃生 马相东	北京大学经济学院教授，北京大学经济学院国际经济与贸易系主任	人民日报	2011-12-5	7
北大国际医院携手天津医专打造护理"订单班"		钟艳宇		北京青年报	2011-12-6	4
学习钱学森精神理智报效祖国		马克	北京大学 学生	中国教育报	2011-12-6	4
北京大学哲学系走近百年		高原		光明日报	2011-12-6	11
北京大学哲学系百年系庆已启动				北京青年报	2011-12-6	A10

续表

主题	副题	作者	作者单位	报刊名称	出版日期	版面
保安欲出书 北大校长写推荐信	保安甘相伟将在学校见闻感受编成《行走在未名湖畔》：周其凤表示“钦佩”			新京报	2011-12-6	A15
《神曲》译者田德望		许杜美	北京大学历史学系教授	文汇报	2011-12-6	11
北大与北美多所名校加强战略合作				光明日报	2011-12-8	6
高考分省命题不能轻易开倒车		卢晓东	北京大学教务部副部长	科学时报	2011-12-8	A5
刘延东致信祝贺侯仁之先生百岁寿辰				中国教育报	2011-12-7	1
全国医学教育改革工作会议召开	刘延东作出批示 韩启德出席			中国教育报	2011-12-7	1
北大自主选拔试点“招中招”				北京日报	2011-12-7	6
向侯仁之先生学习历史地理		张传玺	北京大学历史学系教授	中华读书报	2011-12-7	9
我们已经进入一个文化时代		叶朗	北京大学哲学社会科学资深教授，北京大学艺术学院名誉院长	光明日报	2011-12-7	11
国有一老 文化得保	侯仁之低调度过百岁寿辰			中国青年报	2011-12-7	4
中国科学院2011年当选院士名单	北京大学6名			科学时报	2011-12-12	A2
缩小城乡收入差距的新路子		厉以宁	北京大学社会科学学部主任、北京大学光华管理学院名誉院长	北京日报	2011-12-12	17
评比表彰泛滥的因由		夏学銮	北京大学社会学系教授	北京日报	2011-12-12	18
北大附中体育课推小班化教学				北京青年报	2011-12-12	A12
侯仁之：行走天下，守望大地				中国教育报	2011-12-9	3
李春平北大演讲 跟学生聊慈善				北京青年报	2-11-12-9	A14
真实的记录 形象的丰碑		彭吉象	北大艺术学院教授	光明日报	2011-12-11	6
北大校内停止售烟				京华时报	2011-12-14	A10
高校会越来越功利化吗	专业设置与学生就业率挂钩			人民日报	2011-12-6	13
总结继承党领导文化工作的历史经验		沙健孙	北京大学马克思主义学院教授，北京大学原副校长	光明日报	2011-12-16	14、15
北京大学第一医院成立“血液肿瘤中心”	京城又一大型“航母”出征			科技日报	2011-12-15	9
赵宝煦：中国政治学的奠基人				光明日报	2011-12-16	16
“文化”误读种种		陈少峰	北京大学哲学系(宗教学系)教授	北京日报	2011-12-19	18
打造中国特色社会主义先进文化之都，应注重从四个层面推进文化创新		王一川	北京大学艺术学院院长	北京日报	2011-12-19	19

续表

主题	副题	作者	作者单位	报刊名称	出版日期	版面
我的 2011 年度阅读		吴晓东	北京大学中国语言文学系教授	中华读书报	2011-12-21	10
面向大众的追求卓越		何怀宏	北京大学哲学系(宗教学系)教授	中华读书报	2011-12-21	15
有了信念便不会迷茫	本报报道《未来的基石》在清华北大反响强烈			光明日报	2011-12-24	3
北京大学举办第一届严复学术讲座				光明日报	2011-12-27	16
未来发展的基石	北京大学生青年马克思主义者培养工程纪实			光明日报	2011-12-23	1、3
坚持文化传承创新 推动文化发展繁荣		郭建宁	北京大学校务委员会委员,北京大学马克思主义学院教授	光明日报	2011-12-23	1、3
改革二次分配,让农民敢花钱	厉以宁专访			北京日报	2011-12-26	14
季羡林的古籍藏书				人民日报	2011-12-25	8
王岳川:走出全盘西化的文化误区	学者看法	王岳川	北京大学中国语言文学系教授	中国青年报	2011-12-26	2
师生的岁月	大家风采 侯仁之	金涛		科学时报	2011-12-28	A7
悠悠北大:为何只露半张脸	“北京大学与中国现代科学”学术研讨会聚焦“北大理科群”			中华读书报	2011-12-28	1
北大青鸟获“2011 年度十大教育连锁品牌”				科技日报	2011-12-30	5

第一学期

一、新生报到：2010 年 9 月 1 日

二、新生体检和入学教育：9 月 2 日—9 月 7 日

三、校本部本科生选课指导：9 月 3 日

四、全校新生开学典礼：9 月 3 日、4 日

五、上课：

校本部：9 月 8 日

医学部：在校生 8 月 30 日　新生 9 月 8 日

六、在校学生注册：

校本部：9 月 6 日—10 日

医学部：8 月 30 日—9 月 6 日

在职攻读硕士专业学位学生：8 月 29 日

七、中秋节：9 月 22 日放假，全校停课；

9 月 18 日、19 日、25 日、26 日公休，原有课程照常安排

八、国庆节：10 月 1 日—8 日放假，全校停课；

10 月 9 日、10 日公休，原有课程照常安排

九、元旦：2011 年 1 月 1 日—2 日放假，全校停课

十、停课复习考试：

校本部：1 月 3 日—16 日

医学部：1 月 4 日—16 日

十一、学生放寒假：1 月 17 日

（研究生放寒假时间与教职工轮休一致）

（2 月 3 日春节）

十二、教职工轮休：1 月 24 日—2 月 16 日，

2 月 17 日全体教职工上班

北京大学 2010—2011 学年校历

第一学期（2010.8.23—2011.1.30）

周次	月	一	二	三	四	五	六	日
	2010年八月	23/30	24/31	25	26	27	28	29
	九月			1	2	3	4	5
1		6	7	8	9	10	11	12
2		13	14	15	16	17	18	19
3		20	21	22	23	24	25	26
4		27	28	29	30			
5	十月	4	5	6	7	1/8	2/9	3/10
6		11	12	13	14	15	16	17
7		18	19	20	21	22	23	24
8		25	26	27	28	29	30	31
9	十一月	1	2	3	4	5	6	7
10		8	9	10	11	12	13	14
11		15	16	17	18	19	20	21
12		22/29	23/30	24	25	26	27	28
13	十二月			1	2	3	4	5
14		6	7	8	9	10	11	12
15		13	14	15	16	17	18	19
16		20	21	22	23	24	25	26
17		27	28	29	30	31		
18	2011年一月	3	4	5	6	7	1/8	2/9
19		10	11	12	13	14	15	16
20		17	18	19	20	21	22	23
21		24	25	26	27	28	29	30

北京大学 2010—2011 学年校历

第二学期（2011.2.14—2011.7.31）

周次	月	一	二	三	四	五	六	日
	2011年二月	14	15	16	17	18	19	20
1		21/28	22	23	24	25	26	27
2	三月		1	2	3	4	5	6
3		7	8	9	10	11	12	13
4		14	15	16	17	18	19	20
5		21	22	23	24	25	26	27
6		28	29	30	31			
7	四月	4	5	6	7	1/8	2/9	3/10
8		11	12	13	14	15	16	17
9		18	19	20	21	22	23	24
10		25	26	27	28	29	30	
11	五月	2	3	4	5	6	7	1/8
12		9	10	11	12	13	14	15
13		16	17	18	19	20	21	22
14		23/30	24/31	25	26	27	28	29
15	六月			1	2	3	4	5
16		6	7	8	9	10	11	12
17		13	14	15	16	17	18	19
18		20	21	22	23	24	25	26
19		27	28	29	30			
20	七月	4	5	6	7	1/8	2/9	3/10
21		11	12	13	14	15	16	17
22		18	19	20	21	22	23	24
23		25	26	27	28	29	30	31

第二学期

一、校本部本科生选课指导：2011 年 2 月 18 日

二、上课：2 月 21 日

三、在校学生注册：

校本部、医学部：2 月 21 日—25 日

在职攻读硕士专业学位学生：2 月 19 日

四、本科生招生开放日：4 月 16 日

五、全校运动会：4 月 22 日—24 日（22 日停课）

医学部运动会：5 月 13 日下午和 14 日全天

六、校庆：5 月 4 日学生停课，教职工上班

七、停课复习考试：

校本部：6 月 13 日—26 日

医学部：6 月 27 日—7 月 10 日

八、毕业教育：6 月 27 日—7 月 8 日

办理离校手续：7 月 4 日—8 日

全校毕业典礼：7 月 5 日、6 日

托运行李：7 月 8 日、9 日

九、学生放暑假：

校本部：6 月 27 日

医学部：7 月 11 日

（研究生放暑假时间与教职工轮休一致）

十、医学部新生军训及军事理论课：

6 月 27 日—7 月 15 日

十一、校本部暑期学校：7 月 4 日—8 月 7 日

十二、教职工轮休：7 月 11 日—8 月 14 日，

8 月 15 日全体教职工上班

清明节、劳动节、端午节放假安排待国务院办公厅公布 2011 年节假日安排后另行通知。

校本部上课时间：

第一节 8:00—8:50　第二节 9:00—9:50　第三节 10:10—11:00　第四节 11:10—12:00

第五节 13:00—13:50　第六节 14:00—14:50　第七节 15:10—16:00　第八节 16:10—17:00

第九节 17:10—18:00　第十节 18:40—19:30　第十一节 19:40—20:30　第十二节 20:40—21:30

医学部上课时间：

第一节 8:00—8:50　第二节 9:00—9:50　第三节 10:10—11:00　第四节 11:10—12:00

第五节 13:30—14:20　第六节 14:30—15:20　第七节 15:40—16:30　第八节 16:40—17:30

第九节 18:30—19:20　第十节 19:30—20:20　第十一节 20:30—21:20

第一学期

一、新生报到：2011 年 8 月 27 日

二、新生体检和入学教育：8 月 28 日—9 月 4 日

三、校本部本科生选课指导：9 月 1 日、2 日

四、全校新生开学典礼：9 月 3 日

五、上课：

校本部：9 月 5 日

医学部：在校生 8 月 22 日　新生 9 月 5 日

六、在校学生注册：

校本部：9 月 5 日—9 日

（在职攻读硕士专业学位学生：8 月 28 日）

医学部：8 月 22 日—26 日

七、中秋节：9 月 12 日放假，全校停课；9 月 10 日、11 日公休，原有课程照常安排

八、国庆节：10 月 1 日—7 日放假，全校停课；10 月 8 日、9 日公休，原有课程照常安排

九、停课复习考试：

2011 年 12 月 26 日—2012 年 1 月 8 日

（2012 年 1 月 2 日考试照常安排）

十、元旦：2011 年 12 月 31 日—2012 年 1 月 2 日放假

十一、学生放寒假：1 月 9 日—2 月 12 日

（研究生放寒假时间与教职工轮休一致）

（1 月 23 日春节）

十二、教职工轮休：1 月 11 日—2 月 8 日，2 月 9 日全体教职工上班

北京大学 2011—2012 学年校历

第一学期（2011. 8. 22—2012. 1. 22）

周次	月	一	二	三	四	五	六	日
	2011 年八月	22/29	23/30	24/31	25	26	27	28
	九月				1	2	3	4
1		5	6	7	8	9	10	11
2		12	13	14	15	16	17	18
3		19	20	21	22	23	24	25
4		26	27	28	29	30		
5	十月	3	4	5	6	7	1/8	2/9
6		10	11	12	13	14	15	16
7		17	18	19	20	21	22	23
8		24/31	25	26	27	28	29	30
9	十一月		1	2	3	4	5	6
10		7	8	9	10	11	12	13
11		14	15	16	17	18	19	20
12		21/28	22/29	23/30	24	25	26	27
13	十二月				1	2	3	4
14		5	6	7	8	9	10	11
15		12	13	14	15	16	17	18
16		19	20	21	22	23	24	25
17		26	27	28	29	30	31	
18	2012 年一月	2	3	4	5	6	7	1/8
19		9	10	11	12	13	14	15
20		16	17	18	19	20	21	22

校本部上课时间：

第一节 8:00—8:50　第二节 9:00—9:50　第三节 10:10—11:00　第四节 11:10—12:00

第五节 13:00—13:50　第六节 14:00—14:50　第七节 15:10—16:00　第八节 16:10—17:00

第九节 17:10—18:00　第十节 18:40—19:30　第十一节 19:40—20:30　第十二节 20:40—21:30

北京大学 2011—2012 学年校历

第二学期（2012. 2. 6—2012. 7. 22）

周次	月	一	二	三	四	五	六	日
	2012 年二月	6	7	8	9	10	11	12
1		13	14	15	16	17	18	19
2		20/27	21/28	22/29	23	24	25	26
3	三月				1	2	3	4
4		5	6	7	8	9	10	11
5		12	13	14	15	16	17	18
6		19	20	21	22	23	24	25
7		26	27	28	29	30	31	
8	四月	2	3	4	5	6	7	1/8
9		9	10	11	12	13	14	15
10		16	17	18	19	20	21	22
11		23/30	24	25	26	27	28	29
12	五月		1	2	3	4	5	6
13		7	8	9	10	11	12	13
14		14	15	16	17	18	19	20
15		21	22	23	24	25	26	27
16		28	29	30	31			
17	六月	4	5	6	7	1/8	2/9	3/10
18		11	12	13	14	15	16	17
19		18	19	20	21	22	23	24
20		25	26	27	28	29	30	
21	七月	2	3	4	5	6	7	1/8
22		9	10	11	12	13	14	15
23		16	17	18	19	20	21	22

医学部上课时间：

第一节 8:00—8:50　第二节 9:00—9:50　第三节 10:10—11:00　第四节 11:10—12:00

第五节 13:30—14:20　第六节 14:30—15:20　第七节 15:40—16:30　第八节 16:40—17:30

第九节 18:30—19:20　第十节 19:30—20:20　第十一节 20:30—21:20

第二学期

一、校本部本科生选课指导：2012 年 2 月 10 日

二、上课：2 月 13 日

三、在校学生注册：

校本部：2 月 13 日—17 日

（在职攻读硕士专业学位学生：2 月 12 日）

医学部：2 月 13 日—17 日

四、本科生招生开放日：4 月 14 日

五、全校运动会：4 月 20 日—22 日（20 日停课）

六、校庆：5 月 4 日学生停课，教职工上班

七、停课复习考试：

校本部：6 月 11 日—24 日

医学部：6 月 18 日—7 月 1 日

八、毕业教育：6 月 25 日—7 月 8 日

办理离校手续：7 月 2 日—6 日

全校毕业典礼：7 月 3 日、4 日

托运行李：7 月 6 日、7 日

九、学生放暑假：

校本部：6 月 25 日

医学部：7 月 2 日

（研究生放暑假时间与教职工轮休一致）

十、校本部暑期学校：7 月 2 日—8 月 5 日

十一、教职工轮休：7 月 9 日—8 月 19 日，8 月 20 日全体教职工上班

清明节、劳动节、端午节放假安排待国务院办公厅公布 2012 年节假日安排后另行通知。

· 索 引 ·

使用说明

一、本索引采用内容分析索引法编制。除"大事记"外,年鉴中有实质检索意义的内容均予以标引,以供检索使用。

二、本索引基本上按汉语拼音音序排列。具体排列方法如下:以数字开头的标目,排在最前面;字母开头的标目,列于其次;汉字标目则按首字的音序、音调依次排列。首字相同时则以第二个字排序,并依此类推。

三、索引标目后的数字,表示检索内容所在的正文页码,数字后面的英文字母 a、b、c,表示正文中的栏别,合在一起即指该页码及自左至右的版面区域。年鉴中以表格、图形形式反映的内容,则在索引标目后用括号注明(表)、(图)字样,以区别于文字标目。

四、为反映索引款目间的逻辑关系,对于二级标目,采取在一级标目下缩两格的形式编排,之下再按汉语拼音的音序、音调排列。

0~9(数字)

A～Z(英文)

A～B

C

D

E～F

H

J

K

M～P

Q

W

Y

(王彦祥　张若舒　刘子涵　编制)